復刻版

記録映画

第3巻

第3巻第5号～第4巻第3号
（1960年5月～1961年3月）

不二出版

〈復刻にあたって〉

一、復刻にあたっては、日本記録映画作家協会にご協力いただきました。また、底本は阪本裕文氏の所蔵原本を使用しました。記して深く感謝申し上げます。

一、本復刻版は、より鮮明な印刷となるよう複数の原本にあたりましたが、原本自体の不良によって、印字が不鮮明な箇所があります。

一、資料の中には、人権の視点から見て不適切な語句・表現・論もありますが、歴史的資料の復刻という性質上、そのまま収録しました。

＊弊社では『記録映画』復刻に先立ち、あらかじめ執筆者及び著作権継承者の方々に、復刻のご了解を得たうえで製作・販売にあたっております。しかし、現在のところ連絡先が不明の方もいらっしゃいます。お心あたりのある方は、弊社編集部までお知らせいただければ幸いです。

（不二出版）

〈第3巻　収録内容〉

巻号数	発行年月日
第三巻第五号	一九六〇（昭和三五）年五月一日発行
第三巻第六号〈創刊二周年記念号〉	一九六〇（昭和三五）年六月一日発行
第三巻第七号	一九六〇（昭和三五）年七月一日発行
第三巻第八号	一九六〇（昭和三五）年八月一日発行
第三巻第九号	一九六〇（昭和三五）年九月一日発行
第三巻第一〇号	一九六〇（昭和三五）年一〇月一日発行
第三巻第一一号	一九六〇（昭和三五）年一一月一日発行
第三巻第一二号	一九六〇（昭和三五）年一二月一日発行
第四巻第一号	一九六一（昭和三六）年一月一日発行
第四巻第二号	一九六一（昭和三六）年二月一日発行
第四巻第三号	一九六一（昭和三六）年三月一日発行

『記録映画』復刻版と原本との対照表

復刻版巻	原本巻数	原本発行年月
第1巻	第1巻第1号（創刊号）～第2巻第5号	1958（昭和33）年6月～1959（昭和34）年5月
第2巻	第2巻第6号～第3巻第4号	1959（昭和34）年6月～1960（昭和35）年4月
第3巻	第3巻第5号～第4巻第3号	1960（昭和35）年5月～1961（昭和36）年3月
第4巻	第4巻第4号～第5巻第1号	1961（昭和36）年4月～1962（昭和37）年1月
第5巻	第5巻第2号～第6巻第1号	1962（昭和37）年2月～1963（昭和38）年1月
第6巻	第6巻第2号～第7巻第2号	1963（昭和38）年2月～1964（昭和39）年3月

第三巻第五号
昭和三十三年九月五日第三種郵便物認可

教育映画作家協会編集

記録映画

THE DOCUMENTARY FILM

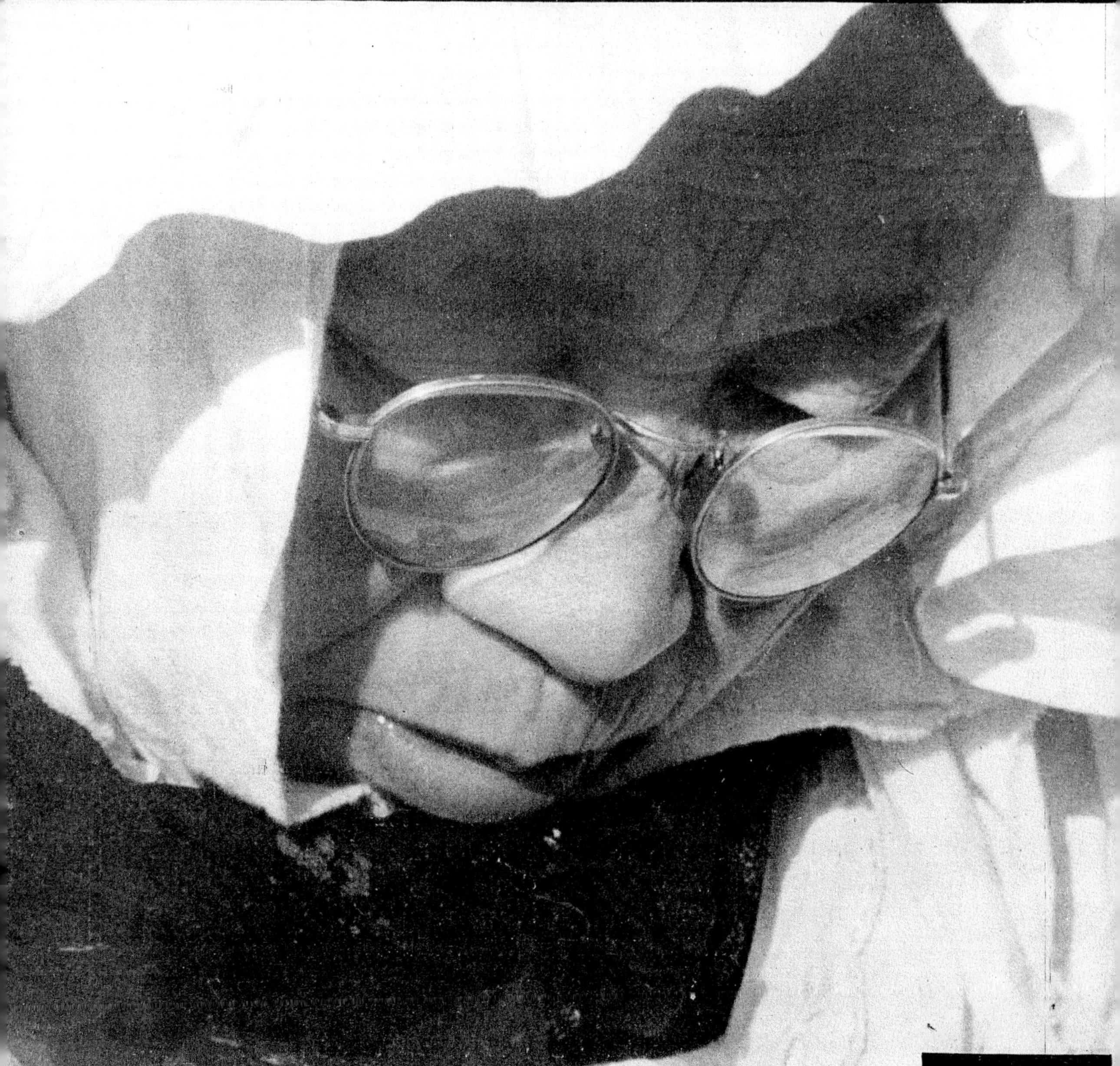

「人間みな兄弟」

5月号

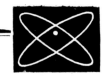

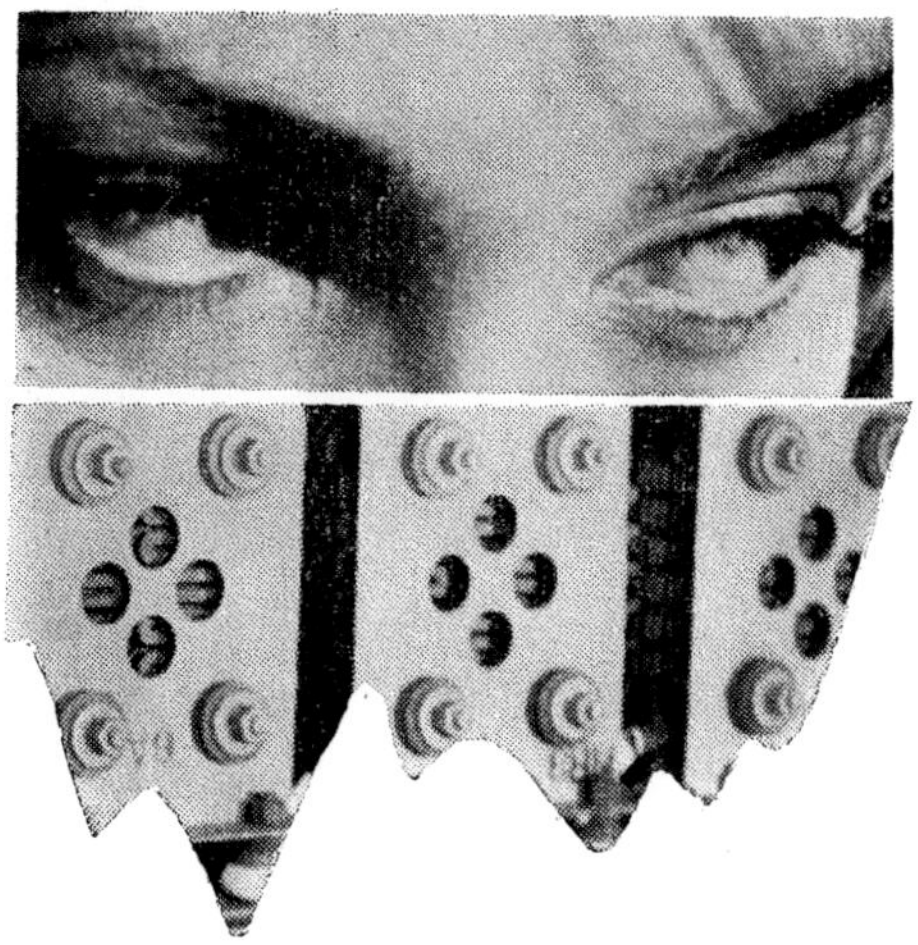

記録映画

1960　5月号

才3巻　才5号

時評

フイルム・ライブラリーを作家の手で

先日、フランスの文化相アンドレ・マルロー氏が来日した際、日、仏の映画祭をやろうという申入れをして帰った。つまり、フランスにおける活動大写真の創生期から、一九五〇年迄の作品一四〇本を日本に送ってフランス映画祭を開催し、又、日本からも一九五〇年迄の作品一四〇本をフランスに送り、日本映画祭をやって両国の文化交流に寄与しようというのである。

所が現在、ネガからプリントを焼くのに一四〇本の作品というと、実費で二千百万円はかかる。だが、日本の当事者である国立近代美術館の映画関係の予算は、フイルム保管、購入費、映写機修理費、映画関係書籍購入費等を含めて、なんと年間九〇万円ということである。ジェット機一台買うのに何億円かけるというのに、日本で唯一つの国立のフイルムライブラリーがこれだから全くお話にならない。これでは日本映画を研究するのに将来は外国のフイルム・ライブラリーに迄出かけていかなければ見られないということになりかねない。

近頃、ヌーベル、バーグなる言葉で総称されている、フランスの若い作家達の作品を見ても古い作品を実に良く研究しているように思われる。

フランスのみならず、イギリス、イタリヤ、ドイツ等、充実した国立のフイルム・ライブラリーを、持ちいつでも、いかなる作品でも研究することができるという。

所が、日本の、特に記録映画界では、「雪国」や「小林一茶」等の名作が、全くお話しにならない悪い状態でようやく発見されている。発見され保存される作品はまだいいとして、この「記録映画」誌上で連載している「プロキノ」にしても、二、三の作品が個人的に保存されているということがわかっているのみで、資料による研究はできるが、実物にはほとんどお目にかかれないという状態である。

「現在、短篇は一日平均二本の割合で製作されていると聞いていますが、半期五本でも十本でも良い、作家の方が中心になって作品をえらび、それをスポンサー関係から、国立近代美術館へ、寄附又はあずけて頂き、何時でも、無料で一般に公開し、又作家の研究に使用するということができれば、体系的なフイルム・ライブラリーが今からでもできるんですが……」というようなことを、近代美術館の責任者の方がいっておられたが、同感である。

我々は、今迄過去の作品を研究し、摂取する機会を持つことがあまりに少なかった。これでは、戦後の名に値いする作品を生みだすことができない。新らしい時代の、秀れた作品は、長い年月培われてきた土壌を破って発芽する。それは文化的不毛の荒野から生れるものではないのだから。

作家にとって、過去の諸作品を容易に研究できる物を持つことは、この複雑で錯そうした現実をとらえる秀れた作品を生み出す原動力になるにちがいない。我々のフイルム・ライブラリーが必要だ。作家にとって必要なものは、作家の手で創りあげていこう。委員会を作り、現在つくられている優秀な作品の保管は無論のこと、過去の名作を掘り出し、いつでも活用できるフイルム・ライブラーをつくる運動を、作家自身の手で起こしていこう。

表紙の写真

亀井文夫演出、日本ドキユメンタリー・フイルム社作品「人間みな兄弟―部落差別の記録」の一シーン。日本の中にある人間差別の焦点・部落へカメラをもちこんだ長編記録映画。

もくじ

視聴覚メディアの機能と論理／稲葉三千男

（東大新聞研究所員）

三月の中旬にＮＨＫ総合テレビで放送したフィルム「山の分校の記録」才二集を見た感想で話をはじめよう。この記録そのものは、テレビ受像機が教室にもちこまれて教育テレビ放送を見るようになってからの山の分校の子どもたちの学習態度の変化、活潑化の過程を描くと同時に、分校の子どもたちの生活記録の側面ももっていて、この二つの主題があまりうまく関連せず分裂していたので、ドキュメンタリとしては成功作ではなかった。けれどもテレビの機能を考えるうえでは、とても参考になった。たとえば「日本の旅」といった風な番組があって、日本の諸地域、京浜地帯の工場だの、奈良の名所古跡だの、鳥取の砂丘だのをフィルム放送する。すると山の中の子どもたち、本校のある町にいくのさえ年に一、三度で、修学旅行で日光にいくのが外界との唯一の接触といった子どもたちが、工場や海や社寺や砂丘を、山中の分校の教室にいながらにして見ることができる。テレビの基本的な機能は、このいながらにして見せることだろう。つまり、ある事象と視聴者とのあいだの空間的・時間的へだたりを超えて、その事象に関する情報を視聴者に伝えることだ。そして現在の技術段階では、テレビの伝える情報は色彩の面や匂いの面で現実の事象にくらべて大きな欠落があり、また多くのばあいにごく縮小されていたり部分に分解されていたりする。不十分な情報である。にもかかわらず、テレビの伝える情報を素材にして、ふつうの視聴者なら現実の事象を、かなりの水準《レベル》まで復原できる。その程度の十分さをもった情報である。

逆にテレビ視聴者の側からいったら、テレビを視聴するという行為は、テレビの伝える情報（影像と音）とを素材にして＜現実＞を復原することである。（「見ているものを見る」というより、「見ているものから見る」）このことを示唆する事実が、「山の分校の記録」の中に出てきた。すなわち、この分校の子どもたちは、テレビの学校放送を見るようになってからは、ラジオの学校放送にも興味をもちはじめたというのである。もちろんテレビ受像機設置前にも、ラジオ受信機はあり、ラジオ学校放送を聞かす試みはなされたのだけれども、テレビ出現以前には関心を示さなかったという。これは、ラジオの伝える聴覚刺激だけを素材にしたときには、子どもには＜現実＞復原力がなくて、ラジオの音は単なる音として子どもの感覚を刺激し、すぐ消えたためだったろう。ところがテレビ放送で、たとえば「ビーカーに水を注ぎます」という声、ゴボゴボという音を聞きながら画面を見ていると、影像の補助によって、現実におこっている動きをイメージとしてもつことができる。おなじように、分解された部分の影像がでたり、ある影像から他の影像に飛躍があったときには、説明によって意味連関を失わずにすむ。つまりベラ・バラージュが語っているエピソードのような映画的文法を知らなかったばかりに、人間が引きちぎられてバラバラになったような恐怖すべき印象を受けたシベリヤ娘にならなくてすむ。そしてテレビ視聴をつづけているうちに、慣れて、聴覚刺激だけからでも、けっこう現実を復原できるようになる。もちろん情報がテレビよりもいっそう不十分だから、「ビーカーに」といわれたとき、現実にスタジオで使われているビーカーは復原できない。けれども、少しくらい深かろうと浅かろうと、とにかく概念的・抽象的なビーカーが復原されればいいわけだ。

　以上を要約すると、視聴者の立場からみたテレビの機能は、まず空間的・時間的へだたりを超えて諸事象と接触できる（いながらにして見られる）という接触空間・接触時間の拡大機能、それにイメージや意味の形成把握能力を育成発展させる機能という両面の混合したものといえよう。情報の伝達機能と情報からの復原能力の育成機能、あるいは認識させる機能と認識の枠を育てる機能ともいえよう。ここで注意しておきたいのは、ふつうにテレビの機能としてあげられる娯楽的機能、報道的機能、教育的機能などとの関連である。ごく簡単にいうと、娯楽、報道、教育などの機能は、いわば二次的な機能として存在する。一次的機能として情報が伝達され、人間の意識に＜現実＞の復原イメージが生じたあとで、つづいておこるのが二次的機能である。そしてある＜現実＞の情報は二次的に娯楽的機能をもちやすく、別の情報は二次的に教育的、あるいは報道的、教養的などの機能をもちやすい。娯楽番組が教育的機能をもったり、報道番組が娯楽的機能をもったりするのは、要するにこれらの機能が二次的だ（個体の能力や関心が、視聴条件に大きく左右される）からである。われわれはしばしばスタジオや劇場から＜ドラマ＞がテレビ放送されていると思うけれども、じつは＜ドラマの情報＞が電送されているのである。つまり、ドラマの（あるいは国会での議事の等々）進行のそれぞれの時点に、ドラマ（議事）の情報が（プロデューサーやディレクターやカメラマンなどの判断と操作とによって選択され決定されて）キャッチされ送付される。そして舞台のドラマとテレビ・ドラマとの相対的な独自性、あるいはテレビ・ドラマという芸術ジャンル成立の可能性は、この情報選定操作から発生する。報道にあたって、単なる事実の羅列や山積の中から＜真実＞をえぐり出せるのもまさにこの操作による。

　以上テレビの機能ばかりを論じたが、映画にしろ、さらには新聞にしろ、こういう情報伝達のメディア（媒介者、媒体）として、決定的な差異があるわけではない。送られる情報の種類のちがいと、情報のキャッチ（取材）から送り手の受信、製作、発信、送信、受け手の受信などの各過程の、機械化、電化の発展段階の差異とにもとづいて現状のような機能分担をしているだけといっていい。たとえば、新聞とテレビとでは、取材から本社受信くらいまでは新聞の電化がすすんでいるけれども、製作過程以後ではテレビが断然リードする。映画とテレビとでは、送信（配給）を鉄道や自動車にもっぱら頼っている映画（ただしアイドフォーが現実化すると、映画のこの過程は電化される）は、受け手の受信も徒歩や交通機関で観客が映画館にきてはじめて可能となるから、受像セットさえ備えつけた家庭では送信も受信も電気的にされるテレビよりも低い発展段階にある。もちろんそういう低い段階だから、映写機を買えばだれでも発信、送信できる利点も生まれる。メディア論の場でないから、これ以上述べないけれども、映画とテレビとが現在担っている差異は、送り手の側の企業的な制約や受け手の側の視聴条件や態度の問題までふくめて、将来もっと小さくなるだろう。

　だから、あらゆるメディアが、受け手の接触する空間・時間の拡大をする機能をもつ点で共通する。（こういう見方を社会学的・政治学的領域に対して固式化したのが、例のリップマンで、直接体験する環境に対する擬似環境 **Pseudo environment** の拡大成立を説いた。ただし彼の発想はいささか静的・図式主義的で、経験の不断の拡大という流動性が出ていない）。そしてこの機能は、受け手の知識を増大させる。という意味で二次的に機能をもつ（教育効果をあげる）。しかしそれだけなら、受け手は思想や事件についての知識を意識に植え付けられる（詰めこまれる）だけである。けれどもじつはこういう接触空時の拡大は、知識の増大だけでなく、既存の意識を動揺させる。「かわいい子には旅をさせろ」とか「他人の飯を食わせろ」とかいう諺のように、他郷や他人の生活に接触することは、（苦労で人格が鍛えられるというだけでなく）それまでの自分の生活態度やイデオロギーなどについての反省のチャンスを生む。そしてこの動揺・反省を通して、それまでの生活態度やイデオロギーへの自覚や自信が生まれ、あるいは変革の意志が芽ばえる。

　つぎに、情報からの＜現実＞復原能力の育成機能を論じよう。まず＜現実＞復原能力について述べると、情報がかなりに具体的で、量的にも十分な（もちろん完全ではない）テレビや映画のばあい、具体的な＜現実＞の復原はやさしい。逆に文字による情報からの＜現実＞復原は困難である。だから、精神の発達段階の低い幼児期や少年期には、テレビや映画など視聴覚メディアによって＜現実＞復原を経験させ、つぎにラジオへ、つぎに新聞へと移って、＜現実＞復原能力を育成していくことが望ましかろう。しかしあらゆる情報伝達において視聴覚メディアが有利かというとけっしてそうではない。抽象的な＜現実＞を復原させようとするばあい、文字の抽象性によるほうが、しばしば迅速で容易でかつ正確でもある。具体的な情報をもちいる視聴覚メディアでは、具象からの抽象もまた受け手の負担となるからである。

　最後に、前述の二つの機能が現実にはどのように機能発揮を妨げられているかに触れよう。たとえば＜現実＞復原能力の育成といっても、現実にはいわゆる視聴覚教育課程で若干試みられるだけで、大多数の人の復原能力は停滞したままである。例に引いたシベリヤ娘のばあい、やがてモンタージュという情報操作の文法を学習し、それがどんなに豊かな表現力をもつかを悟って喜んだことだろうが、映画が巨大資本の巨大企業として経営されはじめてこのかた、映画は新しい情報操作の手法、実験的手法を閉めだした。映画テクニックの革命的な発展はない。と同時に、社会の平均的な＜現実＞復原能力（情報解説能力）も停滞をつづけている。映画館の観客の九九％が、「わかる」映画でなければ興行的に成立しないからだ。それでもテレビでならまだ——前衛的・実験的手法を採用する可能性は残っているのではないか、と期待しているのだが——

また、接触空時の拡大機能にしても、十分に発揮されてはいない。新しい＜現実＞隠されている＜現実＞本質的な＜現実＞に送り手（のプロデューサーやカメラマンなど）が接近し、発見し、キャッチするための時間的・経済的裏付けは極度に少ない。そのために、受け手も、新しい＜現実＞隠された＜現実＞本質的な＜現実＞と十分には接触できていない。もちろんテレビは、「一億総白痴化」よりも「一億総博知化」を実現するといわれるように、たしかに知識は増大する。けれども、その知識が断片的だったり、枝葉のことだったりする傾向も否定しがたい。

とくにいちばんの問題は、送り手の側にも受け手の側にも、さらに社会一般にも、増大した知識を体系化したり、新しい知識を契機として既存の生活態度やイデオロギーを反省し、強化や変革をし、発展させていこうとする配慮やゆとりがないことである。受け手についていうなら、親と子とのあいだでさえ、子どものコミュニケーション体験（映画観賞やテレビ視聴）について話しあうゆとりがない。娯楽映画や番組でも教育的機能をもてると教えられても、娯楽的内容に教育的機能をもたすことは教育内容のばあいよりも困難なのだから、教育番組を見てそこから教育的機能を引きだすゆとりさえない以上、結局、娯楽は娯楽で終ってしまう。

非常に粗雑にしか書けなかったが、要するにどのメディアの教育的機能も「宝のモチグサレ」となっていて、そこでどうすべきか、という問がわれわれに解決を迫っているのが現状だ、といってよかろう。

政治・藝術・人間

●労仂組合の映画運動について

吉見　泰（演出家・フリー）

（一）

私は、二月九、十日、伊東で開かれた労視研（才一回労仂組合視聴覚研究全国集会）の才三分科会（創作問題）に出席した。この分科会への出席者は、労組の教宣部関係者を中心に、移動映写団体の人々、劇映画（独立プロ）、記録映画の専門映画人たちである。私は、いまここで、その討論内容の的確詳細な報告を書こうとは思わない。そこで得た私の考えと意見とを表題にしたがって記したい。

私はまず、席上の労組関係者の間に、劇映画製作への関心と興味が異常に強いことを感じて驚いた。これは私だけのことであったのだろうか。もちろん、「山宣」「松川事件」という二本の企画とその製作運動をめぐる諸問題に当面し、その意志統一の必要に迫られていたそのことは分る。しかし、記録映画、幻灯などへの関心を圧するほどに、劇への関心が強かったことを異常に感じたのである。

それは勿論、記録映画というもの、あるいは記録映画運動についての理解と経験の薄さの反映であったとは思う。しかし私は、体制側のマスコミとどこでどう取組んで闘うのか、そこの基本が論議される前に、いきなり、製作上の技術問題にも及んで、前記二本の劇映画製作のことが、論議されたのを異席に感じたのである。闘いの基本についての理解はどうなのか。また、それを抜きにして、いきなり劇映画製作のことが論ぜられるのはどこから来ているのか。

次の、機関車労組の発言は、その辺の事情について、なにかを語っているようである。

機関車労組は、自分たちの生活と組合活動の現実に即して、「白い機関車」「麦と機関車」（テーマは労農提携）など、記録的な作品を自主的に、また意欲的に製作してきた組合だが、記録的な作品だと、もう組合員がついて来ないので、その興味をもっとひくためには劇映画にまで手をのばさなければならなくなってきた、というのである。

反体制側からのマスコミの闘いの場で、なにを、どう記録してきたのか、記録映画製作になにを求めてきたのか、そこを抜きにして、劇映画ならばという期待は、あまりにも通俗的な飛躍でありすぎはしないか。劇ならば大衆性があるとはじめから思いこんでいる錯覚がありはしないか。

しかし、ガラリと面をかえて言えば、これは、大衆性という点での、労組の教宣活動家の側にある、記録映画への不信でもあるのだ。

労組側にこの不信をもたらした、記録映画の一般的な弱さについて、作家側が反省することは、労組と映画の専門作家との協労で、マスコミの闘いを進める上に大切なことだ。(労組と映画専門家との協労は、今回の労視研の中心議題の一つであった。)

労組側の欠陥と作家側の欠陥――マスコミの闘いの場における反体制側の弱点を明らかにして、その克服を着実に進めたいものである。

（二）

今回の討議に現われた労組側の欠陥としてあげられるものは、教宣活動家における視野の浅さと狭さ、生きて生活している階級的人間像の把握の浅さと狭さ――それは多かれ少なかれわれわれにもあることだが、その狭さについて疑問が生まれていないことだ。

極端な言い方かも知れないが、人間を組合員という枠の中でしか見ないようなのである。言うならば、組合活動の方針あるいは闘争方針を進めるのに必要な駒としか人間（組合員）を見ていないのではないかと思われる。ここでまた再び、さきの機関車労組の発言をひき合いに出して喰いさがるようで大へん失礼なのだが、〃記録的な作品を重ねて作ってきたが、大衆性がなくて喜ばれないから、劇でなければ〃と一足とびに飛びあがるあたりにその辺の事情がかくされているように受けとれるのである。

それにまた、こんな話もあった。ある保育園で、八ミリの活動家が子供たちの遠足を撮るのだが、一向に喜ばれない。やめてしまおうかというのである。

この話にしても、遠足に集まった子供や親たちを、十把ひとからげ式の記念撮影風にしかとらえない所からきた弱さか、あるいは、遠足そのものが、上からの行事として、何月何日に集れ式のものであったか、そのいずれかの弱さの反映であるか、あるいはまたその両方の弱さがかけ合わさったものであろう。

前の話にしても、この話にしても、事態や人間や環境を洞察する眼が枠にはまって、ゆたかさを失なっているのではないだろうか。そしてそのこと自体に疑問を持たない限り、発展はないのである。

組合の枠にとざされずに、自分の環境、生活の条件を、もっと広く深く階級的に観察してみることが大切だと思う。一口に言っても、組合員は階級的な人間であり、夫婦であり、子供の親であり、あるいは、息子であり娘なのだ。そして一様に現代の社会条件の中で、それぞれの不安にさらされているのである。そうした不安にさらされた階級的な人間像とその行動、そしてその環境をゆたかにとらえ、その思想と行動を組織するところにマスコミの闘いがある。このことを放置しては闘えないのである。

それは単に技術の問題ではない。いきなり、劇映画をというのはとも角、機関車労組の突きあたっている悩みは、専門作家の悩みでもあるのだ。なにに共感し、なにに反撥するか、そして、みんなで感じ合い考え合う素材を適確につかみとるリアリスティックな眼――それが求められるのである。そして大衆性もそこに生れるのである。

さきに述べたところの、組合の活動方針を進めるのに必要な駒としか人間（組合員）を見ないという指摘がもし正しいなら、次に来る事態は明らかである。

すなわち、文化活動の一切のプログラムを政治のプログラムに従属させるという誤りである。そして、マスコミの闘いにおける敗北である。

（三）

ここに、ある労組の闘争記録のシナリオがある。――

○会社は仂け仂けという。
○しかし労仂条件は悪い。
○そして貧乏。（家庭で、赤字の家計簿を計算する夫婦）
○賃上げ闘争の準備とオルグ
○闘争委員会
○スト権確立の投票
○大会――闘争宣言
○書記局の活動
○団交
○決裂
○スト突入
○スト背景の団交
○妥決
○メーデーが来る。

以上のようなものである。

ことの運びは、いかにもその通りなのであるが、これまたいかにも年中行事式ステロタイプ。皮相なのである。組合の活動それ自体が皮相なのであろうか。作品を政治のプログラムに従属させようとする意識が仂いてはいないだろうか。

しかしいまここで、私はこのシナリオについての批判をこれ以上展開しようというのではない。

むしろ、こうしたステロタイプ化したシナリオを書く下地を作ったのは誰かと言いたいのである。それは記録映画の専門作家それ自身ではないのかということだ。

批判の眼のないPR映画。思想性のない広告宣伝映画。さる日の座談会にも出たリアリズムの底辺も持たない社会教育映画等々。そういう下地の亜流が、容易に生れてくる雰囲気と条件は十分そろっているのである。ことほどさように、専門作家は無批判な創作に流れすぎている。

反体制側からのマスコミの闘いをどう進めるかという課題で持たれた、労組の文化活動家と専門作家との集会は、専門作家側のこの弱点を、改めて鮮やかに照らし出した。

（四）

さきに述べた劇映画二本の製作運動にし

ても、反体制側の弱点をはらんだままでは、マスコミの闘いとしてはのび悩むだろう。

はじめからいきなり、劇映画には大衆性があるときめてかかるのは一種の大衆追随である。むしろ大衆迎合でさえある。そしてそれは、人間（組合員）を組合活動の駒と見る態度の裏返しである。

したがってそこにも、創作運動（文化活動）を政治のプログラムに従属させる危険がいつでもひそんでいる。

大衆性を言いながら、大衆追随をやっている限りでは、マスコミの闘いとしての製作運動はのびない。

製作運動、製作運動と言って、シナリオの何稿かを組合下部におろし、大衆討議を基盤にして仕事を進めることを考えているわけだが、大衆討議になにを求めるのか、下部の意見を汲んではまたおろす、その往復運動の中になにを求めようとするのか、そこのところが明らかになっているのだろうか。

大衆が意見をのべるという形で、シナリオ制作に参加したからそれでいい、というわけのものでは勿論あるまい。意見の受けとり側では、意見として出た言葉そのものを頂だくのではなく、なぜその言葉が出たか、その基底の流れを汲みとることに意味があるのだが、近頃では、どんな場合でも出た言葉だけでのやりとりがあまりにも多すぎる。これでは、創作というような奥ゆきの深い仕事とは縁遠い話だ。

それに、下部で意見を出すということをただ、考え方や材料を提供することだという風に、機械的にやられたのではたまらない。日常の生活の批評運動としてとらえなければ意味はない。単なる、シナリオの技術批評としての意見なら、なにも広く下部におろす必要はないし、そんなことは何の益もない。そうではなくて、日常の生活や生活環境、社会環境などについての批評運動を組織し、その中にシナリオ討議を組み入れることが大切なのだと思う。そのときどきに現われてくるシナリオに意見を出すことに意味があるのではなく、必要なことは日常の批評運動の組織を主目標にすることだ。

労組側から、専門作家と協力して作品を製作する場合、組合側の思想性と作家側の芸術性がなかなか綜合的に統一できない困難があるという意味のことが提出されていたが、その作家が反組合的な思想の持主ならいざ知らず、組合側の思想性と作家側の芸術性という対置の仕方には問題がある。思想性のない芸術はあり得ないのだから、対置するものがあるとすれば、むしろそれは、双方の思想性であり、その不統一の矛盾なのだ。

組合側が提出したことがらの意味は「こういうことは作品の中で言ってほしい、表現してほしいと注文しても、作家は芸術的な観点からなかなか受けいれてくれない」ということなのだろうと思うが、その中には、芸術についての理解の不統一が潜在的にあるのだ。これも批評運動の展開の中で逐次解決されるだろう。

ただここで問題にしておきたいのは、思想性と芸術性を対置させる考えの中に、芸術に政治のプログラムを強要する思想はないかということである。それがどういうことを意味するかということはすでに述べたとおりである。

（五）

マスコミの闘いを進める上で、労組側と専門作家の協力、その関係の仕方にはまだまだ解決すべき課題をはらんでいる。その実際的な解決は、逐次今後の問題として残されているのだが、席上、見受けられた労組側のアマチュア意識は捨てた方がよい。

アマチュア意識は、職業的専門作家を対象として意識するところに派生する意識である。マスコミの闘いをすすめる上には、専門作家もアマチュアもない。労仂組合は労仂組合である。アマチュア作家の集団ではない。

組合の中で八ミリをやっている人たちの間に、八ミリはおもちゃだという一種の劣等感があるようだ。これなども、よけいなアマチュア意識にわざわいされたコムプレックス――八ミリは八ミリで有力な闘いの武器である。すでに体制側では、八ミリを武器として意識的に運用しつつあるのだ。

そういうアマチュア意識にこだわるよりは、さきに述べた意味での「労組の枠」をあらゆる面でとりはずしたらよい。

反体制側の闘いの組織として、全国的な視聴覚センター確立のことが論ぜられたがすでに、反体制的性格を持った主婦の会や「見る会」など、市民の各組織が活動しつつある。労組の持っているプリントや映写機を通してでも、これと提携することを考えずには、センターものびず、闘いは発展しない。組合員もまた主婦とともに生活する市民なのだが、市民の中に、また労組の側の中に、組合の枠の意識が強すぎる。

すべての闘いは労組を中核とした広汎な組織によってはじめて勝利する。マスコミの闘いもそうした広汎な運動として展開しなければ発展しない。

労視研の席上、「新しい製鉄所」は、資本主義体制の永続性をうたいあげる、体制側のPRとして批判されたが、われわれのほとんどが作っているPR映画の本質は、全くそのようなものなのだが、こういう形で組織的に受け手の側から批判されたのははじめてであった。PR映画論で、狐の言葉うんぬんが言われもしたが、運動の発展の中では、その狐の言葉もより積極的な意味を持つ可能性を持つだろう。PR映画もマスコミの闘いの中で、受け手の側の組織的な活用の中に組みこまれる可能性を考えるよりどころがそこにある。あまりにも無批判に流れすぎてきたPRも社会教育映画も、教材映画も、このような運動の発展を背景にした再批判が求められつつあるのだ。

反体制側につくのか、否か。

反体制側からの組織的なマスコミの運動はいまま改めて、作家に、その去就を迫っている。

座談会／教育者の眼と作家の眼

■学校教材映画と社会教育映画の混迷の原因を追求し、現状打開の方途を発見するために――

●出席者
加納竜一（教材映画製作協組理事）
荒井英郎
石田修
岩堀喜久男
西本祥子（以上教育映画作家）
吉見泰（編集部）

■学校教材映画の問題点

吉見　私は編集部として、進行係を勧めさせていただきます。先ず学校教材映画を中心として単元との関係という形についての問題のありかたを、最初加納さんにお願いしたいと思います。

加納　広い意味で教育と映画ということになれば、いろいろなところに問題が広がってくると思うがとくに最初、学校教育と映画というような話に絞ってくると、いわゆる教材映画といわれてるものと本当の現場教育との関係というようなものは、どういうことなのがその辺は正直なところ、ぼくらにもあいまいなところがたくさんある。もっと真剣に考えてみなきゃいけないことは、教材映画はかくあるべきだといわれてることと、実際の現場で教材映画がどういうように使われてるのかという間には、かなりギャップがあるんではないか。御承知のように、だいたい教材映画というようなものは、本当は学校の教育の場で教科がはっきりしてて、その中である単元に即してきちんと使うものと、必ずしもそれに密着しない、どこでどう使っても効果を上げるというようなものとがあると思うし、そういうことを前提として作られているわけだけども実際の現場ではおそらく、そういう意図の通りに使われているのは何パーセントというところじゃないかと思う。おそらく極端にいうと、学校でどうしても教材映画がなければ困るんだと考えてる人が何人いるだろうかということに帰着するんじゃないか。それがなんとなく、作る側にも反映している。そこを今後はどう解決していかなければならないか。学校の先生方だけの問題じゃなくて、作る方にも関係してくる問題になってくる。そういうことを具体的にどう考えていくのか具体的に教材映画を、それは特殊な例でもいいから何本か作られた場合に、どういうことを考えて作られて、だいたい自分の思うようにいったのかいかないのか。映画という角度から、もう一つは教育という角度から、いろいろなところに問題が残ったまま作られるということがあると思う。そういうことから話してもらうといいのじゃないか。

吉見　そういう点で西本君、どうなんだ。今まで教本重ねてきて。

西本　私がやってきたのは主に理科系統なんですけれども、理科系統の場合は社会科の映画よりも単元にきちっと当てはめて作らなければ売れないということがあって何よりも作る前にそれが問題になるわけなんですね。それをはみ出したものを作ろうとすると、売行きに関係してくるということは、私なんか配給社が直結してたもんだから、いつもそれを考えながら作らされてるということがあります。そういうところから、いわゆる表面の知識を教えればいいような、理科を作っても科学映画とは全く異質なもののような感じで作ってきたわけで、ここにもたいへん問題があると思っています。

吉見　具体的に、たとえば「コロと車」ですか、あれなんか実際それが作られて、作品が教室に持ち込まれて、その現場へあなた行ったことある？

西本　学視連の大会に一度行ったことがあります。それがちょうど使われるからというので。その場合もやはり、あの作品が「コロと車」の歴史にさかのぼって触れていますでしょう。そういう個所が社会教材としても使える面を含んでるということは是か非か、むしろその方がいいんだという先生もあれば、いや、理科映画の場合そういうもの一切抜きにして、物理なら物理の原理そのものを追求していった方がいいというのと二とおりあります。私なんか、学校でどういうふうに使われるかというのが当時はよくわかってませんでしから、そういう意味では社会科にも触れるようなもの作った方がいいんじゃないか、その他の原理は教室でやってもらえばいいんで総合的なものつかんでもらうことの方が大事じゃないかというよう考えてたわけです。近ごろの学研作品なんかを見ると、その点非常に割り切って作ってます、その辺はどちらがいいということになると……。

加納　そこで、もっと問題をひろげると、小学校、中学の教育にはどうしても教材というものが必要なわけだね。広い意味で教科書も実験器具も、そういうもの使ってどういうこと教えるか、あるいはどういうこと考えさせるかということが教師の仕事なんだろうが、今ある教科書にしても教えかたにしても、映画が出てくる以前の教材の配列が出来上っているわけだ。文章でやるとか図鑑でやるとか、野外の観察とか、学校でできるはんいの実験とかいう形に止まってる。そして理科なら理科教育の、今までの単元の立てかたになってる。そういうようなものの中へ教材としての映画をとり入れていく場合、本当は自由に映画が使えるということになると、いわゆるカリキュラムというか単元の構成がどんどん変ってこなければならぬと思うのだけれど、なかなかそこまで考える人いないし、全国的にそれほど映画が使われてるわけじゃないんで、そういうところに一つの問題があるわけですね。それともう一つは、映画というようなものは、なんとなく万能みたいに思われていて、映画を使わなければ教育できないとか、この映画こそ一番いい教材だという立場からの選択ではない。そこで映画というものはどういうふうに使っていったらいいかということになると、現場の先生方がどういう教育しようとしてるのかというところにひっかかってくるわけだ。どんな条件の中でどういうふうに子どもを育てようとしてるのかというところと、映画を作る方の作家の考え方が一致してこなければ困るわけで、ところが一方教育界の現状として、今までかなり幅の広い形で現場の裁量というか、選択の余地があったのが、来年あたりからはっきり最低基準として、これだけのことは何時間内にやらなければいかんと形式的にきめられてくる。そういう形で、そういう教育をするとなると、ただ一番便利な教材はどういうことかという考えかたになって来るわけですよ。社会教育の場合でもいえるが教師が自主的に本当に教育しようという場合の教材みたいなものとそれから文部省なら文部省の方針に従って、ある一定のわくの中でなるべく便利に能率の上るような教育していこうという場合の教材というふうなものと、そういう二つの立場というか二つの態度というか、作家はこの点をどう考えていくのか、そういうことになってくる。

吉見　たとえば、実際に現場の先生方が直接教育したいという材料ですね。そういう素材として映画を利用するという場合と、もっと一般的に子どもをどう興味をもたせ、教育するかという、後者の場合があるわけですが、ぼくらの子どものころふり返ってみると、理科なら理科で学校の教室で教わるものと、もっと別な面で興味があり、ずいぶん役に立ったと思うものは、たとえばシートンの「動物記」とか、ああいうようなものを読んでるなかから習得したものの方が、今生きてるわけですね。それから理科関係だけじゃなく、読物としても、現状とは違うかも知れないけれども「愛の学校」とか「小公女」「小公子」ああいう一連のものが、よほど今残ってるわけですよ。

加納　その場合、シートンみたいなもの読んでわかる基礎みたいなものはどこでできてきたかということが一つある。基礎学力というか、エッセンシャルといっている積み重ねられてきた科学的な体系みたいなものをどう教えるかという面もあるわけです。それと本当に子どもが根本的認識を持つようになる契機はどこにあるのか、これはおそらく教育のたいへん大事な問題であろうと思う。実際に教材映画をどういう前提で作るのが一番いいのか、これは死んだ太田仁吉さんの場合だけれども、自分がかなり長く現場で理科教育やってきた体験の上に立って、映画を作った。そして、自分が作った映画を持って出来れば現場へ行きたいんだということをいっていたが、やはり分業だから必ずしもそうはしなくてもわれわれは映画を作っているしかない。自分達が作った映画がせめてどういうように使われてるのか、それでは困るというのかどうか、やはり教師を通じて子どもにどう仂きかけているのかということを、教育映画の作家は考えなきゃならんじゃないか、ぼく個人の考えかたからいうと、次の二つにはっきり分けて考えてよいと思う。教室の中でことばで説明しても写真で説明しても具体的な現象をわからせることができない事実がある。それは映画で見せ得るんじゃないかということが一つ。そういう事実から、ものの考えかたをどう発展させるかというもう一つ大事なポイントがあるわけですね。大事なのは、根本的に科学なら科学という時は科学の法則とか、現在の時代における科学の意義を、子どもたちは何によって理解するんだろうか。そういう時に映画がどこかで使われるのではないだろうか、ということを考える。それから社会科あたりにしても、歴史なら歴史にしても、ものを教えるだけでなしに、歴史感覚みたいなものを身につけるに役立ちたい。地理なら地理的な感覚みたいなもの、大人は大人として持ってるわけです。そう点に役立つ映画が、実は一番いい教材じゃないと思うわけなんですね。そういうことをよく考えないと、最近いろいろ、先生が便利に使えるといってる映画はむしろその逆みたいになってて、本で教えることの絵解きみたいな形になってるということだけで、ないよりはけっこうなんで、そういうようなことでいいんだろうかということです。

石田　今加納さんがいわれたように、教材映画のありかたは、事実から発展さすものを内容としてもつことが大切だと私も思っています。ところが、教材映画が商品としてはどうかというと、よけいなことをいわない、指導要領の線に沿ったものがのぞまれています。さっきいわれた、指導要領に書いてあることを教えるのにこの映画を使えばなおよくわかる、という事になりそうな種類のものです。教材映画の作家は先生方と話しあいをすすめ、謙きょな気持ちで自分も教師の一人になって、映画におきかえる仕事を分担した、というふうに考えるべきだと思うのですが、しかしそれは真実を踏まえての分担だと思うのです。前に、社会科の地理で四国へ行ったことがありますが、教科書には佐田岬半島ではハゼの木が有名で実からローソクをとるとちゃんと書いてあるのに、行ってみるとおおげさにいって探さなければみつからない。夏みかんの方が儲かるので、みんなその方へ切りかえているのです。こういう事実はほかにもあったわけですが、わずか二巻の間に四国全体をいおうとするとき、結果はす通りしてしまう。地域全体にふれる地理映画が必要なところから作られたのだから、四国を知るという点では教材として充分役立つ訳です。しかしこの経験を一例としていうのですけれども、このばあい、なくなったハゼを追うというのではなく、移りかわりの事実のなかに生きた社会科の地理がある、ということなのです。その頃は教材映画の作りはじめで気負いもあったわけですが、考え方としてはそんなふうなものが残った。かたちをかえて、作品ごとにつきまとうものです。教材映画には、おもしろいということはまずないでしょうけれども興味をおこす広さはあっていいはずです。

西本　なにか、知識を教えればいいみたいな、受け取る側も作ってる方も知識を教えて、それが間違いなければいいんだみたいな、頭から割り切ってるところがあるんじゃないかと思います。

加納　それは、作家が打開できるのか、できないのか。現場の教師と力を合わせることによって打開できないのか……。

西本　私なんか聞いたはんいでは現場の先生は両極端の二種類ありまして、一方は基礎知識を教える素材になるものを並べておいてもらい、私たちがそれをうまく教育現場の中でそれを引き出して教育していく、そういうものがよい。ところが一方の先生たちは、映画で授業の代理としてもらう、いわゆる見せっ放しという形で、その方が多いということなんです。どちらにしても、知識を教えるというだけの映画じゃいけないはずなんでしょうけれども、やはり単元にのっとって教えようと思うと、知識を教えていかなきゃ困る、そうすると知識だけの映画でいいんだという要求が出てくるわけです。こっちはそれじゃおもしろくないんですが、そういうものが売れるんだという形で最後の線では押し切られちゃうんじゃないかと思うんですけれども。

加納　その辺、少し作家の方の反対の立場に立つんだけれども、押し切られるというところにやはり教育というものにおいての、一つはレアリズムというか、現実的な考えかたの欠乏とイマジネーションの欠乏があるんじゃないか。むしろきょうの話としては、一方のおもしろくないという方はだれでもいえるんだからそれは果して既定事実なのかどうか、それを打破していけるのかいけないのか、その時は作家側に何か問題があるのかないのかということを考えてみた方がいいんじゃないか。

吉見　それで、一つのメドは、いつも単元に伝られるという、それはわかるんですよ。たとえば、さっきいわれたように科学の今日における位置だとかいうことをやろうと思っても、単元の仕組まれかたの中ではなかなか表現できてこない。それなら今ここで、そういう学校の中の子どもを相手にした科学映画作ろうというための映画の側から考えた単元の系列なら系列というもの、カリキュラムというのか、それを作り上げていかないと、ますます教材映画は貧困になるだけで、肥っていく要素はなくなっちゃうんじゃないかと思います。

加納　視聴覚教育というのは一つの方法でしょう。やはり子どもがどういうことを必要とし、どういうふうに伸ばしていくのかということを、教科あるいは教育そのものの研究とか、それを現場で推進してる人と結びつかないと、本当の教材映画というものは伸びてこないんじゃないか。これからはどうしても映画を使わなきゃならないと思うし、映画を使って効果のある学習やってる先生方はいまは現実にそう多くはないと思うが、そういう人々をどんどんふやしていくことと、そういう人が映画を教材として使い新しい教育運動として広がってこないと実際には伸びないだろう。そこへいくまでの中間としては、単元にぴったり合ったもので、便利に使え、少なくとも自分の持ってる一時間なり二時間なりの授業は効果的に過せたという段階は、ある程度やむをえないと思うんだ。そういうなかから本当に映画を必要とする立場を養っていかなければいけないんじゃないか。

■社会教育映画をめぐって

吉見　だいたい問題点が、そういう作家の方の意図、意欲と現場とが、どう結び着くのか、そこで新しい体系みたいなものが出てくるんじゃないか、運動として。その見通しが一つ出てきたわけだけれども、それと同じようなことが、社会教育映画の場合にも共通した性格があるんじゃないか。そういう点で今まで荒井君、岩堀君たちやってるなかで、現実としても、もっと大きな対象になってきて、また非常に複雑になっていくわけだ。生活環境が、それとの関係で、えらくずれて感じたり、どこをどう打開しなくちゃいけないかとかいうような現実話を材料に出していただいて……。

加納　そこで一つの考えかたの方向として、とくに教育と映画を結びつけて考える時、作家というものはどういうものなのかということがある。

吉見　それはやはり作家というやつは、自分が生きるための方法論なり認識のあれを持ってるわけです。それがある限りは教育一般ということと非常に大きなつながり持ってるんじゃないか。その人の考えかたが今の教育の方向に合うか合わないかという問題が出てくるかも知れないけれども、そういう意味では教育者という自負があってもいいと思うんだけれども。それがなかったら作れないものな。おもしろくなくて。

西本　そういう意味になると、異議があるんです。いわゆる単元にのっとって教材映画の場合は別ですけれども、そうじゃなくて、社会教育映画の場合ですと、果しておもしろくないですませる問題かどうかということがあるんですよ。そうするとやはり、教育者じゃないけれども教育のことを絶えず関心持ちながら、現在こういう方向でいいのか、それともそうじゃないもの作ることに意義があるのか、その辺で立場もはっきりしてくるし、作ることの意義も生れてくると思うんですよ。そういう意味で、私はおもしろくないということは私自身はいわないんですよね。

吉見　社会教育という、いわゆる戦後始まったころに、シナリオ書いたわけだ。その時のテーマは、迷信打破の話。迷信だというんでいろいろやったなかで、結局きつねつきとかいうことのためにえらく被害受けてる部落があるわけだ。そこへ取材して物語を作ったわけだけども、その時に集ってくる批判、先生じゃなく、社会教育家の人たちが、これだと作家の主張はわかるけど、あとディスカッスの材料残らないというんだ。（笑）そんなのあるかと思うんだけれどな。作家の主張はわかってディスカッスの材料残らないというべらぼうな話はないと、とうとうものにならなかったけれども。作家の主張わかったら、そいつは材料になるはずだといってやりあった。

加納　その迷信の根拠はどこにあるのか、否定できるものかどうか自分の住んでる村とはどういうふうに構造が違ってるのかいうことがわからなきゃ、迷信について作者がいおうとしてることはわかるけれどもディスカッションの材料にならないという場合がありうると思うね。そこに、教育映画のレアリズムというものが大切になってくる。そこで多少作家に苦言を呈すると、映画的にうまいかなんとかいうこと以前に、しっかりレアリズムの上に立てば、そういうものが具体的に出てくるんじゃないか。そういうところをもう少し社会教育映画で出してもいいと思うが。

吉見　そろそろ入りましょう。堀君、どうですか。去年はどんなものを作ったか。

岩堀　社会教育では「うわさはひろがる」と「技能と経験」前の「うわさはひろがる」は、要するに社会教育、「技能と経験」はその社会教育の中でも職業教育というか技能教育というか、そういう狭い分野を一応狙ったんです。「うわさはひろがる」は社会教育だけど、たとえば婦人のグループのうわさ話みたいなものを直接材料にしてそういう学習グループで見せることをかなり予想しながら、一般のほかのグループにも役立つというような狙いでやってるわけです。この次にやろうとしてるのも、おそらくそんなグループの話になるんですか。

加納　少し註を入れると、現在社会教育映画は学校教育映画よりもかなりいい状態で使われてるというわけね。小集団学習という形か社会教育のグループの中で、どんどん伸びてきている。単に映画見るとか、えらい人の話聞くというだけでなく、十五人でも二十人でもいいというグループ中でかなり映画が使われてきだした。そういうものに対してへたすると今度は教材として作者がいおうとしてることがわかるけれども、あとの具体的なディスカッションにならないという意見も出てきてるわけです。皆寄って仲よくすれば町がきれいになります、そうでございますねということでは困る。そういうことですべての問題解決できるのかという、作者が映画にしたものの基盤が出てないとディスカッションにならないわけだよ。前のは宣伝映画みたいなもので、そういうものを見分けるようなグループはかなり地方でできてる。

岩堀　ただね、婦人グループ、学習グループにしても、東大の宮原さんが朝日に書いていたように、社会教育法が改正されて団体に助成金が出る。今年なんかは婦人団体の助成金みたいなものが八千三百二十万円も出るわけでしょう。それから社会教育団体振興費なんかの方からも婦人団体に一千万円ぐらい足されて、合計九千万円の予算をもって助成するわけです。一方に、青年学級の助成金が八千三百万円もあるわけだ。そうすると婦人のグループ青年グループにひもがつく危険がある。一方に自主的なグループが育っている、そのにらみ合わせの中で婦人のグループはたいへん重大な意義を持ってる。そういうことをなんとなく考えながら、たとえばうわきを扱う。この次も婦人グループに関係のあるテーマを出そうというわけです。ともかく、そういう政治的な動き自主的な動きがあることをにらんだ上で、テーマなり問題の描きかたなりをやらないと、から滑りしちゃうんじゃないかという気がします。

吉見　今の社会教育映画研究会が皆でやっているやつ、あれでは会を重ねているが、一番追ってる課題はなんなの？

荒井　一つ出てきてるのは、いわゆる社会教育映画というのは、わくがあるんじゃないか、わくとはどういうものだということを、今まで四回やったわけです。だんだん出てきて、この前の会では作家だけじゃなくて、どういうふうに映画作られたのが受け入れられていくか、配給会社の方から、教配と共同映画に来てもらってそういうところを考えながら討論したりなんかしているんです。そうするとかなり具体的にわくというものがどういうわくになるのかということは、ライブラリーを対象にした場合に、どういうわくがどういうふうに出てくるか、それ以外のもっと大衆にじかに訴えていくという形、つまり作りかたができないがどうかということをやったわけですよ。

吉見　その、わくというようなものがあるのかも知れないという感じかたは、なんに対して？

荒井　さっきステレオタイプというのが出たけれども、たいへん実用的な、社会改良的な、社会教育映画の方向というものが、そういう型というのが何からくるのか。

加納　型にはあんた方が作ったのもあるんでしょう。

荒井　一般にでき上ってるそういうものは、何からくるのか、そういうことを皆やってるわけです。

加納　むしろ、小集団学習やってるような連中からも、今の社会教育映画は型にはまり過ぎてるという声が出てきてるね。

荒井　そうです。今はかなり製作者側の考えてる向きがある。それに対して作家が無抵抗でP・Rの映画引き受けるようにやってる問題……。

西本　きょう来られることになって先生も、私はなにも映画を使わないとかそっぽ向いてるということじゃなくて、解説とかお説教とか、安易な解決やお話で終ってる映画は意味がない、教育映画と名がつく映画に対して作家の人たちは教育ということをどの程度考えてやってくれてるのかと、疑問に思ってる、そういう自分が疑問に思ってる映画を子どもに見せることはできない、そうでないものだったらそっぽを向くつもりはないといわれますが、そこに大きな問題があるんじゃないかと思うんですよね。今荒井さんや岩堀さんいわれたことにもつながってくると思うんです。

加納　商業主義の上にマーケット持ってるわけですよ。そこから出てくる当然のわくはあるけれどもそのわくをあまり意識し過ぎて、自分からわくをこしらえるかたむきがある。岩波の「町の政治」なんかも作っている途中で、これやめようかという話も出た。売れないという感じですね。作ってみるとそういう成績悪くない。レベル以上の本数も出てるわけです。あまりわくのことこだわらずに、またもしかりにプロデューサーから与えられた課題にしても、課題は即わくじゃないんだから、別の形で解決する方法だっていろいろあるんじゃないかというふうに思われるんです。作家も忙しいだろうが、その中で、考えていかなきゃならんということだ。小説家にしても絵描きにしても、自分で材料探して取り組んでるわけですよ。教育映画の場合、みんながそうだとはいわないけれど、どんなところに問題があり、どんなふうに条件が動いているかに取り組むチャンスも少いわけです。そういうことは東京にいてもできるようなことを、皆でいろいろやってくるということで、ずいぶん違うと思う。映画だけの団体じゃなしに、いろいろな団体の中に入って。たとえば岩堀さんなんか教育映画のグループと一しょに仕事をしたでしょう。そうすると視野が広がってくるわけですね。

岩堀　材料というか、たとえば同じ版画の世界でもあるわけです。作家の世界とか、経験が狭いということはあるね。たとえば広告映画の場合でも、自分じゃ知らない新しい機械とか、新しいいろいろなもの、知らないから逆にそれがたいへんいい紹介をしてるような錯覚を持つんですよ。他から見るとつまらない広告映画というのはたくさんあるし。知識が狭いから作家にとっては目新しいことが、その角度だけだとたいへん浅いものができちゃって、一般の人に感銘がない。それが社会教育映画でも教材映画でも同じで。

吉見　目新しさを正直に吐露するかといえば吐露しない……。

岩堀　しないんです。やはり、たいへん姿勢が高い。高いところから教えようとしている。社会教育映画でも教育が過剰だといわれるのは、そういう問題じゃないのかな。浅い知識をてっとり早くまとめて出してしまう。実際は深い知識も体験も燃焼もないから、ステレオタイプに流されてしまう。それを防ぐためにはいろいろな組織との連絡とか、作家個人が本当に自分が問題としてる形で問題を掘り下げていかなきゃだめなんじゃないか。印刷された本とか報告にある事例だけを広い、しかも唯一の典型のように、描くということはたいへん危険がある。同時にいろいろな類型も探し、本当の典型を取り上げていかないと、感銘しない。

吉見　あまりやってないというのは、おそらくそういう刺激ないし感動というものを受け取る場を積極的に持たなさ過ぎるということに帰っていく。ぼくはこのごろ単純に考えるんだよ。社会教育にしても何にしても、どう生きるかというテーマが自分でいつもあると思うんだ。どんな材料扱う場合でも、自分はこういうふうに生きたいと思っている、あるいはそのために環境を自分はこういうふうに理解してみたいという主張と意見があるわけだよ。それを映画の形で表現して、いろいろなグループの人たちと交流しあうという、そこから批判が必ず起ってきて、さまざまなまじわりかたというやつを重視して作っていくことが、社会教育の商業主義的なわくにしろあるいは創造方法の上からみたわくにしろ、そいつを打ち破っていくというか、極端な場合はえらい抵抗を誘発する場合もあるかも知れないが、そういうのが作る側としては一番自然なんじゃないか。

加納　そして、吉見君のいったような主張に賛成するプロデューサーはかなりいるわけだよ。作家はそれほど孤立している状態じゃないんだから。何人か集らなきゃいかんことは事実だな。それと一番大事だと思うことは、もう一辺作家というものに戻る事だ。教育者と作家というものは非常によく似ているということは、人間を全体として、把握しなけりゃいかんということだ。分析だけじゃなく全体をつかまえてくということはやはり作家の仕事ですよね。それから現在の中に未来というか発展というものを見つけてくるということだって、映画の場合も小説の場合も、教育だってそういう仕事なんだよ。子どもの中に可能性とか未来を見つけていくということなんで、単にことばの上だけでなく、本質的に同じものがあるわけだ。

ところが教育の方でも今の文部省の方針みたいに、どんどん分割されてくるわけだよ。片方は道徳教える、片方は技術、片方は算数教える。分割して統一せるという形になってくる。作家はこれとは逆に全体像みたいなものつかまえていくような仕事の形の中で、教育とたいへん協力できる。そこに近ごろは教育の世界でも芸術教育というものを大切にしなきゃいかんということを、小学校の理科の先生だって社会科の先生だってしきりにいうようになって来たわけですよね。科学なんかでも、こんなに進んでいく時あるポイントにくると芸術に似た創造活動があるわけですよ。一つの方向を持って自己を表現するという仕事の中に、教育と密着してくるころがあるんじゃないか。その場合どういう材料が先生として必要かとか子どもにどこまでのことがわかるかとかいうことは教育者の協力を得る。作家として一番しなければならないことは、どうして自分を伸ばしていくか、先ほどいわれたような自分が何かの活動しなきゃそういうものは出てこないというところに戻ってくるんじゃないか。

西本　そういうことと関連して、周囲のものの考えかたとか見かたというものの上に立って、今までの社会教育映画をみなれてきた人たちにも、自分の作った作品は、こう考えかたで作ったということをP・Rしていく努力というか、あとあとも一応の責任を持って、観客に対しての見かた考えかたの仂きかけも同時にやっていかなきゃやはり突破口を作ろうと思ってもなかなかできないんじゃないかと思います。

加納　それは一つの、映画の宿命みたいなもので配給とか、チャンネルを通さなければ一般に見られないわけでしょう。今の段階ではかなりめんどうなことだが、なんとしても運動とか全体のふんい気を高めていくとかしないとだめですね。この間の伊東の会議出なかったが、労視研というものももっとよく考えていかないと、士気高揚映画を作って流していくということだけじゃなく、広いサークル活動とか広い運動を、敵味方交錯したところでやらないと、（笑）こっちだけやりますということでは、伸びないだろうと思う。たとえばＣＩＥ映画の時代あれだけ映写機をアメリカ側が配布して映画を持って回ったが、こんなのもおもしろくないという意見が地方からたくさん出てきた、日本の教育映画も作って入れなきゃならんというように、アメリカ側で思うようた状態になったでしょう。最終的には、地方で具体的に見てる人々、学校で教室で映画を使ってる人、そういう人と手を組んでいかないと教材育映画はよくなっていかないんじゃないか。

石田　最近、教科書の内容が、特に社会科が大幅にかえられようとしている。「世界」の三月号の日本の潮欄に「うれうべき教科書検定」という題でのっていますが、今は教科書会社の問題でも、教育映画にもつながるものです。

加納　日教組だって、ああいう教育は反対だといってるんですよ。それならもっと自由な教材である映画をどんどん取り入れていくべきところにきている。指導要領と教科書のわくは決った、それなら何をやるかという。先に一歩後退する必要ないんだ。半歩でも一歩でも、できるだけのことやっていくという形にしなければ。いろいろなことやっていれば、また新しいことできますよ。荒井さんのやった「月の輪古墳」の時だって、最後までやれるかどうかわからなかったが、やってみればやれた。あまり最初から割り切ったらできないということになる。

荒井　そうですね。先生が今までの文部省のやりかたじゃなくて、自分の考えかたで進めようと思っても、写す映画が実際にはないわけです。それを作っていく責任がこっちにある。実際にはそれが成り立つかどうかわからないけれども、そういうところに持ってくように作家がしていかないと。

吉見　今の労視研でも席上のあれは総評さんが、いわゆる組織づくり、センターを作ろうというのをあせってたんですが、分科会になってみるとそうじゃなく、自分たちでキャメラ持ってる場所が非常にふえてきて、自分たちが作ろうというわけですよ。何を作るかということの、たとえば闘争記録作るというシナリオをずいぶん送ってもらったんだが、何月何日賃上要求委員会で決めて会社に突きつけたら、満足な回答よこさなかった、また委員会やってストライキという、そういうお膳立てだけが先にできてるシナリオしかできてない。まわりの組合員が写真つまらない、記録映画じゃつまらなくなった、劇映画に限るなくてふんい気が起ってるという話が出たりなんかしてて、そういうことを背景にして、キャメラ持ってる連中が何をどう撮ろうかという元に戻ってきてるんだが、つづり方運動なんかがあった、自分たちのまわりをもって見きわめようという。ところが組合員の連中は子どものことなんかそういう時は忘れちゃってる。だから題材が非常に狭いというようにへんに割り切っちゃう。そういう欠陥が暴露されて、じゃ交流しなきゃならない、そのためには広く映画に限らずすべての文化人と、というようなふんい気は非常に濃厚に出てたわけですよ。それから主婦たちのグループとどう結びつくか、そういうこと念頭におきながら運動のセンターを各所に作られていくようになればうまいもんだと思うが。

加納　それは、可能性としてはあるのですよ。主婦たちというけれども、今やかなり多くの人が労仂者の奥さんであり農協の婦人部であるわけでしょう。そういう婦人グループなんかを別のものとする考えかたが非常におかしい。現状でももっとできることがたくさんあるということなんだな。大じかけなことしなくてもそれをやってく方法、映写機持ってるところだったらだれかが写真貸して上げてもいいし、職場で映写機持ってれば町のおかさんのグループに映写機貸してやればいいじゃないかと思うんだ。何か問題があった時いや立ち遅れてるとかなんとかいうんだが、お役所なんかそういうことふだんからやってるからこっちもふだんからやらなきゃ。（笑）

作家と読者を結ぶ記録・教育映画ガイド

西武記録映画を見る会
五月例会

○とき、毎土曜日十二時半、二時の二回上映
○ところ、池袋・西武デパート八階・文化ホール
●特集・**わすれられている社会教育映画**
七日〝農村の母親〟講演・大島辰雄（評論家）　映画・ひとりの母の記録（京極高英演出作品）
十四日〝日本の十代〟うわさ（岩佐氏寿演出作品）お父さんは仂いている（西本祥子演出作品）
二十一日〝集団の力〟町の政治（時枝俊江演出作品）　月の輪古墳（杉山正美演出作品）
二十八日〝日本の漁村〟荒海に生きる（亀井文夫演出作品）漁村のくらし（三木茂演出作品）
●特集・つづき〝**子供たち**〟
○二十二日（日）十時三十分、十二時の二回上映
○ところは前に同じ
○作品、長崎の子（木村荘十二演出作品・児童劇映画）

国民文化会議
映画部会研究会

○とき　五月十三日(金)午後六時
○ところ　新聞労連会議室（京橋パイロットビル裏）
○日本映画の情勢と展望、講師・瓜生忠夫（映画評論家）

●**自主上映促進会全国会議**ではソ連映画・プドフキン演出作品**「アジアの嵐」**の上映運動を五月中旬から全国的に展開する予定ですが、東京自主上映促進会では、五月十日に幹事会を開き、正式決定することになりました。

●**法政大学映画研究会と教育映画作家協会の共催で、記録・教育映画鑑賞会を企画しています。**場所は九段の千代田区役所横の千代田図書館の予定ですが、詳細については追って発表いたします。

●**東京映総連傘下**の各地域映サ協の総会が四月中に又次のとおり開かれる、生産点にたった映画サークル活動への方向、批評活動及び自主上映、なかまづくりの方向、などについて討議することになっています。
○城北映画サークル協議会、五月二二日（日）、午後一時―五時　豊島振興会館
○新宿映画サークル協議会、山の手映画友の会は五月中旬の予定ですが、くわしくはまだきまっていません。
○官公庁映画サークル協議会総会　五月七日（土）午後一時、国労会館五階会議室

記録映画を見る会
五月例会

○とき　五月十八日(水)午後六時
○ところ　都民ホール（都庁舎中二階）
○内容　特急あさかぜ（日映科学作品・二巻）いのちの詩（予定）（電通映画社・四巻）らくがき黒板（近代映画・五巻）
○懇談会　近代協映協会の人々をかこんで
○主催　中部映画友の会
○後援　教育映画作家協会

日越友好親善
記録映画の夕

●ホーチミン生誕七〇周年記念
○**新着ヴェトナム記録映画上映**
○とき　五月十七日火午後六時
○ところ　国労会館ホール（カジ橋電停前）
○内容・才一部・ハロン湾（ヴェトナム・チェコ共同製作・カラー四巻）数千の島々から成る景勝地ハロン湾の記録。
ホー主席のインドネシア訪問（白黒三巻）
才二部・勝利と独立への道（カラー七巻・ソ連・ヴェトナム共同製作）植民地下の圧制から自由ヴェトナム建設までのドキュメンタリー
○会費　三十円（編集部まで）
○主催　日本・ヴェトナム友好協会、AA連帯委員会、国際貿易促進協会
○協力　教育映画作家協会

都民劇場
文化映画の会

都民劇場では「文化映画の会」を毎月一回、共立講堂で、午後六時から開くことになった。三ケ月分会費は一〇〇円。希望者は都民劇場映画サークルまで申し込めばよい。

才一回は「美術編」として四月二五日に終ったが、才二回三回は次の要項で行なわれる。
●日本ふるさとの旅
○とき　五月二五日水午後六時
○内容　紀勢線全通阿蘇他に二編上映
●才三回・芸能編
○とき　六月二四日
○内容　雅楽パントマイム、他二編

◇法政大学映画教室の知らせ

○とき　五月七日〜二八日（毎・土曜）後一時三〇分
○ところ　法政大学八三五教室（国鉄飯田橋駅市ケ谷方面下車）
○内容　溝口健二作品集
一、祇園の姉妹、二、折鶴おせん、三、雨月物語、四、愛怨峡、五、近松物語
○講師　瓜生忠夫、新藤兼人、他
○主催　法政大学映画教室・編集室ＴＥＬ（31）七九三九

カリガリからヒットラーまで

ドイツ映画の心理的歴史

才5回

ジーグフリード・クラカウア

二木宏二・訳

才三章／安定期（3）（一九二四年—一九二九年）

■凍りついた地面（2）

文化映画として最初に外国の人々に印象を与えたのはウーファの「健康と美への道」（Wege zu Kraft und Schönheit）であった。これは一九二五年に封切られた記録映画で一年後には少しばかり手を加え改訂された。ドイツ政府の財政的補助によって作られたこの映画は、その教育的価値を買われて、各学校に巡回された。ウーファの宣伝パンフレットで、ある専門家はその貢績をたたえて、「健康と美への道」は「人種の再生」の観念を盛り立てるものだと述べている。実際問題としてこの映画は単に美容体操とスポーツをはやらせたに過ぎなかった。それは全く思いつき的なやり方であった。運動競技、保健体操、リズム体操、ダンス等々の分野で実際に記録された成果などにはおかまいなしに、ウーファはローマの公衆浴場や、古代ギリシャの体操を復活させ、若者たちを集めてペリクレスの現代版といったポーズをとらせたりしたのである。この仮装は、多くの競技者たちが真裸になるという極く簡単なものであった。もちろん、この光景はとりすました人たちに批難されるものではあったが、ウーファの主張によれば完全な肉体美というものは純粋に美的な秩序への喜びをよびさますものでなければならず、切符のよい売れ行きを見ればこの映画の理想は達せられているのであった。しかし美的という点からいえば、古代の再興は趣味のないものであったし、スポーツの画面はすぐれているが、肉体の美しさはあまりに沢山かたまりすぎていたために感覚的にも美学的にも人をうつものではなかった。

その科学的な徹底さとしっかりした写真とによって、ウーファの文化映画はドイツ独特のものとして国際市場に大きな需要をもつようになった。しかし彼等の腕をもってしても人間の問題に対するその驚くべき無関心さを覆いようもなかった。美容体操を人類再生の手段だといいくるめることによって、「健康と美への道」は、美容体操が決して救いをもたらす事のない時代の悪から当時代人の眼をそらさせたのである。これらの記録映画はすべて、人々の関心を或物ごとから回避させるという点ではすばらしいものであった。それは美しい世界を映していた。けれども「燈籠の前を足ばやにゆく支那人」の美しさに、彼等が関心を示すとき、それはこの美しい苦力達の負っているみじめさを人々に忘れさせたのである。それは「時代の混乱」を映してはいた。しかしそれはその混乱の中に入ってゆく代りにそれを打ち眺めて楽しんだのでありこうして観客たちは映画を見る前より一そう混乱したまま放り出されたのである。それは野生の水牛の群や拝火教徒たちの上にまで説明を拡げていった。しかし見物人には何の役にもたたない異国のものごとのこうした押しつけによってこれらの映画は観客たちに彼ら自身の日々の生活に関する本質的な資料を与えずにいることができたのである。この逃避的な中立性によっても、ウーファの文化映画がその共和「体制」の支配に対して示した服従は、決して真からの同意の上にたっているものでないことがわかる。

しかしすべての映画が社会の現実に面と向かおうとしなかったわけではなかった。いわゆるツィーレ映画（Zille films）という一九二五、六年に流行した一種は、実生活の出来事をたくさん取り上げていた。ハインリヒ・ツィーレはベルリンに住む製図家であったが、下づみの人々への憐みにつき動かされて専らベルリンの下層社会の人々を描いた。栄養不良の子供たち、労仂者、闇の女、きたない裏庭の筒琴弾き、貧に窮した女たち、非常に怠惰な人々などを描いた彼の描画はドイツ中で非常な人気をえていた。ゲルハルト・ラムプレヒトはこれらの絵を「ベルリンの貧民窟」の中で生き生きと撮し出し（Die Verrufenen, 1925）ツィーレから引きついだ人間観察を行った。いいなずけをかばったために偽証罪に問われた一人の技師が監獄から出て浮浪者になる。仕事にもありつけず彼は自殺をはかるが、親切な娘に救われ、そのまま娘に恋される。彼女は或親切な写真屋とかちっぽけな犯罪者の群とかいったようなツイーレ好みの境遇の中に住んでいる。技師はこれらの人々とも近づきになり、一介の工場労仂者としてその生活を始める。やがて彼には再び芽がふいてくる。工場主が彼の能力を見つけ出して社会的に立派な位置につかせようとするのである。例の親切な娘は好都合にもその後死んでしまい、彼は社会的に身分を保証された工場主の妹との結婚に何ら良心を苦しませずにすみ、此処で彼はこの上なく幸福になれるのである。

このあら筋の底にある定石は二つのものからできている。一方で映画の製作者たちはプロレタリアの苦しみを叫びたてることによって社会問題と取り組むように見せかけながら他方ではある特定の労仂者（この主人公が実際にはその階級に属さない場合さえあるのだが）に幸運な結末を与えることによって社会問題を回避するのである。

明かに彼等の意図は、自分たちも一段上の階級にはい上がれるかもしれないという幻想を見物人たちに抱かせ、そうすることによって彼等をその「体制」に執着させる事にある。このあらすじが示しているのは、階級の相違というものが、結局は流動的なものだということであり、下層階級の苦境を卒直にあばくと見せて実は、世の救いという人々の空想に力を与える役割を果していることである。

この定石の上に出来た映画は、単に美しいツイーレの世界を探ったばかりではなくホワイト・カラー労仂者の界隈にも侵入して、彼等の中のマニュキア師や電話交換手を出世させたのである。玉の輿に乗った一人のロッテは、すべてのロッテの願いを叶えたにちがいない。こうした空想映画が何処ででも作られたことはたしかである。しかしドイツの場合には、現実の体制というものを上の空ではないにしても特別に現実ばなれのしたやり方で描いたのである。これらの映画は、大企業における流れ作業の結果、特別珍らしいことになった立身出世の魅力から生ずる効果を当にしていた。その中では上流階級の人々は人間のあらゆる努力の最後の目的地が飛び切り上等のナイト・クラブやピカピカ光った自動車であるといった具合に描かれたのである。同じような問題をハリウッドが扱った際には、その事件や人物の中に生き生きとしたものの形跡ぐらいは少くとも止めていたのである。これらのドイツ映画は全くのつくりものであり、事実をゆがめていた。にも拘らずそれが反響を呼んだのである。人々の心はすっかり荒れすさんでしまっていたのである。

も一つの映画はツイーレ映画の類で酔わされてしまうには、あまりに社会や政治の状勢に不満を抱いている人々をごまかそうとするものであった。そのやり方は幼稚であった。あるものは、抑圧された憤りを、それほど重要でない悪に向けさせることによって中和させようとしたのである。当時のいくつかの映画は禁止条令の厳格さに悪口を浴びせた。「歓迎されない子ども達」（**Kreuzzug des weides**, 1926）は不法な堕胎に関する条項ととり組み、また「束縛された性」（**Gesch lecht in Fesseln**, 1928）といいうネロものの映画は監獄の改善に関する運動として作られたものであった。これら二つの映画は、さらには性の問題にも力を注いだため、それは憤りと性的なものとを混ぜこぜにしたものとなって安全弁としてのその価値はひとりでに増したのであった。

事実あったことだが、もしある映画が急進的な様子を装ったとした場合、その急進主義は必ず、ずっと昔に転覆してしまった権力に対して反抗するものであった。ゲルハルト・ハウプトマンの戯曲から翻案した二つの平凡な映画——「織工」（**Die Weber**, 1927）と「海狸のコート」（**Der Biber Pelz**, 1928）は初期の資本家や、皇帝治下の傲慢な役人どもを相手取ったものであった。これら時代錯誤の作品の中で、この時期におけるもっとも秀れた映画の一つになったものがあった。すなわち、カール・シュテルンハイムの戦争前の喜劇から作ったハンス・ベーレントの「皇室のスキャンダル」（**Die Hose**, 1927）である。それはある小さな土地の領主と小役人の妻との間のロマンチックな情事を取り扱ったものであった。その小役人は姦通されていることに反撥しながらも、利口な領主が彼をとり立て、勲章を授けてくれる為に、自己の運命を甚だ満足に感じているのである。この「皇室のスキャンダル」は映画専門家の意見によるとよい商売というにはあまりにも高踏的だとされていたが、しかしポタムキンは、これを指してこの「大仕掛な茶番と諷刺の混ぜ合わせ」はドイツの映画観客には甚だ受けたのであるといっている。彼らは、その小役人に、ドイツの俗物のあらゆる習性を備えたヴェルナー・クラウスの演技を楽しんだのである。彼らがその小役人を笑うとき、彼らは自分自身の生活で以前行きあった、全く馬鹿げた出来事を笑っているものと信じていたであろう。しかし彼らの笑いには感動的なものも混っていた。というのは、彼らはひそかに、失われた時代というものを保護者たる主権者とピカピカした勲章とともに切望せざるを得なかったからである。

北京だより

京極　高　英

九日、北京に着きました。

別の世界に来ています、ただ驚くばかりでまだ客観的になれません。

毎日ひとりで試写室で勉強をしています。時々工場等を見て廻っていますが、全てが大躍進で、明るく仂いている職場を見て廻る間に、あすこでも、ここでも、休みには学習をやっている姿にぶつかるには参ります。

エレベーターの女子も客を待つ間にパンフレットを読んでいるには、いや全く食う心配がないと、こうもです。

（中華人民共和国北京市新僑飯店内）

このハガキは日中合作記録映画製作のため中国へ渡っている京極氏から野田真吉氏のもとへよせられたものです。

じゅうく・ぼっくす・じゅうく・
ぼっくす・じゅうく・ぼっくす・
じゅうく・ぼっくす・じゅうく・
ぼっくす・じゅうく・ぼっくす・

全労意識はひろがり深まる

最近全労意識が力をましてきた。この全労意識の基盤となっている考え方は、労使一体となってあらゆる創意をしぼり、合理的な運営によって企業を繁栄させ、もって利潤のより多いわけ前にあずかり、隣りの中村さんがもっているものより幾分かすぐれた電気器具や娯楽用具を買い整える、というようなものである。こうした考え方の推進役になっているのは概ね三十五才以下の若い世代であるのが特徴である。

全労傘下の企業のなかにも、「資本家とのガラスばりの話し合い」とか「公平なわけ前」とかいうハイカラな言葉をてんから信用せず、資本家というものは、ひとたび不況や恐慌がやってくれば、文字通り資本家としての立場に立って、ドライにばっさり首を切るものだとひたすら考えている四十代以上の者もかなりいる。ところが、三池の例でもはっきり示されたように、「不況時に首を切られる」と思考することが、不況時に真先に首を切られる原因となるという事態がもち上ってきた。企業を信頼すれば安泰であり、不信を抱けば首になるという状況は、容易ならないことである。

なぜ三十五才以下の新時代の労仂者が企業を信じるのか？　いや信じているかのようにふるまうのか？　ぼくにもはっきりした解答がだせないが、やはり根底にあるのは消費物資にたいする並々ならぬ信仰と、戦後の日本資本主義のあざやかな成長ぶりにたいする信頼感からであろう。

実際、安定した生活は果実だ。共産主義者同盟が、いわゆる国家独占資本の会社の労仂者にどんな具体的工作をおこなっているか、機関誌「共産主義」機関紙「戦旗」をみただけでは、つかみにくいが、今のプログラムでいけば、大企業の労仂者にビ漫している全労意識をくつがえすことは、殆ど不可能にちかい。共産同が、現在のようにレーニンやトロッキーの理論の一九世紀的部分に依拠している限り、日本の革命運動にたいする真のアンチテーゼとはなり得ないのではないか。二重構造を口にしつつ、大企業の労仂者こそ革命の推進力だという既成概念を捨てきれないところにアナクロニズムの影がさしている。だが、日本共産党が、この共産同の理論的無力さを撃破しているかといえば、全くそうではない。最近でた「トロッキズムとのたたかいのために」というパンフレットも教条主義的共産党員以外を説得できるものではない。文脈の古さからいっても、「共産主義」の諸論文と好一対である。そこには弁証法とユーモアの完全な喪失があるばかりだ。ぼくが文章の専門家であったら、花田清輝や福田恒存のように論陣がはれたら思う存分やってみたい。残念ながら、花田は比喩でしかものをいわず、福田は洞察力に欠けている。

さて、世界の共産党は、トロツキストにいわせると、すべてソ連の一国社会主義のいけにえになったことになっている。イギリスのガラチャアも、スペインの内乱も、日本共産党も、パリ蜂起も。そして多くのインテリゲンチャもそう信じているようだが、ソ連を巧みに利用した共産党がなかったわけではない。

戦後かなり多くの資料が明かにされたにもかかわらず、中ソ関係史はまだその大部分が歴史の奥深く謎に包まれているが、この両国、両共産党の関係史を綿密に検討することによって、われわれは被害者意識を清算することができるように思われるのだ。

たとえば一九四九年に発表されたアメリカ国務省の「中国白書」をみると、モロトフは、モスクワ経由で重慶へ行くアメリカ人に、中国共産党が真の共産主義者とは何の関係もない改良主義者の集団であり、蒋介石の軍隊としばしば争いを起しているのは全く遺憾にたえない、と強調している。これを当時ソ連が最も頼りにしていたアメリカにたいする外交的ゼスチュアだと片付けることは簡単であるが、ぼくは、或る程度までモロトフの本音であったと判断している。もし日本の共産党がグロムイコからそんなことをいわれたら、党員や同伴インテリゲンチャはどんな気持になるだろうか。

ソ連の中国共産党にたいするあらゆる冷いあしらい――たとえば独ソ戦の開始まで、援蔣兵器はソ連からのものが最も多く新四軍の攻撃にもソ連製兵器が使われていたことはほぼまちがいあるまい――にも拘らず、毛沢東文献は一貫して、ソ連が中国軍にとって大きなプラスであることを対内政策と関連させて強調している。（近く後に手を入れられていない生のままの毛沢東選集が刊行されるが、このへんがどうなっているが興味ぶかい）

平和共存政策が日本革命の成功を妨げている一大要因であると信ずるものが増加しつつあるとき、ぼくは、にがい経験が生れたに違いない毛沢東ソ連利用戦術を学ぶ必要を強調したい。中国共産党の巧みな対外政策の精神と戦術を解明するには、当然秘史という形をとらねばならないだろうから、「公認」の文献になることはまずあるまい。そうすれば、やはり少数の者がみるだけなのか。

ぼくのみるところでは、いわゆる「国家独占資本」をくつがえすには、やはり、あらゆる文献から離れた、とてつもない独創力を必要とするように思われる。一八六七年と一九一七年の差よりも、一九一七年と一九六〇年のひらきの方が何倍も大きいことを考えてみれば、よほど思いきった文献との訣別がなされない限り、新しい理論は生まれ得ない。（**鉄人5号**）

大阪繁盛記

日経映画社

脚本
演出・川本　博康
撮影・長瀬　直道

〝食い倒れ〟大阪、商業の街大阪、その大阪のガメツイ生活力を多角的にとらえ、今日の大阪の土性骨を解明する。（二巻）

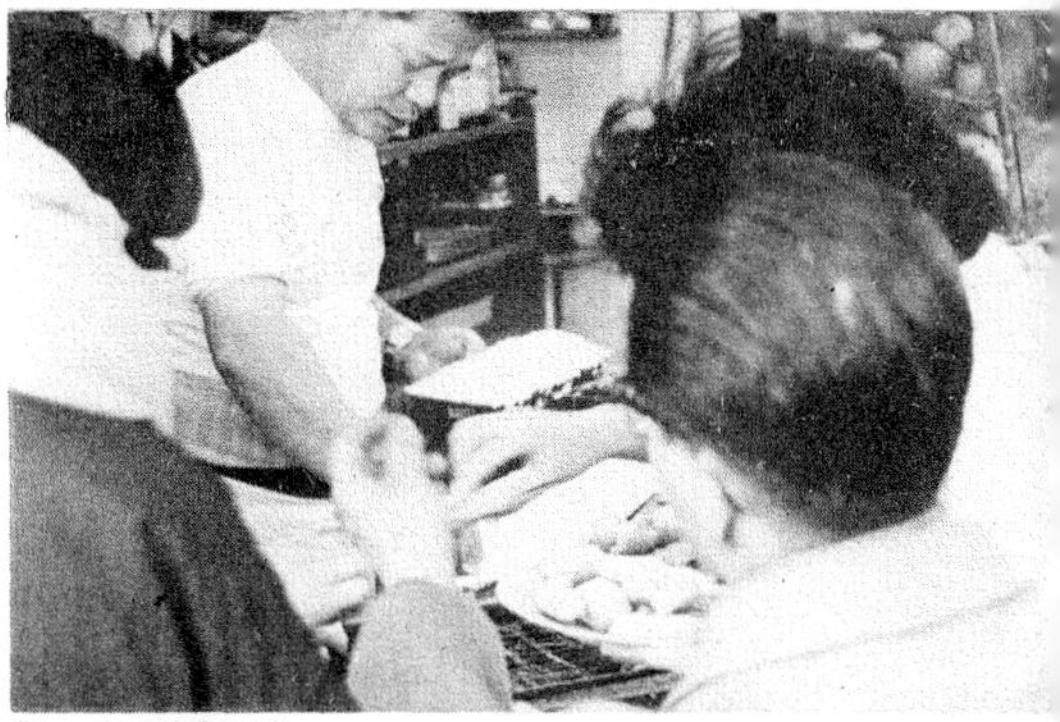

●新作紹介

印画紙の話

日映科学

脚本
演出・松川八洲雄
撮影・後藤　淳

異常なカメラ熱の今日、その写真撮影になくてはならぬ印画紙はどうして出来るのかを追求、解説する。

エラブの海／日映新社

脚本・演出・西尾　善介
撮影・潮田三代治

南の孤島に住む四人の家族。その人々を中心に南海のムードと風俗自然を、世界最初の水中ワイドカラー撮影を含む叙情的ドキュメンタリーとして描く。

（六巻）

お父さんは仂いている■三木映画社

本脚・野田　真吉
演出・西本　祥子
撮影・三木　　茂

仂く父親を子どもたちはどう見ているか、を通して戦後世代の物の見方、考え方を追求する社会教育映画。

（二巻）

若いやつ　■記録映画社

脚本・演出・菅家　陳彦
撮影・佐藤　正

たくましいエネルギーで村の因習を断ちきり新しい生活を築き上げつつある漁村の青年団の人々のドキュメンタリー。

スランプ／仕事の調子／日映科学

脚本・中村　麟子
演出・中村　麟子
　　　附田　博
撮影・弘中　和則
　　　鈴木　規夫

スポーツマンや芸術家でよく使われるスランプ。それをわれわれの日常生活の中に発見しスランプ克服の道を明示しようとする。

（二巻）

三人兄弟とその母

東映教育映画部

脚本・服部　正美
　　　大島　善助
　　　関川　秀雄
演出・関川　秀雄
撮影・黒田　清已

三人兄弟とひとりの嫁、生活苦の中の母と子の愛情の問題を描く劇映画。

（五巻）

乳牛のしつけ

農山漁村文化協会

脚本・演出・大内田圭弥
撮影・鈴木喜代治

酪農をやる人たちのために、飼育技術の一つとして乳牛をとりあげ、とくに搾乳をめぐる管理を描く。

（二巻）

●人間みな兄弟／部落差別の記録／

日本ドキュメントフィルム
芸術映画社
松本プロダクション

原案・杉浦　明平
演出・亀井　文夫
撮影・菊地　　周

「部落」の名の下に、理由なき差別を強いられ苦しみの底にあえぐ、六千部落・三百万の人々。この映画は差別を当然のこととして受けとめている人々に反省を求め、知らない人々にその実態を訴えるために製作された。（六巻）

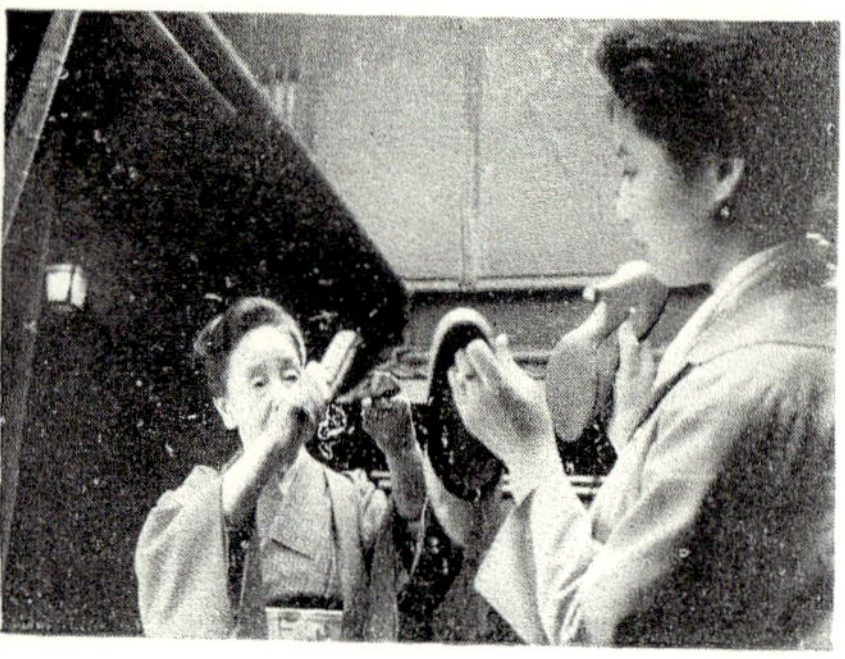

ぼくは おそばやさん

しばたプロダクション

脚本・杉本　彰
　　　宮川　一郎
演出・柴田浩太郎
撮影・吉田　重業
滞日米人の子とそばやの息子の友情が高い希望の歌をうたう，児童劇映画　（五巻）

かあちゃんは ぼくらの太陽

東映教育映画部

脚本・酒井　　修
演出・津田不二夫
撮影・北山　　年
子どもたちの目を通して農村婦人の過重労仂の健康問題を描く社会教育映画　（三巻）

心配すると猫も死ぬ

大沼鉄郎
（演出家・フリー）

ある日、ぼくがAと会った時、話しがこんなことにしぼられていった。まずなにより、ぼくたちは現状に不まんなのだ。いわば、ぼくは森羅万象に対して不満なのだ。この不満は、おとなしく真面目に、烏口で引いた卦のような軌跡を描く人生を送っている人間の中にもあり、また案の定、わいわいとわめきつつ、自分のまわりに奔放な作用を及ぼしながら勝手気ままに生きている人間の中にも、どっしりとばん居しているのだ。ぼくたちが、自分の中の不満に気づいた時、それが誰の中にもまた、あるということを知るのはやさしいことだった。いつか本屋の店さきで、所せまく並べられた無数の本の背表紙の広い広い壁に眺め入ったとき、ぼくは突然、嘔吐をもよおさなかったが、自分の一つの欲望に思い当った。その背表紙のどこにもぼくの名前は刻まれていなかった。ぼくより遙かに進んで思想の構築をすすめている人々への嫉妬とコンプレックスされた、ぼくも有名になりたいといった欲望に。

Aは、それではどうすればいいのだろう、といった。彼もまた、勉強している奴に対してひがみもあり、有名になりたくもあり、同時に金持ちにもなりたいと内心思っているのはぼくと同様、あきらかなことなのだ。

そこで、どうすればいいかという前に、そういったもろもろの欲望の、真の原因をはっきりさせなくてはならないのは当然だった。そしてそれは人間疎外である、とぼくは断定した。たとえば女を見給え、彼らは、なりふりから頭の中まですっかり商品化、物質化、モノ化しているのではないか、自分が高い商品だと考えている女は、おつにすまして少しもあたたかみがなく、またとても自分は高く売れないと思っている女は、すっかりひがみ根性にとらわれて、これまた逆にやさしい素直さがなくなっている。問題は人間を疎外する資本主義の機構にあるのだ、これを打ち破るために情熱をもって、たたかわなくてはならないのだ。トータルな人間を恢復しよう。と、このような結論になったとき、Aは、その新しい人間像とはどんなものか、と切りだして、ぼくを全く沈黙させたのだった。その新しい人間像について、今もなお、ぼくは本当に真剣に考え続けているのだが、それは、現状変革の情熱を持つためには、どうしても、その人間像が魅力的なものでなくてはならないと考えているからなのだ。現状を否定し、疎外を止揚し、生れ来る新しい肯定すべき人間像が、高すぎも安すぎもしない、ちょうど中間ぐらいの商品価値を持った女であるように見えないでもないのだがとてもそれでは自分もそういう人間になりたい、という願望をみたすものとは考えられないのだった。おい、お前、しっかりやれよ、とばかり、はっぱをかけてやろうとひそかに期待しつつ始めたAとのお茶のみ話しが、このような結果になってから、ぼくは、これは自分自身の欲望をもっとつきつめて考えてみなくては解決できないらしいと思うようになった。今までは他人の話しの、また聞きと、他人の文章の中にでてくる引用の引用だけですましていたのだがそれではだめなのだった。人間疎外からの恢復という言葉だけでは、ぼくのやりたいこと、こうありたいという希望をくくることはできず、その言葉の、ぼくにおける内容を明確にする必要があったのだ。それからぼくは、自分の目で物事を見なくては、とばかり、本を一冊読んだ中で、欲望について書かれている事を知った。それは、人間は生きていくために、労仂によって物質的生活を生産し、子孫を生産し、同時に欲望を日々新たに生産しているということなのだ。ぼくは自分の住む家を作るために奮斗し、それに成功して全く満足したと思っていたが、近年になってテレビも欲しく思いだしているので、このような自分の内部に照し合せてみて、この欲望の生産という言葉を、全く正しいと考えたのだ。そうしてみると、ぼくが捉えようとしていた理想的人間像もまた、日々新たな欲望に衝き動かされているやつに違いなく、時々刻々ダイナミックに変化してやまない存在なのであろう。このような存在をとらえようとするのに、こちらが静止していては全く手も足も出ないにちがいない。いわば、自分自身が間断なく変化発展しながらも、理想的人間になったと見えた瞬間、その新しい肯定的人間像は、さっととびのき、遙か前を歩いているという関係がそこにあると考えたのだった。

だが、単に自分自身の欲望を再生産するだけで変化発展していく人間ならば、ぼくもずい分沢山見てきているのだ。もしそれを発展とよぶならば、自分ひとり、するりするりと六変化、七変化、天皇主義者から民主主義者、更には冬眠主義者へと変転自在にやってのける人もあるのだ。さきに言った、心に抱く不満が、森羅万象に対してだ、というぼくの言葉に嘘がないからには、そのことの中にぼくはぼくの内部と、外部とを含めてのことだったのだ。内部という言葉には、すでに外部というものが予想された内容がこめられているのはあたりまえのことで、ぼくが内部に持っている不満が、曲折を経たとはいえ、ぼくに対する抑圧的な外部の反映だということも当然なのだ。おんぶお化けにとりつかれたように、不満を背負いながら、どうしていいかわからずにいるというのは、いかにもなさけないことだ。この不満を、がっちりしたコンクリートな欲望に作りかえようと、ぼくは思いあぐねていたのだったが、次々とあらわれてくる作家主体をめぐる論争の中から、ぼくはぼくなりにつかみだしてこようとしたものがあったのだ。それはつまり内部にもっている不満を、外部のあらゆる抑圧的なものと対応させながら明確にし、これの過程で漠然としていた不満をはっきりした具体的要求に転化させ、この欲望を実践することが、イコール、外部現実を変革することであり、同時に内部の現実に変化をあたえる、という方法をうちたてることであった。この、今の所ぼくにとってはきわめて生産的と思われる思考方法のプログラムによれば、新たに変革され獲得された現実は、内部にておいて次なる局面をもたらし、そこではより高い段階での不満と欲望が生産されるはずであった。もしこれが実践され、正否の検証を重ねていくならば、ぼくは決して、衰弱的な七変化によって、生涯を冬眠主義者として終らなくてもすむであろう、などと思いめぐらしている頃ぼくはBと会って、次のような話しをきかせてもらったのだった。それは新聞に書いてあったのだが、心配すると猫も死ぬ、ということだった。あんまりくよくよ思いつめたりしない方がいい、ノイローゼ、一家心中までいかないまでも、それは実に健康によろしくない、猫でさえ、あんまり心配すると死ぬのである。生来蒲柳の質であるぼくは、それを聞いたとき、よっぽど、普通のおだやかな猫になった方がいいかと考えたのだが、かつて「記録映画」誌上に鼠が猫をやっつける、といったような文章を書いたことがあったものだから、どうにか思いなおしたのだった。すると隣りにいたCが、今後おれたちのスローガンは、心配すると猫も死ぬ、というのにしたよ、アッハッハッハと笑ったものだった――。その時以来ぼくは、現実変革と思想変革を、重と合わせて戦いの狙いを定めたのだった。そうしてみると、内部と外部の対応を問題にする場合も、単純に、不満や欲望という地点から進んでいったのでは足りないのであって、かはり内部におけるイデオロギー部分を重要視しなくてはならず、このイデオロギー部分を外部とたたかわせることが必要であり、このことによって、単なる欲望の水ぶくれ的自己増殖を改造して、不満と欲望の量から質への発展的な変化を方向づけることが、できるはずであった。しかもそれがぼくの外からやってくるイデオロギー的なものに対して、十分鋭敏な触手をもっと共に、更にぼくの内部に転化されて、現実変革の欲望と結びつくには、特に、内部におけるイデオロギー部分と感情部分、ないし意識と意識下の関係という問題に、目を向ける必要をさとったのだった。内部と外部の対応と同じような相互作用を、意識と意識下の関係の中に作りあげていくことによって、思考の構造を、ぼくなりに完全なものに近づけ、こうすることによって、ぼくは、冬眠主義者になる危険を回避するばかりでなく、常に現実の変革者であって、しかも誤謬の変革を企てることのない正確な方針を持った変革者になる、一つの保証を得ようとしているのだ。従って、ぼくの現実変革の方法とは、思想変革の方法のことなのだ。人々の内部に、ぼくの内部をぶっつけてやることなのだ。こうしてぼくの作家主体を形成しようとしているのだ。

　ぼくは、ぼくのまわりに、たくさんの、いい人、である身内ちや友だちを持っているのだ。そして、ぼくにとって最も悲しいことは、実は、いい人、というだけでは変革のエネルギーはでてこないということになるのだ。この、いい人たちは恐らく、日本中に満ち溢れているにちがいなく、その人々がよってたかって悪いことをしている、と僕には見えてきたのだ。いわば、鼠たちが、鼠たちでありながらニャーニャーと国中で合唱しているのだ。ぼくは、今や思想変革の武器として、映画をとりあげねばならず、その方法について思いめぐらすことにならざるをえなくなった。

　こういうときに、ぼくは、三度目の「戦艦ポチヨムキン」に出会った。そして、これまでの思考のつみかさねを、ぼくの内部に軍隊のように配置しておき、スクリーンの幕がひらくと同時に進撃してみたのだ。だが、しかし、見終って感じたのはこんなことだったのだ。つまり、これほどの傑作になると、作品全体が人々の感情、意識を自由に羽ばたかせるばかりか、一つ一つのシーンから、たとえば次のような真理を読みとらせることをするのではないだろうか、といったような。例えば、支配権力のする弾圧は、オデッサの階段に於て見るように、一人の女を射ち殺すのだが、それが実は、一人の女でとどまるはずがなく、彼女が必ず、何者かの娘にちがいなく、あるいは誰かの妻であり、あるいは何かの組織の一員であり、少なくとも一人の赤ん坊の母親であるからには、彼女の死の連鎖反応が赤ん坊の死を呼びおこすように、彼女を一つの鎖とする巨大な階級に波紋をひろげているのだ。だから、ぼくとて、ぼくがあの赤ん坊であり、あの乳母車を、大げさに言えば、労仂階級という巨大な階級といってもいいはずなのだ。まして、階段の上から鉄砲隊が何列縦隊かで降りてきたというので下へとかけおりてみれば、下には下ですでに騎馬隊が鞭をふるっているという状況であるのだから。

また、全員集合させられた戦艦の甲板の上で意識的な水兵の一群が、さっとばかりに砲塔の下にあつまると、いささか右こ左べんした連中が、おくればせにそれに続こうと、した途端に艦長から言いがかりをつけられ、あっさりシートにくるめられてしまうのだが、これは見事な、敵の弱い一環を射ち落して主力を孤立させる、政治戦術のお手本なのではないかなど。

更に、大衆の怒りが燃えあがりつつ組織化されていく歴史の渦の中で、これをエヘラエヘラ笑いながら見ているものが、どんな目に会わなくてはならないかということを、水兵のなきがらを横たえたテントを囲んだ群衆の中の山高帽の男から学ぶこともできるのではないだろうか。

おそらく、エイゼンシュタインは、これらのシーンの一つ一つを、いわば思いつきで作ったにちがいない。十月革命という途方もなく大きな歴史的事実の中から、エイゼンシュタインはその年代史的なスケールの作品を考えていたといわれるのだが、一九〇五年から一七年ごろまでの壮大な叙事詩を構想していたのではないだろうか。彼の力量をもってすればこれもまた、その通り壮大なものになったかもしれない。しかしエイゼンシュタインは、このための調査の中で、ポチョムキン号の叛乱に目をつけ、これをふくらませようと思いついたのだ。そして、ポチョムキン号の叛乱の中からオデッサの石段を思いつき、港の霧を思いつき次々に思いつきを定着したのだという事をぼくは、Dに会ったときにいった。

Dは、それだけでは思想と方法の軽視になるといいかえすのだ。だからぼくはこの思いつきを支えるものについて考えなくてはならなくなった。まったくのところ、ポチョムキンを見て、ぼくにはとても、こういう思いつきはできないなあと感じている今、エイゼンシュタインが思いつきだけでこの映画を作ったのだとしたら、将来エイゼンシュタインを凌駕しようというぼくにとっては、もはや事態は絶望となってしまうことは事実なのだ。

思いつきというのは、考えてみれば、意識の下にあったものが意識の上に突然あらわれてくることにちがいない。シュルリアリストたちは、これをたとえばオートマティズムの方法でひきだしてきたのだが、エイゼンシュタインは、十月革命という、人類の歴史の巨大な時間と空間を充填した現実に、自分をたたきつける中からとりだしたのだ。若いときからの熱ぽったい革命家だった彼に、敵との政治的軍事的斗争の中から、その戦術上の理論を汲みとる機会が常にあったのは当然だし、革命の傍観者に対する憎悪と嘲笑も内在していただろうし、また、強力な敵と交戦するうちには、敗北して追われ、狙い撃ちされた恐怖の経験もあったはずなのだ。といって、少なくともオデッサの石段と軍艦の甲板、港の霧について、生れつき知っていたはずはないのだ。彼は、彼の内部化された十月革命と格斗しつつ街を歩き、白い石の階段を見た。彼の意識の下から現れてくるものがあった。ぼくは、その一つが、きっと恐怖の想い出だったにちがいないと思われてならないのだが、その白い石の階段を見た瞬間、それらはどっと対象化され始めたのだ。彼の内部の十月革命と、石段とは、また新たな格斗をひきおこした。してみると、彼の内部でたたかわれていた十月革命との格斗が、石段との格斗を呼び込み、ひきずり込むような構造をもっていたことはたしかである。この構造こそが、ぼくにとって重要な点なのだ。対自と即自の求心的なまた遠心的な、上へ上へとのぼっていく弁証法のラセン形が。

だから、エイゼンシュタインにとって、石段や港の霧が全くの初対面であろうとなかろうと、いや、実際には案外、前からそう石段をのぼりおりして毎日仕事に通っていたのかもしれないのだ。が、十月革命をフィルムにしようとする意識で見たとき、それらははじめて彼の意識にのぼってきたのだし、新鮮なものとなったのだ。かつて、ツァーかケレンスキーかの軍隊とたたかった時、壊滅のうき目の中で心に刻んだ恐怖が、白い石段によって呼びおこされ、その恐怖を石段というイメイジで定着したのだ。ぼくが、ここで、恐怖という問題にこだわるのは、前にぼくが参加した映画、「悪法」の製作過程の中で感じたことがあったからなのだ。そこで僕は、権力による経済外強制の、人々にあたえる恐怖の問題を気にかけたのだが、そのとき、ぼくは全くそれをどうしていいかわからず、あっさり退却してしまったからなのだ。実に石の階段とはおそろしいことを思いついたものだ。そのかたさに加えてだいたい、階段というものは水平な平面と垂直な平面の組み合せにすぎないにも拘らず、全体としてみれば上から下への傾斜そのものである。そこで乳母車は上から下へとおちていかざるを得ないのだが、それもするすると滑るようなわけにはいかないで、がくんがくんと加速度的におち転がっていくのである。作家はこのようにして、自己の無意識の部分を意識化し、この恐怖と憎悪を対自化することで、恐怖と憎悪それ自身の中に憤怒の火を点火させた。だからまず才一歩の抵抗が死んだ子を抱いた母親が、下に向う石段の傾斜にさからって、一歩一歩逆に上へとのぼっていくことであるならば、その母親をも気がねなく射ち殺したツァーの行為を徹底的に描き切き事で曝露したエイゼンシュタインは、石段の傾斜を逆転させる革命のエネルギーの、永続的な力を具現したと思われてくるのだ。そしてこの時、作家はすでに、即自的な、恐怖をぬけだしたばかりか、恐怖を憤怒に転化する術を心得てしまった、敗北を勝利にかえることのできる魔術師的能動者にかわっているのだ。「思つき」によってアクチュアリティを最高度に把握したエイゼンシュタインが、だから、十月革命の本質をリアリティの高みで提出できたのは当り前だろう。

従って、観客であるぼくは、「戦艦ポチョムキン」から、エイゼンシュタインのポチョムキンを勝手につくることができ、しかもぼくが衝き動かされるのは、やはりあの石段の傾斜を逆転させてやろうという方向へなのだ。ぼくのつくりあげたポチョムキンを、わが友人たちはそれぞれに違ったようにつくるであろう。そして、それは違っていなかったらおかしいことでもあるのだ。膨大な十月革命は作品に凝集し、ぼくたち一人一人の中で、また再び、アクチュアルに膨張し始めるのだ。それは、原子爆弾の構造にも似て、凝集度が強いほど膨張のエネルギーも大きいように思われる。

ぼくは、この膨張するエネルギーが、いたるところに広がっていけば、すごいと考え、人々の内部に、結果として、このような転換をもたらす方法から、多くのものを学びたいと思うのだ。筑豊のこどもたちの写真集に、土門拳は書いている。わたしはここの人々が何故暴動をおこさないか不思議に思うくらいだ、と。ぼくは、暴動はおきないだろうと思う。しかし、ぼくたちの内部で転換がおこり、それが人々に伝わったとき、同時に人々の内部の転換を、ぼくたちが受けとめることができるとき、つまり多くの人々の内部に変革がおきはじめた時に、何がおきるかは、もはや、はっきりしてくるのだ。こうなれば、ぼくにもいささか心の余裕ができてきて、心配すると猫も死ぬ、と笑いとばせる心境に近づいてきたのであって、こんどはそれを逆手にとることもできそうだ。

かつて、鼠の責任について思いめぐらしたぼくは、このような方法によって、猫を心配のあまり死なせてやろうと覚悟しているのだ。

●作家の発言・2

作家の衰弱　私の記録映画論／大島渚

（演出家　松竹）——

監督としては駈け出しだが、助監督として六年も撮影所に居ると、映画が当るということがすごく気になる。念のため説明しておけば当るというのは観客が沢山入るということだ。それに、作家として当然観客の反応が気になる。(勿論、観客の入りだけが気になり、反応は気にならない監督も居る)ともかく映画監督が自分の仕事を思い通りにやって行くためには、今の商業映画の中では、観客の支持を得ることがどうしても必要になる。観客のことを離れて映画を考えられないわけである。(だからこの文章だってどんな人が読むのかとても気になる。主として記録映画の仕事にたずさわっている人達だろうと思う。とすると私の書くことが興味があるかどうか甚だ心もとない。一月号での東映の村山新治さん、記録映画の岩佐さん、野田さん、松本さんとの座談会での私の発言が、記録映画に調子を合せすぎてだらしないと、或る映画雑誌の編集者から叱られて、なるほどそうかと思ったりするのである)

○

近頃、フェアプレイでない映画が当るのでいささか腹立たしい。『13階段への道』とか『からっ風野郎』とか。

観客はほんものを見たがっているのである。実際にあったナチスの残虐行為を、三島由紀夫先生の素顔を。

ところが実際に見せられたものは、ほんものらしくよそおったにせものなのだから、私はいささかどころでなく腹立たしい。ましてやそれを正面からたたく批評が余り目につかないのは全く腹立たしい。

○

『13階段への道』は、ナチスはこんな残虐行為をしてこんなに敗北しましたということの全くの絵解きにすぎない。観客はかねがね話に聞いていたのはこれであると納得するにすぎない。たとえその残虐が予想を上廻っていたとしてもそれは驚きを呼び起すだけでそれ以上にそのことの持つ意味、殊に現在に持つ意味をもって訴えかけては来ない。

それは一つ一つの画面の選択、処理、そして画面と画面のモンタージュ、音、音楽の使用、全ての点に作家の主体が何らかかわっていないからである。それは全く見世物にすぎないのだ。

私はこの映画の作者が誰であるか知らない。恐らく最初から見世物を作るつもりで始めたのであろう。作家の主体などをうんぬんすることは大人気ないかも知れない。恐らく、そう思って厳しい批判は現れなかったのかも知れない。しかしこの見世物は一つ目小僧や熊娘ではないのである。このような素材、重要な意味を持つ素材を作家主体とかかわりなく取扱い、そのために観客の意識のステロタイプを更に強化するだけに作用することは、明らかに許しがたい態度である。

○

増村保造氏の作品、三島由紀夫氏の主演

した『空っ風野郎』についても痛烈な批判はなされなかった。無理もないことである。増村氏が正にどうしようもない苦しい立場に立たされたであろうことは、誰の目にも明らかであったから。だがこれは明らかに増村氏の最悪の作品である。

先ず、増村氏は何故「ヤクザとは大変ケチでミジメったらしい奴だ」ということなどを描こうとしたのか？　それが判らない。増村氏は終始一貫現代のヒーロー、ヒロインを描いて来た。環境の神話を無視し雰囲気を排除し、情緒を切り捨てて、自らの欲望を赤裸々にむき出して行動する人物を描き、それへの讃歌を歌って来た。その増村氏が何故みじめったらしいヤクザなどを描こうとしたのか？

私はそれは増村氏が三島由紀夫氏を主演者として使わねばならなかったからであろうと思う。増村氏は三島氏をヒーローとして使うことに或るためらいがあったのではないだろうか？　脚本（菊島隆三、安藤日出男）は勿論古めかしいヤクザの改心談である。これまでの増村氏なら思い切ったデフォルメをする筈だ、改心ほど増村氏の思想に反するものはないのだから。だが増村氏は脚本に優秀なヤクザに描かれている主人公を弱虫で臆病なヤクザに変えただけである。勿論この変更はやはり増村氏の創意の並々ならぬことを示すものである。私の友人の或る新聞記者はその点を絶讃していた。しかしそれはむしろ増村氏の社会意識の確かさを示すものではあっても作家としての主体がかかわっているかどうかとは別問題である。私はやはりいつものように三島氏を現代のヒーローとして描いてほしかった。改心なんかしない、非情なら非情で一貫する男として、むしろ優秀なヤクザとして描いてほしかった。それが増村的人間像だった筈である。増村氏はそうした人間像を全く主観的なカメラで創造することによって、作品はそれ自体独立した世界となって、社会との緊張を生み批評の役目を果すことを、日本映画の中に初めて実現したのである。そこには現実に組みこまれたものとしての映画ではなく、全く主観的な増村氏の世界が存在したのである。このことこそ増村氏の最大の功積であり、増村氏以後の全ての新しい作家達が氏に負わねばならぬものなのである。『からっ風野郎』に於ては主人公をミジメなヤクザにしたために、増村世界の構築に失敗したのである。そうした失敗の原因―三島氏をミジメなヤクジにしたこと―はどこで生れたのか？

三島由紀夫氏主演『からっ風野郎』を撮るに当って増村氏が一番困惑したのは、現実世界のヒーロー三島由紀夫氏を自分の作品世界の主人公にどのようにして移したらよいかということであったろう。そこで増村氏が考えたのは現実世界で一般に持たれている三島氏のイメージと全く反対のイメージを作品の中で三島氏の演ずる人物に与える事であった。増村氏はそれによって現実世界の三島氏のイメージが自分の作品世界の中に忍び込んで来ることを防ぎ、作品世界の純潔を保とうと考えたのであろう。だがこの先で更に考え方は二つに分れる。一つは観客が三島由紀夫氏の現実世界に於けるイメージを無視、或いは少くとも若尾文子氏、船越英二氏のそれと同程度に考えて、ミジメなヤクジのイメージに没入出来ると増村氏は考えたのか、今一つは観客に絶えず三島由紀夫氏がミジメなヤクザを演じていると思い続けさせようと増村氏が考えたかである。前の立場であったとしたら、観客は実際には現実世界の三島氏のイメージを安全には無視し得ないし、若尾氏や船越氏が役の人物を演ずるよりは明らかに大きいギャップを三島氏と役の間に感ずるであろうから、言うまでもなく誤りである。興味があるのは増村氏が後者の立場に立っていた場合である。別の人物が役を演じているのだということを明らかにして行った場合、確かに観客はその役に同化せずに異和感を持つであろうし、そのことは役の人物に対する批評、その人物を取り巻く状況への批評になるであろう。しかし三島氏の演技は役を演じていることを見せつけようとはせず、役の人物になり切ろうとしていた。そのため増村氏の意図がそうであったとしても役の人物への批評にはなり切ってはいなかったのである。そして増村世界である作品は生れなかった……

私はここで重大な問題を提出したい。それは増村氏がいつものように増村世界を作品の中につくり出そうと思っていたか、ということである。ミジメなヤクザか何かを描きたいと思ったかどうかである。私は違うと思う。増村氏が興味を抱いたのは、ミジメなヤクザではなく三島由紀夫氏そのものであった筈がある！　観客の興味も又そこにあったように！　増村氏の批評の対象はミジメなヤクザではなく三島由紀夫氏でなければならなかったのである。そうした自らの作家としての主体のかかわり方を自覚していれば、三島氏をミジメなヤクザの役につけたとしても。三島氏への批評を通して増村世界は出来上ったであろう。又、もっと別な主人公の人間像をイメージすることも出来たであろう。

この倒錯に気づかぬままに作品がつくられたために、それは増村作品と言えぬものになってしまった。増村氏の関心が役の人物より三島氏自身に向ったことは責められるべきことではない。むしろこの場合当然と言ってもよい。責めらるべきはそれに対する無自覚、もしくは自覚の不徹底である。それによって増村氏は自己の要求にも観客の要求にもそむく作品をつくってしまった。恐らく、自ら、原因不明の不満を抱きながら。

それは増村氏が自らの主体をネジ曲げたからである。『からっ風野郎』が如何に主体がかかわっていない作品であるかは、氏のかつての作品と細密に比較すれば明らかになる。『からっ風野郎』はワンカットワンカット恐ろしく粗雑に見える。しかしそれはかつての作品と同じようなカットなのである。唯カットの一つ一つが持つ重味は全く違う。同じアングル、同じサイズ、同じ人物配置でも、作家の主体がかかわっていない『からっ風野郎』の各カットは正に吹けば飛ぶように軽いのである。

○

映画作家とはそうしたものである。映画作家はそんなにいろいろなカットやシーンを撮るものではない。ただ自分の独特のカットなり、シーンなりに、いつも主体の重みをかけ続けられるかどうかということが問題なのだ。

私はかつてアメリカの記録映画作家ロバト・フラハティの作品『極北のナヌーク』と『ルイジアナ物語』を同じ日に観る機会を得た。

一九二二年、彼がはじめてつくった作品エスキモー人達の氷に閉ざされた生活を描いた『極北のナヌーク』の中にこんなシーンがあった。エスキモー人達がアザラシ(オットセイ？)を補えるのである。だまして一頭のアザラシをエスキモー人達が波打際から引き上げる。それは彼等にとって食料その他生命をささえる正に貴重な戦利品なのである。抵抗するアザラシ。必死の引っぱり合い。そしてその時沖にいるアザラシの仲間のカットが入るのである。仲間が引っぱられて行くのを思い悲しむかのようにくろぐろとした海に浮んでいるアザラシ達。それは残虐で厳しいイメージである。ぎりぎりの生存の条件に対する作者の烈しい主体的態度が示されている。

一方、一九四八年の『ルイジアナ物語』は沼沢地に住む原始的な少年とそこに入りこむ機械と油井を対象した作品である。この中にもやはり引っぱりあいのシーンが出て来る。それは少年と鰐との引っぱり合いである。そしてそれを心配する少年の父のカットが入る。結果、少年は安全に終る。ここにあるのはかなり遊戯的なムードである。作家は自らは安全の地に居て、目を細めてこれを見守っているように見える。

同じ引っぱり合いのシーン、同じようにそれを見ている才三者のカットの中に、こめられたフラハティの主体の重さは極端に違うのである。私は『ルイジアナ物語』がスタンダードオイル会社の資金で宣伝映画としてつくられたことよりも、そこに作家フラハティ自身の老いというか衰弱を感じてやり切れない気持になったのである。

○

何故やり切れないかと言えばそれは私自身にハネ返って来る問題だからである。『からっ風野郎』を見てのやり切れなさも又同様である。増村氏ですら、こんなにも早く衰弱が現れるのかという嘆声である。勿論、増村氏は衰弱しっ切りになるわけはない。しかし全ての作家は絶えず衰弱の淵に立たされているのである。一度主体を失えば、転落の道は余りにも早い。あとはただ自動的に映画が生産されて行く過程の一つのネジになるに過ぎない。そしてむしろ現在の量産撮影所に於ける監督の位置はネジである方が普通なのである。したがって作家の主体を保ち続けて行くためには先ずネジになることを拒否することから始めなければならない。その拒否の闘いの抵抗感だけが作家の主体を絶えず新しく確立して行くことの支えになるだろう。

『勝手にしやがれ』（ジャン・リュック・ゴダール）を、映画の魅力が不連続の連続にあることを再認識させた点で実にすばらしい映画だと思うが、あの中には作者が映画監督で一生食そうなどと考えていない良さがある。作家の主体が見事に貫けている原因はそこにあるとさえ思われる。

貧しい日本の映画監督、映画人たちはそうはいかないのである。職業としての仕事の永続性を考えないわけに行かない。そこには当然陥し穴がある。主体を喪失してしまった方が或る意味で楽な立場が待っている。それらに陥ち入らぬために、作家は一つ一つの作品、一つ一つのカットの中に常に自己の主体の所在を検証しながら撮り続けて行く外はない。そしてそのことではじめて観客とにせでないつながりを持つことが出来るであろう。

○

わずか一本の映画を撮った切り、やっと近く才二作の撮影に入る私が作家の衰弱をうんぬんするのはおかしいかも知れない。しかし実際はそれがおかしくない程、現在の作家の周囲には作家の主体を喪失させる状況が満ち満ちているのである。私はそれを厳しく自覚しながら自らの主体を映画の中で立て直し立て直し保ち続けて行く外はない。

私の才二作「青春残酷物語」も又、現代の青春そのものの持つ歪みと残酷さを通して、状況の残酷さを描くものである。

（一九六〇・四・八）

●作家の発言・3

現代児童漫画私論・1

俗流漫画擁護論批判／佐野美津男

（児童物作家）

大人のマンガと子どものマンガでは問題がぜんぜん別になると思います。

大人としての感覚や好みで子ども向きマンガを評価すると、きまって、手塚治虫の作品がよいということになります。つまり手塚治虫の作品は、マンガを問題にする場合のリトマス試験紙のようなものであって、それをよしとするものは、ただちに、子ども向きマンガをうんぬんする資格を喪失したと判定すべきです。

手塚治虫の作品がよいという感覚は、いわゆる児童文学を健全だと思いこむ感覚と同じで、それはすこしも子どもに関係のない錯覚・ひとりよがり・大人の身勝手・保身の術その他です。この辺のことにも気がつかず、線が美しいとか、ストーリーの流れにリズムがあるとか、映画的手法だとか、科学性があるとかいうことで手塚治虫を高く評価するのは、これみなすべて、子ども向きマンガの前進を妨げるものと断言していいと思います。この点、美術評論家の中原佑介センセイなどは全く困った存在というべきでしょう。

一九五九年六月十三日の図書新聞は、「もっと子どもにマンガを――マンガは悪いものばかりではない」という特集をくみました。そこでは四人の男がそれぞれの立場や感覚で三つづつのマンガを推せんし、その理由を述べています。

その四人の男とは、心理学者乾孝氏、小学校教諭菱沼太郎氏、美術評論家中原佑介氏、児童文学者佐野美津男という顔ぶれですが、ここでも中原佑介センセイはまず才一に、手塚治虫作品「ロック冒険記」を推せんしました。そしてその理由をつぎのように述べています。

「手塚の作品はどれでも面白い。これは大分前の作品だが着想に現実味が少く、太陽の向う側から現われるデイモン星、粘土人、鳥人など筋が奇抜だ。奇想天外ということにマンガの本領があるのだ。」

奇想天外がマンガの本領という意見もずいぶんおかしな話ですが、さらに中原佑介センセイは次のように言うのです。

「マンガは子どもの娯楽であり、そこで〝教育性〟を云々する必要はない。マンガを喜んで読む子どもは健康なので子どもの旺盛な好奇心、空想力、ナンセンスを喜ぶ柔軟な思考力のためにマンガは必要だと思う。」

さながら、自分こそ子どもの味方なのだとでもいうように「そこで〝教育性〟を云々する必要はない」と言っていますが、これもずいぶんおかしな話です。

つまり中原佑介センセイは、〝教育〟がマンガや子どもの娯楽に敵対するかのような公式的な断定をくだしているのです。だけどこれは、樹を見て森を見ないという格言の逆で、森を見て樹を見ない論理だといわざるをえません。

いまでも、自民党政府の文教政策とたたかいながら、ほんとうの教育を守っている教育労仂者は存在するし、そういう教師たちはマンガについて教育性をうんぬんする必要を痛感しています。そしてぼくもこれに賛成するものです。

中原佑介センセイが「マンガは子どもの娯楽であり」と定義するとき、菱沼太郎センセイは「マンガはオヤツのようなものだ」といいます。乾孝センセイもまた「マンガを読むのは楽しいこと」といっています。これらの同一性こそが、最も悪い意味での〝教育性〟ではないでしょうか。もちろん菱沼センセイも乾センセイも手塚治虫を高く評価することにおいては、中原センセイにおとるものではありません。そしてそれはセンセイ方の立場を考えれば当然のことです。

ぼくはマンガを、子どもの娯楽であり、オヤツのようなものであり、マンガを読むことは楽しいことだというふうに定義することに反対します。大人の眼から見て、楽しそうに思えることが、子どもにとっては楽しいどころか、真剣な戦いでさえある場合が実に多いし、また子どもにとっては、オヤツこそが主食であるかも知れないのです。

子どもがマンガを見る態度、それはぼくらが映画や小説を見る態度と全く同じだと思います。ぼくらが映画や小説でアクチュアリティを問題にするように、子どももまた、マンガにあらわれる自分たちの今日の問題に一喜一憂しているのです。そのマンガを、娯楽・オヤツと定義してしまうことは、子どもたちの賛成するところではないでしょう。オヤツがなくても生きていかれるが、主食がなければ人間は死にます。いまこの世からマンガを全面的に抹殺した場合、子どもの自殺者が続出するに違いありません。
教科書を媒介にしたのでは、一言も先生と話しのできない子が、マンガを媒介としたときには、その舌先に熱をおびることさえ珍しくないのです。ここにこそ、マンガの存在理由があるとぼくは思います。もちろんこのことは、児童文学などについてもいえることですが。

いままでに書いたことによっても、美術評論家中原佑介センセイのマンガ擁護論がいかに俗流であるかは証明できたと思うのですが更に追い討ちをかける必要があると思います。

中原センセイが手塚治虫を高く評価するとき脳裡に描くは安部公房の姿でしょう。安部公房が医学徒の出身であるように手塚治虫もまた医者としての経歴があります。そしてともにS・Fに関心が深い、ということになれば、中原センセイならずとも両者を同一線上にならべたくなります。しかし、それはあくまでも作品以前の、あまりにも人間的なことであって、作品には何の関係もないことです。

まず才一の反証として、手塚治虫の場合には、その亜流が実に多いということを挙げたいのです。つまり手塚治虫は作家主体の欠如した職人的マンガ家であって、彼の表現は技術でしかないということです。それに反して安部公房はマネようとしてもマネしようのないユニークな作家であり、その方法は作家主体をぬきにして考えられないのです。

この職人と作家という対比点、これは実に大切なことだと思います。あるいはこの対比点にこそ、子ども向きマンガの本質をとくカギがひめられているとさえいうべきかも知れません。

現在、子ども向きマンガはその殆んどが職人によって技術的に作られています。赤銅鈴之助で名をあげた竹内つなよしも、まぼろし探偵の桑田次郎も、れの他多くの売れっ子マンガ家も、それぞれ数人の下職を使い、生産性の向上につとめています。そしてその下職のうちの何んかが、いつかまた一本立ちのマンガ家として下職を使うようになる、これがスタンダード・システムです。これは、助監督として何年かをつとめあげたものが監督に昇進する映画のシステムと共通するのではないでしょうか。

しかし経験や技術の習得が、映画芸術に何の関係もないことは、ヌーヴェル・ヴァーグの一部の作品が証明ずみです。この逆の証明は、沢島忠やその弟子たちが示してくれています。すぐれた作家に思えた沢島忠も、しょせんは職人でした。沢島には作家として不可欠の条件である変革がないからです。

変革ということにおいて、マンガ家はずいぶん不利な条件におかれています。ある意味においては、無署名でもその作者名がわかるようなマンガを描くことがマンガ家にとって必要な場合だってあるからです。しかし子ども向きマンガの場合には、一目で「あっ、これは手塚治虫だ。」というほどにわかる必要もなく、更にまた、子どもにはアキルという特性がありますから、大いに変革する余地があるわけです。だが職人はかたくなに変革を拒みます。かくて、子ども向きマンガ家の生命は平均二〜三年ということになるのです。

子ども向きマンガ家の生命が平均二〜三年だといわれる中にあって、手塚治虫の生命の長さはやはり問題になると思います。だが現在の手塚治虫は余命を保つ状態であって、決して壮健というようなものではありません。

手塚治虫の生命の長さ、これはやはり変革に関係のあることです。手塚治虫のマンガ家としての出発が、子ども向きマンガの世界に与えた衝撃は正に変革の名に価しました。医者からマンガ家への転身、これはマンガ家のスタンダード・システムを否定するものだったからです。ここにこそ、手塚治虫の存在理由があったのですが、彼はアンチ・マンガ的自己を堅持することなくスタンダード・システムの微温湯にひたってしまったのでした。

手塚治虫が医者からマンガ家へ転身したときマンガ界に与えた衝撃と、メイエルホルドの理論を映画に持ちこむためエイゼンシュテインが演劇から映画に転身して与えた衝撃とは、ある種の共通性を感じます。それはさらに最近のヌーヴェル・ヴァーグにも当てはまることかも知れません。だが現在、ヌーヴェル・ヴァーグといわれている作家たちの中からも、スタンダード・システムの微温湯に身をひたすものは必ず出てくると思います。

あらゆる意味において、現在の子ども向きマンガが停滞しているとするならば、それは才二才三の手塚治虫が出てこないことに大きな原因があると思います。いまこそ大いなる否定の精神を持って子ども向きマンガに立ち向う必要があるわけです。

大いなる否定の精神を持つということは生易しいことではありません。あるいは男子一生の仕事に価するかも知れないのです。ところがその対象が、娯楽だオヤツだと定義されていたのでは、ホコ先もにぶってしまいます。そういうおそれがあるわけです。

ぼくが「アパッチ投手」という連載マンガの原作を書きはじめたときにも、「マンガの原作を書くなんて」とか、「えらそうなことをいっても、マンガの原作を書いているじゃないか」という非難を受けました。教育評論家国分一太郎センセイもぼくを非難した一人です。もちろん非難は勝手ですが、国分一太郎センセイなどは明かに、マンガは悪いものときめてかかっているのです。そしてその根底にあるのは、マンガをオヤツとしてしか評価しない大人の感覚です。だから中原センセイを俗流マンガ擁護論者とするならば、まさに国分センセイは俗流マンガ否定論者です。そのどちらもが俗流である限り、ぼくは彼らを子どもの敵と呼びます。

—以下次号—

次回は筆者自身の創作体験にもとづく、児童マンガの創作方法論について執筆されることになっています。御期待下さい。

教育映画作家協会 研究会ニュース

精力的に継続されている社会教育映画研究会と記録映画研究会の四月例会は、前者は二十二日に共同映画社試写室で、後者は二十三日に草月会館ホールで、それぞれ開かれた。社会教育映画研究会は、今月は「漁村」をテーマに東映作品「漁村の生活」三木映画社作品「漁村のくらし」（三木茂演出）日映新社作品「漁火」（竹内信次演出）自然科学映画社作品「さよ達の願い」（道林一郎演出）の四本を上映した。しかし会員の集りは予想以上に悪く、結局漁村問題を研究している来賓の人たちに御意見拝聴という形になってしまったのは残念であった。

記録映画研究会は日本ドキュメンタリ・フィルム社と共催で亀井文夫演出「人間みな兄弟——部落差別の記録」をとりあげ、試写後約三十名の出席者をもって討論を行なった。評論家の柾木恭介、大島辰雄両氏や、この作品のカメラを担当した菊地周氏などの顔も見え、かなり活発な意見がたたかわされたが、それだけに若干時間切れが惜しまれた。

ようやく軌道にのって走りはじめた二つの研究会に協会員の積極的参加が望まれると共に、一般読者の参加も関係者は期待している。今日的課題に正面から取り組んでいるこれら研究会に参加希望の方は、通信費半年分三十円をそえて、教育映画作家協会事務局宛申し込まれたい。

作品評／天平美術（水木荘也作品）

美術映画への註文状／平田清耕

（創造芸術会員
日本アニメーション線画部）

美術映画「天平美術」を銀座山葉ホールで観た。入場の時もらったパンフレットにある通り美術映画として上代彫刻、鎌倉美術、桃山美術、そして天平美術五本に渡っての美術映画のベテランだけあって、動かない物を映画化するという事のむづかしさを、うまくカメラ、照明等の技巧でよくカバーして最後迄、私達の祖先が長い年月に渡って築き上げた、美の系列を眺める事が出来た。

特に普通見ては到底感じとれない細部をクローズアップで迫力ある表現にしたのは実によかった。

線画で水木さんと打ち合せをした時、古代文化についてよく研究して居られるのには感じ入った。その時は線画の全体のもつ味、モチーフ等古代の感覚をこわさないように、描く事をきめ才一紙の質、作画様式、黒の濃淡等苦心した心算だったが、フィルムになって思う程に表現出来ず悲しかった。

何日の場合でも僅な日数と限られた条件の中で、精一ぱいやるのだが、出来上って見る時実に冷汗をかいてみる仕末である。その様な時、勿論、文句を付けられる。ほめられる事はない。併しそれは次の新しい発想の基礎として亦楽しい。

さて天平美術の映画をみて私なりに限られた原稿枚数の中で考えてみたい。タイトル、感じが良いと思った音楽、これは弱いので充分解らないが感覚的に画面を邪魔しないで観る事が出来たのは矢張り良いと云う事だろう。

ところが古代文化の宝庫の扉を開いてさてッーと云う意味か？正倉院の封が解かれて扉が開いて最後ラストには亦閉される。これは実におしいシグサだと思う。僕ならそうはしない。オ一あれでは見る人は感違いをする。正倉院の扉を開いてその中に天平美術の全ボーがあるように思われる。確に正倉院には無数の代表的美術工芸品等はある。世界的に誇れる古代文化の逸品として、それはあくまでも正倉院の宝物であり天平美術中の一部分でしかないのである。

天平美術文化は御承知の通り一千二百年余前、白鳳時代後期から天平へそして次の時代の貞観時代（平安初期あるいは弘仁時代ともいい）までの八十余年の長い時期に、線画にも出たように唐との交流によって、仏数の熱狂的信仰から、時の権力諸天皇の庇護のもとに東大寺を中心にして文化が発展していったもので、五丈に及ぶ大払（金銅盧舎那仏像）の本尊を造した豪壮なる芸術も興福寺の阿修羅立像（手の六本ある）あの生々しい迫力のあるリアリスティックな要素、三月堂、薬師寺等々の仏像、そう云うものを中心としたところに天平美術、芸術の主体性があるのではないかと思う。

正倉院は当時の東大寺法隆寺興福寺西大寺の諸大寺の寺領からあがる税物や寺宝の法会用具などを入れる倉、本倉でその倉の集っていた一部を言い、その中の一つのみ残ったのが正倉でその一つを正倉院と呼んでしまった。正倉院を中心として天平美術は発展したのではないのであって、あの扉の開け閉めがいかにあの映画の良いところをぶちこわし、亦天平美術と云う題名とつりあわないかを述べた。確かに題名もむづかしい、私も絵を描く時には苦心する。画面と題名が離れ離れになって題名のないままの方が良い時がある。映画はそうはいかないが―。

亦こんな事も欲しいと思った。現在生物を画く映画も、顕微鏡によってより以上に明確に見せてくれるのに古代美術においても、研究されているように、一千有余年前の人々は一体何をつかって、どのように美術が造られたかと……

天平時代では金銅、銀などの金属像の他乾漆造りの技法、塑造の技法等がもちいられ後年になって木彫も加わって来ると云う事など……亦X線を通してみた映像も良いと思う。そうすることによって今私達の生活の実体から一千年余昔の一端にもっとふれる事が出来ると思うが亦こういう事はどんなものだろうか――。自分が今一枚の平面な画布に絵を描こうとする時、実体とバック即ち空間関係もあらゆる意味での主要な点となるが、映画にも絶体必要だと思うが。その映画の内容の良い事は勿論だが見ていて引き付けられていく時には必ずその画面の構図上から来る感覚は非常に大きい。人が観る以上画面の安定性のある方が見やすい。文化映画には特に大事だと思う。

天平美術にはその苦心のあとも感じられた、然し今一歩と云うところ、被写体を中心においたのが多かったように思うが平凡ではないだろうか、ライトもライトの光としてではなく、自然の光として使い、それを造形化して使用して画面を構成を、造る事なので如何だろう。

何かまとまらない事も言いましたが、書き乍ら大いに自分自身勉強になりました。

本協会会員、演出家の高島一男氏は四月三日未明、突然死去されました。オ一回演出作品のみで将来への大きな希望を残してなくなられた氏に謹しんで哀悼の辞を捧げたいと思います。

編集部

■高島一男君略歴

昭和7年2月29日生
昭和28年より30年まで東俳協所属
昭和31年以来、教育映画作家協会所属。

＜助監督としてついた主な作品＞全部で15本
昭和31年「中国見本市」(荒井監督)
昭和31年「ボイラー用水」
東京フィルム(岩堀監督)
昭和32年「牛と金魚」
〃　〃　(道林監督)
昭和33年「忘れられた土地」
〃　〃　(野田監督)
昭和34年「300トン・トレーラー」
産経映画技術研究所(松本監督)

＜監督とした作品＞
昭和35年「液体のはたらき」

高島一男に

松本俊夫

こんな悲しい気持で、君のことを書かなくてはならないなんて、こうしている今でも、まだなにか重苦しい悪夢をみつづけているかのように、ぼくにはとてもその事実を信ずることができない。

つい四、五日くらい前まで、あんなに張切って仕事の抱負を語り勉強に意欲を燃やし、健康にも人一倍注意を払っていた君が、まさにこれからすべてがはじまろうとしていた地点に立ちながら、なぜこうも突然、自分で自分の未来をしかもあんな残酷なしかたで断たねばならなかったのか。たとえ、どんな理由があったにせよ、なぜ死を選ぶ以外に解決の道をみいだし得なかったのか。

めったなことでは涙なんかみせたこともないのに、あの晩はどうにもたまらなくなって、ぼくは泣いた。腹立たしい悲しみでからだ中がはりさけそうだった。つねづね敬意を抱いていた君の人生に対する誠実な姿勢が、一面において君自身を極度の自己嫌悪に追いこませてゆくような線の細い脆弱なものであったかと思うと、卒直にいってぼくはとても残念でたまらなかった。

君は自分自身をジェキルとハイドのように思いこんで自らに鞭を打ちつづけたのだろうか。自己変革の動的な過程では、ある程度不可避的にあらわれる生活上の不均衡な亀裂を、君はあたかもストイックな行者のように、それを許すことのできないものとして絶対的に断罪したのだろうか。

だれもが、多かれ少かれいろいろな形でぶつかって思い悩み、耐えもし、のりこえもしてゆく、それぞれの内深く秘められたまさに人間的な悩みごとを、君は、自らの恥部を嫌悪する処女のように嫌悪した。その潔癖さは美しく、その厳しさは崇高であるのかもしれない。しかし、それはあまりにもモラリスティックでありすぎ、あまりにも理想主義的でありすぎはしなかっただろうか。

いまは帰る人のいなくなった中野のアパートのがらんとした君の部屋の中で、ぼくは、自分自身に云いきかせるかのようにバカヤロバカヤロと云いつづけながら、君の遺書を探していた。しかし遺書は結局なかった。君は、ノート、写真、手紙など、君の過去を殆ど自分で焼却してしまっていた。しかし君がいかに過去を消滅しようとしても、君の過去は、ぼくらの心のどこかに一つの傷のように残るにちがいない。だが、ぼくらはもうこれ以上、君のことをくよくよと想うまい。ぼくらは、それこそ君が放棄してしまった未来に向って、君の分まで断然生きてゆこうと思うのだ。

想い出／西田眞佐雄

尻上りの独得な抑揚をもって呼びかける彼の声が、いまだに耳から離れない。

「ニシダさーん」　甘えるような、訴えかけるようなひびきの中に、孤独な影がひそんでいるようにもうけとれた。

今年の正月元日、昨年末から引き続いて仕事をしようと主張したのは私だったが、それを心よく受け入れてくれた彼と、フイルムを切り、なめ、けずり、そしてつなぎながら、薄暗い部屋で二人きりだった。

つないだフイルムを何度も映写機にかけながら、このカットはもっと切れる、あのカットはアタマが長すぎるなど討論しながら、ともすれば若い女性の話題に走りがちだった。

映画論や、誰かれの批判も、二人の親密度を増すには大いに役立ったというべきだが、爆笑の渦で埋めるにはあの部屋は狭ますぎたようだった。

そんな時である。手は忙がしげに動いてはいたが、笑いのおさまった静寂の中で彼が呼びかけたのは——

「ニシダさーん、ボクほんとに困ってんのコ」。

追悼の夕べで彼の遺作をみながら、そんなことどもを思い出して私は得も言えぬ感慨にとらわれた。私は彼に言いたい「君から学んだものは大きかったし、君を介して得た女も心のよりどころになっている」と。

君は去った

野田眞吉

『きみは去った／いわゆる／あの世へ。からっぽだ……／きみは飛ぶ／星空に突っこみ。前払いなし／ビヤホールなし／しらふだな／いいや　エセーニン／ぼくは

脱し切れなかった物語性の桎梏／黒い画集／高島一男

「黒い画集」は、すこぶる評判がいい。才一に、興行的にヒットした。併映作品（「珍品堂主人」）の強さということもあろうが、所謂〝レンガづみ〟でなく続映している事実は、この映画が、充分、吸引力をもっていることを示している。才二に、内容的にも評価は高い。批評家のおおくは筆を揃えて賞めている。たとえば、「新鮮な秀作の一つであり、日本映画には稀有のこと」（荻昌弘）といった調子だ。質がよくて、当って、ということであれば、まず、申し分がない。だが、果してそうか。

どうも、ぼくには合点がゆかない。むろん興行的ヒットは数字上の事実だ。論議の余地はない。しかし、作品内容となると、ぼくには、なぜひどく退屈だった。誤解なきようにいえば、低迷する昨今の日本映画にあって、この作品が相対的にはかなり評価されていいのだと、ぼくも思う。しかしそれは、あくまで相対的な評価であって、絶対的なそれではない。この映画が、「社会の矛盾を適確にとらえ……この危機と恐ろしさを、改めて認識させ」（岡田晋）たとはつまり、そのような表出に鮮やかに成功していたとは、どうにも考えられないということなのだ。

作品に即して考えてみよう。意図した主題は、疎外された日常生活の桎梏から逃れて、逃れるつもりで、ひそかにもうけた孤独の逸楽、当然に不安をともなう、そうした陰の生活が、結局は、社会機構の一端にひっかかって、曝かれ、崩され、瓦解してしまう現代の非情なドラマにあったろう。現代人の「孤独」と「不安」。漠としているようで、人の身動きを許さない、容赦なき社会機構。

そして、その主題の形象化にあたって、作者はこう考える。「今までの日本映画の場合、シナリオを書く場合には起承転結がありましてね、一つの法則みたいなものがね。それでなかなかそれを破れないし、材料も材料だし、ちょうどやるのにもってこいだと思って、二楽章でやろうと思ったんです。今までのシナリオの構成方法を捨てまして、事件が起るまでを一楽章、それからあと一楽章、二つに割ってほとんど本人だけで押していく」（橋本忍――シナリオ担当）

たしかに、厳密な計算による組立てを骨子とし起承転結によって構築されたドラマが、即ち三〇年代のシャルル・スパーク流の映画の方法が、激動する現実を捉えきれないことは、今日ではすでに自明のようだ。しかし、だからといって、「未完結体のコンストラクション」などと称して、個々のエピソードやシーンをつなげるだけで未完結のラストシーンで断ちきってしまう映画が、映像論者のいうように、アクチュアリテを捉えているかはどうかは、甚はだ疑問だし、はっきり、間違っているといっていい。「黒い画集」の場合が、必ずしも後者の型に属しているとは思わないが、しかし、結果的には、中途半端な起承転結の否定が、下手糞なストーリーの展開という、消化不良の症状を呈したのではないかと思われる。具体的に作者の言をかりていえば、才一楽章と才二楽章をおって考えてみたい。才一楽章――冒頭の主人公のナレーション、つまりそれは、自分の環境説明にすぎぬのだが、それをいわば、即自的な個の視点の日常像とすれば、キャメラがみつめる、大東京のパン・ショットからはじまって、郊外電車が森の

喘っちゃいない。のどには／悲しみのかたまり／笑いはない。──』からはじまる自殺したセルゲイ・エセーニンにささげた、マヤコフスキーの詩を僕は思いだす。マヤコフスキーはエセーニンの死をあれこれと中傷し、身勝手な理クツをこじつける輩を批判しながら同時にエセーニンの死をするどく批判している。『必要なのは／よろこびを未来から／奪いとることだ。この人生で死ぬことは／むずかしくない。人生をつくることは／はるかにむずかしい。』

と詩はむすばれている。むずかしいが奪いとることだとうたったマヤコフスキーがその後、エセーニンと同じように自から命をたってしまった。アイロニカルなことだといってすまされない。彼等のなかにみられる現在の自分と未来を奪いとるためにあらねばならない自分との間のはげしい矛盾。一種のサイクルをなしているその苦悩がなんであるかをみつめねばならないと思う。かるがるしく、道学者ぶってまた生暖いヒューマニストぶって、彼等の死をせめ、死に追いこんだもろもろの条件をあげつらったって、どんな解決の金があろう。

高島君の場合だってそうだと思う。いま、高島君にいうのはすでにおそい。おそいという悔いが、僕にいいきかすのだ。それらの苦悩との対決をとおして、自分をラセン的上昇にかえていくには、どこを起点とすべきかである。それはつねに現在の自分を手ばなさないことではなかろうか。現在の自分をただしく客観的にとらえなおしながら、かくあらねばならない自分を行動と意識化のなかで充実していくことでなかろうか。

合間を持けて渋谷に着き、転じて都心のビルディングへ、早朝のラッシュ、サラリーマンの流れ——これら一連のショットが、いづれも大ロングの俯瞰ショットとして捉えられ、意識的に主人公を除外してあるのは、主人公のナレーションを聞かせ乍ら、それをつきはなし、いわば対自的な全の視点から、人口九百万をはらむマンモス都市の一点を凝視する、対象をしぼるように捉えていこうとする作者の意識が、かなりうかがわれる。単にナレーションの絵ときにおわらぬ「眼」がそこには存在している。そして、一流会社の課長で、相当に安定した生活力をもつ彼は、一日の勤めから解放され、孤独の生活をとりもどすと、一人でビールをのみ、パチンコであそび、アパートをたづねる。家路を辿ったのではなくて、女を訪れたのだ。女は同じ課内のB・G。逸楽とともにこれは、不安な関係だ。危い橋だ。だから彼はオドオドとし、細心の注意を払う。そしてそれゆえに、倒錯した生命の充実感。疎外に疎外を重ねて生きる現代人の暗ウツな矛盾。ここまでは、すくなくも現実の表皮をはがしてみつめようとする一貫した視点がある。

ところが、才二楽章にうつって、つまり、事件の発端——女の家からの帰途、知人にあったことから生ずる疑惑と不安。それが現実となって、この知人が殺人容疑で逮捕され、主人公の証言が、唯一のアリバイを立証することが明らかになると、そのあとは、彼を破滅においこむためのプロットにしたがって、平板に、ダラダラと、主人公の行末の追求がなされるのだ。ここでは、才一楽章でうかがわれた作者の「眼」は、アキメクラと化し、やたらと主人公にへばりついて、事件をおうのみだ。伏線になる学生とのからみも、生半可な作為——主人公の一切を瓦解させる安易な道具だけであることが、最初からみえすいていて、著しく色あせた紋切型の葛藤となる。いや、なによりも伏線などという、物語性のアカに依存して、日常性のヴェールをひきはがそうとする方法そのものに、この映画の致命的な弱点を指摘することができるのだ。才一楽章から才二楽章で転調するのは結構だけれども、対象にかかわる姿勢までがナヨナヨと崩れてしまっては困るのだ。作者が、表面的に平安無事な日常生活から一皮ひんむいた、危機的な実相をつきつめようとした姿勢は理解できるのだが、フイルムに定着されたものは、あくまでも一皮はぐ程度（それも前半のみ）であって現実の核心を摑みだし、観るものの内側から喰入って、激しくゆさぶる強烈さには、とうてい程とおいのだ。つまり、かなりの現実意識があるだけに、アクチュアリテを捉えそこなった形骸が、むきだしに放置されているようで、やりきれなかったし、いらだたしいし、はては、肩すかしをくらった腹立ちが、退屈でかなわぬ実感ともなったのだ、と思う。

結局、この映画で、トータルに表出されたものはなになのか。いうなれば、東宝十八番のサラリーマス・シリーズの、いささかハイ・ブロウなヴァリエーションといったら、いいすぎであろうか。すくなくとも、意図半ばの具象化におわって、「現代の狂った状況と人間関係を、鋭く反映した作品」（岡田晋）にはなりきれず、きわめて皮相的にしか捉えきれなかった失敗作ではあるまいか。

要するに、現実の実相を抉りとるにさいして、中途半端な物語性の否定におわってしまい、その桎梏から完全に脱却できえなかった破綻が、無惨に暴露されているのではあるまいか、と考えるのである。

この原稿は三月二十七日、戦後映画研究会の討論資料としてかかれたものです。

若いやつ／漁村の青年たち

秦　康夫（演出助手 記録映画社）

この「若いやつ」は、今まで製鉄、石油などの工場撮影にばかりついてきた僕にやっとめぐって来た社会教育映画でした。

舞台は、房総半島の太平洋岸、千葉県勝浦市川津。海女で知られている御宿の少し南にある戸数四百たらずの漁村です。

映画を作るお金も時間も限られている中で地元の人々と一ときも早く仲間になるために、監督の菅家さんと出発前から話していたように、現地につくと真先に設営の交渉をはじめ、恰度都合良く空家になっていた民家を一軒借り切ることに成功しました。地元に泊りこむことは、よくこの種の映画ではやることでしょうが今度も、風呂に三日も入れないなどというスタッフの生活上の不便はありましたが地元の人々が我々と一緒になって映画を作って行くという空気を作ることが出来ました。だから菅家さんが「O・K」を出しても地元の青年達は、「本当に満足の行くように撮れたのか、もしそうでなかったのなら何度でも撮り直してくれ」と申し出るほどでした。

この映画のお話は、結婚簡素化、無駄使いをやめての箱貯金など一口にいってみれば生活改善ということになりますが、我々が一番ひかれたのは、この青年達の行動力――どこまでもねばりづよく実現させて行くかれらのタフなエネルギーでした。そして「若いやつ」に何が出来るかという村の年寄り連中までも含めて村中の人が「若いやつ」にまかせておけば間違いはないと信頼するにいたったこと。

青年達が考え出し実行したことは、俳句会、読書会、野球、新造船おろしの簡素化などいろいろありますがその中で一寸変っているのはダンスでした。

俳句にしろダンスにしろ、それぞれ好きな二、三人のグループから始めて村全体の青年にひろげたわけですがこのダンスは男女交際の自由と、さらに初め決めたこと（時間通り終えること、女の子を地区毎に送り届けること、火の後仕末など）を守ることで村全体の信頼を得るきっかけになったようです。青年達は生活に規律をうけるということで村のいろいろの階級の人から信頼を得たようです。鉢巻をしめてうすよごれた恰好の今までの漁師とは、服装の点からかれらは改めていったのです。

こういう点がお母さんたちの村の婦人部の人たちを理屈でなしにかれらのいうことについて行こうという気にさせたのです。

漁師はよく酒をのみます。かれらも、漁があればお祝いに一杯のむ、時化るとヤケ酒をのむという風な生活をしていたのですが、かれら自身が革命といっている一つの転期になった事があります。つまりこの飲代をおやじから貰うのではなく自分達で稼ごうと思いついたことからおこったわけです。夜、漁が終ったあと、伝馬船を借り出して港内の雑魚を網にかけてとり、その売り上げ金を、小遣いにしたわけですが、こうして自分達の力で小遣いをかせぎ出してみると飲んだりなどばかりしている自分達の生活に疑問をもったわけで、折角、夜疲れた体でかせいだお金をもっと意味のあることに使おうという気になったのだそうです。

それで、俳句の好きな連中は俳句をはじめる、ダンスの好きな連中はダンスをというわけで、その俳句やダンスをやっている中で、仲間意識が生れ、常にかれらが気になっていること、魚を一匹でも余計にとりたいということを、皆で考えようと、漁法研究会を持とうという風に発展したのです。

つまり、俳句やダンスが、都会の青年達の遊びと違って、生産とつながっていたこと、それが、俳句会やダンスパーテイで終らずに、のぼりを満艦にして、何晩も、飲み明す新造船おろしを簡素化しよう。赤ちゃんが生まれる頃になってもまだ借金が払いきれない結婚式を改めようという、この「若いやつ」青年達の行動のエネルギーだったことにわれわれは気がつきました。

さてかれらの船に乗って沖の漁を撮りに、出ると、沖にはいろいろ面白い話がありました。マンボという魚です。これはサメの腹のように全身白い色をした魚で全長3米位の大きなものもおり、船で近寄ってつついても知らぬ顔で昼寝をしている全くトボケタ魚です。

またブリやマグロに追われた鰯が自衛のためにお互にぴったりくっついて、球状になり大きいのになると直径1米位にもなって、海面にもり上がっているそうです。

しかし、沖の漁も大変です。沿岸漁業はサバ漁など資本をかけた大型船に、食われてだくだく太刀うち出来なくなる。めだいやきんめの一本釣りで細々やって行くのでは先が見えていると青年達は案じています。かれらの力で、漁業組合を動かし、あわびやさざえの養殖をはじめたりしてはいますがこういうところにも政治の貧困を感じました。この映画は完成しましたが沿岸漁業の当面しているこれらの問題を、我々は映画で、我々の滞在中にもさかんに取材に来ていたラジオや、テレビの方は、そのマスコミの力で追求して行くことが、誠心協力的だった地元の青年有志達に対する、義務だと思います。

アフリカからの手紙／岩佐氏寿

（演出家・フリー）

エジプト、エチオピア、と歩いて三月三十一日、ケニヤへ来ました。映画青年、文学青年の小生といたしましては、冒険に充ちているロマンチックなケニヤの筈でありましたが、首都ナイロビは、日本のどの都会も及びもつかぬ美しい街で、いささか戸惑いしております。このように美しい街は、まだ、ぼくは、ジャワのバンドン以外に見たことがありません。街路のまんなかの花壇には、原色の花が咲き乱れており、こわいほど澄み切った空に、書割に描いたような、明確な形の雲が、地平線から涌きのぼって、ペンテル画のようです。高級車がひじょうに沢山行きかい、アフリカ人、印度人、イギリス人が、清潔な服装で、銀座のようなところを歩いています。ぼくらの泊っているニュー・スタンレイ、ホテルというのは、銀座のまん中のようなところですが、近くの店をのぞいてみても、英・米・ドイツ・日本の最高級品がずらりと並んでいて、カイロ、アジス、アベバを通って来た眼には、ひどく近代的に見えます。

しかし、それは昼間だけのことで、夕方五時に店がしまり、夜、七時ともなれば、全く静まり返って、こわくて歩けません。イギリスが、さんざん手を焼いたキクユ族のマウマウ団事件以来、とくにこうだそうです。御承知のとおりマウマウ団事件は、白人のケニヤからの追放と、白人に奪われた土地の恢復を標榜して、キクユ族の一部がテロ活動を起し、白人二十七人、アジア人（インド人）十五人、アフリカ人（キクユ族）千二百人を殺した人件ですが、政府は一九五二年十月非常事態を宣言、土民軍と全警察力を動員、キクユ族、マサイ族、カムバ族等の義勇軍を編成し、英本国からの数ケ大隊を加えて、陸海空総出で四年間かかって鎮圧したものです。

今は、全くおさまって、非常事態宣言も解除されているわけなのですが、キクユ族その他のマウマウ団の主力となった種族は、いろいろな制限をうけているとの事です。そのことと関係あるなしに拘わらず、毎日アフリカ人によるギャング事件の記事が、来てから新聞に出ていない日はありません。アフリカ人というのは、キクユ族がいちばんナイロビでは多いようです。ぼくらも来てすぐ、夜は外出しないようにという注意をうけました。もっとも、出ても、四軒ばかりの映画館が、英、米、インドの映画をやっているだけで、バアもキャバレエもありませんし、勿論、はじめから、このイギリス紳士のくにには、ストリップもございませんので、どうにも仕様がないわけです。昨夜は、念のため一度、夜十時ごろ、アフリカ人住宅地域を自動車でとおってみましたが、ひじょうに恐ろしく、途中で引返しました。まっくろなアフリカ人が、闇の中にじっと立ってるだけで、パトロールカーが、静かに走っているのに、会ったのが唯一台の自動車でした。

昨日は、例のナショナル・パークをロケハンしましたが、勝手にしやがれと思うくらい広い平原にキリン、シマウマ、野牛、駝鳥、キツネ、シカ、ゴリラより少し小さい何とかいう難しい名のサルの類が、うようよと遊んでおり、あんまり、うようよと手近かに好きなようにしているので、面白味がないような具合でした。その何とかいうサルのごときは、自動車のボンネットの上へ上って来て、どんとあぐらをかき、フロントグラスから、われらを、かなり長い間、じろじろと観察しておりました。お金を払って、人間は、彼らから見物して貰うために出かけて行くというふうに考えるべきところです。

許可がとれたので、明日から、このナショナルパークをロケーションし、その後は、かんじんのキクユ族の部落、槍使いの名人で戦士として有名なマサイ族の部落等をおとずれたのち、できれば、ウガンダ、サンジバル等へ出かける予定です。

× × ×

× × ×

エジプト、エチオピア、ケニヤとも、日本人はまだまだ珍らしいと見えて、じろじろと観察され続けています。日本のセンイ製品のワンピースをつけた、真黒なキクユ族の娘たちを、たくさん街で見かけますが、なかなか美しく、原色のプリント地がよく似あい、頭にも、日本の娘さんが、労仂組合なんかでよくやっているように、スカーフで髪をきりりとうしろまで包んで、大きく背中へ垂らした姿は、健康で、ぼくはなかなか気に入っています。

ここは、ロッコというイタリヤの婦人画家がいて、赤松俊子さんの絵とよく似たタッチで、その娘たちを描いており、領事公邸や、このホテルの下の食堂に、その大きなタブロウがかかっています。タイトル・バックにとろうかなどといっています。（四月三日、ナイロビ（ケニヤ）で—編身部への私信）

読者からの手紙

グルッペ・キネマ・アルファを結成して

(国学院大映研) 榎本利男

グルッペ・キネマ・アルファは、各大学の映画研究会と8ミリ作家の交流の場として、町や村の片隅にある「生活するフィルム」を発見し、そのために必要な最低限度のコミュニケーションを確保し、それを不断にしつづけていくところにはじまります。

従来、アマチュアの自主映画は特別な上映組織をなんら持ちません。がここにいままでの自主作品の形態的ないし質的な不健全な面がシワヨセられていることを思うとき、まことに残念な気がするのです。ですから、私たちはこの悪い習慣を破ったところに自主映画製作活動の健全な姿をみつけ、町や村の一隅でレンズを介体に、私たちを市井に発掘しあいながら、お互いに自分たちの活動をサポーティングしていく――そういう所にこの会の骨組を置いたのです。

その才一回目は五月七日、午後6時、渋谷の国学院大学、院友会館で行われますが、アルファの発堀の如何もあり、同好の士の参加を望む次才です。(問合せ、(四〇一)四二四五　みさき方)

■会員の仕事

諸岡青人は日映科学映画製作所作品「モダン・シップビルディング(近代造船)」カラー二巻の脚本演出を完成した。スーパー・タンカーの造船を中心に近代造船を紹介する。

岸光男は**古川良範**の脚本になる「紀勢線の全通」カラー三巻を、新理研映画で演出、完成した。紀勢線の全通を軸に沿線観光地を紹介している。

柳沢寿男脚本・演出になる三井芸術プロ作品「神田ッ子」カラー六巻が完成。六甲山のふもとにすむ姉弟の物語を中心に特殊鋼の製造工程、使用例を描く。

間宮則夫演出作品「機械文明の騎士たち」カラー三巻は日経映画社で完成した。精密機械工業に仂く人々を描いたこの作品の脚本は**八幡省三**が担当した。

中村麟子、**附田博**演出になる日映科学映画製作所作品「スランプ・仕事の調子」は中村麟子の脚本でスランプ克服への道を描いている。二巻。

大内田圭弥脚本・演出作品「乳牛のしつけ」は農山漁村文化協会でこのほど完成した。白黒二巻のこの作品は搾乳をめぐる管理の正しい考え方を提示したもの。

川本博康脚本演出作品「大阪繁昌記」は、ガメツイ大阪の土性骨をドキュメンタルにとらえようとする。日経映画社、白黒二巻。

丸山章治は「新聞に出た娘」の脚本・演出を担当。新聞が社会に果す役割を劇形式で描く。カラー二巻のこの作品は日経映画社で製作された。

野田真吉と**大沼鉄郎**は**吉見泰**の脚本で「マリン・スノー」(石油の起源)を東京シネマで完成。カラー三巻。石油の起源を微生物の世界に探る。

京極高英は先月既報の日中合作記録映画製作のため、四月六日羽田から中国へ向けて出発した。

日高昭は新映画実業作品「日本みたまま」カラー二巻の脚本・演出を完成した。

菅家陳彦は漁村の青年たちのたくましいエネルギーを描いたドキュメンタリー「若いやつ」を完成した。脚本・演出を担当。記録映画社の作品。

渡辺正己は東京シネマ作品「ガシオ三部・転移」演出準備のため去る四月十一日、羽田からアメリカへ出発した。ガン細胞の転移についてシカゴ大学で研究する。

松川八洲雄は「印画紙の話」を日映科学で脚本・演出したが、印画紙の製造工程を詳細に描いている。

野田真吉は神戸映画サークル協議会の機関誌「泉」一〇〇号に記録映画の状況について書いた。

羽仁進は中央公論社から「カメラとマイク・現代芸術の方法」を出版した。

■編集後記

☆今月号に予定していた「綜合主義芸術論」と「ドイツ科学映画論」は、筆者の急病や仕事の都合でのせることができませんでした。

又、ヨリスイヴェンス会見記も編集の都合上割愛せざるを得なくなりました。お詫びします。

☆劇映画の新進監督の「記録映画論」を、今回は才一回作品「愛と希望の街」で注目された大島渚氏に書いて頂きました。これからも毎月劇映画畠の人々の「記録映画論」を連載していく予定です。

☆来月号は、記録映画の創刊二周年にあたるので、ドキュメンタリーにおける創造力の問題を特集しました。又、ドキュメンタリーの問題をあらゆる角度から検討し、これ迄の創作方法を更に発展させる座談会を企画しました。

☆作家協会の会員として活躍しておられた、高島一男君がなくなられました。ここの哀悼の意を表します。

■次号予告■創刊二周年記念

特集・Creative Imagination

アヴアンギャルドとドキュメンタリー	**安部　公房**
総合主義芸術論・2	**柾木　恭介**
座談会・ドキュメンタリーとは何か	**佐々木基一**
関根　弘・柾木　恭介・長谷川竜生	
武井　昭夫・針生　一郎	
現実と映像の間	松本　俊夫
前衛映画の系譜と今日	大島　辰雄
ドキュメンタリー映画の系譜と今日	厚木　たか
戦後映画のヴィジョン	野田　真吉
創造の場からの発言	松川八洲雄
映画音楽の前衛性と実験性	湯浅　讓二
私の記録映画論	吉田　喜重
現代児童漫画私論・2	佐野美津男
カリガリからヒットラーまで・6	クラカウア　二木宏二訳

その他・作品評・現場通信・ジュークボックスなどです。

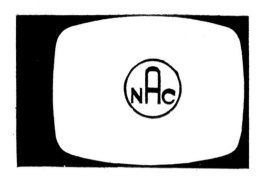

記録映画 五月号 昭和三十五年五月一日発行 第三巻第五号 編集・[illegible] 発行所 教育映画作家協会 電話東京(571)五四一八番 定価 七十円

教育映画作家協会編集

記録映画

THE DOCUMENTARY FILM

昭和三十五年六月一日発行（毎月一回一日発行）
第三巻第六号
昭和三十三年九月五日第三種郵便物認可

6月号

「太陽がいっぱい」

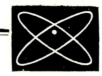

創刊二周年記念号

記録映画

1960　6月号
才3巻　才6号

時評

あたりまえでないことが あたりまえになってはいけない

あたりまえでないことが、しらずしらずのうちに、あたりまえになってしまう。不感症におちいってしまう。

堀田善衛氏が「安保批判の会」で――自国の領土に外国軍隊がおり、その基地を提供しているということがあたりまえになっている。非常識が常識化し、日常化している。まったく倒錯したことである。常識の眼をとりかえすことが安保条約批判の才一歩である。――というような趣旨の話をした。新安保条約は五月二十日午前一時、岸政府がファシストの手口をむきだしにして自民党の単独採決を強行した。大衆的な反対の声をおしきった暴挙は、歴史のしめすようにかならず大衆の力が、彼等を墓場におとしこむだろう。われわれは平和と民主主義、独立の名のもとに彼等をほうむりさらねばならない。

われわれはあたりまえでないことに、断固反対しなければならない。われわれはつねになしくずされること、自分をなしくずしにすることに、自己省察をおこたってはならないと思う。

あたりまえでないことがあたりまえになってしまっていることの一つに、映画作品における著作権の問題がある。文学や音楽の分野では著作権がハッキリと確立されているが映画の分野ではまだ確立していない。著作権の問題は創作活動の自由と生活との両面の当然の権利の確立として重要な問題である。シナリオ作家協会はすでに、長い間懸案にしているが、まだ解決にいたっていない。映画は綜合的な芸術なので著作権が分散的で所在がきめにくいとか、映画資本が作品に全責任をおって製作するのだから、いいかえるなら、シナリオ作家や演出家、俳優などのタレントを買いきりにして製作しているのだから、著作権は資本側にあるなどというもっともらしい理由によって問題はボカされている。だから、実際ではニュアンスぬきでいってしまえば、シナリオをどう直そうと、できあがった作品が気にいらなければカットし、また改訂するのも勝手であるということで著作権が無視されている。そのように勝手に料理することが慣例なのだということで事はすまされている。この点について、今後映画作家は力をあわせて、映画における著作権の解釈を法律的にあきらかにし、具体的な契約条項によって問題を解決していく方向をとっていかねばならないと思う。そうした方向への段階として、また手がかりとして、われわれはすくなくとも製作会社との話あいで完成した作品が作家の諒解もなく、作家をぬきにして改訂されたり、勝手に総集版をつくったりする問題があたりまえのことのようにみすごされていることについて認識をあらたにすべきだと思う。また、映画作品のテレビ放映における著作権無視の問題、いいかげんにカットされて放映されている現状についても同じである。教育映画の場合では、プリントで販売されるので版権とからんだ著作権の問題が当然おこる。

われわれは映画作家の創作の自由と生活の問題として、著作権の問題をあらためてとりあげることを提案する。

表紙の写真

ルネ・クレマンが久しぶりにメガホンをとった「太陽がいっぱい」の一シーン。フランスの青年たちの生態を描いた野心作である

もくじ

特集・創造的想像力

モノいう壁

■PR映画と想像力

玉井五一

「キネマ旬報」誌上に「映画とはいかなるものか」という連続座談会が掲載されて、その3回目のとき、談たまたまPR映画におよんだことがあった。今、読みかえしてみると、こういったところである。

岩崎　木下恵介さんの「この天の虹」、悪口をいう人は八幡のPR映画だといっているけれど、木下さんはそういうやり方に大きな野心をもっていたと思うのですが、ごらんになりましたか。

武田　見ました。あれはPR映画だと思う。だが、あらゆる映画が一番恐ろしいのはPR映画だ。PR映画なら作者は優遇されるでしょう。全部が保証される。保証された場合にどんなドラマが出来るか。その意味であの映画はたいへん参考になる。

花田　イタリアのドキュメンタリなんかもPR映画だろう。

安部　「忘れられた人々」もそうだ。

武田　その点ソヴェト映画はやはりすごいね。PRとかなんとかいっても、外のものがたくさんある。

岩崎　ただPRの主体が問題でしょう。

武田　問題は芸術家の主体です。根本は芸術家の問題で、それ以外にありません。

安部　それはそうだ。

「創造的想像力」といったことについて何か書けといわれて、ウッカリひきうけた果てに、浮んできたのが、こんな座談会のヤリトリのひとコマだった。さまざまの芸術論議が横行している。そして、本誌上でも、誌名が「記録映画」だから、当然のことでもあろうが、さまざまな角度から、真のドキュメンタリとは何か、をめぐっての議論が繰りかえしまきかえされている。世上、PR誌が流行のようにPR映画もさかんに作られている。それらのPR映画が、武田泰淳がいうように「PR映画なら作者は優遇されるでしょう。全部が保証される」と簡単にいえるかどうか、そう簡単に問屋はおろさぬし、実作者の立場からすれば恐らく問題は山積するだろう。スポンサーあってのPR映画だとすれば、PR映画の制作にあたって、制作者がまず当面し、最後まで逃れられないのは、まず、露骨で扱いにくい実利的、商業主義的な注文であり、非芸術的というか反芸術的なワクであり、制約である。

しかも、これらの制約を武田泰淳はじめこれらの座談会出席者が価少評価（?）していたとは考えられない。とすれば、五十歩百歩のスポンサー側の理解と無理解をふまえて、作者がPR映画に取り組む時、はたして「どんなドラマが出来るか」。これこそ興味シンシンとしたドラマであるが、残念ながらその結果、出来上ったどれほどのPR映画に、スポンサー側の制約を逆手にとった「創造的想像力」がみなぎっているといえるであろうか。

現在、日本の短篇記録映画の90%はPR映画だといわれる。そして、それが教育映画として発売されるわけであるが、それが置かれている条件にしても、従来までのチャンスにめぐまれなかった陽のささぬ場所から、大きな社会的需要の場所にそれは立たされつつあるといえるのではないか。

といっても、それは唯平坦な道でないことはいまさらいうまでもない。ただ安易にそれを受けとれば、とりかえしのつかぬオトシ穴が待ち受けている、といった油断のならないコースであり、反対にあまり緊張しきって、柔軟な対処の自由を失っても、たちまちのまれてしまうといった危険なコースであることに間違いはない。

「PR映画なら作者は優遇されるでしょう。全部保証される」という、誘惑にみちた声がささやかれる。バラ色にいろどられた幻惑が視界をおおうように見える、といったこともありうるのだ。しかし、オトシ穴はここにある。ヒンサな、ツヅラオリに似た交渉と制作の過程で、簡単に相手を呑んでしまったはずの当の記録者の主体がみるまにシャブリつくされて、残骸を横たえる、そんな例を私たちは事実、目撃している。そういう手合いを犠牲者!だなんてチャンチャラおかしい。スポンサーを責めるなんてなおさら滑稽である。

スポンサーの顔だちは始終同じである。あまり顔だちなどにこだわりたくないが、やや安易に見えるのはスポンサー側の窓口である弘報課とか宣伝課、広告課といわれるところの顔つきであり、末端の事務官僚である。が、その背後に、テコでも動かぬ顔だちでひかえているのが「資本の顔」というものである。この相手は御しやすい相手ではない。猪突猛進などの戦術でたじろぐ相手ではない。たとえば、わたしはアラン・レネエ「二十四時間の情事」（ヒロシマ・わが恋人）のなかの、原水爆反対のデモを劇中劇でとらえたショットを面白いと思ったが、PR映画にとり組む記録者はつねにこの、当の相手と制作の主体である己れとの間にひらきちぢまる距離のダイナミックスを、劇中劇として見得るもう一つのカメラの眼を、手放してはならないだろう。

わたしは残念ながら木下恵介の「この天の虹」をみていない。しかし、八幡のPR映画に取り組んだ木下恵介の野心が、このもう一台のカメラを縦横に操作し得たとは考えられない。彼が今までモノして来た、ヒューマニズムの美学で、それが自由に動かし得たとはとうてい考えられないからである。その仔細は「この天の虹」を見られた方の判断にまかせるとして、当の木下恵介自身そのことに気づいているかどうかすら怪しい。彼自身は健在であろう。しかし、このもう一台のカメラの眼をとおして見れば、彼はあきらかに失格した記録者、ワイダの「地下水道」に登場する、個人としては善良で小心ではあっても、客観的には仲間を裏切り、遂にパルチザンの隊長に射殺される「裁かれる記録者」にほかならなくはないか。

　このとき、またもや武田泰淳の「あらゆる映画が一番恐ろしいのはPR映画だ」という、ボーバクとして把えどころのない、バクゼンとした言葉が、ひときわアイロニカルにひびいてくる。こんな言葉を平然と吐く武田泰淳とは一体何者か?彼は味方の記録者を力づけようとしているのか、それともおびやかそうとしているのか、とにかくイヤに悠然と傍観者めいて、敵と味方を一滴の血もみない粛惨な修羅場にそのかしている、案外こんな知ったかぶりの口をきくヤツは敵のマワシ者ではないか、といった考えすら浮ぶくらいであるが、いや、彼のいうことはウソではない、そして彼は敵でも味方でもない。ただここで考える必要があるのは彼の言葉のもつ簡単な意味だけである。

　「あらゆる映画が一番恐ろしいのはPR映画だ」という二重の意味を。その一方は「この天の虹」につながり、もう一つの極は「忘れられた人々」を指している。前者に欠けているのは、わたしがこの小文で求められたテーマ「創造的想像力」であり、後者に横溢しているのはPR映画と取り組み、スポンサーを相手どって、あるときは陰微に、あるいは堂々と挑戦され、投げられた記録者のたたかいであり「創造的想像力」である。

　屈強な記録者の創造的想像力が羽搏く巣は、極度に追いつめられ、十重二十重に包囲された絶望的な壁を餌食にする、以外にない。絶望とみえた壁はたとえいかなる場合にも永遠不変にそびえたつといったものではない。運動者のまえに、絶望の壁はモノをいい、動き出し、かえって加勢する。しかし、それはあらかじめ予定された調和ではない。

　たとえば新人監督の大島渚は本誌の座談会（「映画における記録性」1月号）のなかでこう語っている。

「つまりシナリオが自分で書いたシナリオだから、それが現実のなかでぶつかってシナリオが変えられるというまではいかないにしても、その間の摩擦みたいなものを出してみたいと思ったわけだ。ただすんなり撮るんじゃなく。……それで撮って行く過程で、たいへん面白いと思ったのは、シナリオに書いてあるとおり撮った時はつまらない。ところがシナリオに書いてないカットが明らかにあるわけですよ。現場で拾うカットね。…劇映画におけるドキュメンタリという問題は、つまりシナリオに書いておいた人物が俳優の個性によって変っていくということがある。そういうふうにシナリオが現実に触れ合う瞬間というものを重視したい、という形で、ドキュメンタリーということばを使ったんですけどね。」

　やっとここで足もとの問題にかえったわけであるが、彼の実行の弁に多少の疑問があるとはいえ大島渚は運動のなかから実行にうつった記録者の一人である。

　あらかじめ準備されたシナリオが、いかに事前の綿密な計量のうえに予定されていようと、それをそのままカメラに収めるだけでは記録者として失格であるこというまでもない。シナリオが現実にふれ合う瞬間こそ記録者にとって見のがすことの出来ない抵抗が片麟を現わすのである。イージーな主体はそれと格斗することが出来ない。ここで改変すれば切角出来あがったシナリオがオジャンになってしまうではないか。制作費の問題があり、期日の問題がある。期せずして怯惰が顔を出す。そして彼は記録者として「裁かれる」結果になるが、彼はそれに気づかず、傷つかない。己れの墓穴を掘っているのも知らずに。何ともおめでたい話であるが、彼らの上に当分の天下泰平の日は続こう。

　彼らの上に安隠におおいかぶさる天下泰平の幻惑をいつまでのさばらしておくか、いつとりのぞくことが出来るかは、もっぱらわたしたち記録者の実行力の如何にかかっているということが、いえるばかりである。

（筆者は評論家）

前衛映画の系譜と今日

●フランスを中心に

ガラス張りのこのみじめな隠れ場を炸裂させる……　ニイチェ

大島辰雄（評論家）

○かみそりで真二つにされる若い女の目、腐りかけたろばの死体で覆われた二つの大型ピアノ、切断された手を凝視しながらパリの街に佇立している両性者《おとこおんな》、分身的存在に射殺される主人公、にぎりしめた手のなかの蟻の巣――こうした痛烈さ、残忍さに終始する映画――ルイス・ブニュエルの『アンダルシアの犬』（一九二八）である。

○峡谷を渡って運ばれる子供の棺、癩者《レプラ》たちの水浴場にもごみ捨場にも飲用水の源泉にもなる小川、むきだしで吹きさらしの石小屋、木の葉や小枝を食んでいる飢えた山羊、野生のいちごやぶどうなどで育つ子供たち、足なえ、クレチン病者、甲状腺腫患者、足指が十四本あるばけもの――こういうサド的な目でとらえられた悲惨な宿命が非情のままに、むしろ淡々たるコメンタリーとともに展開する――おなじブニュエルの『糧《パン》なき土地』（一九三二）である。

○およそこのような非情のポエジーとサド的なヴィジョンを、それらを通し、ふまえた次元で、われわれはやがて『忘れられた人々』（一九五〇）の中に見出す――。また、そうした記録性のもとに、それらを越えた地点に、アラン・レネエの『夜と霧』（一九五五）を見出すであろう。

○才一次大戦直後、フランス映画は「フランスの」「映画」として新たに出発した。それはまさに運動だった。先導者ルイ・デリュックのまわりに集まったグループ（デュラック、レルビエ、ガンス、エプスタン）は印象派として知られ、G・サドゥールはその時期を一九二〇～二七年としている。（FRENCH FILM, 1953）この時期で特に注意すべきはデリュックがシネクラブを創設したことである――彼はそれを旅行クラブと同様なスケールで広汎な組織に発展させようとしたのだが、目的には達しなかった。だが、カヌードやムシナックとともに最初の映画展を組織し、これは音楽会や絵画展と同様の関心を喚起した。そして、彼の播いた種から、シネクラブあるいはフィルム・ソサイエティー運動が芽生え、まずパリで開花し、ついで着実・急速に地方都市にひろがった。この運動の派生物の一つが――商業的企業化した一シネクラブを通して――専門映画館の設立で、こうして普通は見られない映画を熱心な観客が容易に見れるようになった。こういう映画館やシネクラブがあってこそ、若きアヴァンギャルド運動はそれ自体、観客を見出せるようになったのである。

○こうした「印象派」は、だからこそ、時として「初期アヴァンギャルド」ともいわれる。だがデリュックと彼の盟友たちは象徴派、ロシヤ・バレー、ゴードン・クレイグの演劇論、アカデミック絵画の前進した傾向を学んだ者たちで、キュービスムや未来派運動から出てきた芸術・文学上のアヴァンギャルドとはほとんど無縁だった。このいわば真の「前衛」は一九二〇年代初期にダダイスムとシュールレアリスムの道づたいに出現してきた――。嘔吐の念とともに塹壕から這い出した青年たちの最初の行動――その反逆がダダと超現実主義だったのである。

○すでに一九一八年から、ダダイストたちは主題のない映画をとなえていた。一九二三年に、この主張を最初に実行したのがマン・レイで、その自作映画を彼は皮肉をこめて『理性への復帰』と名づけた。この短篇で顕著なのはイマージュがつかのまに過ぎて見定めがたいことで――観客にカレイドスコープをのぞいていたような印象を残すのである。ともかく明瞭に識別できるのは「危険」とつけ札された時計の内部のメカニズム、それにさかさまになった裸女の胴体《トルソ》だけで、それが光と影の動く縞模様を通して縞馬のように見えるのである。映画を一体化するような強いリズムはなくて、支配的なファクターは衝撃的効果とセンセーションの追及にほかならない。

○次にきたのがレジェとマーフィーの『バレー・メカニーク』で、これは立体派絵画の文字通り動くヴァリエーションであり、さまざまな造形的オブジェによる機械的バレーのシークェンス中に時々、階段をのぼる洗濯婦のショットが挿入されている。つまり、ここでは物体の運動もしくは運動における物体を即自的に展開することが問題だったのだ。

○だが最も有名なダダイスト映画は『幕間狂言《アントラクト》』（台本ピカビア、演出クレエル）だった。ドイツ前衛映画の純粋性・絶対性とまさに対照的に、この映画は「戦前《アヴァン・ゲエル》」の伝統（先駆者フウイヤードからクレエルの拾い集めた）と「前衛《アヴァン・ギャルド》」の観念（ピカビアやダダイストたちの提示した）との綜合《ジンテーゼ》（具象的）だった。故意の支離滅裂とショックをあたえる意欲――こうして「突然の爆笑を要求すること以外には、何物も尊重しない」のである。伝統的な線にそった構成的テーマを読みこむことは、この作品の意図を全然はきちがえることとなろう。作者たちの頭にあったのはダダの詩の概念につながるものであり、異様なおどろきを才一義的にねらっていたのである。高速度撮影の科学映画における花弁のように、バレーの踊り子のスカートがスロー・モーションで開いたり閉じたりする。煙突や屋根や噴水のある画面で、彼女は押し分けるように場所をもとめながら進む。徐々に踊り子の顔があきらかにされ——濃い黒ひげをつけ、鉄縁の鼻眼鏡をかけている。ダダイスムによる爆発的隠喩《メタフォール》、驚愕の効果、神秘化《ミスティフィカシオン》であり、一貫して俗物《スノップ》どもへの嘲弄を底流としている。上映にはオーケストラがエリック・サティーの皮肉なリズムを演奏した。二重写しや素早いカッティングやトリック撮影など、印象派の流行させた手法がふんだんに用いられているが、それによって映画の中心的アクションは決して左右されない。その証拠は、クラシックな人物たちによる霊柩車（らくだがひいている）の追跡であり——さいごに、死体は息を吹き返し、自分自身をふくめて、みんなを一挙につれ去るのである。編集はクレエル独特の精密・精緻な計算によっており、こうして処女作『眠るパリ』を起点とするクレエルがスタートする——。

○ダダイスムが分裂して、一九二四年十月、ブルトンの『超現実主義宣言』の発表とともに、シュールレアリスムが新運動として誕生する。ダダの映画運動はドイツでひきつがれ、デスブルグ、ナギイ、およびモンドリアンたちの理論的影響下に「抽象映画」もしくは「純粋映画」となる。こうした抽象的傾向はフランスには全く根をおろさなかったといえるし、クレエルの弟アンリ・ショメットの『光と速度の反映』（別名・若き映画の夢みるもの）はその色褪せた道標といえよう。

○超現実主義映画の攻勢的デビュがデュラックの『貝殻と僧侶』だった。台本はアルトオで、彼は象徴派詩人として出発し、まさにシュールレアリスムの化身だった。俳優でもあり、この映画の主役を演ずるはずだったが、病気のためそれは実現しなかった。この作品が不成功におわったのも、演出者の直截性とアルトオの陰微な複雑性との不一致にあったと思われる。主題は、さまざまな精神分析的装飾物をつめこまれているが、要するにインポテントな僧侶の抑圧された夢の世界である——彼は理想の女性を追求しつつ、ライヴァルとたたかうのだが、その敵は仲間の僧であり将軍であり牢獄の番人である。主人公は地下の穴倉で幾百のガラス玉を粉微塵にしたり、足首まである外套姿でパリの街々を四つん這いにはいずりまわったりする。それは抑圧された性の世界であり「暗鬱《ユムール・ノワール》」の被害状況である。超現実派のこの最初の試み《エッセー》におけるこうした被害者意識を積極的抵抗として加害者意識に転化したのがブニュエルの仕事とみられる。

○『アンダルシアの犬』のシナリオはブニュエルとダリ（スペイン人同志）である。『幕間狂言』同様、論理的一貫性といったものはない。いわば残虐の詩であり、目的は直接的な視覚的隠喩による感覚と魂の振《ヴィブ》動《ラシオン》の表現である。メタフォール即ショックとしての非情さがつらぬかれており、そのむきだしの客観性こそ独自のスタイルとして強烈な主体性を物語る——。『幕間狂言』は、まだ脅威に迫られていない世界での苦労しらずの学生たちの「狂言」だった。ところが、一九二五年以後、若い知識人《インテリ》たちは社会的な諸問題に苦しみ悩むことを知った。革命に先だつスペインの封建的後進性と沸騰するふんまんのさなかに生まれた者たちとしては尚更である。ブニュエル自身の言葉によれば『アンダルシアの犬』は「殺りくへの悲願」であり、まさに絶叫だったのだ。ブルトンのように、彼らも「万人の超現実主義的行動は街なかに飛出して相手かまわず群集を撃ちまくることだ」と主張したのである。それは、自分たちを生んだ世界、そこからまだ自分たちを解き放っていない世界に対する青年知識人《インテリゲンチャ》の叛逆であり、愛憎の葛藤の真只中の激烈な発作である。

○暗鬱な『詩人の血』（ジャン・コクトオ）は、あきらかにその影響を蒙っている（例、主人公のたなごころの中のしゃべっている口）が、新しい紋章を表出している。阿片の臭気が充満したホテルの部屋、美貌の若者たちを自殺にかりたてる石膏の美女たち、古代すがたで裸胴の詩人たち、両性的な愛の密事《ひそかごと》、半裸姿の天使のような黒人女たち——こうした自伝的骨董仕立てだが、それは洗煉の極に達し、いわば解体の香気を放つ——。デカダンスの至高の表現として、この映画は超現実主義的アヴァンギャルドの廃墟に残された塩の柱だった、といえよう。

○この作品と同様サウンドトラック初期のブニュエルの第二作『黄金時代』（一九三〇）で、彼は象徴《シンボル》と諷諭《アレゴリー》の巧妙な操作に帰る。「愛しい人《モナムール》、愛しい人《モナムール》、愛しい人《モナムール》」とエリュアールの声が繰返す——一方、恋人たちが、眼は圧しつぶされ手はかじり取られて小径の砂利の上をころげまわる。半ば神秘的な愛の観念が、一種の贖罪的浄化者としてつらぬいているこの作品は、その一方、慈善、宗教、謙譲、因襲、既成秩序に食ってかかり、それらの既存物を踏みにじろうとする——。怒ったさそり、噴火中のヴェスヴィオスの熔岩その他、記録的な一節一節が作為的な画面——若い娘のベッドに寝ている牝牛、マルキ・ド・サドに変容したキリスト、露台《バルコニー》から投げ出されるきりんと燃えさかる松の木、踏みつけられている盲人、父親に射たれる息子——と交互に出る。それにまた、たとえば大歓迎会《レセプション》があり——客たちは顔中蝿だらけにして、火災や爆発が給仕女たちを殺したり、巨大な肥料運搬車が客間をがたがた通ったりするのも知らぬげに振舞う。超現実主義的無茶苦茶と無政府的破廉恥を通して社会批判のするどい鋒先が見舞う——。

○マン・レイのばあい——当然ともいえるが——造形的価値がシナリオの事物に優越する。写真的効果に溺りすぎて時々レルビエの印象主義に接近する——例、『海の星《ひとで》』におけるソフト・フォーカス。一方、画面に幾何学的オブジェを積重ねる——将棋盤の縞模様だが（『エマク・バキア』）デュシャンのように、こまかく計算された幾何学的曲線の展開を奇妙な語呂合せと結合する。この二作ともシナリオは詩人ロベール・デスノス。

　ともあれデュシャンとマン・レイによる映画には冷徹さがあり、ブニュエルのひたむきさにショックを受けていた観衆に歓迎された——。
○ダダイスムとシュールレアリスムが「アヴァンギャルド」運動の主軸だったが、それと同伴的に、しかしはっきりと個性をもった若い作家たちも何人かいた。たとえばグレミヨンは、自作の記録映画からの抜萃を巧みに編集して『フォトジェニー・メカニーク』をつくった。ブルターニュへ行ってつくった『外海めぐり』は高度なスタイルの交響詩といえる。
○またカヴァルカンティの処女作『あるは時のみ』(パリの明方からたそがれまで)ついで『プチット・リリー』——これはシャンソンをバーレスク化したもので、マック・セネットばりにフランス・コミックの復興を意図したのである。ルノワールもバーレスクを手がけたが(『チャールストン』)、結局この二人とも体質的にコミックの才はなかったといえる。
○一方、クレエルはファンテジーの分野に足を入れたが、あまり成功してはいない。彼の『架空の旅』は、当時再発見されていたメリエスへの一種の捧げものだったが、無味乾燥でしかない。ところがルノワールはファンテジーにぴったりの体質を示した——詩情ゆたかな『マッチ売りの少女』は立派にバレーの世界を生かしている。
○だがファンテジーは、喜劇調であれ詩的であれ、フランスの「前衛」を一九二〇年代とその経済的衰微の「絶望の沼」から救うことはできなかった。抽象に対する大衆からの反響は冷淡だった。無名のスヴリイは上質ボール紙を截断した幾何学的形体の展開を辛棒づよくフィルムにおさめていたが、なんの関心も起しえなかった——とはいえ、彼のはじめたこうした実験が今日、一層のエスプリでアメリカのアヴァンギャルドによって取上げられているのは興味深い。また交響楽的映画も同様だった——ルットマンやフィッシンガー兄弟の作品(『作品Ⅳ』『青のコンポジション』『ベルリン』)はベルリンでは喝采を博したが、パリではそれほど迎えられなかった。デュラック夫人がショパンやドビュッシィによるよくこなれた作品をつくったが(『音盤《ディスク》三五七』『主題《テーマ》と変曲《ヴァリエーション》』など)こうした着想は二度と取上げられなかった。ルットマンの『ベルリン』はまさにイマージュによる「都会交響曲」であり、フィッシンガー兄弟の映画は音楽(的抽象)のイマージュを美しくフィルム化しているが、その審美的エモーションと記録性喪失とは紙一重といえるだろう——。
○こうしてフランスの「前衛」は新たな道をとった——まったく自然発生的な運動でそれを定式化する理論家が誰一人いたわけではない。だがすでに一九二七年の当初からイギリスのドキュメンタリー派の先駆となっていたといえる。この新しい動きに才一の刺戟をあたえたのがシネクラブによる一連の非公開ソヴェート映画(プドフキン、エイゼンシュテイン、ジガ・ヴェルトフ)の自主上映だった。『母』や『ポチョムキン』はフランスの若き映画芸術家《アルチスト》たちの目を大きく見開かせた——抽象映画の機械的オブジェや切紙細工よりは街の人間のなまの顔にこそ詩がある、詩的効果をさがしまわるよりも編集(モンタージュ)の中に一層偉大な芸術(文法)がある！
○一九二七〜二八年のこの結節点こそ新傾向の出発点として、かずかずの前衛記録映画をうみだすこととなった——。ラコンブの自主才一作がパリをパリの貧民たちによってリアルに直截に記録した。人間と社会が「前衛」の視野《ヴイジョン》に立帰ったのである。カルネ(『ノジャン、日曜日のエルドラド』——パリの労仂者たちの行楽地)、ルキエ(『葡萄の刈入れ』『ファルビック』)がラコンブの成功につづき、さらに抽象派だったデロオ(『機械行進曲《マーチ》』)もパリのルポルタージュ作家(『夜あかり』『パルナス』)に転向する——。
○まさしく「前衛記録映画」としての傑作はジャン・ヴィゴの『ニースだより』だった——ブニュエルの超現実主義とジガ・ヴェルトフの理論の影響を思わす激しく辛らつな社会諷刺である。カーニヴァルの馬鹿騒ぎ、イタリー式共同墓地の不条理、大ホテルの気取った彫像、流行衣裳の女、乞食、血統の正しい愛玩用の小犬……それに窓々の干しもの、がたぴしの家々、スラム街、旧市街のぼろをまとった病弱の子供たち。こういった直截な対照《コントラスト》である。
○そしてブニュエルも、超現実派の詩の世界から最も非妥協的な社会主義リアリズムの陣営に投じたのである。スペイン共和国の宣言の朝あけ、ベラスケスやゴヤの人物、乞食や病人でいっぱいの、この未開の「荒地」の記録『糧なき土地』は、こうしてもたらされた——。
○こうしてフランスのアヴァンギャルド運動はドキュメンタリー芸術に移行した。その陣営には以上のほかさらにロー(Lods)やパンルヴェが加わった。哲学者パンルヴェは一連の水底生活映画(『たこ』『うに』『みじんこ』『イヤス』)からはじめたが、それらではまだ多分に抽象映画の影響下にあった。水溜や水滴りに見出されるすばらしさ——こうした幾何学模様がカンヂンスキーとかピカソの水彩画における同様な美と似ている点に、彼はおどろき引込まれていた。だが一九三〇年以後、彼の仕事は人間性と密着し、その「極微動物」はもはやたんに興味ある形体ではなく、主体性をもった主人公となった。彼はそれらに個々の生命をあたえ、水の世界のフラハーティーとなる——『隠者ベルナール』の猛悪、『竜のおとしご』の優美、そして不可思議なラヴ・ストーリイ。
○だが、人間的・社会的ドキュメンタリーへの、このアヴァンギャルドの開花は停頓させられた——主たる理由は(一)トーキーの到来とともに映画製作費が飛上ったこと、(二)専門映画館で「前衛」作品を避けて外国の製作に目をつけはじめたことである。ノアイユ子爵(『黄金時代』と『詩人の血』に融資した)のようなパトロンたちからの援助、技術的な仕事をほとんどすべて監督自身がやる古い方法への復帰(例、パンルヴェ)がしばし「前衛」を持ちこたえさせたが、一九三〇年の経済恐慌がこの運動に致命的打撃となった。一方、実験的なスタジオで成長した人たちが今や一般作品の演出に引抜かれた——数年後に、いわゆる「フランス派」の復興に寄与することとなった運動の中核を形成したのは彼らだったのである。

○以上、サドゥールの手引きで、主にフランス前衛映画の足どりをたどってみたのだが、それが文字通り「前衛」芸術としての運動だったいみからも文学・演劇・音楽等とくに美術との関連にもっと立入る必要がある——が、いまは他日を期すほかない。作品としても『メニルモンタン』（ドミトリー・キルサーノフ）『ジャンヌ・ダルクの受難』（カルル・ドライエル）『操行ゼロ』（J・ヴィゴ）『アッシャー家の崩壊』（J・エプスタン）また『カリガリ博士』（ロベルト・ウィーネ）等、まだふれるべきものが残されている。同様に、仏・独のこうした潮流と交流した、あるいはそれが波及したヨーロッパ各国——ソヴェート・ロシア（「芸術」映画もしくは「知的映画」）オランダ（ヨリス・イヴェンスの出発——『橋』や『雨』）ベルギー（美術映画）デンマーク（検閲とのたたかい）チェコスロヴァキア、ポーランド等、さらにアメリカ（例、ヘンワール・ロダキエウィッチの『若き日の芸術家の肖像』）カナダ（グリアスンの活動、精神分析と実験映画）について語らなくてはならない——。

○しかし、上記の略述だけからも今日的課題への新しい視覚を多角的にはたらかしうると思う。そのいみで、結論的に問題点を多少とも整理しておきたい。

（一）前衛映画の系譜は芸術運動の歴史であり、その中で特にシュールレアリスムの功績をつぎのように学びとることができる——。

(a)映画を芸術として独立させた。このいみで純粋映画（仏）の純粋性を認識する。

(b)映像を映画固有の形象として解放した。このいみで絶対映画（独）の絶対性を考察する。

(c)商業主義とのたたかい（シネクラブと専門上映館）。この線で記録映画との結合を確認する。また、これらの三点を通じて実験映画と実験性を検討する。

差当ってはレネエの仕事（『ゲルニカ』および『ヒロシマ・わが恋人』）をはじめ今日のポーランドやチェコの諸作品（『タンスと二人の男』『家』『おなじ空の下で』および『蝶々はここに住まない』など）、マクラレンでは特に『隣人』を、これらの点で「教材」とすることができよう。『水玉の幻想』（チェコ）や『水鏡』（オランダ）はむしろ印象派に近い——。

（二）「前衛」とドキュメンタリズムとの結節点からのいちじるしい後退現象として今日の日本の「ドキュメンタリー」（？）を見ること。

(a)いわゆる教育映画は、「記録映画」の常套手段となった劇映画的演出によって官製社会教育、紙芝居的児童劇におちいっている。

(b)また観光映画として、ドキュメンタリズム当初の発見（人間と社会の即物的把握）を忘れ去っている。

(c)科学映画としては、実験的意欲によってPR性を主体的に消化したものが乏しい。

これらの点で、まず最も素朴な地点に立って日本の平和行進（『鳩ははばたく』）と英国のオールダーマストンへの行進（『生れくる者のために』）とを比較してみること、また、例えば『人間みな兄弟』（亀井文夫）を『愛と希望の街』（大島渚）と、『東京1958』（シネマ60）を『釘と靴下の対話』や『Nの記録』（日大）と対決させてみることからも、重要な問題が引出されるであろう。さらに、『白い長い線の記録』（松本俊夫）や『マリン・スノー』（吉見泰、野田真吉・大沼鉄郎）を、まさに科学映画叙事詩として、例えばイギリスの『時計』（ローレックス）とくらべるならば、実験映画と作家の主体性の問題にとって新たな可能性へのたくましい意欲とともに、深い省察も惹起されるであろう。

○アラン・レネエの『夜と霧』の中で、最もショックキングなのは、ブルドーザーで片づけられるうごめく死体の山ではなく、むしろ連合軍に解放された瞬間の生残った死の囚人たちの動かぬ表情である——今は高圧電流の絶たれた有刺鉄線のそばに佇立した彼らは、生きながらの屍というよりは白痴そのものであり、その顔には呆然たる空無があるのみだ——「彼らにはわからないのだ」というそのときのコメンタリーが今もなお、ぼくの胸の奥底に映像として烙きつけられている。戦争と平和へのこれ以上の有弁な発言が、かってあっただろうか。「二十四時間の情事」の果て、あの二人は人間的実存として、まだヒロシマとヌヴェールの名を呼びかわしえただけだ——。

○前衛《アヴァンギャルド》とは、もと軍隊用語で、大部隊の前哨としてたたかう小数精鋭の一隊を指す。反抗の精神と抵抗の運動、変革への意志と革命への献身なしに前衛主義も前衛芸術もありえない。それは何よりもまず運動としてである——抽象的な表現形式の問題としてではなく、具体的な活動のプログラムとして、人間の主体そのものの課題としてあるのだ。その今日的な時点と次元にみずからをおき、おのれをさらすことを知らずまた怠る者には、もはや「勝手にしやがれ」というほかないであろう。（六〇・五・九）

読者への通信

●二周年記念懇談会への招待

本誌も皆さんの御協力でようやく創刊二周年を迎えました。つきましては左記により読者と執筆者、作家を交えた交換懇談会を行ないたいと思います。御多忙のこととは思いますが何卒御出席下さい。

一、六月十八日（土）午後五時三〇分
一、渋谷労政会館（新宿駅南口、新宿オ一劇場はす向い、くわしくは作家協会事務局へおとい合せ下さい。）
一、記録映画上映（チェコ最新作）
○リディツェは滅びない
○一九三五年三月十五日　の二本
一、交換懇談会
一、会費六〇円（コーヒー代）

ドキュメンタリィ映画の系譜

■一九二〇年から才二次世界大戦まで

厚木たか
（シナリオライター）

「ドキュメンタリィ」という言葉が、単なる記述やルポルタージュの意味をこえて、「アクチュアリティの創造的劇化」という創作方法として日本でも理解されるようになったのは、一九三八年（昭和十三年）で、それはおもに、グリアスンやローサーなどイギリス・ドキュメンタリストの影響による。

いま、世界でのドキュメンタリィ映画の初期から才二次大戦頃までの系譜をと求めたのだけれど、世界での作品のきわめて多くを見ることも見返すこともできないのだから、自然、手近かな文献の、わたし流の要約ということ以外には方法がない。一九五一年版のイギリス・ドキュメンタリスト、ポール・ローサ、グリアスン、サドゥールの著書中心に、"Sight and Sound" "World Film News"その他の雑誌の評論から補足して概観してみよう。

「私達がはじめて『ドキュメンタリィ』という言葉をつくり出し、その言葉を一般に通用させたのは、エイゼンシュテインの作品とフラーティのそれに関してであった」（ジョン・グリアスン）

安易に、小説や演劇のあとを追いかけていた映画を、その本来の場につれもどし、その足場の上に映画の芸術としての方法をもとめふかめようとするのがドキュメンタリィであるならば、その草創期の筆頭にロバート・フラーティの『極北の怪異（ナヌーク）』（一九二〇年）をあげることは当然といえよう。極地でのエスキモー人の生活――生活の根本である食糧のための闘争――をいきいきと描出したこの作品は、当時の劇映画がおもに自然を、そのみえすいた作り話の背景としてしか用いていなかったのと異って、人間と自然との闘争の中に本質的なドラマを発見し、人間の能力がどんなに偉大な力で自然をその目的のために従わせるかを実証した。

「フラーティは、映画におけるジャン・ジャック・ルソーだ（サドゥール）」という言葉はぴったりだ。後年の彼の作品『モアナ』『タブー』『アラン』（一九三四）と、その自然の描写がやや抒情にながれ、テーマの切実さがうすれている点を批判しながらもローサは、カメラが「ドラマティックな生存闘争のエッセンス」を実証している（ドキュメンタリィとはこの実証精神を基礎とする）点で高く評価する。

フラーティのこれらの作品に加え、ブルターニュ沖のバンネック島を舞台にし、昆布採集にからむ四人の漁夫の争いを心理的に描いたエプスタンの『フィニス・テラエ（大地の果て）』や、チェッコの映画『タトラスの嵐』やウォルター・クレイトンの一連の抒情作品をもって、ローサは、これらを自然対人間を題材にしたロマン派系統の作品と呼んでいる。

ローサは、一九三三年頃までのドキュメンタリィの系統を、

才一、フラーティを先頭とするロマン派
才二、カヴァルカンティ、イヴェンスなどのアヴァンギャルド派
才三、ヴェルトフなどのキノ・グラーズ（映画眼）の一派
才四、エイゼンシュテイン、トゥーリンなどソヴェート・グループとグリアスン、ローサなどのイギリス・グループによるプロパカンダ派

の四つにわけている。いまここでは、わたしもその分類にしたがおうと思う。

才二の系統については、大島辰雄さんの「前衛映画の系譜」を参照されたい。ローサはそれらの作品の中で、ドキュメンタリィ的関心をしめす数少い作品としてまずカヴァルカンティの『時の外何ものもなし』（一九二六年）とルットマンの『ベルリン（大都会交響曲）』とをあげている。

偶然でも同じように都会生活を題材にして生れた印象主義的なこの二つの作品。

前者はパリの生活を一日の時の経過によって描写し、「現代的経験との接触において」都会生活を創造的に表現しようとした最初の試みであり、後者は、都会生活そのものの描写というよりは、都会の情景の表面にあらわれたものを、交響楽的構成によって、そしてそのテムポと運動によって見る者の感覚を刺激する方法によって表現しようとしたもの。彼は同様の手法で『世界のメロディ』（一九二九）『鋼鉄』（一九三五）をつくった。

さてここでわたしは、この派の最もすぐれたオランダの作家ヨリス・イヴェンスにふれよう。彼は、オランダのシネ・クラブである「ラ・フィルム・リガ」の組織の支持によって才一回作品『雨』（一九二八）を製作、ついでラジオのPR映画である『フィリップス・ラジオ』をつくったが、二作とも芸術的にすぐれた作品として国際的にも評価された。

カヴァルカンティとイヴェンスとはその後創作方法も変り、才四の系列のプロパガンダ派に近づいた。前者は一九三二年ロンドンに赴き、イギリス・ドキュメンタリストのグループに加り、後者も同年ソヴェットで青年同盟のために『英雄の歌（コムソモル）』を製作した。

二人のその後の作品については才四の項

でふれたいと思う。

オ三、映画眼（キノ・グラーズ）派について。ソヴェトのジガ・ヴェルトフ、その弟のカウフマンを中心とするグループは一九二三年「レフ」紙上にニュース映画を基礎に新しい記録映画をつくるためキノ・グラースの宣言を発表した。

「キノ・グラースの目的は映画の国際語をつくることにある。普通のフィクション映画はすでにある程度このことを成しとげている。しかし多くの場合それは事実を誤って解釈している。記録はわれわれの周囲に起るすべてのものから作られ、保存され、示されねばならない。それは報道記事で充分扱われているニュースの材料とは異なる。カメラのレンズは運動する人間の目と同様の力をもっている。それはどこへでも、どんなものの中へでも行けるし、また行っている……」

彼らの作品には『レーニンの映画真』『キノ・カレンダー』『世界の六大州』『オ十一年』『春』

『映画カメラをもつ男』の中にはヴェルトフの理論が要約されている。それは映画のもつさまざまな力を見事に生かし、技術的達成の驚くべき例を示しているにもかかわらず、ドラマティックな価値を全く欠いていた……『レーニンの三つの歌』（一九三四）は、一五〇本の映画から編集されたソヴェト讃歌であるが、それはロマンティックで誇張的で構成を欠いており、音の創造的使用がない」（ローサ）

ニュース映画を素材にして或る目的をもってこれを再編集する試みはソヴェト以外の国々でも屢々行われてきたが、その最も注目すべき成果は、アメリカの雑誌「タイム」の発案になる、『マーチ・オブ・タイム』（一九三四年より）のシリーズであろう。このシネ・マガジンは上映時間二十五分で毎月製作された。この手法は大戦直前イギリス派にも大きな影響をあたえたが、ついで戦争がはじまり、新しいドキュメンタリィ映画のアメリカでの誕生に産婆役をつとめることになった。

オ四のプロパガンダ的系統。こういう呼び名の中に、ナチュラリズムではない、説得能力をもった新しいリアリズムの一派なんだよというローサの主張と自負がみえて面白い。彼はこの項に、みづからを含むイギリス・ドキュメンタリストとエイゼンシュテインやトゥーリン、ドヴジェンコのソヴェット派をいれている。

社会主義革命後の激動するソヴェトにあって、現実のなまの情景を物語りの不可分な部分としそれから普遍的なタイプを描き出そうとしたエイゼンシュテインの『戦艦ポチヨムキン』『十月』、プドフキンの、『母』『セント・ペテルスブルグの最後』は、人物や事象をただありのままに再現するのではなく、それらに環境との関連で新しい意味をもたせている。このようないわば創造的なドキュメンタリイ形式は、それは結果として政治的目的にも役立っているとローサはいう。

『大地』『全線』『トルクシブ』は、手法こそ異るが、同じ系列にいれられ、特に『トルクシブ』の成功は、イギリス版を編集したグリアスンの功績にも負うているといわれる。

そのグリアスンを先頭としたイギリス派。一九二九年北海における鯡漁の労仂をえがいた『流網船』（演出グリアスン）の成功によって彼の周囲に真面目で有能な若い映画人が集った。郵政省などの官庁と、ガス、鉄道、海運などのものわかりのいい資本家をスポンサーとして、この新しい映画運動の指導者はつづく十年間、数多くの注目すべきドキュメンタリィ映画を製作した。初め彼らには、ルットマンの交響楽的な手法、フランスのアヴァンガルド派からの影響を受けた作品が多かったが、フラーティの参加（『産業英国』）にも刺激され、やがてみづからを「印象主義的な暴君から」（グリアスン）解放した。

『コンタクト』『造船所』『英国の顔』（以上ポール・ローサ作品）『セイロンの歌』『住宅問題』『夜間郵便』『われら今日に生く』などの多数の作品は、個人々々の監督の名においてではなく、むしろこのグループの集団的努力として計られる方が公平だといわれる。

なおフランスのアヴァンギャルド派からこのグループに移ったカヴァルカンティは『石炭の顔』（一九三六）『ピットとポット』『切羽』『我等は二つの世界に住む』などを製作し、同じくヨリス・イヴェンスは、ソヴェトでマグニトゴルスクの巨大な工場の建設を主題にした『英雄の歌（コムソモル）』製作のあとオランダに帰り、政府の委嘱でゾイデル湖の干拓を題材にした『ゾイデル湖』を演出したが、富の破壊と失業者の悲惨さ、その強烈な闘争的結末によって上映は禁止された。つづいて彼はベルギーで『石炭坑夫』（一九三五）を、一九三七年にはスペインの内乱を主題にした感動的作品『スペインの大地』、一九三九年には、日華事変を主題に『四億の民』をそれぞれの現場で製作した。このような作品の製作をつづけるためには、彼は国外に亡命しつづけねばならなかった。

社会民主主義をその思想の土台としたイギリス・ドキュメンタリィ映画はイデオロギー的に、当時おそろしい勢いで力を増してきたドイツのナチズムに対する抵抗線の一端をになわざるを得なくなったこと、カヴァルカンティ、イヴェンスその他のアヴァンギャルディストのドキュンタリズムへの移行は、戦後の実験的ドキュメンタリィにたいして大きな示唆を含むといえよう。

アメリカでも、多くのアヴァンギャルドのドキュメンタリィ作家が一九三〇年頃から出現した。彼らは、いわゆる劇映画企業に抵抗はしたものの、イギリス派のように新たな生産の基礎をもたなかった。がその中で漸く『マンハッタン』、ニューヨークの貧民街《スラム》に捧げた『ニューヨーク貧民街』の二作を生んだ。

一九三七年、ローサは、ルーズヴェルト・のニューディール政策に招かれ、アメリカ・ドキュメンタリィ映画育成のために渡米した。前後してグリアスンもマリー・ロージイも渡った。

それより先、一九三四年頃からアメリカでは、イギリス・ドキュメンタリストから影響され、毎月の映画による「生きた新聞」であるマーチ・オヴ・タイムが刊行され、圧倒的な人気を得ていたが、この年、聯邦就業指導局のドキュメンタリィ映画部長であるペア・ローレンツはアメリカ中・西部乾燥地帯の農業を描いて『平原を耕す鋤』を、その二年あとには、ミシシッピー河とその流域地方の歴史、及びその河の社会的経済的価値を説いた『河』を製作した。この作品の絶讃に力をえて彼は、左翼系の製作団体であるフロンティア・フィルムを足場に、テネシー地方における協同生活の勝利を描いた『カンバーランドの人々』を完成した。

ついでラ・フオレット上院委員会の公民権調査による『公民権』や『都市』や失業問題の新しい政府の映画『人間を見よ』がつくられ、フラーティやイヴェンスもまたアメリカに呼ばれて『力と大地』『大地』をつくった。

「イギリスの経験といちぢるしく異るのは、アメリカのドキュメンタリィは個々ばらばらの個人の努力の結果として大きくなった」(リチャード・グリフィス)ので、彼らを支えていたニューディール政策の映画資金がなくなると、運動はたちまちにして挫折、一九四二年には、グリアスンの指導のもとに作ったドキュメンタリィ映画製作者連盟も解散、戦争がはげしくなるにつれそれぞれが軍に動員されるというかたちで戦争映画製作にかり出されることになった。

さて最後に日本の作品系列にふれる段になってわたしに与えられた予定原稿の分量はあまりに残り少くなってしまった。

日本のドキュメンタリィ映画のほんのささやかな草創が一九二九年頃からのプロキノ作品にあることを考えると、それにしても今までわたしが一通りふれてきた世界のドキュメンタリィ映画の概観の中にも、一九二八、九年からヒットラーの出現まで（一九三三年）のヨーロッパのあの革命的高揚の中で生れたにちがいないドキュメンタリィ映画の萌芽についてふれていないのに気づく。あの頃の政治と文化における諸経験ははっきり、ふりかえっておく必要があるのではないか、今後その手がかりをさがしたいと思う。

既に一九三三年（昭和八年）、『海の生命線』『北進日本』『秘境熱河』『娘々廟会』（一九三六）などの長篇文化映画をもつ日本で、ドキュメンタリィ映画らしいもの、しかも世界のほかの作品とくらべても決してひけはとらぬであろう作品『上海』『北京』（亀井文夫）が生れたのは一九三八年であった。

この年、ローサーの『ドキュメンタリィ映画論』が翻訳出版され、映画界に一つの波紋を投げた。「あの本がわれわれを指導したというよりはむしろ、あの本がわれわれの孤独な仕事に自信を与えたと考える方が正しい」（亀井文夫）

翌年『雪国』『医者のない村』が製作され、われわれは自分たちの身近かな生活の中に人間の営みについての新しい発見をした思いで、目をみはった。『小林一茶』の出現はさらに、人間の意識を裏がえしてみせることができるこの種の映画方法の可能性について人々に希望をもたせたといえる。

『機関車C57』『和具の海女』『炭焼く人々』『石の村』などの作品が出、一九四二年（昭和十七年）『或る保姆の記録』が出た頃、中国との戦争は更にアメリカとの間にひろがり、言論、表現の自由は極度に圧迫され、非劇映画の製作者たちも次才に戦争協力の泥沼にひきづりこまれて行った。

隠された世界の記録■

ドキュメンタリーにおける想像力の問題について

松本俊夫（演出家）

■錯乱の序説

最近私はどうやら不安神経症にかかっているらしいのだ。人の顔がどうも無気味にみえてしようがないのである。よくみればみるほど、それはなにかぶよぶよした肉塊のようにもみえ、ふとした拍子にサクサクと音を立てながら砂のように崩れ落ちてしまうのではないかとも思われるのである。親しい友の知りすぎた顔の中に、突如全く見知らぬ相貌が現われることもあり、鏡の中の自分自身の顔でさえ、ひょっとすると反陽《アンチ・プロトン》子の世界に住むもう一人の自分とはこの男のことではないかと思われるほど無気味なマスクに変貌して、像の実体である私自身とはおよそ別個の存在になってしまうことだって決して珍らしくないのだ。それがどうも顔だけのことではないのである。手や足なども、特に指のつけ根あたりをじっとみつめていると、それはきまって爬虫類の水掻きのような異様な物体に変りだすのだ。壁のしみ、粘土の塊り、木の肌、煙草のけむり、そんなものまでが、しばしばロプロプの幻覚のような奇怪な姿をあらわにし、私をいい知れぬ不安におとしいれるのである。

そういえば、私はもともと少しばかり脳に異常があったのかもしれないのだ。電車の中、道を歩いているとき、食事中、あるいは人と差向いで話しをしているそのさなかにさえ、私は一瞬薄明るく青味がかった灰色の光線につつまれて、少しばかり輪廓のぼけた無気味な白昼夢をみることがよくあった。そんなことを考えると私もいささか心配になり、しかも今度日中合作映画製作のためやや長期間中国にロケをする関係上、その間にでも変なことになったら大変だと思って、ある日私はひそかに友人の精神病医Hを訪ねたのである。Hは、そのような病状を示す精神病にナルコレプシーというのがあるが、私のは単に一時的な精神疲労と慢性アヴァンギャルド病の結合したものだと診断し、そんなのは中国にでも行ったらたちまち洗脳されてまともになるさと私をからかいもしたのである。私がそんなことで納得しなかったことはいうまでもない。私は万止むを得ず、独力でこの奇妙なる体験の秘密と取り組まなければならなくなったのである。

■無気味なものの正体

無気味なものの研究を学問の対象として最初に手がけたのは、「無気味の心理学」の著者E・イェンチュだったようである。彼はドイツ語の unheimlich《ウンハイムリッヒ》（無気味な）が、heimlich《ハイムリッヒ》（親しみのある、馴染の）の反対語として意味をもつようになってきた過程を、言語発生学的な分析と事実の資料蒐集から明かにし、無気味とはよく知られていない馴染のないものに接触したときに生まれる感情であり、したがって対象に対する知的不確実さを克服すれば、そのような感情は次才に消滅するものと考えたのである。

イェンチュのこのような考えはなかなか唯物論的で、一面の真理をもっていることには疑問の余地がない。事実、原始人や未開人の自然の事物や現象に対するアニミスティックな認識と彼等の感情構造の対応がもっともよくそのことを表現しているように、いつの場合でも対象に対する科学的な認識の欠如は、事象に超自然的な力を感じさせることによってこれを神秘化し、無気味―おそれの感情を基礎にして幾多の迷信や宗教を作りあげてきたのである。

しかし、私には無気味さということがただそれだけのものとはどうしても思えないのである。私などは徹底した唯物論者のつもりでいるけれど、たとえば薄暗い死体置場かなんかに一人きりで一夜を過さなければならないことでもあれば、やはり無気味な感情が湧き起ってくることを否定できないだろうと思うのだ。あるいはまた、日常的な人間関係の裏の裏に、突然思いもかけなかった奇怪な秘密やどす黒い欲望の葛藤などを発見したような場合なども、一種の無気味な感情に襲われることはあるものである。つまりイェンチュの説に反して、それがなんであるかを科学的に充分知ってはいても、あるいはむしろそれを知ったために、場合によっては知れば知るほど、その事象に対して無気味さを感ずるという体験的な事実が、一方でれっきとして存在するのである。

このようなイェンチュの知的不確実論の一面性を批判して、無気味さの本質を精神分析の対象として独自の追求を行ったのはほかならぬフロイドであった。フロイドは「無気味なもの」という論文の中で、やはり言語の発生史的な分析を行い、ヴィルヘルム・グリムの辞典から、unheimlich《ウンハイムリッヒ》（無気味な）の反対語である heimlich《ハイムリッヒ》という語が、「馴染の」という意味から「故郷の、家の中での」の意味を派生し、それが更に「人の眼から隠されている」という概念を生んだ過程のあることを指摘すると共に、一方ダニエル・ザンデルスの辞典から、そこに引用されている「隠されている筈のもの、秘められている筈のものが表に現われてきたときは何でも unheimlich《ウンハイムリッヒ》（無気味な）とよばれる」というシェリングの文章を、これこそ問題を解く鍵であるとして大きくクローズ・アップしているのである。フロイドは更に幾つかの具体的な事例を分析したり解釈したりすることによって、結局「無気味なもの」とは、本来心的生活にとって、かつては heimlich《ハイムリッヒ》であった（親しく馴染あった）何ものかであり、ただそれが現実生活の中で抑圧され、意識下に隠されていたのであって、それが何かの拍子に意識の表面に現われてきたとき、私たちはそれを unheimlich《ウンハイムリッヒ》（無気味な）として感受するわけで、したがって「無気味な」という言葉の前綴 un《ウン》 は抑圧の刻印にほかならないのだと結論を下すのである。

もっともフロイドにあっては、たとえばホフマンの「小夜物語」に出てくる子供の眼玉をくり抜く砂男の無気味さは、ほかならぬ小児の去勢コンプレックスの不安に帰着させることができるといった具合に、すべてを強引に性本能の抑圧に還元して解釈しようとするパンセクシュアリズムが色濃く支配していることはいうまでもない。いささか滑稽な例をあげれば、彼はある種の神経症患者が女性性器を気味悪がるということから、それは女性性器というものが、「誰しもが一度は、そして最初はそこにいたことのある場所への、人の子の故郷への入口」だからにちがいないなどと、それこそ真面目になって考えたりしているのだから愉快である。

このようにほとんど偏執狂じみたフロイドの汎性論的なドグマについては、いまさらあらためて私がここで批判を加えておく必要は全くないであろう。ただ私が重視したいのは、フロイドが無気味なものの本質を、隠されたものが表に現われるときの、心、ないしものの非合理な動きとしてとらえようとするその視点なのである。そのことは、私が前衛的なドキュメンタリー芸術について考えをめぐらすとき、どうしても基本に据えておかねばならない、いわば前提的な地点ではないかと思われるのだ。

■隠された世界への通路

私はかつて『映画批評』誌上（五八年十一月号）に「映画のイマージュと記録」という論文を発表した。そこで私は、「例えばサルトルの小説の主人公ロカンタンは、公園のマロニエの木の根っこをみているうちに、突然はげしい眩暈に襲われ嘔吐を催した。それは何かの瞬間、木の根が知覚の対象であることをやめて、あるアプシュルドなイマージュを構成する外在的アナロゴンに変貌したことを意味している。その瞬間、マロニエの木の根は、木の根としての＜意味＞を失い、いわばむき出しの＜もの＞として現われたのであり、その＜もの＞の独自な構造と運動が、対応的に心の奥にかくれていたある心的状況を、明確なイマージュとして意識化させ、これをこの＜もの＞に客体化させたのである。ロカンタンが、この黒い節くれだった、生地のままの物塊のイマージュに嘔気を感じたのは、そこに根源的な不条理としての実存を発見したからにほかならない。」と書いた。

これに対して、同誌次号で柾木恭介は「松本俊夫はドキュメンタリストであるよりも実存主義者にちかい。ドキュメンタリストは嘔気をとおして実存の発見という道を進むより、嘔気のメカニズムを追求する」と批判して、もっぱら嘔気なら嘔気という情緒の唯物論的な把握こそが必要だと強調したのだったが、どうやら、私はその後も、やはり嘔気のいささかタダモノ論的な生理学的解釈をこねくりまわすより、あくまでも具体的に実存を発見すること、その方法をさぐりあてることの方に興味があるらしいのだ。そしてドキュメンタリストとはなによりも実存主義を止揚したマルキスト、シュールリアリズムを止揚したリアリストでなければならないとも考えるのだが、今はそんなことはまあどうでもよい。むしろここで問題なのは、ロカンタンの嘔気はまさにあの「無気味なもの」の発見によってよび起されているということであり、その無気味なものが姿を現わしたのは、事物に対する意識の日常的な構造が破壊されたときであったということなのだ。

はなしをわかりよくするために、私たちはここで最も普遍的な体験を意味するものとして、夢のことに触れておくのが適切であろうと思われる。どのような人の場合でも、夢の世界ではすべてが奇想天外で、非日常的だからである。ふと気がつくと、思ってもみなかった女と平然と姦通していたり、そうかと思うとそれがいつのまにか全く見知らぬひとに変っていたり、変てこな格好をして空中をふわふわ飛んでいたかと思うと、いきなり理由もなく誰かに追いかけられて、あげくの果にはグサリと一突きに殺されたり、夢はこのように一見全く支離滅裂に現象する。そういえば懸田克躬はその著書「眠りと夢」の中で、夢の心理の特異性はその非倫理性と非論理性にあると指摘しているが、それは夢をみているときの心の状態が、いわゆる覚醒時世界の倫理的・論理的な因習や束縛から安全に解放されているということに、不可分離の関係をもって基礎づけられているからにちがいないのだ。そしてそのような性格に夢の本質があればこそ、夢にはしばしば現実世界から抑圧され、意識の表面から隠されていたなにものかが、ふとした拍子にぽっかりとその赤裸々な姿を現わして、私たちをいい知れぬ無気味さの中にひきずり込むのである。

さしずめ、私たちにとっては、このような場合の夢以外はあまり意味をもってはいない。少くとも私は、フロイドやそのエピゴーネンたちがあらゆる夢をエス（源始的自我）から頭をもたげたぬきさしならない願望充足の表現であるとして、かなりこじつけがましくその意味を解釈してみせるあの独断的な思考方法に反対する。そのことはさておいても、少くとも解釈を説明されてフムなるほどと感心しなければならないような隠し絵的なイマージュは、直接の表象喚起性を要求する芸術表現上のイマージュをまさぐる上では、殆ど意味をもたないことだけは明かである。隠された世界への通路として私が夢の世界にこだわるのも、ここには隠された世界を凝縮して対象化せずにはおかぬおそるべきイマージュが、時として突如オートマティックにたち現われることがあるからにほかならない。

とすれば、そのようなイマージュとはどのような構造をもっているのか、そしてそれは隠された世界の構造とどのように対応するのかということが、当然次の問題として私たちの前に提起されてくるのだ。

■非在の世界と現実

イマージュということを考えるとき、私はふと黒田喜夫の「末裔の人々」という詩を思い浮べる。その詩の倒錯した異様な世界が、私の脳裏にこびりついたままいつまでも離れないからである。アパート住いの失業者らしい夫婦が管理人から立ちのきの最後通告をつきつけられる。男はたまらなくなって家を逃げだす。夕方男が帰ってきてみると、廊下に管理人が蒼ざめた顔をして立っていて奥さんが変だと告げる。いつまでも閉めきったまま返事がなく、妙な物音が聞こえるだけだというのである。男は不吉な予感を感じて思わず扉にからだをぶつけてゆく。「破れた扉から／現われたのは髪ふり乱した狐だ／せききった唸声だ／いや、破れた扉に／笑みこぼれ／立上ってきた婦は男を抱くと／もう浮浪の月日はいや／旅はおわり／ここがわたしの土地／わたしたちの土地よ／はればれと狂った婦の笑顔が現われてきた／見ると四畳半の畳をあげ／根太を切り／露わな土を掘ってひとつかみの米が蒔いてある／何処にも行かなくていい土地わたしたちの土地よ」　女は発狂していたのである。

この詩の印象は、ちょうど悪夢をみているかのように無気味である。それはそこに展開する光景がもっぱら異常だからということだけにあるのではない。むしろその異常なシチュエーションと幻想を通して、私たちの生活の日常性から隠された危機と疎外の実相が、ささくれだった生傷のように露出され、意識の常同的な平衡性がつき破られるからである。このことはサルトルが「想像力の問題」の中で、イマージュが換起されるためには、「その対象の実在性を否定する契機が絶対に必要である」と力説したことと重ね合わせて考えるとき、一つの極めて重要な問題を示唆することになる。

それは、対象の実在性とはすなわちheim《ハイム》-lich《リッヒ》な（馴染のある）ものにほかならず、そこでは疎外された現実の実相は、日常的な意識のステレオタイプによって抑圧されheimlich《ハイムリッヒ》な（隠された）ものとなっているということであり、むしろそれだからこそ日常意識が勝手にそうあると思いこんでいるともいえる対象の実在性あるいは因果律を、私たちの意識がまだとらえきっていない非日常的な隠された現実、いい換えれば私たちの日常意識には非在としてうつる世界によって強力に否定し、くつがえすとき、私たちの意識は、はじめてそのような現実にふれることによって外界との間のバランスを解体し、それを異常、あるいはunheim《ウンハイム》-lich《リッヒ》な（無気味な）ものとしてうけとめるのだということである。

ある朝突然一匹の虫ケラになってしまったグレゴオル・ザムザの奇怪な物語、カフカの「変身」においてもまた同じことがいえる。虫になったばかりに親きょうだいからも嫌がられ、こつこつ築きあげてきた勤め先での信用も一ぺんに冷たく反古にされ、あげくの果には父親から投げつけられたリンゴが背中の肉にくいこんで、そのままそれが腐って死ななければならなくなるなどという、とてつもない非合理な運命を負わされたグレゴオルの姿は、まさに私たち賃銀労仂者一般がおかれている、むごたらしいまでに非情を極めた疎外と断絶の真の姿を百の生活綴方よりもはるかに生々と表現していて余すところがないのである。そしてこの場合もまた、かくされた現実の実相を具体的なイマージュとしてとらえるために、実在的な日常の諸現象がやはり非在の世界にまでメタモルフォーズされていることを私は指摘したいのだ。

ところでこのメタモルフォーズとは、簡単にいってAを非Aとしてとらえること、つまり置き換えのことである。「変身」にあっては、グレゴオルは虫に置き換えられているのである。これは一種の比喩といえる。しかし、ここで私たちは、その二つのものの関係が「グレゴオルは虫のようだ」といった直喩の関係になるのではなく、「グレゴオルは虫だ」という隠喩の関係にあることを見落してはなるまい。レヴィ・ブリュルはその著書「未開社会の思惟」の中で、ボロロ族は「金剛インコは私だ」と思いこんで何ら矛盾を感じていないということを報告しているが、むろんこれは隠喩の意識とは別個のものである。私たちはよく幼児が人形や動物と話をしているのを見受けることがあるが、ボロロ族の場合はこれと同じく、あるものを他のものと区別できない意識の未分化の状態において、二つのものを同一視しているにすぎないのである。それにひきかえ比喩が成立するためには、あるものを他のものとはっきり区別し比較する批判的な意識がはたらくことを前提としなければならない。

しかしAはBのようだという直喩によっては、二つのものの結合によって意識のステレオタイプをつきくずすことはやはり困難である。エイゼンシュテインが「戦艦ポチョムキン」で人民の蜂起を立ち上るライオンによって表現し、「十月」でケレンスキーの野心を翼をひろげる黄金の鳥で表現したやり方は、いわばこの直喩による置き換えであって、人民の蜂起や権力への欲望という複雑な構造をもった対象の本質は、安易な連想による説明的な比喩の網の目から、ずり落ちるようにしてその実相を隠してしまっているのだ。それとくらべると一方隠喩の意識は、二つのものの類推による結合を排し、むしろ両者を対立と矛盾において結合しようとするところから始まるといえる。したがってそれは対象に対する意識の平衡性や固定化を内側からつき崩し、より直接的、衝撃的なイマージュを生み出すのである。エイゼンシュテインではオーバートンのモンタージュや特にアトラクションのモンタージュの中に、このようなメタモルフォーズへの可能性が用意されていたと私は思うのであるが、それが方法として自覚的に用いられるようになったのは、やはりシュールリアリズムのオブジェ（日常的な意味と効用性を剝奪した物体）およびデペイズマン（異質なものの結合と転位）の方法が確立されるようになってからだったのである。

■想像力を支えるもの

シュールリアリズムはなによりも精神の自由と想像力の解放を求めた。荒廃と解体をきわめた、オ一次大戦後のヨーロッパ資本主義社会に対する全面的な不信が、彼らをそのまま実在性への不信へ導いたであろうことは容易に推測できる。ブルトンは「シュールリアリズムオ一宣言」の中で、「想像力だけが存在する可能性のあるものを私に明かしてくれる」といった。

しかし、この「存在する可能性のある」ものをどのように考えるかで、その先のプログラムが決定的にちがってくるということに対する反省的な視点が、ブルトンらシュールリアリストには決定的に欠けていた。彼らは正当にも一切の固定した観念や感性から想像力を解放してその内発的な契機を重視したが、同時にその内発性そのものを「一ケの真の絶縁体」にまで絶対化してしまったのである。精神の能動性から意識すら捨象してしまうとき、それは受動的で恣意的な他力本願的な美学に逆に束縛され限界づけられるということを彼等は完全に等閑視した。「作者は観客として、無関心、あるいは情熱的に、自分の作品の誕生に立会い、その発展の諸相を見守るのである」とは「絵画の彼岸」の中で語ったマックス・エルンストの言葉だが、シュールリアリズムがこのようなすべての批判を拒む絶対的方法としてのオートマチズムをその体系の中心に据えたことは、シュールリアリズムが「存在する可能性のある」世界、い換えれば例の「隠された」世界を、意識下の領域、しかもその自然的本能の部分にしかみようとしなかったことと無関係ではない。

事実想像力の発動が、その直接性において、没意識的な偶然にゆだねられていることは疑問の余地がない。それは長谷川竜生のことばをかりれば「もののはずみ」で湧き上ってくるものかのように突然ひらめくのである。とすれば、さしあたりこの偶然的性格をもった発想のメカニズムを生理学的に明かにすることは、私たちの当面の課題からみれば大して意味のあることではない。私たちがしっかりみきわめなければならないのは、むしろこの想像的世界が、客観的な歴史的社会的現実と没交渉的な自由を持つかどうかということである。そのことは、問題を巨視的に(歴史科学的)にみるか微視的に(自然科学的)にみるかすれば、それが構造的にはしっかりと客観的な現実世界に背後から支えられており、想像的世界もまた一個の社会的自然であることがこれまた疑問の余地なく確認されるのである。しかし想像的世界を社会的自然として規定することは、そこに二つの性格が附与されていることを意味している。想像力の故郷ともいうべき無意識の世界は、まずなによりも生の直接性に直結した自然的本能の世界である。しかし人間はそのような生の本能を、外部現実を変革することで一層人間的社会的なものにしてきた。要するに根源的には生の本能に根ざしながらも相対的には独立したさまざまな社会的な欲望が生産されてきた。そしてそのような社会的な欲望はほかでもなく意識の世界を媒介にして無意識の世界に沈澱し、遂には準本能的性格をもつに至った人間の原社会的本質にほかならないのである。したがって無意識の領域から生み出されてくる想像的な世界は、一方でより自然的本能的な、その意味では絶対的ともいえる内発性をもつと同時に、他方ではその内発性のヴェクトルを、意識の側から屈折的に規定するという側面をもたざるを得ないのである。

具体的な例をあげれば次のようにいえる。資本主義的に疎外された労仂者は、まず才一に経済的な側面から食欲、睡眠欲等の自己保存本能、および性欲、母性愛等の種族保存本能の充全な展開を妨げられる。住宅条件が悪くて満足な夫婦生活が出来ないとか、労仂強化や夜業が続いて充分睡眠がとれないとか、育児費の捻出に自信がもてなくて堕胎するとかは、すべてこれら自然的本能を抑圧し意識下に歪みをつくる。同時に疎外された倫理意識や社会通念などの面からは主として性本能に対する抑圧が加重される。才二には、経済的、政治的、社会的な諸制約によって、種々の娯楽、趣味、スポーツ、文化等に対する欲求、職業選択の自由の欲求、職場における労仂条件その他の不満に対する意志の表明および要求獲得のための行動の欲求、これらあらゆる形態の社会的な欲求がさまざまな仕方で抑圧され、同時に私有財産制に根ざした利己意識や立身出世意識などが人間関係を醜く断絶して、共に意識下に歪みをつくってゆく。この場合、これらの事柄が意識下に歪みをつくる度合やその質については、労仂者がそれをどう意識しているかによってちがってくる。労仂者がひどく疎外されているにもかかわらずそれを充分意識していない場合でも、殆ど準本能化されている社会的欲求の部分では直接無媒介的にその抑圧の歪みを受ける。しかし一般的には、それらの事柄を不合理な矛盾として意識する度合が強ければ強いほど、またそのような意識が累積されればされるほど、それらが意識下に沈澱して形成する歪みの層は底の深いものとなる。

いずれにしてもこれらほとんど無数の抑圧は、相互に増殖を触発し合い、幾重にも重なり合って、意識下にドロドロした底なし沼のようなポテンシャル・エネルギーを形成するのである。そしてそれらはその総体において、かの「隠された世界」となっているのだ。極度の疎外が私たちの意識を解体するとき、意識はそれを日常性として把握する。したがって日常的な意識はこのようなドロドロした暗黒の世界を自己疎外し、意識の表面から隠蔽してしまうのである。しかしこの「隠された」世界のエネルギーは、それを「隠す」抑圧の社会構造と鋭く敵対するものだということを見落すならば、これまでの私の考察は殆ど無意味になってしまうだろうということを私は特にここで強調したい。もし疎外された民衆の日常的な意識構造を徹底的に破壊して、この隠された膨大なポテンシャル・エネルギーをその抑圧の鎖から解き放つならばどのような状況がたちあらわれてくるか。それをどうとらえ、どう組織するかというその先の問題は、それこそ前衛党の政治的プログラムの問題である。

しかし「隠された世界」ということを、単に心の内側の問題に限られたものとして理解するとすればそれは一面的であり、むしろ転倒している。なぜなら内部の隠された歪みとは、すべて外部の隠された歪みによって規定され、それを反映したものにほかならないからである。唯物論的に正確にいえば、内部とは外部の延長であって、その間を絶対的に区別するものは何一つない。事実、疎外された状況とはまずなによりも外部世界のものである。表面上は安定と平和として現象しながら、刻々と亀裂を深めていく政治的危機。企業意識、改良主義等、数々の偽瞞と幻想。徹底して収奪されながら収奪するものに頼り、これを支持する、牢固とした保守的庶民意識。労仂戦線の奇妙な分裂。これら総体としての外部現実の実相は、その構造の本質に迫れば迫るほどまさに無気味なものとしてたち現われてくるのだ。そしてそれが「隠された世界」として内面化しているのは、才一にその構造自体の複雑な重層性によるものであり、才二にそれを把握できない意識の日常性によるものである。

従来のリアリズムは、この現実の部厚い壁の前で立往生し、自己崩壊した。亀井文夫の「人間みな兄弟」などにみられる無残な挫折は、私にいわせれば当然すぎるほど当然のことだったのであり、その敗北はとうの以前に決定されていたようなものだったのである。ただその破綻がありありと露呈したのは、部落の差別問題には要するにケロイドがなかったというだけのことにほかならない。しかし新しいリアリズムは、なによりも自らの内部に隠されたケロイドや隠された差別意識を摘出することから始まるのだ。いい換えれば隠された外部現実をつかみとるためには隠された内部現実をつかみとらなければならないのである。その意味でシュールリアリズムは従来のリアリズムに対する強力なアンチテーゼであった。しかし先にも明かにしたとおり、彼らは内部現実を外部現実から切りはなすことによって内部現実そのものも一面的にしかとらえきれなかったのであり、その意味では従来のリアリズムを同一次元で逆転させた位置にとどまらざるを得なかったといえる。したがってここでは内部現実をつかみとるためには、外部現実をつかみとらなければならないという逆の過程によって、その限界を克服しなければならなかったのである。

とすればこのどうどうめぐりは明かに矛盾している。Aの把握にBの把握が前提となり、Bの把握にAの把握が前提となるということはアポリアである。私たちはここで問題の設定を御破算にしなければならないのであろうか。だがその必要はない。この矛盾は世界をスタティックに平面上でしかとらえないという条件の下での矛盾でしかないからである。現実には私たちは世界に向って仂きかけ行動している。その仂きかけや行動こそが内外の現実に対する主体の関係を動的にし、意識の日常性を破壊する契機をつくりだす。その時そのような必然に支えられながら一見偶然の形をとって、かの「隠された世界」のヴェールが剝奪される。これが私たちのいうアクチュアリティということなのだ。それを可能にするものはしたがって実践をおいてほかになく、それを発見するものはとぎすまされた意識をおいてほかにない。私が最初に告白したような錯乱の幻覚体験は、どうやら意識の日常構造を合理的に解体する過程において現われる派生的現象の一形態ということになりそうだが、いずれにしても事物の隠れた多重構造を透視するヴォワイヤンの眼は、コンタクト・レンズでもはめこむように外側からもたらされるものでないことだけは確かである。

「もの」への挑戦

吉田喜重
（演出家・松竹）

現代の映画をつらぬいている共通の思想ともいうべきものに、「もの」をとらえようとして、「もの」の傾斜に、そして「もの」を描こうとするなかに集中的に要約されるであろう。たしかにこうした傾向は戦後の混迷と、それを打破しようとする自己反省とから、おのずと生まれてきたものではあった。

天皇制を頂点とする日本的な、あまりにも日本的な、家族主義を主軸とした風土を破壊するために、情緒的なものは葬れ、感情移入を拒否せよといったキャッチフレーズが、ある程度の成功をみた。一方にあっては今次の戦争体験がもたらした世界的状況、実存主義の眼が、ひと皮むけば自己疎外されている悲惨な状況を露わにしてくれた。

いまや「もの」が現代をいっせいに風靡する。即物的な態度が喜ばれ、ドライなタッチがしきりに歓迎され、マスコミにあっては「私は貝になりたい」といった作品に焦点が合わされる。

しかし映画はカメラレンズを創作過程の中心にすえているだけに、この傾向はもっとも素朴な型で受けとめられたのではなかったか。

「もの」を撮れ、それもよりクローズアップで撮れ、あたかも量的な接近のしかたが、それを幾度も繰り返すうちに質的に変わるとでも信じているかのように。

だがこうした態度ではたして「もの」がとらえられるものであろうか。いや、人間が「もの」になりきることがはたして出来るものであろうか。もはや「ものを」を描くことが、既成の観念なりをこわすための、衝動的にとりあげられた戦術であるような単純な時期ではない。ことに相対的安定とうたわれて、停滞をつづけている現在、「もの」がすべてに対する免罪符であるような段階ではなくなっているはずである。

このように考えてくると、われわれの「もの」に対するありかた、これまで犯してきたと思われる誤りをよく解明する必要がある。

われわれは「もの」を追いかけ、密着するあまり、逆にモノメニアックな存在として、われわれ自身がんじがらめに縛りあげられてしまったのではなかったか。「もの」はたしかにグロテスクな、ベトベトした顔つきもすれば、あらゆる人間的事象を拒絶する、不合理そのものの、冷やかな顔つきもする。しかしそれはあくまで「もの」に相対する人間に向ってであって、決して、「もの」がひとり歩きして、それなりで完結した独自の世界を築いているのでもないのだ。古い因果律からぬけだそうとして、かえってみずから掘ってしまった落し穴にひとしい。

それよりも現実直視の苦しみを「もの」に語らせることによって、問題をすりかえようとした点からみれば、危険でもあり、責められもしよう。

たとえばワンカットの実写が偶然すくいあげたひとりの人間の顔に、われわれは思わず感動することがある。だがその感動も、そのショットを受けとめる主体的な視点とのかかり合いによって生まれてきたものである。そうでなければこのような偶然がとらえた「もの」をいくら積みかさねていっても、作家の主体的行為にはなりえない。われわれはいつも偶然に期待して、手放しのまま、いつまでも待ちに待っているデクノボーであって、主体と「もの」＝客体との相入れない断層の間でアップ、アップしているにすぎない。またしてもクラシックな二律背反である。

この壁を乗りこえていくためには、「もの」とわれわれとの関係をいま一度、正当に考察しなければならない。

「もの」はそれ自身、実体としてあるのではなかった。あるように信じてしまったのは、現実直視にたえきれず、われわれが勝手に作りだした錯覚であり、ひとつの神話である。

事実、「もの」がわれわれの前に現われるのは、われわれの主体が仂きかける対象としてであるか、あるいはその主体的な行動のおわりとして、結果としてである。

作家の内部にあっては、それはいつも運動として把握される。主体と対象は隔絶し合ったものではなく、主体のかかり合い、対象への烈しい仂きかけといった運動のなかで「もの」はその顔を現わすのである。飾り窓の向う側にスタチックな「もの」を想定し、それをただ眺めているにすぎないような、美学上の問題であってはならない。

冷やかな、いかなる人間的努力をも嘲けり笑って、時間と空間をオーバーして、のんべんだらりとしている「もの」。それ自体で完結していて、われわれを一段と高みから眺めおろしている「もの」、それは不安から不安へと絶えずあくせく駈けずりまわっている人間からみれば、神の存在を奪いとったかにもみえるほど、絶対であるかもしれない。

われわれはそれを恐れてはならない、それに浸りきることが救済であるとも思ってはならない。何故なら「もの」はひとりでに動きだし、われわれの方に向って手を差しのべてきはしない。

「もの」は主体との相関の位置にあって、実体ではなく、われわれの仂きかけによってはじめて豊かな内容と意味とが導入されるのだ。そして「もの」をとらえ、描こうとするのは、対象に向ってかかり合い、挫折する、その無限の繰りかえしのなかで、作家が行動することなのである。

もう一度云おう。われわれは恐れてはならない。対象に向ってただ手をこまねいて待っているわけにはいかない。つねに前へ前へと大胆に自分を押しだして、対象を限定し、強烈な対立意識のもとで、それを転換、綜合していこうとする精神の運動＝ディアレクチックが作家の行動の論理である。

この対象を奪取しようとするエネルギーがあれば、「もの」がもっている偶然性ですら、ひとつの媒介となるだろう。その時こそ、われわれは「もの」を描いたと云えるだろう。もしその運動が挫折したとしても、その時はじめて無残な「もの」の相貌がわれわれの前にさらけだされるだろう。

すぐれた映画作家、アラン・レネがヒロシマを主題に作った「二十四時間の情事」にみられる偉大なる挫折。広島に投下された原爆の悲惨な事実も、時の流れはいつのまにか「もの」の状態へ強引に閉じこめ、忘却の彼方へ押しやろうとする。それを愛のかたちでよみがえらせ、肉体で追体験しようとする女主人公はやがて不毛であることを知る。そして彼女は叫ぶように云う。

彼女「わたし、あんたを忘れるわ！　もう忘れるわ！もう忘れてるわ！　あんたを忘れるわたしを見て頂戴！　このわたしを見て頂戴！」

彼「――」

彼女「ヒ・ロ・シ・マ……　ヒロシマ。それがあんたの名前ね」

彼「それがぼくの名だ、そうだよ」

彼女「――」

彼「まだ、やっとそこまでの仲なのさ、いつまでもそのままでいるだろう、きみの名はヌヴェールだ、フランスのヌヴェールなのだ」

男女は完全に「もの」の状態にある。なにもなしえなかった不毛な二人は、たがいに地名でしか呼び合えない。

このラストシーンがすばらしいのは、「もの」になるのを拒絶し、忘却の彼方からよみがえろうとして苦しみぬいた二十四時間、その結果としての、偉大なる挫折、これがわれわれを凍りつかせ感動させるのだ。

主体と対象との関係を、存在論の視点からみごとに解明したのはサルトルであった。

彼は近代的自我の確立を云い表わしたコギト、「われ思う、故にわれあり」に飛躍的転換をあたえ、「われ思う、故にわれはあった」と云いきることによって、近代の崩壊を指摘した。そこにあっては、主体であるわれわれの自我ですら、実体的なものとしてとらえるのを放棄して、対象との関係位置まで引さずりおろされてしまっている。いや、引きずりおろしたのではない。自我を関係概念だと云いきることによって、近代を克服し、外に向って絶えず運動をつづける、行動的自我としてとらえようとする権利恢復の声があるのだ。

ヌーヴェル・ヴァーグの基礎と考えられるA・アストリュックの言葉がある。「今日すでにデカルトのような人なら、自室に十六ミリのカメラとフィルムを持ってとじこもって、映画で方法叙説を書くだろう」

だがこのカメラ万年筆説は実はなにも語ったことにはならない。

「われ思う、故にわれなし」と自覚した時にこそ、作家は行動へかりたてられるのだ。

そして、われわれは「もの」に向って挑戦する。

農業共同化のあゆみ

社会教育映画社
演出・宮腰太郎
撮影・浜田英夫

農業の体質改善のため、各地の独創的共同化の姿をとらえる。（三巻）

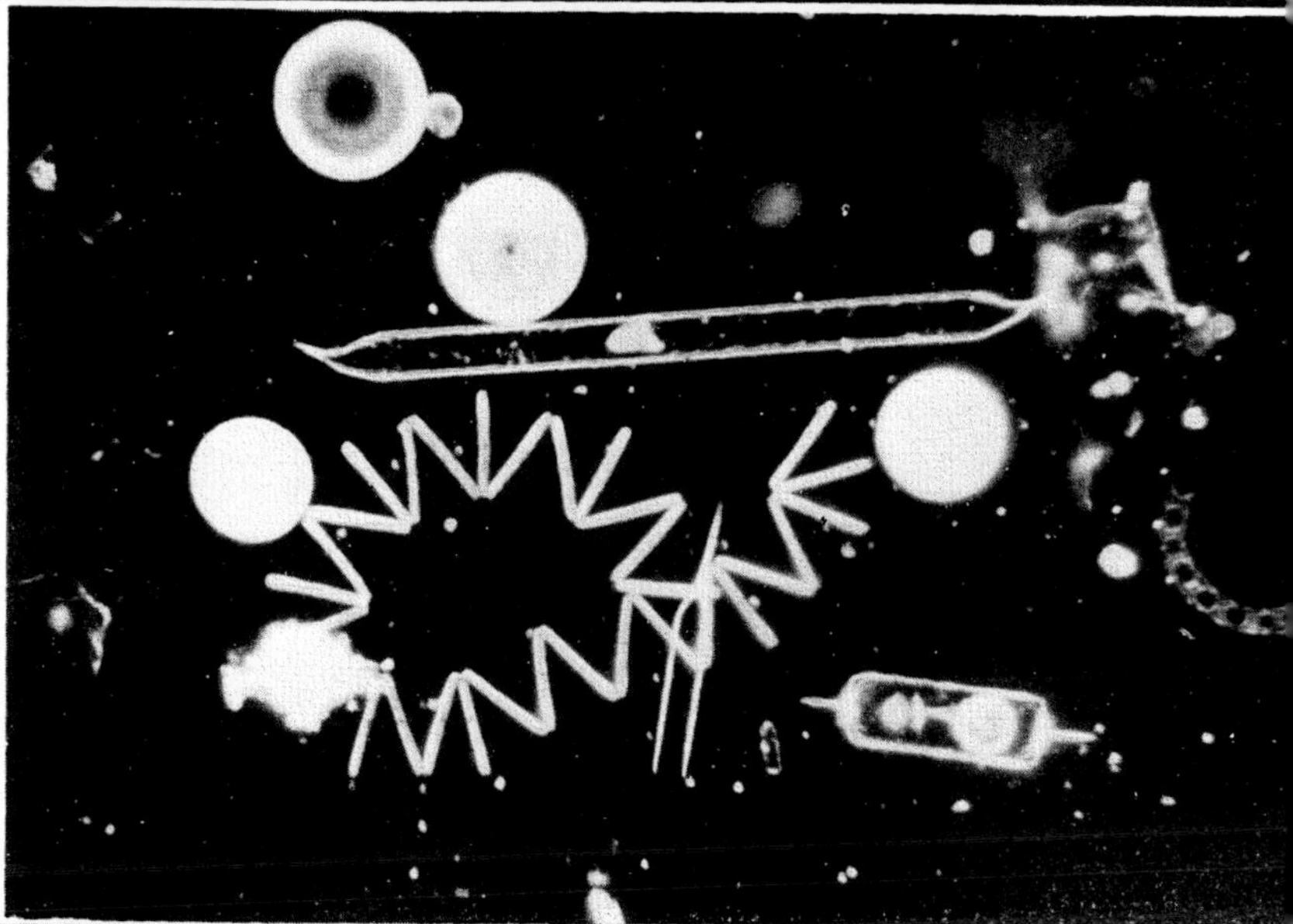

マリン・スノー

—石油の起源—

東京シネマ
脚本・吉見泰
演出・野田真吉
　　　大沼鉄郎
撮影・小林米作
　　　春日・豊岡

新時代のエネルギー源石油の起源。その謎につつまれた姿を海の微生物・プランクトンを通して描こうとする。（3巻）

まこと君のひけめ
東映教育映画部
原案・波多野勤子
脚本・岩佐　氏寿
演出・黒川　善博
撮影・村山　知雄
高校受験に失敗した少年の劣等感克服への道を、周囲の人々に焦点をあてて解説する。（三巻）

たのしい共同製作
科学映画社
脚本
演出・堀田　幸一
撮影・清水　浩
版画の共同製作を通して、ひとりひとりの子どもたちの成長を描こうとする。（二巻）

末っ子大将
新日本プロダクション
原作・村田　忠昭
脚本・依田　義賢
演出・木村荘十二
撮影・木村　誠一
南紀御坊の漁村を舞台に貧しさの中にたくましく生きる母と子の愛をつづった劇映画。（五巻）

ひろがりゆく　オートメーション

記録映画社

脚本・上野　耕三
演出・日高　昭
撮影・金山　富男

ある中小の醸造工場を例にとり、それがオートメーション化される中に、オートメーションの一般化を説く。

プレミアムマラソン

理研科学映画

構成・中村　重夫
　　　永井　清治
　　　野田　真吉
撮影・三橋　毅
　　　高橋　佑次
　　　竹下　忍

新しい害虫駆除剤プレミアムマラソンの紹介（二巻）

機械文明の騎士たち

日経映画社

脚本・八幡　省三
演出・間宮　則夫
撮影・浅岡　宮吉

種々の機械工具の製造過程を通して、そこに働く人々の姿を描く（三巻）

親　鸞

東 映

原作・吉川　英治
脚本・成沢　昌茂
演出・田坂　具隆
撮影・坪井　　誠

仏教の革命児親鸞の波乱にみちた生涯の青年期に焦点をあてて人間親鸞を描こうとする。

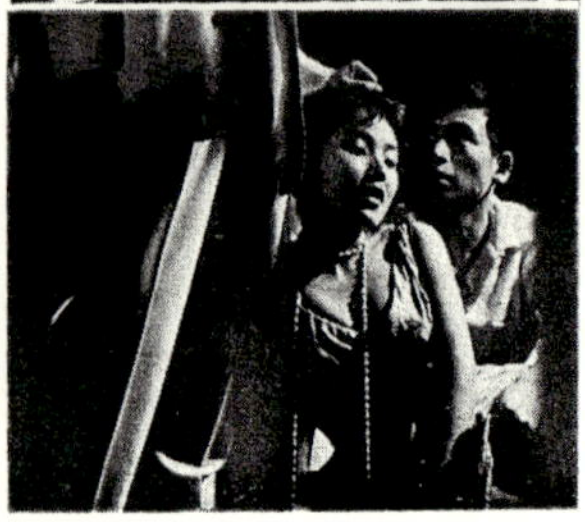

青春残酷物語

松 竹

脚本・演出・大島　　渚
撮影・川又　　昂

本誌前号に「作家の衰弱」をかいた大島渚才二回作品。青春のエネルギーととりまく社会の残酷さをドキュメンタルに描く野心作。

児童漫画的想像力

現代児童漫画私論2／佐野美津男

（児童物作家）

ガルグ一味は、酋太郎をおびきよせるおとりにフウ・北村記者・ブーちゃんの三人を球場の地下室にとじこめてしまった。

（筆者原作『アパッチ投手』より）

諷刺と滑稽がマンガにとって欠くことの出来ない要素だと考えている人は多いでしょう。しかし、子ども向きマンガは、諷刺と滑稽を全面的に排除しても成立する可能性があります。いや、それどころか、その可能性を追求することなしには、今日の子ども向きマンガを考えることはできないのです。

ある児童文学評論家が、ある児童マンガ家の作品を高く評価しました。その理由は、悪人の顔を岸信介に似せて描いたからなのです。悪人の顔を岸信介に似せるのは、明らかに諷刺です。それを高く評価することは、諷刺をマンガの重要素として認めることを意味します。すくなくとも、諷刺を排除しようとする立場ではありません。

ここでぼくは今年のメーデーを想起します。プラカードにハリボテに岸信介の似顔がハンランしていました。つまりメーデー会場をらめつくした人々は諷刺の精神に満ち溢れていたのです。プラカードに書かれたコトバもさまざまでした。だが、ぼくにはよく理解できません。あのハリボテ・プラカードは一体誰に見せようというのでしょうか。敵に見せようというのでしょうか。敵に見せるのか、味方に見せるのか、その点がアイマイだと思うのです。もし敵に見せるならば、ことさらに出っ歯を強調した似顔や、さまざまなコトバよりも、五十万人なら五十万人が同じコトバのプラカードを持って行進した方が効果的です。「安保体制打破、岸内閣打倒」のプラカードが五十万ずらりと並ぶ。これは敵に相当の衝撃を与えると思います。

味方に見せるためならば、自分たちの政治家・指導者・英雄の肖像を掲げるべきです。伝えきけば全労系の労組では西尾末広の肖像を掲げて行進したといいます。この厚顔無恥が必要です。トロッキストを自認するものはトロッキーの肖像を掲げ持ち、それに反対する代々木派は野坂参三なり宮本顕治なりの肖像を掲げるべきです。だが、メーデーに参加した労仂者大衆の殆んど全員が自分たちの政治家・指導者・英雄の肖像を持ちませんでした。これは一種のアナーキーな風潮です。

諷刺はアナーキーな精神の産物で、諷刺を産物する想像力は停滞している才三者的傍観の立場から動きません。

岸信介に似たハリボテを作る。その首にナワをかける。岸信介が絞首刑に処せられているという想定ですが、果して、その制作者たちは岸の死刑執行人になるだけの心構えがあるでしょうか。

マンガの悪人はまず九九パーセントまでは死ぬことになっています。岸信介に似た悪人も死ぬのです。悪人を岸信介に似せて描いたということは岸を死なせたいということになります。これは岸のハリボテにナワをかけるのと同じことです。それではそのマンガ家に、岸信介の死刑執行人となるだけの心構えがあるかないかが問題となります。並びに、そのマンガを高く評価した児童文学評論家に、岸信介の死刑執行人になる心構え、ありや、いなやを問う必要があるでしょう。

東京裁判は岸信介を死刑にしなかったのです。岸信介を死刑に処するためには革命以外に方法はありません。岸信介の死刑執行人になるということは、革命に参加することでなければならぬはずです。岸信介絞首刑の図のハリボテの制作者は革命に参加する決意があるかどうか。悪人を岸信介に似せて描いたマンガ家は革命に参加する決意があるかどうか。並びに児童文学評論家センセイは？

今更「ない」とは答えられないでしょう。ニヤニヤ笑って答えをアイマイにされては困るのです。だが、諷刺とは、答えをアイマイにする性質のものです。ズバリ、確信に満ちた答えが可能な者にとって諷刺は不必要な方法です。

子どもたちは大人たちに向かって、常に確信に満ち溢れた答えを要求しています。強いものはあくまで強く、弱いものはどんどん死ぬべきだという非情の論理でマンガに向います。主人公が負けるということは、強くなるためのトレーニングでなければなりません。この子どもたちの要求に手早く答えために、アイマイな答えを確信あり気にごまかすために、スーパーマンたちが登場したのです。

スーパーマンたちは死にません。絶対に死にません。なぜ死なないか、という子どもたちの質問に対して、スーパーマンの制作者たちは「正義は死なず」と答えています。これは明らかにごまかしです。しかも危険です。「正義は強い」がひっくりかえって、「強いのが正義だ」ということになるからです。

手塚治虫はスーパーマンたちがあまりにも人間臭いことに気おくれを感じたのか、主人公を宇宙人に仕立てました。またはロボットにしました。このスリカエによって、手塚治虫は児童マンガ全般に流れている、テロリズム的風潮からの脱走を計ったのです。人間が人間を殺すのはテロだが、宇宙人やロボットが人間を殺すのはテロに非ずというわけです。そしてこの辺のスリカエが諷刺を好むヒューマニストたちの拍手を受けているのです。

　『週刊コウロン』五月十七日号は「日本のデイズニーをめざす男——長篇漫画映画にとり組む手塚治虫」をトップに扱っています。そのトップ記事が紹介する手塚治虫のロボット憲法は「まことに理想的なイデオロギーの体をなしている。いわく、人間に危害を与えない。友人としてつきあうが、主従としてはつきあわない等々」という具合です。

　人間に危害を与えない精神では、岸信介の死刑執行人になることはできません。つまり革命に参加する事はできないのです。革命に参加できないことが「まことに理想的なイデオロギー」というのは保守反動の賞めコトバでしかありますまい。このロボット憲法の創案者手塚治虫の作りだす主人公に拍手をおくるということがどんな意味を持つか、ある児童文学評論家にも考えてもらいたいのです。

　更にもう一度、岸信介を死刑にする方法を追求します。岸信介を死刑にするためには、革命が必要だということは自明の理です。だが革命とは結果だけをいうのではなく、革命はむしろ戦い、過程を意味します。革命とは自分が死刑執行人の地位を確保するための戦いを意味するものでなければなりません。ところが手塚治虫は死刑執行人の地位をロボットにゆだねてしまいます。これは革命の裏切りです。しかもロボットは憲法に従って人間に危害を与えないというのです。これでは岸信介を死刑にすることはできません。

　岸信介を死刑にすることができない自分を否定するためにではなく、そういう自分の非力をカバーするためにさまざまなる意匠を考える、これが諷刺の精神です。過程をぬきにして結果だけを想定して冷めたく笑う。つまり諷刺は自慰と同質です。

　自慰常習者は諷刺を好むと同時に、滑稽を好みます。トンマな奴がヘマをするのを笑うのと自分で出来もしないことを夢見て笑うのは表裏一体です。

　極端ないい方をすれば、子ども向きマンガは笑わせるために描かなくてもいいのです。笑えないマンガこそ今日の子ども向きマンガだとさえいえると思います『少女』という月刊誌には次のようなキャッチフレーズがのっています。

「こわくて、かなしい、スリラーまんが」

　これが今日の児童マンガの現状です。この現状が否定されるべきものであることは多くの作品を見れば直ちに決意せざる得ないのですが、それを「笑えるマンガ」の方に逆転させることには反対です。笑えなくしたマンガは、一方において泣けなくする必要があります。泣くことも笑うことも出来ず、それでいて目をそらすことが出来ない衝撃の連続こそが、今日の子どもマンガに必要だと思うのです。革命とはそういうものだと思います。もしもその過程に笑いが生じたならば、それは革命の敵を倒したとき、つまり人間に危害を与えたときだと考えます。そして泣くということは、味方が倒れたとき、つまり人間に危害が与えられたときということになります。これらの泣き笑いは諷刺や滑稽には何の関係もないはずです。

　ぼくが児童マンガの方法において、諷刺と滑稽を全面的に排除したいと思うのは、ぼくにとって、マンガの創造と革命とが同質になる必要があるからです。

　ぼくは革命を空想することができないように、死刑執行人の地位をロボットにゆだねることもできません。ぼくが死刑執行人の地位をゆだねることができるのは、息づまるような衝撃の連続を求めてマンガに立ち向う子どもたちです。その子どもたちには、岸信介に似た悪人を殺させるのではなく、岸信介そのものを殺させなければなりません。そのためには、マンガの主人公を子どもたち自身にする必要があります。手塚治虫は「子供を観察することは、そう役に立ちません。」といっていますが、子ども自身をマンガの主人公にしたいと思うぼくは子どもを観察する必要を痛感します。観察もせずに子どもを描けるはずがないしまたよしんば描いたとしてもそれは空想の産物であって文学でいえばメルヘンです。

　ジエームス・M・バリイが「ピーター・パン」を書いたのは、生まれて間もないわが子の死を悲しみ、わが子の霊よ永遠なれと願ってのことです。この姿勢こそがメルヘンの原型だとぼくは思います。つまりメルヘンは唯心論の立場から産出されるのです。

　「ピーター・パン」と平塚治虫の「鉄腕アトム」はその発想が酷似しています。

「科学者、天馬博士には、飛雄というこどもがいた。しかし飛雄はある日、自動車事故にあって死ぬ。傷心の天馬博士は、飛雄のおもかげをしのぶためにもと、わが子に似たロボットを完成した。名づけて『アトム』」という具合です。

　「ピーター・パン」はいたずら好きの妖精ですから、死の遊戯をさかんに繰返します。しかし本当の死は描かれていません。これは手塚治虫のマンガについてもいえることです。彼は死を遊戯としてしか描いていません。村上兵衛が舌を巻いたという、「白骨船長」にしても同じことです。

　ぼくは死を、スリカエのきかぬもの、遊戯ではなく、子どもたちの生活として描くべきだと思います。村上兵衛は『読書新聞』五月十六日号「テロのムード」で、「ちかごろの子供漫画を読んでいて、私がいつも感銘するのは、子供の本能的な興味にあくまで迫ろうとする作家のすさまじい意欲である。」と書いていますが、これは見当違いの感銘、または知ったかぶりです。ちかごろの子ども向きマンガを読んでいてぼくが不満に思うのは、子どもたちの本能的な興味をうまくそらそうとするマンガ家が多くなってきてるということです。いうなれば、岸信介処刑のハリボテを作る精神なのです。

　では具体的にどんなマンガを創造すべきかという意見に対して、ぼくは山川惣治の

「ノックアウトQ」を発展させるべきだと言いたいのです。あらすじは次の通りです。町工場の少年工がボクシングに興味を持ち練習していると、オーナーが目をつけプロ選手に仕立てます。労仂できたえた少年のパンチは鋭くたちまちチャンピオンになります。そして次にお定りの八百長試合があって少年は勝負の世界に嫌気がさし、また仂く仲間のもとに帰ってくるという絵物語です。

「ノックアウトQ」を発展させるということは、元チャンピオンの労仂者が今後の生活をどうやって送るべきかを想像することに他なりません。この想像力の欠如が山川惣治を「少年ケニア」や、「少年タイガー」の作者に堕落させたのだとぼくは思っています。山川惣治は想像力と空想力を取り違えて、ジャングルの奥深く迷いこんでしまったのです。

いまでも想像力と空想力を取り違えている人は多いのですが、想像力と空想力とは何の関係もないばかりでなく、互いに否定しあうものです。想像力の持主は革命のために戦いますが、空想家はユートピアを夢みて動きません。

子どもたちをして岸信介の死刑執行人にしようとするぼくらは、マンガ創造に参加する場合、想像力を駆使しないわけにはいきません。ぼくらはハリボテを示して子どもたちをあざむくことなく、リアルな死刑執行の方法を子どもたちに示す決意です。それは必然的に衝撃の連続とならざるを得ません。

ダシール・ハメットは「血の収穫」のなかで書いています。「〃おやじ〃とはコンティネンタルのサンフランシスコ支局長だ。もう一つの綽名は〃ポンテオ・ピラト〃というので、いつも嬉しそうににこにこ笑いながら、自殺的な仕事で十字架にかかりにゆくおれたちを送り出すからだ。〃おやじ〃は礼儀の正しい老紳士だが、温かみというものは絞首縄ほども持ちあわせていない。社内の悪口屋は、〃おやじ〃の吐く唾は七月の暑さでも氷柱になると言ったものだ。」と。

ぼくがいま考えているのは、子どもたちをポンテオ・ピラトに育てあげることです。いや、それよりも更に非情な死刑執行人に育てあげなければなりますまい。なにしろ岸信介は、東京裁判から復活してきた男です。今度こそ完全に！

映画音楽の実験性

湯浅譲二
（作曲家・実験工房同人）

映画にサウンドトラックが発明されて以来、作曲家は好むと好まざるに拘わらず、新しい仕事の領域を与えられた。映画それ自体が若い芸術であったために、音楽にとっても、それは未知の世界にひとしいものであった。したがって、そこでは何の法則もないままに――その故にこそ、無限の可能性と、広い実験的場があった筈なのだが――劇場音楽を始めとし、あらゆる既成の音楽が無批判に持ちこまれたのであった。音楽は、映画芸術の創造に参加するというよりも、寧ろ伴奏音楽であり、単なる附帯音楽だったのである。勿論、オネゲル、イベール、プロコフィエフなど、今もって頑強にハリウッドの誘いを斥けているストラヴィンスキイをのぞけば、殆ど当時の現役作曲家のすべてが、映画音楽に手を染めたといっても過言ではない。

しかし、一体その中の何人が、新しく生れた映画という綜合芸術にあって、本質的な意味で創造的役割を果したと言えるだろうか。彼等の良心は、音楽の質にのみむけられていたのであった。すべての場合に、優れた音楽は優れた映画音楽である、という単純な公式だけがそこにはあった。したがって、当然の事ながら、プロコフィエフの「アレクサンダー・ネフスキイ」は交響組曲として、又「ドンキホーテ」の懸賞音楽でイベールに破れたラヴェルは、歌曲集「ドンキホーテー・ア・ドルチネー」を作品として発表している。

さて、音楽に限らず、創造に参加するものは、必然的に創造的場の機能を検討しなければならない。そして何時も、そこから新しい機能をもった創造的場が生れて来たのである。ラジオやレコード、又テープによる音楽が、その機能的側面に於て、生の演奏による音楽とは、質的にさえ異っていることは、すでに事実化されている。

映画という綜合芸術にあって、音楽がアクチュアルに創造に参加するためには、伝統的な音楽と同一次元に音楽を考えることは出来ない。はっきり言えば、≪映画のための音楽≫でなければならない。これは、決して皮相的な意味ではなく、映画芸術のリアリティの創造に関係するものであって、フィルムの持っているリアリティと、音楽のリアリティが出遇った時に、それらが質的に飛躍して、映画のリアリティを形成するものでなければならない。これが映画音楽の原則なのであり、すべての問題が、ここから派生してくるといっても過言ではない。

映画音楽には、大きく分けて、三つの実験的場があると私は思っている。

オ一に、≪演出の音楽≫であるという事、つまり、それは常にフィルムとの関係に焦点を合わす必要があるのであって、どの様なシーンにどんな音楽が企画されるか、という意味で最も基本的なものである。これは作曲家の想像力に基いている。

才二に、《録音の音楽》である。ここでは増幅の機能、そして、所謂ミュージック・コンクレート、電子音楽等のテープドミュージック Taped music の問題が生じてくる。

才三に、《音楽の技術的問題》である。つまり、特殊楽器を含む、音色、その他音楽に於ける偶然性の問題など。

勿論以上の三項は、互に関係し合っているし、独立させて考えるべきものではないけれども、便宜上、以下この順を追って詳述していきたいと思う。

ところで、映画音楽とは、映画のための音楽であるという事は、前述した通りであるが、映画に於ては、音楽を、必ずしも言葉の正しい意味で音楽――勿論これは伝統的音楽という意味ではない――と考えるのは正しくない。音楽というよりも、極言すれば音響なのである。つまり、一方では楽音、騒音、自然音を含む音響エネルギーの構成であり、他方、所謂音楽的秩序を持たないものでも、前述の映画的リアリティをたかめ得るものであれば、一個の音響の単なる繰返しであっても、立派な映画音楽と言い得るのである。

演出の音楽

これは、音楽の質を云々する以前の問題であることは前に述べた。勿論、質的に優れた音楽が映画のリアリティをたかめる事はある。けれども、ただ可逆的にそれが成立たないという事であって、問題は、フィルムのリアリティに音楽がどれほど食いこんでいくか、という点にかかっている。映画の多様性とあいまって、音楽的演出は、実に多種多様であると言わなければならない。

時間芸術である音楽は、言うまでもなく、映画の時間的移行をも受持ち、あらゆる時間相を表現し得る。物理的時間、心理的時間、そして、時間の巨視的、微視的な世界、これ等は、フィルムとの関係に於てのみ可能な音楽的世界である。又、音楽は空間的世界を持っている。物理的、心理的、場所的な空間、映画音楽は、シーンの最終的な《位置》を決定すると言い得るであろう。ただこの場合、音楽が、その一つの特質として、情景描写を受持たされることが多いけれども、フィルムに既に明白に描写されている事物を、音楽によって更に描写の追討をかける事ほど、無意味なことはないと私は思っている。

音楽は、常に、もう一つのアングルから検討されなければならない。つまり、映画はそうした手続を経て、始めて立体的なものになっていくのである。情景描写は、虫の声や、水音などの自然音にまかせておくべきである。例えば、英国の記録映画「エベレスト征服」の中で、ヒマラヤ谿谷の急流がクローズアップされるシーンがあったが、作曲を担当した、老大家アーサー・ベンジャミンは、ロンドンフイルのフル編成をあげてこれを描写していたが、R・シュトラウスのアルペン交響曲に似て、錯漠たる感じ以外の何物でもなかったことを記憶している。さすがに音楽的技術はすぐれていたが、スクリーンからはみ出した音だけが、リアリティの不在を訴えているのであった。

こうしたところから、既に法則化された感のある「対位法的処理」の問題が、必然的に生じてくるのである。

これは、フィルムと音楽との対位法であることになっているが、更に言えば、フィルムの演出と、音楽の演出との対位的関係であろう。対位的処理は、音楽の画面における位置を決定する。つまり、劇映画にあっては、主役につくか、傍役につくか、或いはそのどれでもないものか、所謂、主観的な音楽か、客観的な音楽かという問題がそこにあるのである。人間の登場しない記録映画などに於ては、これが監督の作家的視角を最終的に決定する要素となるであろう。実際には、言葉の正しい意味で客観的とは言いえないとしても、一見して客観的に描かれている事物の記録を、その事物の側から客観的にえがくか、或いは、事物と触れ合った人間の側からえがくか、という違いが、映画の質をまるで正反対のものにしてしまうのである。

例えば、ダイナミックなモブシーンに、静的な冷い音楽が流れていたとすれば、観客は必ず画面以外の或る意味をそこに見つけ出さなければ気がすまないことであろう。前述したように、記録映画では、作家の目がそこに表現されるし、又、作家的態度がそこに決定されるものとなるのである。

問題なのは、対位法といっても、それは、一体何に対する対位なのか、という事が、先ず明らかにされる必要があるという事である。

アラン・レネの「二十四時間の情事」の一シーンで、フランスの田園風景を背景として日本の流行歌が流れていたが、この奇妙な出遇いが、広島にいながら回想しているヒロインの現存位置を決定すると同時に、その風景を幻想的なまでの心象風景にしているのであった。又、仏の前衛作曲家モーリス・ルルーは「鍵穴」の中で新鮮な十二音技法で音楽を書いていたが、煙突の林立するローキイの画面に、えんえんと流れるマッスの音響は、そのフィルムを重厚なパースペクティヴなものにしていたのである。

結局、対位法的処理は、慣れ合いのステロタイプ化したイメージに対するものであって、言葉の窮極的な意味での対位でないことは言うまでもない。しかし、シュールレアリスムが精神解放の技術であったように、映画音楽の対位法は、事物の実体に肉迫する力を持っているし、又、映画的リアリティを形成する力を持っている。したがって、そこには、統一された指導原理が必要なのである。

ロベール・ブレッソンの「抵抗」にモツアルトのレクエムの一部が、終止一貫して使用された事は記憶に新しい事であろう。これはあの様なドキュメンタルな映画に、一つの様式感を与えた意味で、音楽による映画様式の決定という問題を如実に知らせるものであった。

映画作家や作曲家は、この対位的処理の中に、今後も無限の可能性を見出すことが出来る筈だし、又それは、烈しい想像力の場として、映画音楽の最も魅力ある分野ではなかろうか、劇映画にあっては、ここから必ずといっていい程、心理的な時間、空間が生れてくる。その意味で、劇映画音楽の窮極的な意味が、この対位法に集っているといってもいいと私は思っている。

■録音の音楽

音楽の分野でテープド・ミュージックが可能になると同時に、映画音楽でもこうした音楽に眼を向けたのは当然の事であった。

テープの機能は、非現実音を、非合理的時間を、新しいボキャブラリィとして我々に提供した。又一方、楽音以外の音を変調し、合成して音楽を製作する事を可能にした。つまり我々は五線紙によらぬ、演奏を媒介としない音楽を手に入れたのである。

ミュージック・コンクレートと電子音楽はこうしたテープの機能を利用するという面では殆ど同一次元にある。ただ、エレクトロニッシエ・ムジークは、電子的発振音に基いて作られ、具体音楽は具体音を素材として作られるという違いがそこにはある。

この音楽は、いくつかの新しい音響世界を持っている。先ず、人間が始めて耳にする音色、これは、テープ速度の変換によって、生の音色が、顕微鏡的に拡大され、又縮少されることによっている。電子音楽にあっては、理論的には、あらゆる音色の合成が可能である。次に、人間の生理的時間に関係しないあらゆる時価、つまり、演奏不可能なリズム、極度の持続、時間の細分化、偶然性の固定等である。

さて、具体音楽であるが、一九四八年、フランスの作曲家ピエール・シェッフェルがディスクによって具体音楽を作って以来メシアン・ブーレーズ、ヴァレーズ、ベリオ、等現代の前衛作曲家の多くがこれを手がけている。仏映画「にがい勝利」を担当した、モーリス・ジャールは、タイトルバックに打楽器によるコンクレートを使用して、緊迫した世界を提示していた。日本では、劇映画にはまだ現れていないようだが、先達完成した松本俊夫演出の「白い長い線の記録」には、私が作曲を担当している。

この仕事は、ほぼ一ケ月にわたって行われた。マテリアル、つまり原音素材の撰択、そして、一音づつの変調、テープの廻転速度の変化によって、例えば、鳥の声が八オクターヴ下げられた。又、フィルターによる高調波、低周波のカット、機械的残響処理、それらの合成、テープをループにすることによるリズムの合成、アットランダムにテープを切りつなぐ偶然的時間の合成、その他の事が、方眼紙による設計図にしたがって、ミクシングルームを一つの工房として共同作業が行われた。作曲はコンテにしたがいながらも、非現実的な音響の渦の中で、身体的に、行動的に決定されていったのである。この場合、非人間な音響世界が、この記録映画のリアリティをたかめたものと私は思っている。

映画に於ける電子音楽は「禁断の惑星」で評判になったが、映画的イメージを満足させるものは、まだないようである。ただ電子音楽が、こうした特殊な映画についてだけではなく、具体音楽と共に心理描写の分野に、使用されれば、豊富な可能性があるものと思われる。前述の対位的処理として、巨視的に描れたフィルムの時間を、逆に微視的にこうした音楽で追及していく事など、新しいパースペクティヴが映画の世界に生れるであろう。

録音音楽の増幅という機能を最大限に活用した例に、早坂文雄氏の「近松物語」がある。

ここでは、下座音楽の楽器を使用しながら、つけ板の烈しい音や、太棹の音色が、オーケストラにも比較される程、重厚に、圧倒的音量で増幅され、再現されて、生々しい心理的緊張感を表現していた。我々は、日常ある距離をおいてしか、こうした音源に接することが不可能であるのに、この映画では、それらの音色が鼓膜の中で響いており、邦楽器という概念をはるかに超越した音響になっているのであった。

映画が、音の領域にこれだけの機能をもっていながら、今なお単に、音楽の録音に止っている事ほどアナクロニックなことはないであろう。同じことが、フィルムで行われるとすれば、舞台劇の撮影という事になってしまわなければならないのだから。

■音楽の技術的問題

映画の視角的側面が直感的世界であるように、音楽に於ける音色は、直感的にその世界を提示する。この意味から、映画音楽は《音色の音楽》であるという人もいるが、特殊楽器を始めとした音色の、フィルムに及ぼす影響は大きい。日本でも黛敏郎が例の「赤線地帯」にクラヴオリンやミジックソーなどの特殊楽器をつかい映画音楽として問題になった。又米国の中堅作曲家で、交響曲「不安の時代」を書いているレオナード・バーンスタインは、カザンの映画「波止場」を作曲したが、彼はここで、電子楽器オンデ・マルトノを使用して、ヴァレーズ風のオーケストラと共にこの楽器の音色を如何なく発揮していた。同じく米国の前衛であり、禅に傾倒しているジョン・ケージは、ハーバート・マッタの記録映画「カルダーの作品」にプリペアドピアノを使用している。ピアノの絃に、ボルトやゴム、洗濯ばさみをはさんで打楽器的音色に変えられたこのピアノは、カルダーのモビールが、突然動作を決意すると共に、いつもくずれていく形態に向っていく時、未来が不意に訪ずれるように、偶然的な時を刻んでいた。

偶然性といえば、マクラレンの映画「ブランキテイ・ブランク」に作曲を受持ったカナダの作曲家モーリス・ブラックバーンは、木管クワルテットとチエロの五本の楽器に即興性のこい音楽を書いている。つまり、音符の時価、ダイナミック、奏法を指定して、音程を高中低の三本の線だけに指定し、その上で演奏家に自由な即興を要求したのである。最近問題になっている図面による新しい記譜法と共に、これは映画の世界にあっても、フィルム自体が流動的な特質を持っているだけに、大きな可能性があるものと言えよう。

映画音楽は、演出の音楽であり、同時に新しい機能による音楽である事を述べて来たが、今後、その機能の新しさがステロタイプ化された時に、例えばサウンド・トラックに手書するマクラレンの手法が開拓され、電子光学的に音響が合成されるようになったとしても、こうした技術的方法のみが実験的場に止っていては、何の意味もないであろう。勿論、技術と内容は二元的に分けられるべきものはないけれども、機能を検討しながらも、その機能を超えたところに、烈しい表現精神があってこそ始めて創造に参加することが許されるのであり、そこにこそ、実験精神が生れるであろう。

無意味な時間を受持っている映画音楽が多いこの世界で、ただ一つの音響さえも、映画的リアリテイを止揚する意味をもっている映画を、我々は目指さなければならない。

西武記録映画を見る会六月例会

●**特集・ドキュメンタリーの歩み**／所・池袋西武デパート八階文化ホール／時・各土曜日十二時半、二時

○**四日**戦前／雪国（石本統吉）／小林一茶（亀井文夫）

○**十一日**戦前（外国）／砂漠の人々（イギリス）

○**十八日**戦後／忘れられた人々／五四年日本のうたごえ（共に野田真吉）

○**二五日**戦後（外国）／生命の起源（ソ連）／国立図書館（フランス）／二〇世紀の壁掛（フランス）

○**二六日**（日）十時半、十二時の二回／現在／地底の凱歌（西尾善介）

『記録映画』綴り込みファイル完成

●合本ファイル（十二冊・一年分綴り）／一部百十円（送共）／申込先・作家協会事務局（振替・東京九〇〇九〇）

実験映画論ノート

あるいは映画的イマージュの回復のために

野田真吉（演出家）

羨ましやわが心、夜昼君にはなれぬ。
（閑　吟　集）

映画において、技術を除き、すべては破壊すべきものである。そして、すべては創造さるべきである。
（レオン・ムウシナック）

(1)

『十三階段への道』と『性と人間』が最近の大当り映画だといわれている。この縁もゆかりもなさそうな二つの映画、前者はナチズムの非人間性と惨虐性をバクロした西独の記録映画である。後者は性医学をカクレミノにしたそのものズバリでいこうという性典映画である。これらの映画が多くの観客をひきつけたものは「こわいものみたさ」や出産や帝王切開など「みられないものみたさ」の好奇心ではなかろうか。尋常一様なショックになれて、さらにつよい刺激をもとめているのであろうと思う。

このような現象は、一方においてわが国の映画がまったく無気力になってしまっていることでもあると思う。また、み方によれば映画作家が衰弱しきっていることでもある。いわゆる娯楽映画といわれるチャンバラ映画もアクション映画もきまりきった紋切り形になってしまって、観客からあきられてきているのである。ましてや、良心的な映画作家の最近作『白い崖』とか、『秘密』『大いなる旅路』『パナナ』『黒い画集』などをみるとどうひいき目にみても、前記の二つの映画の方により多くの観客がながれるのは当然のように思える。あいもかわらぬものである。

先日、たまたま、溝口健二の『祇園の姉妹』と『浪華悲歌』（ともに三六年の作品）をみた。そして、感じたのは、最近の日本映画とみくらべて、この二十五年前の作品が、いまでも立派にちゃんとみられるほど、風俗的だが、それなりに、しっかりした骨格と表現をもっていることである。もっとも溝口健二はこれらの作品を本質的にうわまわる作品をその後つくらなかったし、彼の自然主義的な世界はそこで固定し、彼の芸人的、職人的な手腕が、『雨月物語』『西鶴一代女』『近松物語』などの戦後の代表作ではみがきがかかって仕上げられているにすぎないと思う。溝口について論じるのでないからふかいりしないことにする。要するに最近の良心的映画作家たちの作品は今日的な衣裳をつけているだけで、溝口の戦前の二作品にもおよばない生温い人道主義的ヒューマニズムにつらぬかれたよわよわしい骨格であり、なんらかわらない写実的自然主義的な対象へのかかわり方である。むしろ後退している面がみられるくらいである。溝口は芸人的なディレッタントの側面をもっていたが、封建的な社会における女性の悲劇を、つめたくきりきざむように追いつめていく作家的な眼と態度などはまなぶものがあると思う。

ことほど左様なわが国の映画作家の衰弱の原因はどこにあるのであろうか。それはたんに作家の世代の問題のみでなく、増村、中平、堀川、沢島といったところにも同じような低迷がおおいかぶさっている。また劇映画だけではない。記録映画においても、亀井文夫の作品『人間みな兄弟』という部落問題をとりあげた記録映画でも、その歴史的、社会的な内容をもつ複雑で奥行のひろい、しかも、差別意識とか、劣等感などの意識内部の問題ともかかわった題材の前に、彼の素朴な記録主義的方法は手も足もでず、その本質をとらえ、あばきだしえない作品になってしまっている。こうした今日における映画作家の衰弱の病因をさぐってみるのがこの小論の僕の意図である。

(2)

娯楽産業としての映画産業の地位が低くなってきているのは誰もしっていることである。『思想』五月号で、野口雄一郎と稲葉三千男が『大衆娯楽と娯楽産業』という一文に、五八年度の「大衆娯楽と嗜好にたいする国民消費額」から分析した統計によると、大衆娯楽のトップはパチンコである。断然他を圧して五〇％をしめている。次は一五・八％の競輪。才三位が映画の一五・二％、才四位が競馬の八・九％。才五位はボートレースの四・七％という順位である。映画は五七年に、パチンコについで才二位だったのが才三位に転落したのである。

映画産業のこうした転落にはテレビの進出とか、いろいろの条件がかさなりあってのことである。ところで岩崎昶のように、映画産業がかたむいたからといって心配はいらない。時代と大衆の要求に密着したよい企画をだし、芸術的なよい作品さえつくれば、それは外国にもうりだされ、映画産業に陽はあたりはじめる。映画資本にそのチエがないのが映画産業を日陰におしやっているのだと、大変な楽観説を『朝日ジャーナル』誌にのべているが、どうかと思う。

また、新人作家たちの低迷にたいして、岩崎昶は他のところで、その突破の方向として、若い世代の映画作家たちはもっと怒りをこめて作品をつくれ、怒り（彼の場合は大衆の要求とつながった社会的矛盾にたいする怒りを意味しているのであろう）をうしなっているから停滞があるのだ、昔の新人作家は怒りをもって登場したものだ——といっている。果して問題はここにあるのであろうか。映画産業についての前の意見とこの意見はうらはらなものであり、まったく今日の状況をとらえていない皮相な観察とあやまった提言であると思う。

映画資本のチエのなさなどといったところで、もともとの考え方が根本的にちがうのだから釈迦に説法である。いや、そんな映画芸術をつくり、孤塁をまもろうというようなセンチなチエをもちあわさないのを身上とするのが映画資本の本質である。儲けがなければサッサッと商売の鞍がえをする。それは資本主義社会での物質的な運動法則である。まだ儲けがあるとみれば、下手な鉄砲も数うてばあたるという信念のもとに、毎週二本立興行をやり、『性と人間』をつくり、『大平洋の嵐』をつくり、女剣劇映画をつくり、天皇裕仁の年代記録映画をつくろうとするのである。そうしたなかで、電鉄などの大資本につながる映画資本は弱少資本をおしたおし、のみこんで、せばまった市場を独占しようとしているのである。こうした根本的には社会変革に関連する問題を、たんにチエをだして陽のあたる産業にせよといったような的はずれの問題提起は蛙の面に小便である。現在の社会においては映画産業はますます日陰においやられる可能性をもっている。映画芸術そのものもそのなかに歪曲され窒息させられていくであろう。

といっても、化学的な反応を利用した感光物質をぬったセルロイドの帯の上に映像を描くメディアとしての映画は、社会体制をはなれて考えても、近い将来、ヴィデオテープのようなエレクトロニクスによって立体的に映像をとらえるメディアに、現在映画のしめている領域を大きくかえ、いれかわっていくと思う。それは機械芸術としての必然な歩みであるからである。映画はその時、まったく独自な領域に生きることになるだろう。それは今の芸術分野における彫刻や絵画のような存在になるかもしれない。このようなただしい進歩と成長の問題は、現在の社会体制における映画芸術の頽廃と、関係はあるが同質の、同一の問題ではない。むしろ、そうしたただしい進歩と発展、成長をさまたげる現在の社会体制のなかに、今日の映画芸術の頽廃の外的な要因がねざしているのである。

この根本的な問題の解決はたんに、映画作家だけの自覚や行動によってなしとげられるものではないのはもちろんである。それはひろい政治運動の視点にたった斗いのなかでなしとげられるものである。それだから僕たちは社会変革をめざす政治運動と密接なつながりをもたねばならないし、それとの相関関係のなかに現在地点で映画作家としての独自な創造活動をしなければならないと思う。

(3)

最近『実験映画』というタイトルがキャッチフレーズとして新鮮な魅力を一部の映画作家たちや他ジャンルの作家たち、映画愛好者にあたえているようである。そのためか、実験映画を上映する集会はかならず盛況である。「シネマ六〇」のつくった、『東京・一九五八』も実験映画ということでみたいという声がいまだある。ポーランドの実験映画『タンスと二人の男』『ドーム』、アラン・レネエの『ゲルニカ』、ノーマン・マクラーレンの一連の実験映画はたえずくりかえし上映されている。

実験映画という概念は大変、あいまいでいろいろな意味づけがなされている。僕は一般的に、科学や技術のたえまない前進に即応して、映画表現の忘れられた、また未開な可能性を実験的にほりさげ、拡大することを中心的に意図した映画であり、そこには当然、新しい時代の現実意識にのっとった現実否定の精神がうらうちされている映画であると思う。

実験映画にあっては、その現実否定の精神の内容と質が、実験の意義を決定していくと思う。マクラーレンの作品にみられるような、形式主義的な実験のワクにはまりこんでいるものもあり、『ゲルニカ』のように、現実にはげしくかかわるレネエの作家主体に対応した、彼の方法のなかにあたらしい映画表現の可能性が形式的、表現的な実験をのりこえて、くみこまれ、前衛的な映画芸術作品にたかめられているものもある。僕の関心は後者にあるが——ともあれ、実験映画がしだいに関心をふかめられてきている事実は無意識的であれ、意識的であれ、停滞しているわが国の映画芸術にたいする、作家たちの出口の模索をみることができる。

このような模索は一方具体的な行動として実験的作品がうまれはじめている。『東京・一九五八』、日大芸術学部の映画研究会の学生グループの作品『釘と靴下の対話』『Nの記録』（ともに五九年）。また『安保条約』の作家松本俊夫は『白い長い線の記録』（六〇年）でシネスコとカラーによって対象を内部意識においてうけとめ、さらに、対象とのかかわりあいのなかで、内部的な屈折を経た具象的なイマージュを積極的に組織し、電力会社の戦後十年の歴史を一個の映像的造型として表現することをP・R映画のワクのなかに試みている。解説を排除し、電子音楽を中心とした実験など、ことに前半に彼のすぐれたイマージュとモンタージュがみられる。

実験映画ではないが、テレビのC・M・フィルムにはしばしば実験映画などといわれるものよりも局部的に、ショッキングでアトラクチブなものがある。そこには多くの映画表現の可能性が示唆されている。

わが国でも実験映画が今後もつくられるだろうし、また、積極的につくりだすことによって、映画表現の無限の可能性を解放し、ひらいていかねばならないと思う。そして、ゆたかにされた映画表現を、今日の重層的な現実の上に確立された作家主体に対応した、今日的な方法のなかにくみいれなければならないと思う。

しかし、こうした実験映画の意義をまったく理解しようともしないで、今まで通りの対象にへばりついた自然主義的方法、素朴な記録主義方法のみが絶対的、唯一の方法と思いこんで、頭からよせつけない動脈硬化症的傾向がみられる。そのような固定した考えが今日まで、どんなに多様な映画表現の可能性を圧殺してきたであろうか。

実験的な映画があらわれると、回転しなくなった自分の頭をたなにあげて、自分の規格にあわないということで芽ぶこうとするものをふみつぶそうとする。ここにはわが国のカツドウヤ的職人根性が模写的、写実的な自然主義方法に身をまかしている没主体的な作家のあり方とむすびあっているのである。でも、「記録映画のビート族」とよばわったりするあたり、その職人根性のひよわさがまるだしである。経験主義の無理論からくる宿命的な排他性と感情的批判である。

実験映画にたいする経験主義からくる批判とともに、それとうらはらにもう一つ公式主義、教条主義、テーマ主義の側からの批判がある。それはプチブル・インテリの頽廃的なあがきであり、芸術至上主義、形式主義的傾向であるというきめつけである。この点は場合によって一面の真実をついている。だが、その全面的否定のなかにはメディアの機能の進歩とともに前進し、発展する機械芸術としての映画の表現がもっている特性を、限りない表現の可能性を過少評価している面と、その表現の可能性をゆたかにし、転化し、今日的な作家主体に対応した方法にくみいれる積極的な面が脱落している。主として作家の主体意識の欠如と方法意識の不毛がそのような公式主義的見解をうむのであるが、わが国でも、多くの映画評論家はかっての二〇年代のいわゆるアヴァンギャルド映画（リヒターなどの「絶対映画」ブニュエルやダリなどの「シュールリアリズム映画」をふくめたもの）にたいしても同じような見解をとっている。また、映画芸術のうまれでようとした時期に、フランスでのジョルジュ・メリエスの空想的な作品やわが国での尾上松之助の忍術映画などがしめしていた非現実的な表現の側面を、映画を見世物にし、娯楽映画にダ落させたものとして、きりすてている。なお、社会心理学的にみた大衆の欲求不満の反映として、大衆娯楽映画をとらえなおす点も無視されて、写実主義、自然主義的な方法こそが映画芸術の本筋であるとみなしている。その害悪は今日までつづき、ゆたかであるべき映画表現の可能性を排除している。多様多彩であるべき映画的イマージュの世界を平板な、灰色の、模写的世界に幽閉している。このことについては『現代詩』六月号にかいたので略記にとどめることにする。

要するに、実験映画にたいするそのような批判は、まさにその否定の必然性を意味し、実験映画の製作を盛んにすることの必要性をあきらかにするものである。

(4)

こういっても「実験映画よ、いでよ」で実験映画ならミソもクソも結構というのではない。実験映画なんてタワケタ、トウヘンボクの、モノズキな作家どもの、アソビぐらいに考えられているわが国の現状では、ものわかりのいいスポンサーのもとで(これは稀有のことであるが)P・R映画のワクのなかでつくるとか、作家たちがありもしない金をもちよって独力でつくるとか、グループの運動としてつくるとか、経済的な悪条件にとりかこまれ、つきまとわれてつくる外つくりようのない有様である。だから、実験映画といっても、かずおおくの条件つき、ワクつきものである。このことを承知の上でやらない限り、わが国で実験映画はいまのところ、うまれないであろう。それに、作家のやむにやまれぬ創作意欲をテコとしなければうまれないであろう。

ところで、このような停滞した映画芸術の状況は作家の精神をしばしば倒錯さすものである。いつのまにか実験映画の表現的実験そのものが、新しい映画芸術そのものであると思いだすのである。そして、その表現的実験のなかに、今日の映画の停滞がやぶれ、転換が招来されるという形式主義的な穴ほりと埋没が発生してくる危険をもっている。前章でふれた実験映画にたいする批判にふくまれた一面の真実といったのはこの場合である。

たしかに二〇年代のアヴァンギャルド映画にみられた欠陥はそのはげしい現実否定の精神によって、あたらしい方法意識の確立によって、外部世界を断絶し、内部世界に目をむけることで、形式的な側面に、前衛性をうちだしたが、その現実否定の精神の主観性が、自己閉鎖と自己解体をもたらし、形式主義、芸術至上主義のなかにおちこましていったことである。同じようなことは『東京・一九五八』では二〇年代のアヴァンギャルドの欠陥をのりこえ、形式上の前衛性を回復しようと意図したのであろうが、現実へのアプローチのよわさが、安手の風俗的社会批判となり、旧来のアヴァンギャルド映画手法の俗流化となってしまった。『釘と靴下の対話』ではシュールレアリスムの方法を否定的媒介として、内部世界の矛盾の諸相を外部世界においてとらえられる、現実に迫るあたらしい方法をうちたてようとした。だが、技術的な未熟さは論外にして、根本的なよわさは、シュールレアリスムの方法を克服するにいたらなかったところに、ずい所にすぐれた面をみせながらも、全体として閉鎖的な内部世界にとどまり、それをうちやぶりえなかったと思う。ともあれ、松本俊夫の、『白い長い線の記録』さらに『安保条約』をもふくめて、実験映画はまだ数すくないが僕たちにさまざまな映画表現の可能性と方法の問題を提示し、なげかけている。僕たちはそれをただしくうけとめなければならないと思う。

そこで、繰返しになるが、僕たちはまず、実験映画における表現的実験が、衰弱と停滞の映画芸術の現状を突破する術策の発見であるかの、またそれがただちに現状を変革するものであり、変革がもたらされるだろうかの、錯覚をすてることだと思う。

実験映画は作家が今日の現実にふかくせまり、主体意識と照応した方法意識が、さしせまって要求する表現形態を目的的に追求する実験でなくてはならないと思う。同時にそのような表現的実験をゆたかにし、その成果を否定的媒介として今日的な方法にくみこみ、確立していくことである。

その意味で、実験映画はさらに、つくられるべきであり、たとえ、短いリールであれ、断片的エチュードであれ、八ミリであれ、十六ミリであれ、さまざまな条件のもとでさまざまなつくり方で、つくらねばならないと思う。そして、つくりだされるものに対してただしい評価をあたえるべきだと思う。

(5)

話をもう一度補足のために逆転せねばならなくなった。なぜ、今日的な方法は現在までの映画表現や方法を再検討し、とらえなおさねばならないか。忘れられたもの、おきざりにしたもの、否定しさったもの、をみなおし、その可能性をとりだし、さらに、あらたな可能性を発見し、拡大し、ほりさげる実験をつみかさねねばならないか。

オ一章とオ二章でふれたように、わが国の映画芸術の衰弱はオ一に、社会的な要因が基本的なものである。オ二はオ一と同等な重要性をもつのであるが、映画作家自体が、その基本的な要因をみきわめないことである。さらに、そのような原則的な現実認識をもったとしても、作家が戦後的現実にかかわり、自分の戦後意識を対自化し、作家としての主体を確立しないところに衰弱の内部的要因があることである。そのことは当然方法意識の欠如となっている。つまり対象にたいする主体と表現との関係であるイマージュの構造の変革が没主体の地点ではぬけ落ちざるをえないからである。自然主義は対象の外部世界に没主体的によりかかるところに成りたつものであるから、そのイマージュの質は対象の日常性の描写、模写という直接的で素朴な写実となり、テーマの青写真にしたがった物語性、(あるいは解説、絵とき)によって、ささえられるものである。それは逆にいえばテーマや観念のさしかえによって同一のイマージュがたやすく語りかえられることである。

だから対象にたいする主体と表現との関係、イマージュの構造にたいする本質的な問題をとりあげることによって、自然主義を否定し、さらに自然主義方法に対応する作家の主体の喪失(戦争責任、戦後責任をふくんだ戦後意識の欠如、または未確立)をあきらかにし、その今日的な主体の確立を通して自然主義を否定することでなくてはならない。それは映画芸術独自のイマージュの世界を回復することにほかならない。映画表現の可能性を全的に解放し、拡大と深化をうながすのは、こうした視点から業病化している自然主義的映画(わが国の映画芸術の衰弱の病因である自然主義)を否定する時に、はじめてなしうるであろう。

実験映画もこの視点にそって、映画芸術独自のイマージュ世界の回復を課題としてつくらねばならないと思う。

座談会　ドキュメンタリーとは何か　1

佐々木基一
関根　弘
武井昭夫
柾木恭介
野田眞吉
松本俊夫
編集部

ドキュメンタリーの歴史

編集部　ドキュメンタリー、ドキュメンタリーと、いろいろいわれています。しかしそれぞれニュアンスが違う。そのニュアンスの違いも、何となしにはっきりしないで来てる面もあるんじゃないかと思うんですが、その辺でつき合わしてドキュメンタリーという問題をもう少し明らかにしたい。

まずとっかかりなんですが、芸術の前衛的な方法意識という中にドキュメンタリーということがいわれて来た。そこでいつ頃から、またどういうふうな問題点にぶつかることによって、ドキュメンタリーということがどういう内容を持っていわれて来るようになったか。そこら辺のいきさつを振り返える中で、それがどういうふうに問題が明らかにされて来ているかまた明らかにしなければいけない問題が出て来ているかということを、最初に触れていただきたいと思うわけです。

佐々木　ドキュメンタリーというと、いま映画の分野では何か常識みたいになって、一つのジャンルがはっきり確立されているように考えられています。また現在では映画以外にもドキュメンタリーという言葉が盛んに使われるようになった。ドキュメンタリーという問題が、芸術方法論として多くの人の関心を集めはじめたのは、やはり映画が登場して以来ではないかという気がします。それまでは文学なんかの分野で、記録的なものが、そのままでただちに芸術たり得るというふうには考えられていなかったんじゃないか。

では、映画の中でいつ頃からドキュメンタリーということが方法論的に意識されはじめたかというと、これは僕もはっきりわからないんです。イギリスのドキュメンタリー運動がありますけれども、しかしそれ以前に相当ドキュメンタリー的な方法を持った作品があるわけですね。純粋な意味でジャンルとしての記録映画という点からいえば、フラハティなんか非常に早い時期に「北極の怪異・ナヌーク」という作品を作った。彼なんかが、自然の忠実な記録をもとに、一つの芸術的な記録映画というか、そういうものを作った最初の人といってもいいかも知れないと思います。しかしまた同時に、才一次大戦および、革命のときのニュース映画や記録映画、そういうものが非常に大きな役割を演じていないかということも考えられるわけですね。そしてソヴェトのフロニカとか、そこから発展した「ポチョムキン」のような作品が一方にある。ドキュメンタリーという問題は、理論が余りないし非常に難しいんですけれども、僕は大体、通信および交通機関が非常に発達し、同時に写真とか、映画のような再現装置が発達したこと、そしてあるところに事件が起るとそれが即座に新聞なら新聞の記事になって出るとか、ニュース映画になるとかいう風になったということ、それとドキュメンタリーの発達は不可分ではない、と思うんです。ですからやはり十九世紀の終りから二十世紀のはじめにかけて、だんだん各芸術ジャンルの中に、ドキュメンタリー的なものが出て来たという感じを持っているわけです。しかし、特にそれが芸術方法論として意識されたのは、やはり才一次大戦後じゃないですかね。

編集部　才一次大戦後にドキュメンタリーという問題が出て来た。そのドキュメンタリーと才二次大戦後のドキュメンタリーとは意味が違った形で問題になっていたと思います。その点は。

佐々木　映画では、日本では特に戦争中に記録映画に対する関心が高まったわけですね。戦争のニュースあるいは戦争記録映画が盛んになり、また文化映画の強制上映ということもあった。そして昭和十三、四年頃だったと思いますが、映画理論の上でも、記録と芸術という問題について盛んに論じられて、僕も書いたことがあるが（笑声）、映画における記録性と芸術性の問題が、中心テーマになった。ポール・ローサの本が厚木たかによって訳されたりして、その頃からドキュメンタリーが意識されて来たと思うんですよ。

関根　どうも僕は歴史的整理の仕方には弱いんだね、思いつきをそのままいってみると、一つはイタリアン・リアリズムの方法、ドキュメンタリー・タッチの「戦火の彼方」とか、ああいうものがこれまでの映画に反省を強いた。それからセミドキュメンタリーというものがあったでしょう。
編集部　「裸の街」などの――。
関根　ああいうものが、最近では例えば「勝手にしやがれ」とか、つまりカメラを街頭に持ち出してセットも何もなしで撮る、ナマの迫力をもんだいにするところでドキュメンタリー・タッチが重要視されているように思うんだけれども、つまりフィクションに対して事実を押し出す。それはこれまでのリアリズム尊重、自然主義みたいなものではない実存主義があるように思うわけですよ。けれどもそれを具体的に作品で裏付けろといわれてもいまちょっとでてこないんだけれども、何かそういうものが、一つあるんじゃないかと思う。僕なんかの感じでは、自分の仕事を通じて考えたことだけれども、事実というか、ドキュメンタリーというのは、非常に便利でもあり、迫力のあるものなんです。ぼくの場合は、録音構成をやってるから、そういうことを余計強く考えたんだけれども、ラジオドラマなんか、問題にならないんですよ、現実音の迫力の前には――。録音構成の経験からいうと、効果で音を作るよりも、汽船が走っているのなら実際にマイクを汽船に向けてそのまま音をテープにとればその方がこしらえる音よりも迫力がある。会話だってそうです。台本をみて、しゃべるよりも、しゃべってるそのままを使っちゃった方が力があるでしょう。だけれども、だからといってそれだけに頼るということは出来ないけれども結局その事実みたいな、素材みたいなものを再構成しなければならないわけですけれども――。
佐々木　つまりそれはね、現実を忠実に再現する手段が非常に発達したということ――
関根　そうそう。
佐々木　写真とか、映画のカメラとか、ラジオとかテレビとか、そういう即座に再現して見せる手段がどんどん発達して来た。これと密接な関係があると思いますね。文学の方だって、スペイン戦争のときにアンドレ・マルローなんかがタイプライターを爆撃機に積み込んで、戦争をしながら小説を書くというやり方をやったが、これなんかも、僕は映画のニュースカメラマンの仂きからヒントを得なければ、ああいう方法は考えつかないと思いますね。だからそういう意味で映画がいろいろなジャンルに影響を及ぼしているということがいえるんじゃないかと思うな。

■記録するとはどういうことか

編集部　ところでドキュメンタリーもいろいろと解釈されていると思うけれども、いま一歩つき合わされて深められないと、何かドキュメンタリーといっちゃえば、それでことは足りちゃってるみたいな安易さも生まれてないとも限らないと思います。
関根　だからドキュメンタリーとアクチュアリティの問題は、切りはなせないんですよ。アクチュアリティを度外視してドキュメンタリーだけ問題にしても意味がないわけですよ。例えば電車が走る音らしい音をとって、一番電車に近い音といっても、それだけではそういうものを幾らやっても何にもならない。
　それから僕は思うんですけれども、ルポルタージュなんか書いていつも慚愧の念に耐えないのは、どこまで事実というものに迫ることが出来たか。事実なんというものは、やはりちょっとアングルが変ればどうにでもみえてくるわけですよ。事実の近似値みたいなものをルポルタージュと称しているわけでしょう。事実なんていうものは、どこにあるかわからないようなところもある。それを自分の創作方法にし、それの効用を信じないというのはいやな感じでもあると僕は思っていますよ。
編集部　柾木さんや関根さん、「現在の会」で「ルポルタージュ」の問題から発展して「記録」の問題が出たでしょう。そこら辺のいきさつを一つ――。
柾木　いきさつといっても正確には僕も整備出来ないけれども、関根さんなんかも『おもちゃの世界』を書いた一連のシリーズが、「記録芸術の会」をやる前に「現在の会」で一応やったわけだ。出来上ったものとしては、いまから考えれば足らない点もあるし、問題があると思うんだけれども、やはり一番問題になったのは、あの当時の一人々々の作家たちが主体的に、何かアクチュアルな問題、たとえば、内灘、日鋼室蘭、富士山麓の斗争に参加したことが、一つのモメントになって、ルポルタージュというものが意識的にとらえられて来たと思う。一方では生活記録という運動が戦後一時ずっとあったわけだ。そういう生活記録的な行き方には反対しながら、何か新しいルポルタージュをやろうという問題が一つあったわけだね。個人的に言えば僕なんかは映画というよりも、むしろ文学ということで、文学全体が、たとえば日本文学が私小説だとか自然主義という壁に突き当ってるものを、ルポルタージュというようなことで、新しい文学方法論を作り出そうということで問題にして来たわけでしょう。だから必ずしもいまいうジャンルとしての記録映画とか、あるいは記録文学というよりも、むしろもっと広い芸術上の新しい方法論を作り出そうというようなものが、一つ根底にあったんじゃないかと思うわけですよ。
関根　あれは現実の再発見というようなことを、一応、目標においたよ。映画の世界でいえば生活綴方的な記録映画が沢山あるわけでしょう。例えば亀井文夫の「生きていてよかった」なんかそうです。あれは生活記録的な意識、生活綴り方的な意識でしょう。そういうものに対して常に僕は反対して来たし、そういう意識を根絶やしにしなければいけないという問題意識をずっと持って来ている。じゃ、しからば記録ということは何かとひらき直ってみると、これは難しいと思うんですよ。特に今年のメーデーの前夜祭に行って感じたことです。三池の労仂者が演説したり写真のスライドを使ったりなんかしたシュプレヒコールがあったんですが、うしろの方からみると人間は豆粒にしかみえない。それが幾ら固まってやっても何をやってるかわからない、実際あそこは音響効果も悪いけれども、一万八千人も観客がいるのに、何をやってるかわからないものを、延々一時間半もやったのです。途中で半分以上帰っちゃったけどあたりまえですね。これなんかも、生活綴方的な方法と記録の芸術を方法的につかみそこなっているところからきている失敗だと思うのです。

だからリアリズムとドキュメンタリーといってもそれの限界は、はっきりそこに出ている。けれどもワイド・スクリーンの映画だったら、いちどきに一万八千人を楽しませることだって出来るでしょう。計算が必要ですよ。ああいうところで人間が、五尺何寸かの人間が方法抜きで寄り集まって、何かやろうとしても、そこには、何もアピールすることは出来ない現実があるわけですよ。その場合にはドキュメンタリーよりも、完全なフィクションが必要だというように感じたわけです。ラジオのようにお茶の間で一人で聞くようなもの、室内的なものは出来るだけ現実に近いものとか事実の方が、やはりコミュニケートする率が大きい。野外的なものはその反対だ。これはまだ整理しきれていない問題だけれども、感じとしてはそんなふうにも思っているわけですね。ちょっともう一言、いまいい足らなかったんだけど、前夜祭では三池の労仂者もきていて、訴えなければならないもの、感動の嵐をまき起さずにはすまないものが、織り込まれていたわけですよ。だが三池の労仂者が幾ら訴えてもその訴えがちっとも効き目をあらわさないのです。もっと小人数の集会なら三池の労仂者が訴えれば、アピールする力があるはずなのに何かナンセンスな結果になってしまっているということですね。僕がドキュメンタリーといっても、事実さえぶっつければいいというかんがえに反対するのは、事実をそのままぶっつけたらかえっておかしな形になる場合もある。僕なんかもやはり応援してやろうと思って一生懸命みているがしゃべってること自体もよくないんですけれども、ああいう大衆集会の情緒を組織することが出来ない。幾ら同情心があっても、会社のさわやかな弁舌の方がわれわれのガマ口をひろがらせることになる。そこのところを僕は映画の方法論としてもいいたいんです。

■記録映画について

佐々木　日本では記録映画とかドキュメンタリーというものが、戦争中に文学でも映画でも盛んになった。普通の劇映画とかフィクションをまじえた文学がだんだんつまらなくなって来た。戦争中にね。それで何か小説を映画化したものや、普通の、劇映画よりも事実をナマのまま写した記録映画の方が、まだしも面白いというようなことで、いわば反撥的にドキュメンタリーというか、記録的なものが求められて来た。その弊害がいまだにあると思うんですよ。いまでも、劇映画が行きづまったりつまらなくなると、記録映画が歓迎されるという傾向がある。それは非常に困ることなんで、われわれはそういう意味での、記録映画、つまり素朴な記録主義にもとづく映画に対しては反対しているわけですよ。例えばカメラをスタジオから野外に持ち出して現実の中にカメラを持ち込めば、それですぐさまリアリズム映画が出来るとかそういうふうな考え方、つまり素朴な記録主義に対して、反対しているわけです。同時に、そういう記録的なものは単に素材だけではないかという批判もあるわけです。そういう考え方に対してもまた反対して、記録ということを、現実の再発見から再構成にいたる方法として考えるのがわたしたちの立場です。つまり現実を再現するためのいろいろな新しい手段が出て来た。そういう手段を媒介としながら、それをどういうふうに方法的に高めて行くかということがわれわれの課題であるわけです。日本では、映画でも文学でも、こんどの戦争中に特にドキュメンタリ一的なものが発達した、そういう伝統の中に弱点を持って――

関根　かえって芸術を意識してない記録映画の方が面白い。例えば佐久間ダムとか――

佐々木　ああいうものをみると、僕はやはり戦争中の文化映画を思いだす。日本の文化映画の伝統に一種の生産力理論みたいなもがあるでしょう。そこに問題がある。

柾木　それともう一つは「ある日の干潟」のような刻明な自然観察を敍情的に描くタイプがある。

関根　決定的瞬間をとらえているのが一番いいような気がする。例えばダムの仮排水路が出来て、これまで流れていた天竜の流れがぴたりと止まるような瞬間的な場面、記録映画でなければみられないその一瞬に詩を感じる。生産力理論というような見方はぼくしないのです。さいきんでは、「東洋の旅」というのを見たんですが、これは「性と人間」というのをみに行って、それと併映してたんだけれども（笑声）スポンサーは日立製作所です。香港からはじまって東南アジアの風物の紹介で、生産力理論みたいなものに忠実だともいえますが、日立のエレベーターが香港のデパートに使われていたり日立の土木機械がインドで活躍していたり、そういうものをみていて日本帝国主義の隆々たる東南アジアへの進出というものをみることができた。日本帝国主義なんていうものは壊滅に瀕し、もはや存在しないものと思っていたが、いまや昔日に増して東南アジア市場へ進出しているということがわかるわけですね。これはびっくり仰天した。こういうものをみると、東映ばかりみていられないという気もして来るんですけれどもね。

編集部　それは映画が意識的に表現しようとしてとらえたものじゃなく、素材にそういう事実があるんで、たまたまそういう事実を持ってる映画を通して考えさせられたというわけで映画的な考えで解決したわけじゃないんでしょう。

関根　それはそうです。

佐々木　しかし戦後の独立プロ映画でもそうだけれども、イタリアン・リアリズムの影響を受けて、ああいう方法を使おうとしていながら、そこまで行けないというところがあるわけですよ。それは戦争中にドキュメンタリーというものが発達して来た、そのシッポがまだ取れてないためじゃないかという気がしてしょうがない。短篇映画をみてもそういう感じがします。特に解説なんかそうなんだ。みんな啓蒙主義なんだね。

関根　そうでないものもありますよ、最近は——、実験記録映画が大分出て来ましたから——。

佐々木　カメラを持って現実と戦うというふうな、つまりカメラが抵抗の武器であるという自覚が足りないような気がするんですよ。アングルにしろ構図にしろ編集の仕方にしろ、戦争を撮りに行ったときの方法と、三池のストライキを撮るときの方法がほとんど変らない。だからそういう点ではいろいろ不信を持ってるわけですよ。

（武井出席）

■イタリアン・リアリズムとヌーヴェル・ヴァーグ

佐々木　例えば才二次大戦後、ドキュメンタリーの問題が大きな問題になったというのは、カメラがたんにものを写す道具でなく、作者のたたかいの道具になっているからです。イタリア映画なんかから僕自身は触発されたわけだけれども、ロッセリーニならロッセリーニのワンショットをとってみてもその中に単にスタイルがあるだけじゃなしに、ロッセリーニの全思想が入ってる。そういうアングルですよ。あれは実存主義的なものが入っているけれど。

編集部　柾木さん、イタリアン・リアリズムの問題、いまの視点からみてどういうふうに再評価されていますか。

柾木　弱ったな、ただ、イタリアン・リアリズムがでたあとで、その亜流といってもよいが、いわゆるセミドキュメンタリーという多くの作品がでてきた。それはイタリアンリアリズムからテーマを抜いてしまったようなものなのだが……、だからイタリアン・リアリズムのテーマと方法のむすびつきを問題にしなければだめだと思うんだ。

関根　実存主義だと思うな。状況性を少し圧縮したんだと思うよ。それだからニュース性とは違うと思うんですよ。イタリアン・リアリズムの場合のドキュメンタリーというものは——。だからいまになってソビエトでもって、イタリアン・リアリズムの影響が現われて来て、社会主義リアリズムが大いにあわてふためいているということが「朝日ジャーナル」に載っていたけれども。

柾木　いちがいに実存主義とはいえないんじゃないかな。

武井　イタリアン・リアリズムの影響が現われているというのはどういう作品を指しているの、具体的には。

関根　作品の名前を忘れてしまったが、イタリアン・リアリズムは修正主義だということに——（笑）

柾木　そうかな——。

関根　だってそうですよ。社会主義リアリズムということになると要請ということがあるでしょう。戦争中は愛国主義ということでつらぬかれていたわけだから。ニュースだって事実の報道というふうにだけはいえないんだからね。整理の仕方でどうにでもなるんだからね。ニュース性を超えた真実に固執するということになると、どうしても状況に密着し、存在論的に眺めて行くとことになる。「勝手にしやがれ」なんかのドキュメンタリー・タッチもそういうものとして意味があるわけだ。

佐々木　ただ戦後のリアリズムと今のヌーベル・バーグの連中の違うところというのは、何というのかな——民衆の顔の発見ということがヌーベル・バーグにはない。

関根　民衆の顔の発見というと？

佐々木　例えば「勝手にしやがれ」のラスト・シーンは、街頭で撮っているわけでしょう。通行人がカメラの方をみている。しかしあのドラマと、カメラの方をみてる通行人とは全然遮断されているわけですよ。これは背景にすぎないわけだ。だから見ているわれわれ自身がそこにいるんだというような感じはない。イタリアの戦後初期の映画では、なにげなく歩いている人物が、皆んな劇中の状況と同じ状況の中に生きている人間として、われわれに訴えて来るでしょう。そういう違いがあると思う。だからドキュメンタリーというのは、単なるスタイルじゃなくて、やはり現実の状況をいかにつかむかという方法の問題です。映画は民衆の顔、民衆の生活、これをリアルにとらえることを可能にしたわけですね。つまり今までの文学やなんかでは、なかなか主人公になり得ないような、ありふれた人間、こういう人物を主人公に出来るという可能性を発見したわけです。

関根　民衆性という言葉は、僕、うまく理解できないんですよ。

佐々木　簡単にいえば大衆参加（へ笑声）

関根　ますますわからなくなる。つまり僕の映画をみていて、例えばAならAという人物に、感情移入が完全に出来るかどうかというもんだいがある。美空ひばりが主演する映画なら美空ひばりに感情移入してしまって、主人公の一挙手一投足を追ってみる。そうでない映画の作られ方というものは、みてるものがカメラそのものに感情を移入するというようになる。どんなことが起きてもそれは観客自身もカメラの感情しか持たないでみていられる。カメラは感情がないから、カメラの位置でみているという映画の作られ方。「勝手にしやがれ」のばあいは、主人公の中に感情移入しないでつきはなした目で、全体の戦いの進行という事をみていられるような気がする。「墓につばをかけろ」になると、やはり主人公への感情移入という事を映画そのものが求めている気がする。黒人、しいたげられているもの。それをつき放して客観的にみていられなくて——モダン・ジャズの使い方が非常に効いているしそういうこともあって悲劇的情緒の中に引き込まれる。そういう事が「勝手にしやがれ」にはない。

佐々木　それはそうなんだ。そういう点では認めるけれども、「戦火の彼方」との違いということをいえばそういったことになるんじゃないか。

■ポーランド映画を加えて

編集部　イタリアン・リアリズムとヌーベル・バーグとの比較が出てたけれども、それにポーランドの一連の映画をからまして考える必要があるんじゃないかと思いますが。

柾木　ポーランド映画については「灰とダイヤモンド」なんかいまま

で論争があったし、とらえ方が非常にアクチュアルな、いまの問題、現実の問題となにかからみ合って来るところも問題に出来る映画でもある。そういう点で非常に問題を含んでおると思うわけですよ。でそれを今いうヌーベル・バーグとのつながりでというと、僕はやはりポーランド映画の方が、イタリアン・リアリズムよりも後退するといっちゃ語弊があるけれども横へズレて行ってわかれた枝じゃないかと思うんですよ、そこでヌーベル・バーグというのは、やはり一概に全部を一まとめにいうことは出来ないし、いろいろなことがあるけれども、「勝手にしやがれ」なんかは、やはり僕はわかれて行った一つの極点じゃないかと思いますよ。

だからこれからの作られる映画が「勝手にしやがれ」から、何か問題を自分の映画芸術の課題として出して来る問題と、それからポーランド映画から自分の問題として出して来る問題のどちらを取るかといわれたら、僕の感じとしてはポーランド映画の方から問題が出て来るんじゃないかと思うな。

関根　僕はそうは思わないな。ポーランド映画においてもそうは思わない。僕はディズニーの「ぼくはムク犬」というような映画から出て来るような気がするよ。

柾木　そういえばそうだ――ここではポーランドとヌーベル・バーグにかぎっての話さ。

佐々木　しかしポーランド映画も「夜行列車」をみたんだが、あれはヌーベル・バーグに近いよ（笑声）。女の子の孤独を描いてるんだが、なかなかテクニックがうまい。テクニシャンですね、カワレロウィッチ――。だけれども十字架が出て来たり、尼さんが出て来たり、マリヤの像なんかしょ中出て来たり、何か変だね。

柾木　ポーランド映画をいままで見たかぎりでは、遠いところからみておるからよくわからないけれども、ポーランドの風土、国民が持ってるアクチュアルな課題というものを、その映画のテーマにつかまえてると思いますよ。フランス映画、ヌーベル・バーグの場合フランスのアクチュアルな課題を失ってしまってるんじゃないかという気がするんですがね。

佐々木　直接に国民全体が巻き込まれるような状況の中から生まれた映画は、一本の映画をみても、そのときの国の問題が全部感じられるというようなことはあるわけですよ。これはイタリアン・リアリズムでもそうだけれども、しかし、またいろいろ複雑なクッションを通して、屈折した形で、あるいは分化した形で問題が現われてくることもあるわけだ。そういう屈折した形としてみれば、ヌーベル・バーグの映画には、あるいはフランスのいまの心理的な状況というものは描いてるともいえるわけだね。

武井　僕はそれに逆に疑問を感じますね。現代のフランスの混迷の衰弱した反映であって、どうしようもないところに行っちゃってると見ている。ヌーベル・バーグに積極的意味での新しさを感じない。否定的ですね。「勝手にしやがれ」はまだみていないが、ほかのをみてのことですが。

編集部　そこら辺をもう少し……

武井　それはヌーベル・バーグだけじゃなくて、この間ルネ・クレマンの「太陽がいっぱい」をみてひどく失望した。まあ、クレマンには、すでに「海の壁」で失望してたわけですが、アンドレ・カイヤットが「両面の鏡」なんかをつくっていることと思いあわせて、フランス映画界はフランスの知性全体の衰弱のあわれな反映に堕したっていう感じがしますね。さっき、柾木さんのいわれた点なんかからいえば、ヌーベル・バーグからルネ・クレマンにいたるまで、フランス映画は、フランスの危機を積極的なところで反映しているんじゃなくて、消極的なところで反映しているということ、クリティシズムの後退、すなわち受け身で外部の危機を映画に持ち込んでいるんじゃないでしょうかね。

柾木　現実からテーマをとりだすドキュメンタリストの精神を失っているよ。

佐々木　戦後、イタリアのネオ・リアリズムに対して左翼の連中、公式的な左翼からは、あれはヴェリズム（真実主義）であってリアリズムではないという批判がずっと一貫してあった。ところで、一九五〇年以後ネオ・リアリズムも壁にぶつかって、今日でも戦前と同じような迫力をもった作品は現われていない。そこに問題がある。そして、それはむしろポーランドの方に受けつがれて、現われている。そういうふうに考える考え方がある。もちろんポーランドでもソビエトでも、ネオ・リアリズムの影響は随分あると思う。しかしイタリアの国内においてはそれが十分に生かされていないのは何故か。それに対して社会主義リアリズムの観点からの批判によって、よみがえる方向が出て来るかどうか。僕は疑問を持っておりますがそういうところに現在の問題があるんじゃないですか。**（以下次号）**

■編集後記

※読者のみなさん、執筆者の方々のなみなみならぬ御協力、御声援によって本誌も二周年をむかえました。深く感謝します。

※安部公房氏の論文はお子さんの急病のため、来月号になり、柾木恭介氏の「総合主義芸術論」は構想をねりなおすために時間をくれとの申出をうけしばし休載することにしました。御諒承を。

※なお、今月号は原稿がフクソウし、松川八州雄氏の論文と二木宏二氏の訳稿を残念でしたが次号にまわしました。

※来月号は「映画と技術」について新しい映画芸術の視点からとりあげた特集をする予定。それから本誌二周年記念の論文募集の課題と規定を発表します。（野）

（「『もの』への挑戦」を書かれた吉田喜重氏は昭和三十年、東大仏文科卒以来松竹映画大船撮影所で木下恵介監督作品の助監督をつとめていた。今回、監督に昇進。氏の脚本による第一回作品『ろくでなし！』を撮影中。戦後映画研究会員。）

誤植訂正（五月号）

6頁	4段	11行	間は問
29頁	4段	33行	自殻は自殺
33頁	5段	20行	女は友
34頁	5段	8行	金は途
38頁	2段	15行	神田は神戸

右おわびいたします。

祝・創刊二周年

教育映画作家協会編集

記録映画

才三巻才七号
昭和三十三年九月五日才三種郵便物認可

THE DOCUMENTARY FILM

「安保反対を斗う三井の炭鉱労仂者」

7月号

記録映画

1960 7月号

才3巻　才7号

声明

安保体制打破の闘いの新しい段階にあたって

岸自民党政府は、民主主義をふみにじり、平和憲法に違反して、ついに新安保条約の批准を強行しました。

連日国会周辺を埋めつくすかつてなかった国会請願のデモ、日本の歴史にかつてなかった労仂組合の政治的なストライキ、このような国民多数の声に、岸政府の応えたものは何であったでしょうか。

六月十五日、国会請願デモ中の安保批判の会に対する右翼暴力団の暴行、国会南通用門での学生や教授団に加えられた官憲の兇暴な弾圧、その中での殺人行為など、国民に対する挑戦に終始しました。

それのみか、国民の各階層を含んだ新安保条約反対の声を、国際共産主義の破かい活動であると強弁し、次の弾圧政策の足がかりにしようとしています。

すでに始まっているファシズムの暴力を、ひしひしとこの体で感じます。

私たちは、衆議院での新安保条約の採決はもとより、参議院に於ける自然成立をも認めることはできません。

私たちは、深い憤りをこめて、次の通り政府自民党に要求します。

一、岸内閣は即時退陣せよ。

二、岸亜流政権の成立は認めない。

三、国会は直ちに解散せよ。

私たちは、今日までの広く深い国民の統一行動の中で得た力と確信の上に立って、更に勇気をふるいおこし、映画関係者や国民の各階層と固く結び、安保体制の打破と、平和と自由のために闘うことを宣言します。

一九六〇年六月二十日

教育映画作家協会
運営委員会

表紙の写真

はげしい首切りと弾圧の中でたたかっている三池の炭鉱労仂者は安保斗争でも前衛的役割を果している。ジャパン・プレス・サービス写真部小西久弥氏撮影のこの写真は一九六〇年国際報道写真展でブロンズ賞を受賞した。

もくじ

●芸術の未來像

記録芸術

言語と映像のストラッグル■

安部公房

ききて　野田眞吉

■プリント芸術と前プリント芸術

野田　「記録映画」の読者にかわって、今日は機械が参加し介入する芸術について、かねがねから、あなたがいっている「プリント芸術」「近代芸術論」について、話をききたいのだが。

安部　ぼく、機械について、広い意味と狭い意味とあると思ったんだ。つまり広い意味で機械が介入するという場合だと、ぼく、この前書いたことなんだけども、要するにそれ自身が完結した形で作り上げられるという芸術だな。いいかえれば、プリントされて完成したものとして、プリントの可能があるという条件の芸術一般……。

野田　複製できるものだな。

安部　小説は完全にプリントということを前提としてるわけだな。つまり小説以後発生したジャンルは、全部プリント可能だ。というよりも、プリントを前提としてるわけだよ。小説以前の前近代的な芸術ジャンル、たとえば音楽、演劇、舞踏、こういうものは全部プリントということが全然考慮されてないわけだ。いいかえれば、現在進行形の形をもって、観客あるいは受け手のいる前で、その場でもって、台本などはあるけれども、とにかく完成したものはその場で作られるという形式のもの、これに対して近代芸術というか、つまり小説以後の散文芸術というか、それ以後のものは全体にプリントを前提としているということで、画然と区別がつくと思う。小説というのは一種の機械的プリントなんだよね。つまりメカニズムの機械なんだ。映画というのは化学だな。化学的プリントなんだ。それからラジオ・テレビになってくると電気的プリント、いずれにしてもプリントなんだ。ここで、広い意味での機械参加ということは、小説から始まってるわけだ。

　それぞれ小説・映画・テレビ、違うけれども、違いよりもその共通性ということは実に大事なことで、われわれ考えなきゃいけないと思う。つまり、近代芸術はプリント化を前提として発生した、というよりもプリント化ということにささえられて、近代芸術というものが、前近代芸術を駆逐して、大衆性を獲得していく重要なことだと思う。

　その中でそれぞれの相違はもちろんあるわけだ。あるわけだけれども、まず機械が介入する、参加するということを広い意味で考えるならば、やはり、まず小説、散文芸術だな。これは肯定面があると同時に、弱点として、つまり受け手の参加ということが、ある意味じゃ内的になってくるわけだ。主体的といっていいけれども、つまり閉ざされた形になってくるわけだ。それとともに量としては拡大していくということがある。

　それに対して演劇とか音楽というものは、現在その場で作られる、だからもちろん音楽の場合には楽譜がはじめからあるし、演劇の場合は台本がある。あるけれどもある意味からいうと、演劇は非常に即興的要素というものが強いと思うんだ。その証拠に近代芸術が発生して以来、大体そういう前近代芸術も、近代芸術にならって、台本というものががっちり組まれ、楽譜というものが重要視されてくるというふうにプリント芸術に近づくから、音楽でも大体において、レコードというものに媒介されて、つまり近代芸術化していくわけだよ。

次才に。
　それから演劇というものも、可能な部分は全部、映画とかラジオ・テレビに吸収されて、つまり古い演劇というのは、本当の意味でのギリシャ劇というようなものは、それが近代ということに直面して演劇が体制を整えて、いわゆる近代演劇というものが発生するにつれて、いわゆる演劇独自なものは失われて、プリント化されてくるわけだよ。それはやはり演劇なら演劇の堕落だったと思う。今、演劇ということを考え直すとすれば、やはりそういう、完成してでき上ったものとして提供するんではなくて、やはり現在進行形でもってやってくという独自性を再発見するとすれば、おそらく前近代的要素すべてを含めたものを、全体を演劇という広い名前で呼ぶというようなジャンルは、これから発生するだろうと思う。それに対して、そのほかはすべてプリント化されるということを前提にしていかなきゃならないだろう。できるものは全部プリント化しなきゃならない。
　そこからプリント芸術としての独自性が次才にできてきて、映画というものはフィルムに、一応化学的にプリントしてやってくというスタイルは、必ずしも映画にとって絶対的なものじゃないと思うんだ。変ると思う。
　あるいはもっと電磁気的な方法が映画に取り入れられる時はないとはいえないし、ちょうどラジオでいうとソノラマ、つまり音の出る雑誌という形で、プリント化の傾向ますます強くなってくるわけだ。
　そうなってくると、ぼくは将来やはりテレビがそうなるんじゃないかと思うんだ。つまりめいめいが家で見られる映画というような形で。
野田　ビデオテープが非常に発達して、いまのレコードみたいにうりだされてくるというわけだ。
安部　そういう時期が絶対遠くはないと思う。そうなってくると、映画とテレビのけじめはなくなるわけだな。つまり受け手との関係の相違だけでもって、技術的には区別がなくなるんじゃないか。そこまで考えると、実際には映画とテレビの相違とかなんとかいうものは、意外にあいまいなものになってくるけれども、テレビの独自性である同時性ということがしばしばいわれるけれども、同時性なんてことは実際にはないんだよ。実際、同時性が有効なのはスポーツの実況と、クイズみたいな「危険信号」というゲームみたいなものとか、ああいうものか、聴視者が直接電話でなにかいってくるという形以外には、本当の意味の同時性は生きないんだ。ニュースだって同時性じゃないんだもの。
野田　同時性のもある。
安部　あるけれども、録音構成みたいなものであって、やはり本当のニュースは編集芸術だよ。
野田　そうでないといけないわけだな。
安部　だから、結局ラジオの場合も、今では編集芸術になってるわけだよ、テープを使っての。そういうふうに、ぼくは小説というのはいささか違うけれども、そのほかはやはりプリント芸術として、相違点よりも共通性の方が多くなる、というよりも、課題としては共通性を考えなきゃいけないんじゃないかというふうに思うんです。
　そうなってくると、映画の、今あるところのカメラの、レンズの特殊な問題、機能の問題とか、そういうさまざまなことは次才になくなるんじゃないか。
野田　なくなるということはどういうことなの？
安部　つまり、映画の独自性がなくなる。あくまでもプリント化ということのテクニックはますます進むだろう。プリント芸術ということは、あくまでも機械を媒介にするものとして、広い意味での機械を。これはなくなりませんよ、なくならないけれども、今考えるところのカメラということには、制約されないと思うんだ。それは無限に変るものというように考えた方がいいんじゃないか。だからぼくはあまり、現在あるところのカメラのテクニックというようなものはそれほど決定的なものじゃないと思う。

■映像で思想は表現できぬ　そこに映像の価値を見る

野田　そうすると、つまりカメラ万年筆説などをよりどころにした映像論みたいなのが出てきたね、あのような映像論の根拠がグラついてくるわけだ。
安部　その問題また別だろう。いくらテクニックは変っても、やはり映像であることには変りないと思うんだ。
野田　そういう意味じゃなくて、柾木君なんか、あなたもやっつけていた岡田晋氏あたりのああいう映像論、根拠が薄くなってくる。むしろ編集芸術という意味においては、モンタージュとかいろいろな問題がもっと強固に、前面に出てくる。
安部　そういうことがいえる。編集芸術という点を重要視すれば、それも一つだし、ぼくは映像論者よりも映像を重要視したいという立場から反対してるわけだ。決して映像の価値を軽く見ようというんじゃなくて、今の映像論者のいってる映像は、まだ非常に狭い映像だという気がする。あれよりももっと映像を大事にすべきだ。つまりぼくならぼくの方が映像ということについては評価しなきゃいけない、もっと大きく意味を与えるというか、そういうように思ってるわけだ。
　それは結局、映像でもって彼らの場合には映像で言語に代行できると、あるいは思想を表現できるというように、つまり代用品でもないけれども置き換えていってるんだ。ぼくはそうじゃなくて、映像の本当の意味は言語の置き換えでないということ、つまり言語をなくして映像で言語のことを代行できるんじゃなくて、できないというところに映像の価値をおきたいと思うんだ。つまり、むしろ映像では思想が表現できないということに、映像の本当の価値、アクチュアリティというものを発見すべきじゃないか。思想を表現するということはあくまでも言語を媒介とする。既成の映像というのはどうも、やはり言語をいつでも内容にしてる。いつでも言語と置き換えられ、思想を表現できる映像だけに頼ってるから、映像のアクチュアリティが出てないんだ。

■芸術と大衆との接触は拡大するか

野田　ところで、芸術のプリント化というものは、プリント化がすすむにつれて大衆との接触がうんと深くなるというわけでしょう。

安部　それは深くなる可能性を持つと思うね。広がるけれども、深くなれないという要素もあると思うんだ。

野田　それはどういう意味？

安部　というのは、たとえば演劇の場合をとると、つまり前プリント芸術だな。プリントできない芸術というものは観客との交流なしには次に進めないという条件がある。その場合観客というものは、芝居なんか見てもそうだけれども、「おれは特別ものわかりがいい、ほかのやつにはわからないけれども……」という状態では芝居が見られないということなんだ。来てるお客の少なくも八割ないし九割に受けるものが基礎になっているのでおれ一人違った意見持ってるんだということではその芝居との交流は起きないわけです。それは集団としての観客が深まるという機能が、これは前プリント芸術の唯一の利点です。

　それに対してプリント芸術の場合には、批評がまちまちで成立し得るということなんだよ。これは、一方ではいいことだけども、他方では、つまり非常に行き当りばったりということが起き得るんだ。行き当りばったりということが起きると、作品の方が行き当りばったりの状態に対して受け身になって、最大公約数のところにとどまれないと交流が起きないということだ。つまりここにマッスがあって、直接仂きかけて、そこでこうするというんじゃないから、ばらばらでしょう。それを埋めるために最大公約数を狙うという弱みができてくる。

　プリント芸術はそういう決定的な弱みを一方で踏まえながら、テレビの場合などは受け手を多数の一員という状態に強制するわけだ。ところがふつう一般には、プリント芸術には不可能だ、完成品として提供するということが前提になる。ただその最大公約数という安定したものを狙おうとすると、カタルシスにかたよりがちなんだ。プリント芸術というものは、つまり反応に応じてこちらが作るというものじゃないんだから。ただプリント芸術というものが量的には前プリント芸術と比べると、決定的に多いわけでしょう。それはもう劇場の制約というものを持たないんだから劇場というものが無限にふくらむ可能性を持ってるんだ。これはやはり強いし、いわば新しい芸術はそうでなくちゃいけない。映画だって、今映画館というワクを、数をふやすことで観客との関係を拡大してるんだが、今に必ず破れます。そうなった時には映画は無限定な劇場へと入り込まなきゃいけない。

野田　その場合、文学は、どういうことになってくるか、将来――。

安部　文学というのは、やはり抽象芸術ですよ、あくまでも。いわばクリティクというか、批評の芸術であって、つまり、一応言語というものに抽象を通して、もう一度再構成するということによって、課題に到達するという間接的な、間接性を有効に使うということでしか文学は成り立たないし、また間接性を通さなければ表現できない世界もあるんですよ。直接では表現できないという特殊な世界。これはやはり文学が受け持つでしょう。

　これは、映像が受け持つ世界と比べるとやや小さい世界になるけれども、そういう特殊な世界はやはり大勢ということからみるならば、ジャンルとしての大勢はあくまでもテレビ、映画だな。おそらくけじめがなくなるだろうけれども。ここで大きな基本の流れは作られるだろうという予測だ。

野田　プリント化がどんどん進むと同時に、おのおの芸術のジャンルの独自性というものがどういうふうになっていくか。芸術綜合化の問題はどうか。また、それと芸術大衆化との関係についてどういうように考えるか――。

安部　ぼくは、総合化の問題をこう考えてる。つまり現在進行形型の、いいかえれば前プリント芸術というか、そういう中では、つまり劇場芸術としての演劇の中にすべてのものが含まれてくるだろう。つまり、現在進行形でなきゃ困るというもの全部、演劇として総合されてくる。

　これは一つの面で、もう一つ、プリント芸術の中に吸収できるものは全部吸収していく、今、ラジオ・テレビという区別がされてるけれども、その区別はなくなって視聴的を媒介にしたものの中に前プリント芸術の中でプリント化できる要素すべて含んで、今の映画とテレビと一緒にしたようなプリント視聴覚芸術、これが出てくるはずだ。この中にはいろんな小さい区別というか、たくさんできると思うんですよ、いろいろな種類が。だけれども、全体を含めて映画といってもいいし、なんというかわからないけれども、はっきりとそういうものが将来できてくるだろう。おそらくそれを暗示する最初のきっかけは、やはり映画がテープになって本のように売られてくる、それが最初のきっかけじゃなかろうかというふうに思う。

■ドキュメンタリー記録主義とは何か

野田　この間の座談会（「ドキュメンタリーとは何か」）でドキュメンタリーということがよくいわれるがドキュメンタリーとは何かということを話しあった。あなたも新記録主義といってるわけです。ドキュメンタリーはなんだということになると、まちまちなわけですよ。安部式ドキュメンタリーはなんであるかということを一つ。

安部　つまり、ドキュメンタリーというから記録そのものと、記録主義というか、記録精神とは違うと思う。もちろん記録主義というか、記録精神というものは、記録そのものを媒介にしなければ出ないものだがそこにはちょっとした相違がある。

それは、たとえば生活記録というものがある。これも記録の一種には違いないわけだ。しかしこの場合には、それ自身が目的となるんだ。しかし記録主義というのは記録の方法としての記録なんだ。それ自身は目的ではないわけだ。そこにやはり画然とした相違ができてくるわけだ。だからぼくは記録主義というものが可能になる条件は、つまりさっきいった映像の問題です。やはり、言語では、つまり抽象を一ぺん通して再び課題を再構成するという、これは非常に有利なんですよ。この方法によってわれわれは現実から離脱してつまり非常に抽象的な空想をほしいままにするということが可能になったわけだ。

ただ言語というものを媒介にすることによって、実は自然主義を離脱することもできた。いいかえれば、映像主義というものを、映像の中には言語がすくいきれないものが残ってるという発見は、実は言語の自由さを意識した時、生まれてくる。つまり言語というものを否定的媒介にして、映像の可能性も再発見できるという関係だと思う。だから、ぼくは今いった、言語でもってすくいきれないところの記録というか、必然性でもって整理できていない外部の実態、これを絶えず言語との弁証法によってとらえていくということが、記録主義なんだな。

これはつまり、いわれる意味での記録映画にも劇映画にも差別なく適用される原理だと思う。いいかえれば映画というものは、作り出した可能性というものを、今後の芸術の一つの大きな主流というように考えることによてしか生まれなかったものだ。映画によってはじめて発見されたといってもいいと思うんだ、記録主義というもは。しかし、これは全芸術の課題に拡がっていく、そういうふうに一つの偶発性というか、言語ですくいきれるものだけが現実であるという、言語と現実との機械的な対比だな。それから脱して、それを弁証法に持ってくというところに記録主義がある。

映画というものがなかったら、おそらくそこまで方法として確立できたかどうかわからない。映画というものを重要視するということは、単に映画の固有の問題じゃなくて、全芸術の問題になってくるだろうし、そういうふうに記録主義をとらえないと、本当の記録はできてこないという気がするんだ。

記録映画なんかの場合には、記録が頭につくだけに、逆にぼくなんか主張してるのは、言語との弁証法だな。この間つまりぼくが、話は少しずれるけれども、この間ダムの調査にも行ったんだ。「中央公論」にもちょっと書いたが、いわゆる記録映画でダムなんかとっているだろう。あんなものばかばかしいよ。つまりね、ダムの本質の爪の垢ほどもえぐってないんだ。たとえばダムというものは男らしい、なにか男性的な風景で、荒々しいなんとかというようにとらえるでしょう。そんなようなことではダムなんて問題じゃないんだよ。

ああいう映画のとらえ方でダムのドキュメントをどこまでとれるか、実に心もとないと思うんだ。今の記録映画というのは、実に非記録的なんだ。言語ですくいきれない偶発性というか、秩序立てられないもの、それと完全にその中から秩序を発見していこうという言語のそれに対する力だな。つまり、言語というものは言語ですくいきれないものが出てくると、活発になってくるわけです。言語の力というものは。これをつかもうとして活性化してくるわけだ。つかもうとすれば現実は逃げる、また言語がさらに活性化するという弁証法がつまり記録主義なんだよね。

■記録映画の未来像　言語と映像のストラッグ

野田　ぼくは、だから記録主義というのは帰納と演繹がまじわったところにあるんじゃないかと思う。つまり往復運動だよ。

安部　そうなんだよ。そういうように記録性というものはとらえると、今の記録映画、おおむねは非常に非記録主義に立ってるといわざるを得ない。

野田　だから、やはり映画の機能の即物的な能力と同時に、非現実的な能力、その両面が裏表なんだよ。そいつが使いきれないところに問題がある。

安部　それは一番大きな問題だな。現にダムのこと調べたら、今までのあらゆる映画が、いかに非記録的であるか、ということは、ダムについて少し深く突っ込めば恐ろしいことになる。たとえば某ダムに突っ込んだ新聞記者がいるんだ。ある大新聞の記者が某ダムを調べて、ある単行本に一部触れたんだよ。それでその新聞社の幹部が衆議院だか参議院の小委員会に喚問されてつるし上げ食ったんだ。のみならず、それを調査していた記者がなんとか誣告罪というのにひっかかって監獄へ入れられたんだ。

そのくらいダムの問題の本質に触れると全面攻撃をくらう。今の保守党内閣はダムで生きてるんだから。その恐るべきダムの本質に触れた場合政治問題にされて、ぽんとやられちゃう。こわくて新聞なんかに書けない。それほど恐ろしいダムが、つまりあれほど美しく描けない。ダムの映画作って一ぺんもやられたことはないでしょう。そんなものは記録映画じゃないんだよ。

野田　やはりそこだな。

安部　ダムは政治の矛盾の集約点です。単に保証金の問題とか、湖底に沈む人々とか、感傷的なことは、そんなもの爪の垢の問題です。そういうところで話をそらしていくから、問題が出てこない。それでは記録映画というものは文字で書いてるルポに、かなわないわけです。目で見えるものが記録だという錯覚はあるんだ。実際、ぼくは目で見えてるものは、言語ですくえてるもので、ワクの中のものしか見えてない。

野田　結局、目に見えてないものを見えさせるということだな。しかも、そのために即物的な機能で表現するということだ。

安部　そういうことだ。だから、実は映像と言語のなれあいでなく、映像と言語というものが衝突して、ストラッグに起すでしょう。そのものが現れなきゃいけないんだ。

映画における《視線》の問題／視野角度 焦点深度が 意味する もの

／岡田 晋（映画評論家）

ロブ＝グリエの小説「嫉妬」は、《視線の文学》と呼ばれている。そこに登場するのは人妻Aとその友人だが、もう一人、Aの夫が常に作者の立場に立って、二人の行動をながめている。ただしこの夫は、一度も描写の中には現われない。描かれる人物は二人なのに、食卓の皿は三つある、といった方法で、その存在が感じられるばかりだが、それでいて彼は、作者の眼に密着して、物語の反対側にいるAと友人を、いつも執拗にみつめている。作者と物語との距離、すなわちA、友人と夫との間にある空間は、夫の情念によってさまざまなニュアンスを呈するが、決してこの距離がちぢまり、空間が消滅してしまうことはない。なぜなら作者は、Aと友人を描くのが目的でも、夫の内面を描くのが目的でも、三人の劇的葛藤を描くのが目的でもなく、三者の間にある距離、物語と作者の間にある空間、すなわち《視線の変化》を描くのが目的なのだから。

文学において、作者の立場を、構成されたドラマへの距離、現実に対する視線として意識したのはアンドレ・ジイドであった。『贋金づくりの日記』の中で、彼は「去って行く人物は後からしか見られない」と書いている。たしかに小説の作者が、一つ一つのシーンについて、自分の位置を確立しようとすれば、一人の人物を、前と後から同時に描くことはできない。その人物をいかに現わすかよりも、その人物に対して作者はどの位置に立つのか、いや人物を中心とする空間を、作者がどうつかむかということが、小説を書く一番重要な基礎となろう。あっちこっち歩きまわって、不確実な位置をたくさんつくり、偽りの視線をクモの糸のようにはりめぐらして、人物の顔かたちをほんとうらしく描いてみても、それは説明であり、《らしく》描いただけであって、作者が直面する事実のリアリティを把握したとはいい得ない。むしろ自分の立場をはっきり確立し、自分のみつめる対象との間に一種の抵抗をつくり出す時、自分と対象をつつむ空間が、リアルな緊張によって創造化される。これがアンドレ・ジイドの、《視線》を意識した現代的意味であったろう。

その後、フォークナアやドス・パソスは、文学においてさまざまな《視線》の変化や空間・時間の分析をやっているけれど、これらはいずれもジイドによる眼の位置の確立から出発している。実際いかに一つのシーンの中を自由に飛びまわり、シーンをしばっている空間と時間の因果関係をこわしてみようとしても、まず最初に、自分自身の位置をしっかり確保しておかなければ、シーンをまとまりのある空間として意識していなければ、とてもできるものではない。すなわち、作者は現実に対して全能だという迷信を放げすて、目にうつるものは何でも真実だ、前からも後からも見ることができるのだという思いあがりを反省し、むしろ自分自身が限られた能力しかもたない人間であること、目は自然をうつすけれど、一つの立場からしか自然を見ることはできない、自然の一面しか見ることはできないという事実を認識し、自分の位置をはっきり制限した上で、次にその位置の選択に自己を賭けるべきではないだろうか。

これと同じことが、また造型美術の分野においてもいえるだろう。時間の推移による対象のさまざまな変化をタブロオに描き込もうとしたのは印象派であったが、彼等は自分の立つ位置を不確実のままのこしておいたために、対象を大気と光の中に消滅させてしまった（ルノアル）。あるいは自分の内面を一方的に表出し、その中に自然のフォルムを歪形して行った（ゴーグ）。これに対して、はっきりとした《視線》をつくり出そうとしたのはセザンヌであり、この地点からピカソやブラックの立体派は、対象をさまざまな面に分解する方法、作者と現実との間にある空間を、全体としてつかむ方法を発見した。六面立方体は、六つの位置からながめる時、立方体が存在する空間は、六つの面に解体する。そのためにはまず、作者が自分の位置を一つに限定し、その限定を時間的に六回変化させなければならないだろう。何よりも自分の《視線》を、持続する時間の中で選択することが大切だ。

ところで、こうした《視線》の確立とその自由な変化は、十九世紀的な自然主義を否定し、対象を一個の意識から独立した《もの》として考える、二十世紀的思考を発展させた。自然は人間のためにあるのか、人間は自然のためにあるのか、こうした過去の芸術論争から脱却して、自然は人間から独立した存在であること、人間は自然に対立するものであること、そして芸術は、自然か人間かという相対的議論を通してではなく、自然と人間をつなげる全体を、存在のリアリティとして現わさなければならないことを、新しい目標として選んだ。あなたの前には一本の木がある。木は、あなたが眠っている時も、会社に行っている時も、いや死んだ後も、そこに存在するだろう。あなたが見たから、そこに存在するのではない。あなたとは関係なく、一個の《もの》として、木は生えている。だからあなたが木を見て喜びや悲しみを感じ、それを小説や絵画に描いたとしても、それは少しも「木」の存在を把握したことにはならない。木が「そう見えた」というだけだ。他の人がこの木を他の位置から見たら、また違った感じをうけるだろう。木をめぐる位置、それにいだく感情は無限にある。これをいかに積み重ねて見ても、それは「木」の存在とは全く関係のないことだ。では一体、ぼくたちは何をよりどころにして、木とぼくたちとのつながりを考えたらいいのだろう。木のかっこうをそのまま描くのでもなく、木に対する自分の感情を現わすのでもなく、その両方を確実な客観性においてとらえる方法はただ一つしかない。それは木を自分の意識から離れた《もの》として考え、自分と《もの》との関係、その距離、目と対象物をつなげる空間を描き出すことだ。これが現代のアクチュアリティであり、いわゆる《状況》という言葉によって表現される創作の視点だ。

*

ところで最近、普通写真の方でも、こうした対象のつかみ方が問題になっているらしい。かって写真は、既成の美的概念を自然にあてはめ、それを絵画的に飾りたてるサロン・ピクチュアの時代を経験した。またその絵画性を否定し、写真それ自体の機能を生かすために、記録的な方法を才一として、報道写真の全盛時代を通過した。一方、極度に主観的な、フォルムの造型性だけを追求し、モンタージュ・フォトやアブストラクションを試みたこともある。だがこれらは、いずれも対象にカメラの目がへばりつくか、あるいはファッショ的なカメラの目によって、一方的に対象をつくりかえるか、そのどちらかによって、現代のリアリティを現わすことはできなかった。今日の新しい写真は、こうした分裂を克服するために、カメラの対象へ対する参加を考える。すなわち、対象とカメラの間にある距離、対象とカメラを支配する《状況》を現わそうとする。ぼくは普通写真について素人だけれど、東松照明という若い写真家が「中央公論」に発表した『岩国』などというシリーズ写真を見ると、これは一つの現象（占領）を描いたものでも、占領下にある作家の意識を抽象的に追求したものでもない。作者が岩国のアメリカ軍基地に行き、そこで見、感じたものを、対象と作者の両方から現わそうとする意慾が感じられる。ここには作者の、現実に対する《視線》、《視線》を軸として現実に参加し、岩国と作者がおかれている《状況》をつかみ取ろうとする姿勢が作品をつくっている。彼がここで採用している技法、二重像やモンタージュやソラリゼーションには、いろいろな疑点もあるけれど、ともかくその仕事には現代芸術を結びつける基本的な問題がひそんでいるようだ。ロバート・フランクやウィリアム・クラインの写真を見ても、一つのタブロオとして写真をつくるより、写真は現実に参加する一つの手段だという感じが強い。構図を破り、露出や焦点深度を無視した技法に、その意図が現われている。

それでは、一体映画はどうなのか。この問題をどう取り上げているのか。

すでに述べた文学や絵画や、あるいは普通写真の新しい展開は、どうやら二十世紀前半を支配した、映画の力に影響された結果ではないかと思われる。すなわち、映画が発明された時、この新しい視覚的な機能を見て驚いた他のジャンルの芸術家たちは、何とかしてこのすばらしい力を、自分たちの現実を見る視点に導入しようとした。いや映画は、それまでの人々が考えることもできなかった世界の裏側をぼくたちの前に提供し、こんな見方によるこんな現実もあるのかという感動、現実へ対する新しい意識のあり方をつくり出した。そこでこの新しい意識による新しい現実の把握が、文学におけるジイドを生み、絵画におけるピカソを生み、演劇におけるメイエルホリドを生み出したにちがいない。

ところが当の映画は、既成芸術の概念的なワクと、ドラマの約束と、さらに商業主義の圧力に屈して、自分の偉大な力を自覚せず、無気力な姿勢で眠っていた。映画をとりまく周囲の人々が、かえって映画の現代的な役割を発見し、それを争って盗もうとしたのである。

たとえば映画は、カメラを一つの場所におくことによって、いやでもおうでも作者の位置を選択させる。その位置から、レンズによってとらえられる視野角度は、被写体ばかりではなく、レンズと被写体をつつむ空間全体を一つのものとして表現する。またカメラの位置を時間的に変化することによって、新しい映画的時間・空間を創造することができる。これは映画がもって生れた、偉大な武器であるにもかかわらず、作者はこの武器を、現代のアクチュアリティを表現する武器として、意識的に使うことをしなかった。

おそらくこれは、すべての映画人が、映画を、一つのでき上ったドラマを視覚化し大量生産する方法としか考えていなかったからだろう。あるカメラ位置を決定する場合、作者は何のためにその場所を選んだのか。シナリオの内容をよく伝えるため、被写体を大きくうつすか、小さくうつすか、近よれば被写体は大きくなり、遠のけば逆に小さくなる、大きければ視覚的ショックは強く、小さければ客観的な冷たさが現わせる、いやそれより、スターの顔をいかに美しく見せ、演技を効果的に現わすか――要するにごく素朴な、被写体をどうとらえるかということしか、カメラ位置を決定する理由にならなかった。

もちろんこうしたカメラ位置は、何一つ創造的役割を果さない。作品を生み出すのはシナリオに書かれたドラマだけだということは、一見して明らかであろう。どんな被写体を選び、それをどう写すかが重要なのではない。被写体とカメラの距離、対象物とレンズの間にある空間が大切なのだ。すなわち、この現実に、作者がどう参加しているか、それは作者の《視線》によって現わされ、《視線》が被写体とカメラを結ぶ《状況》なのだ。構図をつくる、カメラを動かす、照明を選ぶ、ということも同様だ。画面をいかに美しく、劇的に見せるか、あるいはドラマの内容によって歪曲するか、抽象的な思想をどう現わすかではなく、いかに《視線》を変化させ、《状況》のリアリティを多角的につかむかである。

もっともこうした方法には、たいへん技術的困難がつきまとう。被写体とカメラの関係は、近よったから大きく対象がうつる、ロングでは見えない細部が、アップになるとよくわかる、という、単純な結びつきではない。望遠レンズを使えば、遠距離からでもアップがとらえられる。そして、このアップは、カメラを実際に近づけてとったアップと、根本的に違うはずだ。また、さまざまな視野角度のレンズを使うことによって、同じ空間も全く違った様相を呈するだろう。《視線》は、単なるカメラ位置だけではなく、専らレンズの焦点深度、視野角度、照明操作、フィルムの感光度など、光学的な問題を綜合的に計画することから、才一歩がはじまるのである。だから、技術的に未熟な無声映画時代には、この問題を一〇〇パーセント解決することができなかった。ぼくは演出家でもないし、カメラマンでもない。技術的専門家ではないから、この問題を実感として語り得ないけれど、映画における《視線》を確立するためには、さまざまなレンズがつくられねばならず、絞りを小さくしても被写体の鮮明度が失われないだけの光量と、それをとらえる高感光度フィルムが必要であることは、歴史的な事実が物語っている。実際、無声時代の技術的水準では、モンタージュという操作にたよらないかぎり、この空間関係をさまざまに変化させることはできなかったろう。

だが、このモンタージュは、まず空間の分解から出発する。それをいかに再構成してみても、その時空間の単一性、《状況》としてのユニテは失われている。それは観念的空間であり、論理の糸によってつなぎ合わされた空間だ。トーキーになって、映画に音が加わった時、ナマの音がこうした空間のあり方に矛盾するのは当然である。いうまでもなく音は、連続する時間の中に、一貫した持続性を確保している。遠い昔、近い音によって、まとまった一つの空間を現わすことができる。そして人々は、映画の中に、視覚的な横のひろがりばかりではなく、タテに連続する深さのあることを感じ取った。これを視覚的な画面の深さとして現わし、あわせて新しい撮影の技術的方法を演出の面に応用したのが、ウィリアム・ワイラーとジャン・ルノワルであったと、フランスのすぐれた批評家アンドレ・バザンはいっている（André Bazin〃Qu' est-ce que le cinéma〃）。以下、彼の意見をしばらく引用するなら、ワイラーやルノワルにつづいて、さらにこの方法を完成したのが、オースン・ウエルズの『市民ケーン』であった。『市民ケーン』を担当したカメラマン、クレーグ・トーランドは、はじめてパン・フォーカス・レンズとさまざまな視野角度のレンズを使って、ワンショットの画面に、近景から遠景までを同時にとらえ、それら被写体の複数関係から、一つのドラマをつくり出したといわれている。だが、ワイラー、ルノワル、ウエルズの場合は、こうしたレンズの選択が、まだドラマや作者の観念にガッチリはめ込まれていた。近景の俳優と遠景の俳優とがカミ合う演技を同時にとらえる方法、近くにある小道具と遠くにすわる人物とその背景をタテに結びつけ、そこから一定の思想を引き出すやり方で、これら被写体の間にある空間にカメラが仂きかけ、一つの《状況》として、そのリアリティをつかみ取る手段ではなかった。おそらく、視野角度、焦点深度、フィルムの感光度が一つに結びつき、新しい映画的思考が出発するためには、才二次大戦中におけるドキュメンタリー映画の運動と、そこから生れた《ネオ・リアリズム》を待たなければならなかったろう。そして、《ネオ・リアリズム》から生れた映画の今日的あり方、《ヌーヴェルヴァーグ》やポーランド映画に至って、映画がもつ《視線》の問題は、技術的にも創造的にも、新しい展開をはじめつつあるように思われる。

●時間表現の技術／映画の「時間」について／矢部正男（演出家）

(1)

映画の「時間」について、貧弱な二三の考察を試みようと思う。

まず映画を構成している一つ一つのショットが持つ時間的な機能というものに注目してみると、はじめに考えられるのは、私たちの日常生活が置かれている物理的な時間をそっくりそのままひき写しに出来るという機能である。毎秒二十四コマという速度で撮影されたショットは、二十四分の一秒の精度で現実のひき写しをする。こうした正確な模写の能力は、映画の重要な特性の一つには違いない。そして映画が、発明されて間もなく、早くも見世物興行の対象になったのも、この時間模写の力が珍重がられたからだと思う。さらにこの機能は、自然科学の研究などを含めて各方面の記録手段に貴重なものとされ、或は芸術表現の分野では自然主義的な思潮によく適合したものとして高く評価されながら今日に至ったものであろう。現に日々巷間に溢れ出るあらゆる種類の映画は、それを構成している個々のショットについていうなら、ほとんどが物理的な時間を模写したものだといっていい。

しかし勿論、映画ショットの機能は、こうした模写の力だけに限られたものではない。それは又、日常の時間を自由にデフォルムする機能をも持っているのである。時間の拡大（高速度撮影）、圧縮（低速度或は微速度撮影）、停止（ストップ・モーション）、逆転（逆回転撮影）、反覆（複写して重覆）などがそれであるが、今までのところそれらは極く一部にしか活用されていない。しかし、その一部の場合を見ても、まだ開拓されない大きな可能性がこれらの手法の中にひそんでいることが察せられる。

科学映画——、特に動植物の生態観察映画などには、さかんに微速度撮影が使われていて、今ではもう陳腐な感じがしないでもないが、それにしても、長期にわたる緩慢な変化や運動が時間の圧縮によって俄然その本質を呈示する事実は無視してはならないと思う。時には、素材の珍奇性を越えて思想を語るよすがにもなり得ているのである。たとえば、七十時間に及ぶ結核菌と細胞との斗いが、斗いとして或は自然の摂理として私たちに訴えるのは、時間の圧縮という映画独得の機能の上にはじめて可能な「効果」だったに違いない。

時間の圧縮が、人間のドラマに使われた例としては、「真昼の暗黒」がすぐ思い出される。そこでは、矛盾だらけな検事の論告内容が低速度撮影のシーンとなって現われるが、その結果は、容疑者たちの非現実的な動きの中から作者の痛烈な抗議が提出されていて大変印象的だった。もっともこの場合も、作者の主張は、この検事の論告が正しいとするなら被告たちの行動はこのように現実ばなれのしたものにならなければならない、といった提出のされ方をしていて、そこには観客の日常感覚との対応が計算されているという意味でやはり日常時間に本質的には密着したもののように思われる。もう一歩進めて日常的な時間を否定し、映画独自の時間を創造する問題に私は強い関心を持っているが、それとの対決は、おそらく自然主義の枠の中では無理だろう。やはり、ドキュメンタリーの発想と方法の中にその場があるように思う。実際、そのような探究は、実験映画とか前衛映画とか銘打たれている作品の中に多く認められる。ポーランドの「家《ドム》」（先日の実験映画を見る会に上映された）や「同じ空の下に」にはなかなか興味のある映画時間があったと思う。

(2)

映画の「時間」はしかし、ただ一つ一つのショットの内で完結するものではない。それぞれのショットが現実の時間の模写に止まるとしても、それが連続したところには明らかに現実とは別の映画の時間が構成される。その秘密は、ショットとショットの隙間にひそんでいるのである。ある人物がAの室から出てBの廊下を通りCの室に入るといったシーンが作られる場合、Aの室から出るショットとCの室に入るショットをつないで、途中の、不必要と判断されるBの廊下を省いてしまうのは極く当り前の文法となっている。空間の選択と同時に、時間の省略がある程度自由に行われている。しかしこうした、今では常識となっている飛躍も、決して当り前でなく、大変観客を戸迷いさせた時代もあったそうである。つまり映画の手法も、作品と観客の間に常に暗黙の約束を結びながら、それを少しづつ破って又新しい約束を結ぶという交互作用によって発展して来たものに違いない。映画を見る訓練の全くない人にとって、現代の映画が全く理解を超えるということは充分あり得ることである。

そうした意味で、現代の映画にも現代の約束の枠がある。本誌の読者の前でこんな素朴なことをいい出すのは気が引けるが、一応私なりの考察の順序だからお許しいただくとして、たとえばAの室を出るショットで、人物が画面の外に出てしまえばその次に既にCの室に入ってしまっているところをつないでも差支えないが、Aの室をまだ出ていないのにいきなりCの室にいる同一人物をつなぐ訳には行かない、といった類いの約束がある。同じ瞬間に二つの室に同一人物がいるような印象を与えることは、観客の日常経験に基づく時間的秩序に反するからであろう。こういった「不自然な」時間の飛躍が必要な時には、オーバーラップとかワイプなどの手法を使うことがいわば約束になっているらしい。

とにかく観客との間に幾つかの約束を結んで、映画は一応物理的な日常の時間とは別な映画の時間を持つことになったが、しかし、ここにも自然主義の枠が大きな制約を加えているといわなければならない。なるほど映画は、たとえばテレビの中継放送ほど分秒違わぬ現実の模写をやっている訳ではないが、そこで行われる「時間」の処理は、たかだか「本当らしさ」を阻害しない程度に取捨選択が行われるに過ぎないのである。そしてそのために、ショットとショット、或はシーンとシーン、シークエンスとシークェンスの切れ目に若干の配慮を施すに止まっている。それ以上の心配を「時間」についてする必要も必然性もないからだろう。少くとも「空間」ほどに「時間」は大切に扱われていないように見える。

(3)

ところが、ここに驚くべき映画が登場した。「勝手にしやがれ」である。「時間」に関した手法からいえば、全篇にでたらめな非常識が臆面もなく横行している。Aの室にいる人物のショットに、いきなりCの室に同じ人物がいるショットが直結されているというようなことは朝めし前で、同じ人物を同じ場所で同じ所からカメラが捕えていながら、どんどん不要な時間を取除くという処理も随所に見られる。こういうことは、今までの映画では、プリントがいたんだためその部分をやむを得ず切り取った場合にしか起らなかった現象である。「本当らしさ」を阻害しないために後生大事に守られて来た最低限の技術までも、ジャン・リュック・ゴダールというこのフランスの監督は一切省りみようとしない。物を知らないにも程があるといいたくなる位の乱暴さである。幸か不幸か、私はこの映画を見る前に人からある程度の予備知識を得ていた。だから、私は自分の受けるべき衝動にかなりの防禦を施していた。それでも、一見、今日はじめて8ミリカメラを買った人がやりそうな時間処理の連続には、面喰わない訳には行かなかったのである。

　ところがやがて私は、日常の時間と余りに矛盾したスクリーンの上の奇妙な時間の中で、一種の焦燥にかり立てられはじめた。それは共感とまではいえないけれどやはり強烈な魅力であった。そこで私は、ここには他のいろいろな問題といっしょに、新しい映画の「時間」が提出されているというふうに考えはじめたのである。そこには確かに今までになかった映画時間の創造――、といい切って悪ければその萌芽があるように思える。そしてそれは、おそらく作者の徹底的な自己観照の過程で、あがきにあがいた結果、つかみ取った映画的方法と固く結び付いて生れて来たものなのだろう。

(4)

　時間表現の点でもう一つの問題作は、アラン・レネエの「二十四時間の情事」だと思う。それでは、女主人公の語る若き日の悲惨な恋の体験が現在と入り乱れて綴り合わされているが、その綴り合わされ方が既成の約束を無視している。一口にいえば、事件の起きた時間的序列と、それが分断されて点綴される順序の間には何の脈絡もない。だから女主人公の恋人であるドイツ兵を射殺するシーンは、既に殺されたドイツ兵の許に駆けつける彼女のシーンより後に現れたりする。倒れているドイツ兵のショットはそれよりずっと前、まだ彼女の体験について映画が何も語らない時に突如、ホテルのベッドで寝返りを打つ岡田英次のショットの間に挿入される。こうしたやり方は広島と女の体験との不離な結合を通して戦争を描こうとする作者の必然に基いたものに違いなく、時間的序列による物語性とは無縁の次元が要求された結果だろうと思われる。そしてここでも、既製の文法や約束を大胆に破って構成された映画の「時間」が強い印象を残している。

　今や映画の世界にも、長い間培われて来た自然主義の枠を破って新しい方法を摑み取ろうとする思潮が支配的になろうとしつつある。その枠が、複雑化した現代を描くには、もはや耐え難い桎梏となって来たからである。当然、映画の「時間」も単なる技術の問題ではない。それは、より大きな可能性を追究する方法の問題である。

映画技術と実験映画／勅使河原宏●

（演出家・シネマ60同人）

　実験映画について語ることは気持が重くなる。と云うのは日本ではあらゆる種類の実験映画の製作に悪条件しかそろっていないからだ。僕たちシネマ60のグループが二年前作った「東京一九五八」の時にもその苦い経験を味った。アニメーション技術も特殊な現像技術も、ほとんど完全に僕等の期待を裏切るものであった。ディズニー漫画やチェコの人形映画の如き優秀な技術の裏づけのある作品を頭に描いて作る側の人間はさまざまなイメージを浮べるものである。だが結果は必ず裏切られる。このジレンマは当分日本では続くことだろう。

　にもかかわらず実験映画を作る意慾は旺盛である。

　オ二にこの種の映画を公開することはほとんど不可能である。何回かの試写会で終ってしまうことは赤字覚悟で作るより仕方がないと云うことである。これも小さなプロダクションでは絶望的な悪条件と云わねばならない。僕たちが出品したベルギーの映画祭でグランプリを取ったポーランドの実験映画を先日見ることが出来た。一つはドキュメント風の作品、一つはシュールレアリズム風の作品で共に経費はほとんどかからぬ作品であったが社会主義の国でああしたものが作られているのに驚いたし、うらやましい気もした。「悪魔の発明」も社会主義国チェコで作られたがこれは段違いに優秀な作品であった。技術的にも完ペキに近い出来で、僕はしばらく作品からの興奮でおさまらなかったものである。

　云うまでもないことだが映画には映画でなければ出来ない表現方法がある。実験映画と呼ばれるものもその個有の方法の発見に他ならないだろう。逆に云えば、今日的なレアリティに貫ぬかれたすぐれた作品には必ずと云っていい程実験的な飛躍が行われているに違いないのだ。現実を正しく把握しようとすれば、必然的に新しい表現方法の必要にせまられるものなのである。それなくして新しい現実の展開などあり得ないのだ。

　僕は実験映画を特殊な範囲に入れてしまうのに反対である。すべての映画が実験的であるべきなので、完成された過去の表現で一通りの安定した作品が出来上っても、それを今日の芸術とは認めない立場を僕は取っているのである。

　日本映画も最近どうやら固定された無風地帯からの脱出が意識されはじめたようで

ある。

　それがヌーヴェル・ヴァークの影響であるにせよないにせよ、結構なことである。あの沈滞しきった解説映画は観る者の頭を鈍くするだけだからだ。

　さて実際仕事にたずさわってみると、実はこうした外的条件の他に、製作スタッフの中の大きな壁にぶつかる。それはカメラマンやライトマンが、依然として閉じこもっている古い殻である。彼らの因襲的な古い殻をうちこわすことが当面の仕事になるのだ。

　日本の映画の伝統の中で、紋切型にきれいごとにとればいいんだ、という観念が支配的であり、古い人たちのみならず、まだ若い人たちまでがそういった空気の中で育ってきた人々が多く、この観念をつきくずさないかぎり、彼らの技術と演出家のイメージは結びつかないのである。

　僕の経験でも（ドキュメンタリー）二度と到来しない絶好のチャンスをカメラマンが絞りの具合などをモタモタしらべているうちに逃がしてしまったり、当然画面はもっと暗黒である筈なのに現像されたフィルムはすみずみまでキレイに照明されていて全くブチこわしのシーンになってしまったりしたことが再三ある。

　或る方法が固定化された時、も早そこからは新鮮な感動を得ることは出来ない。ディズニー漫画などそのいい例であろう。

　クレーン、レンズ、その他諸機械の技術的発達は確かに歓迎すべきことであるにはちがいない。だが、たとえばヌーヴェル・ヴァーグの人たちの隠しカメラや、手持ち移動の画面を見ていると、次のようにも考えるのだ。

　つまり、技術の不足をカヴァーしながら、内容表現でそれを補って行くことによって、それはかえって新しい表現方法になるのであって、単に技術の発達、新しい機械の出現ばかりによりかかる必要はないのだ。

　問題は、映画とはフレームなのだということだ。このことを忘れてしまっている演出家が非常に多い。映画と自然とはあくまで混同してはならないと思う。これを混同するところから自然の安易な模写がはじまる。映画の現実とはフレームによって切り取られた画面に他ならないのである。それはいわば絵画におけるキャンバスのようなものである。このフレームは現実を切り取り、別の映画的世界を構築するためにもうけられているものなのだ。

　従ってそれだからこそ、その中では非常に多様な実験が可能になってくる。だから、そのフレームの世界が如何に映画表現として生きてくるかということが何よりも先決である。

　具体的な「もの」をひとつひとつ積みかさねていって目標に到達するという、つまり現実の視覚化こそが才一の条件なのである。

　わが国の映画の多くは、説明過多の観念的映画が支配的だ。そしてこのあやまりの才一歩はすでにシナリオの段階からはじまっているのだ。それはシナリオ自体が通俗的な、日常生活のやきなおしに終始しているため、そこからは豊富なイメージや、ましてや実験精神などは決して生れてこないのだ。その欠陥を技術でおぎなおうとするとさっきものべたとおり皮相なものになってしまうのだ。発想そのものが大切なのだ。

　緻密な計算と同時に、映画の場合特に注目していいのは偶然性の問題である。目まぐるしくかわる現実の中の偶然を、表現的に発見することが重要である。特に記録映画をやっているわたしにとっては、新しい現実の発見そのものが、新しい表現の発見につながってゆくことを経験した。

　映画表現の可能性というのは、現実の中にまちうけている種々雑多な要素の中からの発見を意味する。実際撮影するために現場へ出かけてみると、そこには予期できなかったものがいっぱいころがっている。それら予期しなかった現実の中から新しいイメージを再組織してゆくことすらあるのだ。

　特に、わが国の劇映画に見られる風景の扱い方は、単なる書き割り的なバックとしてのものでしかない。だが、実際には風景そのものも状況設定の場合の「もの」を語っているのであって、そうした眼で自然を見つめて行かなければならないだろう。

　カメラも風景をフォトジェニックに効果的に表現することばかりを考えずに、本質的な映画表現の中に、組みこまれてこなければならないのだ。

　ルイス・ブニュエルの「忘れられた人々」は、そういう観点から自然も単なる自然としてではなく扱かわれていた。たとえばカメラのシボリなどの点にまでこまかい考慮がはらわれていたようである。アンドレ・カイヤットの「眼には眼を」などにもそれは強く感じられた。状況の設定というものが、非常に厳格なのである。

　しかし、こうした映画表現を実現させるためには非常にメカニックな頭悩を必要とする。そしてそれは特にカメラマン、ライトマンなどの尖鋭な頭悩が必要になってくる。

　大島渚君の「青春残酷物語」などを見ると、今までの松竹ならばおそらく「これは何にもうつってないじゃないか」と一蹴されるような作品である。それが幹部の検閲もとおり、更に封切ってからは客も入っているという事実の前では松竹自体も考え直さなければならなくなるだろう。それは観客たちにとっては、自分たちの身近かな世界が描かれている魅力があるからだろうと思われる。

　逆に成瀬己喜男の「娘・妻・母」は、現実の生活を描いているように見えながら現実とはほど遠い世界である。「青春残酷物語」と「娘・妻・母」は現象的には非常にいい対照になる作品である。

　今度、安部公房作「縄」を作ることになっている。僕にとって最初の劇映画だから大変張切っている。一人の失業した父親と二人の少女が主人公で舞台は荒川辺の無秩序な風景が予定されている。非常にリアリスティックな話なのだが、描写そのものは日常的な時間を超越した抽象的感覚で進行してゆく。技術的にも様々な実験を駆使するが、それは観て頂くときまでふせておく。

映画を作るための機械や諸々の設備が進歩発達することは大きなプラスだし重要なことに違いないが、その機能が有効に使われないならば当然宝のもち腐れと云うことになる。

僕の仕事をして来た独立小プロダクションでは金が足りないからいつも最低の条件で製作をしなければならない。そうすると人間はその悪条件を乗り越えようとしてさまざまな工夫をこらすものである。ある場合にはまことに手工業的に非能率的にならざるを得ないが、その熱意が効を奏する場合も少なくない。だがそうした努力はさけられればそれにこした事はないのだ。

今度の場合も窮すれば通ず式にうまくいってくれればいいが。問題は技術以前の発想の問題なのだから。

●大衆批評のなかの技術／木崎　敬一郎

（全神戸映画サークル協議会）

「映画と技術」というテーマをいきなりぶつけられて、ぼくは戸惑ってしまった。〃批評活動における映画技術批評的傾向について、サークルの批評運動の面から批判をくわえ、映画における技術の位置にふれてほしい〃という野田（真吉）さんの注文に応える十分な意見を、ぼくら（いわゆる〃映画サークル運動〃の担い手たち＝以下おなじ）は、おそらくだれも活動のなかではぐくんでいないのではないか。おおざっぱないい方をすれば、〃技術批評〃というものを、頭から否定してかかっているのが、ぼくらの批評活動であり、〃映画における技術〃といったテーマから疎外されたところに、ぼくらの活動は存在しているのである。

「大衆的な批評活動とは、いうまでもなく、映画を見る眼だけが発達した奇型の〃映画通〃や〃高級ファン〃を大量生産することを目指すものではない。あくまで、生活に根差した価値観や現実認識を変革していくことと重なった地点で、批評精神の高い人間をつくっていくことを目的とする活動である。それは、映画の集団批評をなかだちとした広汎な思想斗争のことである」（オ十三回関映連総会議案＝木崎提案）というとらえ方からすれば、ぼくらの批評活動が、一般的にいう〃技術批評的傾向〃を重視しないのは、けっして誤りでないとは思う。しかし、映画観客の組織的運動をもって、ぼくらが映画運動の統一戦線に参加しようといった心組みをもつとき、映画づくりの現場での創造活動の土台にある〃技術〃の問題を、頭から捨象してしまっているのは、なんだか片手落ちのような気がしないでもない。だから、与えられたテーマにそって、いまこの問題をぼくらの側であらためて考えてみることも、意味のないことではなかろう。

ところで、まずぼくが戸惑うのは、ここで問題にされる〃技術〃とはなにかということだ。本誌四月号で長谷川竜生が「映画制作者と映画批評家との間には、どうしても埋めることのできない裂け目が存在している」として、反省している「映画批評家がおびただしく現われ、相互に机上の空論をにぎやかに斗わしている」ことの無力感は、中平康あたりが、しきりと慨歎している〃批評家は映画を知らない〃ということに、いくらか対応していると思うが、その点にかぎっていえば、中平たちの不満に応え、莫大な資本とぼう大な人間をえてはじめて可能な、このメカニックな芸術創造の具体的な側面を、かりに批評家が詳細に理解したとして、批評がどう変るものでもなかろう。一本の映画づくりに参加するかぎられた創造主体を除くすべての人たちは、その作品に対しては観客という立場におかれるわけだが、それとは別に、つねに観客の立場にしかたちえないぼくらには、映画作家が産業構造や制作秩序のなかでいかに抵抗し、創意性を発揮したかという創造過程の問題は、少くとも、批評活動の主要な話題にはなりえない。問題になるのは、結果として現われてくる作品だけなのである。「恋人たち」の夜の情景が実は昼に撮ったものであろうが、「勝手にしやがれ」の街頭風景が隠しカメラでぬすみ撮りされたものであろうが、さらにまた「いとこ同志」がシャブロル自身の金で自由に撮られた作品であろうが、そんなことは、極端ないい方をすれば、ぼくらの知ったことではない。それらはどこまでいっても、創造主体内部に課せられた独自の事情でしかありえないからだ。ぼくらのまえにあるのは、あくまで、その結果として現われた効果だけであり、その効果が、映画の主題と表現方法の方向にむかわず、単に技術処理の仕方にむかって論じられるかぎり、批評活動は、ぼくらの内部で燃焼し意識の変革につながっていかないところで停滞する。技術上の秘密を打ち明けられても、製作から疎外されてるぼくらには〃なるほど、そんなにねェ！〃といった無責任な関心を示す以外に手はないわけだ。だが、いまここで問題にする〃技術〃とは、おそらく以上のような意味のものではなかろう。

では、問題にすべき〃技術〃とはなになのか？　ぼくらのサークルで、「アンネの日記」についてこんな意見が出された。屋根裏に閉じ込められたアンネたちが、階下の物音におびえるシーンのあと、物音の主が猫であることを説明するくだりで、「カメラが三階から一階まで移動して、部屋の内部の真迫性を高めようとしながら、かえって建物の壁をとりはずしたセットであることを暴露した」という感想文だ。この意見の範囲では、さきの〃技術〃論議とあまり変るところがない。しかし、物音の主が猫であることを親切に説明したことで、逆に映画が、ぼくらを得体の知れぬ物音に対するアンネたちの不安の状況にたたしえなかったとすれば、その指摘は同時に、主題にそった方法上の誤りをつく批評にもつながる。〃技術〃とは、そういう方法論の範疇まで含めてとらえるのが妥当なのだろうか。だが、創作上の方法の問題が、いまさらここでことあらたに論議されることは、ぼくにとって、ちょっと理解できない。かりにヌーヴェル・ヴァークの登場とともに、モンタージュを否定する映像論と、いまごろになって映像を大切にしようでもないものだというモンタージュ論が、はげしく対立しているとしても、批評における方法論が、いま一度ひらきなおって、その位置から確認しなおさなければならないような、情けない位置づけしかされていなかったとは、考えられないからだ。

　では一体〃技術〃問題をいまどうとらえればいいのか？　平凡な一観客にしかすぎないぼくなんかには、それ以上詮索の仕様がない。あるいは、映画創造の側の停滞をやぶる突破口として、また批評が実作に対する無力さを脱出する手がかりとして、いま技術論に新しい様相が与えられようとしているのかも知れない。もし現在、映画批評の潮流のなかで、技術論がそういうかたちでとらえなおされようとしているのであれば、ぼくらの批評活動のなかでも、それに対応した点検が必要だろう。だがぼくは、そのまえに映画批評の分野における断絶を見なければならない。与えられたテーマに対してぼくがピンボケなように、実作者・批評家の専門活動と、サークル・大衆活動のあいだに存在している批評の断層だ。専門批評とサークル（大衆）批評という分類が、個人の次元ではありえないにもかかわらず、組織・集団活動の次元では、明瞭な一線を画して二つのタイプがあり、それぞれに別個のテーマをもって、孤立している現状である。いまの批評の無力さないし貧困は、そこになによりも大きな問題をもっているとぼくは判断する。だから、この図式的に分類できる専門批評と大衆批評とのあいだにある、主題、発想、視角、方法、等々の断絶をどう埋めあっていけばよいのかという方向にこそ、製作・批評の突破口は求められるべきでないかと考えるものだ。問題は、この断層にどうアーチをかけるかである。そういえば、ぼくに与えられていたテーマというのも、実はそこにあったのかも知れない。

　どうもぼくは与えられたテーマの戸口で、いつまでも足ぶみしているようでわれながらみっともない。一応〃技術〃というカテゴリーがあいまいなまま、ひとつぼくらの問題を独自に迫ってみよう。

　ぼくらの批評活動では、「戦争」の戦斗場面に真迫力があったとか、「太陽がいっぱい」の色彩が美しかったとか、あるいは「ロベレ将軍」のデシーカの演技がすばらしかったとか…いった類いの技術批評は頻繁にでてくる。批評のもっとも原始的な動機が、「あら探しや賞讃」にあるとすれば、そういう批評も粗末に扱うことはできないだろう。だが、この種の傾向を、そのままでは肯定できない。たとえば、それは「戦艦ポチョムキン」のオデッサの階段で、ツアー軍隊に追いつめられていく民衆の不安が、ぼくらにじかに迫ってくるのは、カメラが階段の全貌をとらえず、民衆の追いつめられて行く先を示さなかったからだ、といった程度の深さまで達することは容易にありうる。だが、こういう技術主義的な傾向は、ぼくらの批評がかかげる内部変革の命題に直接かかわってこないものだ。なぜなら、ここでは映画を＜芸術＞としてとらえることが前提になっており、そういうとらえ方には、大衆的な基盤と主体をどこかですりぬけさせる要素があるからである。したがって、こういう傾向の批評が、ぼくらの周囲に現存し、それはそれなりの効用はもっているとしても、あくまで大衆批評の範疇では特殊地帯に位置すべきものなのだ。それは余計なディレッタンテイズムだ。ぼくらにとって必要なのは、そうでなく、映画を＜世界＞として受けとめることである。「灰とダイヤモンド」の合評会をやったとき、ぼくらのあいだで、マチェックが胸からあふれでる自分の血を嗅ぐ行為が問題になった。そしてそれは、自分が射ち殺した地区委員長を抱きかかえる行為とおなじく、自分の行為をそれによってもたらされる結果でもって確めようとしているのだ。すなわち、戦争と政治的変動のなかで価値観の転倒をくぐりぬけたマチェックは、自分の起した行動の結果を確めるというかたちでしかモラルを信じえない実存主義的人間だったんだ、という結論にそのとき到達した。そういう視角から、ぼくらの内部のマチェックが問題になっていくことによって、ワイダの主題と映画の構造にも迫りえたと評価している。

　ぼくは以上の方向に、ぼくらの批評の原型的なイメージを描きたい。それは映画を、ある人間が、ある状況のもとに、ある問題を訴えようとしてつくった猶予のある＜創造物＞としてでなく、ここに決定的に存在している一つの＜世界＞としてとらえ、その世界の構造を知覚し、分析し、認識し、評価していくことによって、ぼくらと作家の内部に同時に迫っていく批評だ。映画とそれをうけとめるぼくらの内部を鋭く対決させながら、その深いかかわりのなかで、両者の変革を導き出していく批評の方法は、ここからしか出発しないし、大衆化もしえないと考える。そしてさらにいえば、この地点から「創造」と「観賞」、「創り手」と「受け手」のはんとうのかけ橋も築けるということである。それはスクリーンとスピーカーによって発現されるメデュームを、まず絶対的な〈もの〉としてとらえ、それを軸に、批評を媒介に、作家と観客が無限に接近していくプログラムの展望である。もともと、表現所産としての映画は〈もの〉であり、それはサルトルもいっているように「創造されたものは、創造的活動に対して、非本質的なものとなる。……知覚に際しては、対象（作品）が本質的なものであり、（創造）主体は非本質的なものである。主体が創造のなかに本質性を求めてそれを獲得するときには、対象が非本質的なものとならざるを得ない」（文学とは何か）ものなのだ。だから創造主体でないぼくらが、そこで表現技術を技術の次元で云々しても、なんらの意味もひきだしえないのである。そして、眼のまえにある映画を〈もの〉としてとらえることによってこそ、はじめて「観賞」の「創造」化も可能なのだ。それはいいかえればつぎのようになる。「大衆的な批評のありかを探ってみよう。映画とは、いうまでもなく、映像と音からなりたつ。そして映像も音（セリフも含む）も、それ自体は断片的で意味をもたない物体なのである。この意味をもたない断片的な物体の連合体である映画から一つの意味（内容）を受けとっているのは、私たちが自己の現実認識の仕方でもって、『映画』から『意味』をきりとっているからである。普通『解釈』と呼ばれるこの内的作業を、批評の原初形態としてとらえてみたい。なぜかなら、その意味のきりとり方のなかに、私たちの現実認識そのものが反映しており、現実に対する批評精神が内在しているからである。その〃誤解する権利〃も含めて、映画の意味を創造的にきりとる方法において、私たちは、まず自分のなかにある固定概念をくだきながら、現実認識を深めあうべきである。私たちは、先人からうけついだ伝統的な固定した論理、マスコミや資本のまきちらす体制の論理を、無意識のうちに身につけている。私たちの内部にあるこの偽瞞の論理構造を、この作業をつうじて、明るみに出し、破壊しあい、未来にひらかれた論理に、それをくみかえていかなければならない。それは必ずしも、映画全体をどうとらえるかといった姿勢のみでなく、ときにはその映画を構成している論理の単位についても、点検しあえるように配慮する必要がある。こういう作業をつうじて、私たちは、作家が『映画』に賦与しようとした『意味』づけの仕方、すなわち、創造のメカニズムに肉迫もできるのである」（前記議案）

ぼくらは、そういう批評を個人から集団へ、集団から個人へと反すうしながら活動を組織化し、一方で大衆の動的なイメージを客観化していくことによって、映画運動の断絶をぼくらの方からも埋めていかなければならないと考えている。そしてそのためには、実作者・批評家と観客大衆をつなぐパイプを敷いていくことだ。そのパイプのなかで、ぼくらは観客大衆としての文化意識を実作者・批評家の問題意識に接近させながら、同時に実作者・批評家が話しかける内部対象のイメージを破壊していく作業を組織していくことである。そういうパイプ内作業をぬきにして相互の断層は埋めえないし、映画も大衆の根深いところで個有の可能性を発揮し変革を組織できるものにはなりえないと思う。昨秋、武井昭夫にあったとき、彼は総評が「安保条約」をつくったということは、作品に不満はあっても戦略的に肯定すべきだといった意味のことをいっていたが、そういう思惑のうえにのってか、いかにも先覚者ぶった松本俊夫が勝手な論理をふりまわしているのに出会うと、ぼくなど日本映画のなによりも救いがたい絶望的な停滞を見てしまうのだ。こういうエセ前衛の内部に空転している論理の構造を、その地盤で破壊しなければ、日本映画の突破口など発見できるものではないと思えてならないのだ。ぼくは、そのためにはやはり、ぼくらの批評活動の技術批評的傾向を、あくまで徹底的に否定しながら、映画芸術の変革の仕事に参加しなければならないと考えている。

私の記録映画論

■ ZOOと記録の関係／山際永三（演出助手 新東宝）■

夫婦ゲンカの翌日の日曜日、僕らは初めてすぐ近くにある井の頭自然動物園に行ってみた。動物が好きだからというのではなく、毎日五時半起床、七時半出発のロケーションでこき使われて、心身共に疲れていたので、たまの休日をどう過したらよいかわからぬままに出かけて行ったのだ。ところが意外に面白く、有益であったので、動物園に対する認識を全く新たにしたのである。我がワイフも笑顔をとりもどしてくれたので、夫婦ゲンカでお困りの際はぜひ動物園に行かれるようおすすめする。辞典によると動物園の目的は教育、研究、娯楽の三点に要約出来るとのことであるが、そうした解釈はさておいて、ともかく考えてみれば、万物の霊長である人間の住んでいる都市の中にめづらしい動物共を集めて飼っておくということは、大変不思議なことでもあり又御苦労なことであると思う。なぜこういう動物園といったものが出来たのか？　動物と人間との関係ということを含めて、これには長い歴史があるのだろう。日本にはどうせ明治になってから輸入されたものだろうか、そもそも英語でいうところのＺＯＯというものは西欧に於て、いつ頃から出来たものなのだろうか？　一方での動物学の発達といったもの、他方ではサーカスなどの見世物が準備されて行く中で、推察するところ、やはりアフリカ探険などが盛んに行われ、その植民地化がすすんでいった十九世紀前半以後一般的になったのだろうが、しかしこうして動物を集めて都市市民の観覧に供するということの背骨となる精神といったものは、究極するところ、近代の発端にまでさかのぼらざるを得ないように思われる。しかし近代精神そのものが崩壊の危機にあるということが現代の一般的情勢である限り動物園の場合も例外ではなく、その本来のより正しい知識とレクリエーションという使命に比べて少くとも井の頭の場合あまりにも施設が貧弱であり、きたなく、不親切である。ハト小屋にキジがいたり、アライグマとハナグマが同じであったりするのをはじめ、動物自体が飼育と公開の過程の中でゆがめられつつあると思われる。これはただ単に予算の問題ではなく、管理運営の問題から、見る側の受けとり方の問題にまで関連してくる。このあたりをどう批判的に見て行くかということが動物園を考え、或いは記録する場合の鍵になると思う。その点数年前に作られた羽仁進の「動物園日記」にはあらためて不満をもったのである。

　井の頭動物園では僕らが見に行く数日前にゾウの花子さんが飼育係のおじさんをふみ殺すという事件を起していた。上野動物園の古賀園長の言によると猛獣にえさをやる時、一人で作業するというのは原則的にいけないことなのだそうで、井の頭動物園の人手不足が大きな原因ということであるらしい。花子さんは以前にも殺人をしたことがあり、当局の悩みの種なのである。僕らが見に行った時、ゾウの舎屋はしめ切ったままで、わずかに一方のガラス窓が開けられていて薄暗いところに足のくさりをがちゃつかせながら花子さんが立っているのが見えた。係の人もこわがってそばに近寄らないとかで、花子さんの身体は妙によごれて、白い斑点のようなものが出来ていた。たかって見ていた人々の中で一人の母親が子供に説明していた。「ほら人を殺した花子さんだよ、ゾウだよ、見えるだろ、あれはおしりだよ」――薄暗くてきたないのでどこが頭でどこが尻だかわからないといった次才である。ともかく動物園というところは不思議なところである。花子と殺人とゾウとおしりで子供にどういう教育的効果をもたらすかわからないが、ともかく皆んなめずらしがって、花子さんの窓の前には沢山の人がひしめき合っているのだ。かくして動物園の動物はゆがめられているということ。ラクダなどは毛はぬけ落ちて病気のようにきたならしく、身体中にわらくずをくっつけて、奇妙な顔面をよだれだらけにして、ビスケットを食っているのだから驚威である。シカはブタ小屋もこれほどではないであろうようなどろ沼の中で、まっ黒になってねころんでいる。正にグロテスクである。しかしこのグロテスクであるという点こそ、動物園の他にかけがえのない特徴なのではなかろうか。動物は（人間も含めて）本質的にグロテスクなものをもっている。それがいかにゆがめられ、施設がわるかろうと、そのゆがめられている時点と共に、日常的な市民生活ではとても見られないようなあるいはすりかえられてしまうようなグロテスクを主張してくる。それがたとえ花子とゾウとおしりであってもかまわない。そのきたならしいグロテスクな固りを目に見るだけでも、大変な教育的価値があるとすら言えるだろう。事実動物達のおりの前で見ている人々が、僕らを含めて大人も子供も、いかに新鮮に驚き、嘆声をあげ、眼を見はり、笑っていたことか！　そしてグロテスクを前にして人間達はとまどい、その不分明をどう了解したらいいのか――動物学的不分明ではない、もっと本質的な不分明のために感動すらしていたのである。このあたりの空間、時間の複雑さと曖昧さを、その差別性をはっきりさせる前提のもとに、総体的に把握すること以外に記録という言葉を考えることは僕には出来ない。

　動物を見る感動の新鮮さを支える一つの大きなモメントであるこのグロテスク、つまり動物をオブジェとして見るイメージは、今までの動物映画に於て、ほとんど例外なく軽視されて来ている。それだけにつまらない。ディズニーの「砂漠は生きている」など一連の自然シリーズにしても、そこに登場する動物は完全に意味附与されており、飼育されている。いやむしろ人間が動物に飼育されていると言うべきであろう。いわく弱肉強食、母性愛、メスを獲得するための斗争、等々が人間の既成のモラルを裏うちして感情移入されてくる。自然の記録どころか漫画映画の延長或いはその後退であるにすぎない。ソ連の「ボリショイ・サーカス」のクマにもこの面での不満を感じた。この場合クマを完全に飼育しているのは調教師の人間的な努力なのだが、その体系づけられた理論と実践は現実的にはすばらしいことがわかっても、それをとらえる映画作家は、クマのグロテスクを人間の調教の努力と切りはなして見ようとはしていなかった。クマが調教師の命令のままに荷物を運んだり、自動車に乗ったりするのも一種の漫画であって、観客はほほえましさを感ずるという程度にすぎない。強烈なショックを与えることが決して目的ではあり得ないとしても、きわもの的な探険映画「秘境の情熱」のこわいもの見たさのねらいが、動物のグロテスクを強調することによって、観客席に叫び声すらあげさせていたのと対比して考えてみる必要がある。「ボリショイ・サーカス」で僕が一番面白かったのはサーカスのクマが街頭に逃げ出して道行く人々を驚かせる場面であったが、それも人々の日常性とクマのグロテスクのぶつかりによるものであった。結局グロテスクとは動物のアクチュアリティと考えてよいのではないかと思う。

だが動物のグロテスク――オブジェ化のイメージという方向だけが必ずしも完全な記録を生むとは考えられない。少くとも感動的な記録映画は出来ないだろう。動物を見る感動はグロテスク以外にもそのモメントをもっていると思われる。井の頭動物園で僕自身不分明な総体の中で感動した。それはこのグロテスクな動物共を集めて動物園を作ったという人間の歴史への感動も含む複雑なものであった。ただそれらのモメントを対等にかつ差別して考えなければならないと思うのだ。もう一つの大きなモメントはやはり擬人化への誘惑とでもいったものであった。僕は今までディズニーの自然シリーズは擬人化があるからつまらないのだと思って来たが、擬人化そのものは決して排撃すべきではなく、その扱い方が問題なのだということがわかった。動物の擬人化は人間の想像力から必然的に拒否し得ない力でわき起って来るが、これは常に現実に、アクチュアリティと激しく衝突しながら人間をつき動かしているのである。例えばラクダを見て、そのユーモラスな顔や形からラクダのおじさんといった擬人化が行われたとすると、それはその次の瞬間、ラクダのグロテスクによって裏切られ、更に想像力は今度はおじさんといったものではない、更に複雑なものにそのグロテスクをのりこえて行く。そのくりかえしの中で、何とも言えぬ驚きと感動のイメージ、正真正明のイメージが生れてくるのではあるまいか。サルは最も擬人化されやすく、又動物園の施設そのものがそれを助けるようにサル山だとか、ぶらんこだとかを作ってあるわけだが、サルの面白さといったものは例えばその擬人化と、サルのもっている全く非人間的な筋肉のもたらす動きとの総体、その軽快な動きの面白さにあると思う。テナガザルが木から木へ渡って行く動きの面白さは、いくら見ていても見あきないほどだが、ディズニーがよくやるように、それを手におえない腕白小僧たちというふうに擬人化してみただけではその面白さの総体はいっこう明らかにされないのだ。しかしディズニーがこうした動物の動きを高速度カメラにおさめて分析し、漫画映画の製作に活用したことは卓見であって、つまり漫画映画の動きの面白さといったものも人間的であると同時に非人間的なこの二極の弁証法にあるわけだ。動物のアクチュアリティとしてのグロテスクと対極するこの擬人化というものは結局フィクションであると考えてよいと思う。このフィクションがただ単に想像力のスタティクな適応に終って既成のパターンと癒着した場合がディズニーの自然シリーズである。フィクションと記録を単純に対立させる考え方が、自然主義的な古いタイプの映画人から最近のカメラ万年筆論者の中にもあることは、いかにイメージというものがスタティクにしか考えられて来なかったかを示すものであろう。フィクションイコール演出と考えるような記録映画作家、――いや短篇映画作家が多いのも残念だ。アクチュアリティとフィクションとのこの弁証法的な統一又はそのくりかえしの総体を真のイメージと考えて映画を作って行くことに於ては、僕の考える記録映画も劇映画も全く変りがない。我が新東宝の十八番、怪談映画の本質もこのグロテスクとフィクションの統一にあることは衆知のことである。

もう一つ考えて行きたいことは、例えば動物園で動物を見る側の感動は、その総体の中に当然その動物園の管理運営及び観客の立場を含む下部構造をその複雑さの中に内包しているはずの感動だということだ。前述した通り観客の受けとり方は動物園のあり方によって規定されてくる。この問題は記録する我々の側では動物園の、いや動物園を作った人間の過去と未来図をどうつかむかということに帰結する。ここでもイメージの衝突が要求されている。僕らにとってイメージの追求が即モンタージュであるゆえんがここにあると言えると思う。対象は動物園に限らない、工場にしろ部落にしろ都会にしろ同様である。これらのモメントの複雑さを衝突させることなしに、平均的にとらえつつ、そのままイメージ化出来ると信じて作られたのが羽仁進の「動物園日記」だと思う。動物を飼育している動物園の係員達の苦労を人間的なものとして記述することによって、動物自体の持っている感動はせいぜい水ましされた擬人化の面からしかとらえられず、動物園の近代的な構造を通俗的に肯定したところに終っていた。僕はあの映画を見て動物園の動物達がバナナや肉を食べさせてもらって、かぜをひけばすぐ注射を打ってもらえるという、はなはだうらやましい動物であると信じていた。しかし今度井の頭を見てだいぶ様子が違うことを発見した。羽仁進には上野と井の頭と更にはケニアの大自然動物園とをそうした面でも比較する観点から、日本の動物園のもっている構造の近代的限界といったものもついてもらいたかった。我が井の頭動物園にもせめてもう少し予算をふやしてもらいたいものである。

歩みはおそくとも

全国農村映画協会

演出・荒井　英郎
脚本・小野　　和
撮影・下條　三郎

精神薄弱児といわれる特殊学級の子どもたちの生活を描きつつ，この子らに対する社会の関心を呼びかける。

（三巻）

アイソトープの利用

新理研映画

脚本・演出・岩堀喜久男
撮影・香西　豊太

耳なれてはいるが，具体的には知ることの少いアイソトープの多様な利用法を紹介する。（三巻・カラー）

神戸ッ子

三井芸術プロ

脚本・演出・柳沢　寿男
撮影・佐藤　昌道

六甲団地に住む三人姉弟の美しい生活を通して特殊鋼を紹介する劇映画。

（六巻・カラー）

DOCK No.3

日映科学

演出・松尾　一郎

脚本・中村　麟子

撮影・高山　富雄

伝統の町京都と近代工業の町舞鶴を統一的にとらえる中に造船所の人々の姿を描く。（三巻・カラー）

北陸トンネル

新理研映画

演出・島内　利男

脚本・秋元　　憲

撮影・岸　　寛身

北陸トンネルを例にとり鉄道敷設の陰の労苦を描く。

（三巻・カラー）

おしげさん

春秋映画

脚本
演出・菅家　陳彦

撮影・佐藤　　正

農村の生活改善問題をテーマとした明るいホームドラマ。

（三巻）

花のジプシー

日映科学

演出・諸岡　青人
　　　飯田勢一郎

脚本・丸山　章治

撮影・鈴木　武夫
　　　下尾　彰彦

移動養蜂家の仕事を通して蜜蜂の生態を描く。（二巻・カラー）

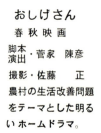

横山大観

新理研映画

脚本
演出・秋元　憲

撮影・前田　実

先年亡くなった大観の画業をフィルムに再現した。

（三巻・カラー）

ガラスの目玉

近代映画協会

原作・ウィリアム・アイリッシュ

演出・酒井　辰雄

脚本・長瀬　喜伴
　　　勝目　貴久

撮影・黒田　清己

父親思いの少年が街角でもらったガラスの目玉から謎の犯人をみつける劇映画。

日本の子どもたち

長崎県教組

新世紀映画

共同映画社

演出・青山　通春

脚本・八木保太郎

撮影・前田　実

大村收容所の韓国の子どもをなぐさめようとする大村市のある小学生たちの物語

（五巻）

生産と学習

共同映画社

演出・森園　忠

脚本・原　源一

撮影・井上　莞

農村の青年たちが共同学習共同生活を通じて新しい村づくりへ進む。

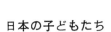

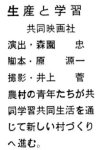

黒いオルフェ

仏ディスパ・フィルム作品
東和映画提供

シナリオ・ジャック・ビオ
脚色
台本 ・ジャック・ビオ
マルセル・カミユ
演出・マルセル・カミユ
撮影・ジャン・ブールゴワン

ギリシャ神話に取材したオルフェ伝説をリオのカーニバルの中に現代的に再現しようとする。（総天然色十一巻）

カンヌ映画祭グランプリ他受賞

サンポ

ソ連・フィンランド合作
中央映画・東宝共同配給

フィンランドの民族的叙事詩「カレワラ」を映画化したもので「人間から人間への贈物」でも見せたソ連の新しい特殊技術が話題を呼んでいる。（カラーワイド）

● 真夏の夜の夢

先に「人形は生きている」でそのすばらしい技術を見せたチェコスロバキアのトルンカの人形映画（カラー）

●座談会／ドキュメンタリーとは何か／2

佐々木基一／関根弘／武井昭夫／柾木恭介

編集部（野田・松本）

■ドキュメンタリーとは何か「海の牙」と「巨人伝説」

編集部　話は現在のわが国のことに戻って来たわけです。もっとも前衛的な芸術の方法意識の中でドキュメンタリーということがいわれてきている点について、いままでいろいろ話して来たわけですが、武井さんはちょっと違ったところから、いろいろな発言をされているようです。そういう問題に関して日頃どういうふうにお考えになっているかちょっと聞きたいんですがね。

武井　僕自身、いささか他力本願で……。だれかにそれをはっきりさせてもらいたいと思っている方なんだから……。

編集部　武井さんなんかいろいろな作品の中から、その作家の意識構造みたいなものをかなり問題にされるわけですね。そういう視点と、方法意識とは切り離せられないわけですが、そういう点からいろいわれているドキュメンタリーについて、疑問があれば疑問でもいいし、意見があれば意見をお聞きしたいと思いますが。

武井　いわれていることはよくわかったんですが、いますぐそれに答えるほどの用意がないんです。

関根　ドキュメンタリーといってもニュース性とか報道性とかを問題にしている限りは、ニュース性があるんだし、どこまで事実を報道するのかということは一応問題外として、そういうものでしょう。ニュース映画だってあるんだけれどもわれわれがドキュメンタリーというのを問題にするのが、どういう観点から問題にするのかといえば、現実を裸にすることだと思う。だからどの程度まで裸に出来るかということは、要するに作家の問題意識でもあるし、芸術表現の問題でもあるし、また創作効果の問題にもなる―。最近、僕が一番感心しているといえば少しいい過ぎになるかも知れないけれども、水上勉の〃海の牙〃という探偵小説です。これは水俣病を下敷にした殺人事件を扱ってる。これは「週刊朝日」とか日刊紙がいくら書いたってあれだけの迫力というものは出せないと思う。水俣病そのもの、水俣の魚を食って死んで行く漁民、そこの描写に力点をおいているんだけれども、これはむろんぜんたいはフィクションで、しかし随所にドキュメンタリータッチで書いている。素晴しいリアリティを持ってるんですよ。こういう問題意識が、いままでの日本の小説で欠けてたところじゃないか。ドキュメンタリーということを問題にするならば、水上勉のこういう小説を高く評価すべきじゃないかという気がするんですよ。

佐々木　戦争中に織田作之助が実際の地名なんかを出して小説を書いて、彼自身がそれを説明して、自分にはもはや統一的な思想や理想がない、主体がゆらゆら揺れ動いている、そこでそういう実際の地名を出すことによって、わずかにリアリテイをつなぎとめようとしてるのだ、と。それもドキュメンタリか――。

関根　そんなチンプなものじゃないよ。水上勉の〃海の牙〃はちがう。松本清張の場合とも違うよ。「日本の黒い霧」のように、隠されていた日本の歴史の部分を少しづつあからさまにしているのとも違うし、リアリテイを出しているといっても、現実に素朴に取り組んでいるのでもない。それは完全なフィクションであって、水俣病ドキュメンタリーじゃない。水俣病というものを背景において一人、二人の人間の死を越えた、資本主義なら資本主義の構造に迫ってる。これは「勝手にしやがれ」というのは疎外されてる一人の人間の状況をつかんでいるのだが、こちらはもっとそれ以上に疎外されてる人間の世というものを明らかにしようとしてるんですね。そういう仕事は大切じゃないかと思う。三池の争議に関してもいろいろ新聞が書いてるけれど谷川雁が読書新聞に書いたルポに匹適するようなものがない。僕には自由というものがいっぱん的にわかってないような気がする。つまらないつまらないといってるが、要するに単に見かたの問題じゃなくて問題意識が重人だと思いますね。

柾木　現実にある問題をリアリティ、真相はこうだというような見かたもあるし、それはそれで大切だと思うんだよ。しかし、それと問題が何にもないようにみえるところに、問題を発見して来るようなことも、それもやはり一つのドキュメンタリーという大きな問題意識と方法論がなくては、問題の発見そのものが出来ない場合もあるんじゃないかと思います。芸術的課題としてね。

関根　水上勉とこの前話しをしたんだが、いくらだって現実の社会には奇妙なことがある。例えば衣料切符――いまはないがこれ一つ取ってもそうだ。衣料切符そのものが何であるかということを、はっきりさせるということだけでも相当な仕事になると彼はいってたけれども――。

編集部　そういう点から安部公房の〝巨人伝説〟なんというものはどうですか。武井さんみましたか。

武井　みました。

編集部　どうですか。

武井　前半はよかったけれど後半が、何か因縁話しみたいなっちゃって、最後が失敗したんじゃないかと思う。

柾木　因縁話という批評は誰れかも書いていたけれど僕は本質的にあの劇を左右しないと思う。それよりも安部公房のテーマとたとえば、ヤセンスキーの小説「無関心な人々の共謀」のテーマをくらべて目下考えているのですが、結局、日本の、あるいは日本人の思想の問題につきあたるのです。感性から思想へのプロセスが……。

佐々木　戦前と戦後とはちょっと因果的につなぎ過ぎてるところがある。これは観客に妥協したのかも知れないが、やはりもの足りないですね。

■メカニズムの論理 偶然性と作家主体

佐々木　僕なんかドキュメンタリーということをいい出したのは、現在の資本主義社会では、人間が物と化している、それに対して従来のヒューマニズムの観点から批判したり、あるいはそういう観点から物化された現状をとらえたのでは、本当にすさまじい現実はとらえられないんじゃないか、むしろもっと物質的な運動としてすべてをとらえる必要があるんじゃないかという気がする。ですから、映画なんかを通してなぜドキュメンタリーということが特にいわれはじめたかということを考えてみると面白い。例えば映画の場合のカメラは、従来作家が使っていたペンだとか、画家が使ってきた絵筆とかいうものとは違うと思う。それは手の延長ではない。カメラはそれ自体のメカニズムを持ってるわけですから。機械であって、手の延長としての道具ではない。だから、機械のもつメカニズムの中に人間が一度自己を疎外しなければ、その機械の真の機能は発揮されない。つまり、自己疎外の過程を経なければ、本当のドキュメンタリー的映画は出来ないんじゃないかという考えですよ。

武井　それと佐々木さんのいわれている偶然性との関係は――。

佐々木　それが偶然性と結びつくわけですね、機械のメカニズムが人間の意識から独立して外部の事象をとらえる。それは主体としての人間には偶然的なものとして映る。そういう偶然性を逆に方法論的に、意識的にとり入れて行くというところに、新しい芸術の方法論があるんじゃないか、という考えです。

武井　カメラのメカニズムがとらえる偶然性を、それ自体ではなく、最終的には作家主体が意識的にとらえなおして行くということが必要なわけですね。その操作は映画の創造のプロセスでいえばどこに当るわけですか。編集ですか？

関根　取材過程ね。

佐々木　カメラの視点ですね。

武井　そこに入って来る偶然性を同時に方法論的に意識的にとらえるんですか。

佐々木　そうです。

武井　そういうところが僕にはよくわからない。文学における文章と作家主体との関係でいうと、そういう要素は本質的には成立しないですね。そういうように僕は思ってるんですが、映画においてはそれを根本的に否定する方法が成立しうるかどうか僕は疑問に思いますね。そういうドキュメンタリー論は、作家主体のクリテック放棄、現象追随主義の合理化じゃないかしら。難しい哲学論議をやるつもりはないですが、僕は芸術創造の根本には、疎外からの自分自身の回復という方向が志向されており、それを離れて方法論はないと思うんですけれど……。

佐々木　一度自己を疎外しなければ――。

武井　だからまったく逆なんですね。

佐々木　徹底的に一度自己を放出してみるという、プロセスにこれを通らなければ新しい方法論というものは――。

関根　そう新しくはない。作家というものは、そういうカメラや機械の目みたいなものでみてるわけでしょう、本来――。

佐々木　それは大作家だな（笑声）

武井　思いつきの例でいうと、西野（辰吉）さんの「C町でのノート」という短編なんかは完全に素材やストーリーは自分で作りあげたもので、それを作品化する過程で、いわゆるドキュメンタリーの方法のようなものを使っている。読者との関係で事実性を仮構することで作品の真実性を一層読者に身近かなものとして結びつけて行こうという方法ですね。文学なんかの場合、ルポルタージュでなく小説では主としてそういう形で出て来るわけですね。フィクションのドキュメンタリーとでも言いますか……。

佐々木　本質的にはそれほど変らないと思う。例えばロッセリーニはカメラを町に持ち出して、偶然にその前で起ったことを撮影したような感じを与える。これと本質的には違わないと思いますね、文学の場合も。ロッセリーニの映画の場合、ストック・フィルム使うとか部屋の中からドイツ軍が徹退するところを撮っておいて、それを編集過程で――編集するということはありますよ。文学の場合でも、そういう方法は可能だ。本質的には違わないと思いますよ。

武井　そうすると、やはり編集のプロセスというのが、非常に重要になってくるわけですね。それだけというんじゃないですよ――。

佐々木　もちろん編集は重要ですね。ですけれども昔のモンタージュ理論みたいに、編集が一番重要なもので、最終的には編集が全部決定し、ショットは何ものでもないというふうになっては困ると思います。
武井　もちろんそうですよ。
柾木　ショットは何ものでもないとは、昔のモンタージュでも言っていないのではないかな。とくにエイゼンシュタインなどは……
関根　もう少し厳密に区別して行かないと、カメラの面でいっても、日本の私小説作家もカメラの目で追求しているわけでしょう、いってみれば――。だからそういうカメラ・アイの意識というものがやはり必要だと思うんですよ。ニュース・カメラマンとか新聞記者とか、そういったような、つまり職業からくる第三者的な取材精神というかそういうものが大切だ。例えば葛西善蔵なんかは心理的なものです。そういう心理的なものを僕は壊して行かなければいけないと思います。
佐々木　心理を通してとらえたんじゃなくて、逆にものを通して心理をとらえるということもある。内面的ドキュメンタリーというものもあるんですよ。
関根　そうそう――。葛西善蔵とか、宇野浩二とかああいう人たちの流れをくむ、要するにコンタクトレンズ精神というものを、（笑声）否定すると――。
佐々木　写真で東松照明のやっている「家」の連作、あれは僕は注目している。ちょっと面白いですよ。内面のドキュメンタリーとして、ああいうとらえ方もあるんですよ。だからドキュメンタリーというものは、そう狭く解する必要は全然ないという気がする。

■民族的視点　芸術形式の問題

編集部　柾木さんは民族的な課題で解決するという視点がぬけているから、ドキュメンタリーが前進しないという説をのべられていたようですが。
柾木　そういわれて整理されると困っちゃうんだけれどもね。さっきいったように、要するにドキュメンタリーということが、現在ある問題の追究とともに、まだわれわれの目にみえないものの発見をして行く一つの方法でもあると考えるわけです。ですから今僕らが映画だけに限らず、何か芸術的課題として自分が何を持つかということ自身のそういう問題もひっくるめたドキュメンタリーの精神というものかな、精神というとおかしなものになるけれども、そういうものが必要だと思う。だからそういうところで、僕らの芸術的な課題というものが、もう一つ、形容詞になるんだけれども、現実の日本という国に住んでおって、そしてその中で芸術的な仕事をしているということになれば、つまり僕らの日本という民族的な、芸術的課題というものの発見というものがどうしても必要だと思うんだよ。だからドキュメンタリーが一つの現実の発見の方法であるということは、同時に民族的、芸術的課題の発見というと、最後はそこまで行かないとつまりわれわれのドキュメンタリーとしては、非常にインターナショナルなものになって行かないんじゃないかと思う。
関根　インターナショナルの芸術とか、特に今、そういう必要性があるという理由だな――。
柾木　それはね。一つは芸術の芸術形式ということを、つまり形式と内容という考え方があるでしょう。社会主義リアリズム定義があるわけだ。
関根　形式と内容はいいけれども
柾木　ドキュメンタリーの、つまり芸術形式だな。ドキュメンタリーという方法論を持った新しい芸術的な一つの形式というものの、どういうものを作るかということが、例えば浪花節論争だとか――
関根　そんなものは問題にならない。
柾木　伝統の再評価ということは絶えず問題になって来ておるでしょう。そういうことで内容の問題としては問題に随分突込まれているけれども、芸術形式の問題としては非常に曖昧なままで、問題が進んでいないんじゃないかという気がするわけですよ。
佐々木　民族的という問題を大衆というものに置き替えてもいいじゃないの。違うの――。
武井　柾木さんのいわれる民族的というのは、政治上のナショナリズムに直接関連した民族じゃないんでしょう。カテゴリーがちがうんでしょう。それともそういうことも含むんですか。
柾木　つまり含まないということもむづかしいし、だからいわゆるナショナリズムというものじゃないわけですよ。
関根　そこが非常に誤解されやすいところだしね。そういうところに問題を提出するということがやはりまずいんじゃないかと思いますよ。
柾木　だからそういうところに整理されると困るんだけれども―。
関根　なぜもっと現実の問題というものを、そういうことを前提にしてものを考えるようにしないのかしら。形式とかそれだけの問題でもないんだね。生活綴り方的な民族の取り上げ方もあるし――。
柾木　それはそうだ。
関根　だから民族の問題というものは重要だと思いますけれども、それを芸術形式やなにかにただちに関連させてもってくるという行き方が、どうも今日特にそれが必要だというふうには考えられないわけですが、なるべく伝統みたいなものを僕は壊わすのが好きで、壊わさないとしようがないんじゃないかと思う。余りにもそういうものが強過ぎるんじゃないかと思いますよ。過去の情緒というものが。

■芸術の効用性　批評精神の組織化

編集部　関根さん、街頭宣伝芸術とかいったけれども、佐々木さんにも効用性の回復というようなことをいってるでしょう。効用性をどう考えるかというところで、少し明瞭にしないといろいろ誤解を生むわけですが、効用性ということをどうするか――。
佐々木　大衆の理解ですね。
編集部　だからその理解にどう芸術がつながってるかということをもう少し構造的にはっきりさせないと、実生活的な効用と芸術的効用とは違うわけでしょう。それとそういう反対すべき、例えば芸術的効用性を発揮するという視点から方法の問題が検討されなければいけないような点もあるわけですね。

佐々木　現代は芸術がいままでみたいに超越的なものじゃなく、あるいは休日的なものではなくなって、余暇でやられるものではなくて生活の中に編入されている。これは芸術の堕落というふうに考える考え方がある。つまり映画とかテレビとかラジオとかは生活の一部になっていて〃芸術としての独立性を持たない。それに対して従来の芸術家たちは、芸術はすでに亡びたとか、芸術は堕落したとか考えるわけですが、なるほど現代は上から、特に資本主義社会においては、新しい技術や何かが上からの大衆化の手段として用いられているので困るけれども、それでも僕はやはり現代の芸術の問題は、そういう芸術の大衆化という問題と切り離せないと思うんですよ。日本なんか特に上からの大衆化が行われているが、この現状をふまえて、われわれは下からの大衆化の手段として新しくとらえなおさねばならない。そこで生活の中に編入された芸術を、逆に積極的にとらえて行く必要があるだろう。そこに効用性の問題もからんでくるわけです。芸術の効用性の定義はむずかしいが、たとえばいい作品をみて、酒が飲みたくなったとか、歌が歌いたくなったということも一つの効用性でしょう。（笑声）しかし、直接的な効用性は、大衆に対する宣伝、コマーシャルなもの、政治的、イデオロギー的なもの、いろいろありますが、ラジオでもテレビでもそういう宣伝の具としてつかわれている面がある。そのアクチュアリティを逆にとらえて行くという考え方です。

編集部　武井さんは、そういう芸術作品を受ける意識の問題を問題にされるとき、そっちからみて行ったときに、効用性という問題をどういうふうに考える？

武井　一口にいうと、受け手の側の自主的な批評運動の展開が必要だという事ですね。それがどういうふうに仂いているかということで決定されて来るんじゃないでしょうか。そっちの方を抜きにすると、マスコミとの関係での芸術の社会的効用性の回復ということを論じても虚しい気がする。以前に佐々木さんの論に対して佐古純一郎が反論しましたが、あの反論が成り立ってくる客観的根拠に、受け手の側の基本的な批評精神の組織化の弱さというものがあると思うんです。それが動かないものとすれば佐古君が出しているような結論に行かざるを得ないというふうに思いますが――。

佐々木　僕自身はいろいろなものに対する批判を目ざめせることを考えている。つまり受け手に何かぶっつけて、そうして受け手がいままで自分が考えていたものと違うというふうに感じて、不安になり、その不安から新しい認識活動が開始されるようにしたい。出来上った決論を与えるのでは、そういう認識活動は起らない。それがドキュメンタリーの方法じゃないかということです。

柾木　武井さんのいった批評精神というか、批評を触発してくる、そういう一つのものの批評をするということがわれわれの意識の中での仂き――僕は自分のことになってまずいが「映像論争」においてもそこに一番焦点をあてていたわけですよ、その場合に言語というようなことをどうしてもそこで出して来るんで、映像と言語ということとのかね合いというとおかしいけれども、相互の関連して来るところが、僕は批評精神というようなことでとらえて行かなければならないんじゃないかと思うわけですよ。だから批評ということが最も抽象的で、最も高度な一つの形態であるがゆえに、つまり、逆にそれが最も普遍性を持って行くとも考えられるんじゃないかと思うんですがね。

関根　批評というのはどうして起きて来るんですか。マスコミというものは、批評を眠らして行くんでしょう。労仂者が思うように自覚があればもっともっと前進するでしょうし、ところがそうなっていない。才一暇がない。そこにもって来てマスコミというものは、政治宣伝ばかりしているわけじゃない。石鹸は花王とかミツワとかといって、楽しい生活をしよう、泡だちがいいとか何とかいうことで、常にコミュニケートをやってるわけでしょう。批評運動というような思いつきじゃなくて、やはり労仂者は哲学を持たなければならない、ということだと思いますよ。それ以外にはないんです。ただ作られた映画についての批評精神を作る。そこから何かが起きて来るという問題じゃないと思う。

佐々木　そういうことでやってるよ。（笑声）

関根　谷川雁の発言はややロマンティックですが、そのへんのところまで問題を出して来たと思う。かれのいう原点は彼自身いってるように非常に曖昧なものだが、創られずしてあるものという考え方は、サンボリックに考えるとおかしいんだけれども、マスコミの送り手と受け手との間、つまり階級的意識の落差というものがあるわけでしょう。そういう点をみて行かなければいけないんじゃないかというのが僕の考え方なんですよ。批評意識というかな、革命的な意識といってもいいんだけれども、そういう革命的な意識というものは、どうしたら根づくのか。根づかせるためにはどういう芸術意識を、どういうものを作って行かなければいけないのかということ考えて来ると、室内的なものに対して野外的なもの、土着したものにたいして移動的のもの……。

佐々木　原点とか原像とか、原点ばやりだな。不安な証拠だな（笑声）

関根　原点というと変だけれどもプロレタリアはそういう〈もの〉として存在する。そういうふうに翻訳して考えれば、原点ばやりというい方はおかしいんじゃないか。

佐々木　そうかね。

関根　はやりすたりのようなものじゃなくて、実体としてあるものだ。プロレタリアートを、そういうものとしてしっかりつかみ出すことが大切じゃないかと思う。

佐々木　それは当然だ。

関根　当然ですか…。佐々木さんがはやってるといってるから…。

佐々木　みんながいってるからさ。

関根　みんながいってないじゃな

いですか。不正確ですよ――。

■ドキュメンタリー芸術の大衆化・大衆の発見・階級意識の問題

編集部　ドキュメンタリー芸術の今日的な方法運動の上においてこれこそが一番いま大切な問題で、明らかにしなければいけないのじゃないかという、それぞれ持ってることを一言づつしゃべっていただきたいと思います。

佐々木　ドキュメンタリー芸術というのは、具体的にどういうものがあるのかね。その分析をやる必要がある。それが足りないんじゃないですかね。ドキュメンタリーとかドキュメンタリー芸術とかいう言葉だけが安易に空中を飛びまわってる。そういう現象が、ほんとうの意味でのドキュメンタリーが育たない原因になってるんじゃないかと思います。

編集部　そこら辺をもう少し――。そこまでは実はいわれてる、ないしぶつかってるところそのものだと思うわけですよ。つまりそのぶつかってるものをもう一つ推し進めて行くというか、少くとも切り開くような視点を作るべき段階に来ていると、それがなされない限りは、何か今度は停滞と混乱と後退がはじまるんじゃないかという危惧があるわけですよ。そこでこの座談会が、そこら辺が少しでも出たらという意味を持ってやってるわけなんですよ。

佐々木　少し話しが抽象的になってるから、具体的に話しをしますと、さっき大衆の問題をいいましたね。僕はこれは不可逆的な現象だと思う。いまはもっぱら階級的観点抜きの大衆化が行われているわけだけれども、それを階級的なほんとうの大衆化に転化させるということが、これからの記録芸術の一番の課題といってもいいんじゃないかと思うんだけれどもね。それを具体的にどういうふうに方法としてつかんで行くか、という問題があると思います。最近探偵小説なんか、非常に変って来たわけですね。あれは非常に面白いと思うんだけれども、例えば十九世紀だと名探偵がいるわけですよ。これは犯罪が特殊な事件であった時代の産物ですね。つまり片一方に大泥棒がいる。そうするとそれに対応して、名探偵がいるわけです。犯罪者と探偵とは裏表の関係になっている。最近では名探偵は現われない。松本清張の探偵小説がなぜ受けたかという一つの原因は、犯罪が日常化してきて、特殊な犯罪者の行う特殊な事件ではなくなって現状によくマッチしたからです。つまり誰でもが犯罪者になり、同時に誰でもが探偵になっちゃうのだ。そういう変化があると思うんですよ。これは階級抜きの大衆化だけれども、しかしそういうふうに方法が変って来ているし、主体も変って来ている。こういう変化を真剣に考える必要がある。方法論的に。

編集部　大衆化という点じゃどうですか、ほかの人は――。

関根　何の大衆化――。

編集部　ドキュメンタリー芸術の大衆化――。

佐々木　大衆化というよりも大衆の発見ですよ。あるいは発見を通しての大衆の組織ですね。

柾木　僕はちょっと違うが、テレビとか、最近のテレビをみると、いわゆるドキュメンタリー番組が非常に多くなっている。そういうのをみておっても一番感ずるのは、個人の一人々々をつかまえたドキュメンタリーというものは案外制作者側は作りやすいらしいんですね。統計をとったわけではないんだけれども、佐々木さんのいわれた大衆というか、集団というものをつかまえて来るのはテレビとかいうものは非常に少ないですね。そういう具合に、テレビとか週刊誌なんかの広がりが、ドキュメンタリーということの、何か背景に大衆化といわれたような基盤を作ってるんだけれども、それをそれじゃどういう具合にやるかという、今日の座談会になるんだけれども一つの現実的な基盤はあると思うんですけれどもね。

武井　佐々木さんのいわれる大衆の発見という場合に、さっき関根さんの出した階級の問題を考えると、現状における上からの大衆化を、はたして即自的にうけとめて方法論化してゆけるかどうか。そういう理論化は作家主体の再確立、その方法の進化にはマイナスになりかねないという気がするんですがね。

関根　日本の社会では階級意識というものは、ほとんど進展をみせてないんですよ。これは官僚制が発しているからです。会社だって少しづつ兵隊の位が昇進して行くというように、人間関係だけじゃなくて、機構そのものがなっている。下請制とか請負制度というものがあるし、要するに一生懸命仂けば、ここら辺にはなれるという目安で、だからプラグマティズムというものも入りやすい。いままでの大衆社会論的なものを徹底的に崩して行かなければ――そのためにもドキュメンタリーは必要なんであって、そこら辺の認識の問題じゃないか、それがハッキリしないと主体的なものが形造られないというふうに思うんですがね。そういった意味でドキュメンタリータッチということは必要なんだけれども、ただ単なるドキュメンタリーというものでは駄目なんだな。現実はこうですよ、現実はこうですよという示し方ではなくて、むしろ加害者意識的なものを植え付けて行かなければならない。大藪春彦みたいに邪魔ものは皆んな殺してちっともつかまらないというような組織のスーパーマンというものを――。

■作家の主体について

佐々木　しかしいまの記録映画なんか、単なる紹介あるいは啓蒙主義、こういうものを徹底的に壊して行かないと、ほんとうのドキュメンタリーというものは出て来ないと思いますね。

柾木　大衆性というものを、思いつきだけれども、「日本残酷物語」ですか、あの中に乞食が村の一員として考えられておる、という話しがいくつかあったですね。つまり疎外されておるんだけれども、やはり村の一員として考えて行くという部落意識のようなものと、いま言われている大衆性とはどうなんですかね。関根氏のいう、極端なアンチ主義の大藪春彦の破壊力なども、部落意識にぶつかるとへナへナになってしまうんじゃないかな。

関根　大藪春彦というのは一つの例だけれども。

武井　大衆の中にある既成のものをこわすことによって、それを通じて大衆に結び付くということを出発点とする以外には、現状では積極的な大衆との結び付きはないと思いますけれど、大数なんかはそういうものじゃないと思う。あれは疎外されたものの意識間でのなれあい的な結びつきで、ほんとうの破壊と再組織の力などまったくないでしょう。

佐々木　自分も壊さなければいけない。自分が壊われなくて人を壊わそうとしても壊れまい。

武井　破壊力も持てないという壊れ方をしてるようなものが多すぎるような気がする。受身ですね。

佐々木　なしくずしに壊われて、実質は壊われているのに壊われていないような錯覚を持ってるわけですよね。

武井　佐々木さんのいわれるのは、実質は壊われているんだから、壊われたという自覚の上に立って仕事を最初から進めなければいけないということでしょう。

佐々木　作家自身もです。

武井　作家自身が——。

佐々木　そこから戦いが生まれてくるんじゃないかということなんです。

関根　戦いのエネルギーは大衆にあるんですよ。だけれども組織化されないんだな。非組織化されるわけですよ。戦いのエネルギーはいつでもあるんですよ。それはオルガナイズされないで、爆発的に放っておかれるから、意識的にそうされる。そこら辺のところを自然的なエネルギーとしてはないわけじゃない。

佐々木　そういうところは、武井君は僕なんかの考え方に、恐らく反対だろうな（笑声）

武井　反対だけれども——。

関根　芸術のやり得る範囲というものは少ししかないんだと僕は思うね。

武井　革命なら革命運動全体からみた芸術の分野のことでしょう。それは限界があるのは当然ですよ。

関根　社会なら社会の一部でしょう。万能じゃない。深刻に考えたって、要するに何もかも芸術で解決出来るわけじゃないから、心の病気を直す、その程度のことですよ。

武井　どういうふうに根本の病気を直すか、その方法が問題なんですよ。

佐々木　何というのかな。斗争を描いた作品なんかをみてても、僕なんか一番不満に感ずるのは、作者は自分では戦ってるようなつもりでいるけれども、割りとのんきな作り方をしている。自分が戦う以外に道はない、というところまで追いつめられた、そういう境地で作らないで、どこかに間隙があって、そのすき間の上に乗っかって戦ってるような感じがしますね。

編集部　というのは、武井さんがさっきいわれた、ともかくも最初から破壊されてるという認識から出発する、ということだろうと思うけれども、そこでさっき微妙な食違いがまだはっきりされないままで、問題が進んじゃってるけれども、どうなんですか。要するに自己疎外されてるということが現実なんだけれども、意識の上ではそれがないというところに頽廃の根源があると、そうすると作家は疎外されてるという実態を、自分の中でみきわめるところから、つまり回復への戦いを通じて、はじめてそれをぬいで大衆の中にあるものを打ち壊して大衆に結びつくというものでもなければ、現実にそれをとらえるものでもないというところに問題が設定されたりしてね。

武井　僕はそうですね。

編集部　そこのところに佐々木さんとの間に食違いがあれば、もう少しはっきりさせたいと思いますが、

佐々木　階級の問題だろう。

武井　階級のことも一つの契機だと思います。それは公式論だと思いますけれども、公式が強調されなければならないような現状があることも動かしがたい。しかしまあ、ここには大した差異はないと思いますが、佐々木さんは、簡単にいってしまえば作家主体の側の解体をもっと進めた方がいいと——。

佐々木　そうです。もっと解体しろということだ。

武井　僕は解体からの回復の方向と方法をといいたい（笑声）。

編集部　佐々木さんのいわれるのは実態の解体じゃなくて意識の解体でしょう。ですから実態は解体されているけれども意識の上では解体されていない。一つの完結した古典的な一つの人間像というものの上に意識が成り立っていると、現実に実態にまで意識が解体して、つまりそういう実態に自分たちが疎外されてるんだといったことを見きわめない限り、ドキュメンタリーの方法という、その正しい問題の持ち方が出来ないんじゃないかという点から、そこまで意識を解体させるべきだという点でいってるわけでしょう。ですからそうすると武井さんの、つまり回復してからの道が、そういう解体操作を、プロセスを経ないと起き得ないというふうにつながっちゃうわけだけれども……。

武井　さっきのヌーベル・バーグの評価を例にとればあれなんかは佐々木さんのいう解体している例ですね。しかしそこに自分自身に対する批評、自己批評がはたしてあるかどうかということを僕は非常に気にするわけだけれども、ヌーベル・バーグには自己批評が稀薄だと僕は見ている。一種の風俗や大衆への追随としての作家主体の解体がそこにはある。

佐々木　ヌーベル・バーグについて花田清輝と討論することになっている。彼が擁護論にまわって、僕が否定論にまわることになっているんです（笑声）しかし武井君のように否定すると、僕はちょっと擁護したくなるな。ヌーベル・バーグは自己批評がないと——そうともいえないね。

武井　そうですかね。

佐々木　それはいえないね、作者はおぼれてないよ。

武井　そうかな。自己批評的なものがありますか。「いとこ同志」にかすかにあるけれど。

佐々木　アイロイですけれども、一種の――。

編集部　ヌーベル・バーグ一般としてはいいですよ。

関根　一般としてはいえない。完全な古典主義だからね。完全な批評喪失だよ。「勝手にしやがれ」は、僕流にいえば、隠しカメラ性なんだよ。隠しカメラの精神で、つまりカメラを持って行けば皆ん逃げて行っちゃう。立ちふさがってこれから写しますよ、私はカメラですよというと本当の顔は写せない。隠しカメラになってしまう――それがそこから受け取る僕らの創作態度としては大切な面じゃないかという気がするんですよ。例えば新聞記者が鉛筆一本持って独占資本にインタビューしに行くときの精神なんかでも、私は新聞記者ですといって名刺を出して、おもむろに切り出したんじゃ、何一つ現実というものは姿を現わさない。やはりとぼけて行って、つまり隠しカメラ性みたいなものでそこからとらえて来る現実というものを、それを再構成するという――。だから意識が壊われているとか何かいったけれども、しかしカメラみたいなものは全然人にみせないということが大切なんじゃないかと思う。隠しカメラの精神について――（笑声）

佐々木　隠しカメラはいいけれども、実は隠しカメラを持ってるというようなことに自信を持ってしまって、自分をちっとも振り返らないというのは困るんだ。

関根　隠しカメラというのは、さっき佐々木さんがいわれたように偶然性を捕捉するには一番有効だと思う。隠しカメラがよく撮れないということもあるんです。決して隠しカメラを持ってるということが、それでもって緊張が取れちゃうということにはならない。絶対緊張の連続ですよ。隠し撮りをする場合は、これは大変なことです。だから逆にいえば、その逆手を使うということは必要ですよ。（笑声）

■ドキュメンタリー精神とは何か

編集部　隠しカメラの精神、ドキュメンタリの―精神、アクチュアリティの問題に立ち返ったけれども、アクチュアリティをどう組織するか。

佐々木　作者がまず衝撃を受ける必要がある。作者がちっとも動かないで、観客を動かすわけには行かない。

武井　ドキュメンタリーということを考える場合に、戦争中の政治とドキュメンタリーの関係を日本では考えておく必要がないでしょうかね。ナチズムの下でのドキュメンタリーと対応している関係が日本にもあるわけですね。そういう問題を、戦後のドキュメンタリー論はどこまで明らかにした上で出発して来ているか。日本のドキュメンタリー論はイギリスやソヴエトからの輸入もあるけれど、戦争と結びついて基礎がきづかれてきてたわけだし、しかもそれは一口に言えば、外圧による作家主体のクリテックの喪失と方法上の混迷からの安易な脱出として強調された面もあるわけですから、例えば佐々木さんたちが記録芸術の会を作ってやって行く場合に、そういうドキュメンタリー論の危険性をどういうふうに理論的に明らかにして行くかということが非常に重要な問題だと思って注目していたのですが。

佐々木　戦争中のドキュメンタリーの問題は、最初に僕も出したわけですよ。

武井　一方では革命と結びついて発展したドキュメンタリー論があり、戦後でいえば戦争（抵抗）と結びついたイタリアン・リアリズムやポーリシュ・リアリズムにそれはつながってゆく。もう一つの戦争（侵略）と結びついたドイツと日本のドキュメンタリーの問題があまり解明されていない。そこからマイナスのドキュメンタリー論が出されて来る可能性があると思うのです。僕は戦後、特にこの四、五年に出て来ているものには、二つの要素がまじりあっているという気がする。だから、僕はドキュメンタリー流行に、スラスラとついていけない。佐々木さんの解体強調にはにわかに賛同できない。

編集部　そこら辺が表現の構造と意識の構造を、やはり対応させながら明らかにして行かなければならない点が少し欠けているんじゃないかと思います。例えば意識の問題を問題にするとき、表現の問題から離れてとかく問題にしがちであり、表現の問題を問題にすると意識の問題が離れていくという気もなきにしもあらずという気がする。そこら辺をはっさりして行けば武井さんの傾向の問題もはっきりして行くんじゃないかと思うのですが――。

柾木　僕は、本質と現象という二元論的なとらえ方ではだめだと思う。「勝手にしやがれ」の場合は本質と現象ということでもないが、何か二元論じゃないが、不可知論みたいな、そういうものでとらえるんであって、一元論でつらぬいて行ってはいないという――。

編集部　現われて来る構造を明らかにしないと駄目だというふうに僕は思うんですよ。

佐々木　構造というのは――。

編集部　現われるというのは、結論的に判断を受けたから、実態にそうなんですが、そこら辺の意識が表現にまでつながって行くか、そこがただつながってるというだけでは駄目なところへ来ているというふうに思うわけです。さっきいった作家が疎外されてると、それを組織していないといるわけだけれどもその意識する過程でもあるわけですよ。自分の表現して行く表現と、自分の意識構造というものを、やはり対応的にとらえない限り、打ら壊わせないわけでしょう。つながってるというだけでは、やはり作家は打ち壊わせないわけですよ。そういう理論だけでは――。

佐々木　芸術には表現上のいろいろの伝統とか、形式の相対的な独立性があるわけでしょう。だから、表現の場合は、具体的にやらないと出来ないことですよ。

編集部　今日はどうも時間が足りなくて問題が明らかにされない―

佐々木　それたった一晩では明らかにはならないですよ。

編集部　どうもありがとうございました。

（終）

■カリガリからヒットラーまで

ドイツ映画の心理的歴史■6

ジーグフリード・クラカウア
各務　宏・訳

■才三章・安定期・4
一九二四年―一九二九年

二、凍りついた地面・3

映画内容の如何は表現方法のそれによって証明されるがこの表現方法もまた群集心理の麻痺状態をあらわしていた。本質的な内容に対する敏感さばかりでなく、すべての映画的感覚が弱められたかのようであった。適切な写真を並べることを通してストーリーを物語るかわりに、より熟練した監督は写真を物語りの単なる挿絵にすぎないものにしてしまったのである。プロットと演出は目茶苦茶に崩れ、後者は何の役にも立たない添え物にすぎなくされてしまった。多くの映画は、たとえそのような小説が実在しないばあいでさえ、すべての小説から引き出されたもののような印象を与えたのである。

映画的感覚のこの不可解な衰弱は撮影技術の上にも影響を及ぼした。一九二四年までは、はっきりした意味を表現するものにまで発達していっていた企ては、二四年以後は無意味なおきまりの物に変っていった。カメラの動かし方を覚えてしまうと、カメラマンはどんなばあいでも無神経にそれを走らせる。クローズ・アップは習慣になる。監督たちは、それを少しでも変えてみようとする苦労もせずに、かえって、何かそうした説明がなければ理解できないような全く平凡な出来事を表現するのにも、おきまりになった一組のクローズ・アップを用いるのである。映画の主人公が汽車に乗るばあいには観客たちは、必ずその機関車の回転する車輪の大写しによる出発を暗示されるものと期待してよかった。「孤独」では、この種の大写しがある構成的な機能をもっていた。が、これらの映画では、それは出来合いの装飾にすぎず、放心の所産であった。そのことはまた、多くの細かい部分の投げやりな取扱い方でもわかることであった。豪華なホテルのぜい沢なロビーの光景は本当のロビーを漠然と思い出させたが、その建物の全景や、又はその一部分が写し出されると、そのロビーの部分は他の建物の一部であるように見えるのであった。

編集過程が機械的になったこともはっきりしていた。たとえばナイトクラブの場面をとってみると、どんな映画製作者でも、その興奮の絶頂を描くのに、ダンスを踏む脚と、サキソフォンの巨大な管と、がたがたゆれる胸像というきまりきった配列によって示そうとする誘惑から逃れることはできなかった。多くの映画が才一次大戦の事にふれた。その最も簡単な触れ方は、鉄条網、行進する隊列、砲弾の破裂という陳腐な材料を自動的に突然写し出すことで充分であった。場面転換の固定した型もよく使われた。その一つのやり方は二つの異った対象物を関係づけるのに、その一部をクローズ・アップで説明することによって行うのである。たとえば立派な紳士から貧乏な婦人に移って行くような場面ならば、カメラはまず紳士に焦点を合わせ、然る後に彼の靴の方にカメラを下げて行き、そこでその靴が婦人の靴に変形するまで止めておく、それから最後に再びカメラを上げて、婦人の姿を写し出すのである。殆どのウーファの喜劇には、ある俳優の動作をちっぽけな動物の動作と並べる一コマがあった。ある美しい少女がはしゃいでいるときには、彼女の狆公も上機嫌だしもし狆公が気難しい様子をすれば、その次の場面は大粒の涙が少女の頰を伝っておちるものと信じていいのである。

ドイツの撮影所において可能な範囲の技術をもって製作された一級の映画作品も数多くあったが、それらは大部分、彼らにとっては重要でもない問題を取扱うかもしくは、重要な問題を涸渇させてしまうようなものであった。これら撰り抜きの作品が、他の標準化された平凡な作品と異ってみえたのは主にその技術的な完全さによるものであった。つまり、大して意味もないことも意味有り気に扱うすばらしい技術である。それらは一見内容が充実しているかのごとくであり、麻痺状態の存在を立証したのは、まさにこの見せ掛けによってであった。

「最後の人」が世界的に成功して以来、カール・マイヤーとF・W・ムルナウは共同製作を続けたが、そうして出来上ったウーファの超大作「タルテュフ」(Tartuffe, 1925)の中で、この二人の芸術家はこのすばらしい方法を賞讃した。麻痺状態はあらゆる面に見られた。マイヤーはその伝染力を知っていたらしく、彼とその周囲に対する無関心さは、思想と感情の密接さとはおよそかけ離れたものであり、それから深刻で一般的な偽善が生れるのだと考えていたようである。彼は「タルテュフ」で偽善を当世の社会での根本的な悪徳として描き出そうとしたのである。彼はこれをモリエールの喜劇の映画化という形で、その物語りのわくづけをすることによって行ったのである。映画は、金持の老紳士が彼の女中——も一人のタルテュフ——につかまって、厚かましくいい寄られる序幕から始められる。この年とった愚かものの眼を開くために、彼の孫は彼とその女中とをタルテュフの映画に誘う。彼は十分ぬかりなく、予め手筈をととのえておいたのである。ここで序幕が終り、タルテュフが始まる。ハムレットの劇中劇のように、この映画の中の映画は、眼を開かせる使命を果す。そして終幕で、この女の遺産猟師は追い出される。しかしあまり念を入れすぎた作品のおかげでマイヤーの伝えねばならなかったかんじんなものは覆いかくされてしまった。批評家は、その現代を型どった話の部分を不必要なつけ足しと考えた。モリエールの演出は、完成された演技と、「最後の寝室の場面でのレースの部屋着、ベッドカヴァーの柄、煖炉の上の磁器製の置時計」等々のような装飾の巧みさとによって頂点に達していた。それは全く演劇風のやり方であった。カメラは殆ど宙に迷っていた。カニングスやその他の俳優たちをそれ自身の目的のために利用するというよりは、かえってカメラの方が役者に従属していたのである。この「タルテュフ」は観客たちに偽善というものをしみじみ感じさせるどころではなく、それ自身タルテュフ的であった。というのは、深底にあるものは離れずにそっとしておきたいと思っている観客連を喜ばせるものであったからである。

　ハリウッドに赴く以前にムルナウはもう一つのウーファの超大作を演出した。「ファウスト」(Faust, 1926)である。ウーファはこの映画を文化的な記念碑にしようと決意していたようであった。ハンス・キーゼルの脚本は、マルローやゲーテやドイツの伝説等を扱っており、またドイツ第一の詩人、ゲルハルト・ハウプトマンは映画の字幕を書き綴った。天使の出現や悪魔の使う魔法等に技術的な精巧さが多分にみられる。カール・フロイントのカメラは彼の発明したローラー・マスターを使って、スタジオの中に作られた町や森や村等の巨大な光景の間を走り廻り、こうして作られた眺めはメフィストフェレスが若返ったファウストを伴って行う大気の中の旅行に観客たちをも誘い入れることができたのである。彼らの飛んでゆく有様は美しい感動の場面であった。しかし、たとえ知らずに行ったことだとしても、その主題に含まれている重要なモチーフは現し得なかったし、その映画の無益さを償うことは移動盤にも、またゲルハルト・ハウプトマンにもできなかったのである。善と悪との形而上学的な争いは終始通俗化され、また長々と続くファウストとマルガレーテの恋物語りは「評論誌全国評議会」上で次のような批判を受けた。すなわち、「われわれはマルローの男性的叙述やゲーテの哲学的な観念の域から、グノーを感動させて彼のオペラを書かせた、その歌詞のレベルにまで引き下げられた感じである」「ファウスト」はその国民文化の沽券の上に資本となってつみ上げられた、いろいろの工夫の持つ、その記念碑的な誇示にくらべれば、それほど大した文化的記念碑とはならずに終った。俳優が再生せしめた古くさい劇的な型は、全体のごまかしを裏書きしていた。外国でこそ非常な成功を収めたこの映画もドイツ国内では殆ど顧みられなかった。当時のドイツ国民はファウスト的な問題に興味をもちもしなかったし、またそれ以上に古典というものについての彼らの伝統的な観念に対するどのような干渉にも憤りを感じていたのである。

　派手な手法によるものの内の目立った実例は、フリッツ・ラングが安定期に作った三つの映画である。それらの映画はわくわくするような冒険や、当時流行していた機械崇拝を暗示した技巧的な幻想をとり扱ったものである。その最初のものは一九二七年の初めにウーファが公開した「大都会」(Metropolis)であった。ラングによると、この国際的に知れ渡った映画の構想を思いついたのは、彼が船の甲板から最初にニューヨーク——幾万という灯りに輝き出した夜のニューヨークを見たときであったということである。精巧な反射装置によって小さなモデルで巨人な建造物の代りにする、いわゆるシャフタン・プロセスの助けをかりて、彼が画面に描き出した映画の中の都会は、一種の超ニューヨーク的なものであった。この画面上の未来の首府は下層と上層と二つの都会からできている。後者は魔天楼の豪華な大通りが、空のタクシーや乗用車のひっきりなしの流れで賑っており、そこには、大企業の所有者や上流の使用人、享楽的な金持の若者などが住んでいる。下の街は日光からさえぎられ、労仂者が巨大な機械の見張りをしている。彼らは、労仂者というよりは、むしろ奴隷である。映画は、上の世界に住む主人階級に対する彼らの反抗を細かく描き、結末は二つの階級の仲直りとなっている。

　しかしながら、ここで重要なのは筋ではなくて、むしろその発展の中で、部分部分におかれている優勢さである。ロボットを作り出すすばらしい研究室の話の中でその技術的な精密さが細かく写されているが、これは筋を進める上で何ら必要ではないものである。大親分《ビッグ・ボス》の事務所、バベルの塔の光景、機械、群衆の配置——これらはすべて派手に飾り立てることの好きなラングの趣味をあらわしている。「ニーベルンゲン」(Nibelungen)では、彼の装飾的な手法も多くの意味をもっていたが「大都会」(Metropolis)では、単に装飾そのものが目的となっているばかりでなく、その筋を作っているいくつかの点を裏切りさえしているのである。機械のもとへ行き機械から帰るときの労仂者の群は装飾となっている。しかし彼等が閑な時間にマリア嬢の気持のよい話を聴いているのを、そのような装飾的群集に追い込もうとするのは非常識である。装飾ということに対する彼の独善的な関心からラングは、下界の洪水から絶望的な逃避を試みる群集によってまで装飾的な型を作り出そうとするのである。映画技術としては比類のない成功であったこの洪水の一場面は、人道的な点からすれば驚くべきあやまりであった。「大都会」はドイツの公衆に深い印象を与えた。アメリカ人はその技術的なすばらしさを喜び、イギリス人は敬遠した。そしてフランス人は、そのワーグナーとクルップの混り合ったような、また全体としてはドイツの活動力への警鐘のような映画に驚かされた。

ラングのその次の作である、スリラーの「スパイ」（Spione, 1928）は、彼の「マブーゼ博士」にみられる二つの特徴を持っている。この映画の主人格のスパイは、マブーゼ博士と同じようにいくつかの異った生活を同時に送っている。すなわち、スパイの他に彼は銀行の頭取であり、またミュージック・ホールの道化役である。さらに「マブーゼ博士」と全く同様な事には、この新しい映画も、法の代表者たちに道徳的優越を与えようとしないことである。スパイをすることもそれを防ぐことも同等である――混沌とした世界で互に争う二組のギヤングにすぎない。しかし一つ重要な違いがある。というのは、マブーゼ博士の方は自ら彼の周囲にある混乱を利用する暴君であるのに対して、このスパイの頭は全くスパイをするというただ一つの目的のためにスパイの仕事に熱中しているのである。彼は無意味な活動に没頭する、形式化したマブーゼなのである。この人物を浮き出させることによって、この映画はその時期の一般的傾向であった中立性を反映していた。――この中立性はまた合法的な行為と不法な行為との間に何の区別も設けないことや、いたるところ仮装だらけであるところにも現われていた。その登場人物は一人として、外見通りのものはいなかった。斯の如く人格が常に変るという事は、真の自己を見出そうとするいかなる試みも自我の麻痺によって妨げられているという精神状態をまことに適切に表現するものであった。恰もこの空隙を充すかのように、ラングは何の意味もない感動を積み重ねた。彼の空想的な表現力はトンネルの中の汽車事故においてその最高潮に達した。此の事故の現物をそのまま見せる事は不可能であったので、彼は、この惨状に居合わせた人の混乱した心理的な映像を通して、事故の惨状を印象づけるという手法を使った。

ラングがもしこの「スパイ《SPY》」を「大都会《METROPOLIS》」の様なスペクタクル式の手法をまねず、それゆえ、空虚な感動が内容のある啓示にとって代られていたならば、これはヒチコックのスリラーの真の先駆者になったことであろう。内容とは無関係な表現技術が真の芸術であるかの様なポーズをとった、この見掛け倒しを地で行くような一巻の書物をウーファは出した。その本は製本では大成功を収めたが、内容は何もなく、ただ「スパイ」の原作となったテー・フォン・ハルバウの小説が載っただけであった。

彼の三番目の映画「月世界の女」（Die Frau in Mond, 1929）の中では、彼は、月世界への旅行者を運ぶロケットを思いついた。宇宙の大冒険はその光景の驚くべき迫真性をもって写し出されたが、筋そのものは情緒の不足で全くお粗末なものであった。この情緒の不足はあまりにひどかったのでそのためにラングが派手な芸術趣味によって作り出そうとした多くの幻想をも信用のないものにしてしまった。月世界の光景は、ウーファのノイバベルスベルクのスタジオの臭いがとくに強かった。

派手な手法によるその他の映画は、悲劇という性格を装うことによってそのつまらなさを隠していた。それは簡単なことであった。何か不幸な出来事を持ち出して、それを運命的な事件のようにしてしまいさえすればよいのである。ウーファのヘンリー・ホーテンの映画「逃避」（Zuflucht, 1928）では、以前ブルジョアの両親のもとから抜け出してプロレタリアートに加ったある若者がすっかり幻滅を感じて、生れ故郷の町へ戻る。そこに一人の貧乏な少女がいて失意の元革命家の面倒をみる。そして彼の両親も最後に彼とその妊娠した娘とを迎え入れる。幸福はもう間近いように見える。しかしウーファは情容捨もなくそれを破滅に終らせる。観客に悲劇を印象づける為に最後の瞬間になって若者が死ぬのである。若者は革命的であったから、ウーファもまた彼の死を道徳的に正当だと考えたのかも知れない。悲劇的な結末をもってくる事が具合の悪いばあいには、派手な方法による映画はよく美しい道具立てを並べたてることによって、その空虚さを隠すという手を用いる。「ドン・ジュアン」（Dona Juana, 1928）のベルグナーはグラナダの泉の前やドン・キホーテが駈け廻った路の上に現われた。それはまったくの装飾であった。

記録映画でさえ誇大となる傾向があった。ウーファの文化映画「自然と愛」（Natur und Liebe）は性生活の有様を、人類の誕生と成長の記念碑的な光景と結びつけた。同様に、文化映画「創造の奇蹟」（Wunder der Schöpfug, 1925）は現代の奇蹟を写し出すとともに、われわれの宇宙が死に絶える、未来の天文学的な事件をも予告したのである。この後者の映画の趣意書によると、このような天文学的な出来事を見れば心ある観客は必ず、彼らのはかない生活が全く無価値なことに気がつくものであるとウーファは信じたのである。言葉をかえれば、宇宙の悲劇的な運命をくり展げて見せることは、観客たちの注意を日常生活の問題からそらすために行われたのである。この例に見られる通り、この派手な手法は社会的な意識を麻痺させるのを助けたのである。

（以下次号）

ルポルタージュ

6.15 深夜国会正門前

●苗田康夫
（演出家・日映新社）

この夜、国会構内での流血の惨事を知ったのは、大森の友人宅で三時間も経った十一時のラジオニュースであった。

その日の統一行動に参加した友人たちと一緒に、そのニュースをききながら、事件の重大さに驚くと同時に、つづいて現場から報導される生々しい放送に次々に事件の全貌や因果関係が明瞭になってくると、警官隊の不当弾圧であることが判然としてきた。三人の友人たちも直ちに国会へ抗議に出掛ける必要を認めた。

私たちは十二時二十分ごろ、国会の南通用門で車を降りた。すでに固く閉ざされた門の前に数十人の人たちが集まって構内の警官隊に、口々に激しい抗議を浴せていた。私たちは、まず国会正門前で行われているという全学連の抗議集会に参加しようと、正門の方へ歩きだした。道路には警察のトラックが数台捨てられたように転っていて、丁度火事場の跡へきたように、二、三名の消防員がホースで無表情に水をかけていた。その前を、黒い人影が行ったり来たりしているだけだった。

ところが正面に近づいて、まず驚ろいたことには、例のバリケード車が横倒しになって今尚燃えているばかりか、別の車に火がはなたれていた。正門構内からは、ホースで放水をつづけているが、引き出されて燃えている車には少しもとどかない。全学連はチャペルセンター寄りに抗議集会をひらいているらしく、正門前を取り囲んで見物している群衆に「学生諸君はチャペルセンターへ集まる」ようマイクで声をからして呼びかけている。だが一向に群衆は動かない。殆ど姿の見えない集団が、正門前に並べられたバリケード車を引き出して来ては、横倒しにして、火をつけている。まるできまりきった仕事でもするように整然と、一台、また一台と片付けてゆく。

私たちの友人の一人がトライXをつめたカメラでフラッシュもたかずに近づいて撮して歩いた。私たちは正門の内側を覗いてみたが警官隊の黒い影がいくつも佇んでいる。雨模様の空はどんよりとして星影もなく、正門前は暗くてどうにもならない。私はとうとう友人たちとはぐれて一人になってしまった。

何時警官隊が突入してくるかも知れず、こんな暗い処にいては、ヤミクモになぐられたり捕えられたら大変だと思って、恩給局前のいくらか明るい処へ引き退った。

相変らず全学連のマイクはチャペルセンターへの呼びかけをやっているが、正門で仕事をしている連中は、無気味な位、落ちついてつづけている。私はふとおかしい気がした。

正面を開けて構内へ入るのには二、三台も引き出せば十分である。その上、構内の警官隊は一向に阻止しようとしない。不思議に思った私は、改めて周囲の人々を見ていた。その時、ヤジ馬らしい群衆の間をかきわけて、出てきた黒い学生服の男に出会った。手には火のついた棒切れをもっていた。一息入れているようでもあった。

いつも見かける全学連の学生たちはいつもYシャツか何かで大体学生服はこの頃は着けていない。そういえば、見物の前の方にいる学生たちも黒い学生服をきている。デモ中に出会う右翼団体の学生だけが六月の蒸し暑いというのにいつも学生服をきているか、黒いシャツであったことを思い出した。ところで、放火作業に活躍している男たちは言葉づかいも所謂学生調ではない。

その時、全学連の車が近づいてきて、「右翼二千名が、国会へ向ったという情報が入った。正門前の学生諸君は私服（刑事）を除いて皆チャペルセンターへ集合してくれ」と何度も呼びかけた。群衆の中には、急いで逃げだした者がいたが、その黒い学生服の連中は依然そのままである。

私も一時報導陣の車へ退避したが、正門前には人々は尚そのままなので再び近づいて見た。正門にはもう三台ばかりのバリケード車しか残っていなかった。その時シャツとパンツだけのびしょぬれの男が出てきた。彼は、私の傍のオートバイの上に立っていた仲間らしい男に近づいて「あと…台だ」と話しかけた。そして二人して、隣にいた私に時間をきいた。暗くて私の時計は針を正確に見分けることが出来なかった。私は「二時五分かな……」と答えた。それにしても随分時間がたっていた。男たちはおどろいて、私の腕をひき寄せ、時計を見入った。その時は一時十分だったのだ。時間を確めてから、例の男はまた正門の方へ戻った。

また激しい雨で一時、私は報導陣の車へ避難してから、戻ってきたとき、三台か四台のオートバイに相乗りしたジャンバー姿の男たちが出発しようとするのを見た。放火作業はおわっていた。

間もなく催涙弾のさく烈する音がしだしたと思うと、群衆が大きく動いた。その割れ目から、機動隊がチャペルセンター通りへ突撃するのが見えた。その一隊が通りすぎたらすぐ一人の女が私の目の前の救急車のところへかつぎ込まれてきた。つづいて一人、また一人。窓から覗きこむと手首がきれて血がふき出している。女は失神状態で生死の程は不明——こうして二台いた救急車は負傷者を満載して走り去った。私ははぐれてしまった友人たちの事が心配になった。

間もなく一人が私たちの車のところへかけ戻ってきた。右翼が来るという方角を気にしているとこ

（以下三十八頁へ）

作品評・人間みな兄弟
亀井文夫演出作品

断片的な作家の眼

藤原智子
（演出家）

「部落」—私は、自分が今までに、ルポルタージュや小説でよみ、田舎の年寄りたちから聞いていた知識や、このことばに漂う秘密めいたニュアンスの断片をつなぎ合わせて、私なりの想像を頭に描いてみながら、この映画の完成を待っていた。地方では、あたかも恥部を語るかのように、一段と声をひそめて「あれはよつだ」とか、小指を出して「これだ」とかいう陰語で表現されている人たち、バカな話だと思ってみても、やはりどこか違うかもしれないといった気持をおこさせる人たち—だが、私のこのような知識は、きっと時代錯誤的なものだろうと考えていた。

勿論、いまだに根強い差別意識があり、新聞などに伝えられる「部落」の悲劇は、やはり氷山の一角だろうとは思っていたが、現在それは、どのような今日的問題を内在させているのか、作者が、どのように鋭い今日的視点でそれをあばいてゆくか、私のこの映画に対する期待は、この点にかけられていたのだ。

ところで、この映画をみた私は卒直にいってガッカリしてしまった。たしかに、問題は複雑化し、封建的な身分差別の問題だけではなくなっているということは判るのだが、それが、ところどころにチラチラみえる程度であって、どれ一つとっても、その実態に深く切り込んだものがないのだ。

いろいろな場所のいろいろな条件の部落が、いろいろと紹介されるのだが、それは、私のもっていた貧困な知識からでさえ想像される現象の、いくつかのヴァリエーションをみせてもらったような、表面をなでまわしたようなものにすぎない。その原因が、多分に撮影条件の困難さからきているだろうことは想像出来るのだが、それならば、何が、どのように撮影をさまたげているのか、ということを、もっと生々しく描き出すことは出来なかったのだろうか。解放同盟に反対の部落もあるという。そういう部落は余計撮りにくかったと想像されるが、「何が」解放同盟に反対させるのか。問題の本質がここにもあるように思えるのだが—。それは、部落の人たち自身のもつ異常なまでのコンプレックスにもあるだろうし、或は、政治的な背景をもっているかもしれない。そして、新らしい反目が、一般人と部落の人たちの間に生まれているのではないか?そうした問題のきっかけが、映画の中にも散在していたように思う。

差別の問題にしても、部落の側だけからしか把えられていないために、その実態が強くうかびあがってこないように思われた。

全篇にわたって「部落」につきまとう「貧乏」が描かれているのだが、その貧乏が、大変美しく物語られている。これは、一般的にいって、この作者のすぐれた資質であり、他の追随を容易に許さぬ高い感受性のもたらすものだと思うのだが、もはやこのように完成された技《わざ》それだけではどうしようもないほど、問題は複雑化し巨大化しているのではないだろうか。このように完成された技で処理されることではなく、部落の本質を一つでも二つでもいいから堀り出そうとして、それに肉迫してゆく、まさにその過程の中から、部落の現実性を把握してゆくこと、しかも、内側では、常に問題に対する冷静な科学的分析を行うことが必要ではないかと思われた。

といったような、全篇にわたるたくさんの不満や疑問はあるのだが、その中で、やはり作者のたしかな眼を感じさせる場面もいくつかあった。

なかでも、私が特に深い感動を覚えたのは、ハンダ屑を再生させ

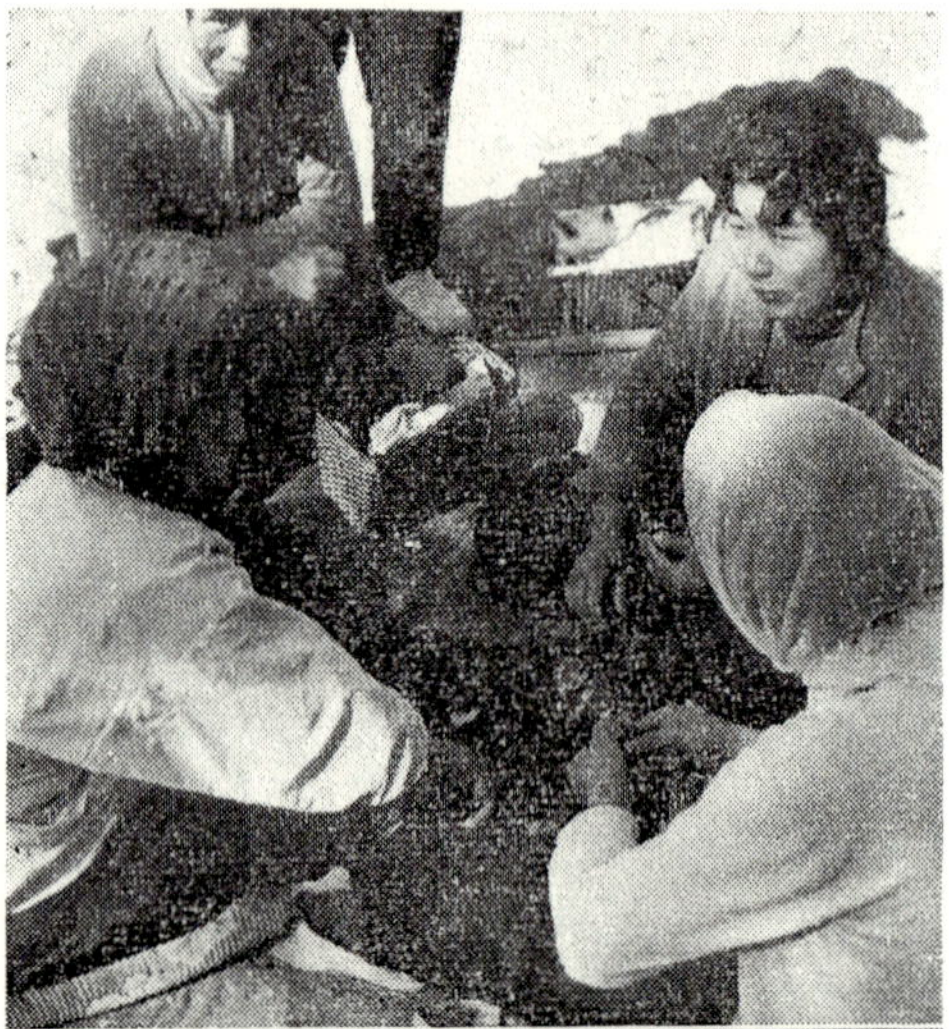

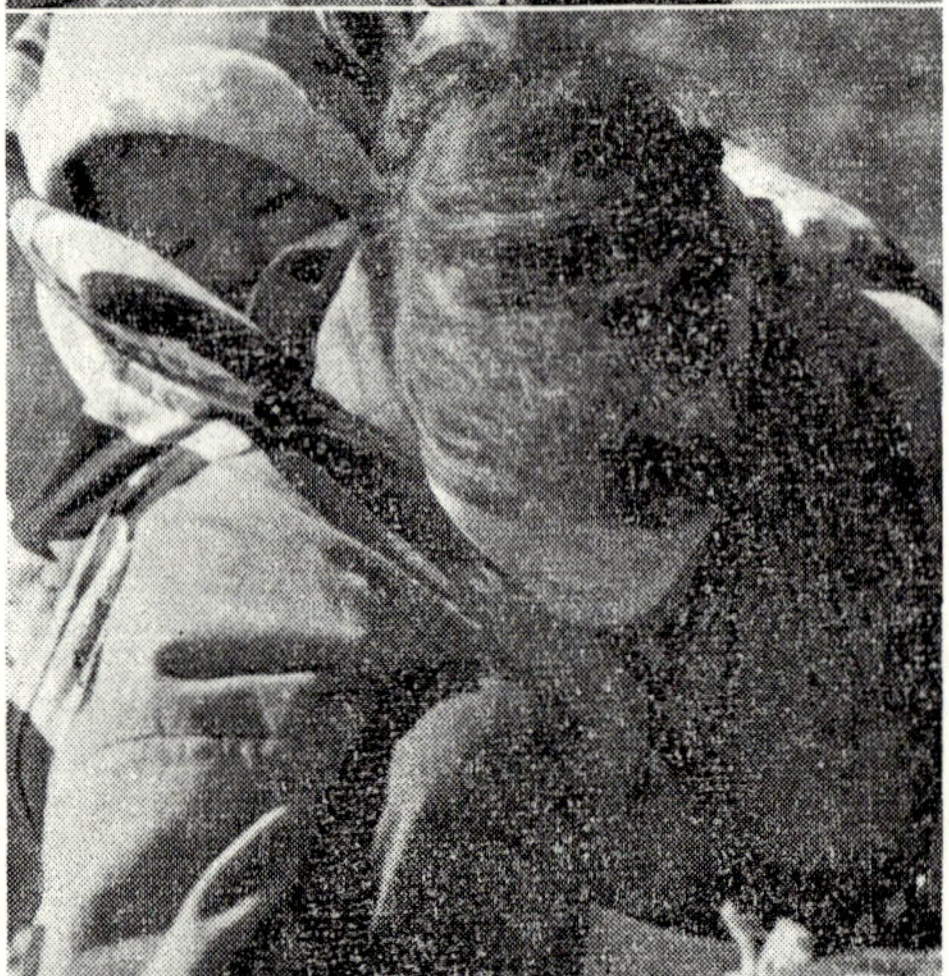

る話である。工場の廃液につかって、ハンダ屑をよりわけるところまでは、まだ、いわば貧乏一般の現象だともいえるのだが、その屑が、使い古された鋳型の中でハンダ棒に再生された姿をみて、ショックをうけた。そのキラリと光る数本のハンダ棒は、いかけ屋や町工場にころがっているものではない。それは、まさに、部落の人の手によって再生されたハンダ棒以外の何ものでもなく、しかも、それ以上のものを表現するのだ。私はこのハンダ棒に「差別」の重みを感じ「貧乏」の年月を感じた。そして、その差別や貧乏を生きてきた人間たちをみた。人間の知恵を、図太さを、エネルギーを感じた。私は、それがもっと即物的に表現されていればよかったと思うのだが、この映画の中で部落の姿が最もきびしく把握されていた場面の一つだと思う。こういう眼をテコとして、今日的な状況が把えられることを期待したのだったが、全体としてそれは断片的なものに終ってしまったようだ。画面に現われた限りでも、ハッとするような場面がところどころあり、それが、さらにどのように追求されるかと思わせながら、それ切りになってしまったところが、いくつかあった。

この映画をみて、私は「部落」に対する認識を特に改めたとか、深めたというようなことはあまりなかったが、記録映画の方法について具体的に考えさせられた。

私は、戦前戦後を通じて、私がみた日本の記録映画の中で「小林一茶」ほどの深い感動を覚えた作品はいまだにないと思っているしこの作者の非凡な芸術性をいつも高く評価しているのだが、その作者自身も、今日、やはり一つの壁にぶつかったのではないかということを感じたのだった。そして、日常、いくらムチ打ってもPRボケしそうになってくる私自身にとって、この映画はやはり、貴重な刺戟を与えてくれたという気持がしてくる。

書評・カメラとマイク・羽仁進著（中央公論社・版）

新しさのパターン

松尾一郎（演出家 日映科学）

ぼくたち映画をつくるものにとって、いま一番必要なものは、新鮮な〃素人の目〃ではないだろうか。というのは、新しい芸術といわれた映画が、動脈硬化を起し、老化してしまった最大の原因が、セクト的な玄人意識にあると思われるからである。手あかのついたパターンにしがみついていたのでは、映画はますます大衆から見はなされてしまう。

ヌーヴェル・ヴァーグと呼ばれるフランスの新しい作家達の多くは、映画製作に、ほとんど素人であったし、いままでの映画にはみられない強烈なイメージを、ぼくたちに残していったのは、記録映画出身の若いポーランドの作家達であった。新しい映画への胎動が、古い映画の世界の外から起ってきたということは、この際、よく考えてみる必要がある。

羽仁進の「カメラとマイク」もセクト的な枠を外して、いわば〃素人の目〃で、現在の映画のゆがみを捉えようとしている。いままで、何の疑いもなく、映画つくりの極意として受けつがれてきたものに、一つ一つ疑問符をつけて行くことは、新しい映画を生み出す大切な前提である。

しかし、ぼくたちは、古いパターンに対して、単に新しいパターンの提出に終らないよう用心しなければならない。大島渚の「青春残酷物語」は、大船調の脱皮というだけでなく、日本の映画界全体からみても、新しいタイプの映画であった。しかし、その新しさもエンド・タイトルが消えるのと同時に失われてしまったような気がしてならない。そこには、もう、〃新しさのパターン〃が、チラチラみえはじめている。手もちカメラで盗み撮りした街頭シーン。クローズ・アップ、バスト、フルとカメラの移動によって変化する長いショット――。こうしたことが、ただ技巧的なパターンとして捉えられているのではないだろうか。

この映画を論ずることが、本題ではないので、細かい例証はしないが、羽仁の考え方にも、同じような傾向がみうけられる。

従来の、本当らしくみせる自然主義的な映画の作り方に対して、映画の機能をフルに動かして、対象を追って行き、日常的なイメージを破壊しようとする羽仁の考え方、その結果生れた映像の持つ複雑な意味を重視する考え方には、ぼくも全く異論はない。しかし、羽仁は、複雑な意味をもつワン・ショットは、モンタージュでは処理しきれないという。それは、主客を転倒した論理だと思う。モンタージュは、映像が、フィルムに焼きつけられた後始末をするものではない。モンタージュの理論は創作の方法論である。作家の創作活動の中で、くり返し展開されたモンタージュの作業が、対象の日常的なイメージを破壊し、複雑な意味をもつ映像を、フィルムに焼きつけて行くのである。モンタージュが不在であるなら、なんで複雑な意味をもった映像が得られるだろうか。ただ、笑った顔が、走っている馬があればよいのだ。モンタージュを通過しない移動撮影や盗み撮りは、従来の〃本当らしさ〃の裏返しに過ぎない。

また、羽仁の「映像による認識思考」という考え方に、ぼく自身明確な結論はもち合せないが、疑問を抱く。少くとも、現在は、言語系を経ない認識、思考というものはあり得ないように思う。ただ将来の可能性としては、そうした変革が起りうるような気がする。その可能性を見きわめる手がかりは、人間の認識の思考の歴史を、もう一度、ふり返ってみることにあるのではないだろうか。

作品評・オランウータンの知恵

藤原智子・山口淳子演出作品

ペットをみつめる優越感

■永岡秀子
（官公庁映画サークル）

或る日のこと、たまたま腹ぺこを満たそうと飛び込んだそば屋のテレビに、チンパンジーが映っていて、メリーという自分の名を黒板に書く芸当をさせられていた。

「私の秘密」という、あの番組である。司会の高橋圭三アナが、全く上にも下にもおかぬもてなしぶりだったので、くだんのメリー嬢は御機嫌よくチョークを振り廻し、あまりうまくない、甚だ気まぐれな字を書きなぐって、御褒美にミルク、パン、チーズを貰い、また、それを上手に（ということはですな、あくまで人間流においてですぞ）食べて見せてくれた。

〃オランウータン〃という言葉は〃森の人〃という意味があるそうだ。まだ小学生だった頃、白のパナマ帽、開襟シャツに半ズボンの外人の一隊が、アフリカの猛獣狩りをする映画を見た時、その猛獣とはオランウータンだった。ゴリラみたいに大きく、もっと、ふさふさした毛を持つ、如何にもたくましい、この森の怪物はなかなか利口で、背高ノッポの白人共を悩ました。けれど自分の子が猿質《さるじち》として捕えられてしまうと、呆気なく檻に入って、これも生捕りになってしまった。

「オランウータンの知恵」の主人公ジプシィー君は、緑豊かに起伏する多摩丘陵、自然動物園の住人？である。

ジプシィー君が棲息する社会は、うっそうたる森林ではなく、すでに人間社会がもたらしたところの動物園である。そして彼が一番信頼を置いている対象は何かというと、人間、獣医の渡辺さんという男の人である。

いくら自然動物園だといってもジプシィー君は、昼間は絶えず二本足で達者に歩く人間共の見せ物にならなければならない。まして記録映画なんていうものを撮られる段になれば、いやでも、これらのスタッフの人達との、お付合いさえスムースに果さなければならなくなる。ところで、ジプシィー君は自分のなす事に、一つ一つ好奇心の目をみはり、上手く処理すれば処理したで、「へえー！」と眼を開き、失敗すれば、「ほら猿真似だよねえ」と笑う人間共を、あまり歓迎してはいないだろう。彼は雨に濡れるのが嫌いである。嫌いだからくぼみに雨宿りする。渡辺さんが上着を持ってかけつけてくれる。彼は、それを被る。だけど人間共が、これをサーカス仕込みのオットセイの曲芸を見て感心するのと大差ない表情で喝采するんだったら迷惑である。

しかし、ジプシィー君の映画を見ていた私は、残念ながら、そんな感動で見ていたのである。これはテレビの中のメリー嬢を見た眼と大して変らなかったかも知れない。ジプシィー君よ、ゴメンね。

だから、いよいよ君の知能テストが、厳正なる試験場で開始され、その成績優秀なことを、まのあたりに見せて貰った時は、いささか恥しい思いがしたんだ。

この映画は、われわれ人間の進化を研究する一方法として、二年間余の時間をかけて作られたものだそうである。

厳密な意味で〃オランウータンの知恵〃とは、どう把握出来るものなのだろう。森に住む類人猿の持つ脳の仂きと、人間に接することによって啓発された脳の仂きとは、大いに違いがあるだろう。二年間の研究の中で、ジプシィー君が提出してくれた結果は、きっと大きいだろう。しかし、この映画についていえば、ジプシィーという類人猿の芸のお披露目位にしか感じられなかった物足りなさが、やはり気になるのである。

武蔵野の一隅に朝が来る。すると愛すべき我らがジプシィー君の一日も、これこれかくかくのようにして始まるのである、というプロローグを持つ状況の中のオランウータンと、鮮やかな手さばきを見せながら小枝で巣を作って行くエピローグのオランウータンとは、全然異なる生命を感じさせてくれた。

総じて、ジプシィー君が、我々人間のペットのように思われるような捉え方が多かったのである。ペットとは人間共の優越感を満足させる道具なのである。だから私にとっても楽しい映画だったのかも知れない。しかし、本当のことをいうなら、ジプシィー君が森から捕えられてきて、人間と接する社会の中に置かれるようになったその環境に対する順応性みたいなものを、何らかの形で捉えて欲しかったと思うのである。

その方が研究そのものの核心をつかみ出してくれる事にもなろうし、自分で作った巣へ、さも御満足気に横になったジプシィー君の本性を知り得ることにもなったろうと思うのだ。

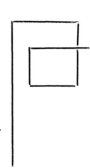

中国便り

京極高英（演出家）

九竜（香港）から一時間ばかり汽車に乗っていくと、深圳という駅につきます。中国との境界線です。（中国人は国境とはいっていません。何故なら歴史を通じて中国人民は香港を英国に渡した覚えがないといっています。）その境界線は幅三、四〇米ばかりの川が境で、そこに小さな鉄橋がかかっています。ここを通って中国側に渡るのです。その向う側に、こちらの英国々旗と相対して中華人民共和国々旗の赤旗が翩翻とひるがえっていて、それを見たときは、正直にいって何か身がひきしまる思いがしました。厳然たる歴史的現実とでもいった感じかもしれません。

その橋を渡っていくときふと堀田善衛の「運命」の舞台を思い出しました。あの舞台装置から感じとった雰囲気とはまるで違った、もっとピリッとした現実です。あの場合は中国人の風俗的なものに重点が置かれ過ぎていて、その行き交う人々の姿の面白さにかたよっていたきらいがあったようです。

物々しい、そして騒々しいピストルを腰にした香港の税関吏や警官の中を抜けて橋を渡ると中国の深圳駅です。これはまたなんと対照的に静かな、美しい、清潔な駅だろうかと驚ろかされます。実はしばらくして分ったのですが、この駅だけが特別に美しく塵ひとつない清潔な駅なのではなく、これから美しく清潔な中華人民共和国が続いているのです。

樹を植え、花を植え、美しい国土にする運動、いや運動なんていうと、日本の緑樹化運動のように感じられますが、それとは違った自覚の上に、自主的に発展していく中国人民の思想の変革、というふうにいえばその精神が少しは表現出来るかもしれません。いずれにせよ、何処へ行っても花ざかりです。

広州行きの急行列車に一輛外人旅行者専用の客車が最後についていました。この時乗客は私一人で何かくすぐったい気持でした。とにかくすべて至れり尽せりの親切で、それは外人だけかというと、とんでもない、すべて中国人に対しても平等で、絶対の服務精神で各客車にひとりの車掌さんがつきっきりで世話をやいているのにはまったく頭がさがりました。

私も一般の客車に乗せてもらうようにたのみましたら、いや貴方をここに乗せたのは中国人民の考えから出発しているということ、中国を楽しく旅行してもらうためだとのことでした。それにしてもいまひとつ驚いたことは、この列車は全部女性の服務員で管理していることでした。女性といえば、先日バンドン五周年記念中国アフリカ友好協会成立の大会に招かれ人民会議室に行き、その一万人の大会堂の規模にも驚きましたが、それよりカメラを片手にはしりまわっている、ニュースカメラマンに女性が多かったのにはうたれました。

中国にはいま三十三カ所の撮影所があります。つまりチベットにないだけで各省に撮影所があるわけです。いまのところ劇映画は北京・上海・長春・西安・広東だけで撮影していますが、その他はニュース、短篇から出発して、段々と劇映画に入って行く方針だそうです。もう時間の問題でしょう。なぜなら、劇映画の出来る省の技術者が地方の省に協力して、合作映画を沢山作っているし、またそうしたことによって段々と地方の撮影所も発展していっているようだからです。

ウルムチ（甘粛省）の撮影所に上海の撮影所が協力して作った、ウイグル族の劇映画を見ましたが色も技術も演技もすばらしいものでした。その他解放軍にも撮影所があります。この関係はいずれお知らせしましょう

それから驚きついでにもうひとつ、「抗美援朝」（十六巻・二部作）つまり、朝鮮戦争の記録映画を見ました。いままで、日本で戦争の記録や劇映画の戦争物を沢山見てきましたが、これくらい迫力のあるものは見たことがありません。迫力なんてことより、いかに朝鮮戦争の戦いが壮絶そのものであったか、一カット、一カット胸うたれずにはいられませんでした。朝鮮を援助するために兵力ばかりでなく、撮影者も志願し、撮影大隊を組織して戦いに参加したとのことで、最前線に立ってカメラも突撃しているのです。

アメリカ軍が二、三〇米先にいるところでの機関銃、手榴弾の投げあい、見ている中に兵隊がばたばた倒れていく瞬間の息づまる画面。倒れた兵隊をだきおこし片手に機関銃をにぎり打ちまくるさまには胸うたれるばかりです。といっても、こうしたシーンが全篇に続くからひきつけられるのではなく、全人民が立ち上った戦い、侵略者に対する怒り、それに対する人民の団結と平和というテーマが全篇をつらぬいているところに、この記録映画に一層感動させられ

現場通信

る点があります。

　こうした映画を通って今日の中国の記録映画が発展して来ているわけで、これからいろいろと勉強していきたいと思っています。なにしろ私たち日本の映画人はあまりに一部の外国の映画ばかりしか見ていません。中国では全世界の人民的立場の映画なら、資本主義国であろうと何であろうと入って来ています。その点私たちも大いにこれから外国映画人との交流を広めなくては、井の中の蛙です。私たちの「記録映画」は大変中国記録映画の人々に喜ばれました。まったく日本の記録映画の実情が分らなかった時だけに心から喜こんでおりました。ただこういっていました。「日本人の文章は何故こんなに英語が多いのだろう。日本語に訳せない言葉なのだろうか日本人民に分らなくてもいいのだろうか。日本人の感覚に表現出来ない言葉なのだろうか。アメリカに占領されている関係ではないかと思った」と。

――誤植訂正――

8頁4段6行　哲学者→**科学者**
8頁4段10行　**水溜りや水滴が正**
8頁4段26行　映画館で→**館が**
8頁1段12行　「あるは時のみ」は「**時のほか何ものもなし**」と訳
23頁3段1行　産物する→**産出**
30頁1段16行　年代記録→**年代記**

（三十三頁から）

ろ後から機動隊におそわれて、警棒でなぐられ、報道関係者に誘導されて助かったという。もう一人のカメラをもった友人はその騒ぎではぐれてしまった。私は不吉な予感がしたが、間もなく彼は戻ってきた。彼はつかまってなぐられ、身分証明書を見せて釈放されたという。その時、靴でけられたという足のところは、斜めに長さ七糎ばかりひっこんで何かで切りつけられたように血がふき出ていた。警官の靴もまた凶器だと思った。

　でも無事でよかったといっているところへ再び催涙弾をともなった機動隊がおしよせてきた。とっさに私たちは車にとびこんでドアを固くしめ、窓を閉ざした。あっというまもなく車は警官隊にとりかこまれた。別の報導関係の車の側にいたものは、入りきれずに捕まって、身分証明書を見せろと、こづかれていた。私たちはランプを消した車の中で息もつかずにひそんでいた。

　しかし、一まづ危機は去った。もう正門前には人影もなかった。

　タクシーを拾って社に帰った時は午前二時をまわっていた。私はこの夜の目撃した事件の中にある不思議な状景と、殺気だった警官隊の黒い姿が強烈に焼きつけられた。

　ゆうゆうと警官の眼の前でトラックに放火していた黒い学生服の連中――時間をきいた二人の男――オートバイで引き上げた数名の男――それから突撃した機動隊――これは全く意外な因果関係をもって整理されてしまう。完全な推理を行うには十分ではないが、トラックに放火したのは全学連ではない別の集団が混乱にまぎれて行った謀略である。放火作業をした連中と警官隊との間に何らかの連絡関係があったのではないか。

　しかし、樺美智子さんを虐殺した警官隊に対する怒りの前に、この深夜の出来事は誰も詮索しようとしない。私はバリケード車の放火事件は決して全学連の学生たちのやったことではないと判断している。

（六月十九日）

本誌合本ファイルを買いましょう。十二冊綴りで百十円。協会事務局までお申し込みください。

西武記録映画を見る会ガイド■

○特集・山と海
○ところ　西武八階文化ホール
○とき　毎土曜十二時半、十四時
二日・生物／魚の愛情、ニホンザルの自然世界、魚の泳ぎ方、
九日・生活／舟を動かす人々、国有林（才一部）
十六日・エネルギー／誇りたかき船、有峰・跡津計画、
二十三日・スポーツ／富士山、ヨット、アジア競技大会聖火リレー、
三十日・観光／浅間山、城が島大橋
○入場無料、御来場歓迎

■編集後記

※安保体制打破の運動をますますひろく、ふかく、そして、たかく、つよく、うちたてねばならない段階にきた。われわれもまた、おのおのの立場でその責任と任務をもってたたかわねばならないと思う。

※今月号の「映画表現の技術」につづいて来月号は「批評精神の再組織」を特集する。武井昭夫、佐藤忠男、などの諸氏が執筆予定。

※『カリガリからヒットラーまで』の訳者二木宏二氏は今後各務宏の筆名をもちいることにされた。

（野田）

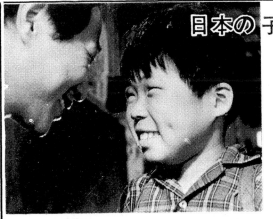

記録映画　七月号　昭和三十五年七月一日発行　第三巻第七号　編集・
発行所　教育映画作家協会　電話東京(71)五四一八番

教育映画作家協会編集

記録映画

THE DOCUMENTARY FILM

昭和三十三年九月五日才三種郵便物認可

「ピカソの陶皿」

8月号

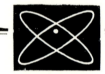

記録映画

1960 8月号

才3巻 才8号

時評

膨大なエネルギーを空転させないために
──その発展と前進のために

六月十五日、全学連の国会突入事件の時に参加した一学生があの兇暴な警官の行為について以下のように語っている。

彼は学友にさそわれ、民主主義をふみにじった岸自民党政府のやり方に憤激し、戦争に我国をまきこむ安保条約に反対するデモに参加しようとして、当日、国会前にきた一人である。後方にいた彼は国会内にはいって抗議集会をひらこうという声にしたがって、学友とともにごく自然に行動した。彼はその時、国会は国民のものであり、国会内で集会をするのは国民の当然の権利である、と思っていた。そして彼は警官というものが国民の権利をまもり、保護するものであると「民主警察」について、戦後の教育のなかにおそわったことをそのままうけとっていた。彼の行動はそうした素朴な怒りと考えの上になされた。

だが、彼は国会にはいるやいなやポンプで水をかけられ、武装警官隊が彼等にコン棒をふるい襲いかかった。ガス弾をはなって国会外に逃げでたものを追っかけてメッタうちにした。狂気じみた警官の兇暴な弾圧は一名の女子学生を殺し数百名の学生、また、報導関係者や急をきいてかけつけた大学教授などに重軽傷をおわせた。

彼はその瞬間、彼が教えられてきた警官に対する考えのいっさいがうちこわされた。彼はその時、警官が支配権力の弾圧機関である本性を知ったと憎しみにあふれた言葉で当日のことを語った。

彼の言葉のなかに、彼の行動が当日の岸自民党政府が国民会議の統一行動を中心とした国民的な安保反対斗争のひろがりによって、窮地においこまれ、挑発と弾圧のキッカケをねらっていたという状況の把握がかけていたことは、もちろんであるが、彼の行動をささえたストレートな民主主義に挑戦するものにたいする考えと怒りはただしい。

この考えをさらに発展さすことが今日の時点では大切であり、そこに、うちだされたエネルギー（こんど度の安保反対斗争にしめされたぼう大なエネルギーはその多くがその学生のもっていたものと同じであったと思う。）を再確認するとともに、六月十九日までの安保反対斗の成果と欠陥をきびしくみつめ評価するなかで、ただしい方向をうちだし、その方向に結集し組織しなければならない。それは岸亜流政府─池田政府のかならずうちだすであろう圧制と弾圧による安保体制強化と斗い、新安保条約不承認によって彼等の条約を死文化し、民主的な政府を樹立し、安保条約を破棄する迄斗っていくものでなければならないと思う。

このように考える時、また、このような斗いをすすめるについて、前にのべた学生の話のなかにも一つの問題点がある。それはとくにイデオロギーの面で斗いに参加するわれわれ作家にとって重要なことである。かの学生が考えたような警察機関についての「民主警察」というような抽象的なとらえ方をしてはいけないと思う。それは「民主主義」「政府」「文化」などについても同じであり、作家は人民的、階級的立場においてそれらをとらえねばならないと思う。あの六月のつきることをしらなかったエネルギーを保持し、発展さし前進さすものは抽象的な概念規定をうちこわし意識を変革することにあると思う。今後の新安保反対斗争における作家の任務もまたここにあると思う。

表紙の写真

日仏文化協定の締結を記念して製作された「ピカソの陶皿」の一枚。これはピカソとフランス平和委員会の好意で実現したものである。一枚一五五〇円、送料一三〇円でピカソ陶皿頒布会（東京都千代田区神田猿楽町二の十一平和委員会内）へ申込めばよい

もくじ

批評について
映画批評家とは何か

佐藤忠男
（映画評論家）

昨年、私はある小さな雑誌に、児童文学について六〇枚ばかりの論文を書いたが、しばらくして、それが、児童文学関係者たちの間でたいへんな反響を呼び、激昂した反論があちこちに見られたり、某々大家が、佐藤とはどんな男か、顔を見たいものだ、と言ったという噂がとんできたりして、びっくりしてしまった。これは、児童文学関係者の世界の小ささからくるものであって、小さな楽園を守っている人々の純情さ、敏感さ、などの現れというべきことだったのであろう。それにしても、言論がこうもテキメンに有効であると知ることは、文筆業者としてこの上なく嬉れしいことであった。

映画ジャーナリズムの世界では、そんな、打てば響くような手応えを信じて発言する自信は、なかなかもてない。

だいいち、映画批評の読者とは、いったい誰なのだろうか。以前、私は、田舎にいて、純粋に私的な文章として、映画を材料にしたエッセイを書いていた。それは、あくまで、映画を手がかりにして、自分の中にあるさまざまなコンプレックスをさぐり出したり、それを、あれこれ検討したりして、自分の思索をきたえるためのものであった。当時、雑誌「映画評論」の編集長だった大沢督太郎氏が、それを活字にしてくださったのだが、これが、作家や観客にどう読まれるか、などということはどうでも良かった。というより、ほとんど意識にのぼりさえしなかった。

だから、東京に出て、まだおどおどしていたころ、中平康監督に会って言われた言葉は、私をギョッとさせてしまった。映画館の中で客を満足させるかどうかは作家の責任だが、映画館まで客を引っぱってくるのは批評家の責任だ、というのだ。とてもとても、映画批評などというものに、それだけの力はない。批評家が賞めたぐらいで、映画館が満員になるならこんなやり甲斐のある仕事はないけれど、と、私はそう思った。

映画批評は、何を目標にして書けばいいのか。ということが、改めて、大きな問題になった。私が、それまで、私的な文章として書きためたエッセイは、先輩の多田道太郎さんのすすめで本になり、六千部印刷された。その読者からは、予期以上に反響があり、私は嬉しかった。しかし、映画の観客は、日本に数千万人もいるのだ。その中の、六千人の人に語りかけても、日本映画はどれだけ変るだろう。直接、作家に語りかけ、作家の、作り方を変えさせる批評も必要だ、そういうのも書いてみたい、と考えた。これは、いわば芸術批評の正統で、なんの変哲もないことだが、しかし、まだ、いまの日本の映画ジャーナリズムでは、宿題になっていることだ。十枚、二十枚、三十枚ぐらいの、片々たる作家論ならざらにあるが、一人の作家について、三百枚、四百枚と書いて、とことん、追いつめた本は、まだ一冊も書かれていない。いまのように、世間に活字があふれている時代には、十枚も二十枚の文章で、一人の人間をギャフンと言わせるのは難しい。いずれ、機会をつくって、一人の作家につき、少くとも四百枚の、論文を書くこと。これは私の宿題だ。

そういう本を書いても、いまの映画ジャーナリズムではとても商売になりそうもない、と、ついおっくうになってしまうのが障害の一つだが、その前に、もう一つ、考えることがある。いったい、作家は、彼の作品を全部支配しているものだろうか、ということだ。ごく小数の何人かの作家については、たしかに作家論というものが書ける。しかしその人たちはいま、ほとんど作家としての生々とした存在理由を失なって、巨匠という名声の堕性だけで仕事を続けているのではないか。その仕事が、もはや堕性でしかなくとも、当分の間、映画会社は、彼に可能な限りの自由を与えている。ところが、いま、もっとも意義があると思う仕事をしている新進中堅のいく人かの作家たちの場合は、企業とのたたかいの末に、いったい、その作品の何十パーセントに彼の本心が残されているのか、ちょっと見ただけでは分らない状態なのだ。映画作家は、巨匠にならなければ本当の作家ではなく、しかも、巨匠になってしまえば、たいていダメになる、という、全くやっかいな性質をもっているように思われる。

批評家は、作家を論ずると同時に、作家と協同して企業と戦うことが必要だ。そうでないと作家の正体すら、なかなか摑めない。もちろん、作品だけでも、作家の美学的な好みや、思想的な立場などは分るけれども、創造の過程を全体的に理解することは難しい。

そう思って、企業の研究をはじめてみた。まず手はじめに、昨年、野口雄一郎さんといっしょに、松竹の大船撮影所へ行ってみた。野口さんが、松竹の企業としての弱点をさんざんにあばきたて、それに便乗して、私は、松竹映画はいかにダメになっているか、ということを書きたてた。なにも特別に新発見があったわけではなく、内部の人や、事情に通じている人たちなどにとっては、すでに自明のことばかりだったのだが、それが、内部では公然とは言えないものらしく、また、下の方で言っていても、簡単に黙殺されてしまうようなことだったらしい。

このルポルタージュはびっくりするほど反響があった。大船撮影所のいたるところで、この文章をもとにした議論がおこり、社長はじめ、お偉方がカンカンになっているという噂が聞えてきた。正直のところ、これはこわかった。私が編集している雑誌「映画評論」は、各映画会社から広告をもらわなければ経営が成り立たないのだ。といっても、べつに、その社の作品をけなした批評をのせたからといって、苦情を申し込んでくるような肚の小さな映画会社はないけれども、会社主脳部を直接攻撃する文章をのせたらどうするのか、はじめての経験なので不安だったのだ。

しかし、これはどうやら、私の小心さをバクロしただけだったようだ。しばらくして、以前から知っていた、当時助監督の大島渚さんから電話がかかってきた。一度議論しただけで問題が消えてしまってはまずい、自分も発言したい、といった趣旨だ。それは結構なことだ、と思ったが、企業の内部にいる人に企業を批判する文章を書かせていいものかどうか、また迷った。ところが、大島さんは、私と野口さんを批判する、という形式で、要するに、松竹を再建するには、若い優秀な助監督をどしどし監督に起用すればいいんだ、という文章を書いてきた。これには感服した。マス・コミの中で仕事をするには、こういうツラの皮の厚さが必要なんだ、と、つくづく分った。

大島さんは、やがて「愛と希望の街」を撮った。スター・バリューもない小品で、社長と意見が違ったとかで、二番館で三日間しか封切られなかった。とうぜん、ジャーナリズムの大勢からは殆んど黙殺されかかった。「内外タイムス」の映画評が絶讃しているのだけ目についた。私は、素晴らしい作品だと思った。ちょうど、「映画芸術」から、ちょっと長い原稿をたのまれていたので、その批評を長々と書いた。そしたら、これもたいへん反響があった。会う人ごとに、「愛と希望の街」というのは見ていないけれど大へんいい映画だそうですね、と言われた。私の批評は、この映画の客をふやすということでは全然無力だったけれど、企業の中での大島さんの立場を、いくぶん強化する役には立ったようであった。企業の中で、批評がそれほど権威をもっているとは、実に意外だった。これはたぶん松竹の営業不振からきた上層部の自信喪失の現れであり、調子のいい会社なら、社内の人材を評価するのに、さほど批評に動かされることはないだろう、と思う。しかし、それまで、映画会社のお偉方は批評など問題にしないと一人ぎめにしていたので、これは、と、思い直したわけだ。

このことから、私はかなりの教訓を得た。言論は無力な場合が多いが、タマには役に立つこともあるのであり、タマに役に立つときのためには日頃の心掛けが大切だ、ということだ。批評が良くても悪くても、観客動員の大勢にどれだけの影響力があるか、そして、映画会社は、観客動員に影響がないかぎり、批評など問題にしないのではないか。だとすると、批評はいったい、どういう社会的な効果をもつものか。そういう無力感は、しばしば私をとらえる。同じような事情が、多くの批評家をしばしばニヒリズムに追いこんでしまうのではないか。文学その他、非マス・コミ的なジャンルの批評にはないおとし穴が、映画批評にはあるのだ。このニヒリズムから脱出するためには、自分を、なんらかの運動の中に投入することが必要なのだ。作家と協力して企業と戦うとか、観客を組織して、作家を助けるとか。

しかし、映画批評家は、文芸批評家とは違って、一人の作家、あるいは一つのエコールにだけ密着して文筆活動をしていると、ちょっとメシが喰いにくいのだ。文芸評論家のように、一人の作家について一冊の本を書き、それに関連した問題意識からだけ雑文を書けばメシが喰える、という具合にはなっていない。ありとあらゆるジャンルの映画を評価するよう、ジャーナリズムから求められるのだ。それが映画である以上、ミュージカルもドキュメンタリーも、西部劇も、ポーランドの若き世代の苦悩も、フランスの戦後のニヒリズムも、日本の人情ばなしのムードも、みんないっしょに、論評することを要求されるのだ。ここにもまた、映画批評家を、独特のニヒリストか、趣味の蒐集家にしてしまう力が仂いている。

ありとあらゆるジャンルに目をくばりながら、それを一つの問題意識に凝集し、運動に投入してゆくには、映画批評家は、どうしても文化について、歴史について他のジャンルの批評家以上に強靱な自覚をもたねばならない。

●映画批評への不信と期待

高瀬昭治
（企画・日映新社）

六月十五日の国会周辺における流血の悲劇を、「その事のよってきたる所以を別として……」という七社共同宣言によって、暴力主義として一蹴してしまった新聞は、ラジオ、テレビの中継ないしはフィルムによって事件の生々しい他の側面を認識した聴視者からボイコットされることを恐れ、後日いわゆる周辺記者たちの座談会をのせて、事件経過の一端にふれざるをえなかったことは、今なお、われわれの記憶に新らしい。不偏不党と公正なる立場を弁解するのは結構だが、国民世論を代表するかのごとき立場から、一種の平均値的思考形態が慢性化したり、また問題点の摘出を意識的に避けるという事なかれ主義が一般化する傾向は争えないであろう。たとえこうした政治的問題と真正面から対決することのない新聞の映画欄についても、オピニオン・リーダーとしてのそうした性格と無関係とはいえないだろう。

ところで現在、すべての一般紙はなんらかの形の「映画欄」をもっており、また形式・性格は異るとしても、映画欄に相当する記事をのせていない週刊誌が存在しないということも事実である。一体、こうした必要性はどこにあるのか、また、この必要性が映画欄の性格をどのように規定しているのであろうか。

一般に興行ベースにのった映画は、かりに再上映されることがあるにしても、一定期間上映されたあとは、図書のように古本屋で探すというわけにはゆかず、一度見損ったら二度とお目にかかれないのが普通である。他方、こうした興行形態のもとで、毎週つぎつぎと新しい映画が製作され、市場に出てくる。映画専門雑誌や業界誌を別にすれば、われわれはどこから、こうした洪水のように湧きでてくる新しい作品についての知識を得ることができるのかと反問すれば、新しい作品についての情報源として新聞が果している役割を理解することができる。

もちろん、映画館側の独自の宣伝や予告編による紹介や、また友人同士の会話や風評などによる二次的な情報がえられる場合もあるが、それも新聞という巨大なミディアが、映画広告欄・新作映画評・映画界のゴシップ欄等を動員して、広範囲にわたり系統的にインフォーメーションしている役割には及ばない。

映画と観客とを結ぶこれらのパイプのうちで、「映画欄」は、普通「映画評」として受けいれられており、映画広告欄とは質的に異なる作品評価を内容としたものとして、読者の映画に対する判断を支える一助となっていることは否定できない。

「意あって力足らず」という見出しをもった朝日の「ろくでなし」の映画欄を引用しよう。

「木下恵介監督に師事した新人監督、吉田喜重の才一回作品である。金持ち息子の川津祐介や林洋介、それに貧しい津川雅彦や山下洵一郎の四人はいずれも大学四年で遊び仲間。……(以下ストーリーと、この作品の内容が、〈……と訴えているようにも見える。……と語っているようでもある。〉と紹介され)……こんなふうに社会への切りこみ方はなかなかのもので、いかにも〝新しい波〟を感じさせるが、残念なことに……(以下表現力について解説)……掘り下げが足りない感じだ。……ドラマらしい盛り上がりの不足も考えてほしいものだ。みじめな青年を通して社会を描いているが、意あって力不足というところ。次回作を期待しよう。一時間二十七分。(磯)」

新聞映画欄の内容構成は、この引例にも見られるように、まず、監督・俳優の紹介――ストーリーの要約――表現技術――全体の評価・採点――作品の狙い――筆者の作品に対する註文――上映時間、などからなっているのが普通である。限られた紙面に、これだけのことを記述する担当記者の手ぎわはなかなか見事なものであるが、更に新聞全体の編集方針による制約や、新聞広告面からはねかえってくる営業上の制約などを考えるとき、試写室通いのモグラ生活を余儀なくされる担当記者の立場は一応理解される。理解されるというのは、新聞映画欄には、記述にあたっての方針や立場はあるにしても、批評精神とでもいうべき主体的な信念はそれほど要求されないということが理解されるということである。

新聞映画欄に期待と信頼をもって臨む読者は、もちろん量的には少いであろう。むしろ量的には広告欄が果すインフォーメーショナルな機能のほうが大きいといえるかもしれない。しかし、内容についての情報を入手する唯一の道が、この映画欄に課せられている以上、記者たちの批評精神の基準について、多くの疑問や要求が出されてしかるべきだ。

しかし、こうした問題提起は、どうやらお門違いだといわれそうである。つまり、「映画評」などという欄は、わが新聞にはございませんと開きなおられそうである。(朝日「新映画」、毎日「映画」、読売「スクリーン」、東京「新映画」、「映評」)

新聞映画欄の性格と機能は、一口でいえば、「新作映画紹介」であって、新聞の平均値的思考のなかで、人気俳優や監督の紹介、冗長なストーリーの記述――ストーリーでも書かなければ書くことのない作品が多いせいかもしれないが――ちょっとした「見どころ」、「蛇足的な」作品への註文などで筆をおかねばならないという習慣が慢性化していると考えるべきであろう。広告スポンサーとしての映画産業を目の敵にまわしてまで、批判精神のあり方を徹底的に討議する必要は新聞にはないというべきであり、事なかれ主義の新聞映画欄に、「映画評」を期待されても、期待するほうが野暮というのかもしれない。ともあれ、「新聞映画評について書くとは意外である」といったエイゼンシュテインならずとも、事実上存在しない「映画評」について書くということは不条理というべきであろう。

では、われわれは映画批評をどこに期待し、また、それの態度と方法をなにに求めたらよいのであろうか。以下、新聞映画評という問題を完全に離れ、アンチ・ロマンの方法意識を採りながら、この問題を検討しよう。

美術や写真を空間芸術だと規定すれば、時間的経過を追ってその独自の世界が展開され構築される映画は、音楽や小説や演劇と同様に、時間芸術だといえる。ここで問題として反省しなければならないことは、映画の形式的な側面を規定するこの「時間性」が、映画の誕生以来、――二三の例外はあるにしても――一般にストーリーないしは物語という内容と、安易に野合させられてしまったということである。映画が、ある事件、ある人物等の物語の展開を伝える単純なコンベアーに堕していることは、今日見られるすべての劇映画が、今なお証明してくれる事実である。もちろん映画的見せ場を俳優の名演技やすばらしいロケーションによって示そうという下心があるにしても、それは基調として存在する物語性に従属させられていることには変りがない。新聞批評が、映画のストーリーの紹介に多くの比重をかけていることを批判する前に作品自身のストーリー完全依存という態度を反省することも無駄ではないようだ。

登場人物や物語が主要な役割を果した伝統的小説に反抗し、アンチ・ロマン作家の一人ナタリー・サロートは、「私にとって小説の筋は、人物達の動きを抑制したり、それらがばらばらに飛び散るのをふせぐ、枠組の役目しか果さない」と主張する。ここには、プルースト、ジョイス、カフカ、フオークナーと流れてきた、十九世紀的リアリズム文学への懐疑と不信が、小説自身の反省へと導き、人物や事件を外側から、また逆に内側から客観的に描写し物語ろうという要求を拒絶するだけの、小説的想像力に対する強い信頼と権利回復が読みとれる。つまり、一方ではフローベル的リアリズムを、対象を石化し生命の息吹きを殺す陰ウツな狩猟と規定し、他方プルースト的心理主義を、人間心理の精緻なモザイクと考えたサルトルが主張するように、「反小説は、小説の外見と輪郭を保っている。それは架空の人物たちを登場させ、彼らの物語を語る想像力の作品である。」といえるからだ。

作品は読者に対する作家の呼びかけであり、その呼びかけに応じて、読者の想像力が自由に仂きだすことによって、作品が作品として成立しうるとすれば、作品には、読者に対する一種のワナという性格がつきまとう。巧みなストーリーに読者が安易に身をまかすことが、いかに非想像的であるかを考えれば、このワナともいえる作者の呼びかけがあってこそ、読者の想像力は、貧弱な非本来性の領域から、世界と人間存在の複雑性に耐えうる強靭な本来性の領域へと展開しうるのである。アンチ・ロマンの作家たちは、こうして意識的に読者をまどわし、日常的な想像力の貧困さをむちうつという方法をとる例が多い。そして一見無目的な日常的行為の繰返しのなかから、突然異様な人間的現実を覗き見させる、一つの窓をわれわれの想像力に向って開いてみせる。

こうした方法の場合、サロートがいうように、小説の筋や人物の性格描写というものは、不必要というよりもむしろ、想像力をチェックする邪魔物と考えられるのは当然である。読者は、筋を追うのではなく、作品の構成にしたがって、模索しながら、それが提示する人間的現実の世界を次才に完成していくという積極的参加が要求される。作家の側から見るとここでは作家の方法意識そのものが、作品の構造と内容とを規定しているともいえよう。

問題を映画本来の領域に移そう。岡田晋が「閉ざされた空間」というヌーベル・バーグに関する一試論で、アンチ・ロマンとヌーベル・バーグとの近似性を、小説技法＝映画技法との近似性において興味深いとして捉え、いずれも過去の技法によっては、複雑に変化した現代の現実をつかむことができないという基本的な考え方で両者は一致すると説いているが、同時に、「閉ざされた空間」を相手にする限り、そこには現代はあっても、現代への参加は生まれてこないだろう、というその将来に対する一抹の不安を表明し、ただ一つ未来が感じられる作品としてアラン・レネエの「二十四時間の情事」があることを付記している。

私は残念ながらヌーベル・バーグの作品をほとんど見ていないが、「二十四時間の情事」は二度見る機会を得た。マルグリット・デュラ女史のこの脚本には、もちろん二十四時間を描くストーリーとしての物語性は拒否されており、人物は歴史的場所を示す二つの地名によって最後に示される。しかし、だからといって、スタイルからみたアンチ・ロマンとの類似性を主張することは、問題の本質には迫りえない。ヒロシマとヌーベールというそれぞれ歴史的場所で高揚する愛と屈辱の戦争体験が、忘却と追憶という矛盾する過程において展開されるこの作品は、複雑にからみ合う、弁証法的関係のなかに、個人的な愛を愛の普遍的現実へと高め、同時に過去の戦争体験を、現在から未来に投企する戦争責任として摘発する。そしてとくにここで問題とすべき点は、こうした内容と意図を観客の自発的想像力に訴える、その方法意識である。

まず作品の筋とでもよべるものは、サロートが自作について語っているように、事件の発展ではなく、作品の意図を伝えるための枠組としてしか意味をもっていない。それは、われわれの想像力を一時中断させ、さらに遡行させ、場合によっては反覆させる。それはまた、映画の重要な機能と考えられていた主人公と観客との同一化をも拒絶する。映画の進行とともに、われわれの想像力は空しく空転し、作者の呼びかけに応えようともがき続ける。そして他ならぬ作者が観客に期待している観客の積極的参加とは、この模索であり、その努力の中で観客が体験する映画的世界の独自性ではなかろうか。個々の手法やドキュメンタリー的要素にふれる余裕はないが、私がデュラ＝レネエのこの作品の独自性として強調したいのは、こうした、従来からの映画的世界の否定ともいえる、新しい映画的世界を観客の前に大胆に提示した方法意識と、それを支える作家としての鋭角的な問題意識とである。

新聞映画評批判が、思わぬ方向にそれたそしりはまぬがれないにしても、映画評の基本的態度のあり方について、以上の所説——意識の作用面としての想像力の喚起に力点をおき、その想像力が志向する対象的側面についてはほとんど触れていないが——から一応の推論がなされよう。

一言でいえば、想像力の本来性において果して作品が観客の自由に真摯（38頁へ）

丸山章治
（演出家）

タタミの上の水練でなく

作家と批評精神

安保斗争を通じて、民衆の批評精神が今までになくはげしく沸騰した。

ところで、さて、作家よ、この危機（クリシス）に際して、お前の批評精神（クリティシズム）はどうなのか、というのが僕に与えられたテーマである。

芸術が認識であることは、今日常識になっていると云って、さしつかえないだろう。従って、芸術を製作する作家たちに批評精神のない筈はあるまい。にもかかわらず、今このような問いが問われるには、それだけの理由がなければならない。成程、そう云われてみれば、まことに認識の名にふさわしからぬ作品があちこちであとからあとから作られている。イヤ、これは他人事ではなくて、かく申す筆者自身もそういう作品をつくっていない訳ではないのだ。

何故そうなのか。作家の批評精神がそのまま作品に結実するのをさまたげる条件があるためか。それとも、作家の批評精神自体が実は本物ではなかったためか。

僕の考えによれば、どうやら後者に重点があるようだ。そこで、製作（実際行動）にあらわれない批評精神が、何故「タタミの上の水練」であり、本物でないのか、それを考えてみたい。

六月四日、フィルム編集をほうり出してデモに参加して以来、僕は全く仕事が手につかなくなってしまった。その後も、頼まれた石油会社ＰＲ映画のシナリオを書くため、我家の机の前に無理に尻をすえてみたが、一ページも書けない。家に居ても落付かないから、出ていってデモに参加する。すると気分がいくらか落付く。又机の前に坐る。やっぱり書けない。

何度かデモに参加し、とうとう一枚も書かないうちに、約束の原稿提出の日をむかえ、仕方がないから電話で締切りを二日程のばしてもらって、どうにかシナリオをでっちあげた始末である。そして、現に今も、そのような精神の状態がつづいている。

社会人としての作家か、作家としての社会人か、という議論がかつてあったが、この一月程の体験によって、結局社会人としての作家であることが実証されたようなものだ。僕は作家であるよりもまず、一個の市民になってしまっていたのである。

そして、このようなあり方は僕一人のことではなかったようだ。こんどの斗争を通じて、すべての文化分野の専門人たちが、（ふだんならば恐らく、音楽はわかるが政治はわからない、とか、原子物理学が専門ですから政治のことなら政党にきいて下さい、とか云っていたであろう人々が）それぞれの専門領域から出てきて政治批評をはじめただけではなく、その批評がすぐ行動（デモ、集会、）にむすびついていったのも、同じ事情だと思う。

一体批評というものが、音楽だ文学だ科学だという風に、専門領域の中にとじこもっていられるものではない筈であって、専門内でなら評価できるが、そこから外の分野については評価できないというような片輪な批評が権威をもつという事自体マコトニ妙な話なのであって（各文化諸分野を媒介しないでどこに批評の機能があるというのか）、そういうヘンな迷信をぶちこわした事もこんどの斗争の一つの収獲だろう。

安保斗争は、このように民衆の批評精神を沸騰させ、民衆の批評（否定）は、現実変革（否定）行動にまっすぐむすびついていったが、僕はこれこそが本物の批評精神というもののあり方だと考える。

ところが、斗争のさなかに、或音楽家が、日本に日本のラ・マルセイズがないのが残念だ、ぜひそれを作らなければ、と或る新聞に書いているのを読んだが、成程古いメーデー歌や外国の歌があるだけで日本のラ・マルセイズはまた生まれてはいない。社会人としての作家の批評精神が、デモや集会という行動にはすぐむすびついていっても、作品の製作という実際行動にはまだむすびついていなかったというのは何としたことだろう。そう云えば、これは音楽だけの問題ではないようだ。今日の、この激動と鼓動をひとしくするような作品は、文学にも映画にも殆んどないようだ。（ツイせんだって「青春残酷物語」という映画を見たが、作品のよしあしは別として、この映画だけは、この斗争の中でのわれわれと同じ鼓動を打っているように感じた。）

つまり、この事は、今ふりかえってみて感じるのだが、それ程にわれわれ作家の批評精神が、いままでリアリスチックではなく、徹底的でもなく、激烈でもなかった、という事を証明していると思われるのだがどうだろう。

六月二十七日、遅いひるめしを食いながら、フジテレビの「外人記者の見たこの一月」という放送をきいたことを今思出す。スイッチを入れた時は、もう放送も終りにちかづいていた。ある外人記者が『学生があんな風に毎日デモに出てくるのが不思議だ。おそらく、宿題もなければ研究もなくて、よっぽどヒマだったにちがいない』と云ったら、出席者たちが皆声を出して笑った。その時、一人の日本人のバアさんが、いかにもモットモらしい顔つきをしながら『学生は、もっと人生の大切な問題について、勉強をすべきです。』と相づちを打った。アトで字幕を見たら、このバアさんは坂西志保という評論家だった。むろん僕がこのバアさんに猛烈な軽ベツを感じたことは云うまでもない。

坂西バアさんに、統一的に世界を把握するための生きたシステム（図式などという死んだものでなく）がなかった事は云うまでもない。だからこそ学生デモという一つの事実を、全体の関係の中に位置づけて統一的に評価する能力を欠き、それがこの無力でトンチンカンな批評（？）となったのだろうことは、容易に察しがつくが、今はそのことよりも、僕が問題にしたいのは、現に今、ここで、行われている学生のデモの客観的な意義（バアさんの主観的好悪にかかわりなく）を追求するかわりに、問題のアクチュアリティ（今、ここで）をぬきにしてしまって、いついかなる場合にも一般的抽象的に通用しそうな本来の学生のあり方みたいな問題とすりかえて、改めてわかり切った常識を結論として出してみせるような批評のやり方についてである。このバアさんが、実はずるくて問題の焦点をずらしたか、又はモウロクして問題をつかみそこねたか、坂西バアさんの事はトニカクとして、われわれ作家の中にもこういうやり方がみられる事が、今問題なのである。

話は古いが、僕も一度生産性向上運動のPR映画を演出してくれとたのまれたことがある。丁度仕事にあぶれてしまって、ひどく困っていた時だったので、ことわる勇気が仲々出なくて、煩悶したことがある。一度だけ自分の批評精神に眼をつぶってもらおうかとまで考えたものだ。幸にして加藤松三郎君が日映科学の「雅楽」に僕をすでにスイセンしておいてくれたことが判って、問題は解決したが、その時読まされた生産性向上PR映画シナリオが、まさに坂西式批評精神の産物にほかならなかった。つまり、生産性向上運動の時局性（アクチュアリティ）を無視して、一般的に生産性向上の進歩的意義をうたい上げたものであったのである。

六月十五日以後、所謂専門政治評論家と称する人たちがラジオやテレビを通してさかんに得意の政治評論をはじめた。僕はそれらをたんねんに聴取してみたが、この手合いの批評に共通した一定の方式があることに気がついた。それは『自民党もわるいが、社会党もよくない。アイクの訪日もよくないが、それを阻止しようとするのもよくない。警察もわるいが、全学連もわるい』という両成敗の方式で、いかにも公平らしくきこえるところがミソである。彼等は、問題を、自分自身のこととして主体的に受けとめるのではなく、全く関係のない高みに立って見物しているだけなのである。こういう高見の見物は、鑑賞にはなるかもしれないが、とても批評の資格はない。批評が、「自分だったらこうするだろう」という観点をぬきにして行われるとしたら、実際の行動にまで影響を与えることなど出来る筈がない。

『自民党もわるいし、社会党もわるい。アイク訪日もよくないが、阻止しようとするのもよくない』ということは、具体的には何もしない事だし、何もなし得ない事であって、こういう批評（？）がどれ程不偏不党の公平ヅラをしてみせたところが、全く無力であらざるを得ないだろう。イヤ、そもそも不偏不党な批評というものが、マヤカシものであって、批評に必要なのはムシロ首尾一貫した党派性というものであるべきだと僕は考えている。

ところで、この連中が『自民党もわるいが社会党もわるい』などという時、評価の規準として持ち出してくるのが「議会主義のルール」などというシロモノであって、この神聖にして批評すべからざるもの（？）に依って判定を下してみせるところに、その客観的公正のキソがあったわけなのである。つまり、ある客観的なモノサシとの関係においてその意味が問われているのであって、批評者自身の主体との関係において意味が問われているワケではないのである。（丁度ある種のマルクス主義批評家が神聖犯すべからざるものとしてマルクスやレーニンの言葉の切れはしを持ちだして、それにもとづいて評価を下す方式に似ているが）

さて、従って、この客観的なモノサシと、批評者自身の主体との関係が、改めて問われなければならない筈のところだが、しかしこの専門批評家達はその点については決して批評精神を発揮しようとはしないのである。

一体「議会主義のルール」に忠実だったらどうなると云うのか。自民党はやはりヤスヤスと反人民的なその目的をとげるだけの話ではないか。だからこんなルール（ブルジョアデモクラシー）では役に立たないのであって、それとは別の新しいルール（人民的なデモクラシー）をどうしても作らなければならない、という事になるのだ。

ところで、このようなイカガワシイ専門政治評論などは今実はどうでもいいのであって、僕の云いたいことは、僕を含めての作家の中に存在するこのような高見の見物的批評精神のことなのである。どうやら文部省選定の教育映画は、その大部分がこのような批評精神の産物であるように思えるのだが、どうだろうか。

たしかに、この一か月の安保斗争は、僕ら作家の批評精神をもゆりうごかすものであった。恐らくこれを機会に、本物の批評精神のハツラツたる若がえりが起こってくるにちがいない。

批評精神が本物であるかないかは、それが現実変革の実行力に影響する力があるかないか、作家の製作（実践）に結実するかしないかによって判定できる筈だ、というのが僕の主張である。そうでない批評はヘーゲルのいわゆる「タタミの上の水練」であるだろう。

終りにのぞんで、ここに書かれた僕の批評もまた、その「タタミの上の水練」でないことを自分自身に希望しておくことにしよう。

社会教育映画と階層
●壁を破るために

永島利明
（東京教育大学在学中）

三月号を読みながら社会教育映画がつきあたっている壁をうちやぶる糸口をどこに見い出したらよいかと、深く考えさせられた。作家たちの体験からにじみでた文章を読んでみて、始めのうちは本当にそうだ、そうだと思ったのだけれど、次才に冷静になって考えてみると、こうした単なる映画評論的な見方のみでなく、もっと社会教育的なアプローチをしなければ、壁は破れないと思ったのである。

まず論者たちの発想方法にメスを入れてみよう。

長野氏は、「職人気質」「技術者根性」を問題にしながら次のように述べている。「古くから日本には、『……の鬼』と言われる科学者や技術者が沢山います。成果をあげるために彼の全存在をかけます。その研究が社会の中でいかなる効果を果すようになるかは問題ではありません。確かに、試験管を握り、オッシログラフを検討し、顕微鏡をのぞくとき、この研究に全存在をかけるのは当然です。しかし、その結果がストレイトに私達の幸福に結ぶつくとは限らない政治機構の中では、この技術者根性は魂を売る可能性をもっています。」更に「社会教育映画には何か甘いムードを持った仲よくやりましょうの助け合い運動が多い。それは、義理・人情の庶民意識を戦後にうら返した形で移植されているのではないだろうか。」と指摘され、壁を破る一つの道は作家自身が中に庶民性を追求していくことが不可欠であると提案されている。この指摘は適切なものであるけれども、果して提案のように作家が庶民性をもっことだけで解決できるだろうか。

また、古川氏の庶民観は作家の製作態度を知る材料として興味深い。「生活改善のテーマとなると問題は一層喜劇的な様相をおびてきます。人間はバカでない限り、誰れでもより合理的な改善された生活を望みます。生活が改善されないのは、改善の方法を知らないからでなく、肝心の改善できる基盤がないからです。ですからこの肝心の基盤さえ確立できれば、ほうっておいても、彼等は自分の手でやっていきます。（傍点筆者）必ずしも百人の陽気な女房や、たくましい主婦たちの出現は必要としません。由来、そういうものである人間に対して、生活改善の必要性を説き『教育』することは、これは恐るべき人間蔑視と言われても仕方がないのではないでしょうか。」冷静に考えてみて本当に庶民とはこういうものであろうか。本当にそうだったら社会教育の必要はないし、世の中はもっと明るくなっているだろう。氏は大衆啓蒙の考え方を否定するあまり、大衆万能主義に落ち入ってしまっている。もし自然に社会が改善されていくとしたら、もろもろの大衆運動は不要であろう。作家は大衆から成長の必要を「引き出し」、もし必要とあれば、大衆をたたきのめすことによってでも、彼らを成長させなければなるまい。長野氏の提案は貴重なものであるけれども、大衆万能主義に落ち入る可能性をもっている。あるとき、わたしが会った青年団員である十九才の少女は、映画「荷車の歌」に感銘し、二度も鑑賞したという。その感想として、「嫁が姑にいじめられながらも忍耐し、イジをこねないで姑が病気になったときに一生懸命看病したところや、夫の二号も看病したところに感心した。私ならああいう偉いことはとてもできない。」と話してくれた。断片的な一部分だけを自分の将来の生活に結びつけていて、山代巴のいう忍従を美徳としない「荷車の歌」の主題は、全く逆にうけとられているのである。こうした人達をどうして成長させたらよいのかを真剣に考えなくてはならないだろう。

私が作家に望むのは、社会を覆っている矛盾の解決に急なあまりに機械的決定論に落ちいることなく前進してほしいということである。作家は大衆にべたぼれするのではなく、問題点がどこにあるかを冷静に指摘しなければならない。大衆崇拝に落ちいってしまったのでは、作家は内部的な壁を破れず、それを外部的な壁に押しつけてしまうであろう。

ではその外部的な壁とは何であるかを追求してみよう。これは一口でいえば、社会教育と階層という問題につながっている。社会教育関係者の間で三割社会教育ということがいわれてすでに何年か経っている。この言葉は三割農政という言葉から生まれたものである。三割農政というのは今の政府の農業政策が農民の比較的階層の上の三割位の農民の利益になるような政策ばかりやって、あとの七割の中農以下の農民は、ともすると捨て去るような政策をやっている、いわば富農政策だという意味である。だから三割社会教育という言葉が、三割農政から生まれたものであるとすると、社会教育が民衆の比較的階層の上の三割位の人だけの利益になり、それ以下の多くの民衆は、社会教育からおき忘れられがちだということである。

しかし、現実は、三割ならまだまだいい方であって、多くの場合一割位の比較的上の階層の婦人や青年が、社会教育の機会に接し、他の多くの人々は社会教育活動から忘れさられているのである。なお、最初にこの階層の問題を研究し始めた学者たちも、そこから生ずる限界をいかにして克服するかということに明確な解決を与えず、中農青年の研究に低迷しているのである。

こうした状況に加えて、最近の社会教育政策は社会教育に参加できない人口から遠ざかっていく傾向がある。戦後の社会教育を進めてきた公民館は法的には整備されたと言いながら、部落の分館を重視するという正当な方向が変って、中央公民館が重視されてきている。日々の暮しにおわれている人達にとって村や町の中央にある公民館まではなかなかいくことはできない。部落の公民館が機能を発揮していたときは、誰れでも、気易く行くことができたのが、こうも変ってしまったのかと嘆かれている。公民館は村の「茶の間」から「村の役所」に変ったのである。多くは公民館や学校で開かれている婦人学級や青年学級には一握りの人々のみが参加できるのだ。この一握りの人々の中から、青年団や婦人会の役員がでてくる。戦後、強くなったものは女と靴下といわれるから、ここでは婦人会の指導者をみてみよう。

婦人会の指導者に多いタイプは家つき娘と教師をやめ、恩給で生活している人達である。運命の神のいたずらで家つき娘になると、女としては得がたい自由が得られる。家の後継ぎだからとわがままを許され、気苦労のひとかけらもない気楽さで育てられる。年頃になると、家の存続と平和を維持するにふさわしい実直でおとなしいムコを与えられる。両親が年老いると、一家の財布を握る権利をもち、事実上の戸主的な立場になる。一方では嫁にはゴハットの新聞雑誌及びラジオは何の気がねなく自由であるから、口八ちょう、手八ちょうになる。村の講習会などに出席した折など一番テキパキと質問するのはこの家つき娘である。こうした環境から自然的に招来される優位性と外出が自由であるという理由で四十才近くなって家柄でもよければ自然婦人会にのりだすことになってくる。外出が自由で弁舌さわやかときているから誠に婦人会向きなのである。しかし反面、最近のように民主化が呼ばれ、嫁の解放などが叫ばれると、殊更に農村の社会機構を考えることなくわが身の優位性それのみをほこらしく思い、私は一般の嫁さん出とは違いますという、思い上った指導者意識が強くなる。

この指導者意識は女教員タイプには一層強くなる。例をあげよう。

『戦後派の人達の言動には、理解できない事が多くあります。青年学級といえば、「古いお説法だ」と言って嫌われ、時には「裕仁に頼まれて歩くか」とやじられたり党名を名乗った脅迫状までまいこむ始末でした。

一々返事を上げたり、控室で面談したり、夜おそく迄話し合って、校長先生に心配かけた事もありました。先祖が何だ、私がどうだといきまく人に、二宮先生の天地の理、自然界の教えを話すと、皆納得しました。同じ国土に生をうけた者には、一脈通ずるものがあると泌々感じて嬉しく思いました。

二宮先生の教えこそ、一敗地にまみれた日本の再建に無上の教えと信じて、村づくりはまず人づくりからと説けば、聴衆から理想論とあびせられますので、その実証として歩んだ茨の道。

「結婚と同時に、大望をいだいてブラジルに渡り、僅か一年にして夫は不治の難病（半身不随言語不能）止むなく帰国、乳呑子と病夫をかかえて、一時は途方にくれたが、報徳の教えに導かれて、文字通り夜を日について教職に励んだ。家なし土地なし、物もなし力もなければ死にたくもなしと口ずさみつつ、教師の道、母の道、妻の道をひた走った。学歴のない悲しさは検定教育とさげすまれて、差別待遇されつつも、我が子の成人を唯一の光として生きぬいた事」を語りつつ、敗戦日本の現状と比べて、涙と共に語れば、異口同音に「そうか、やれば出来るのだ。この話は村中の人にきかせたい」と小さい部落に迄招かれて、昼夜三回の講演もめずらしくありませんでした。』（後藤きみえ、社会教育五月号四九頁）

これは少し極端な例かもしれないが、こうしたタイプの指導者は社会教育の指導者に多い。こうした人達のパーソナリティの形成はやはり戦前、戦中を通じて行われたのである。こうした背景があるからこそ徳目的映画がうけいれられるのであって、そこに表現されているようなきれいごとが、自らの力で伸びようとしている人達にはなかなかうけいれがたいであろう。このような枠を破ることが現状における作家の役割である。

結局、それは社会教育映画をみる人々を一部の指導者にのみ限定してしまうことなく、下層の人達にみてもらうにはどうしたらよいかという問題である。壁を破るにはもっと多くの社会の底辺に生きる人々まで社会教育映画をもっていかなくてはならない。今のように一握りの人達に支えられている社会教育家ではこれは手におえないであろう。このためにはやはり、社会教育に興味をもっている教師たちの協力をもとめることがよいと思う。ところがこうしたことは案外忘れられている。才六回をむかえた日教組の教研集会の中には視聴覚を取扱う部会はまったくない。これは視聴覚の研究者がいないこともあるが、この面では作家たちは協力できると思う。更にこうしたお祭り行事的な集会に協力するのみでは不充分である。未だ教育映画の重要性に目ざめていない教師たちを開眼させるにはどうしたらよいかをもっと真剣に考えるべきである。労視研の資料は、この点を、「民主教育防衛の斗いが激しく斗われたにもかかわらず、これが視聴覚教育民主化の斗いに結びつかなかった。視聴覚教育民主化の斗いが数多く斗われたにも拘らず、全組織、（日教組）をあげての教育視聴覚民主化の斗いに発展せず、局部的なバラバラな斗いにおわった。」と正しく指摘している。けれども方法になると、全面的に正しいとはいえない。教組の自主映画上映運動はこうしたおくれを取戻すに役立つとのべているが、部分的には正しいが、しかし、もっと必要なのは、視聴覚教育を子供の学習の中に合理的に取入れて位置づけて、子供をマス・コミから守り、抵抗させると同時に、父母の中に社会教育映画をもっていくことがもっとも望ましいからである。単なる自主映画上映のみでは、洪水の如き大資本を背景とするおびただしい映画の洪水に圧し流されてしまうであろう。

（投稿）

プロキノ その意義と教訓

冨士田元彦
（角川書店勤務）

㈠

昭和三年の、才一回普選後に共産党、労農党などの陣営を襲った三月十五日の大暴圧、六月の治安維持法の改悪（死刑法化）につづき、翌四年三月、これに反対した労農党の代議士山本宣治が神田の宿屋で宿泊中右翼の兇刃に襲われて殺され、さらに四月十六日には再び共産党とその支持者千名にも及ぶ人々が一斉検挙されるなど、左翼陣営に対する弾圧の嵐が吹きまくった。

これらの嵐の中で左翼陣営が行った山本宣治へのカンパに、昭和二年来迂余曲折を経ながら、二月ナップの再組織と共に「日本プロレタリア映画同盟」という組織として独立したばかりのプロキノの人たちは激しい情熱をもって参加した。

東京支部では三月八日の本郷青年会館の『山宣告別式』（一巻）、十五日の青山に於ける『労仂葬』（三巻）を撮影し、特に京都支部では予め撮影班を組織して、プロキノで初めての十六ミリフィルム（それまでは九・五ミリ）で、山宣遺骨到着の光景から、労仂者農民のデモ、宇治に於ける葬列、労農団体によって結成された葬儀実行委員会の活動・通夜・葬式・官憲の干渉などをカメラにおさめ、宇品町の同家の広間で通夜に参加した労仂者農民を前にして、未編集のまま上映してみせるといったような、実践活動を行った。

このような、労仂者の闘争現場にカメラを持ちこんで闘うという形態は、プロキノの「プロレタリア映画生産発表のために闘う」「映画に加わる政治的抑圧撤廃のために闘う」という綱領の線に正しく沿った活動として、彼らを力づけ、彼らはこの年ひきつづき『才十回東京メーデー』（一巻）、金沢支部の『金沢メーデー』などを撮影する一方、市電従業員や東京帽子のストライキなどに活発な上映活動を行い、時には一夜に二、三ケ所かけ持ちするといったような成果をあげた。

しかし、この運動の昂揚も六月のトーキー興行実現以来各所の映画館で起った弁士・楽士争議の支援や財政的な危機、創刊された「新興映画」誌上での批評活動の重視などの結果、四年後半期の活動は、わずか二、三の断片的なフィルムを製作し、東京支部が二、三の上映活動を行ったにすぎず、又貧弱な九・五ミリフィルムによるとはいいながら、東京、京都以外の地方支部としては、唯ひとりメーデーを撮影して気をはいていた金沢支部も、同盟員二人が死亡することによって、たちまち「活動は衰退の極」に達してしまうもろさを露呈して、プロキノ活動は全く停滞してしまう。

プロキノが、活動の極度の不振から来る焦り・迷いの結果、「映画界の向上発達に資し、併せて映画批評家相互の親睦扶助を図る」という名目のもとに、映画ジャーナリズムの左翼化を図ろうとして、到底相い容れない、彼らにとっては当面の敵であるはずの検閲官や輸入商といった人々までをよせ集めた「映画批評家協会」を提唱し、作ったまではよいが、その指導性を確立することが出来ずに、まもなく解散させてしまうといった失敗をおかすのもこの頃のことである。

もとより映画製作そのものがますます大企業化する傾向にあり、しかも幕末物の時代映画で近藤勇が「勤王と称する不逞の徒」とつぶやくだけで鋏をうけなくてはならぬような検閲制度の下では、実践的な映画活動の困難はいうべくもないほどであったが、劇場同盟や作家同盟など他の諸団体が活発な創作活動を行い、「戦旗」の発行部数が二万部に達するという昂揚状態の中にあって、このプロキノの活動は著しく見劣りのするもので、有名な中野重治の「映画活動はわがプロレタリア芸術のうち最も不活発である。（中略）プロレタリアの芸術活動について金がないということは問題にならない。金がないならば集めるがいい。そして金を集める方法は具体的活動そのものだ。フィルムを作れ。それを映写せよ！一切は実行だ。」ということばをはじめとして、数多くの批判が与えられた。

そして、これを受けて開かれた五年三月の才二回大会で、プロキノは四年度後半期の活動不振の原因を反省し、改めて自らを「プロレタリア的映画技術家の同盟」と位置づけると共に、プロレタリア映画の製作と上映こそが、自分たちの活動の中心であり、責任であることを誓いあったのである。

㈡

この新しい方針と、新たな自覚の上に立って、プロキノは生れ変った。

我々がいま、プロキノの活動に何らかの

意義や教訓を見出そうとするならば、まずこのプロキノの再出発、昭和五年からの活動に焦点をおいて考えて行かねばならないだろう。

彼らの昭和五年の活動は、才二回大会で採択されたスローガンに沿って、製作活動を日常化することから始まった。滝田出、佐々元十、岩崎昶、中島信などの人たちは、十六ミリの撮影機を懐にしのばせ、殆んどかくし撮りをしながら毎日東京中をとびまわった。

このような活動の中から、隅田川の水上労仂者の生活を描き、洋々として流れる大河の流れにプロレタリアートの力強い闘争を象徴しようとした『隅田川』（滝田出製作）、子どもたちの間に流行している「検束ごっこ」や「ビラ撒きごっこ」などを手がかりにして、未来の闘士となる子どもがいかに健康に強く育っていくかを表現した『こども』（佐々元十製作）が完成し、さらに『才十一回東京メーデー』や『プロキノ・ニュース才一報』も出来上った。

彼らは、この初めて（といってもいいほど）の成果を大衆がどのように受けとるかを確かめるために、五月三十一日読売講堂に、定員三百三十人の会場を二百三十五人に限って許可されるという変則的な形であったとはいえ、「才一回プロキノの夕」を催した。

昭和五年といえば、前年秋ウォール街に端を発した未曾有の大恐慌が海を渡って日本へ押しよせ、日本の経済界は大打撃をうけて、社会は全般的な不景気と沈滞の中に陥ちこみ、あまつさえ農村に於ける深刻な農作飢饉が、都市に於ける、「労仂者階級受難の年」とまでいわれた資本家の攻勢による失業者の増加、賃金指数の下落とあいまってこれに輪をかけて小作争議や労仂争議が激しさを増し、大衆の意識が著しく尖鋭化している時であったから、この「プロキノの夕」にも、押しかけた千余の観衆が「開会前既に会場前に列」を作り、最後に『才十一回メーデー』（岩崎昶編集）のフィルムがインターナショナルの伴奏つきで廻り始めると、期せずして観衆から合唱が起り、プロキノ員もともどもに銀座へデモ行進をするほどの成果をおさめた。

これはプロキノが大衆の前にはっきりとその活動の姿を初めて現わした記念すべき日であったが、ここで覚えた

プロキノが才一回の公開をやるまでは、プロレタリアの立場に立つ者の手で製作したフィルムを同じ立場に立つ者の手で上映できるなんて事は一つの空想としてしか通用しなかった。それが今では、兎も角一つの事実として現われ、その仕事の不備欠陥がこうして批判されているのだ（佐々木孝丸）

という感激、つまり「空想がいまや現実になった！」という感激は、彼らに製作上映を同盟の活動の中心においたことの正しかったことをいよいよ確認させると共に、自分たちの使命をますます強く自覚させた。

また、この才一回公開には、やはり労仂者も来ていたが、左翼的なインテリとか、学生とかいう、かなりインテリ的な要素の強い観客が大分大きな割合をしめていることに対する反省から、自分たちの方から目標を決めて本当の労仂者農民の中へ、工場や農村、漁村へ入って行くことの必要性、それこそ「プロレタリア映画を工場農村へ」という運動方針に沿った活動だということを痛感させた。

こうして彼らは、六月以後翌年へかけて、関東、関西はもとより、富山、金沢、山形などの地方へ実に精力的に上映活動を進めて行った。

製作活動と上映活動を二本の支柱として、このように運動を推し進めていく中で、彼らは、組織の拡大、強化、特にそれまでプロキノを進めて来た人たちが技術的におおむね素人であったことから必要度の高かった技術者の吸収（このためプロキノではしばしば、「ブルジョア撮影所」の人たちへ「君達の差しのべる手と俺達の差しのべる手とががっちり組み合わせたら、きっと俺達も素晴らしい仕事をやって行けるだろう」－松崎啓次－といった形の呼びかけをくり返している）を目的として、八月と十月の二度「映画講習会」を開催した。才一回は開会と同時に解散されたが、参加者二十名のほとんどを研究生という形で組織に編入して所期の成果をあげると共に、八月にはフィルモテーク、現像場、焼付場などを備えた「映画工場」を設けるなど、着々と前進しているようにみえた。

一方、七月には「プロキノ友の会」が組織された。これは経済的、技術的支持者の組織化のために設けられたものであり、当初は資金面での呼び水としての役割が大きかった。

しかし、これでは会の性格があいまいであることから、翌年春、経済的支持者を「プロキノ維持員」に再編成し、「プロキノ友の会」ははっきりと技術的団体として再組織することになった。観客の組織としての「キノ・リーグ」ができたのもこの頃である。

この三つは、プロキノの構成員がほとんど職業的な運動家で、直接工場や農村に組織的な根を持っていないのを補うために生み出された外郭の組織である。

プロキノが自らの力でこういう組織を作り上げるのに熱心であったことは、プロキノの観客大衆の捉え方にその理由がある。

というのは、彼らは、映画の観客を従来の企業体の配給組織――つまり常設館に入場料金を払って映画をみに来る人たちという固定観念では捉えずに、「プロレタリア映画は、労仂者（或いは農民）が集団としての意識、感情を持っているところへこちらから持ち込まれなければならないのだ。（中略）それはいうまでもなく職場を単位として集った彼らである」（並木晋作）というように規定し、把握していた。

彼らがこういう形の大衆の中に映画の大衆化の契機をみると同時に、実際地方の移動映写にあたっては、ほとんど全農の組織の上にのってそれを行っていることは、当時地方の組織は全農ぐらいしかなかったとはいえ、国民の一番広い拡がりを組織的にその対象にしようとしていた点、正しい行

き方であった。

そこにプロキノの、映画運動の先駆として高く評価しなければならぬ一面があるように思われる。

このようなわけで、プロキノは、移動映写にその主力をそそいでいたのであるが、それでは公開映写はどういう意味を持っていたのかというと「プロレタリアートのプロキノに対する支持の全面的な示威」であり、「プロレタリアートの文化の支配階級の文化に対するデモンストレーション」であり、さらに重要なことには「日常的な闘争の進展の契機」として受けとめられていたようである。

だが、その他に都市に於ける大公開は、資金面での役割の大きかったことも見逃すことができない。

従って、移動映写の方を重視していたとはいえ、この二つは欠くことのできない車の両輪であって、この両輪を円滑に回転させるためのレールとして、ここに観客の組織としてのキノ・リーグの意義が再び浮き上ってくるわけである。

はじめ東京、京都、金沢だけであったプロキノの組織は、六年初めまでに、高知、岡山、山形など全国十数か所に支部を持つまでに拡大され、一方製作面では、六月にプロキノ最初の農村映画『共同耕作』（並本晋作製作）が完成、また秋までには、ナップを中心として発行されつつある種々の雑誌を広告、宣伝する『俺達の広告』（中島信製作）、港湾労仂者の恐慌、繋船、失業に対する闘争をテーマにした『港湾労仂者』（上村修吉製作）、失業反対をテーマとした『アスファルトの道』（岩崎昶製作）アジ太プロ吉が消費組合の階級的意義を説明するマンガ映画『アジ太プロ吉消費組合の巻』（中島信製作）などが出来上り、十一月に六日間にわたって築地小劇場で公開映写会が行われるなどの発展をみせた。

昭和五年は、このように製作・上映活動が共に軌道にのって、プロキノが労仂者農民の組織の中へ浸みこんでいったという点で、その短かい歴史の中で最高の昂揚を迎えた時期であった。そして六年四月に才三回大会が開かれた頃はその頂点に達していたといえる。

もとよりプロキノの作品には、公式的、説明的、暗示的、表面的といった数多くの批判が寄せられたが、これはプロキノの活動がまだ非常に若く、かつプロキノ員たちが本当の労仂者、農民ではなく、職業的な運動家であったことなどから来た欠陥であって、これらの欠陥を彼らは次のように自信を持ってのりこえようとした。

我々が労農大衆の文化活動への参加によって、労農大衆の生活の創意性を正しく発展せしめ、それを汲みとることによって、我々の製作上映活動を階級的要求に一致せしめ、映画の内容の共産主義化と上映の組織化を実現し得るのである。（運動方針）

㈢

このようなプロキノの活動は、六年もひきつづけられ、公開映写も二度持たれるが、六年後半から活動は急激に衰え、七年一年をどうやら持ちこたえるものの、八年には事実上活動を停止せざるを得なくなるのだが、これは何によるのであろうか。

特に昭和六年という年は、日本資本主義が、四年から五年にかけての世界大恐慌の余波としての恐慌から、さらに（前年の豊作恐慌を上廻る）農村の兇作恐慌をはじめとした一層深刻な危機に直面した年であった。

そしてこの危機を打開せんとして支配階級の打った手が満州事変という大陸武力侵略政策であった。これがプロキノ才三回大会から僅か半年後であることに意味がある。

即ち、昭和五年度のプロキノの活動の昂揚はそのまま野放しに放っておかれる筈はなく、官憲の弾圧が大きくのしかかり、六年の主要作品のうち、『土地』（高周吉製作）、『戦め戦旗』（並木晋作製作）は検閲を保留されて公開をのばさねばならなかった。

そして、六年十一月ナップが、広汎な文化団体をも含めた一大統一組織「コップ」（日本プロレタリア文化同盟）に発展的に解消され、プロキノもコップのもとに新しい発展を目指したものの、九月におそった大弾圧で、才五回公開を二か月延期せざるを得なかったのにつづき、七年三月にはコップへの弾圧が加えられ、さらに五月のプロキノ才四回大会は開会と同時に官憲によって解散させられてしまった。

そしてこの日を境としてプロキノの製作活動は、何本か細々と続けられたとはいえ、完全に非合法化され、会合なども盟員の私宅で秘かに行われなければ開けない状態が最後まで続いた。大陸侵略からファッショの路線をすべり始めた日本軍国主義の暴圧は、ここにプロキノののどもと深く喰いこんできたのである。

八年末からプロキノは無活動状態に入り、九年には構成員が次々に検挙されて、壊滅状態のままその終焉を迎えた。

㈣

もとより、プロキノの活動をこのように手も足もでないように追いこんでいったのは日本の支配権力、ファッショの力であった。

だが、我々はここで、その一因をプロキノ内部の中からも探ってみる必要があるように思う。

それは才一に地方組織の問題である。支部が全国十数ヶ所にできたことは先に述べた通りだが、実際のところ製作活動を続けることができた——従って、しっかりした独自の組織を持っていたのは東京と京都だけであって、その他の支部は、例外的に金沢と岡山で一度ずつメーデーの撮影をしたにすぎず、その他はスチールの回覧程度の活動しかできない、いわばプロキノの連絡先があるといった格好のものが多かった。つまりナップ支部の結成と共に各種団体の支部が一斉に設けられる、そういう綜合的な盛り上りの一環として、プロキノの支部が設けられている例がかなりみられ、中央に於けるように、はっきりした映画運動団体とはなり得ない性質のものであった。

このような頭でっかちの組織の弱さを解消することは創立当初から常にプロキノの課題となっており、支部活動を促すために、地方常駐の撮影班を設けようと呼びかけたり、六年後半には東京支部を「プロキノ東京製作所」と、地方支部と同格的な名称に変更してみたりするのであるが、頭でっかちの組織は最後まで正常化されることがなかった。そして、この地方支部の不振、本部支部間の連絡不充分などにみられるいびつな姿が、プロキノ活動の、他の芸術部門に対する遅れ、ひいてはプロキノが弾圧の嵐の中で、八年頃から活動を停止してしまい、自然消滅のような形で壊滅してしまうことの一因となったように考えられる。（但し地方巡回活動に際して地方支部の果した役割は高く評価されるべきだ）

才二に、先にも何回か述べたように、プロキノの構成員がほとんど職業的な運動家であって、彼らは本当に労仂者、農民の広い組織と直接に結びついていなかったという組織的な欠陥、これはキノ・リーグをはじめとした外郭団体を設けたとはいえ、特にそれが労仂者農民を直接対象とする芸術運動であるだけに、運動の進め方を困難なものにしたことは否めない。

才三に、プロキノには創作理論がまだ確立されていなかったことが挙げられよう。

勿論才三回大会のスローガン「映画写真の共産主義的大衆化へ！」や「プロレタリア映画が真に左翼映画であるためには、その完成への努力が、つねに党の思想的、政治的影響の下に於てなされなければならぬ」（岸松雄）といったことばで端的に示されているように、プロキノの運動は、共産党の方針に沿って、それを側面から援助する文化闘争という意義を持っていたのだし、またそういう芸術運動であるならば、まず理論よりも「プロレタリア映画の製作こそ運動の中心であり、運動として一つの力たらしめる、一つの現実たらしめる根拠でなくてはならない」（中島信）のであり、昭和五年以降の、まずプロレタリア映画の製作と上映を！という合言葉の実践こそが、プロキノ自身の四年度の停滞を克服し得た最大の理由であった。

しかし、それが真の芸術運動として開花するには、文学や演劇の理論の借り物ではない、自分の理論がなくてはならない。

そしてプロキノが、ソヴィエトの映画理論を紹介している佐々木能理男や袋一平などのひとびとを「機械的にソヴィエートの映画を日本に紹介し、唯そのことでプロレタリアの映画理論家であるかの如き幻想を与えようとする人々」（松崎啓次）として攻撃しながら、実はそれらに代る理論も、人も準備し得なかったということ、これは、運動にとって極めて大きな欠陥であったといわねばならない。才四に、これが最も重要なことなのだが、プロキノ運動の方針そのものの問題である。

プロキノは直接にはアンティ・キャピタリズムの運動であったということができる。そして、この運動を押しつぶしてしまった力は、資本主義の発達段階としてのファシズムの圧力であったといえよう。だが、プロキノがその小型カメラを持ちこんでいった中小企業の工場や、農村などは極めて、封建色の濃厚な、いや農村などは封建性そのものとさえいえる状態であった。そして、それ故にこそ、プロキノの闘争も「日本の映画史において初めての断固たる封建性とのたたかいであった」（岩崎昶）といえるのである。

ところが、岩崎昶氏が「記録映画」一九五九年十一月号の座談会で回顧しておられるように、プロキノは「検閲を通って、従って日本の国法に於て公開の権利を獲得した作品」の上映すら全部禁止され、それを持っていった人間は逮捕され、機械はとり上げられるといった「法律を全然無視して弾圧してくる」資本主義の、というよりは、むしろそれ以前の、半封建的、暴力的な政治的統制によって壊滅させられてしまったのである。

これは、封建制と固く結びついた日本型ファシズムといえるものであろうが、反資本主義、反資本階級の闘争が、かような暴力に対して根強く抵抗しながらも、結局は反封建闘争に止まり、半封建的な力に抑圧され、屈服されてしまう事情には、そのような情勢の認識や見通しをはっきりたてられなかったプロキノの弱さ、一つの限界を見出せるように思われてならない。（尤もこのことはプロキノに限らず、当時のプロレタリア芸術運動には多かれ少なかれいえることなのだが）

（五）

しかしながら、プロキノの運動をこれらの欠陥によって、これまでの映画史のようにほとんど無視してしまったり、「そこにあるものは時代の狂熱と、若さの客気とそれ以外の何物でもなかったのだ」（「映画五十年史」）などと片づけてしまうのは大きな間違いだ。

なぜなら、映画が初めて労仂者農民の闘争と真向うから結びついた歴史であるプロキノの運動は、それまでの映画のような、単なる社会意識の反映ではなく、まわりの社会情勢に対して、映画の側から、初めて一つの能動的、主体的な立場をとって、これを反映させようとした歴史であるからである。

従ってその歴史は単なる映画の歴史以上のもの、即ち一つの政治史、社会史であり、九・五ミリ、十六ミリのフィルムに撮られた映画に具現された、当時の反ファシズム、反封建の闘いの歴史であるということができよう。

プロキノの歴史は、実質四、五年、最も広くとっても八年に満たぬ短かい歴史ではあったけれども、なおかつ戦前に於ける「運動」と呼ぶことのできる唯一の映画運動の歴史として、日本映画史の輝かしい誇り、重要な要《かなめ》であるということができる。

そして、それは四条貫哉氏が言われるように、「プロキノの運動を押しつぶしていった激しいファシズムの暴力が、同時にまた日本民族を破滅の関へ陥し入れていったというその後の歴史」を考えるとき、一層その重要さを増してくるのである。

映像試論
映像とは何か

西村政明
（神戸映像研究会）

■精神の存在と感覚

精神をもつ人間ほど美しきものはない。そもそも精神とは初め物質的なものであった。その後しだいに発展と向上を経て、生命が加わりその発現体として今日の精神が生れるに至った（「心理学入門」波多野完治）。

この最も貴い、最も価値ある、最も微妙な精神と感覚（特にこの場合視覚）、との結びつきの上に我々は非常に重要な人間性の発見を見なければならないのである。さて、ここで人間のもつ視覚範囲の限界についても考えていかなければならない。現在、ほとんどの映画がワイドスクリーンに写されている。これの利害は後にして、人間の目のもつ順応性は時間的にとても遅く、我我が映画をみてもしイマージュと記憶という心理的作用がなかったならばまるで不統性の場面をバラバラと無意識に感じるだけだろう。このことは視覚ということの広い意味をいいたいのである。物を目で見る、単にこのまま何の作用も起らないならばこれは眼球の網膜に写っているだけである。これに神経、大脳、そして他の感覚とか感情、あるいは人間のもつ全ての器官の仂きによって始めてみることに意味が生じるのである、もちろん対象物があってこそ、そこに相関作用が生じ、概念が仂き、対象物の意識を持つことによって感じる段階をもつのは当然である。

■映像の一般的性格

映像とは映画における映画の持つ最高の言語である。そしてそれは多くの科学技術を通して生じる現実の姿である。映像は写実性を必然的にもっている。写真とは現実の復写を超えた所のものである。これを仮にリアリズムと名付けるならば映画映像とは美的表現ともいうことができる。すなわち、リアリズムとは美学的に現実の変形であり解釈だからである。スクリーンの上での映像の現実とは映画として生命を附与された一種のつくり話を描くものだからである。そして我々はそれを正しく現実のイマージュとして感じ、この美的現実の中から感動を与えられなければ価値がない。そしてあくまで静的でなく絵画に反して動く現実として時間と空間性をもつものだということである。あらゆる映画像の中はすべて現在形を取っている。夢のシーンに於ても我々は夢の中の時間性の中に現実の時間をわり込ませることは不可能である。我々は映像の時間性の中に必然的に入り込んでいる。そしてその時代に自分を置いていることを感じることによって映像の解釈を無意味に楽しんでいるのである。さて現実の再現の問題であるが、人間の持つ視覚範囲は一時には六〇度以上にわたることはむずかしく、やっと三〇度程度をみつけるのが限界とされている。したがってワイドの範囲よりスタンダード程度の画面の中に表われる視界の中で真正面から感じる必要がある。このことはいつかの時、改めて考えるとして、余計なものは目に入らぬ方がいいということである。演劇との相異点にも近づくことだが映画の魔力であるクローズアップの表現については映像の問題からも是非再考の必要があると思う。とにかく映画とは現実の再現ではなく、その注釈と発展であり、我々が感じるイマージネーションの上に創り出された新しい現実を創造する性格を持つことを感じる必要がある。

■映像の現実性

さて色彩をもった映画と白黒の映画との意味の相異については一巻の論ずる価値があるが簡単にのべてみると、映画が色をもったためによりロマンティックな性格を強めたということである。ドキュメンタリーなものとか古典芸術の記録に我々は色彩より白黒の方が効果を持つことを知っている。しかしあくまで映画はストーリーの展開をじくとしている。写実だけに終ってはならないのである。風景とか叙景作品を重んじる場合は色彩の効果がある。もちろん心理的表現に於ても色によってすぐれた効果を出すことはある。しかし色というものは現実以上の現実（夢・想像）の世界を感じる性格をもっている。そして色彩の問題は結局その作品のもつ性格の背景によって決まると思う。構成（装置）についても、こういうことがある。現実を戯画化した単純な道具の中で簡潔なバックをもつ現実として映像が表われてもより現実に近く忠実に道具をそろえた現実の映像にしても、結局、前にのべたごとく創造された新しい現実の映像であるというのである。繰り返していうが、映像とは科学技術を通した後に生まれるものであり、このことはいくら現実に忠実にそのままを写実したとしても自ずから時間性と空間のずれが生じ、写された現実は別個の現実であるということである。我々は同じ現実の再現の中に居るのではなくあくまでも現実の創造の中に立つことである。そしてそこから映像の現実性が新しく意味づけられてくるのである。時間性については、我々観客が一歩映画館に入れば自由になるということである。例えば二人で入ったとしても館内の特有の暗さの中では一人の時代感覚を持つのである。原始時代から未来まで、それぞれの作品に応じた自分の時間性を歴史的時間性の中に入りこまされるのは、映像の性格の確かさを表わしているのである。

■映像の魅力

映像には深度がある。我々が目でみると同じく立体感を伴なっている。我々が片目で物をみた場合二つの物体の距離は判然としない。両方の目を使って初めてリアル感というものが生まれる。片目だけでは平板に描いた影のない絵のようなものである。

さて映像に於ては絵画の立体感と違い、同じ創造体であっても自ずから親近性を伴なっている。したがってまず自分を画面の最前線に位置を意識する。カメラは前進する。すると不動である自分の身体は自然ど動く感覚をもつ。これは映像の深度がより強烈でよりリアリスティックなためなのである。こんな魅力もある。映像は瞬間性（空間的時間性）を持つことである。例えば木の葉が一枚舞い降りてくる。カメラは地上を見降している。木の葉は地上に落ちる。するとこの上には木があるんだと我々は意味づけをする。これが動かない写真として一枚の木の葉を描いたとすれば、落ちる途中のないためにどこから飛んできたのかも解らず、結局木の葉という概念だけが空廻りする。

このことは単に映像は途中をも描くというだけではなく多くの意味を附随して感知することが現実の上で可能であるというのである。すなわち時間を持っているからである。

そして最後的にはこれらの性質をもつ映像とは測り切れない底深い魅力を秘ませているといえるのである。楽しいことである。（思うままに浮べて記し、是非又の機会に整理していかなければならないと自覚している次才です）

参考・映画言語（マルセル・マルタン）
心理学入門（波多野完治）

ショット論
映像研究のために

米長　寿
（神戸映像研究会）

〃形式が人を感動させるのではない。内容が人を感動させるのだ〃

ああ、なんと老化した思考であろう。しかも、ぼくらの周辺――文化団体の殆んどではこの考え方は絶対の権力を持っている。なるほどマルクス主義芸術論ではしごく当然な言葉であろうし、さして異論もない。しかし、この考え方に混迷の現状を突き破る何があるというのだろうか。ここでは同じ内容をもう少し深く進められたものを待つ力しか持ちあわせていないように思える。すべてが受身なのだ。新しい方法もつかめぬままに〃人間性〃が〃人間像〃がといっても古典に甘んじていなければならないのだ。基準は出来あがっているのか。それに従って取捨選択を続けていればよいのか。もうぬるま湯はごめんだ。ともかくぼくは激流に身を投じたい。

フランスではバザン・アストリュックの昔からかもしれない。しかし日本ではヌーベル・バーグの登場以来、いわゆる〃映像論〃が急激にのしあがってきている。そして、映像と音の存在にかかわりなく、ドラマで語ろうとし続けてきた日本映画の停滞を見る時に、これをとりあげたくなることしごく当然であろう。しかし、すべての映像論は正しいのだろうか。そこには何の誤りも〃危険性〃も含まれていないだろうか。

〃映画はスペクタクルでなく一つの文章である〃というアストリュックの言葉をぼくは自明の理であると思う。ここから〃一つの映像は一つの文字である〃という言葉も引き出されてくる。文字の集積で言葉（シーン）が生まれるという考えも引き出されてくる。（言葉の分解）ここに、モンタージュが登場することになり、言葉(シーン)そのものをショットにあてはめることによってショットの意味を強化する〃映像論〃が登場することになるのだと思う。だがしかし、ここに、映像とモンタージュと作家の位置という重大問題があるわけである。〃映像を大切にしなければならない、という考えには誰も反対することはできない。それは余りにも自明なことである。〃と神田貞三は「記録映画」四月号で語っている。だからこそぼくたちには〃映像論〃は魅力と同時に危険を伴っているわけだ。そして神田貞三は続ける。〃問題は、実はその「映像を大切にする」という考えを支えている発想にそもそも問題があるわけだ〃（傍点筆者）と。彼はここでは状況論の持つ、現実に対する被害者的意識を問題にしているわけだが、この点を見逃して問題を先に進めるわけにはいかないだろう。ぼくたちの仲間の森井典男が〃パトリシアがラストシーンで観客に背を向ける（「勝手にしやがれ」）というのが作者の現実に対する立場を物語っている〃と鋭く喝破したことに注目せねばならない。

危険性はこんなところにもある。西村政明は「映画に関係なく一カットをとり出してその意味を研究してみようではないか。又、それがロングであるのとクローズ・アップであるのとの違いを分析しようではないか。」と語った。一ショットを大切にしようということは非常に大切なことであるし、またそれは自明の理であるかもしれないが、映画を究明しようということは、決して切り離された断片を究明しようということにはならない。一ショットを手懸りとすることは全体把握にとって大切なことかもしれないが、一ショットに固執することの危険は大きいと思う。出発に当って無関係のことだと思ってはいけない。ぼくは映画の映像とはそういうものだと思っている。例えばキャパの一つの写真があるとする。それは一個の作品だ。それは、それだけで完成している。しかし、映画の映像は、作者が語ろうとした全作品に於いてその映像がどういう位置にあるかが問題なのであろう。

　映像を読みとろうということは、その映像だけを読もうということではない。同時に、モンタージュの意味を読みとり〃音〃との葛藤を理解し、作品そのものを読みとろうということなのだ。

　一つのショットは一つの文字であるといわれたことがあった。理論的にはそうかもしれない。犬と口では吠えるというのは愉快な発想だ。カメラが捉えて写し出された映像はもっと複雑なものでもっと意味のあるものだとぼくは思っている。――モンタージュを否定しているのではない。――例えモンタージュする一要素であるにしても、そのカット自体に意味があることは当然のことだ。そこで既に作者の対象への切り込みは行われているはずだし、いなければならない。一つのショットはオタマジャクシではなく、既にある程度の取捨選択と集積の行われているメロディーであるのだ。映像を大切にしなければならないというのは、こういう自明の理があるからでもある。

　映画ではカメラとマイクを武器にして作者は芸術創造を行ない、ぼくたちはこれを読みとる。そして、その基本となるところで、映像をどのように取り扱うかが問題になる。（しっこいようだが、誰にも納得されないのでぼくはこの〃映像〃という言葉をこれからは視覚だけではなく聴覚の面でも対象を切り取ったものを含める）作者は対象を切りとり、選択することによって可視聴的な映像に意味を支えていく。その時には一ショットまでもおろそかには出来ず、又、一ショット自体に充分の意味があることも複合されたショットに更に意味があるということも当然ではないか。

　問題なのは一つのショットやモンタージュをどのようにとりあげ、どのように構成することによって、何を創造するかということであり、その点でのショットやモンタージュを生かせる作者の対象に対する意識と態度なのであろう。とすると、ぼくたちはこの点から、全体とのかかわりを意識しつつ、一つ一つを意味付けていかねばなるまい。

夏の産業文化映画祭のおしらせ

○九月十日まで毎日〇時三〇分開場、一時開映（但し日曜日、および才一土曜日は除く。）
○東宝演芸場（東京・日比谷、東京宝塚劇場五階）
○入場無料
○プログラムは次のとおり
○八月八日――八月十三日
裕ちゃんの欧州駈けある記（カラー・シネスコ）、東洋の旅才一部・才二部（カラー・シネスコ）、靴下の花園（カラー）辞菜（てんさい）（カラー）、符号の世界（カラー）、テイジンアルバム・テトロン（カラー）
○八月十五日――八月二〇日
アイソトープの利用（カラー）、御母衣ダム・才一部（カラー）、セメント（カラー）、逞しき前進（カラー）、富士コルゲート・パイプ（カラー）、明日の鉄道（カラー、シネスコ）
○八月二二日――八月二七日
生れかわる商店街（白黒）、三菱日本重工（カラー）、エクスラン（カラー）、美と健康をあなたに（白黒）、花のジプシー（カラー）、日本鋼管・改訂版（カラー）
○八月二九日――九月二日
オーケストラの楽器（白黒）、新しい鉄の時代（カラー）、資本の世界（カラー）東芝・新版――電球から原子力まで（カラー）、新しい織物の科学（カラー）、モダン・シップビルディング（カラー）北海道の秋（カラー・シネスコ）
○九月五日――九月十日
日本の原子力（カラー）、メタルフォーム・才二部（カラー）、神戸っ子（カラー）、クリちゃんと十円玉（白黒）、名作のふるさと（カラー）、三〇〇トントレーラー（カラー）

● 一九六〇年六月 ――安保への怒り　完成！

日本歴史上空前といわれた六月闘争の記録映画「一九六〇年六月・安保への怒り」（四巻・上映時間四十三分）が完成した。野田真吉、富沢幸男、大沼鉄郎、杉山正美らを中心に延三五〇人の作家と技術者を動員して作られたこの映画は、またわが国記録映画としても画期的なものである。

　内部と外部にあるさまざまな矛盾と圧迫の中で、苦しいたたかいをつづけてようやく完成したこの映画は、ひとつひとつの画面が、現代日本の断絶の状況を物語り、単に政治宣伝映画のワクを破って広く訴えかけるものを持っている。

　五月十九日の強行採決から六・四スト、才二メーデー、六・一五の惨劇、六・一八の夜、そして六・二二のストと、盛りあがる人民のエネルギーと、それにもかかわらず敗北しなければならなかった六月闘争が構造的にとらえられている。貸し出し、販売は、東京都中央区銀座八―八（華僑会館ビル）共同映画社（五七一）一一三二・一七五五、六五一七へ連絡すればよい。(S)

1960年6月

●安保への怒り

製作・安保反対映画製作委員会
構成・編集
野田　真吉・富沢　幸男
大沼　鉄郎・杉山　正美

政府自民党の新安保條約の暴力的採決により爆発した日本人民のエネルギーは，かつてない規模でもり上りを見た。六月斗争といわれるその安保反対斗争の実態を構造的に描こうとする。延 350 人の作家と技術者が動員された。　(4巻)

日本の舞踊

岩波映画

演出・羽仁　進

脚本・羽田　澄子

撮影・小村静夫・他

日本の舞踊の歴史的展望から現代までをたどりつつ，日本の舞踊の真の姿を描く。（カラー・二巻）

マスコミと私たちの生活

文化画映研究所

新東映画社

演出・韮沢　正

脚本・渡辺　正己
谷岡　由規

撮影・川合　亮三
山田　晃

マスコミの動きと影響を身近かな問題の中で解説ずる。（二巻）

世紀のデリック

新映画実業

脚本
演出・阿部　久夫

撮影・萱沼　正義

世界最大のヘビーデリックを誇る大和丸に賠償船四隻をつむ荷役作業を描く。（二巻）

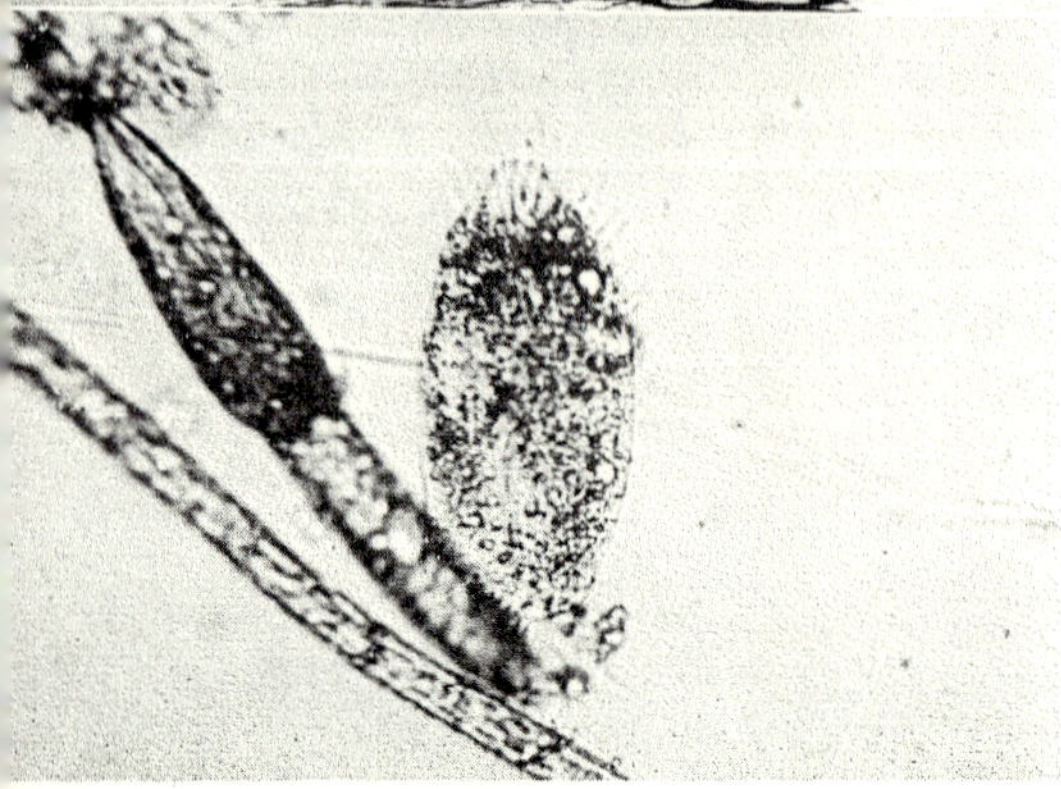

細胞の観察

東映教育映画部

脚本
演出・米内　義人

撮影・土屋　祥吾

動植物細胞のを微速度撮影によってとらえその構造と生活を解く。

（二巻）

荷役はかわる・才二集

運輸新聞映画部

脚本
演出・八木　仁平

撮影・入沢　五郎

荷造・保管・輸送・役荷の近代化と将来の姿を示す。

（カラー・四巻）

鉄に生きる

三井芸術プロ

演出・橘　祐典
　　　小林　千種

脚本・古川　良範

撮影・菱沼　譽吉

尼崎製鉄の全貌をとらえ鉄に生きる人々のたくましさを描く。

（カラー・三巻）

伸びゆく鋼管

岩波映画

脚本
演出・樋口源一郎

撮影・江連　高元

近代産業の中で働く鋼管の姿を材料から利用面にいたり描く。

君たちは
どう生きるか

東映教育映画部

演出・岩佐　氏寿
　　　酒井　　修

脚本・山形　雄策
　　　岩佐　氏寿

撮影・黒田　清己

吉野源三郎の原作から青少年の生き方を考えさせる劇映画。

（五巻）

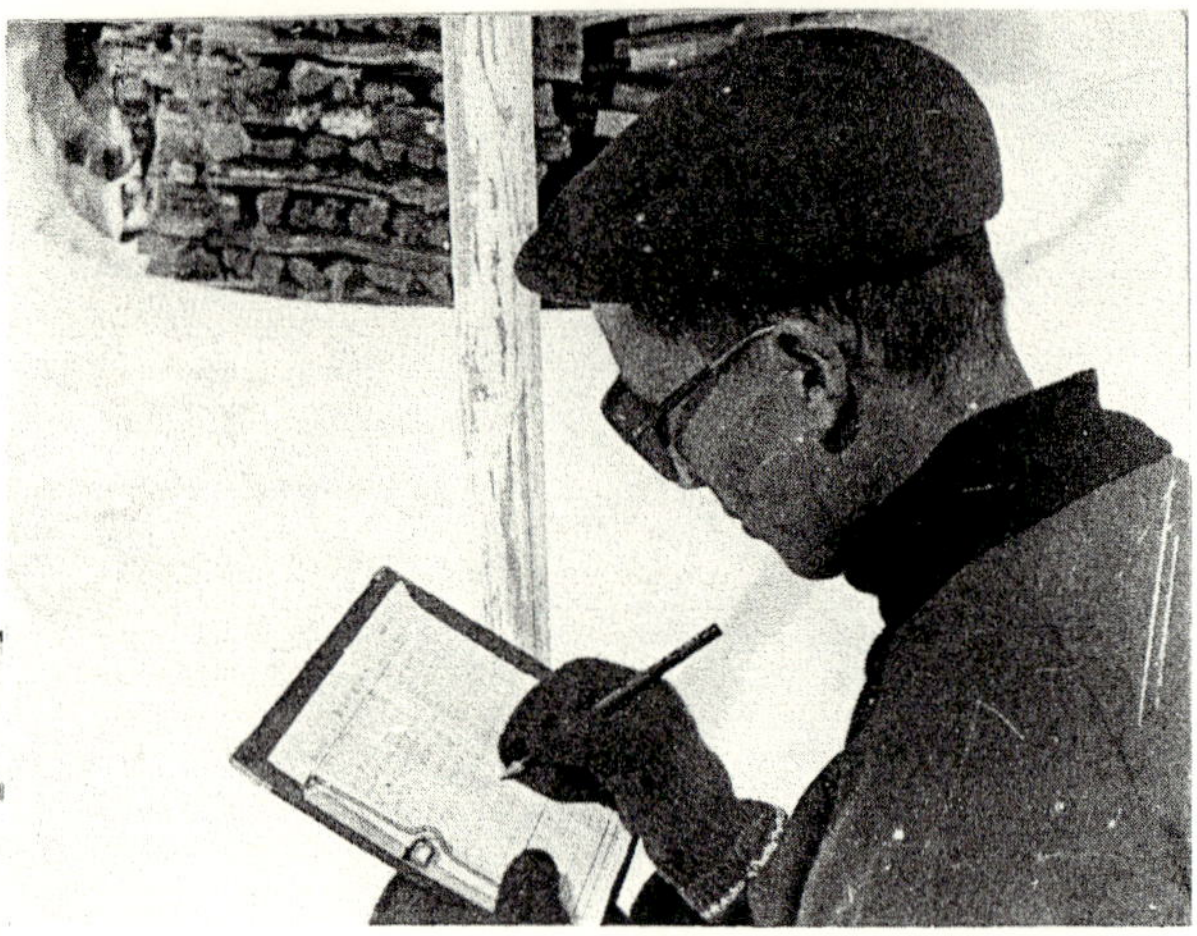

資本の世界↓

日映科学

演出・村田　達治
脚本・加藤松三郎
撮影・高野　潤

巨大な資本の世紀である現代にひとりひとりの投資がどのように生かされているかを解説する。

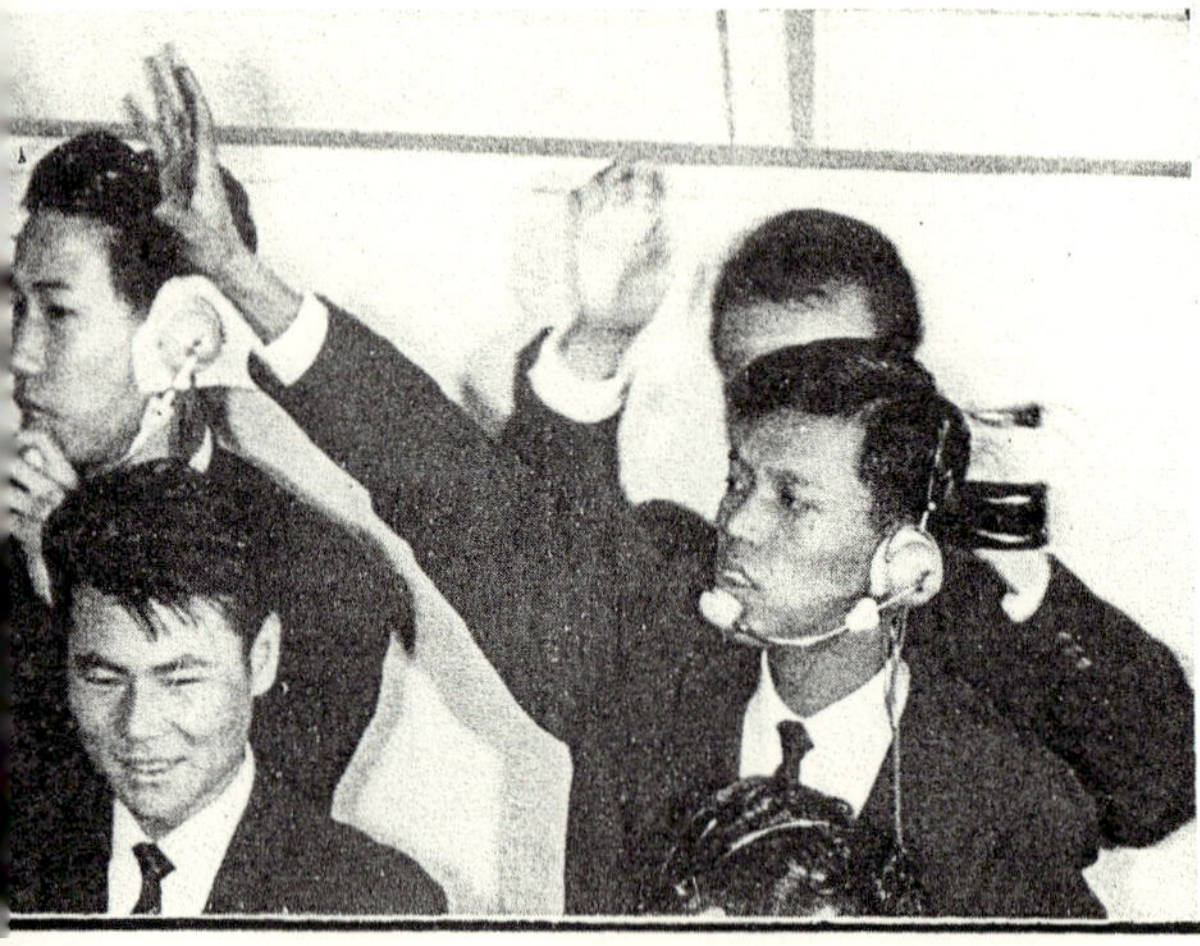

↑美しいネオンとみりの蔭に

新理研映画

演　出・岸　光男
脚　本・古川　良範
撮影・新理研撮影班

あらゆる産業部門から日常生活にまで、密接に連なった気象。山奥で気象観測に取組む人々の姿を描く。

（カラー二巻）

真夏の夜のジャズ

米レーヴン・プロ
東和映画提供

製作
演出・バート・スターン
撮影｛バート・スターン
コートニー・ヘイフェラ
ピエール・ストレイド

ロード・アイランド州ニューポートで毎年七月開かれる「ニューポートジャズ・フェスティヴァル」の記録映画、これは一九五八年の才五回のものである。（カラー・九巻）

西遊記

東映動画部

演出・藪下　泰司
　　　手塚　治虫
脚本・植草圭之助
撮影・大塚　晴郷

中国の古典的名作に材をとった東映動画の才三作今回は漫画家の手塚治虫の参加が注目される。

（カラー・ワイド）

カリガリからヒットラーまで

ドイツ映画の心理的歴史

ジーグフリード・クラカウア　各務　宏・訳

■才三章・安定期・5

一九二四年―一九二九年

三、淫売婦と青春期の人々・1

安定期にあらわれた才二のグループの映画は、これを当時の麻痺した、その心理的内容によって特色づけることができる。その内容は直接のはけ口をもたなかったので、遠廻りな曲りくねった道を通ってあらわれた。このグループの多くの映画は夢にかこつけてものをいった。それは丁度寝言で語られる告白のようなものであった。

過ぎ去った時代に取り残された二、三の映画は、昔の心理的不安が未だなお群集の心の中にくすぶり続けていたことを明らかにしている。一九二六年、ヘンリック・ガレンは「プラーグの大学生」（Student von Prag）の才二版を作ったが、これはその筋の心理的重要性を一層強調するという点で、その才一版と主題を異にしていた。ある点では問題を残すにせよ、ともかくヴェーゲナーの戦前の映画から作られた、この美しい改作の中では、ボールドウィンと彼と瓜二つの人間との争いを恰も彼自身の中の二つの自己の争いであるかの如き解釈をあたえていた。この映画はドイツで大成功を収めた。つまりこの映画は共和体制と麻痺した権威主義的な心理傾向との間の潜在的な葛藤から安定期を通じて深まっていった、彼ら自身の二重性をドイツ国民に意識させたものと思われる。E・T・A・ホフマンの回想で埋ったこのガレンの映画は、これらの心理傾向や、またそれに関連したすべての欲求や切望を人々に感じ易くさせたのである。一九三六年にナチがも一つの「プラーグの大学生」を公開したというのも、この物語りがもともとそのような素質をもっていたからであろうと思われる。

幻想的な恐怖映画を得意としたガレンは、また、H・H・エーヴェルズの小説をもとにして「神聖ならざる恋」（Alraune, 1928）を作った。ある科学者（ポール・ヴェーゲナー）が人工受胎の実験をして一人の人間を創り出す。そのアルローネという娘は絞首刑になった犯罪者とある淫売婦を親にもつ。この女は、魅力的で空虚な顔立をもつ夢遊病的な妖婦としてブリジッテ・ヘルムが演ずるが、彼女は彼女と恋に落ちるすべての男を破滅させ、そして最後には自分自身をも破滅してしまう。アルローネの家族がホマンキュラスに似ているのは明らかである。彼女のばあいにも亦、さらに内面的な欲求不満とその破滅的な結末を説明するものとしてその異常な生れが挙げられている。その物語りは非常な興味を呼び起し、二三年後に再びトーキー映画として製作された位である。このことからわかるように、麻痺した心理的諸過程の中で、この映画がふれたことは重要なことだったのである。

戦後の本能劇や農民劇にどことなく通ずる処のあるいくつかの映画は自然、もっと正確にいえば人間の中にある自然と外界の自然との関係を賛美したのである。それらが、嵐を描こうと霜を描こうと、また農夫を描こうと漁夫を描こうと、ただ自然――永遠に変ることのない自然――の法を、自律的な理性の命令の上に置いたのである。それはこれらの映画の中に時折現われたが、その現われ方からして物事をロマンチックに考えようとする傾向の存在は明らかであった。即ちそれは労仂の全過程が流れ作業になったことの結果加わった人々の苦しさによってさらに強められているのであった。知性そのものに敵対しているこの傾向は、自然の友好的な力を無視する合理主義に反抗したばかりでなく、また独裁者の中に見られる自然の破壊的な力を打破ろうとする、常に繰返される理性の試みに対して反抗したのである。このような反知性主義は一般的であったけれどもそれは哲学や文学に現われるほどには映画には現われることはなかった。――このことは、その時期にこれが十分に現われることが実際上妨げられていたことを意味するのである。

理性が自然に屈服するこれらの映画の中では、フリッツ・ヴェンドハオゼンの「霧の中から」（Der Sohn der Hagar, 1927）が、その雪の森や春の景色や昔風の室内などの堂々たる画面によって特に優れていた。これは一人の美しい若者が、生れ故郷の山村に帰ってゆくものがたりを細く描いたロマンスであった。彼は遠くの「大都会」から帰ってくる。路傍の旅館や製材所から咲く情熱の捕虜となる。村人とその土地との結びつきはあまりに解きがたく、彼は最後まで闖入者として描かれている。レジューン嬢はその映画評で述べている。「すべての完璧な演技や、何時の世にも人から受容れられる精神は土の生活から出てくるが、土とは縁のない様な情緒は充たされずに残っている」。この土地への信仰と権威主義的な行動との結びつきは、ナチの、血と土地の文字によって明らかに示されるものであった。

アーノルド・ファンク博士は彼の一連の山嶽ものの続きとしてすでにふれた「聖き山」（Holy Mountain）や、あまり重要でない喜劇を作っていった。出来生えは大したことはなかった。ロカルノの大陽の下では、登山家の英雄的な理想主義も溪谷の雪のように溶けて流れてしまったものと思われた。けれどもそれは生き続けていた。そして繁栄が終りに近づくとともに再び「ピッツ・パルーの白き地獄」（Die weisse Hölle von Piz Palü, 1929）によって頂点を占めた。この映画では山登りの妙技に代えてエルンスト・ウーデットの大胆な飛行ぶりをみせている。ファンクはG・W・パブストの協力によって技術的にすばらしいこの映画を作った。パブストは情緒過多に陥る事を防ぐ為にあらゆる努力をしたと思われる。しかしながらこの種の理想主義からは感傷性は取除けなかった。

安定期の国家もの映画もまた一般的な無関心さの影響を受けた。多くの映画では、愛国の熱情が停止してしまったようであった。一九二六年に公開されたあるビスマルクの映画は、純粋に事実を羅列した伝記であった。実戦を写したあり合せのフィルムを利用してウーファが作った三部からなる記録映画「世界戦争」（Dar Wertkreg, 1927）は「争うべからざる客観性を以って歴史の事実を公開する」という明らかなる意図から作られたものであった。この映画には、重要な新しい手法が使われていた。即ちマンガ映画の手法によって戦列や部隊の進展を地図の上に図示したのである。これを発明したシュヴェン・ノルダンはそれを指して、普通の撮影技術では捕えられない現象を映し出す方法だと称した。彼はナチの戦争映画、「火の洗礼」や「西部の勝利」のためにもその様な地図を作ったが、これらの映画ではナチ・ドイツの圧倒的な軍事力を象徴するその宣伝的機能が、客観的叙述としてのその性格を覆い隠してしまっていた。因みに、レオン・ポワリエールの戦争記録映画「ヴェルダン」（Verdun, 1928）が中立性という点では「世界戦争」に比肩したことを驚くに当らない。フランスとドイツのパートナーの将来はロカルノ条約によって決定されたのである。「エムデン号」（The Emden, 1926）と「U―9ヴェディゲン」(U―9 Weddigen, 1927）と、ドイツ海軍の武勲をたたえたこの二つの劇映画も中立性をよそおおうと努めた。ベルリンのストールヘルム会議の最中に「U―9ヴェディゲン」の初公開に臨んだアメリカの一通信員は、この映画に国家主義的な色彩のないことを賞めたたえた。

こういった中立的な態度は一般的ではなかった。その時期のフレデリックものの映画や、その他それに類したいくつかの映画は同様にプロシヤ史上の英雄を利用して極端な愛国主義に没頭したのである。しかし、その愛国主義ははっきりと型にはまった性格をもっていた。そしてそのことは「世界戦争」や「エムデン号」の中立主義と全く同じように、愛国的情熱の麻痺状態を示すものであった。事実、ドーズ案時代の公衆は、これらの型にはまったような愛国映画を大昔の思い出話しのようにしか受けとらなかった。それらのうちの二つの「ケーニギン・ルイーゼ」（Königin Luise, 1927）と「ウォータールー」（Waterloo, 1927）はカール・グルーネによって作られた。

彼がその記念すべき「街」を作ったときのような監督ぶりが、それらの中にも表われている。根本的な問題に取り組むばあいにも、彼は映画技術的に興味ぶかいやり方で、いろいろな角度から近づいてゆく。彼の「アラベラ」(ARABELLA, 1925) は馬の目を通して見た人間生活のメロドラマ的の概観であった。「嫉妬」（Eifersucht, 1925）は「予告する影」の主たるモチーフを現実的な環境の中に移したものであった。「世界の果に」(Am Rande der welt, 1927)は印象的な風景を舞台にした昔話の形で「仲々受容れられない平和主義的なテーマ」を扱ったものである。彼は、そこでまるで幻滅に打ちひしがれたものの様に、感情的な素直さを振り捨てて、ごてごてと着飾った歴史映画の因習主義に陥ち込んで行った。

「ウォータールー」で、彼は同時に起った出来事を三つの画面に投写させてゆくアベル・ガンスの思いつきを採用したのだが、この映画の中心はナポレオンに対するブリュッヘルの勝利にあった。即ちそれはオットー・ゲビュールによって演ぜられたブリュッヘル、通称フレデリック大王であった。始めの方の章で述べたように、「街」の実利主義者をビロードの居間の憂鬱から解放するためには、フレデリックのような人物の現われることが必要だったのである。グルーネの発展は論理的であった。それはまた、内面的な憔悴の結果でもあった。これらの愛国主義的映画の背後にある麻痺状況を示すものであった。

グルーネが「街」にもちこんだテーマを繰り返し取り上げているのでストリートものと呼ばれた一連の映画からわれわれは多くの適切な説明を引き出すことができる。それらの映画はストリートに対して非常に強い関心をもっていたので、ストリートという言葉かあるいはその同義語が必ずといってよい程映画のタイトルに表われるのだった。

一見これらの映画はグルーネの映画から派生したという以外の何ものでもない。それらの映画の主人公もまた、家庭や安全な場所から逃れようとする反逆者共であり、彼は情熱のおもむくままにストリートを歩き廻り、そして結局はまた元のありふれた生活の危機に身を委ねるのである。しかしグルーネの話の単なる更生にすぎないと思われる点が実際は、本質的に異る点なのである。これらストリートものの街は最早一九二三年の映画「街《ストリート》」に現われたような恐ろしいジャングルではなかった。それはブルジョア社会を見捨てた美徳の泊り場であった。〃情熱の主〃の如き無頼漢は、舞台の上では決して珍らしいものではなかったが、この安定期に限ってドイツ映画の画面ではこういう人物が一つのおきまりのようになっていたのである。パブストの「陰気な街」(Die Freudlose Gasse, 1925) ——これについては後に論ずる——では内心の真の威厳を示す唯一の登場人物が、淫売婦のすべての特徴を兼ね具えた一人の少女であった。金持の競走相手のために恋人から捨てられた彼女は、彼の結婚計画を妨げたに違いないと考えて、一人の仲間を殺してしまう。そして最後に彼自身が下手人であると思われている恋人の疑いを晴らすために、裁判者の前に彼女の罪を告白するのである。

この少女はここで話しを進める上で重要なだけであるが、ブルーノ・ラーンの印象深い、成功作「街の悲劇」(Dirnenlragö die 1927)の中では、同じように雅量のある登場人物が主導的な役割を担っていた。彼女はかなり年をとった、すれっからしの淫売婦であった。彼女は自分の何時もの場所を歩いていて、酔っぱらった若者に出遇う。上流階級の出であるこの男は、両親と喧嘩して家を飛び出し街頭に出て来たのである。彼女は、彼を自分の部屋に連れてゆき、おろかにも彼の愛情を信じてしまう。彼女の留守中——彼女は彼に喜ばれようとして、菓子屋に彼女の虎の子をはたきにゆくのである——彼女のヒモが来て彼を若くて可愛い醜業婦のクラリサに引き合わせる。そこで彼は年とった淫売婦を捨ててこの若い商売女の方にのりうつる。はじめの女は深い傷手を受ける。しかし、その愛情深い胸を一ばん痛めるのは、捨てられた自分自身の哀れさではなく、むしろクラリサとの生活がこの若者の未来をすっかり駄目にしてしまうだろうという考えからなのである。絶望のあげく彼女はそのヒモをそそのかしてこの若い女を殺させてしまう。探偵が下手人の跡を追う。そして遂にこの淫売婦は自殺を遂げるのである。みすぼらしい下宿屋の戸に「貸間あり」と一枚の札が下る。家に帰った少年はあのありふれた身振をする。——彼は啜り泣くのである。頭を母親の膝に埋めながら。アスタ・ニールゼンはイプセンやストリンドベルグの域を脱し、巧みに淫売婦を描き出している。それは写実的なものではなく、一人の無頼漢の想像画であった。彼女はこの豊かな愛故に、世の中の習慣をかなぐり捨てる。そして次には、自身の単なる存在を通して、偽善的な社会の疑わしい律《さだめ》に挑戦しているのである。

ジョー・メイの「アスファルト」(Asphalt, 1929)——この映画はエーリッヒ・ポムマーがアメリカから帰国後、自ら助言を与え指揮したものの一つである——は明かに「街の悲劇」をしのぐものであった。アスファルトの中で、手癖の悪い淫売婦との恋の冒険に自分の職業の名誉を賭ける青年は、一交通巡査であり又ある巡査部長の息子である。——皇太子フレデリックは父親に反抗し、そして最後には服従する。服従の行為そのものが、この映画では新しい意味をもっている。終りになって、この交通巡査は淫売婦のアパートで人殺しをしたために告発される。女は進んで彼女の共犯を告白し、青年は救われる。彼女は監獄に引かれてゆく、しかしこの警官の若い皇太子は彼女を目で追い、その目は忠誠と、従って結婚の約束を語っている。ここでは街《ストリート》はブルジョアの広間にまで入り込んでいる。——このように入り込んでゆくやり方はこのシリーズのも一つの映画「聖ポールのカルメン」(Die Carmen von St. Pauli, 1928)の結末にも見られる。ストリートものでは二通りの生活が関係しあっているが、これはグルーネの「街《ストリート》」ではお互いに両立しえないものだったのである。

ストリートものの演出によって当時のドイツにあってはストリートはある抵抗しがたい魅力をもっていたことがわかる。ポール・ローザはラーンの「街の悲劇」を批評して述べている。「全巻を通して、すべてのものがストリートに連れ戻される。舗道にはせわしげな、人を誘惑する足、々。その暗い街角、夜の街灯の下の明るみ。」更に曰く、この映画のストリートは「その舗石の上を歩いてゆく足」のモチーフによって主に描き出された。——このモチーフは舗道の人波に押されてゆくある通行人の足を大写しにしたグルーネの映画の一場面の系列に連がるものである。グルーネの映画は、下らぬ男の目のレベルから撮したある出来事から始まるのである。一人の男の足が少女の足を追い歩道に沿って歩いてゆく、階段を上る、そして部屋に入ってゆく。足は顔ほどにものをいうといった具合である。クラリサのハイヒールが住宅街の方へ動いてゆくのが見られる。その後から例のヒモの重々しい足取りが、彼女の軽やかな足を追って脅迫するようについてゆく。「アスファルト」では舗道そのものが中心的なモチーフになっている。この映画の出だしは一種の記録映画のような手法を用いて、アスファルトがどのようにして作られ、それはまた「街」にあったように、巡査の魔術的な身振りで裁かれてゆくある轟々という混乱の都市交通に道を敷くため、いかに貪欲に開かれた土地を呑み込んでゆくかを示すのである。アスファルトと交通の結びつきを描く場面はまた動作一般の結末にもなっている。劇的な高潮のみられる箇所では必ずストリート光景がとり入れられアスファルトが強調されている。たとえば交通巡査と淫売婦との重要な濡れ場はそれらの光景によって予告される。そのようなストリートの場面はすべてのストリートものの基本的な内容をなしている。グルーネの映画では、それは無政府状態の恐怖を客観化するのに役立ったが、ストリートもの映画では純粋な愛への希望を表示するものであった。

「街の悲劇」と「アスファルト」とは、安定期には稀にしか現れない暖かみを投げかけるものであった。このことと、それから、これらの映画にみられる神経の細かさ――たとえば、「アスファルト」における警官の家族の小市民的な家庭生活は全く惹き込まれるような巧みさで描かれている。――とは、これらのストリートもの映画の中で、麻痺した内面の態度が表面にまで持ち来たされていることを示していた。しかし、それらは夢という形で現われる以外には中立性の覆いを突き破ることはできなかった。「街の悲劇」やその他のストリート映画は内に祕められた法といった様なものを構成する夢に似た映像の複合であった。ポタムキンが「淫売屋の街」と呼んだものを讃美することによって、ストリートものは安定した共和体制への不満を比喩的に表現したのである。即ちその「体制」にしばられている限り生活には価値がない。腐敗したブルジョワの世界を抜け出して、始めて生活はその本来の姿を取り戻すのだといっている様である。しかし、生活の中心がストリートにあったこと、また、その街々に住んでいるのがプロレタリアではなくて、無頼漢共であったことは、その不満の持ち主たちが社会主義的な考え方の持ち主とは甚だ縁遠い存在だったことを示している。ストリートでの恋は、ロカルノやヴァイマールやモスコーとは相反する考え方に加担している。

（以下次号）

欲望のイメージ

松川八洲雄（演出家 日映科学）

「君は海が好きじゃなかったのか。」
「ええ　もっと大きな海が…」
（石川淳「白描」）

「青春残酷物語」で、妊娠中絶手術の麻酔がまだ醒めきれない少女を前に、若者がサクサクとリンゴをむさぼるシーンがある。暗い戸をへだてた隣りからは、酔いどれたもぐり堕胎医と、その恋人だったオールドミスの、空しかった青春についてのくり言が、もんもんときこえてくる。あたかもそのくり言に抗するかの様に、執拗に、旺勢にかぶりつくリンゴの、さわやかな音に、僕は、この物語の、たった一つの突破口を見つけた気がしたのである。

思うに、リンゴは人間の喰い物なのだ。それは、とりたててマルクスを引きあいに出す迄もなく、〃人間的欲望のために、占有された自然の産物〃であり、人間が喰う、という消費の形で、〃享楽の対象、すなわち個人的な占有の対象〃となり、つまりは、喰われる事によって人間化すべき、「物」である可きなのだ。

この、リンゴが人間の喰い物であるというあまりにも当り前の事が、思いがけぬ生きをさし示すイメージとなり得たのは、云ってしまえば、あまりにも当り前の事が、当り前でなさすぎたからに他ならない。つまりは、リンゴにしろ、公団住宅にしろ、スポーツ・カーにしろ、一切の「物」は、人間の欲望の対象となり、消費によって人間化さる可きであるに拘らず、僕等の生活が逆に、何者かの欲望の客体化された体制の中に組みこまれて倒立し、人間が何者かの欲望の対象物として物化され、解体されつつある事に気付く時、リンゴを噛むサクサクという音は、あたかも人間を疎外するものへの斗いの鼓動として響いてくるのだ。そして、僕は、ドキュメンタリストとは、こうした状況を、人間疎外の状況として捉え、その中にきこえるリンゴを噛む音を、体制の変革に組織してゆく者であると考える。つまりドキュメンタリーとは、一握りの独占者の欲望のために組織された論理と倫理を以て迫ってくる体制の、まやかしのヴェールをはぎ、人間→物質化の実態をあばき出す事と、その体制の中で、あくまで、「物」を己れの人間的欲望のために占有しようとする多数者の、物質→人間化の欲望をより育て、エネルギーとして組織してゆくそれはあたかも体制をつき崩すための、二つの側からのトンネル工事の様な方法であると考えるのだ。

ところで、既に人間→物質化の状況をあばくために、芸術は、そのレアリズムの系譜の中で、メスのいれ方について様々な検討がなされてきた。事実への素朴な信仰に貫かれた自然主義、社会科学をそのまま芸術の方法にもち込んだ公式的レアリズム、或は、〃あたかも屍体を解剖する様に物を解剖する〃（アポリネール）といった、合理主義ｅｔｃ・ｅｔｃ…。

だが、それらの一見科学的な、合理的な方法論も、一方に、物質→人間化という欲望のイメージを明確に対置させ、独占体制の倫理の中に埋歿し、日常性のヴェールの中で窒息しかかっている欲望のイメージを堀りおこして、なまなましく旺勢な欲望のイメージとして組織化してゆく事を怠ってはいなかったろうか。更には又、既得の欲望の質の上に、新たな欲望を創造してゆく役割のある事を、発見者《ヴォワイヤン》としてのドキュメンタリストは忘れてはいなかったろうか。

くり返しになるが、リンゴは人間が喰べるためにあるのであり、この欲望の対象物を、煮る事によって、新たな欲望の対象物が生まれたとしたなら、そしてそれが人間の生きをより充足せしめたとするなら、それは、あたかも政治が体制をより多数者のための未来へと変革していく様に、人間を内部から一歩未来へとつき動かす事を意味すると僕は思う。

欲望が生まれ、更に新たな欲望が生まれる。欲望はより多数者の欲望として組織されてゆく。この欲望がより人間を充足させるものであればある程、それは既成の体制の内部を突き動かし、体制を、まさに人間↓物質化の体制としてなまなましく暴き出していき、一方では同時に新たな欲望の論理を以て新しい体制を作りあげようというエネルギーとなって集中化してゆくのだ。

僕はここで、「青春残酷物語」の若者達を想い出す。

彼等は人間↓物質化の体制によって疎外された若い欲望達である。これらの青年達は、若さ＝欲望の塊りとして、あたかも疎外する体制に〃体あたりで抗議する〃前衛としてジャーナリズムは取りあげている。成程、彼等は体あたりで抗議する。交通安全標識も、既成のモラルも、彼等の欲望はためろう事なく突き破ってゆく。だが、曰くありげな韓国動乱のニュースやジェット機の爆音などをはさんで、とどのつまりは〃すべて世の中が悪いんだ。俺達をどうしてくれる〃といった、チンピラの居直りぜりふの様に二人共死んでしまうのであるが、どうも僕には、いささか視点をかえた風俗批評程にしか受け止められなかったのだ。そしてそんな印象に終ってしまった誤謬の一つとして例えば若さ＝欲望といった浅い捉え方で、欲望を捉え、欲望そのものが既に疎外されているという点に鋭いメスを入れぬまま、問題を体制になげ返し、体制の責任に於て彼等の清純さをクローズアップするという、根本に於て月並みな状況を設定している点を指摘出来よう。だから、一たん状況の気圧を抜いた時、彼等の欲望はたちまち円満になり、団地か何かにおさまって一夫一婦で幸福そうに過すに違いない。

この物語の中の欲望は、人間を中から一歩未来へつき動かしてゆく欲望ではない。

だが、「勝手にしやがれ」のミシュエルになると違ってくる。例えば「青春残酷物語」に於ける欲望が他律的に捉えられているとすれば、ミシュエルのそれは、まさにヴァイタリティに満ちた自律的な欲望である。あたかもそれは耳をそばだてた豹が、己れの中の細胞膜のかすかなふるえをきき、身をひるがえす様に行動して、欲望の充足を確かめる様な、いわば己れの欲望を生命の最小単位に迄さかのぼって確かめようとする様な「生き」を、僕は見た。

己れの中の欲望を確かめる事、それはあたかも羅針盤なしで大洋にのり出す様に、果てしなくボウヨウとしている。だが、この航海なしに、人間の意味を拡大する欲望の生産はあり得ないし、まして欲望の生産を供給する対象を生み出すという創造も又あり得ない。時として、この航海は、白鯨《モビィデック》を追いまわすエイハブ船長に似た、何とも判らぬ非合理なネルギーが必要であり、時として、〃四角い車輪を作ったり、キャベツの株の方を上にして植える〃（ガストン・シェサック）様な勇気が必要である。だが、白鯨をのりこえぬ限り憎しみがはれぬなら、そのむこうに何があろうとなかろうとのりこえねばならないし、才一、〃株を上にして植えたキャベツの枯葉や、四角い車輪の有効な使い道をだれが見つけ出さないものでもない〃からである。

己れの欲望をなまなましく捉え、そのイメージを対象化する事、それが創作である、と僕は思う。そしてそこに創出された対象物が多数者の主体に新たな質の欲望を生産し、その欲望が組織化されてゆく時、旧い体制は、それを内から支えていた論理や倫理の部分から音をたてて崩壊し、旧い体制のもとに疎外されていた欲望が、解き放たれるに違いない。例えば、そうした可能性を示す例として、ポーランドの作品、「ドーム」を僕は考える。正確には、ポーランドの政治的・伝統的・文化的風土に呼吸していない以上、「ドーム」の作家の欲望のイメージとしてそのまま僕が受け止めているとは云えないが、にも拘らず、「家」というものの持つインターナショナルなものの中から、コンベンショナルな人間関係、その関係を必然化している倫理、愛、そうした微温的な日常性の中で疎外されている己れの「生き」に細かなひびが入り、その間隙から、より僕を人間として充足せしめる何ものかが、鋭い光となって僕を刺すのを感じないわけにはいかなかった。

ところで、ポーランドの「家」は、四角い車輪や逆さキャベツで、新たな体制の建設へと向かうのだが、さて僕等は、「家」どころか

家よ
家よ
家よ
の溜息
一台のロッキード
買うお金で
本当は
とびきり
たのしい
街ができます
……　（原水協パンフより）

の段階である。

押しよせる安保体制に向かって、〃一日の汗を流すシャワー、星を見ながら、眠る部屋、一人の子供は、一ツの部屋〃という欲望のイメージを組織し、ロッキードの代りに、狭いながらも楽しい家を獲得する事が急務なのかもしれない。だが、何とささやかな欲望であることか！

（付記）

尚、このエッセイに於て、僕は、創造的イメージとしての欲望のイメージが、まさに体制の変革へのエネルギーとして組織されている例として、スペインの作家、フェデリコ・ガルシア・ロルカの作品を、具体的に検討してみる予定であった。だが、殆んど休みないPRの仕事と、東京では安保との斗いに追われ、遂に触れる事も出来なかった事を、残念に思う。

F・G・ロルカの仕事については、改めて検討してみたいと考えている。

●認識と表現のはざま
――ある敗北のノート

粕　三平
（脚本家）

1

あらゆる意味でこれは失敗の記録である。失敗ということに関する限り、いかなる言葉の意味においても弁明の余地はない。ぼくに仕事を依頼したプロダクションへの責任は今更ことわるまでもないが、作家とその責任を失格したおのれへの責めを、始めに先ず何よりも明確にしておきたい。

ではなぜ、このように、本人自身もほぞを噛む思いでいる事例を、これから特にとりあげようとするのか。それはおのれの資質と責任能力の低さを、ひとりでひそかに噛みしめればすむことではないか。公開で偽装された自己反省の道化は、あの怠惰ななジコヒハンというやつでもう沢山ではないか。始めにこういう疑問がかなりの強さで執拗に頭をもたげる。

しかし今のぼくにとって書くより他に道はない。なぜか。その答えは、すくなくとも次の三つの理由のためだ。

才一。卒直にいって、おのれはほんとうに自省しているかという疑惑と、モメントを見出し得ていないではないかという焦燥のジレンマが、今のぼくにはつよい。したがってこのような場合、主観的処理は、陥穽というよりむしろ詐術によりいっそう近づいていく。この主観的処理以上のものを切り除くために、ぼくはほんのちょっぴり勇気をだして、失敗をできるだけ厳密に対象化したい。ほんとうにおのれは自省しているかという問いをきりはなさずに、失敗を対象化して批判を要求し、許す限り克服の条件を明確にしたい。

才二。理論と方法を実作に役立たせ、更にそれをためす唯一の基準は、成功と失敗を明かにしその関連を解明する観点以外にありえない。おのれの創作に役立たぬ理論は、たとえ他人にとって結論として自明の理であっても、ほとんど何の意味ももつことはできぬ。重要なのは結論ではなく、それにいたる深刻な過程を総体的に確証することである。

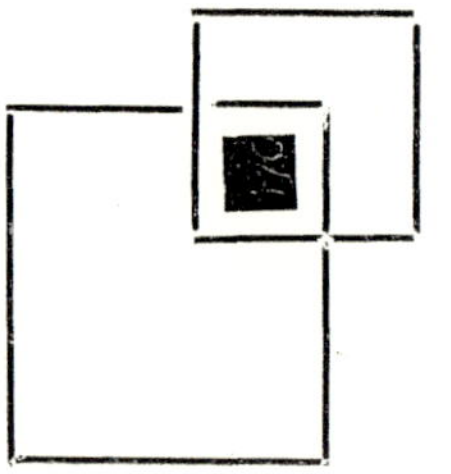

才三。ほんの僅かだがぼくは運動に加わっている。そこで責任の所在を倫理的にだけでなく、失敗の過程をつうじて原因を方法的に明かにする最低の責めがある。

もうかなり以前のことになるが、ぼくはロベルト・ユンクの「千の太陽よりも明るく」を友人に借りて読んだ。この本は周知のように才二次大戦をエポックとして、自己の使命と存在理由をおのれの手で切開せねばならぬ運命に直面した原子科学者の記録である。彼等は、物質の秘密に精力的に挑戦する自分たちの認識のめざましい発展が、逆にそのまま深刻な悲劇を醸成するのに目をみはる。そして気がついた時には、その驚くほど壮大で、しかもちっぽけなドラマの渦中に巻き込まれた、みじめな自己を発見する。彼等をそこで待ちうけるものは、もはや権力によるアリバイ提出の苛酷な要求だけである。

この本の読後感をおおまかにいえばいくつかの盲点がある。それは課題にきりこむユンクの方法的な弱さ、あるいは叙述上の欠陥ともいえるもので、著書全体を貫く戦前および戦後の政治と科学の関係を、既にわれわれが見あきた組織と個人、あるいは政治対科学者の図式におだやかにはめこみ、めくらめくようにすさまじい原子物理学の理論の発展を、多くのヒーローとその多彩なエピソードで点綴するにとどめたことである。これはおそらくユンクが、科学者の責任と主体的自由をさぐり、更にその理論と現実世界における連帯のありかを究明するにあたって、「『貴下は国家に忠実であったか』ということではなく、『貴下は人間に忠実であったか』という」（三七三頁）理念に安易に腰かけたためであろう。

しかしこれらの欠陥をもつユンクが、あのフランクやボルンやヒルベルトに代表された「美しき才月」のゲッチンゲン時代に、これらの科学者たちの間で交された討論を次のように要約しているのはきわめて注目に価いする。ものと主体の緊張でピーンとはりつめた論理のもつ、ほとんど魅惑的なまでのうつくしさでその討論はつづけられた。

「この討論は、いつも深遠な認識論上の諸問題をめぐって行われた。観察する人間と観察された世界との二元性は、原子物理学の諸発見によって果して止揚されただろうか。つまり主体と客体の分離は、もはや存在しなかっただろうか。同一事物について相互に排他的な二つの陳述がある場合、それにもかかわらずより高い観点から両者を共に正しいと見なすことが果して可能だったろうか。原因と結果の緊密な結びつきを、敢えて物理学の基礎として取りあげることが許されるだろうか。…」（三一頁）

物理量という概念からきりはなして、無限回の測定によっても定まらない、いわゆる量子力学でいうところの「状態」という本質的な概念の設置。そして対象の内在的性質を意味する本質規定であるこの「状態」

から、いかなる偶然性の媒介によって、物理量による時空的記述（現象形態）が現象するかの理論的究明。いかなる意味の近似でもなく、根本的に対立する粒子性と波動性の矛盾の統一。

　ゲッチンゲン時代の科学者は、アリバイを気づかう心配はおろか、そのことに考えをめぐらすことさえ絶無であった。国家が発行する倭小なパスポートなどより、はるかに象牙の塔の住民票のほうが、すべてに超越した「偉大な」免罪符たりえた時代である。ではこのような時代のこの討論に、将来への純理的な課題と二重うつしに、のちに彼等がアリバイさがしや記録。作成をやらざるをえなくなる現実の条件を暗示する徴候《シーニュ》をみるのは、ぼくのあまりにもドグマチックな解釈のせいであろうか。

　作家は状況をかえることなしには状況の破片さえみることができない。世界のあれこれの事実における根本的対立、矛盾をみただけでは、事物の個別的なイメージをこわす、ものの総体的なヴィジョンをもつことはできない。事物の断面、あるいは細部における矛盾が、世界の、対象の、決して「絵」にならない内在的本質から、いかにして、そしてどのような形の矛盾として姿をあらわすかをイメージ化できずに、作家は、うごいていながら静止し、移行し関連し合いながら孤立する現実には、ついに一指だにふれることができないのである。

　観察し表現する主体と、測定され認識される対象との二元性は、果して止揚できるものか。できるとすればそれはいかなる方法で可能か。ぼくのアリバイさがしもこの地点からしずかに出発する。

2

「ギョウダというこの市《マチ》はですな、人口ったって五万六千どまりのこじんまりした市のくせにですよ、お尋ねの足袋の生産高といいますと昭和三十二年から三十三年度にかけてさえです、全国の需要のおおよそ五割から六割に及ぶものをもっていたわけですよ。ですが、ごらんのごとく、交通の便が甚だ悪いもんですから、いや便が悪いというか……地の利を得ないためにですな、東京とつながっとる東武線の吹上駅や熊谷市のためにですな、いや、ためにというよりそれに比べてですな、いささか今は沈滞気味というようなありさまなんですよ」

　シナリオ・ハンティングは男の情事に似ている、たしかそういった外国の作家がいたなーと、ぼくは考えていた。ところは埼玉県行田市市役所のごく平凡な助役室。話しているのは小柄なK助役である。

　情事にはテクニックの非常にうまい不労所得者と、何をやってもたえずしくじり、すべての行為がヘマ以外にみえない人間がいる。わけてもヴェテランになると、相手を最もよく知るために、先ずスキのない外見に堂々と正面からぶっつかりさえする。次に相手の外見をくずすために、見栄や体面に隠された隙間を見分けながら小刻みにあたりをつける。そしてお互いに段々と深みに嵌っていくが、しかしそうなればなったで一方ではたえず脱出を考える。

　シナリオ・ハンティングの行動も対象しだいで決まるが、器用なテクニックよりむしろ思慮にたけた賢い戦略が絶対に不可欠である。事実を相手からどこまで聞きだせるか、どこまで聞きえたかという計算。メモに得た資料のニュアンスを、正反両方の側面にえらびだして、今度は次の傍証でなにをこわし、なにを固めるか。エトセトラ……。

　ぼくはあるプロダクションから、「足袋の行田」という内容のテレビ映画の仕事をひきうけると、やはり正攻法から始めようと考えた。そこで無味乾燥な旅行案内の一頁をめくる心算で市役所にでかけていった。そしてこのいちおう能吏といっていいであろう、助役に会ったのである。おそらく彼の長い吏員生活で鍛えた最も居心地のいい目録のひとつであろう、〃慎重のうえにも慎重を〃とのモットーが、この男には犬の嗅覚のように身についている。いくども言葉をいいかえては、自分の責任をできるだけ平均値におちつくように調整する。地の利、チンタイギミ、などというセリフ。このソツのない彼の発言をまとめるとおよそ次のような公式見取図ができる。

　∧行田市。東京から僅かに63キロ、埼玉県々庁より36キロの北部。秩父線で西の国鉄熊谷駅、あるいは東武バス経由で南の吹上駅に通じ、東に加須市、北に利根川を背にして群馬県境と隣接、近くに日本三大古墳のうち、最も著名な埼玉古墳群がある。昭和二十四年市政施行以来、四回の町村合併の結果、六千六十平方粁の土地に、世帯数一万七百七十六、人口五万五千六百五十七人の市民が生活を営んでいる。

　足袋の生産額は、その最盛期には八千万足に達する需給を誇ったが、現在は千五百万足と、全般的な需要減りによって大幅に生産が減少し、そのかわりに行田特有の手工業的基礎をいかした靴下、被服、ヘップサンダルなどの製品がふえてきた。しかし一方、商品の購買指数が低くなり、買物には行田よりも他市にまで出かけて買ってくる人たちが多くなった。そこで市としてもこの現状を手をこまねいて黙視することができず、最近二～三年をポイントに、大学の先生方に依頼して各種の産地及び商業診断をおこなってきた。この結果によると、「値段が高い」「店に入りにくい」「品質、種類が少い」の答えがあらわれている。これには種々の理由がある。たとえば「値段が高い」ということは、従来、足袋職人が品物をツケで買い、支払いはすべて月末という習慣が残っているため、商店側もよそより多少高く値をつける伝統のためである。

　行田の足袋は、もともと松平十万石のもとで下級武士の救済を含めて始まったのだが、ミシン一台踏んでいればまずさしあたりくえるために、これまでただの一度も労仂争議など、おきたことがなかった。しかしこの利点も現在では災いしているところがないわけではない。特に儲けが最高に達した終戦直後の好景気を忘れることができずに、今ではそれがかえって靴下、サンダ

ル、被服の産地化をおしすすめることができない原因になっている。＞

手がかりはこうしてどうやらできたが、しかし見取図という代物はほとんどすべてがそうだといっていいほど味のうすいスープのようにそっけなく、たとえ僅かに誇張された事実でも基底をはなれてしらじらしくうかんでみえるものである。そこでぼくの次の仕事は、この図面の表面をできるかぎり多くの猜疑心を動員して、思考実験の迷路を加えたパズルやトロンプイユにいそいでおきかえることであった。疑惑はきりがなく、問いは溢れるほど多かった。たとえば次のように……。

八千万足といえばほぼ国民一人あたり一足の割合にちかいが、助役のいうこの数字は果して信用できるか。できるとすればなぜこんなに多額の生産量を、ほかならぬ、「地の利」をえないはずの行田がどうして誇示することができたのだろうか。（このことは言葉をかえれば、足袋の産地化には一般にどんな条件が必要か、その主要な条件が行田に根をおろすにはどんな歴史的過程と特殊性を必要としたか、ということになる。）「さしあたりくえる」と彼は断定したが、「さしあたり」とはいったい「どのあたり」か。「ただの一度の労仂争議」がなかったとは事実か。事実とすればなぜか。すでにわれわれが耳にしたように、どうして争議がない原因が、あのようにきわめて豊かなニュアンスに富んだ「ないわけではない」「災い」に転化できるのか。足袋の衰退が全国的な現象である確定的な事実は仮に「常識」としてみとめるとしてもその常識の範囲を一歩だけ外にでて、その時期、原因、かくされた内実をさぐる必要はないか。足袋の全国的な衰退の原因と行田におけるそれとは、全くぴったり重なりあうものであろうか。本質的に同一の原因だとしても、その原因と結果を媒介する行田での特殊性は何か。「行田特有の手工業的基礎」の「特有」あるいは「基礎」とは具体的に何を指すのか。労賃や工程や労仂条件などに、足袋の生産の物質的なそして人間的な仕組みはどうかかわっているか。その仕組みを、人々はどうみているか。市民は行田の、過去を、現在を、将来を、それぞれどう考えているか。等々……。

むろん最初これらの疑問は、雑多であいまいであり時には即興的でさえあった。しかしシナリオを作成するためのイメージの基礎として、やがて創りあげられるぼくのパズル（あるいはトロンプイユ）のなかでは、それはどうしてもそれぞれの内部の脈絡をみつけだし、関連を明示せねばならなかった。一方は他方にたえず移行し、しかも相互に逆流する正体の首根っ子を、しっかりと捩じ伏せるものでなければならなかった。よどんでうごいている生活の仕組みと、それを強固に支える絡みあった複数の欲望の行方。ただそれのみを、唯一の本質として湧きたたせるものでなければならないはずであった。なぜならぼくのシナリオ作成のメドは、行田という平凡でしごく退屈な田舎町の人と仕事と仕組みを一方的に提出することによって、それらの人々や生活と一見無関係にみえるわれわれの姿を泛びあがらせることにあったからである。どこにでもある町に隠されたどこにでもない条件の普遍性を追求してみたかったからである。ぼくは「カウントリー・ドクター」の作家の関心が、個別的なものの状況における意味の錯綜によって、人間存在の本質にまで迫るものであったことをおもいだしていたのである。

パズルをこさえねば誰にもその答を解くことはできない。対象の本質における矛盾や対立を知るためには、まず現象における矛盾とその対立を適確につかまねばならない。しかし現象はきりとる断面のいかんによっては、全く正反対の局面をみせることがある。そこでぼくが採ったいちばん単純な方法は、できるだけ多くのくいちがった事実を、できるだけ変化に富んだニュアンスで多角的な人間の観察から集めることであった。こうして再び次のような人たちの間で、ジグザグの取材をぼくは始めていた。まず足袋屋の「旦那衆」。なかでも現に商売をどうやらうまくやっている人と、ここ四、五年の間にものの見ごとに倒産した商人。同じ倒産者のうちでも家業を原料商などに縮小して再び生活を営んでいる人たち。被服やヘップサンダルにいち早く転換した業者と、戦前のかなり昔から、他の職種たとえば米屋や観光業者などに職業をきりかえ、今はすっかり生活におちつききった初老の人たち。曾て行田市の改革をめざし、青年会議所の運動をやろうとしていながら完全に潰滅してしまったメンバーの幾人かと、足袋工や染物工や高校生の男女。会って話を誘いだし、メモに項目と氏名を記した人たちは、市会議長、市の商工課長、教育委員や市史編さん委員、足袋・被服同業組合の専従者、被服商、原料商、染物工場主、さいとり屋、商工会議所や足袋・被服労仂組合の代表者、男女の工員、高校生、足袋関連産業の従業員、それに宿の女中さん（旧女工）などを数えた。取材が進展するにつれて、手もとには資料や文献の種類もしだいにふえていった。そしてくいちがう事実間の消却によって、ほぼ次のような結果をうることができたのである。

行田における足袋の生産量は、ピークであった昭和十三年の八千万足と、統制が緩和された昭和二十五年の六千万足の間をほぼ上下してきた。ところが昭和三十一年頃から急に売れ行きが悪くなり、昭和三十四年の二千万足、昭和三十五年の千二百万足と急速に低下し、三十六年度は五百万足に減少するものとさえ予測されている。売れゆきの不振とあいつぐ足袋商の倒産の時期が、朝鮮戦争が休戦に入った段階に照応するのはきわめて示唆的な事実である。それはブームに左右される底の浅い日本経済が、独占資本の系列化によるあらたな再編強化の嵐を経験した段階であり、これまでいくつかの試錬を辛うじて弥縫してきた行田の足袋生産の全構造が、白日のもとの死魚のはらわたのように歪みをさらけだした時である。

行田で足袋づくりが始まったのは、今か

らおよそ百年以上も昔の天明年間のことであった。取材の対象になったほとんどすべての人が頑くなに信じている藩主松平による下級武士授産説は、全くの偽りであり伝説である。うちつづく天明年間の不作に困窮した農村在住の長物師《サシモノ》が、同じ忍領であった熊谷の商人のすすめで鷹匠足袋（今の地下足袋にあたる。）をこさえたのが嚆矢であった。その後この長物師が、周囲の人たちに足袋刺しの内職をしだいにひろめていくことになる。しかし行田に足袋が産業として根をおろしたのは、明治期に入ってからのことである。

青縞の産地という以外、これといって特質をもたなかった行田が、足袋の行田といわれる地位を獲得するようになるまでには、これまでに三つ、あるいは四つのエポックを迎えている。

才一期は明治の初期である。西南の役に際して行田は、軍の大量の足袋の注文に目をみはった。なにしろ当時は徹底した手工業の規模と内容で、作った分だけ何足かを天びん棒にかついで売りにでかけていたと伝えられている。軍に収めるには製品の規格を必要とする。そこで規格をつくる必要性から組合が生れた。つづく才二期は、明治中期から末期にかけてミシンが導入され、小規模ながら工場化された時期である（明治二十七年底截断機、二十八年ミシン導入）。いみじくもこれは二回の大戦に勝利した日本が富国強兵へ膨れあがる過程であり、才一期が一日一人あたり僅かに六、七足しか作れなかったのにくらべて、一躍、職工一日百人あたり六千五百足も生産するようになった。手裁ちが裁ち機によって廃止された時期である。才三期は大正七年以降、才一次世界大戦の好景気と、大正十二年関東大震災直後の濡れ手に粟の時代である。分業化と一貫した流れ作業がいっそうつよくいろどりをそえた頃である。最後に才四期は太平洋戦争中の統制時代で、陸軍被服しょうが行田に設置されて行田の過剰生産の矛盾をいちおう表面的には駆逐した時期である。

この四期をつうじて特徴的なことは、生産が直接的には軍の需要にうらづけられていること、そして草創期から現在にいたるまで親方と徒弟間の主従関係、極度の下請け化、ぬけがけ競争の風潮を伝統として身につけたことである。才二期から才三期にかけて、足袋屋の「旦那衆」は、ほとんど徒弟から叩きあげられており、農閑期になると附近の農村に手弁当で仕事を依頼して廻った。この歴史的な伝統は、「娘三人あれば蔵が建つ」といわれた盛況から、嫁いり道具のひとつとしてミシンと足袋ぬいの技術が選ばれるまでになり、季節によっては一日平均十一時間も仂く現在の無数の下請け業者の家族労仂の慣習をつちかった。加工賃の決定は完全に親工場に握られており、収支スレスレが五三％、完全な赤字は一〇％という事実にもかかわらず、「一人でくえねば二人で、二人で、だめなら三人で」と「カズ」でこなし、工賃を生活の足しとして甘んじる生活態度を育くんだ。

行田が足袋の産地として、他のつちや、あさひ、福助などとちがった性格で登場したのは、すべてこの「シキタリ」と「ナリユキ」と「カン」に依存し、主に販路を東北においていたためである。行田市民の$\frac{1}{4}$強は、年間の平均所得が十万〜二十万円である事実がそれを有力にものがたっている。つまり行田において足袋が定着した最大の理由は、徒弟制度と下請け化のみにあったといっても過言ではない。そのような形と結びつく足袋づくりの内容が、行田を産地として選択したともいえるであろう。

ところで足袋が全国的に衰退した原因は、日本の冬が年毎に温かくなっただけでなく、日本人の生活のきりかえにあった。しかし、たとえば福助足袋は、年々相対的に製品がのびている。これはテレビや新聞など広告媒体の効力もあるだろう。しかしこの福助足袋の大半を、厳重な検査規定と激烈な競争のもとに行田の足袋商がつくって収めているのである。一方、行田の足袋じしんには、検査規定、品質検査やその管理、販売などの統一制度が全くなく、すべては生産者意識に優越した「ぬけがけ」功名と商人根性の「カン」にたより、多種少量生産と売り込み競争だけがきびしく、（行田には問屋が一軒もない。）商標が何と千五、六百種も存在するというありさまなのである。この「カン」と「シキタリ」を遵守する伝統は、月七千九百三十円の工員の給料にまでひろくしみとおった。たとえばここに今年卒業した高校生の例がある。彼は月八千円で隣接する他市の工場に勤めた。すると、足袋の旦那衆がその工場に陳情にでかけて、彼の給料を六千五百円に値下げすることを要求したというのである。もちろん旦那衆のこの乱暴な戦術は、行田の低い労賃体系をひたすら守るための「自衛手段」であった。

業者と三十人ぐらいの下請けの間に活躍する仕事あっせん業のさいとり屋の実態。両方に吸いとられて、生活水準の指数が京浜にくらべて68も下廻る現状。どんなうすぐらい家にも一戸に必ず一台はあるミシンで、ひとつでも多くの製品仕上げをやろうと家内労仂に依る激しい肉体の酷使のありさま。

メモの数字はおどろくほど喜劇的な逞しい欲望の下に、しずかに動いている生活をきびしく指弾しはじめていた。

3

製作者のできあがる映画への期待は「日本の風土」であった。「特徴ある産業の発達した町」の「地理的な条件や時代の流れのなかで」、その「産業を開発し、発展させてきた努力の跡をたどり、町の性格を浮彫りにすると同時に、何故その産業が、その町で発達したかを解明する」（製作意図まえがき）ものでなければならなかった。むろんこうはいっても、表現形式や方法はすべてぼくの自由裁量に任されていた。上映時間は十三分半、16ミリだから四八六呎である。

フリー・ハンド式にイメージをかきつづっているぼくの耳もとで、シナリオ・ハンティングで会ったあの多くの行田の人たちが、ほとんどみな異口同音に軽やかにしゃべっていたある発言が耳鳴りのようになりつづけていた。彼等は話がおしまいになると、かならずいうのである。「いけませんなー。とてもこのままでは。なにしろ行田というとこは、昔から封建的などうしようもない町ですからなー。」

武道が盛んなことを忘れないで下さいとつけ加えた無邪気な保守主々義者の歯科医や、卒業したらこの町から出たいと断言した高校生や、「旦那衆」へのつよい不満を顔にあらわした女中さんを除けば、発言者のニュアンスはすべて同じであった。「いけませんなー。このままでは。」しかし、みんな「そのまま」でいるではないか。どうしてそのままいられるのか。あるいはいなければならないのか。渦の中心が逆回転するように、吹きすさぶ台風の目が不動の静寂であるように、この問いは、おそらく「なぜこの産業がこの町で発達したかを解明」するものにちがいなかった。

しかし、この問いこそ、同時にぼくじしんに向けられている。全体として既成事実に屈服し、いつでも役割に逃げこむ心情。こんなブザマな状態では革命なんか絶対にこない、日本には革命なんて決してありえない、という見限りの精神に立脚して、生活の機能に意味を附与するある種のプラグマチストに猛烈に反撥を感じながら、それに敵対する十全なヴィジョンをいまだにもてない男たち。それにつながつていた。そしてそれが日本人のある種の姿であるかぎり、シナリオはそれを告発する内発的な契機をうちに秘めるものでなければならない。作家は世界と人間を他の人間に対して暴露することをえらんだのだ、そのためには裸の現実を提示して人々に責任をとらせねばならぬ、と書いたのは、記憶に誤りがなければたしかサルトルである。

一方、ぼくのイメージには、足袋工場の生産工程のなかでの男女工のダイナミックなうごきがつよくやきついていた。できあがった足袋の型をととのえる、男の仕上げ工の奇妙な全身運動。表だち、裏だち、底だち、かけおとし、尻どめなどの、目にもまらぬような——といったらすこし大げさだが——すさまじいスピードでミシンをかける女たちの作業風景。それは路地の家々の縁側にでて、夕暮までミシンを踏む下請けの主婦たちの動作と、かなりちがった感じがあった。傍に競争相手がいることによってただちにダイナミックに反応するような動きである。表情があった。工場といってもせいぜい二百五十名どまりの小企業である。そこで仂いているからといって常雇いではなく季節雇いにすぎぬ彼女たち。それでも路地の家々のお内儀さんの動作にくらべて表情があった。アップのフラッシュ・バックでとらえたい動感があった。なぜか。そしてこの二つのイメージを、いったい何でむすぶか。

〃外部によって内部をとらえ、そうしてとらえた内部で再び外部をとらえる〃と、ある論者はいう。〃事実をものと意味に積極的に解体せよ〃とある論者もいった。しかし、外部によってとらえた内部が、もはや単一のイマージュでない場合、それはどうなるか。同時に併存してしかもなお根本的に対立するイメージを外部によって得た場合、その分裂した意識を単一に統合すれば、なにかいちばん大切なものが脱落してしまうという意識、それをどうするか。

　事物に関する一定の認識を、あらかじめある枠組みのなかにおき、それを映像でできるだけこわしていくやり方。それがテレメンタリーのやり方である。個別的な事実によって「素顔」をとらえうるし、現象の背後に本質が確認できるというみとおしがそこにはある。ほれ、ここにこのような事実が！　忘れずに注目して関心をもちつづけようではありませんかという方法である。だがぼくはこの方法に我慢がならなかった。なぜなら本質は現象の背後などにノウノウとかくれたりはしていないから。本質は氷山であり、現象は海面上のその一角であるという比喩ほど、チャチなたとえはない。また逆に現象じたいが本質であり、われわれはそれに心の仂きで形態を附与すればいいと考えるエイゾーロンも誤りである。現象それじしんが本質であると同時に、本質でないという矛盾。それを主体が媒介してとらえるということ。それこそぼくのねがいであった。しかし果してどういう方法で？

　こんな工合にシナリオが書けず、いや正確には書かないでいる間に、正直のところひとつのつよい誘惑が心におきた。それは、これはどうせ短い時間の映画なのだから、風土と産業という主題にとにかくあてはめて書けばよいではないか、という心の動きである。よくみかける「何々と共に十五年」という例の生活シリーズである。そしてぼくは、足袋の生産工程を間に挟んで、その前後に行田市の描写を挿入することにして書いてみた。結果はあまりにも無惨なシナリオである。二回目も失敗した。そして期日があまりにもおくれたので三度目のシナリオをでっちあげたが、このシナリオもついにアリバイを偽造するものにしかならなかったのである。

　たとえばつぎのように。（導入部と中間部）

画面構成	コメンタリー
○タイトル・バック　（F・I）	
○画面一ぱい、うごめく奇妙な手先。	
○その極度の大写しが、すばやくO・Lする。（ズーム・アップ）	
○全身にハズミをつけて足袋の仕上げに余念のない工員　（T・B） 足型に縫い目を合わせると、やつぎばやにはたき、ものすごいスピードで指しろを突き刺す。	
○ボクシングのフットワークのように激しいリズムと、それと全く対照的な虚ろな表情。極大写。　（O・L）	東京から僅かに65キロ、利根と荒川に接する埼玉県の北部に日本三大古墳の歴史を誇る有名な埼玉古墳群があります。この丸墓山もそのひとつですが、日本最大の円墳の姿は、昔から殆んど変化がありません。
○丸墓山。すべてにゆったりした姿態は一目で古墳とわかる。　（O・L）	
○その頂きから遙かに望む秩父・赤城などの連山。	
○キャメラ、山脈からティルト・ダウンすると行田の市部中心更に急速に寄る。	
6　足袋職人の風俗	
○あどけない少年の表情。和服に唐機木綿の角帯をしめ、前掛けをきちんとかけている。（静止写真）　（O・L）	
○少女の足袋奉公人。写真が交互に変るにつれて年令がふえていく。	
年嵩が増すにつれて羽織の着用が許され身なり、履物がよくなっていくと、人物の顔はしだいに足袋商独特の堅牢な表情に変貌していく。	
7　顔	
○顔の額に、麗々しくピタリと貼られる足袋のレッテル。人物が大正から昭和に移ると、レッテルの場所も、目、耳、口にふえていく。	
○顔中レッテルだらけの顔。	
○顔からはみだして、画面に氾濫するもの凄い商標の洪水。	
○突然、人物の顔の中央に、まるでカミソリで切ったような黒い亀裂が走る。	

4

課題はいまだに解決されていない。
教訓・自己を過大評価するな。

×　×　×

●作品評「三池のたたかい」
（徳永瑞夫作品）

作家は内部と外部の敵を撃て

大沼鉄郎（演出家）

一九六〇年五月一日における東京での大衆行動と、同じ年三月二九日における三井三池の階級斗争。この二つのそれぞの映画による記録を見るとき、僕たちは、同じ年六月の経験で、いくらかはもの心のついた目で見る事ができるし、考えることができるように思われます。一九六〇年の六月を、どんな姿勢で通過したかによって、もの心のつき方がちがう以上、勿論、この二つのフィルムが、人によってさまざまな評価を与えられるのは当然でしょう。

「三池のたたかい」の場合、面白いのは、プロローグで語られる資本家の言葉です。「安保問題も大事だが労仂問題も大事だ」といった意味のものですが、僕はこの言葉の含蓄の深さに注目し、ききき耳を立てずにいられません。僕たちは、三井三池のストライキが合理化反対のたたかいであることは知っています。そして、この六月が僕たちに教えてくれたところによると、このたたかいは、単なる「首切り反対」斗争というよりは、やはりあくまで「合理化反対」の斗争であり、従って、それは安保問題と並ぶ問題ではなく、安保問題とイコールの問題だと思われるのです。とすれば、安保反対斗争と労仂運動を、あえて並列に置き、直結につながなかった資本家には、それ相当の考えがあったと見ていいでしょう。こういう疑い深さを、ぼくたちは、この六月の激動の中で、すばらしい自信と同時に身をつけてきました。今、日本では、どのような局地的なできごとも、決して局地的なものではなく、はりめぐらされた網の目によって全国くまなく伝播され、伝播されるどころか一本のベルトでつなげられたように誰もが回転させられている以上、この資本家の言葉は、その連鎖を人々の意識の上で、断ち切ろうとするものに違いありません。

ひるがえって、もし、その言葉が資本家の口から、大した考えもなくすらすらと出てきたものなら、安保問題と労仂運動という人民にとって死活の問題を、このようにメカニックに事務的に二本建てで扱っていける資本家側の体制の見事さと冷酷さに気がつくのです。

「三池のたたかい」にもどりますが、オ一に、このたたかいを、端的に安保反対斗争の中にあるものという視点から描かれるといい、というのが、僕の一つの注文になります。このあいだ、東京の街角で三池新労組と腕章をまいた男から、ビラをもらったのですが、ここにもまたマスコミの随所に見られると同じように、石炭産業が時代遅れの産業であり、合理化は合理的だ、ないし不可避だという思想があります。そしてその思想が、良心的なヒューマニストまで捉えています。三池のストライキに足をおいて、そこから安保を貫き、更に矛先が現在の体制そのものに向けられている。そのような方向がもっと考えられたのではないでしょうか。次の注文はこうです。すでにいわれていることですが、敵は賢いのですから、僕たちはもっと上まわってずるくなくてはならないのです。ここで、敵とは、目に見える敵であると同時に、僕たちみんなの意識、無意識の中にひそんだその敵の思想のことです。プロローグに於ける資本家の言葉やオ二組合のインタービューなど、見せかけの中立主義はどんなやつでも簡単に見破ってまいます。政治的プパガンダを狙ったこの映画の場合、もし中立主義のふりをするならば、最後までボロを出さないよう気を配らなくてはなりません。トロイの馬を作る気構えが必要です。あるいは、はじめっから羊の皮をかなぐりすてて、むきだしの狼づらをした作家が、おれはこうだとアジった方がいいかもしれません。あるときは学校の先生のように、ある時は芸術家のように、ある時は事件の報告者のように、といった、スタイルのふん切りの悪さが気になります。三井三池三月二九日における一労仂者の虐殺、そこから戸惑うことなしに一つの報告を提出することもできたのではないでしょうか。映画では、この労仂者久保清の殺害に、肉親の悲しみがつながりますが、この間に、恐らく彼の住居でしょう、社宅附近らしい風景がインサートされますが、この悪さも、方法の中途はんぱさから来るのでしょう。例えばここで、作家は、作家自身の、労仂者の殺害に対する悲しみと怒りを、殺された労仂者の家族の姿で定着させることができた筈なのに、説明者でもあろうとする欲のために足をひっぱられてしまっています。

さきにいったような、今、日本人民が身につけだした自信とさい疑心を計算に入れるならば、作者がいっていた「オ二組合」というテーマが、貫けなかったことは本当に残念です。この視点で作品ができないのは、作家の側の問題もあるでしょうが、映画を作る体制の中にも問題が多いのです。そしてそれを含めて再び作家の問題とし、僕たちで取り組んでいきたいものです。

●作品評「エラブの海」(西尾善介作品)

六月斗争の中で考える／山之内重己

(城北映画サークル)

カラーシネスコ記録映画「エラブの海」と記録映画「オランウータンの智恵」の二本が東宝系で劇映画「路傍の石」と共に上映された。その為に「オランウータン」はラジオ東京で動物学者と作家との懇談会、中央公論には対談が掲載されマス・コミにのってようやく市場に滲み出した。では当の「エラブの海」はどうであろうか。やはり同じように朝日新聞の〃記録映画特集〃の記事にのせられ、アサヒグラフの写真読物等、マス・コミにのった上で市場に出され、軌道にのってやっと上映される。記録映画はのけものにされているのである。日活及大映系では文化映画と名うってPR映画を劇映画一本立と併用して上映した時があったがどれも途中でやめてしまっている。又今だに上映されずにいる作品が多くあることを知らなくてはならない。

このように記録映画は一般市場から〃ものめずらしさ〃か〃劇映画の質又は市場価値がおちた時に時々つかわれる〃だけでそれ以上のものではありえない。

それは私自身、映画サークル内だけで仕事をしていた時、本質的にはそのようにしか感じていなかったことを思えばうなづけるし、そこに記録映画の問題点があると思う。作家もその点をうちこわす立場で問題をつかまえ、作家として作品を作ってもらわなくてはならない。然しこれは映画サークルや、観客の問題でもある。そしてまた、作家の問題であるといいたいが、根はもっと深い処にあるようだ。

ところで私は「エラブの海」の問題にもどらなくてはならない。残念ながら東宝系の映画館で見ることが出来ず、記録映画上映館といわれている日本に一つしかない東京駅の八重口にある観光文化ホールで時間を作って見たのである。それも安保反対の斗争下に見、丁度読売、朝日ニュースが六・四のゼネストの模様を浮彫にし、自分自身も安保批判の会の一員として参加しているだけに騒然たる中にいる自分、又東京都民の姿、声なき声の様を見た後に写された「エラブの海」なのである。このことをいっておきたい。

毒蛇と鮫と台風以外にはそこの人たちには襲いかかってくるものが見あたらない、静まりかえっている、この小さな島の生活がなにかしら取残されているような気持になる。

私はエラブという片仮の名の海が不思議に思えたので解説書を見た。鹿児島市から船で一昼夜かかる鹿児島の最西南端の永良部群島の中の一つの小さな島であることと、沖縄に大変近いことも知り、なるほどと思った。

そこの小さい島に住む老人とその二人の孫娘と幼ない少年の四人の生活を画いているというのであるが、そんなことはどうでもいいはずなのになにかこだわっているようだ。

真珠養殖につかう、マベ貝を海底深くもぐって頑丈なナイフで剥ぐ、二人の海女の姿を長々と水中カメラがおいまわすのである。ひきしまった肉体と均勢のとれた、二人の海女が海中を泳ぎまわる姿をたんねんにカメラは上から下から後から前、近く又は遠く、岩の陰からと、あきずに写し出している。これらがもっと無意味になんでもないようにたんたんと写されていたならばと、なにも無い物への執着のようなものがほしかった。

子供が海亀の産印をみっける処からはじまり、孵える子亀を見まもる少年で終り、おじいさんの後をつぐであろうとのコメンタリーは物語性をっくるというもので、子供をストリーにはめこんだという悪いものであり、そのようなものをなくし、すぐに海女を青い海にとびこましてほしかった。

それよりも本島の親類を訪ね、牛相撲、南海特有の潜水漁法、これは短かい、なんでもないショットであるがくいいって見た。牛相撲は両方の牛が顔をくっつけ、にらみあった大きな顔、こいつはいいと思った。黒ぐろと、黒びかりした二頭の牛が角と角をあわせ、目どうしが右と左から、鼻ずらをつけた顔《つら》は原始林の中の動物そのままの姿として現われて消えて行く。

このような記録映画はうまくまとめて作ることではなくまずいごてごてとしたものとしてとらえてくれた方が魅力をもってくる。みすてられた島、静かな島、にもきっと安保の影響はこのようなごてごてした中にひそんでいるのだと思われてならなかった。

●書評「芸術としての映画」

大島辰雄（評論家）

海外の映画論中、読まるべき、また邦訳さるべき文献の一つ。訳者も「こういう古典的な」とことわっているが、それはいわゆるモンタージュ論から映像論までの映史的背景からばかりではなく、今日の映画美学、われわれの映画芸術にとって、基礎的なものをもち、またいろいろな点での示唆をふくんでいると思われるからである。一九三〇年代に書かれたかずかずの論文をおさめ、新版へのノート（一九五七）で理論的体系化への姿勢をうかがわせているが、それは本書についで大冊『芸術と知覚』（一九五八）を発表しているのでもわかるように、多分に芸術心理学に向っている。旧版『フィルム』（一九三三）から映画とリアリティ、映画作法、映画の内容、完全な映画、の四篇（旧版は昭和八年に邦訳され、モンタージュ論全盛の折から特に注目された）、写真を動かした考え（一九三三）、「動き《モーション》」（一九三四）、テレビジョンへの予測（一九三五）および新ラオコーン——芸術的集成物と発声映画（一九三八）から成り、手がたく著者の立場を一貫させている。

一読して感じられることは——（一）著者の興味が何よりもまず映画の形式もしくは造形性にあること、それを映像の心理学的分析と形態学的美学によって展開していること、（二）「ヒトラーが勢力をしめしだす直前のドイツ」で書かれた主論文から、その後のローマでの四つのエッセーを通じて、著者がゲシュタルト心理学という「この新しい学説のいわばカント的転廻にしがみついている自分」から歴史の転変とともにそれほど大きく自己変革してるとは思われぬこと、つまり彼はそれほどまでに「芸術としての映画」を愛し、映像固有の美に学問的情熱をかたむけ、それへの実証精神を実証している、ということである。

Art は芸術であり、またそれとしての技術をいみする。そのようなものとして、著者の目はむしろ「芸術としての映画」をその機能的な面においてとらえる。この傾斜から、今日のわれわれの周辺に見出される俗流映像論へすべりこむことは造作ない。じじつ「映画言語」を売りものに、きわめて安易に、手軽く、そのような立場をふりまわす連中の武器ともなりえよう。この本は、そんな危険な曲り角を暗示しているようにも思える——。映画のメカニズムと同様、理論や方法は、つねに「意識的選択」を必然化し、そうしたいみでの主体的な読みとりかたを必要とするであろう。ここで著者のみかたを詳細に分析するわけにはいかぬが、彼の映画芸術論が実証的一貫性をもっていながら、それだけに「古典的」であり、かえって自己矛盾と撞著をさえふくむエイゼンシュテインの映画形式論の生彩に及びがたい点が、この本の最も大きな「教訓」といえるかもしれない。ともあれ、映画的表現の種々相を通して、創造的想像力のありかたを追及している本書は研究や鑑賞のうえでも、また作家にとっても、まだまだよき教科書の一つたりうるであろう。著者のいう通り「この二十世紀の世界は大根役者なのである。外側はさまざまな色で彩られているが、その本質は私たちの目や耳に直接訴えるほど明示されていない」ともいえるのだから。（ルドルフ・アルンハイム・志賀信夫訳・みすず書房刊・価四〇〇円）

現場通信

燃え上ったエネルギーの中から

杉山正美（演出家）

＜はじめに＞

今日（七月十日）は、ひどい暑さだった。大和市から厚木の米軍基地に向う長い道は日影一つない砂ぼこりの悪路だった。大会は、だらだらと長かった。司会者が、新聞社のヘリコプターを米軍のヘリコプターと取り違える様なへまをやったので、暑さが余計に身にこたえる。市街地でデモに対する町の反応を見ようと、先頭から離れて、暫らくそれを追って見たが、始めてのデモに戸惑っているのか、余り反応を示さない。

しかしデモが市街地を離れて行くに従って、人々の表情が活発になって来た。畑の中で草取りでも終ったのか数人のおばさん達がデモに手を振っている。

キャメラマンはそこに向って素早くかけていった。

もう撮影を始めてから一か月以上の日がたっている。そしてこの一か月は、次々と起って来る事件や、その都度行われる民衆の巨大なデモンストレーションのなかでよく整理されず、見通しをまだ持つ事が出来ない、多くの断片的な印象をつなぎ合せるしかない。

＜品川にて＞

「悪い雨だな。」車のなかで一人がぼそりとこうつぶやいた。「今まで天気に恵まれすぎたな、樺さんが死んだ後は雨になって呉れるし」

十九日、国会で安保が自然成立した後、岸内閣は、まだしつこく政権の座にしがみついていた。

国鉄、国鉄、動力車労組を中心にした才三次ストが行われる前夜、私達は雨の中を品川に向っていた。

「こんな雨ぢゃ動員なんか少いんぢゃないかしら。」佐々木青年が、大きな声でつぶやいた。

全くこんな雨では動員が少いかも知れない。今まであれだけの多くの人が集ったデモンストレーションが、尻つぼみの形になってしまうのは誰にとってもやりきれない事だろう。品川につくと、雨は次才に小降りになっていた。

駅頭に集っている人達は予想以上多かった。安心すると同時に、今度の闘争を支えている大衆のエネルギーを改めて認識した。

品川と田町の闘争本部で様子を聴いて見る。田町では、乗務員を殆んど組合側が確保し、夜半から信号所の奪取を行う予定だそうだ。夜の信号所は、ライトの不足から室内撮影ばかりになり、狭い部屋で公安委員と、組合員の力くらべの感じがあるので、撮影は一応控える事にして、乗務員の確保が出来ていない品川に夜明け迄腰を据える事にする。

雨が小降りになるに従って風が強くなって来た。地下道には、一般労組の大部分がびっしり坐り込み、ホームには、六・四ストの時と同じ様に、全学連が坐り込んでいる。

一時。国鉄側が坐りこんでいるホームがにわかに騒がしくなって来る。

信号所の奪取が始められた様だ。

あきらめたものの矢っ張り気にかかる。

「今頃来たって遅いぞ。」

国鉄の組合員のなかから我々に向って野次が飛ぶ。

「品川電車区と田町の東京機関区にある、信号所は、全部押えましたからストは大体間違いなく行われる予定です」

国鉄の委員が支援労組のリーダーを前に、状況を説明している。

二時。坐り込んでいる人達がうとうとし始めた頃、新劇人達の文工隊が廻り始める。学連の所で文工隊が、来るのを待つ事にする。六月十五日の事件以来、学生と、労組の感情がずっと近づいたのではないかという考えから、その交流に期待を持った。

風は相変らず強かった、学生達は、互いに体を寄せ合って、雨をよけてうずくまっていた。派ばつ系統から見て、必ずしも所謂主流派ばかりではなく。反主流派系も若干まじっている。

私はふと、安保の自然成立の夜、首相官邸を夜明けまで、取りまいた時の事を思い出した。

＜学生たち＞

官邸の裏側で待期していた私達は、坐り込んでいる学生と話し合っていた。

「主流派と反主流派と、どう違うんだ。」意地悪く質問して見た。

「さあ、上の人の勢力争いでしょう、私達は別にそんな事にこだわっていないわ。」

「学校によっては、動員の都合のいい方を選んで行く所もあるわ。」

女子学生達は口々にこのような事を言った。

この学校は、十五日の国会突入の時に矢張り見掛けた学校だった。

それにしても、主流、反主流の違いが、意外に、学生の間に問題になっていないのに逆に驚いた。話しても、理論的に、主張の違いは明確ではなく、岸首相や、警官に対する烈しい怒りという点で行動している様だった。十五日には、この学校も十五名の負傷者を出したそうだ。

六月十五日には、私はその一部始終を眺める立場に立っていた。国会に行く途中、可愛い高校生達の集団に出逢った。全学連にはつきたくないが他の団体と、一緒に歩きたい、というので、安保批判の会を教えて、そこは安心だからと説明し、この一団が国会に来たら撮影しようと、先廻りして議員面会所の前で待期していた。

議面の前は、この日ストに入った全国金属の長い列で埋っている。正門の方に廻ろうとして、南門の近くに来ると、そこは全学連が坐り込んでいた。聴くともなしに宣伝カーから流れる演説が耳に入った。

「敵に決定的な打げきを与える行動を開始する」

こんな風に言ったと記憶する。

門の前には報導陣が集っている。何か異常なふん囲気だった。すぐ南門の前に行って様子を見る。

まず全学連のピケ隊が、南門の前に立っている報導班や、一般の人を排除し始めた。

「そこにいると危いですよ、けがをしても貴方達にはかまっていられませんからどいて下さい。」

報導班達は、トラックの上や、門柱の上に上った。はげしい渦巻きの様なデモ隊が、南門に向って殺到した。

キャメラマンはそれを撮り終るとすばやく門柱の脇の土手に登って行くのが見えた。門の前は学生で一杯になってしまった。垣根にはりめぐらされた鉄条網を、切ろうとする学生が出て来る。お巡りがそれを手を横に振って止める。その一団の学生の指導者が、鉄条綱を切ろうとした学生を制止する。

門の前には相変らず学生が一杯だ、時々、大きく門がゆすぶられる。学生の盛んな拍手が湧く。南門の扉がはずれてしまった。五、六人の学生がそれをかついで地下鉄の入口近くに棄てる。

トラックを引き出しにかかる。警官隊が放水を始める。

学生達は余計に興奮し始めた。どこから探して来たのか、太いロープを抱えた学生が、議員宿舎の方から入って来た。門柱にロープがかかる、あっと思う間に、門柱が倒れた。トラックがずるずると引き出されて来る。

開かれた狭い入口目がけて、学生達が入りこんでいった。

垣根を破って入って行く一団もある。すぐ押し返えされる。

「学友達はあとに続いて下さい。」マイクが呼びかける。

逡巡している一団がある。

負傷者が、続々送られて来る。その殆んどが額を割られている。自分で歩いて来るもの、抱きかかえられて来るもの。

国会の中に入って、警官隊のうしろに廻って見る。警官の引き抜きにあって、後におくられる学生が私服に引き立てられて行く。

負傷しているものもまるで荷物の様にほうり出される。

「手錠をかけろ、手錠を」うしろの方で私服達がわめいている。

「ひどいじゃあないか君」

赤だすきをかけた社会党議員がそれを止めにかかる。五、六人の私服が寄ってきてそれを突きとばす。

悲鳴とも泣き声ともつかないひきつった声が起ると、学生が警官の間から次々とほうり出されて来る。

＜六・二二の朝＞

品川駅のホームには、雨をまじえた横なぐりの風が、容赦なく吹きこんで来る。学生達は、お互に身体をよせ合って、嵐のなかで身を固く守っている。

「どうしたんだろう」つい先程まで、地下道で、歌っていた文工隊の姿が消えてしまって学連の方に来るだろうと待っていた私達はしびれを切らせてしまった。仕方がないので文工隊を組織していた新劇人の所へ行って聞いて見る。

「全学連には行かないんですか」

「いや無論全部廻る予定だったんですが、学生さんの方で今は歌なぞ歌っている時期ではない、って言うんですから仕方がないでしょう。」

三時半、激しい拍手とシュプレヒコールが響いて来る、三池の労組の人達が応援にやって来た。

文工隊を断った学生達は今度ははげしい拍手を送っていた。

四時半、大分明るくなって来た。どうやらストは無事に行われそうだ。

品川を離れて線路伝いに田町に向って歩き始める。雨は殆んど小降りになったが、風は止まない。

臨時に照明部になった佐々木君は、もう照明の必要はないので重いバッテリーライトを、預け様とするが、運悪く、途中にある建物は公安官の部屋で剣もホロロに断られる。

田町と品川の間にある大きな塔に登って、俯瞰を取る事にする。二、三人のスチールキャメラマンも仲間入りをして来た。強い風が塔を大きくゆさぶっている。キャメラマンはキャメラ片手で仲々上ってこれない。一緒に登って来たスチールキャメラマンのバックを借りて、やっと引き上げる。

突然車庫から横須賀線の電車が走り出す。公安官のいやがらせらしい、田町近くまで走った電車は、赤信号の前であきらめて戻って来る。

塔から降りると、徹夜のつかれか、足ががくがくする。キャメラマンの方はもっと疲れた様だ。

六時ようやく、田町の機関区につく。

車庫の前にある組合事務所には赤旗がなびいて、機関車労組の人達が大会の準備をしている。品川駅と違って如何にもストライキという実感がある。大会が終る迄ここにとどまる事に決めた。

（7頁より）に呼びかけようとしているかどうか。つまり、日常的な非本来性において展開される想像力のパターンが、映画的イメージの継起のなかで崩壊され、想像力のカオスのなかから観客をして映画独自の想像的世界への本来的自己参加を呼びかけるだけの内的構造を、作品がもっているかどうかの検証こそが、作品批評といわれるべきものである。そして他方そうした内的構造が他ならぬ観客の創造的参加を要求している点をこそ、読者に解説し主張すべきであろう。ストーリーの要約や解説は抜きにしても、そうした批評であってこそ、作家と観客とを作品において結合させる真に創造的批評の名に耐えうるものであろう。

記録・教育映画ガイド

●西部記録映画を見る会

○所　池袋・西武八階文化ホール

○入場無料、時間は各日異りますから御注意ください。

七日（日）十時半、十二時の二回
新人作家特集、大阪繁盛記（川本博康）印画紙の話（松川八洲雄）液体のはたらき（故・高島一男）

十四日（日）十一時、十二時半、
女流作家特集、スランプ（中村麟子）水族館（西本祥子）醤油（時枝俊江）

二〇日（土）十一時、十二時半
自然との斗い特集、ガン細胞、（渡辺正己）北陸トンネル（島内利男）

二七日（土）十二時半、二時
中堅作家特集、マリン・スノー（野田真吉・大沼鉄郎）日本の舞踊（羽仁進）

○今まで西武デパートで行なって来た記録映画を見る会は、九月からは新らたに、城北映画サークルと共催で豊島振興館で行なうことになりました。月一回で更に内容の充実をはかりたいと思いますが九月は「現代の日本」を特集し、「日本の子どもたち」「一九六〇年六月・安保への怒り」等を計画しています。

■編集後記

※今月号は「批評精神の再組織」を特集。新安保反対斗争の才二の段階にはいった今、この特集もその時点からなされた。

※来月号は安保反対斗争に参加した作家たちの所感を特集し、われわれとして今後いかにたたかっていくかを考えたい。

※六月の安保斗争総括があちこちにでている。どれも手前勝手に「わが方針」のただしさを誇示している。もっとあのエネルギーの質と量について客観的に総体的にとらえなおし、再確認するところから総括をはじめたらどうだろう。

※読者からの投稿論文を今月号からのせることにした。論文、映画評の御投稿をまつ。

※『時事通信』の七月一日号に今村太平氏が「戦後映画ジャーナリズム」という記事のなかで本誌について（本誌は岩崎昶氏が精神的スポンサーになり、自分のＰ・Ｒに利用している）という意のことをかいている。そのデマゴグーは本誌をよめばわかるとおり、まったく笑せるデマであるが今村氏が正気沙汰であるとするならばアワレを感じる。

※厚木たか氏訳のローサ「ドキュメンタリー論」が発売された。読者諸氏の御購読を御願する。（野）

教育映画作家協会編集

記録映画

THE DOCUMENTARY FILM

第三巻第九号
昭和三十三年九月五日第三種郵便物認可

「喜びのチベット」

9月号

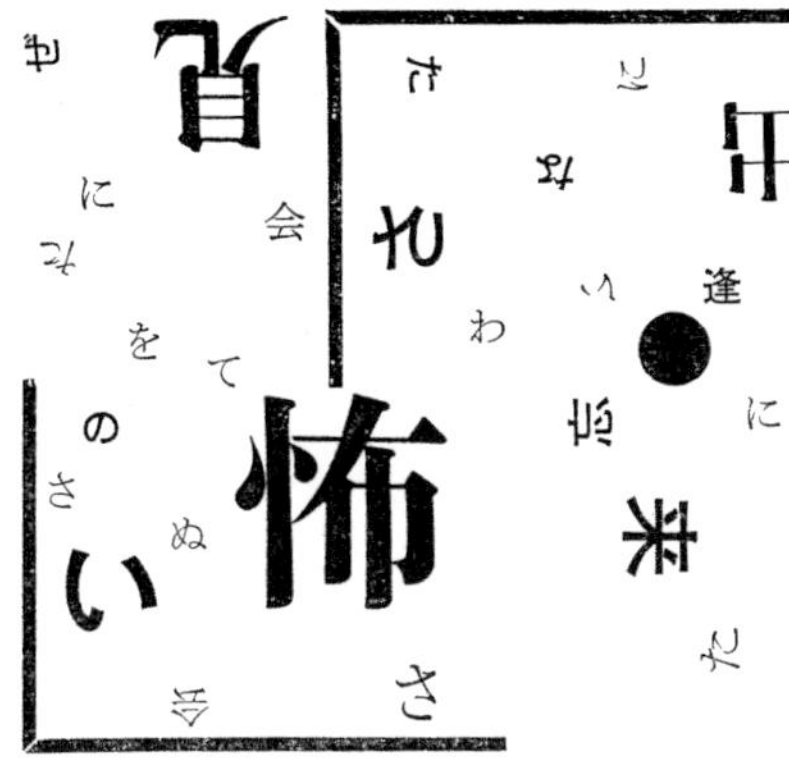

記録映画

1960 9月号

才3巻 才9号

時評

「政治参加と作家」についての論議をふかめよう

——安保反対闘争の総括とともに

こん度の安保反対闘争は歴史的な闘いであり、その意義の大きいことはいうまでもない。

安保反対闘争の総括はいろいろの立場にたった人々によって、さまざまに評価されている。成果と欠陥について論じられ、論争されている。われわれも、時間をかけても徹底的に、安保反対闘争の総括を、われわれの立場をとおしてあきらかにして、今後の新安保不承認を軸とする闘いをうちたてねばならない。

われわれは本誌七月号の巻頭に、協会としての新しい段階における闘いの態度と意向を一応「声明」として発表した。また、協会内に、特に「安保対策委員会」を設けて、今後の闘いの具体的な行動を組織していくことになった。われわれは五月「安保批判の会」にはいり、五月から六月にわたった安保反対闘争に積極的に参加した。七月にはいって安保反対闘争に結集した映画関係の勢力を組織だてるために「民主主義を守る映画人の夕」にもくわわり、映画界での統一行動をつよめるのに努力している。

ここで、われわれはわれわれの多くが、安保反対闘争のなかで、いままで作家活動と政治的な行動とを二元的に、つまり、別個なものとして、また、きりはなすべきものとして考えがちだった点を、一元的のものとしてとらえたということに一つの前進の契機をみなければならないと思う。安保反対闘争において、大多数のものが、請願、デモ、映画製作など、おのおのの可能な限界のなかで、精力的に、継続的に闘った。われわれは闘争を、あるものは自分の作家活動とまったく不可分のものとして、あるものは作家としてでなく「一市民」の行動として闘った。そこはうけとり方に、内部的な屈折に、多少のちがいはあれ、また、意識的な点でいろいろな差違をもっていたが、政治についての意志表示や行動が、作家としての社会的責任や創作活動との間にズレを感じなかったということである。

われわれをそこまでうごかせたのは新安保条約がもっている反人民的な性格とそれとうらはらな岸自民党政府のファシスト的政治行動に対する作家の自覚と怒りであり、同じような広汎な人民の反対闘争との連帯に支えられたものである。

そこで、安保反対闘争の高揚のなかでは政治と作家活動とが統一的にとらえられていたが、今日ではどうかということである。われわれはそれについて、闘いにしめされた自分のエネルギーと同様な広汎な人民のエネルギーを連帯的に身をもって感じとり、そのエネルギーが闘争をおしすすめ、敵の意図に打撃をあたえた成果をどのような視点でくみとるか、また、湧きでるようにとどまることをしらなかったエネルギーを動的にとらえ決定的な勝利へ組織しみちびきえなかった欠陥がどこにあったかということがあいまいなために、たとえば、「民主主義を守る映画人の夕」にはじまった映画人の結集がいまだ、運動の方向と組織方針がうちだせない現状や、政治指導者に対する期待がはずれ、不信感となり、ひいては作家の政治参加への意図を中断させようとする後退的な状態が生じつつあることなどに、あらわれている事実をみなければならないと思う。つまり、このような状況のなかにあるわれわれは安保反対闘争に参加し、行動した責任を、まさに、行為者の責任として、他人まかせでなく、安保反対闘争の総括を各自において主体的にきびしくおこなわねばならないことである。

そして、たがいに意見をたたかわすことで問題点をあきらかにするとともに「作家と政治」についての関係を再認識する必要があると思う。それは今日の時点において、作家の緊急な課題であり、その解明は今後の作家活動の前進をもたらすものだからである。

表紙の写真

中国の記録映画「チベット解放の記録」(三部作)のうち第三部『喜びのチベット』(四巻・白黒)より

もくじ

黄色いタンカ

●事実を見る眼

関根弘
（詩人・評論家）

「私はさきに樺美智子は安保反対闘争の尊い犠牲だという意味の投書をしました。それは掲載されませんでしたが、しかしその後冷静にたちかえって良く考えてみると、その文章はトロツキストを美化するように受け取られる危険があるのを感じましたので撤回したいと思います。」（東京・篠原道夫）

アカハタ八月三日付の読者からの手紙欄にこんな投書が載っていた。

日本共産党は、樺美智子の国民葬をボイコットしたが、そのごもおなじ態度をつらぬき投書欄の隅々にまできを配っているのが、この投書の内容からもしられる。樺美智子を英雄視する態度は党内において許されないのだ。

六月二十四日発の新華社特電は、野間宏をはじめとする日本文学代表団が毛沢東主席と会談した模様をつたえているが、樺美智子の死にたいする評価はつぎのようである。

「毛主席は、日本国民が反米愛国の正義の闘争のなかでいっそう大きな勝利をおさめたことを祝った。樺美智子さんの英雄的な犠牲にたいして、毛主席は尊敬の意をあらわした。主席は樺美智子さんは全世界にその名を知られる日本の民族的英雄になった、とのべた。」（「人民中国」七月号付録）

アカハタは、この記事をのせなかった。毛沢東談話はまちがっていると判断したからであろう。

わたしは、毛沢東の権威をカサにきて、自己を主張しようというきもちはいささかもない。ひとりの詩人として樺美智子の死にたいする前衛政党の扱いが適切でないとかんがえているのだ。そのことは、すでに『現代詩』（八月号）に書いたが、ふたたびおなじもんだいにたちかえるのは、これが避けて通ることのできない、わたし自身の「詩と真実」のもんだいであるからである。

樺美智子は、安保反対闘争における、国民総抵抗のなかで死んだのであり、それゆえに象徴的な存在となり、英雄になったのだ。日本共産党は、そういう巨視的視点についに立つことができなかったし、大衆的な感情を無視した。もっぱら微視的に、樺美智子が共産主義的同盟（トロツキスト）であったことにこだわり、「特殊な状況のなかの死」を見落した。それが国民葬ボイコットにあらわれ、アカハタ紙上における、いぎたない罵りとなっていまなお尾を引いているわけであろう。

「また今度の安保のたたかいでの犠牲者をあたかも共産党の責任だとあやまった考えをもっている人も少くないので、あれは共産党とはまったく関係のない反動であるトロツキストというやつらのしわざであるということを、なっとくいくまで話しました。」（北海道・高木久江「アカハタ」八・一六）

これもアカハタにのった読者からの手紙であるが、こういう無神経な文章をそのままのせているアカハタの編集感覚に、わたしは、非人間的なものを感じないわけにいかない。わたしがデスクだったら、いくらトロツキストがにくくても、というやつらというような汚ないコトバは中央機関紙の紙面からは削るだろう。これは一例にすぎない。類似の例をいくらでも拾いだすことができる。サイテイの表現は、自らの思想の貧しさをバクロする。革命を担うためには、文章表現にたいするいきとどいた神経も必要だ。

わたしには、全学連の行動を美化したいという衝動があるわけではない。誤謬は誤謬として批判することに反対なわけではない。わたしのいいたいのは、簡単に、敵か？味方か？　というモノサシを使わないでほしいということなのだ。そしてまた、わたしのかんがえるところでは、敵か？味方か？という価値判断を越えたところに、樺美智子の死の意味があると思っているのだ。

わたしが『現代詩』（八月号）に発表した文章には、とうぜんのことに反響があった。支持もあったし、反対もあった。樺美智子さんの葬儀一切をとりしきったN氏は、わざわざわたしに面会をもとめて、国民葬前後の事情を細かに話してくれた。そうかと思うと、はげしいケン責の手紙も舞い込んできた。要するにわたしは、自分を引裂かれた状態に置くことになったので、利口な人間のすることじゃないなという思いにも、とりつかれた。しかし、わたしは、樺美智子の死を、身近に感じたひとりとして、やはり彼女の死をムダにしないようにいささかの努力をしたい。

この文章を読む皆さんのうちの誰かは、七月九日付夕刊に、才四機動隊の右翼小隊長だった岡田理という警部補が、ノイローゼのため、自殺したという記事があったのを記憶しているであろう。かれは、六月十六日に急性膵臓炎の診断書を提出し、七月六日に行方不明になり、七月九日に、水死体となって荒川から引上げられたと伝えられている。

この警官の謎の死を樺美智子の死因と直接むすびつけることは、なにも証拠がなくてできないが、なにか関係があるのではないかと疑えば、疑えるフシがいろいろある。樺美智子の解剖所見では、外傷性の膵臓出血が認められた。謎の失踪をとげた警官の診断書が、急性膵臓炎となっているのは、偶然の暗合にしてはできすぎている感じがする。この警官は樺美智子の死因についていろいろしりすぎていたのではあるまいか。とすれば、この地上から生きている証拠がひとつ消えたのである。

東京地方検察庁は八月六日、樺美智子の死因はデモ隊集団の人ナダレの胸腹部圧迫による窒息死であり、よって本件を不起訴処分とし、鑑定書は公表しないと発表した。これにたいして、代々木病院副院長の中田博士と社会党参議院議員の坂本博士が反証し、鑑定書の公表をもとめているが、(朝日ジャーナル・八・二一号、六・一五救援本部活動報告書及び参考資料・七・三〇)権力の筋書は、どうやら闇から闇に事件を葬り去ろうとするもののようにみえる。

樺美智子が、死んだ前後の状況は、『歴史への証言』(日本評論新社)その他でしだいに明らかになってきている。状況が明らかになってくるにしたがって、検察庁側発表の人ナダレによる圧死説の根拠は薄くなっている。たとえば、六・一五救援本部の資料はつぎのように説明している。「まず、学生が数十名将棋倒しのように倒れたのは事実であるが、(このように学生が倒れたについては、警官が制止をおかして押しまくったことが直接の原因である)倒れた人の中に樺さんを見た者がいないのはもちろん、服装その他から樺さんと推定されるような人を見たという者も全くいない。又、もし倒れたことが原因とすれば、他にも同じような状況になった者が多くいたにもかかわらず、樺さんを別として死者又は瀕死の者も倒れた人の中にはいない。このことは樺さんに対しては特殊な事情が加わっていることを物語っていよう。」

国会構内に入ったとき、先頭に立っていたのは男子学生だったが、先頭の男子学生は、後退した警官隊に袋のネズミにされて動けなくなり、このため後からくる人波に押された女子学生は左折して、才四機動の正面に向うことになった。そこに待構えていた暴力の罠については、いまさらわたしが説明するまでもあるまい。

樺美智子の死体が発見されたのは、総理府の建物に近い路上で、時刻は七時三十分頃だった。ある目撃者の証言によれば、七時十五分ごろ、南通用門から、タンカに黄色いものをかぶせたものがでてきた。前に二人、後に一人つきそっていた。殺された樺美智子は、国会構内から門の外まではこのタンカによって運びだされ、そのあと重傷者だというので、四人の学生が総理府に近いところまで運んだ。だいたいそんなふうではないかという推定である。この黄色いものをかぶせたタンカはデモ隊側のものではないといわれている。こういう状況証拠を勘案しても、樺美智子は検察庁側がいうような圧死とはどうしてもかんがえられない。

代々木病院副院長中田博士は、ある日、わたしに、こうした状況を踏まえた上で、中館鑑定書にたいする不満を話してくれた。

「新聞発表は、事実が歪められている。検察庁に提出した中館鑑定書と同様のものについて検討する機会があったが、扼死の疑いはいっそう濃い。手指による扼痕反応がある。鼻の穴、口もふさがれた。胸腹部に圧迫の痕がある。膵臓に挫傷性出血がある。これが綜合されて死に至ったのだ。新聞発表は、胸腹部の圧迫だけを強調しているが、胸腺の出血による死亡例は、世界でもあまり例がない。ヘンケ・ルバルシュの研究によると、産道の圧迫によって赤ん坊が死亡したのとか、ロンドンの空襲時に地下鉄に避難して圧死した例などがあるが、胸腹部の圧迫で死んでいるのは、このばあいも四人のうち三人が乳幼児で、骨が軟らかいために死んでいるので、樺さんのとは比較にならない。わたしのかんがえでは手指で窒息させられて、膵臓に加えられた打撃が致命傷になったものと思う。ここにこういう研究があるのですよ。」と中田博士の示したのは、「窒息死におよぼす膵臓の機能について」(昭和二十七年、日本医学雑誌才六巻三・四号)というデーターであった。

才四機動隊の警官の謎の死、中館鑑定書の奇妙な発表のされ方、こうした側面からもわたしたちは事件の真相に迫っていけるわけである。そしてそれはどうじに、安保闘争の継続ということにもなる。けれども残念なことに、わが革新陣営のなかに、樺美智子の死因などどうでもよいという空気が存在する。中田博士たちのたたかいはそのために苦難をきわめている。

わたしは、権力の不当な弾圧にたいしては、樺美智子もんだいにかぎらず、ハガチー事件についても、おなじように抗議しなければいけないとかんがえている。弾圧の抗議に差がついていてはいけないとおもっている。げんざいではそのことを主張することが、一種の偏向になりかねない状況だが、いずれにしてもわたしは明日に賭けるのだ。

一九六〇年六月の記録映画について、書くつもりが、ひとこともふれずに終りになった。そこでさいごに映画に向っていえば、いまわたしたちにたいせつなのは、デモの感慨を新たにすることじゃない。必要なのは、さらに大きな怒りを組織することだ。

テレビ・ドキュメンタリーとは何か

吉田直哉
（NHK教育局番組試作課）

　そもそも、テレビ・ドキュメンタリーの作りかたについて、理論とか手引き書が書かれるべき段階では、未だありません。いま、そのような試みがなされ、出来上ったものが説得力のあるものであったならば、それでなくても型にはまって来ているテレビ・ドキュメンタリーの世界を、余計マンネリにし、同じような退屈な製品の大量生産ばかりを促がす結果になるでしょう。

　いま必要なことは、どんな既成概念にもとらわれず、自由に、考えつく限りの表現技巧を試みてみることです。

　そして、これまでに作られたテレビ・ドキュメンタリーの作品から、性急な概念規定をするのではなく、これまで試みられたことのない新らしい分野とか、大きな方向を、将来の可能性として指摘してくれる創造的な批評がいまは必要なのです。

　テレビ・ドキュメンタリーという分野は、さしあたり、スクリーンの記録映画という分野と全く無縁のものと考えて良い、とぼくは思っています。つまり、同じフィルムとムービーカメラを使っているにはちがいないのですが、その使いかたは全然ちがうと考えたほうが良いと考えるのです。

　そのように考える理由は、何よりもまず、過去の記録映画作品が作りあげて来た、さまざまなイメージの束縛から逃れるためであり、更に、従来、スクリーンの記録映画が採用しなかった構成様式に、テレビ・ドキュメンタリーの歩むべき数々の大きな方向を見出しているからなのです。

　「カメラ万年筆」論というと非常に実験的な手法であるかのような印象をうけますが、テレビにおいては、実験的どころではなく、日常茶飯の必需品として、カメラを万年筆と考える心がまえが要求されます。

　劇場用の記録映画では、長時間をかけて製作されるその作品のテーマは、もともと「映画的」なものが選ばれ、画面それ自体で表現し尽せるというものがとりあげられる傾向があります。つまり、カメラの記録性という機能を生かすことだけにもとづいた企画が多いように思われるのです。

　ですから、劇場用記録映画の企画には、登山とか探険の同行記、建設の記録ものが圧倒的に多い。そればかりではないといわれるかも知れませんが、主流はこのあたりにあるようにみえます。

　このような企画が全盛になると、フィルムというメディアの機能のなかで、「記録性」だけが重視され、それによって考えて行くという姿勢、このメディアのもうひとつの機能である「思考能力」は薄れてしまいます。

　ぼくが、テレビ・ドキュメンタリーは、劇場用の記録映画と無縁であるといいたいのもこの点に関係があるのです。

　テレビの場合には、はじめから企画そのものを映像的なものだけに限定するわけにいきません。映像むきのテーマばかりを探して、それによって製作するというゼイタクな環境——本当は、ぼくは、これをゼイタクな環境だと思っているわけではなく、怠惰がもたらした停滞の環境だと思っているのです——にいるのではなく、どんなものでも、映像的に翻訳し、こなして行かなければならない立場に立っています。

　なぜ、テレビだけがこのように抽象概念の映像化を指向する立場に立たされ、スクリーンの記録映画はそうでないかという理由になると、面白い問題となるでしょう。製作条件の問題、茶の間と劇場という、いわゆる見物様式の問題、一回だけの放送と反復公開とのちがいなど、いろいろな問題がからむのでしょうが、このことには、ここではふれません。

　少くとも、テレビには、娯楽から教養、教育までを含めた、ひとつの綜合雑誌的な役割の広さがあります。硬い、抽象的な内容のものを扱う番組が多いわけです。ところが、硬い抽象的な内容だから、映像にすることはできないといって、出演者にただ講演をたのみ、その出演者の顔だけを長々と写しているというわけに行くでしょうか。そうはまいりません。当然、その抽象的内容を、映像化することが要求されて来るわけです。

　ドキュメンタリーの場合でも同じです。映像化しにくいテーマは、一切オミットするというのでは、一日の番組全体が、綜合雑誌的な役割を果すことはできなくなってしまうのです。

　カメラ万年筆などという考えは、こうなると、全く日常茶飯の作業として、われわれに要求されるわけです。文章に書けることは、カメラで書けなければならない。活字からその富を盗み、ラジオからその富を盗んで、それぞれのもつ抽象的な内容の高さにまで行かなければ、テレビのドキュメンタリーに要請されているものに応えることができない、とぼくは考えます。

残念ながら、この方面での努力は、充分に試みられているとは、とても云えません。本当は、パンセがカメラで描け、資本論がカメラで描けるまでになるはずなのです。

こう書くと、エイゼンスタインと同じ誤りをおかすように聞えるかも判りませんが、ぼくは必ずしもエイゼンスタインと同じ意味でカメラの万能性を空想しているのではありません。彼は、ラジオの富を知らなかった。いまのテレビは、ラジオが築きあげたひとつの新らしい思考形式の上に立っています。音のもつ抽象的思考性と、考えるカメラの対位法的な構成、ここに、ぼくは、テレビ・ドキュメンタリーの目指すべき新らしい方向を見出しているわけです。

劇場用の記録映画には、残念ながら、このような方向でのお手本になるようなものはない。だとすれば、いっそ、既成概念と訣別するためにも「無縁だ」と考えたほうが良いと思います。

もうひとつテレビ・ドキュメンタリーが（少くとも過去の）劇場用記録映画と訣別すべきだと考える理由があります。

記録映画といわれる作品には、どうも、思考過程の現在進行形という姿勢が少い、という事実です。記録映画でもテレビのドキュメンタリーでも同じですが、一番重要なのは製作者の意図ということでしょう。意図のない記録映画などというものは、あり得ませんし、あったとしてもおよそとるに足らぬ愚作になってしまいます。

意図は「何をみせたか」よりも「何をみせなかったか」によって露呈されます。何を隠したかを読みとれば、その記録映画の製作者の意図ははっきり判るというわけです。その製作意図が、全編を通じて何を訴えたかという主張につながります。

ここまでは問題ありません。問題は、その意図と主張の内容であります。

意図にはいろいろあることでしょう。イデオロギィ的意図とか、抒情的意図とか、地理風俗紹介的意図とか、PR的意図とか。

どんな場合でも、製作者は、最初のシークエンスからその意図に従ってショットを選択し、ショットとショットをつないで行きます。つまり、最初のシークエンスから、製作者のもっている意図と主張は作品の上で露呈されて行くということになります。

要するに、意図の内容がどんなに沢山の種類に分類されようと、現在の記録映画がとっている方法は、すべてイデオロギィ映画のそれに近い、独裁者的な方法でショットが選択され、カットされているような気がするのです。

はじめから、何を見せて何を隠すかは決定されており、そのコンテにもとづいて製作される。ですから、もう出来上っている結論を如何に上手に描くかということに精力の殆んどが集中されています。

これでは、作品が、現在進行形で思考過程を示して行くはずがありません。これではいけない、とぼくは考えます。

例えば、六月の国会周辺の事件をとりあげた長尺ものの記録映画が出来るとします。その場合、おそらくその作品には、思考過程に観客をひきずりこむようなムードはありますまい。その映画の製作者は、必らず、記録映画の製作には、意図の決定がまず才一だと考え、意図を決定するために、警官隊によって代表される陣営と学生によって代表される陣営との何れかを、善玉、悪玉、とはっきり割りきって決めるにちがいないからです。

完成された作品は、おそらく最初のシークエンスから、どっちが悪くてどっちが良いかを露呈しており、長尺を使って、その判断の正しさを説得することに努めているでしょう。

つまり、これは、思考の能力を売るのではなく、説得の能力を売る「説得映画」です。

テレビ・ドキュメンタリーの場合、これではいけないとぼくは考えます。何よりもまずそんな結論をおしつけられることを自分が生理的に嫌うからですし、大体、そんな思考の燃えかすみたいなものをフィルムで見たくもないからです。劇場ならば、それで良いのかも知れない。例の暗い劇場の魔力ということもありましょうし、説得ということだけですむのかも知れません。しかし、テレビでは、この方法は駄目だと思います。なぜ駄目かということの、スクリーンの機能とテレビの機能に関する考察は、ここではやめますが、何より、説得映画をつくるということは、カメラの使いかたの停滞を示すものに他ならないと考えるのです。

そもそも警官隊とデモ隊のどっちを、なぜ、悪玉だと考えるかという、肝心の議論のほうは、活字とか頭の中にまかせ、製作者の得た結論だけをフィルムにもちこむ。従って、フィルムのほうは、思考について云えば完了形です。ぼくには、これが、気にいらない。

なぜ、その思考の過程を、フィルムを使って表現して行かないのでしょうか。

ぼくは、最初の「意図」のかわりに、「仮説」とでも云うべきものをおく試みを行っています。これは、自然科学の用語そのままの意味で使っているわけですが、一定の現象を統一的に説明できるように設ける仮定を最初に立ててみるわけです。

例えば、全国あちこちでお城の再建が流行し、ブームになっているという現象がある。「日本の素顔」シリーズのなかで、これをとりあげたときに立てた仮説は、「日本人には全体よりも部分を優先させる傾向があり、それが都市づくりに表われたのがこのお城ブームなのではないか」ということでした。このとき、すべてのシークエンスは、この仮説の成否を確めるために立てられ、すべてのショットは、仮説を検証するための実験として投げかけられました。

誰を最初から悪玉としてきめつけているわけでもない、ただ、この仮説から導かれる思考過程、それに伴う実験過程を示す三十分の番組だったわけです。こうなると、その番組は、必然的にプロセッシヴな、現在進行形のムードをもって来ます。そして、どんな立派な結論を得たのでもなく、進行形のままで番組はふっきれます。あとは、聴視者の内面での思考過程をまつというわけです。

「意図」のかわりに「仮説」をもちこんだとき「何をみせなかったか」ということのもたらす弊害は、非常に少くなります。主張のために不利な「現実」というものはなくなり、ふつうならばカットされてしまうような不利なショットも、隠すことのできない大事なものとなって来るからです。

ぼくの考えでは、六月の国会周辺などというテーマも、仮説スタイルでしか扱いようのないものだと思います。そして、ここから、「考えるカメラ」という新らしい分野が育って来るでしょう。「考えるカメラ」、「考える映像」というものの研究が、おそらくいまのテレビ・ドキュメンタリーにとって一番必要なものだと思うのです。

新らしい方法による抽象概念の映像化、それと仮説によるドキュメンタリー、ぼくがここに書いたのは、これからのテレビ・ドキュメンタリーがもつ可能性のなかの二つにすぎません。ほかにもっともっと沢山の、カメラと映像の使いかたがあるわけです。

もし、スクリーンの記録映画のほうで、こういう新しい方向の参考になるような試みがなされず、記録性を重んじた説得映画ばかりが作られて行くようなら、ぼくはやはり、テレビ・ドキュメンタリーと記録映画は、さしあたり無縁のものと考えたほうが良いように考えるのです。

ラジオドキュメンタリーへの接近

橋本洋二
（ラジオ東京　プロデューサー）

ラジオの仕事を始めてから六年になる。

大学の頃には、小説は嫌い、芝居はつまらない、ラジオも音楽だけしか聞かなかったような始末だったから、KR入社当時は、何をやってよいのか、全く見当もつかなかった。録音器を持って、ただおろおろしていた何年か前の自分の姿が、今でもくっきりと思い出される。

そんな自分が、何物かをつかんで行ったとすれば、それは、「伸びゆく子供たち」と言うルポルタージュ番組を担当したからである、と言えるだろう。日本の各地を廻って子供たちの姿を把えて行こうとしたこの番組は二年余り続けられたが、その中で私はいろいろなことを考えるようになった。

群馬県の山奥に小さな部落がある。

コンニャクと伐材が、生活の糧になっている貧しい土地で、人々はひっそりと暮している。この部落の子供たちは、分校がないので、毎週月曜日の朝三時半に起きて、山道を二里余り歩いて村の学校にやってくる。背中にはリュックサックを負っている子が多い。そしてその中には、一週間分の食糧が入っている。米二升、味噌、醤油、漬物、生のきうりと言ったようなものだ。彼等は、月曜日から土曜日の昼まで、学校の隣の寄宿舎に泊り、一週間の勉強が終ると、また二里余りの山道を引返して行く。土曜日の夜と、日曜日の夜だけが、親の膝元でゆっくりと眠れる時なのだ。

私たちは、こうした子供たちの姿を把えに出かけて行った。月曜日の朝、子供たちと一しょに飛び起きて、坂を登り、谷川をとびこえて学校までの道を共にした。

貧しい子供たちにありがちな閉鎖性を、この子供たちも持っていたように思う。前の日からやってきて、こちらはずい分苦労して子供に接近して見たが、なかなかうちとけてくれない。マイクを持っていろいろたずねるけれども、テレクサそうに笑ったり、逃げ出したりして、容易に近付く気配も見せない。いつまでたっても、警戒心をゆるめようとはしないのだ。私たちは、それでも辛抱強く子供たちについて行く。夏の朝がまだ明けぬ頃に部落を出発し、太陽が山の向うから顔を出しているのに、録音器のテープは、子供の足音ばかりを刻みつけている。辛うじて音になっていると言えば、トグロを巻いている蛇に出あって、大騒ぎした位の所である。

山が下りにさしかかった頃だったろうか。子供たちがにわかに色めきたったのに私は気付いた。デンスケを首にかけたまま、子供たちと一緒に走ってみると、木陰に、清水のわいている所が見える。それを発見すると皆んなは、「水のむ　一、」「二」「三」　と大声に叫びだす。今迄聞いたこともなかったような元気な声である。私たちもそこで一しょになって水を飲む、清水は快くのどを通って行く。「ああうまかった」と言うと、子供の瞳が、にっこり笑う。同じ経験、同じ喜びにひたっている事を知って、子供は少し安心してきたように思えた。ここで、子供の口はやっとすべりはじめる。

「おらあよ、まむしにくいつかれたらよ、まむしをぶったたいてよ、その肉を引きさいてかまれたとこにはりつけらあ」

「くまが出てきらよ、棒でぶんなぐってやら……それでもかかってきたら、死んだまねしてやら――」

それからまた一時間ほど、今度は、子供の姿がかくれてしまうほど高く生い茂った草原を歩く。草の葉に宿っていた朝つゆが、子供たちをぐしょぐしょにしてしまう。一年坊主などは頭からズボンまで、水を浴びたような恰好になる。それでも、

「へへへ、おらあ、すずしくっていいあんべえだ」

と笑っている。

草原を抜けると、目の下に学校が見えてきた。やっとこさっとこ、たどりついたと言う所である。そこまで来ると皆んなは足をとめる。どの子もほっとしている。少しの沈黙があった後、一人の子が口に手をやる。そうして、

「おーい」

と腹の底から、呼びかける。始業のベルを待っている友達の姿が、校庭にぼんやり見える。声が聞えないのか、学校で遊んでいる子供たちは、サッパリ見上げようとしない。また、だれかが、

「おーい」

と叫ぶ、しかし誰もこちらを見ない。今度は、

「おーい。おれたちだぞー」

と呼びかける。だがだめだ。

「おーい、こっちを見ろ」

「おーい、返事をしろ――」

長い道のりを、歩きつづけて来た自分たちのことを、誰も認めてくれないのか、と言う焦らだちがあるのだろうか。そして自分たちに較べて苦労もせずに学校へやってきて、ノホホンと遊んでいる連中に腹が立ってくるのだろうか。子供たちは、腸をふりしぼるようにして叫びつづけている。しまいには、

「バカヤロー、おれたちの方を見ろー」

と、どなってしまう。しかしつまるところ、

「ワカラネーノカナ」

と言うとこに落ち着いて、とぼとぼと、道をおりて行くことになる。

短い時間ではあったけれど、私には、この叫び声が、子供たちのすべてを表現しているように思えた。アナウンサーとの一問一答では表し得ない子供たちの怒りと焦燥が、ここに凝縮されているように感じられたのである。部落の大人たちに

「子供たちのために分校を作ってやることは出来ないのですか」

と聞いたら、

「分校を作るには金がいります。そんなことをする余裕はありません」

と言下に答えていた。

学校では、同じ問題に対して、

「あそこの部落は結構金を持っているのに分校のための資金は、わずかでも出したがらない」

「あそこは人間が閉鎖的ですから分校が出来ても、赴任する教師がいません」

と割り切っている。そんな間に立って子供はひどい目にあっている。それが

「バカヤロー、おれたちの方を見ろ」

と叫ばずにはいられなくしているように思えた。

現実にある姿をラジオ的に固定化しようとする時、録音構成と言う手段が用いられることが多い。そして録音構成の場合には、アナウンサーとのインタービューが重要な位置を占めている。一つの事件、一つの紛争等を契機に、録音構成をまとめて行く場合には、それは最も簡単にして、しかも、聴取者に事実を伝える適切な手段であると言えよう。しかし、これと言った事件もなく、大声をあげて訴え続けるような問題でもない場合、アナウンサーとのインタービューだけでは確実な問題把握は出来ない場合もあるし、また、番組自体も、単調になる嫌いがある。

遠い学校に通う子供たちの叫び声に感銘をうけた私は、都会の片隅で、生き生きと育っている小学四年生のグループに焦点を合わせて戦後の教育がはぐくんだ子供たちのありのままの姿を浮び上らせてみようと試みた。インタービューを殆ど無視して、子供たちの自然の一言一言が、その生活を、その意識を表すものであるように作ることが一つの目的であった。

このグループは、文京区柳町、太陽のない街で知られている、製本街のはずれにあったものだ。しっかりものの美代子ちゃんを中心に、女三人男二人合計五人がメンバーである。学校で同じ組、家も近所と言う所から、五人は家に帰ると一しょに勉強をすることになっている。毎日交替で議長が出る。そして議長が中心になってすべてが運ばれて行く。

「まず国語の本を読みましょう。読みたい人手をあげて――。では服部君どうぞ」

あてられた服部君は、学校でやっているのと同じように、

「読ますよ」

と前置きしてから始める。間違いがあると、ストップがかかる。

時々おたがいに問題を出し合って試験をやる。自分の出した問題を隣の人がやり、その結果をまた自分が調べると言ったやり方である。出来上るとそれぞれ点数の発表をする。

「水野君　0点」

「服部君　4点」

「須藤さん　6点」

……

と言う具合だ。自分で自分の点を言うのだが、0点でもヘイチャラである。

十日ほどこのグループとつき合っているうちに、皆んなで、小石川の植物園に遊びに行こうと言う話がもち上った。

一番問題になるのは持って行くお金のことである。五人とも、同じ金額にしようと言うことが、はじめっからきまっている。これについては議論をしない。ところで、金額をいくらにするかについては、問題がある。ゆとりのあるうちの子は、

「わたし五十円はもって行きたいわ」

と言う。一人が、

「それくらいなら……私もいい」

と賛成する。

植物園の入場料が十五円、都電を倹約すれば、残りの三十五円で、「チョコレート、キャラメルにバイヤリースが……」と頭の中で描いている。その夢をぶちこわすように一人の子が言う。

「ぼくは……ダメダ」

彼の家では、お母さんが、製本の内職をしている。一日三百円かせげればいいところである。「ダメダ」と言った時、五十円説をうち出した子は、ドキリとしたようだった。

「ああ　そうだ、水野君はムリねエ」

「うん　ムリだ」

「それじゃ、いくらなら出せる」

「二十円………ナラバナ」

「二十円か……それじゃあと五円しかのこらないわね」

「…………」

「三十円どうにかならない？」

「三十円か……オコズカイの前払いしてもらうかな」

「それがいいそれがいい」

「たぶん大丈夫だよ」

「よし、それじゃ、みんな三十円にしようね」

と言うことにまとまった。

文章にすると、細いニュアンスが消えてしまう恨みがあるが、この最後の一言、

「よし、それじゃ、みんな三十円にしようね」

と言うところに、すべてが語りつくされているように思えた。そうして、こう言う会話が生き生きと写し出されて行く所にこそ、ラジオ・ドキュメンタリーの強さがあると言えるであろう。


私は主として子供を中心にラジオの仕事を続けて来た。子供のピチピチした姿をマイクで把え、放送として出して行くのにはいろいろな意味があるように思っている。

一つは言うまでもなく聴いている人に新しい教育のもとで育くまれた、新しい世代を正しく認識してもらうことである。

もう一つは、現実の姿のみが持っている生命を描き出すことによって、今横行している偽りのマヤカシのラジオ文化を押し切って行くことである、これには、子供たちの鮮々しさを表現することが、一番適切であるように思える。


勿論、私が今までやってきたことは、ラジオ・ドキュメンタリーと言われるものの中のほんの一部分でしかない。これからして行かなければならない問題は山ほどあるように思える。特に、一年ほど前から、ドラマ部門に転属してからは、そう言う感じが深い。

世に言うドキュメンタリー・ドラマと言うこと一つを考えてみても、甚だ不安定なものであるし、ある意味では、全く、未開拓の分野であると言う気もする。とにかく、やることが一ぱいあることだけはたしかである。

●水野肇（日映新社テレビ部）／テレビ・ドキュメンタリーの現状

一九六〇年六月三十日現在、わが国のテレビ受信契約数の全国集計は、四六七万台をかぞえ、その普及率は、二六％といわれている。これを都府県別に調べると、大阪府がトップに立ち、五五万台、そして普及率は、五四％である。

この数字は、一九五三年二月、NHKが本放送を開始した直後の受信契約数が、わづかに八六六台であったことにくらべて、何人の予測をも上廻る驚異的な発展を雄弁に裏づけている。

また、広告媒体別の広告費において、テレビは本四月現在、二〇〇億円で一四・八％をしめ、ラジオの一七〇億円、一二・六％を加算すると二七・四％となり、王座を誇った新聞の六〇〇億円、即ち四四・五％に急激に接近しつつある現状であると、電通調査部の調査は公表している。

もうひとつ、テレビの受け手側の動態に注意してみると、NHKテレビの契約者職業別構成は、都市の智能業務者及び商業に属する者、つまり新旧中間層が、全体の七五％の高率をしめしている。

しかも、この中間層の中核体である、ホワイト・カラーは、手近かな余暇利用の場を、家庭に求めていることが、明らかにされ、社会心理研究所の調査によれば、テレビ購入の動機が、老人と子供のためにという、回答が三四％をしめている。

世帯の個人的テレビ視聴状況は、家庭の主婦が筆頭であり、一日に平均三時間に亘ってテレビと接触を保っていると報告されている。そして、この受け手は、テレビを自己及び自己の生活体験を通して判断し、受容してゆくと附け加えられている。

大まかで恐縮するが、以上のことは、数

字の魔術を弄して、電波企業体に有利な証言を企図しているのではなく、現代の社会生活の中で規定されるテレビの機能を知る上の前提条件として掲げたに、ほかならない。

それからテレビと映画。このマス、メディアは異った機能の中に共存している。

映画は、劇場という、特定の大衆集合場へ、家庭から離れてゆくことであり、暗室という特殊な環境の中へ入るという大衆行動への参加が、選択と緊張を個人に要求する。

一方テレビは、家庭の中の明るい茶の間という、日常生活に密着した中で、体験する少数の個人、つまり小集団を対象とした、新しいマス・メディアである。

生中継からキネコ、VTRなどと技術革新は、この電波媒体の表現、形成に、めまぐるしい変化を与えてきたことは、否定できない。

わたくしは、ここでテレビ・ドキュメンタリー、つまり、テレメンタリーと呼称されるテレビの一分野を取り上げてみることにした。テレメンタリーとは、テレビにおけるフィルム構成の番組である。フィルム構成の番組であるがため、劇場映画の記録映画部門に近い技術がとりあげられ、これは、報道番組、社会教養番組、または、社会教育番組といわれている。

例えば、NHKでは、「日本の素顔」「日本を知ろう」。KRTの「北から南から」。フジは「クローズ・アップ」。日本教育の「あすへ開く窓」などが挙げられる。このほか「日本の年輪」「見たい知りたい」「女の目」「話題の目」など、製作スタッフ、スポンサー、ネット局なども千差万別で、このほか穴埋め番組に準備されている作品をあげれば、相当な数量が予想される。

いま、二、三の作品をあげて、その製作内容の実体を調べてみることにする。

先づ、NHKの「日本の素顔」。

これは、テレビ独自の表現を生かして、ドキュメンタリーの新しい姿だといわれている。最初、社会部（報道局）で製作されたが、現在は、社会教育部（教育局）に移籍され、毎週日曜日午後九時三十分から放送される、三十分番組である。

この七月現在で、才一三〇集を数える古参株で、製作スタッフは、東京ではプロデューサー五名、大阪は一名であり、このプロデューサーは「今日の課題」の担当も兼任している。

製作費は一本について約二〇—二五万円程度。製作期間は、四週間かけている。カメラマンは映画部から出向して、プロデューサーとコンビを組む。このため、プロデューサーはライトマンも録音担当（普通デンスケを使う）も兼ねる。生フィルムの許容は、一〇八〇呎の仕上げにたいして、二五〇〇呎を原則としている。放送後、資料としてキネコに残す場合がある。

一本当りの平均カット数は二〇〇カットである。最近作では、「議長の椅子」「群集」「九年間の記録」などがある。プロデューサーも理論的才人をそろえ、中央公論誌上で、賑やかなTV論争を展開したことは記憶に新しい。

企画立案は、一ケ月前にたてるが、一週間位のブランクをおく、製作は、考え、考えしながら進んでゆくという方法で、スタッフの間の討議も仲々さかんである。

次ぎは、KRTの「北から南から」。

これは、つい最近、才十三回広告電通賞の報道部門賞をうけた。報道番組とよばれている。JNN加盟の五社、即ちKRT、CBC、ABC、HBC、RKB毎日の協力製作で、キイ局のKRTが総仕上げを担当している。製作スタッフは、KRTの場合、報道部員で専任のプロデューサー二名がこれに当り、各社とも各一名が専念している。

製作は、五社が二項目づつ、受けもち、この十項目の内、七項目を使用する。一項目の長さは、平均二分を原則とする。また、製作費は三〇万円が一本分といわれ、この内、KRTが十万円、残りは四社で分担する。

スポンサーは、日本通運から、トヨタ自動車に変ったが、企画内容については、五社に一任している。企画は三週間前に決まり、毎週月曜日午後九時から九時十五分までの十五分番組である。北から南までの広い取材範囲をもって、一つのテーマをあらゆる角度から探った、珍しい話題を提供し、諷刺の利いた解説が、特徴となっている。

この七月から八月にかけての企画案は、「合宿生活」「二軍」「ここだけは平和なり」「十五才」「免許時代」となっている。

もうひとつ、日本教育テレビの「あすに開く窓」を調べてみよう。

この番組は、毎週火曜日の午後十時三〇分から十一時までの三十分番組である。

スポンサーは、文部省と大沢商会で、勤労青少年を対象として製作すると、その製作意図をはっきり打ち出している社会教育番組である。それだけに、スポンサーの意見は、かなり反映されて、企画は一ケ月前から準備される。プロデューサーは二名が専任。フィルムの許容は、仕上げの二倍で二〇〇〇呎。

この番組は、別に構成者という、社外のタレントがあって、ロケハンから参加しているのが、異色といえよう。開局当時からの番組で、八丈島の奇病や、甲府の住血吸虫をとりあげた「病めるふるさと」、消防庁の救急隊の活躍を描いた「救急車勤務」などの作品が、視聴者を集めた。解説は正統派に属し、地味で、どちらかといえば、控えめな解説といえよう。

以上は、例として並べてみたのであるが、三本ともに共通なことは、光学録音はしない。編集された画と、音は別々にされ、音は、ディスク、円盤、レコードなどを使用して、リハーサルを何回か行なう。この中には、本番ぎりぎりまで画を追いこむ体制が布かれ、テレニュースや海外ものの素材は、すばやく転用されている。アナウンサーは、各社専属のアナウンサーであるが、また、タレントを使っているのもある。

——ぼくの製作するものは、すべてが流動して未完結な、ある思想のプロセスである。はじめにある仮説をたてる。それが現実にぶつかって、あちこち方向転換してゆくうちにどう変容するか、それを記録し報告するのが、ぼくの仕事だ。（NHK吉田直哉、「発言」一二〇頁）

——私は意図というのは《テーマを取り上げた動機》とでもいうべき性質のものと考えます。一方、作品として完成された番組の中に描き出された真実は、製作者の主張またはオピニオンと言えるでしょう。（NHK瀬川昌昭「TV論争に疑問あり」中央公論四月号二九二頁）……というように、「日本の素顔」の担当者たちは、いずれも、オピニオン、つまり発想の重要性に焦点をあわせて発言している。

「日本の素顔」の発想は、次のように順を追って展開してゆく。㈠現実はこうだ。㈡その原因は何か。主因または、間接的な原因は。㈢もっとも極端な例証を挙げてみよう。㈣だが、何故その対策はたたないのだろうか。という風になる。

テーマを取りあげる前に、結論がすぐ出てくるようなことでは、問題外である。始めから、終りまで、疑問符が打たれて、《ふっきれる》ように余韻を残すことが建前として考えられるのだと、プロデューサーたちは、註釈を加えた。

オピニオン、即ち主張は、製作者がこれこそ真実であると思考したものであり、製作者の思想に従って、素材の選択や配列、そして構成される。それは如何に大衆にアクチュアルな映像を投げかけるか、にかかっている。真実へのあくことのない追及と努力こそが、最大の価値を生み出すことである。

しかし、公共放送という限界が存在する。その中立性もしくは客観性の安全保障の枠の中で、現代の社会的命題を包蔵する危機意識にあえて挑戦することであり、現実の断層をするどく、えぐりとって、これを何如に体系づけてゆくかであるともいえよう。

中立性とは、野党的な、そして厳正な批判の目が、このオピニオンの底辺にひそんでいなければならない。

刻々と変貌する社会的課題を、整理し分析し、政治的空白の盲点に肉迫するその製作態度は、特に「日本の素顔」の成長に信をおく、受け手側の限りない期待である。

素早く大衆の身近かな問題をとらえ、大衆の抱く社会正義の情感に共鳴しながら、その説得力をもつ発想の展開は、三十分の時間感覚を度外視した、ひとつの迫力を形成する。録音構成から、引き継がれた高度な解説は、画を巧みに誘発し、具象的な映像となって、受け手にはね返ってくる。この卓越した「日本の素顔」の構成力は注目されてよい。

しかし、とき折り解説が優先支配し、たどたどしい足どりで画が追いつこうとしている場合に遭遇する。どちらかといえば、画と音とが拮抗して、分離作業をひき起す場合も応々に見られる。また画の訴える力量が弱いため、主張内容そのものが勢い、類型化されてゆく、きらいもないではない。

フィルム自体の特性が、対象の記録性にあるため、この記録された断片を再整理し、これに秩序を与え、そして新しい映像構成を形成し、更に昇華したものへと転化されねばならない。

大衆は、現在進行している事実のもつ、アクチュアリティにたえず注目し、充足感を待望する。ひいては、日常生活の中へ連帯し、同化してゆく可能性を見出すのである。未知なるものへの限りない探求と、批判が合体して、製作者の計算された、緻密な主張に同調してゆくであろう。

珍奇な素材を並列して、現象主義に傾斜し、単純反応に迎合するような安易さよりも、大衆意識の核心に迫り、より思索的な方向に集中されるべきであろう。

この限りにおいて、「日本の素顔」が映画的手法を如何にとり入れようと、それは論外である。録音構成から進化した、新しい技法への努力は、やがて少なからぬ効果を齎らすであろう。

劇場映画は、どのようにワイド化されても枠が存在するように、テレビもまた、限られた小さな枠がある。また、フィルムが放送再生されるとき、その映像の分解能力には限度があり、画面はクローズ・アップの積み重ねが常套化されてくる。また、現像処理の段階では、ロー・コントラストが要求されるように、画面の鮮明度は、まだ劇場映画にくらべて、きわめて悪条件である。テレビのプロジェクターは、タテ、ヨコ七五％の制限が、明らかに画像の安定を欠く。

このようなテレビの基本的な欠点は、まだ技術上の課題を未解決のまま、山積させている。むしろ、表現・形成において、実験的な試作を、より大胆に行うことをテレメンタリーの製作者たちに望みたい。

以上、かなり急ぎ足に「日本の素顔」を中心に考えてみたが、ほかのテレメンタリーについても同断といえよう。

政治危機の一ケ月に現われた、電波報道に対する綜合研究が、いま、いろいろな問題を投げかけている。CBCレポート八月号によると、次のようなデータがある。

この一ケ月のテレビ・ニュース番組への接触度は、急激に上昇し、五〇％にのぼった。この内、男性大学卒業層が七六・八％、女性新高校卒業層は、三二・四％となっている。特別番組については女性二十代層は、四一・三％の高率をしめしている。

安保番組の個人視聴率のトップは、NHKの定時ニュースであるが、国会周辺の中継とともに、KRTの報道特集「死者のでた国会デモ」が上位をしめていることは、見逃がせない。受け手側の政治への関心が異常なまでに高まり、特にテレビ・ラジオの電波媒体に集中されたことは、新聞報道の右旋回の事実と、政治状況の焦点をす早く体得しようとした、受け手側の積極性に起因する事も事実である。同じようにテレメンタリーの分野において、わずかながらNHKの「日本の素顔」が「九年間の記録」でこれに応えていることは特筆に値しよう。

しかし、いづれの報道番組をとっても、安保闘争の本質がどこにあるか。今後の日米関係、世界情勢にどう反映するのかという観点を系統的に伝達されたか、どうかということは、残念ながら電波媒体未だしの観を否めない。とはいえ、電波媒体の精力的な活動は、報道の歴史的証言として大衆の理性に訴え、社会的に、連鎖反応を誘導したことは、高く評価さるべきである。

テレビは、現在の動きと、未来に通ずる諸問題を、視聴者に速やかに伝達し、提示する新しい時代のメディアとして、キャンペィンを主目的としたアクチュアリティの追及と真実の報道に進んでゆくことであろう。とくに、テレメンタリーの分野において、より顕著に。

一九六〇・八・五

●新聞における今日／曽木耕一（新聞労連委員長）

経団連、日経連、日商、経済同友会のいわゆる経済四団体のうち水野成夫氏ら若手を中心とした同友会が安保闘争の一段落した七月はじめ、「コミュニケーション委員会」をつくった。その委員長になった電通の吉田社長のキモ入りという形で七月二十九日には経済四団体の幹部とマスコミ各社の幹部が帝国ホテルで懇談した。財界とマスコミ首脳陣のこんな大がかりな懇談会はかつてない。この席上での話は安保での新聞のゆきすぎ批判、そこに「若い未熟な記者が興奮して書いたようなものをそのまま報道する新聞やラジオテレビの在り方」に批判が集中、結論として財界幹部たちはマスコミ首脳陣が常識的な隠健な考え方であることを確認し、今後も時々交流を深めることになったといわれる。同じこの日同じ吉田社長は銀座東急ホテルに広告関係者を招き、「安保の新聞報道は常識に沿っていない。今後は広告幹部の意見が編集に反映するよう進言してもらいたい」と要望した。

七月二十二日には同じ帝国ホテルで在京七新聞社幹部が池田首相を呼んで懇談している。この方は新聞輸送の問題で国鉄当局の合理化案に反対している大手新聞社が首相に善処を要望した一席である。

池田勇人はまだ首相になる前、所得倍増論を一席ぶつ度ごとに「先生と裁判官と新聞記者の月給を上げにゃいかん」と強調していた男である。組閣に当ってはマスコミ担当大臣を作る構想が伝えられもした。これは吉田ワンマンが産経の水野社長に「君がやってくれないか」と話しており、産経新聞が組閣の最後まで〃PR大臣〃ができることを書いていたものである。この構想は完全に消えたわけではない。

内閣から「情報調査委託費」として年額一、九二五万円（三五年度予算）をもらっている時事通信の内外情勢調査会は七月一日発行の「国内情勢解説」で〃新聞の偏向とその背景〃を全誌つぶして特集しており、七月十日新聞研究会発行の「安保反対運動と新聞」と題するパンフレットも「朝日新聞の一方的な政治偏向と世論の巧みなデッチ上げ」や「共同通信社の左傾編集」などを宣伝している。この新聞研究会の事務所は安保改定国民連合（代表阿部真之助）や〃岸の才二戦線〃と呼ばれた新右翼組織である新日本協議会と同じ場所、要するに自民党の外郭団体である。このほか〃経営者〃〃政界往来〃〃ジャーナリズム批判〃などはじめ諸雑誌・パンフ類からラジオ・テレビまで利用して細川隆元、長谷川才次、御手洗辰雄氏らが評論家として右からの新聞批判、マスコミ批判を益んにやっている。

以上大ざっぱにみただけでも安保闘争でのマスコミの動きに対する政、財界のまき返し工作は、警職法闘争後のマスコミ工作にくらべてずっと組織的であり、量質ともに大きな違いが感じられる。警職法のときも政財界は「マスコミにしてやられた」という実績批判のうえにたって工作し、五九年の新年のあいさつで朝日の村山会長が、「ことしは偏向を反省する年だ」と有名な〃右旋回宣言〃をするところまでいった。五九年のマスコミ界はこの村山宣言に代表されるような反動期の中で安保改定問題を迎え、新聞協会報（五九・一一・九）が、「反対論調は一紙もなし」と報告していたような大勢だったのである。それが次才に改定慎重論に傾き、五・一九暴力採決を転機として決定的に反政府的となり、新安保反対の大衆運動の側に立つ機能を果した。最終的にはアイク訪日歓迎のチョウチン持ちから六・一五事件報道のロコツな弾圧、新聞社共同宣言という形で自然承認—コソドロ批准を支える役割を果し、決定的な時には民衆よりも権力の側に立つという現代のマスコミの本質を遺憾なく発揮してはしまったが、支配階級にとってマスコミによる打撃は痛かった。それは単に一時的打撃といえない広範な諸影響を与えてしまったからである。マスコミの本格的な体質改善が要求されるときを迎えたといえよう。六月二十三日、新安保はヤミ発効した。そしていま政治、経済各方面の新安保体制づくりがはじめられるに当って、才一次緊急度をもつものとしてマスコミの新安保体制づくりが着々と進行しているわけである。もちろんこれまでもそうであり、これからはますますそうであろうように、事態は支配階級のプログラムどおりに進行しはしないだろうし、そうさせてはならないが、彼らのネライは明らかであり、これはマスコミ関係者だけの問題では断じてない。「マスコミのより反動化を防ぐ闘い」は、安保闘争の中でようやく地につきはじめた日本の民主主義を守り育てる運動にとって非常に重要な課題になってきていることをとくに強調したい。そのために、安保改定阻止闘争の最終段階でマスコミ内に起った問題をさらに具体的に追及してみよう。

才一はアイク訪日歓迎論である。五月下旬から六月はじめにかけてマスコミの大勢は「日米友好のためにもこの際アイク訪日は中止した方がいい」という慎重論であった。それが次才に歓迎論に傾き、ハガチー来日の十日には東京新聞が才一面でマッカーサー米大使と唐島基智三論説主幹との対談を載せたのを頂点に完全に歓迎一色に論調を揃えた。民放連は足立会長(新安保調印全権団の一人)の名で「国賓は礼儀をもって迎えましょう」というスポットをサスプロとして民放各社が日に四回以上放送するよう要請し、これに従う社が幾つかみられた。そして慎重論から歓迎論へ転じたちょうどその時点に、岸とマック大使によるマスコミ各社首脳部との懇談がもたれている。六月七日マック大使は公邸に編集局長陣と政治評論家たちを呼んでアイク訪日への協力を要請し、岸首相に七、八、九の三日間にわたって官邸に社長クラスを一人づつ呼んで同様な要請をしている。もちろん七日以前にも歓迎論が出はじめていたことはたしかであり、日米共同の圧力に負けて日本のマスコミがアイク歓迎のチョウチン持ちに一斉に右へならえをしたとするのは正確ではない。しかし、例えば朝日でいえば、広岡編集局長はマック大使に慎重論を述べたが、その後、村山会長の方は岸やマックに「協力」をOKしており(アサヒイブニングニュース報道)、結局、歓迎論に踏み切っていった変化は否定できないし、各社とも似たりよったりの内情だったことは間違いない。この事実が内外にバクロされて批判が高まったのに対して「政府や米大使に頼まれて変ったのではない。新聞の自主的判断に基づいてやったのだ」という反ばくが編集幹部などから大部叫ばれたがもしそうだとすればなんという見通しの悪さ、節操のなさというべきであろう。反対運動がマスコミの歓迎論を乗り越えてついに実力でアイク訪日を中止させたとき、頭をかいて不明を恥じていた編集幹部もいたが、この問題で最も重要なことは新聞資本家(オーナー)が編集者(エディター)の自主性を完全に崩した点である。もちろん外国の一大使に呼ばれてかけつける被占領者根性はここでは論外とする。

読売の正力社主が小島編集局長にエディターとしての自主性を認める幅はほとんどないし、産経の水野社長は岩佐編集局長のようにアイク歓迎積極論者でなければ局長にしないように、オーナーとエディターの権限分離といってみたところでナンセンスに近いのがこれまでも実態であったことは確かであるが、一つの論調がオーナーたちの介入によって一斉に百八十度転換していったこんなにもあざやかな例は日本のマスコミ界にあまり前例をみない。両者の画然たる権限分離というイギリスのタイムスの伝統を一枚看板のように称揚してきた朝日新聞で、この事態が起ったことは日本のマスコミ界にとって一つの歴史的事件とみないわけにはいかない。その意味で安保批准後の六月三十日開かれた朝日の株主総会で村山氏が会長から社長に降り、経営全般について自ら乗り出す構えになったことも重大な意味が感じられるのである。六〇年三月のIPI総会(国際新聞編集者会議)で京都新聞白石社長は「新聞の自由の敵は、かっては支配階級、上からの権力であったが、最近では労仂組合または、その連合体による下からの圧力も見逃すことはできない」と述べ、〃権力からの自由〃を古典的自由として葬り去り〃大衆からの自由〃を標ぼうしているが、事態は何よりも真っ先に「資本からの編集の自由」という伝統的スローガンを復活させなければならないといえよう。

才二の問題は六・一五事件の報道弾圧である。この夜新聞社内は各社とも幹部と才一線との対立抗争が激しくくりひろげられた。結果は職制の支配が貫徹して真実は曲げられ、右翼や警官隊の暴ぎゃくの実態は極めて不十分にしか報道されなかった。

例えば朝日新聞では、現場記者たちが送った原稿を片端からボツにし、社会部のデスクに広岡編集局長、木村編集局次長が陣取って赤筆を入れる指揮をしていた。このため現場記者たちが右翼が新劇人、宗教人や学生の静かなデモに自動車を突っ込み、殴り込みをかけた事実や、警官隊が現行犯を見ていながらすぐに取押えようとしなかった点、やがて興奮した学生たちと警官隊の間に南通門での流血事件が起き樺美智子さんが死んだこと、警官隊の狂ったような暴ぎゃくぶり、議員面会所の地下室に重態の学生を放り込み、報道陣さえ一歩も近づけず、苦しみあえいでいる人間を治療もさせずに強引に取調べ、重傷者に手錠をかけて救急車の消防庁員まで抗議していた事実なども見たままを書き送った記事は、全くボツになったり原型をとどめぬまでに削られたりして、新聞にでき上ったものの大部分は幹部が警視庁情報を基に書いたものだったという。社会部も政治部記者もみんな怒って中には「記者を辞める」といい出すものが出るほどそれなりの抵抗をしたが、「事件の本質は全学連の国会乱入と暴徒化にある」とする幹部の考えが支配してしまった。読売では本田靖春記者の「私はこの目でみた」というレポの後半、警官隊の荒れ狂う描写は削られ、「殺せ、殺せ、殺してしまえ」という警官の喚き声が、最終版では「やっちまえ」に変えられた。「報道陣のなかからも負傷者が出てあまりのむごたらしさに、取材していた新聞、テレビの報道陣十人ばかりが『抵抗しないものを多人数で殴りつける必要があるのか』と警官隊の指揮者七方面本部長に食ってかかる一幕もあったが……」という個所も遅版では消されてしまった。

比較的よかったといわれた毎日でも才一線記者はデスクから何回も書き直しを命じられており、そうして出来上った朝刊さえ十六日朝編集局にあらわれた本田会長から「けさのうちの社会面は極左分子が作った」と決めつけられた。この意を受けた住本編集局長が「朝日の良識を見習うように。主観を加えないように」と部長陣に訓示している。東京新聞でも西日本でも中日でも、この夜同様な厳しい報道管制が布かれていたのである。最も真実に近いと好評を受けた産経では政、財界から猛烈な非難を受け、ついに岩佐編集局長以下木村社会部長まで五人が編集方針違反を理由にケン責処分という前代未聞の事件まで生んでいる。

新聞の報道管制は表面上はほとんど成功したかにみえたが、「新聞のインチキ」を非難する声はマスコミ幹部の予想を越えて強まり拡がってしまった。これにはいろいろの要因が考えられるが何といっても現場目撃者の数が圧倒的に多いという厳然たる事実は揺がし得ない。直接現場に居合せた学生、教授、文化人、報道陣たちだけでも一万人近い。これらの人々は新聞報道がいかにウソであるかを身をもって体験している。さらにラジオ関東の現場中継による実況放送をはじめとするラジオ・テレビにあらわれた右翼、警官隊の暴ぎゃくぶりの生々しさを視聴した何万、何百万の国民がいる。この人たちもまた翌朝の新聞を見て不信感をもたざるを得なかった。この二つが基礎になって週刊誌や大衆運動の側の宣伝活動も有効に発展し、新聞の報道管制は大衆的にバクロされる結果となった。マスコミの矛盾は例えば、朝日ジャーナル、週刊朝日、アサヒグラフが自ら朝日新聞のインチキをバクロするような編集で大好評をもって迎えられたという形に集約された。朝日新聞社は六月二四日付の社報号外で「五月十九日以降の取材について」と題する田代社会部長名の一文を発表し、朝日が左傾しているとの批判も強いこと、全学連の暴力批判に重点をおいたのは正しかったことなどを強調しながらも、「警官・右翼の暴行についてはきびしい追及を続けており、これは今後の紙面において発表できると考えております」と説明する必要を感じないわけにはいかなかった。広告収入四割、販売収入六割という日本の商業新聞にとって読者の新聞不信の高まりに耳を傾けないわけにはいかない。激しい動揺が各社内に起り、冷戦派と良識派の対立激化はどの社にもみられた。しかし、続く十七日の共同宣言で民衆への敵対姿勢を真正面から押し出した新聞経営者たちの態度は、六・一五の報道管制も共同宣言とともに極めて当然なものであるとのキャンペーンとなってあらわれるに至った。三つの論理が盛んに使われた。

ひとつは朝日の社報が主張しているように「事件の本質は、全学連の違法行為にあり、議会主義破壊行為はいまの時点で非難の中心たるべきである」とするいい方である。これを強調するためには、警官の暴行は見逃がすべきであり国会の外で静かに報告を待って座っている教授団が警官隊からヤミ打ちを食って何十人の重軽傷者を出そうと黙殺せざるを得ない—という論理である。善意にとればジャーナリズムとしてこのうえなく無能な単細胞的思考とでもいえるが、まさかそうではあるまい。毎日新聞の平野記者が述懐するように「……新聞があの夜の警官隊の暴ぎゃくぶりを報道しなかったとしたら、一体誰があの責任を追及してくれるのか」(新聞協会報六・二七号)というぐらいの自負は各社幹部とも持ち合せていたはずである。

二つはこの稿の最初に出てきたような経済四団体との懇談でいわれている「若い未熟な才一線記者は現場のふん意気に抑されて冷静に客観的記事は書けない」というりくつである。これに最近では「新聞記者も放送記者も新聞労連、日放労それぞれ総評に入っているからその影響を受けて左翼偏向記事を書く」という宣伝が盛んにふりまかれている。

さらに改めてマスメディア論が登場しているのは注目しなければならない。「テレビやラジオの実況放送などは一部の現象を強調して全体をゆがめてしまう。現象の底にあるもの—真実を報道できるのはやはり新聞である」「歴史の浅いテレビは報道の点で未熟である。実況放送は現場の興奮に侵されやすい」という種類のりくつである。一方で大衆運動の側に「放送は才二ジャーナリズムではなかった」という再評価が六・一五報道でのナマの威力観から生れているとき、マスコミ経営者たちはまず新聞の側からメディア論によるラジオ・テレビへの批判として提起し、やがて放送の側の経営者や編成幹部たちの間にもこの批判が受けいれられつつある空気である。朝日の村山会長らが六・一五事件直後テレビでこの論を展開した後を受けて田代社会部長はラジオ関東の「六月十五日の報道をめぐって」という特別番組(六・二五)でアナウンサーの追及に対し、「新聞はラジオ、テレビという迫真的なものと競争はしません。客観的にその底にあるものをみつめていきたい」と答えている。そして、七月十六日の民放連番組審議会では安保の報道番組について検討した結果、速報だけでなく放送記者の〃正確さ〃や〃冷静さ〃を重視しこれを何らかの形で表彰することを論議している。とくに「取材態度は十分慎重であるべきで、いたずらに現象面だけを追い根底を失ってはならない」「新聞にくらべて部分的にはくわしいが全体を見逃すおそれがある」「国会デモで報道マンが興奮していたが、冷静な判断と沈着な態度が望ましく、テレビ視聴者を同じような興奮に誘うことは戒めねばならない」という意見が出たことを新聞協会報は伝えている。あの夜のテレビ放送や、自ら警官に首をしめられながら実況放送したラジオ関東の島アナウンサーたちは称賛の対象ではなしに非難の的となりつつあるわけである。既に社会報道番組について職制によるチェックの困難な状況放送などは原則として行わせないラジオ・テレビ各局の方針は、今後ますます強化され、新聞と同様なチェックシステムの完璧を期する方向が進められるだろう。

以上みてきたマスコミ反動化の諸傾向はもちろんそれ自身に矛盾を内包している。マスコミ内でのメディア間の競争、メディア内の企業競争の激化もその一つであり、読者、視聴者大衆の真実とウソを見わける力量の前進もその一つであろう。そして商業マスコミがもし支配階級の意図するように全体としてより反動者を強めれば、それ自身が大衆の側のマスコミの発展を可能にする。

テレビ・ラジオ批判

●即時性は野次馬も育てる

加瀬昌男
(詩人・劇作家)

七月一日夜十一時十五分からのラジオ東京の録音ルポ「選挙カーに乗った安保」をききながら私ははじめて、知りたいと望んでいたものを知り得たような気がした。その録音ルポは知事選挙戦が闘われていた埼玉県下の農民の声を集めたものであったが、前半にでてくる幾人かの農民は、安保闘争など歯牙にもかけていない様子であった。アナウンサーが「今度は大学の先生まで反対に立ち上りましたが……」というと、「学者は、そりゃ本の中のことならおれたちより知っているかもしれねえけど、実際の社会のことならおれたちの方がよっぽど良く知ってるよ」と答える。いかにも構成者を喜ばせるようなできすぎた答えで、ほんとうに彼らが考えていることとはいささかかけ離れた都会人相手のヨソイキの言葉であるように思われたが、次にでてきた安保闘争賛成者の声とくらべれば、より多くの農民の考え方を代表しているように思えた。

この録音ルポは、手法的には従来のものから一歩も踏み出したものではなく、安保闘争反対の農民と賛成の農民を適当なバランスで配置し、結果的には、農民の中にも安保闘争の強い支持者がいることを聴き手に印象づけるように意図されていたように私には思えた。しかし、私はこのぼそぼそ流れてくる農民の声から、知事選挙戦での革新系の敗北を予想した。

私の知る限り、この録音ルポにでてきた安保闘争反対の農民は、マス・コミに登場した人物の中では、岸信介が確信をもって語ったあの「声なき声」に最も近い存在であった。マス・コミにのったり、私こそ「声なき声」であると名乗り出た瞬間から、その人間はすでに「声なき声」でなくなることは自明の理なのだ。それが、安保闘争を通じて若干の「声ある声」が、軽率にも、「声なき声」を僭称したために、私たちが真剣に考えなければならない筈の、「声なき声」の存在が忘れられてしまった。それ故、この録音ルポは、構成の陳腐さにも拘らず評価されてよいだろう。

自発的にマス・コミに登場しようとする意思のない、真にかくれた声をとらえることは、想像以上に困難な仕事である。いまのところそれは、わずかにラジオの録音構成だけに許された特権なのだ。尤も、だからといって、録音機をもって駈けまわりさえすれば、生き生きとした民衆の語りくちを捉えることができるかといえば全くそうではない。以前私は、自分の住んでいる漁師町で録音がとられたとき、誰がどんなことを喋るか、注意深く見守っていた。その場にい合わせたものは、主に、漁師仲間でいう「弁が立つ」ものであったが、そうでないものも若干いた。しかし、テープレコーダーがまわりはじめると、実際に喋ったのは弁が立つ者だけであった。数日後、編集されて放送された録音をきいてみると、実にうまくできていて、誰がきいても「漁民の声」と思えるものになっていた。こうなったのはプロデューサーの責任でもなく、またアナウサーの質問に、特に欠陥があったわけでもない。要するに「むら」の世論は、弁が立つものによって相当程度形づくられていくということなのだ。

では一体どうしたら、ほんとうの民衆を捉えることができるのだろうか。

梅棹忠夫の「モゴール族探検記」は、モゴール語の本を求めてアフガニスタンの村々を訪ねてまわる話を書いたものだが、あっちへいけばこっち、こっちへ行けばあっちと言われながら、最後にたどりついた村で、「ああ、モゴール語の本は見たことがある。それなら、ずっと上流の村の人が持っていってしまった。しかしその本は、四百ページなどという大きなものではない。二十ページくらいの、うすっぺらなものだった」という話をきかされ、四百ページの大冊のまぼろしは梅棹の頭からシャボン玉のように消えてなくなる。しかし、本を探しまわっているうちに、彼らは、表面からは見えないが部族の間に鋭い対立があるのを発見したりするのである。

録音という仕事もこれと同じなのだ。私の想像では、この梅棹の探検記と同じように、求めようとするものは外来者にはなかなかつかめぬものにちがいない。けれども注意深く探ることによって、思わぬところから、事実を発見することもできるものなのだ。こうした点から考えてみると「選挙カーに乗った安保」は、まだまだ、農民たちのよそゆきの意見を、はぎあわせたものにすぎないということも言えてくるのであるが。

とにかく今度の安保闘争を通じて、ラジオは、その機能を十分発揮して、民衆の内部に眠っている考えを探り出すことをしなかった。ラジオは聴取率が下りつつあるように思われるが、テレビが到底及ばないすぐれた機能――デンスケ一台でどこへでも入ってゆけるということ――のもつ可能性はもっと追及される必要がある。それは、ノイズと言葉の衝突によって他次元のイメージを描き出す手法とあいまって、新しいジャンルを生み出していくきっかけとなるにちがいない。

さて、テレビであるが、大事件とはじめて直面したこの新しいメディアに、私は若干の期待をかけた。六月四日、私は、発熱して寝ていたので、テレビの即時性の妙味が、多元的に発揮された中継を、一部始終見ることができた。

かつて日本テレビが開局してまだ間もない頃、私は新テレビ局について空想していたことがあった。それは予定された番組を全然もたないテレビ局で、偶然に起こる事件や、日常の動きを、そのときそのとき選んで中継するというものであった。たとえば消防署に詰めているカメラは、火事が起こるとヘリコプターのカメラと共同して、火事というものを消防車の出動から鎮火させて帰ってきた消防士の座談会まで、いや、罹災したものの行方や保険会社の動きまでを全部写し出してみせるかと思うと、或るときはトラックに便乗して東海道を下るのである。

次がどうなるかわからない、現に進行しつつある事件をみてみたいという人間の欲望は、度し難いほど強烈なものだという確信が私にはあった。もし私の空想が実現されれば、つまらない娯楽番組ばかり放送していた日本テレビなど視るものはいなくなってしまうばかりか、日本中の仕事の能率が、下ってしまうのではないかとさえ思った。

私は六、七年前の空想が妙な形で実現されつつあるのに、いささか当惑しながら、テレビのスクリーンを眺めていた。「彼らは幾百万聴視者の要求を無視できなかったのだ。競争相手に先んじ、相手を打ち負かし、利潤をあげようとする熱望は、ときには、他のいっさいの考慮を押しのけてしまう」（フルシチョフ・じかに見たアメリカ）というのと同じかどうかわからないが、とにかく、テレビは反政府ストライキを中継で写し出した。

私は七時が近づくにつれて、不気味な静かさをたたえているスクリーンのうえに、突然なにかが起らないかという、いかにもテレビの視聴者らしい、野次馬的心理が湧いてくるのを抑えることができなかった。テレビの即時性は、実に事あれかしの、それも根底から生存をおびやかされない限りでの事あれかしの精神と、表と裏の関係をなすものであることを、あらためて痛感したのである。それはストライキの参加者の置かれた状況とはかなりちがった次元のものであることが、その後二十二日に池袋で座りこみをやってみて判明した。現場ではテレビでは感じられない恐怖感のようなものが、まず加わってくる。

とにかく、この事あれかしの精神は、特に六月一九日午前二時まで電波を出して国会附近の状況を写したNHK総合テレビとKRテレビのアナウサーの解説にはっきりとあらわれている。「ただいま、全学連の勢のいい一団が、首相官邸の裏手にまわりまして、岸首相が裏口から出てくるのを阻止しようとする模様でありますが、ここ、官邸前では、まだ何事も起こる気配もありません」

他のテレビ局より遅くまで電波を出しているのだから今日こそは、どうにかして何か起こってくれ、十五日のようなことが再現されて、うまい解説で視聴者をうならせてみたい、といわんばかりであった。これでは、退屈なサラリーマンや、娯楽のない農民は、最もスリルがあるショーとして国会前の状況を楽しんだにちがいない。だが、もし、テレビが、座り込む労仂組合員や学生にその場で座談会をやらせたとしたら、放送はかなり変ったものになっていたであろう。六月四日の場合は、通勤者ばかりでなく、ストの参加者にもマイクがむけられ、ストの背後にあるものを幾分か、視るものにわからせていたが、十八日には遂に解説者とアナウンサーの言葉しか電波にのらなかった。

このことから私には、もし、異常な状況だけが写し出され、それを専門の解説者なるものだけが解説し、状況へ参加者の声が全然でて来ない場合、テレビの即時性という機能も、スポーツ放送並みになってしまうように思えてならないのだ。

佐々木基一だったと思うが、テレビにおける座談のすばらしい効果を指摘していたが、これを文字通り効果的に駆使して、民衆の反政府的意思をチェックしたのは、NHK総合テレビである。スポンサーがないところから、ゴールデン・アワーのかなりの部分を特別番組にあて、唐島、御手洗、細川といった見識の低い司会者を配し、安保闘争に参加しなかったわけのわからない学者を探してきて、民主主義のお説教をした。「あんな学者よりおれの方がよく知っている」という人間がどのくらいいたか知らないが、特別番組が自民党の支持率が落ちるのを防いだことは確かである。私たちは、聴視料の不払い運動でも起こしてNHKの心胆を寒からしめる必要がありはしまいか。金を払わなければ新聞はとまるが、電波はとめられないのだ。

ところで、ドラマだが、ミステリーの悪漢にキシという男がでてきたり、岸らしき男が殺されたりするものはあったが、国会前のデモをショーとしてみている者をヒンシュクさせるような諷刺喜劇は遂に登場しなかったようである。批判はおおむね岸に集中されてしまい、民衆の中にある無関心にはむけられなかったのは、全く残念というほかない。また特別番組の登場人物を批判し尽すようなミュージカルは、「光子の窓」にも出なかったようである。

花田清輝は七月二十二日、NHKより放送されたドラマ「佐倉明君伝」で、悲愴感にもえ、民衆のためと一途に思ってやった闘争が、一見敵とみえるものの中に味方となる要素を見ることができなかったために、かえって弾圧をまねき、味方となるべきものまでだめにしてしまうという、「ロベレ将軍」の批評や、「慷慨談の流行」で追求したのと同じようなテーマを展開してみせたが、堀田の殿様が誰なのかは遂にわからぬままにドラマは終ってしまった。

テレビ・ドラマのなかで、一番痛快だったのは「バス通り裏」である。あの気違い部落でも、五月下旬ともなればさすがに安保を無視できなくなって、デモに参加した学生を新らしく登場させたが、主人公たちは、遂にデモに参加しなかったようである。しかし、或る日、雨が降らないということから国語の先生が「お米がとれなくなる」といったことからちょっとした喜劇がはじまる。今年大学の理工科系へ入った息子は「外国から買えばいいじゃないか」と答えるのだが、親父である先生は農本主義時代の人間よろしく、この息子の答えに慨嘆し「こんな甘く育てた筈じゃなかった」と言う。それから政治の話がはじまり、先生は息子の政治的無関心にいまさらびっくりしたようなふりをするのだが、私には、それが、六〇〇回にわたって登場人物を育ててきた作者自身が、政治的高揚期にとまどってしまい、あたかも自分の責任を追及しているように思えて、愉快でならなかった。テレビ見物人を多少とも批判したものがあるとすれば、恐らくこれだけであろう。しかしそれもいまでは、また元の、退屈な生活にかえった。

● 光を

新世界プロ／脚本演出・野田真吉／撮影・上村竜一

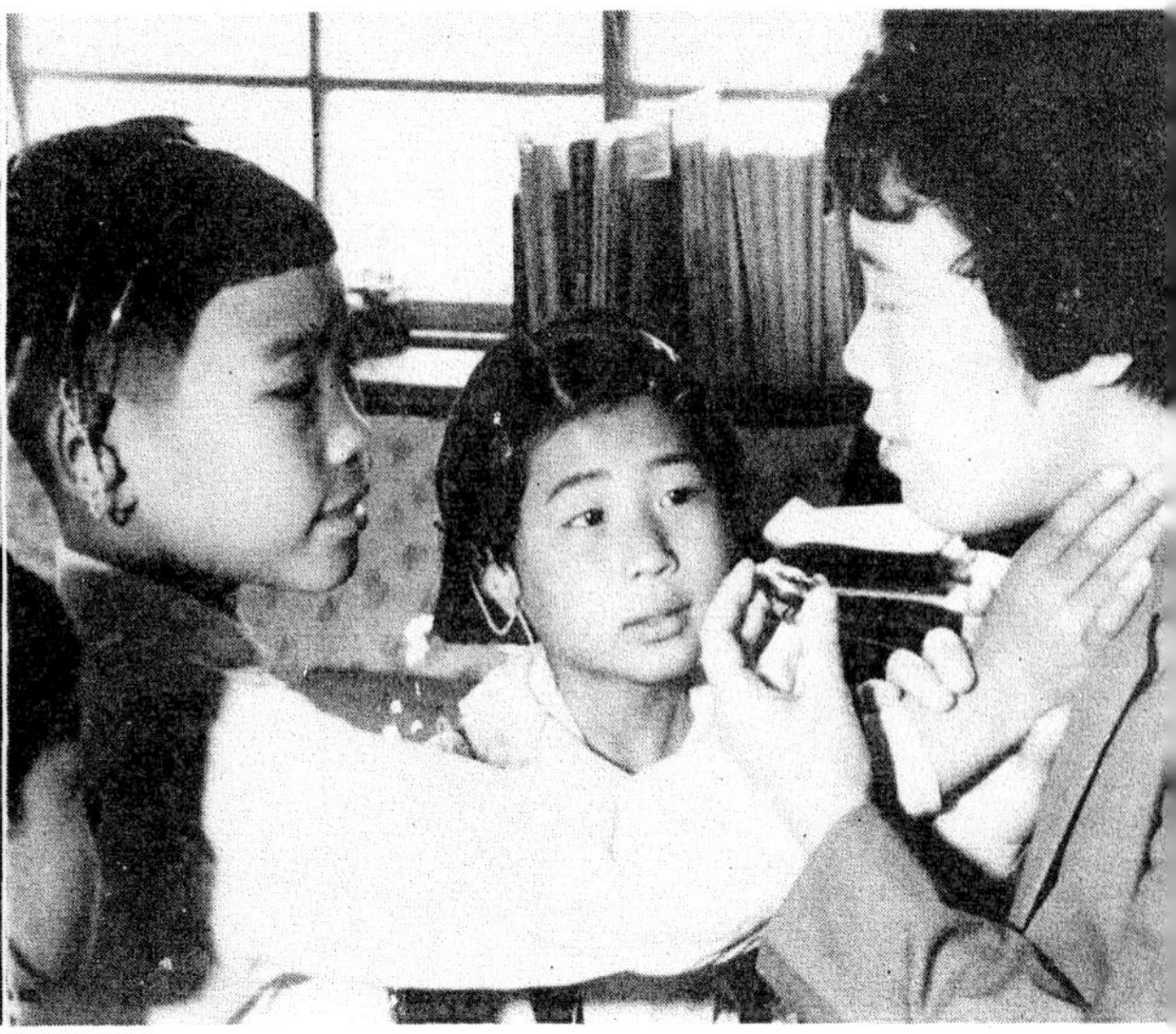

いわゆる身体障害児の実態を描きながら，その子らへの光を強く訴える。（三巻）

海に築く製鉄所

岩波映画
脚本演出・伊勢長之助
撮影・狩谷　篤

三か年にわたって建設された埋立地の製鉄所その偉大な工事の実態を描く。（カラー五巻）

ベニスの商人

東京中央人形劇場
脚本・演出・高橋　克雄
撮影・森　隆司郎

有名なシェクスピアの原作を、人形劇映画に構成し、低学年にもわかるようにした。（二巻）

室町時代の文化

教育映画配給社
記録映画社
脚本・演出・上野　耕三
撮影・金山　富男
監修・矢口　新　他二名

独特な武家文化を作りあげた室町時代の遺産をくわしく解説する。（二巻）

グループとリーダー

科学映画社
脚本・演出・岩堀喜久男
撮影・清水　浩

近代社会におけるさまざまのグループとそのリーダーの役割りを解説。（二巻）

わが家に二男三女あり

東映教育映画部
演出・今泉　善珠
脚本・高橋　二三
撮影・赤川　博臣

ある鉄道員の家族を通して描く親子の愛情物語。親孝行を説く児童劇映画。（五巻）

婚約宣言

奥商会

演出・島崎嘉樹
脚本・立野三郎
　　　島崎嘉樹
撮影・木塚誠一

農村青年たちの新しい結婚のあり方を描く劇映画。（三巻）

黙っていてはいけない

三木映画社

演出・丸山章治
脚本・古川良範
撮影・清水　浩

民主的な組織を守るために、責任ある個人の発言の必要性を解説する。（二巻）

小さな町の小さな物語

記録映画社

演出・柳沢寿男
脚本・古川良範
撮影・藤　洋三

あるサラリーマンの家庭に起った事件を中心に貯蓄の大切なことを説く。（四巻）

脳のはたらきと脳波

新世界プロ

脚本
演出・小津淳三
撮影・山根重視

精神衛生の観点から脳波のはたらきを調べ、精神障害の早期発見に利そうとする。

●弾丸大将／家城己代治 演出作品

東映株式会社
原作・赤江 行夫
脚本・橋本 忍
撮影・飯村 雅彦

基地日本の生んだ歪んだ職業・弾拾い。その実態にメスを入れ現代日本の現実を描く。

チャップリンの

独裁者

脚本演出・チャールズ・チャップリン

撮影・カール・ストラッス ローランド・トザロー

東和映画提供

1940年に発表されたチャップリンの傑作。ヒトラーに対する強烈な憎しみに貫かれたこの作品は戦中我国で上映禁止されていたものである。

●私の記録映画論

「生きる」ことからの出発

●恩地日出夫

（演出助手・東宝）

ある会合で、教育映画作家協会の友人に会った。

友人「記録映画誌に原稿書いてくれないか」
ボク「うん、いいけど、何を書くんだい？」
友人「〃私の記録映画論〃」
ボク「〃ロン〃？ そりゃ無理だよ」
友人「いいや、別に〃論〃という程でなくてもいいんだよ」
ボク「書くのはいいけれど、〃ロン〃は無理だぜ」

ちょうど、新安保条約が自然成立したと称された六月末のある日、僕はスカラ座へ「太陽がいっぱい」を見に行った。

「鉄路の闘い」「禁じられた遊び」などルネ・クレマンという監督は大好きな監督の一人なので、前評判もいいし大いに期待して椅子に坐っていた。

宣伝スライドが終って、朝日ニュースのなにかキラキラしたものがグルグル廻るおかしなマークが終って、黒地に白ヌキで「安保問題特集」というような意味のタイトルが出たとたんに、うしろの方で誰れかが拍手をした。すると、それに続いて十人、いや、三十人位だったかもしれない人達がパチパチと手をたたいたのだ。

すると劇場全体をつつむように笑い声が起った。この笑いは一部の人が笑ったというのではなくて、声に出して笑わなかった人も、ニヤニヤしてしまう種類のもので劇場にいる一人残らずの人がゲラゲラかニヤニヤのどちらかに入ってしまっていた。（僕はニヤニヤの組でした。）

このニュースは、内容的にもなかなか迫力のあるすばらしいもので僕はショックをうけたのだが、それよりも、それに対する観客の反応の方がもっと大きなショックだった。

場末の小屋で、その映画のヒーローが女主人公の危機を救うべく馬で走り出すときに拍手がわくことがある。

しかし、所は日比谷スカラ座、最もお高くとまった人種――これが拍手し、そして起った笑いは、拍手に対する軽蔑の笑いではなく拍手に賛成する共感の笑いであったように思えた。

これはおそらく、スカラ座開館以来はじめての出来事ではないだろうか？

しかも、それが「太陽がいっぱい」ではなくて、前座の朝日ニュースに対して起り、僕自身としては、ニュースの内容からうけたショックと、この異例の出来事に対するおどろきのショックと重って、ルネ・クレマン先生の「太陽がいっぱい」に対しては、なんというつまらない映画だ、という感想をいだいてスカラ座を出たのだ。

アランドロンを使ってルネ・クレマンが総天然色で作りあげた「太陽がいっぱい」をもってしても、あの時期に封切られた、朝日ニュースの安保特集の迫力には全々かなわないということなのだ。

「太陽がいっぱい」という映画自体の良否は別として、とにかく、あの時どんな名作をもって来ても、つくりものであることが気になって、あるいは又、その「ウソっぽさ」が感じられて、朝日ニュースの事実の記録の前に、影がうすれてしまっただろう。

ぼくは、スカラ座の階段をおりながら、すっかり考え込んでしまった。

劇映画の助監督になって、そろそろ五年、一生懸命シナリオを書いてみたり、いろいろしてきたけど、この朝日ニュース一巻の迫力はいったいぜんたいどういうことなんだろう。

年間五〇〇本もの映画が量産されて、大変なお金がそれに投入されて、ぼくは、そのベルト・コンベアーの歯車の一歯となって……。

しかも、どんな映画もこの朝日ニュース一巻に太刀打出来ないとしたら……。

それからしばらくして、マルセル・カミュの「黒いオルフェ』を観て、これまた朝日ニュースの時とおなじくらい大きなショックをうけた。

この時は客席から拍手は出なかったけれど、朝日ニュースの時のいきなりガーンとなぐられたようなショックに対して、こんどはギューッと首をしめつけられるようなショックだった。

それは、画面のうしろに光っている作家の眼のようなもの――言いかえれば、およそ事実の記録というようなことからは縁遠いギリシャ神話を南米の黒人によって具象化したマルセル・カミュの考え方の確かさによるものだということは、その時はよくわからなかったのだが、とにかく画面からにじみ出ている迫力――エネルギー――というようなものにのしかかられて息が出来ないような感じだった。

「ウソっぽい」というようなことを言い出せばこれほど「ウソっぽい」オハナシはないだろう。それに、よく考えてみると、たとえば、死神の男が出て来るようなところの演出と、市役所で結婚届を出すところの演出を並べてみるとなんとも水と油、不統一きわまりないようにもみえるけれども、そんなことが気にならないほど、サンバのリズムにのった「黒いオルフェ」は圧倒的な迫力をもっていたと思う。

その迫力——エネルギー——はどこから出ていたのだろう。

それがどうやらわかったような気持になれたのは七月十八日のハリー・ベラフォンテの産経ホールでの公演の帰り途でだった。

客席の急造のオーケストラ・ボックスの序曲のような演奏が終って幕があがる。

舞台に並んでいるバンドとコーラス。

間——。

やがて拍手に迎えられて、ハリー・ベラフォンテ登場ということになる。

計算されたライティングといい、長すぎも短かすぎもしない間のとりかたといい、まったく心憎いまでに演出された舞台だったのだが、そのくせに、ここで泣かせてやろう、笑わせてやろうという意図が感じられず、演出については相当意地悪な見方をするくせがついてしまっているぼくも、全々素直に手をたたき「マチルダ、マチルダ……」とやってしまっていた。

しかも、ハリー・ベラフォンテその人の魅力が又素晴しい。

自分に対する絶対の自信と素直さが歌にもアクションにも満ちあふれていて、しかも、それが人間への愛情とでもいうべきものに結びついてでもいるのだろうか、舞台の上のバンドやコーラスの白人達との間に何の区別もないばかりか、客席の日本人達との間にも人種や国境の柵はなく、言葉が通じないにもかかわらず、ほとんど完全にコミュニケートされているのだ。

「バナナ・ボート」を歌うベラフォンテはこの労仂歌を通じて、産経ホールの観客の一人一人を自分にひきつけ、それを再び観客におくりかえす。

この観客一人一人とベラフォンテを結ぶ、見えないテープが「バナナ・ボート」なのだ。

それは、言葉にすれば、生きるということへの自信とそれを妨害するものへの怒り、というようなものなのだと思うが、それは、意識するしないにかかわらずもっともっと、感覚的で深い結びつきのように感じられた。

そして、「マチルダ」の大合唱から、日本の「サクラ・サクラ」になって〃ミ・ナ・サ・ン〃とベラフォンテが呼びかけた時には会場は全く一つのものになっていたといえるだろう。

このベラフォンテの魅力——それは、ぼくにすぐ「黒いオルフェ」を連想させた。

そして、「黒いオルフェ」のもっていた迫力——エネルギー——と同質のものをベラフォンテはその身体から発散させていたように思えるのだ。

それは、迫力といえば火薬が爆発し、エネルギーといえばオーバイが素飛ぶというのではなくて、静かに流れる大河のような圧倒的な力をもつそれであり、更には、生きているということ、生きている自分というものに対する絶対の自信であり、白人とか黒人とかいう観念がむしろ白人のインフエリオリティ・コンプレックスの所産であると考えさせるようなものだったのだ。

「朝日ニュースの安保問題特集」。「黒いオルフェ」。「ハリー・ベラフォンテの公演」。とこう並べてみて、ぼくは、あらためて作品のアクチュアリティということについて考えさせられてしまった。

もちろん、それが作品であるからには、材料が〃事実〃であろうと〃作りもの〃であろうと、問題はその作品のアクチュアリティなのであり、観客に拍手をさせ、ぼくにショックを与えたのは〃朝日ニュース〃〃黒いオルフェ〃そして〃ベラフォンテの歌〃のアクチュアリティだったのだ。

それは、安保問題では、日本の歴史の流れに対して前向きの形でとらえられた現実が朝日ニュースの安保特集となって結実していたことが観客の拍手を生んでいたのだということは考えられる。

しかし、〃黒いオルフェ〃や〃ベラフォンテ〃の場合はどうだろう。

〃黒いオルフェ〃では、マルセル・カミュは、ギリシャ神話をあえて、黒人の中にもって行ったことだと思う。

現代のオルフェ達は、歴史の流れなど意識していない。まして、それに対して前向きだの後向きだのということは全然考えてもみたことはないだろう。

しかし、彼等は、毎日をとにかく生きている。そして、生きて行くことに対するあらゆる圧迫と妨害に対して勇敢に闘っている。

それは、そうしなければ生きられないからなのだが、とにかく生きているのだ。

そこに、意識されるされないにかかわらず歴史の流れが存在しているし、彼等が歴史を創っていることになるわけだ。

だから、「黒いオルフェ」から、迫力が流れ出し、エネルギーを発散させることになるのではないだろうか。

ハリー・ベラフォンテ——、その人の歌はそのものとしては、あるいはラヴ・ソングであり、労仂歌であり、そして、いわゆる民謡である。しかし、それがベラフォンテという、生きるということに素晴らしい自信をもち、自分に素直に生きている一人の芸術家を通ってステージで作品として結実したとき、その迫力とエネルギーは観客を魅了して、一個の芸術作品として、アクチュアリティをもってしまう、ということになるのだと思う。

ここまで書いて、ハタと困ってしまった。

〃なんだこれでは今迄いろいろな所に、沢山の人達が書きまくって来ていることとちっとも変ってはいないじゃないか!〃

〃要するに、簡単にいえば、アクチュアリティは、歴史の流れを前向きな形で、現実としてきり取るところに存在する、ということじゃないか！〃

〃アクチュアリティがあるかないかということは……〃

など。など。など。

ちがうんです！

いや、そうかもしれませんけど、ぼくは、その〃前向き〃とか〃現実〃とかいう言葉をそう軽々しく言ってもらいたくないのです。

なるほど「朝日ニュースの安保特集」に観客は拍手しました。ぼくもショックをうけました。

しかし、あのニュースを今上映したら、はたして拍手はおこるでしょうか？

それは起らないでしょう。

でも、「黒いオルフェ」は半年後に観てもやっぱり感動するでしょうし、ベラフォンテは、ますます好きになってしまっています。

ぼくは、この辺の所で、現実に対する作家の眼とか、歴史の流れに対して前向きであるとか、そしてアクチュアリティがあるとかいうことを考えたいのだ。

それは、ベラフォンテの歌にあるような、非常に素朴なところから出発しなければいけないような気がする。

人間が生きるということ、生きているということ、そこからあらためて見直して行かないと、とんでもないところへ行ってしまうような気がしてならないのだ。

さいごにもう一つ、「一九六〇年六月」という記録映画を観た。

ぼくがつい昨日まで毎日のように歌っていた歌が流れ、ぼくたちのデモが写っていた。

〃素晴らしいもり上り〃

〃国民的エネルギーの爆発〃

〃闘う！ 闘う！ 最後まで闘う！〃

しかし、ぼくはどういうわけか、白々しいものを感じてどうしようもなかった。

〃しらじらしい！〃

ほんとうに、どうしようもなく空虚なのだ。

それは、「新安保批准後の大衆的息切れ」とやらいうものに関係したことなのかもしれないし、また、「運動に対する指導性の欠除」とかいうものに関係したことなのかもしれない。

でも、それだけではない。

いや、最も大きな要素は、この映画の作家が現実をみている眼——視点、そのものに対するしらじらしさだったようだ。

それは、全学連と日本共産党の対立というようなことに対するしらじらしさに通じるものなのだが……。

闘いの座標と論理

●青春残酷物語●ろくでなし●青い野獣

●有井 基
（全神戸映画サークル協議会）

たしかグレン・フォードが舟乗りに扮する映画で、こんなシーンがあったと思う。彼は微笑さえ含んで相手に右手を差し出す。と、そいつが習慣的に、握手へ応じた瞬間。彼の左手は見事な一撃を、そいつの顔にサク裂させた。あるいは記憶に誤まりがあるかも知れないが、僕は現代の、状況のイメージから、やりきれない焦らだちと苦しさを感じるとき、奇妙に、そのシーンを思い出す。だから大島渚が「愛と希望の街」「青春残酷物語」を、吉田喜重が「ろくでなし」を、そして堀川弘通が「青い野獣」をひっ下げて立ち現われたとき、ひそかに期待のまなざしを向けた。日常性と握手するフリをしながら、そのシタリ顔へ強裂なパンチを見舞うショック。それが果たされるときこそ、彼らは日本映画・明日の主流派としての可能性をふりかざし、告発の姿勢に、すばらしい共感と支持を得るだろうからだ。

作品の評価は、すでにハンランしている。だが、過剰とさえ思える問題意識が、いくら問いつめられても、多すぎることはない。まして、新安保反対闘争という国民統一行動が、実感的に人間の抵抗権を拡大した現在、それ以前の視点で〃変革の論理〃を問いつめている三者の方法意識は、即座に次のたたかいへ、再編されなければならないのだ。そこでまず、問題にしたいのは、彼らの〃興味を持つ〃人間のタイプだ。そして、その人間像へ、いかなる観念と意味を具体的に投影し得たか、ということである。

一昨年六月。大島渚と吉田喜重は中平康を囲み「ドラマの可能性」という座談会をやっている。（『映画批評』33・7）そこから発言の二、三を抜き書きしてみよう。

中平　僕は既成品とちがった新しいも

の、何か変ったものを生み出していきたいのです。現にあるものに媚びるくらいなら映画なんか作る必要がないし……。

大島　いや、媚びるものではなくて、今の中平さんの方法は、外側からポカッとやるやり方だと思うんです。やはり方法上の革新が内容の革新とかかわっていない場合、観客の意識が変えられないし、それが保守的に変っていった時に困るのではないかと思うのですが……。

吉田　たとえば昔からある、悲劇はその時代のモラルに合わないものがそうだという方法はつまらないし、ヒューマニズムの不信に中平さんの方法意識があることはわかります。しかしそれをテクニックの衝撃というやり方で終始していると孤立するんじゃないかということですが……。

大島　中平さんは人間のタイプとして、どういうものに興味をもたれますか？

中平　「ろくでなし」ですね。社会とか秩序とか家庭とかから、はみだされたり、押し出されたりした人間。社会意識とか倫理観によりかからないで一人々々の人間をみた場合、そのなかにあるイヤラしいものは、単純に資本主義が悪いという公式では片づけられない。人間のなかにある醜くさは、もっと複雑な、もっといりくんだものですね。

吉田　中平さんの描きたいものは、たしかにドロドロしたものかも知れませんが、実際表現されたものでは、それをピシッと造型して、ゆれ動いているエネルギーの部分までもカチッときっちりしたショットでしめられると思うのです。するとそれが既成のものを破壊しようとする中平さんの狙いをにぶくし、同時にテクニックの独走が観客の保守的な部分である〃新しがり〃を喜こばせるに過ぎなくなると思うんです。

限られたスペースで、いささか長くなったが、この中平への批判を裏返せば、そのまま方法意識が浮かび上がってこないだろうか。

つまり「既成品とちがった新らしいもの」を「ろくでなし」を通じて描く、という点では中平と共通しながら、大島は「内容の革新」で、吉田は「揺れ動く人間」によって中平のテクニックによる衝撃と対決しようとしているのだ。だが大島は、それをどう描いただろう？　あるいは吉田の方法は？　そして堀川のそれは？　それぞれの作品に登場した人間像を、歴史のタテの糸へ並べてみよう。

まず最も古い世代は「青春残酷物語」で、若い世代に対する一切の自信と責任を喪失した真琴の父親。あるいは「ろくでなし」で人間の本質的な善意を信ぜず、ルールをもけとばして利潤追求に生涯をかける俊夫の父親。さらに「青い野獣」でトップのレベルの財界人として、その権力を背景に、現体制へ編入される若者には、適度の理解を与える文字の――父親それぞれ生活こそ異なってはいるが、いずれも現代の状況を、消極的にも積極的にも肯定する〃動脈硬化の世代〃には違いない。

次いで、大島は診療所の貧乏医師秋本と真琴の姉由紀をもって、破防法反対闘争（27年）当時の学生運動の挫折で傷ついた世代を設定する。それは薄ぎたなく、みじめったらしい色調のイメージで描かれた。血の気のない身体を横たえた真琴のベッドへ寄りかかり、固く実の引き緊まった青リンゴをサクサクとむさぼり食う清。その清潔な歯ごたえに、あらゆる怒りと悲しみをこめて、じっと前方を凝視するのを、大島は真正面からカメラを近づける。熱っぽく、衝撃的な長いショット。ジリジリ燃焼する時間。その時間と空間は、周囲の状態を一切画面から切りすてて、彼ら二人だけのものとしたことで充足した。後の部屋から聞こえる秋本らの〃敗北の歌〃が、象徴的に使用された壁の向う側に葬られようとする。しかもそれは観念のイメージとしてしか清たちにつながらないのだ。「いまに彼らだって世の中に歪められ、結びつきをこわして行くんだ」という秋本の、負け犬意識の居直りに対しても、若い二人は受けつけようとしなかった。

この第一次戦後世代の、もう一つの典型として白坂・堀川チームは黒木を登場させた。秋本と同じく戦後の民主々義闘争のなかから脱落した黒木は、そのとき抵抗感覚までずり落としている。敗北意識が体質化し、傷痕をなめながら生きのびていく秋山と異なり、闘争経験が一つの権力意思にもとづくものとして形象化されているように思える。したがって黒い鉄カブトの波、暗いコン棒の人垣が〃おおいかぶさってくる〃のでなく、そのせめぎ合いに、かっては在たとする見おろし方が、意識され計算されたかどうかを別にしてカメラの角度にあるように思えるのだ。敗北へ追いこんだ条件、その耐えられない敗北感を清算するためには、追いこんだものを逆手にとって欲望をつらぬこうとするマイナスの方向転換が、いま一つ、映像の上では語られ切れず、喜劇的な悪王へ傾斜しているところに、堀川の迷いがある。それだからこそ、デモのインサート・カットが、黒木の背理をきわ立たせもしなければ〃拒否の仕方〃にもリアリティがとぼしかったのではないだろうか。少し、主題を離れるが、かって大島渚が仲代達矢を評して「よく訓練されたシェパートの感じがする。あの前かがみは獲物に一番とびかかりやすい姿勢だ。肉体と精神のなかには野性の動物のように荒々しい欲望がいつも燃えていなければならない」といった意味の俳優論を吐いていたが、もし大島が仲代を使って黒木を描いたとしたら……考えてみるのもいいだろう。

さて、こうした二つの世代に対して、いや、正しくは〃背景として〃大島、吉田両氏は、方向を持たず無定型なエネルギーをぶっつけ、不安と孤独から脱出しようとするもっとも若い世代を描いた。白黒の画面一ぱいにひろがる李承晩打倒の民衆闘争、そこでは画面の右から左へ、民衆のエネルギーと連帯を学生の載ったトラックで直線的にひきずっていく。このインサートのカットの強裂な印象は、やがて街頭の安保反対デモと衝突するが、どうにも吸収されない異質のさわやかさがある。一方、画面をおおいつくしたデモ隊は、揺れ動くレンズのなかで、なにかしらむなしい気分を発散させ、さらに清と真琴には無関係の位置で集団が行動しているにすぎないのだ。次のショットでは、茫洋とひろがる河口の水を、左から右へあざやかに滑走するモーターボートが捉えられる。およそ生き生きとした二人は、その目的のない行動にモヤモヤした感情を吹っとばし、街頭デモより、むしろ朝鮮の民衆闘争ニュースに近いふっきれ方を示すのだ。

　海に浮かんだ材木を足場に、不安定な情事に一瞬を燃やし自虐的な営為を冷やかに見おろすカメラの数々については、すでに指摘されつくした感があるので、改ためて触れないが、徹底した接近描写で行為の意味を追求した演出態度は、あとで述べる方法意識を如実に証明するものだった。

　また「ろくでなし」の主人公・淳も衝動的に他者との連帯を求めようとする。ブルジョア息子秋山の傍観者的興味に反撥すれば郁子につながりを求め、郁子に、したり顔の倫理が匂えば鼻をそむけて秋山に近づく――この徹底するべき極をもたず、無方向な往復をくり返して徒労感と絶望を深めていく人間の揺れざま。いささか図式的とも思えるほど、そのさすらいは明瞭なイメージをともなって現われた。だが、吉田喜重は、パーティの照明を切り、衝動的に女を抱き、奪った金を返すことによって淳の行動に抵抗のシンを持たせる。外部的な必然と隔離されたグウタラでもなければ、ものを考えないロクデナシでもない人間。つまり非人間的な状況によって、体系だった思惟を与えられない若者が、単に肉体だけを物質化していくことへ本能的な反抗をくわだてる、という動物的なエネルギーを正視しようとしたものなのだ。

　ついでながら、「青い野獣」の黒木、「青春」の清が、ともに四十女を抱くシーンのきたならしさは、おそらく古い時代の汚れた堕落と峻別したいがためではなかったか。いわゆる〃美徳のよろめき〃を社長夫人という階層に置いて、罵倒する二つのシーンでは、しなびた感傷のコッケイさが、小気味よく観客に伝わったはずである。

　これでひと通り、世代の配置は終った。問題はむしろ、ここから始まる。三人の作家が、果たしてこのY軸上の、どこに座標を持ち、どこで断層に突き当たっているかを、方法意識とかかわらせて検証しなければならないからである。そのために僕は、三つのカタストロフを取り上げたいと考える。

　そこでまず「青い野獣」の黒木だが、猛獣の内側に燃えたぎる欲望を計算機のつめたさで実行に移していく黒木は、野抱達成を目前にしながら才一組合員の手にかかって刺殺される。古い時代劇で悪家老が陰謀をめぐらし、あわや家督をわが手にという瞬間に〃正義の臣〃にかかってあえない最期をとげるという、あの大時代メロドラマと何の変りもない殺され方で、裁きがつけられる。死んでも死にきれない表情の悶絶が、少しも僕の内側にひびいてこないのは、そうしたステロタイプを脱け出せなかったことにもよるのだろう。しかしそれ以前に、良重とつながることによって挫折の痛みをいやし合うという、加害者への志向と被害者意識との分裂が、メロドラマ的爽雑物によって表現されなかったことに由来している。お互いを傷つけ合って生きる清や真琴、淳の世代に比べて、黒木たちはすでに傷つけ合うことはできず、過去の傷痕をなめ合うだけという〃閉ざされた世代〃でしかなかった。したがって、そこで作者がとれる態度は、観客の中に、その二人を合流させ、観客の手によって裁かせることだけではなかったか。観客の持つ〃ある部分〃と同じ形をした人物像を、観客の中へ解き放つことによって、憎悪し絶筆させる形象を明かにすべきではなかったろうか。黒木の野望を実らせた上で良重と対決させる、そこからこの世代の戦後責任が輪郭を表わすだろうと思うのだが、堀川はそこでうまく身をかわしてしまった。その変り身のあとで、いかに傾斜するビルへカメラをふり向けてみても、所詮は無力感だけでしかなく、戦況突破の糸口にはなり得ないのである。

　これに引きかえ「青春残酷物語」における清と真琴の死は、状況の壁を観念的なショックで書き止める。なぜなら彼らは愛と信頼の可能性をさぐり当てながら、社会の壁に突き当たってしまった。そして別れるが、別れたことによって、それまでの行動には何の改変もなく、秩序化されはしなかったが、ひたむきな前傾姿勢で周囲と闘いつづけ、お互いを求め合って死んでいったのだ。「何だか物になったようでいやだった」と真琴のことばに、人間としての自覚を発見しながら、散っていくここには〃開かれた未来〃が用意されているのだ。ただいえることは、すでに大島渚も気づいているだろうが、大衆へのつながりに対する根ののない不信は、五月十九日から一カ月におよぶ安保反対闘争を契機に、逆流する可能性が見えてきたということ。それだけに、そこはかとなく視点にまといつく無力感が、清たちの行動を全く異質の場で捉えられていたこの作品は、ある限定をまぬがれないと思う。たとえこの作品が、日本映画のカラを打ち破る手がかりを築いた功は認めても、今後への要求と期待をひっこめるわけにはいかない。また、その要求に耐えられるだけの姿勢は、じゅうぶん認められるだろう。蛇足になるかも知れないが、「青春」のなかで、追ってくるオートバイのヘッド・ライトを車のバック・ミラーでとらえるシーンがあるが、ある意味で大島氏に望みたいのは、これだ。行動の前方で状況の反射をつかんでいく、つまりいいかえれば予定的なものより、不可視部分を、既成の概念を退けることによって発見していく姿勢。いうまでもないことだが……。

　最後に「ろくでなし」における淳の死が意味するものは何か?　僕はこの作品ほど徹底した計算のいきとどいたものは、珍らしいと思う。それを裏返せば、図式的に近いともいえるのだが、貸借なしの〃ゼロの地点〃すなわち〃ヒフティヒフティ〃の場を必死で維持しようとする。遠いところに頽廃を予想して本能的に拒絶するような、それでいて無気力な淳が、エネルギーの奔流にアクセルをふかしたのはラストで森下を追いつめるシーンだけといってよい。ゼロによるためには生命をかけるという、そこには強烈な、果てしなく根ぶかい人間不信があらわに顔を出している。どこかへつながりを求めて揺れ動きながら、終局には資本への信仰に欲望をつらぬいた森下と刺し違えることになる。その加害者は高見の見物をしてひまをつぶしている秋山から上へつながるものなのだ。郁子を求めながらそれにも徹し切れなかった淳を通じて吉田喜重は、その投影を逆手にとり、手垢のついた人間関係をいったん解体しようとする。うそっぱちの演技でしか本音をはけないという内部矛盾を、カメラは単に物語り、説明したに過ぎなかったが、淳のそうした揺れ動きが外部へむけた内部的必然性としてドラマに組みこまれたがゆえに、カメラを超えたイメージの増殖が見られたということもできるだろう。時によって加害者にも被害者にもなり切れる人間、この分裂と解体の状況は、きわめて普遍性をもっている。それを内部から見きわめながら外部を写し出す複眼――吉田喜重には、それがあると思える。しかし、これとても、六月闘争の体験を通過した現在、どの地点で〃フィフティフィフティ〃のバランスを解くべきか、大きな課題だが、ここしばらくは、いかに彼らが変貌を遂げゆくか、積極的に注目したいと思う。

●政治的前衛にドキュメンタリストの眼を

1960年6月の指導部の思想をめぐって

松本俊夫（演出家）

1

日本人民が示した戦後最大の抵抗ともいうべき、いわゆる六月闘争の期間中を、私は日々胸をかきむしられる思いをしながら中国に過していた。

毎日毎日報道をいらだたしい気持で待ちこがれ、「人民日報」や「北京日報」などはじめ、ほぼ一週間おくれて日本から送られてくる各種の新聞や雑誌をむぼるように読みながら、私は一人で感動したり怒ったり、喜んだり悲しんだりしていたのである。翼があったら飛んで帰りたいと思うほど、その時の私はたまらなく日本に帰りたかった。だからといって私は孤独だったわけではない。それどころか、国際的な人民の連帯という徹底した階級的視点から、その期間中大小さまざまな集会を開いて日本人民の闘いを強力に支援してくれた中国人民のスクラムの中に私は固くつながれていたのである。彼等はあたかも朝夕の挨拶でも交すかのように日本の安保闘争のことを話題にした。そして会う人ごとに口を極めて日本の学生や労仂者の勇敢な闘いを激讃し、世界人民の最大の敵アメリカ帝国主義に対する国際的な共同闘争という角度から、この闘いの果した役割は計りしれないものがあると口々に強調した。いわばそのような場におかれたことによって、私は日本人民の闘いの意義を、あらためてインターナショナルな観点からとらえかえすことができたことをせめても幸いに思った。日本の独占資本に対する闘いとアメリカ帝国主義に対する闘いの関係、日本革命のプログラムと世界革命のプログラムの関係を、どう弁証法的にとらえたらよいのか。私は日々そんな事を考えて暮した。これが六月闘争における私の即自的な体験であった。

しかし、私は当然のことながら、日本に帰ると同時にもう一度間接的な形でこの六月闘争を追体験しなければならなかった。それは確かに期待と共に不安を予感される仕事であった。なぜなら、闘争のいくつかのピークにおいて闘われた闘いを、どこに問題のポイントをおいてとらえるかという情勢の把握のしかたをめぐって、中国での評価と、日本の商業ジャーナリズムが提供したデーターと、日本共産党の機関紙「アカハタ」にみられた主張との間に、しばしば微妙な、時としては判断に苦しむほどのちがいを感じないわけにはゆかなかったからである。私の不安は日本に帰るまで続いていた。それは一言にしていってみれば、闘争指導部の情勢分析と指導のあり方、民主陣営ないし左翼戦線の思想の対立、行動の分裂と抗争、そしてそれらすべてを含めての闘いのトータルな評価ということに集約できる問題であった。

私は資料を分析し、個々の体験をできるだけ多く聞いてまわった。はたして私が抱いて帰ったイメージによっては、充分事態の核心をとらえきっていないと思われる問題が続出して、一時は私もかなり混乱しなければならなかった。それは文字どおり私にとって思想の試練であるように思われた。まさに一九六〇年六月という時点をどう通過するかということは、明かに一人一人の思想がその根底から厳しく問われねばならないことを意味していたのである。

オ一に、私はそこに潜在しまた顕在した変革のエネルギーの可能性に、すべてを依拠しなければならないことを感じとった。この期間中、日本人民が体験した闘いこそは戦後史上かってないほど、広く、深く、長く、烈しいものであった。それは日一日と、自分たち自身がつくりだしていった潮のような力の大きさとその強さに、あたかも自分たち自身がおどろき、かつ自信をもっていくような全く新しい質をともなった体験であった。六・四スト、六・一五スト、六・二二ストと、労仂者の政治ストライキが一つ一つその規模を拡大してゆき、これが全人民支持のもとに決行されたことは、特に画期的な意味をもっていた。また銀座等いわゆるデモ禁止区域を、人民の実力行使をもって示威の場に変え、これが一般市民の理解と支持によって日常化したことも新しい勝利であった。まさに六月闘争は、一人一人の内側から鼓動のようにほとばしる怒りを自覚させ、そのような怒りが大きく一つに組織されたとき、歴史は人民の意志によって動いていくということを、一人一人の胸の奥深く何らかの形で刻みつけずにはおかぬような偉大な闘いだったのである。ここには状況を変える基本的な条件が、大きな可能性として開かれていたのだ。

しかし、そのような可能性を、闘争の指導部は果して正しくつかみとっていたであろうか。このようなときほど、人民が真に前衛の指導を必要としたことはまたとなかったにも拘らず、前衛は果してその期待に応え得るような責任ある指導を貫徹することができたであろうか。これがオ二の問題として私の考えなければならない深刻な問題となった。なぜなら、事実を卒直にみるかぎり、今度の安保闘争の全過程を通じて、少くともその闘いの最も激烈な場となった東京においては、わが民主陣営ないし左翼戦線指導部に対する一般人民の疑問や不信は無視できないほど大きく拡がっていたからである。

2

私はかなり多くの人から、闘争の各段階において左翼指導部の示した方針および態度のことでさまざまな質問をうけた。なかでも共産党に対して示される不満に対しては、まるで直接私がせめられてでもいるかのように辛い思いでそれを聞かなければならなかった。そして、私にはそれらの非難の多くが、それぞれそれなりに充分耳を傾けて考えてみる必要のある問題を鋭く提起しているように思えてならないのである。大衆の不満は、闘争指導部が下部の気持やエネルギーをほんとうに理解していないのではないか、まるで闘いに対する明確なヴィジョンをもっていないのではないかということに集中していた。

事実、私がまだ日本にいた一九六〇年五月以前の段階においても、左翼指導部はその時々の人民のダイナミックなエネルギーをはっきりつかみきれず、それを正しく組織し指導する事ができなかったばかりか、遅れた部分へ向って劃一的にそのエネルギーをひきもどすという右翼日和見主義的傾向を一貫してもち続けていたと私は思っている。それは昨年十一月廿七日の国会突入事件以来顕著な姿をとって現われていた。

むろん、ここでも全学連主流派の指導が運動全体の質量的条件や敵味方の力関係を充分考慮しないヒロイックな一揆主義の危険性を孕んでいたことは事実であった。しかし、たとえ事態がかれらの挑発から始まったものであったにせよ、一たん現実にひきおこされた大衆的行動に対しては、指導部はそこにともかく発動された一般大衆の闘争エネルギーの積極面にかたく依拠しつつ、情況をあくまで前進的に解決するという政治責任を最後まで負うべきではなかったのか。具体的には、国会構内になだれこんだ学生・労仂者を前にして、指導部はあくまで毅然とした態度で秩序ある抗議集会にこれを組織し、ゼネスト、国会請願デモ等々の政治目標を大衆の前に提示することによってそのエネルギーに明確な方向性を与え同時にその力を何よりもより遅れた部分に向けていくことの必要性を強調し、その点から一人一人が戦列の質量を高めてゆく積極的な組織者になってゆくことの自覚と意志の統一をはかるという、あくまでも前向きの指導を大たんに行うべきであった。

しかし事実はそのようには行われなかったのである。指導部が行ったことは、専らデモの即時解散を訴えて事態の収拾をはかるという日和見主義的な指導と、事件は全学連のはね上りによっておこされたという責任回避の抗弁に終始するということだけであった。それは明かにブルジョア民主主義の正当な権利する自ら放棄するものであったばかりでなく、政治や商業新聞の不当な非難をおそれていちはやくその威圧に屈服するという敗北主義の思想を二重に露呈するものであった。

私の考えによれば、指導部におけるこのような右翼日和見主義的な思想は、その後も一・一六の羽田における調印阻止の実力行動を、全体の「統一」の名においてその決意や努力すら回避するとか、四・二六の統一行動において、ハタやプラカードを国会にもっていってはいけないといった具合の全くナンセンスな低姿勢に躊躇するとか、およそ重要な情勢に直面する度毎に、人民の昂揚した闘争的エネルギーを空転させる誤りとなって現われていたのである。

一方これに対する強力なアンチ・テーゼとして自らの存在理由を誇っていた全学連主流派は、この過程において、その左翼小児病的性格をより一層深めていった。それはその行動の現象的な過激さのゆえにではなく、戦線の底辺を拡大し、これを一歩一歩高めて、先進部分と後続部分の結合をはかるという執拗な努力を軽視する思想上の欠陥のゆえに左への日和見主義であった。彼等が「お焼香デモ」といって嘲笑した請願デモの形態や戦術も、それがその限りにおいては、より遅れた層をも広範に行動に参加させ、地方の大衆闘争を中央の国会闘争に結合してゆくという点で、実際上かなり有効な役割を果していたという事実を見落すならばそれは明かに一面的であった。

したがって、むしろこの段階における既成指導部の指導上の根本的な欠陥は、闘争に立ち上った多様な階層の多様なエネルギーを、その意識と力量の度合に応じた多様な行動様式によって全面的にすくいあげ、これを一つの目標に向って一段階高次元で統一していくという複眼的な視点をついにもち合わせず、いわゆる「整然たる」請願デモという行動様式の枠の中に、すべてを劃一的形式的にはめこんでゆくという、いわばお役所官僚主義的な思想の中にこそ指摘さるべきだったのである。それは統一戦線を平板な静態としてしかみることのできない非弁証法的な思想であった。なかでも弁証法の大家をもって任ずる共産党の指導部までが、挑発者や分裂主義者、冒険主義者に対する人民の判断力まで信頼できず、専らトロツキスト分子全学連主流派を孤立させようとする焦りから、しばしば結果的には、燃えあがる人民の闘争エネルギーに水をかけ、これに大きな不満を残すような後退的戦術しかとれなかったことは情勢であっただけに、その前衛としての政治責任は厳しく問われねばならぬものであった。

3

全学連主流派や共産主義者同盟に対する半ば偏執狂じみた敵対意識から、しばしば情勢の巨視的展望すら見失っていた前衛指導部の硬直した思想は、一九六〇年六月十五日の時点に直面したとき、その破綻を集中的に暴露することとなった。

それは血に飢えた警察権力の言語に絶する残虐な弾圧を受けて、学生たちが必死の抵抗を続けているまさにそのような時に、急を聞いてかけつけようとする労仂者や市民たちを、挑発にのるな、危険だから近寄るなと、ピケまではって実力でこれを阻止したという、およそ前衛党にあるまじき行動を敢えてとったということだけにあるのではない。わが前衛指導部は、彼等学生の大部分を支えていた、真剣で、勇敢な、憂国の革命的エネルギーに対してすら、すべてこれを国民会議の方針に反する破壊的な分裂行動とのみ形式的にきめつけ、敵権力の白色テロルのもとに倒れた樺美智子の尊い死の意味を何ら評価できなかったばかりか、文字どおり人民各階層の心からの悲しみを集めて催されたその国民葬にすら、トロツキストの挑発による事態混乱の危険性を口実に、党は参加をボイコットするというおそるべき態度を表明したのである。ここに至っては、もはやそれは階級的裏切りともいうべき思想の堕落を意味する以外の何ものでもなかった。

私は六・一五の弾圧と樺美智子の死を北京で知ったとき、ほとんど痛覚にも似た悲しみの衝撃が身体一ぱいにつきあげてくるのをどうすることもできなかった。そしてそれはやがて米日反動支配に対する煮えたぎるような憎しみに変っていった。私は樺さんの死の意味を、自分の上にふりおろされた敵権力のどす黒い一撃として直感した。樺さんがトロツキストであろうとなかろうと私にはどうでもよかった。その意味把握は、田原製作所で塙さんが殺され、三池で久保さんが殺された時つかみとったものと少しも別のものではなかった。

中国の新聞や放送は口を揃えて、学生たちの勇敢な闘いをほめたたえ、樺美智子は日本民族の英雄であると報道した。また毛沢東は六月二十一日、日本文学者訪中代表団と接見した際、「樺美智子はいまや世界に名の知られた民族の英雄になりました。かの女に敬意を示し、遺族の方に慰問の意を表します」と語り、六月二十五日の「人民日報」はその談話の要約を全国に報道した。事実毛沢東のいうように、全世界の闘う人民は六・一五の闘いと樺美智子の死の意味を、すべてこのように積極的に評価したのである。毛沢東のこの談話は、その内容の重要性からいっても、明かに文学代表団の一行を通じて日本人民のすべてに向けていわれたものであった。しかし日本共産党の機関紙「アカハタ」は、なぜか遂にこの内容を報道せず、それを日本人民から永久に隠蔽したのである。

どのように理屈をつけてそれを非難しようとも、闘ってきた日本人民なら誰でもが、起きた事態をそのように受けとめたのは当然だったのだ。ただひとり共産党指導部だけが、六・一五の学生の闘いを評価し、樺美智子の死を英雄視することは、共産主義者同盟や全学連主流派の行動を美化し、トロツキストを有利にさせるといって、このような受けとめ方をあくまでも拒絶したのであった。

4

樺美智子の国民葬は、その死をあくまで安保闘争の尊い犠牲者として卒直に悲しむことのできた人たちの手によって、六月二十四日、日比谷公会堂で盛大に行われた。この葬儀委員になった人たちやここに集ってきた人たちは、何も全学連やその支持者ばかりだったわけではない。それこそ、人民各階層の人たちがすすんでこの葬儀に参列することを義務とも考え光栄とも思ってつめかけてきたのであった。ここに参列できなかった人たちで同じ思いを抱いていたであろう人々は、全国には更に数限りなくいたにちがいない。だが、そのことは果して共産党指導部のいうとおり、結果として挑発行為を讃美し、全学連主流派のすべての行動を合理化することになったであろうか。むろんそのようなことになるはずがなかった。樺美智子の死に寄せられた人民の哀悼は、はじめから、共産党か全学連かなどという次元を越えたところで、自然かつ正確にかたちづくられたものだったからである。

したがって、どのような理由を列挙しようとも、この葬儀に参加しなかった共産党に対して、人民一般が強い疑惑と不信を抱いたことは当然すぎるほど当然だったのである。たとえ挑発や陰謀がしくまれていたとしても、前衛は、前衛の絶対なすべき任務を遂行する中で、それと毅然と闘うというのが闘いの原則ではないか。むしろあの葬儀の会場をセクト的抗争の場に利用しようとしたり、挑発や混乱を計ろうとしたりするものがあったと（三十三頁へつづく）

ジークフリード・クラカウア／各務 宏・訳

カリガリからヒットラーまで／ドイツ映画の心理的歴史／才八回

才三章・安定期

一九二四年―一九二九年

三、淫売婦と青春期の人々・2

戦後期にはグルーネの映画は俗物共が各各の中産階級の家庭に戻ること、つまり権威主義的な行為の復活に力点を置いていた。ストリートもの映画は家を捨てることに力点を置きながら、しかもなお権威主義的な行動に関心をもっている。かつてはその反抗が結局無益な逃亡に終るより他なかったブルジョアの逃亡者が、今では反民主的、反革命的な反抗にさえなる逃亡となっている。一九三三年以後「ヒットラーユーゲン・クウエックス」(Hitlerjunge Quex) や「人権について」(Um das Meschen-recht) のようなナチ映画は共産主義者や左翼的な知識人をとらえて、気持のわるい娘と一緒にバッカスの祭典に追っ払ってしまえばいい道楽者として描いていた。しかしこれらのだらしない娘は、共和体制の下にナチ体制の到来を予知し謀反人を招き寄せるという理想的な淫売婦と、何一つ共通な点をもっていなかった。大ていのストリートものでは、「体制」への反抗は逆に、体制への服従となってあらわれている。しかもこの服従は、反抗に決定的結末をつけているのではなく、容易に達成することの出体ない結末の一駒として扱っているのである。実際には、これらの映画は、淫売婦とそのブルジョアの恋人との絆が後者の服従によって保たれるだろうということを仄めかすことによって、当時通用していたすべての価値の徹底的な転換を予告したのである。

ストリートものの映画は、決して孤立した現象ではなかった。それらと同じようにその時期の青春映画――こどもや青春期の人々が主演する映画――も群集心理の麻痺した層から生れる夢の性格をそなえていた。全体として「ドイツ人は、一人のこどもにではなくこどもたち一般に興味をもっている」というポタムキンの言葉がその正しさを証明する。「盗賊団」(Die Räuber-bande, 1928) は一味の少年の遊びの生活を取扱ったし、「十年生の争い」(Der Kampf der Tertia, 1929) は、野良猫の捕獲と撲殺をやめさせようとした学校社会の少年たちのホーマー風の組打ちを描いて、思春期前の少年たちの感情に素晴らしい理解を示したものであった。しかし、個人の少年スターに活動が集中してしまうことも時々あった。たとえば「重要ならざるこどもたち」(Die Unehelichen, 1926) では、全くのチーレ的境遇の中に生い立った二人の小さな子どもが残酷な父親の下で苦しむ有様が描かれた。

青春映画では、十八才の心の悩みを描いたものがとくに多かった。表現派の父子劇の流れを汲むこれらの映画は、反抗の権利を強調する点ではストーリトものの映画と同様であった。それらは愚かなおとなの規則に反抗する若者の反乱に味方した。その大部分はヴェデキントの「春の眼覚め」の焼直しに過ぎなかった。(この原作自身は一九二九年リヒアルト・オスヴァルトによって映画化されている。)これら青春期を取扱った試作の中ではロベルト・ラントの「六年生の恋」(Primanerliebe, 1927) がすぐれている。その映画では、一人の年若い大学生がその保護者や教師たちのあまりの厳しさに恐怖を覚え、唯一の逃避、すなわち自殺を思いつく。別れを告げに恋人を訪れた時、ちょうど彼女は腹黒い女たらしの犠牲になろうとしている。彼は自分で自殺の為に用意していたその弾でこの男を射ってしまう。裁判が進むうちに、彼のあらゆる隠された動機や意図が人々の注目を集め保護者や教師たちにも彼らの厳格なやり方が恐るべき失敗であったことがわかるのである。彼らがそのような厳しいやり方を緩めようとしたことは疑いない。ウーファの「ドナルド・ヴェストホフの争い」(Der Kampf des Donald Westhof, 1928) はそれと張合う程の出来ではなかったが、この映画の繰り返しであった。

も一つの青春映画「フローレンスのヴァイオリニスト」(Der Geiger von Floernz, 1926) でエリザベス・ベルグナルが演じたおとなになりかけの少女は、その若い継母に対する父親の愛情に嫉妬する。大写しで写されている彼女の小さな身振りや動きは、彼女の感情の兆しを観衆に印象づける。それは全く精神分析の分野に属する問題であるが、ベルグネルの少年のような容姿のためにより興味深いものになっている。少年の服をきてイタリーの道を歩く彼女は、半ば少年のようにも又半ば少女のようにも見える。彼女の創り出した男性的な性格は、ドイツにおいて反響があったがこれは当時存在した内面的麻痺によって一層深められたと考えられる。心理的な欲求不満と性的な疑惑とは、お互いに強めあうのである。ベグネルはそれに続く映画の中で女性的少年から、複雑なこどものような女となる。――彼は、限られた役にばかり出たが、その「エルゼ嬢」(**Fräulein Else, 1929**)や「アリアネ」(**Ariane, 1931**)のような映画で完成の域にまで達したのである。

青春ものはマルク安定の直後から現われ始め、それ以来共和制時代を通じて人気をえている。だから、これらの映画をその時期の麻痺した退行的心理傾向より現われたものとすることは正当だといえるだろう。これらの傾向は、その「体制」の中で自らを主張しつづけることを妨げるものである結果、未熟さがまだ通用した、成人以前の時代を努めて思い出すことにおいて、そのはけ口を見出そうとする。共和制時代のドイツ国民は青春時代への郷愁をもっている。――青春ものが純粋な優しさをこめて青春期にある者独特のあの葛藤を長々と描いた理由もここにある。(退行的心理傾向はヒトラーのもとで解放されたにもかかわらず、ナチ映画は依然として青少年生活を描き続けた。しかし、それは退行への欲望を象徴するためでなく、若者たちをナチの世界の支柱として宣伝するためであった。)

反抗という目的の点からすれば、青春ものはストリートものよりもはるかに進んでいる。それらは反抗的な青少年に同情するだけにとどまらず、おとなの専制とその権威主義的な仕打ちに公然と挑戦する。自ら全能を唱える権威が、ここでは未だかって企てられたことのない直接さで攻撃される。絶対的権威に対するこの拒否は二つの異なった意味をもっている。まず才一に、現体制の民主的機構にもかかわらず、その代表者となっている専制的なおとなたちである。これがたとえば「六年生の恋」で彼等が青少年にうったえたやり方である。青春ものは、彼等に汚名を着せると同時に彼等の内心の変化をも期待しつづけることによってストリートもの的な役割をつとめる。つまり、それらはその体制への不満を表現し、またその崩壊を予見する。才二の点は、絶対的権威の拒絶そのものである。しかし、青春ものは夢の性格を具えており、夢ではある態度への反抗がしばしばそれを受入れることと同様なばあいがある。動揺した心の夢に似た投射であった古い表現派の暴君ものと同じように、青春ものもまた権威主義的な行動への反抗を強めることによってそうした行動と結びついていることを肯定しているのである。若い反抗者が往々にして年取った暴君に成長する。そして彼等は反抗者として熱狂的であればあるほど、暴君としては残酷となる。暴君と反抗者との間のこの逆説めいた相互関係を打消してしまう自由の意義を、これらの映画はどれ一つとしてあつかっていないことは明らかである。

どの映画よりも明瞭にそのことを示したのは「大都会」であった。その中では麻痺した群集心理がその眠りの中で非常な明瞭さをもって語っている。これは単に比喩にすぎないものではなかった。ラングの脚本作者であったテア・フォン・ハルボウは、その感受性と混乱性とにめぐまれていたので、単に時代のあらゆる底流に敏感であったというばかりではなく、彼女の想像裡に立ちあらわれるすべての問題を見さかいなしに取り上げたのである。「大都会」は、意識下の問題をたくさんふくんでいた。そしてそれは密輸者のように、何ら疑いをもたれることもなく意識の境界を通り抜けるものであった。

大都会全体を支配する巨大な実業家の息子、フレーデルこそその典型である。彼はその父に反抗して下層都市の労仂者に身を投ずる。そこで彼は打ちひしがれた人々の偉大な慰め手である、マリアに忽ち帰依してしまう。社会主義の煽動家であるよりもむしろ一人の聖女であるこの若い娘は労仂者に次のように宣言する。もしも心が、手と頭との仲だちをするならば、その時こそ彼等は救われることが出来る、と。そこで彼女はその調停者は間もなく現われるだろうと述べて忍耐をすすめるのである。この集りにこっそり出席していたこの実業家は、その調停者たる心の介入を甚だ危険だと考え、ある発明家に依頼してマリアとそっくりに見えるロボットを作らせる。このロボットのマリアは労仂者に暴動をけしかけて、彼等の反抗的な気持を打ちくだく口実を実業家に与える。ドイツ映画の画面にあらわれた暴君の中でこのような方法を用いるのは彼が最初ではなかった。そのような方法はホムンキュラスがずっと以前に紹介している。ロボットにかき乱された労仂者たちは彼等を苦しめる者や、機械を打ち壊し、みなぎる河水をとき放して、彼ら自身のこどもたちはその水に溺れそうになる。もしもフレーデルや本当のマリアが最後に手出しをしなかったら彼等は全滅していたにちがいない。もちろん、この自然力の爆発は実業家のもくろんだちっぽけな突入事件をはるかに凌駕するものであった。最後の場面では、彼がフレーデルとマリアの間に立ち、そして労仂者たちは彼らの職工長を先頭にして近づいてくる。フレーデルの提案によって彼の父は職工長と握手する。労資双方のこの象徴的な協調をよろこんで神に祝福を捧げるのである。

表面的にはフレーデルが父を改心させたように見える。しかし実際は実業家が息子に一杯喰わせたのである。彼の受入れる妥協は一つの緩和政策であり、それは労仂者から彼等の目的を取り上げるばかりでなく、彼等に対する実業家の支配を強めるのである。彼のロボット戦術はそれが大衆の心的状態に関する知識の不十分さにもとづいている限りにおいて、盲戦術であったといえる。フレーデルに譲歩することによって実業家は労仂者との親密な接触を獲得し、こうして彼は彼等の心性に影響を与える地位に立つ。彼は心に——彼が巧みにとりいることのできる心に、語ることを許すのである。

事実、心が手と頭との仲立ちになるというマリアの要求はゲッペルスによって十分に述べられることができたであろう。彼もまた心に訴えた。それは全体主義の宣伝のためにであった。一九三四年、ニュールンベルクの党大会で彼は次のようにその宣伝の「技術」を賞めたたえた。「われわれの熱狂的の輝かしき焔は決して消されてはならないであろう。この焔のみが近代的政治宣伝の創造的技術に光と熱を与えるのである。国民の深底から湧き上ってきた、この技術は常にそれに立ちもどり、そしてそこにその力を見出すのである。大砲の上に立つ力は有力なものであろう。しかし、民衆の心をとらえ、それを保持することは、さらに立派な、満足すべきものである。」最後の場面の絵のような構成は実業家とゲッペルスとの類似を一層強めている。この場面で、もしも心が本当に専制的な力に勝ったならば、その勝利は「大都会」の他の個所で実業家の全能への要求に注目した、すべてをぶちこわしてしまう装飾的陰謀をひっくり返してしまったろう。ラングもやはり芸術家として、人間の本質的な感情を破ってしまうことと、彼の装飾的な手法との間の矛盾を見落してしまうことはどうしてもできなかった。にもかかわらず、彼は最後までその手法を捨てなかった。労仂者たちはお寺の入口の階段に立った実業家を目指し、くさび形の厳密に左右相対の隊列を組んで行進してくる。この構成全体は、実業家が心を巧みに操ろうとして心を承認したのであること、又、彼は自分の力を抛棄せず、かえってまだこれまで以上広い領域——集団心理の領域にまで拡げるであろうということ、を表現しているのである。フレーデルの反抗は全体主義の権威を樹立するという結果になった。しかも彼はこの結果を自分の側の勝利だと考えているのである。

フレーデルの適切な反応は、「体制」の転換を期待したストリートものや、青春もののやり方について今までいわれてきたことに確証を与えるものである。この二種類のシリーズが予見する「新しい秩序」こそ、アスタ・ニールゼンの淫売婦のもつあの愛情に育てられ、またそれが全体主義の教義をもって廃物となった機械主義のそれに代えるものと期待されていることは、もはや疑う余地がないのである。「大都会」のばあいには、ゲッペルス自身の言葉がこの映画から引き出される結論を支持している。ラングは、ヒトラーが権力を握った直ぐ後でゲッペルスが彼を呼びに来たといっている。「……彼は私にこう話した。何年も前に彼とフューラーとは私の映画『大都会《メトロポリス》』をある小さな町で見た。そして、ヒトラーはその時、私にナチの映画を作ってもらいたいといったということであった。」

（以下次号）

（三十頁よりつづく）すれば、それは何万という人民の眼によって摘発され、厳しい批判を受けなければならなかったことは自明の状態であったのだ。

しかし、共産党指導部は、樺美智子の死を仲間の死として悼む気持など、はじめから少しも持ち合わせていなかったにちがいないのだ。七月十三日、宮本党書記長は「わが党の闘った道」と題して次のような訓話を発表した。彼はロシア革命のきっかけの一つをつくったあの有名な「血の日曜日」の事件にふれて、次のようにいったのである。

「あのガボンがかりに血の日曜日に殺されていたならば、われわれは、ガボンが挑発者であっても彼を民族の英雄にするかどうか」

宮本はここで何をいおうとしたのか。樺美智子はさきに党をやめ、共産主義者同盟の一員となった挑発者であり、「アメリカ帝国主義の先き」である。だから樺美智子を英雄などとは毛頭評価できないし、葬儀に参加するわけにもゆかなかった。これが前衛党指導部の論理であり、毛沢東や全世界の人々の評価に対する対決であり、日本人民の非難に対する弁解であったのだ。

前衛指導部は人民の意識を無視し、実践的な破綻と現実の動向にすら眼をふさいで、あくまで自らのシナリオを固執し続けるつもりであろうか。前衛指導部がダイナミックな現実の動向と複雑な人民の意識を鋭く洞察して、自らのシナリオを断えず自己否定してゆくことを恐れないドキュメンタリストの眼を獲得するに至るのは、一体いつのことなのであろうか。私はほとんどデスペレートな思いで、この思想の頽廃と闘わねばならぬことを自らに固く誓ったのである。

●小特集

ある敗北

浅野　勲（撮影助手 東京シネマ）

六月十五日午過ぎ、労組の人達と、組合旗を持ち、プラカードをぶらさげて会社を出た。

街を歩いている人達は好奇の目で私達を見ていた。私達の風体がそんなに異様だったのだろうか。

日比谷野外音楽堂に集まった私達は、映演総連短編連合の一員としてデモに参加していた。国会に近づく。国会議事堂の上空には、ヘリコプターが二機、低空旋回飛行をしていた。不吉な予感がよぎる。いつもなら左に折れて、国会南通用門前を通るのに、通用門前は人が一杯だった。デモの列はしばらく立ち止った後、国会の周囲を廻っていた。

参議員通用門附近の道路に、右翼のジープが横倒しになっていた。それが無傷でころがっているのが不思議な位だった。

門の前あたりで「今日は右翼が多数入り込んでいますから、注意して下さい。決して挑発に乗らない様に」と云う旨の伝令が流れていた。一瞬、緊張する。

オセジにも国会と呼ばれるシロモノではない鉄条網を張りめぐらした構内では、真新しい棍棒の束をかかえた人達が右往左往していて、地面には棍棒や何やらが戦利品か何かの様に並べられていた。

右翼暴力団と全学連の衝突があったんだ。それにしても、私達は、ツンボサジキに置かれているみたいじゃないか。

南通用門に通ずる曲り角に来てしばらく立止まる。通路や近くの建物の上は黒山の様な人ダカリだった。フラッシュが盛んにたかれていた。私はピョンピョン飛び上って、何事が起っているのか自分の目で見ようとしたが無駄だった。デモの列は再び動き始める。

全学連と警官隊との衝突であろうと想像はついたから、思わず、〃全学連ガンバレ〃と叫んだ。まわりの人達はケゲン相な顔をして私を見た。南通用門前から人波をかきわけ救急車が走り出て来た。車の中には、血マミレの男がいて「道をあけて下さい、道をあけて下さい」と、窓から身を乗り出さんばかりにして叫んでいた。デモ隊は、あたかも自分の順番をまっているかのように、平然として予定のコースをはずれずに進んで行った。

ケタタマシイ、サイレンをひびかせたパトロールカーに先導された幾台ものトラックが青い鉄カブトをひからせた警官を満載して、国会めがけてサットウする姿を横目でみながら……。応援にかけつけた警官隊であることは明らかなのに、道路にピケを張って阻止しようともしないで……。

ヤツラの棍棒によって、何人かの血が流される。私は口惜しかった。そして新橋駅の附近で、インターを唱い、万才を三唱して開散した。

六月十五日の夜、それから私は何をしたか。

六月はじめから、毎晩の様に、デモが行われた。それは日課と云うよりも、私にとって生活の一部に成り切っていた。デモ行進を終えてから、いつも何か物足り無さを覚え、行きつけのノミヤか、バーで酒を飲む。それも生活の一部だった。十五日の夜も御多聞にもれず、ノミヤのノレンをくぐっていた。

隅っこの丸イスに腰をかけ、壁に寄りかかってハイボールを飲む。その店には、恐らく私と同じような気持を持った人々が集まるせいか、この頃の話題は安保問題でもちきりだった。特に十五日の夜は、異様な興奮が渦巻いていた。

私は、ノミヤやバーで、ダイスをして遊んだりしない。女の子のネックレスをほめたりそんなことは勿論しない。音楽があれば、音楽を聞き、話し声があれば、話し声を聞く、耳が聞くからであり、目が見るからである。

しかし、この頃は、不要なものはなるべく聞かないようにし、必要なものは努めて耳を傾けるように心掛けていた。他人と自分の考えを結びつけるために。そして自分自身で考えるために。

それぞれの他人の意見の中には聞くべきものもある。

突然、隣りに座っていた人が話しかけて来た。「今の世の中は、確かに不条理である。日本は実に立派な法律を持っている。しかしそれは体裁だけで、政府が法律をふみにじってまでも自分の思う通りを行うならば、皆で法律を無視して、すき勝手な事をする様にならなければ嘘だ。世の中は、人殺し、泥棒、サギでうずまる。目には目、歯には歯さ」私は黙って聞いていた。「何故、〃皆〃と云う言葉をつかうのか、〃その人自身〃がやったらいいじゃないか」と云おうと思ったが、口をきくのがいやなので何も云わなかった。

しかし、本当は不条理な世の中だったら、全てが無意味に帰着し、人は行動しない事になるだろう。私も恐らく、デモに出たりしはしない。安ウイスキーをチビチビなめ、デビラを噛みしめながら、ニヤニヤして、そして良い気分になったら、私の夜のスポーツである〃通り路の街灯を消して歩く遊び〃をしている方がましな位なものである。

たとえ自分の力は微小であっても、何かせずにはいられない切迫つまった気持が私にはあった。私の仲間達も、そう云う気持の人が多かったにちがいない。仕事の比較的ヒマな者は極力出る様にし、会社側も協力的だった。

私達現場で仕事をしているもの達にとって六月中は余り忙がしくなかったのは不幸中の幸いであった。しかし忙しくても何とかやりくりしてデモに参加しただろう。

多くの人が、野球場で長島の一投一打に注目し、映画館で強烈なベッドシーンに手に汗をにぎり、モダンジャズ喫茶でファンキームードに酔っていたとしても、あれだけ沢山の人々が集まった。これだけのエネルギーの結集はかつてなかったと云われるが、これらのエネルギーが唯、デモ行進のために費やされ、一つの方向づけが与えられなかったのは、誠に残念であった。そんな事を考えていたらふと、ハリーベラフォンテのマチルダを思い出した。「彼女は私から金をうばってヴェネズェラへ逃げていった」と云うタアイのない内容の歌ではあるが、ベラフォンテの素晴らしい牽引力によって、数千の聴衆がついひき入れられて合唱をはじめてしまう。

安保闘争の指導者達にベラフォンテの爪のアカをチョッピリ煎じて飲ませてやりたい気もする。マチルダを聞きたくなり、店を出てベラフォンテのレコードを聞かせてくれるバーに立ち寄る。そこで現在なお国会では騒ぎが続いている事。女子学生が一人死んだと云う事を聞き、早々に切り上げて家に帰った。

丁度十時のテレビニュースが終ったところで、私の足音を聞きつけ弟が飛び出して来た。弟は非常に興奮していて、これから国会へ行くのだと云う。「警官はひどい、あれは人間じゃないよ、だまっていられないんだ」

おふくろも心配そうに顔をのぞかせる。

私に対して、「良い年をしてデモに出たりしないで、嫁の心配をしろ」と口ぐせのように云う親父だけがイビキをかいてねていた。

折から雨がひどく降りはじめた。私は、「今から出かけても恐らしくしようがあるまい。ラヂオでも聞いて、しばらく様子をみようじゃないか」と弟をなだめていた。

それから午前二時半頃まで、私は、国会から刻々伝えられる現場のニュースに耳を傾けていた。そして、右翼暴力団が、演劇人や一般人に乱暴を仂き、数十人のケガ人が出た事。更に学生達にもナグリ込みをかけた事。

死んだ女子学生は樺美智子さんであった事。警官隊が警棒をふるい、サイルイ弾を投げて学生を追い散らし、数百人の負傷者が出た事。何者かが警察の車を引き出し火を放った事、等を知った。そのような事柄が起っている間に、私は、一体何をしていたのだ。

私は酒を飲み、家に帰ってベッドの上に寝ころがっていたじゃないか。

ラヂオ、テレビで惨事を知って国会にかけつけた人々も多かったと云うのに。学生達が国民会議の非常召集によって労組の人々が応援に来るのを首を長くしてまっていたと云うのに。私は南通用門のそばで、デモ隊を抜け出して、新橋で開散して、家に帰って弟と一緒に、三度学生の応援にかけつけるチャンスがあった。たとえ国民会議の方針はどうあろうとも、自分自身の行動は自分で責任をもっておこし得たはずだ。

いざと云う時に、自分の思想と行動を一致出来ないなんて実になさけない。私は敗北したんだ。

ラヂオ関東の島アナウンサーの、警官から暴行をうけた時のヒキツッタ声を、鳥肌をたてながらやり切れない気持で聞いていた。

私は敗北したんだ。

ここにある六月●

●小特集

私の中の大衆

平野克己（演出助手・日映新社）

六月を中心とする闘争の最も顕在的な過程の中での雑然とした体験を通じて、私の感じ得た最も大きなものは、いわゆる相対的安定期というものの本質をこの時期がかなり明瞭に暴露してくれたということである。

五・一九を契機として、権力に対する権利の闘いという極めて原則的な共通目的が被支配層に与えられ、参加大衆の量的増大を来したわけだが、この量的変化の必然性を闘争全体の質的変化として理解しなければならないだろう。先ず、その多様性の意味解釈が問題になるが、私は今この文節をデモを中心とする体験談の形で書くように強いられている。そこで、この制限を考慮して一つの前提を出してみよう。「デモはあくまでも闘争の一つの方法であるに過ぎない」ということだ。勿論これは、組織的方法ということであるはずである。ところが、今度のデモを果して組織的に良く統一された方法とみなすことができるであろうか？

単に、組織部分、未組織部分という区分ができない程、参加した人々の要求は直訴の集団的現象みたいなものになっていた。六月を中心とする国会周辺デモに参加した人々にみられた多様性は、闘争目的のそれではなく、闘争方法の多様性である。この奇妙なデモの自己矛盾は、従って、歴史的な意味を持ってくる。それに参加した人々が無意識的に持っていた闘争の他力本願的な思惑は一挙に崩壊されざるを得なかったということである。巾広い動員を当てにしていた有力な指導部は、いざそれが事実となって現れ始めても、自らの能力をそれに対応させることができなかったし、反対に、五・一九の事実を知って初めてデモに参加したような人々の中には、常日頃必要以上に自らの仕事を潜在的な立場に追いやって（意識的にというよりは心理的に）いて、闘争もその筋の専門家に委せておけばよいという安易な計算が密かにあったのを痛感するといった人々も多かったのではなかろうか。

ところで、権力に対する権利の闘いが原則的であるということは、それが決して初歩的ということではなくして、より根本的だということに過ぎない。私はこの時期に、個々人が権利の主張というより、権利の自己確認を強いられた、ということが重要であると考える。被支配層の側での相対的な利害関係の中で、個々人の根本的な利害（基本的人権に対応するとも云うべき）が曖昧化させられてしまい、どこ迄落ちて行くか図り知れないようなこの相対的安定期というものの悪循環の中で、力弱い無数の権利の間に張り回らされた一種の変形化され歪められた連帯網、……良心とか誠実とか犠牲精神といったような消極的な手によっては、容易に解けないばかりかますます絡み付いてくるし、切断すべき積極的なハサミもなかなか見付からないこの網の結び目に付いている太い紐を、握っている権力がぐっと引っ張った。そのことが、我々に「権力と私」の関係を直接的に検証するように迫った。

激しく盛り上って行くデモの怒りと感動の大きな渦の中に感じられた一種の空虚さは一体何なのであろう？　この渦の中に、抗議と討論という二つの要求が断絶させられながら共存していたのは確かなようだ。勿論、ここで云う討論とは抗議の戦術的討議とその確認のことではない。私は、多くの場所で、特定の集団に固有な問題が突如として提起されかけては、周囲からの「今はそんなことをやってる場合ではないぞ」という声に圧倒されて、沈黙の抗議に一元化されて行く過程を見聞きした。ことの成り行きがこうなるのは当然だろう。しかし、前者はあくまでも現時下の抗議目的に対するより強力な内的契機を確認したかったのに過ぎないのであり、それと後者の決断とを、単なる政治意識の程度の差とはみなせない。実際は前者におけるような内的事情は参加者達に極めて普遍的に存在していたように思われ、闘争の時間的経過への主体的対応が常に遅れをとるという焦燥感が、一種の集団的な空しさを現出していたようである。

ともあれ、全ゆる参加者にとって、次々に起こるエポックを一貫した共同行動として獲得し切れなかった事実は、闘争全体ののっぴきならない悔みでなくて何であろう。特に、六・一五はその点で闘争全体の自己批判そのものにもなっている象徴性がある。私自身、それに関して官僚暴力への憎悪ということ以外は判断停止となってしまう。こうすれば良かった、ああすれば良かったという方法上の責任をあの時点で整理できる人はいまい。あの事実のみを今後の問題として主体的に受け取る他ない。……一方、客観的には、この闘争の成果を市民の意識革命とみるのも正しいだろう。しかし、デモクラシーの自覚は直ちに利害化されているデモクラシーの認識へと向かわねばならない筈だ。この脈絡を闘争の顕在過程・潜在過程を通して発見しなければ、無関心派の神話を一九六〇年六月を神話のままで通させてしまう。個々の人々が、各々自分の立場を守りながら政治を監視するということが基本的なことであるのは確かで、私もこの基本的な態度の中で自らの仕事と政治責任の関係を凝視して行きたい。が、我々は、学生という立場にありしかもその立場の政治責任に最も忠実に応えたと思われる人々を見殺しにしてしまったばかりである。個々の立場の問題は、直ちに連帯の問題である。権力によって与えられたまやかしの連帯網を先ず我々の立場から取り外そう。……反体制側の受けたこの時期のいかんともしがたい不条理な体験は、正に我々の立場と権利が与えられるがままに相対的に存在しているに過ぎないことを明らかにした。そしてこのことは、先ず私に私の中の大衆を自問させるに到っている。

地下の試写室を出て昇って行くと何やら様子がおかしい。三階の窓から見下すと、人々が白い環を幾重にも作って集っている。中央に、ヒックリ返ったトラックが白い液体を流していて、その側には、ハジキ出された運転手か通行人かと思われる人が仰向けに転っている。と、最前列の一人が一寸バツが悪そうに手を差しのべる。倒れている人はと見ると、やはりバツが悪そうに微かにニヤッとした。

これが私の中の大衆のイメージである。最近、この時代遅れのイメージを決算しなければならないという気で一杯だ。

（八月九日）

ここにある六月●

●小特集

意志の行動

宮崎明子（企画部 新理研）

近頃の観光バスのガイドさんは、国会正門前を通過する時に、「つわものどもが夢のあと」と説明するそうです。

大運動がくり返された頃の自分の気持の動きがどうであったかが、時間の経過とともにうすらぐのを残念ながら、認めざるを得ない現状です。デモにはじめて行きましたが、それが安保闘争に参加してという表現になることに、そういうものかとおどろいている仕末です。

しかし、基本的な立場は、いかなる既成事実が現われても、あくまで変えることなく、深く内に沈潜させて持ち続けたいという祈りのような気持は、かえって強まっているのを感じています。

「黙っているわけにいかない、意志表示をしなければならない」というやむにやまれないような思いに導かれて、私は皆の集合場所へ行きました。直接のきっかけになったのは、ハガチー事件を報道した朝刊を読んだことです。ジャーナリズムは、「世界に対し恥をさらす」「歴史に汚点」「国の品位を疑われる」など、来客に対する失礼を強調し、暴力は断固排すべしという論調でした。たしかに残念な出来事でしたが、私は不安になりました。才一は、このままでは、安保に反対し、かつ一九六〇年五月十九日の強行採択を認めないという基本の立場が弱められて、アイゼンハワー米大統領の来日反対が目的であるかのような印象にすりかえられ、また、暴力はいけないという言葉で別の方向へことが進展するかもしれないという心配でした。才二は、海外、特にアメリカの反響として伝えられる内容が、日本の実情を正確につかんでいないらしいことでした。国際間の交流手段が、発達している今日というのに、安保反対は、一部の層の動きであると、特別の意図がなくて、もし、まじめに信じられているとすれば、一体、国際コミュニケーションにたずさわっている諸機関や人々は何を伝えているのかという疑問がおきたからです。

ともかく意志をはっきり表わすのが、現在この瞬間にとれる最良の方法と考えたわけです。

新安保条約は「自然成立」したものとして批准書が交換されました。

あとでとやかく言いたくない、抵抗の時は抵抗し、執ようにことの成り行きを見ていなければと、いうのが現在の感想です。

ここにある六月●

●小特集

デモの中から

西田真佐雄（演出助手 東京フィルム）

雪どけの幻想が白昼夢のように消え去り、戦争への道が、大きな口をあけていることを思い知らされたのは、いうまでもなくU2型機事件である。

醜態を極めたアメリカ政府の申し開きとソビエト政府のやりとりに、ただ嘆じているだけでは事が済まなくなった。アメリカは居直ったのである。誰が聞いても真面目に受けとれないそのやり方に、私は戦争の危険があることを感じとった。

平和でありたい。ソビエトはもちろん、アメリカやその他の諸国とだって戦争なんか金輪際したくない。ところが、平和におぼれていた私は、この事件で思い知らされ、あらためて新安保条約のもつ意味が胸に迫って来た。

新安保条約反対、岸内閣はやめろ、こういった叫びは、従来頭の中だけでしかわかっていなかった。平和と民主主義は、もう誰もの合言葉になっているが、平和を守るということを考えてみると、まず世界中の国々と仲よくしなければならない。ソビエトや中国といまだに手を握れない政府は悪い政府に違いない。この両国と平和条約を結ばず、アメリカと軍事同盟をしようとすることには、絶対反対しなければならない。すぐ落ちるジェット機をたくさん買いこみ、ソビエトと角突き合わせているアメリカの基地を作ることなどやめれば、月給二倍論はすぐ実現出来るじゃないか。これが私の理論であったが、U2型機ソビエト侵略事件で、激しい憎しみが私をとらえた。頭でわかっていたことが身体で理解するようになったのである。

いくらゴマ化したって、アイゼンハワーが来るのと時を同じくして新安保条約を通過させようとした、ゴマスリのようなやり方には国民として恥ずかしさが先に立つ。反対党の暴力が反民主的だとジャーナリズム総動員でわめき散らしても、三分の一以上は新安保条約に疑問を持ち、反対していることを無視したやり方を、おおいかくすことは出来ない。

アイゼンハワーの来日、新安保条約の国会通過と、タイミングよく事が運べば、岸内閣は長期政権をねらっていたのだろう。負け惜しみにいう〃一部組織されたデモ隊〃は、事実声なき声の会が出来たように岸の悪政が数十万のデモを組織したのだし、私もそのうちの一人なのだといってやりたい。

岸内閣はやめさせられた。これはアメリカに対して責任をとったのか。財界にカブトを抜いだのか。池田内閣への財界の後押しは、総辞職の背景を裏書きしているが、しかし私は反問してみる。

警職法の時には、それを引っこめさせることに成功した。それ以前には、労仂者の政治闘争なんかとんでもないと頭からおさえつけられていた。そしてその前は、平和と民主主義を口にするだけでにらまれていたものである。アイツはアカだ。この一時停滞していた時期をつくり出したのは、三鷹、松川事件や鹿地事件のような黒い手と、レッドパージだった。

おさえつけられ、おどされつづけてきた国民が、新安保条約というホヤホヤの政治問題に公然と異を唱えたのは何故なのか。しかも二・三年前まではタブーだったアメリカさんを真正面に見すえて。

池田首相は最初の記者会見で、戦後日本経済の発展を自画自賛し、それは私の手柄ですよと言外に匂わせていた。〃いまでは麦めし大臣といわれるのは光栄に思っている〃と、得意げにしゃべっている。しかし、彼は朝日や毎日といった新聞を、岸前首相のようにスポーツ欄だけしか読まないのだろうか。株価の異常な成長に反比例して貧困層も多くなっていることや、兇悪事件の増加はこういった新聞にも出ているではないか。労仂者は経済問題だけをみていればよいというけれど、真剣に経済を考えるほど政治が浮かび上がってくるのだ。これが新安保条約反対に立ち上がった力の基礎だろう。いままで絶えまなくつづいて来た平和闘争と結びついて事あるごとに成長し、飛躍してきたものなのだ。

アメリカは池田内閣出現を好感し、財界は大急ぎでテコ入れしている。何が彼らをそうさせているかは、その後のなり行きをみるとはっきりしてくる。彼らは選挙をできるだけひきのばそうとしているが、ゆらぎ出した保守の地盤を固める時をかせいでいるのだ。その一番の問題として三池調停は、その意図をはっきり示している。そのかげにかくれて都条令は遺憲でないと開き直り、ハガティー事件は共産党がやったのだと、また古い手をもち出して弾圧して来ている。だが、もうだまされない。

潮騒いのように路面を埋めて行進するデモの隊列の中で、私は南朝鮮やキューバの報道を思い浮かべていた。イタリアでは日本の闘争に共感し、ファシズムと闘っているし、アルジリアやコンゴの人々は、自分のことは自分たちでやるんだと干渉の手をふり切ろうとしている。地域は遠く離れていても、こうした闘かいは私をはげましてくれ、みんな同じ思いなんだと腕を組みたい気持で一ぱいだ。

また、原水爆禁止世界大会に、いままでにない多くの外国人が集ったことに大きな喜びを感じている。

こうした情況の中で「民主々義を守る映画人の夕べ」が開かれ、バラバラだった人たちが集まろうという気運がうまれたことは、いままでになかったことだけに大切なことだし、これからもうんと多くの人に呼びかけて、大きな組織に作り上げて行かなければならないと考えている。

ここにある六月●

●小特集

ある敗北論者の告白

清水幸子（編集・岩波映画）

何千年も昔の、蓮の花が咲いたという。何と驚きにみちた、しかも、何と自然な出来事なのだろう。

人間が、この地球上を、我がもの顔にのさばり始めるより、もっと遠い昔、その蓮の花は、見事な美しさで、やはり、この地球上に咲いていたにちがいない。

この地球上から、人類が……たったひとりの人間さえ残さずに消えてしまったとしても地球は、微動だにしない。

――原子爆弾が落ちる……。そして地球上は全て荒野と化してしまう。たった一人の人間さえも残らないであろう。恐しいことだ。人類の破滅だ――。

と人々はいう。

人間が、人間を喰ってしまう時、人間が、人間を道具としか考えない時。それでも、まだ、生きていたいのか。ノン。

――だから、平和のために闘う―
――だから平等のために――
――だから人間としての権利を守るために――
――闘う、闘う、闘う――。

平和とは？　貴方の考える平和とは？　そして貴方のは？　貴方のは？　貴方のは？

誰ひとりいなくなった荒野に、さんさんと太陽が輝やく。そして、海は、なお蒼く、激しく、あるときは、静かに波うつ。

そして、そこにも、やがて小さな生物《いきもの》が、ほんの小さな生物《いきもの》が、目に見えないようなちっぽけな生活からはじめるにちがいない。

もう、二度と神様とやらも、アダムとイヴを創るようなへまをするまい。

やがて、生きもの達もふえて来る。強い奴は弱い奴を、喰い、弱い奴は、又、その下の弱い奴を喰うだろう。そうやって生きるだろう。

そこにはしかし、守ってやるだの、指導してやるだの、皆の生活をより向上させるためにだの、いらぬ大義名分がないだけ良い。

人間の薄汚れた手で、こねくりまわされ、色をつけられ、形をつくられた花でなく、自然の大気の中で大らかに育った強靱な花が何千年の年月をへても、又、咲いた。

花は、人間のために存在するのではない。地球上のすべてのものが……。それ自体のために存在するのであって、決して人間のためなのではない。この事を深く感じる。

重苦しい梅雨空の下で、あの醜悪な、灰色の建物の中で外で、傷つけ合い、ののしりあった人間の姿が、やがてこの地球上から消え去る。それが、何者の手によってであれ。

そしてその時こそ、永久に続く静けさ、それが訪れる。

あの傲慢な支配者の群、あの無責任な指導者の群、彼等の息の根を止めるために、ちっぽけな理想家も、ちっぽけな慾ばりも、薄っぺらな平和論者も、善良な？小心の人も、又消えて行く。

対になる人間、男であれ、女であれ、それが存在すれば必ず、どんな形にせよ闘いが起るにちがいない。

そして、その闘いが、大きなエネルギーが、火花をちらす。

不気味に終った、この闘いを、誰が勝利と呼ぶことが出来よう。気づかぬうちに、もはや、髪の毛の半分以上がゲルニカの牛に、喰われてしまっているのかも知れない。

だが、最後に告白しよう。

どんな形にせよ、人間が、人間を喰ってしまうようなことのないような、人間が、人間の首をしめてセセラ笑ったりすることがないような……そんな日々が、やがて来ることを、心から信じたいのだ……と。

ガイド

●記録映画を見る会・九月例会
時・九月二〇日（火）午後六時
所・豊島振興会館（池袋駅下車　豊島公会堂隣）
共催・城北映画サークル協議会
内容・①**ペンギン坊やルルとキキ**―人形劇映画・②**一九六〇年六月―安保への怒り**・③**光を**―野田真吉演出・④**日本の子どもたち**―青山通春演出。
会費・三〇円

●西武記録映画を見る会九月例会
時・毎土曜・十二時半、二時
所・池袋西武八階文化ホール
内容・特集「**欧州の旅**」・三日・**イギリス**・時計・二人の少年と河、十日・**フランス**・セーヌの流れ・白い馬、十七日・**ポーランド**・羊の放牧・おしゃべりあひる、二四日・**チェコ**・ガラスの雲・運動と時間

●本誌合本ファイルを買いましょう。一部百十円・十二冊綴り、編集部でとり扱っています。

編集後記

※現代のマスコミという特集を組みました。テレビ・ラジオで才一線に活躍されている方々の寄稿をえました。

※来月号は『現代の疎外と作家』の特集をします。なお『一九六〇年六月』のシナリオと同映画の集中的批評をいたします。巻頭論文は前衛的なテレビ演出家　和田勉氏が『マスコミの疎外と作家』をかきます。

※今月号は関根弘氏と松本俊夫氏がはからずも安保闘争についての論文となりましたが、巻頭言にありますように、今日の緊急な課題だと思います。なお、反対の意見もどしどし寄稿していただきたいものです。論議をさかんにしたてと思います。

※なお、本誌主催の才二回『実験映画をみる会』を九月にひらきます。ブニュエルの『忘れられた人々』などを上映予定です。御参加をまちます。

（野）

新作品

文部省選定才５回教育映画コンクール

科学映画　**ノミはなぜはねる** 2巻

文部省選定　厚生省推せん

総天然色　**スポーツの科学** 2巻

総天然色　**カメラとシャッター** 2巻

発売中

たくましき母親たち 5巻

海ッ子山ッ子 8巻

愛することと生きること 5巻

製作中

カラー
鉤虫（十二指腸虫）の生態 2巻

カラー
日本の童謡 3巻

カラー
より豊かな生活のために 2巻

海の恋人たち　6巻

踊子とカメラマン　5巻

株式会社　桜映画社

新事務所　東京都新宿区角筈２～８４　スタンダードビル５階
ＴＥＬ（371）８２４１～５

ついに完成！

1960年6月 4巻

安保への怒り

○みよ！この巨大なる波を！
○みよ！この偉大なる国民の斗い！
○みよ！この歴史的な記録！

三池―斗うものの心は一つ 3巻

●三池の斗い　1巻　●統一への行進　1.5巻
●失業　4巻　●安保条約　2巻
●児童劇　**日本の子どもたち** 6巻
●長編カラーマンガ　**雪の女王** 7巻

●記録映画
遭難 8巻・**人間みな兄弟** 6巻

●社会教育　生産と学習　4巻

その他、在庫豊富
御一報次才、リス
ト進呈します

KDE

株式会社　共同映画社

本　社・東京都中央区銀座西８丁目８番地（華僑会館ビル内）（571）1755・6704 / 1132・6517

九州支社・福岡市橋口町１５－１サンビル　電話・福岡（４）7112
関西支社・大阪市北区曽根崎上１－３８（片山ビル内）　電話・（34）7102
名古屋支社・名古屋市中区南鍛治屋町２－２　電話・中（24）4609
富山支店・富山市安西町４（新越ビル内）　電話・（２）4038
北海道支社・札幌市北二条西２丁目（上山ビル内）　電話・（３）2984
信越代理店・長野映研・長野市新田町１５３５　電話・長野 2026
前橋代理店・前橋市曲輪町５　安井商会　電話・前橋 6384
代理店・東京都千代田区有楽町　東宝商事　電話・（201）4724

教育映画作家協会編集

記録映画

THE DOCUMENTARY FILM

10月号

「エチオピアの子どもたち」
「世界の地理と風俗シリーズ」から

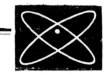

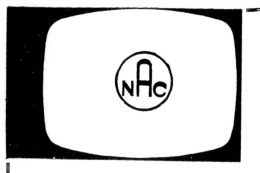

記録映画

1960　10月号

才3巻　才10号

時評

ふたたび政治と作家活動と
——あと戻りするな

岸内閣に代った池田新内閣は、なんとなく清新な感じを一般に与えようと、いま、「低姿勢」という薄気味わるい格好で排徊している。

安保闘争後、一応そのはげしい波がおさまったかに見えるいま、じつは、その「低姿勢」は、来るべき総選挙にそなえての、ぬけ目のない戦術転換にほかならない。つまり、相手の方では、安保闘争に引きつづいて新たな選手を繰り出しての、手をかえ、品をかえての、連続している攻撃なのである。そうした状況を、私たちは、まず最初にとらえておくことが必要であろう。

最近に到って、労仂組合、各大衆団体では、安保闘争の成果と、その総括を、続々まとめつつある。そこで共通に見られることは、あの歴史的な大きな行動によって得られたエネルギィが、相手に対して、なお追い討ちに値するだけの連続的な行動力をもって、うごくところまで行っていないという点である。このことをいいかえれば、相手がすぐにマスクを取り換えてせっせと次の行動に移っているのに対して、こちらは、まだ、なんとなく、モタついて見えるということになるであろう。

私ども、映画作家たちは、六月には、はっきりと、政治と作家活動とを一元的にとらえていた。作品をつくるにあたって、作品の上でぶち当っていた壁というものが、じつは、あのファシスト的な国際的な政治とつながったものであることを、ある人々は理屈で、ある人々はカンで、また肌で、しかと受けとめた。だからこそ奮然と立ち上った。「六月」をなんとかしてフィルムに記録しようと、自主的に、あちらからもこちらからも、かけつけた。出来ばえはともあれ、よってたかってつくり上げた。それは作家たちばかりではない。各団体、一般市民もまた、そのような状況で、持場持場で、あの歴史的な大闘争に参加したのであった。そして、日本人民の巨大なエネルギィを、自分の目で見、手でさわったのであった。

だがわるいことに、それ自体が完結すると、すんだ気になる。「一九六〇年六月」という映画ができると、終った気になる。フィルムに記録するそのことは、たしかに、フィルムがつながると同時に、完結する。けれどもそれで鳴りを静めてよいということにはならぬ。相手はすでに「低姿勢」で、そしてまた、教育方面では「学校の勤務評定」というふうなことで、あるいは、総選挙の準備行動というふうなことで、新手新手で攻撃をかけて来ているのである。オリンピックなどというものでジャーナリズムに煙幕を張りながら——。

つねに、事態は連結して発展している。休みはない。

私たちは、六月に、巨大な人民のエネルギィを見、かつ、じぶんたちもまたその中に含まれているのだということを知った。

それならば、そのエネルギィを失うことなく、組織し、ぶっつけて行くのでなければ、われわれをとりまく壁は、ますます厚くなる一方であろう。

表紙の写真

東映教育映画部作品、岩佐氏寿演出「世界の地理と風俗シリーズ」の中からエチオピアの子どもたち。

もくじ

和田 勉● 全機内蔵・大衆価格● 誰の手にも入ります

私が仮りに指導者なら、いま次ぎのような秘密指令を発するだろう。

(1)頭を極力冷やすこと

(2)不急不要なことをやること

(3)だらしないことに徹すること

――以上はもちろん、芸術上の作戦である。前衛としての政治ではない。といって、いまはその任にあたるべき政党がおはなしにならないのだから、これはやはりナンセンスというべきであろうか……。

これがなくては困るんだから、何とかちゃんと責任をとってもらいたい。芸術はいくら芸術であっても、政治とはならない。芸術は何と弁解しようが政治的であることからのがれることは出来ないが、しかしそれは政治ではないのだ。このことを忘れてしまったらおしまいだ。

――おかげで私は、実に静かな一ケ月をすごすことが出来た。何にもなかったのだから……。

私は先ず、以上の原則の上にたって、テレビドラマのいまの段階と問題について、私の責任をとりたいと思っている。とりわけ、私の場合について。

断っておくが、私の立場に対して確認しておいてもらいたい。私は、いま、一つの企業に属し、そこで変革を目指し、芸術としての前衛の立場をとる側に立っており、冒頭の三点はもちろんいま、そうしたエコール(!)に属する人間が実践してこそ意味があるのであって、反対の側は、もうとっくの昔にそれくらいのことはやってのけているのである。私たちは、最早それと同等の裏と表を、戦術として持つ以外に問題を一歩も進めることが出来ないことぐらい、いい加減知っている筈ではないか…。

ところが現実は、運動一つにしても次の如く、ただ純粋でありさえすればそれでよいという、何とも能のなさの表だけを見せて現われてくる。

――曰く、「私たちは平和を守り、ファシズムに抵抗し……」こういう神経は、何とも私には分らない。「守る」といい「抵抗」といい、いったいこの程度のイメエジで、一朝ことあるとき――とはいささか大げさだが、それくらいに云っておかないと頭も冷えかねることだろう――に、何の支えとなるとでも思っているのだろうか…。

のみならず、この程度の想像力の根底にあるものは、およそ負け犬的で、状況に対して自由に即応出来る戦術を欠く、枯渇したイメエジの把握でしかないことを、自らの言葉のうちに語っているようなものである。――まあそこまではひどくはないとしてもだ、この紋切り型の「反対……反対、何でも反対……」には、とてもついてゆけない。これでは、変革のヴィジョンもくそもへったくれもない。私たちの芸術が生まれてこよう筈はない。

――せめて「平和をかちとり、ファシズムを打ち倒す……」という、常識的なヴィジョン程度は持てないものか。主役はこちらなのだ。誰かが云ったように、いま、戦争責任などという良心ぶった策のない被害妄想ではなく、変革責任というより積極的な戦後を、私たちがおし進め・生きていかなければならないことぐらいは、当然気づいていいことであろう。「抵抗」といい、「守る」といい、私たちはそんなにオチブレテはいない。―このことは、たとえそれが言葉としても重大なのだ……。そうして、自らそういう風に、より悲壮じみて出てくる私たちの内部にこそ、一そうの問題があるのである。いや、闘いは、内部のそれが即外に向ってのそれとなるように……という訳で、私はむしろいま、こんなことよりもかつてのマヤコフスキィの運命や、メイエルホリド、エゼンシュテイン、その他その政治によってどうかなってしまった諸々の芸術家のことを考えている……このことの方が、私には本当は気になることなのである。もちろんこんなことなら、いまのままの方がまだしもいい、などとはさらさら考えてはいないけれど……。ともかくいまや、そこまで考えておく方がいいのだ、と私は考えているのだ。

そこで、こういうのはどうだろう。企業の外にいて「抵抗」とか「守る」とか、勝手な純粋放言が出来る芸術家は、この際、一大就職運動を起して企業のなかに入ってみる、そうして、私たち企業のなかにいる芸術家は、この際出来るだけ企業の外で物を考える、というのは……。そうしたら冒頭の三点が、実にいい結果をもたらすのではなかろうか。このことはもちろん冗談でなく、いま真剣に考えてもらいたいことである。

ごく最近、アメリカのテレビ界で、話題を呼んだ一つの番組があった。レジナルド・ローズとルメットのコンビが組んだテレビドラマで「サッコヴァンゼッティ事件」というのでそれが大変な評判を呼んだ。例のアナーキストの生涯を、忠実に記録風にドラマタイズしたものである。

こちらでは山本薩夫氏が、NTVで二本の仕事をした。映画では出来なかった「一兵卒の銃殺」と、徳永直原作のものである。

――そうして、テレビ界におけるこの二つの例と事実は、多分、良心ある（！）純粋抵抗派の拍手と喝采をかちとるにちがいない。

しかし、私は、これに対して、ただ単にそれが珍らしかったから、と云うだけしかないのである。こんなことに小躍りしているから子供だというのだ。そういう抵抗的出方――テーゼに対するアンチ・テーゼ――は、かえって状況をマイナスにしてしまうことが、充分考えられる。

相手はそれだけ、余裕を増し・巾広く・大きくなってきたということをこそ、知らねばならない。

山本薩夫氏にきくところによると、「一兵卒の銃殺」を出すにあたっては、色々と抵抗があったようである。そうして出されたものは、結果として、その線で可成り薄められたものでしかなかった。私は、そこで、こういう形での抵抗ということの限界を、知ったように思ったのである。

そうして、いろいろもめた点というのは、専ら茶の間で出せないシーンを出す、ということであったらしい。私は、テレビドラマの創作方法の問題として、こういう闘い方は大変まずいと思うのだ。

――茶の間で出せないシーンを出すことですったもんだするのではなく、この際私たちにとって大切なことは、茶の間に出なかった論理で勝負する、ということではなかったか……。

例えば「四畳半」というイメエジは、私たちの日常性のなかでは、当然「情事」という形をとるのだが、この線でいくら抵抗してみたところで、それは、茶の間では出せないシーンを出す、という形になってしまうのではないか……。それを逆に「四畳半」とは「六人の人間が住むには狭い」という具合にテーマを設定することが出来れば――日常性の破壊――それは茶の間に出なかった論理となって私は初期の目的を、易々と――ではないにしろ、下手な抵抗を演ずることなく――達することが出来はしまいか……。

創作方法は、ここで専ら、シナリオ作者の論理の問題となってくる。ブレヒトの云う、いわゆる教育的ドラマであり、化学反応――反自然主義――の構造である。

演出者としての私自身の方法はどうか。

私はこの際、――変な云い方を許してもらえば――遊ぼうと思っている。まさに、冒頭の三点通りだ。

私はテレビドラマが、映画の問題作必ずしも大衆を動員出来ず、の愚をくり返さないような方法をとりたいと考えている。テレビドラマに、映画における独立プロ――映画は、まがりなりにもそれが出来る、しかし、テレビドラマの現状ではそれが絶対出来ない――こと、またそういう、実は殆んど効果のない純粋抵抗の場がテレビドラマにはないことを、私はこれからのテレビドラマの方法のために、大変幸福なことだと思っているのだ。

いやむしろ、テレビドラマには独立プロなど根輪際作りたくないし、このことが実は、テレビドラマの方法の積極さでもあるのだ。

私はさしずめ、風俗描写でも徹底的にやろうか。

風俗というものが、いかに役に立たない・それがデタラメなものであるか、ということが分るまで。この日常性の変革は容易なことではないが、しかしこころあたりからだらしなく始めるよりテはない。

テレビは朝から晩まで流れているのであって、一発大作主義など何の効果もない、のみかむしろ、その直後にはもう問題を解消してしまう枠意識しか育てないのだ。そうして、テレビドラマに対して、そのように純粋になってもらっては困るのだ、ということ。

――いまは、前衛すら珍らしい一つのものとして、ジャンル化されつつある。そんなものが、もちろん本当の前衛であろう筈がないにしても、この風潮――前衛風俗とでも云うべきか――は危険だ。

そこでどうだろう、また初めにかえって、私の、頭を冷やす運動に参加されては。私はいま丁度三〇だが、三〇代は実務の時代四〇代がいよいよ運動の時代、程度に考えている。

（一九六〇・九・六）

（筆者はテレビ演出家・NHK大阪）

インサイダー・ドキュメンタリー論

田原茂行

（ラジオ東京制作部）

たとえば六月十五日事件の報道・記録に対して、警察・護国団・福田恒存氏は異議を出し、検察庁は樺美智子さんの死因を事故死と推定した。このことに対し、報道し記録した人々は明確に応えていない。これは、新聞記者・カメラマン・番組制作者・アナウンサーに責任のある問題である。六月十五日の記録は十分なものではなかったのではないか？　私自身の小さい経験では、木下順二作のドキュメンタリー・ドラマ〃雨と血と花と〃の録音素材を探す仕事で、午後六時四十分頃から、つまり投石の激しくなってから七時半頃までの録音が乏しく、実況放送が中絶されているので困った。新聞社は、警察にも弁護団にもどちらにも証拠となるものを出さないというとり決めをしているそうだが、果してその中に決定的な記録があるのに公表されていないのかどうか。

　報道機関は国民から事実の報道を委託されており、そこに仂く人は事実を記録する義務がある。記録の公表について、われわれは最終的責任を負えないが、記録を残す義務はわれわれが負っている。その記録が十分なものでなかったのではないか？

　もし十分なものでなかったとすれば、それは単に物理的・政治的、もしくは偶発的原因によるのではなく、われわれマス・コミュニケーションの中にいる人間の記録の方法、記録についての態度に問題をさかのぼらせていいのではないか？

　現在、わたし自身にとって、ドキュメンタリーの方法を、主体的に意識的にとらえることは、さし迫った課題である。それは、より生々した番組をつくるために適当な方法であるというだけでなく、電波の占有を政府によって許された企業のもつ強い法則の中にとらえられながら、電波の本来の所有者たる国民へ通じる伝達の道を開けておくための、唯一つの方法と考えられるようになったからである。

　インサイダーによるドキュメンタリーは特有の可能性と同時に特有のマイナス面をもっている。しかし、ともかくわれわれは〃その中に〃いる。ブニュエルの「忘れられた人々」、あるいはポール・ルータ等のイギリス派ドキュメンタリーフィルムの好意あるスポンサーたる政府・公共団体・社会団体よりはいささか条件の多いスポンサー群の中に。そして、「いわば卜祝《うらない》の仲間、もとより天子のたわむれもてあそぶ御相手、倡優《どうけ》同様」の自分であった「史記」の作者・司馬遷、あるいは「職工事情」を編集した農商務省の官僚などよりはいささか自由な組織の中に。

　今、放送もまた新聞と同じように、五月から六月へかけてのように力強く聴視者をひきつけていないが、これはこの数年の標準的状態に復したわけで、製作者の間の停帯感・倦怠感は、むしろ深まった一面さえ現われている。その中で、ひとり、誰に何を伝えるかという点で明確さを失わず、社会の生々しい息吹きさへ伝え、変ることなくコミュニケーションの成果をあげているのは、局の制作者ではなく、スポンサーがプロデュースしている、コマーシャルであろう。トリスを抱えないピカロ氏の漫画がすこぶる精細を欠き、時事諷刺番組の創始者三木鶏郎氏が活躍をみせない一方で、彼等ばかりでなく、多くのすぐれた芸能人・前衛的芸術家がコマーシャル制作者として、十二分に活用されている。私は、岡本愛彦氏演出の〃バカヤローの風景〃のような力作テレビ・ドラマを見終った後でも、この番組の提供者の平凡な電気製品のコマーシャルを見て、果して私の買いたくて買えないこの電気製品のそれなりに美しいショットほど、強烈にこのドラマは何かを伝え得えたのだろかと考えたりした。（池田首相の顔が、ラスト・シーンの富士山のむこうに現れたりすれば、あるいはCMのエネルギーと丁度バランスがとれていると思ったかもしれないが……）

　放送番組のアクチュアリティの喪失による沈滞の根は深い。ラジオにおいては、占領直後の人民文化ブームの時期は別とし、昭和二九、三〇、三一年頃の録音構成の進歩、ドラマでは二七年――二九年の、「君の名は」の中の一部、同時期にうけた日曜娯楽版などにみられる、今聞きなおしても迫力のあるアクチュアリティは、現在、例外的にみつけ出すことができるだけである。三三年度芸術祭の、「私は貝になりたい」は、テレビにもちこまれた最初のアクチュアルな作品だったが、以後、僅かな例外を除いてアクチュアリティは芸術祭用に貯蔵され、くさっている。

　この傾向を制作者を制約する外的条件に

帰してしまうことはできない。むしろ、沈滞の才一次的な原因は、報道・娯楽を通じて、番組制作者が常に新鮮にアクチュアリティをとらえるための方法論の意識的追究を目指して、恵まれた条件にある人、困難な条件にある人、それぞれができるだけの努力を傾けなかったところにあると思われる。この制作者の無方法が編成局の管理者、ベテランといわれる制作者による、自己の中のインテリ性による見下した大衆のイメージと、自己の中の庶民性と大衆の庶民性との無媒介な野合との、奇妙な統一による放送職制の方法の支配を許した。職制による番組制作の方法と私が呼ぶのは、無原則、無創造がその中心であって、局に対する矛盾した様々な要請に対して主体的な何ものをも出さないで成行にまかせる、つまり方法とはとてもよべない、しかし一つの方法なのである。

放送局でこの二、三年人気のある「ドキュメンタリー」の流行も、今のところ、この成行きの中に呑みこまれている一つの傾向にすぎない。

われわれは、この「ドキュメンタリー」を、われわれ自身の表現の方法論としてとり出さなければならない。それは、放送の機能を通じて、聴視者大衆が自分を含めた世界の現実をとらえなおさなければならないような記録をさし出すことを核としながら、更に幅ひろく、あらゆる番組を通じて、現在の大衆文化の末梢的な刺戟に満足せず、自分たちの文化を生活の根もとから築こうとする聴視者=民衆の欲望に刺戟をあたえる方法である。現在放送局内部で、ドキュメンタリーと名のつくものが注目され、芸術祭ドラマの多くがドキュメンタリーであることも、聴視者=民衆の欲望の反映に他ならず、われわれの主体的な創造を可能にする現実的基盤もまたここにある。

しかし、問題は、散発的なものなら少々影響力のある批評・創造をも、すべて本質的な現状維持の中にとりこんでしまおうとするマス・コミュニケーションの中で、ドキュメンタリーがその本来の力を解き放つことができるかどうかということである。

羽仁進氏は既に昨年、録音構成番組が、「記録的な声やイメージ、あるいは音声やイメージの記録的な性質は、事前につくられた筋立ての外側に飾られた衣装にすぎないのである。」という診断を下している。（「文学」一九五九年一一月）これは録音構成担当者たち自身の実感と一致している。羽仁氏はこの現状に対して、先ず「いまだかくされたままになっている日本の生活者の論理」をイメージにとらえる努力をすべきだという、具体的提案を行っているが、このような批評がわれわれの内部で生きるためには、われわれの外的条件と対決する主体の条件を変えて行く課題がさしあたりわれわれの前に横たわっている。

記録によってでき合いの人間像、でき合いの現実を描いてみせるというバカゲた作業は、いまも真面目に続行され、その一方で、報道部門においては、昨年暮のNHK・社会報道部の機構改革で、それまで毎日放送されていた録音構成を中心とするいわゆる〃構成もの〃が一、二を除いて全くなくなり、又民放では、社会番組が長時間ディスク・ジョッキーの中に二分三分単位でばらまかれ、結局速報ニュースのみがテレビ対抗策として歓迎される傾向が圧倒的となっている。特に、今年の六月以降、局外のライターを、構成者とすることをさけ、構成は管理者の指導の下、番組制作者が行うようになった局さえある。NHKのある組合役員が、「ただの機構改革だと思って文句もいわなかったが、結局構成番組がなくなっちゃってね」と語っているのを私は最近聞いたが、このような状態が結局許されっぱなしになっているのは、われわれの間で、放送におけるドキュメンタリーについての、そしてドキュメンタリーにおける構成についての、譲れない方法論が確立されていないということを示しているのであり、逆に、経営者の間に、放送における望ましいドキュメンタリーについて、ドキュメータリーにおける構成の不必要性についてのはっきりした考え方が存在することを示しているといってもさしつかえないだろう。

しかし、勿論「われわれのドキュメンタリー」へ近づく条件がないわけではない。

この二、三年の間、放送番組制作者の間で目覚ましい傾向は、テレビというメディアの可能性を日本ではじめて切り開いた人人、ラジオの技術の進歩の中で、自己の思想的課題ととりくむようになった人々、マス・コミ企業にもともと違和感、劣等感をもたないインテリゲンチャである最も若い世代――これらの人々の中に、〃表現者〃としての主体的意識が生まれている傾向である。わたしは、放送の仕事に入って七年近い間、放送人ののこした伝統的遺産であるような方法論についても学びたいと思いつつ発見できないでいるが、一番驚いたことは、放送というメディアの制約を制約として受けとめる〃主体〃としての意識が皆無であることだ。あるのは、芸術家くずれ、出世コースくずれ、ジャーナリストくずれ、左翼くずれの挫折感であり、二流の官僚意識であり、戦前、戦後における意識的、無意識的転向がその背後に潜んでいる。しかし、右にあげた「表現者としての主体」は、インテリゲンチャとしての自己の課題と、大衆への伝達者としての職業上の課題との二元論から解放された人々である。

「公正中立という理想の下に仕事をすることは苦行である。だからといって『そんな理想は無意味だ、はじめから一文の値打もない棄て去るべきものである』などという人がいたら、僕は明らかさまに軽蔑するだろう。……こうした苦行ともいうべき制約の下から、却って僕にとってはかけがえのない制作の方法が生まれて来ているという事実である。」という「若い日本の会」シンポジウムにおける吉田直哉氏の発言（三十四年十月三田文学）は、世の大人の評論家から賞められすぎだが、この人々の意識を代表しているものといえよう。番組創造の方法論上の探究も、現在この人々を中心にして行われている。

しかしひるがえって考えるならば、現在

の日本の放送番組のはらんでいる困難な課題、危険性を最も集中的に背負っているのがこの人々であって、それは具体的には、この人々が現在の放送局の管理機構の中で、孤立したまま現場の管理の有能な下請け人となる可能性をもっており、更にこの人々の方法論自体の中に、放送番組のはらんでいる危機を、現状維持的に解決し、ほんとうに民衆の中にある表現の欲望を解放できない面がみられることに示されている。その葛藤はドキュメンタリー制作の態度と方法論の中に端的な形で展開されている。

吉田直哉氏が、「放送文化」2月号、或いは、本誌先月号にまとめているドキュメンタリーの方法論は、放送において、はじめて意識的な理論の形になったものであって、われわれにとって貴重なものだと思う。「意図」の代りに自然科学でいう「仮説」とでもいうべきものを置き、その仮説と現実の衝突の過程を聴視者に投げ出し、「今度は聴視者のアクチュアリティのなかで実験結果を待つ」という方法は、これまで、録音構成、記録映画の中で主流をなしていた〃社会改良派〃あるいは〃感情移入派〃とでも呼ぶべき構成者たちの、〃意図〃優先、対象の心を心とする〃べったり埋没〃のみに対する強い批判をモチーフとしていると考えられ、その正当な面は更に発展させることが必要だろう。

しかし、わたしはここで、吉田氏が対立物として措定している「イデオロギー的意図によって現実を切りとる」という非記録的方法が、既に多くのドキュメンタリー制作者によって超えられている方法であるという点で、この吉田理論が余り積極的な意味をもたず、むしろ、「仮説の態度で入ったものは最後も仮説のかたちで終ります」という点が、長期にわたり「日本の素顔」の構成があきれるほど並列的、平板的、非劇的、非立体的であることを合理化し、更に、安保問題をめぐる〃議長の椅子〃〃群衆〃のような、現実と全く衝突しない作品も批判できないのではないかと思われる。勿論、吉田氏も「日本の素顔」の何人かの担当者の一人に過ぎなかったわけだが、吉田氏自身の作品についてみても、吉田氏自身の理論と逆に、〃イデオロギー的意図〃で割り切る態度と殆んど同じ程度に、最初の仮説がそのまま最後まで居据っている面が強い。たとえば、「競輪立国」においても、全体が吉田氏自身のいっている仮説においてたちどまっている。自然科学における仮説が、それをたてた主体にとって簡単にとりかえ自由のものでなく、それは主体の世界観と技術のすべてが賭けられた結論であり、それが仮説として試されて行くために実験の過程には緊張した葛藤と発見があるわけだろうが、吉田氏の仮説理論においては、意図を否定することで、最初の仮説から最終的な構成と演出に至るまでの構成者の主体的責任が解除されているように書かれている。ドキュメンタリー制作者は仮説を伝達することは許されていない。構成者が最も立体的に現実をとらえうると信ずる、たとえば仮説という方法で記録し、構成した「真実」を伝達する義務がある。わたしの考えでは、競輪なしで、すべての予算をまかなって行く方法の発見とそのための努力の必要性という仮説を構成の主体が痛切に考えているならば、この仮説は結局において存在しえないものとして否定される、もしくは、その方法を具体化することによる肯定されるところまで行かなければならないと思う。

「競輪立国」を含めて、作品が説明的で非劇的なことは、理論における、主体のはらんでいる劇の問題を抹殺していることと相応しているというのが私の考えである。

たしかに、朝鮮休戦以後の日本の状況を悲劇的に描くために、被害者としての民衆の訴えによってアクチュアリティをとらえた古典的録音構成の方法は、状況の重さのみを固定化し誇張してセンチメンタルになることで、現実を一面化した。（KR夜11時代番組、QRマイクの広場。「私は貝になりたい」）また、こうした態度を否定し、状況をのりこえて生きて行く子供たちの生活を写実的にリアルに描いたものは、生活記録運動と同じく、記録の中に実感でとらえられないもの、〃写実〃でとらえられないものをもちこむことができないために、尽きることのないアクチュアリティの泉である子供の世界を描きながら、定型化し、無葛藤的となり、また子供以外の生活の世界を生々と描く方法になり得ないでいる。（KR「伸び行く子供達」「教育新地図です」「空中劇場・ハイ、夕刊です」等）

しかし、これらの制作者は、とらえるものと、とらえられるものとの間に厳しい葛藤、対立がないことによって弱められてはいるが、その前提として、一人の現実をかえて行く人間として状況に参加しようとする意思があった。

吉田氏は、「仮説の純粋さ」を守る難行苦行に主体の責任が賭けられているといわれるかもしれない。たしかに〃その中に〃のみとどまって、聴視者の欲望にこたえないことも難行だが、われわれにとって、仮説が事実によってかえられて〃その外に〃出て行くこともまた、より大きな苦行なのではないか。

その苦行のない文明批評家によって〃仮説〃はつくられないのではないか。

わたしは、吉田氏の〃仮説〃理論を次のように補足してみたい。

「おのれに不利な実験結果を初めから一切排除する」ことをさけるという消極的立場ではなく、おのれの仮説は、現実の容赦ない力で否定され、変えられ、最後の演出にいたるまで新しい仮説に組みなおされる。そして、「アクチュアリティ」の創造的劇化について、吉田氏のいう、フライ・ターク流の考え方「社会現象と社会現象の間の葛藤、仮説と現実と格闘が適確に発見され、浮ぼりされる」構成が〃劇化〃だということをもっとはっきりさせて、木下順二氏の〃劇〃の定義にならって、「最初の仮説が最初の仮説でありつづけようとしながら、現実との葛藤の中で発見を行い自らを否定し、異なる仮説に展開することが、〃劇〃である」と考えたい。いくら矛盾する現象が並んでいても、主体の介入なしに劇は起らない。そして、その〃劇〃が〃構成〃を支えるのだ。

また、自然科学と違い「人間社会のアクチュアリティを素材とするドキュメンタリーにおいては、虚偽のものをあくまでも真実として説得できる。」ドキュメンタリーフィルムの構成とは「何を見せないかにある。何を見せないかを読みとれば、制作者が何を真実だと考えているか分る。」「ところが『仮説』の態度で入ったものは最後も仮説のかたちで終ります。三十分間仮説と現実の衝突する過程を示し、そのままふつきれて聴視者になげ出され、今度は聴視者のアクチュアリティのなかでの実験結果を待つ」という吉田氏の所論については、しかし、三十分間、示された衝突の過程の構成されたものは、制作者の主体の責任を賭けた真実であって、その虚偽は、この〃劇〃の世界の「立体性」「空間性」によって正確に聴視者に判断されるのだ、と私は補足訂正したい。

以上は〃放送文化〃一九六〇年二月にのった〃テレビ・ドキュメンタリーの構成〃についての批判であるが、もう一点、「若い日本の会」シンポジウムにおける次の発言を検討したい。

「たとえば、文部省と日教組が対立している。公正中立という理想のためには、その何れに対しても、必要なときに否定的態度をとれる余地を、態度のなかにもっていなければならない。そしてその二者の対立から生まれた、才三のものに対してもやはり同じ態度をとらなければならない。この精神の運動は果しなく続く運命をもっているのである。」又、「日本の群衆、マスコミの状況下にあって、最大の悩みは、己れの座標をどこに位置するかということだ。公正中立とはもともと虚点のことだ」ともいっている。

しかし、われわれの仕事は「虚点」における創造なのであろうか。われわれはいわゆるマス・コミ的観点からする〃群衆〃に対して伝達しているのだろうか。結局のところ、私はそう思わない。私は組織の要請に従わないためにそう考えられるのではない。「公共のための放送」は次のような規定をもっている。

放送法一条二項。「放送の不偏不党、真実及び自律を保障することによって放送による表現の自由を確保すること。」

同、四四条三項（これは民放も同じ）、「協会は放送番組の編集に当っては、左の各号の定めるところによらなければならない。

一、公安を害しないこと。
二、政治的に公平であること。
三、報道は事実をまげないですること。
四、意見が対立している問題については できるだけ多くの角度から論点を明らかにすること。」

又、民間放送連盟基準は「言論の公正」「資料は特に客観的で権威ある」「一党一派にかたよらず公平に」という言葉を使っている。これらを通じて〃中立〃という言葉は使われていない。「不偏不党」を〃中立〃と解してよいかどうか問題がある。「公平」は勿論〃中立〃と同じではない。又、職場で現実に要請されていることと、法的なたてまえは区別してゆく必要があるというのが私の考えである。もし〃中立〃という言葉があったとしても、右に引用したように解決してよいかどうか。私は〃実証する〃というわれわれの義務の側から右のような要請を解釈して行きたい。事実の容赦ない力に従うことは公正である。事実を否定することはできない。勿論〃事実〃はそこらにころがっているわけではないが、われわれの仕事は事実を発見し、事実の連関を発見しなければならない。われわれは、不偏不党ということを、法的には四四条の四項、実質的にはその事実と事実の連関によってとらえられた現実の「空間性」「立体性」ということによって具体的に判断して行くように要求すべきなのではないか？ それが公平の理想ではないか？

又、われわれの伝達する民衆は、そのような理想をもった、つまりわたし自身その中の一人である民衆ではないのか。

わたしは、結局、虚点に立っているとは思わない。

わたし自身、今つくりたいと思っているのは、かつて「菅生事件の記録」で試みたような形の攻撃的ドキュメンタリーでなく、民衆の内面に攻撃をかけるようなアクチュアリティをもった記録＝現実をとらえることである。空中劇場「四月二十六日国会前」という作品は、作品とはいえない粗雑なものであったが、全学連の半日の行動の記録と、父母、息子、娘を演ずる役者によるこの同じ日の東京各紙の各面の新聞記事の断片の朗読、ラジオの歌謡曲放送などを交錯させ、その間に父母、息子、娘の日常生活に対する聴視者の批判をよび起そうとした。これは単なるコントラストとして堂々めぐりしたという批評もあり、あるいは、雑誌「教育」（6月号マス・コミ時評6月）によれば「時々刻々才三者の立場でなく全学連の行動に賛否いづれかの決定を自分の中で表明し、そこに真実をみつけ、次の瞬間には自分の決定に気づき、よろめきつまづきながら一つの真実へと近づいて行く過程のなかで考えさせられたのである」という風な好意的な解釈に飛躍したものもあったが、ここで考えた方法を生かして行きたい、と今考えている。色々とつくりにくい素材も増えて来た。しかし、私はいつも思いうかべる。

明治三十六年、農商務省発行の〃職工事情〃は、小心な官僚達の手にあったものでありながら、杉浦民平氏が指摘するように、（岩波講座12巻）熱烈な下層民に対する同情を抱いていた横山源之助の「日本の下層社会」よりもはるかに強烈な現実感をもっているドキュメンタリーの方法を創造した。

われわれは、これを意識的な方法としなくてはならない。それは「独占」の中にあって、「独占」の中にいるがゆえに「独占」の外に、つまり電波の本来の所有者の中へ出てゆくことのできる方法である。

●記録映画

1960年6月 安保への祭り

製作運動について

その映をとりのぞけ／野田真吉

（演出家）

(1)

アメリカ大陸における、かつての奴隷船の都市ニューポートに、毎年ひらかれる「アメリカン・ジャズ・フェスティヴァル」の記録映画『真夏の夜のジャズ』をみた。ジャズの強烈なリズムを、黒人奴隷とともに、アメリカ大陸にはこんできた、この港町に、ジャズ・フェスティヴァルがひらかれるのは一種の皮肉さえ感じられる。アメリカ大陸の征服者である白人たちが、いま彼等の奴隷の音楽に、彼等の心が征服されているのを考えるとアメリカの社会と文化というもののもっている新しさと頽廃をいろいろと考えさせられる。また、原始芸術や民族芸術というものを、たんに、それへの復帰とか、回帰とかいう形でとらえるのでなく、それらを足がかりとして、否定的な媒介として、今日的な、インターナショルなものへと止揚としていく問題なども考えさせられる。それはそれとして『真夏の夜のジャズ』はいままでのこの種のショウ的な記録映画としてなかなか手際よくできているといえる。みていてたのしい。というのは映画的にうまく表現されているというのではない。登場者のすばらしい演奏や歌ぶりにひきこまれるのである。老いたりといえアーストロングがタコのできた唇にあててのトランペットやジャックソンの霊歌、チーコ・ハミルトンのエネルギッシュなドラムなどの対象そのものの強さが、みるものをひきこむのである。この映画もその点、対象によりかかった自然主義的な方法をでてはいない。対象に対して受動的であり、対象への作家のするどいきり込みが稀薄である。

だが、対象の強さが逆に作家の素朴な記録主義をうちこわして、せまってくるところがある。

この映画で僕はそうした個処に、大変、興味を感じた。たとえば演奏者たちのエネルギッシュな演奏ぶりを顔のクローズアップでとらえたところである。彼等の顔面がデリケートで、熱情的なうごきをみせ、そのうごきと陰影は、演奏する彼等とその音楽の「映像」となり、それは単なる誰、彼の顔でなくなっているところなどである。

僕はこうした素朴な記録主義がその記録主義の特質によって内部からうちこわされているところに、注目したのである。その特質を対象によりかかった素朴な記録主義の結果としてでなく、意識的、積極的に、とりあげることで、今日の重層的な状況にたちむかう方法の基点がとらえられると思うのである。このような記録主義をおしすすめるためには、対象への状況的記録と同時に、対象の分析、解体による抽象をともなう、つまり、記録と抽象とを否定的媒介とした、両者を表裏一体とした統一的な方法をもたねばならない。

話はだいぶん表題の『一九六〇年六月』の製作報告からそれてきたようであるが、『真夏の夜のジャズ』をみた僕は、『一九六〇年六月』（以下、「六月」と略す）においても協同創作の過程において同様な欠陥をみるからである。安保反対闘争の――対象の強烈さの前に作家たちは素朴な記録主義を克服しきれなかったことである。底しれず湧きあがった安保反対闘争の人民のぼう大なエネルギーに、作家はよりかかっていたことである。よりかかったというのはつきることをしらず、湧きあがったさまざまな階層のエネルギーの姿を作家の内部にとらえず、デモとか、整然たる統一行動とかという外部的ステロタイプによりかかっていたのである。対象の外的なはげしい動態によりかかっていたのである。それは一部に商業主義のニュース映画的な、センセイショナリズムをねらい「事件をまちうける」といった態度にもあらわれたものである。

こうした協同創作による製作過程での欠陥は、当然、構成編集の段階にも反映し、完全に克服しきれなかった。完成した作品はそれを証明していると思う。

このような欠陥は「安保反対映画製作委員会」（教育映画作家協会、自由映画人連合会、勤労者視聴覚事業連合会によって結成）で、いわゆる作家の政治意識の低さといったような型どおりの批判があった。発言者がどんなに高い政治意識をもっているかわからないが、そんなことで問題を片づけようとするところを見ると、あまり政治と芸術との関係もわかっていないようだ。

政治意識のたかさが、ただちに、作品の内容のたかさとなると思うストレートな考え、いいかえるなら作家がたかい政治意識にもとずいた現実認識の青写真をもっていれば、作家たちがそのような青写真をそろえてもっていれば、あのような欠陥を克服できるという、単純化した問題把握では問題は解決されないと思う。

素朴な記録主義は自然主義に通じ、対象

に没主体的によりかかるものであるから、作家の主体意識と対応した方法意識が欠如している。

それに対して、固定化した画一的な現実認識の青写真によって、対象をとらえることは自然主義の没主体性のうらがえしであり、構造的にみて、その延長にしかすぎない。そこには同じように方法意識の欠如があり、作家主体の喪失がある。対象にベタツイた自然主義的方法を打破し、克服することは作家主体の確立とそれに対応した方法の確立である。それによって、対象は作家の内部の屈折をへて、作家独自のイマージュを定着し、作品化する。作品において作家の政治意識はその屈折のなかに、現実認識として反映してあらわれるものである。

以上のように政治と芸術について、作家主体と方法についての問題の未解決は『六月』の創作過程のなかに、随所に、問題を提出した。それは、作品上の問題だけでなく、構成編集の段階においては、政治的現状の把握の問題、さらに、それと関係して映画自主製作運動全体のヴィジョンとプログラムについて、とくに、配給業者の連合体である「勤労者視聴覚事業連合会」（以下「勤視連」と略す）と教育映画作家協会（以下「作協」と略す）の作家グループとの間に、見解の相違となってあらわれた。この報告は製作中に起った問題点を指摘し、今後の運動の発展に資するためにかいこうと思う。

(2)

『一九六〇年六月』は大沼鉄郎、富沢幸男、杉山正美の諸君と僕が構成編集にあたった。五月末から六月いっぱい「安保反対映画製作委員会」のもとに延三百名にあまる「作協」「自由映画人連合会」その他企業所属、無所属の作家、技術者の積極的参加をえて『六月』は撮影された。このような結集はいままでの映画自主製作運動にみられなかったものである。また、企業から多数の機材カンパ、「勤視連」の財政的バックアップなどによる総力の結集がこの映画をつくりあげたといえよう。

僕は安保反対の統一的な意志のもとに、かつてない映画人の結集の一つのあらわれとして今度の製作運動をたかく評価する。とくに「作協」の作家たちが多数参加したことは『六月』の製作運動をつよくおしすめた。その成果を僕たちはいま、さらに発展さす段階にある。そのためにはまた今度の製作運動における成果とともに内部の欠陥をもあきらかにしなければならない。

僕は今回ほとんど撮影にでず、もっぱらデスクの仕事を手伝った。だが、現場へは撮影班との連絡や状況把握のために、毎日でかけた。時間をみて、デモにも参加した。五月末から七月までの一ケ月は闘争のたかまりのなかに緊張しきっていたので、アッというまにすぎさった。だが、僕にとって（いや闘争に参加したすべての人々がそうであったであろう）、その日々はかってなかった重量のあった一日一日であった。それは六月の安保反対闘争のもっていた歴史的な重量感でもあった。その重量が重かったことを感ずれば感ずるほど、その重量が敵をうちすえる方向に組織され、行動化されなかったうらみがさらに重量感をまして僕にのしかかってくるのであった。

そうしたズッシリと重い闘争の体験を荷って、僕たち、編集グループは、七月初め一応、撮影をうちきり、構成編集にとりかかることになった。僕が直接的な編集作業にあたり、前記のグープの諸君が意見をだし、訂正し、また、編集するといった繰返しのなかに、グループの意見を統一しながら編集はグループ作業ですすめた。使用ネガは、十六ミリ版で約三千米に及んだ。ラッシュ整理だけで数日間もかかった。編集は録音日まで二週間深夜作業で毎日つづいた。こんな苦労は別に、いつものことなのでなんでもない。僕たちの仕事が意義あるいい仕事になれば、また、僕たちの考えが十分にもりこまれ、表現できればそんな苦労はすぐ消しとんでしまうものである。数班の撮影班が毎日ほとんどちがった監督やキャメラマンによって組織され、協同作業によって撮影されたのだから撮影に参加した各人の意義や方法、また技術の差異などの条件があるのはあたりまえである。それにくわえて、僅少な製作費のワク（キャメラ台数や使用フィルムの量などのワク）はひろく、ふかく、うごいてやまなかった闘争の姿をとらえるのに当然、制約がうまれる。また、それらの条件とともに、デスクが十分に、闘争の全般をつかみ、撮影班を有効にうごかすには組織的に弱かった。デスクのほとんどは撮影にでていく有様だった。六月三日のスト以後は毎日、数班をくむのにやっとであった。撮影班は、昼間、他のところでしかけている作品の撮影をすまし、夜間参加する者とか、その日、撮影がないので参加したとか、という参加者によって組まれた。このような状態は撮影に対する十分な討議、意志の統一を欠いた。それらの諸条件は撮影されたフィルムに反映するのは必然である。このような製作上の前提条件は、いつでもこの種の記録映画自主製作運動にはつきものであり、それがマイナスであり、遂次改めなければならないものであるが、現段階での僕たちの力関係では、ことに、今度のように長期にわたる製作の場合、やむをえないものがある。僕たちはそれを覚悟の上で製作をすすめた。僕たちはそれらの弱点を創作上の創意によってうちかつべきだと思い努力した。

だが『六月』の構成編集の段階で、製作委員会の席上で、僕たち、編集グループと「勤視連」との間に、自主製作運動のとらえ方、ひいては、政治と芸術の関係についての見解にちがいのあることが、前にいったように安保反対闘争の総括についての討議とからんでハッキリし、解決されないままに、作品の完成期日がきた。

いままでも「勤視連」やそれに加盟している配給業者と作家側（記録映画製作協議会から教育映画作家協会にいたるまで）との共同製作の場合、そうしたくいちがいは潜在的にずーっとつづいており、時々、表面化していた。それは初め、主として運動における経済的な面での問題で、作家たちが、ほとんど無報酬で（時として最低の報酬で）技能のカンパとして、運動として参加し、きりつめた予算のなかで製作に従事したのに対して、配給上の収入は配給側の機材費、録音費などの出資や出費を優先的に、トップオフして、補てんした。その出資、出費をうわまわる収益があった場合も、まったく運動のために還元されずにいるという、両者が運動として参加する場合の経済的な負担がフェアな形でない、不合理な状態に関するものであった。その例は記録映画製作協議会の時代においても「作協」となっても、あげることができる。これは運動における方針とそれにともなう経済上の原則がアイマイであったことである。

つぎに『安保条約』（企画、総評、製作、作協、勤視連）の製作過程では、芸術の果す役割とそのプログラム、そして、作品を活用する政治工作の役割と、そのプログラムについての両者の独自性と統一の見解の不一致、作家と総評、勤視連、との間に、クローズアップされ、暴露された。

こうしたことは、現状に対する適確な分析をもたず、ひいては、つくり手（おくり手）から、うけ手（観客）にいたる一貫性をもった自主製作運動の方針をたてえないところに問題の根源がある。一見、各分野で方針らしいものもつくりあげてはいるが、全体的な運動のヴィジョンをもたないので、せまい経験主義とセクト主義のなかにおちいっていると思う。

(3)

記録映画の自主製作運動はまず、反体制の運動の一つであり、闘いである。既成の体制側の組織を否定するものであり、そのような組織とは必然的に異質な構造と運動の形態をもつ闘う運動でなければならない。

一般的にいままで、映画自主製作運動の三つの要素として、製作、配給、観客、の三者があげられている。製作と配給は車の両輪だという。僕は原則的に、僕たちの映画自主製作運動は、製作（つくり手）とうけ手の観客（組織）が運動の車の両輪だと思う。それは映画のつくり手とうけ手とが、資本主義の利潤追求とイデオロギー攻勢によって、断絶され、両者が疎外されている現状に対して、両者が直結し、協同し、自主的に、社会変革をめざす映画の製作上映運動を闘い展開することを目的とするのが僕たちの製作運動であるからである。（だから、それは社会変革の諸運動と連帯するものである。その一翼である。）

映画のつくり手とうけ手との直結、――両者を両輪とし、社会変革を軸とする僕たちの製作運動は構造的にみて、商業主義映画の機構とまったく異質である。それは僕たちの運動が体制イデオロギーの天下り的、おしうり的な、配給を軸とした機構を否定し、対決するところにある。商業主義映画機構において、配給業者が、製作部門に対して、特権的な発言権をもっているのは利潤追求の目的を遂行する役割をもった映画資本の当為者であるからである。だから、自主製作運動において、その配給業者的性格はもっとも排除さるものである。僕は製作、配給、観客を三要素として組織される自主製作運動に、また、製作と配給を運動の両輪とする考えにも、運動の本質にてらして、まちがっていると思う。

僕たちの運動の場合には配給（「普及」といっているのはいい）というものはつくり手とうけ手（観客組織）に従属したサーヴス機関であるべきである。それは車の両輪（つくり手とうけ手）の潤滑油の役割を果すものである。つくり手とうけ手とのむすびつきを助長し、発展させるものである。配給業者が映画自主製作運動に果す役割はいままでのべた原則にのっとって、まさに、その企業的性格を自己否定する方向に努力することが、運動を成功へとむかわすものである。もちろん、運動の未成熟な現段階にあっては、しばしば各自の役割以外（製作、観客組織工作など）にも活動すべきこともおこる。ある時には本来、運動のなかでは否定さるべき企業的性格を活用することで製作運動をすすめる立場にたつこともあろう。

だが、その本来のサーヴス機関としての役割と任務を忘れる時、たとえば製作資金の調達やフィルム購入先のコネクションといったものがつきまとう配給業者のもつ企業的性格が運動にだきあわされ、運動における中心的地位と製作のイニシアテイヴが自分にあるかのような錯覚をもつ危険性をはらむ。僕たちは北星映画を中心とした独立プロの国民映画製作運動において、運動と企業がまざりあった欠陥をみてきた。また、僕たちは記録映画製作協議会の製作運動で、つくり手（作家）とうけ手（労組、サークルなど）との合作という自主的な製作運動の可能性の貴重な経験をもっている。僕たちは今後の運動に、この二つの経験を批判的に摂取して、活かさねばならない。

では、両輪はどのようにして、運動をすすめるか。とくにつくり手とうけ手との関係はどうか。つくり手（作家）とうけ手（観客）とは相互に独自の立場をもち、作品をとおして交流する往復運動のなかで、作品によるうけ手の意識変革はよりたかい作品の生産的基盤となり、その基盤によって生産された作品はさらに、うけ手の意識変革をうながす。その往復運動は他の社会変革をめざす諸運動との連関の上になりたつのは当然であり、往復運動そのものも平面的な相互交流でなく、作品をとおして、うけ手の先頭にたつ政治工作者がうけ手に仂きかける前衛的な変革工作でなければならない。それは作品をみせればいい、うけ手の意見にしたがえばよい式の俗流の大衆追従主義や改良主義的な自然成長主義と異ったものである。作品が意識変革の、また、社会変革の闘いの武器となるのは政治工作者が政治のプログラムにしたがって、作品をとりあげ、活用する時、闘う武器となりうる。うけ手（観客）組織運動の政治的工作者はそのような前衛意識をもって、つねに作品の運用活用をすべきだと思う。同時に、作家も、うけ手を生産基盤として、さらにそのような前衛工作にあたいする前衛的な作品をうまなければならないのはもちろんである。現在の配給関係者の運動への参加はこうした、両者の往復運動の推進工作の役割をもっている。映画自主製作運動はそれらの各分野での独自な役割をたがいにあきらかにし、運動のヴィジョンとプログラムにそった活動をくまねばならないと思う。

『六月』の製作過程において、編集グループは勤視連の配給グループと右のような各自の基本的立場と役割の理解の不足によっておこった見解の対立がつねにあった。たとえば、僕たちは『六月』を、作家の眼でとらえた闘争記録を「作家の証言」として提示する作家的な立場で、構成編集しようとしたのに対して、彼等は一つの政治的結論のもとに構成すべきだと主張した。これは作品の機能と、作品を活用する政治的工作活動との運動における独自性と統一の関係がただしくうけとめられていないことをしめしている。このような基本的な問題が徹底的に討議されず、対立のまま、『六月』は完成をせまられた。そうした一種の妥協的産物として作品をださねばならなかったことは、僕たちにとって何ものにもかえられない苦痛であり、また、作家的な責任を痛感するのである。

また、『六月』の製作運動における経済的な問題もスッキリとしないままである。(2)にのべたように運動の経済的側面、つまりヒモツキでない製作資金の蓄積は現段階の映画製作運動に軽視できない重要な点である。その皆無の状態がどんなに、これまで、運動を停滞させているか。記録映画の自主製作の場合、企画と製作に機動性を必要とすることを考えてもその重要性がわかる。それは、また作家の創造性をたかめる点にも大切である。

『六月』の場合、総経費は約百六十万円で、その内訳はフィルム費、ロケ費などの直接費約六十五万円が勤視連側によって出資され、作家、技術者の参加による人件費（無報酬なので、最低の日当に換算した金額）約九十五万円である。僕たちは、製作の当初から製作委員会は製作につぎこまれた金銭、労力（技能）のいっさいを金額的にあきらかにし、委員会としてフェアな立場で経済的問題を処理すべきだといった。『六月』からはいってくるだろう版権は今後の製作運動のために、一応、全部、委員会に積立ることを主張した。勤視連側はまず、版権収入を彼等の出資した直接経費の回収にあてるべきだといった。その考えはいままで通り、自主製作運動の一単位として参加していることを忘れられているのではないかと僕は思った。彼等の企業的性格が運動参加の場合、ハッキリと区別しきれずにいると思った。大衆団体の参加による自主製作運動の場合、経済問題はもっともフェアであるべきである。すくなくとも原則を確認の上、その方向にそって、その出資の内容をあきらかにし、その支払が優先するものならばするものとして処理すべきである。製作委員会の製作報告書をみると見込金額であろうと人件費がぬけている。これはおかしなことだと思う。今回の場合のように、自主製作運動をささえる労組などの視聴覚教育運動の前進とともに、フィルムライブラリーの整備、勤視連を結成している配給関係者の企業的成長、「悪法」からつみかさねられた「作協」での自主製作運動への関心と理解の上にたった積極的参加、しかも、安保反対闘争という戦後最大の闘いのなかに結成された、製作委員会は、その形態上からいって、また、参加団体の積極的行動の面からいって、画期的なことだといえる。自主製作運動におけるモデルケースといえる。だから、製作委員会は原則的に、ただしい方向と態度をうちだし、いままでの欠点を是正し、今後のあり方をしめすべき機会であり、その可能性をもっていると思う。いつも問題となってつきまとってきた運動における経済的な点も今度はあきらかにすべきであると思う。

以上、まだ書きたいことがあるが、僕の個人的な意見として、とりあえず、主な点にふれてみた。

僕たちは『一九六〇年六月』の製作過程での経験と教訓を、いま、さらにふかめ、討議をおこす必要があると思う。ここにある問題はいまにはじまったものでないだけ根はふかい。それ故にその根をとりのぞくことは今後の運動の発展にふかくかかわっていると思う。

檻の中の狐

●長野千秋
（演出家）

「記録映画」才八号で、「相手はタヌキである。従って当方はキツネの英知を持たなければならない。……」という桑原武夫氏の論文を、さかんに感心した花田清輝氏は、「笑ってうまくだますことに習熟さえしていれば、今日のマス・コミの波にのることぐらい易々たるものである。……教育映画の前途には、あかるい未来が約束されているのではあるまいか」と述べている。

社会教育映画も、P・R映画も大小さまざまな壁があると、八方ふさがりの声が多い中で、これはまことに結構な話なのでキツネの英知とはどんなものかと、この、「ライネッケ・フックス」という奇妙な題の論文を続けて読んでみたが、批評家というものはまことに無責任なもので、「キツネの英知とはニューヨークの王様のチャップリシのように笑ってうまくだますことだ」としか書いていない。

笑ってうまくだますことが簡単に出来さえすれば何も苦労はしないさ。

そこで、いろいろ狐と狸についての昔話を読んでみると、狐や狸が人を化かす話は沢山あるが、お互いに化かし合う話はあまりない。もっとも狐と狸というと、狐の方が狸よりもはるかに化け方がたくみのように思える。狸の方は、なんとなくユーモラスで、すぐ化けの皮がはげるような感じがする。

所が異例があって、佐度に伝わる「大名行列」という話がある。これは知恵くらべの為に、狐が遠路はるばる佐渡の狸の所にやってきて化しあいをするのだが、先づ狐がいろいろなものに化けてみせる。次に狸は「大名行列」に化けると言って姿を消した。しばらくして、立派な大名行列が前を通るので、感心した狐は飛び出して大いにほめた。所が、これは本当の「大名行列」だったので、狐は忽ち侍に切り殺されてしまったというのである。

この狐と狸の化かし合いで、狸は地元という有利な条件のもとにまんまといっぱい狐をひっかけたのだが、敵状の分析もせず、のこのこ挑戦に出かけた狐が敗れるのは当りまえの話である。

つまり、狐は、うっかり相手の土俵で相撲をとっているということを忘れてしまったわけだ。

映画製作の場に於ても、相手の土俵で相撲を取っていることを忘れたような作家の発言が大変多い。松川八洲雄が「人間と胃袋のためのプログラム」の中で述べているように「私有財産制にのっとった会社なり政府の対公共関係の場の中での映画製作」という土俵の中で闘っている事を失念し、キツネもタヌキも同類と錯覚し、それが日常となっている為に、大島正明のように、「作家の側からのスポンサー教育論」等という全く見当ちがいな作家精神が芽生えてくる。これでは何時迄たっても、相手を化かしたつもりで自分が化かされて、オリの中に入れられて、しまうことになりかねない。

そこで、現在は、相手の土俵で相撲をとっているということを充分にふんまえた上で、自己の目的を達成するために、こちら側の戦略・戦術をたてることが必要になってくる。もともと、動物寓話というものは「人間の社会に対する思惟が発達しない状態に適当している」ものらしいから、ただ目的もなく、だますことばかり考えて狐とか狸とかいう話を持ち出すのはまことにナンセンスな話で、「教育映画や、PR映画にゃ壁がある」等というお題目とそうたいしてかわらないように思える。

一体、現状の体制を維持していこうという例の土俵で映画をつくっている時に、この現実に対決し、ぶちこわしていくことに生甲斐を感じ、そういう自己を映画製作にかけているものにとって、色々な制約や障害があることはあたりまえの話で、これを「固定化した壁だ」などと考えて悩むことが、そもそもおかしな話だと思う。

このような「壁」といわれるものを、歴史の流れの中で、実践活動によって変化し発展していく「外部矛盾」としてとらえない為に、「P・R映画のわくの中で、作家はどうしたら良いのだろうか」等という歎きが聞えてくる。

このような矛盾を解決する道は、日常的な作家の柔軟な闘争しかないのではないだろうか。

つまり、映画製作の場に存在するのは、相手の土俵の上での、相手と自分の力関係なのだ。この中で、作家が自己のプログラムを、一本一本の作品の中で、何を、どの位実験し、その中で自己を否定し、自己を解放し、現実を変革するために、トータルな映画製作運動の中にどう還元していくかという方法をつくりあげていくことが必要だと思う。

つまり、社会教育映画とか、P・R映画とか呼ばれる映画製作の場も、単にそれだけの狭い粗野にだけ立つ事なく、ドキュメンタリーの方法として、外部と内部の矛盾との闘いを契機として、新らしい創作方法を創りあげると同時に、それを発展させる為の相対的な運動論をも含んだ、大きな展望の上に立たなければなるまい。

このような闘いに、作家がどこ迄かかりあうかによって、日本の現実の中で新らたな映画運動を展開していくか、又は旧態依然たる日常生活の中に埋没していくかの別れ道があるのではないだろうか。

「現実を変革する実践的闘争にみずから参加した場合にだけ、その事物、もしくはそのいくつかの事物の本質をあきらかにし、それを理解することができる。」と毛沢東は実践論の中で述べているが、まことにもっともな話で、歴史の流れの大きな展望の中で、自己のプログラムを創り、明確にし、創作方法をいくらかでも実験していく場がころがっているということは、全く作家冥利につきることではあるまいか。

僕がこのような事を痛感してきたのは、まさに安保反対闘争を通してでもあった。

「一九六〇年六月、安保への怒り」の映画を見れば如実に現われているように、東京での安保反対闘争は、自然発生的に盛上ってきた莫大なエネルギーが、相手との対決をいつも回避し、弾圧の危機をさけて通ったが為に、闘争を契機として創造的なエネルギーに再生するという質的転換をすることができず、僕達の身体の中に逆流し、重苦しく沈潜してしまったと考えられる。

所が、この映画にでてくる三池の労仂者の姿をみると、わずか数カットだが充実した連帯感とエネルギーが感じられる。

三池の闘いは度重なる弾圧も組合員の闘争意欲にブレーキをかけることはなく、たたかえば弾圧されるのが、あたりまえの話と考えられ、弾圧がなにに加えられるのか、毎日身をもって体得してきた、組合員は、その中で鍛えられ、闘志がみがかれていったと思われる。だから「はじめて三池にきたオルグは、異常なまでにきびしいたたかいの空気に、とまどいを覚える。荒縄の帯をむすびヘルメットや覆面に身を固めたホッパースタイルにたいていのオルグは胆をぬかれる。たいへんなたたかいだと思う反面、こんなにまでしなくてもというためらいを感じる。しかしそのためらいは、ほんのしばらくのものである。暴力団に出会い、警察官と対決したオルグは、すぐにピケラインの気分にとけこむ。これよりほかにたたかう道のない争議の深刻さを知って、当然のことのようにオルグもヘルメットをかぶる」（三井三池たたかいの記録）又その一面、心配のない時は平気で裸に近い格好でピケにでかけるという。まことに変幻自在な方法がある。

こうして闘ってきた三池には、色々新らしい事態が生れ、日々あみ出す戦術や、日頃の生活ぶりに生き生きとした創造的な面がでてきているといわれる。

八月十三日づけの図書新聞の三池レポによると、「ともかく労仂者というものはいろんなことを考え出すものだ。ホッパーパイプもその一つで、はじめ労組員は青竹を手にしていたが、警察からそれは武器とみなすという注意があったので、それを捨て素手でいたところへ、例の久保清さんが殺された暴力団の襲撃があり、これではかなわぬというので考案したのがホッパーパイプである。警官が武器だといえば『いやこれはパイプですたい』といって警官の前でプカーッと煙を吐いて見せるのである」と。

まことにたくましい創造力をうかがわせる話で、このホッパーパイプが、今は色々と加工され彫刻され、みがきがかけられて立派な民芸品として広く愛好されているという。又、数々の詩や歌がつくられていることは、三池の人々のエネルギーが、闘いを契機として創造的に高められ、質的転換を遂げつつある過程を感じさせる。

一方安保反対闘争の中では、これという歌も詩も生れてこなかった。僕達の出し得たエネルギーの大きさに、僕達自身がとまどった形で、そのエネルギーが、個人個人の内部生活に対決すると同時に、再び闘争の中へ還元し定着することができなかった。

僕達自身、誰かがやるだろうという期待をもってデモに参加し、一人一人が主体的に闘争の中に切込んでいくことができなかった弱さと同時に、このエネルギーを有効に組織し、創造的エネルギーに再生させる戦略・戦術を、指導層が持ち得なかった為に、六月の安保反対闘争は挫折したものと僕は考える。

針生一郎氏は「新日本文学・八月号」で三池の労仂者の闘争の二側面を次のように指摘している。「敵の包囲攻撃の中で、どこまでもたじろがず高姿勢でぶつかってゆく、ほとんど野性的なエネルギーと、その自然発生的な情熱をあくまで組織と理論によってきたえあげ、キメこまかにほりさげてゆく感覚と、大切なのは、どちらの要素も終着点でなくたえず自己をのりこえ、潜在能力のすべてをひきだしてたたかおうとする過程に、相互否定的にでてくるものであるからだ。ここには『暴力』と『違法』の非難をおそれて、整然たる低姿勢に跼蹐する良識主義はない。だが、それにもまして、ヒステリックな憎悪に駆られて猪突する一揆主義がたたかいにならぬことをかれらは知りぬいている。」と。

このような闘争の質的相異は、炭坑という特殊条件の中での労仂者の疎外の深さが、新らしい事態に正面からぶつかっていく危険性を犯すことによって現実を変革し、その中で自己を解放していく柔軟な、しかもたくましい道を見いだし始めたからではないだろうか。

映画製作の場に於ても、単に社長の顔やマークを入れることを拒否し、ただ、現在の政治機構に反対を表明する映画を作ることが作家の抵抗のように考えられているが、問題は、そんな表面的な小手先だけの狐と狸の化しあいの物語などではあるまい。

今の所なによりも先づ、創作活動を契機としてこの現実の中で抑圧され疎外されている作家の内面を深く堀下げ、それをぶち壊すことによって内部意識を解放し質的に変えていくことが必要だと思う。

そのためには、与えられたテーマの中でも、その中に自己をもぐりこませ、実験していく創作のプログラムを、トータルな運動の中で主体的に切開いていく柔軟な闘いを必要とするだろう。そこにこそ、複雑な現実を見きわめ、根底からくつがえしていく「創造的想像力」と「笑ってうまくだます英知」がつくられていくものと考える。

そして「笑ってうまくだます英知」とはいづれは、映画製作の場という土俵を、僕達の手に奪回することを目標とする創造的エネルギーとそれを有効に活用し得る方法にちがいあるまい。

お化け映画・その他／私の記録映画論

中川信夫

（演出家・新東宝）

円朝作「累ケ淵」、南北作「四谷怪談」橘外男作「亡霊怪猫屋敷」。以上三つ、三年つづけての怪談ものを作りました。

「怪談映画を作る苦心談をひとつきかせて下さい」

「さあ、苦心談といっても、他の作品と別に変ったことはないのですが」

「でも、怪談ものを、連続作られた経験による、ここがというようなところを」

「そうですねえ。結局どの映画を作っても同じことで、シナリオがよくないとダメだということです」

「やはり、人間が書けてないといけないのですね」

「大変平凡ですが、そういうわけです。お化け映画だからといって特殊にここがということはありませんね」

或る時の会話なのですが、実に当り前で、その外へはみ出すような議論もなく終ってしまいました。シナリオが大切なのはお化け映画のみならず、映画であるからには必須のことでありますし、そうかといってお化け映画を作るために、別種の方法があるかといえば私には思い当るふしがないのです。スリラー的な要素があるくらいの分類なら出来ますが、如上の会話のように、普通のことが普通にあるだけなのですから、愚答のままはなしは発展せずじまいでした。終りに、

「私はあまりお化け映画を見てないのですが評判によりますと、概してお化け映画には、お化けが出過ぎるといわれていますが、いかがですか」

「その通りです、私なども、いつもお化けを出しすぎるのです。サービス過剰なのだろうと思います。一つ、こんど作るとき

は、お化けの出ないお化け映画を作りましょうか。ただ、それでお化け映画を観るお客が満足してくれますかどうかですが、それは二の次にすれば、お説の通り、あまり御都合主義すぎるお化けの登場の多いことは、逆効果なのです。むしろ心理的に、出るか、出るかというところに重点がかかって、必要欠く可からざる時に出すという方法がいいのではないかと思います」

お化けの出る必然性。人間の妄想を、具象化したものがお化けだとしますと、むろん、現実にはお化けなど存在するわけもなく、お化けを想像し、お化けを見たという錯覚におちいる当人の心理状態が、ストーリーの流れの上に正確に掴めていれば、お化け映画は或る程度その目的を果したというべきでしょう。お化けの原因は、或は個人的であり、或は又社会的でもあることは、他のジャンルのストーリーとえらぶところはありません。それは、お化けを出すためのストーリーの作成される当初において決定されることで、人間悲劇の一つの表現形態とこれをも見なすならば、お化け映画といえども、その成立の原因が大切なことは今更くりかえすまでもありますまい。時代劇に限定するならば封建制の中の人間悲劇の諸矛盾を追求することから出発する方途などすくなからずあると思います。

昨年、独逸映画祭で、一九二四年製作の無声映画「ジークフリード」と、一九二六年製作無声映画「ファウスト」を見ました。才一次大戦後の混乱の中から生れた、これらの独逸映画のもつ、ゲルマン的特徴の強烈な、伝説と幻想の映画を見て、一つの激しい衝撃をうけました。単に、怪奇にたよったりしないその格調の高い製作態度は、安易におちいりがちなわれわれの自戒すべきところでした。現実社会を扱ったものでなく、伝説と幻想の中へ突入して、敢然とそれを成し遂げる、厳しい作家精神に頭を下げずにはいられませんでした。三十年余前に製作されたこれら二作が、無声映画であるにかかわらず、迫力ある芸術的感銘を与えたのは、表現形態の不備を補ってあまりあるその作品価値と言えましょう。色彩と音と、画面の拡大を見た今日の映画から反省して、多くの考察すべき要因を見せつけられました。

お化けは出ないけれど、ふたつながら、現実生活からはかけ離れた世界を描き、しかも幻想的な物語の中に、あれだけのシリアスな表現を遂げたことは、寔におそるべきです。勿論、われわれの作るお化け映画と、前者を同日に談じる愚を行うのではありません。ただ、お化け映画の、そのむこうにひろがる一つの可能の世界をここに置くのです。怪奇幻想風な映画の作られる上に、こういう高度のものもあり、卑近には、ドラキュラー風のものもあるということです。「ジークフリード」といい、「ファウスト」といい、共に大スペクタクル映画であり、そのスケールに於てはお化け映画などは吹けばとぶものにすぎません。大スペクタルお化け映画などは可笑しくて作れないでしょうが、せめてその成立のスタートに、人間のしっかり描けたお化け映画をということに帰納するばかりです。これでは堂々めぐりですが。

「地獄」を作ったことについては、今反省の中に様々な苦渋をなめています。その一つ一つにふれることは後日にゆずりたいと思います。主点に及びますと「地獄」という想像の世界を具現すること、この難業を、とにかくやってみたのでした。製作過程の悪戦苦闘の結果が、一つのかたちになってあのように出来たのです。シナリオから、完了まで、要するに、私は、この一つの作品において、次への、この種の作品への捨石を置いたと思います。文字を、画面に移行させる。この当然のことが、非現実の世界の具象化という段階で如何に困難を極めるかを如実に痛感しました。捨石といいましたが、これは自分にいい聞かせる一石なのです。お化け映画の線の上とはちがった世界、似て非なる世界。そして映画のもつ表現力を極限に、生かし得る幻想の世界。そこに一つの真実のテーマを追求するならば、未開拓の映画の分野は未来に向って門を開いていると思います。才一次大戦後の混乱の中から、ゲルマン民族がうち樹てた「ジークフリード」「ファウスト」を抜くような映画が、そろそろ出てもいい時機ではないかと思います。大スペクタクルの幻想風映画の出現を、日本にも見たいと望んでやみません。リアルな世界にのみ跼蹐しないで、未開の処女地に鍬を打ちこむこともものぞましいと思います。壮大な夢を描くべきです。壮大なロマンを。

●作品評「日本の舞踊」（羽仁進作品）

森谷　巌
（みすず書房勤務）

すぐれた舞踊はわれわれを興奮させ、陶酔の世界にさそいこむ。レニングラード・バレエ、菊五郎の踊り、弓川の舞……。

舞踊を巧みに使った映画も、『赤い靴』『ホフマン物語』『黒いオルフェ』のように、この陶酔の世界をつくり出す。映画で舞踊を扱う場合に重要なことは、オブジェとなる動きとその流れの精確な把握、そしてその音楽との関連の微妙なニュアンスの表現にあるといってよかろう。それによってはじめて、映画は舞踊のもつリズムを伝え、観客を別の次元に引きずりこむことができよう。

羽仁進氏の『日本の舞踊』は、わが国の伝統芸能を扱ったものとして、最初のものといってよい。だから、文化財保護委員会の企画による制約があったとしても、私たちがこの作品に望んでいたものは、単なるアンソロジー的なものではなかった。今日最も危機にされているともいえる伝統芸能が、現代の眼から見てもどれだけの力強さと魅力をもっているかを、形式はともあれ、表現して欲しかった。その期待が、もし見事にはずされていたならなにも改まる必要はなかったろう。決して単なる説明的画面の連続ではないだけに、考えてみなくてはならないのだ。

『演劇界』（35月5月号）に載った羽仁氏を中心にする関係者諸氏の座談会を読むと、企画の意図や製作の経過がわかるが、それによるとカラーで二巻というのが動かせない前提で、しかも舞踊全般の歴史もわかるようにという注文であったという。この無理を承知での原案でゆくと能にしても「融《とおる》」のほかに「翁」と「江口」があり、歌舞伎舞踊も「鷺娘」「年増」「夕月船頭」をあげている。それを全部いれたのではかえって印象が弱まるので、映画として一つのまとまった印象を与え、加えて見ていてドラマティックな感情を与えられるようにしようとして演目を少なくして出来上ったのが、私たちの見た作品なのである。

だが、複雑多岐な日本舞踊の歴史を全般的に出すことに拘泥したことは、この長さではやはり致命傷だったといわざるをえない。歴史的な展開の各段階のあいだの間隙が大きすぎるから、一貫したイメージを与えるわけにゆかない結果になった。歴史を追う以上は、今日の演目から欠けている部分を、遺された美術品等で補うという、いわば常套的な手法を用いる親切さがあってよかったわけであるし、この作品のように説明的手法を一切排するというのなら、はじめから根本的に構成を変えるべきではなかったろうか。

この作品の中でいちばん抵抗なしに引きこまれるのは、能舞台の「融」の後ジテの舞からオーヴァラップして地唄舞の「七つ子」になるところである。これは能の舞を多分に摂取している井上流の京舞へと、三味線が加わったことでガラリと雰囲気が変りながら、しかも根本にある動きの流れがほとんど同じであるという巧みな感覚の移行があるからである。しかも、前述の原案の順序によると、この「七つ子」はいちばん最後の項目に置かれているから、これを逆に歌舞伎舞踊の前にもっていったのは（ラストに新作の群舞をいれるためであったかもしれぬが）成功であったといってよい。そしてこの成功が、能以外に歌舞伎や人形浄瑠璃もとり入れている井上流の地唄舞を、歴史を無視してはめこんだ点にあるとすると、構成の工夫がこの種の作品にどんなに大切かよくわかるのである。

ところで、この映画の中で能と地唄舞の部分が成功したのには、もう一つの理由があると思われる。それは、スタイルのすっかり完成された能の舞や、衣裳を着けないいわゆる素踊のもつ抽象性が動きのどの部分をどのように撮っても、それなりにきちんとしたオブジェになってくれるということである。だから演出者が破格ともいえるような処置をほどこしてもちっともおかしくないし、それでも充分に見られよう。しかし、映画の後半にあたり、しかも全体の約半分を占める歌舞伎舞踊となると、思いつきによる一人合点のオブジェ化ははなはだ危険である。衣裳や背景が加わるばかりでなく、舞踊の要素や音楽が複雑化ししてくる。こういうものからその山場だけをピック・アップして全体を伝えようとする場合には、作品全体の釣合いをよほどはっきりさせてかからないと、誤解を招くばかりでなく、その作品に対する未知の観客の興味を殺ぐことになる。たとえば、この作品で私の気になったのは「舌出し三番」の三番叟のとらえかたである。いきなり舌を出している隈取りをした顔のクローズ・アップに始まり、鈴を握る手や軽妙な足さばきの部分的な強調はまるで西洋のピエロの扱いではなかろうか。これでは能の「翁」から流れをひき、更には豊作を願う郷土舞踊の流動的な跳躍をとり入れて出来上った作品の面白さを損うことになろう。またこの次に「将門」が入るのだがこれを出したのは舞踊劇の〝形式〟の典型としての筈を、ナレーションは草双紙趣味の物語の展開を説明するだけで、かんじんなことを欠いている。歌舞伎など観ることのない年少者への配慮、あるいは輸出を考えての処置であろうが、それではいけないのだ。むしろ物語性を除いて、振りを主にした歌舞伎舞踊の美の世界を強く押し出して、日本の舞踊はこんなにも美しく面白いということを感じさせるべきではなかったろうか。

舞踊全般の知識を広く伝えるのもよい。しかし伝統芸能の美しさで興奮させ陶酔させ、そしてその魅力について興味をもたせるような行き方があってよいわけだし、またそうあって欲しいと思う。この注目すべき二巻の映画のもつ問題はまだ沢山ある。これを手がかりにして、更に伝統を現代の眼でとらえるドキュメンタリーを生み出して欲しいものである。

三池・仂くものの心はひとつ

三池現地指導委員会

脚本
演出・徳　永　瑞　夫

撮影・清　水　　　浩

企業合理化による首切りに抗して立ち上った炭坑労仂者の英雄的たたかいの記録。（３巻）

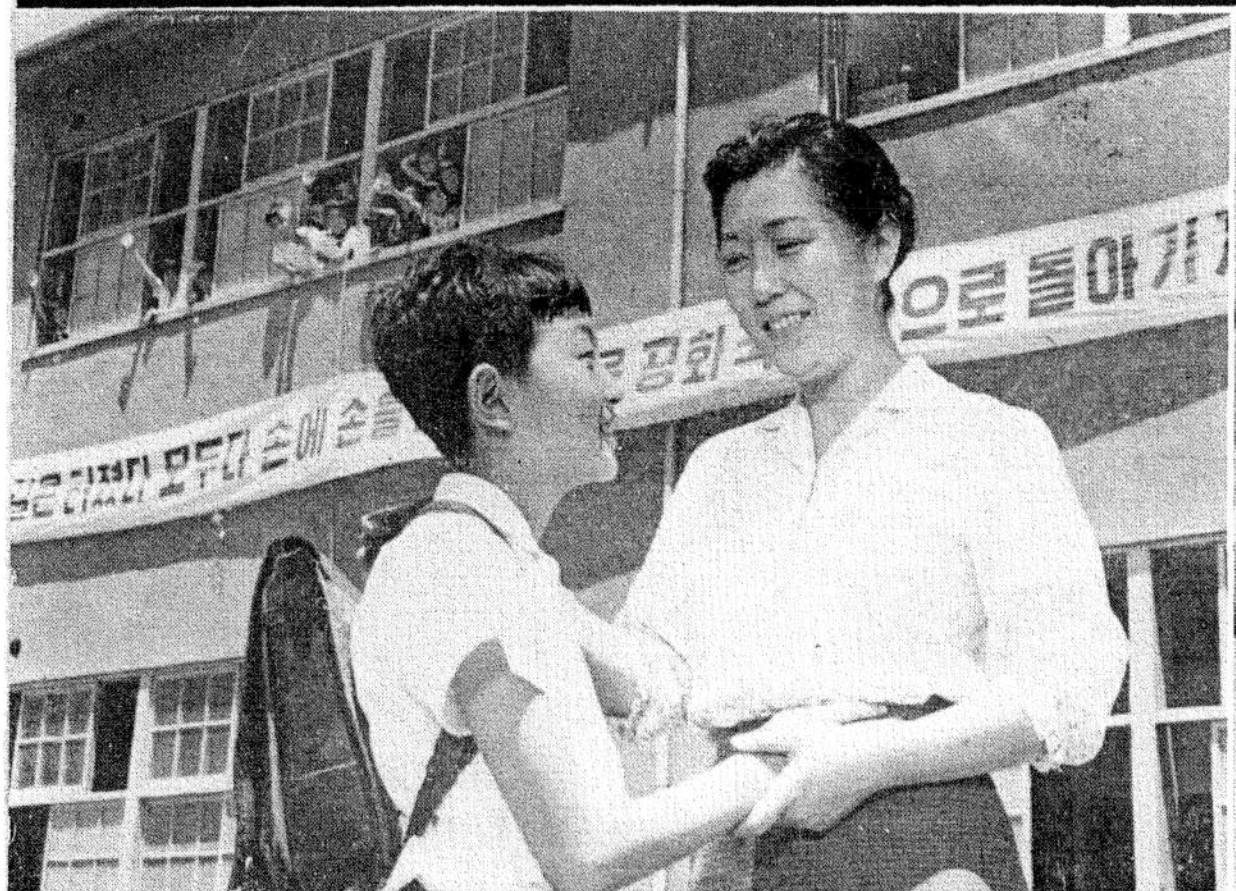

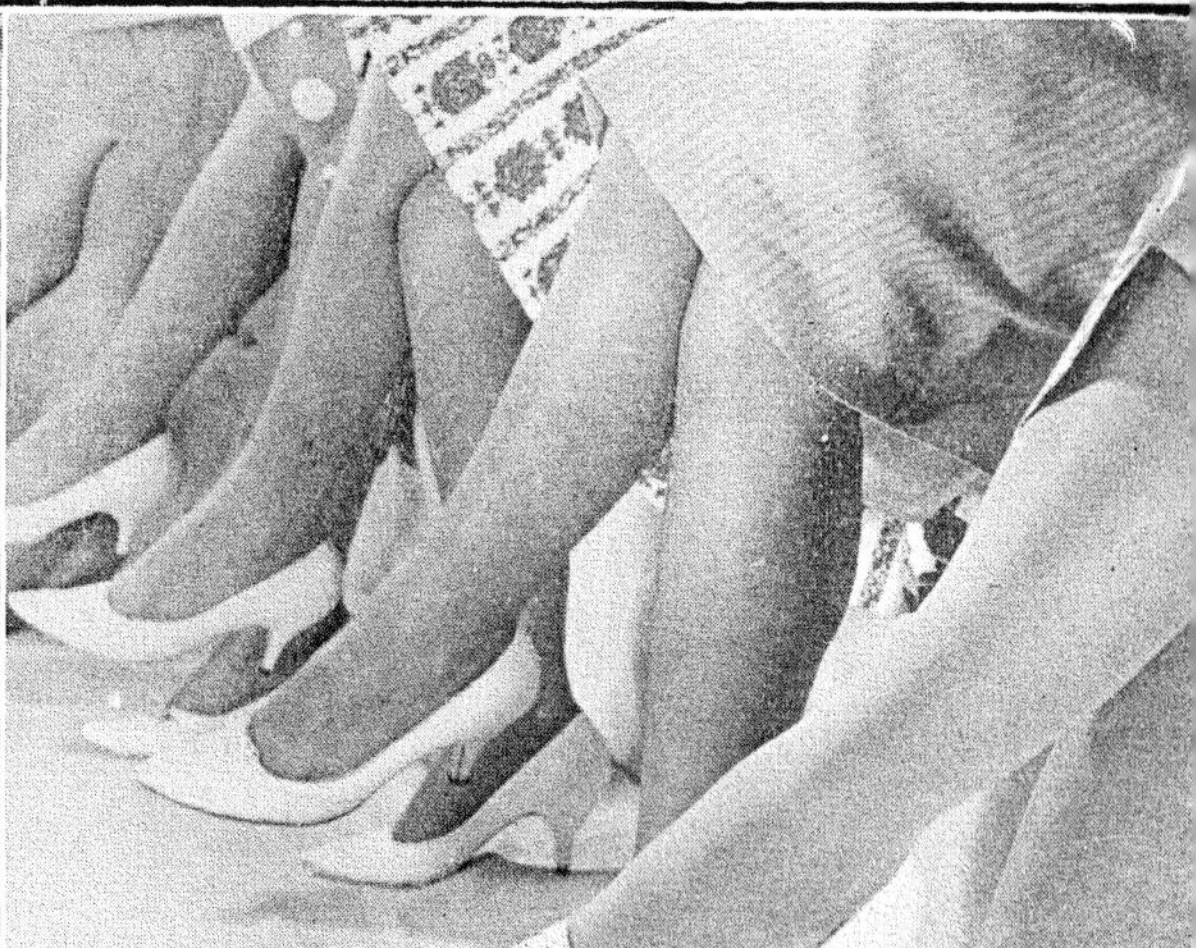

海を渡る友情

東映教育映画部

演出・望　月　優　子

脚本・片　岡　　　薫

撮影・中 尾 駿 一 郎

望月優子の才一回演出作品。朝鮮人帰国問題をドキュメンタルに描いている。児童劇映画に珍しい実験的試みも散見する。（５巻）

あなたは見られている

日経映画社

演出・樺　島　清　一

脚本・八　木　仁　平

撮影・森　　　　　康

女性美の魅力の焦点脚……。だがそれは意外に無頓着に放置されていることが多い。脚をとらえつつシームレス靴下の優位性を説く。（カラー２巻）

露路裏の灯

東映教育映画部
演出・豊田　敬太
脚本・片岡　薫
　　　瀬藤　祝
撮影・福井　久彦

両親のない三人姉妹が大都会にたくましく生きる児童劇。（五巻）

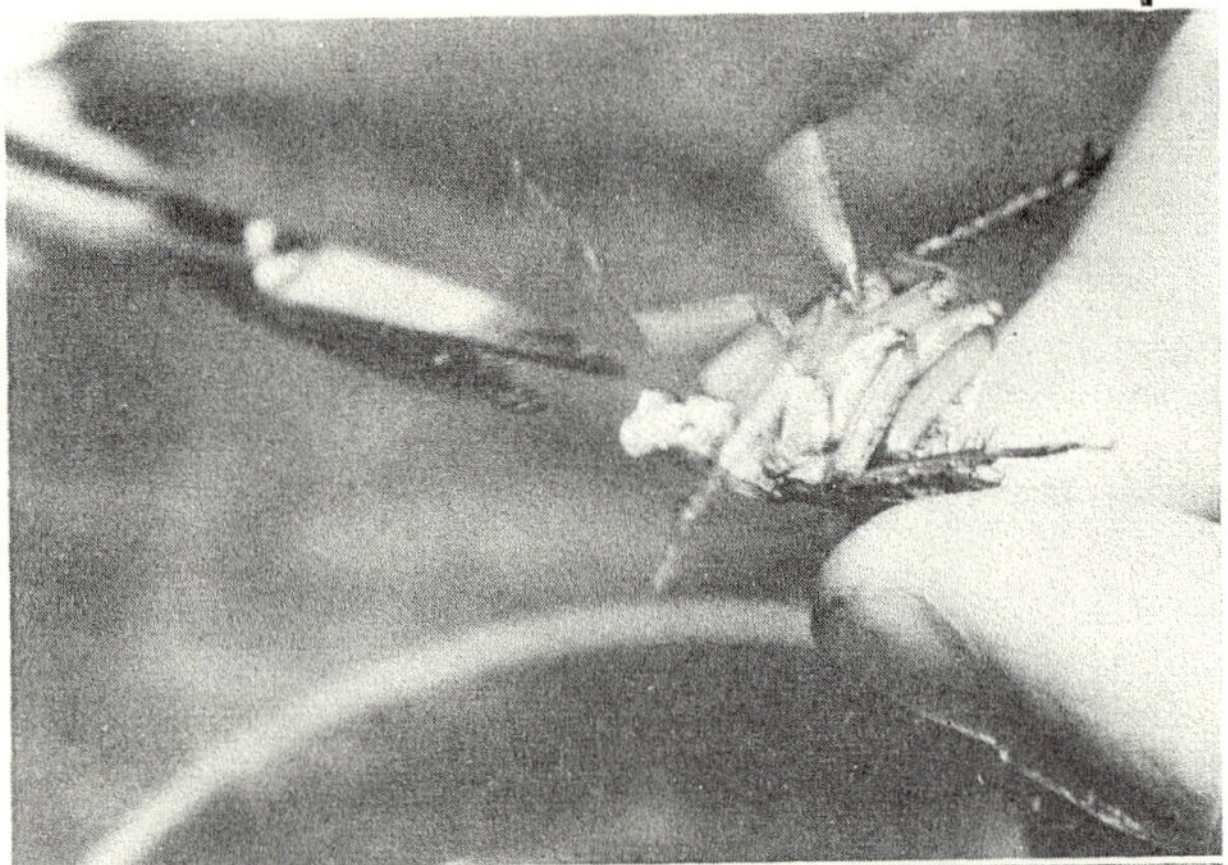

ゴキブリ

読売映画社
演出・西本　祥子
脚本・八幡　省三
撮影・石川　安生

いわゆる油虫の生態とその害、駆除の方法について解説する。（二巻）

新聞に出た娘

日経映画社
脚本
演出・丸山　章治
撮影・植松　永吉

下駄の生産地がケミカルの生産地にかわって行った地方の物語を劇形式で描く。（カラー・二巻）

青果市場

農山漁村文化協会
演出・岩堀喜久男
脚本・原田　勉
撮影・森　康

青果市場の取引きと問題点を出しながら共同出荷の有利性を示す。

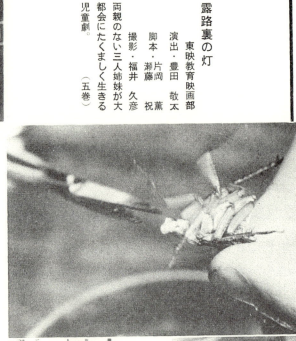

モスクワの旅

理研科学映画
構成・佐藤　和夫
撮影・佐藤・吉田
大源寺・岸・浦川

才六回世界青年学生友好祭に同伴したカメラのとらえたモスクワの表情
（カラーワイド・四巻）
（十月五日から十一日観光文化ホールで上映）

自然のしくみ
（ノミはなぜはねる）

桜映画社
演出指導・木村荘十二
編集・長谷川宜人
杉原　せつ
脚本・佐々　学
撮影・藤井　良孝

私たちの周囲の寄生動物の生態を興味深く具体的に明らかにする。
（二巻）

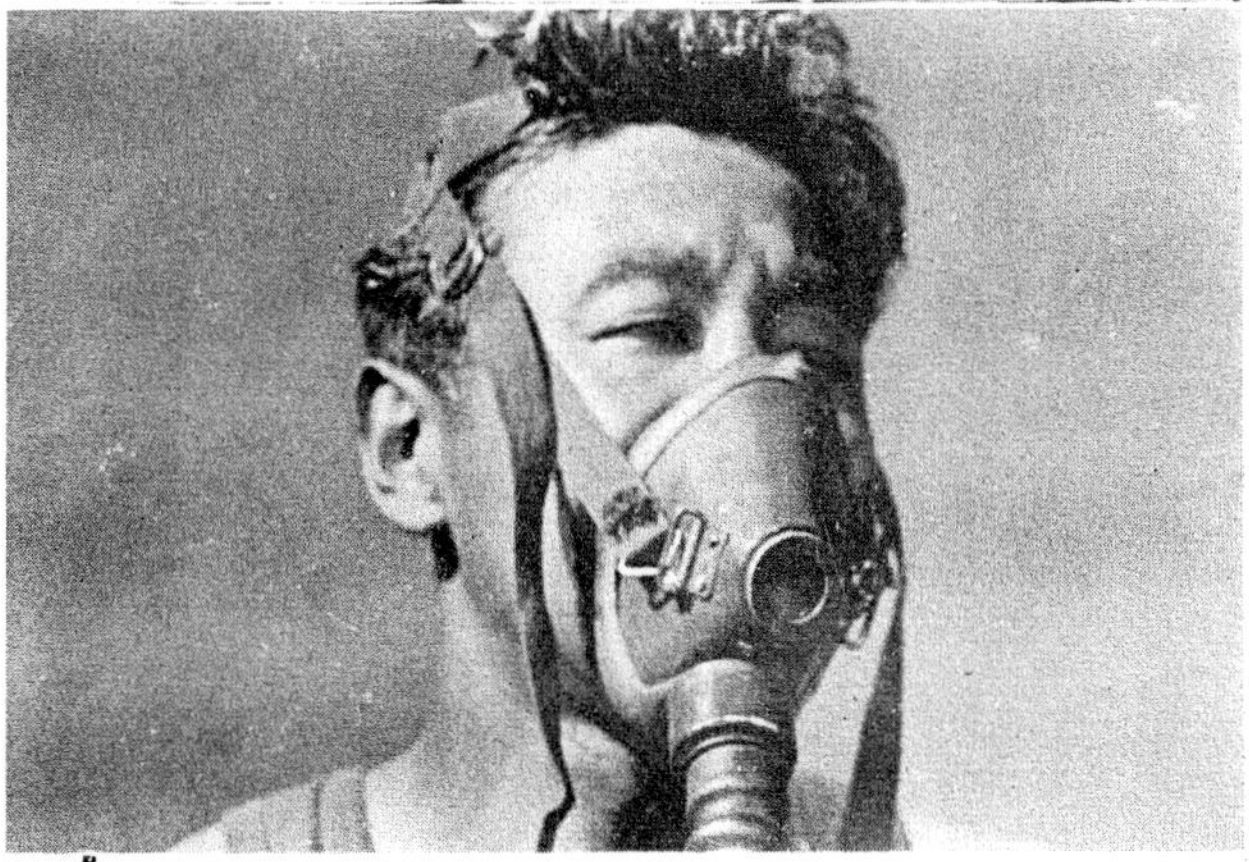

記録に挑む
スポーツの科学

桜映画社
演出・杉山　正美
脚本・杉原　せつ
撮影・岡田三八雄

簡単な訓練の仕方からそれに伴う体力と栄養の関係を生理学的にうらづける。
（カラー・二巻）

シリコーン

日経映画社
演出・間宮　則夫
脚本・八幡　省三
撮影・浅岡　宮吉
長瀬　直道

才二次世界大戦中アメリカで工業化された新物質シリコーンの製造過程・特性・産業への利用を解説する。
（カラー・三巻）

マッキンレー征服

東映株式会社
編集構成・伊勢長之助
撮　影・松田　忠彦
　　　　高橋　　宏

北米大陸の北西端アラスカ――。そこには吹雪と氷に閉ざされた人々の生活がある。その人々を見下す巨峰マッキンレー、アラスカの全貌とマッキンレー登頂の苦心を描いた長編記録映画。
（ワイド・カラー）

武器なき闘い ● 大東映画株式会社 「山宣」映画化実行委員会

演出・山本　薩夫
脚本・依田　義賢
　　　山　　雄策
撮影・前田　　実

関西の二府四県の労動者のカンパによって作られた自主製作映画で、ただひとり孤塁を守ってたたかった山宣の半生を描いている。

顔のない目　　中央映画提供

演出・ジョルジュ・フランジュ
脚本・ボアロウ・ナルスジャック
　　　　　　　他二名
撮影・ユージャン・ショフタン

「白い少女」という短編で紹介されたフランジュの作品で植皮術の外科医とその娘を中心にしたショッキング映画。

中国とアフリカで何を見たか●中国・アフリカ・日本の六月

岩佐　氏寿
京極　高英
富沢　幸男（司会）

最近、東映の教育映画撮影のためにアフリカ、ラテン・アメリカ方面へ行っていた岩佐氏寿と、中国に招聘されていた京極高英が、相ついで帰国した。これに一昨年モスクワに行っていた富沢幸男を加えて、てい談してもらった。

■留守のあいだの安保闘争

富沢　京極さんも岩佐さんもいらっしゃらない間に、われわれは日本で初めてというような激動期を経験したわけです。丁度その間、京極さんは、すばらしい勢いの中国の社会主義建設の息吹きを、身を以て体験されたろうし、岩佐さんはアフリカで非常な勢いで台頭している民族主義に接して来られ、それぞれ国際的な視野に立って激動期を体験して来られたわけです。日本の安保闘争をふり返ってみると、今までに見られなかった多くの国民のエネルギイが、特に六月に集中的にあらわれた。しかしその国際的な位置はまだつかみ切れていない。そういう事を含んでお話を伺いたいと思います。

京極　ぼくが四月六日に日本を出た頃には、あんな歴史的な大きな闘いが盛り上るとは考えていなかったし、そんな力はどこにもないような感じだった。一方中国ではもともと、台湾開放の問題と、アメリカ帝国主義と結んだ安保の問題に対して、一貫して闘って来る。そこへ、南朝鮮の李政権を倒す闘い、トルコ人民のメンデレスに対する闘いというふうに、四月、五月と、世界的に闘いの規模が拡ってきた。それがどんなにすごいか、人民日報をはじめ、あらゆる新聞が一ページ、二ページを割いて、全部、日本・南朝鮮・トルコ・アフリカのことを書きはじめたんだ。ぼくたちと行動を共にしている向うのスタッフも、毎日、むさぼり読んでる。しかも日本の安保闘争支持のデモと大集会が、北京・上海・南京と中国全土に亘って行われている。一日も休めない大建設の途上でだな。仕事を休んでの集会だよ。日本でも歴史はじまって以来だが、中国でも歴史はじまって以来の参加人員なんだ。われわれは自分の国のことだけに、いても立ってもいられない気持だったよ。ぼくは中国のお客さんでいるわけだ。しかも今日本で行われている闘いに参加していない日本人のぼくの目の前で展開されている日本人民を支持するための中国人民の立ち上りだろう。感謝の念なんてものは通りこして、どう自分を安保問題と結びつければいいのか、困ったな。何か犯罪をおかしているような気がしたよ。日本の新聞で、そういうことは扱ってたのかね。

富沢　中国の、アメリカ帝国主義と安保に対する反対、ビルマの支援デモなど、世界各地のできごとを、即物的には扱ってですね。

京極　ぼくなんか、向うにいて、これだけの大集会を日本のジャーナリズムがとりあげるだろうか、どうだろうと、丁度日本の文学代表団も来てて、野間宏さんなんかと話しあったんだが、みんな、とり上げざるを得ないだろうと思ってたね。文学代表団の方では、天安門で安保反対のデモをやろうと、作家協会へ電報を打ったのも、単に儀礼的なものじゃないんだ。

富沢　その気持、わかるよ。

京極　それだけに、樺さんが殺された問題でも、前衛党が国民葬に参加しないのはなぜだろう、統一戦線はどうなったのだろうという事が、非常に話題になったね。

富沢　それは日本でも話題になってるよ。（笑）岩佐さんはそのころどこに……。

岩佐　はじめて大きな闘争がはじまってるらしいってことに気がついたのはマリ連邦のダカールだ。五月二十日すぎに、パリから来る新聞で見た。まだそのころは、帰国してから聞いてみると、安保闘争のプロローグみたいな時期だったそうだな。それが、とにかくでかい扱いなんだ。「フイガロ」なんて大新聞がね。オ三ページの三分の二ぐらいあったかな。ゼンガクレンとか、ゾウヒヨウなんてのが個有名詞として出て来てる。こいつはいつもとちょっとちがうなと思った。そのころはそういう程度だ。五月末にアフリカから南米へ行った。南米のブラジルで——ブラジルはポルトガル語だからね。こっちは新聞が読めんがな。（笑）ところが新聞売場で見ると、どれもこれもトップなんだよ。おれはフランス語は少しわかる。ラテン系の言葉だから字面を見れば見当はつくよ。チリの地震があったろ。最初はチリの地震だったのが、とたんにひっくり返って日本の記事がトップに出はじめた。通訳に聞くと大変なデモだというんだ。そのうち日本から息子と女房から手紙が来た。息子は都立大で、竹内好や竹内実の弟子だから、とても昂奮して書いてる。女房からは、肥っていてシンドイけど連日デモに行って、体が痛くてしようがないと書いて来た。だれそれさん、だれそれさんから招請状が来てるという。ややッーこれは相当なもんだナと思ったよ。そのうちニュース映画が来たんだな。ブエノスアイレスで聞いたのかな。とにかくデモのシーンになると、わっしょいわっしょい、お客がいっしょに足踏みするんだってさ。（笑）ハガチーか、あれが羽田から逃げだしたシーンでは拍手かっさいだというんだ。それに反して、アイクがマニラに着いてどうとかということになると、ピーピー口笛を吹いて大変なんだそうだ。メキシコでもそういうことを聞いた。ラテンアメリカは、アメリカに対する反感が、前から聞いてたけど、やはり大きいんだ。つまり、われわれのやりたいことを、日本人がやってくれたという意味の拍手かっさいなんだそうだね。それにしても、全学連が共産党へデモをかけたのは、こりゃどういうことでしょうかと、向うの日本人に聞かれた。（笑）弱ったな。全体の事情がおれにはさっぱりわからん。（笑）

（写真説明・エチオピアのアジスアベバの郊外で。ガラ族の子どもたちと岩佐氏）

■中国とアフリカ

岩佐　ところでね、ゴクさん。（京極氏のこと）中国の場合は、直接に中国を攻撃するためのアメリカの基地が、日本にある。それを推進するための日本政府とアメリカと安保条約だから、こりゃ中国にとっては、直接の問題だよな。

京極　うん、そうだ。

岩佐　ところが、アフリカはそこまで日本に近くはない。地理的にも政治的にも遠い。安保問題は、アフリカにとって、理論的にはともかくとして、感覚的には、いきなり中国ほどには直接じゃないわけだ。そこでね。角度を別にして見るとね。アフリカの独立国とか、これから独立しようとしてるところでは、別の意味で、中国にひじょうに関心をもっているところもあるわけだよ。ギニアのコナクリ会議へ行った人に聞けばよくわかると思うけれども、大体中国式の行き方というやつは、魅力的なんだな。というのは、黒人で教育を受けた人、非常に進んだ人は、数が少ない。これに反しておくれた人たちの数は、圧倒的に多いわけだ。その落差——断層というものは日本の明治維新どころじゃない。革命前の中国の状況に似てるんだよ。中国も進んだ人と、文盲ばかりのおくれた多数との落差が大きかった。それを、ほんの短時日のあいだに、毛沢東というような指導者がどうして今のような中国の状態へ持って行ったかということ。これはアフリカの独立運動の指導者連中にとっては大へんな魅力だよ。ギニアのセク・トーレなんかは、はっきりそこをつかまえようとしてるよね、一般の新聞を見たってそれはわかる。

京極　それで思い当るんだけれども、中国に来ている中南米、アフリカの学生、労仂者の数たるや、大へんなもんだよ。

岩佐　ほう、やっぱりそうかね。

京極　そうなんだ。しかし例えば中国アフリカ協会とか、そういうものをどんどん設立して、そこでアピールしてる。あのくらい独立しようとしてる国の人たちが来てるということは、案外知られていないんじゃないかね。

岩佐　それほどとは思わなかったな。ケニアあたりではね。農地といっても、キクユ族……なになに族といっても裸で尻ふりダンスをしてるわけじゃない。（笑）キクユ族では農民が圧倒的に多いが、大臣、議員、工場労仂者、会社員になってる人もいるし、大体百二十万いて、ケニアの独立運動の主力だ。その農民に二手ある。イギリスの指導で部落をつくって自作農をやってるのと、エステートというべらぼうにでかい農園に、農業労仂者として雇われてるのと。こういう農業労仂者はもちろん低賃金だが、農業としては、大農経営なんだな。日本にはない型だ。するとやはり、ソヴエトや中国の農業経営の方向を、自然的条件からいっても、独立運動の指導者は研究せざるを得ないやね。それにしてもね。ケニアあたりで経験したんだが、どんな黒人でも、独立の問題が頭から離れないんだな。ウガンダ人の運転手をずっと雇ってた。リフト・ヴァレーというところがある、地球上でいちばん大きな陸地の裂け目だというところだ。コロラドの峡谷みたいに両側が断崖絶壁で、その底——といってもむこうが霞むくらい広いんだが、それが全部農園なんだ。そこの一番高い所で眺めてたら、運転手が横から「旦那《ブァナ》」という。「これ、全部イギリス人のものですよ、われわれはこれをとり返さなきゃならん」そうしたらほかの黒人がやって来て、運転手がすでにいったと知らずに「旦那《ブァナ》、これはみんなイギリス人のものなんで……」（笑）キクユ族はマウマウ国みたいなああいうバクハツ的な暴動を起したわけだけれども、ケニアのような独立運動のおくれているところですらそうなんだな。ケニアはテロがひどく多かった。夜はぼくらも外を歩かないでくれと総領事からいわれた。テロの記事が新聞に出ない日は、ナイロビにいるあいだじゅう、一日もなかったよ。（笑）強盗や殺人なんだ。白人が襲われてる。そのウガンダ人の運転手が面白いことをいうんだ。あれはイギリス人が金をやって強盗をやらせてるんだというんだ。

富沢　挑発というわけだな。

岩佐　黒人はこういう悪い奴だとみんなに思わせて、独立をおくらせようとしてるんだというんだ。こちこちのクリスチャンの運転手がそういうんだぜ。

富沢　似たようなことは日本にだってあるよ。

岩佐　事実かどうかそりゃわからん。おくれた層の多い所では、白人に対する反感が強盗殺人という形でバクハツすることもあり得るからな。

京極　中国アフリカ友好協会の発会式に、アフリカのどの代表の口からも今年中にわれわれの国は解放されなければならないとか、七月には必ず独立するとか、自信をもった言葉が発表されていたのには感動したな。中国が大建設してる意気込みと同じように大へんな意気込みだった。

富沢　コンゴについて……

岩佐　コンゴへ行ったときは四月の二十日すぎで、独立が近いだろう。六月三十日だから、二ケ月半しかないわけだ、独立まで。もうし相当なさわぎになってるんじゃないかと思って行ったら、そういう感じではないんだ。表面はわりあい平静なんだ。町中にたった一つ看板があった。コンゴ川のすぐそばに、六月三十日独立と赤地に白で、でっかい看板がたった一つ。黒人街へ行ってみると辻々で三十人五十人わあわあやってたけどね。これはわれわれの政府を作る相談をしてるんだとタクシーの運転手がいってたけれども。ベルギー人が行ってしまうということが一般には何よりも嬉しいらしいんだな。行ってしまう行ってしまうとそればかりいってた。おれは人を見るごとに独立についての感想どうだと聞いてみた。そうすると、ベルギーとわれわれは対等になるんだという。そりゃりくつからいえば対等だけどもね、実際には経済的な実力を黒人の方は何も持ってないわけだ。ベルギーは、コンゴを独立させたといっても、そうやすやすと、経済的な実権まで渡しゃしないよ。アメリカだって資源をねらってる。つまり形の変った植民地化を行なおうとすることははじめからわかってる。ダイヤモンドとウラニウムは世界一の産出だからな。一般の黒人はそこまでわからないんじゃないか、なにもかも自分たちのものになると単純に考えてるという気がした。これが今度の暴動と関係があるだろうね。

■映画と中国、アフリカ

富沢　映画の話を少し……

岩佐　おれはアフリカというものを今まで活動屋がいかにバカな扱い方してきたかということがしみじみわかったな。

富沢　それはそうだろうね。「**黄色い大地**」を見て、これは恐るべきものだと思ったね。

京極　例の一連だ。「**失われた大陸**」とか。

岩佐　「**失われた大陸**」におれはひどくふんがいして反対してたろう。ああいう扱い方はやはり間違ってると、向うへ行っても感じたね。たとえば裸で踊りを踊ってるようなのはいやしないんだよ。（笑）それはどこにだって遅れた人種というのはいるし、とくにアフリカなんか奥地へ行けば遅れたのはいっぱいいる。それを探しに行って撮ればああいうふうになる。（笑）日本でも裸祭りというのがあるだろう。それはリクリエーションとしてある。そういうのばかり集めたら、日本ってのはなんて国だと誰だって思うよ。そういうものなんだな。アフリカの首都ばかりずっと歩いて来たわけだが、どこの首都でも東京ほど大きくないにしても実にきれいで、りっぱで、東京は足もとにも寄れないな。

富沢　写真で見たってきれいだよな。そこで岩佐さん、ドキュメンタリー作家の眼として日本の状態と触れ合いながら、どういう点が一番おもしろかったか。

岩佐　今いった、非常に遅れた面だけを取り上げて、これがアフリカだといういいかたは一切しまいと考えてた。だからりっぱな街はりっぱな街として撮って来た、たとえ植民地支配者のつくった街であっても。わざわざ裸踊りやってるところへ出かけるということもしなかった。一、二回はそういう、つまり浜松の裸祭を撮るような調子で、こういう踊りも残ってるという意味で撮ったものはあるけれども、それ以外はやはり、今や黒人の独立国は独立国としてどういうふうにやろうとしてるかというようなところを、日にちも短いけれども可能な限りで捉えようとして来た。それが向うの現実だからな。ガーナでね。いわゆる啓蒙映画を作ってる。ミュージカルと、時事解説映画みたいなのを、政府のプロダクションで見たんだけど、映画の作り手というのはプロデューサーから全部黒人だよ。キャメラマンも若い肥った大きな黒人だったが、「よく来た、キャメラは何を持って来た」なんてしきりに聞いてた。それを試写室で見たら、これは完全にイギリス・ドキュメンタリー派なんだよ。最近火事でラボが焼けたんでロンドンへ送って現像してるといってたが、イギリスの指導を受けたということは何も説明を聞かなくてもわかったね。

（写真説明・左・電影芸術研究所雑誌「映画芸術」編集者・陳篤忱氏 中央・京極氏・右・中央新聞記録電影廠監督・呉均氏）

京極　映画館に外国映画相当入ってるでしょう。その場合はそれぞれの植民地支配にあった国のもの……

岩佐　……とは限らない。アメリカ映画がだいぶ入ってる。ガーナの場合はイギリスが多い。コンゴはフランス映画とアメリカ映画が多い。ガーナでは何十台と移動映写の自動車が待機してる。国中を走り回ってるらしいんだな。たとえばヌクルマ大統領の五か年計画というようなものが今進んでるわけだろう。そういうもの写して見せてる。移動映写の組織というのはもちろん政府でやってるわけだが、そのたくさんの移動映写用の自動車を見た時はぎょっとしたね。

富沢　京極さんね。残念ながら合作映画延期になってしまったんだけどもさ、一応シナリオ・ハンティングもされたし、ずいぶんいろいろ見て回られた中で、ある程度の構想みたいなものが出ただろうとも思うし、出発する前にどういう映画を作るか、内容の問題じゃなくて、やはり合作という問題の複雑さもふまえて、日本人に見せる映画というものを、どういうふうに規定したらいいんだという討論をしたことがある。そういう問題もふまえながら今後また合作映画が再びできる機会があったとしたらどういうものを作りたい？

京極　向うでヨーリス・イベンス氏が五七年だったが中国に来て撮った「早春」という映画を見たんだ。中国の人民公社ができる前の農村の正月の風景を撮ってるわけだ。寒い冬から春を迎える中国全体の発展を農村の正月風景に象徴化していて明るい映画だが、やはり風俗習慣というものによりかかっているように僕には感ぜられたんだ。そりゃ外国人だから中国人の服装を見たってエキゾチックに映ることは当然だけれどもあのくらいしっかりした人ですらその映画に描かれてくるのは中国人民の息吹きでなく、風俗習慣が支えになっているように見た訳だ。その点永い間中国を劣等視する教育をやられて来た日本人が中国を写すという場合、どうしても出てくる問題だと思うんだ。しかしそれを踏まえてわれわれはこの合作ということを、今度はわれわれ日本人だけで作るというんじゃなくて向うの人も参加するということを大きなささえとしていこうと思った。逆にいえば、僕が持っているものをそのままさらけ出すことによって、又中国人がもっている日本人観というものをさらけ出すことによって具体的に討論し解決していこうと思った。そういうことを踏まえて少なくとも風俗というものに眼は向けないで、やはりこの十年の大躍進、歴史始まって以来の大躍進をしたという事実の底を日本人に見せるということ、それを通じて現在の中国人民が何を考えて、何の方向に進むものかということを描きたいと思った。大変抽象的だけど。

富沢　それをもう少し具体的に。

京極　それはこれからの創作の問題だし、合作が具体化されなかったから具体的にならないが、少なくとも六億五千万の八〇％が文盲だった中国が一応おばあさんに至るまでこの十年の間に新聞が読めるような段階になったということだって、そりゃどういう意識がそうさせたんだ、その意識は何故おきたんか、といったことだってある訳だ。しかも一九五八年の自分たちでも想像することができなかったような歴史始まって以来の大増産を、自然の条件じゃなくて中国人民たちが大増産の条件を作り出していったということが社会主義を建設していく中にいろいろな形である訳だな。何もソ連から援助してもらったから出来たという問題じゃなくて、もちろん現在の共産圏の特徴としては兄弟国の援助というものは強力にあることは事実だ。たとえばソ連がこれから自分たちで作ろうとした最も新しい自動車工場をそっくり中国へ持ってきて設計し、ソ連になかった計画を中国へ持ってきて援助したという資本主義国にはマネの出来ないことだって勿論ある。そういう中で一九五八年才二次五か年計画の初頭に中国共産党が大いに意気込み、常に高い目標を目ざし、多く、早く、りっぱに、無駄なく社会主義を建設しようという総路線（鼓足干勁・力事上遊・多快好省地・建設社会主義）を出したわけだよ。これは一つの命令じゃなくて人民から上ってきた建設の意気込みをそういうスローガンに結集して出したんだが、すべてこれを中心にして動いている。しかも新しいものと古いものがあるわけだよな。一寸考えると相対立するものだよ。その新しいものと古いものを併行して使い、社会主義を二つの足で建設しようという。そういうことが徹底して人民の思想に密着しそれが具体化されて行われてるということね。そいつを描くことが中心だったんだよ。

富沢　中国のドキュメンタリー映画を、ずいぶん見られたそうだけども、そういう中で中国記録映画作家たちの現在考えていることもおそらくよくわかったことだろうし、そういう中で合作という点での問題は複雑な問題があるだろうと思いますが、そういう問題と中国の記録映画の現状をちょっと。

京極　十年前まで帝国主義によって侵略されていて、十年前は何も中国人民は持てるものがなかった。それがこの十年において映画もでき、あらゆるものが資本主義国家となんらひけをとらないほどに発展した速度に対しては我々も驚き、彼らも大変な自信を持ってるわけだ。したがって映画も同じように大躍進をした。撮影所は三十三もあって訳だし、キャメラ工場は南京、上海にあって、上海の工場は見なかったが、劇映画ではどんどん使っていたよ。南京のキャメラ工場はアリフレックス型のマスプロ工場で、レンズから影写機ムビオラが全て流れ作業なんだ。半年に一台なんて日本の町工場とは根本的に違っているよ。いささかコンプレックスを感じたよ。それでも足りないんだそうだ。驚いたね。ずいぶん映画は見たけれども、まだこれからという言葉は当てはまらないんだが、現在われわれが経てきたところで、話をするとちょっと違う問題が出てくる。現在の映画をひょっと見ると、なんだ、これはわれわれの教育映画と同じじゃないか、技術的にもたいして違わないし、むしろまずいところもある。それからプロパガンダ映画つまり記録映画も単なる素材のすばらしさ、つまり大躍進のニュース的に扱って描いてるから受ける感動というものは、その素材のすばらしさで、決して作家の創造的なものの感動じゃない。そうした素材に作家があぐらかいてるんじゃないかというようなことだって、われわれは一応考えるわけだ。僕が中国で感動した二つの記録映画「**抗美援朝**」「**チベット**」の世紀の記録映画でさえそのコーフンから離れてしばらくすればそれが心配になってくるわけだ。しかしそれが果してあぐらかいているのかどうか。ことに記録映画なんかは二十代の人が大半なんだよ。それも大躍進にもとずいて六億五千万に映画を見せて知らせることだってある訳だ。映画を通じて教育していかなくちゃならない仕事が重点だともいえる。こんな話がある。担当地方の人を考えて作っているとしても、まだカットカットが早いので、毛主席が現われても、ちょっと待ってくれと叫ぶ人々だってある訳だ。そういうものと平行に単に北京とか上海だけの撮影で作ってるようなことじゃなくて、各所に撮影所建設していかなければその需要にかなわないという問題があるわけだ。劇映画は今六か所ぐらいですよ。劇映画をやってないところは何やってるかというと、まずニュースから始めるわけだ。その技術者は撮影所で養成して、キャメラマンなら五か月間位いですぐ現場に出るわけだよ。さっきいった二つの足があらゆる意味で弁証法的に活用されてるわけだ。つまり仕事をしながら覚え、覚えると同時に人民に見せる映画を作るというふうな、日本でいえば転んでもただは起きないみたいな……（笑）だから映画の製作も現在の時点で技術がへただとかなんとかいったって始まらない。そういう点は将来中国の映画を見るという段階では、それこそ百花斉放ということばどおりに、次元の違ったところで問題にしないと誤まっちゃうんじゃないかという気がする。つまり、われわれ経てきた階段を踏んでくるかどうか、中国では別なものが生れてくるかも知れない。

■おもしろかった話

富沢　この辺でおもしろかった話を聞きたいな。

京極　映画人も工人服を着てるんだよな。だけどよくつきあってみると、ちょっとしゃれてるんだよ。逆にいえば映画人というのは御しがたい人間だねえ。ちょっと背バンドしていたり、胸がチャックだったり、ハンチングかぶってたり、ワイシャツが普通人と違ったシマだったり（笑）進行係の貢民さんというのがぼくたちについてたんです。満映の教習所を出た人らしいんだがわれわれ日本のスタッフと同じようなタイプの進行係なんだ。やはり存在はタイプを作っていく訳だろうが、四六時中計算をし、あしたはどこへ行く、汽車は何時、何処に何時につくと忙しいのなんの、日本の誰々さんと同じ型だから面白い。

富沢　メキシコなんかどうですか。

岩佐　映画局というのがある。政府の組織で、メキシコで映画を撮ろうと思うとそこへ届けて、税金の問題があるからだけれども、監督官がついてきて全部スクリプトをとる。オバちゃんの監督官だったが細かいところまで、今のは何フィートだといって全部つける。おもしろいのはエジプトでも政府の映画主任というのが、若い三十そこそこの青年だけども、これがずっとつききりで進行係だよ。日本の映画会社の進行係をやらせたら一流の進行係になる。（笑）何月何日どこそこで撮影するというとホテルから飛行機から自動車から全部手配してあるんだ。ところがエジプトの場合は、都合のわるいところは撮らせない方針らしい。そのためについて来てるらしい。そのやり方がおもしろいな。ここを撮りたいというと、もうちょっと向うにいくといい所があるから……。ないんだよ、いい所なんて。（笑）メキシコの場合は何を撮ろうと平気なんだ。ルイス・ブニュエルのこと聞いてみた。非常に尊敬していて、とにかくああいう作家がメキシコにはいるんだといって威張ってる。若い人でいい人が出てきてるらしいな。ちょうどメキシコ大学で大学生の絵画展をやってた。入ったとたんにリベラやらタマヨやらシケイロスの影響がじつに目につく。

富沢　形式も大きいやね。壁画とか、ああいう非常にオープンなものでしょう。

岩佐　ある劇場の表は全部リベラの壁画だものね。その壁画が革命の壁画だ。（笑）大学もそうだ。アフリカでもメキシコでも馬力は学ぶべきだと思ったね。構想の大きさとか。アフリカの歌自身はメロディヤスじゃなくてリズミックなんだ、すべて。アクラの港なんかで仲仕の作業を撮ってたんだがちょっと手があくとドラムかんをとんとんやり出し、四人も五人もやり出して打楽器だけの小さなオーケストラが、あっという間にできちゃう。

富沢　「**世界の河**」なんかに、いろいろの会議を開くのに、ぽんぽこぽんぽこ空洞の木をたたいて人を集めるみたいなのがあったですよ。

岩佐　古い時代にはコミュニケーションの方法でもあったわけだよ、タムタムというのは――。単なる太鼓ではないわけだな。もう生活そのものなんだな。

京極　中国だって、大工場でも自分たちの生産を上げていくと、ドラとかそういうものをじゃんじゃんとデモンストレーションしてるよ。そういうものが生活に密着して、堂々と現在の近代自動車工場の中でも行なわれてるということだな。その点はむしろ民族の伝統を正しく批判的に継承しようということにも通じていることだと思う。

岩佐　むろん芸術としては南米ではブラジルとかブエノスアイレスの方が、非常に高度に進んでるが、その進み方が西欧的なものだよ。たとえばブエノスアイレスという街は、もともとパリをまねて作ったんだそうだけれども、公園のりっぱなこと、そこに彫刻なんかぽんとあるのが、ブールデルのほんものとかロダンのほんものなんだよ。（笑）ぼくらブールデルにせよロダンにせよ、美術館でしか見ないだろ。日本では、西郷隆盛みたいなのばかり外にあるわけだよ。（笑）ところが、なるほど彫刻というのはこうあるべきものなんだなという所にありやがるんだな（笑）ブエノスアイレスで「

二十四時間の情事」が八週間続映でまだ続いてる。（笑）これはわからなかったな。

京極　日本のプロデューサーが喜ぶかも知れない話があるんだ、ぼくは中国のスタッフと一緒に遊びに行って、暑いからさるまた一枚で話した。その中で、君たち出張手当はどうなんだといったら、そんなものはないというわけだよ。飯なんかどのくらいでまかなうんだといったら、みんな手前で払うんだという、出張したら。（笑）よく考えてみれば当り前の話だ。生活の何から何までが保証されてるんだからね。たとえば皆が酒飲んで足が出ちゃった、そういう時ごまかすのかといったら、（笑）とんでもない、自分自身で払ったらいいじゃないか、それだけもらってるんだという。いいね、わずらわしくなくて。ごまかすとか、そういう思想皆無なんだ。（笑）日本のプロデューサーが聞いたら、形だけをうのみにしてそいつだというだろう（笑）。

岩佐　活動屋というのは実に罪悪をおかしてると先刻いった歪めた伝え方ね。カサブランカなんてとこへ行ってカスバなくかへ行くだろう。「**ペペルモコ**」なんかでどんなこわい所だと思うだろう。そうじゃないんだな。庶民の密集地帯なんだね。日本から来たのか、遠い所よく来たなんて話になるし、迷路はたしかに迷路だよ。いったん入ったら出口がわからん。子どもが大喜びで案内してくれる。ちゃんと外へ連れ出してくれた。むしろ逆にカスバなんてところ親しみやすい。ヨーロッパ人のつんとしてる所よりもカスバの方がずっといいと思ったね。

京極　庶民の町だね。山谷だな。

岩佐　そりゃたしかに殺されたらわかりゃしないという気がするし犯罪人が逃げ込んだらわからないだろうとは思う。だからといってことごとくが犯罪者であるわけじゃないんだから。（笑）カスバでは、労仂者がそこから工場へ出かけて行くんだからね活動屋の罪悪はでかいよ。ケニヤあたりの動物だけは本当だったね。どんな動物でも至る所にいやがる。勝手にしやがれと思うくらいだよ。象の群にはさまれて危く命を落すところだった。（笑）

京極　同じだと思うが、中国は大建設ですばらしい国だと思いながらも、ぼくたち何かないかと探す。そうすると町角やどこかでどこの国でも同じように子どもはやはりピストル持って、射ち合いの遊びやってる。子供とピストルだけはどこの国も同じだと思ったんだよな。ところが調べてみると、向うはギャングのまねじゃない、解放軍だ。（笑）

■ところで、さて……

岩佐　野放図な、ケタはずれの所だよ、アフリカ全体としては。例えばエジプトではナセルのやり方は、アフリカとソヴエトを天ビンにかけて、いい方をいただこうというやりかただね。とても岸信介なんかは及びもつかん。（笑）

京極　本当だな。たしかに中国へ行ってもわかるけれども、日本は狭いし思想的にもヨーロッパの文化が入ってきてるし日本的というところを発見するのにムヅカシイとさえ思うね。ゆったりとした…

岩佐　ヨーロッパ、アメリカは知らないが東京ほど何でもある所はないね。

京極　ないね。金持にはいい所だ。

岩佐　なんでもあることに、いや気がさしたよ。（笑）事務的にまどろっこいことはずいぶんあるよ、アフリカとか南米では――。暑い所だしいろいろ事情はあるんだろうけど。（笑）しかしおれはノロマだから、東京のコセコセよりあの方がいいよ（笑）

京極　日本からアメリカ的な、資本主義的な要素をとったら、きっと中国みたいになるんじゃないか。（笑）つまり清潔でさ、町歩いても煩わしいものがないわけだよ。とにかく三時間か四時間で行けるんだよ。大阪やそこらと同じで、日帰りできるみたいな所がまだ遮断されている。まずそいつを根本的に破らないといかんだろうし、毛主席はこの間の新安保条約の問題で、日本人民はアメリカ帝国主義を追い出すために一つの方法を発見したといっている。われわれもそれがどういうこれからの方法だか、まだわからないわけだけれども、もっと何か根本的に見つけ出す方法が映画においても統一戦線の問題においても、あらゆる面があるんじゃないかという気がする。とにかく三時間で行けるというような所が遮断されてる不自然な社会状勢は、どこにもないと思う。

岩佐　そしてヨーロッパとアメリカへはどんどん往来できて――。

富沢　アジアから疎外されてくるよな。

岩佐　才二次大戦の終った一九四五年にはアフリカには独立国は四つしかなかった。今年中に二十六か国ぐらいになる。国連の議席はアジアよりもアフリカの方が多くなるわけだよ。コンゴで今情報大臣になってるカシャムラという人にインタービュウしたんだが、終って廊下へ出て二人になったら、「これからアジアとアフリカだ」といって握手する。必ずしも深い意味があったわけじゃなく、外交辞令かも知れないと思う。しかしそういわしめているものは、ともにアメリカ、ヨーロッパの帝国主義に対する連帯意識だと思う。

京極　それはそうなんだ。この間の安保条約の反対も、日本人民だけがアイゼンハワーを追っ払ったとか、そういうようなことだってそういう全世界的に共同の敵としてる人たちが立ち上ってるということの中の、日本人民の新安保条約反対であるということを認識しないと孤立しちゃう。

富沢　二人ともそれぞれの民族のエネルギーを非常に感じてこられたわけですが、中国じゃないが、日本人民はやっと自分たちの二本の足を発見したというところです。新安保の性格からいっても、今後日本の実質的な独立が弱まりつまり安保体制という、事実上、占領の状態がつづく、ぼくらはこういう日本の情勢を国際的にも正しく把握する必要があると思うんです。アフリカでも中国でも独自の方法での闘いが進められているというお話があったが、われわれも、われわれの方法を発見して闘って行かなければならないと思うんです。ではこの辺で……。

事実の記録

尾崎宏次（演劇評論家）

この記録映画の試写を国労会館でみました。見にゆくまえに、ちょうど新聞で、自民党も、あの安保闘争の記録映画をこしらえて、選挙のためにつかう、という記事をよんでいました。

そこで、私はじつは見るまえに、いったい事実というものが、それもついこの間起った事実が、ふたとおりに「つくられる」ということはどういうことか、と考えました。解説やどのカットをどう使うかということで、なるほど、あの事実をどっちへでも有利につくれるが、しかし、そのどっちが真実であるかは、私たち自身が判定できることです。また、正しく判断しなければならないことです。

この「一九六〇年六月」は、かなり長い材料をちぢめたもので、そこには時間の制限もあったようで、決して十分だとは言えないでしょう。しかし、私は、あのたたかいが非常なひろがりを持ってたたかわれたことを、この不十分な記録映画は伝えたと思いました。もしも、この映画がはたす役割、あるいは歴史としての価値をもつならば、なによりもそのことであると考えます。

労仂者がおり、農民がおり、学生がおり、学者が、芸術家が、そして子供を背負った市民がいます。その一つ一つのカットは、どのように解釈をつけようと、事実としては消えないものでありますし、その体験もまたシャボン玉のように消えてしまうものではありません。そこには明らかに対立するものがあります。あの民衆は何に対立し、何に抵抗したかが、このごろになって、なんにもしない傍観者の側から、あやしげな批判をうみださせています。

私は、南朝鮮やトルコの事件を客観的に判断できるのに、じぶんたちの社会のことになると、その判断のメドが狂ってくるのを不思議に思うのです。

この記録映画は、たしかに、ふくれあがっていったデモの集積を中心に記録されています。もっと周倒な論理も必要だと思いますが、しかし、この集積は、ひとびとがある目的のために小さな力を使ったという事実をあつめた点で、真実をつたえるものです。この大きな波のよってきたるところをつかまえにくい人々は、この事実から遠くはなれた場所から、思い思いの判断をくだすと思いますが、それはとらえにくさを我流にごまかす論理をうむのではないでしょうか。

モの集積が中心で、この映画がいっさいを語っているわけではありません。そういう映画はまた別につくられなければならないでしょう。私が非常に関心をひかれたのは、一人一人の顔が、それがマッスのなかに消滅するようなものでなく、マッスのなかから一つ一つ浮きだしてくるように見えるということでした。

忘れ得ぬ記録

菅家陳彦（演出家）

ある脚本家と組んでプロットを書いた。一応出来上って、いざ題名をつけることになったが、なかなか適当なのが浮んでこない。題名は長い方がいい、いや一字のがいい、近頃では必ず動詞を入れるんだ、などとけんけんがくがく、いつの間にか脚本の中味とは似ても似つかぬ方向へ独走してしまった。

その後、去る七月二十二日、ガスホールで開かれた「民主主義を守る映画人の夕べ」で、私は再びこの脚本家と顔を合わせた。いよいよ安保映画が始ってまずタイトル、「一九六〇年六月」。

「いい題名でしょう」

思わずそう云うと、彼は大いに共感、私は大へん得意になった（健康を理由に、しばらくこうした映画製作から遠のいていた私も、やはり協会の人々の手で作られた作品を眼前にすると、まるで自分が作ったように嬉しくなってしまうのである）。そして改めて、安保闘争というかつてない国民的抵抗のひろがりを、「一九六〇年六月」という歴史的な認識でとらえようとしたこの映画の主題に、心からの拍手を送ったのであった。前置きが少し長くなった。しかしこの記録映画「一九六〇年六月」を語るには、そのすぐれた主題の把握と共に、忘れ得ぬ日々の記録を、卒直に表現しようとしたこの清々しい題名に是非ふれておきたかったのである。

さて、記録映画「一九六〇年六月」は、五月二十日（衆院に於ける一方的強行採決の日）前後から一ケ月余りの、かなり丹念な事象の積み重ねをその構成としている。その大部分はテレビやニュース映画で既に報導されてはいるが、それらの一つ一つが重なり合い、からみ合いながら、安保体制に対する国民の怒りとして私達の前に再現されるとき、時々刻々の報導では到底得られない大きな力となって私達に迫ってくる。この映画に接して、このような巾広い階層の抵抗を無視して安保を成立させようとする側の理不尽に改めて拳をにぎるのは、決して私ひとりではあるまい。もとより乏しい製作条件のなかで充分撮り切れなかったもの、再録出来なかったものは致し方ない。しかし、取りあげられた一つ一つの事象については、製作スタッフの細かな配慮のあとがうかがえ、おしつけがましい解説などが殆んどみられなかったのも嬉しい印象を残している。

ところで思いついたことを一つ二つ。私はさきに、この映画の主題について、その着眼の美事さを評価した。しかし歴史的な「一九六〇年六月」の記録には、その尨大な国民的抵抗の巾の広さと共に、その抵抗を形作った国民の政治的感覚、いわば質の変化という面が当然含まれている筈であった。この映画は折角商店街や農村までその巾をひろげながら、後者の面についてはいささか不親切なのはどうしたことだろう。

労仂階級を中心とした三次にわたる大統一行動の積み重ねも、その発展の質的な変化が不明確であり――

農村に於ける署名活動のとらえ方に於いても現象的な描写にとどまり、農村の複雑な社会や生活の仕組みのなかで闘われた安保闘争のきびしさは伝わって来ない。

これらの問題から、私はしみじみ記録映画のむずかしさ、云いかえれば私自身を含めた安保闘争の闘われ方それ自体のもつ問題点、そのなかに於ける生活感情をふんまえた作家の視点、そして依然としてつきまとう製作条件の劣悪さに就いて思い知らされるのである。

ともあれ、我々記録映画に従事する者が、国会請願その他の行動と共に、その職能を通じて一九六〇年六月の、あの憤りと国民的統一行動を永遠のものとしてフィルムに焼きつけ得たことは、今年の大きな成果であったことに間違いはない。この作品によって、政治が一そう国民のひとりひとりに身近かなものとなり、今後の闘いに大きな自信を与える契機となり得ることは確かである。国中の隅々まで、その上映活動が展ることを望んで止まない。

重層的把握の欠如

西本祥子
（演出家）

フランスに住む友達の便りに、「パリでは――ヨーロッパ――では、日本に革命が起るんだと考えた人間が多い。その夜、銀座は銀座、新宿は新宿だったとしても……云々」、……と。が事実、外国人からみれば、あれ程ぼう大に拡がり燃えあがったエネルギーならば、当然、日本に革命近しを感ぜずにはおれなかっただろう。然し、内では、そうしたエネルギーを、より統一的に発展させようとはしないで、概念の知性をひけらかせて、これ統制に努めた指導者たちや、途方にくれて右往左往した指導者――割り切れない虚無感の中で、歴史の頁をきざんだエネルギーは四散していった――そうした状況を前に、完成した〃一九六〇年六月〃その役割りと意義は非常に大きいと思う。

ところが観終って何よりも気にかかったことがある。日を追うにつれ、デモのシーンが積み重ねられるにつれ、次才に感銘が薄らいで行ったことが一つ。それに関連するが、一九六〇年六月の製作意図・意義はどこにあるのだろうか。三〇〇人を超え、利害を抛棄してのスタッフ参加であったと聞く。充分な意志の疏通が出来なかったにしても、当初、確な記録映画の目標が打出されていたならば、もっと別の形で、六月を捉えられたのではあるまいか。

記録性が重要視されたと感じるこの記録性に立脚するならば、それは、組織を動員して我が社こそ……と、現実に体当りぶつかっていった、テレビ映画、ニュース映画の肉迫力に残念ながら遙かに及ばない。然し私は、そのことを問題にしようとしているのではない。

一人、一人の怒りの本質を、厳しくクローズアップして、あのエネルギーを別の形に転化し、統一してゆく、今後の運動の意義づけをテーゼとすることこそ、〃六月〃記録映画製作の意義があるのではなかろうかと思うのだ。

運動の中での全学連の位置づけ（六月闘争の一頁を動かすキッカケとして当然浮彫りされてくるものではあるまいか）

デモに参加した人の中にもいろいろな考え方があった。そこから、六月運動の本質と反省は引出される。

参加したくて出来なかった人――参加しなかった人

等を考えてみただけでも、どんなに観客に、深く、厳しい感銘と、反省のキッカケ、ガッチリと確かな明日からの行動の方向づけが必要であるかの必要性が、問題として浮上ってくるのである。

そして今回のデモは尊い試練として、反省の土台となるものとして、表現されなければならなかったのではあるまいか。

今も私の胸にやきついてはなれない、あの連日の流れ解散後の人々の顔・顔・顔。一様に見受けられたのは割り切れない不安、焦躁感だった。赤旗を竿に巻き、黙々として駅構内に入り、電車の中に力なく吸い込まれてゆく。運動のあり方に苦悩しつつも連日行動に参加し、連日、苦悩していたのではあるまいか。意気旺んなデモから、一寸キャメラの焦点を別な方向にむけてみるだけでも、追求されなければならない問題が、威勢のよいデモの裏にひそんでいたと思う。

冷たい、ニュース映画のキャメラの眼が光っているのでもなく、ただただ老大なデモの渦中にまき込まれてしまった感じのみ印象にのこり盛上ったエネルギーの本質と、挫折した運動の本質を十分描き出せなかったことは、貴重なこの映画にとって、返す返すも残念なことと思う。

ただ、その中で大変短かいショットの積重ねではあったけれど、安保闘争と三井・三池の闘いが同一のものであると強調するシーン。中野民商民商の主婦たちの活躍。坐り込みデモ隊の逞ましい食欲。そして、舌たらずではあるが樺さんの葬儀と前後する不気味な民衆の怒り等が、闘争を押し進める力として生々しく光っていた。

但し、音楽をふくめた音の効果は近来めづらしくズサンで画面効果を少からずマイナスしてしまっている。

余談になるが、ショッキングな、画面と効果音について思えたこと〃安保にゆれた日本の記録〃から主婦の声を引用したいと思う。そこに出てくるマイクの一声が、指導者の間違える意識を明瞭に浮彫りしていて、本質的にはその主婦と私との考え方の違いはあっても、大いに共鳴させられるものがあり、おもしろいと思った。いかに動脈硬化症におちいっている彼等とて、ギクリとせずにはおれないだろう。

デモをしていて――気がつくと、左右が赤い旗に守られて、ある党のトラックの人々から「ありがとうございました。御苦労様でした」と挨拶されたが、自分は自分ひとりの意志でデモに加ったので、そうしたお礼をいわれるわけはなく、「ありがとうございました」はかえって不愉快だった。

確に私も聞いて奇妙に感じたことを覚えている。その言葉を、カシの棍棒でうちのめされているデモ隊の上へ、又、国会を取り囲む三五万のデモ隊の大フカンのバックに流したならば……「デモ隊のみなさんありがとうございます……ありがとうございます」

三つの註

文

荒井浪速（映愛連選定委員）

安保条約は批准されたが、一九六〇年六月に闘ったわれわれの闘いは日本史上国民の誇るべきものであった。この歴史的事件の記録フィルム化はこの大ドラマの何百万分の一人の構成要素としての私にとって自分のものとしての大きい期待をふくらませた。私は怒涛ともいうべきデモの一水滴の自分を、職場の仲間を、息子を、娘を映画の中にみた。あらゆる階層の隊列を多様な角度からとらえ、マッスと、増大してゆくボリュームと、その中から躍動して来るエネルギーと怒りを充分に表わすこのデモの画面はすばらしい日本の姿であった。暗い壁を打ち砕き明日の日本を約束する力をひしひしと感じさせた。私は感激した。

が同時にもの足りない感がしたのも正直なところである。私は今後も必ず起る国民的大闘争を、より正しくより迫力あり芸術的な記録に残して頂くために二三の感じるところを挙げてみたい。

一はこの画面では闘いの凡てがデモであるように思えることである。デモがアイクの訪日中止をやらせ、デモが岸内閣を追いつめたととれる。私はこのデモをすばらしい日本の姿と云ったがデモに至るまでの困難な闘いがあってこそのものである。職場、学校、農村、家庭の困難さの中から立ち上って行った姿こそ描かれるべきであり、これが入ればもっと立体的に、迫力があったにちがいない。ビラをまいたことのない学生が初めて校門の前で蒼白な緊張した顔付で雨にぬれてビラをくばる。反動的な教授が反戦とデモ呼びかけのポスターをはがしている。初めはデモ参加者が二十人が回を重ねるにしたがってふくれ上って行く。この闘いの中で自治会委員長が信任を出し新しい体制が組まれる。これは都内のある私立大学のことだ。ある会社の労組ではデモ参加者は処分するという布告が出る。労組員は一人の脱落者も出さないことをちかう。又ある労組は地方の支部から代表が来るというので参加をしぶっていたのが立ち上る。八百屋のあんちゃんが主婦にデモ参加を話している。全学連ごっこ。小学生はラジオにかじりつく。日常目にふれるものの中からでも拾えるのだ。これらはデモばかりで退屈した場面などの救手にもなるのではないかと思う。（〃真夏の夜のジャズ〃の中のヨットのショットなど単調さを救うものとして効果的であったが学ぶべきではないだろうか。）

二はこの闘いに完全に統一ある指導の実権を握った安保阻止国民共闘会議がどのように責任を果したか目で知りたいものだと思う。特に重要な戦術になった「請願デモ」がどのように討議されていったか。社会党と共産党の共闘がどうであったか、など。指導部に対する責任と信頼と批判の為に重要な部分になるのではないかと思う。

三は敵の描写が少なかったことである。五月十九日の国会採択強行は非常に印象に残るものであったが、あのような調子で、追いつめられてゆく岸や、内閣の面々がもっととらえられる必要がある。この点よわかった。危険を冒して撮影され、記録というジャンルでの制約に対して観客の慾ふかい希望とおこがましい批評で的はずれな点もあるかもしれないが、次の作品を制作される時の参考意見としてこのささやかな文章を想い出してほしいと希う。

高く評価しながらも

矢部正男
（演出家）

五月十九日以来、安保条約に反対し、岸政府の非民主的な政治行動に抗して起ち上った民衆の姿を、何の奇をてらうことなく、日記風な構成によって記録したのがこの映画「一九六〇年六月」である。わが国の歴史上未曾有とも云われる規模に発展したこの闘争を、民衆の立場からかなり刻明に記録したという点に、私はまず大きな意義を認めたい。

又、聞くところによると、この映画の製作には、作家協会、自映連が中心になって三〇〇人を越える人たちが参加し、しかもその労仂は民主的映画を製造する運動の名に於て、すべて無償で奉仕されたと云う。この種の映画にそのような奉仕は珍らしいことではないかも知れないが、三〇〇人という規模は画期的なことと云わなければならない。そうした運動の一つの里程標としても高く評価したい。

映画の全篇にわたって、印象的なシーンが到るところに現れる。たとえば、五月十九日夜半の衆議院議場などは特筆に値する。担ぎ込まれた清瀬議長が、よく馴らされた猿のようにマイクにかじりつき、開会を宣し、会期延長の決をとり、安保条約の通過を謀るありさまは何度見直しても倦さない所である。腹立たしいとも馬鹿々々しいとも何とも形容の出来ない奇妙な感情がこみ上げて来て、岸政権の呪うべき本質を見事に象徴して余すところがない。

又、六月十五日の事件はすでにテレビなどでも繰り返し紹介されているが、この映画によってはじめて民衆の眼で事態が掴みとられたと云っていい。スチール写真の活用は、今では別に珍らしい手法ではないが、ここではそれが大きな力を発揮している。政府側が喧伝する、ともかくも法律に違反した暴力は排除すべきだ、と云うような官僚的公式論がいかに法の精神を歪めたものであるかを感じさせる力になっている。

中国に於ける支援デモも素晴しい迫力である。百万人の人民が北京に集まったとは新聞で知ったが、現実に広場を埋めつくした大群集が「日美軍事同盟反対」の文字を押し立てた様は誠に感動的だ。こぶしをあげて叫ぶ青年の顔には、平和を願い、それを破壊しようとする者への真剣な怒りに溢れている。私たちの安保闘争が、大きな国際的な連帯を基礎としているという確信が直接身内に湧き上る思いである。

そのほか、感動的なシーンやショットは、拾い上げれば枚挙にいとまがない程である。

といった風に、私はこの映画にかなり高い評点を呈したいと思っているが、しかし幾つかの不満がない訳でもない。たとえば、個々のシーンから受ける感銘の割に、全体としての訴えが弱く、見終った後の印象が稀薄なことである。この事は、安保闘争そのものに対する作者の評価に、あいまいな所があったのではないかと疑わせる。その弱点は、殊に六月二十日午前〇時の自然承認を迎えた前後の描き方に顕著に現れ、それがこの映画に大きな風穴をあけている。

それから、これも前のことと無関係ではないが、この映画に素材主義的な傾向が残っていることも一応問題にして置きたい。素材の力を否定する気は毛頭ないが、素材によって得られた感銘が、集積されるが綜合されないという不満があることは確かである。この事は、殊にこの映画の演出陣の中心に、わが作家協会の名だたるドキュメンタリストの面々が控えていることを考え合せると、不問に付する訳には行かないような気がする。

記録映画の新しい方法論の探究は、創刊以来の本誌の中で展開され、協会員の重要課題の一つとなっている。その中にあって、たとえば野田真吉氏の諸論はそれぞれ啓発的な価値を以て注目されている。そしてその方法論が実作の中でどのように具現されるかは、当然私などの大きな関心事となっている。

しかし残念ながら、私はそういう意欲をこの作品の内に認めることが出来なかった。野田氏の云われる「日常性のベールを剝ぎとる」ということ、「主体と客体との往復運動」ということ、「対象の意味を奪い取って裸形の物として把える」ということなどは、この映画の方法とどんな風に嚙み合っているのだろうか。私には分らない。野田氏の否定する事実のフェティシズムに根ざした報告的映画こそこの映画ではなかろうか、という気がするのである。そこが大変残念だった。

今後の映画運動の問題

山口義夫
（勤労者視聴覚事業連合会事務局）

㈠

安保闘争は現在も堅持し発展させられている。国民共闘会議を棚ざらしにしてしまうような傾向を充分にあらためることが出来ず、各地の共闘の具体的な活動、国民年金反対、原水爆禁止世界大会、母親大会、炭労大会支援、三池守る会の全国的な急速なひろがり、富士山麓米軍演習反対、新島ミサイル基地反対、神戸の第七艦隊、オランダ空母寄港反対、安保闘争に対する弾圧処分撤回、各加盟組織の強化、総選挙闘争等に無限のエネルギーと可能性を示しながら、それを全国的な大統一行動として、汲みあげ、発展させ得ないので、この力は各地に分散し、大小の沢山な渦となっている。それにも拘らず日本の現状について物事を基本的に考え総体的につかむならば安保闘争は現在も堅持され発展させられていると言うことが正確であろう。

事実はその通りの力をもって、そのとおりの努力が行われているのである。

（二）

安保闘争の特徴は夫々の参加者が統一できる可能な限りの長期の展望をもち統一戦線の力をつよめながら慎重に創意性を発揮し平和・中立・独立・民主主義・生活向上をめざす全民主勢力と勤労人民の自発的な共同闘争の中心課題として闘われたところにあり、その力はこの慎重さのおかげで今も尚根本的な打撃をうけることなく、未曾有の大統一行動のかちとった成果を固め、弱点を克服しつつ諸闘争と結びついて前進を続け、あらゆる努力を払って発展させられているという基本的なつかみ方を見失ってはならない。

映画「安保への怒り」の製作普及運動の過程でこの中心闘争についてのつかみ方や関係者の姿勢が問題にされているのは当然のことである。今到るところで安保闘争の中間総括が必要となり、日本の人民の共同利益を獲得するための運動やその発展方向についての論議が盛んになっている。基本方向とその可能性を明かにし、立場を明かにせずには夫々の組織が自分たちの運動方針を整理することは難しくなって来ている。これは小さなサークルや個人についても同様のことが言える。安保闘争はこの発展方向を具体化してみせてくれたし、今も考えさせているのである。

勿論この闘争は大きな弱点をもっている。この弱点は不充分というより重大問題である。日本人民はもとより全人類の共通の利益に関係するといっても決して過言ではない。

何故なら反動勢力はこの弱点をついて立ち直りを示し本気で次の決戦の準備を行っているからであり、味方はこれを克服せずには強化し発展をつづけることはできないからである。新安保体制の強行をおしかえし平和共存と日本の中立化を実現させるためには、これ迄より一層大きな困難な問題を解決しなくてはならない。それにも拘らず多くの人々が安保闘争によって確信をつよめている事実と、その原因を見損ってはならない。安保闘争は基本方向の輪廓とその可能性を明かにしているのである。前進はここから行われているのである。

（三）

映画「安保への怒り」がこの闘争と真正面からとりくみながらその表面しか描けずその力を深くとらえ得ず、闘争をダイナミックに描き出すことが出来なかった原因はどこにあるのか。「三池」と並べて上映するとみている労仂者やその他の観客の話が「三池」に集中してしまい安保闘争がその中から話し出されてくるという状態が何故起るのか。

私はここに作家や関係者の闘いに対するつかみ方の深さ、姿勢の違いを感じるのである。決して「三池」をベタボメするわけではない。安保闘争を描く場合の困難さを無視しているわけではない。その困難さを痛感するからこそ特に考えるのである。闘争というものはそれにとりくむ者の政治的思想的生活的な容積のすべてが問題となってくるし、問題の重点をつかまえ損ったら損っただけの、逃げたら逃げただけの結果が出てくるものである。特に全体に関係するこのような中心闘争はその巾と厚みからいって全容積をさらけ出さざるを得なくなる。これは作家だけでなくそれに関係する者はすべて関与の度合に応じて問題になる。政治家も指導者もその他の活動家も一般人も敵も味方も同然なのである。

この映画の製作普及過程における勤視連と作家との意見の違い、闘争のつかまえ方の違いは、安保闘争に対する取組み方の違い、統一戦線運動や映画運動各組織の協力関係に対する取組方のちがいから起って来ているような気がしてならないのである。このことは労視研運動や教育映画祭に対する作家協会の態度、これまでの映画製作その他の過程でうすうす感じていたことであるが、映画「安保への怒り」の製作過程や記録映画9月号の編集内容、特に松本俊夫君の意見をよんで作家協会の主流が関心をむけている問題、その問題の考え方、解決の仕方、取組み方についてあらためて考えさせられたわけである。

私はこのような意見を頭から否定しようとは考えない。お互いが全体からみれば各部分であり、各部分が夫々の認識と判断をもち、様々の意見の違いが出てくることは当然のことである。

しかしその意見が正当であるか否か、取組み方、解決の仕方が適切であるが否かということはあくまで別の問題であり、しかもそのことが相互の運動に影響し仕事の内容に影響し全体的に影響する場合にはそれはそれなりに注意して解決されなくてはならなくなる。

明らかに善意であり、考え抜かれた意見であり、それだけに強固な意見であり、運動の発展にとって現実に影響が大きいだけに、同じ問題を突込んで考えても結論が違い、基本方向に対する発展のさせ方が違ってくる場合には、しんどい問題となり安易な取組み方を許さなくなってくる。それはどのように考え、どのように発展させていったらよいのであろうか。

勿論このようなしんどい問題は作協だけにあるのでなく、作協と勤視連の関係、勤視連内部にだけあるわけではない。日本中に満ち満ちており、各階級各階層の矛盾と、統一の問題として存在し、本当に物事を発展させようとすれば夫々の人と組織と運動が回避することを許さない問題となっている。

時間も枚数もなくなった。この問題については又あらためて書く他はあるまい。

ただ今は日本の統一戦線は生みの苦しみの最中にある。この時点でお互いに、木をみて森をみないあやまちを二度と繰返すまいというに止める。人民共通の全体の利益と基本方向の立場にたち全局についての理解、相互理解と討論が、全体を配慮した適切な方法が今本当に必要とされているのである。

　勤労者映画協議会運動や労農映画製作普及運動、映画運動のすべてが、労視研運動、国民文化運動のすべてがここからたて直されようとしているのである。

実感的判断と想像

佐野美津男
（児童物作家）

　反安保の闘争はいまもなお継続、発展しているはずなのだが実感としては終ったも同然である。だからこそぼくたちは、あの六月の闘争を振り返えり、その成果と欠陥を明らかにする必要があるのだと思う。

　結論から先にいえば、反安保の闘争は敗北した。勝利する可能性、または現在への継続・発展の可能性はあったのだが、指導部の決定的な裏切りのために敗北したのである。しかしソ同盟なり中国なりの革命史をひもとけばすぐさま判る通り、社会民主主義者の裏切は自明のことだ。それは問題にするのもバカらしいことである。もしも社会民主主義者との共闘ということがあり得るならば、それは常に彼らの裏切りを計算に入れた上のことでなければならぬ。

　ところが今度の場合には裏切るはずがないと信じた共産党が平然とそれを行なったのだ。ここに問題がある。

　津田道夫という人が「新読書」八月号に書いているとおり、六月十五日のたたかいにおいて、赤いビニールの腕章をまいた共産党員たちは学生が殺され傷つけられている国会南門への通行をはばんだ。このことは津田道夫が書くより以前にぼくは最も信頼できる友人からきいて知っていた。その友人は現場の教師であるが、学生たちと行動をともにしたのである。そして当然のこと警官になぐられている。この事だけによっても、国会南門から構内へ入ったのがトロツキストまたはトロツキストの挑発にのった一部学生という見方は間違っている。そしてこの友人はごく最近のアカハタに原稿を書いている。アカハタは、自覚的に国会南門へ突入した人間のために、かなりのスペースをさいているのである。連日、トロツキストという名のもとに最も戦闘的な人々を非難しているアカハタがこのようなことをするのは不可解である。これは一体どういう仕掛なのか。

　ぼくは想像する。アカハタ編集部のなかにさえ、いわゆるトロツキスト征伐を心よく思っていない人がいるのではないか。ということは、現在トロツキスト征伐にやっきとなっている人々にはかなりのあせりがあり、俗にいうアタマへキテル状態ではないのか、なぜ彼らがあせるかといえば、国際・国内情勢の分析、そこから出てくる綱問題等でいちじるしい立ち遅れがあるか領らだろう。いわゆる党内少数派といわれる人々と共産主義者同盟とでは、平和共存について、社会主義への移行の形態等については異なる考え方があるけれども、国際・国内情勢の分析では一致する部分がかなりあるように思われるから、党内少数派（構造的改良論者を含めて）のなかにはトロツキストとよばれている人々への同情者がいるのではなかろうか。そしてその人たちの力量は次才に強くなりつつあるのではないか――などである。

　そして更にぼくの体験からいえば現在の共産党は、その規約精神を重んじて自ら防衛意識を仂かせトロツキストその他の反党分子を摘発するのではなく、自主的に離党を申し出る人々に向かって処分のナタをふりおろすのである。入ってくるものは味方だが出るやつは敵だという思考はセクショナリズム以外の何物でもないはずであり、こういう思考を持つ政党には統一戦線をよびかけ、また参加する資格はない。その資格がないものを、指導的位置においたこと、これが反安保闘争最大の錯誤であった。

　とはいえマルクス・レーニン主義の思想は絶対に正しい革命の思想であり、現在の代々木共産党とは何らかかわりのないものだとぼくは思う。だから今後もまた反安保の闘争をくむとすれば、今度こそその中心、つまり指導的位置にはマルクス・レーニン主義の思想を実践しうる人々をおかなければならぬ。この点、共産主義者同盟は代々木共産党にくらべれば、すくなくとも革命的である。革命的であるという実感において、ぼくは共産主義者同盟を反安保闘争の指導的位置に近づけるべきだと思う。ぼくは、反安保闘争を革命への突破口だなどとは考えていない。ぼくにいわせれば、反安保闘争は革命である。新安保が単にアメリカ帝国主義の要求ではなく、日本独占資本としての要求でもあることを考えれば、安保体制を打破することは革命に他ならぬ。このような重大な闘争において日和見に終始した政党を、前衛党とよぶことはできない。むしろ、その非前衛性を白日のもとにさらすほどの積極的批判がくりひろげられなければならないだろう。この意味においても、記録映画「一九六〇年六月」は視線の外へのひろがりばかりが感じられ、ぼくとしては不満である。たとえ一般大衆のためのPR的性格を持つものとはいえ、いやそれならなおさらのこと、陣営内の弱点は明らかにして悪いはずがない。

　たとえば、六月十五日に新劇人や一般市民の列へ右翼がなぐりこんだとき、警官たちが傍観していたといって怒る人々が多い。あの映画もそういうとられ方をしていた。だが実際には、傍観はデモに参加してきた労仂者や市民によっても行われたのだ。あの日、デモに参加した人々のうちの何人が、国会周辺の警官を自分たちの味方だと信じていただろうか。あの場合、警官を味方だと信じることは甘くはかない理想である。はっきりいって警官は敵なのだ。同じ日本人なのになどというほどの民族意識はこの国に育ってはいない。だから、警官が傍観したのは当然というよりも、むしろ幸運な事態であった。悪くすれば警官が右翼と組んでわれわれを襲うことだってありうるし、現に学生たちは襲われたではないか。

（この映画では右翼襲撃の場合静止写真を使用しているが、先日ぼくがフジテレビを見ていたら動く写真が出てきた。やはり静止写真よりは迫力があり右翼の蠻行も明らかである。なぜ、この映画に動く写真がないのか）

警官が自分たちと同じ日本人だと思いこみ、甘くはかない理想をいだき、その傍観をなじり、労仂者・市民の傍観に腹を立てないこの美徳こそが呪わしい。ぼくはここにも代々木共産党の悪しき思考を実感するのだ。

代々木共産党は日本をアメリカ帝国主義に従属する半植民地だと規定する。そして「愛国・正義のたたかい」をスローガンとしている。だが、この愛国・正義というコトバは民族意識の育っていないこの国（だからこそ半植民地なのだという言い方はあげ足とりにしかすぎぬ）ではなじめない。特に戦後の教育を受けた青年層はなおのことだし、戦中に軍国主義教育をうけたぼくらはただ反発を感じるだけだ。正直いって、ぼくには愛国心など持ちあわせがないのである。ぼくらは愛すべき国など持っていない、ぼくらが生れ育った国は憎むべきものである。ところが代々木共産党は、戦前・戦中派の感覚だけでスローガンをきめる。「愛国・正義のたたかい」このスローガンに眩惑され、「同じ日本人」という理想主義が芽生えるのだ。そして同じ日本人だからという甘い理想が破れたとき、同じ日本人なのにという腹立ちが起きる。この点、共産主義者同盟の人たちはは逆の立場にあるように思える。彼らにいわせれば、同じ日本人だからこそ、岸・池田は敵なのだ。警官は敵なのだ。独占資本は敵なのだ。彼らのそういう思考がぼくの実感とつながることは確かである。「愛国・正義」というスローガンから階級意識はミジンも感じとることができぬ。むしろぼくらは、階級意識旺盛な亡国の徒でありたい。

亡国の徒でありたいと願うぼくにとって、市民意識の高揚とかいうお題目は、いささかも実感のともなわぬものである。そのあらわれとしてのフランス式デモをぼくは嫌悪する。だから、あの映画がフランス式デモを高く評価したような形になっていることが不満である。あのフランス式デモというのは、どう考えてもカーニバル的発想だ。お祭りである。メーデーのときには適当な行進形態かも知れぬ。だがたたかいの形態としては不適当だ。まだしも蛇行デモの方が戦闘的だと考える。――これらの私的意見を含めて、示威行進の組み方に至るまで反安保闘争は分析しつくされる必要があるだろう。そのための資料として考えれば、この映画の存在理由もわかるような気がする。

しかし、どう考えても反安保のたたかいは敗北であった。われわれは新安保を阻止するためにたたかい、阻止することができなかったのだ。そして現在、見通しは暗い。帰郷運動をぼくは低姿勢としか考えない。現に一部の学生たちは、自分たちが流血のデモを行なった全学連とは違うのだという宣伝にやっきだというではないか。ここにも代々木共産党の黒い手がのびているのだ。こうなると低姿勢どころか明らかな裏切りである。

ぼくは先日、「共産党はどうもおかしいと思ったらアメリカから金をもらってるそうですね。」という人に出合いびっくりした。「だから学生をいじめるんですよ。自分が金をもらってると、ひとまで金をもらってるように思えてきますからね。」というのだ。ぼくは絶対にこの噂を真実と思わないが、大衆のあいだにこのような見方をしている事実があるということと、アカハタが共産主義者同盟をアメリカのひもつきであると断定する関連を考え、そこにタイハイ現象を感じないわけにはいかないのだ。もちろんこうなれば記録映画の範囲をとび出し、スリラー映画じみてくることは確かだが、前衛内部のタイハイ現象を徹底的にえぐり出すような記録映画が必要なことも確かである。

かくて結論的にいえば、記録映画「一九六〇年六月」はかなり想像力を刺戟する資料だということになる。この資料が正しく活用されるよう願ってやまぬ次才だ。そう願わずにいられない実感的判断であった。

ドイツ映画の心理的歴史オ9回／ジーグフリード・クラカウア／各務・宏訳

●カリガリからヒットラーまで

■オ三章・安定期　一九二四年―一九二九年

四、新らしいリアリズム・1

安定期には、麻痺状態を示すものと、麻痺した心理的内容に光をあてるものとの二つのグループの映画に並んで、もっと特徴的なオ三のグループがあらわれた。このグループの映画は麻痺した集団心理の仂きを明かにする。それらは集団心理が現在の状況に反作用したその方法を説明するのである。

このグループの中でも一番重要ないくつかの映画は、安定期の間に芸術の面ばかりでなく実生活の面でも現れた「新しい客観主義」(**Neue Sachlichkeit**) の精神によって生命を与えられたものであった。この精神は、他の国でもまたその姿を現わしたが、「新しい客観主義が最初に自らを意識し、そして……相対的にも、本質的にも最も強かった」のはドイツであった。一九二四年、マンハイム美術館の支配人であったギュスタフ・ハルトラウプが絵画における新しいリアリズムを規定するために「新しい客観主義」という言葉を作り出したのである。彼はこのリアリズムについて次のように述べている。「それは、あふれるような希望(これは表現派の作品に見出された)の時代の後、諦めと皮肉なるその当時のドイツでの一般的な感情と関連していた。皮肉とあきらめとは新しい客観主義の消極的な面である。その積極的な面は、事物を観念的な意味によって包んでしまわずに、それを物質的な基礎の上で全く客観的にとらえようとする願望の結果としての、身近な実在に対する熱狂の中にあらわれている。」レハルトラウプも、またやや後れてフリッツ・シュマーレンバッハもともに、この新しい流れの感情的な原因として幻滅ということを強調する。

いいかえれば、新客観主義は麻痺状態を特徴づけているのである。皮肉、諦め、幻滅、これらの傾向は、いかなる方向においても自らをまかせきろうとはしない心性を示している。新リアリズムの主要な特徴は疑問を発したり、自らその渦中に立ったりすることを厭う点にある。実在は、事実をそれの持つ意味に従わせるのではなく、そうしたすべての意味を事実の大海に沈めてしまうような、つまりウーファの文化映画のようなやり方で描かれる。オーギュスト・ルエックが一九二六年に告白している。「われわれは信仰の力を失った。世界という機械の車はそれ自身のはずみに従って廻り続けているように見えるので、われわれは何を信頼することもなく、又、責任感も持たずに生きてゆくことに慣れてしまっている。……一方が上品に、或は疲れきって滑って行けば、他方もそれに従って同じように滑ってゆく。」これは麻痺した心の言葉である。

完全な幻滅の状態の維持は、きわめて困難である。ハルトラウプ自身、新客観主義の両翼を区別している。ロマンティックな右翼と「社会主義的な匂いのする」左翼とである。この社会主義的な匂いは多くの絵画や建築やその他に見られたが、それは工芸学的な観念と形式の上に多く見られた。その全形は、それらが現代技術の社会的使命という信念によって動かされていることを示していた。それは社会主義的楽観主義の空気を吸っていたか、もしくは吸っているように見えた。この楽観主義は「戦後のわずかな繁栄期に特別さかんだった改革の幻想」であると論証したメイヤー・シャピロは疑いもなく正しい。「国民の生活水準の上昇、家賃その他の生活必需品の値下り、などにみられる技術の進歩は階級の争いを解消し、少くとも技術家の間に社会主義への平和的移行を導く効果的、経済的な計画を描くような風習を生みつけたのである。」その幻想は組織だった政治的努力による以外には決して達することの出来ない変革を技術の発達にもたらす力を与えるような考えから出来ていた。技術発達に大きな貢献をするかもしれない。これが、社会主義の匂いのする新客観主義の作品の中にあらわれている曖昧さの実体である。この型の建物はファシズムのイタリー全土に反響した。本家のドイツではそれは不思議に空ろな、したがってその社会主義的な色彩をだいなしにしてしまうようなものが多かった。

ドイツの映画もその画面にこのあいまいなリアリズムを採り入れていたので、当時の社会主義的な態度は、心理学的な観点からして、決してオ一次的な衝動というようなものではなかったと考えても間違いではない。それは今までのどんな権威主義的傾向よりも薄弱なものであった。事実、それは、これらの権威主義的傾向が実際に麻痺していたからこそ発達することが出来たのである。凍りついた地の上にあって、それらは表面的にははなやかであったが、新客観主義の本質をなす無関心さをひっくり返すことは出来なかった。(「改革の幻想」は、それが、社会のいかなる進歩の場合にも見られる情熱と決断の演ずる役割を全く見落していたという限りでも内面の麻痺状態を反映していた。）この心理的な状況はもちろん変るべきものであった。権威主義的傾向がその麻痺から目覚め、そしてすべての自由主義的、社会主義的傾向をとり除いて行くか、或は、それらの傾向が力を得て、だんだんとこれらの麻痺状態を吸収して行くかであった。

オーストリア人のＧ・Ｗ・パブストは、新リアリズムを開拓した監督たちの中でも光っていた。彼は、舞台の芸術的将来に疑いをもったために舞台を離れて映画界に入った。彼がスタジオに入ったのは遅かった。中世的な装置の中でぶかっこうに繰り拡げられる、愛と欲の伝説を映画化した彼の第一作「宝」（Der Schatz, 1924）が作られたのは戦後期の終りに近かった。この退屈な非人格的な作品は、与えられた事実には無関係に心の中の葛藤や切望などを外面化することにばかり汲々としていたその時期にとって、パブストが自身を全くの異分子と感じていたことを明らかにした。パブストはリアリストであった。かつて談話中彼はいった。「ロマンチックなやり方にとって、何か必要なものでもあるだろうか。現実の生活はあまりにロマンチックだし、あまりに恐ろしいのに。」

実際の生活こそ彼の本当の関心事だった。ウィーンの指導的な新聞「ノイエ・フライエプレス」（新自由新聞）に連載されたユーゴー・ベタオエルの小説を採用した「陰気な街」（Die Freudlose Gasse, 1925）の中で彼は実生活をはっきりみつめようとした。その映画はまもなくドイツや諸外国で評判となったが、その中で彼はインフレ時代のウィーンを、とくに中産階級が被救恤民となってゆく有様に力を入れて描いた。この没落を描いた彼の徹底的なリアリズムはその当時の人々を驚かした。イギリスはこの映画の一般公開を禁止した。イタリーやフランスやオーストリアや、その他の国で封切られたその改訂版は甚だしく削除されていた。

「陰気な街」は頑固な闇屋と窮乏した中産階級の人々とを対照的に描き出している。光まばゆい高級飲食店と飢えに襲われる薄暗い部屋。騒々しい馬鹿騒ぎと無言で悲しみに沈む人々。年取った市会議員のルムフォルトは彼の貯えの消え去るのを眺めやり、悲しみに包まれる、そしてついに餓死に直面する。彼はその娘——ガルボの最初の主演である——のお蔭がなかったら死んでいただろう。彼女はナイト・クラブのダンサーという疑わしい商売にありつくことが出来るのである。この上流階級の家族の没落は社会的な意識をもって描かれており、典型的ケースとして扱われている。一つづきの挿話では、闇成金にその取巻きが株を取引したり、派手な婦人たちと恋愛したり、金で買うことの出来るすべての享楽にふける有様が示される。また他の挿話では現実に打ち負かされた人々の有様が、細々と描かれている。彼等の生存競争で、ある少数の人々はその生来の上品さの故に悲劇的な苦盃をほめなければならない。ルムフォルトはその強情を受けついだおかげでほんの一寸の譲歩をもいさぎよしとせずすぐに身を引いてしまうのである。囲いの女に扮するアスタ・ニールゼンは、非妥協的な愛は、市場価値のある商品が実質的を押しのけて通用するような社会では、滅亡してしまうだろうということを示している。しかしながら彼女自身は感情的にも社会的にも門外漢である。一般の中産階級の人々は大ていが腐敗した権力と妥協しようと試み、あるいはそれに単に譲歩するのである。パブストのインフレーションを描いた映画は、中産階級の強いられた経済的窮乏とその道徳的価値の投げ売りとの相互関係をえぐり出している。彼が、——リアリスティックな観察者という角度からはじめてであるが——描き出しているのは大戦後の世界に見られたあの熱病的終局であった。そしてこれは圧制政治と混沌との幻影の間をさまよう画面上の幻想を通してその最も奥深くにある先入主を表わしているのである。

世界の物凄い悲惨を曝露している場面は、上演などされぬ出来事の様に思われるのだった。その当時の日常生活は「陰気な街」の挿話の中にあらわに示されている。絶望の涯においつめられた群集が肉屋の店先に列を作る。するとウェルナー・クラウスの演ずる冷酷な肉屋は、その残忍な白犬を従えて、警官を呼びに歩み去る。この効果的な場面では殊更につくられているものは何一つない。むしろそれは、事件がそれ自身落着く、その成りゆきを見守ろうとする欲望から発したものである。パブストは「その登場人物に訊問するような苦痛を与えずにその窮状を語らせた。」ガルボがあるいかがわしい店で自分のもらった新しい毛皮の外套をすりきれた彼女の古外套のすぐそばに並べて掛ける短い一場面によって、彼が生来のリアリストである事が証明されている。少しの間二つの外套が並んで下っているのが見られる。カール・メイヤーの戦後期の映画だったら、このような撮り方はさしずめガルボの生活条件の変化を象徴するものだったろう。パブストの映画では、それは、そのことが象徴的な意味を持つにしろ持たないにしろ、偶然に組合わされた二つの外套を示しているに過ぎない。意味のある画面の組立てを試みるかわりに、パブストは彼の唯一つの目的である真実によって実生活の素材を組立てるのである。彼の精神は、写真技師のそれである。アイリス・バリイが彼の「ジャンヌ・ネイの恋」についていったことは「陰気な街」にもまた当てはまる。「パブストの作品はどう見ても絵画的ではない。それは写真的である。彼の装置とその個々の場面とは、より明白に芸術的であるドイツ映画に見られると同様に十分注意深く組立てられているが、その伎倆は表面的なものではないので観客は『何と美しいのだろう』というよりも『何と真実を表わしている事だろう』と感じさせられるのである。」「陰気な街」の関係する自由な世界にくらべて、「ヴァリエテ」の世界は部屋の中の事がらである。

（以下次号）

●記録・教育映画ガイド

●記録映画を見る会十月例会
○松川事件劇映画製作促進の為に
○十月六日（木）午後六時より
○豊島振興会館（豊島公会堂隣り国鉄・池袋駅下車三分）
○上映作品　①真実の証言・二巻山本薩夫演出作品・現地調査の記録、②フィルムによる証言・六巻・羽仁進演出作品
○主催・東京松川事件劇映画実行委員会北ブロック会議

●現代の眼特集記録映画を見る会
○十月二十一日（木）午後六時
○豊島振興会館（豊島公会堂横）
○上映作品　①サルバチ・ヨメ・二巻アグファカラー・ランタン・ヒマール遠征隊の記録　②マスコミと私たちの生活・二巻　③しずむ、又は、零の地点・前者は前衛映画作家集団、後者は国学院大学映画部の作品、いずれかを上映、④海を渡る友情・五巻、望月優子演出作品・朝鮮帰還を題材にした劇映画。
○主催・城北映サ協・教育映画作家協会
○会費・三十円

●自主上映映画祭十月例会
○時間は六時、及び七時半の二回（②①は上映回数を示す）
十七日（月）戦艦ポチョムキン　共済会館ホール　②
十八日（火）世界の河は一つの歌をうたう、日消ホール　②
十九日（水）アジアの嵐　日消ホール　②
二〇日（木）勝利と独立への道・ハロン湾の光と幸、前同　②
二一日（金）チャパーエフ、共済会館ホール　②
二二日（土）建設者（コミュニスト）　前同　②
二四日（月）青春の歌、前同　①
二五日（火）虹　日消ホール　②
二六日（水）祝福　前同　②
二七日（木）春香伝・金剛山　共済会館ホール　①
二八日（金）阿片戦争　日消ホール　②
二九日（土）アジアの嵐　両国公会堂　②
三一日（月）アジアの嵐　荒川区民会館　②
○会費一〇〇円（二回以上の方は追加会費五〇円を納める）
○主催・東京自主上映促進会

教育映画祭中央大会
○十月五・六・七日
○東京・銀座・山葉ホール
○五日国際短篇映画上映
六・七日・入賞作品上映・ならびに表彰式
○優秀作品賞
学校教育部門・いねの成長・たのしい紙工作・いなかねずみとまちねずみ・えんそく（以上学研）機械工業―自動車―鉄の加工（日経）君たちはどう生きるか（東映）・社会教育部門・故郷のたより（東映）生きている日本列島（理研映画テレビ）マリン・スノー（東京シネマ）・産業教育部門・機械文明の騎士たち。（日経）黒潮丸（岩波）
特別賞・神経のはたらき（日映科学）海を渡る友情（東映）黙っていてはいけない（三木）刈干切り唄（記録）
○主催・日本映画教育協会

●西武記録映画を見る会十月例会
○一九六〇教育映画祭入選作品集
○西武百貨店八階ホール
○前十時三〇分、十二時の二回
十六日・機械工業―自動車・鉄の加工（杉山正美演出）機械文明の騎士たち（間宮則夫演出）
二三日・黙っていてはいけない（丸山章治演出）たのしい紙工作いねの成長
三〇日・刈干切り唄（上野耕三演出）神経のはたらき（奥山大六郎演出）
○入場無料・多数おこし下さい。

本誌合本ファイル
残部僅少！

記録映画合本ファイルを買いましょう
本誌創刊二周年を記念して作った合本ファイルは、総クロースばりグリーンの地に金文字で誌名入りの立派なものです、十二冊綴り百二十円。編集部あてお申込みを。

■編集後記
先月号でお約束した記録映画「一九六〇年六月」のシナリオを、残念ながら誌面の都合で省かざるをえなくなりました。深くおわびいたします。次号は「映画表現の可能性と実験性」の特集です

昭和三十三年九月五日第三種郵便物認可

教育映画作家協会編集

記録映画

THE DOCUMENTARY FILM

「人間の運命」

11月号

記録映画

1960 11月号

才3巻 才11号

時評

浅沼暗殺事件の意味

白昼、公然の場所で、浅沼稲次郎社会党委員長が、右翼の少年の刀で、暗殺されるという、まるでもう信じられないようなことが、みんなの眼の前で起った時、誰しも、突如、日本という国が中世的世界へ逆戻りしたと感じたのに相違ない。そうでなくても、岸、池田の政府は、十分中世的なムードを持っていたのだ。私たちは、まざまざと、こんな残忍な形でそれをもう一度確認しなければならなかったのである。

この事件は、私たちに、さまざまのことを考えさせる。

それが、公けの場所で政見を発表している野党の代表者であったということは、まず才一に、言論・表現の自由に対する、真向からの挑戦である。

また、この殺人者は、安保問題、中国との国交問題、その他ことごとく、池田内閣と同じ意見の持ち主であるばかりか、これに反対する者に対しては、棍棒と刀との違いがあるだけで、暴力的に黙らせようという点でも、両者の意見は、完全に一致している。

さらに角度を変えて見れば、コドモを暗殺者に育てあげた背後関係の手口は、憎んでも余りあるが、それにもまして、新教育の、すなわち民主主義の教育のおかげでこんなコドモができたという論理こそ、まことに危険なものであろう。事柄は、まさに逆であって、新教育―民主主義教育を、政府はねじ曲げようとし、そのため新教育が徹底して行われなかったために起った事態なのである。

いま政府・与党は、左右を問わず暴力はいけないという言葉で、暴力対策を打ち出そうとしている。

すなわち、労仂者・農民・学生・市民の、デモンストレーションや、さまざまの形の抗議のための行動もまた、右翼テロと同列の暴力だと思わせようとする意図がありありと見てとれる。

右翼テロと同列に置かれるべき暴力とは、五月十九日夜の議会における政府の行動のようなものをいうのである。

映画作家は、ここにまた、言論・表現の自由に対する、新たな挑戦者に当面したわけである。

私たちがこれに屈することはあり得ない。

表紙の写真

ソ連・モスフイルム一九五九年作品、松竹セレクト提供、セルゲイ・ボンダルチュク演出、ミハイル・ショーロホフ原作になる「人間の運命」より

もくじ

顔と集団

花田清輝

スクリーンのなかから、クローズ・アップされた無数の顔が、しきりにわたしにむかって、なにかを訴えようとしているらしかった。しかし、これほど、鼻と鼻とをつきあわせていると、かえってわたしには、その顔が、なにをいおうとしているのか、さっぱり、見当がつかないのである。わたしは、毛穴という毛穴から汗の玉のふきだしている、にきびのできた、しみだらけの顔の行列にみいりながら、いまさらのように、どうして人間の顔というものは――とりわけ若い世代の顔というものは、こうもみにくいものなのであろうとつくづくおもわないわけにはいかなかった。それが、このところ、日本のいわゆるヌーベル・バーグ映画をたてつづけに十本ばかりみたあとでのわたしのいだいたまずしい感想なのである。わたしは、顔よりも、仮面のほうが、はるかに清潔なような気がしてならなかった。顔のクローズ・アップの濫用という点で、いちばん、映画史上で有名なのは、カール・ドレイエルの「裁かるるジャンヌ」であろう。しかし、わたしには、いまとなっては、ジャンヌの顔が、わたしの叔母さんの顔にちょっと似ていたような記憶がある程度であって、一段高いところから、ものものしくかの女をみおろしていた裁判官たちのさまざまな顔など一人としておもいうかべることができないのである。にもかかわらず、不思議なことに、ロング・ショットでとらえられたラスト・シーンだけは――火刑台上のジャンヌの末期の眼にうつった、ひろびろとした空や、その空を区ぎっていた寺院の円屋根や、その屋根から、いっせいにとびたっていった鳩のむれなどは、昨日みたように、あざやかにおぼえているのだ。その映画のなかで、ドレイエルの主として描こうとしたものが、連続的な顔のクローズ・アップによるジャンヌと裁判官たちとの心理的な決闘だったことに疑問の余地はない。しかるに、わたしは、そのかんじんの内心のドラマについては――拷問と、拷問による転向と、さらにまた、その転向の否認といったような、その当時、とうてい、わたしの無関心ではあり得なかったような波立ち騒ぐジャンヌの心のうごきについては、きれいさっぱり、忘れはててしまっているのだ。それは、かならずしもその映画をみてから三十年の歳月が過ぎさっているためばかりではあるまい。どうやらわたしは、その当時においても、いまと同様、クローズ・アップされた人間の顔を手がかりにして、人間そのものをとらえるといったような行きかたにたいしてはすこぶる懐疑的だったらしいのだ。むろん、カメラの眼は、肉眼よりも、はるかに正確に人間の表情をとらえるであろう。だが、はたしてそれは、その表情の背後にあるものを透視し得るほど万能であろうか。ジャンヌを、かの女の属している集団からきりはなし、ジャンヌの顔を、かの女のからだからきりはなし、それでもまだ不十分だというので、ジャンヌの眼を、かの女の顔からきりはなし、まぶたのかすかなケイレンや、ひとみのひらめきを、ひたすら追求してみたところで、ジャンヌその人のペルソナは、かえって、不可解になるだけのことではなかろうか。君みよ、双眼のいろ、語らざれば、愁いなきに似たりである。わたしは、カメラの眼が、肉眼のように、対象をとらえてくれればいいとおもった。肉眼でも、多少、みえすぎるほどみえるような気がした位いである。わたしは、ジャンヌの正体を、あきらかにするためには、眼よりも顔に、顔よりもからだに、からだよりも集団に、集団よりもそれをとりまいている状況に、視線をそそがなければならないと信じていた。いまでもそう信じている。つまり、一言にしていえば、わたしは、顔のクローズ・アップというドレイエル風の行きかたに、カメラというメカニズムにたいする物神崇拝、顔というオブゼを手がかりにして、内心のドラマをとらえようとする心理的なものにたいする偏愛、状況からきりはなされた個人を重要視する市民的な傾向、等々をみとめないわけにはいかなかったのだ。もっとも、いまのわたしには、クローズ・アップ一般を否定して、ベラ・バラージュのいうように、「サイレント映画のゆたかな遺産をいたずらにドブのなかに投げ捨ててしまう」つもりなど、いささかもない。ただその遺産にあまりにも恋々として、ドレイエルでさえ、「裁かるるジャンヌ」のラスト・シーンにおいて、クローズ・アップのはてにたどりついたロング・ショットが、今日の新人たちのあいだで、ほとんど忘れさられているようにみえるのが、わたしには、はなはだ不満なのである。微視的に分析していくだけであって、巨視的に綜合していくつもりのすこしもない作家たちは、けっきよく、リポーターではあるにしても、クリティックではなく、みずからのうちに、なに一つ、主張らしい主張をもっていないとみられても仕方がないのではあるまいか。いや、むしろ、わたしには、かれらが、一定の主張をさけてとおろうとして、わざとディテールにこだわって、クローズ・アップに熱中し、ロング・ショットを無視しているような気がしないこともない。むろん、そこには分析の手つづきをへていない綜合が――クローズ・アップの積みかさねの上に立っていない、ロング・ショットが、主張らしい主張として、受けとられかねないような現状にたいする新人らしい反撥もみいだされるかもしれない。しかし、かれらの抑制が、怯懦からくるものか、混迷からくるものか、反抗からくるものか知らないが、出発するや否や、すでにかれらは、クリティックとしては失格しているのである。このままでいけば、遠からずして、かれらは、ことごとく、風俗作家に――せいぜい、心理的な風俗作家に、転化してしまうのではなかろうか。しかるに、フランスのヌーベル・バーグの作家たちは、たとえカミユのいわゆる「反抗的人間」の域を脱していないにしても、とにかく、一応、クリティックとしてあるきつづけているのではあるまいか。シャブロルをつかまえて、日本の風俗作家の一人が、それア、わたしだって叔母さんの遺産はもらいたい、といったことがある。しかし、かれにとって、いちばん、必要なものは、叔母さんの遺産ではなく、シャブロルにはあって、かれにはない、クリティックとしての自覚であろう。おそらくかれは、フランスのヌーベル・バーグの影響下にある日本の新人作家たちを、だらしがないとおもっているにちがいない。だが、いまもいうとおり、底をわってみれば、かれらは、かれの同類なのである。わたしには、ヌーベル・バーグの影響は、もともと、日本にあった太陽族映画という風俗映画を、一歩、心理的に掘り下げていくキッカケをあたえただけのような気がしてならない。影響は、なにものをも創造しない。ただ、目ざめさせるだけだ。――とジイドはいった。そして、それは本当だとわたしはおもう。たとえば吉田喜重の「ろくでなし」のラスト・シーンは、ゴダールの「勝手にしやがれ」のそれと、二つのピーナッツのように似ているかもしれない。前者が、後者の影響をうけていることは、誰の眼にもあきらかであろう。にもかかわらず、主人公が女主人公にすがりついてガックリと膝を折る前者が、メロドラマティックであるのに反し、女主人公が突っ立ったまま、地上にのびている主人公を、冷然とみおろしている後者には、感傷のかけらさえみとめられない。つまり、吉田喜重は、ゴダールによって、それまでかれのなかにねむっていた、あたらしいメロドラマにたいする創作欲をかきたてられたというわけだ。同様のことが、蔵原惟繕の「狂熱の季節」についてもいえるかもしれない。カニは、すべてみずからの甲らに似せて穴をほるものである。したがって、わたしには、いささかなりとも、クリティックらしい風貌をそなえている若い作家の例としては、いまのところ、大島渚ただ一人しかあげることができない。かれについては、ほかでもちょっとかいたので、ここではくりかえさないが――しかし、つい最近みたかれの「日本の夜と霧」には、さきにあげた、「裁かるるジャンヌ」をおもわせるようなものがあるにもかかわらず、ドレイエルとは逆に、まず状況に注目し、つぎにその状況のなかで生きてうごいている集団をとりあげ、その集団のなかの一員としてのかれまたはかの女の心のうごきを、連続的な顔のクローズ・アップによって描きだしていた点において、親近性を感じないわけにはいかなかった。もっとも、そこに、作家の主張らしい主張がうかがわれるというのではない。大島渚は、われわれの周囲において、たえず口走られているような政治的意見を、作中人物の一人一人に猛烈な勢いで主張させ、かれ自身は、一段高いところから、かれらをみおろしているかのようだ。しかし、もしかすると、そういったかれの超然たる態度は、かれの政治的な判断中止のあらわれであって、この作品もまた、五十年以降の学生運動をあつかった一種の風俗映画――思想風俗映画かもしれないのだ。ラスト・シーンにおいて、性ごりもなく紋切型のセリフをわめきたてている前衛党員の声を音楽をかぶせて消してみせたところで、べつだん、作家が、なにかを主張していることにはならないであろう。なぜなら、その種のプロテストそのものが、これまた、紋切型と化しさっているからである。「裁かるるジャンヌ」とちがって、ジャンヌのような女主人公のいないのも気持がいい。しかし、卒直にいうならば、わたしは、人間や人間の歴史をとらえるばあいには、クローズ・アップと共に、もっとひんぱんに、ロング・ショットもまた、使われてもいいのではなかろうかと考える。

ショットとは何か

大島　渚
（演出家・松竹）

ここでショットとは、普通劇映画の撮影所で言われるカットであり、大ざっぱに言って「連続的に撮影されたフィルムの一断片」のことである。（この定義は十分ではない。伊丹万作氏の『静臥雑記』の中の、「カットの意味」と題する短文には、そのことに関する詳しい考察がある。）

その、ショットの持つさまざまな問題について書けという註文である。私は今一般的な形でショッとの意味とその諸問題を考察する余裕（主として時間的な—）を持たない。したがって以下私の書くことは全く私一個の狭い経験から割り出した身勝手で大胆な仮設にすぎない。

作家の方法は、作家の体質（そのなかには美意識がふくまれるだろう）と作家の現実認識の結合の仕方であるような気がする。（なかには現実認識のない体質だけの作家が居り、実にひどいのになると体質もない作家！が居る。）一つのショットにも作家の方法があり、作家の体質と現実認識がうかがわれなければならない。

私の最新作『日本の夜と霧』は四十三のショットしかない。ということは原則的に一シーン一カットなのである。

これは、現実の時間の重視尊重であり、作家の意識の流れを中断させないための方法である。自由に動き廻るキャメラで可能な限りショットを持続させること、これは私の基本原則の一つである。（このことは一シーンを完全に描きつくすことにも関係がある。昔は一シーンを中途で切るのが正しい方法とされていた。現在では描き始めたシーンは完結するまで描かれねばならない。）

ショットの持続性に次ぐ原則は、ショットの不安定性である。そのために私は望遠系のレンズを使用する。それはとらえる人物のサイズが大きくなるので、ちょっとした人物の動きで画面はすぐ不安定になる。それをキャメラの動きで修正する、人物が又動く——という過程のくりかえしで、固定しない作家の意識の流れがそのまま画面の流れに定着される。

以上、二つの原則を貫流するものは、作家の意識の流れであり、作家の主観であり、それが果さなければならない役割は批評である。

如何なる一ショットも批評的でなければならない。一ショットの映像はつねに対象に対する作家の批評をふくみ、映像そのものは状況に対する作家の批評をふくみ、同時に作家を批評するものでなければならない。（これは作品全体についての原則でもある。）

問題は、既成映画のルウティーンと、作家のイメージのステロタイプが何ら批評をふくまぬショットを撮ってしまうということであろう。あたかも人造人間がキャメラを操作しているが如くに、である。（その点キャメラは全く頼りにならぬものである。キャメラが偶然批評をふくむショットをとらえることなど決してありえない。それは必然的にルウティーンショットを撮ろうとする自己を、偶然の媒介で打ちこわそうという作家の意識的な操作以外の何ものでもない。）

そのように、一つ一つのショットの中で、既成のステロタイプ化したイメージを打ちこわして行く以外に、映画を変える方法はない。（逆立ちした映画の論理—ストーリィ主義はかなり否定されて来たが、まだ十分ではない。ストーリィを説明するためにのみあるショットは前衛的と称される作家の作品の中にもひそんでいる。）

どのショットにも、作品全体を流れているのと同質の批評がふくまれているような作品、それが始めて映画の名に価するものなのである。

一ショットたりともいい加減に撮るな！

（六〇・一〇・一〇）

意味への挑戦(1)

コンティニュイティの論理

粕　三　平
（シナリオライター）

1

映画表現はいま現実的にどのような可能性をはらんでいるか。映像のすべての実験性は、いったい映画表現の何に根拠をおき、われわれはそれにもとずいて今後どのような方向を積極的につくりだしていかねばならぬか。

状況と自己の亀裂をてこにして、現実に動く事実を、そのヴェクトルから逆算した予測でいっきょにとらえるヴィジョン。それを作品によって生みだし、それで作品を統一するためには、いまどこからどんな方法でふみださねばならないか。ショットを連続させ構成する方法は、映像のどんな構造につながり、その要請にはげしくきりこむためには、なかみをどう激烈にゆりうごかすべきか。つまりひとくちでいえば、一九六〇年十月のわたしやあなたは、映画表現のあたらしい役割やかなり複雑なうごきを、はたしてどこまで確認しているのだろうか。

　編集部がわたしに課したテーマは、連続という意味がある「コンティニュイティ」について書けということである。モンタージュといったのでは問題をせばめるからというのがその理由であった。そういわれてみるとコンティニュイティには連続という意味がたしかにある。正確にいえば物または時間の連続、あるいは継続である。

　しかし課題というものは、いつだれにとっても、なにがしか、仕事をすすめてきた各自の成果以外にひきだすことをゆるさない。それは常識である。ひとがなにをとびこせるかは、障害物をどうみれるかだけにかかってはいないのだから。したがって依頼されたテーマにはそぐわぬかもしれぬが、わたしにはそこから出発してもう一度考えなおす必要がある。

　いやもっとうちあけて云おうか。喋べれば喋べるほどすべりおちる腹立たしさを、わたしはこれを書いているいまも持てあましている。非力とか不甲斐なさとか、そういったことばはまったくちゃんちゃらおかしい。なかみを知れば知るほど理不尽なブランクが、まるでそれを吐きかけられる相手が辟易するくさい息のように、いらいらとこぼれおちる。そいつはなにか。そしてなぜか。それが知りたければカルテをのぞけばいい。

　にわかごしらえの自己診断によると、わたしの場合どうやら原因のひとつは、地すべりのように変貌する農民の変わらない正体をまだあまりうまくとらえられないでいる、現在手がけている仕事（農業共同化のシナリオ）のむつかしさに関係する。と同時に他のひとつは、わたしたちの運動のなかでたえずシリをまくってはおろすわたしと、その発言の近況に密接な関連がある。

　たとえばいまわたしの運動の内部には威勢よく、そしてタイムリーに、粗雑ながら手軽くわめくことが、そのまま課題のひとかけらもついに語りえないことになったちっぽけな作品がある。（大島渚の、とくに、「日本の夜と霧」）しかしこの息せききった怠けもののみごとな寝そべりは、残念ながらわたしの皮質のかたすみにも棲息している気がするのだ。ことばにもたれかかったかなり手ざわりよい交通整理とオクターヴ高くみせるトリック。それに反して表現ゼロがあれよあれよというちにとめどなく進行する。わたしはそれにむかって、「ちょっとの違いが大きな違い」とファビアンのように大声で叫べないでいるのだ。

　またもうひとりの仲間がいる。かれは行為とその責任が、メカニズムのなかではいまだに奇妙な自己犠牲の通路でしか成立しないわたしあるいはあなたの正体を、トータルに追求することを正当にもモチーフに据えた。そしておのれもそこに参加せねばならぬ状況を、責任を賭けて表現しようとした。（吉田喜重の「血は渇いている」）いや、すくなくとも表現しようとしたはずであった。それはすばらしいことである。

　ところがそのかれが課題の重みをそらして、問題がまるでわかっていない批判者、（とわたしに思える）の前でむざんにも、「自己批判」するのをわたしはこの眼でみた。感情移入しただなんてだれが思っているものか！

　かれは作品のなかで、せっかくはじめた個人の行為と存在のある種の関連のなかのエネルギーの追求を、ふたたび前作同様中途で断念している。もし自己批判したいのなら、かれはその追求を、断念したつくり方、徹底化をはばんだ方法と事実へのあまえをまずなによりも具体的に糾明すべきである。どんなことがあっても「マスコミ批判とみられかねない当方の弱さ」とか「事実のもつアクチュアリティを、ねじふせられず……」とか、心がまえていどのまったく当り前の事でみなおしてはいけない。それでは作品が、「現代の意味……」とか「それこそ大衆（！）の怪物性……」といったぐあいに、始めに設定した課題をずらしてとびこえたあやまちを考えてみようともしないことになる。そうすれば「イージーな自己閉塞的な段階」をとびこせなくなるという自己を正当化する欺瞞とともに。

　ところで肝心なその場のわたしの反応はといえば、（いや、いまでもずっとそうである）真空のように手ごたえのないこれらの事実にたいして、くやしいかぎりだが痛覚を身にしみて感じないのである。おのれにも、そしてそのふたりにもほぼ予想できるようなはねかえりのすくない、威猛高になるか評価するかのありきたりの鈍覚でしかない。トタン板を音もたてずに走りぬける小猫の足のやわらかみのように、これでは歯ぎしりていどのいらだたしさにすぎないではないか。そいつがまたやり場がなく、無性にしゃくにさわってわたしにつきささる。

　したがって、せっかくたてた冒頭の設問に、そのようなわたしがこたえられるかどうか大変こころもとない。だがそれに精いっぱいこたえるためにも、わたしはこの腹だたしさといっしょに、もういちど映画表現とは何かという初歩的な問いにまでたちかえろうとおもうのだ。それより以外にカルテをひきさく手だてはないのである。

2

　映画表現は、わたしならわたしという作家主体がキャメラを自由に駆使してえたわたしの現実否定のイマージュを、うごきをもった映像として積極的にフィルムのうえにやきつけることによってうまれる。あたりまえの話である。さびしい現実認識にうらづけられた作家のダイナミックな思想とそのイマージュは、キャメラという機械、（表現媒体）のなかだちがあってこそはじめて表現となることができる。そのため媒体としてのこのキャメラの機能が、そのまま芸術としての映画表現の本質であるかのように錯覚した「記録主義」の理論もあらわれた。しかし表現のなかだちであるキャメラの性格が作家主体の表現内容にまで浸透してきてそれを規定することと、芸術表現としての一般的な性格をもち、さらにその特殊なあり方としての表現の二重の矛盾をもつ映画表現の本質とは、いちおう区別して考えねばならない。なぜなら「商品の価値が価値・実体・価値形態という立体的構造をとって現象するように、芸術の内容も内容・内容の実体・内容の現象形態という立体構造をもち、この観点においてとりあげねばただしい解明をあたええぬもの」だからである。（季刊「弁証法研究」三浦つとむ一九四九年一号一一九頁）

映画表現の基本的要素は、いうまでもなく映像である。そして映像のおもな特徴のひとつは、それが表現する対象の感性的なあり方とその表現形式の感性的なあり方とが直接の関係をもつことであった。したがって映像は、普遍的な面でのうったえではないにもかかわらず、個別的具体的なもので同時に普遍的なものをうったえねばならぬという二重の矛盾を秘めた表現としてあらわれる。つまりこの意味で映像は、わたし（作家主体）の鮮烈な現実否定のイマージュにうらづけられた思想が、キャメラという表現媒体によって自己疎外をとげたものとみなすことができる。現実の場で、もともと予測と相像力により現実認識をくみふせようとはげしく格闘して得たわたしのイマージュが、自己自身を外に対象化したもの、そして対象化され客体化されたその「もの」に、本来のわたしがうばいとられてしまって逆に主体と化したもの。それが映像である。そのため作品にあらわれた映画表現をそのまま作家の現実認識にひきもどしたり、技法のなかのいくらかの方法意識をひろいあげて、あいまいな「あたらしさ」に満足することは、クソの役にもたたないことを骨身にしみて思い知る必要がある。映画表現の問題は、映像の表象と運動、あるいは形質と意味の関係を具体的に考えねばいつまでも常識論でおわることになるのだ。

そこで映像について「事実をありのままにとらえる」と機能を信頼したり、「事物と感情は常に一体のものなのである」とシンボル操作の基礎を主張することは、わずかに一面の真理を固定化したあやまりにとどまらず、決定的なあやまちをおかすことになる。そしてさらに映画表現を、どんなものでも全体のなかの何か相対的なものとしかえがけぬと考え、「万人が納得いくように」ものごとを客観的にとらえるものとみなす者は、いまでは作家主体としてのおのれのイマージュのまずしさをあかしだてる以外の何物でもないであろう。キャメラはかならずしも真をうつさないという消極的な立場ではなく、もっと積極的に事実をありのままにそして公平にえがかないところにすくなくともわたしの主体と方法がある。

ところで「今日の重層的な状況にたちむかう方法の基点」は、野田真吉によれば、「対象への状況的な記録と同時に、対象の分析、解体による抽象を」「意識的、積極的にとりあげ」ることにあるそうである。（本誌前号論文十頁）そして「記録と抽象を否定的媒介とした、両者を表裏一体とした統一的な方法」は、「対象にベタツイた自然主義的方法を打破し、克服する」「作家主体の確立とそれに対応した方法」の確立をまたなければならない。（前掲十一頁）しかしこのことばに関するかぎり、じつはたんなるシノニムにすぎないではないか。たとえば「対象への状況的記録」とは具体的になにか。「記録と抽象」の「否定的媒介」は、対象と映画表現のなにに依拠し、映像のどのような条件をどうふまえることであるか。作家主体の確立が往復運動というより、もっと理不尽なラセン状のジグザグをとることから考えても、かれの論文には映画表現についての本質論である技術論がいつでもみごとに脱落している。わたしはこの論文「その根をとりのぞけ」が、運動論の原則をきびしく確認した最近まれにみる提言とみるだけに、このことがきわめて不満である。

かれによれば、「ドキュメンタリー方法における『往復運動』」とは、「主体のなかに現実（対象）をみ、現実のなかに主体をとらえるといった作家と現実との間のたえまない、かかりあい」（本誌掲載論文・一九五八年十二月号十一頁）のことである。そしてその形象化の具体的な方法は、「意識の形成過程そのものを包括し、形象する方法として作家主体を軸とした現実対象とのかかりあい、対象を『物』と『意味』に解体し、意味をはぎとった『物』を主体的に再構成する」ことにあった。わたしもこのことばに関するかぎりさしあたり異論はない。しかし方法としてのモンタージュが、「対象を運動として、構造的に、全一的にとらえていき、アトラクティヴなイマージュを組織」（本誌一九五九年一月号論文九頁）できるためには、このような一般論ではほとんどトバグチにたどりついたことをしめすにすぎないではないか。

私見によるとかれは、映像の意味をどうやら映像とおなじように、まったく実体的なものと錯覚しているようである。映像と映像の意味の関係を、ちょうど事実のように実体と考え、それを相手どって「物」と「意味」の解体を主張し、さらに意味をはぎとった「物」の主体的な構成をしろとかけごえをあびせかけているように思われる。しかしはたしてそうか。

映像はうたがいもなくたしかにひとつの実体である。けれども映像の意味は、映像の感性的なあり方と直接関係はあるが実体ではない。意味は映像の機能のうえにもありはしない。では何か。どこにあるか。

この問いにこたえるためには具体的な実作活動のなかでわたしの想像力の構造をもっとつきつめてみなければならないので、いまのわたしにはまだ模さく中であきらかにする資格がないとしかいえない。しかしすくなくとも大衆映画論者や映像論者や往復運動論者のいうように、シンボル操作や主体的な記号や概念作用でないことはたしかである。作家だろうと観客だろうと主体の意味附与活動としての心的状態でないこともはっきりしている。映像と映像の意味の関係は、映像がその映画表現のなかでつくりだされる過程的な構造をどうつきつめるかにかかっているのだ。そこに本質的な実践論としての技術論が必要となる。

いいかえれば、いかに裸形の「物」にまで意味をはぎとった映像でも、さらにあらたな意味に浸透されないものはないということを意味する。寒がってふるえて立っている「裸の現実」（クロード・ロア）はそいったん大気にさらされるやいなや必らず眼にみえない意味の皮膜がおおうことをわたしたちは思いしらねばならぬ。わたしたちの理論の出発点は、「物」と「意味」に分解し、さらに「物」を構成した瞬間、それがどのような方向でどんな意味に収束するかにおかねばならない。そのなかみをとかぬかぎり、わたしやあなたは永久にドキュメンタリストの眼を空疎なことばでくもらせ、映画作家としておのれの戦争責任・戦後責任の追求をいつまでもはたすことができないであろう。そしてここにこそわたしの主体確立の契機がある。

3

ここにひとつのコンティニュイティがある。これから引用する三つの部分は、いずれも「光を」（演出・脚本、野田真吉）を構成するきわめて対照的なつくり方のシーンである。

	画面構成	呎数	コメンタリィ	(音)(効)
Ⅰ				
24	粘土細工の作品をさわる盲児の手、左にパン。	5	工作の時間	（シロホン）――タイトル・ヴァリエーション
25	作品をつくる盲児（男）、バスト。	3.5		
26	作品をつくる盲児（女）	3.5		
27	粘土細工をつくる	2		
28	粘土細工の作品。顔である。	1		
29	作品をつくる盲児バスト。	10.5		
30	粘土細工の作品、その口のアップ。	0.5		
31	作品をつくる手、アップ。	1		
32	作品、その目のアップ。	1		
33	女の盲児の目、アップ。	1.5		
34	人体模型の目、アップ。	1		
35	人体模型の顔、アップ。	1.5		
Ⅱ				
175	体操、運動場でのボール遊び。(1)	7		
176	〃 (2)	4		フリェートのリフレイン
177	〃 (3)	0.3		
178	〃 ボールのアップ。(4)	2・2		
179	〃 (5)	12.5		
180	〃 (6)	3.5		
181	〃 (7)	2・5		
182	〃 顔のアップ。(8)	2		
183	(9)	3		
184	(10)	1		
185	〃 不自由児のバスト。(11)	5		
186	〃 不自由児のバスト。(12)	10		
Ⅲ				
203	遠足、バスの車内からみたバックミラー。(14)	1	彼等はもう遠足地でたのしい思いかけめぐらせています。	ノイズ
204	遠足、湖 (15)	12		
205	〃 ボール遊び。(16)	2		
206	〃 〃 (17)	2		
207	〃 車内の運転台。(18)	5		
208	〃 車内。(19)	3		
209	〃 昼食。(20)	2		
210	〃 歩く人々 (21)	7		
211	〃 昼食。(22)	3		
212	〃 〃 (23)	3		
213	〃 林。(24)	4		
214	〃 車内。(25)	2.5		
215	〃 ウォーターシュート。(26)	3		
216	〃 子供自動車 (27)	2・5		
217	〃 車内。(28)	5		
218	〃 〃 (29)	18		
219	〃 トンネル (30)	1		
220	〃 顔のアップ (31)	4		
221	〃 歩く子。(32)	2.5		
222	〃 走るバス (33)	2.5		
223	〃 車内。(34)	5		
224	〃 廻転する乗りもの。(35)	4・5		
225	〃 〃 (36)	2・5		
226	〃 〃 (37)	1		
227	〃 走る麦畑 (38)	4	こうして学校に通っている子供たちは、不幸にまけず明るい生活を送っています。	
228	車内。(39)	1		
229	〃 記念写真 (40)	4・5		
230	〃 〃 (41)	1		
231	〃 〃 (42)	3		
232	〃 走る夕影 (43)	4		
233	〃 車内。(44)	3.5		
234	〃 隣車。(45)	3		
235	〃 〃 (46)	7		

註・全ショット数二四三、呎数一一一二呎。

「光を」は、盲児・ろう児・身体不自由児の姿をするどく描いた全二巻の作品で、最近わたしがみた映画のうちで最も印象にのこったきわめてすぐれた作品である。しかもおもしろいことに、ここにはアクチュアルな現実に立ち向かった作家の作品がしばしば硬直した理論をこえるもっともいい例がみられる。前掲のうちⅠは事実を「物」と「意味」に解体しようとして「もの」を機械的な対置から拙劣にひねりだそうとした、野田理論のいちばん悪い面を代表している。これは「忘れられた土地」のなかにもみられた。Ⅱは運動場での不自由児の奇妙なボール遊びの表現であるが、同一空間でのきわめてすぐれたアトラクション・モンタージュの発見がある。Ⅲは遠足をたのしむ不自由児のよろこびを、対象の意味を運動の内部で深化させることにより再構成しえたすぐれたモンタージュである。ここには「対象を認識させはするが同時に異常なものをみせる」（ブレヒト）映像とその意味の原型がしずかにかくされていた。

註　大島作品「日本の夜と霧」が上映中止になったが、目的のいかんを問わずこの暴挙に反対する。上映中止と評価とはその意味を決定的に異にするからである。

スクリーンと新しい映像

●記録映画の衰弱

黒木和雄（演出家・岩波映画）

スクリーンの枠は単にその空間を拡大したのではない。それは社会的な状況に対応している。スクリーンのワイド化は今日では常識化されているが拡大された映像はスタンダード時代よりも更に厳しく観客大衆によって監視されていると云わなければならないだろう。商業ベースにとり残された短篇フィルムは既成のフレイムに大多数が安住しているけれどもワイドによって訓練された観客大衆が、ぼくらの馴致された方法を、もう許すべき段階ではないと判断しているかも知れないと思うことは決して臆病な想像だけではなく現実化した状況であると云える。社会的に流通化した大衆視覚としてのワイドフレイムが逆に既成のフレイム自体の映像を厳しく検討してきているという事実、この事実に短篇作家は心理的にも反応せざるを得ないだろう。スクリーン空間の拡大は構図の意味を今日的にしている。ワイドフレイムへの技術的な試みは、今ではむしろ思想的ですらある。当面している日本の映画作家の悪戦苦闘の埒外に放り出されている既成のフレイムが既成のイメージと黄金分割の美意識を温存している時、もう大衆視覚が、これらのフレイムに何らのショックも何らの期待も抱かないだろうということだけはたしかである。スクリーンのワイド化は短篇作品の危機を逆にえぐり出していると云えるだろう。

フィルム「一九六〇年六月」はぼくにある画家の「セックス」喪失のエチュードを連想させてくれた、と云えば悪質な中傷になるだろうか。それは不能者の論理である。短篇作家群の量をもってしても、あの溢れるばかりの人間のエネルギーが映像の貧困さによって定着されなければならなかった。いやそれは日本の記録映画にとってむしろ伝統的な「美徳」の方法に則したフィルムだと考えた方が問題を容易に理解できるかも知れぬ。変革のエネルギーを被写体におきながら、フィルム自体が、そのエネルギーを持ち合わせるまでには到ってない、カメラが単に変革のエネルギーに密着して描写しているに過ぎない、それは「綴方」の精神と異なる所がない、と云える。今では子供の想像力の方が油断できないのだ。そしてこの作品のフレイムは一六ミリだが内在化されたフレイムが大衆視覚（ワイドフレイム）に及んでいない作品の一つであるとぼくは考えるのだ。

「ぼくらの生活が≪貧しい≫からか、ぼくらが≪誠実≫でありすぎざる為か、ぼくらが≪疎外≫されていることからか、ぼくらの≪想像力の貧困≫ゆえか、勿論それもみんな事実だ、事実だからと云って、ぼくらには職業としての官僚を選び、俸給生活者を選ぶ勇気もないのだ」

「いや違う、ぼくらは○○建設、○○シートパイル、○○メタルホーム、○○靴下、○○カタログ、etc、PR映画群の脅迫により不本意にも思考判断中止の檻の中へ追込まれているのだ。自主作品をつくらして呉れたら、その時は、その時は、その時は……」遂に来ないのである。友人の一人が云う『一巻ものでタイトルは「エリートへの道」九〇〇フイート中、八八〇フイートが朝のアスファルトを軽快にトレーニングする一人のボクサーだ。フック、ヂャブ、ストレート、スウイングするたくましいアクションの連続、さて残りの二〇フイートが公式試合、ゴングが鳴って両者歩みよると見るや、男は最初のアッパカットで軽くダウン、カウントを読むレフリィの冷酷な指、男は立上る気配もない、エンドマーク』これはどうだ、日本の短篇作家の象徴的運命をこのフィルムから感じないものは救い難い。それなら畜生と、レフリイの指のクローズアップを見つめる前に、ハナ汁を流してだらしなくのびた喜劇的な男の顔を、ぼくらは見なければならないだろう。それはまざれもなくぼくらの顔だ。この認識に立たない限り、記録映画に「新しい映像」なぞは永遠に不在である。大島渚を先頭とする劇映画を中心とした映像は伝統的な記録映画の「美徳」からも無縁である。そこには自然主義と綴方主義の伝統から断絶した視覚から話しかけてくる内在的な対話がある。大島渚の映像はワイドフレイムに対応する方法を着実に思考していると云える。松竹の檻はまたぼくら短篇企業の檻である。羨望のまなざしは扼殺しなくてはならぬ。飼育されることに堪えて、彼らを孤立させてはならない時である。更に云って自然主義と日常性の鈍器で彼らを見殺しにする世界からの救出不能のジャンルは記録映画だけであるという認識をぼくらが持たなければ、と云うオーバーとも云える緊迫感を今日ほど感じることもないだろう。

　やや図式的な云い方になるけれど彼らの方法は政治＝社会と「セックス」に対応関係、相互滲透の過程を形象化しようとしていると云える、そこに映像の実在感を確認しようとしている。この彼らの方法に「芸術」の基本的なフォルムを発見して驚ろくのはぼく一人ではないであろう、彼らは誰よりも芸術の伝統に対して案外忠実なのである。

　かえり見て、ぼくは記録映画の衰弱現象を、この「セックス」の一方的不毛と考える。ぼくにとって必要な「セックス」とは、むしろ生理学的カテゴリーを出ないものからそのグロテスクなエネルギー、生への異常な執着力、ドラマを行動する軌跡そのものである、と云ったら散文的すぎるだろうか。うまく云えないけれどもそれは、「軌跡」そのもののもつ流動感、不安定感、偶発性を追う執拗な目線だ。それが逆にドラマを規制し、アクチュアリティを約束するということ、記録映画にドラマが不在であることが、已に不能者の映像を連想させる。かつての論争に見られたフイクションへの異常な潔癖感が、逆に事実そのものの把握を鈍らし、ぼくらをイメージの貧困に追い立てていることに気づかない無知さ加減は、ぼくらの集団の中で枯渇したセックスしか持ら合わせのない小姑達が持っている精神の二重構造、「教師」と「官僚意識」の背中合わせとも云える卑劣な方法につながる。これが記録映画を「教育映画」に堕落させてきたのである。

　今までの映像を伝統的に覆ってきた視覚の方法は、「短焦点レンズ」の思考方法でもある。被写体はもの自体として安定した座標に静止している。動き出そうとはしない被写体、疎外された被写体の寒々とした風景は、作家の精神の空洞を予想させる。心理的に静止しているのだ。それならパターンの方が、まだ積極的にフレイムを切る。短焦点レンズの美徳は社会的モラルを相互的に支援している。機械が存在して人間のいない工場、子供がいても人間のいない家庭、文部省特選にはなり得ても、記録映画は堕落するばかりだ。記録映画はこの短焦点レンズが支配的であったし、今もなおそうである。それが家内工業的な演出、キャメラギルドの心理的支柱でもあったのである。このがんじがらめの檻からの脱出は、ぼくの云うグロテスクな「セックス」からの出発も一つの方法である。被写体への主観的な、生理的な追求を意識的に排除してきたことがぼくらの映像を閉鎖的にし教訓的にし、涸渇させてきたとも云える。先ず被写体を映しとる長焦点レンズの機動性だ。或は短焦点レンズの逆説的使用、つまり、対象のキメを読みとる果敢な肉薄力だ。

　ぼくらは、ぼくらの論理のために長焦点レンズ群を豊富に用意しなければならないだろう。長焦点レンズから短焦点レンズへのルネッサンス的な復帰の運動、その視点の柔軟性、思考の飛躍、その運動のもつ過程の中で作家不在の汚名は一つずつ返上され、「教育映画」は「ドキュメント」となってワイドフレイム化した大衆視覚に一つのショックを加算することもできる。ぼくらの映画に欠けているカタルシスを大胆に作品活動の中へ投入しなければならない。ぼくらの「セックス」がそれを要求して止まない。日本の記録映画が少くともカタルシス的作品群から出発しなかったことは、作家にとっても不幸なことであった。それは作家の精神の二重構造に反映し、逆作用しあって政治権力に利用され、圧倒されてきた屈辱の歴史でもある。記録映画の一つの挫折がそこにはある。しかしだからと云って、ぼくらが才二の挫折を強要される義務はないのである。フィルム「一九六〇年六月」はぼくにとって前向きの警鐘である。決して喪鐘ではないだろう、しかしそこでは明日挫折しないとは誰も保障してはいないのだ。ぼくら短篇作家は実力でこれを保障しなくてはならない。新しい映像は単にスクリーンの拡大だけで充足されるものではなく作家の被写体への主体的な対決によってのみつねに充足されるし、それが「新しさ」なのである、そして今や流通化されたワイドフレームの世界を生きてゆく短篇作品にとって、それのみがまた大衆に与えられる共有財産であるとも云えよう。

× × ×

映画における色彩の実験的表現とその意味

西本祥子
（演出家）

二十世紀の絵画にとって色彩はその生命であるといわれているけれど、映画においてもその原理は一つである。色彩は、それ自体がいろいろな感情をもち表現すると同時に、その色彩の感覚の仂きは、映像とその動きの協同の中で、白黒の画面では不可能であった分野までを開拓し、色彩映画の芸術的なイメージは私たち人間の感性をよびおこし、めざませてゆく不思議な、強いはたらきかけをもっている。

けれど、それは、素朴な色の再現……という、映像の、色の模写からは（特殊な記録映画の一分野を除いて）およそ導き出すことのできない、キビシイ、対象を超えた、自己の内的な表現のなかからこそ生み出せるもので色彩映画の実験も、単に奇をてらうのではなくて、そうした地点で試みられねばならないと思う。

然し、残念ながらいまだ私たちのまわりには、何と多くの「きれいな色にあがりました……ええ……」といった風な、色のリアリズムにのみ満足して一巻を終る……といった作品の多いことだろう。

それがベラ・バラージュに〃色彩映画の技術的側面はわれわれにとって興味がない。色彩は、特別な映画的色彩体験を表現する場合のみ、芸術的な意味をもつ。何故なら、色彩映画が、絵画と芸術的効果を競おうとするなら、はじめから敗北することはわかりきっているからだ〃といわしめるゆえんにもなっているのではあるまいか。

もっともその後半には〃色彩の変化で、白黒では表現出来なかった新しい可能性をきりひらく余地はある……〃と書かれている。だが、色彩映画が、色の再現の範囲に止っている限り、確かにそれは芸術表現上、さしたウエイトを持たないことは事実である。

詩画集　ヴォワール　より
　ジャンビュッフェ氏の為に集め
　られた

街路の車輪たち
はいし　ゆれる運搬
輝く動物たち
生きている御者
六ツの目の　日の王
だがなんという重い太陽
だが、なんという黒い努力

詩に表現される色彩のイマージュ。色彩は一人一人の新しい芸術的創造でなければならないと思う。

しかし、前にのべたベラ・バラージュの言にもかかわらず、近年、色彩映画の分野でも新しい映画表現の重要な手段の一つとして意欲にあふれた、色彩によって内面的世界を表現しようという試みは次々に行われていてすぐれた作品を生み出している。だが、それらが絵画と異る点は、常に、カラー・フィルムの物理的な原理を実に緻密に探究し、技術的なあらゆる面での問題をも合せて、色彩映画における表現の可能性を追求し、ある時は模索の中で実験に実験を重ね、困難を克服して進められていることである。

日本に於ても、それは必ずしも成功したとはいえない幼稚さをもちながらも、その様式化の試みと共にフジ・カラー・フィルムを使っての「楢山節考」。市川昆の「おとうと」。これは、私はまだみていないけれど現像処理の過程で減色処理を行い、シナリオの描く内的、時代的世界をその色感の中に求めようとしている。丁度、ダリが私が映画を撮るならば、黒一色で描かれた絵画ばかりを、カラー・フィルムで撮影するだろう……といい、ビュッフェのエッチングが、その殆んどが、モノクロームに近い、きびしい色感で語りかけてくるように、白と黒の、構図と、陰影の中では表現し切れない複雑で微妙な色の世界を色彩映画の中で表現しようという試みである。

国外においても「赤い風車」で、フイルターや、照明効果によって、映画全体の色調を、ロートレックの絵にみられるようなものにしたい（当時、絵画の世界においては、大胆な色彩表現への実験的方法が試みられ、色彩をはなれて絵画表現は成り立たないといわれ始めていた）と考え、生きた色の創造を試みたジョン・ヒューストンは、「白鯨」では、あらゆる色彩を徹底的に押えて独特な印象を醸しだしている。

その試みは単に、時代的な雰囲気を表現しようとしたに止まらず、白鯨を描こうとするヒューストンの呼吸というか、作品へのかかわりかたのようなもの、方向づけというか、それらが、にぶい色彩の中ににじみ出ているようだった。

これは、ヒューストンとキャメラマンのオスワルド・モリスが、実験に実験を積み重ねての成果で、市川昆のそれよりも早く前に述べたように、カラー・フィルムによる芸術的表現の可能性を、フイルターとか照明効果だけでなく、現像処理の技術的面からも追求し、色を従来のそれのように意識させず、しかも色彩の心理的な感動をよびおこそうという、カラー・デザインに基くものである。既成の色彩のイマージュではおよそ、彼の意図とは大きくかけ離れ、といって、白黒のコントラストではあまりにも消極的である……というその志向の中から「白鯨」は従来の色彩映画の枠をのりこえ、思い切った実験的方法を試みることで、あの色調を探り当てていったのであろう。

その方法は、三色分解撮影・プリント・システムを採用しているテクニカラー撮影法の特色を巧に利用し、三色の色版色を弱めるとともに、黒色版を一色加えたのであった。

それは演出プランと完全に近いまでに一体化し、安易なカラー・デザインをたち切って逆に、色彩映画の囚になっている現代の色彩映画に対する観念に新鮮な息吹をふき込むことになった。

画家マチスはこう云った。「我々は自然の色をまるうつしにすることではない云々」……と。そして彼の絵の中の色は、主観的なイメージを組み立てる創造的、色彩芸術の域に到達しているが、いうまでもなく、色彩映画にあっても、単に色の美くしさではなく、色彩の表現する感覚的仂きかけを厳密に追求し過去に捉れない独自の色の世界を創造することによって、始めてそれは芸術的色彩映画となり得るのである。

といって、それが綜合芸術である映画の世界にあって生やさしい問題でないことは勿論である。だが、それを物理的な面からの実験、感覚的面からの実験と相互に厳密な連携を保ちつつ追求することによって、更に、キャメラのメカニズム等、あらゆる面が組み合わされれば、画家たちが絵具を使ってキャンバスに描くことでは出来ない効果をも表現することが出来るのであって色彩映画に於ける実験的表現の可能性は無限に拡がっているといえよう。

色による夢、ポエジー、思念、恐怖、反抗への生命感、光の躍動、色のついたシャドーの流動、色調による時間の推移……等々。

思念を色彩化した「白鯨」が、丁度、印刷でいえば四色版に相当するといわれるが、印刷……といえば、マイケル・トッド製作、ソール・バス、デザイン担当の「八十日間世界一周」がある。あらゆる写真的表現を捨てて、思い切った印刷デザイン形式にしてしまったこの実験は、思い切って色彩を単純化し、時代や国柄に応じてある時はアブスト形式、ある時はカルカチュア風に又純粋絵画のデッサンに近い形式を用いながら、あくまでも単純な色彩の組合せの中で画面は流れ動いて新鮮な、興味を誘うが、このカラー・デザインは、アニメーションの表現形式とともに、色彩の面でも、ショット毎に変りゆき、そして全体を通じて流れる、その色自体のかもし出す軽快なリズムのチ密な計算は、色彩映画でなければ求められない価値、グラフイツアートとしての可能性を色彩映画に求めた成功作であるが、そこで思いだすのは「プカドン交響楽」のカラーアニメーションである。線画のユーモラスな手法は、洞窟人種の時代から、王者のための音楽・そして現代への変化と楽器の発達を描き出している。ここでも内容と形と色は終止一貫して、緊密な繋り合いをもって構成されているが、その色彩の暗示するものの強さ、色彩による魅惑的な情感は従来の映画芸術の範囲に止まらず、カラーフィルムにより近代芸術と結びついた芸術表現への挑戦がみられあくまでも色彩の自然主義にとらわれまいとするそれは新しい色彩映画の創作方法を更に前進させる原動力になっていると思う。

更に〃プカドン〃は音楽と色彩映画のトナリティの結合という意味でも非常に高く評価されるが、実験的な作家として有名な、カナダのノーマン・マクラレンが、音楽と色彩映画相互の試のなかで興味深い映画「線と色の即興詩」を生み出している。

カラー・フィルムのエマルジョン面にひっかかれた造形、まるで記号のような単純な線によるそれらの形。一見、きわめて無造作である。然しどうしてこの映画にあっては、全く色のリアリティを高めるといった風な問題ではなくて、色彩映画のみが表現し得る新しい表現力の次元であった。

色と音楽、この並び合う二つの感覚的な効果を色彩映画の中で一つの綜合効果として、又ひとつの思考としてそれは表現しようとしたものであるが、それについて岡俊雄氏の〃映画と色彩とそして音楽の結びつき〃の一文を引用させてもらおう。

……このような音楽と色感のユニティはニュートン以来、色彩学者によって研究されてきたところであるが、これを芸術的におしすすめようと考えたのが、ロシヤの作曲家アレキサンダー・スクリアビン(1872—1915)であった。スクリアビンは音楽の官能主義を異常な熱意をもって追求したひとだが、最後には音楽だけの表現力にあきたらず、色光照明までを譜面に要求した。彼は色光ピアノを考案し、音階上の七つの音を虹の七色と結びつけ、ある鍵盤を叩くとそれに照明ができるようなピアノまでつくった。このようなスクリアビンの装置はのちに表現主義芸術運動においてかなり主要な役割を果した。しかし、この音楽と色彩を結びつけようとする試みは、一九三〇年以降に於いては、むしろ映画美学の新しい課題のひとつになったといってもよい。これは表現主義あるいは未来派の理論に影響された作家の実験的試みによって端緒がひらかれたのである。

このように色彩表現は、目にみえる色を再現することではなくて、新しい主観的なイメージを組み立て、内的な感動や構成力を示す重要なキーポイントにならねばならないし、色はまた、表現されるものの形とも光ともなり得るのである。極言するならば、この色彩映画は、黒白としてみられるだろう……と想像できるものではなくて色彩映画でなければならなかったのだ……という、独創的な表現でなければならないと思う。

かの芸術界の革命児・天才ピカソ……そのピカソは、クルーゾーの「ピカソ天才の秘密」に見事に記録されている。忠実といえばあれ程、厳密な色の記録は先づ見当らないだろう。色彩映画それは美術映画に新しい分野を開拓したものとして、一見さりげないその撮影方法は大きな暗示に富んでいる。奇跡といわれる芸術家ピカソの変貌をあますことなくみせてくれるこの映画は最後に、画布の向うから「これでおしまい」と、みなれた顔が現れる。紙を透すマジックインクが、ピカソとクルーゾーにこの企画を思いつかせたという。このマジックインクのマティエールとしての発見は、ピカソが二十世紀に芸術革命をもたらせたように、この映画も、美術映画界に新風を送り込んだ。形と色による豊富な表現の可能性を、色を選び、色を与える、その動きの中で、あますところなく示してくれるが、それだけではなく、色彩映画の本質を巧みに利用した、従来のそれとは違った実験的方法であるからこそ、これ程までに私たちを魅了してゆくのである。

だが、さて、色彩の芸術的イメージを現実の被写体の色に制約されないで自由なカラー・デザインで行いたいと思っても、いざ、となると技術の面で行詰ってしまうことが現実にはあまりにも多すぎる。然し、それをのり越えてゆくことこそ、自然主義色彩映画からの脱却、そして色彩映画の芸術的価値も生れるのであって実験の意義はそこにある。「カンカン」の到る所に見受けられる大胆な色彩、特に赤レンガ色と緑色は、従来演出家のプランとおよそかけはなれた色彩となって表される上に、普通の五倍以上もの照明を使ってもなおかつ、吸取紙のように光を吸収してしまう為、タブーとされていたものだが、レンガ色や緑色を非常に効果的に配して、色の深さ、色による立体感等、色彩のはたらき自体でミュージカルスの雰囲気を決定づけるまでの厳密な配慮が行われている。

担当者は「私にはこれらの色が照明するにあたって、やっかいな問題になるだろうことは始めからわかっていたのである。だが、このカラープランが私の気に入ったので承諾してしまったのだ」……と。そして、この問題は実験的精神と努力によって発展的に解決されている。更に夜景では、多彩な色彩照明を大胆に巧みに使いわけているが、止むを得ないから……といって月並な色を選ばず、色彩映画の文法からはみだしていったその色彩表現の実験はこの色彩映画の欠除をカバーしてリズムと躍動を決定づけている。

改って、何故こうした実験的色彩の表現が求められるか。それは絵画に於ける色彩が、人間の解放の中で求められ、発展していったことを併せ考えるとき、現代の複雑な社会の人間の心理を表現するには、色のもつ微妙で神秘的な感覚を映像と一体に結びつけていく以外に、現代という巨大な怪物の本質を視覚化していくのは難かしいのではないかと考えるからである。

実験映画「ドーム」は、戦争によって最愛の恋人を奪れた女の苦悩と打ちひしがれた過去の喜びへの執念を、白黒映画とは全く異質の深い、きびしい黒を基調に描き出しているが、対象的にギラギラと輝くブロンドの頭髪と、燃えるような小さな赤いリンゴをつかって、その葛藤の中で観るものの精神に残酷な感動をよびかけてくる。黒・ブロンド・赤の色彩によるギクリとさせられる心理的動きが、フィルムの中でうごめいているのを感じる。このように今迄、例にあげてきた意欲的な色彩映画の殆んどは、単なる興味からではなく、作家が求めよう、描こうとするものの内面的な問題に深く根ざしているがこのような地点にたってこそ色彩映画は新しい映画技術の開拓と共に色彩表現の問題も、大いに探究され、試みられねばならないことだと思う。

適当な例ではないかもしれないが

絵画にあっては色彩以外に真実のものはない。色彩は他の色との対立で決定される不滅のエネルギーである。色彩は絵画の基本的なマティエールである。それは色彩以外の意義はないのである。絵画は思考を視覚的に具現する方法である。だからタブローはいずれも色彩の思考なのである。

（ヴァン・ドオスブルク）

色が想像もつかないエネルギーを表現するものであるということ……。この思考こそは色彩映画の実験的表現を試みるに当っての出発点でもあろう。

映画照明のリアリズムとドキュメンタリー

田畑正一（ライトマン）

一、ヌーヴェル、ヴァーグ今昔

その昔と云っても、戦争中のことである。戦争正にたけなわ、「一億総ケッ起」「女子も戦線へ」のスローガンの為に作られた映画があった。三人の美しい娘達が、酷寒の北の果てで航空基地の通信員として活躍するというお話である。その若い三人の娘達には、会社売出しのスターが扮していたことは勿論である。ところでこの映画のライトマンは、教えられるままにこの戦争を聖戦と信じ、ひたすらその作品を立派なものにしようと努力したようである。そこでこの作品には、北地の実景や、飛行場のロケがかなり含まれていたので、写真全体を実写に近いものにしようと考えて照明プランを作った。若い彼は、自分の照明する場面の表現に行きづまった時、いつもその場面に似つかわしい場所を訪れて、照明的雰囲気を探求することにしていた。例えば夜のガード下の場面となると、あちこちのガード下をさがしてその最も適当な所を選んで、その明暗の度合、光輝点の量と位置、そして上の線路を汽車が走る時の列車の光の流れ具合等をノートに控えて来たものだ。夕方、ガードの上に大きな月が上ったり、むせる様に霧が立ちこめて、シグナルがうるんだりしていると大発見でもした様に彼は喜んだものである。勿論足ではたしかめられないものも多い。その時は参考となるべき絵画や写真をあさるために、本屋や展覧会を歩かねばならない。よくしたもので、明治時代の版画を何枚も飽かず眺めているし鹿鳴館当時のガス灯下の照明のイメージが湧いて来るし、外国の中世の絵画から、思わぬ新しいライテングの啓示を受けることもあるのである。

ざっとこんな風であるから、彼はその戦争映画を出来るだけリアルに、いかにも真実らしく照明することに努力した。幸いカメラマンも彼の照明意図に同意してのことである。ところが作品が完成すると、彼の照明プランもその結果も失敗であった。会社ではあんな照明では困ると云うのである。なぜかと言うに、彼の表現したものは、あまりにも実際の戦時下の生活を、そのままフィルムに再現していたからであった。試写のあと「もっと明るくした方がよかったね。あれがほんとだがあれぢゃいかにも陰鬱だからな」人のいい技術部長はこんな注意をして慰めてくれた。事実、当時一般家庭でも電灯を暗くしていたし、特にこの映画の主な舞台である、彼女達の居住する前線基地の、堀立小屋にも等しい女子寮は全く味気ない無味乾燥たる部屋であり、夜はカバーで蔽った電灯が一つぽつんとついているだけである。これでは全く薄暗くならざるを得ない。この電灯の下で友情を語り合うスター達の顔は、当然この電灯の光を受けて、トップライトにならざるを得ない。彼はこの部屋の雰囲気と、彼女達のおかれている立場（心理的にも、肉体的にも）を強調するべく、特にトップライトを誇張したようである。だから彼女達スターのマネージャー氏からも、「あんな照明はよくないんぢゃないか。あれぢゃおでこばかり目立って、大事な顔がきれいに見えんからね」とお叱言を頂いたものである。だが彼は決して失敗したとは思わなかった。口に出して弁解こそしなかったが「俺のこの照明でいいんだ」と固く信じて、その後の作品でも彼は一向に仕事の調子を変えなかった。

古い話で失礼しました。数年前、松竹の木下恵介さんが映画の表現形式について爆弾？　声明をしたことを記憶していると思う。たしか「バラと太陽」の映画を作る時だったろう。照明技術については「今までの様に、作意的な照明をやらない。ありのままの自然の光線で撮影する。従って屋外に於ては、レフ等の補助光線を使用しない」と言う意味の内容だったと憶えている。

その声明通り「バラと太陽」は今まで松竹作品では見られない新鮮な画調をもって劇場に現れた。それはその作品内容を充分に描写して、木下作品の今後の動向に大きく指盤となるかと思われた。しかし残念乍らその期待は、やがて裏切られた。器用さにまかせてこの作品とは反対に次々打出すの過剰な形式主義は、その混乱した色どりが逆に作品の内容を低下さすに至った様でもある。「楢山節考」に於ける満艦飾の彩光によって姨捨の悲劇が、のぞきからくりの綿絵のあでやかさに見えて仕方がなかった。そしてこの事がその後の作品、「この天の虹」に於ける失敗と切離して考えることが出来ない。

製鉄会社の全面的と思われる協力のもとに、大規模な現地ロケを行ない乍ら、生々しい生産点の息吹きは少しもと言ってよい位、感じられず、むしろ会社のP・R臭がプンプンと匂うのは、かつて木下さんが宣言したリアリズムの方向を断念したのかないしは作家の眼が曇ってしまったのかと案じられるのである。

フランス映画「勝手にしやがれ」では、自動車の中の主人公の顔が暗すぎてわからないとか、又路次に入った二人が全く大胆に闇の中に没して、セリフだけしか聞えないのが、反って効果的でよかったとか種々の技術批評が、その作品の評価と共に聞かされる。これは既に木下さんの「バラと太陽」に於て実験した依古地な程にレフも使用せず撮った場面に通ずることである。その中で、墓場の場面等人物がシルエットでその表情さえ読みとれなかった印象が強く残っている。

その効果の成否は別として、かつてここまで徹底して、リアリズムを深めようとした態度に敬服した私はその後の技術作法の変転の激しさと、それに比例して伴う作品の低下を嘆かざるを得ない。このことは独り木下さんの作品を問題にするだけでなく、現在日本の名匠、巨匠と言われる他の作家達についてもあてはまる事ではなかろうか。手なれた腕を唯一の頼りに、あの手この手と料理しても、おしつけるものが古い観念と、持ち越した道徳律では今日急速に目ざめつつある観客大衆の感動を呼び起すことは無理ではないだろうか。これに対置して、新しい波として新進の作家が登場して来ている。

古い作家の多くが申し合せた様に、旧道徳に縛られて悩み、やがて諦めて行く女性の悲劇とか、頽敗と、汚辱にくずれ行く旧い家族制度と言ったものにピントを合せているのにひきかえ、ヌーヴェル・ヴァーグはこれまた申合せた様に、主人公が、全学連（それも健康な学生大衆でなく、裏切りを平気でする様な特異の性格者が多いが）愚連隊、ズベ公、ニヒリスト、テロを解決手段と心得る非典型的な労仂者。兵隊の愚連隊まで登場する賑やかさであるが、いづれにしても過去の作品では脇役であった連中である。しかもその心を大きくセックスの帯でつないでいるのも例外がないようである。

そして古い作家が忍従の美徳と、精神的解脱の喜び？を説くのに反して、新しい波は、破壊の勇敢さ（権力に対して挑むと共にかえす刀で自分達の味方の陣営をもぶった斬る）と、反面肉体的解放を謳いあげているのが特徴のようである。

以上は素材や内容の大ざっぱな比較であるが、もう一つ新しい魅力は、その作品の技術形式に大いに預って力ある様に考えられる。

たとえばフランスに於けるヌーヴェル・ヴァーグの新鮮な画調は、それ等の作品が、予算の少ない弱小プロで作られる関係上、セットが作れずいきおいオールロケのドキュメンタリー形式を採らなければならず、従ってライトも並べる余地もなく、それが従来のフランス映画と違う生々しい画面を作る原因だと言う説がある。どこまでが事実かわからないが、ひところ日本でも「どっこい生きている」以来、独立プロはこれに似た運命にあった。それ等作品の中にはオールロケで作られた作品もかなりあった（現在でも短編映画、教育映画の殆んどが、オール、ロケで作られている）。たしかに、それ等の作品には、従来大企業に於て作られる映画より迫真的な画面を作ることが出来たと賞讃されたものもいくらかはあったが、その反面では、貧乏くさい、独立プロの経営難を暗示する様な薄暗い画面の多かったことは、当時のフィルムの条件や作品製作上の問題があるにしても、その現場に直接参加した照明家として大きな反省と新たな研究が必要ではないかと思う。

二、「照明部戦死！」

今度は戦争中の話ではありません。

現在の話です。大変コストを低く作品を作るので有名な映画会社。その撮影所のステージでは今、監督が自ら舞台の上に立って唄いまくる場面を撮影するべく準備中である。この監督は自ら主演もし監督もするチャップリンみたいな器用な人である。いよいよ本番も近く、ライトマンは助手を指揮してライテングに夢中である。

主人公の監督の顔にライトがパーッと当った。逆光線も当った。それからバック。それは美しい月夜で、月光がさんさんと松の枝ぶりにそそいでいるのであろう。ライトマン氏はなおも懸命に、助手を指揮してバックの松のライテングに努力している。

やがて数分……。この監督氏は叫んだ。

「どうしたの、ライテングはまだなの」

「ええ、もうちょっと待って下さい」

「どうして、もういいだろう」

「バックの松の木にもう少し」

「松の木？　松の木なんかいいよ。僕が写ればいいんだから」

「でも、もう直ぐですから」

「バックは写らなくていいよ。お客はこの僕を見に来るんだよ。松の木を見に来るんじゃないんだから。さあ照明部は戦死だ。全員戦死！」このチャップリン氏の鶴の一声をきいては、さすが仕事熱心のライム・ライト氏も残念乍らひきさがらざるを得ない。そのまま本番、カチンコが鳴る。

これは現在のほんとの話である。

しかし、これは珍らしいことではない。我々の仕事にはいつもつきまとうことなのである。特にこのチャップリン氏だけでなく、テレビや他の作品に俳優のてっぱりが多くなれば、それだけ作業の高能率が要求される。現場作業のシワよせは必ずライトマンによせあつめられるのが通常である。

全く一カット終る度に、何十台時には百台に余るライトを、ああでもないこうでもないと、汗水たらして操作、配光しているとき、「照明部さん、まだですか」「あとどれ位時間がかかりますか」などと言われと、全く癪にさわって戦死したらさぞよかろうと思う。

大企業の劇映画に比べると、短篇や教育映画にはライトを沢山使わないのが常識になっている傾向が残っている。特に、民主団体のカンパ等で作られる短篇記録になると、アイランプ程度で仕事をするのが当り前の様な習慣になっているようである。

　先づ予算のないことから、そんな申し合せみたいなものが出来ているのであろうが参加するスタッフの側にも、長いこと予算予算で苦労したので、つい貧乏性になってしまっていると云うこともあると思う。

　ある記録映画の大家ですら「そんなにライトを使わなくたっていいんぢゃないか、ロシヤだって昔はバックをつぶして、人物だけ照明して効果を上げたもんだよ」と、さきのチャップリン氏みたいに予算にいぢめられたシワよせをライトの員数で解決しようとする位である。

　又、短篇記録の大手と言われる或る会社では、最近カラーフィルムの感度が上ったからと、ロケーションの使用ライトを大巾に削減する様にライトマンに申入れて来ていると云う話をきく。

　「技術の半ばは、その技術を生かす条件を作ることだ」と誰かが言ってたが、たしかに何もなくては写らない如く、ライトが少なくては、その表現に自ら制限が生じるのは明らかである。

　必要なライト、器材は出来るだけ整えて、いかなる条件でもとらえて表現に不足を来さない様な準備が常に必要だと思う。

　予算の少ない短篇や記録映画だから、その貧しい条件に合して、それなりの枠内で良い仕事をしようと言う意気込みは良いとしてもそれで新しい技術や意欲的な形式が生れると考えるのは幻想ではないだろうか。

　それはかつて終戦前後の映画製作の状況に似ている。丙種産業として極度に圧迫を受けた映画界では戦争協力を積極的に描いた軍事映画以外には全くと言ってよい程に資材・器材の補給がストップしてしまった。美術の材木も、ライトの電球も割当てが次才に減り、ストックさえ心細くなった時、スタッフの考えたのは、表現の様式化・単純化であった。

　美術ではセットを舞台美術の様に簡略化し、しまいには不必要なものは飾らない程に一つの様式化である。

　ロケーションに於ても、激しい空襲下と輸送難では遠くへロケにも行けないので、一本の松の木と大井川と書いた立札をあしらって、大井川の渡しの場面を説明する具合である。照明でも、電球が無くなって来たのだから、無駄と思われるところは配光出来ない。先程の話みたいに主人公だけに必要な光をあてると言う結果になる。

　内容を生すための様式化でなくて、この様な必要に迫られた逆立した製作状況は、やがて敗戦と共に軍の貯備電球が出まわり、闇ではあったが入手出来る様になると立消えになってしまった。やはり私達の照明の仕事に於ても、常に内容に応じ、その内容を肉付け、強調し観客に素直に、ある場合はショッキングに受取らせるように工夫することが大切だと思う。

　いたずらに条件にしばられて、その意図すらわからない照明は決して成功ではない。又無暗と奇矯なライテングを施して、作品の中味を混乱させるものでも決して良いライテングとはいえない。

　この点は、劇映画であろうと記録映画であろうと、長篇であろうと短篇であろうと区別はありえない。

　何故なら観客にとっては、そう言う違いを気にする理由はないのであるから。初めに書いた戦争中の若いライトマンは、ひたすら真実の姿をフィルムに再現するために努力した。不幸にして侵略戦争を意識せずそれへの協力作品に一生懸命仂いたのであるが、その技術が未熟なため作品の意図に反して暗い悲痛、深刻なものにしてしまったことは、戦意の昻揚にあまり役立たなかったただ結果的にはよかったかも知れない。

　彼は所謂クソリアリズムであった。ただレンズの様な実写の眼しか彼にはなかった。彼にもし戦争の本質を見抜き、これに反対する精神があったならこの映画に参加する態度ももっと違っていたであろう。もっと陰惨・絶望的な画調にすることが出来たであろう。更にスタッフに訴えてその内容を反戦に変えられたかも知れない。

　今彼は単なる写実、――自然主義的リアリズム――ではいけないと思っている。

　作品の内容を正しく摑み、これを観客に強く訴えるために、ただガード下の夜景をつきつめるだけでなく、更にそれをどう新しく組立て直して描写するかを勉強しているようである。

■作品評

日本の子どもたち

青山通春演出作品

佐々木守■
（児童物評論家）

ここに「製作にあたって」と題する長崎県教組委員長江口泰助さんの文章の一節があります。「ここでは、教師の平和と民主主義を守る教育実践のなかから、韓国抑留漁夫の子どもたちが、真剣に生活をみつめ、社会をみつめ、世界の動きをみつめることによって、いまの日本の歴史的、政治的位置を素直にうけとりながらも、なお人種的偏見をとびこえ、収容所の子どもたちを自発的に慰問するまでになった行動をとおして、人間愛の美しさをうたい、同時に、日本が世界史の示す方向に歩まねばならないことを指摘しています。」（共同映画社発行の宣伝プレスより）

読まれた皆様方にはこの文章の意味がおわかりになりますか、この文章によりますと、生活や社会や世界の動きなど、いろんなところをみつめ、日本の歴史的、政治的位置を素直にうけとり、その上で人種的偏見をとびこえ、収容所の子どもたちを自発的に慰問するまでになったのは、韓国抑留漁夫の子どもたちである、という風になります。ちょっと変です、おかしいと思います。しかし御安心下さい。映画をごらんになれば、それは大村市松並小学校六年三組の子どもたちであることがよくわかります。

ではどうして江口さんはこんなまちがいを犯したのでしょうか。案外江口さんは、収容所の子ども（大村収容所の韓国の子ども）を本当になぐさめることのできるのは、韓国抑留漁夫の子どもたちでしかないのだ、と思っているのかもしれません。同病相哀れむというやつです。それが教職員組合の委員長という進歩的な役職のためやむなく、「人種的偏見をとびこえ」などという心にもないことを書かざるを得ないので、つい本心が出たのではないでしょうか。

それとも江口さんは、勤評闘争や安保闘争のため原稿をスイコウするヒマがなかったのでしょうか。そうとも思えません。この映画は教職員組合も、教育委員会も市当局も校長会もPTAもみんな協力して、手をにぎりあったところから生まれているからです。実にハバ広い統一戦線の中からこの映画は生み出されたのです。ハバが広すぎてたたかう相手もいなくなるような広く大きな統一行動であります。

だからいろんな人からいろんな要求がでたのでしょう。収容所の子どもたちの国籍を呼ぶのにも、あるときは「韓国」、あるときは「朝鮮」と呼んで、統一戦線が乱ないよう細心の注意をはらっているのです。脚本の八木保太郎先生の涙ぐましい努力のあとがうかがわれます。

また、あんまりすなおないい子ばかりだと、文句がでるかもしれないので、ちゃんとわんぱくな子どももでてきます。そしてその子の父はどうも土建業か何からしくここが日本の底辺ということらしいのです。その父をなっとくさせるには先生が一緒に一パイ飲むことだ、と教えています。ここなどは今後父兄の説得活動などの上で、先生方には大いに参考になる場面だと思います。

宣伝プレスには、またこうも書かれています。「コドモはまっすぐに行動する―」

大変いいことだと思います。男の子も、女の子もみんなまっすぐに行動します。昼間友だちをいじめてけがさせた少年も、先生と父親が一パイ飲んでいるうちに、いつの間にか改心して、よっぱらった先生を、いじめた子といじめられた子が両方からささえて歩くようになります。これほど美しい師弟愛が、かつて子ども向き映画にあらわれたことがあったでしょうか。

とかく日本はうるさい国です。この映画ができるとすぐ「アタハタ」では朝鮮と韓国、李ライン、大村収容所の人々についての政治的誤りを指摘しました。又「ああいう善意だけではどうしようもないのだ」などというヒューマニズムを忘却した人たちも出て来ます。更には「子どもが描かれていない」だの「教師の描き方に問題がある」だのというるさい批評がきっとでるでしょう。しかしこの映画の製作者たちはそんな問題に耳を傾けてはいけません。あなたたちが意図したのはそんな政治だの、ヒューマニズムだの、子どもだのを描こうとしたのではないはずだと思います。もちろんその裏にある錯綜した重層的な現代をえぐり出すなどということはあなたたちにとっては無縁です。アクチュアリティなどということもあなたたちにとっては何の意味もないでしょう。それで結構です。あなたたちにとっては、教職員組合も、校長会も、教育委員会も、PTAも、市当局も、みんなみんな手を結べば映画ができる。できたらその映画を教組番線にかけましょう。昨日の敵は今日の友、ということが何より大切なことだったのでしょう。

「みどりの光、白い雲、ぼくらを育てた黒い土」極彩色漫画のようなこの主題歌は、旧制高校の寮歌に似た節まわしとあいまって、ぼくたちの目がしらをやわらくそっとうるましてくれるのです。

ああ、しあわせな日本の子どもたちよ！　何という純真な日本の子どもたち、そしておとなたち！　そして、この映画の製作者や配給者の皆さんが、ちょっとバカにみえる他は文句のつけようのない美しさ！　この純真さこそいたずらに世間を騒がせるデモを禁止して流れ解散という偉大にも静かなるそして平和な方法を発明した、ぼくとは所詮御縁のない世界に生きる人々の姿なのです。

日本も韓国も子どもは同じ、おとなの方でも日韓台軍事同盟。なんのことはない、子どもだけではなくておとなもけっこうまっすぐに行動しますね。

●不良少年／岩波映画

脚本・演出・羽仁　進

撮影・金宇満司

罪を犯して特別少年院へ送られた少年の記録。一応劇形式はとっているが，近い体験を持つ出演者の即興的表現によって綴られた。（8巻）

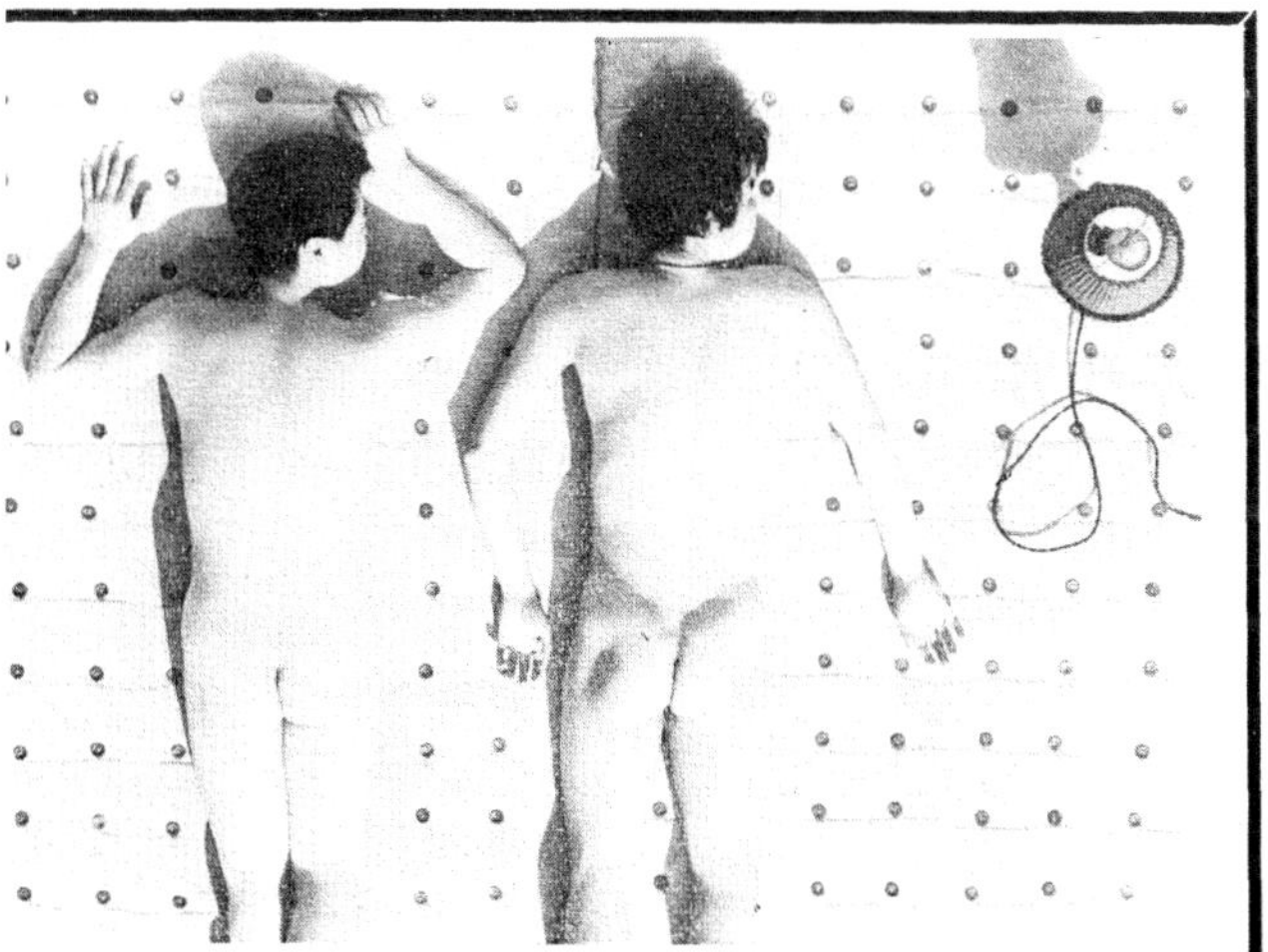

プープー／日大映画研究会作品

常に前衛的実験映画と主体的にとり組んでいる日大映研の自主製作オ三作。

現代生活と肝臓

理研科学作品

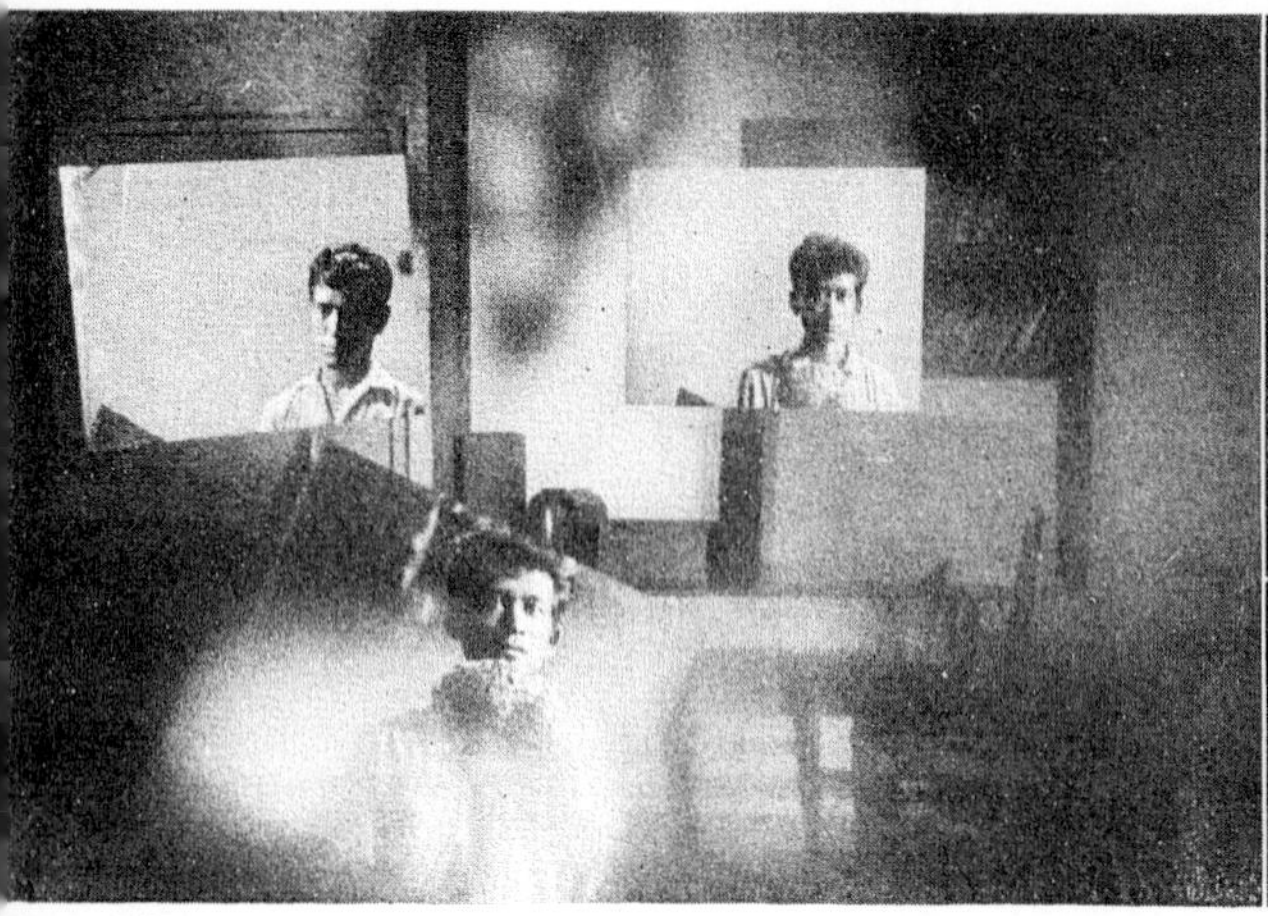

演出・西本　祥子
脚本・長野　千秋
撮影・菅沼　正義

テレビディレクターと放送の関係を通して，現代生活と肝臓の諸病状とのつながりを描く。（カラー・2巻）

機械工業 ―自動車― 1. 鉄の加工

日経映画社作品

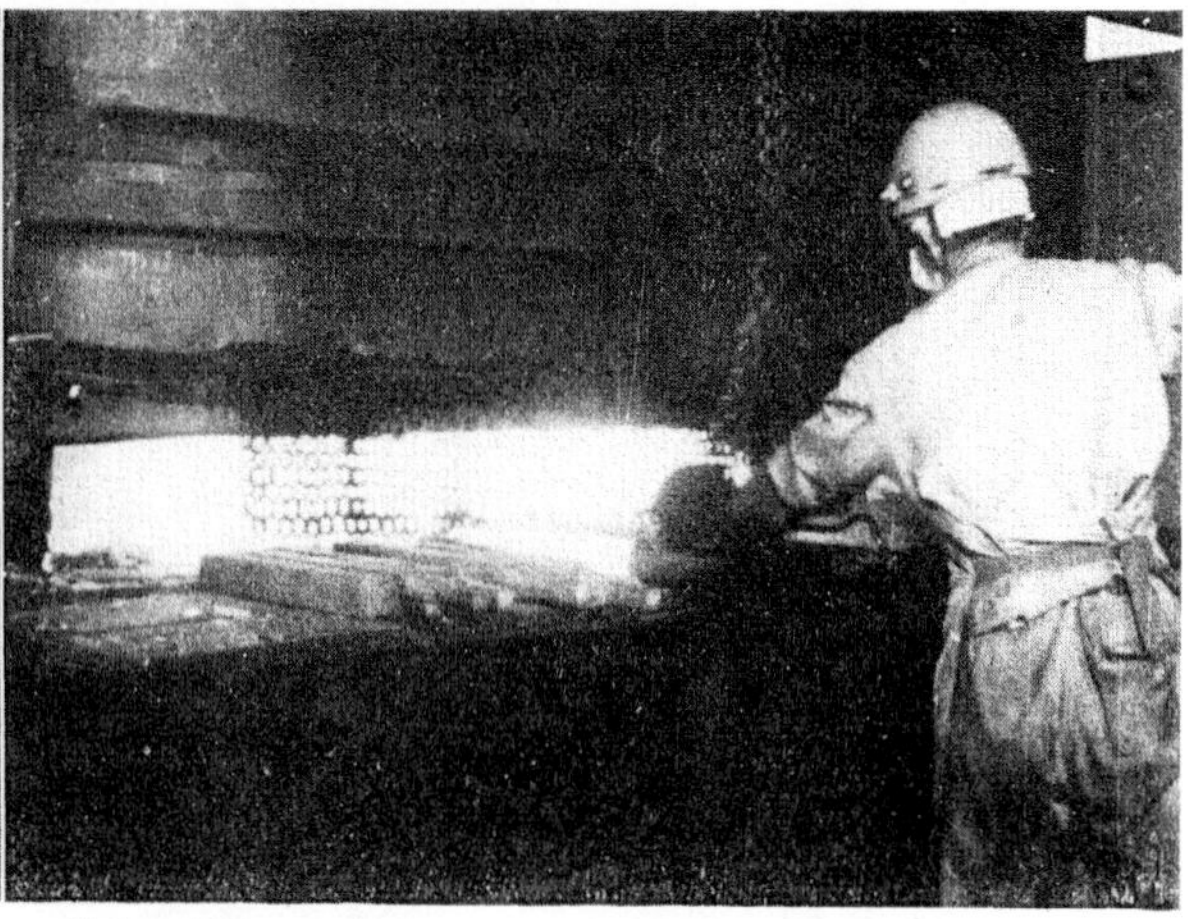

演出・杉山　正美
脚本・室田　倬
　　　高戸　照夫
撮影・長瀬　直道

機械工業とはどのような性格を持つか。自動車工業を例にまず鉄の加工の仕事を解説。（2巻）

故郷のたより

東映教育映画部

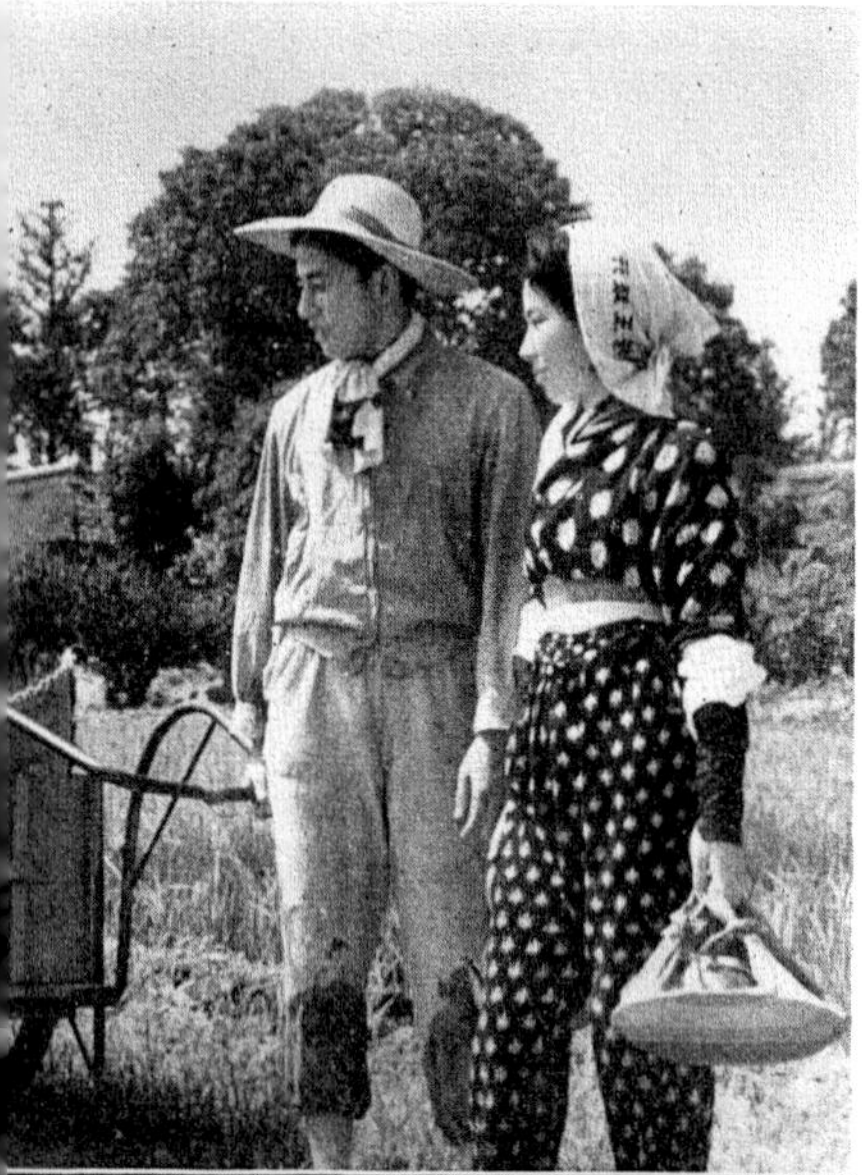

演出・今泉　善珠
脚本・清水　隆男
撮役・村山　和雄

出稼ぎにいっている青年と村にのこっている青年との相互の連帯意識を描く。（三巻）

構成の練習

新世界プロ

脚本
演出・小津　淳三
撮影・山根　重視

構成とは何か、あらゆる学習の基本となる構成の具体的事例により解説。（二巻）

人体生理シリーズ (上)ひふの仂き (下)神経の仂き

日映科学作品

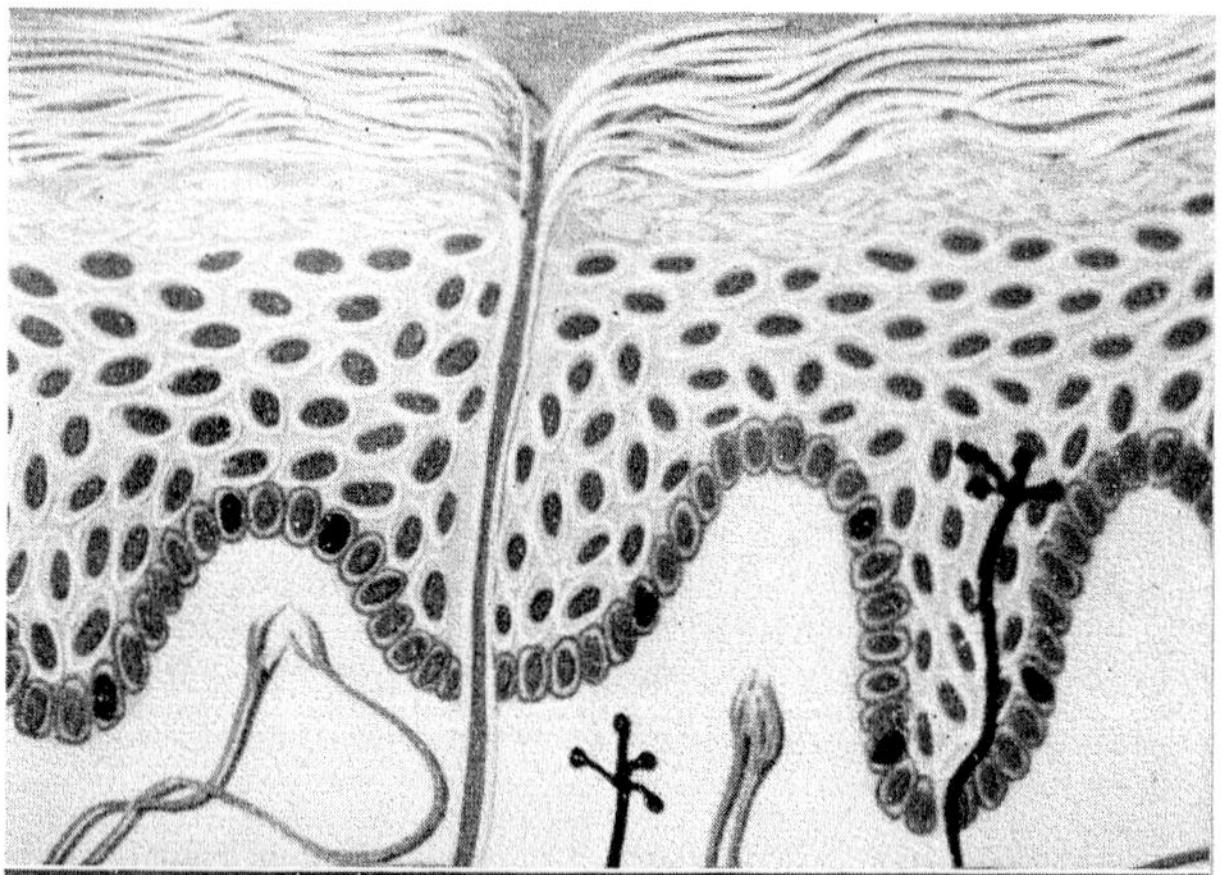

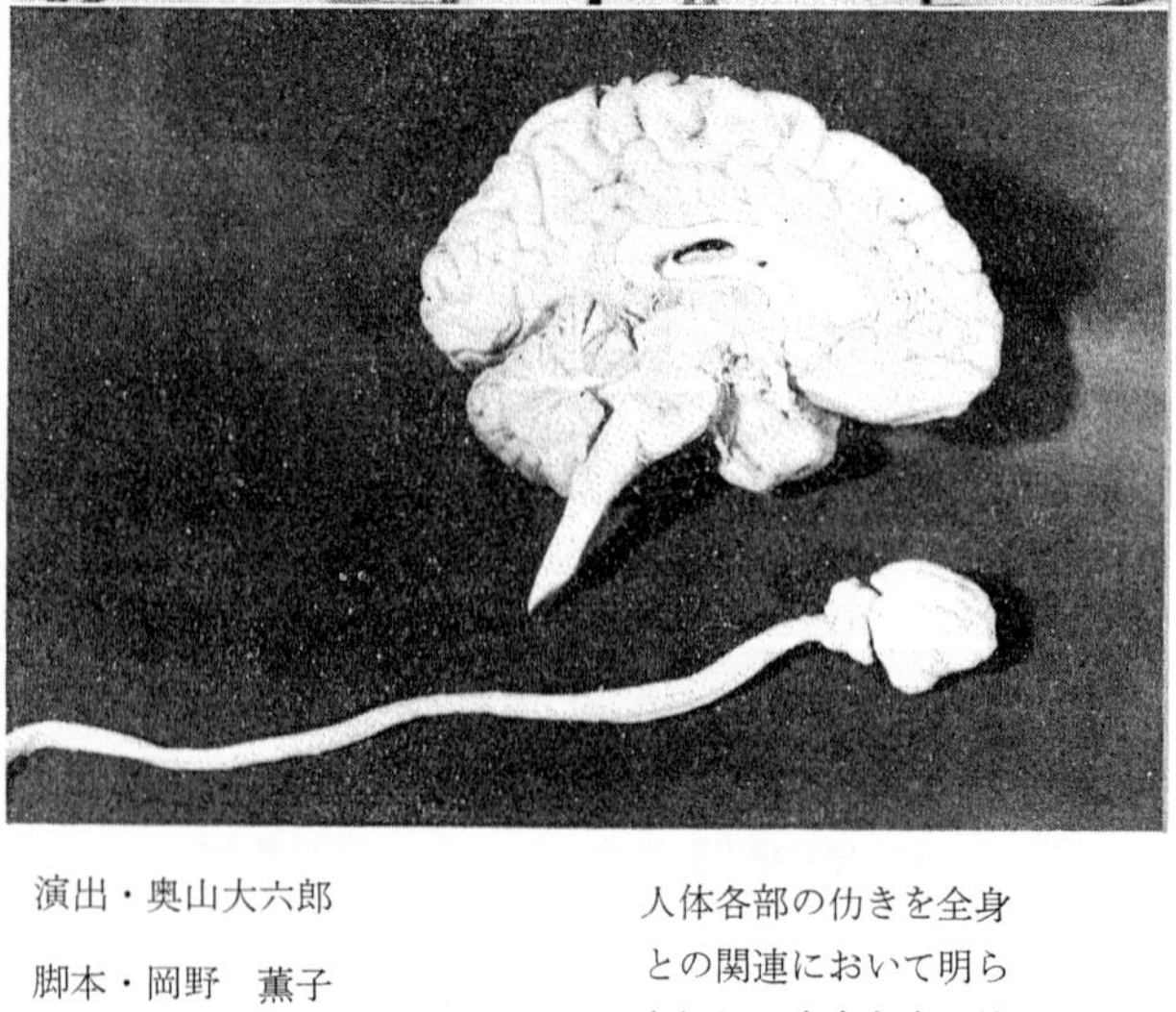

演出・奥山大六郎
脚本・岡野　薫子
撮影・後藤　淳
　　　大山　高士

人体各部の仂きを全身との関連において明らかにし，生命を守り健全な身体を作ることを目的とするシリーズ。

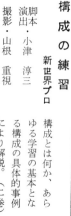

テレビは生きている

シナリオ文芸協会作品

脚本・丸山　章治
演出・佐藤　忠男
　　　田村　幸二
撮影・森　隆司郎

テレビ時代といわれる現代のマスコミにあって，その作り手への受け手の参加の可能性を示唆する。

大和の国のはじまり

記録映画社作品

脚本
演出・上野　耕三
撮影・金山　富男

豪族を中心とする諸小国の発生から，大和朝廷成立までを学習教材向きに解説する。（2巻）

ミシン

新世界プロ

演出・清水　隆夫
脚本・竹内　信次
撮影・山根　重視

ミシンを素材として機械要素や機械機構をわかりやすくとりあげる。（二巻）

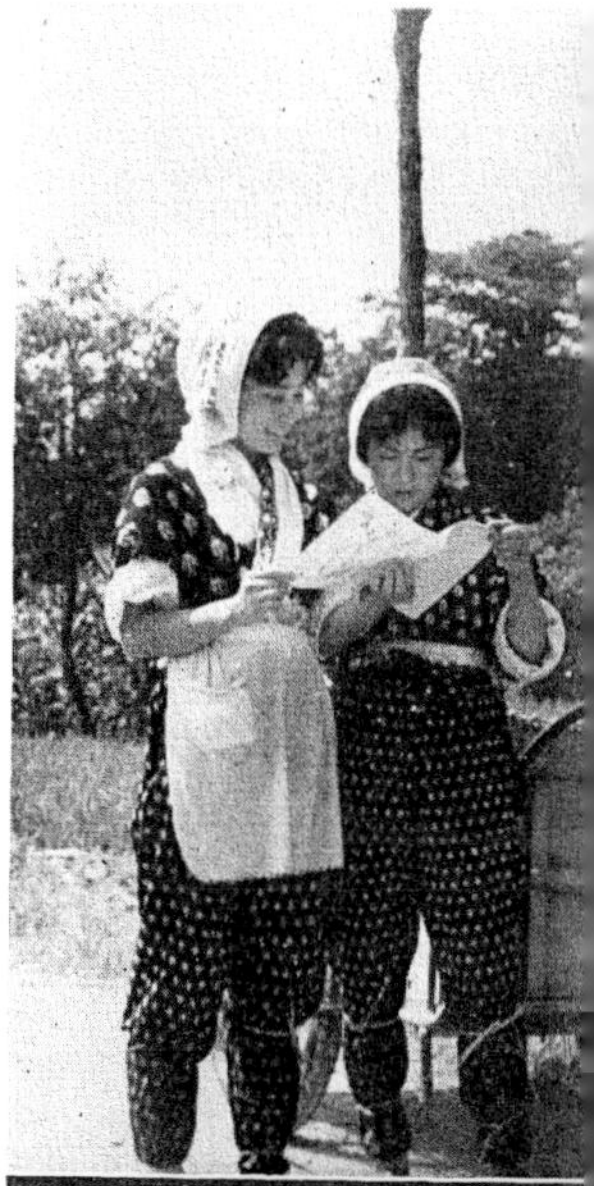

黒潮丸

岩波映画

脚本
演出・土屋　信篤
撮影・藤瀬・竹内
　　　加藤

世界の海に活躍するマグロ漁を描いて、海に仂らく人たちの姿をとらえる。（カラー・四巻）

人間の運命

ソ連・モスフィルム
松竹セレクト提供
演出・セルゲイ・ボンダルチュク
原作・ミハイル・ショーロホフ
脚色・Y・ルキン
F・シャフマゴノフ

ナチとのはげしい戦いを背景にそこに生きぬく人間の運命を力強く描く。

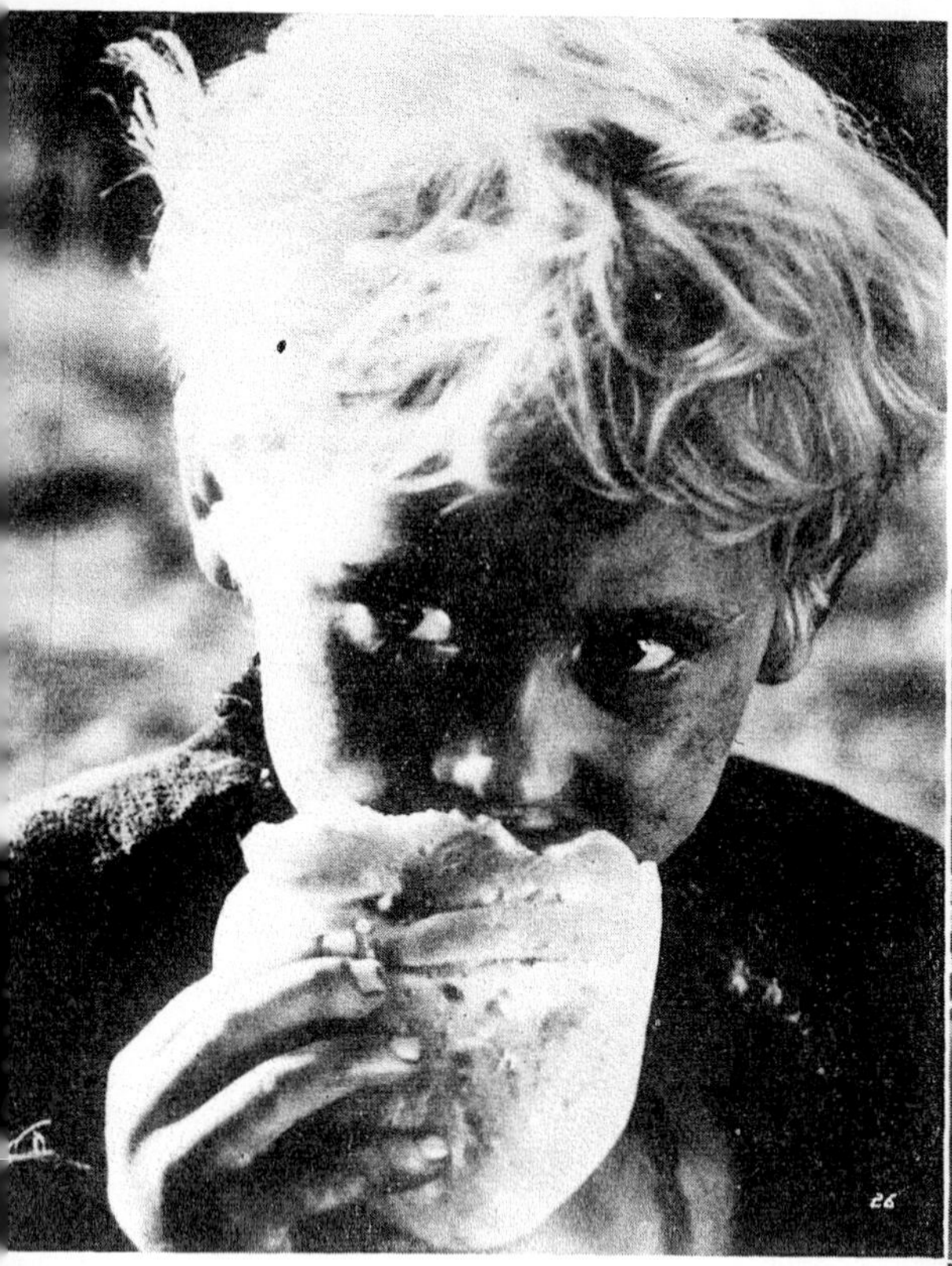

誓いの休暇

ソ連・モスフィルム
東和提供
演出・グレゴリー・チュフライ
脚本・ワクレチン・イェジョフ
グレゴリー・チュフライ
撮影・エラ・サベリエワ
ウラジョール・ニコラエフ

平凡な一兵士の帰郷を描きながら人間性の美しさとそれをおしつぶす戦争への憎しみを訴える。カンヌ映画祭最優秀特別作品賞

大いなる驀進

東映株式会社
演出・関川　秀雄
脚本・新藤　兼人
撮影・仲沢半次郎

特急さくらの東京から長崎までそこに仂らく鉄道員のたくましい姿を感動的に描く。

（カラー）

音と映像のストラッグル

米長　寿
（神戸・映像芸術研究会）

「映画において音が与えられている位置はあまりに哀れではなかろうか。」といわれた時代は去ろうとしている。監督は音を演出し、作曲家は音を主張し、観客が音を要求する時代が到来しようとしている。そして、ここ二、三年、音が作品の成功に寄与している作品を観ることは年を追って増加している。私は今、大島渚の才四作「日本の夜と霧」のシナリオを前に置いて、既にその中で指示されている音をも含めて、たんなるつなぎの為ではない音を想像しながら読み進めていくことができる。破防法と安保を結ぶ〃時間〃と、現在地点での〃思考〃に音がどれだけ寄与するか期待をもって見守れるようになっている。

音楽は装飾的であることにより貢献し、現実音は映画のナチュラリティーを高める為に存在しているといわれた時代があった。勿論現在も続いている。しかし、この考えは、映画が映像でもって成長し、音を得て改良されたという根本的な誤まりから出発しているのではないだろうか。これは、結局、音を無声映画における伴奏音楽としてしか（言葉の上では否定しても）理解しなかったためである。視覚芸術と聴覚芸術の出発には時間の差はない。そして、映画（＝発声映画）は映像の芸術と音の芸術の直接的な衝突であり、映像と音の葛藤による〃表現〃を最大の課題とする新しい芸術なのである。私たちは映画における音の問題を手探るに当っては、絶えずこのことを出発点として進まねばならない。音が補助要素ではなく、映像に対する対立要素である以上私たちは音の位置を更に積極的に主張していかねばならない。

音と映像の葛藤には多くの可能性と場がある。音が時間として映像に対する原則的な場合をはじめ、一つの作品を通してスタイルを決定する役割をになうこともある。「道」において、トランペットで奏でられるメロディーが人声で唄われることにより主人公の死を暗示したように、あるいは「生きていてよかった」において、惨酷な手の描写の後に、一本は分散和音を奏し、その上を、一本は明るい希望に満ちたメロディーを奏する二本のフルートの音楽が、この作品の前半の客観的で冷めたい音楽とは違っているため、観客が作者の意図を理解し得たように、音が先行したり表現の主要素となって映像に対する場合もある。また、「青春残酷物語」のリンゴを噛るシーンの医者達の会話の位置も、「影」のナチスのジープが街路を突走る長い静寂のシーンも音を考える重要な契機となろう。開拓を始めたばかりの音の用法の可能性はこのように無限に存在している。今日はその中からいくつかの可能性をとりあげてみよう。

作 品 と 音

まず、連続した映像に連続した音が衝突する場合の可能性について述べよう。

一つのシークェンスの音と映像の葛藤についてはプドフキンの「脱落者」の有名な例があるが、連続のそれぞれの最長のものとして一作品内での音と映像の衝突について述べる。ここでは、現実音・現実音楽がすべて使われる場合をはじめ、種々のクラシック音楽、ジャズ、種々の邦楽、ムード音楽、電子音楽、電気楽器による音楽等々が使用される。それらは、作者が表現しようとする全体について音の存在を主張し、映像に対する。だから、作者の表現内容に対して全体に不統一な音の存在は、作者の表現内容の不統一を意味するものでしかなくなる。この場においては一つのスタイルでの統一という可能性が考えられよう。「抵抗」においては、モーツァルトのハ短調ミサの冒頭の部分のみの繰り返し使用の一貫性が、全体に対する音と部分に対する音の違いを明確にさせていたために音の位置が注目されたのである。ここでは、現実音は映像と葛藤を起すことにより主人公の存在を確かめ、脱出の決意を高め、行動させていっている。特に獄舎内で六度聴く汽車の汽笛や通過音は脱出の決意を高めるのに積極的に参与し、脱出の過程ではこれを助け、完了と同時に映像と一体となる。そして、現実音と映像との葛藤で高められた緊張をときほぐすように、キリエの冒頭の部分がゆっくりしたテンポで一定の時間奏でられる。更に緊張が最大になった時（オルシニの脱出と主人公の脱出成功）の二回には、キリエの合唱が現れるまで時間は延長される。このように作品構成に参加した音楽は同時に、その音楽のスタイルによって作品のスタイルをも規定しているのである。

現実音との対位はないが、既成の古典音楽を使用した例をもう一つだけあげよう。「恋人たち」にはブラームスの変ロ長調の弦楽六重奏曲の才二楽章〃主題と変奏〃が主に使われている。作品のスタイルを述べるタイトルを除いてはレコードによる現実音（楽）として主に使われているこの曲は作品に二つの点で寄与している。一つはロマン派の作品であるにもかかわらず非常にバロック風な古典的な性格であり、これが作品のスタイルに参与している。一つは、単純であるが幸福そうで情熱的な性格で、これは表現内容に加重的効果を与えている。観客が恋人たちを理解できるのも、またアラゴンをして「フランスでは純粋さの感覚が失われていない。」と断言させ得たのにも、映像を超越する、ある点では映像を拒否するこの音楽があったからであるといえよう。この曲の力が大きかったためにモリス島の民謡から作った「セガ」やクール・ジャズのほんの一寸した使用も波紋を見せることはなかった。

「死刑台のエレベーター」や「大運河」その他ではモダン・ジャズ――しかも即興といわれる――が一貫して使用されている。「大運河」の場合にはモダン・ジャズを使用せねばならない必然性はあまりなく、表現内容ともほぼ無関係で、せいぜい雰囲気醸成にしかなっていない。音は全体にはかかわらず、それぞれの部分にしか対していない。ライト・モチーフを登場人物にあてはめ、ヴァリエイションが登場しても、いっこうに映像を刺戟するものとはなっていない。ここではＭＪＱのトーンがはじめて映画にモダン・ジャズを参加させたという意義しか見出せない。しかし、「死刑台のエレベーター」ではやや違っている。マイルス・デイヴィスの登場の必然性は作品の表現内容から充分読みとれる。早い、テンポとスロー・テンポで弾き分けられる同じトーンの音楽は、主人公達の行動に対する状況の音楽となっており、作者の状況把握を音で表現したものであった。だからこそ、ハイドンのセレナーデとの対比が生きてくるのでもある。勿論、統一が表現内容と無関係であってはならないし、同じ楽器で通すということも真の意味の統一を意味しない。その必然性なく主題曲を流してもムードを作りあげたり、興奮を呼び起す為の補助要素におちいることにしかならないだろう。「逢びき」でのレコードによるラフマニーフのピアノコンチェルトの一貫使用も技術的な意味しかない。

こういう〃統一〃という面での可能性は、映像外からの音（非存在の音）を使用しないという方法も考えられる。「宿命」は存在する音（音楽）の効果が最大限に発揮された例であるが、「橋」もまた最近の注目すべき作品である。ここでは電子音楽（作者がそう語る）を音響効果として使用している以外は映像外からの音は一切登場しない。つまり、既成の〃映画音楽〃と呼ばれるものは現れないのである。しかも、それらの音は、映像内の音＝存在する音を音響処理したという形のものである。物語のきっかけになる橋の爆撃にはホワイト・ノイズ系の電子音楽から始まっているといった具合である。勿論、これは明きらかに橋の爆撃の音なのである。その他何度か現実音が表現にタッチしてくる場合があるが、兵営での最初の夜に聴く異様な音がやがて「警戒・完全武装」と大声で各部屋を呼び廻っている声であるところや、ジギーの死の後に響く不気味な音が戦車の近付く音であるところなどでは、つなぎのうまさということを越えて映像への切り込みは鋭くなってくる。作品の良悪は別としても、作者が、表現の方法として、映像外に作られた音を拒否することに統一しようとした態度も一つの広い可能性を示すものであろう。もっとも、思い付きで映像外の作られた音を拒否しても、その必然性がない場合や作者の主体が確立していない場合には無意味になることは当然である。「闇を横切れ」という作品もある。それが、表現内容より生ずる場合、「突撃」の音使用のようなことも生まれる。ここで『故郷《クニ》に残した恋人の……』で始められる最後の合唱が、罪のない三人の銃殺を行なったその日に、私欲の犠牲になっていく兵卒達がセンチメンタルな歌に意味もなく喜び、泣かされていく哀れさを強調して映画の主題への皮肉な対旋律となっている。そして、それを強調するために作品を通してメロディックな作られた音楽は一切避け、現実音と打楽器のみで通している。

今ここで、一つの作品における音の統一した使用の例をあげて可能性を実証してみた。この方法こそ、音が映画表現に位置を主張し、表現内容に音を真の意味で参加させ得る方法ではなかろうか。音楽にライト・モチーフを与え、筋の発展に従って細かく変化させる方法は一見、音が映像と交錯しているようでも、それは絶えず、平行して進み、音楽独自の表現として、たんに映像を補助、説明する役しか持ち得ず、したがって、映像と音との真の意味でのもがきも存在しなくなるのではなかろうか。つまり、そのもがきの中に存在する照応から観客が新しい意味を発見しようとする、あるいは作者がさせるという映画独自の表現方法は生れ得ないように思うのである。

それぞれの衝突

次の可能性に移ろう。

ここで述べて来たように、音は連続した映像――その最も長いものとしての作品全体の映像にかかわり得るが、また同時に、最低単位の一つの映像とも、それの集積された一つの集合単位の映像とも衝突を起す。そして、ここでも衝突の種類とそれが齎らす効果はいろいろある。その中から、音を使用する意義の大きいと思われるものを中心にとりだしてみよう。

「影」にこんな場面があった。ワルシャワの平凡な一軒の家の前に男が現われ、合言葉を交して中に消えていく。そこでは老人が一人、秘密の会合がもたらす緊迫した雰囲気とは全く無関係のようにアコーディオンを弾いている。――こんなことはレジスタンスの行なわれた街では少しもめずらしくない風景であろう。やがて、この家の中では、一人の影とも思われる男をめぐって争いが行なわれる。室内の「誰だ！誰かが操っているのだ！」という言葉にさも無関心そうに玄関のアコーディオンが小さく鳴り続いている。このアコーディオンの音の無関心さが雰囲気に異和感を与え、観客を映像から引き離させている。この現実音は、同じ「影」の中で、突発事故を起す前にかならずそれを予想させるように響く、それぞれのエピソードのテーマの二度の不協和音のもつ感情移入的方法による効果音楽とは性格を異にしている。また、これに対し、「死刑台のエレベーター」のラストシーンでは、主人公が「でも二人は一緒よ。どこかで結ばれてるわ。誰も私たちを離せないわ。」と語り、更に二人の楽しそうな表情をした写真が浮び上るのに対し、ベースとピアノを従えたトランペットが冷やかに笑うように奏でられる。観客は嫌応なくこの矛盾の中に投げ込まれるのである。この二つの映像とは一致しない音の使用の効果は、映像と音の両者を殺すものではない。それどころか、その衝突が前者では観客に思考の余裕を与え、後者では衝突により生じた葛藤から作者の意図を観客は理解出来るまでになっている。

「影」の場合は音源は見えなくても、あるべき現実音を使用しているが、そういうあるべき現実音を映像と衝突させて使用して、別の意味をもたせる方法は、現実音が具体的であるだけに衝突は激しく、表現は強烈になることを忘れてはならない。「波止場」では汽笛が重大な発言を消略して、その発言の重大さを強調し、「橋」では汽笛が発言を中止させて、発言しようとした行為の重大さを印象づけている。「灰とダイアモンド」では調子はずれの軍隊ポロネーズが最後の貴族達を踊らせ、消えゆく貴族階級を嘲笑する。また、「宿命」のラスト・シーンでは、近付いてくるトルコ兵の軍鼓の音と、次々に待機するギリシャ農民達の映像との衝突が観客に次の段階のみならず、強烈な火花をまで感じさせている。ここでは、音の同時的使用を自然主義的な〃存在する音〃としてではなく、衝突させる音として映像に対させている点に注目しなければならないのである。

そしてまた、あってはならない音を非同時的に画面に対させて、衝突を生ませる方法はよく論ぜられる。あり得る現実音があってはならない音に変化していく「ミラノの奇蹟」の音もそういうものである。ここでは、バラック村にやって来た資本家のしゃべり声がやがて犬の声に変っていく。また、「二十四時間の情事」ではヌヴェールの風景に、現実の広島の街の流行歌が重なる。リンドグレンがいう「獣人で殺人の場に再び重なるテナーの声もそうであろう。「地上」において、警官に倒される女工の悲鳴が長く尾を引き、次の資本家の祝福の宴に重なると、そこではたんなる画面接続ではなく、新たに、その音に象徴される弾圧と資本家の宴との間に葛藤を生ずるようになる。また、同じ「地上」で、母に足止めされた主人公がベットに横たわる上に、前のカットである駅の発車のベルが引き移されると、駅に行けない主人公の心理は強調される。

具体例を追いながらごくわずかの方法を求めただけだが、このように、部分から全体まで、あらゆる地点に音の存在を主張する場は存在している。作家がこれらの音に眼を向けることを怠る時、たんに耳を持たない作家であるとか、音痴であるとかという言葉では済まない時代になろうとしている。作家は表現の一部を拒否したことになり、創造の意欲を不允分にしか持ちあわせていないことを表明することになるのだという意見が作家の中から出てくるまで、私はこの発言を続けていきたい。

× × ×

現代映画の冒険と新人の条件

● 定村忠士
（日本読書新聞編集部）

大島渚の「青春残酷物語」のなかで、自分の子どもを堕ろした恋人が寝ているベッドのそばで、主人公の青年がひとりサクサクとりんごをかじる長いショットが、いろんな人から論じられ、ほめられている。わたしにはあのりんごが少々文学的に意味付与されすぎ、感傷がにじみ出ているような気がしたが、たしかに印象的なシーンにちがいない。わたしは、あのとき、ふと、木下恵介の「日本の悲劇」のなかの一場面を想い出した。それは望月優子の演ずる主人公の女中が、ギターひきの男と二人で、熱海の灯が見える丘の上に座って話し合う、延々と長い一ショットの印象と妙に似たところがあった。

「青春残酷物語」のりんごをかじるショットが、人々がいうように、今日の青年がおかれた表現しようのないいらだたしい状況と、それに向かってしゃにむに体当りしてゆこうとする意志とを凝縮しているとするなら、「日本の悲劇」の夜の熱海の丘のショットには、戦火と飢えにいためつけられながら、なお、自分の内側にある精神の軛をたち切ることができない日本の庶民たちの姿を浮きぼりにしていたのではないか。

丸六年以上も昔の木下恵介の作品を引き合いに出したのには、そこにふと想い出したという以上のつながりがあるのではないかと考えたからだ。「日本の悲劇」が発表されたのは、たしか一九五三年の暮か五四年の早春のことである。当時わたしは、卒業を前にして学生生活の最後の冬をおわろうとしていた。周囲には、レッド・パージ以来の右にゆれ左にゆれする運動方針によってつみ重ねられてきた学生運動の挫折感が重苦しくよどんでいた。学生たちのなかには、左翼的な啓蒙主義と主観主義がまじり合ったものの見方がまだ色濃く残っていた。

日本全体の思想状況も同じようなものだったと思う。「日本の悲劇」という映画は、こうしたときに、これらいわゆる観念左翼とは異質の状況に対する見方があることをわたしたちに教えてくれた。当時一般のこの作品に対する評価はともかく、わたしたちにはそうしたものとして一つのショックだった。

二人の子どもを学校にやるために、温泉宿で身を粉にして仂らく望月優子の母親、いかにもアプレらしく冷たく親をあしらう子どもたち、母親が仂らく温泉宿を中心とした極く日常的な環境と、それを大きく包み込む戦後日本の状況を示すニュース映画の断片の数々。そこでは作者は解説者あるいは啓蒙家の視点から冷静な観察・記録者の視点に身を移すことによって、状況を「かけ値なし」に捉えることに成功していると思えた。この映画のすべてが、当時の挫折しつつあった主観的な反体制運動に対する鋭いアンチ・テーゼとして感じられたといってもよい。

「日本の悲劇」が当時アンチ・テーゼであったという意味は、単に作品を支える思想のあり方だけではない。その手法の上でもそれまでの技法のワクを出た実験が随所にあった。さい初にあげたえんえんとつづくショット、ニュース映画の断片の挿入のしかたや記録的なカメラの使いかた。いまヌーベル・ヴァーグといわれる新人たちが影響をうけたものとして、ポーランド映画やフランスの新人たちの作品があげられているけれど、この木下恵介の「日本の悲劇」なども案外考えられる以上に影響を与えているといえるのではないだろうか。

もっとも「日本の悲劇」のばあい、単純に影響を与えているといういい方は不正確になる。新人たちの作品にも「日本の悲劇」と同じようにしばしばナマのニュース映画の断片が挿入される。しかしその意味は全く逆になる。「日本の悲劇」の場合、ニュース・フィルムは作品のなかの主人公を彼らの内側からでなく、外側からいやおうなしに規定する状況の表現だった。それは外部世界の全的な証明であり、主人公の内部をも限定するものだった。ところが新人たちの場合には、ニュース・フィルムは作品の主人公を規定するものではなくて、逆に主人公の内部を写し出し、反映するものとして用いられる。「青春残酷物語」のメーデーのデモ行進、あるいは「乾いた湖」のなかの南朝鮮の暴動や安保国会のニュース映画は、単にその主人公がそうした状況におかれているという事実を表現するためにあるのではない。彼らが、置かれている状況をハネ返し、突破口を開こうとする姿勢をあらわにするための対象として挿入されている。最初にあげた二つの長いショットについても同じようなことがいえる。「日本の悲劇」の熱海の夜の描写は、戦後庶民の心情をあくまで静的に表現する。作者は主人公から身を引いた一定の地点から見つめることによって、主人公をも含めた状況全体を批判しようとする。これに対して、りんごをかじる描写には作者の動きだそうとする気持が込められている。作者は主人公に接近し、主人公の皮膚のなかに自分自身の主体的な意志をすべり込ませようとしているのがわかる。

ほとんど同じような手法を用いながら、その意味が全く異なり逆になっている背景には、一九五四年から六〇年までの六年という歴史的な時間とその間の日本映画の変質がある。

木下恵介は「日本の悲劇」につづいて「二十四の瞳」を同じ年に発表する。ここでも、「日本の悲劇」で試みた手法はより洗練された形で続けられた。しかし、たとえば同じニュース映画の断片の挿入にしても、すでに「日本の悲劇」に見られたような迫力はなくなり始めていた。そこでは、戦争は、日本人全体が受けた試煉として美化され、画面の左端から右端まで鐘の音に導かれて戦死者の野辺送りが進むロングの延々たる一ショットは、前作の登場人物をも含めた状況に対する緊張感を失っている。「カルメン故郷に帰る」「カルメン純情す」「日本の悲劇」と続いた彼の状況――現実政治との対決は「二十四の瞳」以後次才に影を薄くしてゆく。それは映画のみならず、日本全体の相対的な安定化、いわゆる〃天下泰平〃のムードと見合っていたようだ。

今日わたしたちの前に登場してきた新人たちは、この数年間をいわば〃天下泰平〃の支配する日本の映画界の下積みとして生きてきた人たちである。多少の時間的なずれはあるが、大島渚をはじめ彼らはみな一九五〇年から五三、四年にかけての学生～政治運動のなかでの屈折した体験を持っている。大島渚が『婦人公論』に書いた「わ青春残酷物語」という文章は、彼ら新人たちに大なり小なり共通した体験として読むことができる。彼らはそれぞれ自分の〃挫折感〃や〃敗北感〃をしつこく持ちつづけて今日に至った。

わたしが「青春残酷物語」を見ながら「日本の悲劇」を思い出したのは、大島渚をはじめ、新人たちが、自分の力量がどれだけあるかはともかく、とにかく全力で現在の日本の状況をうけとめてみせようとしていることを感じ、それが、木下恵介が「日本の悲劇」で提出した、運動に対する批判をいわば運動の内側から受けとめることと通じると考えたからだ。

新人たちが下積み生活を続けていた過去数年間、日本映画が新しいものをなにも作り出さなかったわけではない。しかし、個別的な作品はともかく、一つの潮流として現代日本の状況を全体としてうけとめ、まっとうに状況に向って仂らきかけようとする姿勢を示したのは彼らがはじめてといえるのではないか。「警視庁シリーズ」などの東映のドキュメンタルな手法やその他いくつかあげられるだろう新しい傾向は、彼ら新人たちにくらべると状況に対して部分的な試みをしているにすぎない。

彼らの一人、吉田喜重は「現代に何を主

張するか」（映画評論）という文章のなかで、彼が表現しようとするものを、「ただリアルなものは現実の『場』、状況であり、私たちの主体がその真只中に放り出されており、そして主体が状況と衝突し合い、葛藤しつづけてゆく」といい、「状況を作ったのは私たちであり、なおその状況を否定しようとするのも私たちである」といっている。この言葉は現代の状況に対する全責任を自分たちが引きうけるという意志表示とうけとれる。「日本の悲劇」がゆきついた場所に直接つながりながら、それとは切れたところにある決意の表明である。彼らは冷静な観察者あるいは批判者の立場から離れ、状況のなかに自分自身を置こうとする。作品としての成功・不成功はともかく、彼らの主人公がいずれも、なにかを解決しなければならない立場にあり、しかもすすんで自から解決への道を歩むという点で共通しているのは当然である。

　彼らは状況のまっただなかにのり出してゆく跳躍のバネとして彼らのかつての学生運動に挫折した体験を用いる。大島渚は「過去の挫折を挫折として見るだけでなく、むしろ未来への戦いの武器として自分たちの中に再組織すること」を語っている。「青春残酷物語」のりんごをかじるショットで、壁の向う側から、作者自身のかつての挫折を意味する堕胎医のくり言が聞こえてる。作者は現在の状況に立ち向かっている自分自身の主体をりんごをかじる青年のなかに対象化しているが、同時に医者のくり言のなかに、否定しながらなお今一度立ち戻ってゆかねばならないものを聞きとっていたのではないだろうか。

　一方で、わたくしは「青春残酷物語」を見ながら、この作者は自分自身の青春の挫折の体験をどこかで美化しようとしているのではないかと疑った。彼が自分の体験を美化しようとしたとたんから、彼の前者がみなおちいったと同じ頽廃が口をあけて待っている。あのりんごのショット自体、過去の体験——医者のくり言を否定する画面の底から、逆に否定しつつ美化しようとする情感が、にじみ出てきているのではないかと危ぶんだ。「オレたちの学生運動がダメだったんだから、その罰として若者から仕返しをうけるんだ、とカンジと笑って警察に消えてゆく男などは、まさに鳥追い女の現代版であり、何がヌーベル・バーグだと私は腹の底から怒りをこめて映画館を出た」と憤慨している多田道太郎の言葉（映画芸術）も同じことを感じているのではないだろうか。

　挫折の体験を武器として再組織する唯一の方法は、それを論理化することだ。論理化されない限り、それは情感として残り、つねに美化してしまおうとする危険をはらんでいる。これまでの新人たちの作品は、いずれもその論理化の道を模索しながら、鮮明な結論を導き出し得ていない彼らの時点を示しているようだ。

　田村孟監督の「悪人志願」という映画は、大へんな失敗作だが、色々な意味で実験的であり、その意味では興味があった。とにかく作品としては映画以前ともいうべき愚作にちがいない。大方の批評は「一体何をいおうとしているのかさっぱりわからん」と裁断していた。実際、ギラギラしたゆれ動く画面は観る者の眼と頭を疲れさせ、客席の椅子の背に足をなげ上げたアンチャン風の青年には、ハーッとため息を吐き出させる効果があるだけだった。わたしも観ていて久しぶりに、何年か前、どこかの大学祭りで見たあまり上手でない学生演劇の息苦しさを思い出した。たとえばその頃流行っていたサルトルの「墓場なき死者」の上演されるさまに似た、表現しようとするものと、それにかかわる燃焼不足の主体との間にある、不恰好なスキ間を感じたのだ。

　だが、この人殺しのどもり男渡辺文雄と心中生きのこりの女炎加世子と街のボス津川雅彦の三人の格闘を、魯迅の「川に落ちた犬は助けてはならない。水中の犬に対しては最後まで棒をふるい、はいあがってこようとすればたたき落すべきだ」という言葉と重ね合わせてみるか、もう少し想像力を仂らかせて、渡辺文雄の人殺し男におなじ魯迅の「阿Q正伝」を重ね合わせると、この作品もまんざらわけがわからないばかりでもないような気がしてきはしないか。そこには、この映画の作者たちに共通の挫折体験からくる自己嫌悪と自己主張のまじりあった感覚が表現されている。人々のためにやった殺人犯が、逆にその殺人という行為のために人々から疎まれ裏切られる。それ以後その男は仲間を売るイヌになりさがってまで追及を逃れようとする。この男をみる作者たちには、自分たちのモラルを作りあげようとする模索がある。が、しかし、それは完結したものとしてはついに現われない。ここには「犬を打つ」ものは誰も居ない。いかにも打つようなポーズをとる街のボスにはその資格があるはずがない。炎加世子の心中未遂の女にあるいは「打つ」資格を与えるのかと思ったが、ラストでは彼女もボスに打ちのめされるだけに終った。「水に落ちた犬は打つべし」といい、阿Qを首切り台にあがらせた魯迅の主体的な燃焼につながる姿勢は最後まで見られなかったのである。

　今日の状況に対抗しうるモラルを作りだし、主体の完全な燃焼を実現するためには彼らはもう一度現実の政治、社会の論理全体を自分自身の眼でじかに捉えなおしてみる必要があると思う。そのことは自からの挫折の体験をその時点にさかのぼって論理的に再検討することにはじまるはずだ。

　「悪人志願」と同じようなモラルの模索は吉田喜重の「ろくでなし」にも見られる。そしてここでも、同じように彼らのモラルを再建する試みは完成しないままに終っている。一見似かよったフランス映画「勝手にしやがれ」が、自分自身の完結したモラルを作り出し、見事に表現しているのに較べて、「ろくでなし」がわたしたちに語りかけてくるものは、外国人がカタコトの日本語で哲学を口にするようなたどたどしさと不正確さをぬぐい切れていない。

　このことは思想の問題であると同時に方法の問題でもある。「勝手にしやがれ」の

テレビにおける実験性

瀬川昌昭
（NHK教会教育局）

それが果して「テレビに於ける実験」と言って適当か否かは、論議の余地があるかも知れないが、此の問題を考える上に、参考になる作品が、近頃二つあった。

一つは、吉田直哉と渡辺泰雄が共同で企画製作をした「二つの視覚」という試作番組で、此れは残念乍ら、NHK部内の試作に止ってしまったので、一般には公開されずに終った。

他の一つは、和田勉のドラマ「希望」——或るドラマーの周辺である。

（一）

「二つの視覚」は、フィルム番組であるが、テレビドキュメンタリーとは言えない。

簡単な構成を言うと、テーマが、「愛の鐘」。愛の鐘が、青少年育成の有効な手段かどうかという論点で、賛成者に神崎清氏反対者に岡本太郎氏が選ばれた。

最初に愛の鐘とはどうして生れ、今、全国にどの位、どんな役割を果しているかという叙事的な説明フィルムが入る。

その後で、神崎清氏と岡本太郎氏が、愛の鐘の是非をめぐって趣旨を簡単に述べ、つづいて、二人の議論を闘わす場合に入る。併し、此の間、二人の映像は現れず、音声だけが流れ、普通の対談や座談で、出演者を映しているカメラは、出演者の発言の内容を例証乃至は暗示するドキュメント風のフィルムを流している。

トーク番組の映像化という形で、音声と映像が併列の形で、聴覚と視覚と同時に訴えるというものだった。

此の試みには二つの意味がある。

一つは、日常我々が交す会話の中に含まれる抽象概念はどこまで可視的変換が可能かということ。もう一つは、テレビ的思考に於て、音声と映像が相乗作用を生み出すかどうかという問題があったと思う。

此れは一つには、吉田直哉のテレビの機能についての解釈である、「テレビ的思考に於ける音声の果す役割は映像と同程度に重要である」という所説の実証との試みとも言えた。

併し、試作の結果、部内の評判では余り芳しくなかったようだ。

オ一の難点は、映像に注意を奪れると、何時の間にか、議論が進行している。議論に耳を傾けていると、映像の興味が生きて来ない。結果的には、言語と映像の相乗作用がなくて、断片的な印象が強くなる。従って

なかに現われてくるさまざまの「物」は、単にかくしカメラのせいだといい切れないなまなましさを持っていた。ドキュメンタリーの眼が生き生きと輝いていた。そしてそれらの「物」が、現代の状況と対しあう登場人物のモラルをがっしりと支えていた。

「悪人志願」や「ろくでなし」で一番わたしが失望したのは、「勝手にしやがれ」のような「物」に対する眼光のさえがほとんど見られないことだった。ナチュラルに周囲を描写せよというようなことではない。たとえば「悪人志願」の石切り場？ あるいは鉱山らしい岩石の山のなんと無表情なこと。たしかに冒頭、カメラはグラグラと身をふるわせながら、石の表面をなでまわしはした。しかし、そこからは飯場の人間全体を制約する状況も、また人間の労仂力を吸いこんでゆく奇怪な顔をした「物」のイメージも浮かんではこなかった。

ありふれた日常的な一つの「物」のなかにその本質的な意味を発見するためには、その「物」の集積としての状況全体を、その論理的な構造を全体としてとらえる視点が必要だ。

吉田喜重が次作「血は渇いてる」で、現代社会のメカニズムとそこでコマーシャル・タレントという一つの「物」と化された一人の人間を追求しようとしているのは当然である。

ある老人にいまとむかしの若い者のちがいを聞いたら、「いまは金の値打ちがなくなっている。」といった。金の値打ちがなくなったということはそれだけ労仂の生産物としての「物」の顔をしげしげとのぞきこむことがむずかしくなっているということだろうと思った。それが現代の特徴であるといえばそれまでだが、それだからこそ、カメラという眼が「物」の顔をあばきたてることが必要だろう。商品の物神的性格の全体像を一瞬にして眼にするような映画を空想したくなる。

大島渚の「太陽の墓場」のはじめに採血の場面がある。血を売るというのは、実際、注射針に自分の内側から自分がスーッと吸いとられてゆくようないまいましさがあるものだ。ところが、映画のなかで出てきた血は案外希薄な印象しか残さない。大島渚という作家の視覚的な感受性は、大へん文学的な色あいを持っていて、事柄の相対的な関係を表わすときにはそれが生き生きとわたしたちに仂らきかけてくる。「青春残酷物語」のりんごやラスト近くの海、「太陽の墓場」の焼け跡の鉄骨や城、あるいは主人公佐々木功が愚連隊から逃げようと親友にいい出し、広場で格闘するロングのショットなどはそのよいあらわれだ。わたしは炎加世子という俳優の新しい質を発見した彼に、対象のもつ日常的な表皮を押しやぶって、その底にあるものの意味をとり出す眼を持つことを期待する。

しばしば新人たちの作品に感じられるのは、彼らのとらえる映像の〃書きわり〃的性質だ。彼らは彼らのモラリッシュな観念を盛り込む器として意識的に〃書きわり〃的な舞台を設定してもいる。だが、〃書きわり〃的な舞台を設定することが、映像そ

解り難い、というような批評が多かった。

僕は、座談又は対談というものは、しばしば会話が中断される「ポーズ」を持つ時間があり、AからBへ発言の受け渡しが行われる小さなポーズを利用して、次に行われる発言への才三者的期待や、或いは、進行中の議論に対する自己のイメージの発展展開が行われる所に、聴衆の興味があるのではないかと思う。

所が、此の少さな空間が、映像によって完全に占領されてしまうと、聴衆は、イメージを持ち得ない、彼等の思考が、二人の限定された論理の中に閉じ込められてしまう。そこに、聴覚と視覚の相乗作用を封じる原因があったのではなかろうか。

従って人間の感覚がもっと高度に発展して、聴覚と視覚と自己意識と、此の三者を完全に統御できるような状態にならなければ、むしろ息苦しく感じる結果を齎らすということが解った。

此れは、僕にとっては、テレビ的思考を究明して行く上に大変重要な助言であったと思う。実験ということは、その結果が例え失敗であっても、必ずや何等かの貴重な経験を生む訳である。俗に言えば失敗は成功の母なのである。

併し、問題は、企業の要求する実験の結果というものは、そういうものではないのである。結果は成果であって、常に果実を伴う必要があるのである。

此れは、テレビに於ける実験性を語るに於て見逃すことができない現実と思われる。

どんな有能なプロデューサーでも、此の種の実験で二度、三度と失敗を重ねれば、「あいつは近頃少しピントが狂って来たようだ」というような事で疎んぜられることは必定である。

而も、テレビでは、どんな実験作品も、電波に乗せて、家庭のブラウン管に映し出されて始めて凡ゆる価値が附加され、評価の基準が生れて来る筈なのである。我々の編集室の机の上や、プロジュクターの周辺で処理されている限り「テレビ向け実験」ではあっても、テレビに於ける実験とは言えないからだ。

所が、今日のテレビ企業では、プログラムは相当程度完成された形でないと、オンエアーにまで持って行く事が許され難い。一つのテレビ企業——NHKならNHKが、テレビ的機能乃至は表現の可能性を追求するという命題を与えられて、経営者から現場ディレクター、技術者に至るまで、一本通した体制が作られない限り、こうした実験的な試みを持続することが不可能に近いのではないかとさえ思われるのである。

(二)

同じようなことが、和田勉のドラマ「希望」についても言える。

和田勉は、此の作品の中で、現代の象徴的な断面を、或るドラマーの周辺に集約し、現代の不安と既成体制破壊への希望を表現しようと試みた。

此のドラマの、出来のいい悪いは別として、和田勉が、通常性破壊に示す前衛的意欲は高く評価されて然るべきであろう。

「実験映画」という概念の定義が、野田真吉のいうように、『科学や技術のたえまない前進に即応して、映画表現の忘れられた、又未開な可能性を実験的に掘り下げ、拡大することを中心的に意図した映画』であり、『そこには当然、新しい時代の現実意識にのっとった現実否定の精神がうらうちされている映画』だとすればそれは、そのままテレビにも当てはまることであり、和田勉の「希望」などは、一つの実験ドラマと見て差支えないように思う。

併し、こうした専門的な意義づけは別として、ドラマ「希望」に打ち返された、リアクションは、甚だ、此の種の試みに悲観的な回答を与えているような気がする。

即ち、二、三日後都内の或る新聞に載った、読者の投書がそれである。関西の主婦か何かのもので、「私たちは、現代人生模

のものの〃書きわり〃的性質を生み出すことになるのを許すことはできない。映像の〃書きわり〃化は観念を一般的な概念の鋳型に流し込むことであり、堕落である。

映像を〃書きわり〃的にとらえることと、挫折なり屈折なりの自己の体験を美化することとは一対をなす。

大島渚の新しい作品「日本の夜と霧」のシナリオを読んで、わたしは彼の「過去の挫折を挫折として見るだけでなく、むしろ未来への戦いの武器として自分たちの中に再組織する」という言葉が、現実に映像によって試されようとしているのを感じた。ここでは、過去と現在の二つの時期の現実の体験が重ね合わせられ、過去が未来に向かって生かされようとしているのか、それともいないのか、が問われている。

五、六月の安保反対闘争によって、わたしたちは、かつての運動のなかで発見したわれわれの運動内部の欠落部分がいまだに埋められず、空白のまま残されていることを改めて思い知らされた。「日本の夜と霧」では、一九五〇〜五四年当時の学生運動の活動家の自己欺瞞、前衛党の頽廃がそのまま六〇年安保斗争まで持ちこされた姿が、現在の若い学生たちの体験と結びつけて描かれている。二つの世代の結びつきは、安保闘争の中で結ばれた両世代の男女の結婚式という設定で強調されている。

作者は過去の挫折の体験を集団内部での信頼関係という一点にしぼって論理化しようとしている。わたしはこの論理化の努力を支持したい。その上で、このシナリオがどのように視覚化され、同時に思想としての重みを持つかに注目したい。

五、六月の安保闘争は、かつての挫折の時期をも含めて戦後日本が置かれている状況のトータルなイメージをわたしたちに示した。運動のなかでの信頼は、運動に参加した人間の状況全体に対する緊張した意識によって支えられる。「日本の夜と霧」が単なる〃信頼のモラル〃の物語りに終るか、それともそこに新しい運動の荷い手を表現するかは、作者が現在、状況をどのような眼で見つめ、それと対し合っているかにかかっている。

様を普通のドラマと違った興味を以て毎回楽しみにして居ます。併し、今度の『希望―或るドラマーの周辺』は、何だか、解り難く、興味が持てませんでした。私の理解が低いのかと思って、近所の奥さん五、六人の方々にも聞いてみましたが矢張り解らなかったといっていました。」というような趣旨のものであった。

一大衆の投書など、と笑殺することもできるかも知れない。併しテレビの対象は茶の間の庶民大衆であるという考えのもとにテレビ企業が成立っている今日、テレビに於ける作家精神は常に大衆性という基盤の上にのみ成り立ち得る、という現実を否定することが出来ない。実験映画が、常に一部の前衛的グループや、サークル活動とし進められて来た歴史に照らしても、テレビでは、野田真吉がいうような、真に価値のある実験を持続することの如何に困難であるかを物語っている。

而も、実験とは、完成までの長い道程を常に伴っている。一回の実験で仮説が実証されるには偶然の助けを籍りるほかない。テレビでは、長い道程をどう消化するかに問題があるように思える。

(三)

だからといって、以上のことは、テレビに於ける実験性を否定しているものではない。

テレビという新しいメディアが発足して、まだ九年であるから、長い歴史を持つ演劇や、映画とは比べものにならない程、実験的なジャンルが山と積まれているのは当然であり、そして部分的には、毎日尨大なプログラムのどこかで、実験的な試みがなされている筈である。

例えば、ワン・カメラ・ショウなどは、スタジオに於ける実験的なカメラワークの結果を集大成したものと言えよう。

考え方としては、「テレビカメラは本質的に一つである。」という理論があり、その実証として、ワン・カメラ・ショウという企画が立てられる。此の企画に対しては勿論、ワン・カメラ・ショウというプログラム自体の為の構成、振付や、カメラワークの実験が行われたにせよ、それ以前に、ディレクターや、カメラマンが、日常の番組の枠の中で試みた、数多くの実験的な演出技術が基礎をなしていることは言うまでもない。だから、テレビでは実験の為の実験というよりは、日常経験を通しての実験ということがより大きな場を持ってくるのである。

併し、こうした小さな実験を行って行く上にも、突き当る壁は、しばしば現場のディレクターやプロデューサ達を困惑の渕に陥れる。スタジオの内外を問わず、技術者やカメラマン達が、新しい試みを好まないという通性は変らない。スタジオでは殆ど例外なく、バストサイズ以上のアップを撮る時には、プログラムディレクターは決意を以て、指令を出さなくてはカメラが動かないのが現状だし、ロケーションの場合でも、望遠レンズの使用や、クローズアップ、限界光量下での撮影などは、ピンがボケたり、フレームを外れたり、感度が足りなかったりした場合のミスを心配するカメラマンに、並々ならぬ説得が要るのである。

こうした通常性を打破して行くことが、まずディレクターの才一の任務であり、要は、我々の保つ実験精神の密度の問題が重要さを増して来るのである。

実際、大きな企業体になればなる程、新しい実験を行うことが難しくなるという現実は映画、テレビ共通の悩みであろう。その上、テレビでは、実験映画のグループのように、意欲的な仕事をする場が、先述のような理由でますます閉されている。一つの実験は即ち一つの成功を伴わない限りむしろ、企業内の評価はマイナスの作用を及ぼすので、次才に実験精神は色薄れて行く。

僕は実験映画の歴史について、殆ど何も知らないに等しいので、多く語るものを持たないが、映画の発明という初期から、トーキー、ワイド、カラーというようないくつかの段階を経て進歩して来た事実や、映画芸術というジャンルへの発展が或る時期に行われたことなどから、テレビにも、そうした段階的な進歩、発展を望むことができるのだと期待している。

(四)

僕が此の原稿を書いている所を同僚の渡辺泰雄が見つけて、暫く筆をおいて、僕たちの仕事である、テレビドキュメンタリーの実験性ということで、とりとめのない話をしていたらこんな話が出た。

近頃は、スタジオや出演者の都合で、番組をVTRにとる事が多いのだが、NHKのVTR収録室に入っていると、一度に四つも五つもの映像がモニターテレビに送られて来る。それを見ていると、VTRという奴は極めて安定が悪いので、映像がグシャグシャに壊れたり、顔が斜めに歪んだり、途中でちょん切れたり、そんな映像によくお目にかかる。すると彼は、例えば、岸前首相の顔が、安保の話かなんかをしている最中に斜に、何十という線に分割されて、ゆがんだら、何かきっとそのゆがんだ映像から起される連想があるんじゃないか、そんな光学的な現象を意識的に使うことができるんじゃないかというような話だった。

テレビドキュメンタリーの映画的傾斜が羽仁進にこっぴどくやっつけられたことがあるがその議論の内容は別にして、テレビの観客が、映画とは異質のものを常に期待していることは紛れない事実であるし、又、テレビドキュメンタリーが、ドキュメンタリー映画と同次元のものになったら、いくら優れた作品でもブラウン管の上では、色あせてしまうに違いない。此の点に関しては羽仁進の主張は全く当を得ているのである。だから、僕たちテレビ屋は、カメラをいじくる技巧とは別に、テレビのフレームの中での実験、光学的処理とか、音声と映像の相互作用の研究、つまり、映画の遺産を受けつがないジャンルにもっと目を注ぐ必要があることは確かだ。

テレビ芸術という言葉には、疑問を呈する人が沢山あることを知っている。テレビが芸術であるかないかということになると、僕自身、否定的な答えしか持っていない。併し将来に於て、テレビ芸術という領域が認められるとするならば、演劇や映画の文法を受けつがない、テレビの本体が、成長した時に実現すると考えている。テレビ芸術とは即ブラウン管芸術でなくてはならない。

(五)

そこで此処に一つの提案がある。各テレビ局が、「実験劇場」という帯を設けることだ。週に一度ではなくても月に一度でもよい。又時間も、始めから、一般視聴者を対象と考えず、専門的な、職業的なグループを目標としたらよいだろうから、夜遅くすべての放送番組が終ってからでも差支えない。

予算の制約ということもあるが、月に一回数十万円の支出をすることは、実験ということの価値を正しく評価すれば、現在のテレビ企業にとってはそう難しいことではない筈だ。

此れは、日頃スポンサーにいじめられて、内こうし勝ちな民放のディレクターや機構の重みに背骨も曲りそうなNHKのプロデューサーたちにとっては、よき精力発散の場になること必定だと思う。スポンサーや視聴率や、モニター評にとらわれず伸び伸びといい仕事とする場が持てたら……というのは、現場の人たちの夢ではないだろうか。

毎年、放送界では、芸術祭参加番組というお祭りがある。僕はあれはゲイジュツサイと読むのが間違いで、ゲイジュツマツリと呼ぶべきだと思っている。勿論そこから、前進的な、意欲に満ちたいい仕事が生れても居ようし、放送界オリムピックといった形で仕事の張りも生れて来よう。ただ、その為に費される莫大な労力、費用、負けじ魂など、無駄も又測り知れないものがあるようだ。

あれはあれでよいから、お祭りだと割切ってもっとテレビ自体の前進の為の試みを持つことが必要ではないだろうか。

実験映画の役割とその意味

大島辰雄（評論家）

○松本俊夫の「白い長い線の記録」は傑作である。画面構成において優秀作であり、テーマの展開において大力作であり、何よりもまずPR映画としての創造精神において卓抜作である。つまり、およそ記録性における主体的意識喪失症にかかった日本のこの種の映画一般の中で、最もめざましい傑作であり、最も強引な努力作である。だから、おもしろい。

○ところが、つい最近の才2回世界の実験映画を見る会で見たときには、オヤ! と思った。たしか最初の数カットが切られていて、そのかわり長々しい前説がついている。マニフェストか、せめて映倫のマークみたいなスポンサーの登録商標か何かならともかく、この作品のPR的内容を、たぶん「わかりやすく」のべてあるのだ。PR的な、あまりにもPR的な……。誰の手で書かれたのかしらないが、これでは親切がすぎてアダになる、というものではないか。鬼面人を驚かすという形容があるが、この作品はそんなチャチなものじゃない。きわめてクソまじめな作品であり、良心的実験性のものである。それを丁寧至極にも、わざわざ成瀬調とか豊田調といった日本的格調か、その種の商業映画に押戻すか見せかけるかすることで何かの役に立つとでも思っているらしい。せっかく、コメンタリーを一切廃したイマージュのみの迫真性によって見事に主題を展開し、新鮮なPR性でたのしませてくれるものを、これでは余計ないいわけをしているのとちっとも変りはない。せっかくの詩に死の三文判を押して散漫化し、それでわかりやすくなったとでも思っているのか、とにかく損な手形を振出したものだ——と思った。

○実験映画とは何か? 前衛映画とは何か? そんな定義や教理問答めいたことは問題ではない。要は、実験精神があるか、前衛的意欲があるか、ないかだ。それも説明がなくては「わからない」というのか。さてさて面倒なことだ。気骨の折れることだ。

○実験映画を見る会の翌日、才7回国際短篇映画祭の最終日に、こんどはオヤオヤと思い、そして成程と思ったことがあった。この才3日目には実験映画もしくは前衛映画と見られるものが三本あった。デンマークの「コペンハーゲンという都市」(原題)、オランダの「ガラス」それにフランスの「野性の馬の夢」である。「コペンハーゲン」（ヨルゲン・ロース演出・撮影）を見終ったあとの休憩時間、ある人とぼくとの会話《ディアローグ》。ある人というのは、教育映画とくに教材映画といわれるものにくわしく実際に製作にも従事している人であり、きわめて良心的で、ぼくが前々から尊敬している一人である。

——あれは一体何ですかね?

二巻（19分）の中に、およそ盛込めるだけのおびただしいカット数で、冒頭からひとを面喰わせるような作品だったし、この質問は大へんまじめなのだ。彼と一緒の人たちもそうである。とにかく、リーダーがつづいてるかと思うと、どのカットも画面の次の瞬間を思わせるところでパッと変る。物語性は全然なく、とんでもない所にクレジット・タイトルが飛出す。大都会のありさまを描く薄汚れた抽象画家も出てくる。といった具合で、ぼくはおもしろくて見ているあいだ中ワハハとほとんど笑いがとまらなかった。映画や演劇や文学・美術・音楽にもくわしい連れの一青年――彼は歌舞伎ファンで、それに歌沢の「お稽古」をしてるというから愉快だ――もそうだった。彼は性来落着いているが、年のわりに無邪気なぼくは、おかげでベレー帽のゆくえがわからなくなり、あとから隣席のお嬢さんが持ってきてくれて、やっと青年らしい風貌に立帰ることができた。閑話休題、ある人の質問に答えなくてはならない。

――りっぱなPR映画じゃないですか。都市設計のね。古い都を近代化するために、繰返し「都会とは何か？」と言ってるだけで……。

――その言葉がわからないものだから。

――コメンタリーなんか問題じゃありませんよ。短かいきれぎれのショットの連続で、じゅうぶんに問題をアッピールしてるじゃないですか。テーマはかんたんだし、明瞭すぎるくらい明瞭でしょう。

――なるほどね。

――この大問題には初めも終りもあるものか、古都の近代化は都や市会の民主的運営が才一だ、というわけで、あんなメチャメチャをやってるんですね。りっぱな教育映画ですよ。

彼らはニヤリと笑った。そこへ開幕のベルが鳴ったので、ぼくたちは別れた。

成程――と、ぼくは思った。文部省ラインが頭にきてると、こんな楽しいメールヘンもわからなくなるのか。「忘られた人々」をりっぱな教育映画だと言ってもなかなかわかってもらえないのも無理はない。

――ヌーヴェル・ヴァーグが「ヌーベル・バーグ」になって、ますますヴァーグ（漠然）となる日本的ムード化。だから、「アイ・ラブ・ラビー」とか「ラビーしましょう」なんてエタイのしれぬことばが製造される。言葉、ことば、ことば……

と、ぼくが連れの若き親友にいうと、彼はホレイショのようにうなずいてくれた。

○「ガラス」は前にも見たが、スマートな、わかりやすい作品だし、べつだん松本たちが好んで口にするヴォワイヤン（見者もしくは千里眼）でなくとも、じゅうぶん見透せるだろう。PRの新手というだけでべつに実験映画というほどのこともあるまい。ところで、「野性の馬の夢」はすばらしかった。アルベール・ラモリスの「白い馬」（原題・白いたてがみ）と同じカマルグ地方の野生馬の生態にカメラを向け、高速度撮影によるバレー調で馬と水と火の映《シネ》画詩《ポエム》をくりひろげる。仄暗い馬や水のたわむれにぴったり合った音楽。たてがみに燃えうつるような幻想の〃火の馬〃とでもいったシークェンスもある。この明暗はダリなどの超現実主義絵画を彷彿させもするが一貫したポエジーはマラルメやヴァレリイふうの象徴主義である。すばらしい！ 馬は馬でありペガサスであり、鳥であり人である。今日の仄暗い状況がフォトジェニックに定着されている。ぼくはその中にひたり、見終ってからも一種の陶酔境にあった。大仕事とぶつかって、この『記録映画』の原稿が頭にきていたぼくは、そんなことをきれいさっぱり忘れることができた。

○　この雑誌は、ちかごろ、どうしてこうやたらに活字をオモチャにするのだろう？「創造的想像力」を特集した創刊二周年記念号で大小、明朝ゴチックを入れまじらせたかと思うと、「特集・現代のマスコミ」号ではトップに「会いたさ見たさに……」のコラージュみたいな真似をして、それで「安保反対闘争の総括」のつもりになっているらしい。かと思うと、レイレイしく、「特集・現代の疎外と作家」とかかげたこんどの号では、オモチャ箱さながら見出し（さすがに見出しだけ）をゴチャゴチャにひっくり返して悦に入ってるらしい。こんなパチンコ屋の看板みたいな真似事を、まさか実験だとか前衛精神だとか思っているのではあるまい。

○塹壕から這出してきて芸術革命を起したフランスのシュールレアリストたちは、そんな社会性をねらったのではない。今更いうまでもないことだ。来年は八十になるという若さのピカソは、一、二年前からリノリウム版画の新たな実験をやっているが、さすがに手法と自分の世界とをぴったりと大きく一致させている。（『芸術新潮』最近号に紹介されているし、小生編のみすず書房刊・現代美術11・ピカソ篇にも一つ二つ入れてあるから、とくとごらんいただきたい――と、ここでちょっとコマーシャルを挿入させていただく）

○ピカソといえば、あの「ゲルニカ」が発表されたときは、まさに賛否両論の旋風だったようだ。これだけの構成はさすがにピカソだとうなずく者ばかりではなく、スペイン人である彼がこのテーマになんでこんな「わかりにくい」デフォルマシオンをあえてするのかといきまく「大衆」的意見も多かったらしい。まさしくピカソの筆勢によるピカソ畢生の歴史的大作だったわけだ。

○ぼくが松本俊夫の存在を知ったのは本誌創刊号の彼のレネ作「ゲルニカ」論によってである。それいらい、この青年ドキュメンタリストに注目と敬意をはらいつつ、ちょっぴり嫌いに、そして大好きになった。正直にいうと、今でも気になるところが決して少くない。彼の「安保条約」を、ぼくは「弁護」した一人である。そのいみでは、ぼくにも彼たちのドキュメンタリー運動の責任の一端がある、というよりはこの運動はぼくたちすべてのものだと信じている。この作品を、ぼくは今でも日本の記録映画の小傑作、歴史的作品の一つにかぞえている。その後、これがどうして、「一九六〇年六月」と併映されないのか、ぼくは大いにいぶかしく思っている。みんな、「怖さを忘れ」てしまったのだろうか？

○国際短篇映画祭ではポオル・アザールト（ベルギー）の美術映画「黄金時代」を見ることもできたし（才1日）、最終日にはスイスの「アルプスの庭」もあった。これを見ながら、高山植物をたいせつに保存育成するところをデュープに頂戴して、富士登山の縁日ぶりや日本アルプスでの公園ぶりにハメこめば、りっぱに教育映画ができると、ぼくは感心したままを連れの歌沢青年に語った。セルボーン博物誌を絵にしてくれたような、いかにもイギリスらしい、「春への旅」（原題）がお気に召していた彼は、このぼくの意見に大賛成だった。

○ノーマン・マクラレンはフィルムにキズをつけることによって「映画」に新生命を与える。いつまでもモーション・ピクチュア（活動写真）で甘んじていることに甘んじないで、フィルムを画布か銅版とみなし、そこに文字通り「描く」ことによって「シネ絵画」「シネ版画」をつくり、さらに特殊な符号による合成音を刻みこんでフィルムを活きて動く「画」に、歌い踊る色彩の楽譜に仕上げる。即興のままに不条理の詩をうたいだすこの動画は、ディズニー漫画のたぐいとは異質の前衛精神をふくんでおり、記号化された映像の生命に映画の造形性が基本的に問われている実験の一つとして興味がある。だが、そのおもしろさは、ほとんど動く抽象画というだけで、ランボオの強烈な詩的形象を錯乱的にこなしきれず、通りいっぺんの「映画詩」に終っている「メトロポリタン」と大差ないように思う。日本の実験的グループによる「キネカリグラフ」は、マクラレンよりも抽象化が進んでおり、映画におけるアンフォルメルに相当する狙いの作品とのことだが、残念ながら未見なので、自分のミケンにキズをつけるのをはばかる。

○大島渚（同姓の 誼みということがあるし、なかなか勉強家らしいので、ぼくは松本俊夫と同様に、決して嫌いではない）や吉田喜重の作品は、あたかも松本のスポンサーづき（ヒモつきとはいわない）作品と同様な意味合いで傑作であり力作である。意気込みはすさまじいが、「抵抗」の量（当然質も関係してくる）は、いずれをあやめかきつばたである。それにいちばん気になるのは、唯我独尊的一人合点の（もちろん、自分の目だけで見た自分のなかにあるものこそ大切なのだが）「状況」の哲学もしくは芸術と、従って観念的（観念がリアリズムのクソよりも重要なのはいうまでもない）パターンでミソもクソも処理してしまう傾向である。それでは、彼ら自身、口癖のように否定している「ステレオタイプ」と同日の談ではないか。だからこそ、彼らのヌーヴェル・ヴァーグも、日本的なあまりにも日本的なヌーベル・バーグに終り、せいぜい漠然たる不安か、ムード的な夜と霧のただよいにすざなくなるのだろう。ろくでなしどもよ、太陽の墓場に太陽がいっぱいの太陽の季節をもっと声高く歌え！　そうしたら君たちのシャンソンも息切れせずに「勝手にしやがれ」の一大コーラスになるだろう。それともヴァレリイ的な海辺の墓地で自殺への契約書にサインするか？　もっと男らしく不逞ぶりを発揮せよ。それとも、現代の女性らしくスカートをまくりあげろ。スカートをはいた小暴君《ネロ》どもよ。血はカラカラに渇いてる。（注37頁）

○チャップリンの「独裁者」は「ニューヨークの王様」のような被害者意識ではなく、はつらつたる加害者精神でヒットラーの大根役者根性《マチュヴィスム》（mastuvisme.フランス語で大根役者、もてはやされたがり屋のことを m'as-tu-vu ——この俺様を見たかと大見得をきる者、という）をコテンパンに突いていた。並び大名のように請願受付所の前で「ご苦労さま」を連発していた代議士連中も、反ファシズムの大根役者といえる。そんなことだから、あれだけのデモ行進をデモ行列にしてしまうのだ——。嗚呼、安保反対のアンポンタンぶり！

○拙文「前衛映画の系譜と今日」（本誌6月）の結論的整理において、ぼくは（一）「前衛映画の系譜は芸術運動の歴史」と規定し、特にシュールレアリスムの功績を強調しつつ、映画の純粋性の認識、絶対性の考察、商業主義とのたたかいと記録映画との結合、そして「実験映画と実験性」の検討をうながしておいた。ついで（二）今日の日本の「ドキュメンタリー」の後退現象を指摘し、「前衛」とドキュメンタリズムとの結節点を拡大発展させるための実験的意欲をサジェストした。そのさい、内外の問題作の比較・対決による分析、そして「実験映画と作家の主体性の問題」についての省察は、むしろ読者の主体性にゆだねることとした。だから、結語だけを、ここにも繰返しておく。

——前衛とは、もと軍隊用語で、大部隊の前哨としてたたかう小数精鋭の一隊を指す。反抗の精神と抵抗の運動、変革への意志と革命への献身なしに前衛主義も前衛芸術もありえない、それは何よりもまず運動としてある——抽象的な表現形式の問題としてではなく、具体的な活動のプログラムとして、人間の主体そのものの課題としてあるのだ。その今日的な時点と次元にみずからをおき、おのれをさらすことを知らずまた怠る者には、もはや「勝手にしやがれ」というほかないであろう。

○国際短篇映画祭の才2日には行かれなかったので「巨大なメカニズムにカメラを向け神秘的な創造の世界を捉えた一つの実験映画」だというドイツの「一テーマのスティール・ヴァリエーション」（原題）をぼくは見ていない。うす暗い製鉄所の中、溶鉱炉、激しくとびちる鉄の火花……が、どのようにうつしとられうつしだされていたか、それはM青年にでもきくほかはない。彼は鳥の王者ロプロプのような男だから。

○実験映画の役割とその意味をただフィルムの上のフロタージュやグラタージュだけでうつしとろうとしても、おそらくは徒労に終るだろう。フィルムは一面すべだから。それにまた実験映画と前衛映画を区別することは、まるで実験性なき前衛主義、前衛性なき実験主義と同じことで、ぼくはおよそ無意味《ナンセンス》だと思っている。なぜなら、実験映画といっても前衛映画といっても、その役割とその意味は、映画をつくり変え人間をつくり変えることであり、こうして社会変革に寄与すること以外にはありえぬはずだからである。

実験的前衛映画もしくは前衛的実験映画は、状況に占有されつつ、それを先取し占有しなくてはならない。

（六〇・一〇・七）

カリガリからヒットラーまで

●ドイツ映画の心理的歴史

オ10回

ジーグフリード・クラカウア／各務　宏・訳

■オ二章・安定期

一九二四年—一九二九年

四、新らしいリアリズム・2

パブストのこの映画の少し前に、ドイツのインフレを取扱ったアメリカの映画D・W・グリフィスの「すばらしきかな人生」(Isn't life Wonderful?)が現われたのは奇妙な因縁であった。映画界の偉大なる開拓者であったグリフィスは純粋な地方色を熱心に求めた。彼はその屋外場面をドイツで撮影し、何人かのその土地の俳優に大役を振りあてたのである。彼の筋は、ドイツの中産階級の家族のかわりに、ポーランドの亡命者の一部を描いた点でパブストのものと異っていたが、ポーランド人の方がアメリカではドイツ人よりも一般受けがしたからである。それにもかかわらずこの二つの映画は共通の特徴をもっていた。ことに驚くことは、これらがインフレ下の日々の生活を取扱うその取扱い方の類似している事であった。「陰気な街」のように、このアメリカ映画も肉屋をとり囲む絶望した人々の列に焦点を合せた。パブストは恐らく、この事の次才をグリフィスが強く描いたことに、また彼がその背景や生活のあらゆるはかない人生の瞬間をとり扱ったこのリアリズムにも影響を受けた事であろう。グリフィスのリアリズムは、それが伝える内容と同じように素朴なものだった。その映画のもっている平和論者の信条はその主役の一人、——飢饉に苦しむ妻のために深く悲しむ一人のドイツ人労仂者の推論を通してはっきりと示されていた。薯を盗むために一人の男を撲り倒してしまうこの労仂者は、観客に向って大仰な身振りで長広舌を振う。「そうだよ。俺たちはけだものだよ。俺たちをけだものに奴等がしちまったんだ。戦争の間によ——奴等が俺たちをけだものにしちまったんだ。」その上更にグリフィスは「すばらしきかな人生」という問を肯定して、「苦難に対する愛の勝利だ」と説教する。彼のぬきがたい楽観主義を一番まともに体験した年若いポーランド人夫妻は、ドイツの戦後の恐ろしい世の中を大した感動も受けずに過し、そして最後にちっぽけな木造建ての山小屋の中で幸福を見つけ出すのである。

グリフィスがその誤った改革者的な熱心さから生活をありのままに描くということで止まらなかったのにひきかえ、パブストはそれ以外のことには何の野心もなかったように見える。事実の深い意味において彼は中産階級の苦境とその時代の道徳的混乱をひらいて見せている。彼の画面を通して語るところは、グリフィスのやり方による解決である、かの行動の方向を示唆することはなかったとしても、それらが個人の苦しみと社会的不正との関係を指摘していた点は否定できないのである。ともかく、それらが多くの知識階級の人々に与えていた印象であった。彼等にとってパブストのリアリズムはたとえそれが社会主義的な宣言ではないにしても、一つの道徳的な抗議として考えられていた。

他方、「陰気な街」はメロドラマ的傾向をもっていた。理論的にはパブストが、そのリアリズムを人々に受け容れられるものにするという目的でこの傾向に譲歩することもありえた。しかし彼のメロドラマ的なモティーフに対する非常な関心は、それらを組入れることが単にそのような実際的な考えばかりからではなかったことを示している。アスタ・ニールゼンの主演するあの長い挿話は彼のリアリスティックな意図を否定するものであり、このありそうもない人物に彼が夢中になっていることの反映である。シュトロハイムの有名な「貪欲」(1924)が証明しているように、メロドラマにはその内面に重きを置いたリアリズムを涸渇させる必要はない。ところが「陰気な街」では、まさしくこのことをしようとしたのである。パブスト自身の前置きに従えば、ルムフォルトと彼の娘がインフレーションの完全な犠牲になろうとした、丁度その時、一人のアメリカ赤十字の美しい中尉が救い神として現われ、たちまちこの二人を幸福にしてしまう。パブストは社会のどん底の悲惨さを微細に描くことにかけては勇敢だが、彼の報告から引きだされるであろう結末を平気で中断してしまう。彼のメロドラマへの弱さは、カメラ上の現実の自由な発揮ということにまだ慣れていない世代の人々があまりに簡単に当然のこととしてしまったような彼のリアリズムのこうした合意と釣り合っている。

「火遊びは駄目」(Man spielt nieht mit der Liebe, 1926) という大して重要

でない映画の後、パブストはフロイドの二人の協力者、ハンス・ザックス博士と故カール・アブラハムの二人の助けをかりて書き上げた精神分析の手際よい説明――「魂の秘密」（Geheimnisse einer Seele, 1926）を作った。ある化学の教授（ウエルナー・クラウス）が、彼の妻の美しい従弟が印度から帰ったというしらせを受ける。三人は子供の時一緒に遊んだ仲である。この知せからの衝撃とある他の出来事のもとで、教授は夢をみて苦しむがその夢の中ではその従弟の出てくる思い出が子どもに対する彼の憧憬をあらわすような混乱した光景と混りあって出てくる。この夢の結果彼は妻を短剣で刺そうとする。翌日彼はナイフに触ることに対して説明のできない怖れを覚え、妻と従弟とを深い不安に陥しいれるような異様な行動をとる。彼自身の絶望は、彼が妻と二人きりになって、夢で見た人殺しを冒しそうな抵抗しがたい強迫観念につきまとわれる時、その頂点に達する。彼は家を逃げ出して母親のいる故郷へ行く、そしてある精神分析にかかるがその医者は彼に治療中、母親とそこで暮すことをすすめるのである。

そこで映画は教授からなる一連の情景を総括する。彼の夢の断片がいろいろな回想と交錯する。そして時々、話し手に耳を傾けたり、それに説明を加えたりする医者が写される。彼の導きで、そのはめ絵パズルの一枚一枚がだんだん理解のできる全体にまとまってゆく。子どもの頃教授は彼の未来の妻が従弟に対して示す明けっぴろげな好意に嫉妬していた。そしてその嫉妬が結婚後彼を一種の心理的無気力のとりこにしてしまうような強い劣等感を生み出した。その無気力は無気力で、いつか必ず無責任な行動としてあらわれるにちがいないという罪の意識を生み出した。彼は自分を今までしっかりと摑んでいた潜在意識の存在を認めるという経験をしたことによって衝撃を受け、そして治療は終りとなる。抑制から解放され、幸福な男になって彼は家庭へと帰るのである。

この映画とロビンスンの「警告の陰影」（Warning Shadow, 1922）とは甚だしく似ている。両方とも心理的に不安定な人物が、精神分析かもしくはそれに準じた方法で救われるのを取扱っている。両方ともその回復に先立ってこの人物が、未熟な行動をとるという事実を強調している。「警告の陰影」の伯爵のように、パブストの謹厳な教授もドイツ映画の大抵の男たちがその未熟さを示すときのような身振りをする。そしてその悪夢から醒めるや否や彼は彼を守ってくれる妻の膝に頭を埋めるのである。他の場面ではもっとはっきりと退行的な行動を示す。肉を小さな一切れ一切れに切ってから、母親は彼が恐ろしいナイフの代りに与えられたさじでそれをすくって食べるのを――まるで彼がまだ彼女のいたいけな子どもであるかのようにやさしく見守っている。しかし「魂の秘密」が「警告の陰影」と根本的に異るところは、それがその退行現象の重要さに注意を払っていない点である。ロビンスンの表現に富んだ画面の幻想が、その中に含まれる問題に決定的な重大さを示して興奮に震えている一方で、パブストの映画はある精神分析の患者についての専門家の報告のような冷静さを保っている。「魂の秘密」は「フィクションと記録映画の混ぜ合せ」と呼ばれたがこれは適切な評である。パブストは、その記録風な客観主義に熱中することで、専らその事実の叙述に固執している。なにかを象徴するような役割をはたす一ショットもなければ、教授の欲求不満が大多数のドイツ人のそれの反映であることを示すような一件りもない。

一人の人間が自身のコムプレックスからいかにして救われるかを示しているこの映画自体麻痺状態の産物ではなかろうかという疑念は二つの事情によって裏書きされている。才一に、映画の一ばん最後で、教授が生まれたばかりの赤ん坊を腕に抱きかかえている場面が出る。それは筋全体をメロドラマの領分に引っぱりこみ、そうすることによってより幅広い内容を無にしてしまう収場々面なのである。才二に、技巧的な熟練がますます甚だしくなっている。パブストはそのテーマそのものよりもむしろ、それがある映画技術的な手法――とくに心理過程を外面化するのに適したそれらの手法――を試みる場を提供する、その好機に興味をもっていたようにみえる。一つの芸術作品としてみれば彼の映画はすばらしいものである。たとえば、教授がその療養中に過去の多くの夢を想い出す場面で、それらはもう元通りの環境の中では写し出されず、それがばらばらになった回想であることをはっきりさせるために真白な背景の中にはめこまれている。パブストが比類なき心理学者であることは疑いない。しかし、その心理学的な精巧さは、内面生活の基本的な諸事実に対する無関心さと結合している。ポタムキンがその「魂の秘密」を批評して、この映画の監督について、「心理学主義が、彼の何よりも大事な関心事になっている」と述べているのは正当である。

パブストのその次の映画は「ジャンヌ・ネイの恋」（Die Liebe der Jeanne Ney 1927）であった。ウーファ製作のこの映画で彼は個人の精神の秘密から混乱した世の中の秘密へと移っていった。彼は、「陰気な街」の中ですでにやり始めていたことをより大規模な形で再び始めたのである。今度はその筋も、ヨーロッパの一首都に限らず、ソ連までもふくめた、戦後の全ヨーロッパの社会に事実上その範囲を拡げた。ウーファが過激派の徒の存在を認めたのみならず彼らを人間として描いたとしても決して不思議ではなかった。ウーファはエイゼンシュタインの「ポチョムキン」やプドフキンの「母」によって作り出されたロシヤ流行り――これらの映画はドイツ全国で大流行していた――に金を注ぎこむことがいい商売だと単純に考えたにすぎない。自然、多くのドイツ人はその革命的な内容のためにではなく、むしろその芸術的な新しさとその国民的な力強さの故にそれらを高く買ったのである。

「ジャンヌ・ネイの恋」はイリヤ・エルレンブルグの同死の小説に取材したものであった。当時エルレンブルグは、まだ公けの声価を獲てはいなかった。ソ連のジャーナリストとヨーロッパの放浪者との独特な結びつきともいえる彼は、たとえ表面的ではあったとしても、その卓抜な諷刺と感傷的なロマンスとを一つに溶け合わせた様な本を書いた。彼の本拠はパリであった。そして彼は西欧文明を全く不健全なものとして非難していたにかかわらず感傷的にはその西欧文明に愛着をもっていたようである。ウーファが彼の小説を好んだのは、恐らく、その多彩な筋立てとメロドラマ的な色合いを帯びていることのためであったろう。それはフランスの上流階級の娘であるジャンヌ・ネイと若いロシアの共産主義者アンドレとの恋物語である。その恋は映画では、国内戦の期間にクリミアを舞台としてはじまり、衰退する民主政治の中心地、パリで偉大な情熱へともり上ってゆく。しかし二人の恋人が出会う場所はどこでも、こすからい投機師のカリビフが中に割り込んで、悪魔のように二人のはかない望みを妨げるのである。カリビフこそ、すべての価値が混乱していた過渡期に、その全盛を誇っていた、これらの悪の化身であった。このような時代は恐ろしい犯罪と、英雄的な犠牲の両方に好都合の時期である。このことが、エルレンブルグが暗黒と純白の好対照を扱った原因だったであろう。政治上の理由からアンドレはクリミヤでジャンヌの父を殺してしまうが彼女はすぐに彼を許してやる。彼女はパリへ行きけちん坊なブルジョワの叔父の探偵社で職をみつけるが、彼にはヴィクトル・ユーゴーか、さもなければ三文雑誌のうぶな作家によって作り出されたような天使の性格をすべて具えている盲の娘がいる。冷血漢のカリビフはこの娘に結婚を申し込み、同時にまたジャンヌに手を附けようとする。——が、ジャンヌはといえば、アンドレとのランデブーに身も心もない。エルレンブルグは共産党がアンドレをパリで活躍するように派遣するという具合に仕組んでおいた。そこで最後の大詰めは、その犯罪人としてのカリビフが現われることによって際立てられる。彼は高価なダイヤモンドを盗もうとして探偵社に押し入る。そこでジャンヌの叔父と鉢合せになり、彼を殺してしまう。そして彼女の恋人に対するすべての嫌疑を明かにすることに成功する。アンドレは殺され、そしてジャンヌも死んでしまう。

もちろん、ウーファはこの物語りがもっている道徳的な、また政治的な毒素を徹底的にとり除いた。映画では、ジャンヌは自分の父の加害者を愛するという不名誉から放免されている、つまり彼を殺すものはアンドレの仲間になっている。アンドレを救おうとして小説のジャンヌはカリビフの家の情婦になるのだが、映画のジャンヌは最後の瞬間に彼のけがらわしい抱擁を拒絶することになっている。あくまで固いこのウーファの物語りではジャンヌがアンドレと一夜を送る安宿で二人が一緒に寝るのを許さず、恋人と離ればなれに二つの椅子でその夜を明かすように仕組まれている。この恥を知らぬ臭いものには蓋というやり方は無責任な楽天主義と結びついている。エルレンブルグの悲壮な終幕は、映画ではパブストのこれまでの映画の結末が果したと同様な構成の機能を大きく果すその幸運な始末によって置き換えられている。共産主義者のアンドレを受け容れ易いものにするために、ウーファは勝手に彼を潜在的改宗者として描く。ジャンヌの言うままに彼は彼女について教会へ行き、彼女と並んで祭壇の前に膝まづくのである。一方、映画では小説におかまいなくフランスでの共産主義の煽動ぶりを徹底的に微細に描いている。社会の転覆を呼びかけるリーフレットを印刷する非合法のパリ新聞は純粋にウーファのこしらえたものである。ウーファにとって恐らく民主政治の困却ぶりを事細かに描き出すことは楽しいことだったろう。

パブストは彼のこの映画を「アメリカ的」に演出していると言われた。パブストはジャンヌの叔父とその探偵が、失ったダイヤモンド——このダイヤモンドこそカリビフの殺人の本能を呼びおこした当のものである——をあるアメリカの金持のおかげで取戻すという場面でそれを試みはした。けれども、喜劇的な「ギャグ」を押しつけるこれらの場面は、巧妙な模倣にすぎず、この映画の他の部分よりは見劣りがするのである。ある面会者に答えてパブスト自身ドイツ映画をアメリカ的にすることの不可能さを述べている——「なぜなら、われわれの心理傾向すべてが異っているからです。……」彼はハリウッドへの譲歩については重大に考えていたが、ロシア映画の精神は容易にうけ入れた。彼の国内戦の光景はエイゼンシュタインやプドフキンに強く影響を受けていた。彼はある登場人物の傲慢さ、もしくはその権力への渇望を象徴するために、彼を目の高さよりも下から撮す、典型的なロシア的ショットをくり返しさえした。

しかしこれらすべてのことは決してパブストの仕事の独創性を否定してしまうわけではない。彼の、「ジャンヌ・ネイの恋」は、その「陰気な街」よりも、その画面の点ばかりでなく、現実を記録するその確実さにおいてもすぐれている。それを遂げることにおいて、彼はその飽くことのない独創の才を示したのである。クリミヤの国内戦の結果は、ボルシェヴィキの軍人たちの底抜けの乱痴気騒ぎとなる。ケネス・マクファースンは「クローズ・アップ」の中で次のように報告している。「この場面のために、百二十人のロシヤの将校が……一日十二マルクで仂きに軍服姿でやって来た。パブストはウォトカと婦人を提供した。給仕し、それからやおら撮影を始めた。」同じようにジャンヌとアンドレがパリの街を通ってゆく場面がある。——二人の通行人がたまたま居合せた群集の中に吸込まれてゆく。パブストが、準ドキュメンタリーの撮影に頼れないばあいには——しかし彼は出来るかぎりそれに従っている——いつでもその場面を、それがやはり生活そのものから引きだされたものという印象を与えるようなやり方で演出している。「陰気な街」で見たように、現実の多くの断片は、それらが内面的な出来事を象徴するためのものでさえ、無差別に拾い上げられたもののように見えるのである。クリミヤでジャンヌがアンドレと別れるとき、雨が降って来、そして貧しい人々の一群れによって二人の恋人同志が離ればなれになってしまうのも、単なる偶然の一致のように見えるのである。

（以下次号）

●実験映画の役割とその意味●

（追記）新進監督としては異例の芸術祭参加作品という意気込みにもかかわらず、「日本の夜と霧」は客がてんで入らないため封切り後わずか四日間で上映中止となりオクラにされてしまったという。難解だというのが松竹営業部の意見だそうだが、ではなぜヌーベル・バーグという馬鹿の一つ覚えのようなウタイ文句で客を釣ろうなどとしたのか？　本文中で、ぼくは大島渚のムード的発想を問題にしているが、あわてものの読者が（本誌には一人もないと思うが）かんじんのミソをクソミソ的に感ちがいすることのないよう、念のため一言しておきたい。ぼくは大島や吉田たちの新波《ヌーベルバーグ》的センチメンタリズムを突いているのであって、それは彼らの主体的な意欲と芸術上の冒険（その前衛性・実験性こそがヌーヴェル・ヴァーグなのだ）を高く評価すればこそだ。

真価を問われたのは自分勝手な興業資本の看板であって、若い芸術の生命でも新人たちの芸術的良心でもない。朝日の「補助席」では「ヌーベルバーグもどうやら試煉の時期を迎えたようだ」などと、これも馬鹿の一つおぼえで、高見の見物めいた口ぶりだが、問題はヌーヴェル・ヴァーグ前期を実現しつつある彼らの勇気を、いささかも突きくずすことなく、もっともっと発揚させることにある。大島自身も「ミーハー」とか「まっとうに生きている人」とか、漠然と観客を腑分けしようとしたり、まして「しょげ切る」ようなことなく、大いに島国根性とたたかうべきだ。彼らの形成に役立っている仏作品「勝手にしやがれ」（原題・息切れ）は、ミーハー族のためにこそつくられ、だからこそ「まっとうに」生きようとする人たちをとらえたのだし、そうしたありかた（現象）を、そのリアリティーとアクチュアリティーの中にさらにたくましく把握すべきだ。「日本の夜と霧」はそのためにこそつくられたのではなかったのか。不入りなら不入りで、若い観客たちの研究集会等のかたちで上映されうるし、特にこの作品の場合、大映配給の「二十四時間の情事」と同様、そのような組織的活用を提案しておきたい。大島も吉田も、そして松竹当事者も、新しい波らしくエネルギーを発揮してガンバレ！　息を切らすな。本ものの「夜と霧」（ヒットラーの特別命令）がいつ日本を見舞うようになるかしれない状況だ。日本のレジスタンスでその息の根をとめよう！

（大島辰雄）

●作家と読者を結ぶ
記録・教育映画ガイド

●記録映画を見る会十一月例会
○時／十一月三〇日(水)(予定)
○所／豊島振興会館二階会議室
○上映作品／**天平美術**・二巻・三井芸術プロ製作・脚本・演出・水木荘也作品／**プレミアムマラソン**・二巻・カラー・理研科学映画製作・脚本・演出・野田真吉・中村重夫・永井清吉／**手術**三巻・カラー・シュウタグチプロ製作・脚本・演出・渥美輝男作品／**歩みはおそくとも**・三巻全農映製作・演出・荒井英郎作品／**読むべえ書くべえ考えべえ**三巻・三木映画社製作・演出・柳沢寿男作品
○主催／教育映画作家協会・城北映画サークル協議会

●西武記録映画を見る会11月例会
○所／池袋・西武八階文化ホール
○特集・現代生活とPR映画
六日(日)十時三十分・十二時・一時三十分の三回上映
高速道路・カラー・二巻・落合朝彦演出作品・日本道路公団企画・日映新社製作／**いのちの詩**・カラー・四巻・亀井文夫演出作品・日本生命企画・電通映画社製作
十三日(日)一時・二時三十分・四時の三回上映
現代生活と肝臓・カラー・二巻西本祥子演出作品・藤沢製薬企画・理研科学映画製作／**一号炉建設の記録**・二巻・原子力研究所企画・新理研映画製作／**シリコーン**・三巻・カラー・間宮則夫演出作品・信越化学企画・日経映画社製作
○主催／教育映画作家協会

●記録映画研究会

○時／十一月十五日(火)六時
○所／国立競技場講堂(地下鉄外苑前、国電千駄谷下車、代々木門より入る)
○上映作品／**飛行機**・東松照明作品／**白い長い線の記録**・松本俊夫作品／**キューバ革命の記録**
○会費／五〇円(会場費)
○主催／記録芸術の会／教育映画作家協会

●神戸映サ協十周年記念映画会
○記録映画特集
○時／十一月十九日(土)午後一時・六時の二回上映
○所／神戸・生田公会堂
○上映作品／**忘れられた土地**・野田真吉作品／**小林一茶**・亀井文夫作品／**太陽と電波**・竹内信次作品／**マクラレン作品集**(色と線の即興詩・ファンタジー・隣人・つぐみ)／**時計**・イギリス**同じ空のもとに**・ポーランド
○主催／全神戸映画サークル協

●日ソ協会記念映画祭
○時／十一月十七日(木)六時
○所／豊島公会堂(池袋駅三分)
○上映作品／**十月のレーニン**
○会費／六〇円
○主催／日ソ協会

●法政大学大学祭映画会
○所／法政大学八三五番室(国鉄飯田橋下車)
十月三十一日(月)**一九六〇年六月・安保への怒り**・野田真吉・富沢幸男・大沼鉄郎・杉山正美作品／その他上映作品未定
十一月一日(火)
○**忘れられた人々**・ルイス・ブニュエル作品

●明治大学大学祭映画会
○所／明治大学五三番教室
二日／**マッキンレー征服**・伊勢長之助編集／**人間みな兄弟**・亀井文夫作品／**太陽のない街**・山本薩夫作品／**米**・今井正作品
三日／**マッキンレー征服**／**タジックの娘**・ソ連映画／**鉄道員**・ピエトロ・ジェルミ作品／**灰とダイヤモンド**・ワイダ作品
四日／**愛と希望の街**／**日本の夜と霧**(予定)大島渚作品／**戦艦ポチョムキン**／**ビルマの竪琴**／**抵抗**上映の予定その他講演会
五日／**世界の河は一つの歌をうたう**・ヨリス・イヴェンス編集／**三池**・徳永瑞夫作品／**安保**・作者不明／**にあんちゃん**・今村昌平作品
○**チェコの人形劇映画と「一九六〇年六月」**(KR「鳩はどこにいる」併用)／五日／六三〇教室

●日本大学芸術学部祭映画会
○所／日大芸術学部講堂(西武池袋線・江古田駅下車)
十月三十日／**リディツェは滅びない**／**蝶はここに住まない**／**管と炎**／**ガラスの空**・以上チェコ映画／**白い馬**／**メトロポリタン**／Eloiuonts／以上フランス映画
十月三十一日／**愛と希望の街**・大島渚作品／**白い長い線の記録**・松本俊夫作品
十一月一日／**盗まれた欲情**・今村昌平作品／**忘れられた土地**／**光を**・以上野田真吉作品／**春を呼ぶ子ら**・松本俊夫作品／**沈む土地**・神原照夫作品
二日／**ドーム**／**タンスと二人の男**以上ポーランド映画
三日／**眼がほしい**・森園忠作品
○期間中映研自主作品／**釘と靴下の対話**／**Nの記録**／**プープー!**を上映

次号予告■

●特集・映画における抵抗
抵抗とは何か 武井昭夫
創作方法の中の抵抗 吉田喜重
〃 松本俊夫
映画運動における抵抗 大沼鉄郎
〃 浅井栄一
作家の現実意識 花松正卜
PR映画の抵抗 岩佐氏寿
教育映画の抵抗 日高 昭
戦後映画の抵抗 神田真三
戦後記録映画の抵抗 富沢幸男
テレビの中の抵抗 高瀬昭治
子どもと映画 阿部 進
教育映画祭の問題 八幡省三
〃 佐々木守
私の記録映画論 石堂淑朗

■編集後記

「日本の夜と霧」が、四日間で上映中止となった上、今後絶対に、研究試写にさえ出さないという。政治的な理由によるものだという。憲法で保証された「表現の自由」をふみにじるものとして、まさにそのために問題は政治的であり、容易ならぬ事態である。映画作家全体の問題として考えねばならぬだろう。(い)

編集長 岩佐氏寿
編集委 野田真吉 吉見 泰 長野千秋 西本祥子 渡辺正巳
編集事務 佐々木守

東映
溢れる感動！オール・ロケで描く逞しき人生讃歌!!
製作 大川博
脚本・新藤兼人
監督・関川秀雄
中村賀津雄
佐久間良子
中原ひとみ・小宮光江
久保菜穂子・曽根晴美
大村文武・三国連太郎
★総天然色★
大《おお》いなる驀《ばく》進《しん》

昭和三十三年九月五日第三種郵便物認可

教育映画作家協会編集

記録映画

THE DOCUMENTARY FILM

「地獄部隊の突撃」

12月号

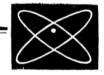

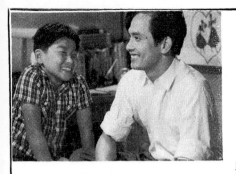

このさき
一方通行
たちいりきんし

記録映画

1960　12月号

才3巻　才12号

時評

物価の値上りとギャランティ

最近の物価の値上りは、すさまじいものがある。一九五九年七月から一九六〇年七月の一年間に値上りした、私たちのくらしに、直接かかわりのある物価を、ちょっと調べただけでも、次のような結果になっている。

砂糖一三八円→一四五円、醤油一四〇円→一四五円、豚こまぎれ三八円→五〇円、きつねうどん三五円→四五円、子ども散髪八〇円→一〇〇円、風呂十六円→十七円

こまかく挙げればきりがないが、こうしたこまかい値上りが、積み重なって、現在では一軒一軒の家計が、一か月に三～四千あがっているそうである。そのため、主婦たちは、これをきりつめるために、食卓から肉をしめ出し、牛乳を減らし、大根は半本買いをするようになっているという報告がある。事実私たちの家庭は、そうなっている。

政府の統計によっても、全都市消費者物価指数は、昭和三〇年を一〇〇とすると食料が一〇六・五、光熱費一一〇・五、というふうに、ぐんぐん上っており、総合して一〇八・〇の値上りを示している。それどころでなく、電気・ガス等の公共料金まで値上りするだろうといわれている。

こうなって来ているのに、脚本家・演出家の契約金は、あがるどころではなく、逆に、諸費に金がかかるからというので、契約金を値切るプロダクションまで、あらわれているそうである。小さなプロダクションが、大資本のプロダクションに食われ、また、「教育映画をつくる」ことを景気よく宣言して誕生したプロダクションが、じつは、P・R映画をつくることでせい一杯の息をついているという現象は、日常、私たちの見聞するところであるが、だからといって、私たちがその犠牲にならねばならぬという法はない。フィルム費、スタジオ・レンタル、その他資本の大きなものに支払う費用を、私たち作家・技術家の犠牲において、すなわち人件費を削除することで捻出しているプロダクションが大部分である。

私たちは、これには反対である。看護婦さんが「ナイチンゲール精神」とかで、不当な労仂を強いられているのと同様、私たちも「教育映画」「P・R映画」の美名によって、犠牲を強要されるのには反対である。

現在の物価高だけからいっても、契約金はもっとひき上げられるべきだ。

表紙の写真

東和提供「地獄部隊の突撃」より。わが国に紹介されることの少ない、ユーゴスラビア映画である。戦争へのはげしい怒りをえがいたこの映画はウラジミール・ポガチッチの演出作品。

もくじ

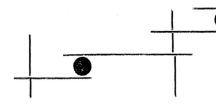

戦後映画の栄光と悲惨

「物語る」主体の破壊

吉田喜重（演出家・松竹）

抵抗とはいうまでもなく困難な仕事である。それを不可能にしているのは、決して加えられた外的な圧力や予想される反動によるばかりでなく、私にはむしろ抵抗と抵抗者ともいうべき、両方の間にポッカリ口を開けている割れ目に問題があるように思える。

それは方法と実践、主題と表現といった問題に横たわる深い溝のことである。もっと簡単にいえば、抵抗をめざすのはある程度容易であっても、抵抗する、自から抵抗者になることは難しいのだ。

実践のうまい、まずい、表現の成功、不成功といった技法上の問題では解決しえない、もっと根元的な断層として、私の眼には映るのである。

今日の時点からすれば、抵抗は私達の主体のアリバイであるといってもよい。私達は全ての反動とその保守的な基盤、思想、制度、機構と戦うといいきろう。だが抵抗は具体的でなければならない。なにかへの抵抗でなくてはならない。全てに向けられていながら、なにかへの抵抗といった自己限定を与えないかぎり、それは泡沫のように空中に発散霧消する。この限定する行為は抵抗する人間をもおそらく限定せずにはおかないでもあろう。

いや、この問題がもっと錯綜してくるのは、抵抗が抵抗する人間の内部に、その眼を向けた時である。二重にも三重にも複雑になってくるのは当然である。

しかし抵抗はあくまでも行動である。すくなくともそれが外に表われるかぎりにおいては、具体的な行動でなければ、なにもなしえなかったのと同じにすぎない。責任転嫁のいい逃れにすぎない。

私がいびつにも見える複眼の視点からこの問題をとりあげたのは、決して抵抗そのものをいたずらに重層化することによって、その力を弱体化し分散しようとしているからではない。実際はその逆であって、抵抗といった観念にまとわりつかれて落ち入りやすい硬化症状から一足とびに、抵抗者になる道を求めているからである。鋭角的なアングルから抵抗への鮮烈なパースペクチーブがありはしないかと思うからでもある。

この場合、私には状況ということにいま一度メスを入れてみる必要があると思う。状況は私達の抵抗する対象の相関者として、総括として、私達の前に立ちはだかっている。そして私達は状況は壁であるという。

カベ、この魔術的な言葉。どうやら問題は状況を壁と考える事にありそうである。

何故状況は壁でなくてはならないのか、何故それ以外のものであってはならないのか。

私達のイメージがどうみてもスタチックすぎるのだ。それ以上に危険なことは、私達が壁であるということによって、裏返しに自己の主体性を確保しアリバイ化してはいないだろうか。反動と不正と誤りを全て壁のなかに閉じ込めて、かろうじて自からの主体性をはかるといったケースが私達のなかに多く見られるのだ。それは自己満足にすぎない。カベを自からの手で厚く、もっと厚くぬり重ねているにすぎない。

状況はそれを乗り越えるためにある。破壊するためにある。その意味では状況はカベである筈はなく、可変なもの、可動なものであり、ドロドロとした粘液質なものといった方が適当である。そしていかなる場合でも私達の行動が、それに向ってなされる行動が状況より先行するのだ。もし状況が私達の主体性の前に現われるとすれば、それは、偶然である。青天のヘキレキである。私はそう思う。いや状況と主体との関係を抵抗者はそう考えるであろうと思うのだ。両方に横たわっているのは深淵な溝ではなくて、それは乗り越えられるべきものとして、行ったり来たりの運動として捉えられるべきである。

抵抗者のいだく本当の意味での状況が、いまではもはや古典と呼べそうな、サルトルの短編、「壁」のなかで鮮やかに描かれている。

スペイン内乱の時代、人民戦線に参加した主人公は捉えられて獄中にあるが、獄中にあるかぎり彼は決して閉されてはいなかった。自由であった。抵抗しつづけていた。だが最後に落ちてくるカタストロフ、偶然に、いつわりにいった言葉が同志を破滅へ追いやったのだ。ここに現われる偶然の問題は、私にはいわゆる人生を虚妄背理とみる実存主義的な限界とは考えられないのである。

私には逆のように思える。抵抗者が最後

に直面したぎりぎりの状況であって、そのかぎりにおいて抵抗は、私達の主体性はおおらかに勝ったのだと思える。

主人公はふってわいたような偶然に、涙が出るほど笑って笑って笑いこける。この笑いにもし私達が虚妄な響きを感じるとすれば、おそらく私達は抵抗をこころざしながらついには抵抗者に永遠になりえないのではないだろうか。

状況は極限状況でしかありえない。そしてまた敗北主義もありえないのだ。

私は抵抗の問題を裏返しに、下から上へと見てきたのだろうか。私はシニックの効用を認めない。これが陽のあたる表通りなのだ。

すくなくとも行動の論理から見るならばそうである。

私は最近日本映画の巨匠、黒沢明、木下恵介両氏の作品を見る機会があった。「悪い奴ほどよく眠る」と「笛吹川」である。

この二つの作品は両氏にとっては大作である。そこに消費された物量だけではなく、時代劇の分野に逃避していたといわれる黒沢氏がひさしぶりに現代と取り組んだ作品であり、木下氏の場合も数年来小品を描くことが多く、正面から取り組んだといえるような映画がなかったからである。

私はこの二本の作品を見て、まず感じたのは両氏の戦後映画の歴史における栄光と悲惨ということであった。

栄光とは戦後一五年いつも抵抗の姿勢を崩さずに保ちつづけたことであり、悲惨とはそれにもかかわらず両氏とも抵抗者にはなりえなかったことである。

そして私達にとって問題であるのは、この悲惨さについてであり、それにもかかわらず抵抗者になりえなかったことにある。

黒沢作品には氏の形而上学とも呼べそうなものがいつも反映している。いうなれば無限の繰り返しと呼べそうな、精神性と無動機性、観念と直観、白痴のもつ純粋さと動物性、これらが相対峙するルツボのなかに自我がうごめいているのである。もっともこのような二律背反は仮面をはらった人間の原型であって、私達の歴史はそれを統一するための努力であったと考えるならば、きわめて当然のことである。

黒沢氏はこの底なし沼から這いあがろうとして後者が前者へ変ってゆく過程を自我として捉え、サイの河原の石積みのように、はてしない対立を「現在」に限定固定化していったところに、氏の「作品」が生まれ、完結するが、それと同時に再び分裂をおこし、もとの状態へ戻ってしまうのだ。主題の復元、氏の表現上の執拗さは、このような無限の繰り返しからくるものであろう。

私は氏がヤヌスの神に見えてくる。片方で笑い、片方で泣く、両面の神ヤヌスである。

しかし人間の行動とはひとつの顔でしかなく、自我はそのなかに統一としてしか現われようがない。ヤヌスの神はたとえ両面で表情をつくろうが、外から見る者にはひとつの顔でしかないのだ。

過去の作品「生きる」はこの問題を一歩前へ踏み込んだかに見えた。「生きる」の主人公は死ぬことによって自からを他者の眼にさらし、他者の口を借りて語らせようとしたのである。最後の葬儀の場面はそれがひどく茶番劇であればあるほど素晴らしく、内面から飛びだして外へ向った時に描く、なにかきびしい行動の抛物線を感じさせる。自我はこれまでの反復運動をやめてしまったが、逆に豊かな稔りを恢復したのだ。

この抵抗者の眼ともいうべきものは残念ながら「悪い奴ほどよく眠る」には皆無であった。たしかに主人公はまっしぐらに走る。現代の政治悪、汚職に向って立ちむかう。立ちむかっているように見える。主人公の叫ぶ怒りは政治の壁に反響する。いや反響すればするほど空洞に聞える。またしても状況はカベであるといった考え方が支配しているのだ。

カベ化することによって、氏は内部の問題意識の欠如を正当化しようとしているといったらいいすぎであろうか。そこには抵抗者に必要な、抵抗するものへの仂きかけとしての強靱なディアレクチックは完全に見失われている。

木下恵介氏の「笛吹川」にも同じようなことが見られる。

氏の作品は被害者意識を情緒、情感の分野で老大にふくれあがらせることによって、情況の壁を対比させ、それを抵抗と考えてきたようである。「大曾根の朝」から「日本の悲劇」を頂点に「二十四の瞳」とつづく系譜がそれである。「笛吹川」に前近代的な世界を近代の眼で、非合理を合理で裁ちきろうとしたところに最大の欠陥があるにしても、この作品もまた、氏がはっきり抵抗者になりきれなかった局面を示してくれる。

日本人特有の被害者意識が状況の壁との間にむなしく築きあげる無常感、諦感。それがいかに作為的なものであったか、それがいかに脆弱なものであったかをこれほどまでにあらわに見せた映画はなかった。「戦争に行くな、戦争に行けば死んでしまうぞ」幾度も繰り返される反戦的な言葉も、空洞そのものに聞えるのだ。

非合理な時代を合理の眼でみるかぎり、氏はドラマのなかに共存しないで、外から物語っているにすぎない。政治悪、権力悪といつも虐いたげられる人間達、この深い割れ目はそのままずっぽり放り出されて、作家は手をつけようとしない。それがア・プリオリに宿命としてあるとでもいうのであろうか。作家の主体性は完全に密封されているのだ。

この密封状態から漂ってくる無常感はこの場合、壁だ、カベだといい合ってる人間達の同情からくる涙である。

またしても状況はカベである。このカベが時間、空間を超えて普遍的なものであれば、それへの抵抗もまた観念的なものにならざるをえない。抵抗のための抵抗、私達の主体としての可能性をカベのなかにぬり込めてしまうような抵抗の仕方、それによって抵抗は当然際限なくつづけられてゆくわけであり、自己保証ともなる。

この意味において、両氏は抵抗者になりえなかった。大声で喚くか、泣くかする以外、行動の論理のきびしさからはね返ってくる痛烈な笑いが欠けているのも当然のことである。

現在日本の劇映画で私達が抵抗者になりえない、その桎梏ともなっているものに、『物語る』といったストリー主義の悪弊がいたるところに見られる。黒沢、木下両氏の近作にもそれが現われている。

私は単純にストリーを否定すればこと足りるといっているのではない。表現上の問題として、作家が無意識にとる「物語る」主体の優位さを徹底的に破壊しなければ、抵抗を心ざしながらついに抵抗者になりえなかった罠がはられてしまうのだ。共通の言葉、共通の場所をストリーに見出すことによって作家は観客とのイージーなコミュニケーションをはかっている。抵抗そのものに賭けるより、そのめざした抵抗を観客に正当化しようとはかっているともいえなくはないのだ。

行動する前に説得しようとする、行動するよりさきに行きつく地点をあらかじめ決定してしまおうとするのだ。神の眼にも近い、この作家の決定論的な発想がいかに不毛であるかはいうまでもないであろう。自からの可能性をカベのなかにその手で埋めつくしている。抵抗者はこの内部の物語る「われ」にまず鋭くメスを加え、それを破壊しないことには、自からを解放し、新しい地平に降りてはゆけない。

決定論的な傾向は作る側だけでなく、映画そのものをも毒している。

商業主義は消耗度のはげしい作家個人の資質に、その投機性を賭けはしない。映画企業がもっとも信頼するのは、いかなる時代、いかなる場所、いかなる人間にも共通の、一見普遍性をほこるストリーである。そこから「映画らしい映画」、ストリーの雑多なヴァリエーションがつぎつぎと要求されてくるのだ。商業主義だけではない。観客のなかにもこの「映画らしい映画」は期待される。

ある程度現実を否定することを望みながら、見終った後でそれほど現実と変わっていなかったと満足する映画である。

保守的な自己欺瞞はいたるところにあるのだ。抵抗者の眼＝メスは内部から外へと向う。おそらく内部へ向けた眼がはげしければ激しいほど、外へ向った時のメスの力は鮮烈である。作る側の主体が「物語る」ことが出来なかったように、観客もまた自からを「物語る」わけにはいかないのだ。そして両方が「物語る」ことが不可能になった時におこる断絶こそ、二つを本当の抵抗者として統一してゆく契機になるのではないだろうか。

私はあまりにも抵抗について見すぎたのだろうか、考えすぎであろうか。

「見るまえに跳べ」とは大江健三郎の短編小説の題である。行動を夢みながらなしえずに倦怠に溺れてゆく若者の話だったと記憶するが、その題名には重要なニュアンスがある。抵抗者の行動とは「見る」ことでもなければ「跳ぶ」ことでもない。「見る」と「跳ぶ」が同時に衝突し合う時点にある。「見て」＝「跳ぶ」のだ。

私は、このように自身を訓練したいと思う。そうすれば抵抗者が状況を偶然とし、青天のヘキレキとして解放的に笑うように、私達も笑いきれるのではないだろうか。

残酷をみつめる眼

芸術的否定行為における主体の位置について

松本俊夫（演出家）

1

羽仁進の「不良少年」は、過去数年にわたる氏の創作的、理論的追求の一応の総決算を試みたとも思われる力のこもった作品であった。それだけに、私は羽仁の記録の方法が、複雑な矛盾をひかえた社会的現実を前にして、ついに不毛のものでしかないということを、あらためて確認しないわけにはいかなかったのである。記録の射程は、所詮記録主体の批評意識と深くかかわり合うものであることを、私はこの作品にまざまざとみたのであった。

思うに、これまでの羽仁の方法がドキュメンタリーの今日的課題に何らかの積極的な問題を提起しえたとすれば、それは彼が記録の第一義的な意味を、徹底して事実からの帰納的契機に求めたということにあったといえる。過去の記録映画が、一方事実の羅列を観念でつなぎ合わせ、他方事実を観念の図式にはめ込むというきわめてスタティックな地点で窒息していたとき、注意深い観察のつみ重ねによって、対象を生きた動態として切りとろうと試みた「教室の子供たち」や「絵を描く子供たち」が、一面素材の特殊性に強くもたれかかりながらも、記録ということの基本的な意味を問う、いわば一つの必要条件ともいうべきものに迫りつつあったことは事実であった。ここには偶然のアクチュアリティを手がかりに、対象に対する観念や感性のステレオタイプをつき崩す、方法的な可能性としてのドキュメンタリー意識が、最も素朴な形態ではあるが一応提起されてはいたのだ。

しかし、羽仁はそれをメトーデの問題として論理化をすすめてゆくよりは、それを技術の問題として、いちはやく操作のパターンを作りあげてしまったのである。氏は、仮説、条件の設定、反応の観察という手続きをくりかえし、これを長焦点系のレンズによってひそかに定着するという方程式を固定化した。したがって、対象をプロセッシヴなものとしてとらえることの中に、対象と己れの関係を相対化させ、そのダイナミクスから思考の能動性をひき出そうとする弁証法は、もっぱらアプローチの技術として機能化されてしまったのである。一方でドグマチックなものの見方を否定しながらも、それを支えるべき作家主体のオリエンテイションを不問に附したとき、羽仁が客観主義的な生態観察と経験心理学の袋小路にずり落ちてゆく道すじは既に決定されていたといえる。

技術や機械に対する物神崇拝という表現をとった羽仁のオプチミズムは、現実とカメラの関係が、終局的には一対一で対応するという素朴な反映論をアプリオリに想定している点で、芸術意識の上では生活綴方の次元を一歩も超えるものではなかった。対象を運動としてとらえようとする積極的な志向も、それを強烈な疎外過程として意識する眼をもたず、したがってまた解体の強制に拮抗して、これを徹頭徹尾否定し変革しようとする主体的な行為との緊張にみちたダイナミクスとして意識する眼をもたぬかぎり、それがカメラの即自的な機能によって直線的に把握されうる範囲に没主体的に限定され、しかもこれを動態としてとらえるために有効な技術的条件がすべてに先行して才一義的に重視されるという、およそプラグマチックな技術至上主義に傾斜してゆくことは、自明の結果だったのである。このような次元では、偶然的事実に対応する内部世界の意識化を手がかりに、現実と意識の疎外された日常構造を全面的に瓦解させてゆく、己れの主体を賭けた芸術行為としての方法意識が生まれてくる可能性は、全く閉ざされているといっていいすぎではない。技術をイドラとすることに盲目的であった羽仁が、自らの現実に対する芸術的関心やモチーフの選択までを、技術の側から逆規定的に限定してゆくという滑稽な顚倒に対して無力であったのはむしろ当然のことであった。氏の自発的な創作活動が、しばしば子供や動物の周辺に膠着して離れなかったのは偶然ではなかったのである。

「不良少年」といえども事情は別ではなかった。社会的人間的な歪みが複雑にとぐろを巻いて、オリのように沈澱しているこれら残酷をきわめた疎外状況の底辺に眼をそそぎながらも、羽仁はそれを結局猿か幼児でも観察するかのようにしかみることができないのである。たとえ筋書きに近い体験をもつ素人を起用して、その即興的な演技の中から、いわば生活にしみついたリアルなアクションをひき出し、これをノー・ライト、ノー・レフで盗み撮りしたものに、録音構成調のナマなしゃべり言葉をアフ・レコしてみせても、そのトータリティがそのまま状況の深層部を構造的に抉り出すことは絶対にありえないのである。この点への主体的な模索を抜きにした次元で、古くはイタリアン・リアリズムの、最近ではブレッソンからゴダールに至る、いわゆる新しい表現技法の形式的な模倣や巧みな折衷などに血道をあげてみたところで、そのこと自体に一体どれほどの意味があるというのか。

事実、それらはこの作品の基本的なテーマの形成にとっては、全く外的で装飾的なものとしかなっていないのである。そして、ねこの眼のように変貌するレンズの可能性も、それが強力に主体化されていない限りは、あたかもインクの出ない万年筆のように無意味なものでしかないということを、この作品はネガティヴなフォーカスからあざやかに実証しているのだ。これら饒舌にみちたマニエリスムという名の安衣裳からすけてみえるのは、性格・心理・行動対環境という平板な函数関係から人間の真実を説いてみせる、相も変らぬ啓蒙主義者の眼の鱗でしかない。

たとえば羽仁は、少年院に入れられた主人公の浅井を、まず暴力的なヤクザ組織と化しているクリーニング科のグループに入れて、そこでのリアクションが、反抗的、衝動的、破壊的になりがちなことを確認する。次に、温かみのある相互理解に支えられた木工科のグループに編入させて、そのリアクションが、協調的、内省的、建設的になってゆくことをさし示し、その御都合主義的なコントラストを構成上の重要な位置におくことを敢えてはばからないのである。ここにおいて、氏はあの偽瞞にみちた改良主義的社会教育映画と同列のラインにまで転落していることを、自ら暴露するのだ。

想えば今から丁度十年前、ルイス・ブニュエルはあの「忘れられた人々」において同じく不良少年を対象としながらも、それを疎外状況における残忍な解体過程そのものの不可避的な表現としてとらえていた。彼は、生のエネルギーが非人間化の強制に敵対的に拮抗するとき、本能的にはいかに憎悪と暴力を必然としなければならないかということを、いわば非合理な衝動源としての無意識の次元から鋭く抉り出し、これをなにより否定の極限から逆否定の可能性に賭ける、作家としてなしうるぎりぎりの主体的現実否定行為として行ったのであった。それ以上くわしい対比を必要とするまでもなく、ブニュエルと羽仁との差位は決定的なのだ。要するにブニュエルは不良少年を自らの内部にみつめる眼をもっていたのに対し、羽仁はそれを己れの内部とはいささかもかかわりのない位置に、もっぱら観察の対象として眺めていたにすぎないのである。

2

この羽仁がいつだったか朝日新聞の「前衛を探る」という欄に、記録映画の前衛として紹介されていた。そういえば、政治における前衛の現状もさることながら、芸術における前衛もまた大いに水ましされて、ここのところやたらと無原則的な前衛ブームが到来しそうなおめでたい季節とは相成ってきた。むろんこのような現象にいちいちかかずらっていても大して意味がないことは私も知らないわけではない。しかし芸術的前衛における永仁の壺だとか、中味は馬肉、レッテルは牛缶といった類いのにせものの前衛を、どの点でどう否定するのかという本質批判を通じて、今日における芸術的前衛の課題を明かにする事もまたまんざら意味のない事とは思えないのである。

たとえば先日のことであった。私は、芸術的前衛を自称する人々によって作られた「実験室ジューヌ」というグループの、才一回作品発表会なるものをみにいった。そこでは、芸術祭非劇映画部門参加作品と銘うって、石原慎太郎の「夜が来る」、岡本愛彦の「ＩＲＯＮ」、谷川俊太郎の「×」（バツ）、細江英公の「臍と原爆」、寺山修司の「ＣＡＴＯＬＯＧＹ」の五本の実験映画が上映された。それらはいずれも自然主義的なステレオタイプに衰弱しきった既成の映画に対する激しい反逆と侮蔑によって色どられているという点では、日大芸術科の諸君が最近作りあげた「プープー」というダダ的な実験映画と同様、たしかにそのあたりでやたらと量産されている退屈な解説啓蒙映画の類いなどよりは、ずっと私に刺戟を与えてくれるものをもっていた。

とはいえ、反逆や侮蔑をもってそのままただちにこれを前衛とするわけには、これまたゆかないのだ。それは羽仁が既成の表現構造を否定しようとして何ら本質的な否定をなしえなかったことからもすでに実証ずみのことである。要するに、これらの反逆や侮蔑は、作家主体のどのような次元から、どのような内的必然に支えられてなされているのか。ジューヌ（若もの）などという甘ったれた実験室そのものをたたきこわし、現実否定にまでつきすすむクリティックとエネルギーがここには内在するのか。このただ一つの問いこそが、ここでもまた厳しく問われる必要を私は強く感じないわけにはゆかなかったのである。たとえば、彼等は共通して残酷というイメージに関心を寄せているようであった。あるものはヤクザの殺しをどぎつくアップでつみ重ね、またあるものは、生きたネコを高いビルの屋上から投げ落し、これがアスファルトの上に叩きつけられて悶え死ぬ有様を冷酷に記録していた。また他のものは、突然首をたち切られた一羽のにわとりが、血の飛沫をあげながら浜辺の砂の上をのたうちまわり、打ち寄せる波に呑まれながら一個の物体と化してゆく、その断末魔の一部始終を執拗に追い続けた。ともかくも、彼らはこのような描写によってうじゃけたヒューマニズム精神に最大の侮蔑を投げかけ、これにいわばサドの眼を対置させようと意図したにちがいない。

なるほど、私の傍に座っていた妙齢の御婦人方は、これらの残酷なショットに眼をそむけ、いとも可愛らしき悲鳴をあげては私を楽しませてくれた。おそらく心優しき彼女らはその程度の残酷さにも耐えられなかったのであろう。しかし、眼を覆えばそこから逃れることのできるような残酷さなどに真の残酷さはないのだ。それは所詮生理的残酷さの直接性にとどまるものでしかなく、アンチ・ヒューマンな心情が対象化されるに際して、誰でもがすぐ発想するであろうような、いとも安直なパターン以外の何ものにもなっていない。要するに、そこには疎外と抑圧によって内部世界の奥底に形成されたあの不条理な歪みを眠りからゆりさまし、これを対応的に意識の表面にまでひきずり出さずにはおかぬような、深層性の構造をもつイメージが決定的に欠けているのである。

残酷のイメージを問題にするとき、私はここでもまたブニュエルの「忘れられた人人」を想い出さずにはおれない。そういえば、この作品にも同じくにわとりが叩き殺されるシーンがあるのだ。感化院に入れられた少年ペドロが、仲間からいたずらを咎められて逆上し、落ちていた棍棒を拾いあげるや傍にいたにわとりを叩き殺すのである。しかしその残酷さは、ただ生理的次元にとどまるものでは絶対になかった。ペドロは不良の首領ジャイボが仲間のジュリアンを棍棒で滅多打ちに殴り殺すのを目撃していた。しかもジュリアンをおびき出すのにはペドロも一役を買っていたのである。この時のショックは少年ペドロの内部に深くくい込み、その恐ろしさから逃れようとすればするほど、それは非合理な強迫観念となって無意識の底に大きな歪みをつくった。ペドロの母親に対する求愛衝動はそこに根をもつ反射的な逃避行為として現われてくる。しかし、腕に接吻されようとすると母親はこれを冷く拒絶した。その時にわとりがけんかをはじめ、母親は帚をもってにわとりを殴りつけたのである。感化院でペドロがいきなりにわとりを叩き殺した行為は、これらもろもろのショックが重なり合ったすざまじい抑圧に対して、これに拮抗しようとする生本能の衝動が、抑圧そのものの形式を反射的に模倣して、一瞬その亀裂をぬって日常性の表面に爆発してきたものに外ならない。

たしかにそれはみるものに残酷な感動をもって迫る強烈なシーンであった。しかしその残酷さは、にわとりが殺されるそのあわれな姿によって残酷なのではなく、少年の行為が意味するものの戦慄すべき根深さによって残酷なのだ。そして、その行為と意味のすべてを通して、おかれた場における疎外の全構造を、いやがうえにも鮮明に浮びあがらせ、同時にみるものの内部に同質の状況を強く意識させずにはおかぬがゆえに、それは真に残酷といえるのである。

ここには残酷と暴力に対する深い洞察がある。抑圧するものの体制それ自体の暴力が、いかにその極限において被抑圧者の暴力を必然的にひきおこすかという、いわば疎外社会における暴力革命への原衝動ともいうべきものを、本能と無意識と物質の次元から構造的に抉り出そうとする作家の鋭いクリティックがあるのだ。それゆえにこそ、この作品には状況破壊のオリエンテイションと現実否定のヴィジョンがあり、まさにその点において、もろもろの社会改良主義者やモダニストたちと決定的に峻別されるのである。これと比べるならば、実験室ジューヌの諸君たちの反逆など、いかにチャチなものであるかはくりかえすまでもない。

3

　このように論を進めてくると、またしても私の批判は全く破壊的であり、少しも積極面をひきだそうとする建設的な観点がみられないではないかなどと、なかには、大そう不満を感ずる人もおられるかもしれない。だが、いついかなる場合においても、真に建設したものは、真に破壊したものだということを忘れてはなるまい。私たちの課題をうやむやにし、私たちの前進をはばむものに対しては、徹頭徹尾これを主体的に破壊せよ。たとえ同じ陣営のものであれ、思想上の対立をいい加減なところで解消するな。妥協することなく、相互に破壊し合え。これが私のスローガンなのだ。

　ところで、最近これまた徹底して破壊に賭けようとした大島渚の「日本の夜と霧」が、上映わずか四日で中止されるという、不当にして光栄ある仕うちを受けて話題となった。そういえばこの映画は、安保闘争によって結ばれたという二人の結婚式が、めちゃめちゃにぶちこわされるという破壊的なシーンによって始められる。人間と人間が結ばれるというドラマが、どのような次元で可能なのか。安保闘争を通して結びついたという大義名分をもつだけに、そのうわすべりな「統一」は、かれらが状況にいかにかかわり、現在時点においてなおいかにかかわろうとしているかという、その責任意識の根源にまでさかのぼって容赦なく解体され、今ここにおける晴れの結婚式場は、真に革命的な責任主体の条件を問う、血みどろの模索の場と化さねばならないのだ。一九六〇年における状況と変革主体の論理が批判的に検討され、それと重ね合わされるように、一九五〇年から五五年における思想と行動の主体的な責任が追求される。安保闘争を通過した現在時点において私たちのおかれた位置、私たちのなさねばならぬ責任ある行動、私たちの作りあげねばならぬ思想と主体、それが一体なんであるのかを、己れの全重量を賭けてつきとめるために、大島はこれをさえぎろうとするあの夜と霧のとばり、私たちの内部を縦に貫く無責任と没主体の意識構造に非情のメスを下降させ、これをその根源から破壊しようと試みるのだ。

　しかし、ここにたとえば次のような中傷があびせられる。「『太陽の墓場』の〃現状変革のエネルギー〃なるものは、方向を見出せないまま『日本の夜と霧』にみられるようにトロツキズムと結びついた」（アカハタ11・6日曜版）。この筆者は、この作品が反体制運動内部の、なかでも前衛党内部の病巣を抉りだそうというただそれだけのことで、しかもこの作品全体を貫く作家の批評がどのようなヴェクトルをもつかということをいささかも吟味することなしに、いとも軽々とこれにトロツキズムの刻印をおすのである。トロツキズムというレッテルを貼りさえすれば、それでもはや相手を葬り去ったとするあの憎悪すべき不毛の論理が、ここにまた臆面もなく復活してきているのだ。かつて井上光晴や田中英光を苦悶のどん底に追いこんだこのような破廉恥な詐術は、同じく「反革命挑発者の論理」（アカハタ9・23）という論文によって、吉本隆明の戦争責任論や転向論に対し、これを「共産党と進歩的運動への非難と中傷、文化人相互の分裂をかもしだすことを目的とした、きわめて粗雑な反共宣伝でしかない」ときめつけ、提起された問題を一方的にねじまげることによってこれを強引に流産させようとした橋本貢などの官僚主義的な論理とともに、今や完膚なきまでに破壊しつくさねばならないのだ。そして、このような思想がいまだ運動の主流を支配しており、それがぬくぬくと居直ることのできる無批判的な土壌が温存されているがゆえに、大島渚の「日本の夜と霧」は今日きわめて重要な存在理由をもつものだったのである。

　だがしかし、私はここにうち出された問題追及の視点を更に一層完徹させねばならぬという観点から、大島が徹底しようとして徹底しきれなかったいくつかの曖昧さに対して、私の抱いた否定的な見解をはっきり対置させねばならないと考える。私の考えでは、大島の曖昧さは、たとえば宅見や東浦、坂巻といったような、運動周辺のゴロツキ不平分子に対して、どのような批評の射程をもちえたのかという点に端的に現われているということができる。彼らは動脈硬化の権化のような指導者中山に対して彼の犯したもろもろの誤謬と腐敗の事実を次々とあばきたて、もっぱら被害者としての位置からその責任を追求する。しかし彼らとて、不満や疑問を抱きながらもその実なんらの積極的な批判的対決を行うわけでもなく、ずるずるとその誤れる指導に奴隷的に従ってきたということによって、結局はその状況を下から支え、その状況に対してあくまでも責任を分ち持ったのだということを、いささかも己れの内部に向って問おうとはしないのである。このような人物達を大島はどのように描いたであろうか。

　なるほど大島は太田の口をかりて、「そういう態度が今までの日本の一切の革新勢力を毒してきたのだ」といわせはする。しかしそれは大島が太田をどうみているかの曖昧さによって、必ずしも作家自身のクリティックとしては現われてこない。大島は各登場人物を相互に否定させ、人物を相対化させることによって、みるものに主体的な批評の契機を内発させようとする。それはいい。だが、そのことは何ら作家自身の批評の眼が相対化することを許すものではなく、判断を観客にゆだねる無責任さを許すものではないはずである。しかも私は宅見、東浦、坂巻らに対する批判の意味を、全体のテーマに関係したものとして重視するがゆえに、大島の彼らに対する態度決定の曖昧さを気にしないわけにはゆかないのだ。

　だが、残念なことにその曖昧さはラストシーンにおいて決定的なものとなって現われていたといえる。ここで大島は中山に思いきり公式的なセリフを延々としゃべらせこの堕落しきった男を更に喜劇的人物として浮びあがらせるべく一層の追いうちをかける。そういえば大島はこの男だけはほとんど相対化することなく徹底して悪玉として描ききっている。その点でも私はこの男をもっと主観的には革命に忠実な善意の男として描いていった方が、ここで私たちの問題としなければならないいわゆる没主体の意識というものの真に残酷な姿が、はるかに鮮明なイメージをもって抉り出されてきただろうと思うのだ。つまり、この映画の主人公はたとえば中山といったような特定の人物にしぼられ、その人物によって代表されるような狭い部分の問題としてすりかえられるべきものではなく、もっとそれぞれの人物にそれぞれの屈折を示しながら現われてくる、運動全体が内蔵しているところの一つの負の意識、あの思想と行動に対する責任意識の欠如、その主体喪失の総体的構造にこそ向けられねばならなかったはずだからである。そしてまさにその意味からこそ、ラストシーンにおいて最も鋭く焦点を合わせねばならなかったのは、ここでは宅見や東浦、坂巻などであり、あるいはまた野沢や美佐子などではなかったのかと私は思うのだ。

たとえば宅見は「過去に誤ちを犯したものでも権利はある。未来に向って再び誤ちを犯すまいとする限り問う権利はある」といった。だがその宅見は、太田が敵権力によって検束され、これを追うなと中山がアジった瞬間、その状況に対していかなる態度決定を行うことができたのか。あるいは東浦や坂巻は、そして野沢や美佐子はどうなのか。彼らは一様に沈黙をおし殺したままその場に立ちつくしていた。そして大島のカメラは中山から彼らの上を次々とすべるように通り過ぎ、彼らの内面に充分くい入らぬまま再び中山へと戻っていった。しかも中山の演説を音楽でかき消すという作家の主体的な操作をこれに加重することによって、ラストシーンはいやがうえにも、もはや亡霊としての意味しかもたない中山の上に集中されたのであった。この時、作家の具体的な批評行為としてのこのカメラの運動、作家の現実に対する批評そのものであるこの一ショットを通じて、私は批評主体としての大島の位置は一体どこにあるのかということを、かなり大きな疑問として感じない訳にはゆかなかったのである。

　この映画における戦後責任の追求の意味は、このラストシーンにこそあざやかに結実さるべきものであった。なぜなら安保闘争を通過した現在時点において、私は日本の被支配階級がこの闘いを徹底的に有効に闘いえなかった主体的な原因の一つを、このラストシーンにおける沈黙のたちすくみの中にみるべきではないかと思うからである。ここには過去の体験を交錯させ反芻することによって、その内側の壁を懸命につき抜けようとする何らかの胎動と、それをひき戻そうとするあの根深い負の意識とが、激しく拮抗し、複雑にからみ合って、全身を引き裂くほどにせめぎ合っていたはずである。私はこのぶ厚く凍りついた沈黙の時間の中に、革命が避けて通ってはならない残酷の状況をみるのだ。そして、その一人一人の内面を己れの主体的な格闘と猛烈にぶつけ合わせながら、いま目前に起りつつある現実そのものの意味する危機の名において、なお容赦なくその沈黙を断罪すべきではないかと思うのである。

安保ボケの風景／作家の現実意識／花松正卜

（演出助手・岩波映画）

――〃安保体制〃という用語を用いる人がすべてこのような混同をしているわけではないかもしれないが〃安保体制〃という言葉は一種の〃打ち出の小槌〃式に理解されている場合がきわめて多い。〃打ち出の小槌〃というのは、そのなかには一切合財がふくまれているからである。〃安保体制〃とはアメリカ帝国主義のことでもあるようであり、日本独占ブルジョアジーのことでもあるようであり両者の〃目上〃〃目下〃の同盟関係のようでもあり、安保条約そのもののようでもあり、アメリカ帝国主義の対日政策のようでもあり、日本独占ブルジョアジーの〃反動政策〃のようでもあり、日本の独占資本主義そのもののようでもある。警職法も貿易自由化も、独占の体質改善や合理化もすべて〃安保体制〃から出てくるし、安保条約の改定そのものさえ、〃安保体制〃から出てくるのである！とにかくこの〃安保体制〃は変幻自在で万能の恐るべき怪物であって、この〃安保体制〃をかつぎ回っている人々の唯物史観の教科書では、社会発展の継起的段階は、原始共同体、奴隷制、封建制、資本主義、安保体制（あるいは安保体制、資本主義）社会主義となっているのではないか、と思われるほどである。この安保体制という概念が、日本の独占資本主義体制と、米日独占ブルジョアジーの〃目上〃〃目下〃の階級同盟と、日米両国間にむすばれ、アメリカ帝国主義による日本の主権侵害をゆるしている不平等軍事条約とを区別せず、これら三つの要素を混同して一個の〃体制〃にでっち上げたものであることは明白である。

　このような〃安保体制〃観の実践的結果もきわめて明白であって、あらゆる闘争は〃安保体制〃にたいする闘争にされてしまい、その結果、革命闘争（独占資本主義の打倒）と過渡的な構造的改良闘争や民主主義革新の闘争と日常的な要求獲得闘争とを明確に区別したうえで体系的に統一し、独占の支配とその全政策に対置してゆくことが不可能になってしまうのである。　――佐藤　昇

　私は大島渚氏が監督した映画『青春残酷物語』を、武井昭夫氏のように、存在そのものが支配体制の秩序によって侵かされてしまっているような青春が、何処でこの秩序に反逆し抵抗するかをぎりぎりの点まで追求していて、例え部分的であるにしても積極的主題を成立させている、というふうに評価してしまうことに、どうしても納得のいかないものを感じる。それは例えば、

「……桑野みゆきのなる女の子が、汚ぎたない診療所で子供を堕ろして寝ている。そこに男が訪ねて来るシーンで、隣りでは挫折した世代の男女が絶望を語っている。お前たちの愛ももうだめだというふうにそれがきこえてくる。男がそれに耐えて黙ってリンゴをがりっがりっと噛っている。そのショットにこめられた作者のエネルギーは相当強烈だった。状況が内部まで侵蝕していてそれに支配されている、しかもそういうこと自体をも論理的には理解できないで生きているような青春が、ある瞬間そのことに必死になって抵抗しているというか、わずかな愛というものを支えよう、おしつぶされまいという、無意識だけれども強烈な抵抗がそのシーンではイメージとして出ている。」（『新日本文学』一九六〇・九―『芸術における抵抗の問題』）といった批評の視点についての問題であって、こうした批評軸の設定が、今日の現実と照して適切なものかどうかということである。

　なる程、大島氏の諸作品には、既成作家には見出すことの出来ない、一種の勇猛果敢な意気込みのようなものがあふれておりそういう姿勢を常に保ち続けているということは、それなりに立派なことであって、それはそれとして充分に評価してよいことに違いない。にも拘らず、一見アクチュアルな題材に真正面から取り組み、大上段に構えた姿勢を透して、究極のところこの作家は何を主張しているのか、ということになると、どうもはっきりしないところがある。旗色鮮明であり、現実変革の意志表示は強烈で誠に結構なことであるが、その現実認識や変革のための具体的論理を探ってみると、余りにも脆弱でとうてい現代に通用するようなしろものではない。才一作の『愛と希望の街』から『青春残酷物語』と経て『太陽の墓場』に至り、そして最近作の『日本の夜と霧』と、この作者の描いた軌跡は、右のことを証するに充分なものを提供している。

　武井氏のいう、「作家的抵抗」や「抵抗のイメージ」というものは、いってみればつまるところこうした作家の姿勢にしか過ぎないのであって、現在われわれが問題にすべきことは、寧ろそこからさきの事柄ではあるまいか。

　現実変革の闘いに積極的に立ち向っていこうという姿勢と、その現実変革を遂行するに実効のある論理とは、一応別の事柄に属するのであって、特に安保闘争以後のわれわれの周囲をみるに、この全く当然な区別の必要性は忘れられてはならず、論議の力点は前者よりも後者に置かれて然るべきではなかろうか。「無意識だけれども強烈な抵抗」と武井氏の評した『青春残酷物語』の診療所のシーンは、作者の強烈な熱意がこめられたものには違いないが、そこにはチンピラヤクザのセンチメンタルな抵抗といったようなものしかなく、今日的抵抗のイメージとして採用するには余りにも古色蒼然としている。そもそもこうした類の抵抗から脱皮出来なかったところに今日の状況が現れたのであり、こんな心もとない抵抗を続ける限り、われわれを支配するものは、相も変らず枕を高くして寝てもおれようというものだ。

　おそらく武井氏は、こんなことは百も承知の上で、尚且つ既成作家の沈滞したムードのなかに、松竹大船調の伝統的メロドラマへの闘争宣言も勇ましく、登場したこの新人の強烈なエネルギーを評価したい余り他の様々な欠陥に目をつむって、敢えてこうした発言をしたものと思われる。

　ブルジョアジーとプロレタリアートとの階級的対立とその非和解性の硬直な図式的提示に過ぎず、階級的対立の今日的諸様相からは程遠い、という評価が全く正当なものであるにしても、大島氏の才一作『愛と希望の街』は、伝統的メロドラマの主人公達を、とにかく現実の階級闘争の世界に連れ出し、松竹大船調に一矢報いることに成功した。その進軍ラッパの高鳴りは、聞く者をして充分爽快な気分に浸らせたに違いない。しかし、そのなかに秘められていた初々しさと一種のてれかくしが、以後『青春残酷物語』『太陽の墓場』と進むに及んで、威丈高なポーズと空虚なる絶叫とにとって変られるようになり、所謂〃挫折感〃のムードに浸った妙な深刻僻が画面を濃厚に支配しはじめるようになると、そこに描き出されるテーマも、「ブルジョアジーとプロレタリアートの階級的対立の非和解的性格」といったようなものから、「世代の乖離は絶体的である」という一歩後退した地点に移り、その挙句、ブルジョアジーと

プロレタリアートの対立からも世代の対立からも脱落したルンペンプロレタリアートのエネルギー論へと、早くも終着駅にたどりついてしまったような感じがする。そして、ここに至って、作者の身辺にますますただようもうもうたる熱気と、衰弱したテーマとの離反も、遂に二つの極点に分裂したかに見える。

ある者は、これを指して、『愛と希望の街』のテーマを、現実の底辺に向って一歩一歩掘り下げ、下降していく過程だと弁護するかも知れぬが、上向―下降するに際して是が非でも追求されねばならぬ、絶体に避けて通ることの出来ぬ上向への道を歩むことなくして、ヤンガーゼネレーションだとか、ルンペンプロレタリアートだとか、要するに選択される題材が変ったところでテーマの深化など、所詮無理なはなしである。実際のところ、『太陽の墓場』に浮び上って来るのは、物事のそもそもの大前提にしか過ぎぬような教条に頼って世の中を観察し、或いは、その教条に還元して世の中を割り切っていたのだが、その大前提の上に操り開げられる余りにも奇怪極まる現実の今日的諸様相に目がくらみ、途方にくれて闘争を放棄してしまった一介のインテリゲンチャの深刻そうな姿勢なのである。このインテリゲンチャに〃挫折〃だのという形容詞を付すとすれば、それは余りにも甘ちょろい話ではないか。革命に挫折したインテリゲンチャが、例えルンペンプロレタリアートの世界であるにしても、オ三次世界大戦の勃発などというアジテーションを試みる態は、全く笑止千万な話である。このインテリゲンチャには、自己を合理化する無花実の葉にしか過ぎぬ〃挫折感〃などと一刻も早く訣別して、自己の内にある図式の再検討と、それを通しての新たなる論理の確立へと向う道しか残されていないのではあるまいか。

しかし今ここに、大島氏の作品系列のなかで、おそらく一つの頂点を形成すると思われる『日本の夜と霧』が、前三作の延長線上に、この作者の描いた軌跡を完結するような形で出現した。そして私は、大島氏のほぼ全貌に近いと思われるものを手中に収めることが出来た。と同時に、丁度武井氏が目をつむってしまったような諸側面に、改めてわれわれの論議の焦点を絞らねばならぬことの必要性を痛感した。

『日本の夜と霧』は、学園復興会議（一九五三年十一月――ひとくちでいってしまうと、本来的に右翼日和見主義的性格の闘争目標のもとに、その右翼日和見主義に規制された極左日和見主義的行動を展開し、結局敗北に終らざるを得なかった京都を中心にした全学連の闘争）のリーダーを努めた大島氏が、安保闘争を通過した時点で、氏自身の学生運動と安保闘争という二つの闘争の直接的体験に基き、今日の政治の現実に対する、一つの批判を試みたものと見做すことが出来る。

作者の意図するところは、おそらく、安保闘争の激動の嵐のなかで噴出した莫大な青春のエネルギーが、それに打続く諸闘争の展望が欠落しているために、その燃焼を持続させることが出来ず、組織的集団のもとに結集していた一人一人がばらばらにされて、再び日常の秩序のもとに固く組み入れられていく現状を、氏の学生運動の体験と結合して糾弾することにあったと思う。

この映画のなかには、実に様々な型の日本の左翼的インテリゲンチャが登場する。右に左に大揺れに揺れる「指導方針」に、全く阿呆のように忠実で、それ故、常に運動の主流の座を占めている中山のような人物。それに同調しているが、中山に恋人を奪われてしまったことから元気を失い、やがて新聞社に就職して暫らく闘争から離れていたが、安保闘争で昔の夢を思い出し、負傷して入院している玲子という女子学生のところに通って玲子と結婚しようとする野沢。野沢から中山へと、男のポストによって恋人を選択し、現在中山と結婚しているが、その生活に失望している美佐子という女。中山や野沢のやり方に不満をもちながらもそれと闘うでもなく、運動の周囲をぐるぐると廻っているようなグループ。美佐子に失恋し、スパイ容疑で党の査問を受け、それに屈して自殺してしまう亀迅ファンの文学青年。安保闘争から敗北感しか受け取ることが出来ず、戦線から離脱してしまう北見という学生。一見、トロツキスト的言辞を弄するが、普通の人間へのコムプレックスのかたまりみたいな太田という学生。等々のパターンが展覧会の如く入れ替り立ち替り相次いで登場する。そしてこの作者は、これらの人間にいずれも「誤まれる政治方針に由来する被害者」というレッテルを貼ってみたかったらしく、盛んにお互の傷口を示しあおう、お互い一人一人の「あやまり」を検討しよう、そこから新しい人間関係の確立みたいなものがはじまるなどといってみたりする。しかしこうした人物の型を描き分け、それぞれの身分に相応した、ただ今流行中の、というよりも既にいい古された説句をあてがうことによって、つまるところこの作者は一体何を語りたいのか、私には、さっぱりわからなかった。これらの様々ないずれも否定されねばならぬ型の人物――全学連の学生諸君にいわせれば、そんなものはとっくの昔に否定されてしまったというかも知れぬ――について作者の批評はどのようになされているかも甚だ不明確であり、またこの作者にしてみれば、当然徹底的に追求されて然るべき筈の、失恋とスパイ容疑でもろくも自殺してしまう高尾という文学青年や、安保闘争に絶望した北見という学生の内部には作者の批評の先端は、少しも喰入っていない。〃挫折感〃はどうやらこの作者自身の批評精神すら麻痺させてしまったらしい。

全く正直のところ、いくら革命運動や反体制運動の批判が必要であるからとはいえ非合理極まる方針をでっち上げ、その実行を他人に強制したかも知れないが、手前ではせいぜい「闘争」の失敗の責任を他に転嫁するための会議を開くことに忙しかった、既に政治的に堕落した連中の恋愛ゴッコをとり上げて、その人間的堕落を追求したところで、いったい何の効用があり得よう。

学生運動という政治運動は、非常に乱暴

な云い方を借りれば、このような恋愛ゴッコは勿論のこと、一切の個人的人間関係をひとまず切りはなしたところに成立するのだ。更に「歌え！　踊れ！　そこに平和が生れる！」という「七中委イズム」とは、いわば幹部の恋愛ゴッコが一般学生諸君の間に大衆化して侵透し、学生諸君が闘争を放棄して、学生個人個人の間に出来ている既成の人間的相互関係を基礎に、政治運動でない「学生運動」をやりましょうという「方針」なのである。周知の如く「全学連才二の創世紀」といわれた才九回大会（一九五六・六）は、こうした「方針」に代るに、現実を変革するに有効な具体的論理と、それに基づく運動論と組織論を確立し、全日本の学生の新らたなる強固な人間的連帯を築き上げて、全学連の危機を救ったのである。日本学生運動史上の諸問題をとり上げ、その貴重な教訓を今日の時点で生かし得るには、全く当然のことながら、当時の運動の実体についての精密な分析がなくてはならぬ。そしてそれは、何よりも自己の体験に密着して、そこから論理を抽出するという態度で貫徹されねばならぬ。そこには主観的願望や甘い感情など、一片たりとも入り込む余地はない。まして、こうした作業を阻害する〃挫折感〃などに頼った「自己批判」は、清算主義発生の根源にこそなれ未来を支える論理にはならないのである。

　更に、スパイか、泥棒か、よく調べることもなく、又例え悪質極まるスパイであったにせよ、それを監禁することが逆に自己を監禁してしまうと同じ位無茶な行動であるにも拘らず、一方的にスパイ監禁の方針が決定されるということに典型的に示されるような事態のなかで、その非合理的方針の先頭を切らねばならなかった、いわば運動の非合理的実体を真に支えねばならなかった、多くの貴重な人間の――そしてこの「方針」に、己れの全てをかけて徹頭徹尾反対した人間の、そのことに由来する歪みと、主体的格闘の激しさと、その体験の重さとを捨象したところに、当時の運動の実体とそこに存在する真のドラマが浮び上ろう筈はない。映画にもスパイ監禁のシーンがあるが、そこでの作者の演出は、一向にそうした人間の内部に入っていこうとせず、スパイ監禁事件の風景としてしか、アリバイ証明のスリラーとしてしか描かれていない。そしてこうしたことは、全て、〃挫折感〃を披れきすることで自己を合理化している作者の浅薄な現実認識の結果として表れているにすぎないのである。

　いったい、安保条約改定反対という闘争目標が、例え敗北に終ったにせよ、一応われわれの面前から消え、激動期が終了した時、街頭デモの形態を解いて、職場に学校にそれぞれ戻って行き、日常の秩序に復帰しようとすることに何の誤りがあろう。「永久革命論」ではあるまいし、激動期を永遠に持続させたり、或いはその必要もないのに街頭デモを組織することなど出来ない相談だ。われわれの話題から安保のことがだんだん消えてゆくことに、何の挫折があろう。安保闘争以後、全てを〃安保体制〃に結びつけなくては何一つ語ることの出来ない、安保ボケの連中より、この方がよほど健全な状態なのである。

　問題は、安保闘争が向う十年間続くと考えて、様々な闘争の区別も忘れて、全てを、〃安保体制〃のなかに解消し、〃安保体制打破〃などという名目だけで実体のない闘争の高揚を夢見て、日常的秩序のもとに、「安住」するか、それとも日常的秩序そのもののなかで、安保闘争は序曲に過ぎず、今やそれに打続く才二ラウンドの極めて重要な局面にさしかかっており、闘争を下部構造に移行せねばならぬ、という目標のもとにそのための具体的論理の確立と行動の組織化に努力するかである。勿論後者は、まだ体系的な政治的プログラムを確立するに至っていない。しかし、否応なしに日常的秩序それ自身の変革に立ち向かわざるを得ない圧倒的多数の人間が、例え暗中模索の状態であるとはいえ、そのための行動を組織しようと悪戦苦闘している事の方が、同じ日常的秩序に組み込まれてしまっているくせに、下部構造論ぬきの上部構造論に「総括」や、帝国主義論ぬきの安保闘争の話の花を咲かせ、再び激動の嵐が訪れるのを待っている安保ボケの連中よりも、はるかに革命的だ。現代の抵抗のイメージとはこうした安保ボケの一揆主義のようなものでなく、一見全く日常的で平凡なところに存在する真の革命性を発見して、それを現実を超えるところまで高めることにある。

　私は松竹という企業の中で、こうした題材をとり上げた事自体は積極的に評価するし、それを実現した大島氏の努力を些かも否定するものではない。にも拘らず、否それ故に、私の不満は極めて大きいのである。

　実際、学校騒動みたいな闘争で、一度や二度失敗したからといって、深刻そうな面をして〃挫折感〃を語るには、余りにも勿体ない。才一その必要は毛頭ない筈である。

　この映画を観終った途端、私はふと日本共産党六全協直後のわれわれの周囲に起った様々な悲喜劇と、そのいたたまれない雰囲気とを思い出した。それから既に五年の歳月が流れた。この間、同じような悲喜劇が相も変らず繰り返されており、事態は一向に変っていないように思えるかも知れないが、その底には、未来を切り拓く新しい事態が、その確かな足音をひびかせて進行している。時間は無駄に流れるものではない。例え四分五裂の状態を呈し、その本来的役割を既に放棄してしまったかに見えるとはいえ、現在の日本学生運動は、基本的に『日本の夜と霧』の段階をはるかに超えたところにある。このことは日本学生運動の名誉のためにも、いっておかねばならぬことだ。私はこの映画を近郊のうすら寒い映画館で観た。丁度目の前に、その言辞からしてトロツキスト的傾向の学生と推察される男が三人熱心に観ていた。なかばを過ぎたころ、津川雅彦の扮する大田という「彼らの仲間」が、力んで演説をぶちはじめると、彼らの間に「ふん」という笑いが走った。それは二三度続いて、ラスト近くなると、遂に「ケラケラ」という笑いに転じていった。

政治に徹するイメージ

映画運動の今日的課題を探る

浅井栄一
（京都記録映画を見る会）

芸術運動ではなく、徹頭徹尾、政治運動に徹してみたらどうであろうか、というのが映画運動について、ぼくがいま、考えていることである。

芸術と政治の関係といえば、どこでも問題になることだけれど、例えば、ぼくの属している組織——記録映画を見る会などでも、たびたび論争をしたところで、いつの場合でも、芸術と政治の顔を都合よくたてた、実践的な結論などが、出たためしはない。それは、恐らく、ぼくたちが、あまりにも幼稚であるといったことよりも、政治と芸術を手品のように見事に使いわけて、組織を拡大し、同時にきわめて質の高い芸術品を紹介しようという——あるいは生みだしてみたいといった夢のような考え方で仕事をしてきたからではないだろうか。

もっとも、良心的な芸術家といわれる人達も、また、ぼくたちと同様に政治と芸術とを結びつけることに、やっきになっているらしいのである。「武器なき斗い」「日本の夜と霧」「安保条約」「一九六〇年六月」などの記録映画や劇映画も、そういった意味でさいきん話題になった作品であったが、この場合も、より政治的な映画にたいしては芸術の場から、より芸術づいた作品にたいしては政治の立場から批判がだされているだけで、それでは結局、裏をかえせば、悪いところもあるけれど評価すべきところは評価して……といったことで終ってしまい、再び果てしのない政治と芸術論争が続くのではないだろうか。

こういう、実践的に不可能な問題で頭を疲れさすことは、ぼくたちの運動にとって、おそろしく損失なのだ。敵はとっくの昔に芸術などと一切手を切って、問題を単純化しているのである。ぼくたちの側だけが、ときには政治を、ときに芸術をもち出して、運動内部でさえ対立してしまうことは、政治的に考えて大そう分が悪い。同じ、対立をするのなら、せめて敵と同様に問題を単純化して、よい、悪い、をもっぱら政治的な観点からはっきりきめてしまった方がよいのではなかろうか。

もっとも、以上のような提案は、ぼくたち受け手の側だけのことではなくて、つくり手側の記録映画作家たちにも是非考えてほしいことなのである。

たとえば、ＰＲ映画について、この雑誌で、いつも問題になることだけれど、ＰＲのわくのなかで、いかに抵抗をして、芸術的良心を保持するかといったあり方や、逆に、ＰＲ映画を頭から軽蔑して、その代り、一旦自主製作の機会があれば、ギャラなしで、喰うや喰わずでも運動に参加するという、涙ぐましい芸術家精神は止めてもらって、自分たちのおかれている仕事の場をもっと政治的にプラスとして捉えてほしい。もっとも、そういえば、政治的に捉えているからこそ、政治的立場を、芸術家として作品で表現しようと苦心しているのだと、いわれてしまいそうだけれど、芸術的に表現しようという考え方が不味いのだ。なにも、芸術的であることが政治的に高いわけでなく、むしろ、現実変革という立場から考えれば、くだらない作品に徹する反芸術の政治的戦術こそが効果的な場合もあるのである。むしろ、現在では、その位の戦術をお互いに持った方がよいのではないかと思う。

そういう意味で、ぼくが最近、もっとも感心した作品の一つは、「いのちの詩」という生命保険会社のＰＲ映画である。これは、わが国の、もっともすぐれたドキュメンタリスト亀井文夫の作品だけれど、そして、それゆえに、ぼくたちの＜会＞の例会で上映することにしたのだけれど、ともかく、この作品はぼくが内心感じていた、オールド・コムミニストにたいする不信の念をきれいに消しとばしてくれたのである。年寄りもなかなかやるではないか、ということから、ぼくたち、ヤンガー・ゼネレーションは、変革ということをとりちがえて、少々、よい気になって、何にでも抵抗しすぎるのではないかと考えたのだ。実は、ぼくがかねがね、もっとも才能のある作家だと考えている松本俊夫などにしても、関西電力でつくったＰＲ映画「白い長い線の記録」のような作品を見ていると、スポンサーと悶着を起しながらつくったにしてはいろいろ疑問が残るのである。

ともかく、ほんとうのところ「いのちの詩」は、ぼくたちの＜会＞では、さんざんな悪評であった。亀井文夫を知っている人には、意外なほど、お粗末な作品で、例えば、映画のなかで、婚約者が長い接吻をするところがあるのだけれど、その長い間に一輪のきれいなバラの花が画面一杯に写ったりするといった、こそばゆくなるところがあったりして、映画の最中でも、とくにこのあたりで席をたつ人がかなりあった。正直にいって、プログラム編成の責任者として、亀井文夫に腹をたてないわけにはいかなかったのだけれど、やはり考えてみると、自分の芸術家としての名声をいささかも気にかけないで、徹底して、スポンサーの眼から描くことによって、画面ばかりがむやみに美しい他は、何のとりえもない作品をつくり出したこの作家を立派だ、と思わないわけにはいかなかった。

むしろ、この作品のあとで、このPR映画をつくることによって、その金で完成したという、未解放部落をテーマーにした、「人間みな兄弟」は、かえってオールド・ゼネレーションの限界を感じさせられて、ガッカリした。企業の仕事のなかでは、ヒューマニズムなど信じないドライな戦術で骨のあるところをみせた作家も、部落ということになると、とたんに甘くなって政治に徹しきれないらしい。

しかし、このことは、ぼくたち受け手の側にもより大きな責任があるのではなかろうか。例えば「人間みな兄弟」は受け手の側が積極的に協力し、カンパをして製作されたものだけれど、むしろ、そういった行為に、作品の質以前に感動してしまい、一方、企業の制約のなかでつくられた「いのちの詩」は、そのくだらなさ故に批判されるという政治性のなさのうえにたっているのだから……。

実際には、ぼくたちは「いのちの詩」のくだらなさの積極性を支持し「人間みな兄弟」の判りやすさ、涙っぽさをこそ批判すべきではないかと思う。何がなんでも抵抗し、首になるまで、闘うことが、どうかすると最高だとしか考えられない段階では、まず、この程度の作品評価のうえでの政治性を持ちたいものだ。

そのことからも、亀井文夫が立派だと思ったことは、「いのちの詩」に、会社の重役たちから大変評判がよいそうである。亀井文夫が資本の側から好評で、今後も仕事が続けられるとしたら、いまの段階では大変よいことだ。首になることなら、いつだって決心は遅くない。その決定的な芸術上の新しい戦術の時代まで、せいぜい、PR映画のくだらなさ、あほらしさ、でたらめさを積極的に描いてほしい、とぼくは期待している。

ところで、最初の、映画運動は政治運動に徹すべきだということに戻って考えてみたいのだけれど、そのことはいい替えれば、映画運動をしているのは、現実変革という政治運動であるという立場にたつことによって、必要な政治目標と戦術をたてることを意味するであろう。

例えば、さきごろ、関西の労仂組合、民主団体、文化団体などの資金カンパでつくられた「武器なき斗い」は「感動の質が今日的でなく、芸術性がない…」といった意見が、サークルの機関紙などで出されているけれど、そして、それはたしかにそうにちがいはないけれども、芸術的に駄目なのではなくてやはり政治的に駄目なのだ、といったふうに、批判すべきではないだろうか。芸術的に欠点はあるけれど、政治的には、自主上映運動の成果として評価するといった人の好いことをいっているから困るのだ。

神戸の映画サークルの機関紙を読んでいたら、次のような批評――「うけた感動の質が問題だ。たとえば〃日本の夜と霧〃と比較したときのことを痛切に感じた。作家精神がアクチュアリティを生み出すとしたら山本監督はどういう態度でとりくんだのか疑問に思われる。伝記のもつ物語性とホーム・ドラマ的な善意なつながりが、平凡化させて盛り上らず、とくに後半は退屈した――」というふうに書かれている。しかしやはり、この程度の批評にとどまっているのでは具合が悪いだろう。

実をいうと、ぼく自身、映画のなかで赤旗がひるがえり、労仂者の集団がそれを支えている、といった画面に出くわすと、たいていの場合、前後の脈絡に関係なく、瞼が熱っぽくなってくるものだ。まして「武器なき斗い」は、山宣よりも、赤旗を主役にしてもよさそうな映画であった。しかし赤旗が出てきたから感動するというセンチなことではやはりお話にならないことだ。

むしろ、「武器なき斗い」に描かれている程度の政治性なら映画にするまでもなく例えば、演説会か、もしくは会場にスローガンをはりつけることで、かなり近い効果があげられるのではないだろうか。

「武器なき斗い」の製作意図には、――白痴的なマス・コミの攻勢に対して――といったことが、うたわれており、更に政府・独占資本は、マス・コミの再編成・系列化を急ぐことで労仂者・国民の思想を根本的に変革しようとしている。それに対して、視聴覚手段を有利に活用することで、政府独占に打撃を与える――と書かれているがたしかに「武器なき斗い」は、企業で作られる映画と比べると異色であり、普通、ぼくたちの想像でも、企業のなかで、とても取りあげられそうもない、大胆なテーマーと、数々のシーンが描かれているけれど、それが、せいぜい現実に対する抵抗の段階でとどまっているのである。

マス・コミに対決するということは、六社から流される作品に作品の質で対決するということになるだろう。それは、具体的には、大島渚・吉田喜重などといった新人たちの作品「血は乾いている」とか「日本の夜と霧」に作品の思想と方法において、対決するということを意味するのではないか。「日本の夜と霧」が松竹という企業でつくられ、「武器なき斗い」が、労仂者の資金カンパによってつくられたということが、この場合問題ではない。それに、記録映画、「人間みな兄弟」の場合と同じことだ。そして「武器なき斗い」は、「作家の今日的な、変革のヴィジョンが欠如している」（京都労映の機関誌や神戸映サの機関紙）ということが、この作品は、まったくよくないということになるのだ、といってもよいと思う。

変革という政治的立場からいえば、「武器なき斗い」は、演説会やスローガンをはる以上の効果をもたなければならないだろう。そして、そのような作品は、時には、ぼくたち受け手と、積極的に対立するものだ。演説やスローガンのように、理解させ教えるのではなく、理解を拒絶し、感動を拒否し、教えることを否定するのである。

もしも、こういった考え方が、反対なら映画団体は、芸術運動でもなく、政治運動でもなく、はっきりと政治団体になった方がよいのではないだろうか、すくなくとも現実にはその方が有効ではないかと、ぼくは考えているのである。

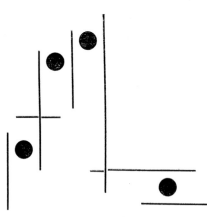

テレビと映画・その構造

テレビの中の抵抗(1)

高瀬昭治（演出助手 日映新社）

テレビ番組を作るさいの外的な諸条件――スポンサーの注文、局側の編成上の制約、製作費や製作日数などの――とのたたかいを、あえてテレビにおける「抵抗」とは、私は考えません。こうした製作条件における制約は、テレビ独自の問題ではなく、すでにPR映画の作家たちが以前からこの問題と外的に立向い、結論らしい結論も出せないままに、思考停止を迫られている現実が、そうした抵抗の空しさの一面を物語っているように思えます。

もちろん、こんにちの体制上の問題として、そうした外的な製作条件とのたたかいを軽視しようという考えはありませんが、そうした「抵抗」を云々すること自体が、すでに作家としての武装解除を意味するほどに、マスコミ支配体制は強固に成長していると思うからです。体制を変革させるものは、社会変革の原動力である人間をおいて他にないとすれば、結局、力点は作家自身の問題に帰属します。

ミディアとしてのテレビの特性については、主として社会学者によってこれまで多く論じられてきましたが、最近では、ようやく、作家の側からの発言が出はじめました。テレビにおける「抵抗」の問題を、作家の創作方法との関連において、創作内部の問題として考えようとする私は、廻り道かもしれませんがテレビの特質の問題を、スクリーンに上映される映画との比較において分析する必要を感じます。

ふつうに、テレビの威力として、聴視者の聴視体験と画像との時間経過の同一性を強調する生中継唯一主義、ないしはそれと関連した速報性があげられますし、他面、その欠陥として、映写スクリーン上の鮮明な画像と比較して、わん曲したブラウン管上の小さい不鮮明なテレビ画像の質が問題にされます。

一方また、聴視者の側の見る主観的な条件のちがいとしては、広く主張されているように、映画館という特定の場所に、入場料を払って入り、暗い密室でスクリーンの魔力に魅了されるという映画の観賞体験に対して、テレビにおいては、「茶の間の話題」という番組名が示しているように、家族そろっての家庭的雰囲気のなかで、見るともなしに眺められるという性格が、あげられています。たしかに、事実問題としては、こうした相違が認められることはたしかなようです。しかし、問題をもっと深く分析する必要があります。

映画の場合には、スクリーン上のその画像は、その大きさと鮮明度の力をかりながら、映画独自の空間＝時間、つまり完結した独自の映画的世界を形成し、観客は、隣りの客席に坐っている他の観客を意識することなしに、その映画的世界と自分の存在との同一次元的共存関係にひたることができます。そこでは、スクリーンと観客との間にあった障壁が消滅し、心理的には、両者の間で情趣的同一感情さえ覚えるほどにまで、その共存関係は固定化されます。特に劇映画の場合にこうした傾向は強く見られますが、観客はそこでは自分自身の現実存在を否定され、映画的世界という独自の想像的な世界の中に閉じこめられているとさえいえます。画像は、そこで観客に対して絶対的・命令的性格でのぞむことが可能になります。（こうした映画的世界の呪術的性格は、その世界が現実逃避的世界であるとか、観客に対してアクチュアルに作用しないということを必ずしも意味するものではありません。サルトルがいうように、自発的な想像力の世界である芸術の領域においては、こうした関係が作品と鑑賞者との間に基調として存在し、ただその想像力の向う方向が、私たちをとりまく現実の世界、ないしは状況と、どう関連しているかによって、作品のアクチュアリティが保証されると考えられます。）

こうした映画のスクリーン画像に対して、ブラウン管に写しだされたテレビの画像が、かなり異った性格をもっていることは否定できません。明るい茶の間で家族とともにテレビを見ているときの体験からしても、本棚や床の間などのあいだから、一つの窓が開かれ、そこに、まるで船室の丸窓から外界が眺められるように、テレビ画像という一つの外界が覗くというような具合です。ときどきよそ見をする自由もあれば、また家族と話しあえる余裕もあります。

ここには、スクリーンによってフレイミングされることによって外的現実から画然と切りはなされた映画的世界の閉ざされた絶対的かつ命令的調子は見られませんし、また聴視者自身も、映画館における孤独な観客としての自己の現実存在を否定されるということもありません。画像と聴視者との間には、茶の間という現実の空間が存在し、聴視者の側でも映画が開示する想像的世界のとりこになり、その世界と自分の現実とを同一次元と感ずることなく、せいぜい、テレビの開示する世界と自分の世界との「相似性」ないしは類同性を感ずるにすぎないといえましょう。ほのぼのとしたホーム・ドラマが、少くとも現在広く愛好されているということは、こうした相似性として受けとるという、テレビ独自の知覚条件と無関係ではありません。

　一方また画像そのものを比較した場合にも、新しい変化がみられます。スクリーン的画像は、一口にいえば、一目見ただけでその対象を把握することができるほどに、広さと鮮明度とを備えていますが、ブラウン管の画像には――もちろん技術的に改良されるとは考えられますが――いずれにしても、対象を把握するさいに、それを判読ないしは解読するという努力が聴視者に要求されます。（この点はテレビのサイズでは、ロング・ショットではなくて、アップないしはクローズアップのショットが多く要求されることと無関係ではありません。またカメラが、被写体をなめまわすようにディテイルからディテイルを追い対象にねばり強く迫ろうとする手法は、こうした解読操作との関連のなかから発見された手法ともいえましょう。）

　しかし、テレビ番組は、画像におけるそうした劣性を乗りこえて、それ自身の独自の世界を形成しなければなりません。もちろん、聴視者のまえにその世界を形成する方法は異ります。映画の場合ですと、スクリーンと観客との間に、ある距離を意識的に作り出し、その深淵が逆に映画的世界の想像的レアリテを保障するものとして存在したわけですが、周囲の外界と同一視野のもとに入らざるをえないブラウン管の場合には、レアリテの保障となっていた深淵そのものを否定する事によって、独自のテレビ的世界を生みだしてゆかねばなりません。

　この過程は大別して対極的な二つの方法で行われているようにみられます。一つは、さきに述べました「相似性」ないしは類同性によって、あたかも自分の家庭を眺めているような雰囲気のなかで親近感をもって迎えいれるホーム・ドラマへの傾斜といえます。羽仁進氏がいう「とにかく聴視者は、テレビの中に、自分たちが本当だと思い込んでいるもの、或いは本当であり正しいことだと思い込まされているものだけを要求するであろう。しかし、それだけをテレビが提供するということは、テレビがお世辞のうまい鏡の役目を茶の間で果すことである」というホーム・ドラマが、とにかく広く受けるという事実は、テレビと聴視者との距離が否定されなければならないという、テレビ的世界の構造分析から容易に理解されることでしょう。

　才二の方法は、ニュース番組やフィルム構成番組、またスポーツ中継などにみられるように、茶の間の現実に打ち克つような外的現実性の強い現実をブラウン管に打ち出す方法によって行われます。（強いという表現にアイマイ性を感じることと思いますが、テレビ的世界の形成のされ方だけをここでは問題としています）スクリーン上の画像は、観客の手のとどかないところに存在し、観客をしばりつけます。これに対して聴視者はダイヤルを切りかえる自由を持っています。この意味からいえば、テレビの画像は、聴視者の自由にできる。つまり彼の判断や好み、考え方、ないしは選択の場におかれているわけです。この点をもっと聴視者の側から普遍すれば、彼は自分の判断・考え方を自由に展開させることのできる画像を要求していると解釈することができます。そしてさきにあげた強い現実性をもつ番組に対しては、その現実性（正確には事実性というべきでしょう）に絶対の信頼をもち、聴視者自身が目撃者としての自分を意識することから、事実と自分との間に、映画鑑賞における鑑賞距離とは異る同時的＝臨場的な距離を措定することが可能となります。

　こう見てきますと一般に速報性とか同時性という表現で意味されていたテレビ聴視体験の特性は、画像が送り出されてくるテレビ技術の同時性にのみ支えられているのではなく、テレビ的世界がブラウン管を通して開示される仕方が、聴視者をして対象を同時的と意識させる事によって成立するということにあるといえましょう。録画方式によって異った時間に放送されるスポーツ中継などが熱心に見られるという事は、こうした観点から正しく把握されます。

　そして目撃者としての意識が措定した新しい臨場的なテレビ聴視距離は、テレビ表現形式の将来に豊かな可能性を拓くものと考えます。つまり聴視者自身が、時間的・空間的にブラウン管上に展開されてゆく現実を解釈したり判断したり、また批判したりする立場に、否応なしに立たされるということです。番組の構造も、そうした聴視者の参加を要求し、聴視者がそれに否応なしに参加するという、相互作用のなかで、暗い映画館の密室では展開しえない独自のテレビ的世界が、開示されると考えるからです。ミディアとしてコミュニケイトされる過程が一方交通であるとしても、番組成立の条件として、番組と聴視者との間のこうした有機的な相互関係のもつ意味に、特に注目したいと思います。

　それでは、こうした特性をもつテレビにおいて、どんな創作方法がとられなければならないかという次の新らしい問題が提示されます。私自身の時間的余裕から、この問題は次回に論究したいと思いますが、そこでは、「日本の素顔」に代表されるフィルム構成番組を媒介として、記録映画の方法論についても反省することにします。テレビにおける抵抗という課題にもかかわらず、製作条件などの外的要因の問題に触れず、テレビ的世界の構造分析に終止したのも、記録映画の方法論へと論旨を展開させることによって、「抵抗」概念のもつパッシイブな面を払拭させたいからです。

■作家と読者を結ぶ 記録・教育映画ガイド

●京都記録映画を見る会12月例会
○時／十二月十四日（水）午後五時三〇分、七時三〇分の二回
○所／京都・祇園会館
○内容／六〇年国際短篇映画祭作品より、世界二十一か国作品。

●C・A・Cコンテンポラリー・シアタ第一回
○時／十二月十五日（木）六時半
○所／京都会館第二ホール
○内容／①能舞（水の曲・武満徹 観世寿夫・片山慶次郎）②アニメーション（マリン・スノウ・真鍋博／二匹のサンマ・久里洋二）③舞台（赤い繭・安部公房）
○主催／現代芸術の会（京都市下京区寺町四条下ル労仂会館内・電話(5)六〇五二）

●西武記録映画を見る会12月例会
○所／池袋・西武八階文化ホール
①特集／芸術祭非劇映画参加作品
○十二月十五日（木）
○内容／黒潮丸・土屋信篤作品／ドック№3・松尾一郎作品
○十二月二十一日（水）
○内容／土佐風土記・山崎市雄作品／イソップシリーズ・アリとはと・いなかねずみとまちねずみ・北風と太陽・学研映画作品
②特集／子どもたちのために
○十二月二六日・海ッ子山ッ子
○十二月二七日・お母さんの幸福
○主催／教育映画作家協会

●世界の名画を見る夕べ
○特集／レジスタンス映画
○時／十二月十四日（水）五時半
○所／豊島公会堂（池袋駅三分）
○内容／講演・抵抗について・瓜生忠夫／映画・激怒・メキシコ映画／最後の橋・西ドイツ・ユーゴ合作映画
○会費／一人七〇円
○主催／東京映愛連／城北映サ協

●社会教育映画研究会
○時／十二月中旬
○所／奥商会試写室（読売新聞社そば・銀座二丁目）
○内容／故郷のたより・今泉善珠作品／黙っていてはいけない・丸山章治作品／その他未定
○世話人／荒井英郎／岩堀喜久男

●教育映画作家協会第七回総会
○時／十二時二十八日（水）一時
○所／新聞会館（銀座松屋うら）
○内容／映画上映／燃え上るアルジェリア／声なきバリケード・チェコ／膞とA・BOMB・細江英公作品／猫学・寺山修司作品／総会議事／忘年会

●自主上映映画会十二月例会
○時／十二月中旬・二回上映予定
○所／虎の門・共済会館ホール
○内容／手をつないで・窪川健造作品／裸の島・新藤兼人作品
○会費／一〇〇円
○主催／東京自主上映促進会

●「日本の夜と霧」再上映促進運動ひろまる。松竹・大島渚作品「日本の夜と霧」が去る十月十三日原因不明確のまま四日間で突如上映を中止された件につき現在各団体で再上映の促進運動がはじまっている。

●都内四大学映画連盟松竹へ請願文を提出。十一月九日、都下大学学生映画連盟・大学映画研究会連盟・女子大学映画連盟・東都学生映画連盟は、松竹・大谷社長宛次の四項目の請願書を提出した。①各団体の自主上映並びに大学祭へのプリント貸出は全然認めないのか否か、及びその理由、②一定期間後の再上映を考えているのか否か、考えている場合はそのプランを明示していただきたい。③特定の観客（批評家、記者などのジャーナリズム、及び映研その他サークル活動をしている学生）にのみ特定の方法で映写することを考えるか否か。④いかなる方法、条件にかかわりなく、無期限の上映禁止を決定した場合は、その理由を公表（社告、ないしは社長声明の形で）していただきたい。

●東京映愛連も再上映決議。

●再上映促進行動センターを設置
右四大学映画団体の呼びかけにより、記録芸術の会、教育映画作家協会、映愛連、その他文化人が参加して、大島渚氏も含めて再上映を運動化することとなり、そのための行動センターを左記に設置した。
○東京都千代田区神田駿河台三の九、中央大学映画研究会内、大学映画研究会連盟

●「松川事件」劇映画撮影に入る
山本薩夫演出の「松川事件」は十一月十七日の福島ロケからいよいよクランクインした。撮了は十二月末、公開は来年一月末自主上映の形で行なわれる。

●三人のアニメーションの会
○時／十二月十日、十七日六時半
○所／草月会館ホール
○内容／久里洋二・二匹のサンマ切手の幻想／柳原良平・海戦／真鍋博・マリン・スノウ
○会費／二五〇円

●国立近代美術館古典映画観賞会
○十二月番組／十日・十一日・カリガリ博士／十三日・十四日・朝から夜中まで／十五日・十六日・ヴァリエテ／十七日・十八日・生まれては見たけれど／二〇日・二一日・百万両の壺／二二日・二三日・巴里の屋根の下二四日・二五日・舞踏会の手帳
○各日午後二時から京橋同館四階
○会費五〇円

うぐいす笛をふく少年

東映教育映画部
演　出・堀内　甲
脚　本・柏倉　昌美
　　　　堀内　甲
撮　影・黒田　清己

少年とその祖父の心の交流を田園風景をバックに詩情ゆたかにつづる。

なまはげ

東映教育映画部
演　出・黒川　義博
脚　本・長谷部慶治
原　作・柴田　北彦
撮　影・村山　和雄

雪国の民俗的な行事を背景に子どもたちの夢と善意を描く。

おじさんありがとう

民芸映画社
演　出・若杉　光夫
脚　本・勝目　貴久
撮　影・井上　莞

一匹ののら犬と、子どもたちの愛情、おとなの善意でつづった児童劇映画。

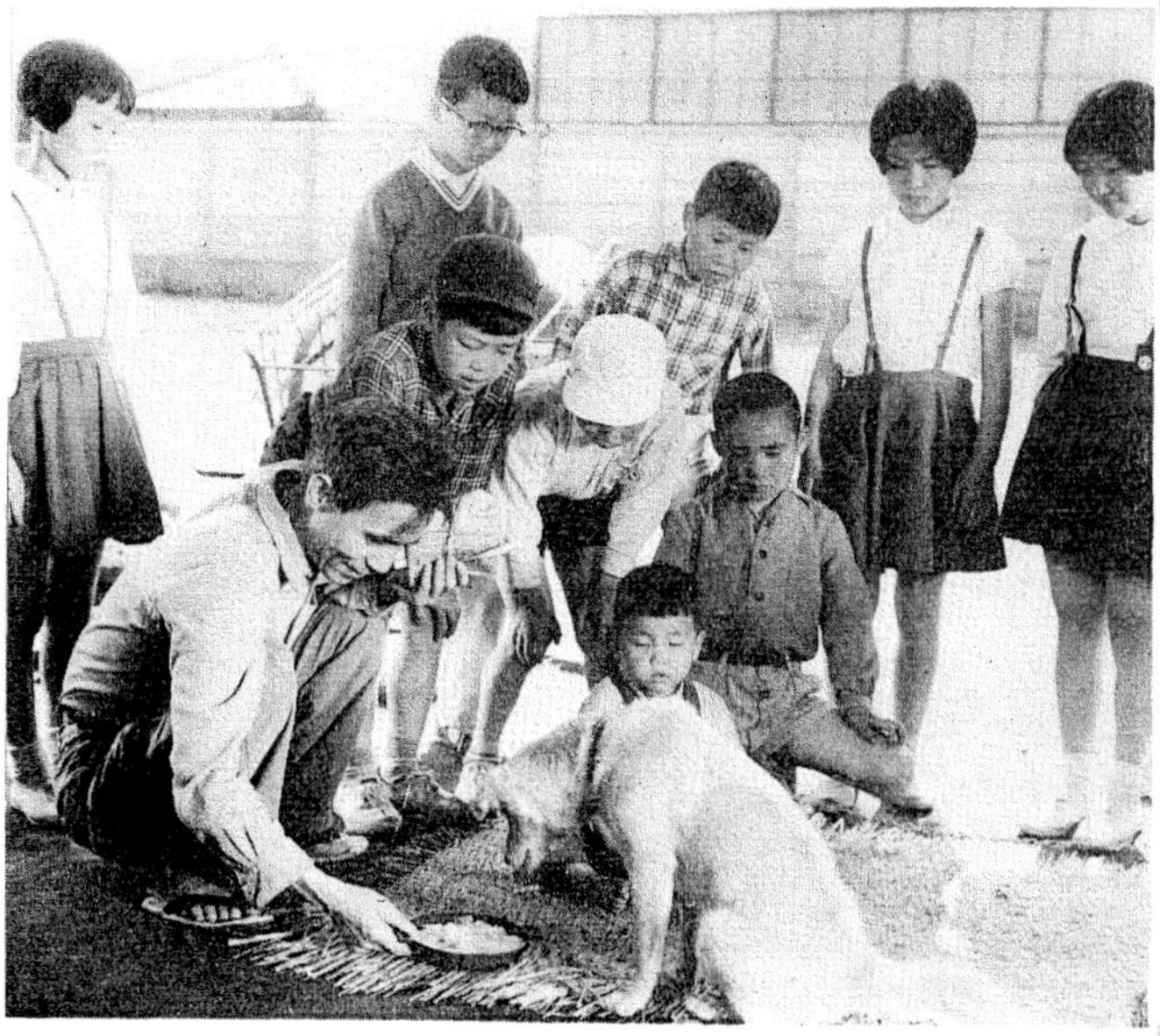

浅沼暗殺

脚本・演出・徳永　瑞夫
企画・製作・総評・勤視連

労農ニュースの特集として作られたこの映画は、浅沼氏の暗殺事件を中心に、右翼テロからファシズムへの恐怖を描いている。

土佐風土記●電通映画社

演出・撮影・山崎　市雄
脚本・森田　実

「南国土佐」と呼ばれる高知県の特殊な風土から運命づけられた人々の生活。この映画はそれらの人々と，産業・文化などを紹介する。

●沈む＼構成・脚本・神原　照夫・撮影・中村美智夫　佐藤日出麿

地盤沈下，台風，そこに住む人間，それらから沈みゆく状況へアプローチする，1960年日大芸術学部映画科卒業制作としてつくられたが，後に資金回収のために「沈む土地」に改作された。

日本百科映画大系

人体生理シリーズ／日映科学作品

演　出・奥山大六郎
脚　本・岡野　薫子
撮　影・後藤　淳
　　　　大山　高士

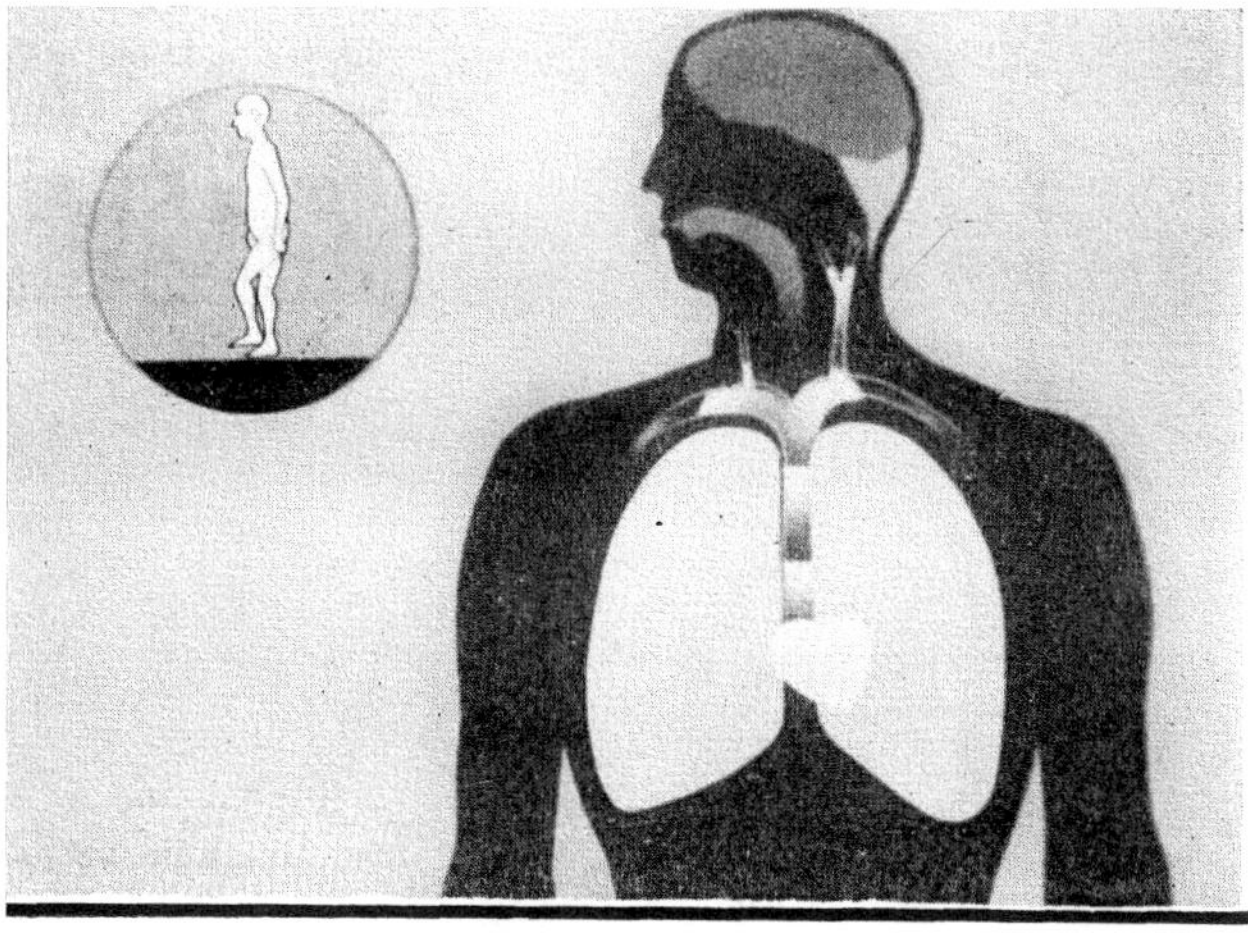

↑消化のしくみ
生体内に入った養分が，血液中に入るまでの消化の過程を描く。

←呼吸器のはたらき
肺の構造を中心に，空気と血液との気体交換のしくみを描く。

●たのしい科学シリーズ

岩波映画

新しい理科教材としてのこのシリーズは、様々の対象をとりあげ、その原理と実際を模型や実験によってくわしく解説する。

（上）花のしかけ
脚本
演出・田中　実／撮影・賀川嘉一

（下）火山と温泉
演出・豪田　寛／脚本・塩谷雄一／撮影・西尾　清

（上）光の屈折と影
脚本
演出・桑野　茂／撮影・賀川嘉一

（下）種子を散らすしくみ
脚本
演出・渥美輝男／撮影・根岸さかえ

瀬戸内海のある孤島を舞台にくりひろげられた人間と自然の闘い。せりふは一つもなく，長篇実験映画といえよう。

脚本・演出・新藤　兼人
撮影・黒田　清己

●裸の島／近代映画協会

近代映画協会／手をつないで●

演出・窪川　健造
脚本・新藤　兼人
撮影・黒田　清己

松川事件被告の家族を，子どもたちに焦点をあててえがいた新人のオ一作。

秘境の裸族

マンダラ

スイス映画
東和提供

演出・撮影・シャルル・ツビンテン

中央アフリカのカメルーンに旅すること三度、マンダラ火山系に生きるマタカム族にカメラを向けたこの映画は今年度ベルリン映画祭入賞作である

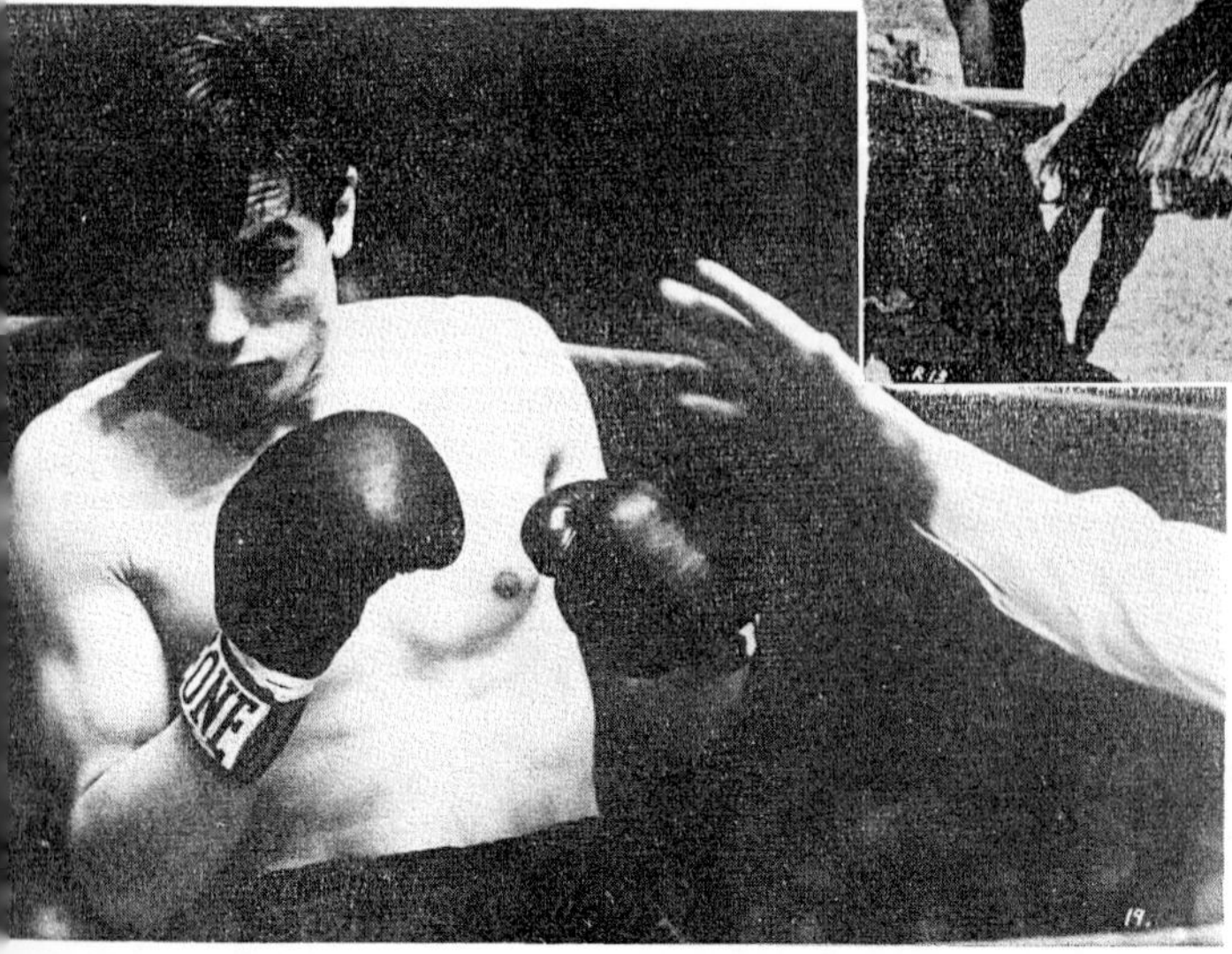

若者のすべて

イタリア映画
イタリアフィルム提供

演出・ルキノ・ヴィスコンティ
脚本・ヴィスコンティ・他四名
撮影・ジュゼッパ・ロトウンノ

兄を救うためボクサーになって金をかせぐ弟を主人公にするどいメスを入れる。本年度ヴェニス映画祭審査員特別賞

美学よ 去れ／私の記録映画論／石堂淑朗（演出助手 松竹映画）

遊星の運動を研究し、そこから抽出された法則を再び遊星運動全体にてらし合せているうちにいままで発見されていないが或る新しい遊星の存在が推定され、結果発見されたのが冥王星であった。

遊星運動のニュートン法則が発見される迄遊星運動は人々の前にあっては説明のつかない存在であったのではなく、中世神学の明解な見解がその存在を位置づけていたが、その神学的宇宙系のブチこわしをはじめたコペルニクスにとって、遊星運動は身体を張るほど問いつめたい物理的運動になっていたわけである。コペルニクスが先人の遊星運動の記録をひっくり返し、彼もまた営々と観察に従事しながら、その存在に関しての法則に肉迫してゆくその間、彼の頭の中の遊星とは神学大系のなかにデンと坐っている可知の存在ではなく、可知と不可知のあいだをさまよい歩いてゆくものであったろう。

不可知なものが可知になるのではなく、（神学の中において）可知であったものが科学者コペルニクスの前には不可知なものへと転位しているのである。これがコペルニクス―ニュートン則において再び可知なものとなり、更には未発見の遊星の存在を探りあてるに至ったのである。

カメラが捕える偶然性を、それ自体でなく、最終的には作家主体が意識的に捉えなおしてゆくことが必要なわけである、とは記録映画を論ずる場合に必ずなりひびくライト・モチーフのように思われる。「ポチョムキン」の撮影段階に於ける霧の港の場面が、シナリオの枠をとび出して撮り上げられた有名なエピソードから、ネオ・レアリスモに於ける画面構成に至るまで、さまざまな豊かな実例が充満しているのである。

しかし我々は今はこのモチーフを再検討してみる必要がありはしないか。たとえば岡田晋氏のように才二次大戦直後はあちこちに廃墟が充満しており、それ故にロッセリーニ的な画面構成が可能であったが復興がすすむにつれ、生活が日常化するにつれネオ・レアリスモは衰退の一歩を辿ってゆくなどと（実際にロッセリームは衰えていった）事実の上っ面を撫でまわしてきいた風なことをいう批評家が現れるにつけ痛感されるのである。この発言のなかにあるのは批評主体のクリティック放棄以外のなにものでもなく、ネオ・レアリスモ、お次はヌーヴェル・ヴァーグと蝶のようにとびあるく現象追随主義以外の何物でもないのだ。これはすでに柾木氏が完全に批評されているのである。そこでわたしが逆に問い糺したいのは佐々木基一氏（ならびに柾木氏の）偶然を意識的にとらえなおすという論法に関してである。

「記録映画」七月号、二十四ページ、三・四段のところでカメラのメカニズムの捉える偶然性に関し、

武井「そこに入って来る偶然性を同時に方法論的に意識的にとらえるんですか」

佐々木「そうです」

武井「そうところがよくわからない……（文学と映画の比較があって）……そういうドキュメンタリー論は、作家主体のクリティック放棄、現象追随主義の合理化じゃないかしら……」とある。

勿論、佐々木氏は認識主体とカメラ視点のかかわりに関しての正しい見方の持主であり、カメラが主体と無関係にうつしたものを偶然性の産物などといってはいないことは無論であるが、私の立場からいえばなお武井氏に賛同せざるをえぬ。武井氏と佐々木氏を較べてみて、いかにも運動内部の微視的観測者と美学的傍観者の違いが歴然としすぎているのである。主体をかけている人とそうでない人の違いが……。

わたしが唐突にも（科学と芸術の違いをあえて無視して）コペルニクスの話しを持ち出したのは、偶然的なものを可知の領域に意識の領域に持ちこむというテーゼだけを云々するだけではクリティックの主体について余り多くを解明した事にはならぬ、その逆を行くこと、可知の、既存の秩序をバラバラに解体し、いま一度物を不可知の領域につき返し、その中にもぐりこむことにこそぎりぎりの作家主体がかけられるのではあるまいか、と考えるからなのである。

武谷三男氏の哲学はいかにして有効性をとり戻しうるかなる論文を読んで以来、わたしにとりついてはなれぬのは遊星運動にかじりつき、世人とは逆に不可知のものとして遊星をみつづけたコペルニクスの目玉である。極言すれば程度の差はあれ、佐々木氏にも岡田氏と似たような現象追随主義の気があるので偶然信仰、俗流唯物《タダモノ》論、反映論のドキュメンタリー風表現といわれても仕方はないのだ。

私のように商業会社の中で映画製作に従事している人間にとって、佐々木氏などは坐ったまま蔵出しの特級酒にありつこうと思っている結構な御仁のように思えて仕方がない。私は現場の人間である、批評家のいう事など絵空事である、といっているのではない。それなら私も現場にいってレンズや照明からその他の撮影の段取り迄を研究して技術論を共通の場にしましょう、と批評家にいわせたいのではない。あくまで方法の問題である。

アンナ・ゼーガースがルカーチに送った

傑れた手紙にまねて、佐々木氏をはじめとする記録芸術のテオリシャン達に毎週毎週次々と現れては消えてゆく哀れな無名のプログラム・ピクチャア達ともう少しかかわりのある発言をすることを希望するのである。ブニュエルの「忘れられた人々」の子供が母親にいうセリフではないが、今迄批評家らしくしてくれた事があったかとプログラム・ピクチャアはいっている。

「記録映画」はまことに傑出した雑誌で私など発行日をいつも待ちわびる熱心な支持者の一人であるが、その気持を分析してみると、私自身の主体と根本的につながっているのではなく、はじめから現実的な有効性なりを期待におくこともなく、ともかく理論めいたことが書いてあるということに奇妙な面白さを感じている面がなくはない気がする。そこに展開するいろいろな理論は、もしそういういい方が許されるなら、敵の武器を利用せよ、という命題をわれわれに投げつけることが少なすぎ、「記録映画」はそのサークル及びその周辺のドキュメンタリストに即自的な事象の追求に止まり、記録映画と商業的物語映画の両方に内在するかも知れない様々な巨視的な問いかけに関しては全く無関心であるかと思われるのだ。

さてプログラム・ピクチャアに表現される世界は中間小説、大衆小説などに表現されている世界であり、忌わしき日常生活とそれを規制する既成のモラルであり、神学大系の中の星座のようにデンと動かぬ可知の物たちである。

しかしそこに表現されている悪しき大衆性に切りつけなくては新しい映画は生れて来はせぬ。悪しき大衆性の論理構造のなかにコペルニクスの目玉をむける事なくしてドキュメンタリーを論じても意味がないように思われる。少数者の正統論は無効性のうえに立つ空しい正しさである。話しを具体的にしよう。もし作家がその主体をかけてとりくむならば、今のプログラム・ピクチャアと全く同じ道具立てでなお全く違った論理構造を持った世界を表現する事が出来るということである。

私がいっているのは大島渚の諸作品についてである。「青春残酷物語」の登場人物について考えてみても、若し凡百の監督が描くなら浅はかな世代論の映画的表現になったかもしれない。ズベ公的大学生の風俗的表現に止まったかも知れない。しかし、あの作品は堂々たる状況的作品に仕上ったのである。百ミリで捉えられた川津のリンゴを噛る不安定な長いクローズ・アップのショットはそこに含まれた持続する時間の流れにそって、一見ありふれたセックス大学生の顔から、疎外からの自己復帰をめぐって必死の格闘を続けている青年の顔に、我々に激しく問をなげつけてくるコペルニクスの遊星にと転化していかなかったか。百ミリのファインダーをのぞいていた大島渚の目玉は、いささかコペルニクス的ではなかったであろうか。カメラのメカニズムという点では確かに百ミリのレンズであるが、別に百ミリが偶然性としてのアップを取ったわけではない。彼は百ミリのファインダーをのぞく迄もなくその効用を知っていてとっているのだ。そこには偶然を方法論的にとりいれるなどというタナボタ論理などの入る隙間はないのである。そこにあるのは対象をねじ伏せ、安定したものを不安定なものへと転位させる強烈なエネルギーなのである。

佐々木氏は朝日新聞で大島渚を論じた。氏の「青春残酷物語」の評価は正確であった。しかし、あの記事とドキュメンタリーの理論家のつながりがさっぱり分らなかった。氏は堀辰雄を論じ、「二十四の瞳」を論じ、そしてまたバラージュを論じ、その手さきの鮮かさは目を瞠らせるが、その何本かの手をくっつけている胴体の辺りが私にはどうしても見えないのである。

しかし、これは佐々木氏個人の問題ではない。バブロフ理論を大きな支柱としている柾木氏、安部氏、佐々木氏などのドキュメンタリー解釈が主流である日本の記録映画論がその裏にかくし持っている作家主体のクリティック放棄という大きな問題のなかで、じっくりと論じられるべきものなのだ。七月号の座談会の武井氏の発言が見透しに止まらず、更に考究されれば、先づカメラ・アイとして出発したドキュメンタリー芸術に於ける作家主体の問題がはっきりするのではあるまいか。

同座談会に於ける武井氏の最後の発言にはまさに氏の主体のかかった妖気がただよっている。ファシズムと結びついたドキュメンタリーからマイナスのドキュメンタリー論が出る可能性があるという指摘は誠に重大である。（話しが行ったり来たりで恐縮するが）柾木氏達の会の雑誌創刊号に載った同氏の平安物語からはじまった大論文にも困るのである。物語性を否定する根拠としてのバブロフ生理学の援用が悪いといっているのではない。理論的には充分うなづける。しかし、氏がもし政治家であるならば作家主体をぬきにして、もっとも深い意味での階級的視点を抜きにしてドキュメンタリーを論ずべきではなかったのではないのか。もっとも肝心な、せめてこれだけはという点を抜きにして、正しい生理学を云々してもその現実的効用はあくまで美学に止まるのではなかろうか。その歴とした証人は外ならぬ氏の論敵（というにも値しないであろうが）岡田晋氏のような存在なのである。両氏は映像をめぐって大いにヤリトリされたが柾木氏は自分の影に向って論争していることに早く気づくべきだったと思う。つまり、オブジェ呆けに両氏ともかかっているのだ。吉本隆明氏は安部公房氏を宇宙バカといったが（私は序でにプリント馬鹿と附加したいが）柾木、岡田両氏とも些か主体ぬきのオブジェ馬鹿である。

大島渚と私は安保闘争のあと「日本の夜と霧」を共同で書きはじめた。我々は大体共通の年代に学生運動の中にあった。（私は中というより周辺をウロウロしている口であったが）当時の分裂騒ぎ、戦術転換の余波の中に色々な犠牲が出た。親友の一人は首を吊って殆んでしまった。不気味であった。しかし変り果てた死体よりも、その背後の政治的状況の方が更に不気味だった。

蛇よりも、目玉のアップよりも、更に更に…(思えば志田などは地下どころか待合にもぐって大散財していたのだ。志田と亡友を嚙み合せて映画を作りたかったのだ)

そして六・一五の日、泥だらけの学生を国民会議は見捨てた。我々には分らなかった。我々はこの分らなさを破防法闘争時代との対比に結びつけ、学生運動の得体の知れない解体の内部を描こうとした。可知と不可知のあいだを消えては現れる人間を追っかけ息を切らした。

一九五〇年代の学生運動の内部にはいまだに解くことのできぬ一つの渦のようなものが揺れており、その解明は苦痛をともなった努力を要する。カクシカメラを持ったり、ダムをうつしたりすることは表面のことなのだ。その意味で現在記録芸術を口にするもので(勿論私も含めて)例えば田中英光を越えるドキュメンタルな精神を持った者は残念ながら見当らないようである。

何時頃からマイナスのドキュメンタリー論が横行し始めたかと考えると何か戦後ドキュメンタリー論史に新しい何物かを附加出来るような気がする。内部に関する不気味なオブジェに充満している島尾敏雄の諸作、田中英光の痛烈な響きにみちた政治のドキュメンタリー、これらが姿を消し、激烈な政治的、芸術的対立が六全協以来なし崩しになってしまいはじめた頃にその根を持っているのであろうか。その様な頃から民放をきっかけとしてのマス・コミが異常に拡大して来た事と一致している。主体ぬきのドキュメンタリー様々という訳である。

商品と芸術の間

●戦後映画の抵抗／神田貞三

(戦後映画研究会)

吉村公三郎監督は、あらゆる機会に、資本主義国における映画作品は、何よりもまず商品である、と芸術家の苦痛をうったえている――瓜生忠夫はその『日本の映画』の一つの章を、こんなふうに書き出しているのであるが、この「芸術家の苦痛」というのがなかなかのくせものではないかという気がわたしにはしないでもない。吉村公三郎がどんな機会にどんな言い方でそれを表現したのか、わたしは一向に承知していないので、果して彼が「芸術家の苦痛をうったえる」というふうに、それをいっていたものかどうかということも、とんとわからない。そこのところはもっぱら、この文章の文脈に従って、瓜生忠夫の主観的な断定に頼る以外にテはない。といったからといって、吉村公三郎監督が「芸術家の苦痛」などを持ち出すわけがない、とわたしは考えているわけではけっしてない。たぶん吉村公三郎はあらゆる機会に芸術家の苦痛をうったえたのであろう。そして瓜生忠夫は明かに吉村の主張と重ね合わせながら「芸術家の苦痛」を持ち出している。吉村や瓜生だけでなく、日本映画の多くの作家、批評家は、きっとこの「芸術家の苦痛」を、あらゆる機会に持ち出しているに違いない。

映画は商品である――はやい話が、その芸術的信条に従って近代映画協会を創設したあとの吉村公三郎の作品といえども、この法則から逃れることはできなかったし、今井正・山本薩夫・亀井文夫等進歩的な映画作家たちが独立プロに拠って制作した作品も、商品であることから免れることはできなかったのである。これら独立プロの作家たちが、労仂組合の自主製作というかたちで参加した映画――組合映画と呼ばれたものが一時相次いでつくられたが、これらの作品の多くが失敗したちまち挫折したのは、そこではこの「映画は商品である」という法則がきわめて安易に破られていたためではなかったか。

映画は商品である、という命題は疑いもない法則であり、映画作家にとって、その自覚を持つということは、ほかならぬ日本の映画作家としての自分を基本的に位置づける原点である。作家は、その原点からおそらく二つの方向、つまりプラスの座標軸とマイナスの座標軸の何れかに向って歩みはじめることになる。映画が商品であることの否定へと向う方向と、そうでない方向と。いうまでもなく、前者が、映画作家としての自己を主体的に、プラスに位置づけて行く方向であり、後者は作家主体を商品の中に埋没させて行く方向である。「私の作るものは商品である、従って私は職人である」という自覚によって、商品生産機構としての映画企業から与えられたおしきせの企画で、毎週の番組を埋めるためだけに作品をつくり出す数多くの映画作家たちが後者に属することは無論であるが、一方、「――しかし私は芸術家である」という作家たちも、これとほとんど紙一重ではないか、とわたしは考える。紙一重というより、「従って私は職人である」という意識と「しかし私は芸術家である」という意識は、まったく重なり合って存在しているのではないのだろうか。われわれの芸術的な伝統の中には、職人と芸術家がきわめて親密な関係にあったことは周知のことである。芸術家が隠遁者ふう戯作者ふうな職人の意識から、近代的な市民意識に、いつどんなぐあいに変化したかは、歴史のなかの近代の問題――ブルジョワジーがどのように抬頭しデモクラシーがどのように勃興したかということと同様に、われわれの国では甚だあやふやなことになっているのだ。わが映画作家たちの有している芸術家意識は、映画は商品である、という厳然たる事実の前では、職人意識と同様に無力なものだと言わなければならない。かつて東宝争議において、芸術家大河内伝次郎その他の人々がたたかいから脱落したことは著名な事実である。とは言え、最後の土壇場まで闘った人々は、闘争の真の目標――それは「映画の商品性」ではなかったか――に対して誤りのない意識をもって闘い、そして敗れたのか。敗北という結末からだけ事態を推測することはできないし、東宝争議について詳細に検討している余地もないので、わたしは断定する勇気はないが、唯、その際の闘争の中心的な人々に承け継がれた闘い――独立プロ運動が、しだいに衰微しついに消滅して行った過程については、そこに「映画の商品性」に充分に対決し得た誤りない意識を見出すことは困難である。

　大島渚の「太陽の墓場」には、一夜のうちに灰燼に帰したドヤ街の、まだ焼けぼっくいなぞがくすぶっていたりする癈墟で、呆然と立ちつくしている住民の一人が、まるで終戦の時とそっくりだ、と言うようなセリフを喋る場面がある。その時、映画館の中では期せずして失笑が起ったが、たしかに大島自身が規定するこの相対的安定期の現実の中にぬくぬくとひたりこんでいる観客にとって、あの程度の「終戦の時」のイメージでは、つい笑い出してしまったとしても、それは無理もないことである。しかしだからと言って、このシーンの意味を不当に過少評価してはならない。このシーンで作家が表現しようとしているものは、現実の一般的な状況ではなくて、実はほかならぬ大島渚自身――彼を含む日本の映画作家の置かれた状況ではなかったのか。それを「終戦の時にそっくり」だと大島は考える。焼けつくし、一切を失った荒癈の中に作家は今日においても投げ出されている、と考える――この解釈は、「太陽の墓場」の作家にとってあながち好意的なものだとは言えない。なぜなら、前世代の作家によって、彼はほとんど何ものも与えられはしなかったという自負が、彼の他の作品等によっても明かだからだ。

　彼はその才一作「愛と希望の街」にとりかかっている時に、当時新鮮な技法によって才一線にあった増村保造（その他の新人作家たち）を批判して、彼らは「主人公―人間に対して持つ作家としての責任の重みを状況に対しては負うまいとしている」と言っている。そして、そのことは、「彼等が現在の日本で営利を目的とする株式会社の中で映画をつくっている」という「そのような現実の状況を見つめ主体的な意味を確立しうる眼」を、彼らがもっていないこととふかくかかわっている、と言うのである。この批判の中に、映画作家大島渚の基点が示されているとみなければならないわけであり、「営利を目的とする株式会社の中で映画をつくっている」ものとしてまずおのれを規定するのだ。映画は商品である、という動かしがたい現実に耐えることのできるものは、映画は徹頭徹尾商品である、という強烈な意識以外にありえようはずはない。そしてそのように意識する時、「太陽の墓場」の作家は、映画作家としての自己を、一九四五年にまでひきもどして検証してみるほかはなかったというわけである。

　大島渚が、彼以前の作家たちが戦後の状況の中で、映画作家としての主体的な位置をまったく確立しえなかったとするのは、けっして彼の主観的な自負として斥けることはできない。刻々に変貌する現実状況の中で、作家はたえず動揺していた。もともと敗戦という＜革命＞の様式は、近代的なブルジョワ・デモクラットやプロレタリアートの手によってたたかいとられたものではなかった。大部分の日本国民と国様に、映画人たちも、この唐突として襲ってきた解放に戸惑っていたと考えなければならない。簇生した「民主化映画」は、まさにそのような時代の産物であったが、これらの映画は、ごく概括的に言って、作家たちがきのう身につけたデモクラシーをもって過ぎ去ったファシズムや残存する封建制度を断罪することによって成り立っていた、ということができるであろう。この一見機会主義的な――というにはそれはきわめて悲劇的だが――作家たちのほかに、別なしかたで自分を現実の中におこうとした作家たちもいたことは見落してはならない。それは、もともと自分の中にあった芸術家＝職人的な、つまり隠遁者ふうなヒューマニズムによって、＜革命＞の現実を裁断するというそういう作家である。黒沢明は、その代表的な作家であったように思われる。

　木下恵介が、戦後の映画作家の中で占める位置は、きわめて特異である。わたしは「笛吹川」の異様な感銘について考えているのだ。敗走する武田勢の中にある娘や息子たちを連れ戻そうとして、母親がけんめいに追って行くシーンの驚くべき圧迫感について――。そこには、たとえば、「少年期」や「二十四の瞳」に描かれていたよりもはるかに適確に、戦争がえがき出されている。戦争と日本の民衆の関係がえがき出されている、とわたしは思うのだ。それはどういうことなのであろうか。木下の方法が、一貫して＜家族共同体＞といった発想にあることは明かであるが、この発想をテコにしたファシズムや封建性の批判が近代の超克といった要請にもとづくものではなく、そこを一気にとびこえて現代に結びつく、ということを示したのがこの作品ではないのか。

　しかし木下恵介はすでに「作家であることをやめてしまった」と大島は言ったが、わたしにはそうは思えない。しかしながら、映画は商品である、という命題が、経済的であることはむろん、政治的であり、重い思想的な意味をもって作家に投げかけられている今日の状況で、作家がそれとはっきりと対決することなしに、彼の主体は存在しないことは確実である。大島渚たちの新しい世代は、「終戦そっくり」の、つまり出発点に立ったに過ぎないのであって、そこからどこに向って歩みはじめるのかが問題なのだ。

　＜抵抗＞という概念は、われわれにとっては、きわめて近い過去において輸入された馴染みの薄い概念であるように、わたしには思われる。かなり乱暴にいえば、そのような概念も行為も存在しなかった歴史が、これからの作家の上に、きびしいそれを要求してくるのではあるまいか。

顔面蒼白の騎士

P.R 映画について

岩佐氏寿（演出家）

本誌十月号でP・R映画について論じている長野千秋は、「笑ってうまくだますことに習熟さえしていれば、今日のマス・コミの波にのることぐらい易々たるものである。……キツネの英知とは、ニューヨークの王様のチャップリンのように笑ってうまくだますことだ」という花田清輝の文章をひっぱって来たりして、しきりに、だますことの上手なキツネになりたがっている。彼がキツネになることは大賛成だが、「そんなに簡単にだませるもんか」とぼやいているところをみると、長野キツネは、まだあまりうまいだまし手ではないらしい。せいぜいお稲荷さんの鳥居の前で番をしている、尻の青いキツネであるように見うけられる。

才一、キツネであるためには、構えが少々悲壮である。壮士風のキツネである。「自由か、しからずんば死か」などと絶叫しながら、肩いからしてチャイコフスキィの才六などの伴奏で見得をきったりしてはいけない。化け損じて、かのラ・マンチャの蒼い顔の騎士になってしまったかの感がある。蒼い顔の騎士などには、断じてなるべきではない。なるのなら、サンチョ・パンサになれ、サンチョに。

こうは悪態をつくものの、私は、十月号の長野論文には、殆んど全面的に賛成なのである。

「映画製作の場に存在するのは、相手の土俵の上での、相手と自分の力関係なのだ。この中で、作家が自己のプログラムを、一本一本の作品の中で、何を、どの位実験し、その中で自己を否定し、自己を解放し、現実を変革するために、トータルな映画製作運動の中にどう還元していくかという方法をつくりあげていくことが必要だと思う」

なにを反対する理由があろう。あたりまえのことに反対するいわれはない。それにしても「力関係」をいうところをみると、彼はひとりで日本資本主義にいどむつもりらしい。顔面蒼白となって力んでいる姿が目に見えるようである。なにが彼をそう力ませているのか。

相手の土俵を意識しすぎて蒼白となっているのである。

一体、相手の土俵でない土俵が、いま現在どこにあるのか。これは長野もそう書いている。P・R映画でなく、社会教育映画でなく、自主作品の記録映画をとる場だけが、相手の土俵でない、自分の土俵だとでもいうのか。その辺が、長野論文ではあいまいなのである。（もし自主作品が自分の土俵であるのなら、野田真吉は、十月号で「その根を絶やせ」などという必要はなかった。）

だからといって、P・R映画も、自主作品も十把ひとからげに考えてよいというつもりはない。それは松本俊夫がしばしばいう「教育映画もP・R映画も本質的には同じだ」（独占金融資本に奉仕するという意味で）という、十把ひとからげのしめくくり方と同じくらいに粗雑である。いま問題にしなければならぬのは「本質的に同じ」であるにせよ、ないにせよ、現に他人の土俵の上で相撲をとっているわれわれは、そこでなにをするかということである。そんな中におれだけはいないというのはこの際問題外だ。本質的におなじだから、そんなものは、おかしくて、仕事をする気になれんのなら、それはしなければよい。それは簡単である。しかし、このことだけはたしかである。みんながそこで仕事をしていること、そしてPR映画も自主作品も、もう一度比喩的ないい方を許してもらうならば、土俵の寸法が大きいか小さいかというだけの話だ。土俵は依然として相手のもちものなのである。

いま、現在、自分の土俵が、探せばあるのだという幻想が、起きては困るのである。そんなものは、アタマから、ありはしないのだ。ないんだ。あるのはいつでも相手の土俵だけだ。

何の条件もなく、すかッとした気分で映画がつくれる場所があるとは、私には思えぬ。

こうなってくると、「相手の土俵」を、顔面蒼白となって、つねに意識においているための、硬直状態が、ひどく気にかかるのである。ピッチャーなら、かたくなって、ボールばかり投げそうなのだ。日本古来の美風である「あぐらをかく」心境に立ち至るのでなければ、なかなかどうして、相手をだませるものではない。いつか長野と話をしていたとき、彼は、顔面蒼白となって、「P・R映画は、うまくとればとるほど、相手に利益をもたらすことになりますね」

と心配そうにいった。私はそうだと答えた。

「だから、P・R映画をとるとき、どうすれば下手にとることができるかと、ぼくはそればかり……」考えているのだとは、さすがに彼はいわなかった。さすがに、彼にとって、この論理はおかしかったのだろう。むしろ、今度の論文のように力む彼よりは、「どうすれば下手にとれるか」「いや、そのためには、まず、おれが上手にとるような腕をもっていなければ、下手にとることができぬではないか」「そのためには、相手に利益を与えるというギセイを払って、まずおれは上手でなければならぬ。」などと、本気で考えるほど、ゆとりのある彼の方が好きだ。しかり、P・R映画は、上手にとるべきだ。上手にとればとるほど相手に利益をもたらすとともに、ほかにもっと利益をもたらすものだ。その上「相手の兵糧でいくさをする」のは、孫子の戦法の極意である。

P・R映画とはそのようなものであると、私は考える。

そう考えるのでなければ助からぬ。そう考えるのでなければ、イーストマン・フィルムを使うわれわれは、アメリカ独占資本に奉仕するものであり、アリフレックス・カメラを使うわれわれは、西ドイツの再軍備に加担するものであるから、われわれは、そのことをいさぎよしとせず、顔面蒼白となって、便所のスミで首をくくらねばならなくなる。泰然自若として、私たちは、相手の土俵を使い、相手の道具を使い、そして、だまし、いただくときにはごっそりいただく気風を自ら養成しなくてはならぬであろう。

フルシチョフが、この前アメリカを訪問したとき、「資本主義の奴隷もなかなかよいくらしをしとる」と、ぬけぬけとそのアメリカでいったという話は、甚だ教訓的である。私もフルシチョフと同様日本の資本主義がつくり出した電子頭脳に、ほんとにびっくりして感動する。ひとのいないオートメーションに、キモをつぶす。石油から、着物をつくることができるのにびっくりし、さらに食物までできることで、すっかり参ってしまう。ダム工事の大きさにギョッとする。ひとつには、私自身科学的なガクがないから、ひとより余計にたまげるのかも知れないが、それにしても、こういうモノスゴサを、これは、うまく映画にとって見せねばならぬぞと思う。日本の資本主義の、モノスゴサを、ぜひとも、見る人が、ギョッとするように伝えねばならぬぞと思う。そのためには、おれは大した芸術家でなければならぬぞと思う。電子頭脳をつくるような相手は、おれより大分役者が上だぞと思う。

ところが、きっと、その時長野千秋や、松本俊夫は、極めて批判的に、相手よりエライつもりになって、「しかしこのモノスゴサは……」

と来るのに違いない。

「日米独占金融資本のもとに、労仂者の残酷な犠牲において……」

そこでもう勝負はついている。負けである。

それはそれとして考えるべきであろう。

憶測を基礎においていうのは浅ましいが、その期に及んで、いまさら「残酷な犠牲」などを考えるようでは、コロモの間からヨロイがのぞいているようなものだ。心がけのよいキツネとはいえない。君はただひたすら、相手のモノスゴサにびっくりし、宣伝部とともに、どうすればうまくそれが宣伝できるかに頭をひねればよい。もっぱら走狗たるべく努力すればよい。一生懸命走狗たるべく努力して、ほんとに走狗になってしまったら、それは君がバカだからだ。キツネになるより走狗になる方が、ずっと難しい。そういう自信がなければ、P・R映画なんかとるな。走狗になるまいために、はじめから構えてかかる。そのため、もはや、キツネとしては、神通力を失うのである。

「モダン・タイムズ」をつくったとき、チャップリンは、あんまり顔面蒼白とはなっていなかっただろうと思う。自分で自分のアイデアにおかしくなって、ケラケラと笑いころげて、これはいける、これはいけるぞと大満悦のていであったのに相違ない。満々たる自信があるから、だまそうとかまえなくてもだませるのである。「ナヌウク」をつくったフラハティは、毛皮会社の金だから、惜しげもなく好きなように使い、アラスカあたりで、すっかり気をよくして、日向ぼっこをしいしい、映画つくりをしていたのにちがいない。時にはアザラシの脂肉を肴にいっぱいやりながら……。それがもし自主作品で、じぶんの金だったら、惜しくて、ああは奔放に映画はつくれなかっただろう。

他人の金で、のうのうとしていたから、のうのうとした映画ができたのだ。彼らはみんなその仕事をたのしんでいたのだ。アバンギャルドにあらずんば、ひとにあらずといったふうな、コチコチの、いかった肩なんか持っていなかったのだ。植木屋のようにパイプをふかしていたのだ。そのくせ、理論は、あふれるほど身内にあったのだ。

建築家は、自主作品のビルディングなどは建てない。あン畜生、あの現場監督野郎、セメントに水まししやがって——、大工の野郎、天井に手をぬきやがって——などと、むかっ腹をたて、眠られぬ夜を過しつつ、建築家はスポンサーと一しょに仕事をしている。テレビ作家も、ラジオ作家も——。(もっとも、この連中は近ごろ顔面蒼白化しつつあるが)P・R映画のつくり手も、ほぼこれと同じである。他人の土俵の人たちだ。そうした中で、土俵を少しでも広くすることができれば、これはめっけものというべきである。

そこで仕事をたのしむべきだ。フレームに、ちんまりと対象をおさめることばかり考えているカメラマンに会えば、君それはせいぜい後期印象派の絵みたいなもんだ、テレビコマーシャルの方がずっとうまいぜと、まず画面の破壊をたのしむべきだ。色の美しいことを誇り、あぐらをかいているカメラマンに出会えば、君、色を美しくとるのはカメラマンの最低の条件で、色を破壊することをはじめたらどうかねと、その破壊をたのしむべきだ。ワカラナイ音楽を映画につけるのはいけないですよ、などといって、世の中の人もみな自分と同じような耳の持ち主だと思いこんでいるような男に会ったら、ワカラナイかどうか、ひとつ、十二音階でいきましょうかなどと、たのしむべきだ。そして、いちばんかんじんなのは、カメラの前にある対象から、なにをひきだしてくるかをやってみるべきだ。おのれの芸術を、まずその辺から、たたきこわすべきだ。パイプか、葉巻をくわえながら——。

決して顔面蒼白となってはいけない。まずそれをたのしめ。

そして映画を、文学と絵から解放することを心がけるべきだ。これほど面白い仕事はない。

P・R映画に関する、難解な長野論文の翻訳をかねて、つけ加えること、以上のとおりである。

泰平ムードを破るもの

教育映画・P・R映画雑感

日高　昭(演出家)

教育映画について何か書けという編集子の註文をうけていささか戸惑いした。だいたい今までほとんど、いわゆる教育映画というものを作ったことがないし——いや本当をいうと作れないのかもしれない。そして教育映画に余り関心のないぼくのことである。しかし、このごろある種のPR映画に名づけて〃産業教育映画〃という部門までつくられたらしいので、とにかく何か映画を作っていることは即教育映画をつくっていることになりそうだから、まずは発言の余地もあろうかと思う。

もともとぼくは映画の相対立する、しかも映画表現の二つの極として劇映画(虚構の映画)と記録映画(事実の映画)を考えているので、教育映画とかPR映画というのは時代劇映画とか現代劇映画というのと同じように便宜的な名称であり、あまりその範ちゅうにとらわれて考えたくないと思っている。

ところでいわゆる「社会教育映画」についてであるが、本誌の上でも多く語りつくされていることで、門外漢のぼくが今さら何をいうこともなさそうである。「百人の陽気な女房たち」「おふくろのバス旅行」「切手のいらない手紙」「ある主婦たちの記録」(いずれも今までの教育映画祭最高賞)、そして今年の「故郷のたより」——批評の曰く「社会性がうすい」「家族主義的な教育徳目だけがテーマではないか」「改良主義的だ」「仲よく助け合ってやりましょうの新生活運動ではないか」「おいしいお話だ」はては「たましいのない映画だ」と、風あたりが強い。ぼくもこの全部をみているがほぼ同感である。しかし、それはそれでいいのだろうと思っている。何も社会教育映画の一本に社会革命をかけているわけでもないし、おそらくみている人たちも、ああすれば世の中の万事がうまくいくと真剣に思っているわけでもあるまい。もちろん賢明な作者たちもそう考えて作っておられるだろうから。

それはそれとしてこの種の社会教育映画からも啓発されるところはあると思う。人間の善意とか努力がたとえ狭い生活のワクの中であっても、互いに環境を改善し、少しでも生活を豊かにしていくということは多くの庶民の智慧であり、社会体制の如何にかかわりなく必要なことであろう。

今度の安保闘争において直接行動に参加しなかった人々の多くが反対の署名をし、ギセイ者に資金カンパをした。いくら署名が多く集まり、カンパがふえても、それだけでは現体制はビクともしないのはわかり切ったことである。しかしそこに表わされた庶民の善意、共鳴の心はそれが全国的な規模で一つの政治的な目標に向けられたということで評価されなければならないだろう。

社会教育映画のもつささやかな庶民の智慧のエピソードもそういう目でみれば世の中を改革していく力となることができよう。問題は作品のもつリアリティだけである。同じ改良主義的な内容のものでも、生活技術の絵ほどきをしてみせるおいしいお話はただそれだけであるが、テーマをよりアクチュアルに切り込んでいけば、改良主義のワク外にある社会的問題を暗示することだってできるはずだ——たとえば「ひとりの母の記録」

ところで今年の優秀作品、「故郷のたより」について考えてみると——ある貧しい漁村において、そこから各地に出稼ぎに行っている青年たちに、その村の青年、PTA、生徒たちがふるさとの便りを送り、同郷の仲間意識と相互理解を昂揚させていくという話であるが、この作品が劇映画的なフレームの中のお話をつき破り、きわめて新鮮なドキュメンタリータッチで現実感をもり上げ、前記のいろいろな最高賞作品を凌駕する出来であるにもかかわらず、やっぱり見終ってどうもへんだなあと首をかしげざるをえないものがある。もともと労仂の近代化の過程では自然生産的な農漁村人口が解体し、それが工業プロレタリアートに再編されていくのがあたり前で、映画のように村の半数近い青年たちが、食いつめたとはいえ、どしどし都会労仂者に転身していくことは社会の近代化の方向であるのだが、しかしかれらが近代プロレタリアートに再編されず、日本資本主義の底辺を特徴づけるプーアレーバーにおちつかねばならないところに問題がある。映画はその社会的矛盾に全くふれず、閉鎖的な同郷意識という拠り所に視点をおいて慰め合い運動をやっているように思われる。これでは苦悩する漁村青年の真実の訴えは解くことにならないだろう。

もう一つの優秀作品「君たちはどう生きるか」。すべての子供たちが広く社会に目を向け、鋭い知性と、たくましい実行力を備えてくれることを念願してつくられた作品であるという。趣旨は全く賛成であるが、映画は今迄使いつくされた古い劇作術の定石を一歩もでないコンクリート的なものであった。作者たちはコペルニクスの創造的知性と勇気、マルクスの生産関係理論を両足として人間の社会的実践力を考えていたのだろうが、始めから強固な結論—前記の二つの考えを理解していくことによって正しく人間は行動できるという観念を意識しすぎたせいか、映画は〃原則の絵ほどき、簡潔な図式化〃となり、映像のイマージュは全くうすれ、したがって現実感がひどく脱落してしまったのである。ともあれ、この作品の狙いが、膨脹した社会機構と、その停滞した天下泰平のムードの中における人間の孤独感と無力感、そして権威主義をつき破ろうという旺盛な意図をもったものだけにその失敗は惜しいと思う。

つぎに自作PR映画について、その実験的な体験を語ろうと思う。「PR映画のワクの中で何ができるか」という問題でもある。

先日松本俊夫君の「白い長い線の記録」という関西電力のPR映画をみたが、これは右の問いに答えてみせた優れた実験記録映画として評価したいと思う。これは衝撃的なカッティングとモンタージュによって写実をこえた記録性の偉力を示そうとしたものであり、一応成功しているが、狙いであった「偉大な生産をおし進めていった人間の意志と力」というものはなぜか稀薄であった。

ぼくは丁度半年位前、ジェトロ・東芝PR映画で「日本みたまま」(Japan Vista)という作品をつくった。日本とはどういう国であるかを二〇分にまとめて海外諸国に紹介しようというわけである。あながち海外紹介映画ならずとも、これはぼくたちが常に考えまとめなければならない大問題である。協会員諸兄はどうまとめられるであろうか。

まさか日本はアメリカ帝国主義の従属国であり、金力と権力にダラクした保守政党が選挙のたびに才一党になり、社会は犯罪と汚職、暴力と貧困に泥ぬられ全くどうしようもない国ですと自嘲する人はないであろう。

しかしこういう映画（あるいは日本紹介のあらゆる文書類）は多い。—美しい日本の自然、清楚な庭園、芸術的な日本料理、ワンダフルな芸者ガール…、あるいは技術革新の先端をいく日本近代産業の偉容と経済の繁栄……まことに東洋の宝庫日本である。これでは例の「失われた大陸」「黄色い大地」などの好奇趣味と変るところがない。

ぼくはこのテーゼに対し政治的社会的土台を一応捨象して文化論的な角度から今日の日本文化と産業を伝統文化とのかかわりの中でそのポジティブな面をこそ新しい再評価の目で描いてみようと思った。非連続のままでとり扱われがちな過去の伝統文化と今日の現代文化を、民族の活力というものを媒介として連続させ、ここにダイナミックな日本文化の積極性を押し出してみようと考えたのである。例えば民族創生期の大社神殿造りに表わされた素朴雄渾な活力を近代建築の菊竹清訓の作品に蘇らせ、枯山水の抽象造型に示される簡潔非情な美を現代のアブストラクト芸術の造型とかかわり合わせ、その現代アブストラクトがまた尾形光琳やもろもろの日本独自のデザイン芸術（西陣織や友禅染め）にその源型を見出すであろうこと……そしてわが国の歴史的伝統の中に一大文化を開化させた飛鳥、奈良のけんらんたる仏教文化を、今日の機械文明の目ざましい発展に、日本民族の活力を媒介して結びつけてみた。その表現方法は組み合わせ（カットバック）のモンタージュを中心として行ったが果して成功したかどうか。きわめて思いつきも多く意図が十分達せられたかどうかわからない。幸いにドナルド・リチイ、岡本太郎、黛敏郎各氏らの協力をえてある実験的な日本紹介映画ができたのではないかと思っている。

PR映画という目先きの宣伝映画の中で、スポンサー諸氏の御協力がなかったら、おそらく作られなかった小品でもある。「日本みたまま」という大テーマとしては余りに文化主義的なものであるが、しかし政治プロパガンダ映画もいいが、日本の民族文化の方向を考えていく仕事もまた大切なことだと思ってやったささやかな仕事である。

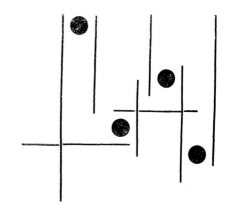

映画と子ども

●道徳教育映画というものをめぐって

阿部　進（川崎市住吉小学校）

こんな映画いくら見たって……

「子どもは教育映画についてこんな注文をつけている」とか、「こんな批評をしている」とか書いたところで、そんなものはちっとも役に立たないと思う。またよい教育映画をみる会などというものをつくって子どもたちに、よい教育映画をみせたところで、どれだけ子どもたちにとってプラスになるかということは判定できない。ただその場合はみせた大人が「よい教育映画を見せたのだから、よいことが少しでも子どもの心の中にとどめられたにちがいない。それを少しずつ積みあげて行けばやがて良い人間になることだろう」という遠大なありがたい考えにもとずいて計画されていることに対しての自己判定にしかすぎない。まして子どもたちがこう言ったとかこう考えているとか書いたところで、それがとりもなおさず映画作家たちの作品に影響をあたえる、そして作品の質が根本的に変革されるということにはならないからである。

今日、教育映画と名のつくものの生命がわずかに定期的に大衆の面前にすがたをあらわすのは、「学校」という機構の中での「子ども」に対してだけである。それも、「教育を受ける側としての児童生徒に、視聴覚的教育方法の一環としての指導」に基づいておこなわれるのであり、ここから児童生徒である子どもは何んらかの教育的効果があがったと判定されなければならない。また、そのことによってよい影響があらわれるものでなくてはならない。その限りにおいての「教育映画」の使命があると考えられている。だから、教師が判断し、もっとも「教育効果に利すること大なり」と判定された「教育映画」のみが、陽の目を見るというせまき門なのである。

教育的効果向上のために役立つことを目的とした映画が数多くつくられ、それの中から厳選されて、もっとも効果大なるものと判断されたものが子どもの前にその英姿をあらわすわけである。おそれおおくて批評とか、意見どころではなく、「この映画はこういうねらいである。だからそのように受け取らせることが正しい」また「そのように指導することが望ましい」というのであり、もしこの主旨にそわない考え方や意見・批判がでることはその指導上に誤まりがあったのだと考えられる。まして「こんな映画など見たくない」と言おうものならば、もっとも、反教育的な児童とて、これらのありがたい教育映画をせんじてのめと言われるような処置がとられるのである。

社会的約束を無視したいものはこと子どもたちの前にはあらわれないし、それらが作られたとしても子どもたちの前にはぜったいにすがたをあらわせる現況ではないからである。せいぜい「あそこがよかった」「ここはどうなのか」というだけでは、いかにして子どもたちをとっちめるのに別の方法があるかとさがすのが落ちである。子どもたちにしてみれば自分たちをとっちめるために作られる教育映画に発言するほどお人好しは数がすくない。

他の教育方法では「文部省新指導要領準拠」と特に印刷された教材がふえてきている。〇×式のワークブックと称する自習書からドリルテストに到るまでこの印がついていれば教師も親も安心する。

進歩的と称する教師も、時によってはこの印をつかってかくれみのとする場合がある。相対的安定期に入ったといわれる今日、勤評がさまざまな形で教師たちの中に浸透してきており、内面はともかく、表面は「文部省の線に沿ってやっています」というポーズをとる。その一ばんはっきりとした形で提示されるのが「特設道徳」時間である。文部省特設道徳時間は、わたしたち（全国生活指導研究協議会）の調べによると、ほとんどが看板だけでその時間になると算数国語にふりむけたり、お話の時間として活用している現状であり、文部省の意図する特設道徳による「新日本人の形成とはまったくちがう内容である」といって、そのおろかさを指摘することはできる。しかし、指導主事と称するものが学校を巡回し「おたくの学校の道徳教育のカリキュラムはどうなっていますか。その表をみせてください」と言った時、たとえやっていなくても、それがなかったら困るのである。本校独自のものなどでなくても、あっちこっちの引きうつしでもそれがあればよいのである。そうすれば言い訳けは立つ。その時もっとも効果をあげるのが、道徳教育シリーズと銘うたれて売り出されている、幻灯スライドであり教育紙芝居であり教育映画のリストである。それらは文部省道徳指導要領謹解にもとずくもっとも忠実なる具体的な資料となるからである。それらの製作主意書、ストリー等によって構成すれば「本校における道徳教育の計画と具体的展開例」というものが、ものの見事にできあがる。それにもとずいて月に一回以上の映画教室にそれらの映画などを上映していけば、「おのずと道徳指導が行なわれた」と考えられるからである。

道徳教育向上映画「わたしたちの遊び」

わたしの勤める小学校に11月の映画教室の巡回フィルムがまわってきた。上映中、しばしば子どもたちはさわいだ。理由は簡単であった。彼らが最近みてきた映画のうち、もっとも最低の映画だったからである。教師たちは、がまんをして最後までみていた。そしてその後のタイトルに協力鎌倉小学校とでるに及んで「こんちくしょうめ」と口走った。

「わたしたちの遊び」というのは二巻もののドラマ仕立ての教育劇映画であった。町の通りの真ん中、露路、屋根の上、庭先、縁先などに遊んでいた子どもたちが追放される。窓ガラスをこわし、メンコで賭け、十円くれと言っては、悪い子どもだと言われる。大人から追放された子どもたちが遊び場をもとめてさまよう。どこにもない。やっと思いついた、お寺へ行く。好意あるおしょうさんの理解によって、お寺の庭が相撲場と化し、野球グランドであり、なわとびの場と変化していく。子どもたちは本堂を掃除し、庭をきれいにしていく。ニコニコしたおしょうさんと子どもたちの協力で、美しい遊び場が出現し、よい遊びが誕生した。かくて子どもたちは生き生きと育つことでしょう、というのがストリーである。

ここに子どもたちにとって必要なアクチュアリティがあるのか。まったくと言っていいくらい何もないのである。カラッポであるものに最後までガマンして見たわれわれ教師は何んとおめでたかったかが当然問題になった。

「野球、なわとび、すもうがよい遊びである」と簡単に規定していることと、それに対比して「メンコ、チャンバラ、ピストルごっこは、悪いあそびである」ときめつけている。そしてそれらは、遊び場がないからであり、その遊び場がないから、悪いあそびもやらざるを得ない。だから遊び場さえ手に入れば、ぼくたちは悪いあそびをしないという論理でつらぬいており、しかも、主人公をして「ぼくたちはよい遊びがしたいのです」と画面から訴ったえるが大人はわかってくれない。さがしあぐねてお寺にたどりつき、「仏さまは子どもがすきだ。子どもの遊び場になればかえっておよろこびになる」というおしょうさんに感謝しながら、よい遊びをするよい子どもになっていく……であろうというところで終っている。「よい遊びと悪い遊び、そして子どもはよい遊びをしたがっている」という論理は何を基準として考えだしたのであろうか。よい遊びが前記野球などであるとするならば、それは大人もやっているだれでもすきなスポーツだからなのか。悪いあそびは人をケガさせ、ゼニのかかるギャンブルであるからなのか。ここには現代がない。むしろよいあそびといわれるものがいかに非現代的であり、ここに悪いあそびとして出されたものが今日における現代的なものの一端であるとしたならば、追求の方向があったはずである。

おしょうさんが登場してめでたしになるとするならば、この人は、現実社会におけるハリマオであり、アラーの使者と言えるのであろうか。今日における社会構造の中で、解決していく手だてや、困難さをここでは少しも提示していない。お寺があり、おしょうさんがおり、おしゃかさまが子どもが好きであったという三要素があってはじめてここにいう「よい子のよい遊び場」の出現をみることができたのである。親ととっくみ、親の目をかすめてひみつの遊び場へと飛んで行き、現代のギャンブルとスリリングに富んだ遊びを創造しようと苦労している子どもたちにとってはまったく阿呆みたいな子どもの物語である。これらの子どもたちにとっては、自らの手によって遊び場も建設することであり、自らの手によっておとなを圧迫する遊びを創造する手がかりになるものを欲しているのである。この映画によって示された解決方法などというものは彼らにとって冷笑にしか価いしない。しかし今日の体制下の中で、「よい子ども造り」が急ピッチで展開してきている中で、わたしたち教師は、これらの子どもと共に無視していられないものがある。小市民的生活の中に埋没して行く子どもたちにとって「よい子どもの一つのあり方」として「なにもしない」というその自己疎外に拍車をかけるだけの影響力は持っているのである。しかしそのいずれにしてもこの映画をまねて、近くのお寺へ行って遊び場を開放してもらおうなどという行動はしないし、しても嘲笑されるのが落ちである。こんな百害あって一利もないものが堂々と教育映画という名のもとに学校の中にまかり通ってくる。協力鎌倉小学校ともなれば天下にひびいた道徳教育指定校であり、朝日新聞主催健康優良校というおすみ付きということになれば文句のつけどころのない教育映画であり、まず商品としてこれくらい堅実に売れるものはないと思える。

「おもしろくないのな。あいつらみんな良い子だっていうんだからな」

「どうして、みんな良い子になりたがるのかな。あんなことするのが良い子だと思うのか」

「おとなはきっと、みんなああしろっていわれておとなになってきたんだよな。だから自分が小さいときに言われたり、やったことが子どもらしいということなんだな。」

「あんなことさ、ホントにやるだろう。ああはうまくいかないよね。大変だよね、遊び場よこせといったってさ、おとなっていうのはそう簡単にいかないもんね。」

「かならず映画っていうのはさ、いい人でてくんのな。どうしてだろう。おしょうさんは今あの映画ではいいといってるだろう。でもすごい年とったおじいさんだよね、するとあの子どもたちが来るまで、あのお寺は貸してなかった。すると何十年間はお寺は貸してなかったのかな？　仏さまは子どもの友だちだと言ったけれど、それだったらもっと積極的に子どもたちに貸しだすようにやるはずだよ。」

「バカだな、そこが映画じゃないか。きっと前から、貸していたんだけれど映画の話をつくるのにはそれじゃまずいじゃん。」

「そうか。それじゃ何にもならないな。よいおとなの人がでてきた。この映画ではお寺のおしょうさんだろう。その人がいなかったらよい遊びも遊び場もできない。世の中っていうのはさ、このおしょうさんみたいな人が必ずいて、そしてお寺みたいなところがいつでもきっとあるということをいってるんだな。」

「そういうことが、今でもあると思ってるとしたらこの映画をつくっているおじさんたちは、世の中のことを知らないんだな、きっと。」

「子どもはこういうものを見せていればよいと思ってるのかな。するとおかしい。」

「いや、見る子どもがいるから作ったんだろう？」

「だってぼくなんか、見たいと言わないぜ。見せらいちゃったんじゃん。見ないと先生にしかられるかもしれないからね。」

「見せらいちゃったとするとさ、先生がこれはいい映画だと思ったんだな。」

「先生はこういう映画を見せれば子どもに良いと思ったから見せた」

「こういう映画なら先生は子どもに見せる。学校でやる映画は先生がきめる訳か」

「すると映画作る人に対しても一ばん文句を言うのは先生だな。」

「すると先生は子どもに良い映画をみせろというのには子どもの代表者なんだな。代表者が子どもにこういう映画を見せるんだから作れと言ったから、この映画ができたのかな。」

これは六年生のクラスの話合いである。

「途中でさわいだのがいたのは、こんな映画みるのはつまらないからだ」「もっとだまって見ていても、遊びや勉強に役立てるものを選ぶべきだ。その責任は先生にある」という要求となって教師の前にでてきた。まったくその通りであり、もっとボイコットして途中から退場するところまで組織されてなかったところに教師側の欠陥があり、子どもたちの思わくがあったと言える。

らくがき黒板

ここで考えられる問題が二つある。一つは教師が映画を選定する時に必要な教師としてのアクチュアリティがあるかないかである。

「こんな映画は上映するに値いしない」とボイコットすることが何故できないか。「教育映画はつまらない」と言いながら、その商品として「他にないからしようがない」とか、「この程度でもましな方だ」と言っている考え方にある。そしてその根底には文部省お墨付き映画を上映していればそれだけで教育的だとする安易の上に乗っかった体制側に利する行動と同時に「民主的教育を守る」旗印しの下に「これこそ現代の教師であり、子どもの真の生き方である」とする動きを盲目的に信じて、意気ごんで子どもたちに見せている場合もある。これも別の角度から子どもたちに対して加わえられている道徳的教育映画である。一例をあげるならば、日教組後援でつくられた「らくがき黒板」がよい例である。この映画は民主教育の一つの指標でもあり、学級づくりをすすめて行くことにより子ども達が育っていくということをテーマにした映画である。メンコにとりつかれた子どもたちがメンコをやらなくなり、町中らくがきだらけだった状況から、それが消え、貧しいびっこの女の子をはげまし、はげましながらみんなの生活をきづいていく。曰く、「ひとりのよろこびがみんなのよろこびとなる」学級づくり路線の上に組み立てられた作品である。日教組後援、劇団民芸出演、新藤兼人演出となればこれだけで「民主的な教育映画」ということになる。進歩的な教師は安心してみていられ、また適当におもしろく感動させられたりもする。しかし、これがちっとも映画は映画としてしか扱われない。少しも子どもたちに行動へと高めるエネルギーとはならないのは一体どうしたものなのか。映画は芸術であり、アジテーションではないと片づけられてしまうならば止むを得ないが、すくなくともここでは今日の教師の現代に生きる一つの典型と子どもたちの現代にいどむたたかいをえがいたはずだと考える。ここでは、子どもたちの夢がいろいろと紹介される。スポーツマン、こだまの運転手、船長、およめさん、看護婦など、子どもたちは自分の夢をそれにえがく、そして想像する。教師はニコニコとしてそれらを肯定していく。「みんなさまざまな考え方があり、さまざまな生き方があるのだ」としている。多様な子どもが育っている。個性のある子どもたちを育てるとしている、民主教育の一端がここに紹介されているわけである。らくがきばっかりする子どもに教師は物置からひっぱり出した黒板に「らくがき黒板」と大書し、思い思いのものを書かせることから子どもの解放へと発展する。そしてここには子どもの子ども同志によるあらそいもなく（この場合のメンコの取り合いはあらそいではない）また教師と子どもの闘いもない。足のわるい女の子を中だちにその子を通じて教師と子どもたちの心がふれ合っていく——。話としてはさすがにうまく、ひきずり込むものはもっているし、文部省道徳教育先達映画のような、見えすいたものはない。しかし一皮むいた時に体制側で意図された映画と一体どこがどうちがうのかと見比べた時、みわけがつかないのである。「よくない子どもがよくなった」「らくがきをしない子どもになった」「弱い子どもがみんなの手助けによって丈夫になった」「先生はあたたかくみんなをおとなの圧力から守ってきたからこうなった」「元気にそだってめでたし、めでたし」としたならばどこがどうちがうのか。表現方法のちがいだけであって、その意図するねらいが同じだとしたならば、まったく、日教組後援……としてあるだけ、悪質といわねばならない。「らくがき」というものの解放感、その雄大さの中に描がかれた子どもたちのたくまないユーモアと表現力が、後半になってしぼんでいき、最後にはまったくおとなの意図する「わかっちゃう良い子」に仕立てあげられてしまったこの映画をして観客としての子どもたちに何を期待しようとしたのか。

「ぼくはね、あんな大きな落書きをかいたことがなかった。家に帰ってやってみた。気持がよかった、なんだかスーッとした。らくがきってとってもいい。こんなにいいものとは思わなかった。よい映画だ」と言った四年生が居る。「らくがき黒板」をみてはじめてらくがきをするよろこびを知った子どもがでてきたという報告もある。作者たちはこれらの子どもの出現を期待し、そのためにこれを作ったと言うのならば肯定できる。後半のために作られたとするのならば前述のごとく「ぼくらの遊び場」と何んら変らないものだ。

「あの先生、へたっぴいな、メンコできないのな。メンコのやり方ならって頭ひねっちゃってんだからな。」

「でも、まだいい方だぜ。海底人8823《ハヤブサ》を八千八百二十三と読んだ先生いるってさ。それで感心しちゃってんだってさ。」

「いいなあって思ったことないのかな」

「うん、それとつまんねえなあって心の心の底で思ったこともないのかな。」

「一体どんなあそびをしてたのかな。」

「ほんとだな。」

わが身にくらべて不思議な少年時代をおくったにちがいないというギモンを持つ。

足びっこな子どもに先生は温い目をそそぐ。友だちもその目ではげます。それに応えてその子どもはしっかりとした人間になっていくであろう暗示がでる。たしかに人間はこれらの中で成長するということは言える。しかし現実はもっときびしい。このかたわの女の子は、かたわだということで誰れの目にもハンディキャップのあることがわかる。外見ではそれとわからない子どもが沢山いる、内在している弱さをもった子どもたちの現存していることである。その子どもたちは、目には見られない。温い教師の目も、仲間の目も注いでもらえない中で生きようとしている、その子どもたちには、この映画はひびいていかない。みんなに守られない中で生きる手だてはどうするのか、たくましく伸び、たしかな学力を身につけていく手だてはどうやって得ていくのかというところに問題はむしろ実在する。それらの点について手がかりにはこの「らくがき黒板」はなり得ないのである。

約束されたルールにもとずく教師と子どものふれあいをテーマとした映画はもう沢山である。母子の苦しい中で生きていこうとすることを扱ったものも沢山である。教育的という名の暴力によって、子どもたちの前にそれらはすがたをあらわさないでほしい。無駄な時間をついやすことになるからである。

彼らの前に立ちはだかるものは加害者意識をギラギラさせた、子どもたちに徹底的にキズを負わせ、こんちくしょうといきり立たせるものでなくてはならない。それが出現しなくては彼らは善良なる教育映画界のメシのカテとしての存在でしかない。子どもたち自身の手によって新しい分野をきり拓くところまで彼らは成長していない。しかし、呼びかけふるい立たせることによって猛烈なアクチュアリティを発揮してくることはまちがいがない。

子どものためにとか、子どもを守るとかというキザなせりふを口にせず、子どもの味方みたいなポーズをとらない映画の出現、これをいま作りだしていかなくてはならない。

おとながもし「制作者側は荒唐ムケイ」だと呼ぼうと「そんな映画は作っても売れないぞ」と言われても作っていくべきだ。

危機認識の視点

教育映画総合振興会議の感想

●八幡省三（演出家）

　教育映画祭のプログラムの中に、教育映画総合振興会議という行事のあることを、私は初めて知った。これは一九六〇年度教育映画祭に突如として登場したものではなくて、過去の教育映画祭でも行われてきた会議らしい。らしいというのは、私の教育映画祭への関心の度合いを暴露するもので、余り威張れることではなさそうだ。

　たまたま今年は、教育映画作家協会の代表の一人として、この振興会議に出席するはめになった。こうなると「らしい」ではすまされない。

　私は義務感にしばられて、やや憂鬱な気分であった。第一、「総合振興会議」という厳めしい、それでいて空疎な響きをもったこの名称が、何となく肌に合わないのである。しかし重要なのは、私の気分や会議の名称ではなくて、会議の内容なのだ。

　関野嘉雄氏は冒頭の挨拶で、今年の振興会議が従来と違って、いかに重視されているかについて強調した。そのために提起すべき問題が予め関係諸団体で準備されたこと、又充分に討議がつくせるように会議日程も丸一日をあてたことなども、併せて報告された。

　振興会議の存在について私が知らなかったという怠慢さは別にしても、この会議そのものの性格なり役割なりが、従来は余りぱっとしない、お座なりなものであったようだ。

　今年の会議が、今までになく実現されなければならなかったのは、教育映画界の危機的様相の深化が、従来のようなお座なりではすまされない情勢だということであろう。

　そのためにより積極的なものとして取組まれた意図は、それ自体としては当然のことであり、前進的な姿勢といえる。

　だが、会議の内容なり収獲なりということになると、卒直にいって大変疑問だし、不満足な結果に終ったと考えざるを得ない。

　会議での討議の中心は、教育映画の「製作」「利用」両面の計画化ということであった。そのために来年度教育映画祭まで、「計画製作」「計画利用」を推進するために、教育現場での必要性や要求など、具体的なデーターを集め、それをもとにして関係団体が取組むことを確認することで締めくくられたのである。

　このような消極的な「対策」が、教育映画の危機的条件を打開する方向として結論づけられることで、今年の振興会議にかけられた期待が満足されるのだろうか。教育映画界の危機感とは、こんな結論では安心できないほどに、深刻なものであったはずである。

　問題は結論だけにあるのではない。寧ろ、結論までの討議の中に、そして討議を展開する視点の中にこそ、重要な問題がひそんでいるのではなかろうか。

　討議の中では、様々な欠陥や困難や隘路など、視聴覚運動の行手を阻んでいる事柄も出された。そしてそれらの克服が、現状打開の方法として結合して考えられた。例えば地方ライブラリーの地域による落差の問題、ライブラリー充実を阻む予算の問題、視聴覚教育に対する理解の不充分さの問題等々。

　これらの事柄は、具体的な現状であろう。このような当面する具体的な事実を分析して、討議を進めることも間違いではなかろう。

　しかし「当面する具体的な事実」ということの捉え方について、討議を聞きながら私は終始疑問を持ちつづけていた。

　例えば、視聴覚運動に熱心な一人の先生の発言は、私には大変重要なことに思われた。

　「先生たちは現在の教師としての毎日の仕事を処理するのに手いっぱいだ。追いつけないほどの忙しさだ。したがって視聴覚教育の効果や重要さについて、一応知っていても、とてもそこまで手が廻らない」

　ここまでは素直に耳を傾けていた私も、それに続く次の言葉でひっかかってしまった。

　「だから視聴覚教育を法的に義務づける必要がある。そうすればいやでも視聴覚教育は現場で取上げざるを得ない。先生たちを、やらざるを得ないというようにしなければ、視聴覚教育は進まない」

　視聴覚教育に熱心なこの先生の、不充分な現状についての焦立ちはわかる。しかしその焦立しい気持ちは、とんでもない方に向いている。勿論私だけでなくて、この会議に出席した多くの人々が、この先生の発言には賛成はしなかったのかもしれない。

　しかし教育映画の危機ということを、近視眼的に捉えるならば、この先生と同じように、とんでもない罠に落込む危険がある。「計画製作」といい「計画利用」といい、まかり間違えば自滅への途になりかねない。

　この頃、教育基本法を骨抜きにしようとする意図や動きが特に露骨になってきた。この法が占領の落し子であり、国情にそぐわないから自主性を回復するのだという口実のもとにである。

戦後漸く育つかにみえた民主的教育を、挫折させ抹殺するこの動向に対して、すでに警告と批判が澎湃として起っているのは当然である。

振興会議から、教育基本法へという話の進め方は、飛躍しすぎているようにみえるかもしれない。だが私は、これが決して飛躍だとは考えない。

教育映画という以上、教育というものを無視できないことは、いうまでもない。だとするならば、文教政策の動向が、教育映画の上に大きな関りあいを持つということも、これまた自明なことである。

しかもその文教政策は、最近顕著に一定の方向に推進され、体制化されつつある。その中で「計画製作」「計画利用」ということが、一歩危まればその体制化の中に組み入れられる危険をはらんでいると考えることは、決して思いすごしではなさそうである。

悪名高い教科書選定制度を、教育映画の分野にまで拡大しようとする文部省の意図は、教育映画製作者連盟や配給社の反対の空気に一応先へ延ばされたと聞いている。しかしこれも一応ということであろう。

表面どのような形をとろうと政策は上から進められているのが現状である。当然教育内容の問題まで含んだ「計画製作」、ライブラリー予算を左右する文教予算につながる「計画利用」、これらのことが、下からの要求として政策に反映していくような体勢にあるだろうか。そう考えるのは甘すぎるようである。

私は、何もここで文教政策一般を論ずるのが目的ではない。「当面する具体的な事実」ということを、単に、目先きの技術的な問題として捉えることについての危惧を提起したいのである。教育映画界や視聴覚運動が、それだけ単独に生きているのではない。政治的にも経済的にも、その時の状態が直ちに影響する中で生きているのである。である以上、振興会議での討論の視点は、大きな情勢を踏まえてのものでなくてはならないだろう。例え解決すべき技術的問題を討議するにしても。

今年の教育映画祭にあたって、初めて振興会議というものがあることを知ったほどの怠慢な私である。現在云われている教育映画界の危機について、深い洞察や科学的な認識を持っているわけではない。同時にその解決の方向なり方法なりについて、確信ある見解を持っているわけでもない。

しかし余り弾まない気持ちで会議に参加した私も、現在は、私なりにこの問題を深め、私なりに行動したいと考えるようになっている。振興会議は不満足なものだったと考えるが、出席したことによって、私なりにプラスもあったと考えている。

傍観的であり、不熱心であるという批判に応えるために、私なりに考えた結果を、もっと体系化して機会をみて討論の材料に提起したいとも考えている。

考えているだけで、一九六一年度の教育映画祭を再び迎えてしまったということのないことを念じつつ。

■一九六〇年本誌主要目次一覧■

実験映画論ノート　野田真吉
座談会・ドキュメンタリーとは何か・1
佐々木基一・関根弘・武井昭夫
柾木恭介・野田真吉・松本俊夫

○七月号
☆特集・映画表現の技術
芸術の未来像　安部公房
ZOOと記録の関係　山際永三
映画における「視線」の問題　岡田　晋
時間表現の技術　矢部正男
映画技術と実験映画　勅使河原宏
大衆批評のなかの技術　木崎敬一郎
座談会・ドキュメンタリーとは何か・2　出席者前同
ルポ・六・一五深夜国会前　苗田康夫

○八月号
☆特集1・批評精神の再組織
映画批評家とは何か　佐藤忠男
映画批評への不信と期待　高瀬昭治
作家と批評精神　丸山章治
特集2・記録・教育映画の現状打解のために
社会教育映画と階層　永島利明
プロキノ・その意義と教訓　冨士田元彦
欲望のイメージ　松川八洲雄
映像試論　西村政明
ショット論　米長　寿
認識と表現のはざま　粕　三平

○九月号
黄色いタンカ　関根　弘
政治的前衛にドキュメンタリストの眼を　松本俊夫
☆特集・現代のマス・コミ
テレビドキュメンタリーの問題　吉田直哉
ラジオドキュメンタリーへ接近　橋本洋二
テレビドキュメンタリーの現状　水野　肇
新聞における今日　曾木耕一
テレビ・ラジオ批判　加瀬昌男
闘いの座標と論理　有井　基
「生きる」ことからの出発　恩地日出男
☆小特集・ここにある六月
ある敗北　浅野　勲
意志の行動　宮崎明子
私の中の大衆　平野克己
デモの中から　西田真佐雄
ある敗北論者の告白　清水幸子

○十月号
☆特集・現代の疎外と作家
全機内蔵・大衆価格　和田　勉
インサイダードキュメンタリー　田原茂行
檻の中の狐　長野千秋
その根をとりのぞけ　野田真吉
お化け映画・その他　中川信夫
☆特集・映画「一九六〇年六月」を批判する
真実の記録　尾崎宏次
忘れ得ぬ記録　菅家陳彦
重層的把握の欠如　西本祥子
三つの註文　荒井浪速
高く評価しながらも　矢部正男
今後の映画運動の問題　山口義夫
実感的判断と想像　佐野美津男
座談会・中国とアフリカで何を見たか
京極高英・岩佐氏寿・富沢幸男

○十一月号
☆特集・映画表現の可能性と実験性
顔と集団　花田清輝
ショットとは何か　大島　渚
コンティニュイティの論理　粕　三平
スクリーンと新しい映像　黒木和雄
色彩と表現　西本祥子
照明におけるリアリズムとドキュメンタリ　田畑正一
音と映像のストラッグル　米長　寿
現代映画の冒険と新人の条件　定村忠士
テレビにおける実験性　瀬川昌昭
実験映画の役割とその意味　大島辰雄

○十二月号
☆特集・映画における抵抗
戦後映画の栄光と悲惨　吉田喜重
残酷をみつめる眼　松本俊夫
安保ボケの風景　花松正卜
政治に徹するイメージ　浅井栄一
美学よ　去れ　石堂淑朗
商品と芸術の間　神田貞三
テレビと映画・その構造　高瀬昭治
P・R映画の中の抵抗　岩佐氏寿
教育映画の中の抵抗　日高　昭
現代の子どもと映画　阿部　進
教育映画祭を見る　八幡省三

○六月号・十二月号をのぞく毎号、ジーグフリード・クラカウア、各務宏・訳「カリガリからヒットラーまで――ドイツ映画の心理的歴史」を連載。
○以上の他現場通信・作品評など掲載。
○毎号アート紙写真頁を新作記録・教育映画の紹介、及び劇映画問題作の紹介。
○バックナンバー在庫僅少、本誌編集部までお申込み下さい。定価一部七〇円

■次号予告■

○特集・今日の前衛を探る
芸術的前衛とは何か　針生一郎
現実とイマージュ　池田竜雄
映像と音　林　光
レンズとイマージュ　谷山浩郎
現代におけるテーマは何か　松川八洲雄
意味への挑戦Ⅱ　粕　三平
私の記録映画論　田村　孟
○座談会・映画運動のヴィジョン
作家・観客・普及・批評の各パートから出席
記録・教育映画月評（連載）　佐野美津男

■編集後記■

一九六〇年の最終号を送りだすにあたって、本誌がようやく今日的な芸術課題に答えうる雑誌に成長しつつあることをよろこびとします。これは多くの読者諸兄、寄稿家諸氏の御指導、御鞭撻によるものだと思います。

※

来年度は「記録映画」をテコにして読者、寄稿家、映画作家との交流をふかめ、一定のテーマをもった定期的な研究会をひらきたいと思っています。計画は一月号に発表の予定。

※

十二月二十八日には教育映画作家協会の総会がひらかれます。総会では本誌の今後の方向をさらに明確に、積極的なものをうちだしていく考えです。読者諸兄の御意見、批判の声をおよせ下さることを御願いします。

（野田）

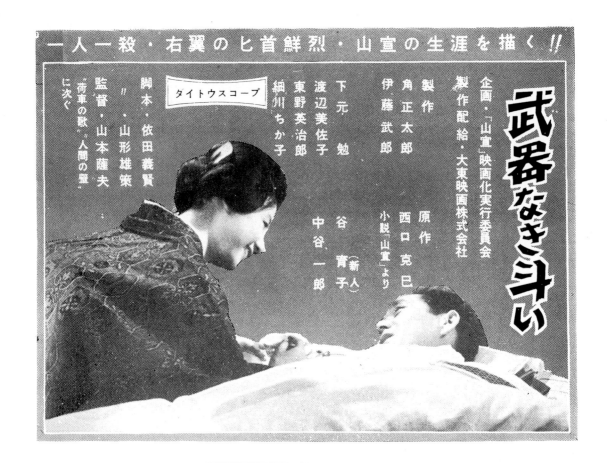

第四巻第一号
昭和三十三年九月五日第三種郵便物認可

教育映画作家協会編集

記録映画

THE DOCUMENTARY FILM

1月号

その鍵をはずせ！

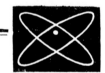

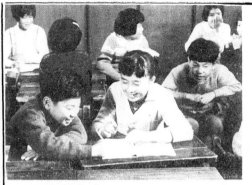

記録映画

1961　1月号

才4巻　才1号

時評

新年を迎えて

あけましておめでとう。

本誌も通巻三十号を迎えるに至った。ことしはひとつ、作家と観客の関係を、より深いところでとらまえた実質的な運動を、推進したいものである。

映画のつくり手と、受け手の関係の複雑さは、今にはじまったことではないが、依然として、ある曖昧さがまだまだ残されたままであるようだ。

むかしからある「大衆」ということばの概念。「大衆」は、こういう映画を望んでいる――というい方で、「大衆」を、自分より一段低いところに置き、そのくせ、「大衆」に責任を転嫁してしまっているズルサ――というふうなものが作家側にも普及者側にも、とくに普及者側に多く、のこっていたのではあるまいか。

それからまた、正確に、厳密に分析することなく、「大衆の意見」を、まるまる信じこんでしまう大衆追随主義――「大衆」に追随しているワケではないがというい方で、やはり追随しているタイプ。これまた「大衆」に責任を転嫁してしまっているズルサに、いささかも気がついていないのである。

作家主体の問題が、私たちの間で問題にならねばならなかったのは、角度をかえて見れば、観客に対する責任を、どう果たすかということでもあったわけである。その限りでは、普及関係でも、同じ問題を、かかえこんでいた筈なのだ。作家と、普及関係の、共通の分母は、そこにしかない筈なのである。

けれども、いままで、とくに普及関係では、問題はそういうところでとらまえてはいなかった。その作家と普及者とのチグハグは、現実に対する、主体的な認識の問題にかかわっている。どうも、普及関係では、観客の顔が先に目の前にちらつき、それからおもむろに、現実を見おろすという仮空の位置に立つことの方が多かったように見うけられる。いいかえれば、自分の位置の、曖昧さが、問題の所在をたしかめることを、妨害して来たということにもなるだろう。

作家たちが、いままでの方法を、破壊してかかっていることが、ただ単に、新奇な表現手段で、ひとを驚ろかそうとしているのだ――というふうなところで見物されていたのでは、たまったものではない。

ことしはひとつ、大いに論議をさかんにして、その辺の曖昧さを、なくしたいものである。

表紙の写真

田中徹演出作品、芸術映画社製作「その鍵をはずせ・ある精神病院の記録」より。精神病患者の女が描いたねこの絵。

もくじ

絵画・イメージ・現実

池田龍雄（画家）

東野芳明の報告（狂気とスキャンダル）によれば、ジャン・ティンゲリーというスイス生まれの奇抜な男は「メタマティックス」と称する愉快な自動デッサン機を発明したそうである。自動デッサン機といっても、真空管やトランジスターなどを使った高度な電子工学的機械ではなく、いかにも時計の国の住人にふさわしく、いくつかの滑車と、不規則にきまぐれにかみ合う「手づくりの針金の歯車」とを組み合わせて作った、いたって前世紀的な代物らしいが、その数個の滑車の最後の滑車にマジックインクをつけた鉄棒を連結しておき、モーターの回転（三百フランを投じないと動かないそうである）によって、それがまったく不規則に、でたらめに運動して紙の上にオートマチックな軌跡を描く仕掛になっているらしい。

「手のオートマティスムにつきまとう既成概念や連想・美意識を考えると、この不安定な機械のオートマティスムの方が、はるかに自発的な思いがけないイメージを吐き出すかもしれない」と東野芳明は註釈をつけ加えているが、この形而上学的な玩具の公開にあたっては、ハンス・アルプやマン・レイなども押しかけて、「三百フランの自動絵画をたのしんだ」という話だ。なにもアルプやマン・レイにかぎらず、わたしもまた、そんな遊びになら、三百フランを投ずるのを惜しいとは思わない——少なくともパチンコなどよりは景品がつかないだけさっぱりしてよいとは思うのだが——しかし、この無邪気な大人の玩具の出現を「精神と手とのつながりによりて作られた絵画への挑戦である」と断定する東野芳明と一緒になってよろこぶ気持にはわたしはなれない。たぶん、わたしにはいささかおとなげというものが不足しているのだろう。

ともあれ、純粋という観点からみれば、これほど純粋なオートマチィスムは他に例をみない。これはオートマチィスムの決定版みたいなものだ。なにしろでき上った作品（？）には人間の既成概念はおろか、一切の打算や邪念や無意識の介入する余地はないのだから——おまけに、おそろしく気まぐれな運動をするこの機械に頼めば、「思いがけないイメージ」や「自由なフォルム」を生ませること雌鶏に卵を産ませるよりも簡単である。

だが、一体「思いがけないイメージ」とはどんなものだろう。例えば、多分ここでこう曲るだろうと思っていた線の勢いが、突然期待を裏切ってとんでもない方向に走ってしまう、というようなものなのだろうか、それとも、いかなるデーターを動員してもどうしても解くことのできないでたらめな記号のようなものであろうか、或はまた、しらずに二重撮りした写真のように、なにが何だかわからない一種の幻想的ムードを漂わしたものなのであろうか。いずれにしろ、それは偶然のいたずらという以上の何ものでもないものであるらしい。そしておおよそその種のイメージを内包する形象は、観者の想像力を一見自由に解放するようにみせながら実は無限定の方向に拡散する作用しかしない。ということは、そのような、不定形の形象に潜在するイメージはそれによって誘発される観者のイメージとの間に、何らのカットウもひき起さないし意識の変革にあずかる力をもっていないということである。したがってそのようなものをわたしは創造的イメージとよばないことにする。

創造的イメージとは、わたしの考えでは、作家主体が現実に能動的にかかわり合う時その認識の過程における分析と綜合の結果として産み出されたものでなければならない。探求することなしに事物の真の発見はあり得ないように、必然性のない偶然、或は意識的に追求されない無意識に、創造的なイメージの産出を期待することはできない。かりに今、墨汁か絵具をたっぷりつけた一匹のうなぎを思う存分のたくらせた紙を前にして、そのきてれつな絵具のしみの中に、深山幽谷を想い浮べ、或は逆に都会の喧噪を探し出すのは観る側の勝手であって、いささかもうなぎの預り知るところではない。すなわち、ここでは、このヌラヌラした手足のないあわれな道化役者も、いわばメタマティクスの一種であって、ただ一つだけ決定的に異なる点は、あとで、蒲焼にして食えるという点だけである。

たしかに、二十世紀の半ばを過ぎて、人間の視界は飛躍的に増大した。せんだって開かれた「ニューランドスケープ展」のことをひきあいに出すまでもなく、電子顕微鏡下の世界には、いいかげんな抽象絵画など足下にもおよばない面白い形態が無数に展開しているのである。電子顕微鏡ではないけれども、映画「マリン・スノー」などでは、顕微鏡の下でとらえられ、スクリーンの上に拡大された幻想的なプランクトンの生態を、動く超現実主義的な絵画を観るかのように観ることができる。いや何も顕微鏡を持ち出さなくても結構、試みに小さなかさぶた一つ、とっくりと虫眼鏡でのぞいてごらんなさい、あなたはたぶん、或る種のアンフォルメルの作品を前にしたときよりももっとショックキングなものをそこに見出すに違いない。が、そう云ったからと云ってわたしはむろん、アンフォルメルとカサブタとを同一次元で論じようとしているのではない。アンフォルメルの作品はあくまでもゲイジュツという名の人工のオブジェであり、それに対しカサブタは皮膚病という名の自然のちょっとしたいたずらの産物に過ぎないのだから、両者の間には何らの共通点もないはずである。とは云え、あなたはそこに或る視覚的な共通性を認めないわけにはゆかないだろう。自然は芸術を模倣する、と大見栄を切ったワイルドの十九世紀的ロマンチズムに対して、今日、逆に再び芸術は自然を模倣しなければならぬほどに、衰弱したのであろうか。それとも、自然にかえることをすすめたルッソーの教えが、今ようやく芸術家の心の中に根を下しつつあるのか。とにかく、科学は政治をおきざりにするのと同じくらいの速度をもって芸術をもまたおきざりにして前進しつつある。

　地球は日に日に縮まってゆき、それに反比例して世界は刻々とその拡がりと深さとを増大している。そして、ひとともの、個人と社会、内部と外部、というような対立物の間の矛盾は、巨大なクレバスのように蒼黒い口をあけて横たわっている。芸術的前衛にとって、ややもすればこの深淵に足をうばわれる危険性はきわめて大きいと云えるだろう。一たびこの亀裂をのぞき込んだ作家はしばしば判断中止の状態におとしいれられる。そこからペシミズムが生じ、或はオプチミズムが芽生える。或る者はひどいニヒリズムにおかされてその場にしゃがみこんだままじっと内部に沈潜するし、或る者はばかに楽天的になって上《うわ》の空ばかり眺めはじめる。そしてそこで当の谷間をのり越えようとする努力を放擲して何やらヨガの行めいたことをやりはじめたり、サーカスの芸人のようなアクロバットに身をやつす。そしてそれらはただ単に風変わりだという理由によって充分に商業主義のベースに乗せられるだけの条件をそなえると、アバンギャルドのレッテルをはりつけたまま市場に売り出されるわけである。生活に疲れ切った無気力な大衆、或は生活に退屈し切った無責任な野次馬はそのような見世物に決して拍手を惜しまない。今やまさに、それは国際的な流行の波に乗って拍手の音はしだいに高まりつつあるかのようだけれども、しかし、その騒々しい拍手の音の中に、演じる者(作者)と見物人(観者)との間のイメージの激しいぶっかり合いや、カットウはほとんど見られないのである。いやむしろカットウなどが起ないからこそ、見物人にとってみれば気楽に喝采を叫べるのかもしれない。

　作者のイメージと観者のイメージとが、ぶっつかり合わないということはどういうことだろうか? それはつまり、その作品に潜在する豊かなイメージが無いということではなかろうか。もっとはっきり云えば、その作品に商品としての価値はあっても芸術的価値はないということではなかろうか。いや、少なくとも前衛としての資格に欠けていることは確かであろう。むろん、その場合、観者の方に責任がある場合も多い。しかし、だからといってそのことが作者の逃げ口上にはならないはずだ。作品にイメージの豊かさが無いという事は、決して表現上の技術の問題ではない。作者のイメージの貧困のまぎれもない証明である。

　けだし、現代絵画におけるイメージの貧困は、あまりにも膨大にふくれ上った複雑な現実を前にして、作家が現実把握のメドを失なったことに原因があるのではなかろうか。ある者はすでに盲の一歩手前というようななさけない状態になって、もはや触角に頼る以外に術はないかのごとく振舞っているし、またある者は、眼玉のくっついた頭なんか邪魔だとばかり一思いにかなぐり捨てて本能的な手足の自由を謳歌しようと試みている。彼等において特徴的なことは絵画とは決して外部の現実を表現するものではないと思いこんでいることだ、そのようなことはばかげており映画や写真にまかせてしまえばいいと、彼等は単純に割り切って考える。カタルシスの理論が、彼等を感覚的に支配し、ほとばしってもいない生命力をほとばしっているかのように衝動的に表現することだけが、絵画に残された唯一の方法だと主張する。そして外部の現実と内部の現実との間の深い断絶に落ち込んでいかれてしまった自称前衛たちは自らを一匹の蟻に変貌させることによってそこから逃げ出そうとする。なるほど蟻にとっては床も壁も区別する必要はない。世界はどこまで行っても旦々たる一面の床、或は一面の壁。メヴィウスの輪のように裏も表もない二次元の世界である。彼等はこれこそ純粋な絵画の世界だと考え、自由気ままに造型言語を描きつけることのできる平面だといって有頂天になる。しかし彼等は実はそのことによってすでに自然という名の蟻地獄にひきずり込まれていることに気がつかないのである。肉体という自然の独房の中で永久運動にうき身をやつす模範囚たち。彼等はたしかに非情な外部の現実より遠く距って、身の安全を保障されている。ちようど、かつて自然主義とよばれた一群の外側の風景の中に溶け込んで主体を喪失したのと同じように、彼等は内面の風景の中に主体を埋没させてしまっているのだ。一見反自然主義的に見えるいわゆる「熱い抽象」または「アクションペインティング」の多くは、このような地点において造られるのである。それは、ものから疎外された人間の、観念と訣別した肉体が奏でる華やかにしてかつ哀しいエレジーでもあろうか、彼等はもはや自然の単なる代弁者でしかないのだ。自然主義者の眼が外側にしか向いていないのと同様、彼等の眼は内側にしか向いていていない。前者が常に対象から適当な距離を保ちつつ、もののおおまかな外観を写しとるのにうつつを抜かしているとき、後者は反対に、自然にくっつき過ぎるほどくっついてその一部分を切りとることに熱中している。形こそ似ていないが、内容は一枚の板の裏と表の違いに過ぎない。

そこから果してどのようなイメージが生まれるであろうか。部分をいくら数多く寄せ集めてみたところで決して全体にはなり得ないと同じく、その種のイメージをいくら積み重ねてみても決して創造的なイメージとはならないだろう。創造的イメージは創造的想像力の産物である。創造的想像力は、現象を通してものの本質を見きわめる直観的な眼と、認識されたものを更に分析し綜合して、そこから一つの典型を探し出すすぐれた抽象能力（観念）との共同作業によって培われる。それは現実から受けとめたまとまりのないバラバラな映像をすくい上げ、非現実化（イメージ）し、そしてその生まのままの素材としてのイメージを一度完全に分解し、造型的に変形し、表現しようとする方向に向って再構成する能力である。

したがって創造的想像力と想像力一般、および創造的イメージとイメージ一般とは厳密に区別されなければならない。創造的イメージの欠如したモダニスト、或は現実から遊離したイメージしかもち合わさない遊び人は、すべからく、メタマチックスに変身した方がいい。数個の滑車と数個の歯車に化して、偶然の法則に忠実に従いながら、無限につなぎ合わせたトイレットペーパーか何かに、美しい虚像を永久に描き続けてみたらどうだろう。何という素晴しい自由！　これこそ絶対的完全遊戯とでも命名すべき遊びである。

だがしかし、いささか残念なことには、現代の政治ならびに社会は、そのような高度な遊戯、そのように高度な自由を保障するにはまだあまりにもおくれ過ぎている。すなわち、芸術の革命が、革命の芸術になり得る条件はきわめて限られているのだ。言葉をかえて云えば、現実はイメージの気ままな遊泳をいつまでも許しておくほどスタティックではないということである。現実は隙あらば作家のイメージをたたきこわそうと待ち構えている。

例えば一九六〇年五月、わたしは争議の頂点にさしかかった三池に行く、あらかじめ、わたしの頭の中にはごちゃごちゃにつめ込まれたイメージの断片がある。むろんそれはまだ、創造的イメージに発展しない以前のイメージ一般であるが、テレビ、新聞、ニュース映画、三池労組の機関誌その他の報道が提供してくれた多くの映像と、それに加えてわたし自身のいくつかの経験から類推され組み立てられたイメージとが重なり合い複合化されて頭の中を揺れ動いている。だがしかしこのような不安定なイメージは現場にのぞんでしばしば根底からくつがえされるほどの打撃を受けることがある。現場において発見するごく些細なこと——例えば大牟田の駅に降り立った時、駅前広場の拡声器から高らかに響き渡っているマンボのリズムを耳にする——といったような時だ、そこでわたしの既成のイメージは見事なパンチを喰って大きくよろめく。

たしか、京極高英の「失業」にはこのようにこちら側のイメージの破壊を強烈にうながす映像はなかったし、土門拳の「筑豊のこどもたち」にも、この大牟田駅頭のマンボに匹敵するようなすさまじい断絶感、空虚感はとらえられてなかった。いや、とらえられてなかったからこそ、あのいやに浮き浮きした音楽は、わたしの意識に石綿をねじ込まれるような、奇妙な異和感を一層強く与えたのかもしれない。小炭鉱《こやま》と大手とは問題が違うではないか、となじられればそれまでのことだが、しかし、ここでは労仂問題を論じているわけでもなければ、ルポルタージュを綴っているのでもない。既成のイメージと現実との思いがけない出合いについて述べているのである。もしかすると、この程度のパンチを喰ってよろめくような貧弱なイメージなら、ドブに捨ててしまえと、慨嘆なさる方があるかもしれない。だが、言葉を返すようで悪いが、むしろこの程度の発見に驚かないようなコチコチのイメージこそ捨ててしまうべきだとわたしは考える。作家のイメージは壁に張りつけられた切紙細工ではない。それはアミーバーのように生きて動いて分裂し、植物の種子のように未来を内容しているものだ。したがってそれは、現実から断えず、光と熱と水と養分とを与えられなければ豊かに成長しない。イメージが現実によって打ちのめされた時、その時それは胞子のように四散しておそらく意識下の世界のどこかでひそかに息づいているにちがいないのである。そしてそれはふと何気なく出合った壁のしみや崖くずれの跡や、工事場の鉄骨といったような不特定の対象と結びつき、それをオブジエ化し、急速な細胞分裂を始め、場合によっては創造的イメージに変位して創作活動をうながすこともあり得る。

要するにイメージと現実との関係は敵対関係であると同時に友好関係であり、そのかぎりにおいてそれはそのまま作家と現実との関係でもある。但しここで現実というのはいわゆる「外部の現実」を指しているわけだが、それは大まかに二つに分類される。一つは直接的現実、もう一つは間接的現実だ。前者は作家主体が、直接に関り合い知覚し得る現実、——生まの現実であり、後者は一度、他人の手にかかり、様々な媒体を通じてコミュニケートされる現実であって、前者と後者との間には、海の中に泳いでる魚と魚屋の店頭に並べられた魚ほどの相違がある。したがって両者から受けとめるイメージ、または両者に関わるイメージの質は当然異なっている。前者に関してはそれは云わば絶対的関係であり、後者に関してはそれは相対的関係と云えるだろう。かりにわたしが、ある日見た一枚の写真——閉鎖された抗口を写した土門拳の作品の一つから炭坑問題の深刻な一断面を探りあてたとしても、それは土門拳の眼を通してでしかない。彼のイメージとわたしのイメージとはその時、激しくぶつかり合いからみ合ったままわたしの内部の空間を横切るのだ。横切ってわたしの意識に傷痕を残す。だがそれはやっぱり他人、土門拳の残していった傷痕である。もしわたしが土門拳の写真集を手がかりにしてイメージを組み立て、それを創作にまでもっていったとしたら、そこには土門拳の残した傷痕が顕在することになろう。そのような三角関係にわたしは満足したくない。

次にわたしは三池に行く、ある街角で、数十人の労仂者たちがヘルメットをかぶり、腰に荒縄を巻きつけ、青竹の筒をぶらさげて黙々と行列を作って行くのを目撃する。わたしは其処で、眼の前を通り過ぎたそのたいして大きくもない一つのマッス——大牟田にあってはきわめてありふれた日常的形態ではあるが、やっぱり外来者のわたしには異様に眼に映る鉢巻と荒縄の中に、彼等を結び合わせている連帯意識の強さと、反面それが「資本」との非情な闘いにおいて果してどれだけ耐え得るだろうかというひそかな危惧とを感じる。わたしのイメージはその時二つに分裂し、わたしの内部でそれぞれが二つの振子のように行き交ったのだ。だが、作家としてわたしはそれを所有しそれをオリジナルな、創造的イメージへと自由に発展させることが可能なのである。

むろんここで絶対とか、相対とか云っても哲学的に厳密な意味ではない。哲学を云々するのなら、それこそ絶対純粋にオリジナルなイメージというのは考えられないわけだ。学習や経験を度外視して一個の作家の存在はあり得ず、したがっておのれの中に他人のイメージを内包していない作家はいないのである。山下清でさえもゴッホや梅原竜三郎を知っているではないか。ましてわたしの中に他のいかなる芸術家もいないなどと見えすいた嘘はつけない。「絶対的にオリジオルなイメージ」とわたしが云う場合、それは要するに他人のイメージが記憶としてわたしの後からしか作用しないということに外ならない。

もしそれをしても、自由で純粋でないというのなら、わたしもまた、メタマチックスになり変わってしまったがよさそうだ。ジヤン・ティンゲリーの偉大なる息子——機械にして機械ならざる機械——メタマチックス才〇〇〇号となって、独り「幸福な偶然」を謳歌したい。

マヤコフスキーの眼

松川八洲雄（演出家 日映科学）

唾を吐きかける。
韻《リフマ》に
アリアに
バラの茂みに。
（マヤコフスキー）

「掏摸《すり》は人類を進歩させない」と云う刑事に向って、ミシュエル青年は、

「既に世の中は、逆さまだ。それをなおすためです。」

と主張する。

ロベール・ブレッソンの「掏摸」を見ながら、僕はこの額にしわをよせた、まゆの濃い、疑い深そうな眼つきの青年の顔が、詩集のどこかで見た、マヤコフスキーの顔にとても似ている様に思えた。もっとも、ミシュエル青年は、攻撃目標である財布に向って、決して直視しない訓練をしているせいか、視線をまともに対象に向けようとしないため、どうもふてくされて見えるが、マヤコフスキーの眼は、長髪の写真も、坊主頭の写真も、鋭くカメラのレンズを凝視している。

眼つきの違いで、革命的であるとか、ないとか云うのは、例によって問題ではあるが、然し、同じ様に、逆さまの世の中をまっすぐにしようとする変革者であるとしても、確かに、掏摸で変革しようとするのと、〃わたしは　じぶんの　詩人の　ひびきわたる　力を　すべて　おまえに　ささげる　攻撃する　階級よ〃というのとの違いは、はっきり眼つきに出ている様に思われる。

勿論、顔が似ているのは、ミシュエルを演じたコルタン・ラサール青年なのであって、ミシュエルの眼つきについての責任は、すべてロベール・ブレッソン監督にあるのは云う迄もない。

そこで、ブレッソン監督であるが、彼は本気で、掏摸で状況変革出来るとは、まさか、考えてはいないと思うけれど、といって、〃掏摸〃は人類を進歩させない〃などという、如何にも人類主義者《ヒューマニスト》らしい刑事の様に、〃自分の中に開く眼〃をもてば、〃真人間〃にかえれるのだという、月並みの倫理を引き出すのを主題にしたとも思えないのだ。その証拠には、掏摸による変革論者ミシュエル青年は、遂に捕えられた警察で、乳児をかかえた恋人ジャンヌの額に接吻しながら、今度こそ真人間にかえる、と誓うけれど、その言葉の下で、ミシュエルは相変らず掏る様な眼つきで、さっぱり反省の色が見えないのである。それに、女と赤ん坊を養うのは、金のかかるものだ。ミシュエルは恐らく出獄したにしても、今迄にもまして掏摸の能率をあげなければならないだろう。

それともブレッソンは、有為ある青年を掏摸に追いやる「状況」を描いたのか。

成程、労仂を価値から追い出すキャピタリズムの物神主義に当てはめれば、あれ丈の肉体的訓練をつみ重ねた上で、得た技術を以て、まことにザッハリッヒに物神そのものを手に入れる事は、競馬や株で物神を所有する資本主義のルールに、ちっともはずれてはいない。

だが、ブレッソンは、掏摸の手口こそ、まことに詳細に、スポンサアが掏摸協会ではないかと思う程丁寧に描いているが、株は良くて矛盾はいけないという資本主義内部の矛盾そのものをテコにして、状況の本質的な矛盾を暴こうとは、さっぱり、しないのだ。

資本主義内部の掏摸をテコにして状況の実態をあばき出す、という意味では、僕はむしろ「抵抗」でブレッソンの助監督をしていたという、ルイ・マルの「死刑台のエレベーター」や、ルネ・クレマンの「太陽がいっぱい」の方が、はるかに見事だと思う。

例えば「死刑台のエレベーター」では、死の商人である社長を、その社長＝資本家の秘書であり、アルヂェリア事件で悪名高いフランス落下傘部隊の復員将校である男が、資本家の美しい女房を手に入れるため射殺する。事件は、落下傘部隊の将校にあこがれを持つ、かみなり族的少年のひきおこす、副次的殺人から解決するのであるが、逮捕する警官も、一たんは資本家の女房を捕えておきながら、女房が資本家の名を云うとあわてて釈放する、正義の味方というよりもむしろ資本家の犬的存在なのである。この、あたかも、庄屋、狐、鉄砲、といった、孤拳に似た関係は、一人の悪党である犯人割り出しの所謂スリラー的状況ではなく、犯罪そのものの中に、アルヂェリアに一部露呈したフランス資本主義の、帝国主義的傾斜の状況が、あたかも事件をめぐる悪徳のサークルとなって、状況こそ犯人であることを、浮かび上らせかけるのである。（但し、最後は、ジャンヌ・モローのアップか何かで、女は魔物、気をつけろ、といった風に終るのであるが……。）

又、「太陽がいっぱい」では、捨てる程金のある道楽息子を、ビタ一文ないプロレアリア青年が殺して、あたかも掏摸技術を訓練するミシュエル青年の様に、科学的な態度で夜も寝ずにサインの筆跡を同化し、周到な計画に基づいて、プロレタリアートの夢である、酒落たシャツや靴、つまりはブルジョアの富を、完全犯罪のもとで手に入れるのであるが、ここでは、プロレタリアートが、清貧に甘んじ、庶民生活のペーソスの中に、柔和な顔で坐りこむばかりが能ではなく、欲望への実践者として、眼には眼を、歯には歯を、といったやり方で、知恵と勇気を以て、ブルジョアから富を闘い取る姿が、捉えられていた。だが、又しても天はプロレタリアに味方せず、まことに鮮やかなどんでん返しで、青年の夢はついえ去ってしまうのである。

「掏摸」にしろ、「死刑台のエレベーター」にしろ、「太陽がいっぱい」にしろ、いづれも、状況変革を、少くとも状況を示唆する内容を含んでいる。にも拘らず、いづれも状況の心臓部にアイクチを突き刺すのでなく、真人間になる、とか、太陽がまぶしすぎる、とか、女は魔物、とか、といったオチで、焦点が急拠、モラルに合って、そこで状況は書割りじみた背景にとけ込んでしまうのだ。

大部、前置きが長くなったが、僕が、ここで検討する課題は、芸術の前衛の、テーマの形成について、であった。そして、それは、一言で云ってしまえば、状況の日常性の仮面を剝ぎ取る事であり、剝ぎ取る事によって、状況の実態を暴き出し、その、人間疎外の状況の中で、人間を回復し、拡大してゆくために行動する主体を創造する事にある、と、僕は思うのだ。

例えば、〃真人間〃でありたいミシュエルを疎外して「指先」にするもの、或は、生命の無限にむすびつくことを意味する恋愛＝性欲のために、生命を奪わせて平然たるもの、或は人間の生産物たる物質＝富を、人間が所有する事を許さないもの、即ち、人間を疎外する状況に眼射しを向けぬ限り、作家は、現実を、アクチュアルなものとして捉える事が出来ず、「特殊」を、「特殊」のまま「……デ、アッタトサ。」といった、物語り性の中に課題を解消してしまう事になるのである。

従って作家は、芸術の前衛である作家は現実に対して、鋭い分析の眼を、まさにマヤコフスキーの眼を向けなければならない。

といって、僕は、〃作家とは、すなわち――有益な者のことだ。……詩を書くのは――パンの供給のためだ。現代に於ては、作家とは、行進曲《マーチ》を、スローガンを、書く者のことだ！〃というマヤコフスキーの詩《ポエジー》精神をそのまま、なぞる様に、たちまち、ミシュエルが、フランス全学連になって、人間を指先にした敵を撃て！　と云い出したり、FLNのジャンソン機関の工作員が出きて、アルジェリアに示される帝国主義こそ犯罪の元凶なのだ、と云わしめよ、と主張するのでは毛頭ない。だが少くとも、状況を、状況の中の諸矛盾を、まず芸術家である作家は、自身の内に疎外されたものとして捉え、その疎外からの人間復活を行動する創造者として、外部の状況の諸矛盾を、怒りこめて、科学的に分析する必要がある。

はっきり云えば、階級的な視点に立った、弁証法的な眼、という事であるが、実のところ、状況をこの眼で捉えながら、対応する内部に厳しい眼を向けぬ、マヤコフスキーの上ずみだけの様な、皮相の作家は沢山いる。そこでは、あたかも芸術を、状況変革の前衛のプログラムに組み込まれた手段そのものとして捉え、作家の内部を通過しない視線で、変革者一般の論理をそのまま対象化するため、当然の事ながら作品の中には、創造ならば必ず発見出来る、作家主体の対象化された定量《デヌミネーション》は無く、だが、生のままの変革の論理があり、己れの疎外状況と闘う、特殊な「個性」が無く、疎外一般が、当然の事ながら、所謂日常性とは裏返しの、ステレオ・タイプ化した方法によって記述されるのだ。

こうした作家の内部に限って、そっと、

その掌を開けさせてみると、当然、外部の階級的状況に対応してある可き、人間像にしても、意外に古風なイメージとして、或はルネサンス以来、使いふるしてすりきれた「汎人間性《ヒューマニズム》」といった言葉の屍だけが、ボロ布の様に握られていたり、或は、豊満なイデアである、ミロのヴィーナスが、あったりする。そして、そんな汎人間性に、まといつく様に、道徳があり、道徳的な美があるのだ。ブレッソンに於ける、〃真人間〃のイメージにしろ、ルイ・マルや、クレマンの、どうやら、やっと悪徳が勝ちそうなところに行きながら、遂に、「邪はそれ、正に勝ち難く……」終らせてしまう、モラリズムがそれである。

こうしたヒューマニズムや、モラリズムの上に構築された、芸術は、メロドラマに堕ちるか、或は、メロ・ドラマチックな前衛軍の、石に矢を立てようという様な、非科学的な突撃の、突撃ラッパとしての効用は、ともかく、より多くの人々の内部に、新たな変革の主体者を創造する、という、芸術の前衛の課題を、果し得ないだろう。

己れ自身の中の疎外状況を追求する眼を持たない限り、芸術の前衛は、変革の主体を創造する課題を、果し得ない。その意味で、例えば、ブレッソンの、〃芸術〃や、マルの〃技巧〃或は、クレマンの〃重厚さ〃にも拘らず、映画離れした、ゴダールの「勝手にしやがれ」や、アラン・レネの「ヒロシマ・我が恋」は、大きな意味を持つ。そして、映画離れ、という面だけでも、僕は、芸術の前衛を、より前衛たらしめる方向としてはるかに高く評価するのであるが、然しいささか己れの中の疎外状況を捉える、その姿勢の逆さまつ毛になった、針ねずみの様な、自虐的なポーズが気になるのだ。

例えば、歴史の続く限り、人間は無限に創造力を持つ、とすれば、必然的に、人間は又無限に、人間疎外と闘わねばならないのだ。この、無限に続く人間疎外を、有限である己れの中で完結させようとするジレンマが、疎外に対応する状況の変革へと、主体を創造化するのでなく、状況は幻影《ファントム》化し、主体は、ザインとゾルレンの間で、ジレンマにおちいるか、或は、自己否定により一挙にゾルレンを行動するか、或は自己肯定によりザインを行動するか、といった、云ってみれば、実存か、革命的虚無《ゼンガクレン》か、享楽的虚無《カミナリゾク》か、という選択におちいる危険があるように思われる。そして、ひとたび、ジレンマが観念の中で止揚され、己れのみ疎外状況から解放された「全人間」だ、と錯覚した地点からは、状況変革を逆におこなう、ファシズムが、生まれる可能性が大いにあるのだ。

従って、僕等は、僕等の内部の疎外を、具体的な今日の状況の中に於ける、階級的な自己の、内部、として捉えると同時に、原初から今日迄の、重層する人間の歴史の重みが、丁度、何百気圧という水圧が、深海魚の、ひわひわした内臓を、外からそっとおさえている様に、モラルとして、汎人間性として、やわらく、人間の可能性を疎外している事実に対し、人間の自由の、無限の可能性を、未来への歴史のプログラムの中で捉え、人間復活と拡大のイメージを、観念の中でなく、まさに生産点としての創作活動の中で、無限の未来に続く闘いの、有限な己れの、具体的な闘いとして、展開すべきであろう。

当然の事ながら、己れの中の、疎外を捉える凝視は、トータルな歴史を貫く軸と、それを今日でよぎる断面の、トータルな人間のイメージを貫く軸によって、立体化される。だが、〃芸術は科学に先行し、科学に自由の地平線を開き、科学のまえに、もろもろの欲求を刺戟して発展させる〃（ヴィルジリオ・シラルドーニ）ものなのだ。そして作家が変革者一般ではなく、芸術家であるのは、まさにこの点に於て、である。

僕は、且て本誌で、「欲望のイメージ」という小論に於て、〃己れの中の欲望を確かめる事、それはあたかも羅針盤なしで大洋にのり出す様に、果てしなくボウヨウとしている。だが、この航海なしに、人間の意味を拡大する欲望の生産――即ち、芸術創造――は、あり得ない〃と、述べた。

だが、実のところ、欲望は、羅針盤なしの、アーナキイな航海で、求められるものではない。ただ、意識が、所詮は状況の中に於ける上部構造としてあるため、疎外された欲望は、未だ一度も、陽の目を見ぬもの、として意識下に眠っており、対応する下部構造が、序々に、にしろ、「革命」的ににしろ、変革されない限り、いくら意識のうちで考えたにしても、考えつくものではないが、しかし、逆に、下部構造である現実に、対象物である「物」を発見する事によって全く新たな、つまりは人間の新たな意識の所有を意味する、欲望の発見が可能なのである。その意味で、芸術の創造とは、内部の、意識の中で考え出すものではなく、最も先行したあらゆる科学の上に立って、意識を、最も敏感に反応する状態のもとにおき、そして、対象の中から、意識下の欲望が共鳴する「物」を、或は「物の組合せ」を、発見する事にある。つまり、芸術創造とは、大部分が科学であり、科学から芸術を区別する、僅かな部分、そして芸術にとって、決定的な部分は、対象の発見である、と云えるだろう。そして、芸術の前衛が、政治の前衛でなくまさに、〃人間が、人間自身に与える、最高のよろこび〃(マルクス)としての芸術の前衛であるためには、あくなき探険心をもって、外部の世界の上に創造的労仂を加え、それによって、対応する内部の世界の、新たな発見に、努力する以外に、道はないのだ。

では、この、芸術の前衛を、芸術として決定づける航海に、羅針盤は、無いか。

九十九%はあるが、一%は、無い。或は九十%はあるが、十%は、無い。そして、その、九十九%、もしくは九十%に当るのが、科学である。にも拘らず、百%、羅針盤なしで、あるものは、無階級的〃芸術〃的インテリゲンチャとしての感受性だけを頼りに、二十世紀前半に於て所謂前衛芸術は、メルクマールな意識の拡大を、実現してきているのである。いずれは、試行錯誤の連続であったけれど、だが、僕等は、その道筋のたどり方の中に、芸術の航海の仕方を、方法としてでなく、態度として、学び取らねばならないだろう。

たとえば、ベラ・バラージュに〃絶対的視覚性、視覚的印象の万華鏡、絶対映画の形式遊戯〃ときめつけられている、所謂〃純粋映画〃が、意図する所が、そのように、カント流の、自己目的的な人間活動の所産として、純粋な、従って、多分に遊戯的な「芸術」の創造にあったにも拘らず、恐らくそれ自体独立して純粋な、映像と映像が、モンタージュによって全く新たな意味を得、それによって、映画の可能性を、同時に人間の意識を、拡大したに違いないのだ。(見ていないので、断言は出来ないけれど、恐らく、ヨリス・イヴェンスの「橋」や「雨」は、そうであったに違いない。)

又、同じくバラージュに〃主観主義のもっとも極端な形式〃であり、〃現実に退屈し、あるいは現実を怖れる芸術家〃が〃寓話の中に出てくる駝鳥が砂漠の砂の中に頭を突込むように、頭を自らの内的生活の中に突込〃んだ、〃没落に頻したブルジョア芸術の頽廃現象〃である、と云われたシュール・レアリスムが、あたかもバラージュのきめつけに、相い応ずるかの様に「美行儀のよい芸術――論理学の最後の成果!これを打ちこわさねばならん。」「論理学のちくしょうめ!」「芸術は愚行だ。」(シュールレアリスム第二宣言)という宣言をかかげ、革命的にでなく、反抗的に、爛熟資本主義にたち向かい、そのモラルと、秩序と、安定と、富裕の幻想に対して「新しい一つの悪徳……錯乱……狂燥と闇の子シュールレアリスム」(アラゴン)を、ぶっつけたのだ。そして、自己の内部の「具体的で不合理的なもの」、即ち、状況の秩序によって疎外されたものを、「夢」や、「妄想」「痴呆化」によって発見し、そうして捉えられた、「具体的で不合理的なもの」によって、逆に状況そのものを疎外《ディペサージュ》し、ディペイサージュによって、状況の本質を暴露すると共に、主体の意識下にあったものを、意識として、目覚めさせたのである。しかも、「芸術」のみを、人間の羅針盤として、現実にいどみ、遂に「政治」の眼を得たアヴァンガルディスト達の名は、アラゴンやエリュアールを始め、ヨリス・イヴェンス、ルイス・ブニュエル、ルネ・クレマン、パブロ・ピカソなど、枚挙に、いとまがない。と同時に、これらの作家達を含めて、〃現実に退屈し、現実を怖れ、寓話の中に出てくる駝鳥が砂漠の中に頭を突込むように、頭を自らの内的生活に突込んだ、没落に瀕したブルジョアの芸術の頽廃現象〃などと、創造精神とはおよそえん遠い所で批評を下す、公式批評家との闘いも、又、芸術の前衛の、課題の一つであろう。(もっとも、バラージュの云う様な作家、例えば、マリネッティや、サルバドル・ダリが、居た事はいたが……)

だが、これらの前衛芸術は、確かに、爛熟資本主義の中で、孤独であり、状況変革のエネルギーとのコミュニケーションのないままに、芸術は、芸術の否定的側面に於てのみ、存在理由《レゾン・デートル》があったのは、事実である。

だが、今は、違う。例えば、アンリ・ルフェーブルは云う、〃錯覚だ。おそらく最後の錯覚〈幻想〉である。いままで芸術家は、これほど多くの、これほど強力な手段をもったためしはない。しかし、これらの手段はあたらしい。そして手段であって、もはや媒介物でない。これらの手段とはなにか。弁証法的唯物論であり、世界を変革する行動であり、世界を変革する人びと、その前衛との生きたつながりである。孤立せる美的「前衛《アバンガルド》」のことでなく、政治的前衛のことである。まして孤立せる「美意識」のことでない。政治意識のことである〃

けれど、くり返しになるが、創造は発見であって、イデオロギーそのものではない。まして、前衛芸術という形式《フォルム》にあてはめる事では、決してない。従って、作家が甲羅にあわせて穴を堀る様に、ひとたび、前衛芸術を、アヴァンガルド、といった形式として捉えるならば、作家は、アヴァンガルドのはさみをふりかざす、あわれな蟹のように、こと志と反して、前へ、ではなく今はもう、くり返す旧い波の中へ、埋没していったとしても、また、やむを得ないのだ。

こうして、僕等は、再びマヤコフスキーのポエジーに、たどりつく。

〃諸君、
新しい芸術を与えろ――
共和国をぬかるみから引き出す
新しい芸術だ。〃

偽証のレンズ

康　浩郎（演出助手）

私達の間には、もっぱら感性だけで生存している、まさに天才なる者がいる。感じたと自覚したとその瞬間に自己は全的に充足されるという、全く彼にあっては歴史は超越して、一挙にこの世界を統一する最も自然的ともいうユートピアに、今にしてすでに達している。彼の全存在は、ひたすらに柔軟なる皮膚と化し、あるいは半透明なるクラゲの如くに宇宙を漂う。

そして、そこでは、感覚がその行為自体に於て、人間を解放しているとする。

ところでさて一方には、これもまた天才というのであろうか、すでにユートピアにいるということでは同じく、理性だけで生存しているもう一人の者がいる。彼の場合は前者と異なり、その全存在は深海の暗闇ともいうべき意識の中にあって、ひたすらに眼と化し、そこに現出してくる不完全なる影を点検する。

そして、理性がその行為自体に於て、人間を解放しているとする。

しかし、ここにもう一人の別の人間が私達の間にはいるのであって、その者にあっては、夢をみるという行為に於て前の二者を超えている。感性の総合として理性があるのであれば、前記の二者は結局のところその意識に於て、そしてその現象学において、同じ次元にいると云いうるのに反し、夢をみる才三の者は、まさに感性を理性の止場という新たな次元にたち、意識からの脱出を行う。階級も、権力も、停滞も存在しない永久革命の状態にある未来の社会に於ける、理想の仮空存在としてあるよりあり様のない、皮膚と、眼との者とは異なり、夢をみる才三の者は、その夢が現実と自己自体との矛盾に依って生みだされたにもかかわらず、その後にやってくる最も人間的な何かをそこで垣間みるという、絶望ではなしに、新たなる憧憬によって、究極的にこの歴史に結びつこうとする。

×　×　×　×

今迄に人間がもちえた統一的な世界観は二つあって、一つはキリスト教のそれであり、もう一つはマルクス主義のそれであるが、ところで一方、人間の悪に対する形而上学などというものは当然ないのであって、そこで、それのもつ内容ということを問題にすれば、それがどんなかたちであるにせよ、私達がしりえているそれは、地球の歴史の中に於ける人間の歴史の長さにも比較しえぬ程に未だ微なるものにすぎない。

私は先日「火山の驚威」（仏記録映画）をみた。そこでは、自然は血を流していた。にもかかわらず、推測すらもつかない地球の歴史の中の、そのまた中の〇〇千年という微々たる歴史だけしかもたないからだろうか、人間は、いつのまにか地球をおおってしまった地殻の厚さの増大に比例して、地球の歴史が人間の歴史であること忘れてしまったらしい。その時間にくらべ、あまりに桁違いな膨張率を示しているかにみえる現実のもつ機構の堆積は、その常に既性事実たる堅固さに於て、まさに地殻のそれに対応すると云いうる。

ところで、マルクス主義は本来最も人間的な何かを永久に獲得してゆこうとする思想であるのならば、ここに逆説としてさえ、それを人道の悪との対立として問題にすることは出来まい。ところが、その最も人間的な何かは、善でしかないとされてしまった時、悪は地殻の深奥のかなたに忘れ置かれ、偽善が支配者となり、火口は一切塞がれてしまった。

私達は、マグマの存在を眼前にみることはできるが、マグマそのものを正視することはできない。しかし、マグマの歴史が地球の歴史であること知っているはずであるが……。

レンズがそのアナクロニズムによって、マグマを正視しうるとすれば、その瞬間、レンズはレンズでなくなってしまう。レンズはマグマ自体に溶解してしまう。もし、レンズとしてそこに残るとするのならば、それは偽証のレンズと呼ばねばならない。

又、レンズがヒューマニズムによって、地殻を正視しうるとすれば、その瞬間レンズはレンズでなくなってしまう。レンズは現実がもつ機構の部分となってしまう。もし、尚もレンズがそこに残れば、それは偽証のレンズと呼ばねばならない。

この二者のレンズには、巨大なものをさらに巨大なものに拡大しようとする一種異様な誠実さが含まれるしかない。もともと、偽証とはこの性向にかかわるものならば、そしてレンズとは常に不鮮明なところにこそあてがわれる運命なのであれば、そこではよりその誠実さの度合は増す。そうなればそうなるほど、彼等はより主体的となり、その頑迷さはいよいよ確固とし、最後には、自己が証人たりえない事柄に関してまでも、あえて在廷証人として進みでようとする。

記録が記録された時、すでに歪みをもってしまい、その歪みを累乗して他に伝播してゆくのであれば、そしてそれが現実のもつ機構の本質でもあるならば、未来とても私達の保証人たる事はなくなってしまう。

　想像力のもつ一方の現実否定の契機のうえに立って、新たに現実にかかわることは、同時にまた窮極に於ける自己否定という任務をも遂行せねばならぬということであるべきだが、彼等がそこに到達することは絶体にない。何故なら、マグマは地殻の縦の亀裂にのみその存在を露呈し、人間の悪は噴出して常に危機を生みだす筈だからである。そして、マグマたる人間の悪も、地殻たる現実のもつ機構の堆積も、両者のひたすらに離反しようとするコミュニケイションを貫してしか理解しえない。


　どんな場合にでも、判断のないところでは、現像は価値一般であり、具象の抽象化されたものである。それも又、現実の本質でもあるという云い方もできる。不安、孤独、……ｅｔｃはそこに源を発する。まさに疎外された現実である、状況にあって、それの克服が世界の恢復である。そのための条件は、私達にあっては、どんな場合にも意味であって行動ではない言語にあるのではなくて、すくなくとも人間の悪の存在を垣間みることのできる映像にあるのならば、主題は、一口に云って欲望と想像力のドラマだけである。

　意味にあっては、意識はそこからかなり遙かな位置にまで引退った時、はじめてその深淵をのぞきうるのに反し、行動にあっては、意識はその対称自体に釘付けにされ、一体化されなければならないという、意味と行動のギャップ、つまり参加を自からに要請されるに至る転回点を、その転回点のかたちに呼応し、一挙にそれを包擁しうるレンズの中に突然浮び上らせることができれば、目撃者のカタルシスはここで醸成され、映画はスペクタクルとなる。

　スペクタクルとは、映像が外発化することであるならば、それは当然アトラクションと不可分である。又、先に云った如く、人間の悪と現実のもつ機構との断絶のコミュニケーションにのみアクチュアリティが成立するのであれば、同じ意味で、それはデペイズマンとも不可分に結びつく。

　この時レンズは無限の様相の変化を呈するであろう。しかし、レンズの多様さが、そのままスペクタクルとなるとは限らない。

　ところでさて、スペクタクルの頂点は二つあって、一つは戦争のスペクタクルであり、他の一つは革命のスペクタクルであるが、私達の二十世紀の今にして、両者が精密天坪上に完全なる平衡を保っているとしたら、そこでレンズは何を凝視すればよいのか。さて、両者の顔付きはと云えば、一方は満面に微笑をたたえて黒血の筋をたてており、一方は真白な包帯に手足のない全身をくるんでおり、中味は判然としない。しかし、死んでしまった訳では決してない。

　死者の血をついばむ禿鷹は、必ずそしてまずはじめに、空を舞わねばならないのであれば、鳥葬はまだ始まったばかりである。

意味への挑戦・Ⅱ

粕　三平（シナリオライター）

1

きみよ
侮蔑されている者よ
もののはずみの間隙に
首をねじこみ、世界をよおく見てごらん
きみは、何かに復讐したくなってくる
きみは、サンドウイッチでも作るように
その間隙に何かを挟みこんでしまう
（長谷川竜生）

　一九六〇年、十月十二日、午後三時五分。社会党委員長浅沼稲次郎は、全アジア反共青年連盟にぞくする右翼少年山口二矢の手で簡単に刺殺された。山口が刺殺に成功した直接の兇器は、短かいひとふりのわきざしである。新聞や週刊誌の報ずるところによれば、白サヤのそのわきざしは、「徳操の高い自衛隊幹部の親睦雑誌」『修親』の編集長であり、彼の父親でもある山口晋平一佐の「私物」であった。

　選挙民にひろく公開された政策発表の場で、しかも白昼公然と野党の委員長があっけなく暗殺された事実に、当時なんらかのかたちでおどろかなかったひとはいまい。山口とそのテロの背後関係、彼の思想、各種右翼団体の行動と資金源について、いちはやく言及したものもすくなくなかった。わたしももっぱらそこに立ちすくんで叫んでいた記憶がある。山口二矢がいなくなったいまこそ、わたしたちの虐殺者の捕捉は、できるだけ怜悧な頭で正確にそして執念ぶかくつづけられねばならない。しかしそのためには、すくなくとも立ちすくんでわめくていどでは何ひとつ姿をあらわさないことを思いしる必要がある。

　当時わたしのうけた凄まじい衝撃は、状

況の予測とわたしの行動をうらぎった浅沼稲次郎の虐殺という「信じられない」「事実の重さ」にあったのではなかった。むしろ暗殺、あるいは刺殺という両側の事実を、まるで体温か吐息のようにかるやかにつつんでしまった存在と、その意味のひろさにあったようである。たとえば二矢の父山口晋平の言動がそうであった。

　それは実にかろやかな事実の足どりで、わたしがさだめた予測の水路を一分の狂いもなくとおってやってきた。ラヂオ記者のインタビューにも、新聞に父親の談として紹介されたひかえめの囲いのなかでも、彼はおちついて実利的にとめどなく主張していた。二矢は私と意見が合わなかったこと。今度の行為の根底には父親である私の職業がおびやかされると思っていたことが何よりもつよく仂いているらしいこと。しかし、にもかかわらず、私は二矢が理解できないこと等々。そして子供のしたことで父親が責任を問われねばならないことは、自分の信ずるイギリス式デモクラシーの理念に反するのだが、しかしハタがやめろというのだから仕方がない、と答えて自衛隊をやめた。

　わたしはあらかじめ事前に、かれのこの言動をいきいきと予想することができた。浅沼虐殺といううごく事実のもつひとつの重要な側面をになう、このような人間存在とその意識のパースペクチヴを、刺殺のニュースを聞いたとたんにとっさに思いうかべることができたのである。そしてそのために、ひきたおされるほどの強烈なショックを身におぼえて、虐殺者の正体を執拗にいぶしだすことをおのれに誓う結果になった。なぜか。

　それはそこにめだたない一人の男がいたから。かれはうごく状況の流れにおちつきはらって適応しながら、その身をいちどもうごかさずにそこにいる。そして当然の結果としてそこにいる自己と意識の間に距離がない。スリラー映画式に表現すれば、ゼロ人間。かれがそのようにそこにいて、まさしくそのようにふさわしく確実に喋ることは、わたしの現実否定のイマージュなど簡単に組み伏すかろやかな日常性の勝利といいかえてもよく、そのようなかれを予測できたことで、わたしは、わたしのなかでいまだに実を結ばない、十五年のだらしない戦後を思いしらされることになってしまった。民主主義への「忠誠」「自覚」「責任」「規律」「団結」の正体。「大衆天皇制」と「忠君愛国」と「隣人愛」の根拠地がここにある。「日本の夜と霧」「武器なき闘い」の「大衆性」に言及した福田定良の素朴きわまる実在論の根城もそこにある。

　この事実は、長谷川竜生流にいえば次のようになる。わたしは「スターリンにも、毛沢東にも、フルシチョフにも」山口二矢にも会ったことはないが、特に山口の「心理構造は実によくわかる。」なぜならば、三者とちがって山口の「直接的な生」は、わたしの予測のなかに「生き生きとして住んでいるから」山口二矢のやせた身体を貫流した激しい焦燥感と老大な劣等感。その流れに定在した意識と、それに逆らう事実の裂けめに逆立ちしてぽっかりのぞいた奇妙な使命感。山口晋平の意識と存在は、この二矢をかるがるしくまともに支えている。「生活才一のチャッカリ者」「勤皇思想などとはむしろ無縁のひとのようである」山口晋平は、むしろそのデーターのために、臼井吉見の観測に全く反して、山口二矢の「尽忠報国の思想」と「直接のつながり」があった。

　事実にうらぎられる敏感な劣等感。事実をうらぎらないおちついた社会。そこに事実をもう一枚めくって、暗殺と刺殺をむすぶ現実の論理がある。

2

　浅沼暗殺のひと月ののち。わたしはおそらくわたし以外にだれひとりとして聴取者がいないとさえ思われるある短波放送のスタジオで、長谷川竜生との対談をなかにはさんで「長谷川竜生について」を喋っていた。まるで息せききった下手なアジテーターのように、興奮がセリフをひきだすチャンスを狙って——。

　統計によると、この世の中から姿を消す人の数は現在でもかなり多く、いっこうにあとをたたないということです。毎日一人や二人が着実にいなくなっています。むろん姿を消すといっても、この場合、自殺や病死や他殺、あるいはその理由がある程度はっきりしている家出や、夜逃げといったものは勘定に入りません。つまり一般に原因のわからない行方不明、あるいは失踪とよばれている、あの不思議な現象のことです。

　最近わたしが身近に見聞した例でも、こんな話があります。二十年以上も幸せに、いやすくなくともハタメからみると幸福に暮してきたと思われる、やさしい夫が、ある日会社にでかけたままで、おばあちゃんや、奥さんや、四人の子供の前から忽然と姿を消してしまいました。勤め先のセメント会社に問い合わせてみても心当りはありません。やがて失踪の事実を確認した奥さんは、まず身体がコワレルほど震えながら「ウラギラレタ」と怒り狂い、ついですこし気持がおちついてくると、そうなった責任が「ヒョットシタフ、ワタシニモアッタノデハナカロウカ」と、自己を責め、そのあげく、ある日ぽっくり死んでしまいました。死ぬまぎわなどには、「あの人がここまで迎えにきている」と口走っていたというのですから、その哀れさがいっそう身に泌みます。聞くところによると、このダンナさんは、いつもベレー帽を頭にのっけて、日頃はバラ作りに精をだしていたということですから、あるいはリチャード・ライトを理想にえがいた一種のゲイジュツカだったのかもしれません。フランスはしりませんが、ニッポンではいわゆるゲイジュツカ、ブンカ人のたぐいがベレーをかぶります。しかしそもそもベレーというものは、その起源は、イヤ失礼しました。シャッポの話ではありませんでした。なかみへもどりましょう。

　つまりマイクの前でこうして喋っている

わたしの前から、アクビをしながらこの番組を聞いているあなたのうしろから、いまなおひそかにいく人かのひとが、そのひとだけにわかる理由で、あるいはそのひとにもわからないままに、忽然とその姿を消しているのです。わたしたちが現実という言葉をかろやかに喋ったり、もはや戦後ではないとそりかえる時に、失踪の事実はいまもなお安定した空気のよどみの底で連綿とつづいているというわけです。そしてこうして喋っているわたしの気持にも、一種の期待可能性として自分の失踪をみたいというごきがないとはいいきれません。カワイイ・オクサンとあまり豊かでない食事をしながら、ウットリと顔をしかめて夢みることだってないわけではありません。

　ではなぜわたしは失踪しないのでしょうか。フラフラと行方不明になるのを拒むのでしょうか。ひとことでいえば、みられているからです。作家でありたいと思っているわたしは、おのれと他人からみられているからです。姿を消すことは、いっそうつよくおのれの存在をみせつけ、現実を変えることでなければならぬと確信しているからであります。日本の戦後のすぐれた詩人である長谷川竜生と、生活と作品のうえで出会ったからであります。かれの消え方をしさいに観察して、のけぞることが逆に獲物にくらいつく狼のように精悍な姿勢であることを知ったからであります。

　ところでこれもずっと以前の話になりますが、ハナハダ・ショウキというあるケンケン・ガクガクの評論家が、ラジオで日本の流行歌について鼎談したことがありました。たしか相手の二人は、いずれもオンガクヒョウロン家だったように思います。この時ハナハダはマイクをみて興奮したらしく、甚だ気勢があがりませんでしたが、それでも流行歌にはピラピラがちっともないじゃないかとくってかかり、わたしをほんのすこしよろこばせてくれました。

　ピラピラ。ハナハダのいったこのピラピラとは、おそらく作品に価いするものならば必ずついている本質的なあるシロモノのことなのです。作者のダラシナイ素顔をそのままでは決して覗かせない、強靱な想像力の産物のことです。いまどきノンベンダラリと素顔をのぞかせようと努めたところで、このピラピラがくっついていないかぎり、野放図に苛烈な現実に生きているわたしたちは、作品におのれを行方不明にできるわけがありません。

　つまり、ことは作家として、日本の戦後の作家として、おのれ、読者、もの、世界にむかっていどむために、いったいどんな構造が必要であるかということになります。

　それはまずまっさきに、話しあえないものを狙い、ひっとらえることから始まります。つぎにそいつを自由にうごかし、おのれも同時にうごきながら、はげしく執拗にくらいつきます。話しあいの端緒に立つことは、うごく自分を思いきりかきみだすことです。相手に向って、「ウヌラ、何者ダ！」と叱咤しながら、同時におのれの本質を問いつづけることのできない人間に、いまどき作家としての資格などあるはずがありません。責任を問うだけでなく、つくりだすためにはリゴリズムではないかなり冷静な計算が必要です。

　わたしやあなたが行方不明になっていないいまの日本は、めくるめく虚脱と逆立ちした昂奮がちんまりと安定しています。その現実のなかで作家、あるいは読者としてあるためには、歯ぎしりに似た素顔と仮面の奇妙な破烈音を、かろやかなピラピラで埋めつくす必要があるのです。いったい、「オノレは何者だ！」という不断の問いと共に、他人と自分の正体に「念が取付く」ほどしたたかでなければなりません。

　長谷川竜生は、まさしくそのような一人であります。かれが詩のなかで、「みられている」被害者の立場から、サスペンスにみちた気軽さで、才三の現実を「のぞかせる」加害者の位置に反転作用をおこなえることは、それを何よりもいきいきと証明しています。

　空想をその皮膚で呼吸し、空話の世界でカンカン踊りのハミングを口ずさむ、彼の強靱な現実否定の観念。ここにこそ、わたしはかれの日本の戦後の作家としての理不尽な土性骨をみるのです。

　録音構成やラジオ・ドラマを盛んに発表しているかれは、最近「現代詩論」というすぐれたエッセイを書きました。そのなかで「過去を未来の方向に捨てる努力。戦後のセンス・データーを未来の社会につき放していく仕事」、つまり彼の現在とっくんでいる詩のプランについてこう語っています。「ニヒルな観念」を「観念として通過」させるだけでなく、「ニヒルな現実と他人の現実とを通過してぼくのもの」にすること。「イメージ的意識を不在のあるいは非存在の一対象についての意識として断定し、そのルールにしたがうこと」は「つねにたやすいことである」。「ところが、意味への欲望をかきたてない知的遊戯は、空虚な言葉の連想遊戯に終始し、そのイメージが現実に還元していく反転力を失い、さらにその還元地点を通過して、新しい人間の抽象概念を規定することができない。ぼくは少くとも詩の言葉は、その背後に存在し、それを支える詩人のイメージの移動と転換方法如何によって、その生命が確定化するものとおもうのである。」

　わたしは彼のこの方向に何よりも、そして誰よりも期待します。ここにこそわたしやあなたが彼に対立しなければ決してわからない彼の詩、および現代詩の地点があるのです。

（未完）

註　このつづきの3節が本論の事実と映像と意味の関係の分析である。今までのところはいわば序にすぎない。わたしは最近手がけて意図をうらぎったテレメンタリー（フジテレビ、クローズ・アップ）でぶっつかった問題をも含めて書く筈であった。しかし怠けぐせと準備不足とが、まるでバルーンのようにふくれあがって、十二月六日の現在にいたるも書けないでいる。わたしはゼッタイに行方不明になりたくない。

カリガリからヒットラーまで

●ドイツ映画の心理的歴史

●才十一回

ジーグフリード・クラカウア
／各務　宏・訳

才三章・安定期
（一九二四年―一九二九年）

四、新らしいリアリズム・3

パブストは彼のカメラマンのフリッツ・アルノ・ヴァクネルに、自然の光の価値を捨ててはならないこと、従ってカメラを始終動かさなければならないことをやかましく言った。ポール・ローザは「ジャンヌ・ネイの恋」の批評で言っている。「パブストのいうままに、ヴァクネルのカメラは隅々に鼻をつっ込み、俳優と一諸に走り廻った。……レンズのどのような廻転も、どのような角度も、またどのような近づき方も、それらはすべてそれが気分を表現するために写し出すその素材によって決ったのである。」ローザのこの言葉は、戦後のドイツ映画で一種の伝統になっていたカメラの動きというものがこの映画によってその機能に変化を来したことを示している。カール・メイヤーはいうがままに描かれる想像の世界を撮し出すためにカメラを自由に使用し、E・A・デュポンはその「ヴァリエテ」の中でリアリスティックなやり方にしたがってありふれた方法でカメラを使用していたにもかかわらず、彼は世界を、現実の客観主義的な反映としてではなく、むしろその形をとった影像として組立てたのである。この先輩とは異って、パブストは、現実の生活の偶然の形態を写すものとしてそのカメラを動かした。「ジャンヌ・ネイの恋」はカリビフという無頼漢の性格描写の場面で始まる。彼のつま先からカメラはその足を滑ってバラバラに散らかった新聞紙へ、そしてテーブルの上の煙草の吸殻を記録する。次にその中から一本の吸殻を選び出す彼の手に移り、彼の顔をしげしげと見せ、そして最後にカリビフが長椅子に横になっている、きたないホテルの部屋の一部分をその範囲にとり込んでゆく。

　本人自らの編輯によるやり方でカメラの動きは補われている。パブストはその順序そのものがまざまざとした現実感を強めるようにとその多種多様のショットを配列する。そして、その最も小さな場面でさえも、たくさんのショットから組立てられているのは特徴的である。アイリス・バリイは、カリビフがボルシェヴィキの党員のリストをジャンヌの父に売る場面について次のように述べている。「それは約三分間続く……。その一つ一つのショットに気づく者は殆どないだろうが、その短い場面の中には四十ものショットがあったのである。――いうまでもなく、この映画は監督自身が切りこまざき、そして編輯していったのである。」これらの原子のような画面を組合わせることにおいて、パブスはその限界へ到達している。彼はエイゼンシュタインやプドフキンが「モンタージュ」を強調していることから影響を受けたのであったろうか？　「ポテムキン」や「母」などのような映画の叙事詩では、一つ一つのカットがその感動的な場面を通して、その物語を、プロレタリアートの勝利に終る弁証法的な過程に仕立ててゆくという意図をもっていた。ところが、そのような種類のものは決して「ジャンヌ・ネイの恋」には通用しない。この映画は、マルキシズムの教義を拡めるどころか、そうしたカットを強調するよりもむしろ隠してしまう方だった。

しかしまた、パブストの編輯技術も又ドイツ映画の伝統からの組織的な帰結ではなかった。カメラを移動するということでは大いに新しい分野を開拓したカール・メイヤーやデュポンも、カットの操作によって、もたらされた、あらゆる効果を見出すまでにはいたらなかった。このよい証拠には、彼らは、その頭の中でつくり上げた満足のゆく世界を描くためにそのような操作にたよる必要はなかったのである。パブストが彼らと技術的に異っているのは、彼が無限に拡がる真実の世界へと入り込んで行く点である。彼がカットに固執するのは、その与えられた現実への鋭い関心からの結果である。彼は一寸した印象を捕えるためにも粒子の様に小さな画面を利用する。そして、それらの小さな粒子を、一つの連結として、現実を反映する細かく紡がれた一つの織物の中に溶けこませてゆくのである。

この現実は全くの崩壊状態にある戦後のヨーロッパである。その怖しい有様は、そのためらわない卒直さでというよりも、むしろその社会的な病的状態の兆候の洞察力において類のない画面の中に現われている。たとえばそうした兆候は、カリビフにみられる、残酷さと淫らさの混り合いなのである。社会のあらゆる階層を概観し、映画はときどき、ヨーロッパ社会の頽廃の記録という性質を帯びる。この記録が、時として生命のない対象の証言にまで言及していることは、パブストが鑑賞家であることの間違いのない証拠である。彼はカール・メイヤーがその本能映画で行ったのと同様な役割をそれらの対象に与えた。しかし、メイヤーはそれらを、彼の本能を所有している登場人物たちが住んでいる無言の地帯の道しるべとしてとりあげているのに対して、パブストは、彼が現わし出そうとする種類の現実を形造るに資するが故にその対象を描きだすのである。崩壊し、転変してゆく世の中では、それを形造る諸要素はばらばらになり、事物はその隠れ家から躍り出て、自らの生を営み始める。勝利に輝くボルシェヴィキに惹きつけられたジャンヌの背後には、破れた鏡が見えており、証人のようにその魔力とそして破滅を告げている。ジャンヌとアンドレが夜の数時間を過した部屋におかれた鉄の洗面器は、その背後から発する、つまらぬ性の冒険の悲しみを示している。それがただ存在するというだけで、事物は、その出来事から推しはかられる事柄を具現する。そこに現わされる世界は、いけにえの獣の住む密林である。映画は無言のうちに非難している。即ち社会を急激に変革しないかぎり、人間のすべての価値は運命づけられていることを告げている。

しかし、「陰気な街」に於けると同様パブストは彼の大胆な態度を永久に信じない。ウーファのメロドラマに対する熱望を満足させた彼の想像力によるやり方は、この方向に於ける彼自身の傾向の強さをはっきり示している。彼の心の気高い盲の天使の前にパリのナイトクラブの少女を膝まずかせることによって、心気高き淫売婦の伝統を保持している。彼はアンドレとジャンヌの間で行われるパリでの最初の邂逅を劇的にするために、恋人たちを一種のトリスタンとイゾルデにしてしまう大幅の遍歴のショットを用い、また他の場面では、悪意のある妖精が堕落させてやりたくなるような無邪気な一組の子供として彼らを描いている。これらの遠廻りな道草が彼のリアリズムの底にかくされた非難を消し去っている。中立的な観察者としてのパブストが、道徳家としてのパブストを妨害するのである。彼の「ジャンヌ・ネイの恋」が泡のようないろいろな事実についての精確な叙述をたくさん含んでいるということは注目に値いする。決定的な意味というものにとらわれない心のみが、現実を形づくる数知れぬ現象を人々の眼前にもち来たすことができるということが事実だとすれば、パブストは本質的な問題を避けようとする点からしても、これらの現象の比類のない観察者といえよう。彼の映画の誠実さは——誠実さを真理と取りちがえてはならない——その中立性にもとづいているのである。

もっとも大切な問題点を追おうという意図のないことは、また、パブストのカットの手法にみられる他の一つの性格を通じても現われている。つまり、画面のいろいろな要求を次から次へとめまぐるしく見せてゆくやり方である。ウクライナの映画監督、ドヴゼンコが、人々の心に強い印象を与えるためにしばしば、重要なショットを静止させておくのに対して、パブストは観客に一つの現象だけを充分に注視することを決して許さない。彼自身次の様に言っている。「どの一こまといえども何らかの運動の上に作られているのだ。ある一こまの終りでは誰かが動いている。そして、それに続く一こまの始めでも、その運動は続けられている。眼はこうして、これらの運動を追うことに忙しいので、その一こま一こまそのものを見落してしまうのである」ある確固たる流れとしての現実に対する彼の関心は、彼の先ばしった位置から引き退こうとする彼の望の兆しである。

安定期に作った最後の三つの映画で、パブストは社会的な場面から「魂の秘密」へと戻っていった。こうして彼はそれ以後、政治に口をはさむことは決してしなかった。テーマのこのような変化は一種の後退であった。しかし、それはまた心理学に対するパブストの純粋な関心からももたらされたのかもしれない。これら三つの映画はすべて、社会的な過程と心理的な過程との——より正確には、社会の崩壊と性の氾濫との相互関係を取り扱っている。「危機」（**Abwege. 1928**）でブリギッテ・ヘルムは夫との毎日の生活にうんざりしている豊かな中産階級の婦人を演っている。彼女は流行界のナイトクラブに腰を据え、そこで彼女と同様、美食の中で自分たちの幻滅を窒息させようと試みている一団の人々の仲間に入る。この映画は、もしそのナイトクラブの一場がなかったら、ここで取上げる必要もなかったろう。この場面で、パブストは、その登場人物のこのていたらくは、彼らの住んでいる世界そのものの空虚さの故であるという印象を引き出そうとしているのである。また、一人の醜悪なすれっからしの遊び人を現わした大きな人形の姿も忘れることができない。朝早く、例の一団が、ヘルムと一緒に前夜の馬鹿騒ぎを続けるため彼女の寝室に入り込むとき、皮肉な鑑定家のような様子でその気の抜けた愛撫のやりとりを見守りながら、床に横になっているその遊び人がみられる。この人形こそ腐敗した精神の化身である。

パブストのその次の映画は、飽くことのない性の欲望につき動かされ、彼女の周囲にあるあらゆる本命を、そして自分自身をも亡ぼしてしまう一人の女、ルルを描いたフランク・ヴェデキントの戯曲から脚色した「パンドラの箱」（**Die Büchse der Pandora, 1929**）であった。パブストは彼の本来の計画を成しとげる上で、本能生活の過剰とわれわれの社会の悪化とを関連させたヴェデキントのやり方に魅力を感じないわけにはいかなかった。その当時の人々は「パンドラの箱」を失敗作として受け取った。たしかに失敗にはちがいなかったが、それは大部分の批評家が進歩的だったからという意味ではない。それらの批評家はパブストが根本的に間違っているのは、そのすぐれた会話の部分にこそ意味ある文学的戯曲を無声映画にしたことであるとしていた。しかし、この映画の弱点は、この会話を映画という条件の中に移すことの不可能さにあったのではなく、むしろ、ヴェデキントの戯曲全体にあるその抽象的な性格から来ていた。それは議論の織物ともいうべきものであった。その登場人物たちは、彼等自身の生を生きるのではなしに、原理の実例を示すために動いていた。パブストは戯曲の撰び方を間違ったのである。というのは、その表現方法は、リアリスティックな安定期のものではなく、空想的な戦後期のものだったからである。彼のこの踏み間違えた努力の結果は、ポタムキンが言ったように「内容のない『雰囲気』」の映画であった。

パブストは自分の映画会社――それは甚だ短命であったが――を創立した後、マルガレーテ・ベーメのよく知られた小説に取材して「失われた者の日記」（Tagebuch einer Verlorenen, 1929）を作った。この小説は多少の猥談趣味を混えて、道徳的に高い点から、ある淫売婦たちの私生活を描いたもので、そうした趣味に甘んじている過去の世代の俗物たちの間で人気を博していた。その映画は、ヴェデキントのテーマを、文学の領域からパブストのリアリスティックなやり方によりよく調和した常識的な環境の中に移しかえたものであった。「パンドラの箱」のルルは、気の弱い薬局の自堕落な娘、ティミヤンになった。彼女はカリビフそのままのやり方でフリッツ・ラスプが演ずる、父の助手の悪者にそそのかされて、まっすぐに淫売屋に通ずるような身の上をたどるのである。パブストは彼女の属する中産階級の環境の不道徳をさかんにかきたてるので、淫売屋がまるで健康な憩いの場所であるかのように見えるのである。こうした「ヴォレン夫人の職業」流の混線が、この映画をストリートもの映画と似たものにしているが、それはティミヤンのメロドラマ的な大まかさによって更によく似たものとなってくるのである。ここでも、ストリートものと同じように美しい心をもった淫売婦が上流階級の堕落と対照的に姿をあらわす、しかし何のために？　打見たところ、彼の批評がもっていると考えられる意味あいには無関係なように、パブストはもっぱらその堕落そのものを描き出している。彼はそれがサディズムにはなはだ近いことをよく知っていたという事は、ティミヤンが、送られる感化院での異常な物語りからして当然と考えられる。この物語りの中である、サディストの女教師は、拍子をとっては娘たちにそれに合わせてスープを吸ったり、動き廻ったりさせてスリルを味わっている。しかしパブストは彼女の象徴的な行動を単に敍述することだけで満足せず、それから彼女のひき出してくる特殊な喜びをも示している。彼女の号令に従ってみすぼらしい身なりをした娘たちが体操をする間、この怖しい女性はテンポをつけると同時にその頭を振り動かすのだが、彼女の身体全体がお互に触れ合う一つの運動に包まれ、それが次第に速度をましてゆき、そして突然ぴたりと止まるのである。彼女の行動は、捕えられた革命家に鞭を当てながら肉欲的な眼を注ぐ「聖ペテルスブルグの最後期」の中のツァールの将校を思い出させる。プドフキンと同じように、パブストはある一定の社会状勢の中で性の果す役割というものを理解していたのである。

（以下次号）

■次号予告■

特集・シナリオ論

シナリオ構造論　岩佐氏寿
非ユークリッドシナリオ論　野田真吉
ドキュメンタリーにおける シネマトゥルギー　吉見　泰
シナリオと現実の間　長野千秋
総合主義芸術論（仮題）　柾木恭介
政治的前衛と芸術的前衛　竹内　実
映画の映像とテレビの映像　藤久真彦
テレメンタリーの新しい展望　牛山純一
社会科教材映画について　吉村徳蔵
シナリオ・ゲヂゲヂ　関根　弘
連載映画月評・その二　佐野美津男

謹賀新年

株式会社
民芸映画社
東京都港区赤坂青山北町一ノ八
TEL (401) 五一三一〜三番

株式会社
中部日本ニュース映画社
代表取締役 伊東博吉
本社 名古屋市中区御本町通二ノ二四
TEL (23) 三九一・六三四一・七七一
支社 東京都千代田区内幸町二ノ二二
TEL (591) 二八八八・九八九〇

株式会社
芸術映画社
東京都中央区銀座東三の九
TEL (541) 七〇九四番

株式会社
近代映画協会
東京都中央区銀座東二ノ四
TEL (541) 四八八五番
吉村公三郎 乙羽信子 絲屋寿雄
新藤兼人 殿山泰司 山田典吾
長瀬喜伴 能登節雄

株式会社
日本ドキュメントフィルム
東京都中央区銀座西三ノ三
ABC館内
TEL (561) 四三七四
七三九四番

短編映画製作
株式会社
アジア映画社
東京都港区芝西久保桜川町四
TEL (591) 九五八四番

春秋映画株式会社
東京都渋谷区青葉町五番地
TEL (401) 八六六〇・一六八七番

株式会社
電通映画社
本社 東京都中央区銀座西七ノ八(電通西別館)
TEL (571) 七一四六〜八(製作部)
三五八七〜八・三三四七(業務・総務部)
五五三一(代表)
現像所 東京都豊島区池袋東三ノ十
TEL (971) 五〇八四〜五
支社 大阪市北区中之島三ノ一九(電通大阪支社内)
TEL (23) 九〇五一(代)

中央映画貿易株式会社
取締役社長 星野晃広
東京都港区芝浜松町三ノ三
TEL (431) 五六四五番

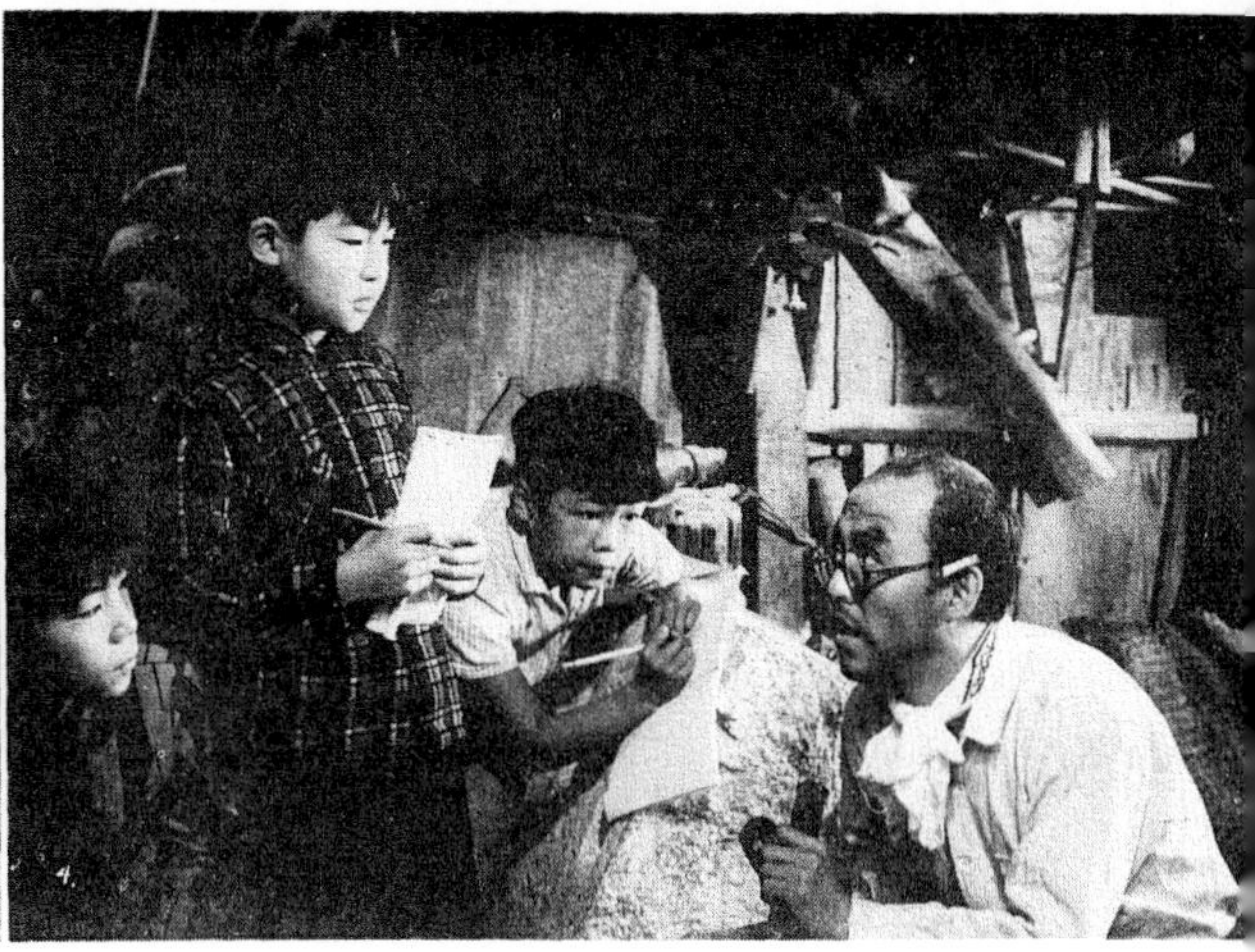

●北白川子ども風土記

企画・京都市・教育委員会
製作・共同映画社
松本プロ
京都歯車グループ
演出・小坂　哲人
脚本・依田　義賢
撮影・黒田　清己

子どもたちが，自分たちの手でしらべ上げ作り上げた郷土の歴史。実話にもとずき脚色された児童劇映画。

●海と陸をむすぶ

製作・運輸新聞映画部
演出・野田　真吉
脚本・八木　仁平
撮影・上村　竜一

日本縦断ロケによってとらえられた日本の陸運と海運の全貌。そこに働く人々のたくましい息吹き。

神奈川は招く●

民俗的な行事と産業を織りこんで紹介する神奈川県の現状。現代と古代の美がそこにある。

製作・神奈川ニュース映画協会
演出・深江　正彦
脚本・大島　得郎
撮影・久村　守

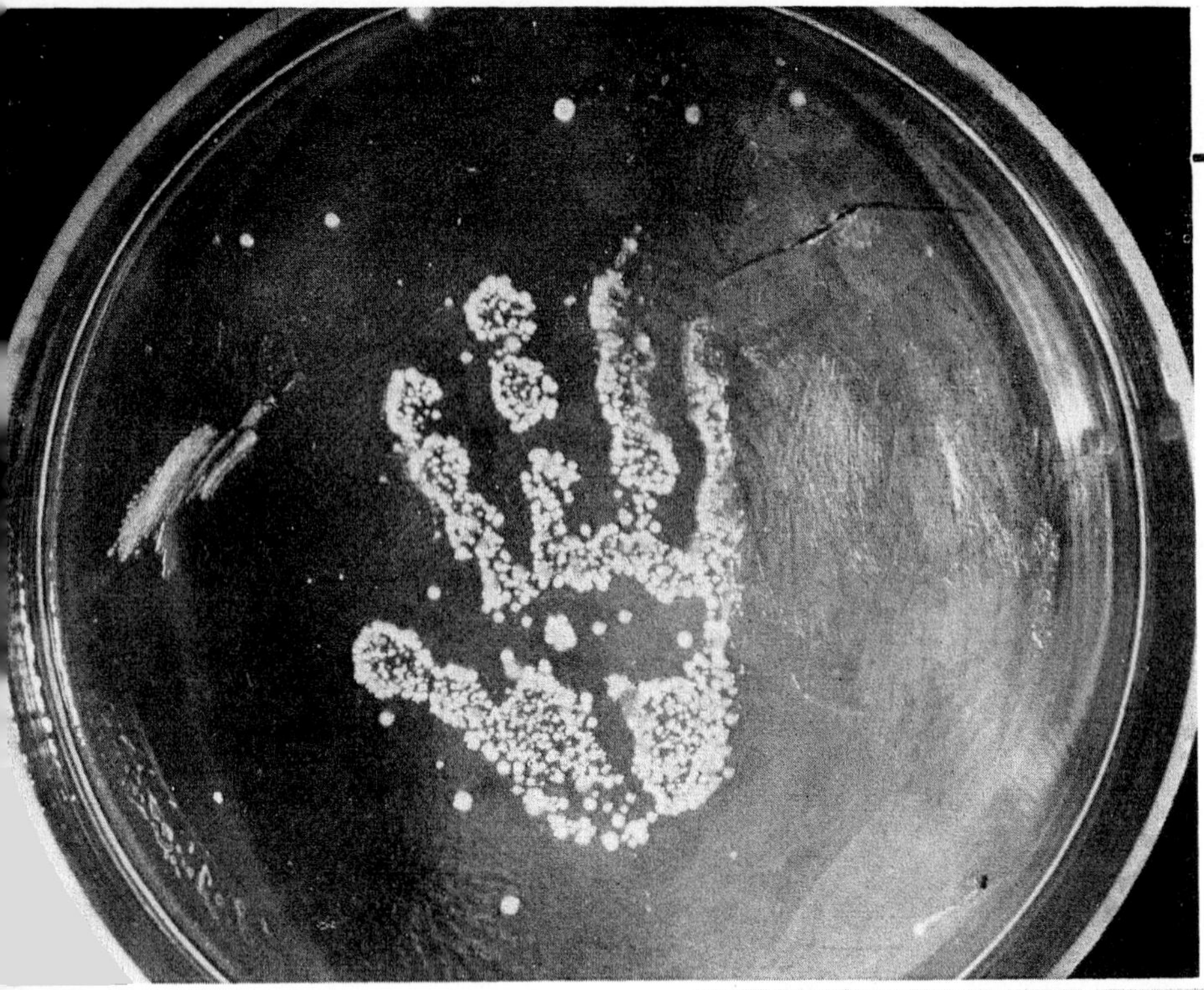

ふきんの科学

東映教育映画部
演出・清水　隆男
脚本・佐々木すみ／清水　隆男
撮影・加藤　和郎

どこの家にも職場にもあるふきんをとりあげ科学的に衛生面を解剖し正しい使い方を示す。

伊勢志摩への招待

岩波映画製作所
脚本・演出・田中　実
撮影・森　隆四郎

民俗的行事や祭り，郷土色独特の姿を浮彫りした新しい観光映画。

日本の合成ゴム

日映科学映画製作所
演出・松尾　一郎／松川八洲雄
脚本・松尾　一郎
撮影・野見山　務／大橋　宣之

石油化学の手によって作られる新しい合成ゴムの製造過程と用途を描く。

その鍵をはずせ

――ある精神病院の記録

芸術映画社

演出・田中　徹

脚本・大沢　幹夫

撮影・瀬川　浩

精神病に対する世間の誤った考えを廃し，精神病の早期発見と，患者の社会復帰を訴える記録映画。

ディーゼル特急

岩波映画製作所

演出・征矢　茂

撮影・佐藤　正

日本ではじめてのディーゼル特急の機能と利点を解説し，それを支える国鉄の技術的背景を描く。

駐在さん一家

東映教育映画部

原作・原田　てる

演出・西原　孝

脚本・片岡　薫
中川　信江

撮影・赤川　博臣

社会の風波にたえて生きぬく，善意の人々の姿を描く児童劇映画。

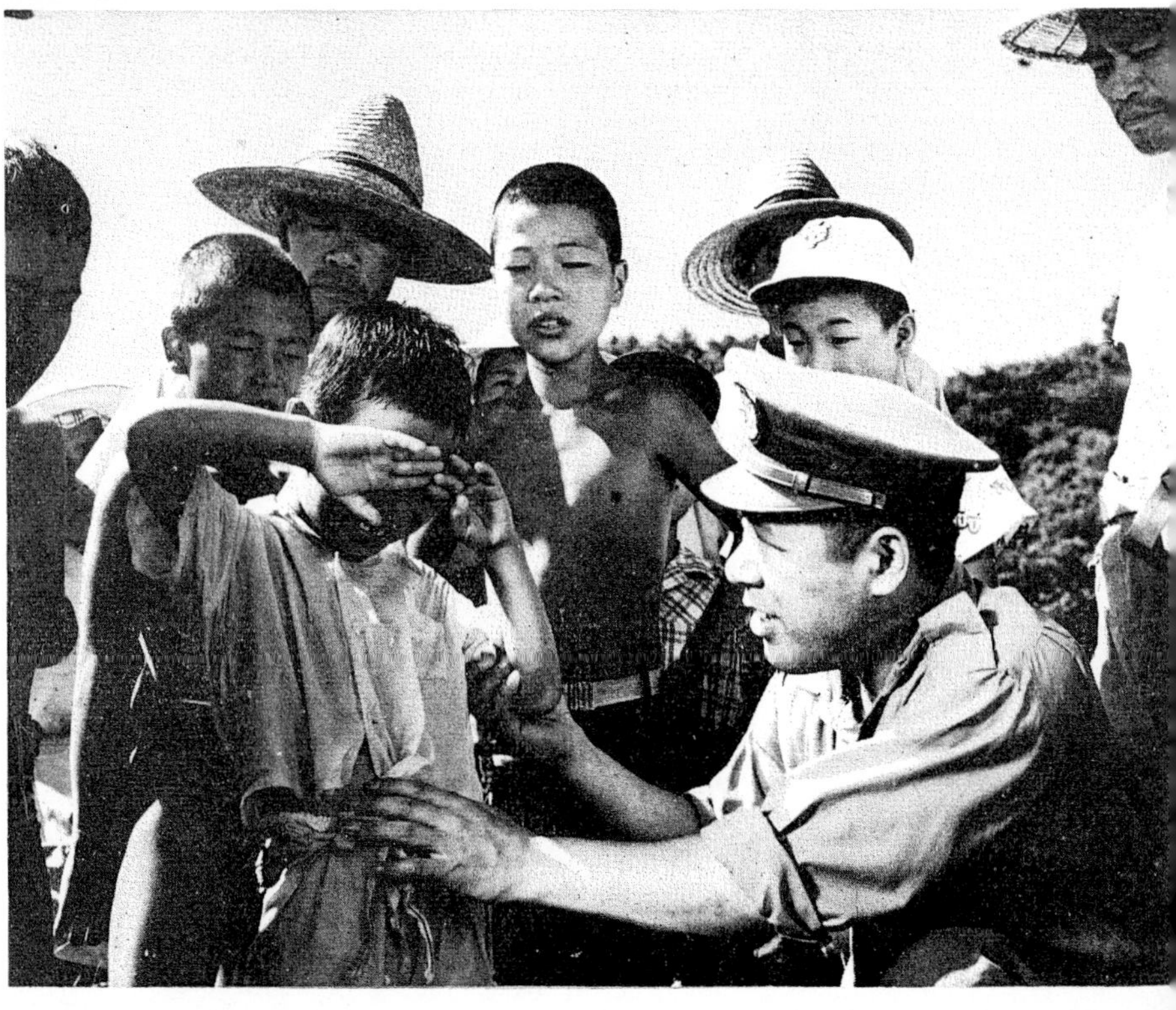

地下鉄のザジ

フランス映画
映配提供

演出・ルイ・マル
原作・レーモン・クノー
脚本
脚色・ルイ・マル
ジャン＝ポール・ラプノー
撮影・アンリ・レイシ

田舎からパリへ来た少女ザジが見た「大人の世界」子どもの純粋な正しい批判を画期的手法で描くルイ・マルのオ三作。

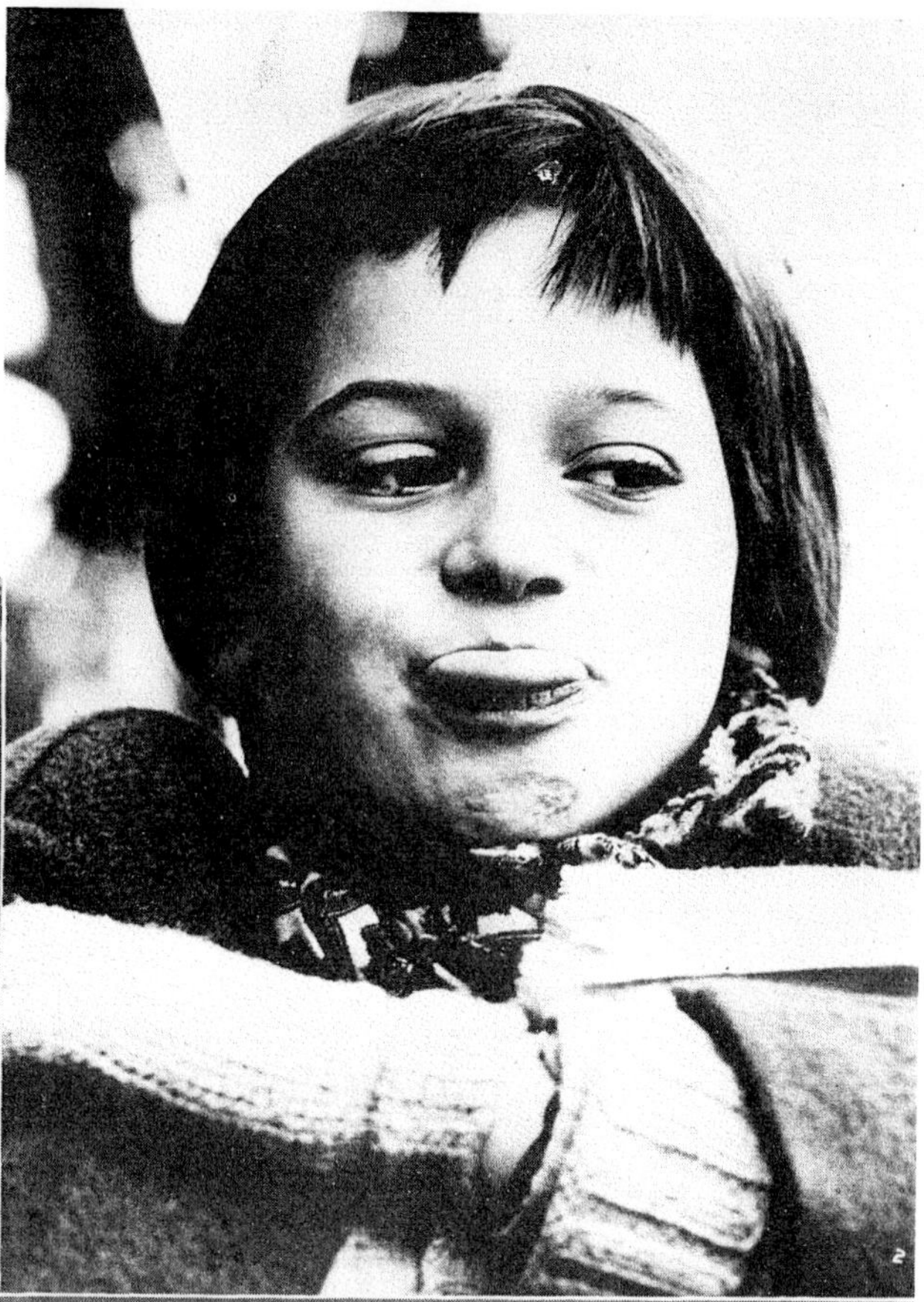

●人間の條件

文芸プロダクション
にんじんくらぶ
松竹映画

完結篇／演出・小林　正樹
原作・五味川純平
脚本・松山　善三
小林　正樹
稲垣　公一
撮影・宮島　義勇

日本敗戦の日から，飢餓と生命の危機にさらされて逃避行をつづける梶を中心に極限状況におかれた「人間の條件」を模索しようとする。

座談会●映画運動を模索する
観客運動と製作運動の接点を求めて

高倉光夫（演出助手・新東宝）
山之内重己（東京映愛連）
桑島　達（東京映愛連）
浅井栄一（京都記録映画を見る会）
大島辰雄（評論家）
坂斉小一郎（共同映画社）
徳永瑞夫（記録映画作家）
野田真吉（記録映画作家）
岩佐氏寿（本誌編集長）

■映画サークルとは何か

高倉　ぼくなどがここ数年来いろいろな形で皆さんとお会いする機会があったということは、劇映画、記録映画、あるいは観客運動というろいろな形で自覚された映画運動というようなものが曲りなりにも各方面で行われてきた、これは戦後東宝ストライキ以来、東宝の第二組合でもってぼくのいる会社の新東宝ができたわけですし、そこから映画人のレジスタンスが起き、独立プロ運動が起きたということ、それと同時に映画観客組織の運動というものも起ってきてる。記録映画の方では劇の独立プロ運動と時を同じくして記録映画製作協議会というようなものが起きてきた。しかしそれが五二年、五三年ごろをピークとしてだんだん下降線をたどって、映愛連なんかも、例の割引停止問題などによって非常に運動として停滞期が、ここ数年続いたんじゃないか。しかしやはり運動の芽は人が部分的に変り、いろいろと変形はあったと思うんですがここ数年来、各方面で非常に意識されて進んできてる。しかし現状をとってみても決して楽観できないし、それぞれ非常に厚い壁にぶつかってることを皆知り合ってるわけですね。そういうものを、ぼくなんかも「映画批評」とか「記録映画」とか映演総連なんかの組織を通して皆さんと話し合う機会はあったわけですけれどもまだじゅうぶんに交流が果されてない、あるいは運動そのものが拡大の方向に向っていない。ほそぼそながら続いてはいるけれども、質量ともに拡大されていないと思うんです。きょうの座談会のテーマは、そういう劇・記録映画・観客運動というような各組織の問題、たとえば製作運動を助けるための観客運動とか、あるいは観客運動を助けるための自主製作運動というような、双方が機能としてしか存在しないというようなことじゃなくて、壁が厚いだけになおさら各組織の問題というものが、内部において共通する問題意識としてとらえられ直さなきゃ発展しないところへきてるんじゃないか。ですからきょうは努めて各組織の問題点を、当然今後の運動をいかに発展させるかという立場から、共通の問題点を出し合って、最近いろいろな形で問題になっている批評運動というもののありかたを明らかにしたい。又これから映演総連なんかでも映画復興会議というものが準備され、また映画サークルの方でも映愛連の総会とか全国会議なんかも近くあるわけで、そういうところへぼくらはそれぞれの組織で参加していくと思うんですが、それの問題点の整理をきょうはっきりしてしまいたいわけです。その点で今までいろいろなところで書かれたり話し合われてきたことより以上に、突込んだ話し合いをしたいと思います。ところで最近、映愛連で例の選定委員会の規約を改正するという問題が起きたんですが、そこから出していただけないですか。

山之内　それは「武器なき斗い」が選定委員会で問題になったのをきっかけにしてです。選定委員会の討論の結果映愛連の選定基準はある一人でも反対があった場合には、その作品は一応、他の全部が推選、あるいは特選であっても選定になるというような基準がある訳です。あの場合それだけですましたのではなくて、出された問題をもう一回審議し直しましたが、結論は同じでした。それが今度は映愛連という機関に問題が投げかけられて、ある地域からその選定という決定はおかしいんではないか、もう一回再検討してほしいということが機関に上げられて、選定委員と役員とが話し合いまして、その時には選定委員の中での基準というものが、さっきの一人の人がいった独立プロで作られたということだけでは、あの作品は評価され得ない、そこに出てきている映画をもって評価していかなきゃならない。そういう点で、一人の人の出された意見の意味というものが非常に重要であるということから、選定委員全員が、あれは選定以上の作品ではないというふうに討論を深める中で、その持ってる内容が非常に古いし闘う姿勢も持ってないというふうに変った。ということは、今後の映愛連の映画批評のありかたや、選定の基準のありかたに新しい方向を投げかけてるんじゃないかと思うわけです。

高倉 その「武器なき斗い」の問題ですね。山之内さんもいわれてるとおり、非常に大きな問題として今後の論議を続行していかなくちゃいけない。その場合ぼくの考えではただ「武器なき斗い」だけを問題にするんじゃなくて、独立プロ運動をどう評価するかという問題にも拡大していかなくちゃいけないし、それからぼくら企業の中で組合運動やってるわけなんですけれども、非常に独立プロ運動との結びつきというものが企業の労仂運動の中にすらない。いわんや企業の作家達の中では「武器なき斗い」の問題なんかは、どこか遠い所の外国の話のような受け取りかたしかされ得ない現状だという問題も、取り上げていかなきゃならない。それから新東宝の問題というのはただ大蔵貢がひどい野郎だということだけじゃなくて、映画産業全体の将来や展望という問題とからんできて、やはり大きな問題になってきてるわけなんで、そういう意味から将来の映画産業がどうなっていったらいいのかという点からも、当然企業内部の問題としても、別に独立プロと仲よくするということだけじゃなくて、どういう映画を作っていったらいいのかという問題として、やはり「武器なき斗い」の問題も考えていかなくちゃいけないんじゃないかと拡大していきたいんですが――。

野田 ぼくはサークル運動が今ちょっと歪んでる面があるんじゃないかと思うんだ。というのは、大島渚の「日本の夜と霧」あれはやはり政治的弾圧だと思うんですよ。それに対して映愛連、映画サークルといってもいいな、映画サークルはどう考えているか。何の手もうたないところなどに映画サークルの中に大島君が描いた「夜と霧」ののたうち回ってるようなものが潜んでるんじゃないかと思うんだ。さっき高倉さんがいったサークルの歴史の中にまた他にもっといろいろ原因があると思うんだが、映画サークル運動が企業内の問題に対しては非常に無関心だと思うよ、歴史的に見て。そういう問題をもう一辺検討しないといけないんじゃないかと思う。つまりサークルが独立プロ運動の従属下請機関みたいになった一時代があったと思うんだ。その辺の欠陥が何だったか、それサークルの人がどう現在思ってるか、一つ聞きたいわけです。

桑島 映画サークルが結局一番基本的なところでサークルとしてでき上らないままにきてるということがいえると思うんですよ。一つには、映画というものがほかのサークルが対象としてる運営とかなんとかと違って、資本と非常に密接な結びつきを持ったもんだし、映画の商品としての性格が強く出てるというようなところがあるんで、サークルにとって本質的でない問題にかなり大きなウエイトかけられてきてるんです。端的にいえば割引の問題なんかそうですが、絶えずそういう本質的でないけれども実際上は非常に大きなウエイト持ってるものというのが多過ぎるんで、それの方に引き回され、本当の意味でのサークルが作られないでいるという事態だと思うんです。だから肝心の人間の権利の問題なんかということについて、受け取りかたが非常に弱いということが出てきちゃって、その辺が欠点だと思うんですがね。ようやくこの頃になってそういう点が少し気づかれてきて反省されてきてるんじゃないかと思います。

■反体制映画運動の問題

岩佐 こういう考えかたが一つある。つまり独立プロで映画を作った場合に、何年か前に独立プロ運動というものが始まって、ずっと進んできて、その時の独立プロの概念というものが固定した一つのパターンみたいなものになってて、それがまだ現在の状況の中でそういうものが基準になって考えられてないというようなところがあるんじゃないかということ。そういうことは関係ないの。

山之内 関係ある。

徳永 まだちょっとわからない点なんですが、たとえばぼくも独立映画になって関係したんですがね。それの欠陥というものがまだはっきりさせられないままに、その欠陥引き続いたままに大東なら大東という一企業が築かれ、ああいう形であいうようなもの作ったと。極端ないいかたすれば労仂者を利用して労仂者向けの作品作ったといういいかたをする人もいるわけですね。そういうようないいかたが出る一つの根拠もあるんじゃないか。その点がまだはっきりさせられないままにある時にたとえば今度の作品が出た。そういった運動の面、作品の面、芸術的な成果の面でもそれが克服されてるのかどうかという面で、いわば企業の中で作られた作品よりも非常に不利な条件で出されてる、それのプラス・アルファー、マイナス・アルファーかも知れないが「武器なき斗い」の場合そういうものが非選定に追い込んだのか、あるいはそういうこと全然抜きにしてそういう問題起きたのか、はっきりわからない。

山之内 いわゆる現在の時点で「武器なき斗い」が実際に役に立つものなのかどうか、そういう姿勢を持ってるかどうかというところから問題が出てるわけですよ。関西の中でもいろいろそこら辺では問題が出てたんだと思うんです。ただ単に独立プロの引き継ぎであるということでは、ぼくはないと思う。

浅井 結局今のような、選定のいきさつがどうであったとかサークル自身の本質的なありかたがどうとかそんなことばかりいわれてるというところに、サークルの停滞の一番大きな問題があるんで、徳永さんがいわれたように独立映画の運動の欠陥がじゅうぶんつかみとられてない、いつまでたってもそういう問題ばかり出てくるところに、むしろ問題がある。きょうの会で一番期待したり、でき得ることというのは、現実変革という立場に立って、企業の中であれ外であれ、観客運動、製作運動の立場であれ、そこで仕事してる人が今の中心課題が何かということを、その中でお互いの戦術というか、そういうものをどういうところに求めていくかが大事だと思うんです。その場合、企業の中で作られたからとか作られないということは問題じゃない。ぼく自身「武器なき斗い」をよくないと思うのは映画館の外へ一歩出た時現実とつながってこない。安保が悪いとか山宣を教えることが、果して現実の運動の課題になるかどうかということにむしろ問題があると思う。

山之内　今いわれた意見というのは非常に貴重だし、そこをめざしてるわけだけれども、残念ながら今の観客団体の中ではまだそこから抜け出し得ないものがある。抜け出すためにはどうしたらいいのかが課題だというように……。

坂斉　山之内君のいうこと聞いてると、役に立たないということばがいわれてるんだけどさ、役に立つ立たないというのはいったいどの辺のところ基準にして、どういうふうにいってるのか気になるわけだよ。後に立ちかたにもいろいろあるわけだね。直接安保の反対に役に立たなければ立ったといえないという意見もあるし、間接的でもいいんだという意見、それからたとえば非常にヒューマニズムというものを高揚して見る人に感動与えるという映画、これは安保を基準にしてみると遠回しだからあまりこれは役に立たない、あるいは立つということなんだけれども、その辺のこともはっきりしないとその映画の持ってるよさみたいなものも、つまり早くいうと、相当積極的面を内容として持ってるものにまで水をぶっかけちゃうみたいなことにもなるんじゃないか。そういう意味で、ぼくは企業の中で作られようと外で作られようと内容そのものが問題になるんであって、この辺なんら差別はつけられないという考えかた持ってるんです。もう一つは、作られかたの問題については、多種多様な形態があると思う。だからその点は、これを一つの型にはめた製作方法というのはやはり考えられない。製作方法の中で、一つは、労仂者の人達と一緒になるような形で作られてるかどうかというのは、一つはこの運動進めていく上では問題にはなると思う。内容については、ぼくは両方とも区別はしない。

高倉　しかしその作品の内容と作られかたの問題ですね。結局運動ですね。それとは切り離せないですね。

大島　そうなんだよ。だから今坂斉さんがいわれたことは、非常に重要な点にいい及んでると思う。こういうのが労仂者のための映画だ、またぼくらが考え、イメージに描いているような一般的な意味で反体制映画だ、そういうものが自主プロダクションであれ商業機構の中であれ、どこで作られようと、本質的に反体制に連らなるものであれば、映愛連のような、もしくは映画サークルのような観客組織が支持しなけりゃならないということも、一つも問題ないわけです。ただ、問題は坂斉さんいまもいわれた、どれもこれもそれに近寄ってるとかいうようなことでは、もうすまされないところにきてるんじゃないかということ、それが問題意識としてぼくらの中にあると思うんです。それにまつわるいろいろな壁をどうこわしていくか、それは創造の問題にもなれば組織の問題にもなれば、運動の問題にもなってくる。その壁の所在をはっきり突き詰めて、それの突破口を、どこかに見出ださない限りは、独立プロの幽霊みたいなものは残ってるかも知れないけれども、これからぼくらがやってかなきゃならないような、自主製作イコール独立プロ運動というようなもの、イコール労仂者が労仂者の手で労仂者のために作るような、これから作ってかなきゃならないような反体制映画はできないだろうという事が問題なんです。

■壁は何か

坂斉　そういうふうに考えていくと、それなら今突き当ってる壁というものはどういうものかというやつを、はっきりさせなきゃいかんじゃないか。その壁をはっきりさせる参考のために申し上げると、この間ある労仂組合の委員長といろいろ話した中で、今まで映画を作ってみたけれども、どれもこれも跡始末が悪かったと、それを聞いてからいろいろ考えてみると、跡始末がよくないのが多いんです。最近の例で上げると「人間の壁」がどうも跡始末うまくいってないということです。「武器なき斗い」についても、跡始末がうまくいってないということを聞いてる。大阪の労仂組合の代表の人達は、大東という会社にみんなもうけられるような形になってしまったと憤慨してる、大東映画の角社長に会っていろいろ聞くと、毎月毎月手形をいかに落すか、これも辛い悲劇の人物みたいな情況示してる。跡始末が結局うまくいってない。私のところで配給してる「日本の子どもたち」も、表にはあまり出てませんけれどもやはり跡始末のよくない面があるんです。そういう意味で見てくると、今後この壁というものがどこにあるかというようなことなども、だんだんはっきりしてくるんじゃないかと思うんで、いってみたんです。

野田　その壁というのは、製作する方法、観点からおっしゃってるんですか。その点はいつもだらしないよ。それよくわかるんだけども、ぼくらの作りかたからいうと、つまり坂斉さんのいった評価に関係するかも知れないけど、自主映画の場合、労仂組合が作った映画イコール芸術性が高いという点、そいつがまず問題じゃないかと思う。もう一つ、そいつを上映運動の上に利用する、政治的価値というか、運動上の価値はいろいろあると思う。使用価値だな、つまり、そこの違いがあると思うんです。その作品をどう運営するかということは、サークルの工作者の意識のいかんによると思う。

工作者というものは非常に重要な責任持ってると思う。すばらしい工作者がいらっしゃるだろうけれども、本当からいえば反動映画といわれるチャンバラ映画でも見せて逆に利用するくらいの力量でもないと、この運動進まないと思うんだ。それが政治家だと思う。サークル工作者は政治家だと思うんだけど。

浅井　野田さんはサークルにしっかりした工作者がいないといわれたことがあるわけです。労仂者が作るとか企業の外で作るという事に対して、それなりに評価するわけです。少なくとも企業の外で作る場合、何かそこで作られるものというのは、サークル側から見ればやはり、劇映画だったら六社から流されてくる数多くの映画に対して、思想的にも方法的にも越えていなきゃいけないと思うんです。「武器なき斗い」はそれを越えていないところに、坂斉さんが平和とかヒューマニズムが描かれて、高揚されるということを評価すべきじゃないかといわれたわけだけども、そういうことを今評価するというようなことが、むしろ大事なことかどうかということに疑問があるんです。

坂斉　今の意見大変矛盾に満ちてる。君はぼくのいったようなことは企業の中にもあるし外にもある、そういうふうにいってながら、企業の外にあるものは何か違った何かができなきゃおかしいじゃないかというの？

浅井　いや、経済的に大きなお金を使って、むろん坂斉さんの方がそういう仕事なさってるはずだからよく御存じだけれども、そういう仕事が大きければ大きいほど、そういう問題むしろ当然起ってくると思うんです。

坂斉　だから問題なんだよ。むしろそういうことが企業外でも企業内でも今大きな問題になってるわけだ。だからその混乱はいったいどこからきてるかというやつは、一応はっきりさせなくちゃ。

浅井　しかしそのことは、作品の質自身が一番問題だというわけです。そのことが作品の質にかかわってくることは問違いないけれども、それ以前に企業の外で作るという作家自身の、運動自身の思想性と方法性の上で、むしろ壁があるんじゃないか。経理事務の中にあるんじゃなくて、作る思想と方法に問題があるんじゃないか。

坂斉　ところが今の意見は、ぼくのいったことを単なる経理事務というふうに考えるところに、大きな問題があると思う。

高倉　ここで、そういういろいろな作品の跡始末がうまくいかないといわれましたが、なぜそういうことがうまくいかないのか、金の問題うまくいかないということはいろいろあるけれども、そこら辺含めて、さっき徳永さんいわれた、ある独立プロダクションが労仂者を悪くいえば利用する形で作るというのは、そこら辺からつながってくるんじゃないかと思います。そこら辺突込んで、みんなが望んでる映画というものの方へいったらどうですか。

浅井　その辺よくわからないな。芸術家が労仂者を利用するということが出たわけだが、なぜ利用しちゃいけないですか。ぼくなんかサークルからいえば芸術家利用することしか考えてない。利用するというと悪いけれども、現実変革という立場に立って運動してるわけですよ。その立場から積極的に運動の中に利用しようというんですが、芸術家も大衆に服務なんていうことを、いうからまずいわけで、なぜ積極的に利用しようとしないか、野田さんなんか受け手の側ばかり問題にして先生的ないいかたするばかりで。

野田　ちょっと待ってくれ。あのことは、逆にいったまでで利用するということは、工作者の側にあるわけだよ。ぼくの方は、むしろ現実変革というものを目途しながら、ぼく自身、ぼくなりに変革に役立つものを打ち出そうとしている。それを工作者の人は利用することによって利用価値が高まったり低まったりすわけだ。そういう両方の相互関係だよ。

浅井　その時ぼくらの側で困ることは、無条件に服務するなんてことをいってるということは困るわけです。芸術家がその場合服務するということをいってることは、ぼくら受け手からいえば、芸術家を利用するわけだけども、芸術家の持ってる思想と方法を尊重するということは、そうでないと出てこないと思うんです。

岩佐　服務するということばはある。しかし服務しなきゃならないという形で作家が作るのはおかしいと思うんだよ。つまりこれはこうもできると、しかし今服務するためにはこういうふうなやりかたがいいだろうというふうな一枚おいて作ってるわけじゃないと思うんだよ。今の状況というものを受け止めて、そこでやるわけでしょう。それを服務するというのはかまわないけれども、もうちょっと浅井次元でいわれると、それならば、そういう作りかたならばやらない方がいいと思う。

浅井　賛成ですね。

野田　直接的に服務か。（笑）それがいけないというんだろう。

高倉　利用し合うことはかまわないんだし、もっと具体的に問題絞っていきましょうよ。

大島　観客組織の中での壁は、活動家及び工作者のありかたということだよ。それが最初に「武器なき斗い」や野田君がさらに「日本の夜と霧」の問題はどうなってるかということで出した、観客組織の中における活動家の質的な体質改善という問題だよ。質的な向上つまり批評活動の強化をどうやってくか。オ二に、製作の問題でいえば、徳永氏がいいかけた、独立プロというのが幽霊的存在じゃないかといったけれども、独立プロが最初戦後に出発したような独立プロとしての主体性は、全く喪失してると考えますよ。ここに大きな壁がはっきりあるということ。オ三には、一般的な民主諸組織の問題、その中でぼくは文化政策が不在だと思うんだ。はっきりいって文化部はあるかも知れないが、今日的な時点に立っての文化政策というものはないと思う。かつての記録映画製作協議会というものを、今日的な時点でもっと大きな状態にしてかなきゃならないことの中で、作られてる幾っかの作品、「安保条約」にしても「一九六〇年六月」にしても、さっき坂斉さん「日本の子どもたち」もいわれたけれども、そういうものまで含めて、実にいろいろなマイナス面をしょってきているわけだ。

山之内　大島さんのいわれた点で観客組織の工作者の問題だって、そこが壁だっていわれても、それではやはり入り口であって、観客組織の工作者が自分たちで作家に要求して、作品を作るという問題点に達してるという問題もあるわけです。その工作者の体質改善といわれたけれども、それだけではやはり抽象的で、実際に立ってる観客団体では、新しく自分達の作品を作る条件に作家との交流、実際に作るための提携がなされたりしてるわけです。「武器なき斗い」もその提携の作品だと思うんです。

野田　そういう風な議論をすすめていくと作り方のルールに陥ってきたんじゃないかと思うんですが、やはりぼくら作ろうとするのは、今の意識変革を目的としたそういうものを作ろうとしてるわけだね。そいつを受け手の側で本当に武器にして、テコにして意識変革していくことによって、政治的な現実変革の道にのせていくのが、サークルの動きじゃないかと思うんだな。そこでぼく達芸術運動とサークル運動が一致するんじゃないかと思う。作りかたにはいろいろあると思うんだ。企業で作ってもいいと思うんだ。

■われわれの望むもの　その方向・方法・思想

高倉　その点じゃ、坂斉さんの反対じゃないと思うんです、野田さんのいわれた点では。ここでさっき浅井さん出された、今野田さんいわれるとおり、現実変革を望むという立場にありながらどういう映画をいったい観客は望み、どういう映画を作家は作ろうとしてるのかというところへ話を絞っていきたい。観客も作家も含めて人間の意識が変っていく映画はどういうものかというところへ問題を絞っていって、この場合は当然、現在六社の映画あるいは今まで作られた独立プロの映画に対する不満、当然基礎になってくると思うが、そこら辺で出し合ったらどうですか。ぼくなんかも「武器なき斗い」なんかも今の六社に作られてる映画に対する批判、批評運動、これを基礎にしなければ解決され得ないと思うんですよ。つまり映愛連についていえば、今までの六社の映画についての批評運動の不徹底さが「武器なき斗い」の問題に集約されて爆発した形であって、単にこの映画の問題で扱ってたんじゃ、いつまでたっても発展しないんじゃないかと思います。

浅井　何かそういう場合、芸術的に高いもの作るということがよく出るわけです。どういうもの作ってほしいかということなんだけども、大島さんのいわれた三つの条件非常によくわかるが、それに即していえば、一番問題なのは、いくら芸術の側が運動の側ががんばって芸術的なもの作ってもしようがないと思うんです。逆にいえば、さっき三番目に出された文化政策がはっきりしてない、政治の側がもっとしっかりしてくれないと、運動側ががんばっても心もとないんじゃないか、いくらぼくらががんばっても。観客運動がこれまでどうかすると政治運動に、政治運動じゃないと思うんですよ。その辺はっきりする必要があるんじゃないか。いっそのこと「武器なき斗い」のようなもの企業の外で作るということに意義をおくんだったら、芸術運動やってるんじゃなくて、はっきり政治団体になってしまった方が役に立つと思うんです。もっと、下水をよくするとか、政治運動やる方が意味があるんじゃないかという問題だって出てくるんじゃないかと思う。

山之内　ぼくの考えでは、現在ある作品の中で、その作品が不じゅうぶんであっても、たとえば「日本の夜と霧」が中止になったんですが、その中に相当大胆に政治問題が取り入れられたと思うんですけれども、それと前衛一人一人の責任、それからそれの挫折みたいなものが出てるわけですけれども、そういう若い作家の中にぼくなんかそういう芽を感ずるし、そういうところから今度の映愛連の新しい選定基準が変っていったと思う。

高倉　だから、作り手の側にも受け手の側にも、思想的なものから作品の方法から、尻ぬぐいの問題まで含めて、対立がある。その対立を出し合うことによって、現在の壁をどう突き破っていくかという問題はっきりしてくるんじゃないですか。

野田　作家の方にも対立がもちろんある。受け手の側にももちろんある。ぼくは「武器なき斗い」の問題と「日本の夜と霧」なんかががやがやするのは、そういう芸術というものに対するものの考えかたの違いみたいなもの、対立の一つの現われじゃないかと思うんだよ。

坂斉　さっき役に立つということいわれたでしょう。（笑）役に立つというのはどういうことなんだろう、映画が。

野田　役に立つということ明確にすること、いいんじゃないかな。「日本の夜と霧」役に立つという人がおるし、「武器なき斗い」役に立つということと全然対立的な意見が出てくる。おのおのどうして役に立つかという問題、一応明らかにする必要あるんじゃないですか。

坂斉　簡単にいうと、「武器なき斗い」が役に立たないという評価を下しておることは賛成できない。ぼくは役に立つと考える。いろいろ芸術上の足らない点や批判すべき点はあるにしても、あの映画は役に立つと。だからわれわれが積極的に普及し、広め、あの映画の持ってる内容を、勤労大衆に知ってもらわなきゃいかんと考えるわけです。

浅井　坂斉さん考えられる感動というのはどういうことですか。

坂斉　一般的な意味の感動ということ。それはいろいろあると思うよ。大変感動与えるというふうにいってないんだよ。つまり役に立つか立たないかというところでさっき出したんで、感動与えるかどうかということになると、ぼくの考えてる欠点や弱点の問題とからんで、もっとよく考えてみなきゃ。

浅井　その感動ということなんで

すけれども、ぼくなんか「武器なき斗い」見て感動ということよくわからないんですが、赤旗が最後に出てきて、山宣の墓前で再び戦争は繰り返さないと誓うけれども、赤旗が出てくると弱いわけです。それだけでじんとくる。逆に考えたら、そういう感動といったものは今やしょうがないんじゃないかというふうに思うんです。むしろ、さっき山之内さんが、今企業の中で出てる若い作家達を支持するといったけれども、ぼくなんかもそうなんです。それは根拠があるわけなんですね。ヌーベル・バーグの作品ということで出て、というようないいかたが当てはまるかどうか別として、「日本の夜と霧」がいいと思うのは、そういう感動を全く拒否したところで日本の現実と本質を考えさせるというか、問題を提示してるというところ、非常にいいと思うんです。もう一つ「血は渇いている」という主人公やはりぼくらが企業の外で作る、中で作るといってるが、企業の中で食ってるわけです。企業のわくの中で。その中であの主人公が政治的な立場というものはない、右でも左でもないという、そういうものがはっきりあれば、最後狂言自殺という形で死んでしまうことがないわけだけども、思想的な生活的な立場がはっきりしなくて、右へいったり左へいったりして生きてる人間に対する、共感というか、そういう生きかたを批判させようという問題の提示が出されてるということを、ぼく達やはり評価したい。そういう作品が、企業の中から作られてるということが、むしろ一つあるわけで。

高倉　それがあなたの感動というものにつながるという？　観客の状況と企業の中の作者の状況との問題に。

浅井　いや、感動といったものを与えるということが、たいして意味がないと思うんですよ。だから「血は渇いている」にしても「日本の夜と霧」にしても、観客に考えさす問題を提示してるということが大事だし、その提示のしかたがぼく達の日常性と結びついてる中で出されてるのが大事じゃないか。「武器なき斗い」は映画館の外へ出た時、現実と直結しないということがだめなんだということなんですよ。

野田　「日本の夜と霧」や「血は渇いている」の評価については僕も同感だ。

■これから どうするか

高倉　そろそろ今後の方向に向っていきたいんですが、今後の映画運動のありかたという点から、ばく然と一般的にこうあるべきだというんじゃなく、自分の立場から具体的に出していただけると。

桑島　「武器なき斗い」世田谷でやった時、中年の婦人が今度はどこでやるか、うちの子ども大学生と高校生ですが、ぜひ見せたいといったんですが、あの映画で感銘受けてるというのは、映画の芸術的な面というよりも、ああいうものが作られたことと、取り上げてる内容が、文学上の問題かも知れないが、私達としちゃ今後ああいうものいったいどういうふうに受け取られていくかということ、つまり観客大衆の現状がどうであるかをもっとはっきりさせることが、観客運動として一番大きな仕事になってくると思う。

坂斉　これから映画運動進めてく方向、未来像みたいなのに絞って発言した方がいいと思うが、今の運動進める上での弱点というの、いろいろ映画を進める団体があるにもかかわらず、この団体の結合と団結がきわめて弱い。それぞれわが道をゆく形で活動してることと、そこには意思の統一もなければ、運動に対する共感も薄い。このばらばらな状態を克服する必要がある。

高倉　その点ぼくも、たとえば映画製作に当ってる映演総連の労仂者の意識は、表に出てる独立プロの関係者の意識とだいぶ開きがあると思うんです。その開きは、両方が話し合えば理解できるということだけじゃなくて、それぞれの立場、状況というものをそれぞれが理解し得ない現状が、断絶の大きな原因だと思うんですよ。もっとほかの運動体の持ってる問題点を本当にその中に入って理解するという理解のしかたじゃないと。

坂斉　たとえば映画サークル協議会がある、勤労者視聴覚事業連合会がある。独立プロ協同組合がある、自主上映促進会、教育映画作家協会がある。映演総連がある。それぞれみな映画運動を進めようという団体なわけです。こういう団体が大きい統一活動推進するために、なんらかの形で結びつく組織が必要であろう、まずこれは才一点。才二点はそれぞれの地方、県別にそういう組織を固めていく必要がある。これがぼくの簡単な結論です。

山之内　ぼくは、今後の芸術運動というのは、たとえば「武器なき斗い」に感動してる人達の内容を掘り下げていく中で、一つの例では「武器なき斗い」という作品あるいは企業の中で作ってる、「日本の夜と霧」という作品、そういうものが非常に評価基準が違うという点での矛盾、違いの闘わせ合いというか、そういう意味で次への作品へ発展させるという、それが芸術上の創造上の問題、運動に積み重ねて発展していくということです。すぐ組織を作るということじゃなくて、自分の場で、観客団体なら観客団体の場でまずそういう闘い合いがなされるというものが出されていって、次の作品へ問題が提起されてくということ。もう一つは若い作家の持ってる現在における地点での創造上の問題が何であるかを、観客団体が明らかにしていくという、それがないといくら組織を作ってもだめなんじゃないか。自分自体が一つの意識を作ったものは何かという意識をもっていかないと、組織をいくら作ってもむだだと思うんです。そこにはじめて作品が加わった時にいろいろと闘わせ合いが出てくるんで、その中で未来の問題が出てくるんじゃないかと思うんです。

浅井　ぼくらの運動の今後の課題は、感動を拒否した作品を支持していくということに尽きる。そのことで誤解招くといけないんで、公的な人間と私的な人間が出てきて、話し合うと、エイッ！　といって公的な人間になってしまうような、「武器なき斗い」はそういうものだと思うんです。そういう意味で感動を拒否した作品ということで、対処していくよりしようがない。かつて記録映画の中で作られた「一人の母の記録」、日本の現実の構造を提示しようという作品として、欠点はいろいろ出てきたけれども一つの形として支持していくということと、企業の外とか中ということじゃなくて、作品の質ということによって、もっと評価していく必要があるんじゃないかということは、逆にいうと労仂者階級の中には、ぼくら自身の中にある弱さというか、今日ほど敵味方はっきりしない時はないんで、「太陽がいっぱい」のはじめが、ブルジョアとプロレタリアが一緒に話し合ってるんですが、同じテーブルでしゃべってるからどっちがプロレタリアか何かわからない。

徳永　ぼくなんか、孤立してやってるから思うんですが、いつも、今どういうものを作らなきゃならないのかと探ってきたような立場で仕事してきたでしょう。たとえばあるところから、こういうもの作らないかという仕事をあまりしてないです。そういう意味じゃ、一番結びつきやすかったのは労仂組合です。接触する部門は幹部ですよ。その幹部の考えかたというのが、どうしても全面的に出てくるし、またその幹部を除外しては具体的に仕事が進まないという状況ですね。だからそれに自分の作った作品の欠陥全部のせるのは卑劣だと思うが、その中で斜めな形で抵抗しながら、なんとかかんとか前進していこうという程度の作りかたしかしてこない。それに出てきた批評というものは、自分の作品を集会で映されてるのを黙って聞いてきたりするんですが、文章になったり一つの論理的な形とった場合、批評家なら批評家、あるいは映画運動の幹部の意見が出てくる。なかなかつかめないですね。三池みたいな問題でも、とっかかりは、これはやらなきゃならないじゃないかという、ばく然とした気持で去年の十二月から入ってやったんですよ。それが映画にしたらいいじゃないかという意見は最後まで出なかった。久保さんが殺されるまではまとめるなんて話出なかった。そんなもので、今病院の看護婦のストライキ写してるんです。これは商売にならんよという意見出るし、果していいんだろうかという疑問も自分で持ってるが、入ってると浮かされちゃう。自分がはっきりしてないんじゃないか、もっと別に自分の場所があるんじゃないか、何を作ったらいいかという問題でも、やはりもっと話し合える場所がほしいなと、いつも思ってるんです。あれから何もしていない。三池作って、このままできてどうなるのかなとわからないでいながら、だんだん質的に低下していくような気もするし――。

大島　「一九六〇年六月」という映画がああいう形で作られていた。しかも製作委員会というものが恒常的な機関として新しく進められようとしてるその中で、あの作品の最も大きな問題点は、一九六年六月の国民的な闘いを記録するものとして作られたんだと思うんですよ。それが何度もラッシュの仕事を繰り返してく間に、一九六〇年六月をどのように闘わなきゃならなかったという大きな問題の中で出てきた問題整理、それが総評あたりで整理された、ハガチー事件は戦術的に誤りであったとか、同様に樺美智子の死をめぐる戦術的な整理、その跡始末的な整理で多かれ少なかれ、どころじゃない、むしろ多く編集が制約を受け、作家達の主体的な意図から離れるぐらいにまで方向づけられてきたということが、大きな問題だと思うんですよ。そういうことが観客組織の上でも問題にされなきゃならないし、民主プロダクション同志の連携の中でも検討されなければならないし、さらに映画作りと民主主義擁護の運動ということを結びつき合ったところで、民主諸組で論議されなければならないはずだし、そういうことを通じて、たとえば観客組織の中で活動家が新しい芽を少しずつでも持っていくそういう芽が各組合の文化部の中につながり反映していき、また新しい芽になっていくという復合的な批評活動が、映愛連でもじゅうぶん考えられると思うんです。職場で仂いてる人達も。

野田　統一戦線の問題がでたが、浅井君が今、ぼくたちの敵と味方がわからなくなってような状況にあるといった。つまり泰平なムードの中にあると思う。はっきりとみきわめること、いいかえるといまのコミニュケーションのもっているデスコミニュケーションのふかさをとらえる。その断絶を徹底的に明らかにすることによって、明らかにするような作品を作っていきたいと思う。そこでは当然、感情移入を拒否した方法がとられます。そうした作品こそ、現実変革の作品たりうると思います。それから、運動のヴィジョンまでいかないけれども、当面統一戦線でやれということを盛んにいわれるけれども、むしろぼくらの内部の対立をますますみつめ、深かめあきらかにしていくことによって統一戦線へ向う方がいいんじゃないかと思うんです。

山之内　異議なしだ。

高倉　そこら辺ね、新東宝の争議やってる中で、組合は自主映画を作っていこうと、つまり大蔵にまかせておかないで、それがなかなか実行できないが、そういう場合組合と独立プロの人達との結びつきの下に作品作っていこうという企画もあるんですが、その場合、独立プロの人なんかの、あるいは総評なんかの文化部の人が、民主主義勢力のためになる映画だったら協力するけれども、単なる新東宝企業のための映画じゃ困るというようないいかたされて、ぼくらとしちゃ大変困りまして、たしかに統一戦線は統一戦線で必要なんだけれども、いわゆる作品というものを敵の文化と味方の文化というものに分ける単純さでは、統一というものも成り立たないんじゃないかと思った。将来のむずかしさを痛感したんですけれど。時間がなくてもったいないんですが、今後こういうところからさらに論争深めて本当の統一へ向っていこうというところで。(笑)

●私の記録映画論

否定の論理と否定の生理

●田村　孟
（演出家・松竹）

「戦艦ポチョムキン」という映画は、大変馬鹿馬鹿しい代物で、観終ってから腹が立って仕方がなかったと、ドキュメンタリストをもって任じている友人に話したら、共に映画を語ることが出来ないとばかり、血相を変えて脅かされた記憶がある。小さい島で、ネズミが突如大増殖し、あらゆる食物を喰いつくした果てに、海を渡って隣の島へ大移動を開始すると云うふうな、自然の神秘解説映画のように思えて仕方がないと私が説明した所、その友人は憐れむような眼付で、君は一九〇五年をそんな風に理解するのかと云ったものである。無論私は一九〇五年をネズミの行動譚に置き換えたのではない。又歴史的事実の重さと映画の感動は別だぞと自戒した訳でもない。私に我慢ならなかったのは、「ポチョムキン」の疑う余地のなさみたいなものである。

当時の私には、疑う余地のなさ、予定調和のようなもの、という以上に分析して考えることは出来なかったが、作品評価の軸としてではなく、作家の創造過程の中ではこの疑う余地のなさや予定調和のようなものが、どういう形で、どういう理由で立ち現われて来るのか、自分の問題としていつか考えなければならないと漠然と思っていた。

先日機会があって、日大映研の諸君が作った「プープー」を観た。鮮烈な主題とは全く別に、奇妙な疑う余地のようなものが充満しているのを感じた。ショットの積み重ね方の中に、均質な生理が感じられなかったのである。聞いてみたら、演出者が三人位だと云うので納得した。対象のもつ日常性をねじ伏せようとする闘いが、共通の論理は持っていても、均質な生理によって貫かれていないから、ショットからショットへの飛躍のし方が、てんでんばらばらなのである。いや、てんでんばらばらというやり方ででも統一されていないのだ。ストーリー的な語りかけならば、共通の論理さえあれば、それほどボロは出ないで済んだかも知れないが、この作品のようにイメージとイメージを格闘させることによって新しいイメージを産もうとする方法に取っては、均質の生理が貫かれていないことは、作品として致命的であるように思えた。

この事からもう一度「ポチョムキン」を観た時の自分の印象に立ちかえってみようという気になった。確かに、「ポチョムキン」の中にある現実否定の論理の明解さには驚嘆する。と同時にその明解さに私は疑問を持ったのだ。自己否定の契機を含まない明解さだろうか。そうではない。自己否定と現実否定が同じ論理で貫かれているのだ。では結構なことではないか。いや、結構ではないのだ。作家の内部が、対象とかかわり合う以前に既に論理化されていて、論理化されることに焦立ち、引き戻そうとする生理が欠けているのではないのか。それ等の問いが私の中を行ったり来たりしたが、結論を出すことは出来なかった。

しかし、これをきっかけにして、作家内部での現実否定と自己否定のかかわり合い方、重なりあい方は、創造の過程ではどのような状態なのか考えてみる気になった。それは一方を契機として他方をなどという生やさしいものではないのではないか。自己の内部を外部現実とあいわたらせ、客体化することによって論理化するなどというふうに具合よく行くものではないのではないか。

対象にへばりつこうとする無機的なキャメラアイから、すでにそれ自身クリティックを含んだ、主体的な肉眼に至るには、どのような道があるのだろうか。クリティックの眼とは、あれはあれ、これはこれと腑分けする眼ではない。腑分けした時に、それをなしくずしにしようとする生理が主体内部にあって、その生理を自己否定の論理がねじ伏せよう、ねじ伏せようとしても、ゼロにする事が出来ない、そういう引き裂かれた地点でこそ、作家は肉眼を持ち得るのではなかろうか。言葉を換えて云えば、自己否定を論理化できない時にこそ、人間的事実としての生き生きした創造活動が可能なのではないだろうか。

　現実否定の論理に従って自己否定が論理化されようとする時、それに反抗する作家の生理(その日常性)が、遂には現実の否定の論理と決定的に対立する地点、これこそが、報告者でもなく、無機的な記録者でもなく、創造する主体の場所なのではなかろうか。現実否定と自己否定が過不足なく重り合うのではなく、自己否定の果てに否定しきれず、無気味に抵抗し続ける生理が、現実否定の論理と真正面から拮抗し、相容れない地点を発見してこそ、作家が作品以外では語り得ないという真に創造的な姿勢になり得るのではないか。

　作家の生理の日常性は、いかなる強力な論理をもってしても、否定しきれないものである。おどし、すかし、殴ってもねじ伏せされるものではない。もしねじ伏せられるような脆弱な生理があるとすれば、それは作家たり得るものの生理ではない。このねじ伏せきれなかった生理と、現実否定の論理が、対象をめぐって、真正面から対立する時、始めて創造という行動が開始されるのである。従ってこの対立の緊張度こそが、対象をねじ伏せ、安定したものを不安定なものへと転位させる作家の強烈なエネルギーなのである。あるイメージの説得力の度合は、そのイメージが主体内部で完全に論理化されているかどうかにかかわっているのではなく、主体内部の激しく対立した緊張状態の度合にかかっているのである。

　日常性と体験の枠の中に疑い深くしがみつこうとする作家の生理は、創造過程の中では現実否定の論理のために素裸にされようとし、絶えずおびやかされている。そして、論理が強靱であれば脱ぎつくされて、完全な素裸にされてしまう。だが、生理は完全に素裸にされれば、もう脱ぐものはないぞという姿勢から、ヒステリックに反撃にうつり始める。お前の論理は間違っている。私を裸には出来ても、消え去ることが出来ないではないか、生理はそう叫ぶことによって、今まで営々と積み重ねられた論理を一挙にひっくり返えそうとする。こうしてイメージが完全に定着されるまでの間絶対に論理化不能の裸にされた生理が、ワンショット毎に現実否定の論理に毒づき、最後の瞬間に論理が生理を目かくしする事によって打ち負かし、イメージが定着される。そして、作家の生理が目かくしされて打ち負かされる負け方が、そっくりそのまま作品の生理となって残されるのである。

　では、このような作家の生理はどこからやって来るのだろうか。単なる日常性なのだろうか。或いは、絶対に論理化されないほどの強靱さは、一体何に負っているのだろうか。「可知の既存の秩序をバラバラに解体し、いま一度物を不可知の領域につき返し、その中にもぐりこむこと」と石堂淑朗が云っているが(記録映画十二月号「美学よ、去れ」)、このつき返えすエネルギーはどこからやって来るのだろうか。石堂は自分の挫折の体験を媒介にして、この可知から不可知へという操作をやろうとしたと云っている。挫折とは、今まで可知であった体系が、つき崩されて不可知になることだとすれば、現実の可知なるものを不可知の領域につき返えす現実否定の論理をすらも、もう一度疑い、不可知の場所につき返えそうとするのが、挫折を追体験する事によって、常に可知—不可知の間で武装を固めている作家の生理なのである。この武装した生理は、裸にされても論理化されきれないからこそ、論理をもう一度不可知へとつきかえす力を持っている。逆に云えば、生理は論理化されることを拒絶するために、可知が不可知に変った挫折の時期を追体験し、常に力を養おうとしているのである。

　作家の強烈な説得力は、このような内部の闘いの激烈さを通過しなければ、決して産れることはない。挫折が内部に惹き起こした傷の疼きを、生理の中で常に再生産し、現実否定という論理をすらも、常に不可知へと追いやること、これなくしては論理の骸骨に生命を吹きこむことは不可能なのである。

国会のてっぺんに赤旗を

丘をのぼるイメージ

●佐野美津男

一九六〇年十二月十五日。報知新聞印刷所に出張校正中の読書新聞編集者に原稿をとどけた足で、国会南門前をとおる。静かなものだよ、全く。それから日本社会党本部前を通過して警視庁の方へ歩いて行くと、日の丸の小旗に黒い布切れ、つまり喪章をつけた高級車が続々と走って行った。よく見ると、山口二矢君うんぬんと書いた紙切れが東窓にはってある。左に眼を転ずれば白鳥の泳ぐ皇居の濠で、濠の向うの松の木は幹にワラの胴巻きをされている。静かなものだよ、全く。

一時に山葉ホールで日本通運のPR映画「海と陸をむすぶ」（野田真吉演出）を見て、朝鮮人帰国のショットがさりげなく挿入されているのに少し感心したりする。PR映画については、とやかくいう必要もないのではないか、いや、PR映画についてこそ批判を集中すべきだ――との自問自答を繰返すうち、新しいPR映画の方向として東宝映画「背広三四郎」のようなものがあるのではないかという気がしてきた。すくなくとも勅使河原宏の「いけばな」よりは可能性があるはずである。勅使河原は国会議事堂のてっぺんに白い枯枝を活けてみせたが、議事堂のてっぺんにはやはり赤旗をひるがえらせた方がいいのではないか。

二時半からは「北白川子ども風土記」（小坂哲人演出）を見たが、これは楽しい映画であった。多々良純扮するところのテレビ商人は社会科が不得手な息子のために、息子の担任でもない先生のところへどなり込むのだが、こういう非日常的な虚構を児童劇映画または教育映画のなかに持ち込むことは大いにやらなければいけない。世の中には自分の子どもの担任教師にすら文句のいえない親が多いというのに、この映画はそうした消極的な人間を描かずに、あくまでも積極的な人間を描いている。この映画に出てくる父親の様な人間が輩出すれば、学校づとめをアルバイトのように考え、予習復習で月収十万は当りまえというような教師はきびしく断罪されるに違いない。もちろん常識では考えられないような父親が出てくるのだから、映画全体が不自然かつ墳き出さずにはいられないのは当然であって、そのようなことを気にしていたのでは新しい映画は作り得ないのであろう。ラスト近く、郷土研究グループの一員であった少女が父親の仕事の関係で東京に移住するというショットが出てきたときの解放感あるいは安堵の気持は、いかなるハッピーエンド映画の結末よりも強烈なものであった。正直なところ、東京へさえ出れば、もう少し教育らしい教育を受けられるだろう――と思ったのだが、よくよく考えてみると、それは見る側の浅智恵であって、この映画をつらぬく教訓〃目立ない仕事を地道にやることの尊さ〃を少しも嚙みしめない浅墓さにも通じるものなのである。それは、たとえ先生に何か面白くないことがあってどなられても、子どもらはぐっとそれに耐え忍び、先生の下宿にまで出かけてあやまる必要があるという教えとともに、ぼくの背骨をトロカスようなものであっても、じっと喰い入るようにみつめる価値があったに違いない。あの女の子にしたところで、北白川の小学校で受けた正規の教育よりも自主的にやった郷土の研究、その地道な努力は東京という雑然とした都会に出ても必ずや生かされて行くに相違ない。もちろん東京には、ぼくと意を通ずるような浅薄な教師もいるから「ここが昔、海だっらどうだっていうんだ。それがおれたちとどういう関係があるっていうんだ。おれには郷土なんて判んねえや」などという子どもがいることも確かであるが、そのような子どもとは絶縁したところで生きていけばいいのである。文部省の道徳教育指導要領に記されているように、郷土の偉人の業跡や遺跡をほりおこし、それに深い関心をおこさせるよう努力することがのぞましいのだ！ 文部省の道徳教育指導要領にも記されているように！

とはいっても、古きをたずねるのが全面的に悪いというつもりは毛頭ない。たとえば「月の輪古墳」などについては、ずいぶんと感動した覚えがある。村人が調査団に協力し、一致団結して古墳のある丘をのぼって行く大俯瞰などは、ぼくが考えているパルチザンのイメージにもぴったりするショットであった。たとえ古墳の発掘に名を借りるにせよ、あれほどのキボで革命の予行練習が出来るのなら、ぼくでさえ古きをたずねたい気持になってくるのである。

丘をのぼって行く大俯瞰と書くと、その丘がボタ山だったらという気がしてくる。「にあんちゃん」と「筑豊の子どもたち」がボタ山を主要部分にして描かれているわけだが、時評としては「筑豊の子どもたち」に焦点を合わせねばなるまい。そしてここでまた、日記のような文章に戻る。

一九六〇年三月十五日。同人誌「まあいん」才二号編集打合わせのため佐々木守と会い、土門拳写真集「筑豊の子どもたち」をめぐっての座談会を企画。出席者に高島一男を予定したところ数寄屋橋ショッピングセンターでバッタリ出合う。快諾された上、富士フォートギャラリーで開催中の写真展「筑豊の子どもたち」を見るようすすめられる。高島一男曰く、「記録映画『失業』（京極高英演出）より、よっぽどいいね。」……コンクリートでぬりかためられた廃坑の入口の写真の迫力はすごい。子どもを記録した部分は殆んどがダメ。土門拳という作家の眼が子どもに向いたとき、かくも甘くなるのは何故か。座談会の話題はその辺にしぼられてもいいと思う。

だが、座談会は実現せず、高島一男は自殺してしまったのである。ということになれば「筑豊の子どもたち」が映画化されたときいたとき、ぼくがすぐさま高島一男を思い出し「記録映画より、よっぽどいいね」を念頭においてスクリーンに対したことはいうまでもなかろう。しかし映画「筑豊の子どもたち」は、記録映画より、よっぽど悪い作品だったのである。

ヒューマニズムという思想があって、人間性を尊重するわけだが、映画「筑豊の子どもたち」も表向きはヒューマニズムということになっているのだと思われる。だが、ヒーマニズムという思想では子どもという存在はとらえきれないという証明が、この作品でなされているのは皮肉である。その最も明かな例は、主人公の少年の眼前で三井三池をもじった激突を展開し、兄が警官に襲われ手錠をかけられる場面を設定し、その次の場面では少年にかっぱらいをさせるという個所であろう。もちろんこれだけを切り離してしまうと、兄が手錠をかけられ逮捕されたという激しいショックから、少年がすざまじい飢餓に見舞われ、金もないのにアンパンをむさぼり食い、更に食い物をかっぱらって逃亡するというふうにも受けとられ、それは方法によってはブニュエルの「忘れられた人々」にさえ匹敵するショットになり得るかも知れないと想像しないでもないが、あの映画の作者は少年をそのように突き放して描くほどの非情さは持ち合わせてはいなかったのである。だから少年は直ちに捕えられ、児童相談所という秩序の中で安らかな眠りにつくことが出来るのである。自分の兄が眼の前で警官に襲われたその夜に、児童相談所で安眠できるというこの不自然さ、これこそが明らかに作者の思想＝ヒューマニズムに他ならない。ここで作者は少年をして激怒にかりたてることなく、静かな眠りにつけることによって人間性を守りぬいた、または守りぬけると考えたことは確かである。そればかりか作者は更に教師をして少年の心を和らげさせるため、中華そばを二杯くわせるのだが、そのそば屋のテーブルの上には、この映画のスポンサーであるバヤリースオレンジの缶ズメがピラミッド型に並んでいるという念の入れ方なのだ。以上をつなげて考え直してみると、全てがバヤリースオレンジを出すためのカラクリではなかったかと疑って疑えないこともない。だがこれは疑い過ぎというものであろう。しかし作品の気持がどうあろうとも結果として人間がモノ、ここではバヤリースオレンジに従属、または疎外されていることは事実なのだから、やはり最初から人間をもモノとしてみる非情さが必要だったのではないか。こうしたことからいっても、新しいPR映画の方向が「背広三四郎」のような作品にあるということはいえそうである。「背広三四郎」においては、人間の善意によって商品が売れるというヒューマニズムの凱歌が高らかに描かれているのであった。

もちろん映画「筑豊の子どもたち」においても、子どもはザリガニのようなものというような言葉が出てはくるが、それが単に言葉としてのみ出てくるところに弱さがあるのだろう。それを単に言葉に終わらせないためにはどうしたらいいのか。そんなことは勝手に考えればいいわけだが、映画「筑豊の子どもたち」が写真集「筑豊の子どもたち」と抜本的に違うところは、子どもをとらえた部分がダメとのみいい切れない無思想性にあるということだけは指摘しておく必要があるだろう。土門拳が筑豊の人々に接して感じたことは、なにゆえこの人々が暴動に起ちあがらないのかという疑問であった。しかしその土門拳も子どもに対するときには、そうした疑問を持たなかった。なぜか。子どもは暴動に加わるべきではないとする先入観が土門拳の作家主体をむしばんでいたからなのである。だがぼくは子どもにも暴動を起させる必要を痛感する。この必要を痛感した場合に限って、子どもを主役にした作品を創造する可能性があると思うのだが、わが国の劇映画において、教育映画において、また記録映画においても、子どもをそのような存在としてはとらえていない。外国映画においてもほぼ同じ状態だが、ただ一つの例外は、ブニュエルの「忘れられた人々」。

子どもをして暴動のラチ外に置くべしと考える思想、これは哀れな保守主義または穏健な現状維持の思想に他ならず、映画「筑豊の子どもたち」の作者たちと同じく、エネルギー革命などという体制側の宣伝文句をウノミに肯定する没主体と相通じるものといわなければなるまい。

（筆者は児童物作家）

謹賀新年

株式会社
東京フィルム
（新事務所）
東京都中央区京橋三の五
竹岸ビル

PR映画・教育映画の製作
株式会社
桜映画社
東京都新宿区角筈二ノ八四
スタンダードビル五階
TEL (371) 八二四一～五番

株式会社
三木映画社
代表者　三木　茂
東京都中央区銀座東二ノ四
竹田ビル TEL (541) 七四一三番

株式会社
日本映画新社
常務取締役　堀場伸世
東京都中央区銀座西八—五
TEL (571) 五六五一～六
六一九一～五
分室（テレビ部）千代田区丸の内三ノ十三
帝劇別館内　TET (281) 八二三二一—二

支社局
大阪市北区中ノ島三ノ三朝日ビル　電(57)三五七六
名古屋市中区広小路一ノ六名宝内　〃(23)四〇〇八
福岡市東中洲二四五宝塚会館内　〃(3)二一六三
札幌市南一条西一丁目北宝ビル内　〃(2)二三七八
新潟県新津市新町　〃新津四九一

教育映画・テレビ映画の製作
株式会社
新世界プロダクション
東京都千代田区神田神保町一ノ三六
TEL (291) 二五一三番

全国農村映画協会
東京都新宿区市ケ谷船河原町十一
TEL (301) 三一五一～五番（代）
(331) 二四六六番（直）

株式会社
読売映画社
東京都中央区銀座東四—三
電話 (541) 一七七八—九番

理研科学映画株式会社
東京都千代田区飯田町二の十五
TEL（代）(331) 八五二七番
（直）(301) 一六六二番

映
キロク
株式会社
記録映画社
東京都渋谷区代々木二ノ十二
電話 (371) 一〇五三・八八〇二番

■記録・教育映画ガイド

●記録映画研究会一月例会

○時／一月十八日（水）午後五時
○所／日本鉱業会館六階会議室（銀座・八丁目・並木通り・日本映画新社筋向い）
○内容／①プープー（日本大学映画研究会作品）②一、〇五二（早稲田大学シナリオ研究会作品）③その他作品未定
○会員以外の読者の方もどうぞ御参加ください。
○主催／教育映画作家協会記録映画研究会

●西武記録映画を見る会一月例会

○所／池袋・西武八階文化ホール
○日本文化シリーズ
時／一月十五日（日）一時、二時三〇分、四時の三回上映
内容／①御神輿師（二巻）②黒島のおどり（二巻）③伝統に生きる町（二巻）（以上いずれも岩波映画製作所作品）
○児童劇映画
時／一月二十九日（日）十一時一時、三時、四時三〇分の四回上映
内容／露路裏の灯（五巻・豊田敬太演出作品・東映教育映画部製作）
○主催／教育映画作家協会

●高知自主上映の会一月例会

○時／一月二十四日（火）、二十五日（水）の二日、共に午後六時から
○所／高知市中央公民会館
○内容／①キューバ革命の記録（四篇を上映）②レジスタンス記録映画（作品未定）
○主催／高知自主上映の会（高知市丸の内四、中央公民館内）

●国立近代美術館一月上映予定

○世界のアニメーション映画
○時／一月五日（木）↓十五日（日）／十六日（月）↓二十六日（木）／二十七日（金）↓二月五日（日）の三段階で上映。
○内容／くじら、線（以上カナダ）ボンボマニイ、二等兵シュベイク（以上チェコ）猫とねずみ（ポーランド）酒はのむべし（イギリス）雪の女王（ソ連）、白蛇伝、マリン・スノウ（以上日本）その他を組みあわせて上映の予定
○展示はアニメーション芸術と現代写真展、前者はウォルト・ディズニーと東映動画を、また後者は一九六〇年度の秀作をえらんで展示する。
○時間は各日とも午後二時から
○所／京橋・同館四階試写室
○会費／五〇円（学生四〇円・展示会とも）

●都民劇場映画サークル・文化映画シリーズ

○時／一月二十四日(火)午後六時
○所／一つ橋・共立講堂
○内容／テーマ・世界の旅／①ハワイの旅／②今日のモスクワ／③うるわしのカリブ海／④欧州駈けあるき
○そのほか、二月二十四日（金）はテーマ「上より高く」で、またその後「リズムの流れ」のテーマでひきつづき行ないます。
○会費／三回連続二〇〇円（一回だけの場合は一〇〇円）
○主催／都民劇場映画サークル（東京都中央区銀座西五の四、数寄屋橋ビル内、電話(571)九三五六番・代）

●国民文化会議全国集会

○今年のテーマ／新安保体制と文化活動
○時／一九六一年一月
○二十一日(土)午前十時↓十二時全体会議／記念講演・木下順二午後一時↓五時、専門別部会（八分科会）
二十二日（日）午前十時↓午後五時／問題別部会（九分科会）
二十三月(月)午前十時↓十二時問題別部会／午後一時↓五時／全体会議／記録映画(作品未定)又は劇映画「松川事件」を上映の予定
○所／日本青年館（神宮外苑）
○専門別部会は、映画、演劇、美術、音楽、学習、文学などであり、問題別部会で特に注目されているのは、「マス・コミとどう取り組むか」「サークル活動における問題点」「青年の問題」「学校教育」「余暇活動」などである。またこれらのほかに、特別問題別部会として、学者、芸術家、文化活動家の「政治とどう対処すべきか」がもうけられているのが、今年の新しい特徴といえよう。毎年単なるカンパニヤ程度で終り、不毛の論理と自称運動家のマスターベーションをくりかえして来たこの国民文化会議は、六月闘争をいかに闘い、うけとめたかという問題を中心に、来たるべき闘いの展望とプログラムを樹立すべきときに直面した。その意味でこんどの全国集会は国民文化会議の存在と機構そのものを根底から問う重大な会議となすべきであろう。精鋭多数の参加がのぞまれる。
○会費／一五〇円（資料代をふくむ）
○主催／国民文化会議（東京都千代田区富士見町二の三、電話(301)一三四三）

●「日本の夜の霧」再上映促進で大学映画声明文発表

大島渚作品・松竹映画「日本の夜と霧」の不当な政治的弾圧に対して抗議、要請文提出などの活動をつづけてきた全国の大学映研は、オ五回全日本学生映画祭が去る十一月二十五日大阪で開かれたのを機会に、松竹大谷社長あてに声明を発表した。内容は再三の抗議、要請に対して沈黙をつづける松竹を批判し、同時に全国大学映研は「日本の夜と霧」の再上映を最後まで請願する意志のあることを声明したものである。

●東京自主上映促進会一月例会

○時／一月二十三日（月）二十四日（火）二十五日（水）の各日午後六時から。
○所／国鉄労仂会館（東京駅八重洲口、鍛治橋へ向って五分）
○会費／一月分として五〇円
○内容／①阿片戦争（中国映画、一九五九年製作、総天然色）／②暴力の街（戦後初めての自主製作映画）

●特別試写会

○時／一月三〇日（月）午後六時
○所／国鉄労仂会館ホール
○内容／①人間から人間への贈物（ソ連技術実験映画）／②その鍵をはずせ（田中徹演出作品、ある精神病院の記録映画）
○会費／一月会員無料
○主催／東京自主上映促進会

自分の作品をこの書に照らし見よ

――「ドキュメンタリー映画」の書評によせて――

吉見　泰
（脚本家　東京シネマ）

　本書の才一版は一九三五年刊。昭和十三年、同じ訳者によって「文化映画論」として紹介された。かつてない新たな映画の創作方法として、当時の文化映画作家の理論的な指針となり、その輝やかしい影響は今日もなお生き生きと生きている。三九年才二版で「才五章・ドキュメンタリィはどこへ行く」が加筆され、五二年才三版ではさらに「才六章・一九三九年以降のドキュメンタリイ映画」がシンクレア・ロードとリチャード・グリフィスの協力によって増補され、リチャード・グリフィスの「合衆国軍隊による映画の利用」の項も付録として付け加えられた。本書はこの才三版の全訳。

　そうした増補改訂のおかげで、芸術論、創作方法（傍点筆者）としてのドキュメンタリイ論だけでなく、英国を中心にして発生したドキュメンタリィの世界的普及と動向のあとを辿ることがでさて、興味が深い。

　それに、ドキュメンタリィとスポンサーとの関係、そのかかわりあい方についても、示唆に富み、その問題点が切実に迫ってくる。

　才一章「映画序論」でローサは、「プロパガンダは、いくらかの国ではすでに行われているように、国家の建設にとって最も重要な道具の一つとなるだろうということは、一般的に認められてきている、政策を大衆に受けいれさせるために、国家が教育、ラヂオ、映画、演説、出版物などを充分かつ意識的に行うようになるのは、もう時の問題であろう。ソヴェト、イタリア、ドイツは、それぞれの国の特殊な政治組織に応じて、すでにこうした方法を採っている。……しかし英国におけるラジオを除いて、英米の宣伝用具は大部分、個人企業の支配下に発展させられてきた。それらはその使用者が擁護しようとする制度のイデオロギーをただ間接的にしか反映していなかった。しかし遅かれ早かれ、一定の権力による統制が行われることは避けがたいし、その統制が政府によるものでないとしたら妙なものだろう（傍点筆者）……政治的所信を承認させるために世論を指導する目的で、わが英国においても映画を広く用いようとしているようにみえるのも、故なきことではない。すでに保守政党がこうした面で行っているような素人くさい試みでなく、もっと広い、知的な使用である。しかしこうした性質のプロパガンダは、必然的に論争をひき起すような問題を扱うので、製作の許可が必要となろう。そしてその許可は、製作が政府あるいは政党の支配下に行われる場合にのみ有効であり、（傍点筆者）一般の民間会社の活動の範囲外にあるものとなろう。……ドキュメンタリイ・プロパガンダ映画が英国においては、政府機関にその源をもつこと、ドキュメンタリィにおける重要実験の大多数は、議会の支配のもとに組織された映画団体（フィルム・ユニット）から生れたものである、ということを注意しておこう。」と語っている。

　そして彼のいうドキュメンタリィの方法とドキュメンタリィ運動は、彼の国で、社会民主主義的な、デモクラティックな建設の闘いに大きな業績と発展を残した。

　ドキュメンタリィについて、彼は次のような主張を持ち、かつ実践したのである。

　「創造的なまたはドラマティックな観点からその題材を取扱おうと努力せず、平板な叙述以外の方法でイメージを選択しようとも試みず、何らかの所論を表現したり一定の目的を果そうともしない、さらにカメラやマイクロフォンの再現的な特性の範囲を探ろうともせず、たまたま適当な解説つきで事実を平明に表現するために編集を試みるだけ」というような作品を槍玉にあげ、「一般的な実写映画のタイプとドキュメンタリィの方法のより高い目的との間にある距離は、一般に考えられるよりも大きい。これらの〃実写〃、紀行、学術映画は大体ストオリィをもっていず、自然の題材を用いているという理由で、ドキュメンタリィのグループに入るものと信じられている。こういう考えの誤り」について鋭く指摘する。

　「ドキュメンタリィの製作者は日常の経験をとりあげるその手法において、政治的、社会的に意識を持つべきである。」

　「彼は人間社会の最も広い関係についての予言者なのである。彼は群衆と一しょには進まないが、彼の扱う問題について行動がとられる前に熟考と討論を求めながら、大衆に先立って進むのである。映画においては、こうした目的に最も適したものがドキュメンタリィの方法なのである。というのは、それは哲学的推論の一方法だからである。（傍点筆者）」

　「ドキュメンタリストの仕事は人民の半分に他の半分を示すことであり、現代社会の全横断面に関するより深くより知的な社会分析をもたらすことであり、社会の弱点を探究し、その出来事を報告し、その経験をドラマ化して社会の新興階級の間に深い共感に満ちた理解を示唆することである。ドキュメンタリストは結論を描こうとはせずにむしろ結論がつけられるように事実を述べようとする。」

　「ドキュメンタリィは映画の素材や道具を創造的に用いるということによって特徴づけられるにせよ、ドキュメンタリィは人為的なものより現実的なものを好んで用いてきたにしろ、重要なものはこうした実践を促進させる方法であって、作られた映画のタイプではないということである。」「重要なのは方法であって素材ではない。つねに最も重要なものである方法によって、社会的、政治的あるいはその他の目的が果されていくだろう。」「要するに、ドキュメンタリィの方法は、もはや事物や人間や興味ある場所の単なる絵画的叙述ではない。観察だけでは充分でない。運動のカメラによる描写は、どんなに見事に観察されていようとも、美的な良き趣味の問題にすぎない。ドキュメンタリィの本質的目的は、こうした観察に適用される目的のなかに存在している。結論が示され、観察の結果が高い創造的努力を必要とするような仕方で示されねばならない。現代社会の表面のもとには、現代文明の動因的な経済諸問題が存している。これらは目的をもったドキュメンタリィの真の素材である」「ドキュメンタリストのアプローチに対するインスピレーションとなるものは、事物の背後にある意味であり、人間の根底にある意義である。

「ドキュメンタリィの方法の本質は、現実的でアクチュアルな素材のドラマタイゼーションにある。このドラマ化の行為そのものが、映画の描写を現実（アクチュアリティ）とは異なったものとするのである」「カメラやマイクロフォンの技術的限界内で真実であるためには、教育映画の目的たる叙述が要求され、ドキュメンタリィ方法の資格たるドラマタイゼーションは要求されない。こうしてドキュメンタリィにおいては、事実のありのままの描写さえも、それをスクリーンに如実に生かすために、ドラマティックな表現が必要とされるのである。」「演劇との関連を持つ劇映画のロマンティシズムに対して、ドキュメンタリィはリアリスティックであると主張することもまた正しくない。というのは、なるほどドキュメンタリィは、それが現実と関連するという点でリアリスティックではあろうが、リアリズムは素材に対してだけではなく、むしろアプローチに対して特に適用されるものだからである。（傍点筆者）」

「表現のドキュメンタリイ的方法とは、民衆の家庭から、工場から、田畑から呼びかける民衆の声でなければならない。したがってドキュメンタリィの将来の成果は不可避的に社会の将来にかかっている。」

「戦争であるか集団保障か、階級の廃止か、ある種のデモクラシィの存在か、民族主義的な組織の確立か、人種や民衆の結合した世界か、社会主義の力の前の資本主義の決定的崩壊か、いずれにしろドキュメンタリィは社会の要求によって支配されねばならない。社会がいかなる形態を将来とるかはわれわれの手中にある。ドキュメンタリィの方法は単に表現の径路にすぎない。最も重要な問題は、いかなる種類のプロパガンダをドキュメンタリィに表現せしめるか、ということである。」

「ドキュメンタリィの監督は中立的であろうとしてはならない。さもなくば。彼は単に叙述的であり、事実的であるに留まるだろう。ドキュメンタリストの見解を表現するための相対的自由は、明らかに、彼の仕える製作勢力とか、支配的な政治組織によって、変化するものである。現在なお、議会制度を保持する国においては、ある限界内で討論や、意見発表は許されるだろうが、それとてもそれらが権力をもった支配階級に重大な反対を示さないかぎりにおいてである。そしてこうした支配階級がしばしば映画製作を支配する勢力となるのである。結局、支配的な制度の目的に共感しないかぎり、自分の選んだ主題によって映画を製作することも、あたえられたテーマを処理することもできないのである。」

このようにして、年間八百本を越える今日のわれわれの大量の作品の中にも、ローサのドキュメンタリィ論の批判の対象（矢面）に立たざるを得ない作品がゴロゴロしていることが改めて思い返されるわけで、本書と彼ローサの理論の今日的意義が一層強調されてよい。

ただ、一九五一年に彼によって書かれた「オ三版へのまえがき」に失望と怒りと非難の言葉が吐き出されるのを読むとき、そこに、今日のわれわれが考えるべき課題が露呈していることに気付かねばならない。

彼のスポンサーとして協力関係を持ちつづけてきた政治権力（政府）が彼とあいいれなくなってきたのである。「オ二次世界大戦というものが製作と配布の機構をこれほど急激に拡大しようとは、もちろん予見できなかった。ドキュメンタリィ映画はかくしていとも簡単に戦争宣伝のみの道具になってしまった。そして一九四六年には、弱体化され汚されたものしか生れてこなかった。」

「中央情報局が一九四六年四月、イギリス情報省のいくつかの機能をひきついだとき、それにつづく六年間に、三〇年代の苦闘と戦争中の努力によってあれほど社会民主主義に忠誠をつくした映画人に対する責任が、労仂党政府によって反古にされることになろうとは、われわれの誰しも予想することができなかった。……当時、各製作所は作品の約八〇%を政府スポンサーに頼っていた。このスポンサーは信頼のおけない怠け者であって、国家的意味でのなんらの方針を持っていなかった。ドキュメンタリィ映画がこれまでやって来たこと、そしてさらにそれがなし得ることがなんであるかということを政府高官の中で理解していたのはただ一人に過ぎなかった。……もちろん時代が変ったのだということはわれわれも忘れてはいない。労仂党の人々はもはや、悪い住宅状態を見せつける映画を望んでいなかった。彼らはむしろ、地方当局に簡易住宅の建て方を教える映画を要求した。力点が攻撃から建設へと移ってきた。……映画それ自身、高い希望と基本的な論点を持っているため、官庁スポンサーにとっては困惑のまとになってきた。一九四六年から五一年のあいだ、労仂党の人々は、イギリスのみならず世界において、社会民主主義の目的と理想とを説明し受け入れさせるという、その有力な目的の一つを投げすてた。」

「ドキュメンタリィ映画におけるここ数年来の最強の力の一つは、イギリスにおいてわれわれが、いかなる政党とも同盟を結ばなかったということである。……いわれるままにやる技術屋は、宣伝省の役人やスポンサーの娼婦となる。……映画界と世界的な社会進歩において、ドキュメンタリィ映画を生き生きとしたものに仕あげたのは、技術屋ではなくて芸術家たちなのであった。……戦争以来問題となっていた、平和を奮い立たせること、それは信念と夢をもった芸術家によって、しかもスポンサーがその芸術家に同調したときにのみなされ得る。平和への願い、一般的な向上への願い、より大きな幸福と平穏とあたたかい人間関係への願い、これらは芸術家が創造するまえに、スポンサー側の問題であらねばならない。しかし、再軍備へと向う世界において、この種の善意の証しを見出すことは困難になっている。」

「世界がその中を手探りして進んでいるような、まさにこの不安の時代の故に、われわれは事実、記録映画の全歴史における失望の一頂点にいるといえよう。……ドキユメンタリィ映画は進むべき道を新らしく見出さねばならない。」

彼も言うように、事実、一般的には、作家の表現の相対的自由は、支配的な政治組織によって変ってくるし、言論の自由は支配階級に重大な反対を示さない限りにおいてであるということはその通りである。

そして、支配的な制度（権力）の目的に共感しないかぎり、作家は自分で選んだテーマを自由に主張できないのであり、平和への願い、より高い幸福への願いは、芸術家が創造する前にスポンサー側の問題であるには違いない。

しかしドキュメンタリィの本質が共感できる支配的な制度（権力）は、外から与えられはしないし、スポンサー側の目ざめは、本質的には、個々の技術的な説得で招来できるものではない。

ここに、変革者としてのドキュメンタリィの方法と、その展開を運動として発展させることが要請されるのである。

それが政治主義的であろうとなかろうと、政治や社会に本質的に関係せざるを得ないドキュメンタリィの宿命がそこにある。

ローサのすぐれた理論と、よき意図にも拘らず、彼が吐き出さざるを得なかった失意と怒りの裏には、権力に対する認識の点での、社会民主主義者としての弱点がうかがえないだろうか。

権力の本質の前での、善意の崩壊がここにある。

（ポール・ローサ著、厚木たか訳「ドキユメンタリィ映画」みすず書房・八〇〇円）

編集後記

あけまして、おめでとうございます。

本誌も、とうとう三十冊をかぞえるようになりました。はじめは、執筆陣も、狭い範囲に限られていましたが、予想したとおり、ドキュメンタリィの問題は他の各芸術ジャンルにおける、共通の芸術的課題に一致するので、次才に執筆陣もひろがりを見せ、とくに親類すじの、ラジオ、テレビ、劇映画での問題もさかんに論じられるようになりました。ことしもますますそういった方向で、新鮮な魅力を加えていきたいと思います。

ことしもどうか御協力ください。

（岩佐）

記録映画　一月号　昭和三十六年一月一日発行　第四巻　第一号　編集・
発行所　教育映画作家協会　電話東京(71)五四一八番

第四巻第二号
昭和三十三年九月五日第三種郵便物認可

記録映画作家協会編集

記録映画

THE DOCUMENTARY FILM

「ゲジゲジ」

2月号

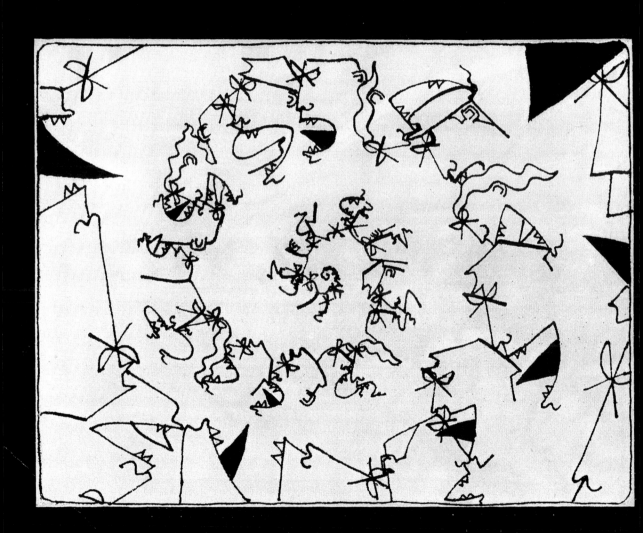

記録映画

1961 2月号

才4巻 才2号

時評

「記録映画作家協会」と改称して

当協会は「教育映画作家協会」として発足し、すでに六年となった。その間の作家活動の経緯をとおして、昨年の十二月二十八日の才七回定期総会において、いまや、われわれの作家活動の中心となった記録映画を協会の名称としてとりあげ、「記録映画作家協会」と改称することになった。それはわれわれの作家活動の態度をあきらかにし、今後の方向をしめすものでもある。われわれは協会機関誌である『記録映画』によって、われわれが今後はたそうとする作家活動の内容と方向をうちだしてきたし、これからもうちだしてゆこうと思う。

総会において、本誌の昨年度の基本方針の正しさが確認され、さらに、本年度にはその方針の発展を期することがきめられた。これは協会名の改称とふかくむすびついていると思う。以下、総会に提出された編集委員会の報告をもとにして協会名改称にともなう本誌の編集方針をしめそうと思う。

才一に、創刊以来一貫して、記録映画を中心とした芸術におけるドキュメンタリーの問題を追求してきた。つまり、本質論から運動の現実的実践的な問題へと特集によって問題の具体化、系統化をすすめてきた。内容からいえば作家主体論や方法論が本質論一般として問題となり、さらにそれを具体的に作家の表現過程そのものを現実に対する作家の主体的な批評行為として、具体的、分析的に追及する方向をたどってきている。本年度はさらに、その方向を具体的実践的な諸側面から深化させてゆき今日の芸術的課題を提出するものとしたいと思う。

才二はこのような方向のもとでの本誌の内容が、われわれの作家活動の現実的な課題となり、協会内にも広く浸透し、作家意識の支柱となりつつあるということは、他の各芸術ジャンルにおける共通の芸術的課題と一致するので、われわれのひとりよがりを避けるためにも、さらに問題を多角的に掘り下げ、芸術全体の中でのわれわれの位置をあきらかにする必要がある。そのために、劇映画、ラジオ、テレビ、演劇、文学、美術、音楽など、諸ジャンルの同じ課題に当面している活動的な作家の問題意識を導入し、かみあわせてきたが、それを継続、発展させるとともに、今年はわれわれのもっとも近い協作者である撮影、録音、照明、演技者などの参加をうながし、また芸術文化運動の才一線の理論家、活動家の問題意識を積極的にとりいれ、今日的な問題と構造的にとりくみたいと思う。

才三、以上のために、増頁の断行。協会内外の執筆者の協力の要請。編集委員会主催の本誌研究会を毎月定期的に開催し、問題をふかめ、読者、執筆者との関連を密接にし、それを編集方針に反映させたいと思う。これに平行して同様な目的で、都内、各地方に読者会を組織していきたいと思う。

表紙の写真

関根弘・脚本、真鍋博・動画、アニメーション映画「ゲジゲジ」より。詳しくは本誌三十二頁をごらん下さい。

もくじ

動画・ドキュメンタリスト／柾木恭介●

動画・ドキュメンタリスト
動画・ドキュメンタリスト
動画・ドキュメンタリスト
動画・ドキュメンタリスト
動画・ドキュメンタリスト
動画・ドキュメンタリスト
動画・ドキュメンタリスト
柾木恭介
柾木恭介
柾木恭介
柾木恭介
柾木恭介
柾木恭介
柾木恭介

さきごろ行われた「アニメーショシ3人の会」での久里洋二、柳原良平、真鍋博諸氏の作品にふれた「動画考」（朝日新聞35・12・14）で滝口修造氏は「……結局、これまでの劇映画や記録映画、あるいは漫画映画といったものの表現形式も、それぞれの社会的要求とか企業化の条件とかによって出来上ったもので、映画を、人間の長い古い夢から生まれ、はぐくまれたものとして考え、また絵を動かしたいという根源的な欲求にまで還元して考えれば、その可能性は無限に広がるにちがいないのである」と書いている。「絵を動かしたいという根源的な欲求」はすでに紀元前二万年の原始洞窟絵画の野獣たちの走る姿が、八本の脚で表現されているのを見ることができるし、またエジプトの壁画では、二人の男が、相撲をとっているのが、画面の左上隅から右へつぎつぎにコマ写しのように、行動を運動の要素に分解されて描かれたのが数段にわたって続いている。これは有名な絵でありディズニー製作の『漫画映画の歴史』でこの模写を見事に動かしたのをテレビで見られた方も多いと思う。その他にもエジプトの女がジャンプしている脚の動きをとらえた分解画もある。このような「絵を動かしたいという根源的な欲求」による分解画は、いわば映画が発明されるまでの前史を作っている。映画の発明はその機械、光学、化学、物理的機能によって、行動を運動の要素に分解する能力を飛躍的に増大した。一秒に二十四コマを中心にして微速、高速度撮影の両極は、現在もその極限をますます拡大しつつある。十二時間の行動を五秒に短縮もできるし、一万分の一秒を十秒に延長もできると仮定することが許される。つまり、ひとことで言えば、時間を空間化することが可能になったわけだ。このことはまた私たちの「眼」が、静的な空間に固定されていたのを解放し、時間を見ることを可能にした。

ディズニー動画のなかで木の葉の先から落ちる雨滴が水面とぶつかる動きや、走る動物の足さばきが、高速度撮影を下敷きにしてはじめて視覚化できたのであり、その限りにおいて観察的記録映画と動画映画のなかの動きは切り離すことはできないにしても、そこには花田清輝氏が『映画的思考』の「漫画映画の方法」で指摘したように、観察的記録映画と動画映画を直結するのは機械論的誤りで、その両者の間には「……いまさらのように、漫画映画の主人公たちの動きと、チャップリンなどによって代表されるパントマイム役者の動きとのあいだにみいだされるアナロジイに気づかないわけにはいかなかった。おもうに、ミッキー・マウスやドナルド・ダックの動きが、ホンモノのネズミやアヒルの動きと共に、ヴォードビリアンの動きによって規定されていることはあきらかであり、そのさい、漫画映画に特有の誇張や歪曲の下敷きになっているのは、ホンモノの動物の動きではなく、むしろ、ヴォードビリアンの動きなのではなかろうか」つまり漫画映画はパントマイム役者やヴォードビリアンの動きという形式によって観察的記録映画をすくいあげたものといえるわけだ。もちろん、運動とは物質の存在形式である、というようなことをここであらためてのべる必要もないわけだが、芸術における形式とは内容としての現実の運動リズムにほかならない。内容が形式を規定するということは運動という考えを含むことによって成立するわけだ。ディズニー動画がアメリカのパントマイム役者やヴォードビリアンの動きを下敷きにするのに、どれほど意識的であったかわからないが、そこには行動を単位要素に分析し再構成するという役者としての根源的な物真似精神はいきいきと生きていた。このあたりに『少年猿飛佐助』や『西遊記』などの東映動画が、ディズニー・システムを採用したといわれながら、動画の登場人物や動物がなにかしらなじめない機械的な感じのする原因があるのではないか。つまり佐助にしろ悟空にしろその下敷きとしての日本の「パントマイム役者やヴォードビリアン」の動きの形式が抜けおちてしまっているのではないか。媒介項がないことが観察的記録映画との直結の冷たさとなっているのではないか。とはいえ、もちろん日本にも媒介項としての「パントマイム役者やヴォードビリアン」がいないわけではない。完成され固定化された能や歌舞伎以前の田楽や猿楽などの大衆芸能、大阪ニワカから新喜劇、軽演劇……Ｅｔｃ、数えあげればかなりのものをあげられよう。たとえば林屋辰三郎氏の『歌舞伎以前』や『中世芸能史の研究』などをちょっと開いてみるだけで、そこには私たちの祖先の持っていた物真似精神がいかに不当な完成を強いられ、また未成熟のまま圧迫されてきたかを知ることができる。そこでは現在からほぼ六百年以前の能の大成者世阿弥がその著書『風姿花伝（花伝書）』において、「衆人」と「貴人」という対立する概念をとりだし、能は「貴人」性を主眼とすることを宣言しているとし、また「宝徳二年（一四五〇）二月、世阿弥が死んで七年ほどたったときのこと、声聞師の小犬というものが、京都の六道珍皇寺で勧進猿楽を興行しようとした。そしてまさに舞いはじめようとするとき、管領よりおおせつけられた侍所（京極氏）の面々がやってきて、そのため猿楽が追い散らされてしまったという事件があった。そしてこのような興行の弾圧は、観世・金春両座からそれ以外の猿楽興行は洛中勧進の支障になるという申し出があったためらしい。これはもちろん世阿弥死後のことであり、その責任をかれに負わすことはできないけれども、ここでは＜衆人＞の道が完全に否定されたことを認めざるをえないだろう。この場合声聞師のやろうとした猿楽は、声聞師自体が賤民的境遇にあるものであることからみても、低級なものであったにはちがいない。しかし観世・金春も無視できないような＜衆人＞性をもっていたのであり、芸能としてもこれに対抗しうるものであったといえるだろう。しかるにこうした民衆的な猿楽が、幕府やその権力と結んだ観世・金春などの弾圧をこうむり、ついに現在その内容の片鱗をも明らかにしえないということは、観世・金春らの座の＜貴人＞性をおしすすめていったことの結果とせねばならないと思う……」これは声聞師小犬だけのことではない。現在にいたるまで大衆芸能史は権力の弾圧の歴史としても書くことができるほど無数の有形無形の抑圧を受けてきたといえる。一方ではこうした権力による物真似精神が内部的にゆがめられ、成熟を中断されたことを考慮しながらも、私たちの現在の「パントマイム役者やヴォードビリアン」たちは自分たちの形式を持ちえず、低い段階でとどまっているのを認めねばなるまい。彼らの演技の分析・総合力はいまだ現実を切り開いたことはない。

　とはいうものの、私たちの動画のつまらなさを彼らだけにその責任を負わすつもりではない。日本舞踊以外の私たちの踊りが一方では未成熟の形式をもったまま忘れられ、一方ではマス・コミの今日の商業主義のなかで風化されて行くのも同じことだ。若い俳優たちの合言葉である「ミュージカル」にしたところで状況はさほどのちがいはない。私たちはすべてひょっとしたら声聞師小犬の片鱗も残さず消されてしまった猿楽の段階からはじめなければならぬのかもしれぬ。

　これまでにテレビでつき合ってきた「フエリックスちゃん」「カレイジャス・キャット」「ゆかいなボゾ」「進めラビット」や映画『大運河』のタイトルに使われたボサストオの「マクボインボイン」などの大幅に線を省略した動画は、寿屋のトリスのCM、キリンジュースのCMにたちまち複製を生みだしたし、これなどはまだ出来のよい方で、これ以外にもただ売らんかなの意味を常識的な動きで直訳しただけのいわゆる省略動画はいくつもある。こうした省略動画はディズニー流の動画への反逆という面もあるにちがいないが、それよりもテレビという形態との結びつきのなかで生みだされたといえないだろうか。テレビが映画より一層に抽象化と細分化を可能にするということが、省略動画の形式を可能にしているのではないか。最近見た「ディズニー・ランド—火星とその彼方」を作ったウォード・キンボールは、火星人についての歴史的な学説や、太陽系惑星の生物についての学説を、奇想天外な動画で描いてみせた。それらのネタになった文学的表現による生物たちはキンボールの動画で、ネタである文学的表現を越えていた。つまり動画を見た後ではネタとなった文学的表現より以上にもっとくわしく細部にわたってまで文学的表現ができそうに思えた。いいかえるならキンボールの動画によって私は火星や惑星上の生物を新しく認識しなおしたわけだ。これを見て思ったことはほかでもない、動画の形式・リズムを発見するのは、なによりもドキュメンタリストの眼であり方法であるということだ。私たちが見えないものを見ることのできるのは言語のおかげだが、その言語表現を媒介にした映画・テレビの映像表現は、もとの言語表現をより精密に深化する。そしてそれがまた映像表現を触発し……こう考えてくると文学の時代は終り、これからは映画・テレビ時代などという考えは、結局、文学とも映画・テレビとも無縁な考えであろう。

芸術的前衛と政治的前衛

●竹内 実

編集部から送られたここ半年分の本誌を熟読玩味して――、といいたいがそれほどでもなく、「馬を走らせて花をみる」式に通読した。誰かがかいていたように「安保ボケ」からの脱却はもちろん必要であるが、しかし通読してのち心にひっかかって残ったのは関根弘と松本俊夫の二つの文章だった。どちらも本誌九月号にのっているからここにその内容をあらためてくりかえす必要はないだろうが、安保反対のはげしい動きとそのなかでの女子学生の死をどのようにとらえるかという点で、明快な論旨を展開しており、その「死」を否定したために毛沢東の適切な援助の談話をも見送らなければならなかった前衛政党の二重のエラーをついてあますところがなかった。

関根は「自分を引裂かれた状態に置くことになったので、利口な人間のすることじゃないな」と思ったとかいているが、この文章をかくことによって、いっそう「引裂かれた状態」におかれただろうということは想像できる。その「状態」を「利口な人間のすることじゃない」という軸をたてて裁断していったのは関根のことばのあやだろうが、しかし「利口」・不利口という軸をたてたのでは問題がせまく限定された感じがする。松本俊夫の文章のほうでいうと、わたしもかれと北京でしばらく同じホテルにいたこともあって、そういうことで共感できる部分もある。松本は「利口な人間」のいくらかの疑問もすくいあげつつ一つの共通項にまとめあげているようにわたしは感じ、おわりを「自らのシナリオを断えず自己否定してゆくことを恐れないドキュメンタリストの眼」と、しめくくっている。そこまで読んでわたしは、ふと、「左伝」にでてくる古代ドキュメンタリストの運命を思いだした。

「左伝」の話はすでによくしられている。むかし崔氏がその王を殺害したとき、「大史」とよばれるドキュメンタリストが「歴史」に「崔杼、其君を弑す」と記録した。崔氏がこの男を殺すと、その弟の「大史」が記録し、これも殺された。するとまた同じことを記録する「大史」がでて、これも殺されたものの、その弟が記録するにおよんで、崔氏はついにうちすてておいたという話である。

そういえばポーランド映画の「地下水道」でも記録者は殺されたが、それはあの男がドキュメンタリストたることを放棄したからであって、あくまでドキュメンタリストとしての職業的責任感に徹したために殺された三人の「大史」の死とは意味がちがう。しかも国外にあった「大史」までが、「(国内の)大史ことごとく死すと聞き、簡を執ってもって往く」というわけでかけつける途中、記録がおこなわれたときいてもどったというフロクつきである。

もっともこれらの「大史」たちが守ろうとしたものが、歴史的真実であったか、職業の神聖さであったか、あるいはたんに、「意固地さ」に執着する集団的行動のパターンをくりひろげてみせたのか、そこのところはよくわからない。しかし、これらの反覆行動がクリティシズムにつらぬかれていたことは、あきらかにみられよう。かれらは「弑す」という批評をまもったのである。

しかし静かに考えてみると、君を弑した事件のあとで、その事件にたいするクリティシズムをまもるという行為のパターンは、一種の保守主義ではなかろうか。松本俊夫の提案は、いうならば、「崔氏」が同時に「大史」であること、行為と批評が一体化することをすすめているのであって、その点で、「左伝」的ドキュメンタリストの限界から一歩ふみだしているということになる。わたしは人類は進歩するものであるという歴史観はいくらかの真実をふくんでいると、あらためておもう。

ただここで国外にあったドキュメンタリストの存在はいくらか興味をひく。松本は国外のドキュメンタリストをかくべつ気にかけている様子はないが、「崔氏」の側はむしろ「インターナショナル」な「国外」ドキュメントを気にしていたのではないかとおもわれるふしがある。

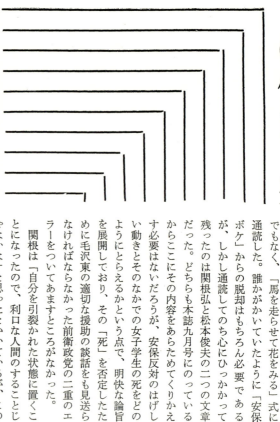

「中国では樺にたいする評価をあらためたんだよ」という、いんいんめつめつたる声がわたしの耳にささやかれ、しかもその声は奇妙にやさしかったという記憶をそこにさしはさむなら、「崔氏」のインターナショナリズムの性格はいくらか理解できるのではないか。それは生あたたかいインクを瓶の口から耳の孔にそそぎこまれた感覚として残った。

中国＝毛はわたしたちに述べた樺にたいする評価を訂正したのだろうか。したかもしれないし、してないかもしれない。わたしたちの問題としてそれはどちらでもいいことだと、わたしはおもう。毛の権威をうばいあうことがないようにするためにもそうおもう。「安保反対闘争における、国民総抵抗のなかで死んだのであり、それゆえに象徴的な存在となり、英雄になった」という関根の分析は、中国＝毛（のみならず中国の大衆）の心情をただしくとらえているとおもう。「人民日報」にこそのることは少くなったが、樺の死をいたむ声は職場・地域の壁新聞にはかわりなくみられたと、高野実がいったということを、わたしはまたぎきであるがきいて、なるほどとおもった。

七月一日に北京で日本文学代表団が学生運動についての話をきいたのは、毛談話公表いごの日本のいくつかの気流を考慮してのことかもしれない。清華大学の副校長・蔣南翔が「五・四」以後の学生運動が「反帝」のひとすじにつらぬかれていた点を回顧し、にもかかわらず中共（中国共産党）の指導があってそのような成果をおさめたということをのべたものだった。しかしその指導も学生団体を党の附属物視していたときはマイナスに仂き、団体の独自性をみとめるにいたってプラスに転化したこと、トロツキストとのあらそいについては大衆じしんに判断させる方法をとったということ——ようするに、日本で多くのひとがこでに常識としてもっていながら、それが常識化していない部分があるためにそこでぶつかっている問題を中国の歴史において語ってもらったにすぎない。

このような話題で交流をはかろうとしてくれたのは中国側の好意なのであろうが、それについてなにもこちらから話がでなかった。話のつぎほというものがなかったからである。

この座談会はどうしてもたれたのだろうか。上海から蘇州へゆく途中、その日はまったくの休養という気やすさもあって、接待側のSに、わたしは学生トロツキスト問題にかんする日ごろの「所見」を開陳するところがあった。「所見」といってもそれほど内容のあるものではない、床屋の政談のようなものだったろう。しかしSがそのときわたしのなかにあるものを「危険な傾向」として感じとったとすれば、蔣南翔の話をながれる一つの文脈にはつながる。しかし、その党の指導性にしたところが、かたられたデーターの範囲からみただけでも誤謬の訂正と結合しているではないか。暑い北京の夏だったから、大きなかなだらいに氷をいれたのが亀井勝一郎のそばにおいてあった。それはなかなか凉しく寒いくらいだったと亀井勝一郎はあとでいっていたが、わたしはわたしのすぐ傍に黒い不合理のかたまりのようなものがおかれているように感じ、質問や発言を野間宏からもすすめられたが、辞退した。

日本にかえってしばらくしてこの座談会を毛の樺にたいする評価の訂正としてなされたとみるみかたがあることを教えられたのである。八月のある日、神田神保町のある本屋で、偶然であった友人からそれをきき、日本にある不思議な気流の存在を、いくらか中国ボケになった頭でさえ気づかなければならなかった。わたしは「訂正」が必要である理由を耳にした毛を想像する。一個の「人間」に還元してそのときのかれを想像するとき、かれの内部における「怒り」はべつとして、耳のあたりに、おそらくかれも生あたたかいインキをつぎこまれたように感じただろうとおもう。ことわっておくが、わたしはひとりだけ残った息子を朝鮮戦争で死なせた「父親」について語っているのである。

編集部から表題によって執筆するようにいわれたとき、わたしは手放せない用事があり断りをいう面倒をはぶくためもあって、つい引受けてしまったが、しかし、そのとき、「政治的前衛」なんてものはない、「芸術的前衛」なんてものはない、という考えが急速に胸のうちを横切っていった。そしていま、「かりそめにうべないて…………したらんには、後にいたりて進退谷《キハ》まり身のおきどころにくるしむことあり、悔ゆともそのせんなし」というなにかの一節が思いだされてくるのも事実である。

しかしわたしはなぜ「……的前衛」なんてものはない、と考えたのであろう。はじめに断っておくと、わたしは、たとえば、「……党」は「政治的前衛」ではないといったような判断句をのべているのではない。むしろそういう、理想像としてそのような「政治的前衛」のワクグミを考え、それにあれこれの実体をもってきて、長すぎ短かすぎる部分を批判するという考えの倒錯を否定する意味で、そのような「政治的前衛」はない、といいたいのである。「さしあたって」それがない、ことを確認しておくことから、はじめたいように考えているというだけのことである。それは「芸術的前衛」についても同じである。そのような実体をつくりだそうとする運動そのもののなかに、「政治的前衛」があるといったほうがはっきりするかもしれない。しかしそのような運動もまた、その名でよばれることを期待し、みずから名のったとき、それはゼロになるのである。「政治的前衛」を名のる実体の内部では恐ろしいまでの後衛化がすすんでおり、それは「後衛」のなかにおける前衛化と照応しあっている。そのような実体の二重構造は、実体内部にあってそれに「抵抗」する異分子的存在にも浸透し、それもまた二重構造をかかえこんでいるのではないか。「前衛」が真の前衛にあたいしないという非難、あたいする「前衛」があるという賞讃の適否については、非難者・賞讃者をもつつむこの状況の二重構造をどの程度認識してだされているかによって判断したいと、わたしはおもうのである。相反する方向に疾走する二重の側面から成立する状況の構造から、なにかがはじまっているこんにち、その表面の形態と「政治的前衛」という概念をくみあわせようとすることはまちがっているとおもう。そのような固定的な・一重の操作では状況の二重性はつかみきれないだろう。

そうした二重の構造をもたない「政治的前衛」のイメージとしてわたしはアフリカ

独立党をおもいうかべる。正直な話、その本部がどこにあるか、書記長がだれか、党員数がどれくらいあるか知らないが、わたしはその名前を中国の十週年記念のアルバムのなかに発見した。数多くの党・団体・組織からよせられた祝電・メッセージのなかで、みづから「曙の空に欠けていた最後の星」という詩的表現をもって自己紹介をし、華麗な中国革命の式典とむかいあっているのは、じつにこの名もしられぬ小党あるのみだった。ありえないことであるがあるいはこの電文を起草したひとりの男だけがメンバーであるのかもしれない、という疑いをいだかせたほどその直接的な表現は組織の単純な性格・単純な要求をものがたっているようにおもわれた。かれらは最低綱領としてアフリカの統一と独立、最高綱領として社会主義をかかげているといっている。中国革命の成果をたたえるにしてもかれらのかぞえあげる事件はきわめて通俗的なものであり、もしかれらは中国革命の細部にわたる研究をつんでいたとすれば、その知識にわざわいされて、このような祝賀の辞はのべられないであろうとおもわれるほど無邪気なものである。

そのことの当否は別として、その文体からわたしは単一の方向をめざす単一のエネルギーを感じる。さまざまな状況のもとでさまざまな「前衛」がありうるであろうが、その一つのものは、このような単一なものであろう。そしてこのような一重の構造がなりたたないところに「芸術的前衛」という「前衛」が存在する風景がわれわれのまえに展開しているのではないか。松本俊夫の作品とキューバ革命のセミ・ドキュメントとを同時にみることができたとき、わたしが疑問としたのはそのことであった。松本の作品は理解を拒絶するところがある。岩佐氏寿の文章にそってそこを考えていくと、キツネになりたいという方向とキツネになりたくないという方向が、対立し、しかもおしあっている。二つのものがすれちがい、対立したままほとばしらせるというのでなく、にらみあって固定している。そのうえにシナリオが出発している。それがしかも芸術的主張としてつきだされているため、観客が理解できないというのではなく、観客に理解させないというのが作者の立場なのである、とわたしはおもう。

そのことは松本の「政治的前衛」にたいする要望・期待とふかくつながっている。このような要望・期待を内部にもたない・あるいはもつ必要のないキューバのドキュメンタリストの作品と比較するとき、それはいっそうあきらかになるのではないだろうか。しろうと考えからいって、キューバで起きた事件は「砂糖と革命」という視点からではなく、「音楽と革命」という視点からとらえられてよい本質・側面がありそうなものであるが、ヒューバーマン・スウィージーの「キューバ」という書物はこの点を問題にしていず、わたしの疑問に答えてくれなかった。大江健三郎から教えられた話では、あるジャズ音楽家がカストロが亡命中かれに資金を援助しさいごにはバチスタの手にかかって銃殺か暗殺かされたというのであるが、そういう劇的なエピソードがあるようには、あのセミ・ドキュメントのパーティの場面からは想像できなかった。しかし銃を肩からぶらさげた叛乱軍の兵士がさりげなく、しかしいくらかの尊敬にかこまれた謙虚さというものをみせながら、大衆と踊っているところは、輸出向きの上品さがでていたのではないだろうか。もっと楽しく感動的にかれらは音楽にひたり、革命にひたっていたのではないか。

そうした全開放は方法上の甘さとむすびつき、「政治的前衛」の確立したところにおける芸術家の天国の退屈さといったようなものを、予言的にみせてくれているのがキューバ「革命」の映画であろう。

わたしはそれをわたしたちにとっての悪前兆だとはおもわない。そうした事例はキューバの歴史と社会における、一回かぎりの現実のなかからでてきたものだからだ。そしてそれは「政治的前衛」のプラス面としてうけとるべきで、ただちに「芸術的前衛」のマイナス面と翻訳してはならないと考えるからだ。「芸術的前衛」は、キューバのばあい、これからでてくるところかもしれないからである。その逆の関係が松本俊夫の作品にはでていた。つまり、キューバ=カストロをひっくりかえすと日本=松本俊夫になるという場所でつくられたのが「白い長い線の記録」だということになる。

表題にかえると、「政治的前衛」と「芸術的前衛」という、「と」が問題になる。それらはそれぞれに別個の運命・消長をたどるものであり、また同時にひとりの人間にとっては分かちがたく結びついているものであろう。そしてひとりの人間にとっても、あるときある場所でそのどちらかの側面が強くで、または一つの側面をあらわすだけで一生を終えるばあいもあるだろう。しかもその「前衛性」が固定したものでないということもまた、これらをとりまく状況との関係からいっても考えられることである。そして問題の「と」は、すくなくとも「政治的前衛」ならびに「芸術的前衛」を固定化し、このふたつが、「おててつないで」すすむ「と」ではないということだけははっきりさせておかなければならないことではないだろうか。どこかで、なにかしら停滞的な空気にぶつかるとき、それはこの固定化概念の平和共存が実体として根をおろそうとしているばあいだということは、この「記録映画」の各号にゲリラのように出没する思想ではないだろうか。しかも真に実体化して存在しているのは、この「と」=「おててつないで」の規律のみであるということにはあまりふれられずに！

松本俊夫の「政治的前衛」プラス「ドキュメンタリストの眼」は、「政治的後衛」プラス「ドキュメンタリストの眼」であるべきだったではないだろうか。わたしはべつに松本が「政治的前衛」と呼んだものをそれは「後衛」だといおうとしているのではないことを、ここではっきりつけくわえておきたいとおもう。こんにち、「ドキュメンタリストの眼」を必要としているのは、松本がめんめんと訴える相手として除外した「政治的後衛」である。「シナリオの変更」のまえに「シナリオを創作」しようとしているとき、まさに、それが必要なのである。

結論はわたしにはない。ただ感想をしるせば「政治的前衛」「と」「芸術的前衛」という表題の背後にあるムードは——つまりあまったるいムードは否定しなければならないということだけである。松本にした

ところで、本気でこの「政治的前衛」がこの「芸術的前衛」の「眼」をもつことを考えているのだろうか。そのような日がくることを「空想」していてもはじまらないような気がする。おそらくそういうわたしもまたムードに流されているのだろう。いまわたしにとって気にかかるのは、死を賭けて記録することを守った「大史」の行為ではなく、その死体だからである。すぎさった時代の、それじたいとしては保守主義者でしかなかったドキュメンタリストの死体である。たぶんそれは「ドキュメンタリスト の眼をもった政治的前衛」などより、そのほうがたしかに存在したという存在の確実さにおいてわたしのこのみにあうからであろう。

ホグベン氏とわたし／映画の映像とテレビの映像／藤久真彦（テレビライター）

「字を書くことがまだ特殊な職業に限られていた時代の書字法と印刷の関係は、今日の映画とテレビとの関係によく似ている。印刷は書かれたページを早く再生することができるために同じ言葉を話す諸集団の間に新しい団結の精神を齎し、ナショナリズムの成立に大きな役割を果した。これに対してテレビは言葉のあらゆる障害を打ち破る一つの共通な言葉を用いる。そして、テレビにとって、全世界は一つの地域である」（L・ホグベン『コミュニケーションの歴史』南博訳）

『百万人の数学』の著者はあくまでも啓蒙家である。そのテレビ観は著者の世界聯邦主義にふさわしいといえるだろう。その点でこの議論はひどく大味にきこえるかもしれない。しかしこの二三日ひどくこまめな文章を単行本四五冊分は確実にあると思える量だけ読みとばし、結局のところ（羽仁進、吉田直哉は秀才にして、岡田晋、瀬川昌昭は努力家なりき）などと当方の頭の悪さを証明するような感想しか浮ばなかったわたしにとってみれば、ホグベン氏の所見はまことにすっきりと判りよいのが気に入ったのだ。「テレビにとって全世界は一つの地域である」というのは、さしずめ東京オリンピックを目標にしたテレビ会社のキャッチフレーズのようではあるが、テレビの未来像としてはきわめて具体的なイメージであって、テレビ芸術の可能性をきくよりもはるかに納得できることがらに属する。ことに書字法と印刷技術を、映画とテレビにたとえたところなどは、おのずから、両者の関係を技術革新の場から眺める視点が明らかにされていて、密室だの茶の間だの、枠が大きいの小さいのなどと、小うるさい議論のあらさがしはわずらわしく、机の上の雑誌書籍の類はすべて押入れにたたきこみ、冒頭に書き移した二百字の文章から、ひとりでゆるゆる考えた方が、これは余程健康によいのではないかと、なまけ者はなまけ者らしい結論に達した。以下は断片的発想の雑記帳である。

× × ×

印刷術の発明以前において、字を書く特殊な職業といえば、僧侶、学者、大商人などと書籍の複写を専門としていた奴隷たちであろう。文字はきわめて実用的な目的で実用的な人々の手段として使われていた。印刷術が書物を大衆に解放してからも、しばらくの間、大衆向出版の主体は聖書であった。小説が活字文化の有力な要素としてのし上ってきたのは十八世紀になってからである。それでもなお、小説は政治論文集と肩を並べる存在にすぎなかった。これらのことから、わたしは①活字文化と視聴覚文化の発展の基盤の差を考える。②映像というひとつことを通じて結ばれる映画とテレビは結局同じ基盤のものだと考える。それだけきけば話はわかった。もう沢山だという人のためにホグベン氏の著書からの引用と映画年表をつきまぜた数行を次に急いで書いておこう。

③一八九六—一九〇九年　近代の新聞は大衆に奉仕し、大衆がことばよりも、絵を好むことを発見したことからマンガが始まった。シネマトグラフ発明。ヴァイタスコープ発明。「月世界旅行」「大列車強盗」製作。

一九一〇年代　アメリカ全国にマンガが普及した。ホリウッドが設立されアメリカは世界最大の映画市場となった。

×　×　×

本の値打は中味によって決まる。製本や装幀にいくら金をかけても、くだらない本はやはりくだらない。洋皮紙にガチョウのペンで一字一句手書きしたのが本なら、ザラ紙に活版で刷ったのも同じ本であることに変りはない。装幀や紙の目方をやたらに有難がるのは骨とう集めと同じ趣味で、それを読書家とはいわない。読みかきというコミュニケーションを、万人相互のコミュニケーションとするためには活字と印刷が必要だった。活字によって読み書きが普及したから、われわれはそこに文化が生れたと言う。そして、活字によって、人々が知ったこと、学んだことは、なによりもまず現実社会だった。当時においてはキリスト教が現実の権威であり秩序だったから人々は聖書を読まされた。フランス革命前後において、人々は新しい現実との触れ合いを政治論集の印刷物によって果した。小説が、娯楽読物だけが普及したのではなかった。活字による芸術は、活字による人間全体の社会活動ないしは文化活動の一部門であった。これが、活字と映像の文化形態の在り様の差である。映像の文化は活字文化がその普及の飽和点で見出した窮余の一策、現実を追いつめるかわりに、現実をいなしたコミュニケーションすなわちマンガと乳兄弟で育てられた。近代の新聞が販売競争の新手として考え出した読者サービスのマンガ的世界が写真になって動き出したからさあたまらない。そこにたちまち、マンガ愛好者をかきあつめる小屋が建ち、映画産業という商売が成立した。映像の歴史は映画プロパーの問題としては、写真→動く写真という現実の認識手段の発明であろうが、同時にそれは認識された中味の問題とすれば、マンガ＋小説＋ニュース＋科学解説書といった具合に映像本来の多面的な機能を徐々に取り戻していく過程であり、テレビという映像文化内部の技術革新によって、活字文化と対立する映像文化の出発点にようやくたどりついたということができる。

×　×　×

マンガを普及させた新聞は、活字文化の最大の資本力の持主だった。生産方法において工業であり、流通過程において商業であるホリウッドが、新聞マンガに対立するスラップスティックの生産に精を出したのは資本の必然である。ここで一足とびに太平洋をこえわたしたちの国の問題として考えれば、この国ではどうやら商売の目先もぐんとしめっぽくなる。つまり、大正から昭和にかけて日本の新聞販売競走のトリになったのは小説だった。したがって、そこに出現する映画の映像も現代小説時代小説とりまぜてせいぜい読みものの絵ときだった。絵ときの出来のよしあし、工夫のあれこれが日本映画の全貌に通じた。ことのついでにアジアをひとまたぎしてヨーロッパはフランスをのぞいて見よう。そこにはさすがに文化というものが生きており、同じ焼き直しにもいささか手のこんだあとが見られる。つまり純粋映画や映画論が百花争鳴。さりとてそこに現れたのは映像の文化ではなかった。映像の芸術的表現が精一杯だった。

印刷術の発明時にあったような小規模な印刷—出版組織は映画の産業的基盤では成立しなかった。活字文化の自由を支えた小資本の組織は映像文化では無力といってよかった。

かくして映画は五十年間、芸術を目指して局地戦を闘った。ほとんど涙ぐましい。映画というものには、映画の映像というものには、それ以外に表すべきものがないという必死の構えであった。メロドラマかリアリズムか、とにかくお話つくりに余念のない映画の世界は、だから社会認識の伝達機能としての性格としては五十年経っても生れたての赤ん坊同様だった。それは見世物資本の商人と、コミュニケイターとしては無性格な芸術家、芸人、職人の寄り合い世帯にすぎない。今日における記録映画の貧困はそうした事情の一例にすぎない。

×　×　×

映像文化を映像による世界の全体像の、伝達ならびに表現のメディアとして見れば、今日の映画が伝達能力においてきわめて守備範囲の狭い存在であることは自明の理だ。少くとも大衆と結びつく次元においてそれは映画がもともと、そうであるというのではなく、映画の歴史が、自からを限定し、そのように生きることを選んだために外ならない。しかし思いがけないことに、映画の伝達機能は、テレビの出現によって、その本来的な機能を回復しつつある。その意味で今日の映画の状況はそれ自身ハッピーエンドのメロドラマににている。今日における石炭産業と石油産業の相対的安定がこれに近い。活字文化に対立する映像文化として映画は社会の全体像を大衆に伝える力がない。だから映像文化としてはテレビに吸収されるほかない。文化形態としては映画は活字からテレビへの過渡的産物となるだろう。現実認識の伝達機能としてのニュースや科学レポート、ルポルタージュの類を気前よくテレビにゆずり渡し、つまり片手間仕事は一切やめて、身ぎれいになった体ひとつ、改めて芸術の道に励もうという段取りとなった。テレビのこすっからい画面では扱いようもないでっかいことをやってのけようという算段なのだ。それはスペクタクルに止まらない。テレビを否定的媒介として、映画独自の映像の世界に心ゆくまで浸りましょう、というような評価はなにも目新しいことではなく、押入れの中の本で誰かも言っていた。ところで映画の映像とテレビの映像は本質的にちがうと、別の誰かがいった。その時、わたしはそのよって来たる証拠の数々を熟読玩味しておくべきだった。わたしは茶の間と映画館がそれほどひとりの人間を変えるとは想像できなかった。人間を変えるのは茶の間と映画館の場所であるのではなく、映像の持つ訴求力だ。同時性の迫力といっても、役者の演ずるテレビドラマを見ながら野球中継と同じようにハラハラするのは、テレビはなんでも同時性の魅力とかたく信じているご本人だけだ。なるほど、テレビの枠は十四吋かせいぜい十七吋である。だからべらぼうなロング・ショットは意味がないし、現在の技術的段階では、空抜きのカットは白っぽくなるのでなるべくさける、といったことは、ものを撮る場合の技術的前提であって、それだからテレビは、という議論はなりたつまい。映画監督だって、スタンダートもシネスコも撮る。そのサイズのちがいで彼の演出態度がまったくちがってしまったという例を、わたしは寡聞にして知らない。

昨年大島渚の「青春の深き淵より」というテレビドラマを見たが、わたしの見たところ、大島はその作品のなかで、彼の言いたいこと（つまり見せたいこと）をほぼ完全に出していたと思う。それは別段、「青春残酷物語」や「太陽の墓場」にくらべて劣っていると思えない。むしろ脚本としては、すっきりと分りやすく表していたようにさえ思われる。彼がたまたま映画監督になりフィルムを使っていることで、彼の作品、彼の映像が映画個有のものだとは断定できない。若干の技術的悪条件、テレビの今日的モラル主義の誤りを除けば、「日本の夜と霧」ですら、その映像の密度をそこなわずに、テレビで表現できるはずである。そうした表現を可能にすることが、テレビ・ドラマの今後の可能性として考えられなければならない。映像を通じて現実認識の新しい論理を組みたてる方法では、テレビはまだ映画に学ぶ点が多い。そのためにも映画的表現テレビ的表現の区分けあるいは自己限定は表現のルーティン化を助長するだけだろう。

× × ×

テレビは茶の間にあるのだから、暗い内容はいけないとか、理屈っぽいのは困るとか、一家でディスカッションできるものとか、その他もろもろのモラル主義がある。それがテレビの現状論ならまだしも、テレビの基本的性格だと信じている人がいれば、たわけた話である。

たとえばテレビドラマはディスカッションしながら見るようには作られていない。「探偵とハシカ」など親兄弟と喋っていたらまったく内容がわからない仕掛にできている。もちろん、そのことはディスカッションしながら見る番組の存在を否定するものではない。テレビは従来の映画が芸道一筋に生きてきたのとことなり、映像による様々な内容の様々な伝達形式があってよいのである。また、そうであることが、活字文化にかわる映像文化の必要条件ではあるまいか。茶の間にあることが今日的条件であっても、明日のテレビの条件ではない。それかあらぬか、最近のテレビ・コマーシャルでは、「お宅の二台目のテレビは……」とやりはじめている。テレビのもつ将来性についてテレビ評論家よりも産業資本家の方がはるかに自由な発想を持っているように受けとられるのは残念なことだ。

× × ×

ホグベンは、印刷技術がナショナリズムの成立に大きな役割を果したと言う。わたしは映画が、たとえば戦争中の予科練ものや特攻隊映画にしてもわたしたちを感情的興奮に追いやることはできても、それによって新しい論理を組みたてる人間をつくるところまではいかなかったと思うのだが、そしてその感情的興奮の持続性において、戦争中のあらゆる町角で見うけられた『撃ちてし止まん』や『欲しがりません勝つまでは』などの標語の方が、当時小学生だったわたしですら記憶に深く刻みこまれている点ではむしろ強烈であったように考えられるのだが、ホグベンのいわゆるナショナリズムの成立にとって、テレビは大きな役割を果すように思う。たとえば、キューバの大統領カストロは柾木恭介氏からまたぎきしたところでは、キューバのナショナリズムを人民に徹底させるために、朝から晩まで飲みかつ喰いながらテレビで喋りまくるそうである。こういう形式であるなら、さきに少し触れたような茶の間のディスカッションにうってつけであろう。そしておそらくその場合、カストロの放送の担当者たちは、カストロのお喋りをいかに他の画で見せるか、などということは考えないのではあるまいか。額面通り、作り手と受け手の同時的交流と、受け手の側のディスカッションが行われているのだから。いたづらに司会者の手腕がほめたたえられるような三党首会談ではこまるのである。

× × ×

わたしの友人であるテレビプロデューサーのHは羽仁進氏の、テレビは映画の真似をしてはいけません、というご忠告にも、吉田直哉氏の、テレビには映画から学ぶことはない、というきついご意見にも、岡田晋氏の、テレビ的映像とはアクチュアルな迫力なのです。映画的映像とは事実の裏の意味を考えさせる画面ですよというご教示にも、おしなべて感動を示さないのだ。わたしはいささかなげかわしく思い、一体君はなにによって自分の作品を作る論理としているのだとたずねた。「それらの意見は全部正しいのだと思う。ただぼくは映画とテレビの縄張りをきめ、両者の本質を究めてのち仕事にとりかかるほどテレビに対して固定観念を持っていない。ぼくにとって映像とはぼくが現実にかかわるそのかかわり方を描く場所だ。その描き方はたったひとつしかない。ぼくの納得のいく対象を見つけ、納得のいくシーンを撮っていくことだけさ。その場合のテレビ的ということはぼくらにとってはテレビ技術者の条件にはいっていることなんだろうね」という答えであった。

わたしはHが常識豊かな男だと思い、その夜安んじて彼とハシゴ酒をしたが、彼は至る処でわたしにからみ、あげくのはてに、いつのまにかわたしの懐中から財布を抜きとった上、彼のおもりにグロッキーになったわたしを放置し、残酷にもいづかたかへ逃亡してしまった。

（一九六〇・十二・二〇）

記録映画「西陣」クランク・イン近し。
京都記録映画を見る会・西陣製作実行委員会の自主作品「西陣」は脚本・関根弘・松本俊夫、演出・松本俊夫で近く撮入する。

テレビ・ドキュメンタリー・一九六一・テレビ・ドキュメンタリー・一九六一
テレビ・ドキュメンタリー・一九六一・テレビ・ドキュメンタリー・一九六一
テレビ・ドキュメンタリー・一九六一・テレビ・ドキュメンタリー・一九六一
テレビ・ドキュメンタリー・一九六一・テレビ・ドキュメンタリー・一九六一

テレビドキュメンタリー・一九六一●

牛山純一
（NTV・社会教育課）

牛山純一・牛山純一・牛山純一・牛山純一・牛山純一・牛山純一・牛山純一・牛山純一・牛山純一・牛山純一

映像表現の世界で、自分の作家的主題を追及するジャンルとしての道は二つあると思う。それはドラマとドキュメンタリーである。ドラマの世界でひとりの作家は、ぎりぎりまでにつめられた作家的主題を追及するために「虚構の設計技師」となる。ドキュメンタリーの世界でひとりの作家は主題を追及するために現実の再構成者となる。当り前なことだ。しかしテレビ・プロデューサーとしての私は一九六一年の仕事を、この当り前なことの再確認から出発させたいのである。

× × ×

作品がある前に素材がある。素材がある前に主題がある。主題がある前に一人の作家が存在しなくてはならない。逆にいうと作品の主題は作家の血肉でなくてはならないし、その素材は作家の感動を呼び起すにたりるものでなくてはならない。そして作品のワン・ショット、ワン・ショットは作家の意志の凝固した断片として生命力のある細胞でなくてはならない。こんな当り前なことを今更のように書かなくてはならないプロデューサーの悲しみから、今年の仕事を出発させたいと希っている。

× × ×

テレビドラマには作家がいない。脚本家や演出家が誰であってもかまわないようなドラマが横行している。ブラウン管の中に「親しい演出家の顔」をみることは不可能に近い。機械のように正確にエレクトロニクスを操作している「秒とたたかう男」の顔を想像することは出来ても、自己の作家的主題と「血みどろなたたかいを挑む作家」の顔を想像することが出来ない。作家のいない、主題のない「作品」が、あまりにも多すぎはしないか。

「作家」でなければならないという点については、文学者も美術家も映画演出家もテレビディレクターも同様の責任をおっている。それは全大衆に対する責任である。

大衆がひとつの作品に「感動する」ことは、その作品を創造した「作家の感動」に「感動した」ことである。今のテレビディレクターはごくわずかの場合を除いて自分の作品に「作家的感動」をもって対決していないように思う。創る者の側に「感動」のない作品に、どうして視る者の「感動」を要求出来るか。甘ったれてはいけない。

× × ×

「作家」の存在しない作品はつまらない。ドラマでも、ドキュメンタリーでも同じである。情熱の息吹きが肌に感じられない女と恋しているようなものである。ドラマの場合にはそれはドラマの衣装をまとったショーであり、ドキュメンタリーの場合には単なるニュース報道と大きな差がなくなる。

ドキュメンタリーがどうしてつまらないか。それはドキュメンタリーが無個性なニュース報道写真の段階にとどまり、その中に作家の主体を築くことが出来なかったためである。

註・ここでは、ジョン・グリアソンのいう映画における三つの分類、つまり(1)記録、説明の目的でつくられるもの、(2)現実を創造的にぁつかうもの、(3)フィクションによるもの、以上三分類のうち、主として才二の分類をさしてドキュメンタリーとよんでいる。才一の分類には報道写真、教育映画、文化科学映画、PR映画等が含まれ、今までテレビ・ドキュメンタリーの主軸をなして来たが、私は単に記録・説明のためにだけドキュメンタリーがあってはならないとする意味でこの文を書いている。

ニュース報道のためのドキュメンタリーは「説明する」ことを才一義にする。教育・科学ドキュメンタリーもその才一の目的は「理解させる」ことである。人間に対する基礎的な知慧と知識を提供することが最も必要とされる。そこには「制作者」は存在しても「作家」は必要ではない。

私が今、要求しているのは新聞カメラマンのとった一枚のグラビアではなく、作家としての一人の人間がみつめた一枚のグラビアである。個有名詞を必要としないニュース・カメラマンのワン・ショットではなく、作家的主題との関連において、その作品の中で存在すべくして存在するワン・ショットの魅力を復活することである。

× × ×

ドキュメンタリーにおける「作家」の登場は、記録映画の分野は別として、今までテレビ・ドキュメンタリーの分野では全く見失われていた。それは歴史的にテレビ・ドキュメンタリーがニュース報道から出発したことにも原因している。

悲惨な台風災害地を訪れたニュース・カメラは、まず災害の全貌を大衆に伝えなくてはならない。まず水に浮ぶ屋根、倒れた大木、破カイされた堤防、収容された災害者の表情を、インフォーメイションという目的のために平等に描く必要があった。記録映画が通過した最もプリミチブな段階での「記録性、説明性」が最大の要件でなければならなかった。従って作品の感動は、「制作者」や「カメラマン」の意志と深いところで結び合うことはなかった。素材性の強さと弱さが作品の「感動性」を決定し、「早いからみられる」速報至上主義がテレビ・ドキュメンタリーの軸となってしまった。

もし一人の作家が、同じ日にこの土地を踏んだら――と私は時々考える。彼は「説明する」義務は持たない。彼には、悲愴な現実＝ある種の限界状況とブツカリあった、対決した一人の作家の精神が、その現実の中からくみとった感動を表現するという仕事が待っているだけである。彼が「作家」であるならば、彼は現実の中からひとつの主題をさぐりとり、それを彼自身の言葉でアクチュアルに表現出来るだろう。

マキシム・ゴーリキーは「ルポルタージュ文学に共通する欠陥は、多弁である。十言で十分なところに、三十も五十もの言葉がごたごたならべてある。そのため作家の語らんとすることが、余計な言葉のちりあくたのなかに埋もれて、意味がわからなくなっている。」と述べている。少し意味はちがうが、報道的ドキュメンタリーの説明過剰に、私はあきあきしている。「感動」を求めるならば、視点は小さく、深く、少ない言葉で表現しなくてはならないだろう。

× × ×

かつて中央公論の紙上でNHKのドキュメンタリー・プロ「日本の素顔」について論争が行われたことがある。羽仁進さんは、あの論争を通じて「テレビでなくては出来ないようなアクチュアルなカメラとマイクの使い方」について論じられた。要は「現実を最もアクチュアルに再表現するための方法」であると思うのだが、私としては今まで述べて来たように、ドキュメンタリーに作家的主体を確立することが、最も現実に接近出来る方法であるような気がする。私は「日本の素顔」の破産は、それの報道写真的なものへの接近、作品におけるパーソナリティの喪失、個性的な主張のないニュース解説的なものへの解消、つまり作家主体の疎外にあると思っている。

ほんとうのドキュメンタリーはニュース報道の、デスク・システムで出来るものではない。シリーズものとしては、たった一人のプロデューサーの思想で統一され、その一本一本としては担当作家のよい意味での「ドラマ」で一貫していなければならないと思う。

× × ×

私の夢は、作家の顔がみえるドラマやドキュメンタリーを視たいということだ。ドキュメンタリーには本来的な記録性がある。私はそれを無視しないし、そういう意味では素材性の特殊さを充分に意識した作品をつくりたいとも考えている。

しかし現在のテレビ・ドキュメンタリーはあまりに素材の特殊性と、作品を視聴者に伝えるスピードだけを力にして勝負しているようだ。

ロバート・フラハティがエスキモーの生活を訪ねて単なる報道映画以上の芸術的主題を追及し得たと伝えられるように――というのは私はまだこの作品をみていないから――アフリカの奥地を訪ねても、白いヒマラヤに登っても、共産圏の諸地域を訪ねても、作家の目が感じられる映像を創造してみたい。

× × ×

以上私は、極めて素朴なプロデューサーの希いを書いた。つまり今年という時点で私たちテレビ・プロデューサーに求められるものは「ドキュメンタリーの方法」であるよりも、むしろジャンルとしての「ドキュメンタリーの土台づくり」だと思う。

テレビ・ドキュメンタリーが速報的傾斜の中でガランガジメにしばられている限り、また記録映画がPR映画のワク内から一歩も抜け出せない限り、どんな高尚で高踏的な議論も現状を変革しない。ドラマの世界で「ドキュメンタリーの方法」が云々されるのは、劇映画作家たちが、それぞれの立場で、実作の中で苦悩を続けているから有効性を持つ。テレビ・ドキュメンタリーも、記録映画でも必要なのは早く実作の場をもつことである。その中で多くの人々が多彩で創造的な仕事をすることである。

私にとって、少くとも現在は、「方法」の論争よりも「実作の土台」をつくることに多くの努力を傾けるべきだと考えるし、テレビという場だけがその唯一の力であると思う。

吉見 泰（シナリオライター）

記録映画のシナリオの方法

／そのヴァイタリティについて

（一）

シナリオ、ことに記録映画のシナリオにとって、テーマと構成は基本的に重要です。シナリオは構成された、もしくは構造をもった一つの有機体（ないし有機的世界）であり、テーマはその背骨です。そして、テーマは作者の思想の反映であり、構成はテーマの、具体的な展開の仕方です。

したがって、テーマの追求なしに、シナリオの構成はあり得ません。

（二）

どんな世界でも、それは一定の秩序、一定の法則のもとに、各部分（各要素）が有機的に構成されて、その全体像ができています。

シナリオも同じことです。シナリオそれ自身、一つの世界です。シナリオ作りは多くの要素を組合わせて、有機的な一つの世界を構成することです。それは、現実の中から、テーマに則して選択された各要素（各画面）による、現実の再構成の仕事です。

その際、現実（の世界）を構成する各部分に、それぞれの位置と意味があるように、一つのシナリオの世界を構成する各要素にも、それぞれの位置と意味がなければなりません。材料を選択し、切捨てつつ、構成して行く上で、選ばるべき各材料、各要素の意味が重視されねばなりません。このとき、テーマは、画くべき世界に絞序を与える背景となります。選ばれるべき各要素は、その本来の意味に根ざしつつ、この秩序によって、それぞれの位置と新たなより一層本質的な意味とを付与されます。

ただここで留意すべきことは、各要素に対して、テーマの側から一方的に、意味づけを強制してはならないということです。それは丁度、現実に対する主観主義的な誤りをおかすのと同じことになります。

切りとられた各要素本来の意味は、対象とする現実が持っている意味の反映です。現実からある要素を切りとったからといって、その瞬間に、その要素が、現実の意味をはく奪されては死物です。

もっとも、「現実の意味」とは、「日常的な意味」ということではありません。対象とする現実（の世界）とその要素は、さまざまな「日常的な意味」のヴェールによって、その本質的な意味がおおいかくされているのがしばしばです。このヴェールをはぎとり、かき分けて、本質に迫ることなくして、作家の本来的な創造活動はあり得ないこと、論をまちません。

またテーマにしても、それが、観念的、主観主義的にデッチ上げられたものであっては、現実をゆがめた作品にしかなりません。丁度、自然科学の方法が、自然の中に潜在する諸法則を発見するように、テーマもまた、現実に対する本質的なアプローチの過程を通じて発掘されるはずのものであって、そのときはじめて、生きて運動する現実の秩序や諸法則を反映した具体的なテーマが得られるのだと考えます。

現実の諸要素（諸事実）の本質的意味をさぐり、それぞれの連関の意味を理解しつつ進む過程で得られるテーマ。そしてそのテーマに則して選択され、秩序づけられる要素――これがシナリオとしての一つの世界を構成するのです。

そしてテーマの獲得に至る道程が、シナリオ構成に反映します。必ずしもそのコースそのものが、直接、構成となってかえってくるとは限らないでしょう。しかし、そのコースをもっと重視して、構成に反映させるべきだと考えるのです。事実をかき分けて進んだ自分自身のコースを見捨てて、既往の、一つの構成のタイプにわざわざ乗り換えたシナリオのつまらなさ。せめてとり済ました顔付きでもしなければおさまりがつかない――そんなところに、驚異とアクチュアリティの欠除したシナリオが生れる原因の一つがあるように思えます。われわれの生きている世界は、もっと驚異に満ち、もっとゆたかなアクチュアリティに富んだ生きた世界です。そして事実をかき分けて進むコースそれ自身アクチュアルなものであるはずです。

にも拘らず、シナリオにヴァイタリティが欠除するというのは、このかき分けて進む進み方が浅いか、平面的だからではないでしょうか。

それとも作家自身の生活の方法が自らの可能性を殺して終っているのでしょうか。

これについては、別の面からもあとで触れることにします。

（三）

シナリオは、テーマを背骨として、各要素を秩序だてて構成する仕事だといいましたが、事実、テーマは、シナリオに構成された世界を動かす法則であり、秩序だともいえます。ある本質的な法則が現実を構成し、動かしているのと同じようにです。

　そこで問題となるのは、シナリオ構成の仕方は、各要素を秩序だて、順序だてる単なる技術（て）としては片づけられないということです。記録映画の方法は、「一つの哲学的方法」でもあるといわれる意味が、ここでも正しく理解されねばなりません。

　構成は単なるてではないというとき、記録映画のシナリオにおける葛藤もしくは劇性（ドラマタイズ）の問題が大きくクローズ・アップされてきます。

　記録映画のシナリオにとって、劇性はつねに必要です。記録映画が対象となる「現実」そのものが劇的に構成された世界だからです。劇化あるいは劇的にというと、直ちに人物関係を中心にした劇構成を形だけでもとり入れる傾向についてはここでは触れません。

　現実そのものが、劇的に構成された世界だという意味は、ただ単に、人間関係を中心にした喜びや悲しみ、仕合せや不仕合せに織りなされた世界だということではもちろんありません。いろいろな、錯綜した矛盾、対立によって動いている世界だという意味です。そして私たちの興味と関心は、生きて動いている現実の世界にあるわけですが、それは矛盾点、対立点を通してはじめて捉えられる世界です。

　劇性は、この矛盾の相剋、対立の衝撃によって醸成されます。劇性の本質はそこにあります。怒りや悲しみ、仕合せや不仕合せにしても、それを醸成する矛盾点や対立点を通して捉えるのでなければ、怒りは怒りとならず、悲しみは悲しみにならないということはすでに常識です。

　しかしその場合、なにが真の矛盾か、なにが本質的な対立かを見きわめることが重要になってきます。それによって、同じ仕合せや不仕せも、その意味内容が質的に変ってきます。

　いずれにしても、現実の矛盾点、対立点を通して、動く現実をとらえるという所に基本があり、そこに劇性が胚胎するのです。

　ところで、朝起きて、朝飯を食べて、仕事に出かけて、帰ってきて、晩飯を食べて、食後の時間つぶしをやって、寝る――こんな現象だけをとりたてて、構成し描写する人があるでしょうか。そんなのは、当り前すぎて陳腐だという人もいるでしょう。また、一日の表面をなでただけの皮相にすぎないという人もいるでしょう。

　皮相だとなぜつまらないのでしょう。

　そこには、生きて生活する主体が捉えられていないからです。主体のないところに、矛盾も対立も起りません。矛盾、対立のない生活は生活ではないし、まして劇性の契機などありません。つまらなさはそこに根ざしています。

　このことは、シナリオの作り手についてもいえます。

　作家主体のないところに、矛盾も対立も起りません。したがって、彼のシナリオは一つの生きて動く世界を構成しません。

　シナリオの作り手が、シナリオを作ろうとするとき、彼の主体は、その描くべき世界の中で生活し生きることが不可欠的に必要です。

　階級的、社会的な闘争を描くなら、その世界の中で、建設を描くなら、その世界の中で、科学的な探究を描くなら、その世界の中で、それぞれ闘争主体、建設主体、探究主体となって、身をもって呼吸し、誠実に生活することが必要です。

　ただここで、誤解してほしくないことは、いつでも、それぞれの現実の場に身をおかねばならないというような、糞リアリズム的体験主義をいっているのではないということです。問題は、それぞれの場の中での、主体的条件と客観的条件の対決の場に身をおいて、主体的に自ら対処する方法を持つかどうかということをいっているのです。

　そしてシナリオは、そうした自らの主体的方法による、与えられた課題との対決の記録です。そうした対決の生活を、シナリオの中で生活できるかどうか、そこに今日のシナリオ作家の問題があると思います。

　構成は単なるてではないという意味がそこにあります。

　シナリオの取材をするといいます。

　なんのために、シリリオの取材をするのでしょう。シナリオのために取材するのでしょうか。シナリオのためとはどんな意味なのでしょうか。描くべき世界で、自ら主体的に対処するため、また対処する方法を得るために取材し条件を分析するのです。そのときはじめて、追求の方法の必要に迫られるし、そのときはじめて、取材し分析した材料は、課題への対決の武器としてヴァイタリティを持ってきます。そして、課題への対決の過程が、構成に反映します。

シナリオは、作家が主体的に現実を再構成した一つの有機的な世界です。

秩序ある一つの有機的な世界である以上、どのシナリオにも共通な、構造上、形式上の共通点はあるでしょう。この構造上、形式上の共通点にだけ頼って、自ら主体的に生きる対決の記録としてシナリオを考えないとすると、ここにも、ヴァイタリティの欠除したシナリオが生れる原因がひそむことになるのではないでしょうか。

課題との対決、外部との対決は彼に対して主体を要求します。そしてこの対決を通しての、主体と外部とのかかわり合いの発展（外部に対する克服、外部との統一、調和、あるいは妥協など）の中で、主体内部の潜在矛盾はますます顕在化し、また彼にとって潜在的であった外部世界の矛盾もまたますます顕在化してきます。

内部矛盾を蔵した彼と、その外部との具体的な相関関係――これが「現実」というものです。また、外部との相剋を通した彼の内部の発展と、その彼の仂きかけによる外部の発展――これが「現実」というものです。

課題との対決を通した、こうした現実の相関関係の発展もまた、構成に反映します。

ただ、主体が不鮮明だと、矛盾点、対立点もそれだけ不鮮明になり、矛盾の告発自体が鈍くなり、したがって劇性もボヤけてしまいます。

意図は高く買うが、作品としてはどうも……という結果になるのは、ほとんどの場合、原因はそこにあります。

㈣

対立点、矛盾点を通して、シナリオを構成するという基本は、いわゆるソシアル・ドキュメンタリィに限らず、どのような作品にも共通の課題です。

自然や生物の観察記録の場合でもそうです。

自然（生物）観察は、主体の外部への仂きかけの一つの現われです。

したがって、自然観察記録のシナリオにとって大切なことは、主体と自然（外部）とを統一的に理解し、把握しようとする主体意識です。主体的な経験、知識、主体的な体制を通して、自然をどのようにして主体の側に、統一的に組みこむかという視点が重要なのです。事実、自然との関係における人間の歴史は、そのような路線の上で発展してきたし、将来もその道を辿るでしょう。現に、主体と自然（外部）とを統一的に理解しようとする関心と努力は、ますます自然（外部）を主体の側に組みこむ成果を発展させつつあります。そしてまたその成果は、主体と自然（外部）との統一理解を、ますます発展させつつあります。そのことは、主体の側への、自然の統一的な組み込みと、自然観（世界観）との相関的な発展を示しています。そしていまや太陽（核融合反応）をさえ、主体の体制の側に組みいれようとしているし、それはまた、その管理や制禦の問題を通して、体制に影響を与えようとさえしています。それは自然開発と思想の体系化との相関的な発展の成果です。

このようなわけですから、自然観察記録の場合でも、作り手は、明確な主体意識を要求されています。そして同時に、主体と自然との統一的理解、自然の体系的な理解という視点を一層要求されているのです。

この理解を進める過程は、主体と自然（外部）との相剋の過程です。生きる主体が、彼の課題と対決し、社会的条件と相剋しつつ生きる過程と同じことです。複雑に潜在している自然の法則性や体系を、ひとつひとつ堀り起し、開発して行きます。すでに開発された、知識ないしは思想体系と方法によって、自然（外部）を堀り起して行くのです。その過程で、足場にしていた体系がくずれ、組みなおされることもあるでしょう。AとBとの事実を、どう体系的、統一的に理解すればよいのか。新たな探究による新たな事実の発見が、AとBとの統一的理解を助けるかけ橋となることもあるでしょう。ひとつひとつの事実を体系づけ、部分的な理解を確かめつつ、それを次才に拡大して、ついに巨像の全貌に達する過程です。それはある段階では、部分的にでも体系づけて、それを一つの小世界として理解しつつ進もうとする過程です。

自然観察を理科教材に使おうとする場合でも、扱う対象が、大自然の世界から見て、いかに小さな部分にすぎなかろうが、事実と事実とを有機的に体系づけて、一つの構成された小世界として理解しようとする過程が重要です。

この場合、シナリオ構成上の対立矛盾点はどこにあるかというと、自然の法則性や体系をとらえようとする主体と、バラバラにある自然の事実との対立にあります。それらの事実をどのように結びつけ、一つの世界像として体系的に理解するか――そこに観察と探究の闘いがあります。そして対立の克服は、一つの世界像への到達、あるいは一つの体系の発見、ないしは、体系（世界像）に近づく鍵（新事実）の発見となって現われます。これが構成の基本ではないかと思います。

そしてこの基本はどこに端を発するかと言えば、前に述べたように自然（外部）を主体との間に、統一的に理解し、それを主体の側に組みこむという主体意識から出発しているのです。自然観（世界観）を体系的に発展させるという主体意識に根ざしているのだとも言えるでしょう。

この意味では、ソシアル・ドキュメンタリィでも、闘いの場、生活の場に動いている法則性を捉え、その視点から描くことが要求されるでしょう。

㈤

現実の矛盾対立点を通して、シナリオに再構成された現実は、もちろん見かけの現実とはちがいます。見かけの現実からひき出された、より本質的な現実であるはずです。そして再構成されたより本質的な現実は、当然、日常の見かけの現実とはちがった表現を要求します。

それは現実の要素の選択と省略の過程だけでは充足しない要求です。再構成というのは再現ではないはずですが、選択と省略の過程だけでは、再現の域を出ません。

課題との主体的対決の記録と言っても、そしてその連鎖的な対立矛盾の相剋の発展を、ギリギリギリ一点の対立点にまで追いこんだとしても、その過程の筋道を追っただけでは、まだ充足しません。

そのギリギリ一点の対立点にまで追いあげる生活を、一度、シナリオの中で生きてみて、その世界の、描くべき本質はなにかということをもう一度つきとめて見る必要があるのではないでしょうか。

この本質がつきとめられない以上、集中的な表現の手がかりはありません。どんな結晶も、結晶核がなければ成長できないようなものです。それがないから、いきおい筋道を追う、再現コースからどうしても脱けきれず、本質的な再構成に至らないのではないでしょうか。

なるほどこれまでのシナリオでも、シークェンス毎に、その局面の違いは書きわけられています。しかし、シークェンス毎の本質的意味が、集中的に表現されていません。事実の現われに頼りすぎ、筋道を追いすぎているのです。

そこはもっと、事実を徹底的に分解して、描くべき本質に集中してみることが必要なのではないでしょうか。

われわれの世界が、いよいよ多層的にいりくんできている今日、多層的、多角的な分解と、分解された要素の本質を見極めることとは、不可欠的な条件です。

(六)

記録映画そのものは、動いている現実が相手です。したがって、シナリオはいつも最終的な意味を持っていません。それはテーマと構成をもって、主体が生きる世界の全体像を示すことによって、課題との対決と、対決が発展するであろう方向とを示したものです。それは生きて動く全体像ですから、それ自身、あらゆる可能性を持っています。したがって映画製作は、シナリオが持ち、且つ暗示するすべての可能性をふまえた上で遂行されねばなりません。シナリオに書かれてある範囲にしばられて製作を進めることを、シナリオ自身も要求していないし、それではシナリオのヴァイタリテイも殺されてしまいます。

それだけに、記録映画のシナリオは主戦場となる対決の場と、対決の主方向と、対決し闘うための条件の分析が明確であるとともに、対決の方法が哲学的にも明確でなければなりません。

したがって記録映画のシナリオは、ある意味では、現実追求の武器であり、オルガナイザーでなければなりません。

こうして、シナリオの持つ可能性をも具体的に捉えたフィルム断片が得られます。

このとき、シナリオは最終的な仕事にかかります。フィルムにとらえられた現実の断片を最終的に構成するのです。

したがって、記録映画のシナリオは、このスクリプトの仕事をもってその役割を最終的に果すことになるのです。

つねに生きて動く現実を相手とする記録映画の本質が、シナリオの作業にも、そうした性格を要求するのです。

現代の証人／シナリオと現実の間／長野千秋（演出家）

(1)

本誌十二月号の「PR映画に関する難解な長野論文の飜訳をかねて、つけ加える」として書かれた、岩佐氏寿の「顔面蒼白の騎士」ほど、何の為に書いているのか、よくわからない文章は珍らしい。

全体を通して何等の問題提起もなく、テーマの発展もない。

ただただ、僕の論文の内容を曲解し、筋違いな反論をしている。

オ一、僕の書いたのは「PR映画に関する論文」などではないのだ。

僕が「檻の中の狐」の中でまさぐっていた問題は、「相手の土俵の上で相撲を取っている僕達は、反体制の芸術運動を通して、映画製作の場を獲得するにはどう運動を進めたら良いか、そのプロセスとして、体制の枠内にあるPR映画や教育映画にどう対処していったらよいか」という方法の追求であり、その中での作家の役割りの問題なのだ。

PR映画や、教育映画は、資本が主導権を握った体制の枠内にあるのに対し、自主作品製作は反体制の闘いの一つであり、作家の主導権のもてる土俵なのだ。

勿論、それが、反体制の芸術運動である以上、内部の矛盾をはらんで発展するのは当然の話で、野田真吉が本誌十月号で「その根をとりのぞけ」と言ったのは、運動の内部矛盾を克服するための、問題提起なのだ。

「PR映画も自主作品も、土俵の寸法が大きいか小さいかというだけの話だ」程度の単純な認識しか持たず、反体制の芸術運動における作家の役割を、勝手に相手の土俵内に限定してしか考えられない岩佐氏寿には王様にしてもらう夢を見ながら、ドン・キホーテの尻につきまとって右往左往する、サンチョ・パンサの風貌しかうかがえない。

(2)

先日「商業主義のワクへの闘いと抵抗でのびてきた映画が、個人の資金で作られるようになったなら、芸術家にとっても、映画自身にとっても、一つの突破口がみつかるのではあるまいか（太陽とカチンコ）」という作家の願いが生かされた「裸の島」を見る機会を得た。

確かに「裸の島」は、作家のこうした願いをこめた、充実感にあふれた意欲的な作品と思われる。

だが、作家の少年の日の想い出を通じて憧れてきた瀬戸内海の風物への郷愁から出発したこの作品は、遂に、「裸の島」に対する作家の憧れと郷愁の地点からふみ出ることができなかったように思われる。

ここには、商業主義の枠と闘ってきた新藤兼人の創作方法の、過去の栄光があるように思え、今迄の独立映画のわくを破る自主作品として、一体どういう意味をもつものか、大変疑問に感じた。

このシナリオは、作者が「シナリオの構成」の中で、七つに区切って分析しているのでそれに一寸手を加えてあげてみると

1・夫婦の生活の条件　ドラマの提出部
家族の暮し紹介
2・貧しさの条件　展開
夫婦を支配する島の所有者の存在
3・町と島の関係　悲劇への伏線
金が人間を支配する形態
4・水不足の条件　悲劇を迎える前の余裕。夫婦の生活をつないでいる水
5・子供の病気　危機
文明に置きわすれられた者の悲劇
6・自然に向って叫ぶ抵抗　クライマックス。大自然の中で小さく無力な人間の姿、そのみじめさ。
7・生きることは闘いである　終結
大自然に抵抗し、たたかおうとし、生きようとする人間の強い姿勢。

この分類を見ると、先づ、主人公達の置かれた貧しい苦しい境遇が紹介され、貧しさが悲劇を招き、生活の一部を破壊する(子供の死）自然に怒りの言葉をたたきつけるだけで、何もすることはできないちっぽけな人間も、また、新らしい勇気を振い起して自然と闘う。「生活は闘いである」と。

全く、古典的なシナリオ作法そのままの平面的な形式で構成されている。

ここでは「ただ土地と人間との闘いだけがある。……狭い土地、原始的な生活、都会の人には想像も及ばない生活……汗もここでは命とつながって流れている。人間の生きる赤裸々な姿が書けるのではあるまいか」というように、この作家の意識構造の中には貧しい生活と自然との闘いだけが、平面的、直列的にしか結びつかず、一生自然と闘っていくことだけが、あたかも美徳であるかの如き道徳感が這着している。

一生、黙々と土と闘っても、そこからあがる利益は、生きる為の最底線を確保するに過ぎない。むっつりとおしだまり、苦しさにたえてきた住民は、相手を殴ることによって、或いは子供を海の中にほうり投げるような動物的な行為によってしか、喜怒哀楽の感情を表現し得ない人間関係、その貧しい残酷さを、美しい自然と対比して、とことん迄えぐり出すことによってこそ、抑圧された欲望を解放し、人間的な生活から切離された「裸の島」の孤立した状況から脱皮する展望を観客に与えることができるのではないか。

僕は、その為に「セリフのない映画詩」という構想に、大変興味を感じた。貧しさと過重な労仂が身にしみついてしまった家族の人々の間には、対話すらないという疎外状況に、先ず作家の取組む問題点があると考えた。ところが、氏が「裸の島」にセリフをつけなかった大きな理由は、「以前シナリオを人間中心に追いこみ、極端に映画的な省略をさけて、どの程度にイキがつづくかという問題の為に、セリフだけに頼るシナリオを書いた。」今回はその反対の試みとして、「喋らないという形式を通じて沈黙の喋りができないか（太陽とカチンコ）」という発想だったという。

こうした技術的な問題が、あたかも本質であるかのように、少年時代の夢物語と直接に結びついた為、子供の病気と死がシナリオの山ばとして単調な映画の構成を救う為なんら「裸の島」という状況の中での特殊な必然性も持たず設定される。

こうした、基本的な問題提起の弱さの為に、子供を失くした母親は、畠仕事の最中、いものつるを引き抜き大地に泣き伏しただけで、一時的な浄化作用として子供の死の意味を明確につかみとることなく再び黙々と、自然と闘う生活に戻ってしまう。

折角子供の死を契機として、辛い生活をあたりまえのように思ってきた日常意識を破壊させるエネルギーが、観客の涙と共に、洗い流されてしまう。

闘うべきものは、精神的にも、肉体的にも抑圧され疎外されてきた、その歪みなのだ。疎外された人間を、追求し、それを否定的媒介として現実にせまる作家の眼を放棄しているところに、「裸の島」の現実を、一面的にしかとらえられない弱さが露呈している。

そこで思い出すのは、日仏合作映画「二十四時間の情事」原題「ヒロシマ・わが恋人」で、この製作意図は、マルグリート・デュラによると、「二人は（デュラとアラン・レネエ）は、愛についての映画を作ろうと思ったのです。」

だが、この愛の物語は疎外された自己の歪みをつきつめることによって、この歪みを質的に変化させ、新らしい意識を獲得できる可能性を示した。

このシナリオは五部からなっている。

1・疎外状況の呈示　提出部

断絶した男女の関係と、破壊された広島の状態とが無関係にモンタージュ。

2・関係の呈示　　展開
男女の直接的関係と、身の上の明確化

3・関係の深化　　深化
過去の体験と現実とのふれあい。

4・疎外状況の切開　体験の深化と対自化、過去の体験の対自化

5・忘却と再生　　質的転換のプロセス、対自化による忘却と意識の再生

愛撫し合う二つの肉体のクローズ・アップから始まるこの映画は、人間の最も根元的な結びつきである筈の、男女の肉体の結びつきが、無意味な対話の中で、人間的な何等の交流もない断絶関係として示され、彼等が、ただそこにいるという以上での結びつきしかない、原爆に破壊された広島の状況がモンタージュされて、人間同志・人間と環境との二重に断絶された疎外状況が先ず呈示される。

二人の関係が深まるにつれ、敵であったドイツ兵とフランスの娘の初めての恋、同胞にさげすまれ戦争によって引き裂かれ、遂に契りを結ぶことなく、生理の奥深く歪んだ形で定着していた恋が、現実の恋との意識の中で二重合せになってよみがえる。

ここで、今迄、全くつながりのなかった広島とヌベールが、彼等の歴史的な戦争体験の場所として意味を持ってくる。

しかも、リヴァの中で、過去の痛ましい体験を見つめる眼が深化され、単なる想い出としてではなく、歪んだままで無意識の奥深く定着していた愛のエネルギーが、破壊された広島と同じ意味を持っている男との愛の行為の中で変形し、対自化されることによって、戦争中に体験したドラマの意味を始めて自覚する。

ここでは、広島とヌベールという、暗い戦争体験を持った二つの場所と人間が、たまたま出会ったが故に「ボーソレイユ街では、私は真似てはならない悪い女として今でも記憶されているからこそ、或る日あなたを愛することが出来たんだわ、もし私がボーソレイユにこの不名誉な思い出を残していなかったならば、絶対あなたを愛することが出来なかったでしょう」とリヴァにいわせたように、抑圧され歪められた愛がその過去を否定することによって現実の中で激しく回復されることを要求し、新らしい意識が芽ばえてくる。ここには、戦争被害者が加害者に転化し得る可能性が示される。

過去の傷口を残酷な迄にみつめ、あばき出したものを追体験させることによって忘却し、忘却することによって、意識を変革し、始めて現在に生きる主体を回復しようとする地点を作家は、はっきりとみすえている。戦争によって引き裂かれた愛の疎外を深く掘り下げることによって特殊な人間の戦争体験と、愛の行為を否定的に結びつけ、歴史的な意味をもたせた、こうした作品をつくる作家の現実への対し方には、現代の証人の鋭い目が感じられる。

「裸の島」には、抑圧され歪んだ人間内部世界にメスを入れることも、それをテコとして外部世界に切込む、現代の証人としての作家の鋭い批判も感じられない。

独立プロの運動の中で、作家の役割が不明確のままに「裸の島」は、まさに「一個の小説的（ロマネスク）世界」を創造したにとどまってしまった。

宇野重吉が、「創造者の栄光と悲惨（新日本文学一月号）」の座談会中で、「日本の夜と霧」にふれ、「大島君が独立プロでもしあれを撮ったとしたらどうだったかというふうなこともいえるわけだけれど……独立プロでこういうの（日本の夜と霧）はあたりまえで、なんかそこ（独立プロ）から新鮮なショックを映画界に与えにくくなっているということも若干ありますね」とひがんでいるが、問題は、そんな所にはない。「日本の夜と霧」で大島は、青春の中で味わってきた苦い体験に基づいて、日本の前衛の暗黒部に鋭いメスを入れ、前衛の歪みの部分の正常化を願う、現代の証人としての役割をこの作品で果そうとしているのだ。この作品が独立プロから出ようが企業から出ようが問題の本質はそんな所にはない。問題は独立プロの内部にこそあるのだ。

この座談会で、「独立プロ運動の前進の為に」新藤兼人は「さしあたり気運だよね。それはさしあたりすぐに役立たなくても、なんか後援してもらっている声があるということが、気強いわけですね」等と呑気なことを言っているが、芸術運動の中で、「作家の役割は何か」ということを、徹底的に追求する以外に観客との結びつきはないし運動の発展もないのだ。

野田真吉
野田真吉
野田真吉
野田真吉

●野田真吉（演出家）

現実否定のイメージ

ベールの下のドラマ
あるいは
非ユークリッド的シナリオ論
序章

●特集・シナリオ論

(1)

ルイ・マルの近作「地下鉄のザジ」はウエスタンミュージックにはじまり、ウエスタンミュージックにおわっている。彼の前作「恋人たち」はモーツアルトの音楽が全巻つかわれている。ウエスタンミュージックとモーツアルトはマルにとってどのようにむすびついているのだろうか。いや、音楽だけではない、「恋人たち」のネオ・クラシスム調と「地下鉄のザジ」のモダニスム調とは、彼にとって、どんな因果関係をもっているのだろうか。

マルは「地下鉄のザジ」を監督した意図を『私はこの映画において描きだしたかったのは、リズムの破壊、時間と空間の歪められ、デフォルメされたビジョンは、リアリズムで描くわけにはいきません。描かれる世界そのものが不条理で歪んだものである以上、非現実主義こそ、よりよく真実に迫ると思うのです。従って、この映画では装飾も人物も、世界全体が、たえず変化して行きます。たとえば、ザジは夜着をきて入って行くとものの一秒もたたぬうちにちゃんと服を着て出てくるといった具合です。こういう非現実主義的表現は、又必然的に喜劇に通じます。……ここで、私のいう喜劇とは、今までのいわゆる喜劇ではありません。いわば一種の寓話なのです。私はあえて、笑いが途中でとまってしまって、ノドにつっかかるような危険をおかしました。喜劇というものは、おのぞみ如何にかかわらず、きわめて残酷なものです。なぜなら、それはベールをひきはがし、現実を無残にさらけだし、一つの態度、一つの判断を迫るからです。私は都会の人々に訴えるものを描き得たと思っています。つまり、これはパリを舞台にした西部劇なのです。きびしい純粋な人間が、腐敗した都会にやって来て一掃する。これは誰もが大好きなテーマなのですから。最初と終りにウエスタンミュージックを使ったのはその為です。私は「地下鉄のザジ」を見終って、すっかりおどろいたパリジャンたちが、田舎に逃げだして行けばいいと思います。この映画のなかに、現代の狂気をみてとって欲しいわけです。……』とのべている。以上長い引用になってしまったのは、僕がこれからふれようとすることの足がかりを彼自から具体的に、告白的にのべてくれているからである。

「地下鉄のザジ」は、地下鉄にのりたいという田舎からきた、「きびしい純粋な人間」少女、ザジの眼と行動を軸として不条理にみちたパリの現実をその現実に対応して「非現実主義的表現」で描きあげようとしている。彼は色彩映画によって、またコマ落し撮影や人物のおきかえなど、サイレント映画時代の喜劇につかわれたトリックやギャグのさまざまな表現技法をつかって、Aの人物がBであり、BがAであり、AとBはまたCであるといった人間の行為の不条理を、腐敗したものとして、あるいはそこでの「時間と空間の歪み」を表現し、「西部劇」的追っかけの形式をとって諷刺しようとしている。

だが、僕はみおわって、まず、感じたのは、マルが「きびしく純粋な人間」――ザジを主人公として、彼女とパリの腐敗した狂気との古典的な対決をとおして、ドラマを展開し、ザジによって「現代の狂気」をうきあがらせ批判し、否定することで、完結していることである。ザジはなるほど、マルがいうように、夜着をきて入ったかと思うとものの一秒もたたぬのに着物をきてでていく。トールスカイヨン(警官)に追っかけられるが、ザジは彼の前にあらわれたかと思うと、後に、あるいは横にと、変現自在である。彼の顔にインキをあびせたり磁石でひきつけたりして、からかう。彼をもてあそぶ。だが、ザジだけは狂っていない。ザジは大人たちの狂気にまきこまれない。彼女は一貫性もって行動し、批判する。彼女は狂乱のパリをあとにする時、「わたし、年とったわ」と、すてゼリフを残して田舎にむかう。マルはザジによって「現代の狂気」を否定する。マルは現実の不条理を、その対極としてのザジによって否定している。同一な現実のディメンションでの相対的な否定である。現実の絶対的否定ではない。だから、疎外状況として、現実をとらえ、否定した、ゴダールの「勝手にしやがれ」とはまったく対比的である。「勝手にしやがれ」はおたずね者の自動車泥棒常習犯、ミッシェルの非合理な行為を、彼を疎外している状況との断絶と関連のなかに二重構造としてとらえている。物体化した現実のメカニズムによって解体されてしまった人間が、残されたエネルギー自体さえも、解体しさってしまう疎外状況を自己の内部の疎外状況としてかかわらし、迫ることによって、ゴダールのイメージはまさに、非情に自己否定する過程をとおして疎外状況を、現実を批評し、否定する内発的なイメージとなっている。それゆえに「勝手にしやがれ」のトータルなイメージは疎外状況としての現実の絶対否定とうらはらに、現実変革のビジョンをうちだしている。たとえば、そのラストシーンで、ミッシェルはパリの街頭で刑事に射ちたおされる。瀕死のミッシエルは刑事とともにかけつけてきた、密告し、裏切った留学生のアメリカ娘に「ゲロのでそうな奴だ」と罵倒し、からかうように唇をいじりながら絶命する。アメリカ娘は彼は罵倒の意味をしると、くるりとふりむいてさっていく。ゴダールのイメージはいっさいの断絶、そのふかさをあきらかにすることで、疎外状況の否定をうちだし、現実否定をする。このラストシーンにゴダールは自分を対象と自己の内部できりむすぶことで、疎外された自己を同時に、疎外状況をきりふせている。それはミッシェルの無残な、無意味な、しかし、必然的な死への到達のイメージのなかに、批評的な内発的な、するどい現実否定となってあらわれており、ミッシェルの屍の上に現実変革のビジョンが二重にうかびあがってくるのである。

(2)

　ところで、ゴダールにみられるような、疎外状況のただなかに、作家主体をとらえ、その作家主体を、まさに、その現実を変革する主体としてとらえている主体意識を基軸とした、作家主体と対象とのかかわり方は――表現構造は作家主体の内部において、対象とかかわりあいきりむすび、格闘し、くみふせ、否定する内部過程をあきらかにすることで批評的に内発するイメージを、そのイメージの表現に必然的に対応する方法をもって組織する。

　だが、「地下鉄のザジ」のマルはゴダールのような主体意識をもちあわせない。

　マルは現代の狂気――不条理な現実を否定したいといっているが、それは断固として発狂などしないきびしく純粋な人間――ザジの存在をゆるす現実の対極としての「現代の狂気」である。前にふれたように彼の現実否定は不条理にゆがんだ狂気の現実であって、相対的な現実否定であるからである。いや、あれは寓話的喜劇だからといわれるかもしれないが、だいたい、芸術作品はどれもフィクションの世界であることで寓話的である。逆説的にいってカフカの作品が寓話でないように、古今、寓話などとおこがましく説教臭くかいた寓話にろくなものはない。マルの場合でも、寓話などと気どって「現代の狂気」を諷刺している態度に、作家主体と対象とを対置的関係におくところに、すでに、彼が対象と作家の外側でかかわり、説話者的なイメージをでないことが示されている。一切の狂気が現象的にとらえられ、さまざまな技法で、おもしろおかしく不条理として説明していることである。それを「リズムの破壊」「時間と空間の歪み」といっているが、リズムや時間、空間の破壊が単に非現実主義的表現によってなされるものではない。それは作家の内部での現実対象とのかかわりあいの必然によって内発される批評的現実否定のイメージとして、時間や空間の座標の破壊、リズムの破壊が裏づけられなければならない。

　「地下鉄のザジ」はマル流の「時間や空間の歪み」「リズムの破壊」があるが、それは日常性のムードの逆ムードでしかない。「現代の狂気」の否定はみためにおもしろおかしくすぎさっていく、のどにつっかかったりしない。あの映画をみるものは果たして、狂気のパリから田舎に逃げだしたくなるような深く強いショックをうけるだろうか。僕はそう思わない。パリにいたくなる。映画にみる狂気のパリはおかしく、おもしろいではないか。ザジもパリにきて、発狂し、パリジャンとともに狂態を楽しみ、おふくろが帰ろうといっても「パリにいたいよう」とだだをこね、なおもつれさろうとするおふくろの頰つらへ平手うちをくわすといい……

　寓話的説話作家、マルはそのような狂気を否定したいのである。ザジはマルの肯定的世界である。パリの大人どもの狂気ときびしく純粋な人間、ザジは同一平面上の両極であり、現代の狂気の否定はザジの世界の肯定である。それはマルの映画がウエスタンミュージックでザジをパリにつれてくるところからはじまり、「現代の狂気」をモダンな様式で披露し、再び「わたし年をとったわ」といってウエスタンミュージックで、ザジをパリから田舎へかえすことによって完結していることではっきりしめされている。もっとも、極端にいえば、この場合、ウエスタンミュージックで、おくりむかえしなくてもいいのである。モーツアルトでもいいのである。ただ、モーツアルトではこの場合、いかにも古くさく、お里がしれすぎるからである。彼、マルは不条理にみちたパリの狂気の現実に、ゲッソリして、その対極としての、「田舎へ逃げていけばいい」のである。それが彼の現実否定である。つまり、前作「恋人たち」のシャトウ（城館）へかえりたいのである。モーツアルトの音楽がふさわしい城館のなかの古典的な、だが、モダンなパターンをもった、恋愛心理のあやにひたりたいのである。そのためにはウエスタンミュージックでも、モーツアルトでもにのって、純粋な人間心理の城館のある田舎へ転移すればいいのである。それは一つの世界の表裏であり、両極だからである。

　「恋人たち」のネオ・クラシスムの世界と、「死刑台のエレベーター」や「地下鉄のザジ」のモダニスムの世界が易々とゆききできるのはマルの現実否定の次元が、日常的現実の次元のなかにあることである。

　そのことはマルの現実否定が、つまり、対象とのかかわりあいが、作家の外側でなされることで、そのイメージが現象的な、相対的否定のイメージとならざるをえない。しかも、その相対的な現実否定、日常性の否定のイメージは現実の絶対的否定とその変革にねざした作家主体の対象と内側でかかわった批評的内発的なイメージに必然的に対応した方法のもとに、組織された現実否定のイメージでありようもなく、たんに、日常性否定のための新しい方法の案出によって、外側からの現象的な日常性否定であり、そのイメージである。

　マルの場合でいえば「非現実主義的表現」の手法によって、日常性のベールをはぎとって否定しようとしている。マルがどんなにあの手、この手をつかって、日常性を否定し、「現代の狂気」を否定しようと同一ディメンションでの対象に対する視角の移動にすぎず、新奇な、モダンなイメージによる日常的なパターンの否定以上をでることができない。必然的に、そこでのイメージは日常性のデフォルマションにとどまり、新奇な非日常的なパターンの直接的な置き替えにとどまる。だからそこでの、トータルなイメージは作家と対象との対置的距離が対象の説話的な否定となり、非日常性のいれかえとなって、そのパターンのきらびやかさに埋没し、閉鎖してしまう。モダニスムとネオクラシスムが容易に転移することができるのはその表現構造の側面でみれば、作家と対象とのかかわりあいにおいて、作家主体と方法を対置的にとらえ現実否定の支配的契機を方法におくところにある。それらは反自然主義の名の下でなされるが、その否定は同一次元での相対的否定でしかない。さきにふれたように、その表現構造において、自然主義の対極的位置にあることである。それらは自然主義的な対象への没主体的な、完全なよりかかりをもたず、一応、作家の主体意識との相関々係において、方法意識をもっている点では、構造的である。だが、作家主体の内発的な現実否定のイメージの必然として方法をとらえない点で、方法が目新しいショッキングな技法にすりかえられている。それは一方、イメージの根源的なエネルギーである主体の内部での対象とのかかわりによる、自己否定と対象否定の往復運動、その現実否定と現実変革のダイナミックな内在性をネグレクトし、作家主体を一般的にパターン化してしまうことである。そこに、残るのは主体意識のパターンを反映した形式主義であり、芸術至上主義のバリエーションであることはあきらかである。

　「死刑台のエレベーター」から「恋人たち」そして「地下鉄のザジ」マルの作品系列のめまぐるしいパターンの変化、その基底には、現代の狂気のなかにきびしく純粋な人間、ザジ、つまり、モダニストにして古典主義者であるマルがいるのである。

(3)

　「地下鉄のザジ」に長くふれたが、この章でのべようとする前提ともなるからである。僕は数年前、疎外のただなかにある今日の重層的な状況に迫るためには、その日常性のベールをひきはがし「ベールの下のドラマ」を描かねばならないといった。事実のもつ意味を剥ぎとり、裸のものとしてとらえなおすことで、新しい意味を再組織する、ドキュメンタリーの方法にふれた。だが、僕の解明の不充分さもあって、本誌をはじめ、あちこちで、日常性をはぎとった裸のものがスタティックな、空間的な、いうならば、造型的なパターン化の意味にとられて、批判された。たまたま、マルが「地下鉄のザジ」で、不条理な現実の「ベールをひきはがし、現実を無残にさらけだす」ために、時間と空間の歪み、リズムの破壊などを、「非現実主義的表現」をもって、描き「現代の狂気」をしめし「一つの態度、一つの判断を迫まろう」としたといっているので、もう一度「ベールの下のドラマ」について補足的にのべようと思う。前章で、マルの表現構造批判のなかで僕は作家主体と対象との関係、イメージの構造についてふれながら、作家主体のたつ次元が現実否定のイメージの質を決定していくことをのべた。それはマルとゴダールの「勝手にしやがれ」との比較によって例にした。

　日常性のベールをひきはがし、裸のものをあばきだし、その下のドラマをとらえることは対象である疎外状況のただなかにある現実を、作家主体の内部において、自己の内臓する疎外状況とふかく、かかわらし、きりむすび、それを否定的媒介として、対象を否定してゆく過程に生じる批評的内発的なイメージのドラマを複眼的に記録することである。

　このようなイメージの内発的な展開は当然日常的な時間や空間の制約をのり越るものであり、従来の物語性を否定するものであり、構造的であり、ダイナミックであり、トータルなイメージにおいて、日常性のベールをひきはがし、否定し、あらたな意味を(現実変革のビジョンを)あたえるものである。しかし、そのトータルなイメジをささえるのは作家主体が疎外状況に対する変革主体であるという主体意識であり、そこでの絶対的な現実否定の論理につらぬれたイメージで構成されなくてはならない。このような例は「勝手にしやがれ」の外にブニュエールの「忘れられた人々」に、また、レネエの「二十四時間の情事」にもみられる。

　ところで、以上のような批評的内発的なイメージと、その展開の必然としてそれらのイメージを組織する方法として僕は内部世界をとらえたシュールレアリスムの方法と外部世界を即物的にとらえた記録主義の方法を否定的媒介とした、複眼的な記録主義の方法を提起した。そこでは、マルが「非現実主義的表現」として用いている様々な手法もくみこまれるし、今までの自然主義的な方法の下でとじこめられていた映画のもつ、多様で無限な可能性を解放する事ができるというよりも、今日のドラマである「ベールの下のドラマ」の内発的なイメージとその展開は映画的表現のすべてを要求しているといった方がよいだろう。

　要するに「ベールの下のドラマ」における日常性の否定、非ユークリッド的座標の確立は対象の日常性のディメンションでの、方法的、手法的な非日常性のパターンのおきかえではなく、それはこれまでのべてきた、表現構造における作家主体と対象との内部でのかかわりあいによって内発された現実否定のイメージに対応する必然として、そのイメージが要求する方法によって定着、組織されたイメージのトータルとして、非ユークリッド的座標が確立されるのである。

カリガリからヒットラーまで

●ドイツ映画の心理的歴史

第12回

ジーグフリード・クラカウア／各務　宏・訳

オ3章・安定期（1924年－1929年）

5・モンタージュ●

現在の麻痺状態の中で、ドイツ映画の製作者たちは、現実のある部分についての断面を描写するような映画を創りだした。これらの映画は、パブスト映画よりも、一層安定期の特徴を強くもっていた。というのは、断面理論そのもの論理的結果として、それらの映画は、中立的であったからである。もしも、これらの映画製作者たちが、いわゆる賛成者とか反対者とかいう、いずれか一方の側につくとなれば、彼らは、彼ら自身の法則を、覆したことになるのである。彼らの法則とは、「新しい客観性」を最も純粋に表現することであった。彼らの「これが人生だ！」という気分は、彼らの中に漠然と作用していた幾分かの社会主義的心情を圧倒して了った。

こういう種類のドイツ映画の最初のものは「十マーク紙幣の物語」(Die Abenteuer eines Zehnmarkscheins) であって、カール・フロイントがヨーロッパ・フォックスのために製作したものであった。その原作はベラ・バラージュが書いたが、彼自身この映画のことを「断面」と呼んでいた。この映画、インフレーション時代のベルリンで、次から次へと人手を渡っていく十マーク紙幣の気まぐれな旅を描いた一連のエピソードからなっている。映画は十マーク紙幣に導かれながら、他の仕方ではとっても扱えないような場面を拾い、工場、社交喫茶、質屋、闇成金、音楽サロン周旋屋、バタヤの巣窟、病院などといったごみごみした所に光をあてながら当時の迷路をくねくねと辿っていく。バラージュに従えば、この映画は恰も話の筋が「運命の道の劇的交叉点をつなぎながら人生という織物を貫いて走っている一筋の糸を追っている」かのようである。

しかしながら、バラージュは彼の考えを完全なものに具体化するほど自信が強くもなかったし、他人に無頓着でもなかった。断面形式の記録的性格は、一人の労仂者と女工についてのベルリン情緒のある人情劇とくみ合せられてあいまい模糊なものになってしまっている。グリフィスの「すばらしきかな人生」にでてくるポーランドの恋人たちと同じように、この労仂者と女工の二人は、最後にベルリン郊外一帯、どこにでもある木造バラックの一つを手に入れ、その上、例の十マーク紙幣が彼らのもとに返って来ることによって幸福の絶頂に達することになっているのである。この十マーク紙幣の放浪は、観客を、果しらぬ「人生の織物」に親しませるばかりでなく、同時にこの人情劇を完成させる役割をも果しているのである。つまり、次から次へと起るエピソードは、二つの違った傾向から生じているのであって、断面理論に従っているのは、その中の一方の傾向だけであって、他の傾向は断面理論の妨げとなっているのである。このような映画の意味についてのあいまいさは、十マーク紙幣のあてもない放浪ということが、しばしば、こしらえもののような印象を与える理由を説明している。この断面傾向を強調しているかのように、ベアトホルド・フィアーテルの劇は、都会生活を、特別な意味で取り入れている。「悪漢が坐っているカフェーの内側の魅惑的なシーン。電車、バス、そして通行人が窓ガラスに映る。街は何事かが起るのを待ちかまえている。」――社会生活の各層を横断している糸は、街を縦断して走るようになっている。

全てのドイツ断面ものの、原型ともいうべき、「ベルリン、偉大な都市の交響楽」(Berlin : Die Symphonie einer Gros-taclt) では街路のシーンが圧倒的に多い。この映画は、ヨーロッパ・フォックスの自主作品で、カール・メイヤーの企画であった。カール・メイヤーは、作品「タルテュフ」で偽善を非難した頃に、内面過程の表現から外面現象の表現へ、また自由に構成した筋から一定の素材の中でみつけだされる筋へと転換する時機が彼にもやってきたのだと考えた。最後まで、メイヤーの親しい友人であったポール・ローサは、この彼の態度の変化のきざしについて次のようにいっている。「メイヤーはスタジオの固苦しさと不自然さにあきあきしていた。すべてこれまでの映画は全部スタジオでつくられていた。メイヤーは〃つくりごと〃には興味は持たず、自分の作品の物語は、現実の中から生みだすのだということを強く望んでいた。一九二五年に、ウーファ・パラスト・アム・ズーで、渦巻く車の流れのただ中にたたずみながら、メイヤーは、都市交響楽の考えを思いついていた。彼は〃画面のメロディー〃を理解し、ベルリンの描写を書きはじめた。」メイヤーの、独創性の深さは、その頃、ロカルノの精神の影響の下に同じような考え方がフランスにも出て来、カルヴァル・カンティのパリの記録映画「Rien qne les heuees」が「ベルリン」よりも数か月以前に公開されていたということによっては少しも減ぜられはしないであろう。

メイヤーと同じようにカメラマンのカール・フロイントもまたスタジオとその技巧性にあきあきしていた。そこで彼は熱心にメイヤーの計画に同意して、現実性にうえていた人のもっているあくことのない欲望でベルリンの風景を撮影し始めた。「私はあらゆるものを描いてみせたいと思った。」と彼は一九三九年のインターヴューで述べた。「人々は仕事にでかけるために起床し、朝食をとり、電車に乗ったり、歩いたりする。私の描く人物は人生行路のすべての分野からとってきたものである。最も地位の低い労仂者から銀行の頭取にいたるまでだ。」フロイントには、このような目的のためには、移動式カメラで実地撮影をせねばならないことが判っていた。技術家であるフロイントは弱い光の中でも、カメラをうまく扱うことができるように、当時市場にあった普通のフィルムに高度な感覚力をつけたものを用いたが、その上にまた、撮影中のカメラをかくすことができるようないくつかの仕かけを発明した。彼は、しばしば側面にレンズ用の長い孔をつけ、半ばかこいのあるトラックを運転し、或は、見かけは、普通のスーツケースのような箱にカメラを入れてぶらついたりした。誰も、彼が映画をとっているのだとは思わなかった。

前述のインターヴューの終りで、フロイントが、「ありのままを撮影することを芸術だと考えていますか?」と質問された時、彼は、躍起になって次のように答えたのだった。

「それこそ、写真として芸術たりうる唯一の方法です。何故って、そういう方法によってこそ〃人生〃が描けるからです。まあ、ここにある老大な数のネガをごらんなさい。そこで人々は作り笑いをし、顰め面をし、ポーズをとっています。しかしそれがなんになるでしょう。それは写真ではないのです。ただ、非常に速いレンズによるものだというだけです。人生を描くこと、それがリアリズムです。実に、それこそが、純粋な型の写真です。」

当時、映画理論に於て優れていたウォルター・ルットマンはフロイントやその他の写真家が集め得た老大な数の素材を編集したのであった。視覚的音楽についてのルットマンの感覚は彼を「映画音楽」を産みだす好個の適材たらしめた。ルットマンは、「ポテムキン (Potemkin) の赫たる成功で著名になった若い作曲家エドムンド・メーゼルと密接に協力して仂いた。メーゼルは映画と切りはなしても充分に演奏しうる交響楽の作品をもって、ルットマンの視覚交響楽に組合せようと考えた。音楽に対して彼が与えた役割は、映画編集の本来の傾向をさらにつよめることとなった。」

ルットマンの「ベルリン」は晩春のベルリンの平日の断面を描いている。この「ベルリン」の最初のシーンは暁の街である。

夜行急行列車が到着する――人気のない街路はまるで、人の心が夢かうつつかわからずにさまよっているあの空漠たる地獄の入口でもあるかのようだ――やがて街は眠りからさめ、動き始める――夥しい数の労仂者が工場目ざして出発する。――自動車が走り出す――受話器が持ちあげられる――小路はモーニング・タイムで忙しく、店の飾りつけや、毎朝のできごとでごった返している。正午――貧乏人も金持も、動物園の獣達も昼めしを食べ、短い休みのひとときを楽しんでいる――仕事が再び開始される――明るい午後の太陽が、こみあうカフェーのテラス、夕刊売り、そして人ごみの中のある女の人の上に照りつけている。生活は、まるで坂道を独りでに転るローラーのように滑かに廻っている。陽がかげる、機械の回転が止る、そして休息の時が始る。画面の変化極りない取合せは、ありとあらゆるスポーツやファッションショーや少年少女の逢引の光景や、逢引へと出かけてゆく姿を観せている。最後のシーンは冷やかなネオンの光がまばゆく輝いているベルリンの夜を従横無尽に快く走りまわるかのようである。オーケストラはベートーヴェンを奏でる――踊り子たちの脚が躍動する――チャップリンの脚がスクリーンを横切ろうとして躓く――二人の恋人、いや二組の脚が、すぐそばのホテルに向う、――そして、ついに、全く入り乱れた脚が、あちこちへ向う。週日は何事もなくどんどんすぎてゆく。

「ルットマンが製作したような映画は」とローサはいっている。「メイヤーが考えている所とは程遠いものがある。ルットマンの映画の外見がメイヤーの映画と似ている点は、実はメイヤーが極力避けようと努力していた点であった。メイヤーとルットマンは見解が相異するという点でその意見の一致をみた。」このことはメイヤーが早期に「ベルリン」の製作から手を引いた事実を裏書している。(彼の次の企画は、ダニューブを語るシナリオを書くことにあった――これはアメリカやフランスで河を描く映画が現われる二、三年前であった。だがこのシナリオはいつになっても、製作されなかった。)

メイヤーが「ベルリン」の表面的な手法を批評した際、彼が、ルットマンの編集方法を思いうかべていたであろうということは首肯できるふしがある。ルットマンの編集方法は、対象のもつ意味よりも対象の形の上での性質によって規制されていたのであったから「表面的手法」と評しているのは適当であった。ルットマンは動きの純粋な型を強調していた。彼が運転中の機械の一部分を撮影し、或はカットする方法は、それらの機械の殆ど抽象的と思われる性質をダイナミックにくりひろげるといった仕方であった。これらの方法は「ベルリン」のテンポといわれるものを象徴的に表わしていたが、これらの方法は、機械のこと、その機械の機能については何も物語ることはそれ以上できなかった。彼の編集方法は、また、動作と形態との間の顕著な類似に頼っている。舗道の上を歩いていく人間の脚の後に牛の脚が続いている。ベンチの上に眠っている男は眠っている象と組み合されている。これらの方法で、ルットマンは映画の展開を促進しているのであるが、この中で彼は社会のコントラストを特徴づけることに専心している。映画の一場面で、庭園の騎馬隊の列と、敷物を叩いている一群の婦人達とが組合されている。他の場面では、路傍で空腹をかかえている子供達と、ある料理店の豊かに食物の盛られた皿とが並置されている。しかし、これらのコントラストは、形の上での工夫程には、社会的なプロテストを感じさせない。視覚上のコントラストと同様に、これらの社会的なコントラストは、断面理論を構成する上で役立ってはいるが、同時に、この構成的な役割によって、それらのコントラストが伝えるべき意味をかなり漠然としたものにして仕舞っている。

モンタージュを使うにあたって、ルットマンはロシア人の影響をうけているように見える。――この影響というのは、さらに正確に言うならば、ロシアの映画監督ドジガ・フェアトフとキノ・アイ・グループからの影響である。あらゆる現実生活を表現しようと一生県命になっていたフェアトフは、内乱が終ってからずっと、特殊なニュース映画を毎週製作していたが、一九二六年頃には、再び、明らかにニュース映画としての性格をもった「現実そのまま」の映画を製作し出していた。フェアトフとルットマンの意図は殆ど同じものであった。ルットマン同様フェアトフはキノ・アイ、つまり移動カメラで、なまの生活を捕えることが欠くべからざることであると考えていた。ルットマン同様フェアトフもまた、移動式カメラで実地撮影したネガを、それぞれの対象に本質的な律動的な運動を考慮しながらカットし編集した。ルットマン同様フェアトフは、ニュース記事には関心がなく、「視覚的音楽」を作曲することに興味をもっていた。彼の「映写機をもった男」（一九二九）は、抒情的な記録映画とみることができる。

このように、芸術的意図は全く同一なものであったけれども、ルットマンの「ベルリン」はフェアトフの作品が伝えようとした意味とは根本的に異なるものを含んでいた。この違いは、始めから彼らに与えられている所の環境の差異に基いているものである。つまり、この二人の芸術家は、同じ美学的法則を採用して、異なる世界を表現しているということである。フェアトフは、初期のレーニンの「ソヴェトの現実を反映し、共産主義的理想でみちみちているような新しい映画の製作はニュース映画より始まらねばならない。」という要請に従って行動しようと努力したのであった。彼は勝利せる革命の子であり、彼のカメラが捕えた生活はソヴェトの生活であった。しかもそのソヴェトの生活こそ、生活のすべての要素にまでしみこんできている革命的エネルギーによって躍動している現実であった。この現実は、それ自身、意義ふかいものがあった。ルットマンは、漸く革命を回避し何とか安定した共和制のもとで、党とか理想とかいっても名ばかりのものとなってしまった、そんな集団でしかない社会に焦点を合せていたのであった。これでは、全く生き生きとしたエネルギーを失ったようなもので、まさに混沌たる現実の姿であった。

ルットマンの映画はこの現実を反映している。「ベルリン」の無数の街は、ブルネの「街」のスタジオに作られた大通りに似て、混沌たる印象を与えている。第一次大戦後の映画に始めて描かれた混沌の表徴は、ここにもう一度描かれ、さらに他の適当な象徴によって補われている。この点で、ローラーコスター、店先の窓や廻転ドアについているらせん形の廻転ばねなどを組合せた一場の連続撮影は顕著な例である。また、通行人にまじった多くの娼婦は社会がそのバランスを失っていることを示している。しかし、何人もこれ以上この混沌たる状態に力づよい反撥を示そうとはしていないのである。また、通りを安全に横切れるよう子供を導き、乗物をストップさせている警官のように今までつかいふるされたようなありきたりのモチーフは、前と同じように、社会的問題についての関心が欠如していることを示している。初期の映画では、混沌を示す撮影と同じように、救済者としての権威を強調する役割を果したこのモチーフは、もはや果なる史実であり、多くの事実の中の一事実たるにすぎないものである。

いまや、興奮は終った。無関心さだけが残っている。誰もが、他の仲間に対し無関心であるということは、社会的なコントラストを形式化している事や又、人形や見本をいつも同じように並べてある店先の飾りものを、何度も挿入していることから推論されるのである。それは、これらの人形が人間らしくなったということとは違う。むしろ、人間がむりやり無生物の中に入りこまされたというべきである。それらはみな事件の流れの唯中にある分子のように見える。ウーファ社の現代の文化映画について書いたパンフレットの中で、工業用記録映画を次のように書いてあるのにぶつかる。「溶鉱炉は……火の蒸気を……放射する……灼熱した鉄が鋳型の中に注ぐ、物はひきさかれ、圧縮され、ミルにかけられ、磨かれる。そして現代の一表現となる」「ベルリン」の中の人々は、まだ磨いてさえいない材料のような特徴をもっている。使いつくされた物はなげすてられる。このような運命の印象を観客に与えるために、溝や、ごみの山がクローズ・アップされて現われる。「街」と同じように、くず紙が舗道に散乱しているのが描かれる。社会生活は乱れ、機械的な過程を辿る。

まさにこの点で、ルットマンとフェアトフの差異を充分に把えることができる。この差異は社会的な態度の差異である。ソヴェトの現実を無条件に肯定することの上に、フェアトフの、日常生活についての調査はつづけられている。フェアトフ自身も熱情と希望を昂揚させる革命的過程の一部分である。彼の抒情的な熱情で、フェアトフは、形式的なリズムを強調したが、それでいて内容に無関心とは見えない。フェアトフの断面画面は、それらが抽象的な動きの美しさだけを描くときでも「共産主義的思想で満たされて」いる。

もし、ルットマンが、フェアトフから革命的な信念を吹きこまれていたとしたならば彼はベルリンの生活にみられる無秩序ぶりを起訴しなければならなかっただろうと思われる。彼は、リズムよりは内容を強調することを余儀なくされたに違いない。ルットマンがリズム的なモンタージュを好んでいるということは、彼の直面している現実について、何らかの批判的な意見をのべることを止めようとすることに表われている。フェアトフは内容を暗示し、ルットマンは内容を避けた。このように、ルットマンが内容を評価することを嫌うという点は「ベルリン」のテンポや、機械のマーチなどの見えすいた陽気さと全く同じである。テムポは外見的な特色であり、機械礼讃で明白になったといっていいような社会主義的楽天主義は、漠然たる「改革者の幻想」にすぎない。この点で、何故メイヤーが、ベルリンを「外面的方法」と呼んだかの理由がある。メイヤーはルットマンの形式についての編集に異議を唱えたのではなかった。彼が非難したのは、現実に対するルットマンの形式的な態度が、批評や解釈を求めているというにあった。たしかにメイヤーも、フェアトフのように革命的ではなかった。しかし、メイヤーは、人間性のある、凛然たる感覚をもっていた。彼であったならば、社会的現象として対照を示す様なものを画面の変化として使ったり、ますます進んでいく機械化の現象を記録するに当って、それに対する彼自身の恐怖をそこに表現しないなどということは殆ど考えられない。

ルットマンのリズミックな〃モンタージュ〃は、基本的に明確な立場から、漠然とした中立性への後退を示している。〃ベルリン〃とストリートものと相違はここに存する。〃ベルリン〃においてはストリートは理想化されてはいないが、〃アスファルト〃や〃街の悲劇〃では〃ストリート〃は真の愛と正当なる反抗の逃避場所として扱われている。後者は、出口のない、麻痺せる権威主義的傾向から生れた夢の如きものである。〃ベリリン〃は麻痺状態それ自身の産物である。

現代批評家の中には斯る解釈をするものも幾人かある。一九二八年に私はフランクフルター・ツァイツングに次の如く述べた。〃ルットマンは彼の無限の対象をその社会的、経済的、政治的構造を直に理解して追究しようとはせず、数多くの具体的現象を互いに関連づける事もなく、精々内容のない虚構の転移を通じて関連づけながら記録する。彼の映画はテンポと仕事の町としてのベルリンなる概念に基いているかも知れないが、これはいずれにしても意味のない形式的観念に過ぎない。そしてまさにそれ故に現実生活乃至文学に於てドイツ小市民階級を酔わせるのである。このシンフォニーは何一つとして重要な内容を持たぬが故に何物をも指摘しない。

〃ベルリン〃は断面即ち〃モンタージュ〃映画流行の嚆矢であった。この種の映画の製作費は安かった。そして有難くも大して意味のないことを見せる事ができた。この種の映画の中には出来合の材料を利用したものもいくらかあった。或物はヘンリー・ポーテンの生涯をまとめた（一九二八年）、又或物は同じくウーファの作品である古い映画から恋愛事件を抜き出した（**Rund um die fiebe**一九二九年)もう一つはグルツゥルフィルム作品の **Die Wunder Der Welt**（世界の奇蹟、一九二九年）で種々の冒険もののつなぎ合せである。

〃ベルリン〃の形式にならってドキュメンタリ・ショットを集めて実際生活を描写した二本の断面ものが更に興味を引く。〃ベルリンの路傍マーケット、一九二九年〃に於てヴィルフリード・バァッセはストップ・モーションカメラを使用して天幕や屋台を立てる長たらしい経過を二三秒にちぢめた。その映画は手際よく飾り気のない映画ルポルタージュであった。即ち、例えば買物で値切っている主婦、頑強な市場のおかみさん、光っている葡萄、草花の陳列、馬、用事もない見物人、散らばった塵屑等々の如き特徴ある些事が面白く続いている。此等すべては結局多彩な表面的現象を中心もなく述べたにすぎない。この映画の本質的な無方向性はヒトラーの許に於ける政治情勢の変化に対するバッセの無関心によって説明できる。一九三四年には彼は何事も起らなかったかの如く〃 **Deutshland von Gestern und Heute**（明日と今日のドイツ）〃を発表した。この映画はドイツの文化的生活の断面映画であるが、これにおいても彼は事象の核心を突こうとはしなかった。

このマーケット映画に続いて、更に重要なルポルタージュものが現れた。即ち**Menshen am Sonntag**（日曜日の人々）である。オリゲン・シュフタン、ロベルト・ジイオドマック、エドガー・ウルマー、ビリー・ビルダー、フレッド・ジィンネマン、モリッツ・ゼーラー等がこの後期の無声映画の製作に協力した。この映画の成功は当時に至るまで殆ど注意されなかった人生の一面を力強く描き出した為であった。この映画の中心人物はセールスガール、セールスマン、映画のエキストラ、それに運転手である。或日曜日に彼等はつまらぬ家庭を離れてベルリンの近くのとある湖に出かける。そして湖岸で水泳をしたり、料理を作ったり、ねころんだりつまらぬ話をお互に交したりする、というだけの話である。しかし登場人物がすべて下級の使用人であるという処に重要性がある。当時ホワイトカラーの階級が政治上の一要素となっていた。社会民主主義者とナチの両者が各々彼等を自己の陣営に引入れようとしていた。そして国内の政治情勢は一口に彼等が本来の中産階級的偏見に固執するか、労仂階級との共通の利害関係をみとめるかにかかっていた。

〃日曜日の人々〃は下層階級の惨状に注意を払った最初の映画の一つである。或場面では湖岸の写真屋が忙しく写真を撮っている。そしてその写真は直ちに映画自体の中に出て来る。こういう写真はその中の人物が運動の最中に急に釘附けになった様に挿入される。そこで撮されている人物は動いている間は全くあたり前の人間であるが止った途端に滑稽な偶然の産物の様に見える。ドヴゼンコの映画におけるスチールは或顔だとか無生物の意義を示すものであるが、此等のスナップは下級中産階級の人々に残されている内容が如何に少いかを示そうとしているかに見える。人気《ひとけ》のないベルリンの街路や家々のスナップと共に此等のスナップは使用人である大衆が実際その中に生活している精神的真空状態なるものに就いて、それ迄に言われて来た事を証明するものである。然しながら結局他の断面ものと同じく立場のないこの映画から引出せる唯一の内容はこれである。クラズナー・クラウズはこの映画を評して曰く〃憂鬱な観察。それ以下でもなく、それ以上でもない〃。そしてベラ・バラージュは〃日曜日の人々〃やその他同種の映画に活気を与えている〃事実への熱狂〃を指適して次の如く結論づけている。〃此等の映画は豊富なる事実の中にその意味を埋め去っている。〃

一年間にわたり御愛読ありがとうございます。また、御協力いただきました各務宏氏に誌上をかりてお礼申し上げます。なお、この「カリガリからヒットラーまで」の完訳が、現代思潮社から二月下旬に出版されることになつています。

記録映画作家協会と改称

才七回総会報告

教育映画作家協会才七回定例総会は、去る一九六〇年十二月二十八日に、東京・銀座・新聞会館会議室で行なわれた。

ますます独占集中の傾向が激化する教育映画・PR映画の製作状況、完全に文部省の出先き機関化し形骸化した教育映画祭、右翼日和見的・官僚主義的・無思想の場となり果てた自主製作運動、と作家の活動する場は一昨年にも増した厚いヴェールでとりかこまれている。

また、六月を中心とした反安保のたたかいの中で暴露された反体制内部に横たわる様々の矛盾と昏迷は、単に「進歩的」作家というレッテルそのものの内部に深くつきささったメスでもあった。

こうした中で才七回総会は一九六〇年度の総括と、来たるべき年へのたたかいの展望を明らかにせんとする。

白熱的討論が交されたが、その中で巻頭時評にも見られるとおり、協会名を従来の教育映画作家協会から新しく「記録映画作家協会」とすることが運営委員会から提案され、圧倒的多数でこれは迎え入れられたのである。ここに教育ということばによってつきまとう様々の桎梏を脱して、新しくドキュメンタリストの集団として協会は再出発することとなった。

一方、機関誌「記録映画」の編集方針は基本的に支持され、一九六一年度はこれを更に飛躍的に発展させる年とすることが決議された。「記録映画」を中心とした協会活動は各方面で注目を集め、昨年一年間で会員は四十名増え、全会員数は二〇〇名となり、また各地の観客組織との交流も徐々に深まりつつある。

一九六一年度の活動方針として①作家としての明確な課題意識を持つこと②研究活動の総合③機関誌「記録映画」の拡充④会費の完納⑤事業活動の発展⑥観客組織との提携⑦著作権の確立、等が決議されたが、一九六〇年度の総括と共に、この決議の内容そのものは、更に新運営委員によって討議深化されることが附帯されている。

なお、新しい役員は次のとおりである。

①運営委員長・京極高英、②事務局長・大沼鉄郎、③会計監査・岩崎太郎・藤原智子④常任運営委員・岩堀喜久男（研究会担当）・丸山章治（機関誌担当）・富沢幸男（観客運動対策担当）・八幡省三（企画・財政担当）・河野哲一（製作運動担当）、⑤運営委員・松本俊大・野田真吉・菅家陳彦・苗田康夫・間宮則夫・矢部正男・西本祥子・岩佐氏寿・荒井英郎・杉山正美

●本誌編集委員は次のとおりである。

編集委員長・野田真吉（演出家）・委員・黒木和雄（演出家・岩波映画）・徳永瑞夫（演出家）・松本俊夫（演出家）・西江孝之（演出助手）・熊谷光之（シナリオライター）・長野千秋（演出家）

教育映画は なぜ 陽の目を見ないか

●吉村徳蔵
(東京・上板橋オ一中学校)

映画
映画教育
映画
教育
教育映画
育画
教映

教育映画ではもうからないか

教育映画とよばれるものについてどのような論評や議論がなされているのか私にはとんと見当がつかない。教師でいながら教育映画についてちゃんとした知識をもっていないとはずい分おかしな話だ。それには教師が映画をみる暇もないほど忙しいのだと言訳をすればそれまでだが、どうせ金を出してみるならばなにも教育映画をみたくない。ただならみてもよいというのが教育映画だという通念がある。また教育映画をつくる側にも、教育映画だから金にならないものとあきらめているのではなかろうか。できるだけ良心的に、みる人はみてくれるだろう、教育映画でもうけるなんて邪道だなどと思っているのではなかろうか。一九六〇年度外国映画ベストテンなんていうのが新聞にのると、はておれはいくつみたろう。いけねえ見損ったという悔悟の念(?)で一杯になる。だが教育映画ベストテンなるものが発表された時も同じような感が起るかというと教師であるのに私の心には起らない。テレビと映画とはちがうが、「バス通り裏」をみるようにその時間にダイヤルを廻すような番組は教育という名のもとに行われている番組の中には見当らない。かくも良心的なる教育映画がおちぶれた所以は一体なにか。この問題に焦点をあてて二、三感想をのべたい。

オ一に教育映画にもっと金をかけて貰いたいことだ。もうからないが故に金をかけないのか、金をかけないからもうからないのか。まさに教育映画の悪循環である。現場側からすれば映画がやすくみられるのは賛成だが、そのことと映画に金をかけるのとは別であろう。教育映画にはもっと金をかけ、そしてもっともうけてほしい。現場の教師たちは映画会などでフイルムをかりる時、値切ってやすくみせたいという教育的配慮かどうかしらないが必ず値切る。ところが貸出す方もどういうわけかすぐに値切られる。勿論相場はあるだろうが、一〇円や二〇円の金でみせられるかいという意気込みがほしい。そして子どもからでも親からでも教師からでも、どんどん金を捲きあげろといいたい。貧しい子どももいることだからその子たちのことも考えて、できるだけ経費もやすく、それも結構だ。その結果、いい映画ができるか、恐らくできないだろう。金のことは心配いらない。いるのは製作費だと思う。オ一に子どもは金をつかいたがっている。一日に五百円、千円はつかうのだ。たとえば親から一銭も小遣いのもらえない子どもは少し大きくなれば一日に見る映画代ぐらいつくる方法を知っている。子どもは大人よりずっと金持ちで気前がいい。自分の見たいもの、買いたいもの、欲しいものならあらゆることを犠牲にしても手に入れる。ダッコちゃんを買う時の子どもの熱心さをみればわかるだろう。この私だって、「まぼろし城」をみるための五銭の銀貨をえるために涙ぐましい努力をしたことを覚えている。問題は教育映画が子どもたちにとってそれだけの魅力あるものたり得るか否かである。私はなにも子どもに迎合せよといっているのではない。子どもはちゃんと金を出してくれるから心配しないでうんと金をかけてほしい。本来教育とは金がかかるものなのだから。

まじめな映画と誰が判定するのか

今の子どもはまじめものはきらいだという。一面ではそのいい方も当っている。だが一体全体まじめな映画とはどんな映画か。まじめかまじめでないかは誰が判断するのか。教育映画と名のつくものをみると、たいていは文部省すいせん、教育委員会すいせん、ごていねいに教職員組合すいせんのタイトルがまず出てくる。右は文部省から左は教職員組合までのすいせんを得た良い映画。そしてこれを見せれば子どもたちの道徳的心情は忽ちにして高まるような映画。これらを称してまじめな良い映画というのが通例だが、子どものためとか、これを見せればと考えすいせんするのは一体誰か。静かにさせられ、みせられ、そして金をとられる本人たちの意志などはどこをさがしてもない。教育映画が子どもたちに愛されず、親しまれない理由は一つにはここにあると思う。映画製作者と子どもとの間に不純物があまりにも多く入りすぎている。前記の諸団体がすいせんしたりするのを悪いというのではない。必要以上に大人たちが選択して与えすぎるところに問題がある。良い映画を大人が選択して与えてやる。そこにつまずきがある。子どもたち自身に選択させること、そして子どもたちの中に教育映画のファンをつくることが大事ではなかろうか。教育映画にはスターもいなければファンもいない。淋しい限りである。

教育映画に教育的配慮は必要か

教育映画と名のつく以上教育的配慮が必要であるといわれている。私もそうだと思う。だが本当に良い映画をつくろうと思ったら教育などのことを一々考えている暇がないのでなかろうか。もし、ある映画が二十才代の青年たちに大きな感銘を与えたとすれば、これは大人むけの映画ということになる。同じ手法で十代の少年少女に感銘を与えることはできないのか。私はできると思う。この映画は何才ぐらいの子どもが見るのだからといって作られた映画が子どもたちの共感をよぶかというとそうではない。教育映画だからということを考えるより先に映画を作るということに徹底した方がよい。そしてこの映画をみてくれれば少しは今の荒んだ子どもたちの心が高められるのではなかろうかなどということを考える必要はさらさらない。子どもはそんなに甘くないし、しょせん映画は映画なんだということをよく知っている。きくところによると陽の目をみない教育映画が実に多いときくが、教育的配慮のされた良いものによって、良い子どもがつくられるというあまりにも単純な考えの上に立脚しているからだと思う。

ある機会に「北白川こども風土記」（共同映画）をみせてもらったが、例の「千羽鶴」「日本の子どもたち」の三つを比較し、どれを一番正直な映画かといえば「千羽鶴」ではなかろうか。そしてあの映画ではみにくい教師が沢山でてくる。広島で行われた全国校長会がそれだ。子どもたちがパンフレットを校長先生にわたす。大半の教師はすたすたとゆきすぎてしまう。だが、そのあとで、全国からどしどしとはげましの手紙があつまったと書かれている。だが私の知っている学校からは一通もいっていない筈だ。それでいてその校長さんは広島でみたという原爆の恐ろしさを朝会で話しながら、「千羽鶴」の運動については一言も言及しなかった。子どもたちの運動が教師の思わくを越え勝手に動き出す集団としてえがかれている。本来子どもとはそういうものである。子どもたちの中にあるみにくさ、学校の中にあるみにくさ、そうしたものを少しでもえがこうとしている。だがあとの二つにはそのようなものがない。登場する先生も生徒もみんなわかりすぎるほど話がわかりすぎる。教育映画が子どもたちにすかれないとすれば、そこにはうそがみられるからだと思う。

気にかかること

そのほかに感ずることはお説教が多すぎることである。「北白川子ども風土記」にしてもそうだが、「この映画は京都が生んだ傑作であると同時に日本の全国の小学校、中学校でとりあげて、子どもたちの学習意欲とたゆまない研究努力に、しかも深い師弟愛と友情に結ばれた限りないほのかな愛情に包まれた心のあたたまる幾つかのシーンをくみとらせたいものである」（宣伝用パンフ）と書かれているように師弟愛とかなんとかいうものが全面にうちだされてくることである。「郷土の研究」という一つの仕事に子どもたちが熱中し、自分の目で見、耳で聞き、足で歩き、納得のいくまで、三年間も努力し、しかもお互に協力しあいながら一冊の本になるまでにまとめあげていったエネルギーがこの映画からはくみとれないことであり、どうみたってひよわな子どもしかでてこない。社会科のきらいな子どもが郷土研究に参加するまでに至る経過こそ、もっともとりあげられるべきなのに、いともかんたんに社会科がすきになってしまう。この映画は児童劇としての新しいねらいがあるそうだがその辺もよくわからない。これを指導した先生の言葉に「教育の面ではあれをやり通したということが一番大切なことで、こどもたちのだした資料が大切ではない」とあるが、この言葉も気にかかる。私は協力とか何かもさることながら子どもたちのつくった資料がもっと大切にされていいのではないかと思う。子どもたちが三年間も続けた研究というより、三年間も続けさせたエネルギーは一体どこからくるのか、協力とか師弟愛か、それとも郷土そのものがもつ何ものか。私は北白川のもつ歴史と地理そのものではないかと思う。師弟愛とか協力とかはあくまでその副産物ではなかろうか。「千羽鶴」がよかったというのもあの子どもたちが協力したり友情を発揮したということよりも、何にもまして原水爆の恐ろしさを訴えているからだと思う。「北白川子ども風土記」も同様に私をして北白川のもつ歴史と地理に魅了されたかった。

せっかくよい企画でありながら残念な気がしてならない。

まだ数えあげればいろいろと問題はあるが、教育の場にいながら教育映画のことを何もしらないことを悟ったので、これからはせいぜい関心をもちたいと思う。

バンザイ！ 新東宝

汝，如何に生くべきか

●佐野美津男

新東宝の最近の映画を悪くいう人の気が知れない。大江健三郎のような若い世代の作家までが、軽佻浮薄な高校生に新東宝というニックネームを付けて得意がっているありさまだ。（小説「セブンティーン」）

新東宝の労組というのが、これまたバカ正直な良識に毒されていて、再建闘争中に出したケンパク書のなかで、最近の映画は悪くて昔の映画は良かった、これからも独立プロとのテイケイを考えなければいけない——というようなことを言っている。

エロ・グロ・ナンセンス、誠に結構ではないか。もしも新東宝の作品に不満足の点があるとすれば、それに徹することのできない良識が残存していたからに違いない。

ぼくが最近みた映画のなかでも一番よかったのは、新東宝の作品で「怒号する巨弾」というやつである。

まずジェット機が画面いっぱいに飛び去ると、街頭に立って募金を乞うている傷痍軍人が出る。その痛ましい傷痕が写し出される。そして今度はバリケードに囲まれた国会議事堂が出る。コンビネーションの靴を履いた男の下半身だけが出る。新しい大臣が決定し、新聞記者の包囲をやぶって大臣は高級車に乗り、待合に着く。ここで財界の大物と外資導入について話合い現金で五千万円のリベートを受取る。この話合いが録音されてしまうのだが、悪党の話題が外資導入というのは実にスケールが大きくて素晴しいではないか。

スケールが大きいといえば、天知茂の演ずる主人公が大臣をカンキンし、録音テープとともに財界の大物をユスルときの金額が何と一億円である。そして最後に三津田健演ずる警部と浅間を背景にした高原で決闘するのだが、これがさながら現代のアイバンホーともいうべきスケールで、すげえなァのタン声が、場内のあちこちからきこえたほどだ。結局、最後に主人公——つまり犯人は目的を達して自殺するのだが、またもジェット機が画面をよぎって消えてゆく。

では何故に主人公が犯罪を遂行したか。それは戦中にスパイの容疑で殺された父、あるいは自己の閉ざされた青春への復シュウからである。劇中で三津田健の警部がつぶやく言葉がふるっている。「みんなが既に忘れ去ろうとしている戦争中のことを、いまも忘れずに復シュウを計っている犯人は並大抵のものではない」というような意味のことをいうのである。もしもぼくを含めた若い世代のひとりひとりが「怒号する巨弾」の主人公のように執念の鬼であったとしたら、戦後日本の様相は現状とはかなり違っていることは確かである。安保闘争のさなかから、いまだにぼくらの思考のなかで一つのシコリとなっているテロの効用について改めて考えさせる作品を新東宝が作ったということは、記録されていいことだろう。

とはいっても、ぼくは何も右翼少年山口二矢の存在を念頭においてテロを思考し、「怒号する巨弾」を評価しようとするのでは断じてない。そのような映画鑑賞の方法は、山本薩夫作品「武器なき斗い」を浅沼事件との関連において評価し、安易な讃辞をおくる人々と同じ愚かなる誤ちを繰返すことでしかなく、決して映画作品そのもののもつ価値を正しく評価することにはならないからだ。もしも何らかの関連において映画を評価することが正しいとするならば、それはあくまでも自己との関連においてのみ考えられるべきではなかろうか。つまり天知茂演ずる青年が殺した対象は、ぼくにとっても殺すべき対象だったからこそ、ぼくにとって興味があるのであり、その方法について検討する必要が生じたのである。だが「武器なき斗い」を安易に評価する人人は、殺すべき対象も持ちあわせず、またそれゆえにテロを主体的に思考することもない常時局外者でしかないのではないか。そうした意味で、映画鑑賞を「われ如何に生くべきか」という視点で見て行くことはどうしても必要になってくる。大島渚の一連の作品などは、そうしたシリアスな映画鑑賞者たちの要請に真正面から取組んだものといえると思うし、その大島が「最後のリアリズム作家」というような言葉で評価するヴィスコンティの「若者のすべて」は文字通り、ひとりの青年の純スイな生き方を主題に取り上げた作品として、やはりぼくは記録にとどめたいと思うのである。

だが現代があまりにも純スイでないがゆ

えに、ヴィスコンティのような、まっとうな方法では、どうしても作品が神話めいて感じられることも確かで、それがインウツなイタリアの風土と混淆したとき、いくらぼくらが自己とのかかわりにおいて思考しようとしても、映画は遠のいてしまうばかりなのである。これと同じようなもどかしさをぼくは大島渚の作品においても感じたのは決して偶然の一致ではなかろう。つまりここで、ぼくはまた改めて、新東宝映画というエロ・グロ・ナンセンスのもつ功罪を再検討したくなるのだ。つまり、シリアスな問題意識を主題にしながらも、それを絶えず鑑賞者主体にかかわりあわせておく手段としての、エロ・グロ・ナンセンスのハンランだって考えられることではないか、ということである。

現代のぼくらにとって、神の子としてのイエス・キリストはもちろん必要ではない。そしてぼくらと同じように、聖書の時代においても神の子は必要ではなかったのだ。それが証拠にはイエス・キリストが民衆とかかわりあうときには、ただの一度も神話、つまり超人間的な手段を用いたことはなかったのである。幼児がとりいだした一切れのパンが何千何万の民衆の飢えを救って余りあったという奇跡めいた話も、つきつめれば、汝らもし飜りて幼児の如くならずば天国に入るを得じという教訓に示される如く、如何に生くべきかの具体的展開に他ならなかったのである。それをキリスト以後の素朴な演出家たちが、神話として作り変えてしまったがために、キリストはますます民衆から遠のいていったという歴史的な事実もある。

だからといって、ヴィスコンティのようなリアリズムの方法さえ用いなければ、神話にならないと考えるのは早計であろう。リアリズムを安易に否定することによって、ますます現実を民衆から遠ざけている事実、即ち、新しい神話作りにヤッキとなっているルイ・マルのようなバカな作家もいるのである。

ルイ・マルの近作「地下鉄のザジ」は、いやったらしいドタバタ喜劇の粉飾こそあれ、しょせんは純粋な生き方についての教訓であるだろう。少女ザジが最後につぶやく言葉「わたし、年をとったわ」が、それを如実に物語る。つまり、少女が年をとったと実感せざるをえなくなる状況が、あわただしく展開されているだけなのだ。それはおなじ「如何に生くべきか」とはいっても、人間、または現実が変革されるといった追求ではない。大島渚の「太陽の墓場」では、最後に夜明けが描かれ、それが意味したものは文字どおり変革、または蘇生であった。しかし、ルイ・マルは少女を現実にふれることはしても、その少女を変革、または蘇生させない。これはつまり、純粋な生き方の敗北を描いたに過ぎないのではないか。だとしたら、少女ザジのように、ひねこびた笑いを浮かべるのではなく、アラン・ドロンのように、涙をボウダと流して泣く方が、よほど真面目な描き方として好感がもてる。

と、ぼくはここまで書いて、ふと生理的嫌悪というコトバを思い出した。ぼくはカネガネ、チャップリンという男が嫌いで嫌いでたまらないのである。嫌いなくらいだからチャップリン映画というものを殆んど見たことがない。いわばチャップリンに対して生活的な嫌悪感を抱いていると考えられるわけだが、「地下鉄のザジ」を見たとき、とっさにチャップリンを想像したのは、あながちあのドタバタ性だけにあるのではないことは判っていた。「地下鉄のザジ」もチャップリンにも共通するいやらしさは、彼らのテーマ「如何に生くべきか」が、永遠のテーマとして設定されている点にあることを見逃してはならないと思う。永遠のテーマとしての「如何に生くべきか」なればこそ、ルイ・マルは少女を仮りて映画を作らなければならず、そこからまたドタバタという形式が必要となってくるのだ。或いはまた、ルイ・マルがドタバタ喜劇を考えた瞬間からテーマは永遠なるものに決定せざるを得なかったともいえよう。この点については、また改めて書く必要があることはもちろんだが断定的にいえることは、ドタバタ喜劇の作家とは即ちアクチュアルなテーマの喪失者の代名詞でしかないということだろう。

ドタバタ喜劇と、エロ・グロ・ナンセンスの映画とは激しく選別されなければならないことはいうまでもない。「日本読書新聞」にも書いたことだが、日活の渡り鳥シリーズの魅力は、観衆が画面と静かに向き合える点にあるのであって、それは常に、変革と蘇生の余地を持つ主人公たちへの絶えざる共感に支えられているのである。大島渚のようなシリアスな作家が描き切ってしまうところを、描き切ってしまわないところが魅力ということになるかも知れないが、それまた、何事に対しても煮え切らない自分たちへの、いとおしさでもあるだろう。だが、そのいとおしさがいつかは、自己嫌悪に変質することもあるのだから、ぼくは大島渚たちの仕事が、たえず渡り鳥シリーズのような作品群の延長線上で充分に果されるよう願わずにはいられないのである。すこし極端だが、渡り鳥シリーズのような作品を見あきた人々が移行してきてこそ、新しい作品を目指す作家たちの目的も充分に果されるのである。このことは生理的にもいえることだと思う。

他に、東宝作品「金づくり太閤記」を素晴しい作品だと思っていて、ぜひふれたかったのだが、紙数の関係と、流感に冒されたという生理的理由によって触れられなかった。「金づくり太閤記」は喜劇だったが、ドタバタではなく、それゆえに今日のテーマがしっかりと把握されていたのである。

（筆者は児童物作家）

● アニメーション映画シナリオ

ゲジゲジ

脚本・関根　弘
動画・真鍋　博

画面構成

○たくさんのゲジゲジが現れて、ゲジゲジというタイトルになる。
○つぎにローマ字のGEDI GEDIというタイトルに変る。
○今度はゲヂゲヂというタイトルになって濁点が画面の外へ逃げだす。

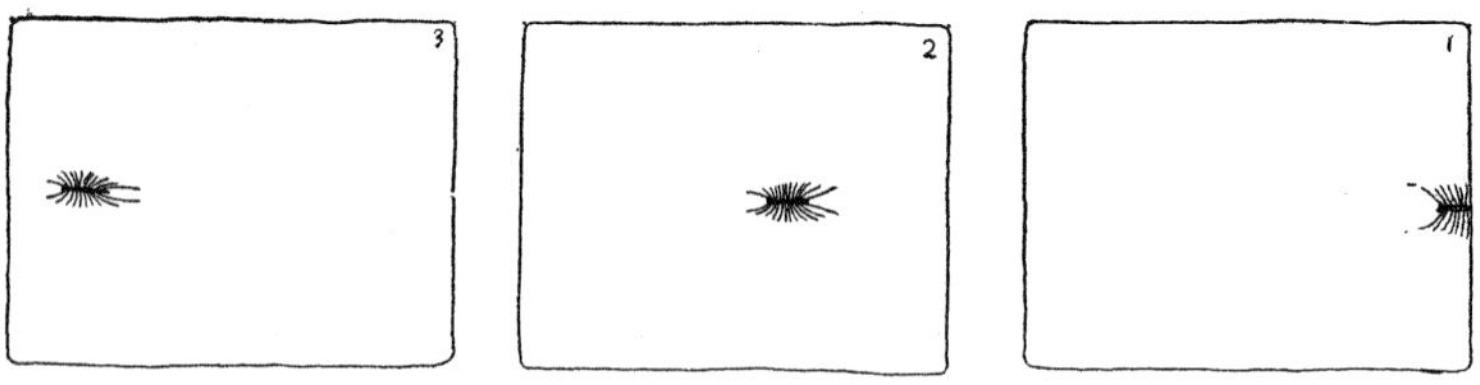

ナレーション

この映画の題はゲジゲジでゲジゲジではじまる。

ケチケチではない。

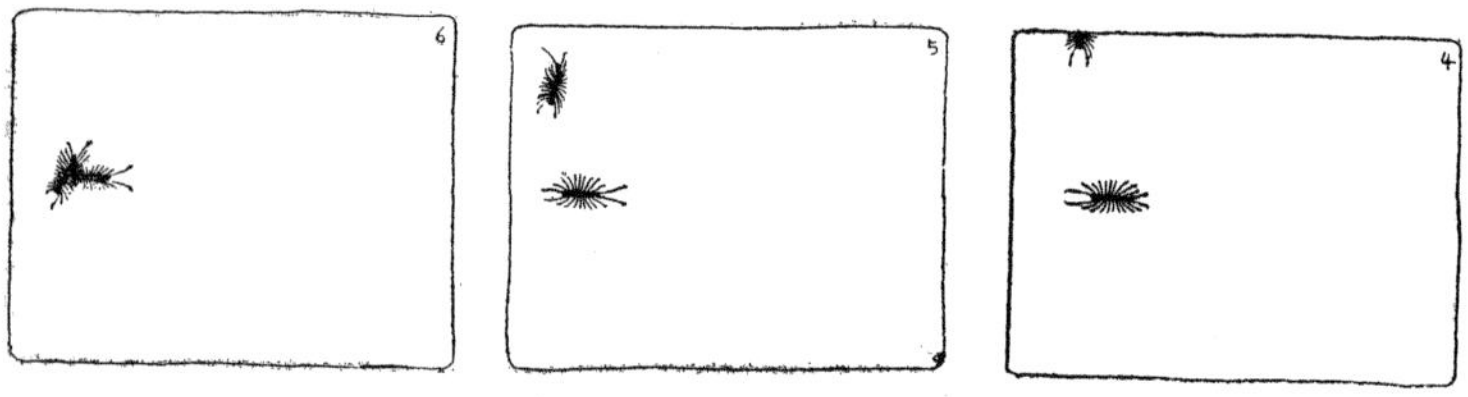

画面構成

○男の顔のアップ。ゲジゲジの眉毛。ゲジゲジのヒゲ。眉とヒゲが運動を起す。

ナレーション・動画原案

典型的な悪人の顔である。だが大物ではない。

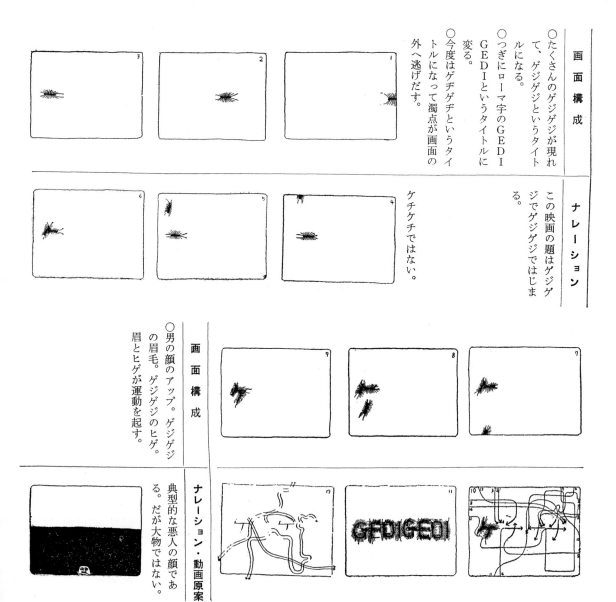

○男、クシャミをする。鼻の穴から、ゲジゲジが飛び出す。

○女のお尻。飛んできたゲジゲジがくっつく。

○女が歩く。それにつれてゲジゲジ、伸びたり縮んだり。ついに落っこちる。

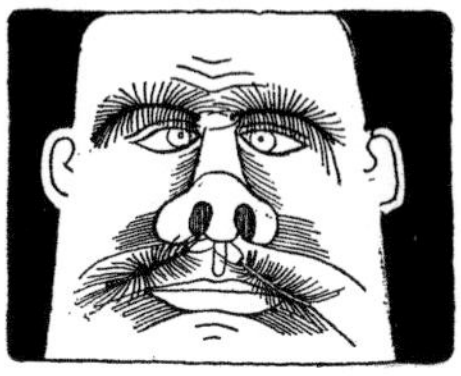

悪い噂をした効果はテキメンにあらわれた。

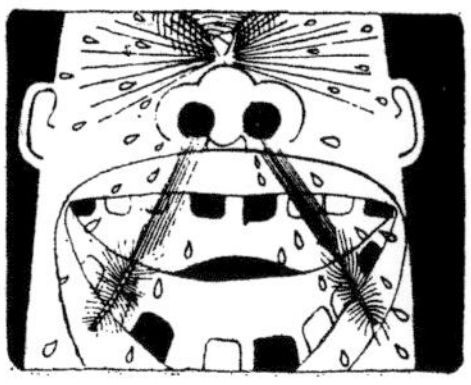

ゲジゲジはグラマーが好きである。

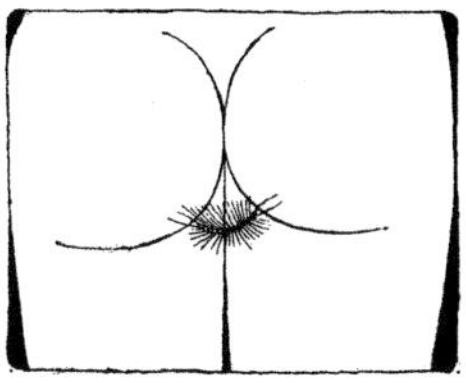

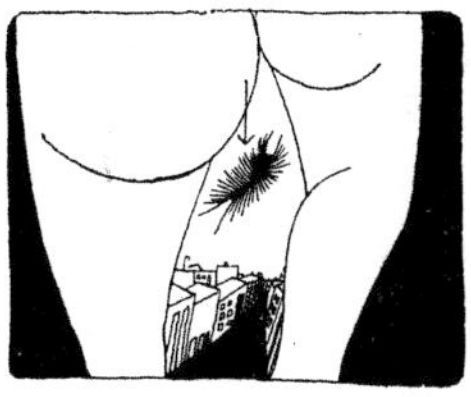

○急速に落下するゲジゲジ。

○地球儀が遠のいて、星のような一点となる。
○ゲジゲジ、道路に叩きつけられて伸びる。

○リボンの喪章がひとつ。つづいて二つ、三つ、四つ、画面全体喪章で埋まる。

○喪章、ゲジゲジに突然変異する。
○道路に叩きつけられたままのゲジゲジ。槍のような雨が降ってくる。稲妻、雷鳴。ゲジゲジ動かない。

落ちる。落ちる。落ちる。地獄へ落ちる。

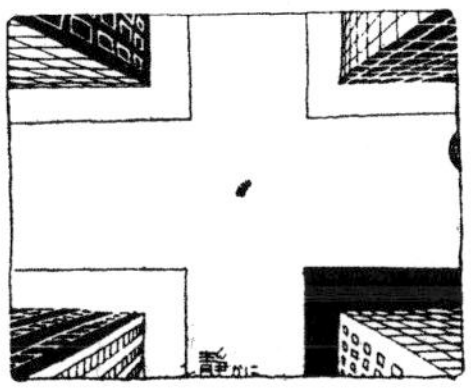

だがゲジゲジに同情は禁物。

だから、いわないことじゃない。

ついにくたばったか。

○雨やむ。ゲジゲジ平然と動きだす。人間の足があらわれる。
○靴底のアップ。

○落下する蒸気ハンマー。
○満員電車のドアに挟まれている手。

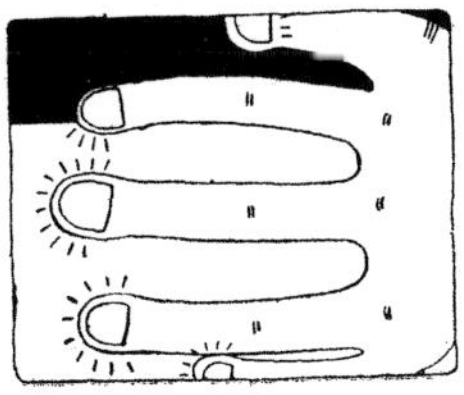

○人間の足。ゲジゲジを踏みつぶす。その足をなめて上体へ移動。武装警官である。

○国会をとりまくゲジゲジの大群。

一難去って、また一難

！噫！

○議場の俯瞰。

○議長席。ファーストシーンの男がいる。議長、発言。

○秤にゲジゲジとシラミが乗っている。

○自由シラミ党シラミ君、登壇。

○秤、ゲジゲジにウェートがかかる。

○野党席騒席となる。

○座布団やビンや椅子が飛ぶ。

「ゲジゲジとシラミとどっちが恐ろしいか？自由シラミ党シラミ君！」

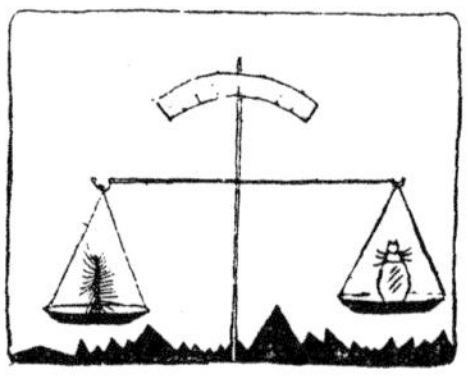

「ゲジゲジだ！」

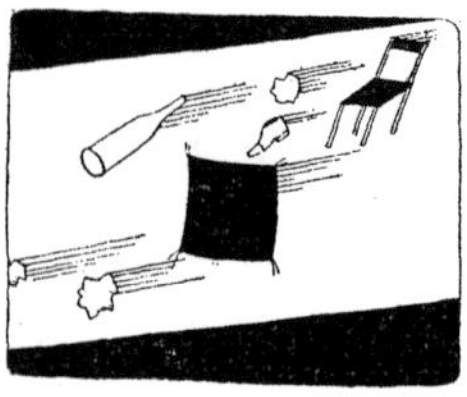

○ピストルが発射される。

○議長の片腕がけし飛んでしまう。しかし議長はすこしもおどろかずに発言。

○社会ゲジゲジ党ゲジゲジ君登壇。

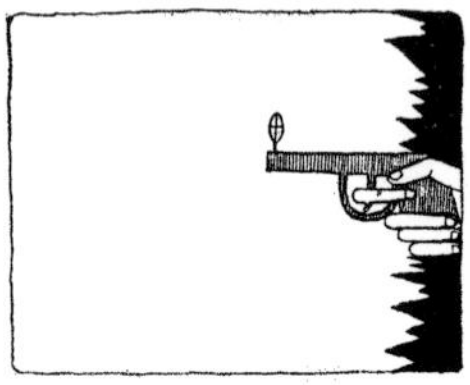

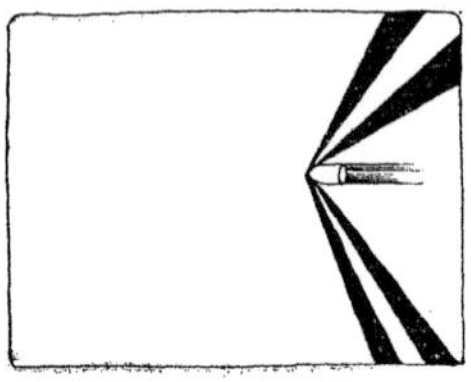

「社会ゲジゲジ党ゲジゲジ君！」

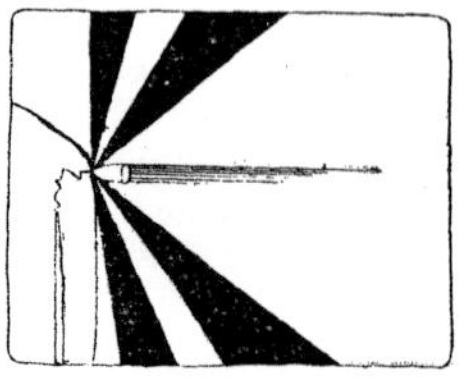

「シラミだ！」

○秤シラミのほうが重くなる。

○与党席、騒然となる。

○座布団やビンや椅子が飛ぶ。

○ピストルが発射される。

○議長の残ったほうの腕がけし飛んでしまう。議長はすこしもおどろかずに発言。

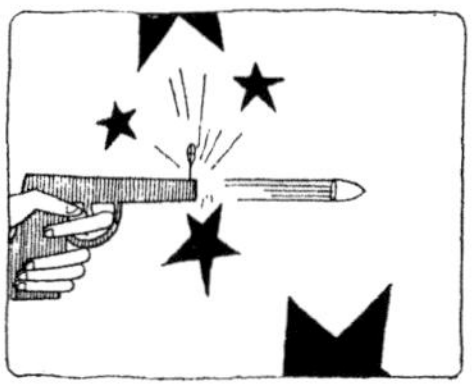

「これでほどこす手が完全になくなりました。」

○才三のピストルの弾が命中して、議長の首が飛ぶ。

○与、野党、入り乱れて乱闘。

○ゲジゲジ、国会の塀を乗越える。

○ゲジゲジ、装甲車を乗越える。

○警官隊のホース。一せいに水を噴く。

○槍のような雨。稲妻。雷鳴。

○雨に打たれている一匹のゲジゲジ。

○発砲する警官。

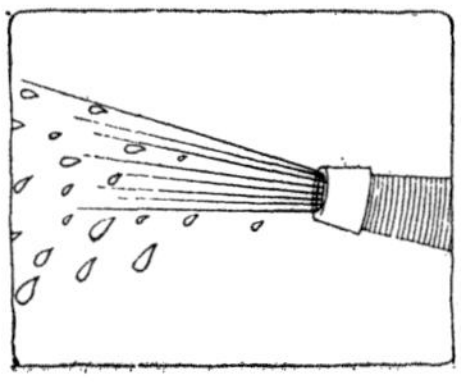

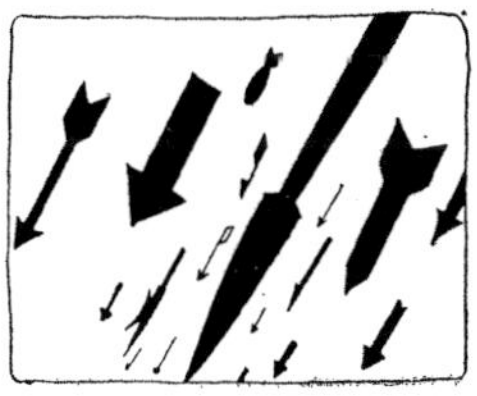

死んでいるふりをしても今度はその手は喰わない！

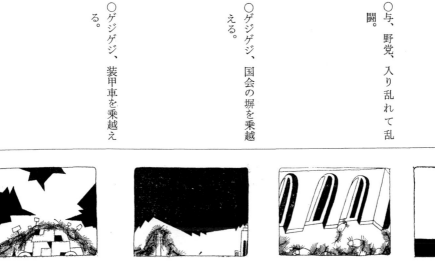

○国会をとりまくゲジゲジの大群、算を乱す。

○キノコ雲。

○死んでゆくゲジゲジの群。

○ゲジゲジの死骸の山。死骸に死骸が重なりたちまち巨大なピラミッドを築く。

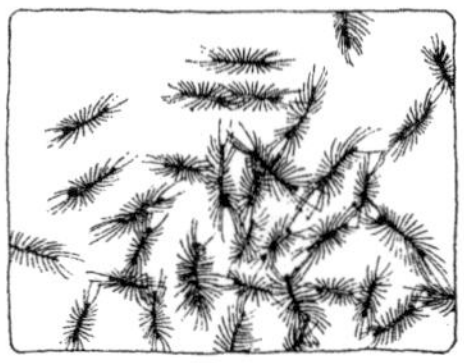

○食料品店の店先。

○ダニ入り唐辛子大特売のビラ。

○牛肉の缶詰。

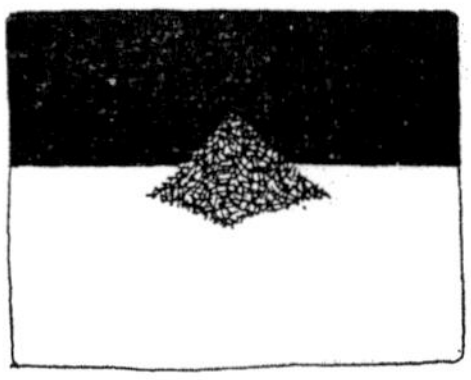

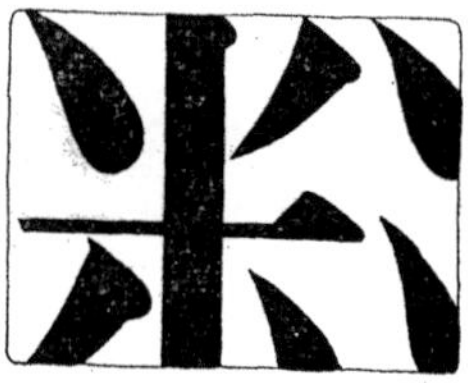

レッテルは牛でも中味はクジラ。つまりニセモノである。

○鯨が汐を吹いて泳いでゆく。

○一人の男が後生大事に壺をかかえて歩いている。

○壺のアップ。永仁の壺と書いてある。

○男、壺を取り落す。

国宝もニセモノである。

○ホッテントットのように乳房の大きい女。
ブラジャーを外す。

カツラを取る。

○昆布の佃煮と書いてあるガラスのケース。昆布はゲジゲジに変って溢れだす。

ウワァ、凄いグラマー！

「どうぞオカマいなく」

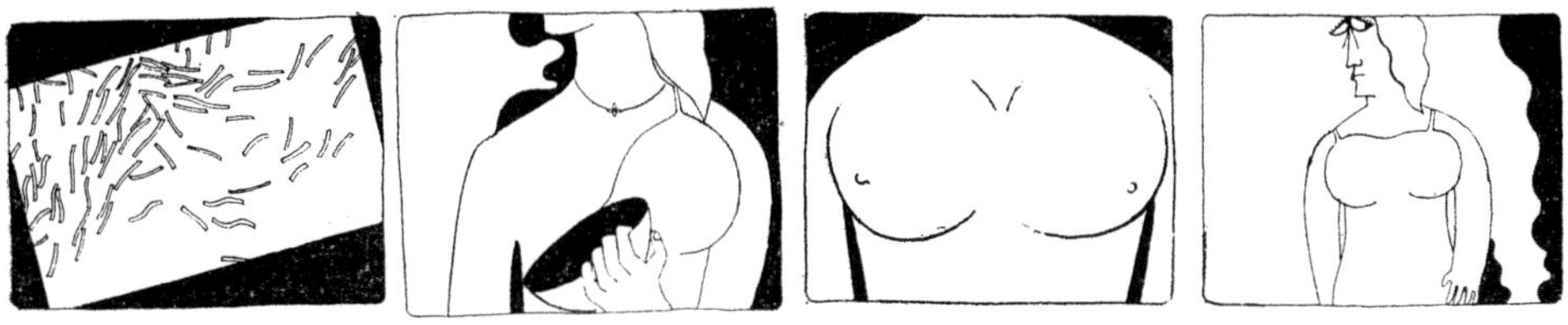

○口論している二人の男子学生。

○ゲジゲジとシラミの乗っている秤、はげしく動く。

○口論している二人の女子学生。

○学生の集団、二派にわかれて乱闘。帽子が飛ぶ。

○空高く舞上る帽子。

○舞い上って行く帽子のアップ。正面から徽章を写す。ゲジゲジ大学と書いてある。

「ゲジゲジだ！」

「シラミだ！」


「ゲジゲジよ！」

「シラミよ！」

○将棋倒しになる女子学生。

○女子学生の着ているブラウスの胸のゲジゲジのブローチ。

○はげしい乱闘の渦巻。

○ゲジゲジの大群の組んずほぐれつの死闘。大俯瞰。

○それがゲジゲジのタイトルになる。

○つぎにローマ字のGEDIGEDIというタイトルに変る。

○さらにゲヂゲヂというタイトルになって濁点が画面の外へ逃げだす。

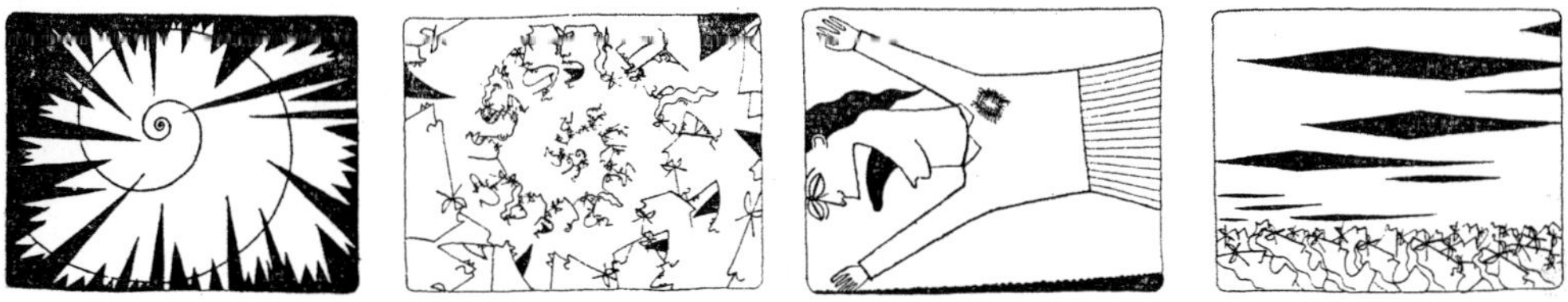

おわり！

■読者と作家を結ぶ 記録・劇映画ガイド

●一九六一年・労仂組合視聴覚研究全国集会
○時／二月十三・十四・十五日（月・火・水）の三日間
○所／栃木県・鬼怒川
○内容／オ一日（十三日）・全体会議（十三時—十七時）⑴基調報告、②問題提起としての報告
○記念上映と技術講習（十九時—二十一時）
オ二日（十四日）・分散会議（九時—十七時）○記念上映と技術講習
オ三日（十五日）・問題別分科会（九時—十三時）・全体会議十四時—十六時）
問題別分科会の中で特に注目されるのはオ三分科会（劇映画・労農記録映画分科会）で、ここでは①企業内の独占の問題、②自主映画製作・上映の問題、③労農記録映画の問題、の三つを中心に討議が重ねられる予定である。またオ一分科会（地評・地区労代表分科会）では、県単位の視聴覚センターの問題がとりあげられることになっている
○費用／参加費・一人二三〇〇円（資料費二〇〇円、参加費一〇〇円、宿泊費二〇〇〇円含む）
○主催、及び申し込み先／日本労仂組合総評議会（東京・港区・芝公園八号地二・電話(431)八一一九番）

●映画観客団体全国会議
○時／二月十一(土)・十二(日)の二日間
○所／中央開拓会館（東京・文京区・大塚仲町、電話(941)〇〇二五番）
○内容／オ一日（十一日）午後一時から、基調報告と討議（映画界の現状・サークルの現状・今後の映画サークルのあり方、等について）
オ二日（十二日）午前九時から討議（①自主上映運動について②労仂組合との提携について）
質的変革を要求されている映画サークルが、如何に現状打破の問題ととりくむか注目される。当日は関西・中部・関東・北陸北海道の各地から映画サークル活動家が集る予定である。
○主催、及び連絡先／関西・九州中部地方映画観客団体連絡会議（東京・新宿区・新大久保一の四六二、電話(361)三六二六番）

●日本映画復興会議
○時／二月十七日(金)・十八日(土)の二日間
○所／中央労政会館(国電飯田橋)
○内容／一九六一年の日本映画界の方向を模索し、製作・観客運動等の方向性を発見しようとする新しい映画会議である。
○主催、及び連絡先／日本映画復興会議準備会（東京・中央区・築地四の十四・東劇裏・映演総連内・電話(541)〇九〇三番）

●西武記録映画を見る会二月例会
○所／池袋・西武八階文化ホール
○テーマ／六〇年度キネ旬記録映画ベスト・テン受賞作品
○時と内容／五日・君たちはどう生きるか（東映教育映画部）十九日・横山大観・ガンと闘う（新理研映画）

●実験・前衛・マンガ大会

○時／三月中旬（次号発表）
○所／東京・虎の門・共済会館
○内容／詳細は次号に発表するがオ一回、オ二回共に予想外に好評で、内外に反響をまきおこした「世界の実験映画を見る会」につづいて、本誌が贈る意欲的映画会である。自称アヴァンギャルドとモダニズムの野合がいたるところでくりかえされ深化されている現状に、真の前衛の条件をさぐり、モダニストとの仮借なき闘いを展開せんとする試みで、全世界の真に実験意欲に溢れた前衛的マンガ（アニメーションではない）を網羅するつもりである。御期待を乞うや切である。次号の内容発表

●東京映愛連ミリオン・パール賞一九六〇年度ベスト・テン決定
○邦画①悪い奴ほどよく眠る②武器なき斗い③おとうと④女が階段をのぼる時⑤娘・妻・母⑥青春残酷物語⑦親鸞⑧笛吹川⑨大いなる旅路⑩秋日和
○洋画⑴独裁者②黒いオルフェ③太陽がいっぱい④刑事⑤渚にて⑥ロベレ将軍⑦ベン・ハー⑧五五つの銅貨⑨人間の運命⑩十三階段への道
○監督賞／大島渚（松竹）
○男優賞／下元勉（民芸）
○女優賞／高峰秀子（フリー）
○特別賞／「武器なき斗い」スタッフ・キャスト／「朝日ニュース」・激動の一九六〇年・血ぬられた新安保条約の編集スタッフ。
○二月十日に発表会を行なう。

●都下大学映画連盟ベスト・テン
○邦画①裸の島②日本の夜と霧③血は渇いている④黒い画集⑤おとうと⑥太陽の墓場⑦青春残酷物語⑧ろくでなし⑨武器なき斗い⑩狂熱の季節
○洋画①大人は判ってくれない②甘い生活③スリ④独裁者⑤勝手にしやがれ⑥十三階段への道⑦ロベレ将軍⑧太陽がいっぱい⑨橋⑩黒いオルフェ

■次号予告■

●特集・現代モダニズム批判
芸術的前衛とモダニズム　武井昭夫
現代モダニズム批判　長谷川竜生
芸術運動とモダニズム　大島　渚
カメレオンの擬態　松本俊夫
映画におけるモダニズム　定村忠士
モダニズム運動批判　福島辰夫
佐々木基一氏への反論　石堂淑朗
テレビドラマの方法　内田栄一
連載・映画月評　佐野美津男
●座談会・映画運動・一九六一　佐藤忠男・山形雄策・野田真吉・佐々木守

■編集後記■

※今月号は「シナリオ論特集」をくみました。三月号は「現代モダニズム批判」を予定のように特集します。
※協会名も「記録映画作家協会」と改称し、編集委員も一新し、来月号より更に発展を期したいと思います。御協力のほどをねがいます。
※各務宏氏の「カリガリからヒットラーまで」は今月号をもって一応打切りとします。同氏に感謝します。
※本年は読者、執筆者を中心とした研究会を積極的にすすめます。御参加をまちます。（野田）

記録映画　二月号
昭和三十六年二月一日発行
第四巻第二号
編集・佐々木守
発行所　記録映画作家協会
電話東京(571)五四一八番

原作・脚本　水木洋子
監督　今井　正
あれが港《みなと》の灯《ひ》だ
俺の祖国はどこにある！
巨匠今井正が
怒りの海を舞台に
世界に訴える
激動の人間ドラマ！！
江原真二郎　長谷川裕見子
安田千永子　中山昭二
木村　功　山村　聡
撮影最高潮
東映

第四巻第三号
昭和三十三年九月五日第三種郵便物認可

記録映画作家協会編集

記録映画

THE DOCUMENTARY FILM

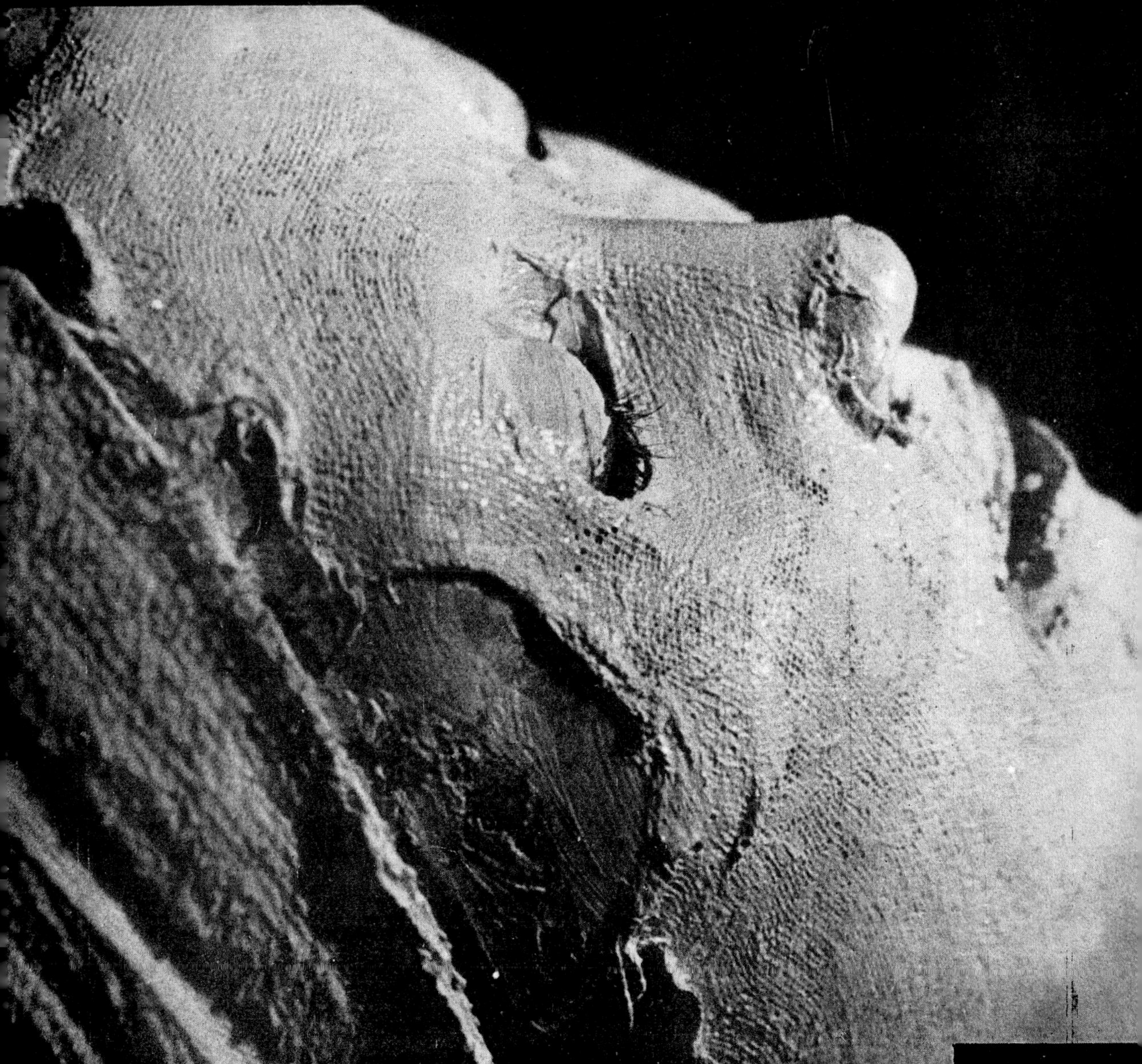

「1・052」

3月号

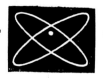

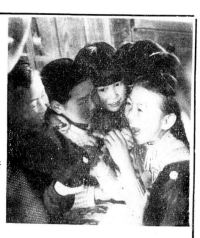

記録映画
一九六一／三月号
オ四巻／オ三号

■時評■オ２回労視研の課題を深め発展させよう

現在、テレビ・映画界では、企業の再編成、独占集中化が行なわれ、ますます体制側の思想・文化攻勢が強化されてきている。

このような時に、一月に行なわれたオ六回国民文化全国集会を皮切りとして、二月にはオ六回映画観客団体全国会議・オ二回労仂組合視聴覚研究全国集会（労視研）・オ一回日本映画復興会議と、反体制側の思想・文化闘争の集会が次々と開かれたことは、大変意義のあることであった。

これらの会議には安保闘争を通過する中ででてきた問題や矛盾が、さまざきな形で投映し、これらが労視研に集中的な形で現われてきている。

昨年、伊東で開かれたオ一回労視研から一年を経た今日、多くの労農記録映画の製作、「山宣」「松川」等の自主製作・配給の運動が進められる中で、幾多の問題が内包されてきた。この運動の反省と発展の為に行なわれたオ二回労視研での主要なテーマは、①視聴覚運動とはどういう運動か、②視聴覚センターの設置の問題、③「山宣」「松川」映画の評価と今後の問題、④労農記録映画をめぐって思想と方法の問題が集中的に討議された。

勿論、これらの主題は、始めの「視聴覚運動とはどういう運動か」という理論的な問題の究明に根本的にかかわるものであるが、そこの点が不明確なまま現象面のみが強調された点もあって、運動面での対立がそのまま会議終了後も残された結果となった。

運動の中での作品の位置づけと質の問題を先ず明確にしようという映画サークルの主張と、現状の正確な分析の上にたった、反体制の思想・文化闘争の一環として考えられる映画芸術運動の中で、作品のあり方・つくり手と受け手の役割を明確にし、運動を進めていこうという作家側の提案に対して、労仂組合の、先ず映写機を買い、フィルムを写し、組織化と統一を進めていこうという経験的な実践主義が主要な方向として打ち出され、基本的な問題が「作家の芸術性」と「労仂組合の政治性」との対立という形にすり換えられた感がある。

勿論、実践が大切であることは論を待たないが、ますます複雑に高度化してゆく体制側の文化・思想攻勢に対する、反体制側の構造的な文化・思想闘争のプログラムを展開していく為に、今までの映画運動のあり方を根本的に検証し、素朴な労仂組合主義と、団結と統一というスローガンを紋切型にくり返す安易さから脱却することこそ急務ではないかと思われる。

目次

●表紙の写真・「1・052」（早大シナリオ研作品）

呪われて死ね！

芸術の前衛とモダニズム

関根　弘

処方箋はでつくしたが、病人はいっこうにならないというのが、現状ではないであろうか？　というのが、針生一郎の『芸術の前衛』という書物を読んでの感想である。

たとえば、「サドの眼」において、かれは、ルイス・ブニュエルの『忘れられた人びと』を微にいり細をうがって考察しており、まことにいたれりつくせりだと思うのだが、さてわれわれのもんだいは、ということになると、なにひとつはじまっていない。というよりは後退しているという思いを禁じることができない。

これらの良い部分だけは、いわゆる前衛的手法というものが、われわれの文学や芸術の血となり肉となって、もはや抵抗も感じさせなくしている。しかし、われわれがかたときも忘れることのできないのは、こなれの悪い部分のほうではないであろうか。こなれの悪い部分というのは、オブジェいっぱんでもなければ、下意識いっぱんでもない。乗り越えがたく前方にたちふさがっている壁である。

その壁はかならずしも抽象的な存在ではない。

先日、民芸の『イルクーツク物語』という芝居をみながら、この芝居と、橋本忍の映画『南の風と波』とどうちがうのだろうという疑問にふととらわれた。『イルクーツク物語』の背景には、偉大な共産主義建設という歴史が進行している。『南の風と波』の背景にあるのは、経済成長率九％という日本資本主義である。いわゆる生活の苦しみを知らないひとびとのよろこびと悲しみと、生活の苦しみをそのもののなかから生みだされているよろこびと悲しみ、というようにもんだいをとりだしてみると、ちがいは社会制度だけである。この二つの物語は、いずれも労仂のなかに、愛するものの死のかなしみを忘れてゆくのだが、かたほうの労仂は理念的であり、かたほうの労仂は生活の手段である。

そこでわたしは、理念としての労仂というものについてかんがえたいが、まっさきにわたしをとらえたもんだいは、革命後四十何年もたつのに、なぜ、このように労仂の理念を繰返し強調しなければならないのか、ということであった。

戦争中にあった〃国策〃ということばをわたしたちは忘れてしまったか、忘れないまでもあまり思いださなくなってしまっているが、ソヴェトの芸術家の心のなかには、いまだにそれが忘れられてはいないのだろう。生産力の発展、それがとりもなおさず個人の幸福の増大になるという等式、そこから一歩も足を踏みはずさないところに、この劇は進行している。仂けば仂くほど国策という抽象的なものが強大になる。たとえば、それは、宇宙科学の驚異的発展にその具体的表現をみいだす。

労仂が理念であるような国、それはたしかに羨望に値するが、しかしわたしは、その国の芸術も羨望に値するとはいえないと思うのだ。たしかに、われわれの現実においては、生産力の発展は、ますます二重構造の矛盾を拡大する。独占の繁栄は、かならずどこかに皺よせをもたらすという状況におかれているが、『イルクーツク物語』ていどの芸術作品は、腐るほど生産されているのだ。『南の風と波』の橋本忍がソヴェトにいたら、『イルクーツク物語』ぐらいは朝飯前であろう。けれども、『イルクーツク物語』の作者アレクセイ・アルブーゾフが日本を料理するとしたら橋本忍以下かもしれない。

『イルクーツク物語』は、ソーントン・ウィルダーの『わが町』やテネシー・ウィリアムスの『ガラスの動物園』などにくらべて、それほど見劣りがしないというだけのものであって、それらの作品を抜きんでているものとはいえない。コーラスの扱いは、目新しかったが、それいがいに発見はなかった。いったいこれはどういうわけであろう。

否定的人間が描かれていても、われわれの常識では、それがそれほど否定的人間にはみえないせいかもしれない。ソヴェトにおいて悪なるものと、われわれの現実において悪なるものとの質的ちがいであろうか。かならずしもそればかりではあるまい。科学がいくら進んでも感情の世界の微妙さは失われはしまい。いわば、科学の対極の世界にたいする対決の仕方の甘さではないであろうか。

『イルクーツク物語』は、一種のサークル物語であって、内部規律のもんだいはあつかわれているが、敵にたいする意識は弱い、というよりは、まったくない。ユートピア建設のお伽話として、それはそれでよいのかもしれないが、わたしがここで敵というばあいは、必らずしも資本主義そのものを意味していない。かれらはかれらの内部にも倒すべき敵をもっていないのであろうか。誤解を恐れず、卒直にいえば、かれらのオプチミズムは、かれらの敵ではないであろうか。世界革命の終る日まで、かれらにも完全な自由はない筈である。

わたしは、ひとが白といえば黒といい、ひとが黒といえば白という、いわゆる天邪鬼ではないかと自分を疑う。天邪鬼とは、そういって自分を楽しんでいるものだ。だが、わたしは天邪鬼だろうか。断じて天邪鬼などではありえない。わたしがケチをつけているのは、ソヴェトの芸術家たちにたいしてではなくて、日本の芸術家たちにたいしてである。それもとくに、芸術の前衛たらんとしているひとびとにたいしてである。

針生一郎の『芸術の前衛』を読むまでもなく、心あるものは、前衛の処方箋を暗記している。それにもかかわらず、具体的作品を伴い、状況を突破する力に弱いのは、なぜであろうか。花田清輝は、芸術のアヴァンギャルドが、内部の世界にそそいでいた視線を外部の世界にそそぐならば、たちどころに政治のアヴァンギャルドに変貌するであろうという処方箋を書いているが、かれの処方箋に見合った現象も起ったためしをみたことがない。もともと芸術のアヴァンギャルドなんてものは存在しなかったし、いや存在しても、政治のアヴァンギャルドたらんとして外部の世界に視線をそそごうという殊勝な心がけを起すものがなかったためだということもできようが、今日まで皆無といっていい。

わたし自身にかんしていえば、そういう空念仏で、前衛の誕生を期待していても仕方がないと思うだけだ。先日、谷川雁が、国民文化全国集会に出席するため上京した機会に、吉本隆明とわたしの三人で座談会をもったが、（速記は『現代詩』三月号掲載）そのとき、吉本隆明がつぎのようにいった。

「……日本のアナーキズムもそうだし、マルクス主義の運動も戦前に限っていいますと、全部一種の文化運動ですからね。だから本格的に、やっちまえというまえになしくずし転向してますからね。戦前のプロレタリア文学運動でも、戦後のいわゆる民主主義文学運動でも、そりが合わんですよ。やはり政治運動というのを文化主義化するというのと、逆に文化運動というのを政治主義化するというのが、わけのわからんものをつくりあげて、どうもそりが合わん。だから、文学に進歩も退歩もへったくれもあるもんかということを、今のところ破壊思想として強調したいんですね。」

わたしも、このかんがえに、ほぼ賛成なのだ。政治運動を政治運動たらしめるべき要素がどこか不足している。政治の論理というのは、鉄の規律とか一枚岩とか、ただそれだけが金科玉条であるわけでない。独占の構造支配にいかに有効なクサビを打込むかにかかっている。わたしはこういう抽象的論議が苦手だが、カンタンにいってしまえばそうである。

今年の一月、わたしは、北海道放送の録音構成のために、臨時工制度のもんだいで、京浜工業地帯を取材して歩いたが、臨時工制度がげんざいでは、単なる不況の防波堤でなく、最大限利潤を生みだす制度であるということが理解されていながら、臨時工の組織化に手を焼いている前衛の姿をみた。逆説的な見方をすれば、本工（常傭工）の組合が、首切絶対反対の強い意識表示をもっているので、臨時工制度を温存しているといった見方もできるのである。それやこれやを含めて未組織労仂者の組織化ということに、前衛がどれだけ真剣に取組んでいるのか、ということに大きな疑問をいだいてわたしは帰ってきた。前衛の意識は、組織労仂者の意識に近いように思われた。

東芝で首を切られた三人の臨時工（女二人、男一人）にも会ったが、かれらは首を切られた理由を、コーラスに積極的に参加していたためではなかったか、と推定していた。組合の委員長は、そうした思想弾圧の姿であれば、不当労仂行為として臨時工の問題でもとりあげるルールが開けているといったが、むろん、それは形式的なことで、臨時工の問題を積極的にとりあげる意志はないようにみえた。

わたしはここで、うたごえ運動への弾圧というふうにもんだいをすりかえてはなるまいと思う。神奈川地評の事務局では、ハッキリ共産党への狙い打ちだとみていた。文化運動を政治組織の手段とするのを相手もみていて、すかさず先制攻撃をかけてくるわけであろう。文化運動を政治組織のカクレミノにするような組織方法は、根本的にかんがえなおされるべきものではなかろうか。そんなきがした。首を切られた三人は、カンパを集めて、不当首切反対のビラを工場の門前に撒きに行っていた。そのビラが会社側に動揺を与えたことは事実らしいが、ビラ以後になにがはじまるというのだろう。そのビラがなんらかの政治組織、あるいは労仂者組織の結晶軸になるであろうか。皮肉ではなく、わたしには、かれらが、わたしたち以上に詩人にみえた。

詩人は、大衆的な情緒の組織化に力をかすであろうが、決定的な力にはなりえない。これは、わたし自身を含めての自己批判である。政治に踏みきるには、思いきった踏み切りが必要である。

　わたしは、針生一郎の『芸術の前衛』よりも、かれの『新島に見る日本の悲劇』（「朝日ジャーナル」六一・二・二六）という、ルポルタージュのほうを面白く読んだ。花田清輝や武井昭夫の論文を手がかりに、内部の世界への一大旅行をこころみた針生一郎よりも、こちらの針生一郎のほうがはるかに生き生きとしているからだ。花田流にいえば、これまで内部の世界にそそいでいた視線を外部の世界に向けたので、政治のアヴァンギャルドに変貌したというところでもあろうが、ここにあるのは、芸術家の眼でもなければ、政治家の眼でもなく、すぐれたインテリの眼の光なのである。

　ミサイルの基地を受け入れるか受け入れないかということは、日本の反体制陣営にとって、核武装を事実上認めるか、認めないかというもんだいになってくるわけであるが、針生一郎は、島の現実をズバリつぎのように裁断する。

　「わたしは、賛成派のいく人かをたずねているうちに、バカバカしいほど自明な事実に気づいた。

　『島』は四面を海にとざされて孤立しているだけではない。孤立のためにかえっていやおうなく『本土』や『内地』に従属させられているのだ。そこで、とざされた環境を絶対として酷薄な自然とたたかいながら、生活を築きあげようとするものと、自力での建設をあきらめて、本土からくる、『文明』のおこぼれにあずかろうとするものがでてくる。ミサイルをめぐる対立が、鎖国論と開港論の対立に似た様相をおびるのは、この点である。」

　美術評論家針生一郎のたどたどしさは、ここではすっかりかげをひそめている。なんと歯切れのいいことであろう。右翼の攻撃にさらされて、なすところもなく、農家の薪わり手伝いに埋没してしまったオルグたちの低姿勢についての批判もてきびしい。三池闘争をふりかえってかれはいう。

　「ホッパー・パイプからはじまって、〃三池海戦〃や〃塹壕線〃にいたるまで、ひとつひとつをみれば、激発するアナーキーな反抗の武器となりそうなのも、無数に集積されることによって、むしろ、暴力を未然に封殺する戦略に転化した。」

　針生一郎のこのルポルタージュは、かれの芸術論より、たくさんのもんだいを提起している、というふうにわたしには思われる。いま新島がいちばん必要としているのは、未解決の問題に進んでとりくみ、たたかいをリードしてゆく前衛群ではなかろうか、とかれがいうとき、ヒゲにおおわれたかれの風貌はカストロに似る。むすびにかれは書く。

　「だが、わたしの帰る日、黒いヘルメットをかぶって黒根港につめかけたかれらは、砂浜のすみっこに、しょんぼり固まっていた。はたしてかれらは、新島の前衛になりうるだろうか。ともかく、バラバラな断片の群れからわれわれはみずからの前衛を生みださなければならないのだ。それはそっくり、日本全体の問題であるように思われる。」

　まことにかれのいうとおり、決定的瞬間が目の前にきているのに、前衛はこれから生みださなければならないのである。そこにわたしたちの心のいたみがあるといえよう。針生一郎の現状把握に、なおわたしの意見を二、三、つけくわえるとすれば、新島の闘争は、三池闘争とちがったものであり、これを感じあげるのは、げんざいの労仂運動の現勢では、二倍も三倍もたいへんなことである。

　三池闘争は、首切り反対という労仂者にとっては、もっとも身近なもんだいで、総評イデオロギーのもとでも、最大限の抵抗がくめるのである。しかしながら、新島問題は、これまで原水協が主体となってとりくんできたもんだいであって、針生一郎も指摘しているように「狼がきた」という恐怖の論理で組織されてきた。そこにおのずから限界がある。これはあきらかに、思想の問題であり、労仂者の本能的抵抗感覚にだけ頼っているわけにはいかないのである。

　新島をミサイル基地に選定したのは、防衛庁であるが、防衛庁の背後にあるものは独占資本である。ミサイル産業に触手を伸ばしている死の商人のグループはいまのところつぎのようになっている。

①三菱グループ（三菱電機、新三菱重工、三菱造船、旭化成）
②富士精密グループ（富士精密、東芝、東京計器、日本油脂）
③川崎航空グループ（川崎航空機、日本電気、富士）
④三井グループ（富士重工、日本製鋼所、大日本セルロイド、三井物産など）

　わたしがこのようにグループの名前を挙げたのは、ただたんに「狼がきた」という恐怖の念を煽り立てたいためではない。わたしたちが、前衛の未成熟をナゲイているとき、テキが打ってくる正確な布石の背景について、すこしばかりイメージを明らかにしたいと思ったからだ。わたしの瞼に浮ぶのは、神田から東京駅の周辺にある商社のビルであり、そのビルのなかの机の配置であり、その部署にいる商事マンの姿である。

　死の商人の尖兵たちは、針生一郎とおなじインテリであり、かれらの売込合戦から新島の悲劇は演出されているのだ。むろん、かれらは、かれらの主人が抱えている生産力の奴隷にすぎないわけだが、この丸の内界隈から、新島問題は、商品、あるいは株式相場の弱材料、強材料としてしかみえていない。反体制運動を制圧しているこの世界が前衛の手によってテッテイ的に明るみにだされなければならない。

　石原慎太郎が『谷川』という短編でとりくんだいがい、この世界はいまのところ未開発に終っている。丸の内革命のイメージをもたずして、前衛は前衛たりえない。昨年、われわれを安保ボケなどと笑った奴らに呪いあれ！

芸術運動とモダニズム

大島 渚（演出家 松竹）

『映画芸術』三月号巻頭の時評で花田清輝が次のような文章を書いている。

「たとえば上からの命令で、自分の作品が上映中止になったというのでプンプン腹を立てている若い映画監督があれば、その男に、気前よく新人賞をくれてやる。これが、昔からいいふるされている『鞭』と『飴』の政策というやつである。……あべこべに、善人たちが、その手をつかって、悪人たちをたぶらかしたところで、いっこう、さしつかえなかろうではないか。……その手をつかえば、悪人など一コロである。さっそく、悪人にむかって、善人の一人は鞭をふるうがいい。そして、そのあとで、うまく呼吸をあわせながら、他の一人は、飴を差し出すがいい。これを称して、抵抗といい、統一戦線というのである。ひとりぼっちの抵抗はもう戦争中だけでたくさんだ。……以上のような感想がわたしにうかんだのは、ある若い映画監督が、企業のなかの抵抗だって？ そいつは、いまのところ、ぼく以外に誰もやっていない、というのを聞いたからだ。当人は自慢したつもりかもしれないが、たった一人の抵抗など、抵抗の名に値いしない。かれが赤づらなら、せめてもう一人ぐらい、企業のなかで白ぬりの同志をみつけだすべきである。もっとも、あるいはかれは、双面のヤヌスのように、たった一人で二つの顔を持っていて、誰よりもたくみに一人二役を演じているつもりかもしれない。いっさいの権力の壁にむかって、挑戦の小さなトランペットを吹く。そして、そのあとが、例によって例のごとき『挫折』である。」

或る若い映画監督というのは大島渚であると誰でも判る仕掛になっている。この文章には誤解或いは間違いがあるので訂正しておきたい。

花田は、上映中止と新人賞を「鞭」と「飴」だといい、新人賞も会社或いは権力がくれるもののように考えているらしいが、これ実は、監督協会、批評家、ジャーナリスト達の団体或いはその人達の加った審査会がくれるものなのである。もっとも、この人達が会社或いは権力の手先であると、花田は思っているのかも知れない。しかし、仮りに一部そうした趣きがあったとしても、全体としては明らかに、むしろ「企業の中の抵抗」者達を擁護する力になっているのである。現に花田自身、キネマ旬報のベストテン審査に加わっているではないか？ そして一年前のベストテン選出にあたっては、私の余り人に観られなかった才一作『愛と希望の街』を選んだのは押川義行と花田の二人だけだったのである。当時、私や石堂淑朗や吉田喜重や田村孟など大船のグルウプは、感激し、ここに批評があり運動の視点があると話しあったのである。

その花田が約一年後、『現代芸術』の十二月号で、大西巨人と武井昭夫と三人で「日本のヌーベルバーグ」と題する座談会をやった。その末尾はこうなっている。

大西　……それは批判が不徹底ということですね。……

花田　そういうことだ。

大西　それは無理もないんだ。

花田　そう、それは無理もないんだ（笑声）無理もないということで終るか。（笑声）

大西　他人事じゃないんだ。

花田　そうそう、他人事じゃないのだ。

武井　………あとはわれわれ全体の問題だ。しかし、とにかく、……あそこまでいった大島渚は立派ですよ。敢闘賞というところですね。（笑声）

大西　殊勲賞候補だな。（笑声）

有難いことに、私はここでも賞をちょうだいしている。しかし余りに笑いすぎているのと、座談会の内容の『日本の夜と霧』批判に誤解の部分があると思ったので、素直にはいただけなかった。でもとりたててすぐ反論を書こうとかそういう気持はなかった。そこへ反論を書こうと言って来たのは小山弘健である。小山は私の親せきにあたるが、別に私が彼と政治的或いは理論的意見を一にしているわけではない。ただ彼は、思想史の専門家であるので『日本の夜と霧』については、私も創造課程で、彼の意見を聞き、彼も出来上った作品についても独自の見解を持っていた。そして彼は『現代芸術』の発行所になっている勁草書房と知り合いでもあったので、自分を私の反論を載せるということを申し込んだのである。『現代芸術』の編集部からは内田栄一が打ち合せに来て、『現代芸術』は「記録芸術の会」の編集であって、その編集委員会にはかってみましょうと言った。そして、大島渚一人ならば問題はなかろうが、小山弘健が書くということについては問題があるかも知れないとつけくわえたので、私は、小山弘健に書かせるのが目的であって私自身が書くのは主目的ではなかったから、必ず二人に書かせてくれ、一人の場合はお断りすると言って置いた。すると結局小山弘健は駄目ということでこの話は終りになった。

そのいきさつを、私はちょうど一月一日号の『週刊読書人』に「組織のなかからの発言」という題で文章を頼まれていたので書いた。それを引用する。

「十二月号の『現代芸術』で、花田清輝、大西巨人、武井昭夫の三氏が『日本のヌーベルバーグ』という座談会をやっている。『日本の夜と霧』をはじめとして、主として私の作品について論じているのだが、一部誤解している面があるのと、全体的にひどく気楽な調子が腹立たしかったので、反論を書かしてほしいと頼んだら断わられた。『現代芸術』は『記録芸術の会』の編集であり、会の方針に反対の文章を載せるわけにはいかぬというのである。これには再び腹が立った。私の共作者である石堂淑朗などは、一号だけでいい、『超現代芸術』でも出してやっつけようかと言っていた。

すると次には、原稿は断わるが、座談会に出席してくれといって来た。出席者は、花田、武井の両氏、それに江藤文夫氏であるという。（江藤氏は、私とはまた別の地点から座談会『日本のヌーベルバーグ』に異論を持っていた。）出席しましょうと答えて、念のために、題は？　と聞いて驚いた。『企業の中の抵抗』だというのである。私は、富永一朗氏の漫画のように、カッ！として飛び上った。そしてこう答えた。『はばかりながら、企業の中の抵抗でしたら、諸先生方の教えを乞わなくとも、十分間に合って、お粗末ながらやっておりますから。〃党の中の抵抗〃という題でおやりになったらいかがですか？　その場合は参考意見など申し上げに参りましょう』もちろんそれ以後何の連絡もない。

というわけで、『組織の中のインテリ』とか、『企業の中の抵抗』とかいう題で文章を書いたり、座談会をしたりすることは全く意味ないことである。自ら組織の中で抵抗し、組織を新しい自分達の組織につくりかえようとする奴は、そんな文章や座談会を読む必要はないし、やる気のない奴はいくら読んでも、あるいは自分で座談会に出ていたとしても、結局は全然やりはしないに決っているからである。……」

『日本の夜と霧』の上映中止問題で、平静な気持ではなかったことも加わって、確かにこの文章には、怒りにまかせ、調子にのりすぎているところがある。殊に、短い字数で書くためと、烈しい調子にするために、小山弘健に関する部分を大島渚にふりかえたのはいけなかった。伝え聞くところによれば、その点について『現代芸術』の編集にかかわる人達は怒っているという。私もはっきりと誤りを認め謝罪しておきたい。しかし私は、大島渚ならよくて、小山弘健はいけないという理由は断じて判らない。「記録芸術の会」は非常に幅広い団体であり、且つその目指すものからすれば、例えどんな仕事にたずさわっている人間でも、その書くものが芸術運動に何らかの形でかかわるものであるならば拒むべきではないと考えるからである。

しかし、私は、小山と二人の原稿を断わられただけであったならば、そうは怒らなかったであろう。私が怒ったのは「企業の中の抵抗」という座談会である。これに私が出席しなかったのをとらえて、花田は前に引用したように「……ある若い映画監督が、企業の中の抵抗だって？　そいつは、いまのところ、ぼく以外に誰もやっていない、というのをきいた……」などと言い、武井昭夫もまた、今度出版された私の作品集の解説の、松本俊夫との対談の中で、「『週刊読書人』のエッセイを読むと『企業の中の抵抗』というテーマのとりあげ方がナンセンスだといっているように聞えるわけです。……そのこと（『企業の中の抵抗』）を、一体、彼自身、重要な問題としてとらえているのかどうか、ああいう発言を見ると、疑問に思わざるを得なくなる。」と言っている。だが、考えて見ていただきたい。重要な問題としてとらえるもどうも、「企業の中の抵抗」というのは当り前のことであって、企業の中にいる私達はそれなくして、何の仕事も出来ないのである。

私は、「企業の中の抵抗」なんて無意味だと言ったことは絶対にない。そんなことはありえないではないか。私が無意味だと言ったのは『現代芸術』が企画した「企業の中の抵抗」という座談会である。

私は先ず、一般的に「企業の中の抵抗」という座談会が公表されることに疑問を持つ。それは、それぞれの企業内の立場に置いて公表できない具体的な内容があるからだ。現にこの『記録映画』に原稿を書いて、発売二日目に会社の人事課で注意を受けた人間さえいるのである。そういう微妙な問題はたとえ話しあっても、公表はできないだろう。だから「企業の中の抵抗」という題で座談会をやるとしたら、それは秘密会にならなければいけない。公表される部分はどうしても抽象的論議になるだろう。例えば「……悪人に向って、善人の一人は鞭をふるうがいい、そして、そのあとで、うまく呼吸を合せながら、他の一人は、飴を差し出すがよい……」と言ったふうな。しかし「企業の中の抵抗」というような具体的な問題に関しては、こうした抽象論議は全く役に立たないのである。

才二に、そう考えると、花田、武井、江藤という、実際は「企業の中」にいない人人の中に私が一人入っての座談会は殆んど意味がないと言えるであろう。何故この時、実際に企業の中に居る人間を多数にしようとしないのか。抽象論議よりも具体的な問題が出た方がよいことは当然判りそうなものではないか。私はこの座談会を企画した者達の中にはっきりと思い上りを見る。その思い上りが、大島渚、殊勲賞候補だな、の笑声になり、一つ、「企業の中の座談会」でもやってやるか、になるのだと私は思う。

結局、この座談会は、『現代芸術』二月号で、花田、江藤、佐々木基一、長谷川竜生で行われた。表題は「体制のなかの抵抗」と変り、そのくせ、冒頭、編集部は「今日は『企業のなかの抵抗』ということでお願いします」と言い、出席者も企業内の抵抗と言っている。私の『週刊読書人』の文章を読んで、あわてて表題だけつけかえたのではないかと邪推したくなる。そして内容は例によって「企業のなかの抵抗」に対する主体抜き、運動の観点抜きの批評に終始している。これでは企業の中にいる者にとっても何の力にもならないし、運動の阻害にこそなれ、何ら前進の契機にはならないのである。

最後に、花田が「……たった一人の抵抗など、抵抗の名に値しない。かれが赤づらなら、せめてもう一人ぐらい白ぬりの同志をみつけだすべきである。」と言っていることに関しては、花田のその文章が載った同じ『映画芸術』三月号に、私の「日本映画革新の道」という文章が載っていることで、全く嘘の、言いがかりにすぎないことが実証されている。私は、その文章のなかで、終始私が他との結びつきの中で仕事を進めて来たし、これからも進めて行く以外にないことを言っているのである。だいいち、私たちが集団として出現したことが、私たちの持つ意味であることは既に一般通念ではないか。もっとも花田は、全く一般的に私の同志であると思われている吉田喜重に対してさえ、「……あくまで松竹調メロドラマ映画の伝統を、忠実に継承発展させようとつとめている、けなげな志の持主である……」（『キネマ旬報』六〇年十一月上旬号）などときめつけるのだから、本気でそう思っているのかも知れない。しかし私は、私もそうした調子でしばしばきめつけられているからこの際はっきりしておくが、全体的な位置から或る部分を抽出して、全体の評価と無関係に否定するやり方は、否定として全く実効を持たないし、全体にとって、殊に運動にとっては全く有害なものであることを断言しておく。

何故私がこうしたことをくだくだしく書いたかというと、それは、前述の武井昭夫と松本俊夫の解説対談のなかで、松本俊夫が「『週刊読書人』に載った大島君の発言なんか、基本的に運動の同盟者であるべき部分をも、つまらぬことから敵にしてしまいかねない要素を持っている」と言い、武井昭夫が「彼のやって来た仕事というものは、客観的に、ひろい意味の芸術運動の共通の財産になっている。……大島君はそのことを深く考えて行ってほしい。それを引き受けて行ってほしい。その意識が、彼のジャーナリズムの最近の発言では、多少稀薄になっていなくないかと心配なのです。」と言っているからである。私はこの対談で、恐らく映画の作家論としては空前のすぐれた解説批判、そして広く芸術運動の一つの足がかりになるような鋭く正しい問題提起を行ってくれた二人に答えたい。「基本的に運動の同盟者であるべき部分をも、つまらぬことから敵にしてしまいかねない」のは果して私か、それとも他の者であるか？

以上はいわば序文である。しかし序文を書いたところで、どうやら紙数が尽きた。以下大胆に、芸術運動に関する私の仮説を書いておきたい。（なお、関連する文章を『映画評論』三月号に書いた。参照していただければ幸いである。）

一、現在の日本の芸術運動の内的な最大の障害は、芸術における政治主義が支配的であることである。それは、芸術は直接的に政治効果を持たねばならぬとする考え方であり、又例えば、労仂者がつくったものだから全てよいとする考え方である。

二、現在の芸術運動における前衛の最大の役割は、そうした政治主義をうちやぶることであり、それを通じて以外、真に大衆的基盤を持つ芸術運動の前進はありえない。

三、政治主義の誤りを知りながら、それと十分に戦わない一群の人々が芸術運動内部に居る。彼等は、一方に於て政治主義と政治的権威に屈服し、それゆえに大衆的な基盤を持つ芸術運動に主体的にはかかわりえないことから、一方に於て芸術運動と無縁なモダニズムと野合し、彼等自身モダニズムに転落する。そして、真の芸術的前衛に対する誹謗を事とする。

四、そうしたモダニズム傾向は、芸術運動の外的な最大の障害である商業主義の中に、彼等が没入して行くことで強化される。売らんがためが彼等の最大の目的となり、その場合、彼等が一応芸術運動の内部にあり、政治主義に屈服する形で、実は運動に主体的にかかわらず、単なる批評をふりまわすことが、彼等の商品価値となる。

五、現在の芸術運動における前衛は、運動の具体的な各局面に自ら主体的にかかわらず抽象的一般的な議論をくりかえすことによって自ら商品化し運動内部に於て運動の障害となっているモダニズム的傾向と徹底的に戦わなくてはならない。それは自らの内部のモダニズム的傾向と戦いつつ、芸術における政治主義を真に克服して行くことでもある。

笑いのモダニズム

定村忠士（日本読書新聞編集者）

（一）

ルネ・クレールが編集・解説した「喜劇の黄金時代」という映画を見た。チャップリンの「独裁者」と二本だてだった。時代を隔てたこの二つの映画に、わたくしは映画が持つ「言葉」の二通りの典型的なありようを感じた。

「喜劇の黄金時代」は、たしかにナンセンスなスラップスティック喜劇のよせ集めである。だが、ここには恐るべきエネルギーの噴出がある。——二人の水兵が自動車に女友だちを乗せてピクニックに出かける。ところが、道の行手に大きなローラーが立ち往生していてストップ。彼らの車の後ろにはつぎつぎに車が止まる。水兵たちの車がちょっとバックすると、とたんに後ろの車にぶつかる。後ろの男が怒る。口論になる。水兵はやにわに相手の車の泥よけをひっぺがす。後ろの車が勢いをつけて水兵の車につきかかろうとするとたんにそのまま後の車につき当りヘッドライトをぶちこわす。そのまた後ろの男が怒り出す……お定まりのてんやわんや、引越しの大荷物はひっ繰り返り、ホロはすっ飛ぶの大さわぎの最中に警官がオートバイでかけつける。

さわぎを静め、道を開けて、車の列を流そうとするとたんに、警官の乗ってきたオートバイは動き出したローラーにつぶされてペシャンコになってしまう——。

どの小編も似たような類型なのだが、たとえばこの自動車の一件にしても、例の水兵にいともかんたんに泥よけの鉄板を両方ともひっぺがされて、羽をむしりとられたアヒルのようなかっこうになった自動車や、ローラーでペシャンコになったオートバイをとらえる眼は、単なるギャグをつきぬけ、巨大な怪物じみたアメリカ資本主義のなかでドライに格闘する労仂大衆のエネルギッシュな憤懣を反映している。モノをグシャリとつぶす。それは「喜劇の黄金時代」の一つの主題だ。オートバイであれ、失業楽師のトランペットであれ、あるいはまたパイであれ変りはない。モノに対する人間のはげしい挑戦である。

チャップリンの「独裁者」については、とっくの昔に様々の場所で、論じられるだけのことが論じられるのを見聞きしたあげくに見たわけだが、正直のところ、わたしは独裁者ヒンケルに間違えられた床屋チャップリンが最後にする大演説に一番感心した。彼チャップリンもまた、独裁者を諷刺するために彼のもつあらゆる方法を動員しているが、すべては彼の最後の演説に集約されていく。彼が口にする「デモクラシー」という音声を聞きながら、わたしはそれが彼のコミカルな方法のすべてに貫徹しているのを感じた。

わたしたちもまた、去年国会周辺で「民主主義を守れ！」と声をそろえた。が、あのときのわたしたちの「民主主義」という響きには、なにか国会内外での議事手続きの「民主主義」に限られたような空しさが残されていた。わたしは「民主主義を守れ！」と声をそろえるのを否定するのではない。その声がわたしたちの全思想を貫くことを求めるのだ。チャップリンの「デモクラシー」という音声には、ナチズムに反対して生死を賭けたヨーロッパ人民の足音が重なり合って響いてくるように激しい生命力があった。いま、われわれはチャップリンが叫んだ時点から遠い時と場所をへだててそれを聞いているが、一九四〇年、発表された当時の「独裁者」が持つ政治性は、いまわれわれが受けとるものとは較べられぬ力強いものではなかったかと思われる。

もちろん、わたしも、この二つの映画を見ながら大いに笑った。まわりの人より少しは声が大きかったかもわからない。だが、問題はどれだけ笑わせるかにあるのではない。笑わせることによって何をどう伝えるかにある。

（二）

モダニズムという言葉の定義はずい分むづかしいものらしい。いま、とりあえずそれを「形式主義」あるいは「技法のあたらしさだけに拠る芸術上の立場」だと考えるならば、わたしたちは映画の喜劇的なものの多くにその影を発見する。だいたいわれわれが一つの作品の「笑い」だけに執着し、問題にするとき、すでにそのこと自体がモダニズムへの傾斜を持っているのではいか。「笑い」を解説し、理屈づけ、そのエネルギーを自分の内側にとり入れようとして、「笑い」の形骸だけを手にすることは余りに多い。

映画館のなかで、笑おうと待ちかまえた観客を笑わせることは極めてたやすいことだ。だが、しばしば作者と観客は別のものを笑っている。観客はそこに展開されたギャグそのものを笑い、作者はそのギャグの背景にある物事の図式的な関係に眼を向けて笑う。わずかに批評家という観客や一部分のいとも知的な観客が作者の図式を推察して同じ笑いを笑う。

われわれのまわりの笑いのなかにあるこの二重構造を打ち破る必要がある。

今村昌平の「豚と軍艦」をみた。横須賀の基地の街で一人の少女が、やくざな恋人にほんろうされ、三人のアメリカ兵に犯され、あげくの果てに恋人を失って母親からまでオンリーになることを強要されようとする。だが彼女はあらゆる悲運に屈せず、それを逆手にとってまた立ちあがり、最後には横須賀を出て労仂者の世界に入ってゆく。それはあたかもナタ彫りで彫りあげた日本人の肯定像とでもいうような素朴な力強さをただよわせた優れた作品だった。そのいささか剛直なほどの手法は巧みに構成されたストーリーと支えあって最後まで観客をひきずっていた。が、それにもかかわらず少女を中心としたこの作品の世界が、あるところまでふくらんでは空気がぬけてしぼんでしまうタイヤのように、イメージを満々とたたえきれぬ不満を残したのはなぜか。

今村昌平の持つユーモアは得がたい資質である。だが彼のこの他の得がたいユーモアのなかには、異質の二つの傾向がある。画面そのものがもつ論理の行手に必然的に生み出されるユーモアと、そうでなく逆にユーモアが画面の論理を引きずって一人歩きするときとだ。どちらにしても、彼のユーモアは観客を笑いに引きずりこむだけの力をもっている。だが、後者のそれは空虚だ。

たとえば「豚と軍艦」のラスト近く、トラックで運ばれてきた豚が、長門裕之の放つ機関銃に追いたてられるように街にあふれる場面がある。豚は「正当防衛だ」といちいちことわって長門少年にピストルを向けるやくざを横丁に追いつめ、とうとう彼らを踏みにじってしまう。カメラはそれを戯画化してとらえる。豚に包囲されるやくざ、豚たちの間におぼれこんでしまうやくざ、豚の足の下で悲鳴をあげるやくざ……。だがこれは何の凄みもない戯画にすぎない。「なるほど豚の下敷きになるという末路か」という教訓が観客の前に写るだけだ。

一方で、長門裕之のへなへなした体の線のなかにわれわれの内側にひびいてくるような笑いをえがきながら、他方では、この豚の包囲のような場面を挿入することによって、この映画は緊張したイメージを展開する一貫性を失っている。

今村昌平をモダニズムと結びつけて論ずるのは的外れのようだが、彼のユーモアが一面では知的な図式化を拒否する骨太さを持っているだけに、彼の笑いが空しくなる今一つの面をとり出し、われわれの中に共通する笑いの図式化、形骸化の傾向と関連させて考えることは無意味ではあるまい。

（三）

モダニズムを単なる「形式主義」や「方法上の新らしさ」に限定することは、じつはわれわれのモダニズムへの傾斜の土台をくつがえすことにならない。それは「モダニズム批判」という名の形式主義を準備するにすぎない。

はじめて登場したとき、映画は自分自身にふさわしい「方法上の新しさ」を要求した。「喜劇の黄金時代」の作者たちにとっては、モダニズムはそもそも問題になり得なかった。彼らは映画という新しい芸術がもつ可能性にがむしゃらに立ち向っただけにことである。チャップリンは、彼以前にひらかれた映画のほとんどすべての可能性を一身に集約し、あらたに出現したトーキーにいどんだ。彼がどのようにトーキーと格闘したかはともかく、「独裁者」のなかでは、みごとに音を手中に収め、それらすべてを反ナチの闘いの武器として駆使している。ここにもモダニズムはあり得なかった。

彼らが画面に笑いをふり撒いたとき、彼ら作者たちと、画面に笑いころげる観客たちとの間には本質的にはへだたりはなかった。作者たちは笑うことによって現実に立ち向うことを欲した。そしてその意志はじかに観客にそそぎこまれ、観客もまた現実に立ち向った。

現在、われわれの前にある画面では事情は変っている。スクリーンをへだてた向う側にいる作者の笑いと、こちら側の観客の笑いとは異質のものだ。画面をつき破る笑いは失われている。そこにモダニズムと呼ばれる何かが生れているのではないか。

スクリーンが作者と観客をへだてる境界線となり、壁となったことはわれわれが映画によって捉えようとする現実が二つの顔を持っているということと対をなしている。それは、「喜劇の黄金時代」でモノをぐしゃりと押しつぶしたと同じ仕方で、あるいはチャップリンが「デモクラシー」と声に出したと同じやり方で「民主主義」を口にしても、声がそのまま観客に伝わらないのではないかという作者の不安となって現われる。作者が現実を一つのまとまりのある全体として捉えることができず、「民主主義」と叫びながら民主主義を底から信じきり支えきっていない現実の二つの顔をみたときから、いまいった笑いの二つの分離がはじまる。それはまた、右翼テロに反対しながら、右翼テロを生みだす日本の現実の総体をみず、右翼テロの思想的な根元の部分がつかみきれていない姿によく似かよっている。現実の二つに割れた顔を一つのものとして捉え、それに真正面からたちむかうことが、スクリーンの両側の笑いを一つの質に統一するだろう。

話が元に戻るが、今村昌平の描いた長門裕之のヘナヘナしたチンピラやくざの体の線と右翼テロに盲進したハイティーンとの間には意外な親近性があるのではないか。

チャップリンの「デモクラシー」という声を正面から受けとめる観客は、いま徐々にわれわれの周囲に大衆的に生れてきつつある。彼らは単なるギャグや喜劇的なアクションには満足しなくなっている。彼らは風俗的なくすぐりや意表をつくテクニックの裏にある意志を敏感にかぎとる。どのように彼らにこたえて行くかは作家に与えられた課題である。

レッキとしたオンリーたちへ

現代モダニズム白書・その1

福島辰夫（写真評論家）

先日、ひさしぶりに写真家の奈良原一高と会ったら、こんな話が出た。ロカビリーのプレスリーが軍隊をやめて、はじめてつくった映画を見たが、もう以前の、ロカビリーがはじまったころの力がまったくなくなってしまったと彼が云い出したのである。生活の根というか、雑草のにおいというか、野性的なものがなくなって、いやにお品のいい形式だけのつまらない歌になってしまったというのである。それから彼はつづけて、いまのジャーナリズムが要求するものは、新しい形式だけでしょう。つぎからつぎへ、ひろってはすて、ひろってはすて……。といい出した。だから、ジャーナリズムに乗っているには、たえず新しい形式を工夫していなければならない、内容とは関係なしに……ということなのであろう。写真家などはまだいい方であるが、それでも、奈良原一高のような立場の人は、内容とは関係なしに変ることばかり要求してくるジャーナリズムに苦しめられている一人にちがいない。そういう人が、スターになって、派手に動いてさえくれればいいという世の中の彼に対する要求に対して、どういう考え方で、自分の立場をまもろうとしているのか、その気持が聞きたいと思って、こんどは、ぼくの方から話しをきり出したのだ。〃いまの時代は、芸能人と芸術家の区別がなくなった時代だろう。区別がなくなって、ぜんぶが、一様に、タレントであることを要求される時代だろう。スターになればなるほど、自分の立場を失わなければならない。スターにならなければ、まるで自分の発言の場所が与えられない。そんなときに、自分はどうするかということは大問題だね。〃こう云えば、すぐ話を受けて、彼が、彼なりの立場で、自分のまもり方といった方法論を聞かせてくれるだろうと思ったのだ。ところが彼はなにも云わない。しかたがないから、もうすこし、言葉をつくして、ぼくがひそかに要求している解答の意味を解説フエンして、もう一度、彼の見解を聞きたいと思ったのだ。〃そういう身の処し方、それぞれ、みんな自分なりのやり方で、いろいろやっているだろう。君なんかどう思う。たとえば岡本太郎なんか、ずいぶん、いろいろなことをやっているだろう。自分が独身であることまで利用して、バイタリズムとなんでも反対主義で自己主張をやっているだろう。大島渚も、ちがうけれど、やっぱり、さかんに自己主張をして、それで押し切ろうとしている。実験室ジューヌの、パンフレットのなかに〃ヌベルバーグ〃撲滅論というのを書いているが、云っていることは一々いいのだが、ああいう自己主張で押し切れるものかどうか……。〃等々、いろいろ誘導会話をしたのだが、ついに彼の口から、満足な答をひき出すことができなかった。

それはむずかしいことなのであろう。なかなかうまく云えないことでもあるし、云うべきことでもないのであろう。しかし、これはまさに大問題である。なぜならば、たくさんの才能ある人々が、自分をまもることを考えぬいたあまり、やがて目的と手段さえ入れちがって、ミイラとりがミイラになっているのを、本人だけが気がつかずに、しあわせそうに、いそいそと、タレント芸術家であることにいそしんでいる例が、最近、とくに多くなっているようだからである。

昨年のはじめごろのことだった。ぼくのところに一枚の案内状がとどけられて、ぼくはそのことを忘れないために、案内状の日時と場所に赤鉛筆で印をつけて、机のまえの柱に、画鋲でそれをとめておいた。「エトセトラとジャズの会」――新年おめでとうございます。昨秋から準備しておりました〃モダン・ジャズの会〃（仮称）は、各ジャンルの熱心な方々の御参加をえて、新年より「エトセトラとジャズの会」の名称のもとに具体的に活動を始めることになりました。今日のバイタリティを表現するモダン・ジャズを「現代の音楽」として確立させるために、巾広い交流と研究の場にしたいと考えています。――というわけで、その世話人の顔ぶれを見ても、若々しい、面白い会になるだろう、いって見ようと思ったのである。それにしても、今日のバイタリティを表現するモダン・ジャズを「現代の音楽」として確立させるという事は、いったい、どういうことなのだろう、モダン・ジャズは立派な「現代の音楽」なのに、とふと思ったのだが、案内状の文句なんかにこだわっていることはないと、そんなことは忘れて、われわれはその日、せっせと出かけていったわけである。われわれ、つまり写真屋ども、東松照明、細江英公、丹野章、それにぼくといった顔ぶれだった。

会場である草月会館にいくと、会はもうはじまっていた。様子もわからないし、遅くいったぼくたちは、うしろの方の暗がりのなかにすわりこんで、おとなしくしていた。しかし、そのうちに、これはえらいところに来てしまったぞということにだんだんと気がつきはじめたのである。つまり、これはジャズの会だと思って来たら、じつはエトセトラの会だったのである。会場のはるか下の方で、ききとれない解説ばかりやって、いつまでたっても、なかなかモダン・ジャズが出てこない。それなのに、みんな冷たく、理知的に、まるで教室でえらい先生のお講義を聞く女学生のように——と云いたいところだが、女学生たちはもっとユーモラスで、若々しい笑いが、教室のなかでさえもみなぎっているものだから、まるでゲンシュクな法廷の傍聴人のように、しかつめらしく、もったいぶって、雰囲気どころか、空気は微動だにしないつまらなさだった。そのうちに、レコード・ジャケットがまわってくる。すると、みんなが、それをうやうやしく受けとり、裏を返えすと、そこに書いてある横文字に眼をはしらせ、またうやうやしくおじぎをして、隣の席へまわしているのが、われわれのところにもまわってくる。われわれは、たいくつでしかたがないから、ジャケットの写真を前の空席にならべて、写真の品評会をはじめるという始末である。念のため、写真屋どもの名誉のためにことわっておくが、この際、レコード・ジャケットの裏を返して横文字を読むようなやっは一人もいなかったし、さらに念のため、ことわっておくが、われわれだって、みんな横文字ぐらいは知っているのである。しかし、こんなところで、うやうやしく横文字など読むまねはしないのである。それがモダン・ジャズに対するエチケットと云うものではないか。

ところで、この話はまだつづくのである。そのうち、ジャケット写真の品評会にあきたわれわれの間から、早くジャズを聞かせろという声がさかんになった。さっそく、世話人の一人である写真家の今井寿恵が呼び出されて、われわれの要求が伝えられた。すると彼女は、もうじき八木正生のナマの演奏を聞かせるから、待っていろと云った。オー、そのために来たようなものだと、あげかけた尻をもう一度おろして、八木正生の即興だというピアノも、おとなしく聴いてみた。しかし、このナマの演奏なるものを聴いていても、われわれのつまらなさは、すこしもやわらげられることはなかった。八木正生の音楽もさることながら、とにかく、この会の雰囲気はもう、われわれとは、どうしようもないほどかけちがってしまっているのだ。とすれば、もはや、われわれは退散すべきではないか。この会をやっているわれわれとほとんど同じ世代の仲間たちのためにも……。

東松照明と二人だけになって帰る車のなかで、われわれは、およそ、今日のバイタリティを失っているその日の会について話しあった。モダン・ジャズを「現代の音楽」として確立させるためになどと、とんでもない、これはだれが見ても現代の音楽であるモダン・ジャズを高踏的な雰囲気のなかで骨抜きにする会ではないか。とすればこんな会がなんの必要があって生れたのか、——ジャーナリズムの話題をにぎわすためにだけ必要そうな、およそばかげたこんなエトセトラの会を……。

そのつぎに草月会館へいったのは、林光の音楽をやるからと、さそわれたからだった。いって見ると、林光の音楽、真鍋博のイラストレーション、安部公房のストーリーでスライドをやっていた。林光の音楽については、常識的でべつになんの感動もなく、光ちゃんもだんだんつかれて、年をとっていくのだな、となんだかさびしい気がしただけだった。真鍋博も例によっての仕事である。だからいまさら、この両者については、とくにいうことはないのであるが、安部公房については、これはたいへんなことだと見ていて、だんだん、じりじりして来た。〃おじさんなんか死んじまえ〃と云うと、ほんとうに人を殺すことのできる子供がいて、はじめは子供にわるいことをする人が殺され、子供の人気をハクすわけだが、そのうち、悪い大人たちが、この子供の能力、つまり、殺し屋、あるいは殺リク者であるこの子の卓越した能力を利用しようとおしかけるわけである。門前市をなす大盛況で、片っぱしから人が殺され、そのために町中は不安と恐怖につつまれ、もちろん、子供たちは、このスーパー殺し屋君にはだれもよりつかなくなる。一人の子が殺し屋君に、もう人を殺すのは止めろと忠告にくるのだが、この殺し屋君のおかげで、すっかり甘い汁をすえるようになった親にまるめこまれて、やっぱり人殺しをやってしまう。忠告に来た子供はついに決意し、かれをうまいことおびき出し、彼自身の力で、彼自身を殺させる。つまり、鏡にうつった自分の姿にむかった、この殺し屋君は〃おまえなんか死んじまえ〃をやってしまうわけである。

もう一年ほど前のことで、そのときの記憶だけで書いているわけだが、だいじなことはそれを見ていて、なぜ、ぼくが、これはたいへんなことだとじりじりしてきたかと云うことである。ぼくはこわくなったのである。そこにでてくる人間がみんな人を殺したがるのである。いい方もわるい方も、みんなが平気で、人を殺すのである。たとえば忠告にいった子も、最後には殺し屋君をだましうちにして殺してしまうのである。みんなが人を殺す、そういうことを平気で基盤にして、その上にいいやつや、わるいやつが出てくるのだが、そのいいやつもわるいやつもみんな描き方が不明快でふっ切れない、いやーな感じだけが最後にのこるのである。不明快というのは技法的に不明快なのではなくて、作者の態度が不明快で、しかもみんなが平気で人を殺すのだから、不快きわまる、あと味のわるいものになってしまった。だから、ぼくはこれはたいへんなことだ、作家が、目的と手段を混同してしまって、いや、ひょっとすると、手段と目的をまるで転倒させてしまって、残虐性そのものが、作家の気持になってしまったのではないか、現実がそうだということを云いたかったのだろうけれど、作家自身がその現実のなかにまきこまれてしまって、否定的な感情で描くべきモチーフを、肯定するような気持で扱ってしまったのではないかという誤解であってほしい印象を卒直に云ってぼくはうけとってしまったのだ。とすれば安部公房にいままでバクゼンとした好意をよせていたぼくとしては、こんなことでいいのか、こんなはずがあろうかと、じりじりしたのも無理はない。ことわっておくが、さっき、みんなが平気で人を殺すといったが、みんなが平気で人を殺したっていいことだってあり得る。たとえば、〃わが闘争〃のような映画の場合がそれで、作者がそれを激しく否定しているかどうか、否定し切れているかどうか、そのことが大切なのだ。ところが、このストーリーでの安部公房には、その辺があいまいなのだ。すくなくとも彼ははっきりした否定の側に立ってはいなかったのだ。

そしてそれなのにこれは余談だけれど、だれも彼に、そのことを忠告してあげる人はいなかったのだろうか。林光はだまって音楽をかき、真鍋博は黙々とスライドをつくることに専念してしまったのだろうか。そして、休憩時間になると、ホールのロビーにあらわれては、編集者をまじえてのたいへん洗練された芸術的会話には、あれだけたくさんの言葉を使うことをおしまない若き芸術家諸君のなかには、一人ぐらい、そういうことを云う人はいなかったのだろうか。もちろん、これは、彼らがぼくと同じように感じたとしての話で、感じなければ、そしてぼくだけがまちがってそう受けとってしまったものであったら、こんなしあわせなことはないわけである。

だから、以来、草月会館は、ぼくにとって鬼門になった。いや、これは冗談だが、もともと嫌いだった、あのゲテモノ趣味の建物ばかりでなく、草月会館の催しものを見にいくと、まずまずいいことはないぞという、悲しみに似た禁忌の気持が、ぼくの心の片すみに、なんとなく形成されたのだからしかたがない。だからその後、ビデオホールで「ジャズ映画実験室」が開かれたときも、ガス・ホールで「ビザールの会」が開かれたときも、ぼくは草月会館の催しとは、まったく無関係な気持で出かけていったのだ。つまり、はじめ草月会館にいったときと同じように、これら二つの催しに、たいへんな好意を期待をかけて、いわば彼らのシンパサイザーとして、いそいそと出かけていったわけである。

それなのにまたまた、ぼくの期待はみごとに、こんどこそ、まさに壊滅的な打撃をうけてしまったのである。「ジャズ映画実験室」については、すでに〃映像のゆくえ〃と題して、ぼくが書いた原稿が毎日新聞に出たから、重複はさけるが、ここでのぼくの期待はずれは、まさに、その絶頂に達した。まえに「エトセトラとジャズの会」については、およそ、今日のバイタリティを失っていると書いたぼくは、こんどは、人の度胆を抜くためにのみ発揮されたバイタリティばかりを見せつけられたのだ。人の度肝を抜くということは見世物にはなっても、芸術にはならない。映画は芸術ではないなどとへ理屈を云う人のために云っておくが、映画にもだから、もちろんならなければ、「実験」でもないのである。たとえば、寺山修司の「CATLLOGY」という映画は、あれはいったいなんだろう。アウシュウィッツの収容所の裸にされ殺された女性たちの写真に、刃物で傷を入れて、それで主人公の加虐的な趣味をもつ男を説明しようとするあの神経はどうだろう。猫を屋上から投げて殺して、それを皿にビフテキよろしくサラダと一しょに盛りつけて見せるあの神経はどうだろう。作者は作中人物の説明のためにつかったつもりらしいが、ここでも安部公房の場合と同じように、いや、その場合とも比較にならないほど、作中人物に対して作者の態度が不明快なために、むしろ、作中人物こそ作者であると考えざるを得ないようなひどい映画なのだ。石原慎太郎は自分の仕事をバカにし切った態度で、いまのテレビにもかけられないような、陳腐きわまりない映画をつくっている。土方巽は写真と舞踊のそもそもの区別もわきまえなかったのか、細江英公の写真そっくりのポーズではじまり、なにやらわめいた後、ガン箱のような箱をかついで客席を通る「アート・ブレーキー」なるモダン・ダンスをやってしまう。

だから、結局、この会も、ぼくが「映像のゆくえ」という論評のなかで云ったように、谷川俊太郎の「×（バツ）」が詩人らしい発想とイメージの一貫性によって、また細江英公の「ヘソと原爆」が、部分的なシーンのとらえ方のみごとさによって、やや見る価値をもっていただけで、全体には、新しいどころか、むしろ、泥くさいやたらに力みかえった見世物になってしまったと云うよりほかはない。

ぼくはほんとうに期待していたのだ。だから、ふだん、よほど意味のある展覧会や、無視された作品のためでなければ、めったにしたことのない、ジャーナリズムに対する取材の呼びかけまでして、彼らの成果を、そこだけのものにしないようにしようとしていたのだ。しかしだめだった。そしてぼくもすっかり考えてしまったのだ――ぼくはいままで、同じ世代などという甘い考え方になにか期待がましい好意をよせて来た。しかし、世代などというあいまいなものへの仲間意識、ほんとうに共感できるのでもないのに、なにか共感したいと考えてしまうこちらのあいまいな態度、そんなものは一切、すてよう。ほんとうに共感し、ほんとうに一しょになれるものは、年齢層で横につながるばくぜんとした世代のなかに、ではなしに、いたるところに、あちらこちらに、点々と、ただほんとうに誠実に光を放つ灯台同志の間にしかあるはずはないのだから――そう思い、やっと、ぼくは自分のなかで、釈然とした気持で、原稿を書きはじめられたぐらいだったのである。

●松本俊夫

モダニズムとクリティック

●特集・現代モダニズム批判

――去年はばかに仕事をしなかったようですね。春に「白い長い線の記録」を撮って、そのあと中国に行って、帰国後もう半年になるけれど、あれから一本もやっていないでしょう。この前関西へ行ったとき、和田勉が彼みたいな一発大作主義じゃだめだってずい分批判的でしたよ。そういえば京都記録映画をみる会の浅井栄一なんかも、いまどき一年に十本くらい処理できないような作家は、もはや現代の作家とはいえないなんていってたな。まあ十本とはいわないまでも、四本や五本は軽く作らなくちゃ、才一全国の女性ファンのみなさんに申訳けない。それだっていうのに、このところ専らこむずかしい評論を書いたり座談会に出たり、なんだか批評家にでも転向したかの感があるけれど、まさか作家廃業というわけじゃないでしょうね。ハハア、それとも自分の能力の限界にいちはやく気がついて創作の方ははやくも断念したってわけかな。しかし、そうだとすると批評の方には能力があるとでも思っているんだからオメデタイね。いつか『美術ジャーナル』に中村宏が、松本俊夫は美術批評家の卵から二転していまや三流映画監督になり下ったなんて書いていたけれど、今度は更に三転して、とうとう三流映画批評家に転向したってわけですか。

――いやどうも驚いた。どうしてこうもみんながみんな、何でもかんでも勝手にひとりで決めこんでしまう悪いくせがあるんだろう。岩佐氏寿なんかもこの前の「顔面蒼白の騎士」というエッセイの中で、ぼくのことをまるでPR映画や教育映画を根っから敵視しているコチコチの公式主義者みたいに宣伝していたけれど、おかげで効果てきめん、それ以後仕事の註文がぐっと減ったのには参りましたねェ。あれはれっきとした営業妨害行為ですよ。そうかと思うと労組関係の映画の方も、一昨年の「安保条約」以来サッパリなんです。猫に小判というのはあのことなんで、あそこに提起されたいろいろな課題や可能性を少しも本気で検討してみようという気なんかまるっきりないばかりか、作家はともかく俺たちのいうことをハイハイと素直にきいて、それを映画に翻訳する技術を提供していさえすればそれでいいんだという、いってみれば鼻持ちならない労仂者万能主義が根強く残っているんですね。それにこういう運動を牛耳っている小官僚主義者たちが、自分たちに楯突くものはすべてトロツキストにみえるという、およそ偏執狂的な色眼鏡を相変らずかけ続けているらしく、ぼくなんかをまるで運動の破壊と分裂をねらう挑発危険分子の旗頭みたいにいいふらすものだから、総評映画をはじめ組合関係の映画からもいまや完全にシャッタウトされちゃったわけです。体制側、反体制側を問わず、奴隷の言葉で語る職人ほど歓迎されるというのがいつわらぬ現実なんですよ。

――それはまあそうでしょう。しかし結局孤立に追いやられるような抵抗のしかたじゃどうしようもないんじゃないでしょうかねェ。どうもあなたの話を聞いているとやっぱりひ弱なプチ・ブル純粋抵抗派の限界を少しも出ていない、という気がするんです。大体あなたは大島渚の抵抗のしかたを方法論を欠いた猪突猛進主義で、あれではだめだなんてかなり批判的なことをいっていたけれど、ぼくにいわせれば松本俊夫の抵抗のしかただって大島渚のそれと大してちがわないような気がしますね。そういう意味では、どうも資本家側の方がいつだって一歩先に進んでいるんだ。彼等は少々のところは思想なんかてんで問題にせずに、むしろ作家をうまくおだてて、その能力や自発性を積極的にひきだしながら、もっと巨視的な次元でそれをすっかり自分の論理にくみ込んでしまうという、きわめてすぐれた支配の方法を身につけているのですからねェ。そういう複眼的な方法を運動の論理として逆にこちら側の有効な武器としていくことが、今の状況では絶対必要だと思うんですよ。つまり花田清輝のいう狐と狸の化かし合いの論理を、抵抗の方法としてももっと真剣に考えて欲しいということです。どうですみごとにあなたのアキレス腱を突いたでしょう。

――ちょっと耳が痛いですね。そういう構造改革プランは、実際上はしばしばミイラ取りがミイラになってしまう危険性をともなっていて、そう甘くは行かないと思うんだけれど、確かにそういう論理を身につける必要性があることは、ぼくだって充分考えてはいるんですよ。たとえばいまぼくのとりかかっている「西陣」なんていう作品も、さっき話に出た浅井栄一と共謀して、そこらを具体的に一歩おしすすめてみようという実験的な魂胆をもって始められたものなんです。もっとも軌道にのせるまでには、全くのところものすごい労力と時間がかかっちゃいましてね。ここ半年間ほかの作品の演出をみんな断らざるを得なかったのはそのためなんです。それだっていうのに、浅井栄一は一年に十本位作れないようじゃだめだなんて、そういう無責任な批判をするとは全くケシカランな。おかげでぼくはもう質屋に入れるものもすっかりなくなってしまったくらいですよ。

――おやおや、あなたも案外お人好しですねェ。そんなこと、女房や子どもでもいたらとてもできませんよ。逆にいえば、女房や子どもがいたら出来ないというようなやり方では、それは運動としてはあまり意味がないんじゃないですかねェ。そういう地につかない小児病を克服するためにも、そろそろあなたも意地をはらずにまずは結婚でもしたらどうですか。

——どうもいうことがいちいちしゃくにさわるね。俄然形勢は不利になったけれど、ぼくのいいたいのは、そうでもしなければほんのすこしばかりの表現したいことすら作品にしていくことのできないような映画界の不毛状況をどう打破していくかということなんです。その原因を客観的にも主体的にも明かにして、そういう不毛状況を本質的に克服する道をみきわめたいからこそ批評活動や理論活動にも力を入れているんで、むろん批評家に転向したとか作家を廃業したとかいうことじゃさらさらないんですよ。それをそもそもやれ作家は理屈っぽいことをいうなんて小さな縄張り根性をちらつかせてみたり、狭いジャンル意識を抜けきれずに自分の出生地にこだわって、自分から活動領域を制限したりするのはナンセンスですよ。ぼくは、前衛的なドキュメンタリー運動のブルトンを目指しているわけです。

——あまり頼りにならないブルトンですねェ。まあそれも結構ですから、せいぜいはね上らないように注意して、うまくやって欲しいものです。問題は何を主張したかじゃなくて、実際にどれだけ現実を変革したかの方が大事ですからねェ。欲求不満を裏返しにしたような毒ずき方に終始していたんじゃ困るということです。そういえば、『三田文学』一月号のシンポジウムに「疑似前衛批判序説」なんてものものしい題の論文を提出しているでしょう。あれ最初また例によって共産党幹部批判でもやっているのかとちょっと心配したんだけれど、どうやら芸術上のモダニズム批判のようですね。ところであの論文を読んだあるコチコチのクソリアリストが、松本俊夫はてっきりモダニストだと思っていたら、今度はモダニズム批判をおっぱじめたけれど、ありゃ一体どういうわけだなんて首をかしげていましたよ。ここのところ寄ってたかって散々批判をされたりおどかされたりしたから、遂に自己批判をしたっていうわけですか。

——あいにくと、意志はすこぶる堅固な方ですから、そう簡単に思想をくるくる変えることはありませんねェ。芸術上の問題としては、一方で素朴政治主義的クソリアリズムを切り倒し、他方で方法論万能主義的クソモダニズムを突き刺すというというのがぼくの寸法です。殊に最近芸術的前衛といわれる部分で行われているモダニズムとの無原則的な野合ぶりに対しては、これを黙って見過すわけにはゆきませんからね。あそこで「私は日本における芸術革命の道が、政治革命の道と同様、その前衛部分の思想的無原則性と無責任さのゆえに、およそ茶番劇的な混乱と誤謬の泥沼におとしこまれてゆくのを感じて、それこそ暗澹たる気持に襲われるのを否定することができない。」と書いたけれど、その考えはいまでも変るはずがありません。

——なるほど、大いに同感です。しかしどうも変だな。あなたの「白い長い線の記録」なんかだって、ありゃまぎれもなくモダニズムだと思うんですがねェ。そういう意味では、いまのは当然自己批判も含めていっているんでしょうね。

——そりゃぼくだってあの作品をこれこそ前衛の課題に応えるものだなんて少しも思っちゃいませんよ。むしろはじめっから、自分の芸術的プログラムの上でのある部分的な課題を、PR映画という枠の中で最大限やってみたにすぎないんです。われわれの場合、目下のところそういうヒモつきの仕事以外に自分の創作の場がないということなんで、そういう客観条件を無視して、あれだけをもってモダニズムときめつけられるのは心外ですね。

——もっともなようで、ちょっとそれは卑怯ないい方じゃないですか。芸術というのは結局作られた作品以外にはものを語りませんからね。才一そういう弁解がましいことは仲間うちでしか通用しないことです。それに外部条件が困難なことは今日自明の前提なんであって、そういうことで現状を合理化しようとする根性が、作家の腐敗に拍車をかけてきたというのがあなたの日頃の主張だったじゃありませんか。真のドキュメンタリストは結局のところそれを主体的に何としてでも突破するもんだと思いますね。しかし、まあいいでしょう。それはともかく、この前あるバーで画家の山口勝弘に会って聞いたんだけれど、あの『三田文学』の論文であなたが東野芳明のことを、過去現在にわたって一度も芸術的前衛だなどと考えたことはないって書いていたでしょう。あれを東野が読んでカンスケに怒っていたそうですよ。どうしてあなたはあっちこっちでこうもすぐ人を怒らせるんでしょうね。

——ははあ、すると東野が怒っていたということは、東野が自分では芸術的前衛だと思いこんでいたからなんですね。これだから救いようがないというんですよ。かつてぼくがまだ美術批評めいたことをやっていた頃、東野芳明とは青美連やその他の会合で二、三度一緒に講師になったりしたことがあったけれど、僕はその頃からちゃんと東野は主題の追求を抜きにした方法論万能主義のモダニストだって批判していましたよ。彼もまた花田清輝のエピゴーネンで出発したにはちがいないんだけれど、花田の強靱な思想や批評精神はすっぽり落してしまって、いわばその方法の形骸をもっぱらパターンとして乱用するという傾向がはじめからあったわけです。つまりは現実との身を引き裂くような格闘のなかで、ものを主体的に批評する論理を自ら構築してきたことなんか一度もないんじゃないかと思いますね。その東野が『現代芸術』の一月号の座談会で、最近流行のネオ・ダダイズムにいかれた日大芸術科の坊やたちのお遊びをさも意味ありげに長々ととりあげていて、しかもそこだけをゴジックで印刷かなんかにして、あたかもそこに芸術的前衛の課題につながる何かがあるかのような暗示を与えている、あるいは少くともそう受けとられるような処理の仕方をしている、そんな編集方針に無性に腹が立ったんですね。それが現実の諸矛盾にすすんで身を投げかけ、ドキュメンタリーの精神と方法によって芸術の革命と深化をはかる、とかなんとかずい分えらそうなことを綱領に掲げている最も前衛的な芸術団体の機関誌の方針かと思うと、いささかやりきれない気持になるのも無理はないじゃないですか。ここ数年、硬直した自然主義リアリズムの芸術観が急速に崩れ去ってゆく過程で、その裏返しの座標に必然的に現われてくる疑似前衛的なもろもろの俗論を徹底的に打ちくだき、真の芸術的前衛のすすむべき道をこれと鋭く峻別することが目下の急務だというのに、既成の芸術的前衛がしばしばこれらモダニズムと無原則的に野合する傾向にあるということは実になげかわしいことです。『三田文学』のシンポジウムで、ぼくが寺山修司や土方巽たちに対して殊更執拗に対立して、徹底的な批判を展開したのもそういう配慮があったからにほかならないんです。

——ぼくなんかは、寺山があの若さであれだけエネルギッシュに一応独創的な仕事を次々発表しているあたりは、やはり相当の才人だと認めてやりたい気持もあるんです。少くともあなたよりはずっと活躍してますからねェ。それに寺山はあなたの「白い長い線の記録」をみてずい分感心していたっていうじゃありませんか。もっとも彼があの作品に感心するあたりはやっぱりモダニストなんでしょうがね。その意味では寺山芸術の本質を、表現の変革の問題をあくまで現実に対する批評意識の変革の問題として追求する原則的な立場を放棄した、没批評、没思想、没主体なるものにして新奇なるものすべてだといって否定することには、ぼくも賛成です。ところであのアクション芸術というか、ネオ・ダダイズムといわれる反芸術主義の芸術は、あれはやっぱりアンフォルメルあたりからつながってきていると思うですが、彼等が破壊だ破壊だとわめいているのと、あなたなんかが破壊を強調されているのと、一体どうちがうんですか。

——同じく破壊を口にしたからって気安く混同されるのは至極迷惑ですね。たとえば『駿台論潮』の四九号に、ネオ・ダダ会員の吉村音信が「ぶちこわせ」という子どもじみたエッセイを書いていますが、彼はそこで「ネオ・ダダの美学環境は、サドだ、SEXだ、桂離宮のハカイだ、純粋タブローのハカイだ、観念美学のハカイだ、妄想者どもの墓場国会のハカイだ」といい、「息も出来ない、臭気に充満した、汚物だらけのこの現実に突然に突破口をつくってやるのだ。ついて来い!」と大そう意勢のいいところをみせているんですね。しかし彼らがサドというとき、そこではサドの思想が全く骨抜きにされていることを彼らはあまりにも気がつかなさすぎる。つまり彼らは現実否定ということをほとんど主体的に論理化することができず、ただ単にそれを心情的、ムード的に緊張させて、その無媒介的なエネルギーを擬制的な脱出口に向けて空しく燃焼させているに過ぎないというのがぼくの見方なんですよ。要するに言葉の正当な意味におけるクリティックが喪失しているんですね。それはアンフォルメルが数年前に流行しはじめたとき、既に感じられたことでもあったわけです。その頃、ぼくは『美術運動』の五七号で「日本の現代美術とレアリテの条件」という論文を書きましたが、その中でこういっているんです。

「むろんたとえばアンフォルメルは単なる形式的装飾主義ではなかろう。たしかに、今日われわれが、なによりも既成の観念や感性を破壊し、合理主義的ヒューマニズムと古典的人間観を解体することなしに、新しい主体は確立されぬという観点に立つとき、そこにみられる烈しいダダ的な反俗精神と果敢で情熱的な即物的意志に私もまた共鳴する。だがアンフォルメルがその哲学的基礎をニーチェに求めていることは偶然ではないのだ。そもそも、そのファシズムにでも移行し得るようなデュオニソス的なるものの即自性、もしくはアクションの絶対化によるオーマティックな無媒介的表現、このような方法は、外部現実への能動的実践的かかわりのうちに生起する主体内部の複雑な動きを冷徹に凝視し、その内部世界を不断に外部世界へあいわたらせることによって現実の主体的総体的把握につきすすむという媒介性の高い、弁証法的な方法とは無縁である。記号とマチエールへのフェティシズムは、社会的諸関係の疎外の状況、その物質的な性格をむき出しにしてとらえる方法としてのオブジェ意識とは別個のものである。フェティシズムは、人間の物質への方法上の意識的な自己解体ないし客体化ではなく、人間そのもの、即ち作家その人の、社会現象としての物質的自己解体と、その無意識的表現にほかならない。従って、主観的には、いくら内部の緊張と主体の充実感を対象化しているつもりであっても、それは所詮、フェティッシュとしての記号やマチエールと、そのような内部感覚との間に、自分なりの疎通を成立させ、常同性を構成するからであって、客観的にはこれもまた主体喪失の一現象に過ぎないのである。」というわけです。そしてこの批判はそのまま今日のネオ・ダダ的なモダニズムにもつながると思いますね。ともかく、疎外された現実と意識の日常構造を瓦解して、状況のトータル・ヴィジョンを鮮明に浮びあがらせる、そういう批評のヴェクトルをもたないような芸術行為を、真の芸術的前衛と呼ぶわけにはゆかないということです。

——よくわかりました。理念としては。しかしはやくその真の芸術的前衛とかに値いする作品というやつを作っていただきたいものですねェ。作家の生命というものは、結局のところ何をいったかにあるのではなくて、何を作ったかというところにあるのですからね。まあ今回はこの辺で。せいぜい作品活動の方も頑張って下さい。

ドキュメンタリー一般か今日のドキュメンタリーか

●佐々木基一氏への手紙・その一

石堂淑朗（演出助手・松竹）

あなたの『現代芸術』二月号「スナップ的方法序」を拝読しました。いつかあなたのお書きになったように「記録映画の問題は記録文学の問題と同じく批判と反批判を繰りかえすことによって解決される以外にない」のは我々の大前提であります。此の前の本誌の私の小論で焦立たしい悪口を吐いたからではありませんが、わたくしに芸術に於ける方法意識の問題を投げかけたのは疑いもなく学生の頃読んだあなたの「リアリズムの探究」の諸論文であり、映画の仕事に入ってからドキュメンタリーの問題を考える毎に一つの理論的な砦と思えたのは正しくあなたや柾木氏の諸労作であり、今村太平氏の独断的な論文ではなかったからこそヤッとばかりにあなたに噛みついたのであることははっきり書いておきたい。ドキュメンタリーと人が口にすれば直ぐにそれはオレの論文の盗作ではあるまいかと条件反射を起す今村氏になんで今更噛みつくことがありますか。

さて、あなたはルカーチでもなく私もいうまでもなくゼーゲルスに及びもつかない存在ですが、この無限にスッポン的に続けるつもりのあなたへの手紙は、あの二人のリアリズム一般か今日のリアリズムかの往復書簡のようにもっともアクチュアルな問題をもっとも今日的な意識で切りとってゆくものにしたいと考えます。そこで手紙オ一号の主題として表題の如く大きな枠を出しておきたい。

お前さんのように主体々々の一本槍主義でいくらガナリ立てても駄目である、「たんに企業の中での抵抗に主体的クリティズムを認める石堂の実感主義は、映画カメラのもつ機能にもとづく具体的方法論、つまり映画美学を媒介としないかぎり、一種の竹槍主義的主体性論にとどまるだろうと思う」とあなたは書いた。あれは私の舌足らずで、美学一般よ、去れ、とすべきであったと思いますがそれに対置さる今日の美学とはいうまでもなく一九六〇年代の状況におけるアクチュアルな問題の創造的劇化を媒介する美学でありますが、わたくしは話を最近起った破廉恥な事件に、ひっかけてみたい。

ロマン派の申し子、寺山修司達が実験ナントカと称し、例えば猫をビルの屋上から放り出してその死に様をフィルムにしてその辺のモダニストの常打ち小屋でコッケイなショーをやりました。（サディズムらしいです、ブニュエル気取りなんですな）

暇人のアバンギャルドごっこと云えばそれ迄ですが、当人達が本気で芸術の革命と信じているそのアタマの構造を考えますと黙って見逃しえない問題があると思うのです。二十世紀初頭のアバンギャルド芸術を規制する、社会に対する攻撃的認識が彼等のアタマの中では完全に脱落しており、オブジェを出せばそれ丈でほっといても芸術革命だと思いこんでいるらしく、自らが、コッケイなオブジェと化してしまっていることに一向に気がつかない。しかし、此の様な認識ヌキのオブジェ表現のハヤリに対して、あなたや柾木氏は責任があると思うのです。パブロフ担当はあなたではありませんが、あなたは何時だったか劇映画のステロタイプ化をぶちこわすものとしての物のクローズ・アップの効用を説いた、柾木氏のエッセイに関心を示した文章を書きました。（原文が手元にないので、引用が出来ませんが、はっきり覚えております）私はそんな意見は前衛映画の手法を説明したバラージュのアップ論を、パブロフ——オ二次信号系理論でテコ入れしただけで何のことはないトートロジイと思っていましたが、まさかと思ったあなたがそれに関心を示したのには驚きました。勿論、あなた方の発言が、社会主義リアリズムと称する何とも退屈なソ連映画や、その日本的再生産としての独立プロの諸作品のやり切れないイメージの固定化、ステロタイプ化に対するアンチ・テーゼとして出されたものであることは分かるのです。あなたは今井正の「真昼の暗黒」を評して「イメージによるリアリティの発見がほとんどなくて極端化していえば、それ以前に発見された事実と、人間と事実の関連との絵解きになっている——（中略）——わたしの云いたいことはエイゼンシュテインの知的映画の構想や、カメラによる発見を重視するドキュメンタリズムの主張は、映画独自の機能を極度にまで発揮させようとするための方法論であり、この方法論は、原作やシナリオを不可欠の要素とする劇映画の場合にもまた、基本にすえられねばならぬということである。今井正を代表とする独立プロのドキュメンタリズムにはカメラによるイメージの新しい発見が不足しているようである。またそのモンタージュは敍述的であって表現的でないうらみがある。

それが、独立プロの作品を事実から事実

へという一種の自然主義的様式に停迷させている。」と書いた。何という傍観者的な発言であることか。商業会社の圧力に対する抵抗と外的条件のむつかしさを叫ぶことだけが進歩的であると思いこみ、自らの抜きがたい自然主義的二元論の泥沼に気がつかぬ今井正達の認識構造をあなたはもっともっと追求すべきでありました。それを抜きにして、たとえばオブジェ論などをはじめれば、直ちに見事に自らステロタイプ化して、猫殺しショーなどになってしまうのではありませんか。そんなショーに一々責任が持てるかと云ってはいけません。あなた方の立場がモダニストと公式左派の共通項臭い点を持っていることを少し書いてみたいと思います。誤解を覚悟のうえあえて素材↑↓認識（主体）↑↓表現と図式的に書けば、ステロ・タイプ化と常に闘う認識主体内部の検証を怠って、それを不問に附し、素材↑↓モヤモヤの反自然主義的認識（なきに等し）↑↓表現（インチキオブジェ）の寺山達の構造と、独立プロ作家の素材↑↓（自然主義的二元論に規定され必然的に教条的か無条則的であり、民族的か国際的であり、火焔瓶か歌声かハネ上りかハネ下りである）認識↑↓（人間と事物の絵解き的）表現という構造を考えてみると明らかなことは、寺山達と独立プロ作家の違いは自然主義か反自然主義かの違いだけであり、弁証法的認識とはエンもユカリもない、いずれおとらぬ自然発生のぼうふらのような認識の裏と表で、その認識主体を問わずしてパブロフ—オブジェ論を唱えてみたり唯単に自然主義的発想であるという丈でそれを超える思考方法を指さない限り、もともと思考するのが嫌なばっかりに芸術家になった人々ですから、酒呑みにマンジューみたいなものになってしまうのです。ガムシャラに食った奴はモダニストになり、食わない奴は食わないままに尻スボミになっている状態です。事物を物質と何からに分解してしまう眼がドキュメンタリストに必要なことは疑いもないが、それ丈をあげつらい主体内部の検証を怠るならば直ちに風俗に転化してしまうのです。私は吉本、武井両氏の戦後責任追求に於ける問題提起はドキュメンタリーを論じる場合にもはっきりと意識されなければならぬと考えるものです。

私はあなたの今村批判を読み返し、あの頃はあなたもなかなか毒気があったわいと思いました。しかし、少し分らない所があったのですが、今度のあなたの「スナップ的方法」を読んでよく分りました。とどのつまり、あなたは丸きり私に答えていないのではないでしょうか。私のセッカチな表現で誤解を招いた点もあったのですが、あなたは以上述べた主体追求の問題をスルリとスリ替え、私を蜂須賀小六みたいな竹槍を振り廻す男にしてしまった。「今日のドキュメンタリーの理論を実践とはかかわりのない単なる傍観的美学として排撃し、それにたいして美学を媒介としない裸の主体性を対置するこのような思考法は、丸山真男の定式化した『理論信仰と実践信仰』との『果てしない悪循環』に自らをおとしこむ結果にしかならないだろう。」

丸山論文を持ち出して、アンチノミーの泥沼をアガアガする自然主義者にされたのには弱りました。フンマンに堪えません。

企業のなかでいくら力んでみても結果としていい作品を作らなければ土台クリティズムなぞ成立せず、それは汗を流してマスをかいているようなもんで何にもならぬことは申すまでもありません。

私のいう認識主体の問題を一挙に企業の中でガンバっている主体にスリ替え、私を威勢のよいナルチストにするのは今後の手紙にも差支えるのでどうか引っこめて頂きたいものです。

あなたは私の「裸の主体性」に対置してスナップ的方法を書かれたのですが、わたしが戦時下のドキュメンタリーと我々のドキュメンタリーを区別するのは、認識主体（企業の中の主体などではなく）であってその辺をはっきり構えている武井昭夫氏を心憎いといったことに対してのスナップ的方法では答えにならないではないですか。竹槍主義といわれても答えようがない。スナップ的方法それ自体は私は面白いと思うのですが、私はドキュメンタリー一般の世界に生きているユートピアンではないので、現実の作品、たとえば山本薩夫の「山宣」とか蔵原の「狂熱の季節」とかに対して、現実的に作品を作る方法としてのドキュメンタリーを問うているのであり、彼等の作品の最大の弱点は、独占資本化の疎外状況にいかなる認識をもっているかハッキリしていない点であることを追求しているのであり、それらの批評なくしていくらスナップ的方法を説いても有効性はないことを云っているのです。私はあなたの秀れた頭脳が情勢論抜きのアン・ジッヒの形でしか動かないことをドキュメンタリー運動のために残念に思うものです。私はあなたのスナップ的方法に対するものとして、いささか突飛でありますが、カフカ的方法序とでも名づけてこの次の手紙を差上げたいと思います。花田清輝氏は「日本の夜と霧」の才一稿を読んでスパイはダブル・スパイとして描いた方がいいのではないかと云ったそうですが、その点にふれつつ考へるつもりでおります。

テレビ・ドラマの方法

●内田栄一（テレビ作家）

民放の「ゆく年くる年」を見た。構成者は永六輔、前田武彦の両氏で、わたしはかねがね、ロアルド・ダールに期待するような気持で、この両氏の仕事を眺めていた。むろん両氏はダールではなく、全然と云っていいほど遠く及ばないわけだが、そのふざけ方に、ある面で共感できるところがあるし、テレビは、とにかく「放送作家」が大活躍しているわけだから、九十九パーセントの難点があるにしろ、一聴視者であるわたしとしても、期待をかけざるを得ない実状なのだ。わたしはとにかく、何が飛び出すか、どういうことを試みているのか、大きな期待を持って見た。あるいは、新しいミュージカルへの手がかりが摑めるかもしれないし、ドキュメンタリーとして、予想外にタメになる結果が得られるかもしれない……

結果はタメになった。現に、わたしがこの文章の冒頭に持ってきたほどの印象を残してくれた……とにかく、それはひどいものだった。何を血迷ったのか、全国からの実際の中継の画が現われ、器用な思いつきなのか、江上トミ先生が現われたりする。銀座街頭を、トリオ・ロス・パンチョスが弾き歌いをして歩き、宮島や金比羅の眺めが寒々と現われてくる。ダールにもなぞらえていたわたしの両氏は、そこで完全に消滅してしまった。才人である両氏の構成なら、北海道にしろ長崎にしろ、全部セットかパタンで済まし……つまり、「ゆく年くる年」という在来の枠に正面から挑戦し、パンチョスのかわりに、カストロのひげでも出てくるのではないかとおもっていたわけだ。むろん、新聞の紹介を読んでいたから、どんなものかは想像がついていた。しかしわたしは、わたしなりにつねにどのような番組にもそのような期待をかけて見ているわけだ。

ご祝儀番組ともいえる「ゆく年くる年」にしろ、これはまさしく、現在のテレビ界ではあまり試みることのできないドキュメンタリー番組である。もし、構成者がそのチャンスをもっと上手に利用しようという積極的な意志があれば、大がかりにやったらしい労力と金とを、絵葉書的な毎度変らぬ死んだ中継に使わず、なぜ、一九六〇年から一九六一年へ移って行く任意の瞬間の、社会的ドキュメントに使わなかったのかと残念でならない。放送作家が、その名声と器用さにかくれて、現実の深部へ迷わずキリを突き立てて行くようになったら、これこそ……すくなくともわたしにとっては嬉しいことはない。全国各地からの中継というコンニャクのような栄養も何もない枠にこだわらず……つまり、全国からの中継にしても、その平面的な拡がりは、固有名詞を述べねば理解できないていどにとどめ、なぜ、タテに、階級的経済的な面をえぐりだすようなことをしなかったのか。年末年始の瞬間といえば、テレビの前に釘づけになっている聴視者たちが、もっとも日常的なムードにひたりきっているときであり、その日常というものを、涙を流したいほど固く抱きしめているときである……この前の番組は、流行歌やヴァラエティ・ショウでつづけられている……聴視者の多数は、まったくベトベトした日常のムードのなかに、適当な温度でふんわりとなっている。そこに、ある意味では変更自由なテレビという〈穴〉があけられているわけだ。

暗い〈穴〉だった。去年から今年へかけてのこの番組は……もし、ここに、「ゆく年くる年」的なものとちっとも関係のない画が現われたらどんなに素晴らしかったことだろうか。むろん、わたしは、銀座のかわりに山谷のドヤ街をうつし、長崎の天守堂のかわりに、原爆被爆当時のパタンを出し、明石の天文科学館のかわりにソ連の人工衛星を出し……などと素朴単純なことを云っているのではない。銀座のパンチョスのかわりに、山谷のドヤモンの歌う歌を出しても、これは、いっこうに絵葉書的という域を脱しないわけだ。底辺の会が編集した三一新書の「ドヤ」を読んで、わたしは、その素朴な体当り主義的記録主義にいささか悲鳴をあげたが、同じように、それを捉え、考えるだけでは何にもならない。ドヤをうつせば、そのドヤという常識的な枠を否定するような画を作り出す……ベッドハウスがそのままで出てもいっこうに構わないが、たとえば、血液銀行に供じられたそのドヤモンの血が、いかに人道的に役立っているかを強調するようなシーンを、冷酷に、そして冷酷なあまりの最高の批判をかくして出す……そういうことを望みたいわけだ。「ゆく年くる年」のなかで、わたしのこういう考えがもっとも触発された場所は、宮島の大鳥居にフラッシュを仕掛けた＜水泡＞のごとき瞬間だった。目をあざむくばかりの光景となって、その大鳥居は一瞬聴視者のまえに現われるはずだった。しかし、技術の発達のおかげで、暗く見えない方がいいはずの大鳥居は始めから見えているし、フラッシュが一斉に光ったところで、たいした花火的効果もあらわれなかった。この場面は、技術至上主義者にも良い警告だったし、大がかりにやる、ということに対しての……その興奮の虚無であることの証明にもなっていた。ここはむしろ、かつての正式占領軍であるアメリカの誰かが、本国へのみやげに小型の鳥居を持って帰り、タオル掛けか何かにしているパタンを、瞬間挿入した方が効果的だったろう。そして、ケネディーの＜魅力的＞な顔でも入れておけば、まったく期待できるわたしの永六輔、前田武彦両氏となったのではなかろうか……まあ、これはいささか雑談的すぎるけれど……ことのついでに雑談をつづければ、とにかく、どちらを向いても、ドラマはドラマらしく、ドキュメンタリーはドキュメンタリーらしく、優等生的に枠の中におさまっているのが腹立たしくて仕様がない。テレビというものは＜嘘＞をいうものだ……というようなことになぜならないものか。聴視者の日常的な＜定点＞からの事前測定をつねに裏切る……その＜嘘＞をつづけていれば、やがてそれが＜本当＞になるときがくるだろう……すくなくとも、視聴者の＜定点＞にショックをあたえ、うろたえさせるだろう。が、ホームドラマはあくまでホームドラマであり、メロドラマは、あくまでメロドラマである……ドキュメンタリーは、あくまでドキュメンタリーであった……

わたしは、「日本一九六〇」という昨年の芸術祭参加作品を見て、「ドキュメンタリーだった……」という感じをあらたにした。いろいろ批評も出てきていることだし、あまりこれについて書く気持もないが、＜らしい＞という点については、これほど良くできた作品はないのではないかとおもう。聴視者の＜定点＞と、作った側の枠への＜定点＞とが、完全にその一時間半のあいだなれあってしまい、完全に淀んだ常識的な憂国の心情しかそこにはうみだすことができ得ていなかった。わたしは、戦時中、子供だったころに手にした情報局作成の「週報」をおもいだした。「皇軍、堂々のビルマ進撃」「大本営発表……」というそのころのイメージが、たえずつきまとって仕様がなかった。フィルム特集、日本一九六〇……という形で、年末などに流されたのなら、あるいはわたしは別に不満をおぼえなかったかもしれない。報道部などの特集番組だったら、それはそれとして、力作感を感じたかもしれない。が、「ドキュメント」である以上、そこに、最低限、なんらかの未来への＜窓＞がひらかれていなければならなかった。あまりにもそれは紹介者的な視点にふみとどまりすぎていた。「ゆく年くる年」に見られたような枠の中での大作主義、または絵葉書主義が、あの一時間半を不毛のものにしていたといえよう。

わたしは昨年の暮、ＮＨＫから「涙のワルツ」（現代人間模様）というテレビ・ドラマを出した。わたしは、「現代人間模様」という番組の持っている、一種のムードを批判する意味でそれを書いた。もちろん、聴視者が期待しているような「現代人間模様」に対してである。そしてその中には、演出の和田勉氏に怒られるかもしれないが、わたしの考えている和田勉氏批判という意味も加わっていた。というのは、前から、どうにでも勝手に処理してほしい、ということを伝えていたからである。つまり、たとえば大林清とか、丹羽文雄とかの原作のメロドラマを、演出家が、メロドラマでないように……それを演出することによってその台本をこわしてしまい、セリフが、いかに不毛のものであるかの効果を出す……そういうようなことを期待していたわけである。もちろん和田勉氏にはそれが通じた。そして、その＜共謀＞は失敗と成功とを同時におさめた……一通の投書が和田勉氏のところに来て、それを読むと、ほぼわたしの意図通りの＜混乱＞を、その青年は感じたらしいのだ。そしてまた、和田勉氏の言葉によれば、そのスタッフから、少し図式的すぎる……という声があったそうであり、新聞の批評にも、そういうのが出ていた。わたしはむろん、あえて図式的なやり口を実行したわけだ。それがいかに不毛なものか、図式現実がいかに非現実であり、現実はそのために少しも動かぬものであるか……ということをその「涙のワルツ」で書いたのだ。まあ、自分の作品の＜解説＞ははなはだ書きにくいし、あまり書きたくもないのだが、ここで云いたいことは、「ゆく年くる年」によって触発された＜記録＞というもののイメージが、わたしのテレビ・ドラマ作りの方法の根底をなすものであるらしいということだ。

あたえられたテーマは「テレビ・ドラマの方法」である。そして、わたしがドラマ作者として、これまでに経験したことから考察して行けば、そのテーマは、すでに確立していなければならなかったはずのものだ。しかしわたしには、まだ、＜方法＞というようなものがない。あえて＜ない＞と云うのだが、それは、わたしが、作者として名誉あるパルチザンであることを自覚しているからだ。日々、テレビに接して、わたしはわたしなりに、前田武彦氏や、井原高忠氏や、大山勝美氏や……いわば良い仕事をしている関係者の＜作品＞を見て、少し喜んだり、絶望したり、勝手にその上にイメージを展開させたりしている。そして実際に仕事の出来る状況をあたえられると、わたしは、一本で、二本ぶんの仕事をしてしまうのだ。自分自身で、自分の台本を否定してしまう……ぶっこわしてしまう……ブラウン管の上に＜混乱＞をおこすことこそ、当面の、わたしという作者の急務なのだ。わたしは一度、「日本一九六一」

というドキュメンタリー番組をやりたいと考えている。むろん、局の誰もが、放送中止などおもいもつかぬような完ぺきなものをだ……

結論にかえて一つの話を紹介しておこう。わたしは、先日「霧のかかった男」というテレビ・ドラマを書いた。ある民放のプロデューサーと、実験的なものを――という話ができて書いたのだが、目下のところ、放送の見こみはないらしい。詳しく打合わせする暇がないので、全部の事情は知らないが、わたしはその中で、大変に＜社会的＞＜政治的＞な問題を扱った（！）芸術祭などという別枠的な時間ならともかくとして、一見、普通では出せないようにも読める台本に仕上げた。しかしそれは、実は大変な喜劇なのである。徹底的に喜劇として扱わなければ、どうにもならないような台本なのである。わたしは、いわゆる＜実験的＞ということをもひっくり返すような試みをその中でしておいた。ステロに徹してステロをわらうということができるからである……さいわいにそのプロデューサーは、わたしの台本と取組まなくてよかったかもしれない……これは、在来の意味では絶対に成功しないだろうからだ。テレビ・ドラマは、ドラマを見せるものじゃなく、聴視者と作る側とが共同して、その画を＜わらう＞というようにするのが、わたしの……パルチザンのわたしの、いわば、最大の急務なのだ。ドラマと、そのまわりにいる双方とをひき裂くためには、いわば何でもしなければならない。このあたりから、わたしが、さわやかに論理を展開して行けば、＜方法＞も確固としたものになるのかもしれない。しかし、わたしは今のところ、実作者の一人として、＜現実＞をいかに＜記録＞して行くかということを、作品によってしか押し進めて行けないのが現状だ。わたしのいう＜作品＞とは、テレビ・ドラマだけでなく、小説であり芝居でありミュージカルである。わたしはいま、小説を書きドラマを書くというわたしを、積極的に評価しようとつとめている。そして、そういうところへ集約できる＜方法＞しか、俗流テレビ・ドラマを追放し、パルチザンとしてのわたしが、勝利をおさめられ得ないものと考えている。「テレビ・ドラマの方法」とは、実は＜現在＞の深さの＜表現＞の方法にすぎないということを、ここで確認する必要があるらしい。とんでもない自明のことだが技術に走り壁画的な力作感に酔う作品がハンランしている中では、念のために……と云わざるを得ない。

そしてここで書き足りなかったのは、ラジオの問題である。わたしはラジオ一般の現状を批判し、テレビ・ドラマの問題へ話を持って行けば良かったのかもしれない。なぜなら、ラジオに＜日常＞のムードがあふれかえっているひどさは、当然のことだが、いまや、テレビ以上のものとなっているからである。同じ日常の中にあけられた変更自由の＜穴＞の一つとして、何かの機会にそれを深く考えて行きたい。

●作品評・ローマの仮橋

アンドレ・カイヤット作品

内部批判者の眼

● 日下野叔子
（東京放送・プロデューサー）

戦後十五年たった今、なお多くの戦争が語られ、抵抗者の姿が描かれている事実から、私は、過去において私たちに与えられた〃戦争〃というもののイメージが如何に巨大であったか、そして、その巨大さゆえに、私たちはそれをそのまま未来へ関係づけて考えなければならないという作家の要請を読みとるのである。しかし一方では又、「もはや戦後ではない」という言葉が象徴するように、十五年の年月によって、一つの戦争体験をそのまま万人の共通体験とならしめる社会的な共通項が、表面的には一見失われつつあるという客観的条件があり、それが「戦争」を逆に、一つの日常性を破壊する活劇としてギャング映画や愚連隊映画と同価値で捉えさせていることも事実だ。その事実を認識するとき〃戦争〃をアクチュアルに捉えることは、それ自体容易な作業ではないのは勿論だが、このような現在の時点においては、それは、過去においてよりも、なお一そう困難な課題として作家に要請されて来ることは明らかである。ということは戦争→被害者、抵抗→英雄的行為というすでに使い古されたきまりきった発想では、現在の状況変革には、もはや何の有効性も持つことが出来ないということなのだ。戦争をきまりきったパターンから解放すること、私たちが、そこに身をおいてきた体験の総堆積から、私たち自身の現実感覚によって戦争と自己とのかかわりあいを採りだすこと、そして、まず内部批判者としての眼を獲得すること、――つまり、作家の主体的把握こそが、現在、作家に要請されるべき絶対条件であり、その条件を作家がうけいれたとき、彼は戦争をアクチュアルに捉えることが出来るのである。そして事実、『地下水道』『眼には眼を』は、すでにそのようなものとして私たちの前にあるのだ。

『ラインの仮橋』では、カイヤットは、家族の重圧から解放されようとして戦争に参加するパリの下町のパン焼職人ロジェと、非人間的な戦争からの解放をめざして恋人フロランスの懇願もふりきり、筆よりも銃を選んだパリの自由主義の新聞エスポアールの記者ジャンと、この全く対蹠的な人物の物語を、全く並列的に展開して行く。全く対蹠的な人物の物語が、一シークェンスずつ、全く並列的に描かれるということは、お互いがお互いの批評者となるということである。おそらく、この図式を求めたカイヤットの意図は、そこにあったのだろう。そしてこの方法と、カイヤットが日本公開に際して寄せた彼のメッセージ――さまざまの脅威が世界中にのしかかっている現在、また不和と憎悪の声がくり返してこだましている今日、〃たとえ、ヒロイズムの名のもとに最悪の戦争状態に陥っても、やはり、人類愛の場はのこっている〃ことを私は固く信じてこの映画をつくったのである――とをあわせみるとき、カイヤットが何を主張したかったかは、かなり明瞭となる。たとえば、それぞれ意味は異なるが、自由と解放を求めて戦争に赴いたジャンとロジェは、捕虜となって、ドイツの農村で仂くという、いわば二重の不自由の中に閉じこめられるのだが、そのジャンが、この二重の不自由から脱出し、レジスタンスに参加するために脱走する場面では、彼はドイツ娘ヘルガをきわめて卑劣な手段でだまし、しかも彼女が敵側だという理由だけで、その行為に何の罪の意識も持たない、いわば、それを英雄的行為としてしか感じない男として描かれている。そして次のシーンで、カメラは、ドイツとかフランスとかいう対立感情を持たずに、黙々と律気に、戦争で人手のたりないヘルガの家で仂くロジェの物言わぬ顔を捉えるのである。更に、レジスタンス運動で十字勲章をうける解放の闘士ジャンと、すべての男子が出征したため、村長代理となって、ドイツの村人のために仂くことに生甲斐を感じているロジェとの対照。やがて、フランス解放の日が来るのだが、フランスへ帰るロジェの暗い表情は、ジャンにとっては文字通りの解放が、ロジェにとっては、再び家族に捕虜とされることでしかないことを物語っている。更にそのラストシーン。ラインの仮橋をドイツへ向って歩き出すロジェと、それを金網越しに見送るジャンのアップ。家族を捨て、今はお互いに愛しあうようになったヘルガの許へ、ラインの仮橋を渡るロジェの後姿を、カイヤットはロングで捉え、それを見送るジャン――恋人フロランスが戦時中ナチの情婦であったことから、かつての同志から、フロランスかエスポアール紙かの選択を迫られて、遂にフロランスを選ぶことを決意したジャン――の顔を、カイヤットは金網越しに捉える。そして映画は、このジャンのアップで終る。

彼のメッセージ、及び、この場面の対比からも明らかなように、カイヤットは、ここで、人間同志いがみあうことが、如何に馬鹿馬鹿しくてこっけいで、しかも悲惨かということを描いているのである。ロジェを、物言わぬ批判者として設定し、人間としての自由を求めるために、非人間的な行為をあえてするジャンの矛盾、そして、かつての同志がジャンに求める選択の冷酷さを対比的に指摘することによって、人間への復権闘争であった闘いが、実は、非人間性を基調として持っていたのだという事実を、この作品は描いてみせる。その限りにおいて、『眼には眼を』で西ヨーロッパ精神の危機を内部批判者の眼で見事に描きだしたカイヤットは、たしかにここにも存在している。しかし、私に納得いかないのは、このジャンのアンチテーゼであるロジェのもつ曖昧さである。家族から解放されるために戦争に出て行くというロジェには、はじめから、ドイツ対フランスという対立感情はなかったのだろうか？　しかし、なかったとすれば、戦争に出て行くという行為自体が、すでに矛盾しているではないか。あったのなら、それが氷解して行く過程がきわめて曖昧である。もし、この矛盾に眼をつぶって、ロジェには、はじめから対立感情などなかったのだとしても、カイヤットのいう人類愛とは、ただ素朴に人を憎まず、人を愛し、信じよ、ということなのだろうかという疑問が私にはうかんで来るのだ。『眼には眼を』で、カイヤットがえぐりだした他民族の支配の上にきづかれた西ヨーロッパ文明乃至精神の危機に対する処方箋が、この素朴な〃人類愛〃ということなのだろうか？　とすれば、それはあまりにも安易な発想ではないか、と私は思う。何故なら、ロジェがはじめから対立意識を持たない人間なら、ジャンとロジェは、すでに立っている次元がちがうのであって、それではジャンとロジェをいくら並べてみたところでジャンは裁かれないからである。

『ラインの仮橋』が、一方では、現在アルジェリア闘争にまで尾をひいているフランス精神への危機をするどく描き、ロジェの人のよい顔が実に見事にとらえられていながらも、何かそれが〃平和なあまりにも平和な〃ムードで解決されてしまっていることへの物足りなさの原因は、一つは、全く対蹠的な物語を全くパラレルに展開するという図式に捉われすぎ、逆に対蹠的なということに裏切られた、という形式にもよるということも出来ようが、形式と発想は一つのものであり、彼にそのような図式をとらしめたものは、現在の時点において、主体的に戦争を捉えることへの認識の不足の為ではなかったかと私は思うのである。

●書評／大島渚作品集／日本の夜と霧
現代思潮社刊／三六〇円／長野千秋

「映画は一人でつくるものではない。

ここに採録されたシナリオも、私一人、或いは私と石堂淑朗二人だけでなく、数多くの製作スタッフ、俳優、その他の撮影所の人人、批評家、ジャーナリスト、友人、観客の参加のもとにつくられたものである。

その人達は作品に参加することによって自己を変革し、状況を変革して行く。映画を観るという行為もまた参加である。このシナリオを読む人達もまた参加してほしい。そのように多くの人々の参加を得ることの出来る作品はもはや個人の作品ではなく、状況の所産であり、時代精神そのものであると言って良いであろう。

そのような作品をつくる組織者として、私は努力を続けたいと思う。」

という型破りな「まえがき」に始まるこの本は、全ての点で既成概念を打破った作品集である。

この本を読み終った時、現在、劇・記録映画・テレビ・ニュース・文学・絵画・音楽等、あらゆるジャンルで活躍している若い仲間達が、僕達が創り出すべき今日的課題と方法を追求して、かつて「映画批評」という雑誌を中心とし、日本の文化の底流で胎動していた芸術運動の一角が、ようやく日本映画を根底からゆり動かし始めたことを感じさせられた。

日本の状況と、その現実の中で疎外されている人間を、全く新らしい視点から堀り下げている大島渚の四本の作品には、この現実に鋭い批判と正当な認識を持っている作家が、自分のいいたいことを表現する課題意識と方法を同時に獲得しようとし、多くの欠点を持ちながらも手中に入れつつあるという、今迄の作家とは全く異質な要素が見られる。

しかし、僕は大島渚とその作品について、これ以上とやかく言う必要は全くない。

それは、この作品に収録されている、武井昭夫・松本俊夫両氏の「解説　大島渚論」と題された、これらの作品をめぐっての対談で反体制の芸術運動の中での大島渚と作品の座標と方向、その欠点を明確に指摘して、その発展をうながしているからである。

ここには、現代の綜合的な把握の上に立ち批判精神と現実意識を持った批評の目が、作品の創造をうながし、新らしい作品の展開が批評の次元を更に高め、更に作品を産んでいくという、生産的で、最も今日的な批評のあり方が展開されている。

ただこれらのことをふまえた上で僕が問題としてあげたいことはやはり「映画批評」を中心にした運動に参加していた吉田喜重の方法との対比についてである。

大島渚は、明確な主題を、大上段にふりかぶって、まっこうから対象にたたきつけ、この現実を組み伏せようとする、いわば、日本の精神風土に根原的に立脚した、土着の日本人根性をむき出しに対象に切り込んでいくのに対し、吉田喜重は一見地味だが、日常意識をてことして、執拗にその内部の奥深くはいりこみ、意識下の部分を抉り出し日常意識を破壊することによって人間の意識を変革していく。この方法の基盤には、いわばヨーロッパの精神風土の影響を受けた意識構造が感じられる。

これらの間には、戦争、戦後体験を異質の次元で受け止め、止揚してきた二人の作家によって代表される、映画の対流がある。

この二人の意識構造と創作方法の差位をさぐり、深めるところに、今後の運動発展の一つの重要な問題点があり、その上に立って大島ものべているように、「多くの人々の参加を得ることの出来る作品はもはや個人の作品ではなく、状況の所産であり、時代精神そのもの」となるのではないだろうか。

●書評●武井昭夫／芸術運動の未来像／現代思潮社刊／四〇〇円／野田真吉

　僕はかつて武井昭夫の「戦後の戦争責任と民主主義文学」「文学者の戦後責任」をよみ、そして「戦後文学とアヴァンギャルド∧野間宏をめぐって∨」をよんだ時、ザクッとさされたようなつよいショックをうけた。それは武井が自分をするどく問いつめ、批判することによって野間を批判していたからである。武井は自分の体をはって、自分をきずつけるまできびしく対象との内部的な格闘をとおして、野間の内臓する戦後意識の傾斜と挫折をあばきだしていた。だから、僕は彼の野間批判によって僕のなかの野間的な部分をえぐられ、たたきだされたのである。ザクッとつきさされたようなショックとはそのことである。彼の野間批判が同時に僕の批判としてうけとめさせたのは以上のべた武井の批評のダイナミックな方法が、まさに、対象への主体的なかかわり方にあったといえる。主体的な内部状況として対象ときりむすんでいることにあったといえる。

　今、武井のここ十年間の評論をおさめた「芸術運動の未来像」を再読、通読する時、そのことは、一層、明確に一貫性をもっていることがわかる。しかも、花田清輝がいっているように現実変革をめざす芸術運動の内部者の視点にたって、つねに論旨をすすめて、みごとな一つの体系となっており、発展となっている。「芸術運動の未来像」は花田清輝の「アヴァンギャルド芸術」「さちゅりこん」とともに戦後のもっともすぐれたみのりある芸術評論集の一つといえると思う。

　ところで、同書を『日本読書新聞』一月一日号で、花田が評しているなかで「戦前のプロレタリア文学運動が蔵原惟人を生んだように、戦争中の抵抗文学運動がわたしを生んだように、戦後の民主主義文学運動が武井昭夫を生んだ」といい、蔵原はテーゼであり、花田はアンチテーゼであり、武井はジンテーゼだといっている。僕はどうも、このみ方には賛成できない。同じ語法をかりるなら、僕は花田も、武井も側面を異にした蔵原のアンチテーゼだと思うのである。「ヤンガージェネレーションの戦後意識」∧灰とダイヤモンド∨をめぐって花田清輝へ」などの武井の花田批判、そして花田の武井に対する批判をこめた論章をよみ、最近、とみに雑誌の座談会で顔をあわせている両者の発言のからみをみると、たがいに論争し、批判しているが、一方、たがいに、補足しあう面を、相手にみとめながら、それがなされているのがうかがえる。そのことは両者がその出発点において、蔵原を否定する支配的契機を異にするところにはじまっていると思う。武井は文学者の戦争責任、戦後責任を、自からに問いつめ、あきらかにすることでプロレタリア文学、民主主義文学がもっていた、その没主体性を軸とした政治主義、素朴なテーマ主義を否定し、克服した地点で、戦後主体の確立とそれにともなうテーマの再把握、その重要性を提起した。彼は作家主体が対象とのラセン的な往復運動によるかかわりあいのなかにしめされる、つまり、対象に対する作家の主体的な批評行為が表現に密着し、そのすみずみにわたるまでしみとおるところにテーマをみ、その貫徹をみた。だから、彼の批評はその逆過程を解析的にふかめていくことによって、作品の、さらに作家の本質に迫り、しかも同時に彼の「野間宏論」について、さきにふれたように、彼は対象を彼の内側でうけとめ、かかわらせ、きりむすび批判していくという二重の構造をもっている、そこに彼の批評が、まさに、戦後意識につらぬかれたものであり、同時に、作品的にたかめられているゆえんがある。

　彼は素朴なテーマ至上主義を否定するとともに、その対象としての方法万能主義のテーマ喪失をも当然否定する。

　だが、彼の批評の論理が、主として言語を直接、媒体としたテーマや物語のハッキリとつかめる文学、演劇、映画の範囲にとどまり、今日の前衛的芸術が、当然、とりくまねばならない、また、問題とすべき文学、演劇、映画をふくめ、さらに美術、音楽などの表現媒体を異にした時間的、あるいは空間的芸術、映画、テレビなどの映像的芸術までを貫通する、彼の理論に必然的に対応する具体的な芸術上の方法の提示と展望が、武井には不足していると思う。武井の以上のような側面からする追求を、花田は前衛芸術の方法上の具体的な提示と解析、展開をもちながら逆の側面から蔵原を否定し問題を追求していると思う。このこのような両者のちがいが両者の対立と、対立のなかに生じるたがいに補足しあう独自な部分をもちあっているのだと思う。それはもちろん、両者の世代的なちがいを意味しない。今日の時点における芸術運動の現実的課題として、蔵原をテーゼとするならば、両者がその側面を異にしたアンチーゼであるとする僕の意見のよりどころである。

　僕は徹底的に、武井は花田を、花田は武井を批判し、否定的媒介とすることによって、ジンテーゼはうまれると思う。

　そういう意味において「芸術運動の未来像」は、武井のするどくふかい批評精神によって、ゆたかな問題を提起している。戦後意識につらぬかれた芸術運動の一つのピークである。また、それゆえにそこには、明日の芸術運動を展開する貴重な足がかりと示唆、そして、方向が用意されている。

現代の子どもをえがけ／教育映画・児童劇映画への提言

阿部　進
（川崎市住吉小学校）

「教育映画っていうのタイトルがでるでしょ。すると心がいたまれちゃうの。」

「どうして」

「だって、また、貧乏に敗けない子どもの話をさ、一時間もみるのかと思うと、心がいたまれちゃうの。」

「教育っていうのがいやなの。だって教育っていうと、何かこうしなさい、とか、こういうのがよい子どもだとかきめられるでしょ。だからやなの。おかあさんたちが見るでしょ。するとうちの子も、こうならないかなんて思うでしょ。すると何かいうの。現実と映画とではずいぶんちがうわねって。このごろテレビでもやるでしょ。こまるの。」

「ああいう映画をつくる人はどういうふうのきもちでつくってるのか。知りたいね。いい子ばっかりになったらおもしろくないもんね。それなのにいい子ばっかり映画にでてくるのはおもしろくない。教育映画はさ、教育なんてこと考えないでもっと景気よくバッカンバッカンやっちゃいばいいのにさ、なぜやんないだろうね。」

「心の美しい人とか、おこないのよい人とかさ、よくないよね。そういうのばっかりでてくると反撥したくなっちゃうの。元気よくわるいことばっかりしてはりきってやっているのをやってくれなくちゃね……。」

「じめじめしてるでしょ。スカッーとしないのね。女の子というと、心の美しいやさしい人か反対に男みたいな力のつよい人だったりしてね、もっとちがったタイプの人がいっぱいいるのにどうしてそういう映画にならないのか不思議だわ。先生がなんだかわざとらしいのね、それに親とか兄弟もみんなどこかいいところがあるのね。わるい人はぜんぜんでてこない。どこかいいところがあるようなのね。はっきりしない人が多くでてくるからまどろっこしいのね。」

小学校五、六年、男女児童の声のいくつかを紹介しました。学校でやる映画教室をめぐっての話し合いからでてきたものです。教育映画は食傷気味ともとられる話し振りです。

家に帰ればテレビがあり劇映画があり、マンガがあり、一番大切な遊びがある。それにこの映画教室なるものが学校である。まず家だったらおよそダイヤルを廻しっこない「教育もの」を集団で教師の指導のもとに見せられる。それも二時間近くいなくてはならないとしたら、たしかに「心が痛まれる」子どもがでてくるのもあたりまえです。そんなに今の教育映画は子どもの、現実の子どもの心をとらえていないのでしょうか。熱心な良心的な映画作家があらゆる困難と闘いながら作った映画が、映画自体の持つ力で子どもたちの心をゆさぶるものになってないとしたら大きな損失だといわなくてはなりません。この小論はその点についていくつか現場教師の立場であきらかにしたいと思います。

1・「劇」教育映画上の子ども

ここでは、いわゆる児童劇映画の中にあらわれてくる子どもについて考えたいと思います。児童劇にでてくる中心になる子どものイメージとか行動は、作者や演出家の目で今日の子どもをつかみ映像化してわたしたちに提供しているだろう立場で論をすすめてみます。

まず一ばんはじめにわたしがギモンに思うのは、シナリオ作家や演出家は、どんな観点から、どのように子どもをつかまえているのかということです。観点としてはどうでしょうか。自分の古い記憶をたどって少年時代をなつかしみながらそれと対比して考える。或いは心理学的なうらづけから、或いは、このような人間像でありたいというねがいからなど、さまざまありましょうが、民主主義をつらぬき正義を愛し、勇気をもって行動するような人間というのもありましょう。そして「子どもをどうつかむか」ということでは進歩的らしい教師の実践記録や子どもの作文からさぐりだし、一つのイメージをつくりあげる……こんな方法もいくつかの中にはあると思います。

その時でてくるイメージが、

「少年とその祖父の心の交流を田園風景をバックに詩情ゆたかにつづる〃うぐいす笛をふく少年〃」であったり「雪国の民俗的な行事を背景に子どもたちの夢と善意を描く〃なまはげ〃」であり「一匹ののら犬と、子どもたちの愛情、おとなの善意でつづった〃おじさんありがとう〃」「大村収容所の韓国の子どもをなぐさめようとする大村市のある小学生たちの国境を越えた感動の物語〃日本の子どもたち〃」「父親思いの少年が街角でもらったガラスの目玉から謎の犯人をみつける劇映画〃ガラスの目玉〃」そして「北白川子ども風土記」などなどでてきます。ここにあげたのは雑誌、「視聴覚教育」や、本誌、その他ＰＲ欄からそのままもってきたものです。ですからホントウの制作者の意図とはちがう文案になっているかもしれません。しかし、実際にこの映画をみた場合、それほどこのＰＲ文は見当はずれでないことがわかります。根底となっているのが、子どもの善意であり、またおとなの善意です。それを美しい詩情豊かな背景の中で展開していくということになります。この映画を見た子どもはかくなりたいと願い、おとなは、すっかり浮世の中に沈澱させてしまっている、人間としての生きる喜びを思い起すであろうということがねらいであるように思えてならないのです。ストーリーや、背景をかえても、この善意はかわりありません。子どもにどうして善意を見ださなければならないのか、また善意の人間になるような子どもでなければならないのでしょうか。

子どもに善意を見出すことによってどんなに子どもにとって利益になることがあるのでしょうか。「夢と善意を描く〃なまはげ〃」（東映教育映画部制作）を例にとれば、頭の弱い少年がいたずら小僧にキツネのダンゴといつわられてマグソを喰わされ腹いたをおこす場面があるます。そしてうなされる夢の中でキツネのコン三郎にであいます。マグソを喰わした少年は、やがて改心し、頭の弱い少年と仲よくなり、ヨク深かなおやじも心を入れかえるというようなすじでした。この頭の弱い少年を描くのに「善意の少年の勝利」として描いています。わたしは特殊学級四年間の担当で、いやというほど、こんな善意らしいものが世の中に通らないことだということを強く体験してきています。知能の低い子どもたちのせいいっぱいの声としてこの「なまはげ」は描いたのだと思いますが、それによって現実の子どもたちの生活の中で、善意が勝利するなどということはまずあり得ないということをあたりまえの子どもは知っています。知能の弱い子どもだけでなく、あたりまえの子どもたちでも、教育映画などにあらわれる善意に生きようとしたのならば、何も闘いが起きずに、誰れとでも心を結んで、「みんな仲よくいたしましょう」ということにしかならないということを知っているからです。子どもを「善意なもの」「善意な子どもに」という考え方で児童劇映画をつくるとしたならば、あたりまえの教師にはよろこばれて、真に子どもらしく、人間らしく生きようと、せいいっぱい活動している子どもたちからは何んら歓迎されない、むしろ苦痛を強要するものでしかないでしょう。

今の子どもを善意などという物指しで測定しようなどという考えがなければ幸いです。「善意」には必ず、「心あたたまる」というサブタイトルがつきます。「心あたためる」必要が子どもにあるのでしょうか。子どもの心をあたためるということは子どもの心が寒ざむとしているからなのでしょうか。テレビやマンガなどで、殺バツたる心になってしまっているからでしょうか。ここでも「心あたたまる」必要は子どもにはないのです。また、「名もなく貧しく美しく」という映画がヒットしたときます。児童劇映画の典型的な手法をワイドで大人向けに作りあげたら「国民映画だ」と推賞され、大人が涙をながしてよろこんだ映画です。どうして「名もなく」生きることがよいのでしょうか。平凡に片すみで静かに生きる「ここにこんな人が」「ここに人あり」的に生きることを子どもに強要するのでしょう。「平凡な人間になることが民主主義社会の生き方」であるかのように仕組まれた劇があります。「名もなく」では、家も建たなければ、就職にだってありつけないという現実の中で子どもは生活しているのです。「貧しく生きる」ことが「美しい」のでしょうか。「貧しい家の子どもがそれに敗けないで生きていく」というテーマのなんと多いことでしょうか。「貧しい家」に生まれてこないと、よいと思われるような生き方ができないようなサツ角と、「やっぱりこちとら貧乏人でよかったな。金持だと余計な苦労をする、伜よ、親に感謝しろ」みたいな、貧乏であることがむしろ幸せであったかの如き印象をあたえることすらあります。進歩的観点に立った「四十五分、五巻もの、特設道徳の時間」的役割を無意識に果しているということになると思います。

約五十分、しかも商業ベースにのせなくてはならないという制約などから「善意」と「心あたたまる」「感動の美談」になりかねないということがわからないでもありませんが、それは、それなりにもう少し技術的に類型化にならないようにするのならば……。ところが背景がかわったということだけで中味は同じだということでは子どもの目をゴマかすことすらも今はできにくくなっていることを知ってもらいたいものです。次にでてくる子どもです。一体これらの映画にでてくる演技者としての子どもは現代の多くの子どもたちとどう毎日かかわりあっているのか。おそらく隔絶したところで生活をしている子どもたちだろうと思います。そのテンポといい、生活感情といい、仲間とのかかわりあい、けんかの場面、考える場で、友情らしきものを示しあうあたりなど、よくまあ、ぬけぬけとやれると思われます。「自分たちはこんなじゃない」ということすらしないで、制作者の意図する「子ども」のイメージにすっぽりはまり込んで、「現代の子ども」らしくバケてしまうということです。教師や親はごまかせても、観衆の主流である子どもまでとはいきません。「感じのわるいやつな。あれがいい子ってんだからやんなっちゃうよな。」とボヤく子どもこそノーマルな子どもです。今日とかかわりあいのないところから発想されたストーリーに基づいて、現代にイキをしている子どもということで、まっとうでない子どもが、まっとうみたいな顔をして演技をするということ、それらが総合されて、ちっとも現代とはかかわり合いのない非生産的な活動写真ができあがるのだと思います。

2・それではどうしろというのか

現代の子どもをえがいてほしいのです。「どこにでもいるありきたりの平凡な子ども」などということでなく、今日を生きている子どもの典型をえがいてもらいたのです。

それにはもっと映画作家たちがその主体的な立場を明確にすることです。例えば「子どもを守る」立場に立つとか、「子どもを積極的な闘う人間にする」という立場に立つかなどです。「子どもを守る」→「子どもは守らなければならない」→「子どもを戦場におくるな」という発想があります。これはおとながよろこびそうであり、わかりやすくコンテを引きやすい材料です。ところがこれはだめです。「子どもを守る」という「守られる側」の子どもに責任ということ、団結ということ、ひとりひとりとしての行動ということなどが、確立されないことが多いのです。これは「子ども」を対象にした場合だめです。どんなにかしこくても「守られる」存在では子どもはサッパリ共感はよばないのです。自分たちの力をせいいっぱいためしたい、主体的に行動したい、そして何かを自分たちの手で得たい――その限りでは民芸・教配で作った「小さな探偵たち」が好評だったのもこういうところからきているといえます。これはほんとうに立派な子どもの映画だった、とはいえません。しかし、「なかなかいける」映画であったことはたしかです。足をふみならし、声援をおくり、ハラハラし、シーンとし、そして歓呼をあげたのはとにかく、あとにも先にもなかったのです。なぜでしょうか。ここには主体的に行動し、判断し、そして勝利をおさめた子どもたち――それは観客である子どもたち自身の投影の一部が見られたからでした。

今の子どもたちは、ハッキリしています。

「大体さ、おとなっていいような。おとなのしていることをまねするといけなくて、子どものしていることをまねすることはかまわないんだっていうからな。」

「子どもにおとなが近づいたんだなきっと」（四年生男の会話）

「フフフ、あのおばさんちょっと見て、ね、おもしろいわよ。ね、頭さげたでしょね、これで四回目。」

「みつ子さんのおかあさんでしょ。ゆかいね。ぺこぺこするのはよくありませんよっていつもいってるんですものね。みつ子さん、ホラ、あなたのおかあさんよ」

「いいの、気がつかないんだから。わたしが恥をかかないようにとおまわしにいつもマネしてやってるのに気がつかないんだから。この頃の親って理くついうでしょ。だめなのよ」（六年生女）

などというのがでてきます。それらを一つひとつ取りあげていたらきりがないでしょう。また、別にそれがどうということでもありません。しかし、それらを組み合せ総合的に生かして生活している子どもたちがいるのです。「善意なんてクソくらえ」という子どもたちがでてきています。「美しい童心」などというものを否定しているのです。子どもの善意なんてないというわけです。子どもの友情がある行為を通じて高められていく……そんなものはいらないというのです。おとなの感傷でしかない。「美談」というものが成立しなくなっているのです。「わかってないんだな。ただやっただけじゃないか。おっこっていたからひろってやったっていうだけじゃないか。ありがとうなんていわれる必要がないもんな。」「だって、その人にとっては大切なものだったんだよ。だからそれをなくしたら大変だったんだ。それを君たちが拾ってくれたんだから感謝したわけだろう。すなおにそうですかっていえばいいじゃないか」「わかってないんだな。だから何べんもいってるでしょ。おちてた。ひろった。自分のじゃない。とどけた。あたりまえでしょ。おかしいとこないじゃないか。いい話だとかさ、いいことしたとかさ、何んだとかいっちゃってさ、ぼくなんかがけんかしたり、宿題さぼったりするとこんどは、わるい子どもだとかいっちゃったりしてさ……まったく統一してないんだからおとなってきらいさ。子どもっていうのはさ、いいこともするし、わるいこともするしけんかもするし、ときどきかっぱらいみたいのもするし、落ちてればとどけるし、いろいろやるんじゃん。ひとつだけ見ていいとかさ、わるいとかさいうおとなとちがうもん、ナ。」「ン」といった具合です。絶対同一自己ムジュンではないかとおとなに思えるが考えてみればこの話の方がすじが通っているというものです。「人間を立体的にみろ」ということです。映画の中にはちっとも立体的な子どもはでてこない。一面的な子どもが何んと多いことか。それに「わるい」ということの規定がおとなとはかなりちがうということです。あばれたり、時どきかっぱらいをやったりする子どもというのは、あまりわるく思われません。むしろ「たのもしい」仲間として歓迎されます。「かっぱらい」も「盗ッ人たけだけしい」ものではなく、ユーモアのある、相手をおこらさないで、いかにもおとながしてやられたという、敵ながらアッパレ、というかっぱらいを賞さんします。教室の石炭が不足している。どうしても追加がほしいが用務員のおじさんはくれそうもない。学級委員が「しょうがないけど、なんとか持ってきてよ」と特別調達員にたのむと、サーッと教室からすがたが消える。二人が石炭置場へ、一人は用務員室へ。「おじさん、今日とってもさむいね。ちょっと、お湯のましてね。あ、おじさん、なんだあれ、石炭だまってもっていこうとしてらあ。コラー、いけないぞ。何年生だ。ちょっとここへこいよ。おじさんになぜことわらないんだ。だめじゃないか自分勝手に持っていっちゃ。なに、火が消えちゃったって？　六年だったらいいじゃないか。すこしぐらいがまんしなくちゃ、ねえ、おじさん。」「だまって持っていくのはよくないよ、ほんとだこの子のいうとおりだ」「でもおじさん火が消えてるとさむいよね、せっかく入れたんだから今日はかんべんしてやったら」

「うん、そうだな。いいとも、今日はゆるしてやるけれど。」「おじさん、案外、いかすじゃないの。さあ、持っていってやれよ。じゃ、ぼくもこれで、バイバイ」おじさんにウインク、おじさんもウインク。腹芸とでもいうのでしょうか。

天下晴れて堂々とまかり通っていく。そして、「晴れた、木月の住吉の町に、オーファイト、ファイト、今日もゆく、一丁目二丁目、三丁目、学区外」と仲間の歌を大合唱していく。見方によればとんでもない子どもたちということになるでしょう。しかし、新しいモラルがここでは通用しているのです。「生きるためには食わねばならぬ、よりよきくらしにするためには学ばねばならぬ。」（ベトナム共知国のことわざ）に親近感をもち、「山に頭をさげさせろ、河に流れを変えさせろ」（中国のことわざ）に共感をもち、「かけてかけてかけ抜く千里の駒の運動」（北鮮のあいことば）にバンザイを叫ぶ子どもたちと同一であることはたしかです。頭の回転がはやく、変り身はやさとぜったいにケガなどせず、たったひとりになってもビクビクせず、おっぽりだされても行動していく。そしてそれらが二人になれば、二人の集団としての考えと行動が、三人、四人……十人となればそれに即応した小集団、中集団、大集団として行動する態勢を組織し、しかもその中における自分の役割分担を明確にしている子どもたちであるということです。「右翼の十七才」の少年の行動に、進歩的文化人がおそれおののいたり、よいと思ってやったことに対して謝罪文をだしてうろたえたりするその弱さとはまったく隔絶したところに成長してきているモラルがあるのです。それは、「刃物」を持たない、「ね、さ、よ」を使わない、「しっかりおとなのいうことを守る」子どもという線上にはならばない子どもたちです。また、民主的「話し合えばわかる」「善意と子どもらしさ」にあふれた「よい子」でもない、まったく別の子どもであるということです。

「カストロという人りっぱだと思うわ。国をつくりかえちゃったんですものね。とてもたいへんなことをやっちゃった。『月のキューバの夜のコートヨ、あまい恋のささやき』って森山加代子うたうでしょ。今までのキューバはそれじゃなくて、これからのキューバはそれになると思うわ。やっぱりまちがっているのはこわしてから、はじめからちゃんと作りなおすでしょ。おわかりかな」（六年）という女の子もその仲間たちにいるのです。

DUMP／映画「一・〇五二」製作レポート

早稲田大学・稲門シナリオ研究会

あの時、思い切って、鳴らしてしまえばよかったのです。オナラをこらえているのは、つらいことです。〃おとうと〃の中の姉の痛々しさは、ついにオナラをする場所を見失った姿であると言ったら言いすぎましょうか。白い壁は崩れやしません。

全ては「家」が悪いのだ、と一人が言い、家を転じてバリケードにせよ、と次の方が申します。けれども、たたみ・ふすま・しょうじ・廊下・天井・みんな存在しつづけております。それらが構成する空間。そのなかで生活するいわゆる「家族」。親と子、兄と弟という因縁関係。その因縁という文字のうしろめたさと同質のうしろめたさが物質的家にある、というよりも、因縁を因縁のままにとどめておくシッコクとしての家を、市川崑は鮮やかにバクロしています。要するに、恐ろしいのは、たたみ・ふすまでございます。

再び、物質的「家」のシッコクをはねかえし、因縁関係を力強いスクラムにつくりかえようとする時、よみがえってくるもの。

ラスト、立上った姉は、なぜオナラをしなかったのでしょうか。彼女のオナラは、家の再出発の進軍ラッパとして鳴りわたるはず、だったのです。

オナラをめぐって、果敢な男たちの話がございます。いつだったか、ある週刊誌にのった物語。オナラでローソクの灯を消そうとした人がいるのです。何という実験精神でしょうか。かれは近寄りすぎて、肛門に火傷を負ったのですが、その勇敢さでマイク・コバックにもまさり、今やチャキチャキの流行作家となりおおせました。そのかれの所へ放送局から人がきて「すみません、一発、お願いします」とマイクを差しだしたのです。普通、マイクをさしだすのは口元にきまっていますが、この時は、やっぱりお尻の方へむけたので、とても恥ずかしい思いをしました、とかれは語っています。

ちょっぴり、オナラのバイタリティーが匂ってきました。オナラに現実変革のエネルギーがあるとは言いませんが、せめてそのキッカケぐらいにはなれないでしょうか。

香気放散、という言葉をごぞんじです

か。異性に性的刺激を与えるために発する動物の臭いですが、もちろんオナラはその重要な一要素です。肛門線から臭線をたどって発射されるガスが、イタチ・SKUNKにとって求愛と自己防衛の決定的な役割を演ずるとは、この場合百万の味方です。SKUNKのオナラにあてられて、二日間意識モウロウとしていた、という記録はそのエネルギーを象徴的に示しております。

現実の中で、これまで全く意識されなかった笑い、アジテーションのきっかけをとらえて、それを武器にして行こうとする時、改めて物質的家の奇怪さとか、或いは、人間・家族そして売血者のオナラが問題になるのは当然ではありませんか。記録映画の画面には、労仂者や子供たちが無意識にハイセツするオナラが常にただよっております。けれども、アイマイでしかも生ぐさいかれらのオナラを積極的に描き出そうとした映画を見たことがないのです。くやしいことです。

我田引水致します。一・〇五二にはありました。が、売血者のオナラは余りにも複雑で、陰えいにとみ、おまけにひどく臭かった。ぼくらけむりにまかれました。液体でも、固体でもなく、眼でとらえられない気体、であるオナラは、映画とはあい入れない宿命かも知れません。けれども映画の聴覚にうったえる音として、プープーとは、まさにオナラの意識的な発射音であるべきでした。

再び、一発のオナラをとらえ、それをきっかけにして、埋れ、ゆがめられ、屈服していたすべてのエネルギーを開放する人間の中と外を統一する要素としてよみがえらせましょう。

日本中世の絵巻物「病の草子」は、恐るべき病巣の記録場面を、次から次へとあら手をもってくり出してゆくことによって、いや応なしに、見る者の目をさいごまでとらえ続けます。古代的秩序が崩れ、新たに、物さまざまが中世に改編されるのを目撃したドキュメンタリストたちは、物の運動、飛躍を、つまりは矛盾の展開を、黙視することのできない批判者としてたち現れました。古代貴族の手中から絵巻物をダッ取した彼らは、それを絵巻物ほんらいの形にひき戻して民衆のただなかに投げこみ、封建革命のアジテーションを、敢然と展開したにちがいありません。

たとえばそれは、中世庶民の庭さきで行われる眼球手術のシーンを見ても明らかであります。ドキュメンタリストにとっては、いまここに、立ちひざした男のひとみから噴き出した霧状の血が、もっとも心ひかれる対象であり、噴出する瞬間、血に集中した転換期の妖怪を、いっぺんにあばき出すことが、最大の目的だったのではないでしょうか。このひと噴きの赤い異常が、一見平和で平凡な中世の庭さきを、ものの見事にでんぐり返し、生き生きしたアシュラの世界に変えてしまったことを、僕らは知る必要があります。

日本の循環系の一部を切りとって一大絵巻を作り、そこから噴き出す妖怪変化の実態を記録しようとした僕らが、必ずしもそれに成功しなかったのは、作り始めに、さまざまな色の雲を、まず描きこまなくてはな、と感ちがいした、玄人っぽい絵師の心境に似ているところが、僕らにあったからだと思います。僕らは何度も何度も、なだれるようなパンニングだとか、超クローズアップだとかについてしゃべっては時間を費やし、かんじんの記録実態を、そのあいだにいくつかとりこぼしてきたらしいのです。

もともと絵巻物の雲というものは、古代的な色彩にいろどられて宮廷貴族たちの上にたなびいていたのであり、中世を迎えようとするドキュメンタリストたちにとっては、そんなものはぜんぜん必要ではなくなり、もうとり払ってしまわねばならぬものとなりました。だから、いわゆる世紀末絵巻の中には、かすみたなびく場面は無いか、有っても少い様です。ところが、中世のある時期を過ぎると、このたなびく薄雲は、雲散霧消してしまうどころか、急に濃密な層雲となりはじめ、ついには、雲そのものが山や水をおおう、幽玄の世界にとってかわられるので。雲の切れめからはふもとも見えず――極端なロングショットに、郷は消え入り、かつて、ドキュメンタリストたちが果敢に対象はあくの闘争をくり返したそこは、完全に黙殺されてしまっているのでありました。もちろん、絵巻物はそこで存在理由を失い、消えて無くなりました。

絵巻物に薄雲は必要ではありません。「病の草子」に、もちろん薄雲はたなびいておりません。

日本の循環系のうちで、もっとも怪奇で、重要な部分のひとつは、薄雲の七色を検討しているうちにとり落されました。それは、労仂力を、血液を、再生産する機能をもった、人体そのものであります。搾りとられれば取られるほど、血液再生産の能力は、ましてくるもののようです。吸い取られの現場にありながら、ともすれば泣き寝入りしがちであった僕らの目には、すでに薄雲がたちこめてしまい、その怪奇を見届けることは難かしくなりました。

吸い取られの現状の中で、しだいに濃度を薄められ、ついには比重一・〇五二以下になり、もはや他人にゆずり渡すことの出来ぬ血液の流れを内に感じたとき、人体は急に、噴出するものに鋭敏に反応し、すべての感覚器を動員して、それを己れの中に確かめ、失った物の回復をいっきょにやってのけようとするのではないでしょうか。絵巻物「病の草子」の作者にはおそらく、一・〇五二以下の血を脈うたせながら、噴出する物に注意をはらい、噴出する物のエネルギーを組織しようとする視点があったものと思われます。

オナラという生理作用が〃笑い〃という生理作用に引火するというのは、自明の理でありますが、それをいかに統一して、強力な武器にするか、という問題が我々に残されています。

〃笑い〃自体、強力なハカイ力と批評を

もっていることは異論はなさそうですが、それをどのような戦術で統一していくか、それも商業映画のワクの中で、考えると困難さばかりチラツキます。

喰う為に血を売り、血を売る為に喰い、なしくずしに殺されていく人間達は、まるっきり、喜劇以外のなにものでもないのにもかかわらず、僕等の一・〇五二は、すっかりその現実におし倒されて、ふるえ上ってしまっています。

現実を相手どって、みごとに喜劇に仕立てあげることは、至難のワザですが、それをやらないかぎり、一・〇五二の乗り越えは出来ないのです。

商業映画における戦いのカギ、は、ニュースとの二本立にあります。

例えば、日活の〃闘牛にかける男〃と〃俺の故郷はウェスタン〃、松竹の〃猟銃〃と〃続々番頭はんと丁稚どん〃の二本立は、そえられた喜劇映画が、もう一本のしんねりむっつり映画のブチコワシを無意識にやっています。

〃番頭はんと――〃の為に観客の目がひどく冷たくなり、佐分利信とお富士さんの不思議な会話の連続（作者自身は不思議ではないのだが）〃あなた、御飯は？〃〃うん、外で喰べてきた……〃を笑いとばしてしまうのです。一タン笑いをおしえられた観客は、日常的な動きの気味の悪さがおかしくてたまらなくなって、ゲタゲタゲタゲタととめどもなく笑ってしまいます。

それは、市川昆の〃おとうと〃には現われてこなかった笑いです。たしかにあれは〃たたみ〃は写したでしようが、〃しょうじ〃や〃ふすま〃のキカイ性は写しだされていません。

ところが〃猟銃〃は、観客に向ってフスマが何度もしまるので、とても笑わずにはいられなくなってしまうのです。

〃井戸〃という映画がありましたが、同時に上映された炭坑の落磐事故のニュースの方が、僕にとってはショックでした。

井戸に落ちた子供をすくう、というヒューマニズムの香り高い映画は、水びたしになった炭坑の入口のカットに、完全に打ちまかされてしまうのです。

このようなゲリラ戦術以外に効果的な手段はないのではないでしょうか。正面から立ち向うにしては、数が足りないのです。

そしてそれは、笑いという生理作用を武器にしないかぎり、絶体に勝利をおさめることは出来ないのだ。

さて、ゲリラ戦術、という姿勢を確立せねばならなくなりました。

僕らの「一・〇五二」は、ゲリラ、ゲリラした調子を常に保っている必要があったのです。

一つ。徹底的に山林に隠れつくすこと。という、ゲリラの戦法が、今の僕らの使命ではないでしょうか。

いつも鋭い攻撃を、敵にしかけながら、尚且つ、その根拠地が、どこの森の中にひそんでいるかわからない、そういう〃まやかし〃の組織を、僕らはつくってゆかねばなりません。物、たちのたたずまいを確実に見極め、これへの徹底的な内部分析を行ってゆく、これがゲリラの戦法なのです。

物、たちは、既に、敵の側なのです。僕らの囲りに張りめぐられた、物、たち、日常性のなかに、無意識のうちに、棲息している数々の物たち。彼らは、僕らを圧殺しようと、いつもチャンスを狙っているのです。

炎天の中、黙々と道路を直す男、

喰うために売り、売るために喰う売血者の群。

何かを期待しながら、何を待っていいのかわからない銀座通りの人々。

ゴミやほこりを一杯つめながら、ガサガサ、と流れつづける隅田川の川面。

一杯三十円のうどんをすすりながら、〃バカハタ〃がきた、と叫ぶ職安の男たち。

皆、僕たちをおし殺そうと目をギョロつかせています。或る時は、ハッキリと露骨な形相をテイしながら、又、ある時は、残忍な刃をふところ深くのみ、目だけでほほえみながらチャンスを狙っているのです。

「一・〇五二」のゲリラタンクは、彼らの陰謀を、一思いに粉砕すべく動き出しました。〃状況の記録〃状況を刻明、非情に記録しつくすこと。

僕らは、陰謀の粉砕の一さいを、ここに賭けました。内部の目の通過、ということが、当然のことながら、そこには含まれているのですが。

しかし、僕達のゲリラ部隊はどうやら、その最底限の作業に失敗したらしいのです。道路工事の男達。職安の群。隅田川の川面。彼らが既にゲリラの一員であることに感激してしまった僕らは、徹底したつきはなしの目を、どうしても、向けることは出来ませんでした。

成程、彼らは各々、独立してゲリラであることに間違いないのです。〃バカハタ〃がきた、と叫ぶ男は、ゲリラ以外の何ものでもありません。ガラクタを浮べた隅田川も、又ゲリラの一員でなくてなんでしょうか。

僕らが、彼らのその雄々しい姿に感激したとしても、あながち無理とはいえないでしょう。

が、しかし、カメラがふるえ、目にかすみがかかってしまった僕らは、血液銀行のメカニックな機構、おざなりな失業対策、完全に人々の魂を抜かせた銀座の組織、というものへの目を忘れてしまいました。彼らも、ゲリラの一員であることには違いなくとも、それが、もっと大きな、残忍な敵の組織の中に再編成されていることに、鋭く気がつく必要があったのです。

敵の体制、は、僕らの想像を、はるかに越えたところにあるのです。

物、たちは、みんな敵。

いわゆる〃統一戦線〃、連帯ということをうのみにした統一戦線の甘いイメージのみを追求するのではなく、完全に孤立したゲリラになり切ること。それが、僕ら自身の手を、必ず噛む、ような統一戦線をつくりあげてゆくのです。

文化運動の戦線は、妥協のないゲリラ葛藤の中でこそ、統一されてゆくものでしょう。

■アンケート

①一九六〇年で印象に残ったわが国の短篇映画
②同じく劇映画
③一九六一年度への抱負
（順不同）

諏訪　淳

①一九六〇年六月（野田真吉他）黒潮丸（土屋信篤）日本の舞踊（羽仁進）
②裸の島（新藤兼人）
③文化財や博物館の美術映画を幾本か撮りましたが、その内容が全て不完全燃焼的なものばかりでした。今年は、人間の生活闘争と心理を内抱させた美術映画を撮りたい。

宮崎明子

①エラブの海（西尾善介）マリンスノー（野田真吉）刈干切り唄（上野耕三）黒潮丸（土屋信篤）
②黒い画集（堀川弘通）武器なき斗い（山本薩夫）裸の島（新藤兼人）悪い奴ほどよく眠る（黒沢明）筑豊の子どもたち（内川清一郎）親鸞（田坂具隆）

久保田義久

①新島
②ぼんち（市川昆）

諸橋　一

①エラブの海、マリン・スノー
②武器なき斗い
③動画映画の自主作品を制作したいと思っています。

赤佐政治

①マリン・スノー、潤滑油（竹内信次）
②裸の島、おとうと（市川昆）
③やりたいことをやる。

長野千秋

②日本の夜と霧（大島渚）
③自分のやりたいことをとことんまでやりたい。全てを創作活動にかけて。

藤原智子

①マリン・スノー
②あまり観ていないのでお答えできません。

谷川義雄

①三〇〇トントレーラー（松本俊夫）
②悪い奴ほどよく眠る、筑豊の子どもたち、おとうと
③今年こそはの意味に燃えています。

持田裕生

①なし（小生が観た限りにおいて）
②右に同じ
③予測だにしなかった非生産的な要素が余りにも多過ぎて、下手をすると足元を奪われてしまう足かけ三年、現状分析を終えたつもりではいるものの仕組まれたワナは巧妙で精密だ。《かくあるべき》と布いた石を跳ぶと泥が全身にはね上る。しかも一様ではないぬかるみは探しもとめてかつぎ込んだ石を容赦なく吸い込んでしまうのだ。この道を一体誰がどんな手段で通って行ったのか。石を探そう、砂も欲しい、セメントとコンクリートミキサーがあればなおいいだろう。それを探し続けよう。

豊田敬太

③おとうと、偽大学生（増村保造）笛吹川（木下恵介）

三上　章

①白い長い線の記録（松本俊夫）
②おとうと（但し強いて上げれば）
③年が変ってもその都度誓いをたてることはしたくないと思います。

楠木徳男

①ルポルタージュ・炎（黒木和雄）
②筑豊の子どもたち
③自分の現在おかれている位置で力一杯の仕事をしてゆきたいと思っています。

山元敏之

①お父さんは仂いてる（西本祥子）光を（野田真吉）
②黒い画集、青春残酷物語（大島渚）武器なき斗い
③日常生活と政治のかかわりあいについて考えてみたいと思っています。
①、②なし
③科学の方法と手段で、人間の進歩というものがどれだけ整理され、表現されるかをやってみるつもり。

杉山正美

③日本、南朝鮮、台湾を含めて、アジア、アフリカ問題を考えてゆきたいと思います。

康　浩郎

①マリン・スノー、白い長い線の記録。

岡本昌雄

②余りみておりませんので残念ながら書けません。
③今年こそ実験映画を！と考え又一年延びるかもしれません。それでも希望は捨てないつもりです。

松本俊夫

①マリン・スノー、光を、一九六〇年六月、臍と原爆（細江英公）プープー（日大映研）潤滑油
②青春残酷物語、日本の夜と霧、血は渇いてる、ろくでなし、（吉田喜重）不良少年（羽仁進）豚と軍艦（今村昌平）
③前衛的ドキュメンタリーの創作的、理論的追求。「西陣」を皮きりに自主製作の道を開拓する

諸岡青人

③スポンサード映画の中で、どうしたら主体性を確保できるか、努力を続けてゆこうと思う。

安倍成男

①不幸にして印象に残るものなし
②悪い奴ほどよく眠る。

野田真吉

①白い長い線の記録、一・〇五二（早大シナリオ研）
②日本の夜と霧、青春残酷物語、血は渇いている。
③「条件反射」（安部公房・柾木恭介シナリオ）を完成したいと思っています。なおテレビドキュメンタリーもやってみたいと思います。

間宮則夫

①白い長い線の記録。
②青春残酷物語。
③その作品の成功、不成功は別として、作家主体をもった作品をつくっていこうと思います。とにかくその作品を観た時、その作家が何を考え何を語ろうとしているのかが画面ににじみでているものにしていきたいと思います。

大島辰雄

①白い長い線の記録（創造精神の根強さ、執拗さ）一九六〇年六月（組織的創造の格闘ぶり）マリン・スノー（記録映画におけるカメラの役割）
②裸の島（製作の主体性と演出成果の一貫している点）おとうと

（堅実な演出力）日本の夜と霧（今日の問題との主体的対決とその問題意識において）
③批評家として、ドキュメンタリー運動の具体的促進に役立つ諸問題を巨視的・微視的に統一づけつつ実現するための活動に一層努力すること。日本の物で日本の映画芸術一般を前進させるための批評活動と実作への参加（原案・シナリオ等）

飯村隆彦

①沖縄（間宮則夫）不良少年
②ろくでなし（吉田喜重）
③映像の追求

岩崎太郎

①去年は繁忙をきわめたためほとんど試写を見る機会がありませんでした。
②チャップリンの独裁者、悪い奴ほどよく眠る。
③激動する日本農村の現実に肉迫したい。

島谷陽一郎

②独裁者
③豊かな実りを生み出すような映画をと思っていますが、とにかく三年計画で実現しようと今実行していることがあります。これを実現するまでは、何でもとにかく沢山仕事をするつもりです。もっとテレビについて考える必要はないでしょうか。

大野孝悦

①黒潮丸
②おとうと、裸の島
③雑役とチープレィヴァから自由にならなければならぬ。

丸山章治

①あまり見ていませんが、今何も思い出せないところから考えると、印象に残るものが一本もなかった（見た範囲だけの話ですよ）といえます。
②青春残酷物語、これ一本だけです。
③イヤなものは作らないで仂きたい。（飢え死しない範囲での話です）

黒木和雄

①ナシ――観る機会なく不勉強のかぎり――
②太陽の墓場（大島渚）不良少年

近藤才司

①白い長い線の記録、一・〇五二
②日本の夜と霧
③他人の批評に対する挑戦

松川八洲雄

①潤滑油（考人∧失礼∨にねじふせられる様な圧力を感じました
②武器なき斗い（自然主義の透視図の中で、変革のヴィジョンは所詮「風流夢譚」の裏返しのイメージとしてしか描かれない。などと否定するのはやさしいのですが、にも拘らずそれ自身革命を陰惨なイメージで描いている以上、否定は僕自身に対するきびしい否定となってつきささりました）
③PRのワクとドン・キホーテ的格闘をするばかりでなく、創造をフィルムにこだわらず、紙にでも、カンバスにでも具体的に定着してゆきたい。そのためあまり飲まぬこと。

飯田勢一郎

①潤滑油
②武器なき斗い、悪い奴ほどよく眠る。
③いつ、どんな仕事が来るか判りませんが、それぞれ自分なりの考え方で愛情と誠意をもって果したいと思います。

石田　厳

①エラブの海
②黒い画集
③一生懸命やるのみです。

京極高英

①見るチャンスがあまりにもなく残念でお答えできません。しいていえば、「その鍵をはずせ」（田中徹）
②これも五、六本では印象に残った等とは恐れおおくて語れません。
③今まで余りにも平面的な作り方で自分ながらいや気がさして来ていますがどうにもなりません六一年はこれを技術面からでも破りたいと思います。

小谷田　亘

①不良少年、失業（京極高英）人間みな兄弟（亀井文夫）
②裸の島、おとうと、日本の夜と霧
③日本の企業全体の九〇%をしめる中小企業組織の中で仂く人間の姿、生きる厳しさ等大いに勉強したいと思います。

浅野辰雄

①もうしわけありませんが、あまり見ておりません。
②武器なき斗い、おとうと
③戦中から戦後にわたる、中国人強制連行虐殺事件を題材にした劇映画の企画を進めています。この仕事の成否から一九六一年度の抱負を具体化して行きたいと思います。PR記録映画の分野では、あらゆる生産の場における主人公は人間である、ということを描ければ幸いと思います。

平野克己

①白い長い線の記録、一九六〇年六月、プープー
②太陽の墓場
③プライヴェートな抱負は限りないが、具体的にして現実的な抱負（？）は、何はともあれ作家協会員としての存在理由をはっきりと表わすこと。

座談会● 映画運動 1961

■映画運動のヴィジョン

佐藤忠男（映画評論家）

山形雄策（シナリオライター）

野田真吉（記録映画作家）

佐々木守（東京映愛連 選定委員）

佐々木　今後の映画運動をどう進めて行ったらいいかというようなことで話しあっていただきたいわけですけど、一般に映画運動というような形でいわれているものが実際問題としていったいどういう考え方で進められているのか、そのあたりが不明確になっています。単に運動やってるといえばすべてがドンピシャで納まってしまうというところもあるので、ここらあたりで映画運動というものの一つのはっきりしたイメージを打ち出していかねばならないんじゃないかというふうに考えるわけです。はじめにそれぞれいろいろな形で運動というふうなものに携ってきておられる中で、映画運動というもののそれぞれのイメージを話していただきたいんですが。

佐藤　私としては、一番関心持ってるのは観客運動ですけどね。自主上映運動なんてのは一応具体的な方針出してると思うんです。また、これはあまり大問題じゃないみたいな気もするんだけれど。

たとえば映愛連でベスト・テンやったわけですよ。観客全員の投票で。そうすると結果としては、非常に道徳的な映画と娯楽的な映画を妥協させたような答が出るわけですよ。つまり道徳的な映画何本と、非常に娯楽的な楽しかった映画何本という組み合わせで出てくるんです。それはそれで観客の率直な考え方が出てるもんだと思うが、そのあとで個人賞がついてくるんですね。その個人賞の方はたいへん、観客の投票によったとは思えないような感じもするわけですよ。大島渚だったり下元勉だったり、観客投票だったらもう少し違った名前出てくるんじゃないかというようなのが出てくるわけです。どうしてそういうくい違いがあるのかといったら、ベスト・テンの方は会員の投票だけですぱっと決めたんだと、ところがそれだと見た人の少い映画は損するから、個人賞の方は幹部の方で協議して決めたんだと、そしてその結果について意見を述べよという註文があったわけです。ことわったわけですよ。どうしてかというと、つまり一般大衆の意見はこれ、映愛連幹部の意見はこれ、その上でさらに映画批評家の講評をいただくという形になるのは、何というか批評の階級性みたいなもの感じられてたいへんよくない。そんなのじゃなくて、たとえば批評家なら批評家と観客なら観客が本当にまともに、もろにぶつかって討論できる場がなければ意味ないというふうな意味で、ことわったわけですけどね。つまりそういうふうな形で大衆的な基準はこう、中くらいの基準はこう、批評家の基準はこうというようなのを、何となく一つの紙の上に妥協さしておくのは、たいへん不健康だからということで、つまり私の考えてる具体的にやりたいというのは、そういう観客運動の中で批評を具体的にどう持ち込んでいけるかというようなことを、自分の問題として考えてるんですけども。

野田　ぼくはやはり作る者の立場として現実変革ということのために、意識の変革ということを基底に考えて、その場合にぼくたちはどういう映画を作ればいいかということしかいえないんだけど、今の状況否定というようなことをよくいわれる。そのためには現在の状況を作家の外側で切りこむというか、かかわっていくというようなことで表現されてくるイメージでは、それは打ち破れないんじゃないか。状況というものを作家内部の中へ持ち込んできて、おそらくぼくたちの中にたくさんある古い考えやそれが肉体化されているものとか、いろいろな濁った意識あるいは無意識というものとかかわらせながら批判し、否定するところに生まれてくるイメージ、下降による上昇のイメージ、いいかえると自己否定をとおしての対象の否定のイメージを表現しない限り、観る人の意識構造を変えていくことはできないんじゃないか。いい足りないけど、ぼくらの芸術創作運動というのはそういう視点でやらなきゃいかんじゃないかと思ってるわけです。具体的にぼくらの記録映画の場合でいうと、総評でつくって松本俊夫が撮った、「安保条約」の時に、総評の幹部や配給業者との間に同じように現実変革ということを目標とした運動でありながら、意見の相違が非常に出てきた。また今度の「一九六〇年六月・安保への怒り」の過程にも出てきた。そういう辺でやはりぼくらの運動内部に、不統一があるんじゃないか。何となくわかったような、現実変革のための映画運動というようなことといいながら、内部にとても違った考えがあるんじゃないか、そういうことをいろいろと、山形さんなり佐藤さんの側から御意見聞いたらと思ってるんです。

山形　それはそういうことが出てくると思うんだ。要するに設定された目標を実現する、あるいは遂行する、そのために行動が組織化されてく、まあ簡単にいっちまえば運動とはそういうふうに考えられるし、例えば映画というものに対して映画の持ち場持ち場から、さらに観客の場合だったら層の広がり、いわゆる各層というのか、それの独自の目的も利害もあるしいろいろな立場から運動というものが出てくるわけで、たとえば、おととしの秋に映画観客団体の全国会議が関西であったわけだ。御承知のようにいわゆる映サ系の観客団体は全国的な組織持ってないわけですよね。神戸なら神戸、尼ケ崎なら尼ケ崎、京都なら京都、というふうにおのおのの映サの地方的な条件や何かのなかで、その場合に共通の目標は何かということで反体制を指向するということばが盛んに使われて大体これが確認されたわけですよね。で、映サ系の観客団体の運動は、勤労者の運動だということが最初からあるわけだから、反体制という目標が出てくると思うけど、例えば今野田君がいったように、今度創作家の立場からいったら、いわゆる意識の変革ということが当然出てくる。そうするとその意識の変革を指向する創作運動なり何なりというものの内容は、確かに反体制とつながるように見えていて、この反体制を指向するという内容を掘り下げていけば、内容的にはいろいろな違いがある場合があるわけです。

　創作活動の場合でも、ぼくにいわせれば記録映画の方は、一つのはっきりした創作目標持った運動が、だんだん形成されてきてると思うけど、いわゆる劇映画の場合には、松竹の最近の若い人たちの場合にはやはりそういう性格があると思いますけど、今まではほとんどないんだよね。つまり共通の目標でもって創作活動を組織していく、そしてそれを大きく運動化していくということがないから、一層、映画というものに対しておのおのの立場からの狙い方が違ってるということがいえるわけだよね。ことばはわりに共通のことばが使われる、しかし内容的には違うものがたしかにある。

■映画運動と労仂運動

野田　それはやはり、現実変革とを目途とする運動ならば体制打破という統一の行動目標をもつのは大きな目から見れば当然です。だがその場合たとえば現在はどこにメドをおかなきゃいけないかということが問題だと思うんだ。意識変革するといっても、どういう点をどんな方法で意識変革していくかということがはっきりしないんです。いつもおおざっぱに、ムード的に反体制というようなことでぱっと包んじゃうけれど、やはり現在どういう点をどういう風につき進めなきゃいけないかということが明確でないんじゃないかと思うんですよ。そこまで突っ込んで考えないと、運動も骨が通らないんじゃないかと思うんですよ。

山形　その場合に、いわゆるメドを共通に立てる、あるいは統一するということになると、今いったようにいろいろな立場から出てくる運動をどう結集していくか。たとば去年からはっきりしてきた総評が提唱した労仂組合視聴覚研究全国集会、略称は労視研といってるわけだ。これの場合なんて、去年の全国集会は約五百名近く、そのうち四百名近くが労仂組合の活動家、あとは大部分が映画関係の専門家ですよね。これが集ってとにかく会議やって、その場合にも問題がいつでも教宣部の立場に帰ってくるわけだ。結局なぜかというと、いわゆる権力と資本の側からするマスコミ攻勢、これがヒューマン・リレーションやP・Rの筋で浸透してくると、これにどう立ち向ってくか、明らかにこの場合、労仂組合自体はいわゆる労仂者階級としての意識の変革というものを目標とはしている。その場合映画の問題になると、映画を運用する立場の運動になってくるわけだ。だから、たとえば作家の方から芸術内容について、それから芸術の方向について問題が出てくるとその段階ではほとんど嚙み合わない。だから作家の方から出してくる意識の変革の問題というものと、労仂組合の方から提起されてくる意識の変革というものは、ことばにおいても同一だし、大きくいえば変革する内容は階級的なものということになるかも知れないけど、実際には非常に違いがあるわけだ。そうすると、野田君のさっきいった問題というのは、今すぐにそっちへ討議が移らないと思うけど、作るものと、その創造されたものを見る者とのかかわり合いというようなことば使ったと思うけど、その中で行われてく意識の変革の問題には、まだなってないよね。だからたとえば映画復興会議。映演総連と全映連が協同して持つと、これは画期的なことだよね。とにかく映画産業の中のレッド・パージ以来、労仂組合が分裂したままになっている。それが映画復興という一点で共同する。この間の話だと、日活も参加する意欲があるらしい。日活が参加すればほとんど組織されてる映画の勤労者は全部一応結集されるわけですよ。

　ところがこの内容で、映画の質を改善してくという問題出してるけど、労仂組合の映画の質を改善するという問題と、松竹なり東宝内部の作家自身が努力し、又めざしてる質の改善なり、変革なりというものとは、考えかたにおいてはおそらく同一じゃないと思うんだよね。いわゆる運動という名前がついてるいろいろな運動、上映促進の運動、自主製作自主上映運動、労視研運動、それから観客運動ね。そういう一連のものが、私なりのことばでいえば、一つの戦線に共通の目標で統一は、まだされてない。いわば反体制なり変革なりというもので一応統一できるようなことにはなってる。だけども実際には統一してない。おのおの の考えはやはり違ってる。これが現状じゃないかね。

野田　だから、今日にどんな映画が一番重要なのかというと、イデオロギーの戦線の中の問題をどれだけ、革新系の政党や総評なんかの幹部はつっこんで考えているのだろうかと思うことがあります。芸術作品に対する考え方、そういう作品の運用のし方を統一的に方向づけて考えてないんじゃないかと思うんです。つまり、そんなこと考えない文化運動はあり得ないと思うんです。我々がどういう意識構造をどういうところで突き破らなきゃいけないかということがない運動は、芸術運動にはなり得ないと思う。去年の国民文化会議の集会に出て一番感じたのは、労仂組合が文化運動に関心をしめしたのはよいことですが、一方労仂組合の運動が行詰ったから一つ文化運動に転換して、そこで行詰りを破ろうという考えがひどく強かったんです。何が運動の行詰りに対する手の問題くらいに文化運動を考える、そういう考え方が問題じゃあないだろうか。映画企業の中にだって、形はかわっているが同じようなことがみられる。また聞きだけど労仂組合の幹部が、芸術的価値なぞよりメシが食える、もうける映画を作れというようなことで、大島君の「日本の夜と霧」にひっかけて攻撃をかけてきてるわけです。労仂組合の方もそういうことをいってる。そういうことじゃ、やはりいけないんじゃないかとぼくは思うんですよ。

山形　それは実際の話かどうか……。

佐藤　そういううわさ聞きますね。

野田　そういうことはあり得ると思うんですよ。

山形　それは、今の映画の労仂組合というのは、企業別的な性格強いから、これは労仂組合の幹部活動家自身が認めてるんだけど、つまり非常に企業防衛的な傾向がでる。それがたとえば、おととしのアメリカのシナリオ・ライターの組合が火ぶたを切ってストラキやった、いわゆる職能別組合の強味を出したわけだ、企業別でなく。そうしたらそれが非常に大きな、日本の映画の労仂組合にも衝撃になったらしいけど、そういう性格があるから企業防衛の立場から、そういうことが出たかも知れないね。事実とすれば、根拠はそこにあると思う。

野田　ぼくは別に労仂組合を攻撃するんじゃなくて、少なくともそういう基本的な考えを統一しないと、やはりぼくらのめざす映画運動というものが前進しないんじゃないかと思うんです。

佐藤　つまりね、仕事を進める上の具体的な問題では、ある程度の違いはあっても完全に統一しないといけないと思うんですが、それからふつうの観客団体団体なんかが、どういう映画がいいのかというのが、とにかく会社に抵抗して作った映画なら何でもいいだろうという、多少疑問はあってもその疑問には触れまいというような傾向があるように思うんですよ。むしろその疑問を出しあって、まさに同じ反体制の中でもこれだけ考えかたが違うんだということを、がくがくと議論した方が、やはり観客組織を拡大することにもなると思うし、そういうのは活字の上でもやらなきゃいけないけどそれだけでは足りない。そしてたとえば、同じ反体側といっても、ものすごくいろいろ違うわけですよ。ただ会社に抵抗して作ってるという一点で支持しようと、それはいいと思うんです、その基本線で支持しようと。それからまた作る便宜的なものはお互に協同しあうと、ただ観客の中に持ち込んで、そこでさあどうだという場合には、担当激烈な対立が今や必要なんじゃないかということ思ってるわけです。ジャーナリストの立場としては、ジャーナリストというか、そういう機会を私としてはなるべく作って、いろいろな違いを激化させる方法ね、つまり例えば記録芸術の会というような非常に高踏的なところでは、大いに激化してるかしてないかわからないけど、激化すればするほどいいというふうなふんい気はあるわけですけど、それはそこだけで、映愛連的なところで全然激化してないわけですよ。それを激化させることは、非常に映画運動には必要であると思うんです。

■映画サークルのあり方について

佐々木　ぼくは映愛連の方で選定委員やってるんですが、去年はたいへんにそれで討論が起きたわけです。一つは「武器なき斗い」の評価をめぐって、それと「日本の夜と霧」に代表される一連の大島作品というふうなものの評価をめぐって、論争が起きた。映愛連では「太陽の墓場」が特選になってるわけです。「武器なき斗い」が選定になってるわけです。それはおかしいんじゃないかということが幹部から出る。同じように下部の一般会員の中からたいへん突き上げが来る。そういう中で映愛連の新聞だとか雑誌が集中的に「太陽の墓場」というふうなものを取り上げて、多くの人たちの声を聞くようにする、あるいは新聞が「武器なき斗い」のいろいろな批評を寄せ合うというようなのが一つあるわけです。ところがそれについて、どうしても意見が発展していかない壁があるわけです。たとえば「武器なき斗い」を取り上げてみると、われわれはたいへん感動した。感動したというふうに一言でいっちゃって、その感動の中身というのが語られることがない。それはおそらくぼくの見るところでは、映愛連ができた当時から、その辺が破れない壁として常に横たわってきてるんじゃないか、と思うのです。

佐藤　「太陽の墓場」が特選で、「武器なき斗い」が選定というのもそれは一つの見解なんでしょうけれども、どうしてそういうふうに作品に階層つけて下部に流すのかということが、たいへん疑問なんですよね。つまりこの作品はいいんだということを説得しなくちゃいけないわけでしょう。あるいはこの作品をめぐってこれだけ激烈な意見の対立があったということが、そのまま流されなきゃいけないですか。

佐々木　それはやってるんですが。

佐藤　だけども、その作品のトータルした意見として、これはいい、これはそれほどよくないというのが、そのままいくというのは何かおかしいんじゃないかという気もするんです。対立そのものが投げ込まれて、公開討論会などに発展するのが順序じゃないかと思う。その公開討論会などの時、そこまで結論持ち越すというふうに、そしてただある作品を非常に運営委員会の方で注目してるということは、その作品扱うスペースの大きさで示せばいいというくらいなことで、批評精神弱めさせてるんじゃないかという気がするんです。

佐々木　それもありますね、映愛連の場合特選とか選定という階層つけるのは便宜的で……。

佐藤　その便宜でもって一つの波が流れていって、「武器なき斗い」の映画こそ最上に思ってたのが、「太陽の墓場」の方がそれにとって変るらしいぐらいのムードで終るのは、不健康なことじゃないかという気がする。

野田　ぼくも佐藤さんの意見と同じだ。ランク制はやはりその理由をはっきりさせることが必要だと思うんです。どうしてこの作品は特選で、みんなに観賞をすすめるというのかということを。

佐藤　いい映画というもののイメージが固定化したのが、批評精神を最大に妨げているような気がするんです。こういう映画は幹部で上の方でいい映画というだろうというというのが固定してて、つまりどんな作品でもとにかく、こういうのがいいと思うというような声をどんどん出させる力が足りなかったんじゃないかしらと思うんです。こういう映画がいい映画だということを認識してほしいという声がいつもあって、その要望に縛られてる限りは、いつでも自由がないような気運があったんじゃないか。つまり独立プロ的な映画が完全にいいというふうな気運があって、それがまたいつの間にかスターリン批判か何かで風向きが悪くなると、アバンギャルドが何でもいいというような気運になって。何かこう、一つの勢力交替みたいな形で、それを下部というか観客大衆の側では、要するに自分たちを抜きにして価値基準の勢力争いが行われるかの如き印象じゃないかという気がするんです。それは不健康な状態じゃないですか。

■武器なき斗いの内抱する問題点

野田　佐藤さんに一ぺん聞きたいと思うのは、つまり「武器なき斗い」を佐藤さんは一応評価されていますね。それから「日本の夜と霧」も一応評価されてますね。それじゃ批評家として評価される視点みたいなものはどういうところで、どういうふうなことなのか。

佐藤　「武器なき斗い」は非常にあいまいに評価されてると思うんですよ。アプリオリにいいというのと、まさにアプリオリに悪いというのと、両方あると思うんですよ。そしてその両者がまさに全然かみ合ってないと思うんですよ。何かお互いに自明のこととして対立してて。私は「武器なき斗い」は非常にいい映画だと思うんですよ。ただ、非常につまらない側面を含んでると思うんです。つまらない側面というと、具体的にいえば、赤旗の下に参加したものすべてよしというところに、みんな集約されてくのがたいへん不満なんです。非常にいいんだけども、何か既製の前向きの基準、とにかくそれを納得させるために泣かせ方も使うし殺し場も使うという感じで、具体的にいえば、たとえば、最後に赤旗が立ってるところに、かつて裏切ったのが帰ってくる。それがまた全然いばってんですよ。全然反省してないらしいですね。非常に傲然とした顔して現れてきて、それをそのまま暖く抱擁して、そのまま終りになるような、ああいう終りかたというのは、山本薩夫さんの人柄のよさはじゅうぶんに出てるけど、闘う態勢とは違うんじゃないかという、一つ一つの場面からいえばそんなこと感じるんです。

私としては、現在の段階ではもっといろいろな違う立場が、ごう然と討論しなくちゃいかん段階だという気がする。だから「武器なき斗い」は非常にいい映画だが、そういう点で物足りないというかまだちょっと違うという気がするわけです。非常にいい映画というのも、説明しなくちゃいけないんですが、そういう限界を感ずるにしても、やはりそういうことこそ大衆的な討論の場に持ち出される価値のあることだと思うんです。非常に価値ある問題を出してると思うんです。

「日本の夜と霧」は、やはりまさにいろいろな討論まき起すべき問題を、そのままぶつけるというのは、現在の段階として非常に必要な映画であって、私の批評基準は作品としての完成度というよりも、みんながぶつかるべき問題を連鎖反応起す力をどれだけ持ってるかということで判断したいと思うんです。連鎖反応起すという点では、「武器なき斗い」も相当持ってるが、あるところでみずからそれを避けるみたいな気味がある。そこが不満で、だからといって「武器なき斗い」は選定で終らせるというのは意見の押しつけであって(笑)たいへんよくないと思う。まさに連鎖反応起す力持ってる映画はみんないい映画だというふうな、それ以上細かくなればデテールの問題なんかいろいろあると思うが、基本的にはそんな線で両方とも高く評価するんです。

佐々木　ぼくなんか今おっしゃった、かつて裏切った奴も赤旗の下に帰って来た時、大きな母の愛みたいなもので包含してしまうというふうなところが、基本的に作家の現実意識の問題、変革のイメージの問題として基本的にはだめなんじゃないかという気がするんです。戦後責任、戦争責任の問題がいったい山本薩夫という作品にどういう形で投射してるのかということ考えた時、全く唖然とせざるを得ない。

佐藤　私の場合、その問題をなぜそういうふうに具体的な形で、観客大衆の中に投げ出さないかということで、今までムードとして進歩の側にある映画はいいと思ってたのが、単なる進歩ではいけない、そういう具体的な討論の材料が、あの映画には非常に重大な問題があると思う。「女が階段を上る時」いくら考えたって重大な問題出てこないわけだ。出しかたもあるかも知れんけど。「武器なき斗い」はズバリと出てくるはずなのに、そのまま観客になまの形で討論してほしいという形で出さないで、ちっともこの映画はたいしたことないですよという形で出されるのは、やはりよくないと思うんです。

野田　だけど、かつてパターンで独立プロはいいというようなことと裏返しになる恐れはあるね。だから山本さんの「武器なき斗い」についていうと、――ぼくはラスト・シーンはイメージの総括みたいな形で出るから大事だと思う。そこに、今日山本さんが戦後を通って六・一五とかいろいろな事件を通過して、今どういう点が重要かどういうふうにみなければならないかという今日の視点にたってあのラスト・シーンなんかは批判的に見てないと思う。あの時みんな帰って来たというので涙流す、来た人々は相抱く。戦後と戦中とをずるずると流れていったというところに、今日のさまざまな革命運動上の問題点が山積し内臓していたと思うんだ。あの場合涙を流したのは事実かも知れない。それを今日的に批判的に演出されるべきじゃないか。そうするともっとうんといい映画になったんじゃないか。僕は山宣を素材的に否定しないし、それはそれで結構だと思う。ただ作家がどのような次元にたって対象と関わっているかについて、問題をもっているのです。

佐々木　ぼくなんか極端なことい うわけですけど、映愛連の運動として今後進めていく中で、いったい山本薩夫を支持するか大島渚を支持するかという形での態度決定を迫るわけです。その時現代の状況をああいう形でしか把握できない作家をいったい映愛連という一つの組織、新しいこれからの観客団体というふうなものが、支持していくのかという問題が出てくるわけです。その時これを上映運動やってくということはわれわれの闘いにとってプラスになるかマイナスになるかということがあるわけです。そういう意味で、ぼく個人としては山本薩夫なんか抹殺しちゃえということになる。

山形　佐々木君のいったようなことになれば、これは佐々木君の主観というものが非常に普遍性を持ってるか、現実にはっきりと裏づけられる条件を持ってるかということになってくる。そこでぼくなんか、佐々木君の現実認識なり把握なり、映画運動というか反体制なり何なりという、大きな政治的な社会的な、これからの日本の労仂者がめざしていく道に対する認識の違いが、はっきりある。佐々木君が山本薩夫を打倒するどころじゃない、抹殺ということを(笑)声を大にしていうことは、佐々木君の自由である。しかしそれを果して全体の映画を見ている人たち、あるいは映画の運動を支えていく労仂者はじめ、広い勤労者の層が肯定するかどうかという問題になってくると思う。それこそ徹底的に意見を闘わせるということになればそこまで闘わせなければならないことになる。だから、今映画サークルの問題というのが、絶えずつきまとってきて、かたより過ぎてるけれども、それにしても映画サークルは、今ある意味からいったら非常に後退しているわけです。数の上では、たとえば東京の場合でも十数万のがぎりぎりのところへきてるみたいなことがあるわけです。その中で、たとえばその中での選定委員会の論争はそれだけでおしまいならばいかに声を大にしてもコップの中の嵐になってしまう。しかも問題は非常に大きい。一人の作家の作家生命をなくすかなくさないかという問題にまでなってくるとすれば、果してそういうものがいったい運動といえるかどうか、悪質なる作家を攻撃する、あるいは批判するということは映画に限らず、いろいろな場合に出てくるわけです。しかしだめな作家は抹殺するのが運動の目標になるかどうかということで、闘うということばが使われたけど、大きな闘いというものは日本の映画というものを阻み、非民主的に、あるいは反民族的にしていくところの力に対する闘いが共通であり、かつ最も幅広い闘いであって、たとえば反体制という、あるいは意識の変革あるいは現実の変革という問題が、突然飛躍して、山本薩夫打倒抹殺という運動目標に絞られてくるみたいな気がするんです。そうなってくると、たとえば私の場合なんてあの作品のスタッフの一員だが、スタッフの中でも論争はありましたよ。たとえば最後のシーンで本田の役を登場させるかさせないかというのは、いろいろ討論が起ったわけだ。意見のくい違いがあって、結局出すことになったわけだけど、内部でも決してイージーにいったわけでもないんだ。ある意味からいったらああいった作りかたに対する一つの見解というものがあるわけだ。そこまでいくと創作方法の問題になるし、芸術理論の問題になって、毛沢東の文芸講話から始まって、いわゆる政治と芸術との関係、政治の優位性の問題、そういったものに対する見解の相違がつきまとってるわけですよ。意識の変革の問題にしても、見る者の意識の変革の場合に、作家との関係からいけば、単に意識の変革の話だけに局限されるものでなく、それがどう見る人たちの行動と結合してくかの問題として見てるわけだ。

佐藤　私は、山本薩夫抹殺されるべきでないと信じますね。（笑）

■映画運動内部の敵は何か

佐々木　抹殺されるべきものは山本薩夫というふうな個人だけに限らない。又ひとりだけではないですよ勿論。記録映画の分野でもこれはあるわけです。「一九六〇年六月」という映画が作られたが、これの製作過程の中で、作家と配給社側、勤労者視聴覚事業連合会が、たとえばコメンタリー一つ書くにしても対立する、それからいわゆる反体制側、いいかえれば国民会議に属する革新政党というのから、それぞれ勝手な意見が来る、そういう連中の中で現実に対する意識にしても運動のプログラムにしても、芸術に対する考え方にしても、どうしようもないバカが多いわけです。その連中が、たとえばこんな映画なら配給しないということをヌケヌケという。単に反体制というようなことだけでは、もはや包含することのできないもの、すごく大きな内部矛盾ができているわけです。もちろんそういうような中で敵を討たなきゃならないけど、より有効に敵を討つためには、運動内部の多くの矛盾と闘っていかなきゃならない問題がある。記録映画の場合、それが顕著な形になってるわけです。

佐藤　まさにその点は、総評や何かの見解は徹底的に打破されなきゃいけないんじゃないか。そのためには相当幅広い戦線がなくちゃいけないでしょうね。

山形　今の問題について、ぼくは野田君なんかと創作理論の上でも意見のくい違いがあると思うけど、野田君も主体論の一人だろうね。中心だろう？　いやいや、まあいい。ぼくは逆に作家の主体性というものが非常に重要だということを、このごろつくづく考えてるわけだ。ただ考えてるけど、たしかに内容は違うと思うんだ、主体性をどう確立するかの問題については。どこが一番違うかというと、総評映画が一番典型的な形だけど、要するに映画を作る目的が違うんだよね、明らかに。つまりいわゆる芸術ということを第一義的にはおいてないよね。たとえば安保の場合でも、浅沼暗殺の映画なんかなおさらだけども。たとえば選挙の際の映画といえば当然選挙にまず役立つことが最初にくると思うんだ。一番いい例は安保だよね。「一九六〇年六月」じゃなくて、松本君の作った「安保」この場合明らかに、総評が意図してたのは、安保の宣伝啓蒙を視聴覚を通じて行うことだったに違いないんだ。松本君はそれを、いわゆる作家の立場から取り上げたわけだ。そこへ出てくる意見のくい違いが、あの場合完全にあるわけだ。つまり作家の、安保をいかなる映画にするかということの中には、おそらく非常に普遍性を持った宣伝なり啓蒙性なりというものを中心にはおいてないと思うんだ。だから当然、あれが作られたらあちこちの集会なり職場なりで上映されると、必ず二つの意見が出てきたというんだ。一つの意見は、見当がつかない、見たいと思ってるものと違うというわけだ。一つの意見は、いやあれでいいんだという意見だったらしい。全体通じるとあれでいいんだという意見は少数派だったらしい。なぜかというと、全体とすれば、映画を鑑賞するというよりは安保の闘争の中で、安保条約というものを理解するために映画を見ようとした連中が多いわけだろう。だから今のようなくい違いがはっきり出てくる。ところが創造活動の面からすれば、そういった目標がはっきりし、作るための財政的な形なり、見る側の広い支えになってる勢力が要求してるものと、くい違った場合、作家というものが主体性をその中でどう確立していくのか、それが完全にアンチ・テーゼとなって対立し、どうにも統一できないものなのかどうかの問題なんだ。ぼくは「武器なき斗い」についてのいろいろな批判というものは、受け取るにやぶさかでない。ただ佐々木君のような結論は絶対に承認できないけれども。（笑）ああいった「武器なき斗い」式な映画に対して、その作家の主体性の問題から見れば、大衆運動が要求するものに答えていくには、芸術家というものはどう創造活動する条件があるのか、単に意識の問題じゃないと思う。要求に答えて、しかも主体性が発揮できるかという問題になると、そこでは創作方法上の問題としても、ぼくと君はおそらく非常に違うと思う。

野田　それはそうだろうと思います。

山形　だけど、作家の自分の創作的な立場、それから創作的な追求をいかなる場合でもやってくということは、絶対にゆるがせにできないことだと思う。

野田　今日の時点でそういう意味の運動の中の闘いというものは、当然あるべきだと思う。それをそうじゃなくて、作家というものは何でもかでも権威や大衆的ムードにべたつくのが作家だというふうな考えかたをしてる限り、文化運動は発展しないし、文化運動を反体制の武器にしようという大それたことを考えるよりも、一まず手前たちの頭ぶっこわした方がいいと思うんだ。自分自身の中の意識の構造の恥部を徹底的に明らかにしない限り、強い反体制の力も本当に出てこないと思う。運動の面においてもそういうことをあきらかにし克服することが文化運動の当面する目的だということを、ぼくたちがそして運動の指導的幹部が認識しない限り、前進的な本当の姿勢はうまれないと思うんですよ。そういうものをこわすのがぼくらの仕事だと思う。ぼくたちそして組合の幹部の人なんかもふくめて、われわれ自身の中のそのようなものをぶちこわしていくことでうけ手の同様な意識をぶちこわしていくのが現実変革をめざす映画の使命であるということを、認識することが大事なんじゃないか。

山形　抽象的には、私も異議はさしはさまない。各分野の活動家なり幹部なりの意識構造の問題だけじゃなくて、作家自体の問題でもあるわけだ。たとえば七年前、現状をかなり的確に把握してた人たちが、たとえば今の時点でもって現状を同じように把握してるかといえば、そうでない。非常に遅れてる場合もあるし、その原因は、一つは野田君のいってることから出る。それは意識という問題だけを切り離して考えてるんじゃないと思うけど、ぼくは「記録映画」の誌上でこのごろよく読んで勉強してるつもりだが、何といっても意識論が先行して、たとえば創作理論と運動理論の関係からいえば、両者が統一してない面が非常にある。というのは、ぼくはそういう面からものを見るたちの男だから。

野田　だから、何も今労仂組合の幹部の人が非常に遅れた意識構造を持ってるというんじゃなくて、ぼくたち自身も同じです。外の状況がどんどん動いている、ぼくたち自身の中にもどんどん追っかけなきゃいかん問題があるわけだ。そのためには、労仂組合の幹部の人たちや一般の人と同じだろうけど、ぼくらの意識の中に古いもの、立ち遅れたものがあると思う。そういう内部のものを外部の状況とを内部でかかわらせ、批判する中でうまれるダイナミックなイメージを打ち出す、その時はじめて作家というものの主体が、現実をたんに固定的な主体のパターンで解明するんじゃなくていつもうごいてやまない外部と主体内部が対応した中で、主体的に批判し投げ出すことだと思うんだ。決して作家が一番高い思想と認識を持ってるというんじゃなく、そのような高いものをもっていれば高いよい芸術がうまれるということになると毛沢東やレーニンが芸術の一番いいもの作らなきゃいかんということになるとおかしなことだと思う。そうじゃなく、たとえばレーニンがトルストイにたいへん感激したというのは、トルストイが自分の中で彼の体をとおして対象を消化したイメージを批判的に投げ出したところに、政治家としてのレーニンがそれを芸術的な感性的な認識としてとらえたんじゃないか、作家の芸術活動はそういう所にあるのじゃないかと思うんですがね。こんなみ方をするぼくなんか山形さんから見ると、全くいかんのじゃないかと思うけど。

山形　妙な所で勘ぐるね。（笑）

野田　長い間いためられて、勘ぐりに慣れてきたもんだから。（笑）まあ、今いったようなことから、ただ単に作家が対象と内側でかかわらず外側に対置的にスタチックにかかわって、人にこういう状況はこうだ、だからこうだと解説したってだめじゃないか。そういう意味で「武器なき斗い」のラスト・シーンは山本薩夫が自分の血を流してない。パターンでしめくくってるんじゃないか。戦後の、今までの苦しみを敗戦という一線で、山本薩夫がどう抵抗したか、しなかったかということを批判して、つまり、あの映画をどのような姿勢で今の時点で撮ってるかということが問題だと思うんですよ。

佐藤　原則的に、今野田さんいったことに全部賛成なわけです。「武器なき斗い」の場合は、つまり浅沼事件なんかで非常にアクチュアルな問題になったけど、それだけの実力はあったと思うけど、その前には社会主義運動の純潔なる時代へのノスタルジィという映画であると、大体において見当つけてたわけですよ。見た感じも大体その通りであると思ったわけです。その点で、さっきいったような批判出てきたわけですけど、その問題が非常に具体的な力で、大衆的な討議をまき起さんことには、いつまでたっても不健康だといってるわけです。主体性の意識論の側では、まさにいつでも出るのが抽象的な問題なんだ。抽象的な問題であるうちは、非常にトリビアルな具体的な問題で論争が起らなければ、結局大衆運動にはならない。センチメンタルということば一つで討論すると、完全に水かけ論になっちゃうんだ。いいじゃないかというのと、断固いけないというのとで発展しないわけです。だから大義名分の入れ替えは絶対に、安直にこの時点で行われると困るというのが一つあるわけです。総評なんかの問題、大義名分の立場で争わないで、絶対に具体的な映画の作りかた、創作方法もあるけど、金の集めかたの問題とか独立プロ運営の問題とかいう非常に具体的な問題で常に論争を、大衆的な次元で起してないといけないんじゃないかと思うんです。論争挑む時も、大義名分として山本薩夫抹殺すべきかじゃなくて、運営のしかたにしても、まさに一人の人間をどうやったかという問題においても、論争を大衆的に投げ出していくことをやりたいと思ってるわけですよ。基本的な問題では野田さんの意見には全部賛成だけど、それだけでは、一つの大義名分としてしまうと発展しないんじゃないかという気がするんです。

野田　そういうことを、いろいろな具体的な問題を出して論争したことはないな。なんとしても、その時、押しつけちゃいけないと思う。

■今後いかにたたかうか

佐々木　話は変りますが、観客団体なんてのはどうせ運動の主流じゃないんだから、映サなんて割引とスターとの交歓会にしちゃって新らしく、映画運動進めていくための圧力集団を一つ作る必要があるんじゃないか。劇映画の作家とか記録映画の作家、批評家、サークルの運動家ががっちり集って、あらゆるところへそいつらの最低一人が必ず出かけて、映画に関するあらゆることを、集団がやっていくという集団考えるわけです。本当に核になれるやつを、多けれ多いほどいいが少数精鋭だろうと思うが、集めて、あらゆるところで動き回って、われわれ内部に巣食ってるくだらないところ、ぶち破ってくという攻撃はっきりさせる。たとえば記録芸術の会みたいなモダニズムに堕してしまった、あんなのぶっつぶす。国民文化会ぶっつぶす。日本映画復興会議も出てみてくだらなければぶっつぶすということで、批判して変えていこうというふうなことでなく、徹底的にそういう形ではっきりした攻撃目標決めて、ある核が動き回っていく。

野田　そんなにたやすくいくんなら誰も苦労しないよ。ぶちこわしたあとのヴィジョンがないのにぶちこわすのは、同じ状況の中の極点と極点の転位に過ぎないと思うんだ。どういうヴィジョン持ってぶちこわすか、そいつが大事なんじゃないか。核というのもわからんけど、的確なヴィジョン、ぶちこわしてどうするかということがあって、始めてぶちこわしがありうる。その点はっきりしてくれよ。

佐々木　たとえば記録芸術の会や国民文化会議、勤視連なんかもそうだが、いったい今まで何やってきたか、明きらかになってる。運動にとってマイナス以外の何者でもない。勤視連の例とれば、いろいろな映画作ってく過程で、まさしく作家活動とか大きな運動進めてく上の壁にしかなってない。これは単に批判すれば直るというものではない。基本的にぶっつぶす必要があると思うんです。

佐藤　圧力団体を作るということには、絶対賛成なんです。たとえば増村保造などがなぜくだらない方向にいくかということは、そういう形で阻止しなけりゃいけないと考えてるわけです。ただ圧力団体作る方法論で、引き回せる力があるかということになると、それからまた興行連盟と結べば、たちどころに圧力団体が作れるかどうかというところに疑問だし、そういったところでこちらの側の民主主力というようなものをがっちり持ってないことには、うまくないんじゃないかということですよ。

佐々木　興行連と結べば圧力団体ができるというのではなく、現存の映サなんてのは割引とスターとの交歓サロンみたいにしちゃってそれとは別に圧力団体というか圧力集団を作るんです。それと佐藤さんがいわれたことで、だからこそ、たとえば「一九六〇年六月」という映画作られてく過程での問題が、ぼくは非常に重要だと思うんです。いろいろな所から来て、勝手な意見いって、作家の現実意識とかどんどん歪曲していこうという動きがあったということ。

野田　一つのパターンで見ろという圧力だよな。作家というのはパターンで見たんじゃいけないんじゃないかということだ。内部でただ変革を思ってても、自分がかかわってきずつきながら出したものでなければいけないんじゃないかと思ったんですよ。

佐藤　やはりさっき議論された、こちらの側のさまざまな矛盾を明きらかにすることは、当面非常にさし迫って、また非常に効果的にやれる問題じゃないかと思います。

山形　野田君のいってる、内部といわゆる客観的な中での変革への発展と努力ね。それを相関関係持たせて進めてくことについては、当然だと思うんです。ぼく自身、あなたのいう客観的な運動の条件というものが非常に、今年度高揚するであろうということを考えてるわけです。映画の産業構造の変化の分析からいっても。たとえば三つの会議がどれだけの成果を上げるかということはわかりませんよ。ことに映画復興会議なんて、どれだけの準備ができるかまだ予想されないんで。一番重要なことは、今までほとんど日本の映画資本が産業と市場を統制し支配してた中で、作り仂いてる映画芸術家、労仂者と、企業の外で映画を作り、それを広めていった映画の運動と、さっきからいったようにはっきり映画を自己の目的のために運用してるわけだけど、労仂組合中心とする映画の運動、この三つがどうかかわり合って統一してくか、ことにそれが映画産業のますます増大してく矛盾に対決し、それを克服していく大きな力になるという展望があるわけだ。ただその場合に、そういう運動の経験の中で、ぼくなんかここ数年感じてるのは作家の問題ですよ。意識変革とか何とかいわないでもいわゆる作家の成長の問題だ。ことに作家経歴持ってる人たちの成長が、あるいは停滞しとまどってる、ある意味でいえば、現実把握なり何なりの点からいえば混乱してる点があると思う。それをどう乗り越えていくか、それから新しい世代がどう成長していけるか、その闘いというものは内と外との相関関係で発展していくと思うが、その方法論については、きょうの結果では佐々木君とはもちろん決定的に違うだろうし、野田君ともおそらく違うと思う。ただ結局は共通の目標で協力していかなきゃならないはずなんですよ。

野田　それは今年の大きな課題だと思います。佐々木君的な意味でじゃないが、すぐレッテル張りがはやるでしょう。民主主義というのはそういう討論をフランクにやるようにしないとだめだと思う。

山形　ことに劇映画の場合、企業の外で企業からの追放以来、独立プロに運動通じ、また現在に至るまで活動した作家は、ほとんど共通の場で創作上の問題討議してない。これは非常に大きな欠陥だ。まして記録映画系の人たちとの間でもそれがない。

野田　それは前々からいってるが、独立プロの人たちとは交流ができなかったが、それがその後、大島君とか吉田君とか、松竹の若い作家、新東宝などにもいるんだが、そういうところで結びつきはじめたということは、ちょっと大きい問題じゃないかと思う。大島君なんかと結びついた理由は「映画批評」を場として戦後主体とそれに対応した方法への模さくといったところからはじまったんだけど。

山形　共通の問題からだろうけど、とにかくやり出せばこっちも激烈ですからね。（笑）

野田　山形さんなんか不動の信念をもった牛みたいにのそのそしてるから、そういっても当面動かないと思いますが、大いにやりましょう。

山形　排除するか。（笑）するほどの値うちもないか。（笑）

野田　だいぶ肥ってきたことだし。（笑）

佐々木　肥った人は重いからなかなか排除できにくい、ということで終ることにします。

●ドキュメンタリー通信

●ドキュメンタリー理論研究会

三月例会のお知らせ

○時／三月十五日（水）午後六時
○所／新宿・歌舞伎町・ミラノ座右端・フルーツパーラー「ビルサイド」二階
○テーマ／俗流リアリズムとモダニズム
○テキスト／「記録映画」三月号
○報告者／松本俊夫
○ゲスト／関根弘・石堂淑朗氏（予定）
○会費／五〇円（コーヒー代）
○今月から毎月前記のような形で研究会を行ないます。協会員・読者を問わず積極的な参加をまちます。作家・執筆者・読者の交流を計り、一貫したドキュメンタリーの問題追求を進めます

●実験・前衛・マンガ大会

○所／東京・虎の門共済ホール（地下鉄・都電虎の門駅下車）
○Aプログラム
○時／三月三〇日（水）午後六時
○内容①TVCM／②太陽を独占するもの（チェコ）／③珍説映画百年史（イギリス）／④二匹のさんま（日本）／⑤交通発達珍史（カナダ）／⑥のど自慢狂時代（中国）／⑦やぶにらみの暴君（フランス）
○Bプログラム
○時／四月五日（水）午後六時
○内容／①TVCM／②ムルジルク宇宙へ行く（ソ連）／③未定（アメリカ）／④切手の幻想（日本）／⑤ボンボマニイ（チェコ）／⑥猿亀合戦（国）／⑦悪魔の発明（チェコ）
○主催／記録映画作家協会（詳細は本誌編集部まで）

●西武記録映画を見る会三月例会

○所／池袋・西武八階文化ホール
○時間／午前十一時、午後一時
○テーマ／一九六〇年度毎日映画コンクール受賞作品
○五日（日）北白川子ども風土記
○十八日（日）人間みな兄弟

●記録映画を見る会三月例会

○時／三月二十三日(土)午後六時
○所／豊島振興会館会議室（国電池袋駅東口下車三分）
○内容／①新島（原水協・岩波労組）／②北白川子ども風土記（小坂哲人）／③ツフ・ツフ（仏）
○主催／東京映愛連・城北映サ協（問い合せは㈣五九六五、城北映サ協まで）

●オ十二回文化映画の会

○テーマ／リズムの流れ
○時／三月二十四日（金）午後六時
○所／神田・一つ橋・共立講堂
○内容／①ピアノへの招待／②オーケストラの楽器／③セーヌの詩／④サッチモ世界を廻る
○入場料／三月通三百円　一月のみ百円（詳細は都民劇場まで）
○主催／都民劇場

●記録映画「西陣」製作カンパを

○製作／京都記録映画を見る会／西陣製作実行委員会
○スタッフ／演出・松本俊夫／脚本・関根弘・松本俊夫／製作・浅井栄一・大村栄之助／音楽・三善晃
○テーマ／西陣を主題に描く日本の深部
○カンヌ短篇映画祭出品／三巻
○協力券／一人八〇円（完成試写に御招待・本誌編集部にあり）
○京都記録映画を見る会（京都市下京区寺町四条下る労仂会館）

●神戸映サオ一回映画講座

○期日／三月十七日／二〇日／二四日／二八日／四月四日／七日
○会費／六回通三百円（一回百円）
○内容／①戦後史と戦後映画②／政経、文化の現代的構造とマスコミ・映画産業／③映画と大衆④大衆批評の方法／⑤映像文化の未来／⑥映画ジャーナリズム批判
○講師／和田勉／加藤秀俊／多田道太郎／外村完二／滝沢一
○主催／全神戸映画サークル協議会（神戸市生田区三宮町一の八八、電(3)八五三八番）

●記録映画研究会三月例会

○時／三月二〇日(月)午後五時半
○所／東京テレビ試写室
○内容／①新島（岩波労組）／②アルジェリア血の六年（仏）／③テレビルポ・動乱の世界・二つの焦点（キューバ、ラオス）

■編集後記■

※今月号は『モダニズム批判』の特集をしました。予定していた武井昭夫、長谷川竜生の両氏の原稿が締切にまにあわず、のせえませんことをおわびします。
※新編集委による、あたらしい企画は今月号にみられるようにしだいに紙面に反映していくと思います。四月号の特集は『日常性とその破壊の論理』です。なお、フランスの映画観賞サークルの批評運動を外国資料NO・1としてのせます。

（野田）

記録映画 三月号 昭和三十六年三月一日発行 第四巻第三号 編集・佐々木守 発行所 記録映画作家協会 電話東京(571)五四一八番 定価七十円